CÓDIGO
DOS
VALORES MOBILIÁRIOS

LEGISLAÇÃO COMPLEMENTAR
E
REGULAMENTOS DA CMVM

CÓDIGO
DOS
VALORES MOBILIÁRIOS

LEGISLAÇÃO COMPLEMENTAR
E
REGULAMENTOS DA CMVM

CMVM

Janeiro – 2002

TÍTULO:	CÓDIGO DOS VALORES MOBILIÁRIOS
	LEGISLAÇÃO COMPLEMENTAR E REGULAMENTOS DA CMVM
EDITOR:	LIVRARIA ALMEDINA
	www.almedina.net
LIVRARIAS:	LIVRARIA ALMEDINA
	ARCO DE ALMEDINA, 15
	TELEF. 239 851900
	FAX 239 851901
	3004-509 COIMBRA – PORTUGAL
	livraria@almedina.net
	LIVRARIA ALMEDINA – PORTO
	R. DE CEUTA, 79
	TELEF. 22 2059773
	FAX 22 2039497
	4050-191 PORTO – PORTUGAL
	porto@almedina.net
	EDIÇÕES GLOBO, LDA.
	R. S. FILIPE NERY, 37-A (AO RATO)
	TELEF. 21 3857619
	FAX 21 3844661
	1250-225 LISBOA – PORTUGAL
	globo@almedina.net
	LIVRARIA ALMEDINA
	ATRIUM SALDANHA
	LOJA 71 A 74
	PRAÇA DUQUE DE SALDANHA, 1
	TELEF. 21 3712690
	atrium@almedina.net
	LIVRARIA ALMEDINA – BRAGA
	CAMPOS DE GUALTAR
	UNIVERSIDADE DO MINHO
	4700-320 BRAGA
	TELEF. 25 3678822
	braga@almedina.net
EXECUÇÃO GRÁFICA:	G.C. – GRÁFICA DE COIMBRA, LDA.
	PALHEIRA – ASSAFARGE
	3001-453 COIMBRA
	E-mail: producao@graficadecoimbra.pt
	FEVEREIRO, 2002
DEPÓSITO LEGAL:	172502/01

ÍNDICE GERAL

TÍTULO VIII
Crimes e ilícitos de mera ordenação social

REGULAMENTOS DA CMVM

LEGISLAÇÃO COMPLEMENTAR

DECRETO-LEI N.º 486/99
de 13 de Novembro

1. O Código do Mercado dos Valores Mobiliários, elaborado há quase dez anos e agora revogado, constituiu um marco fundamental na regulação e no desenvolvimento dos mercados de valores mobiliários em Portugal. Continuando o ciclo aberto com os Códigos Comerciais de 1833 e de 1888, consumou a plena integração desses mercados num sistema financeiro moderno.

Baseando-se na ideia de "autonomia dos mercados de valores mobiliários", a reforma empreendida pelo Código anterior seleccionou como "princípios estruturadores" a "desestatização", a "desgovernamentalização" e a "liberalização". Desta orientação resultou a consagração de institutos inovadores, dos quais se destacam: a criação de uma autoridade de supervisão independente, a Comissão do Mercado de Valores Mobiliários; a modernização do regime dos valores mobiliários, com relevo para as regras sobre valores mobiliários escriturais; a criação de uma central de valores mobiliários; a modificação estrutural das bolsas, que deixaram de ser institutos públicos, passando a ser geridas por associações civis sem fim lucrativo; a liberalização da emissão de valores mobiliários, deixando as ofertas públicas de estar sujeitas a autorização administrativa; o tratamento da informação a disponibilizar nos mercados de acordo com o princípio da transparência. Em consequência, a ciência jurídica, confrontada com estas mudanças, foi impelida a novas construções, nomeadamente no que respeita ao conceito e ao regime dos valores mobiliários e ao enquadramento das ofertas públicas.

A pretensão de auto-suficiência do Código, que tudo quis prever e regular com pormenor, foi, numa primeira fase, essencial para o seu êxito. Porém, esse modelo depressa se revelou portador de alguma falta de flexibilidade e gerador de dificuldades de adaptação à evolução das situações. Na verdade, tal auto-suficiência não era viável e fracassava perante a necessidade de resolução de casos mais complexos em que a solução tinha de ser confrontada com princípios gerais de direito e com

preceitos inseridos em outra sede legislativa. Por isso, há algum tempo se
vinha a colocar o problema de uma revisão que, conservando as vantagens
trazidas pelo Código, permitisse novos passos na modernização do sistema
de valores mobiliários. Embora a lei, só por si, não tenha a virtualidade de
transformar os mercados, pode ser uma oportunidade para estimular os
agentes económicos.

Por despacho de 27 de Maio de 1997, o Ministro das Finanças
definiu as linhas gerais de orientação a seguir na elaboração de um novo
Código e criou um grupo de trabalho encarregado de apresentar o respectivo projecto.

Sem afectar a continuidade dos mercados e evitando rupturas sisté-
micas, o Código agora aprovado pretende concretizar os objectivos fixados no referido despacho em torno de cinco ideias principais: codificar,
simplificar, flexibilizar, modernizar e internacionalizar.

2. Procurou-se manter em código o corpo central da legislação sobre
valores mobiliários, com a finalidade de facilitar a tarefa do aplicador
e a inserção dessas normas no sistema jurídico, continuando assim uma
tradição que tem dado bons resultados. Apesar da rigidez que um código
sempre acarreta, admitiu-se serem superiores os ganhos de segurança, de
credibilidade, de simplificação e de integração sistemática que o mesmo
propicia. Embora a nomenclatura e os conceitos utilizados não se possam
considerar ainda completamente assentes, o novo Código progride nessa
estabilização, numa área em que abundam os vocábulos directamente
importados de sistemas estrangeiros sem tradução para português ou
com tradução meramente literal. Por isso, não foi tarefa menor escrever
o Código sem recurso a terminologia estrangeira, mesmo nos casos em que
possa discutir-se a bondade dos termos encontrados.

A intenção codificadora revela-se também no cuidado de integração
harmoniosa do diploma no conjunto do sistema jurídico, de acordo com
uma relação de especialidade. Evitou-se regular o que estava regulado,
tomando como pressupostos os regimes gerais já consagrados no direito
privado (civil e societário), no direito administrativo, no direito penal
e de mera ordenação social. Preservando a teoria e a técnica acumuladas
nessas grandes áreas do direito, procurou-se apoiar o trabalho do intér-
prete-aplicador e, sem deixar de ter em conta as especificidades do direito
dos valores mobiliários, atenuar o aparente exotismo de algumas figuras.

Inerente à preocupação sistematizadora esteve ainda o objectivo de,
na tradição enraizada no direito civil, criar ou desenvolver regimes gerais
adequados aos principais institutos, designadamente aqueles que respei-

tam aos valores mobiliários, independentemente da sua negociação em bolsa ou fora de bolsa, às ofertas públicas, aos mercados de valores mobiliários, seja qual for o seu grau de organização e de imperatividade das normas aplicáveis, e às várias actividades de intermediação financeira.

É óbvio que tal objectivo tem limites estruturais e pragmáticos. Por isso, se apartaram do Código os estatutos de diversas instituições, incluídos no Código anterior, como é o caso da Comissão de Mercado de Valores Mobiliários (CMVM), do Conselho Nacional do Mercado de Valores Mobiliários, das entidades gestoras de bolsas e de outros mercados e das entidades gestoras de sistemas de liquidação e de sistemas centralizados, que passam agora a constar de diplomas autónomos.

3. A simplificação do texto do Código foi outro desiderato que presidiu à sua elaboração. Em comparação com o Código revogado, o número de artigos é ainda superior a metade, mas a dimensão total ficou reduzida a menos de um terço. A simplificação incidiu também na técnica de redacção adoptada, reduzindo as remissões ao estritamente necessário, utilizando uma linguagem tão simples e tão clara quanto a complexidade das matérias o permitiu e eliminando as duplas remissões, as constantes referências de salvaguarda, bem como comentários que excedem o conteúdo preceptivo.

Como a simplificação não deve sacrificar o rigor, houve a preocupação de dar um sentido unívoco aos termos usados e, sempre que possível, coincidente com aquele que lhe é atribuído no sistema jurídico em geral.

4. O dinamismo do sistema financeiro a nível internacional exigia a adopção de regras e de procedimentos flexíveis, capazes de transmitir ao texto legislativo alguma durabilidade. Assim, privilegiou-se a consagração de princípios e de regras gerais e recorreu-se com frequência a conceitos indeterminados e a cláusulas gerais, cuja densificação se espera que seja continuada pela jurisprudência, pela prática das autoridades administrativas e pela doutrina.

Na medida do razoável, deixou-se a concretização da lei para regras de outra natureza, de acordo com um critério de desgraduação normativa que concede amplo espaço, por um lado, aos regulamentos administrativos, em particular da CMVM, e, por outro, a uma moderada auto-regulação por outras entidades que actuam no mercado.

Quanto ao primeiro aspecto, esta orientação foi acompanhada por uma outra, paralela, no sentido de limitar a discricionariedade das autoridades administrativas, nomeadamente através da fixação de critérios de regulação e de decisão. Quanto ao segundo aspecto, pretendeu-se deixar claro que, neste domínio, o desenvolvimento e a aplicação da maioria dos institutos consagrados dependem do exercício dinâmico da autonomia privada.

Na delimitação entre as matérias que deveriam constar da lei e as que deveriam ser deixadas para regulamento ou para a auto-regulação, foram seguidos alguns critérios que podem ser assim enunciados: não regular na lei o que poderia com vantagem ser incluído em regulamento, salvo precisas excepções ditadas sobretudo por razões pragmáticas; dar preferência às fontes regulamentares, sempre que as normas previssem comportamentos e condições operacionais de evolução rápida ou muito dependentes da criatividade dos agentes ou que pudessem restringir vantagens comparativas na concorrência entre mercados; respeitar o enquadramento constitucional da reserva de lei e de competência legislativa e o âmbito dos regulamentos.

5. Com o intuito de modernizar o sistema normativo, tomaram-se em consideração os mais recentes desenvolvimentos da prática internacional e das legislações estrangeiras, evitando todavia um duplo risco: por um lado, copiar acriticamente, sem a devida integração no sistema português; por outro, ignorar a tendência para a uniformização dos direitos, olvidando que a consagração de inovações desgarradas ou contrárias àquela tendência pode isolar ou limitar a competitividade dos mercados a funcionar em Portugal.

Atendeu-se naturalmente também à modernização dos meios de comunicação. Evitando moldar as previsões aos mais recentes progressos tecnológicos, que podem revelar-se efémeros, preferiu-se adoptar fórmulas cuja generalidade permita abarcar a diversidade formal e a neutralidade dos suportes informativos. São disso exemplos as regras sobre forma escrita (artigo 4.°) assim como a propositada omissão de referências a meios de comunicação mais recentes (*v.g.* a Internet) e a determinados sistemas de negociação (*cf., v.g.*, artigos 220.° e 322.°).

6. Para dar resposta à internacionalização e à integração dos mercados de valores mobiliários, ampliou-se o tratamento conferido à delimitação do âmbito de aplicação do Código e à determinação do direito aplicável em situações plurilocalizadas. Procurou-se, neste domínio, encontrar um ponto de equilíbrio adequado que escapasse seja ao alheamento do sistema jurídico quanto à determinação do direito aplicável seja à maximização de aplicação da lei nacional.

Curou-se de precisar com maior nitidez que as normas nacionais de direito mobiliário apenas têm vocação para se aplicar em situações jurídicas internacionais se e na medida em que apresentem conexão relevante com o território nacional – solução que é consagrada genericamente no artigo 3.° e merece confirmação em outros preceitos do Código. Destaca-se, neste contexto, o critério seleccionado para a aplicabilidade do regime das ofertas públicas (cf. n.° 1 do artigo 108.°) que, a um tempo, concretiza o critério geral da conexão relevante e se mostra ajustado à utilização das modernas técnicas de comunicação à distância.

Por outro lado, dada a inadequação ou inaplicabilidade das soluções internacional-privatísticas constantes do Código Civil, da Convenção de Roma sobre a Lei Aplicável às Obrigações Contratuais e da Convenção de Haia sobre a Lei Aplicável aos Contratos de Intermediação, foram estabelecidas normas de conflitos específicas para a determinação do direito aplicável aos valores mobiliários (artigos 39.° a 42.°).

Por último, introduzem-se as normas necessárias para que seja possível, e até fomentada, a negociação em mercados situados em Portugal de valores mobiliários regulados por lei estrangeira (cf. n.° 3 do artigo 68.°, n.° 2 do artigo 91.° e artigos 117.°, 146.° e 231.°).

7. O âmbito de aplicação material do Código, tal como acontecia aliás no Código anterior, excede o regime dos mercados de valores mobiliários, o que bem se vê, em especial, nos Títulos II, V e VI, sobre valores mobiliários, sistemas de liquidação e intermediação. Por isso se achou adequado adoptar a designação mais genérica de Código dos Valores Mobiliários.

Intensifica-se, portanto, a relação entre o âmbito de aplicação do Código e o conceito de valor mobiliário. Em relação a este, optou-se por não dar qualquer definição directa. No n.° 1 do artigo 1.° procede-se a uma tipologia dos valores mobiliários já anteriormente reconhecidos ou cuja comercialização não envolve especiais riscos. O n.° 2 do mesmo preceito permite ampliar este universo através de enquadramento regulamentar pela CMVM ou pelo Banco de Portugal, conforme os casos. Esse pareceu ser o caminho adequado para combinar o dinamismo e a criatividade dos agentes nos mercados com a necessária segurança que nestes deve existir.

O Código aplica-se também aos instrumentos financeiros, em particular aos instrumentos financeiros derivados. Daí que a expressão "valor mobiliário" utilizada ao longo do Código signifique também "instrumento financeiro", salvo nos títulos que são expressamente excluídos pelo n.° 4 do artigo 2.°.

8. No artigo 13.° consagra-se o conceito de sociedade aberta ao investimento do público (abreviadamente sociedade aberta), pondo assim cobro à assistematicidade patente nas divergências de *nomen iuris* e de disciplina entre o Código das Sociedades Comerciais e o Código do Mercado dos Valores Mobiliários.

Além desta unificação de conceito e de disciplina, o novo Código aprofundou a autonomia do regime das sociedades abertas, reforçando a transparência da sua direcção e do seu controlo, nomeadamente no que respeita à divulgação das participações qualificadas e dos acordos parassociais, e ampliando o regime das deliberações sociais, na linha das modernas tendências relativamente ao governo das sociedades abertas.

Em ordem a limitar as situações de aquisição involuntária da qualidade de sociedade aberta, admite-se a possibilidade de as sociedades fechadas ao investimento do público estabelecerem uma cláusula estatutária fazendo depender a realização de oferta pública de venda ou de troca de autorização da assembleia geral (n.° 2 do artigo 13.°).

9. O Código dedica o Capítulo V do Título I aos investidores, o que acontece pela primeira vez num diploma deste género.

Estabelece-se a distinção entre investidores institucionais e investidores não institucionais, equiparando aos primeiros outras entidades que não beneficiam da protecção conferida a estes últimos (artigo 30.°).

Confere-se a iniciativa de acção popular aos investidores não institucionais e às associações que como tal são reconhecidas para a sua protecção (artigo 31.°). Assim se facilita a intervenção organizada dos investidores em defesa dos seus interesses, em especial no que respeita à responsabilidade civil.

Estabelecem-se também mecanismos de mediação de conflitos entre os investidores e as várias entidades intervenientes nos mercados de valores mobiliários (artigos 33.° e 34.°) e altera-se a disciplina dos fundos de garantia dos investidores, alargando a sua obrigatoriedade (artigo 35.°).

10. O Título II do Código contém um regime geral dos valores mobiliários, dando continuidade ao caminho iniciado pelo anterior Código. Vai-se todavia mais longe, procurando extrair o máximo de efeitos da equivalência substancial entre as posições jurídicas, independentemente da forma escritural ou titulada de representação. Este princípio de neutralidade reflecte-se, em especial, no regime unitário do registo de emissão (artigos 43.° e 44.°), no critério de distinção entre valores mobiliários nominativos e ao portador (n.° 1 do artigo 52.°), no regime da penhora de valores mobiliários escriturais (artigo 82.°) e na utilização como título executivo de certificados passados pelas entidades registadoras de valores mobiliários escriturais (artigo 84.°).

Ao contrário do que alguns poderiam esperar, talvez por incompreensão deste princípio, não se condena a forma de representação titulada, permitindo o convívio das duas formas de representação e deixando, com os limites das necessidades dos mercados, que os interessados escolham a forma de representação mais conveniente. Tal não impede o alargamento da possibilidade de recurso à forma escritural de representação, que, a partir de agora, poderá consistir igualmente em registo efectuado num só intermediário financeiro ou no emitente.

Introduz-se um processo expedito para a reconstituição consensual dos registos e dos títulos depositados, em caso de destruição e perda, sem necessidade de recurso à reforma judicial (artigo 51.°).

No regime dos valores escriturais faz-se uma aproximação ao modelo das contas bancárias, mitigado com a experiência de registo das acções nominativas. Resulta por isso atenuada a influência da técnica do registo predial que tinha estado na génese do regime do anterior Código.

Em relação à presunção de titularidade resultante das contas de registo individualizado evitou-se consagrar em lei uma solução demasiado rígida. Assim se compreende o disposto no n.° 3 do artigo 74.°, que permite, em especial quando estejam em causa relações de natureza fiduciária, ilidir aquela presunção perante a autoridade de supervisão ou por iniciativa desta.

Desaparece a referência à Central de Valores Mobiliários enquanto sistema único de centralização de valores mobiliários, consagrando-se na lei a realidade existente que já admitia outros sistemas centralizados nacionais, designadamente o sistema gerido pelo Banco de Portugal, e que exigia na prática a sua coordenação com sistemas sediados no estrangeiro. O sistema de contas dos sistemas centralizados, definido com mais precisão, é concebido com aptidão para se adaptar ao exercício novas funções.

Eliminam-se os títulos ao portador registados, porquanto as razões fiscais que motivaram a sua criação podem ser acauteladas por outras formas. Na verdade, os valores mobiliários escriturais e os valores mobiliários titulados depositados em sistema centralizado são obrigatoriamente registados. Em relação aos restantes a questão fiscal fica resolvida pelos artigos 117.° e 129.° do Código do Imposto sobre o Rendimento das Pessoas Singulares, alterados pelo artigo 12.° do presente diploma.

Para segurança na circulação dos valores mobiliários deixa de se exigir o bloqueio prévio, que a prática não acolheu. Efeito equivalente se

obtém pela combinação de faculdades de controlo atribuídas aos intermediários financeiros [alínea *b*) do n.° 2 do artigo 78.° e n.° 2 do artigo
326.°] com novos requisitos na liquidação das operações (artigo 280.°).

11. O Título III reordena o material normativo preexistente sobre
ofertas públicas relativas a valores mobiliários.

O Código de 1991 tomava o regime das ofertas públicas de subscrição como referência para as restantes, fazendo uso de frequentes remissões. Ao invés, o presente Código autonomiza uma parte geral das ofertas
públicas, contendo as disposições comuns de natureza processual e substantiva. A título de exemplo, foi promovida à parte geral a figura do
prospecto e da inerente responsabilidade civil por vícios de informação
e de previsão, abrangendo, apesar das suas especificidades, as ofertas
públicas de aquisição.

No mais, a disciplina das ofertas públicas foi objecto de actualização,
regulando em separado as matérias relativas ao prospecto de oferta internacional (artigos 145.° e seguintes) e à recolha das intenções de investimento (artigos 184.° e seguintes) e introduzindo institutos recentes no trá-
fego mobiliário, como são a estabilização de preços no âmbito de oferta
(artigo 160.°) e a opção de distribuição de lote suplementar (artigo 158.°).

12. O regime das ofertas públicas de aquisição obrigatórias assenta
na ideia geral de que os benefícios da aquisição de domínio sobre uma
sociedade aberta devem ser compartilhados pelos accionistas minoritários.

A exemplo da maioria dos ordenamentos jurídicos próximos, as
fasquias constitutivas do dever de lançamento foram fixadas em um terço
e em metade dos direitos de voto correspondentes ao capital social. Para
resolução da perplexidade que colocava o regime anterior quanto ao relevo da aquisição de valores mobiliários que confiram o direito à subscrição
ou à aquisição de acções, passaram a ser considerados apenas os direitos
de voto efectivos no cômputo da posição de domínio do potencial oferente.

O critério do domínio efectivo justifica ainda a possibilidade de
eliminação do limite mais baixo de obrigatoriedade, reconhecida nas
sociedades abertas sem valores admitidos à negociação em mercado regulamentado (n.° 4 do artigo 187.°), a consagração da figura da suspensão
do dever de lançamento de oferta, quando o domínio seja conjuntural
(artigo 190.°), e a supressão das ofertas obrigatórias parciais e das ofertas
prévias, umas e outras mais falíveis na protecção dos accionistas minoritários.

13. Em relação à aquisição do domínio total nas sociedades abertas adaptou-se o disposto no artigo 490.° do Código das Sociedades Comerciais. Acentuou-se todavia a protecção das expectativas geradas pela abertura da sociedade ao investimento do público, presente também nos requisitos para a perda da qualidade de sociedade aberta (artigo 27.°). O direito de aquisição potestativa (artigo 194.°), a que corresponde um direito simétrico de alienação potestativa dos accionistas minoritários (artigo 196.°), tem como ónus o lançamento prévio de oferta pública de aquisição. A mesma ideia justifica a extensão a este instituto do princípio de igualdade de tratamento e a intervenção da autoridade de supervisão do mercado, quer quanto ao conteúdo da informação divulgada, quer quanto ao montante da contrapartida, que passa a reger-se pelas regras aplicáveis às ofertas públicas de aquisição obrigatórias.

14. No Título IV introduzem-se profundas alterações no regime dos mercados, tendentes quer à sua generalização quer à sua flexibilidade. A estrutura dos mercados passa a assentar na distinção entre mercados regulamentados, que têm como paradigma os mercados de bolsa, e outros mercados organizados (artigo 199.°), que podem assumir as mais diversas características e cujas regras são fixadas pela respectiva entidade gestora, de forma livre, ainda que limitada por critérios legais de transparência das suas regras e operações. O que no Código revogado era designado por "mercado de balcão" fica assim reduzido à sua real condição de actividade de intermediação.

Os mercados não regulamentados não estão sujeitos a qualquer autorização, dependendo o seu funcionamento apenas do controlo de legalidade por parte da autoridade de supervisão. Admite-se inclusivamente a criação de mercados com intervenção directa dos investidores institucionais (n.° 3 do artigo 203.°) ou de mercados em que a função tradicional dos membros pode ser exercida pela entidade gestora (n.° 6 do mesmo artigo).

Clarifica-se o regime das taxas a cobrar por operações realizadas fora de mercado regulamentado, passando agora a incidir apenas sobre as operações que tenham por objecto valores mobiliários admitidos à negociação em mercado regulamentado e que tenham sido realizadas fora desse mercado (artigo 211.°). A habilitação regulamentar atribuída ao Ministro das Finanças está balizada por dois limites: a taxa deve respeitar um princípio de neutralidade entre a negociação em mercado regulamentado e fora de mercado regulamentado; o seu pagamento deve ter correspondência em serviços de supervisão prestados pela CMVM.

Também em relação aos mercados de bolsa o panorama é alterado. Passa a haver um único mercado obrigatório, o mercado de cotações oficiais, deixando-se à entidade gestora liberdade para a criação de outros, respeitadas as exigências comuns aos mercados regulamentados.

Mantém-se o binómio operações a contado e operações a prazo. Nestas tipificam-se apenas as que têm vindo a ser realizadas entre nós ou que estão mais difundidas. Fica todavia aberta a possibilidade de outras se realizarem desde que aprovadas pela CMVM.

15. O Título V, sobre sistemas de liquidação, contém relevantes inovações que resultam, por um lado, da sua generalização para além do âmbito das operações de bolsa e, por outro lado, das regras decorrentes da Directiva n.° 98/26/CE do Parlamento e do Conselho, de 19 de Maio, entre as quais sobressai o carácter definitivo da liquidação em caso de insolvência de um participante no sistema.

Novidade é também a consagração legal do regime das operações de liquidação (artigos 274.° e seguintes), com particular incidência em normas que assegurem a eficácia e a segurança das operações de bolsa.

16. No Título VI, o elenco das actividades de intermediação segue o modelo da directiva dos serviços de investimento, nele se incluindo tanto os serviços de investimento como os serviços auxiliares (artigo 289.°). A uns ou a outros, conforme os casos, são equiparadas as actividades de publicidade, de promoção e de prospecção de qualquer actividade de intermediação financeira (artigo 292.°). Antecipa-se, assim, a protecção dos investidores e dos mercados para momento anterior ao da conclusão de contratos de intermediação.

Pela primeira vez é regulada a consultoria autónoma para investimento, quando prestada em base individual (artigo 294.°). O exercício dessa actividade, que anteriormente só era permitida aos intermediários financeiros, fica agora dependente de autorização da CMVM. Coloca-se um particular acento na necessidade de os consultores preencherem determinados requisitos de idoneidade e aptidão profissional. Embora os consultores autónomos não sejam considerados como intermediários financeiros, o exercício da sua actividade rege-se pelas mesmas regras.

17. O regime geral aplicável ao exercício de actividades de intermediação ocupa toda a Secção III do Capítulo I do Título VI, onde se reorganizam as normas que o anterior Código qualificava como normas de conduta, inspiradas em directivas comunitárias, em particular na directiva dos serviços de investimento, e na Recomendação n.° 77/534, de 27 de Julho, relativa a um código de conduta europeu a observar nas transacções sobre valores mobiliários. O regime é desenvolvido a partir das recomendações de organizações internacionais, em particular da OICV (Organização Internacional das Comissões de Valores) e do FESCO (Forum of European Securities Commissions). As inovações mais salientes dizem respeito às regras sobre defesa do mercado (artigo 311.°) e à proibição de intermediação excessiva (artigo 310.°). As normas sobre conflito de interesses (artigo 309.°) são completadas com aquelas que são específicas da negociação dos intermediários financeiros por conta própria (artigo 347.°).

Introduz-se uma alteração relevante no que respeita aos códigos deontológicos. O anterior Código consagrava a obrigatoriedade de elaborar códigos de conduta e sujeitava-os à aprovação da CMVM. A experiência mostrou que não era uma boa solução, porque os códigos aprovados se limitavam a repetir a lei e a aprovação pela CMVM lhes retirava o carácter genuíno de auto-regulação. Por isso se considerou que a intervenção da CMVM se deve limitar ao controlo de legalidade dos códigos que venham a ser aprovados, através do seu registo (artigo 315.°).

18. A regulação sistemática dos contratos de intermediação, importante grupo dos contratos de mandato e de outros contratos de prestação de serviços, é totalmente nova, embora se aproveitem algumas soluções já consagradas de forma dispersa em legislação anterior. As regras gerais destinam-se a assegurar, sob alguns aspectos, a protecção dos investidores, com destaque para a protecção dos investidores não institucionais na celebração de contratos fora do estabelecimento do intermediário financeiro. Consagra-se a esse propósito um regime moderado e realista, aplicável apenas à recepção de ordens e à gestão de carteiras e, ainda assim, restrito aos casos em que não exista anterior relação de clientela e em que a celebração do contrato não tenha sido solicitada pelo próprio investidor.

Os tipos contratuais regulados nos artigos 325.° a 345.°, com excepção do contrato de consultoria para investimento, já eram conhecidos da legislação anterior, mas estavam carecidos de melhor caracterização e de introdução de algumas normas imperativas de protecção. Fora destes limites, mantém-se todo o espaço de autonomia privada, enquadrada pelo regime geral dos contratos.

A negociação do intermediário financeiro por conta própria é tratada em capítulo autónomo, como autónoma é a sua inclusão no elenco dos serviços de investimento (n.° 2 do artigo 290.°). Também neste domínio os contratos regulados não esgotam o âmbito dos contratos que o intermediário financeiro pode celebrar por conta própria. A selecção recaiu naqueles que podem envolver maior risco para o mercado: os contratos de fomento de mercado (artigo 348.°), onde se incluem todas as actividades chamadas de *market maker*, os contratos que visam a realização de operações de estabilização de preços (artigo 349.°) e os empréstimos de valores mobiliários (artigo 350.°). Estabelecem-se regras mínimas deixando outros aspectos importantes para regulamento da CMVM.

19. Do Título VII, relativo à supervisão e regulação, não constam as matérias de organização interna da autoridade supervisora, agora incluídas no Estatuto da CMVM, aprovado por diploma autónomo.

Na linha do Regime Geral das Instituições de Crédito e das Sociedades Financeiras, é adoptado um conceito amplo de supervisão que abarca todas as competências de intervenção da CMVM no mercado.

Quanto às entidades sujeitas à supervisão da CMVM, mantém-se um elenco próximo do que consta do Código anterior. A circunstância de não se incluírem nesse elenco os investidores não institucionais apenas significa a sua subtracção aos poderes de supervisão contínua, sem prejuízo porém, da sujeição a sanções pela violação de normas legais ou regulamentares e aos correspondentes procedimentos.

Dentro da supervisão autonomizaram-se a supervisão contínua (artigo 362.°) e a supervisão prudencial (artigo 363.°). Salientam-se ainda as disposições comuns aos diversos registos efectuados pela CMVM (artigo 365.°), designadamente a consagração de princípios gerais de legalidade e de publicidade.

20. Nova é também a inclusão no âmbito da regulação das recomendações e pareceres genéricos da CMVM (artigo 370.°), que, sendo actos sem conteúdo normativo próprio, podem contribuir para esclarecer e orientar a prática dos operadores.

A regulação dos mercados não constitui exclusivo das entidades públicas. Para pôr em evidência esta ideia, dedica-se um preceito à auto--regulação (artigo 372.°), o que também é uma novidade. Os avanços nessa matéria são reais mas moderados, tomando-se em conta que a nossa tradição não é muito favorável à auto-regulação pelos operadores do mercado. Por um lado, as mais recentes tendências internacionais, mesmo nos países anglo-saxónicos onde a auto-regulação tem raízes mais profundas, mostram que a auto-regulação tem vindo a perder algum terreno. Por outro lado, não se considera adequado transpor para Portugal, de modo acrítico, a experiência de outros países. Em qualquer caso, teve-se em conta que, neste domínio, toda a intervenção legislativa e regulamentar do Estado, de carácter imperativo, se traduz numa restrição dos princípios da autonomia privada e da livre iniciativa em que assenta o sistema jurídico-económico português. Daí que se tivessem consagrado diversos níveis de autonomia e de participação dos intervenientes nos mercados.

21. Os crimes de abuso de informação e de manipulação de mercado, já previstos no anterior Código, são agrupados numa categoria de crimes contra o mercado. A tipificação do crime de abuso de informação segue a Directiva comunitária n.º 89/592/CEE, de 13 de Novembro. A tipificação do crime de manipulação de mercado é substancialmente alterada, deixando de se exigir os elementos subjectivos especiais do tipo que tornavam praticamente impossível o seu preenchimento. O dano continua a não integrar a descrição típica.

A moldura abstracta das penas é ligeiramente elevada, mas não ultrapassa os três anos, nível de gravidade médio das penas consagradas no Código Penal e compatível com qualquer das formas de processo.

Introduzem-se também disposições processuais relativamente à aquisição da notícia do crime, delimitando-se com maior rigor os campos de actuação do Ministério Público e da CMVM.

22. Relativamente aos ilícitos de mera ordenação social, mantém-se a distinção entre contra-ordenações muito graves, contra-ordenações graves e contra-ordenações menos graves (n.º 1 do artigo 388.º), elevando-se as respectivas molduras penais máxima e mínima, de harmonia com parâmetros já consagrados em outros sectores do sistema financeiro.

A técnica de tipificação dos ilícitos de mera ordenação social baseia-se agora na sua delimitação autónoma, abandonando-se a simples remissão para as normas que consagram os deveres.

Também se introduzem relevantes alterações em matéria processual, com destaque para a consagração do processo sumaríssimo (artigo 414.º), moldado sobre processo semelhante existente em processo penal.

23. O Código transpõe as diversas directivas comunitárias relativas ao domínio dos valores mobiliários, tomando agora em consideração as exigências formais do n.° 9 do artigo 112.° da Constituição: Directivas n.° 79/279/CEE, de 5 de Março, 80/390/CEE, de 17 de Março, 82/148/CEE, de 3 de Março, 87/345/CEE, de 22 de Junho, 90/211/CEE, de 23 de Abril, e 94/18/CE, de 30 de Maio, todas relativas à coordenação das condições de admissão de valores mobiliários à cotação oficial de uma bolsa de valores; Directiva n.° 82/121/CEE, de 15 de Fevereiro, relativa a informações a publicar por sociedades cujas acções são admitidas à cotação oficial de uma bolsa de valores; Directiva n.° 88/627/CEE, de 12 de Dezembro, relativa a informação a publicar por ocasião da aquisição ou alienação de uma participação importante de sociedade cotada em bolsa; Directiva n.° 89/298/CEE, de 17 de Abril, referente às condições de estabelecimento, controlo e difusão do prospecto a publicar em caso de oferta pública de subscrição ou de venda de valores mobiliários; Directiva n.° 89/592/CEE, de 13 de Novembro, relativa à coordenação das regulamentações respeitantes às operações de iniciados; Directiva n.° 93/22/CE, de 10 de Maio, relativa aos serviços de investimento em valores mobiliários, na parte não transposta para o Regime Geral das Instituições de Crédito e das Sociedades Financeiras pelo Decreto-Lei n.° 232/96, de 5 de Dezembro; Directiva n.° 95/26/CE, do Parlamento Europeu e do Conselho, de 29 de Junho, relativa ao reforço da supervisão prudencial, e que veio a ser conhecida como directiva pós-BCCI; Directiva n.° 98/26/CE, do Parlamento e do Conselho, de 19 de Maio, relativa ao carácter definitivo da liquidação nos sistemas de pagamentos e de liquidação de valores mobiliários, transposta apenas na parte aplicável aos sistemas de liquidação de valores mobiliários.

24. Um diploma desta complexidade, mesmo quando não implique ruptura sistemática, exige uma *vacatio legis* suficientemente ampla para permitir aos aplicadores a necessária assimilação e adaptação. Daí que se tenha fixado o dia 1 de Março de 2000 como data de referência para a entrada em vigor do Código e para a consequente revogação das normas por ele substituídas. Era todavia imperioso estabelecer, em relação a determinadas matérias, datas diferentes para o início de vigência. Nuns casos, antecipa-se a vigência para satisfazer compromissos do Estado Português perante a Comunidade Europeia (n.° 1 e 2 do artigo 6.° do presente decreto-lei) ou para prevenir eventuais perturbações de funcionamento do mercado em domínios sensíveis (n.° 1 do artigo 5.° do presente decreto-lei). Noutros casos, preferiu-se admitir que o início de vigência fosse retardado como garantia de eficácia operacional (artigo 4.°, n.° 3 do artigo 6.° e artigo 9.° do presente decreto-lei).

Sublinhe-se por último, quanto ao direito transitório, que na sua plena compreensão se deve atender às disposições do decreto-lei que aprova o novo regime das sociedades gestoras de mercados regulamentados.

Foi ouvido o Conselho Nacional do Mercado de Valores Mobiliários e, individualmente, cada uma das entidades aí representadas, designadamente: Banco de Portugal, Comissão do Mercado de Valores Mobiliários, Instituto de Gestão do Crédito Público, Associação Portuguesa de Bancos, Associação Portuguesa das Sociedades de Corretagem e Financeiras de Corretagem, Associação da Bolsa de Valores de Lisboa, Associação da Bolsa de Derivados do Porto, Associação Portugusa de Seguradoras e Associação Portuguesa de Fundos de Investimento Mobiliário.

Assim, no uso da autorização legislativa concedida pela Lei n.º 106/99, de 26 de Julho, e nos termos das alíneas *a*) e *b*) do n.º 1 do artigo 198.º da Constituição, o Governo decreta para valer como Lei geral da República, o seguinte:

Artigo 1.º
Aprovação do Código dos Valores Mobiliários

É aprovado o Código dos Valores Mobiliários, que faz parte do presente decreto-lei.

Artigo 2.º
Entrada em vigor

O Código dos Valores Mobiliários entra em vigor no dia 1 Março de 2000, com ressalva do disposto nos artigos seguintes.

Artigo 3.º
Regulação

O disposto no artigo anterior não prejudica:

a) A aprovação e publicação, em data anterior, das portarias, dos avisos e de outros regulamentos necessários à execução do Código dos Valores Mobiliários;

b) A elaboração e aprovação, pelas entidades habilitadas, das regras e cláusulas contratuais gerais exigidas ou permitidas por lei e o seu registo ou a sua aprovação pela Comissão do Mercado de Valores Mobiliários (CMVM).

Artigo 4.º
Central de Valores Mobiliários

A aplicação das regras relativas aos sistemas centralizados de valores mobiliários à entidade que no Código do Mercado de Valores Mobiliários revogado é designada por Central de Valores Mobiliários verificar-se-á à medida da entrada em vigor dos regulamentos operacionais do sistema, que devem ser registados na CMVM até seis meses após a entrada em vigor do Código dos Valores Mobiliários.

Artigo 5.º
Ofertas públicas

1. Os artigos 187.º a 193.º, as alíneas g), h) e i) do n.º 2 do artigo 393.º e, na medida em que para estes preceitos seja relevante, os artigos 13.º, 16.º, 17.º, 20.º e 21.º entram em vigor 45 dias após a publicação do Código dos Valores Mobiliários.

2. O disposto no Código do Mercado de Valores Mobiliários é aplicável às ofertas públicas de aquisição cujo anúncio preliminar tenha sido publicado:

a) até à data referida no número anterior, em caso de oferta pública de aquisição obrigatória;

b) até ao dia 1 de Março de 2000, nos restantes casos de oferta pública de aquisição.

3. O regime das ofertas públicas de aquisição obrigatórias previsto no Código dos Valores Mobiliários não é aplicável à aquisição de valores mobiliários emitidos por sociedades cujo processo de privatização já tenha sido iniciado mas não se encontre ainda concluído, desde que as aquisições sejam feitas no âmbito de operações previstas nos diplomas que regulem o respectivo processo de privatização.

Artigo 6.º
Membros das bolsas e sistemas de liquidação

1. A partir do dia 1 de Janeiro de 2000 as instituições de crédito autorizadas a receber valores mobiliários para registo e depósito e a executar ordens de bolsa podem ser membros de qualquer bolsa, não sendo aplicável o disposto na alínea b) do n.º 1 do artigo 206.º do Código do Mercado de Valores Mobiliários.

2. Os Capítulos I e III do Título V do Código dos Valores Mobiliários entram em vigor no dia 11 de Dezembro de 1999.

3. O Capítulo II do mesmo Título entra em vigor após a aprovação dos regulamentos operacionais dos sistemas de liquidação, que devem ser registados na CMVM até seis meses após a entrada em vigor do Código dos Valores Mobiliários.

Artigo 7.º
Sociedades abertas

As expressões "sociedade de subscrição pública" e "sociedade com subscrição pública", utilizadas em qualquer lei ou regulamento, consideram-se substituídas pela expressão "sociedade com o capital aberto ao investimento do público" com o sentido que lhe atribui o artigo 13.º do Código dos Valores Mobiliários.

Artigo 8.º
Participações qualificadas e acordos parassociais

1. Quem, nos termos do artigo 16.º, seja detentor de participação qualificada que anteriormente não tinha essa natureza fica obrigado a cumprir os deveres de comunicação referidos no mesmo preceito até três meses após a entrada em vigor do Código dos Valores Mobiliários, independentemente da data e das circunstâncias determinantes da detenção da participação.

2. Ao mesmo prazo fica sujeita a comunicação à CMVM dos acordos parassociais a que se refere o artigo 19.º, celebrados antes da entrada em vigor do Código dos Valores Mobiliários.

Artigo 9.º
Fundos de garantia

1. Os fundos de garantia a que se referem os artigos 35.º a 38.º do Código dos Valores Mobiliários devem ser constituídos ou, quando já existentes, reorganizados, no prazo de um ano a contar da entrada em vigor do referido Código.

2. Ficam isentos do imposto sobre o rendimento das pessoas colectivas os rendimentos dos fundos de garantia e do sistema de garantia dos investidores em valores mobiliários e outros instrumentos financeiros, com excepção dos rendimentos provenientes de aplicações que os mesmos façam das suas disponibilidades financeiras.

Artigo 10.°
Títulos ao portador registados

1. Se a lei exigir que os títulos representativos de valores mobiliários assumam a modalidade de títulos nominativos ou ao portador registados ou apenas esta, tal exigência considera-se limitada ou substituída pela modalidade de títulos nominativos.

2. Os valores mobiliários ao portador que estejam em regime de registo por força de lei ou do estatuto da sociedade devem ser convertidos em valores mobiliários nominativos no prazo de dois anos a contar da entrada em vigor do Código dos Valores Mobiliários.

3. Pelos actos exigidos pela conversão a que se refere o n.° 1 ou dela resultantes não são devidos quaisquer emolumentos.

4. Se a sujeição a registo de títulos ao portador resultar apenas do estatuto da sociedade, o emitente pode decidir a manutenção daqueles valores mobiliários como valores ao portador, sem registo.

5. Se a sujeição a registo de títulos ao portador resultar de opção do seu titular, aqueles deixam de estar sujeitos ao regime de registo.

Artigo 11.°
Processos em curso

Aos processos relativos a contra-ordenações que estejam em curso ou pendentes de decisão judicial são aplicáveis as normas do Código Penal e do Código de Processo Penal sobre a aplicação no tempo, com as devidas adaptações.

Artigo 12.°
Alterações ao Código do IRS

1. O artigo 117.° do Código do Imposto sobre o Rendimento das Pessoas Singulares passa a ter a seguinte redacção:

"Artigo 117.°
Comunicação da alienação de valores mobiliários

1. As alienações de valores mobiliários cujas mais-valias estejam sujeitas a IRS, bem como o respectivo valor, devem ser comunicadas à Direcção-Geral das Contribuições e Impostos:

a) Pelas instituições de crédito, sociedades financeiras de corretagem, sociedades corretoras e outros intermediários financeiros que intervieram na alienação, até ao final do mês de Fevereiro de cada ano;

b) Pelas pessoas intervenientes na alienação, fora dos casos referidos na alínea anterior ou no artigo 116.°, até 10 dias após a alienação.

2. As comunicações a que se refere o número anterior devem ser feitas mediante impresso de modelo aprovado oficialmente ou por suporte informático."

2. O artigo 129.° do Código do Imposto sobre o Rendimento das Pessoas Singulares passa a ter a seguinte redacção:

"Artigo 129
Registo ou depósito de valores mobiliários

1. O registo de valores mobiliários escriturais e o depósito de valores mobiliários titulados susceptíveis de produzir rendimentos da categoria G deve ser titulado por documento emitido pela respectiva entidade registadora ou depositária, do qual conste a identificação dos valores mobiliários registados ou depositados.

2. O disposto no número anterior é aplicável à transferência entre contas dos valores mobiliários escriturais e ao levantamento dos valores mobiliários titulados depositados.

3. Da declaração a que se refere o número anterior, se passada por instituição de crédito ou outro intermediário financeiro, deve constar que os valores mobiliários foram adquiridos com a sua intervenção."

Artigo 13.°
Alterações ao Código das Sociedades Comerciais

1. O n.° 2 do artigo 167.° do Código das Sociedades Comerciais passa a ter a seguinte redacção:

"2. Nas sociedades anónimas os avisos, anúncios e convocações dirigidos aos sócios ou a credores, quando a lei ou o contrato mandem publicá-los, devem ser publicados de acordo com o disposto no número anterior e ainda num jornal da localidade da sede da sociedade ou, na falta deste, num dos jornais aí mais lidos".

2. O n.° 4 do artigo 328.° do Código das Sociedades Comerciais passa a ter a seguinte redacção:

"4. As cláusulas previstas neste artigo devem ser transcritas nos títulos ou nas contas de registo das acções, sob pena de serem inoponíveis a adquirentes de boa fé."

3. O n.° 5 do artigo 346.° do Código das Sociedades Comerciais passa a ter a seguinte redacção:

"5. As acções totalmente reembolsadas passam a denominar--se acções de fruição, constituem uma categoria e esse facto deve constar do título ou do registo das acções."

4. O n.° 1 do artigo 371.° do Código das Sociedades Comerciais passa a ter a seguinte redacção:

"1. A administração da sociedade deve:

a) em relação a acções tituladas, emitir os títulos das novas acções e entregá-los aos seus titulares no prazo de 180 dias a contar da escritura do aumento do capital resultante da emissão;

b) em relação a acções escriturais, proceder ao registo em conta das novas acções imediatamente após o registo comercial do aumento de capital resultante da emissão."

5. Ao artigo 490.° do Código das Sociedades Comerciais é aditado um n.° 7 com a seguinte redacção:

"7. A aquisição tendente ao domínio total de sociedade com o capital aberto ao investimento do público rege-se pelo disposto no Código dos Valores Mobiliários."

Artigo 14.°
Remissão para disposições revogadas

Quando disposições legais ou contratuais remeterem para preceitos revogados por este decreto-lei, entende-se que a remissão vale para as correspondentes disposições do Código dos Valores Mobiliários, salvo se do contexto resultar interpretação diferente.

Artigo 15.°
Revogação

1. Com a entrada em vigor do Código dos Valores Mobiliários são revogados os seguintes diplomas e preceitos legais:

a) Código do Mercado dos Valores Mobiliários, aprovado pelo Decreto-Lei n.° 142-A/91, de 10 de Abril, e alterado pelos Decretos-Lei n.° 89/94, de 2 de Abril, n.° 186/94, de 5 de Junho, n.° 204/94, de 2 de Agosto, n.° 196/95, de 29 de Julho, n.° 261/95, de 3 de Outubro, n.° 232/96, de 5 de Dezembro (rectificado pela Declaração de Rectificação n.º 4-E/97, de 31 de Janeiro), n.º 178/97, de 24 de Julho e n.º 343/98, de 6 de Novembro, com excepção dos artigos 190.º, 192.º, 194.º a 263.º e 481.º a 498.º;

b) Decreto-Lei n.º 408/82, de 29 de Setembro, alterado pelos Decretos-Lei n.º 198/86, de 19 de Julho, n.º 243/89, de 5 de Agosto e n.º 116/91, de 21 de Março;

c) artigo 5.º do Decreto-Lei n.º 262/86, de 2 de Setembro;

d) n.º 9 do artigo 279.º, artigos 284.º, 300.º, 305.º, 326.º, 327.º, 330.º a 340.º e n.º 4 do artigo 528.º, todos do Código das Sociedades Comerciais;

e) o Decreto-Lei n.º 73/95, de 19 de Abril;

f) o artigo 34.º-A, aditado ao Estatuto dos Benefícios Fiscais, pelo artigo 1.º do Decreto-lei n.º 142-B/91, de 10 de Abril.

2. Com a entrada em vigor do Código dos Valores Mobiliários são revogados todos os regulamentos aprovados ao abrigo da legislação revogada nos termos do número anterior, nomeadamente as seguintes portarias:

a) Portaria n.º 834-A/91, de 14 de Agosto;

b) Portaria n.º 935/91, de 16 de Setembro;

c) Portaria n.º 181-A/92, de 8 de Junho;

d) Portaria n.º 647/93, de 7 de Julho;

e) Portaria n.º 219/93, de 27 de Novembro;

f) Portaria n.º 710/94, de 8 de Agosto;

g) Portaria n.º 377-C/94, de 15 de Junho, alterada pela Portaria n.º 291/96, de 23 de Dezembro.

h) Portaria n.º 904/95, de 18 de Junho;

i) Portaria n.º 905/95, de 18 de Julho, alterada pela Portaria n.º 710/96, de 9 de Dezembro;

j) Portaria n.º 222/96, de 24 de Junho;

l) Portaria n.º 291/96, de 23 de Dezembro.

Visto e aprovado em Conselho de Ministros de 2 de Setembro de 1999. – *António Manuel de Oliveira Guterres – António Luciano Pacheco de Sousa Franco – José Eduardo Vera Cruz Jardim – Joaquim Augusto Nunes de Pina Moura – José Sócrates Carvalho Pinto de Sousa.*

Promulgado em 15 de Outubro de 1999.

Publique-se.

O Presidente da República, JORGE SAMPAIO.

Referendado em 21 de Outubro de 1999.

O Primeiro-Ministro, *António Manuel de Oliveira Guterres.*

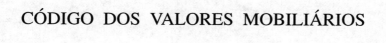

CÓDIGO DOS VALORES MOBILIÁRIOS

CÓDIGO DOS VALORES MOBILIÁRIOS

TÍTULO I
Disposições gerais

CAPÍTULO I
Âmbito de aplicação

Artigo 1.º
Valores mobiliários

1. São valores mobiliários, além de outros que a lei como tal qualifique:

a) As acções;

b) As obrigações;

c) Os títulos de participação;

d) As unidades de participação em instituições de investimento colectivo;

e) Os direitos à subscrição, à aquisição ou à alienação de valores mobiliários referidos nas alíneas anteriores, que tenham sido emitidos de modo autónomo;

f) Os direitos destacados dos valores mobiliários referidos nas alíneas *a*) a *d*), desde que o destaque abranja toda a emissão ou série ou esteja previsto no acto de emissão.

2. Por regulamento da Comissão do Mercado de Valores Mobiliários, neste código abreviadamente designada CMVM, ou, tratando-se de valores mobiliários de natureza monetária, por aviso do Banco de Portugal, podem ser reconhecidos como valores mobiliários outros documentos representativos de situações jurídicas homogéneas que visem, directa ou indirectamente, o financiamento de entidades públicas ou privadas e que sejam emitidos para distribuição junto do público, em circunstâncias que assegurem os interesses dos potenciais adquirentes.

Artigo 2.º
Âmbito de aplicação material

1. O presente Código regula os valores mobiliários, as ofertas públicas a eles relativas, os mercados onde os valores mobiliários são negociados, a liquidação e a intermediação de operações sobre valores mobiliários, bem como o respectivo regime de supervisão e sancionatório.

2. O Código não é aplicável aos valores mobiliários de natureza monetária na medida em que tal seja incompatível com as suas características ou com o seu regime jurídico.

3. Presume-se que têm natureza monetária as obrigações emitidas por prazo igual ou inferior a um ano.

4. As disposições dos títulos I e IV a VIII aplicam-se também aos instrumentos financeiros derivados que não sejam valores mobiliários, salvo se o respectivo regime não for compatível com a sua natureza.

5. Para efeitos do número anterior, as referências feitas neste Código a valores mobiliários devem ser entendidas de modo a abranger outros instrumentos financeiros.

6. Sempre que estejam em causa unidades de participação, as referências feitas no presente Código ao emitente devem considerar-se feitas à entidade gestora da instituição de investimento colectivo.

Artigo 3.º
Normas de aplicação imediata

1. Independentemente do direito que a outro título seja aplicável, as normas imperativas do presente Código aplicam-se se, e na medida em que, as situações, as actividades e os actos a que se referem tenham conexão relevante com o território português.

2. Considera-se que têm conexão relevante com o território português, designadamente:

a) As ordens dirigidas a membros de mercados registados na CMVM e as operações realizadas nesses mercados;

b) As actividades desenvolvidas e os actos realizados em Portugal;

c) A difusão de informações acessíveis em Portugal que digam respeito a situações, a actividades ou a actos regulados pelo direito português.

CAPÍTULO II
Forma

Artigo 4.º
Forma escrita

A exigência ou a previsão de forma escrita, de documento escrito ou de redução a escrito, feita no presente Código em relação a qualquer acto jurídico praticado no âmbito da autonomia negocial ou do procedimento administrativo, considera-se cumprida ou verificada ainda que o suporte em papel ou a assinatura sejam substituídos por outro suporte ou por outro meio de identificação que assegurem níveis equivalentes de inteligibilidade, de durabilidade e de autenticidade.

Artigo 5.º
Publicações

1. Na falta de disposição legal em sentido diferente, as publicações obrigatórias são feitas através de meio de comunicação de grande difusão em Portugal que seja acessível aos destinatários da informação.

2. A CMVM estabelece em regulamento os meios de comunicação adequados a cada tipo de publicação.

Artigo 6.º
Idioma

1. Deve ser redigida em português ou acompanhada de tradução para português devidamente legalizada a informação divulgada em Portugal que seja susceptível de influenciar as decisões dos investidores, nomeadamente quando respeite a ofertas públicas, a mercados de valores mobiliários, a actividades de intermediação e a emitentes.

2. A CMVM pode dispensar, no todo ou em parte, a tradução quando considere acautelados os interesses dos investidores.

3. A CMVM e as entidades gestoras de mercados, de sistemas de liquidação e de sistemas centralizados de valores mobiliários podem exigir a tradução para português de documentos redigidos em língua estrangeira que lhe sejam remetidos no âmbito das suas funções.

CAPÍTULO III
Informação

Artigo 7.º
Qualidade da informação

1. Deve ser completa, verdadeira, actual, clara, objectiva e lícita a informação respeitante a valores mobiliários, a ofertas públicas, a mercados de valores mobiliários, a actividades de intermediação e a emitentes, que seja susceptível de influenciar as decisões dos investidores ou que seja prestada às entidades de supervisão e às entidades gestoras de mercados, de sistemas de liquidação e de sistemas centralizados de valores mobiliários.

2. O disposto no número anterior aplica-se seja qual for o meio de divulgação e ainda que a informação seja inserida em conselho, recomendação, mensagem publicitária ou relatório de notação de risco.

3. O requisito da completude da informação é aferido em função do meio utilizado, podendo, nas mensagens publicitárias, ser substituído por remissão para documento acessível aos destinatários.

4. À publicidade relativa a valores mobiliários e a actividades reguladas neste Código é aplicável o regime geral da publicidade.

Artigo 8.º
Informação auditada

1. Deve ser objecto de relatório ou parecer elaborados por auditor registado na CMVM a informação financeira contida em documento de prestação de contas, em estudo de viabilidade ou em outros documentos que:

   a) Devam ser submetidos à CMVM;

   b) Devam ser publicados no âmbito de pedido de admissão à negociação em mercado regulamentado; ou

   c) Respeitem a instituições de investimento colectivo.

2. Se os documentos de prestação de contas referidos no número anterior incluírem previsões sobre a evolução dos negócios ou da situação económica e financeira da entidade a que respeitam, o relatório ou parecer do auditor deve pronunciar-se expressamente sobre os respectivos pressupostos, critérios e coerência.

Artigo 9.º
Registo de auditores

1. Só podem ser registados como auditores as sociedades de revisores oficiais de contas e outros auditores habilitados a exercer a sua actividade em Portugal que sejam dotados dos meios humanos, materiais e financeiros necessários para assegurar a sua idoneidade, independência e competência técnica.

2. Desde que apresentem garantias equivalentes de confiança, de acordo com padrões internacionalmente reconhecidos, a CMVM pode reconhecer relatório ou parecer elaborados por auditor não registado que esteja sujeito a controlo de qualificação no Estado de origem.

Artigo 10.º
Responsabilidade dos auditores

1. Pelos danos causados aos emitentes ou a terceiros por deficiência do relatório ou do parecer elaborados por auditor respondem solidária e ilimitadamente:

a) Os revisores oficiais de contas e outras pessoas que tenham assinado o relatório ou o parecer;

b) As sociedades de revisores oficiais de contas e outras sociedades de auditoria, desde que os documentos auditados tenham sido assinados por um dos seus sócios.

2. Os auditores devem manter seguro de responsabilidade civil adequado a garantir o cumprimento das suas obrigações.

Artigo 11.º
Normalização de informação

1. Ouvida a Comissão de Normalização Contabilística e a Ordem de Revisores Oficiais de Contas, a CMVM pode, através de regulamento, definir regras, harmonizadas com padrões internacionais, sobre o conteúdo, a organização e a apresentação da informação económica, financeira e estatística utilizada em documentos de prestação de contas, bem como as respectivas regras de auditoria.

2. A CMVM deve estabelecer com o Banco de Portugal e com o Instituto de Seguros de Portugal regras destinadas a assegurar a compatibilização da informação a prestar, nos termos do número anterior, por intermediários financeiros sujeitos também à supervisão de alguma daquelas autoridades.

Artigo 12.º
Notação de risco

1. As sociedades de notação de risco estão sujeitas a registo na CMVM.

2. Só podem ser registadas as sociedades de notação de risco dotadas dos meios humanos, materiais e financeiros necessários para assegurar a sua idoneidade, independência e competência técnica.

3. Os serviços de notação de risco devem ser prestados de modo imparcial e obedecer às classificações dominantes segundo os usos internacionais.

CAPÍTULO IV
Sociedades abertas

SECÇÃO I
Disposições gerais

Artigo 13.º
Critérios

1. Considera-se sociedade com o capital aberto ao investimento do público, abreviadamente designada neste Código «sociedade aberta»:

a) A sociedade que se tenha constituído através de oferta pública de subscrição dirigida especificamente a pessoas com residência ou estabelecimento em Portugal;

b) A sociedade emitente de acções ou de outros valores mobiliários que confiram direito à subscrição ou à aquisição de acções que tenham sido objecto de oferta pública de subscrição dirigida especificamente a pessoas com residência ou estabelecimento em Portugal;

c) A sociedade emitente de acções ou de outros valores mobiliários que confiram direito à sua subscrição ou aquisição, que estejam ou tenham estado admitidas à negociação em mercado regulamentado situado ou a funcionar em Portugal;

d) A sociedade emitente de acções que tenham sido alienadas em oferta pública de venda ou de troca em quantidade superior a 10% do capital social, dirigida especificamente a pessoas com residência ou estabelecimento em Portugal;

e) A sociedade resultante de cisão de uma sociedade aberta ou que incorpore, por fusão, a totalidade ou parte do seu património.

2. Os estatutos das sociedades podem fazer depender de deliberação da assembleia geral o lançamento de oferta pública de venda ou de troca de acções nominativas de que resulte a abertura do capital social nos termos da alínea *d)* do número anterior.

Artigo 14.º
Menção em actos externos

A qualidade de sociedade aberta deve ser mencionada nos actos qualificados como externos pelo artigo 171.º do Código das Sociedades Comerciais.

Artigo 15.º
Igualdade de tratamento

A sociedade aberta deve assegurar tratamento igual aos titulares dos valores mobiliários por ela emitidos que pertençam à mesma categoria.

SECÇÃO II
Participações qualificadas

Artigo 16.º
Deveres de comunicação

1. Quem atinja ou ultrapasse participação de 10%, 20%, um terço, metade, dois terços e 90% dos direitos de voto correspondentes ao capital social de uma sociedade aberta e quem reduza a sua participação para valor inferior a qualquer daqueles limites deve, no prazo de três dias após a ocorrência do facto:

   a) Informar a CMVM, a sociedade participada e as entidades gestoras de mercados regulamentados em que estejam admitidos à negociação valores mobiliários emitidos por essa sociedade;

   b) Dar conhecimento às entidades referidas na alínea anterior das situações que determinam a imputação ao participante de direitos de voto inerentes a valores mobiliários pertencentes a terceiros, nos termos do n.º 1 do artigo 20.º.

2. Fica igualmente sujeito aos deveres referidos no número anterior quem atinja ou ultrapasse participação de 2% e de 5% dos direitos de voto correspondentes ao capital social de uma sociedade aberta emitente de acções ou de outros valores mobiliários que confiram direito à sua subscrição ou aquisição, admitidos à negociação em mercado regulamentado situado ou a funcionar em Portugal, e quem reduza a sua participação para valor inferior a qualquer daqueles limites.

Artigo 17.º
Divulgação

1. A sociedade participada deve publicar imediatamente a comunicação recebida nos termos do artigo anterior.

2. A sociedade participada e as entidades gestoras de mercados regulamentados em que estejam admitidos à negociação valores mobiliários por ela emitidos devem informar a CMVM quando tiverem conhecimento ou fundados indícios de incumprimento dos deveres de informação previstos no artigo anterior.

3. Os deveres de comunicação e de publicação podem ser cumpridos por sociedade com a qual o obrigado se encontre em relação de domínio ou de grupo.

Artigo 18.º
Dispensa de publicação

A CMVM pode dispensar o cumprimento do disposto no n.º 1 do artigo anterior em relação às participações de 2% e de 5 % dos direitos de voto, se o participante:

a) For membro de mercado regulamentado situado ou a funcionar num Estado-membro da Comunidade Europeia; e

b) Deter as acções transitoriamente com vista à sua alienação; e

c) Declarar que, com os direitos de voto adquiridos, não pretende exercer influência sobre a gestão da sociedade.

Artigo 19.º
Acordos parassociais

1. Os acordos parassociais que visem adquirir, manter ou reforçar uma participação qualificada em sociedade aberta ou assegurar ou frustrar o êxito de oferta pública de aquisição devem ser comunicados à CMVM por qualquer dos contraentes no prazo de três dias após a sua celebração.

2. A CMVM determina a publicação, integral ou parcial, do acordo, na medida em que este seja relevante para o domínio sobre a sociedade.

3. São anuláveis as deliberações sociais tomadas com base em votos expressos em execução dos acordos não comunicados ou não publicados nos termos dos números anteriores, salvo se se provar que a deliberação teria sido adoptada sem aqueles votos.

Artigo 20.º
Imputação de direitos de voto

1. No cômputo das participações qualificadas consideram-se, além dos inerentes às acções de que o participante tenha a titularidade ou o usufruto, os direitos de voto:

a) Detidos por terceiros em nome próprio, mas por conta do participante;

b) Detidos por sociedade que com o participante se encontre em relação de domínio ou de grupo;

c) Detidos por titulares do direito de voto com os quais o participante tenha celebrado acordo para o seu exercício, salvo se, pelo mesmo acordo, estiver vinculado a seguir instruções de terceiro;

d) Detidos, se o participante for uma sociedade, pelos membros dos seus órgãos de administração e de fiscalização;

e) Que o participante possa adquirir em virtude de acordo celebrado com os respectivos titulares;

f) Inerentes a acções dadas em garantia ao participante ou por este administradas ou depositadas junto dele, se os direitos de voto lhe tiverem sido atribuídos ou se lhe tiverem sido conferidos poderes discricionários para o seu exercício;

g) Imputáveis a qualquer das pessoas referidas numa das alíneas anteriores por aplicação, com as devidas adaptações, de critério constante de alguma das outras alíneas.

2. Os titulares dos valores mobiliários a que são inerentes os direitos de voto imputáveis ao detentor de participação qualificada devem prestar a este as informações necessárias para efeitos do artigo 16.º.

Artigo 21.º
Relações de domínio e de grupo

1. Para efeitos deste Código, considera-se relação de domínio a relação existente entre uma pessoa singular ou colectiva e uma sociedade quando, independentemente de o domicílio ou a sede se situar em Portugal ou no estrangeiro, aquela possa exercer sobre esta, directa ou indirectamente, uma influência dominante.

2. Existe, em qualquer caso, relação de domínio quando uma pessoa singular ou colectiva:

a) Disponha da maioria dos direitos de voto;

b) Possa exercer a maioria dos direitos de voto, nos termos de acordo parassocial;

c) Possa nomear ou destituir a maioria dos titulares dos órgãos de administração ou de fiscalização.

3. Para efeitos deste Código consideram-se em relação de grupo as sociedades como tal qualificadas pelo Código das Sociedades Comerciais, independentemente de as respectivas sedes se situarem em Portugal ou no estrangeiro.

SECÇÃO III
Deliberações sociais

Artigo 22.°
Voto por correspondência

1. Nas assembleias gerais das sociedades abertas, o direito de voto sobre matérias que constem da convocatória pode ser exercido por correspondência.

2. O disposto no número anterior pode ser afastado pelos estatutos da sociedade, salvo quanto à alteração destes e à eleição de titulares dos órgãos sociais.

3. Para efeitos do n.° 1, a convocatória da assembleia geral deve incluir:

a) Indicação de que o direito de voto pode ser exercido por correspondência;

b) Descrição do modo por que se processa o voto por correspondência, incluindo o endereço e o prazo para a recepção das declarações de voto.

4. A sociedade deve verificar a autenticidade do voto e assegurar, até ao momento da votação, a sua confidencialidade.

Artigo 23.°
Solicitação de procuração

1. O pedido de procuração para representação em assembleia geral de sociedade aberta, que seja feito a mais de cinco accionistas ou que utilize um dos meios de contacto com o público referidos no n.° 2 e na alínea *b*) do n.° 3 do artigo 109.°, deve conter, além dos elementos referidos na alínea *c*) do n.° 1 do artigo 381.° do Código das Sociedades Comerciais, os seguintes:

a) Os direitos de voto que são imputáveis ao solicitante nos termos do n.° 1 do artigo 20.°;

b) O fundamento do sentido de voto a exercer pelo solicitante.

2. O documento tipo utilizado na solicitação de procuração deve ser enviado à CMVM e à entidade gestora do mercado até cinco dias úteis antes do envio aos titulares do direito de voto.

3. O solicitante deve prestar aos titulares do direito de voto toda a informação para o efeito relevante que por eles lhe seja pedida.

Artigo 24.°
Suspensão de deliberação social

1. A providência cautelar de suspensão de deliberação social tomada por sociedade aberta só pode ser requerida por sócios que, isolada ou conjuntamente, possuam acções correspondentes, pelo menos, a 0,5% do capital social.

2. Qualquer accionista pode, porém, instar, por escrito, o órgão de administração a abster-se de executar deliberação social que considere inválida, explicitando os respectivos vícios.

3. Se a deliberação vier a ser declarada nula ou anulada, os titulares do órgão de administração que procedam à sua execução sem tomar em consideração o requerimento apresentado nos termos do número anterior são responsáveis pelos prejuízos causados, sem que a responsabilidade para com a sociedade seja excluída pelo disposto no n.° 4 do artigo 72.° do Código das Sociedades Comerciais.

Artigo 25.°
Aumento de capital social

As acções emitidas por sociedade aberta constituem uma categoria autónoma:

a) Pelo prazo de 30 dias contados da deliberação de aumento de capital; ou

b) Até ao trânsito em julgado de decisão judicial sobre acção de anulação ou de declaração de nulidade de deliberação social proposta dentro daquele prazo.

Artigo 26.°
Anulação da deliberação de aumento de capital social

1. A anulação de uma deliberação de aumento de capital social de sociedade aberta determina a amortização das novas acções, se estas tiverem sido objecto de admissão à negociação em mercado regulamentado.

2. Como contrapartida da amortização é devido montante correspondente ao valor real das acções, determinado, a expensas da sociedade, por perito qualificado e independente designado pela CMVM.

3. Os credores cujos direitos se tenham constituído em momento anterior ao do registo da anulação podem, no prazo de seis meses contados desse registo, exigir, por escrito, à sociedade a prestação de garantias adequadas ao cumprimento das obrigações não vencidas.

4. O pagamento da contrapartida da amortização só pode efectuar-se depois de, decorrido o prazo referido na parte final do número anterior, estarem pagos ou garantidos os credores que dentro do mesmo prazo se tenham dirigido à sociedade.

SECÇÃO IV
Perda da qualidade de sociedade aberta

Artigo 27.º
Requisitos

1. A sociedade aberta pode perder essa qualidade quando:

a) Um accionista passe a deter, em consequência de oferta pública de aquisição, mais de 90% dos direitos de voto calculados nos termos do n.º 1 do artigo 20.º;

b) A perda da referida qualidade seja deliberada em assembleia geral da sociedade por uma maioria não inferior a 90% do capital social e em assembleias dos titulares de acções especiais e de outros valores mobiliários que confiram direito à subscrição ou aquisição de acções por maioria não inferior a 90% dos valores mobiliários em causa;

c) Tenha decorrido um ano sobre a exclusão da negociação das acções em mercado regulamentado, fundada na falta de dispersão pelo público.

2. A perda de qualidade de sociedade aberta pode ser requerida à CMVM pela sociedade e, no caso da alínea *a)* do número anterior, também pelo oferente.

3. No caso da alínea *b)* do n.º 1, a sociedade deve indicar um accionista que se obrigue:

a) A adquirir, no prazo de três meses após o deferimento pela CMVM, os valores mobiliários pertencentes, nesta data, às pessoas que não tenham votado favoravelmente alguma das deliberações em assembleia;

b) A caucionar a obrigação referida na alínea anterior por garantia bancária ou depósito em dinheiro efectuado em instituição de crédito.

4. A contrapartida da aquisição referida no n.° 3 calcula-se nos termos do artigo 188.°.

Artigo 28.°
Publicações

1. A decisão da CMVM é publicada, por iniciativa e a expensas da sociedade, no boletim do mercado regulamentado onde os valores mobiliários estavam admitidos à negociação e por um dos meios referidos no artigo 5.°.

2. No caso da alínea *b*) do n.° 1 do artigo anterior, a publicação deve mencionar os termos da aquisição dos valores mobiliários e deve ser repetida no fim do 1.° e do 2.° meses do prazo para exercício do direito de alienação.

Artigo 29.°
Efeitos

1. A perda de qualidade de sociedade aberta é eficaz a partir da publicação da decisão favorável da CMVM.

2. A declaração de perda de qualidade de sociedade aberta implica a imediata exclusão da negociação em mercado regulamentado das acções da sociedade e dos valores mobiliários que dão direito à sua subscrição ou aquisição, ficando vedada a readmissão no prazo de um ano.

CAPÍTULO V
Investidores

Artigo 30.º
Investidores institucionais

1. Consideram-se investidores institucionais as instituições de crédito, as empresas de investimento, as instituições de investimento colectivo e respectivas sociedades gestoras, as empresas seguradoras e as sociedades gestoras de fundos de pensões.

2. Não beneficiam da protecção conferida aos investidores não institucionais as entidades públicas, as sociedades abertas, as sociedades gestoras de participações sociais, os titulares de participação qualificada em sociedade aberta, os consultores autónomos e as entidades colocadoras de unidades de participação por conta de outrem.

Artigo 31.º
Acção popular

1. Gozam do direito de acção popular para a protecção de interesses individuais homogéneos ou colectivos dos investidores não institucionais em valores mobiliários:

a) Os investidores não institucionais;

b) As associações de defesa dos investidores que reúnam os requisitos previstos no artigo seguinte;

c) As fundações que tenham por fim a protecção dos investidores em valores mobiliários.

2. A sentença condenatória deve indicar a entidade encarregada da recepção e gestão das indemnizações devidas a titulares não individualmente identificados, recaindo a designação, conforme as circunstâncias, em fundo de garantia, associação de defesa dos investidores ou um ou vários titulares de indemnização identificados na acção.

3. As indemnizações que não sejam pagas em consequência de prescrição ou de impossibilidade de identificação dos respectivos titulares revertem para o fundo de garantia relacionado com a actividade em que se insere o facto gerador da indemnização.

Artigo 32.º
Associações de defesa dos investidores

Sem prejuízo da liberdade de associação, só beneficiam dos direitos conferidos por este Código e legislação complementar às associações de defesa dos investidores as associações sem fim lucrativo, legalmente constituídas, que reúnam os seguintes requisitos, verificados por registo na CMVM:

a) Tenham como principal objecto estatutário a protecção dos interesses dos investidores em valores mobiliários;

b) Contem entre os seus associados pelo menos 100 pessoas singulares que não sejam investidores institucionais;

c) Exerçam actividade efectiva há mais de um ano.

Artigo 33.º
Mediação de conflitos

1. A CMVM organiza um serviço destinado à mediação voluntária de conflitos entre investidores não institucionais, por uma parte, e intermediários financeiros, consultores autónomos, entidades gestoras de mercados de valores mobiliários ou emitentes, por outra parte.

2. Os mediadores são designados pelo conselho directivo da CMVM, podendo a escolha recair em pessoas pertencentes aos seus quadros ou noutras personalidades de reconhecida idoneidade e competência.

Artigo 34.º
Procedimentos de mediação

1. Os procedimentos de mediação são estabelecidos em regulamento da CMVM e devem obedecer a princípios de imparcialidade, celeridade e gratuitidade.

2. Quando o conflito incida sobre interesses individuais homogéneos ou colectivos dos investidores, podem as associações de defesa dos investidores tomar a iniciativa da mediação e nela participar, a título principal ou acessório.

3. O procedimento de mediação é confidencial, ficando o mediador sujeito a segredo em relação a todas as informações que obtenha no decurso da mediação e não podendo a CMVM usar, em qualquer processo, elementos cujo conhecimento lhe advenha exclusivamente do procedimento de mediação.

4. O mediador pode tentar a conciliação ou propor às partes a solução que lhe pareça mais adequada.

5. O acordo resultante da mediação, quando escrito, tem a natureza de transacção extrajudicial.

Artigo 35.º
Constituição de fundos de garantia

1. As entidades gestoras de mercados regulamentados e de sistemas de liquidação de valores mobiliários devem constituir ou promover a constituição de fundos de garantia com o objectivo de ressarcir os investidores não institucionais pelos danos sofridos em consequência da actuação dos membros do mercado ou dos participantes no sistema.

2. A participação no fundo de garantia é obrigatória para os membros dos mercados regulamentados e para os participantes de sistemas de liquidação, constituindo essa participação requisito para o exercício das actividades em causa.

Artigo 36.º
Gestão de fundos de garantia

1. Os fundos de garantia são geridos:

a) Por sociedade que tenha essa gestão como objecto exclusivo e em que participem como sócios uma ou mais do que uma das entidades gestoras referidas no n.º 1 do artigo anterior; ou

b) Pela entidade gestora do mercado ou do sistema de liquidação a que o fundo está afecto.

2. No caso da alínea *b*) do número anterior, o fundo de garantia constitui património autónomo.

3. Compete, nomeadamente, ao conselho de administração da sociedade gestora do fundo de garantia:

a) Elaborar o regulamento do fundo;

b) Definir as contribuições obrigatórias;

c) Executar as decisões de indemnização a suportar pelo fundo de garantia.

4. O regulamento do fundo é aprovado pela CMVM e define, designadamente:

a) O montante mínimo do património do fundo;

b) O processo de reclamação e decisão;

c) O limite máximo das indemnizações.

5. A sociedade gestora do fundo e os titulares dos respectivos órgãos estão sujeitos a registo na CMVM.

Artigo 37.º
Receitas dos fundos de garantia

São receitas dos fundos de garantia:

a) As contribuições dos membros do mercado ou dos participantes de sistema de liquidação;

b) As multas aplicadas pelas entidades gestoras;

c) As indemnizações a que se refere o n.º 3 do artigo 31.º;

d) Os rendimentos das aplicações dos bens do fundo;

e) As liberalidades.

Artigo 38.º
Pagamento de indemnização pelo fundo de garantia

1. As decisões sobre pagamento de indemnizações pelo fundo de garantia são tomadas por uma comissão constituída por três pessoas, sendo uma designada pelo órgão de gestão do fundo, outra pela CMVM e a terceira cooptada de entre pessoas indicadas pelas associações de defesa de investidores.

2. As decisões da comissão não admitem recurso e vinculam apenas a entidade gestora do fundo.

3. O fundo de garantia que tenha pago qualquer indemnização fica sub-rogado nos direitos do lesado e tem direito ao reembolso das despesas do processo.

TÍTULO II
Valores mobiliários

CAPÍTULO I
Disposições gerais

SECÇÃO I
Direito aplicável

Artigo 39.º
Capacidade e forma

A capacidade para a emissão e a forma de representação dos valores mobiliários regem-se pela lei pessoal do emitente.

Artigo 40.º
Conteúdo

1. A lei pessoal do emitente regula o conteúdo dos valores mobiliários, salvo se, em relação a obrigações e a outros valores mobiliários representativos de dívida, constar do registo da emissão que é outro o direito aplicável.

2. Ao conteúdo dos valores mobiliários que confiram direito à subscrição, à aquisição ou à alienação de outros valores mobiliários aplica-se também a lei pessoal do emitente destes.

Artigo 41.º
Transmissão e garantias

A transmissão de direitos e a constituição de garantias sobre valores mobiliários regem-se:

a) Em relação a valores mobiliários integrados em sistema centralizado, pelo direito do Estado onde se situa o estabelecimento da entidade gestora desse sistema;

b) Em relação a valores mobiliários registados ou depositados não integrados em sistema centralizado, pelo direito do Estado em que se situa o estabelecimento onde estão registados ou depositados os valores mobiliários;

c) Em relação a valores mobiliários não abrangidos nas alíneas anteriores, pela lei pessoal do emitente.

Artigo 42.º
Referência material

A designação de um direito estrangeiro por efeito das normas da presente secção não inclui as normas de direito internacional privado do direito designado.

SECÇÃO II
Emissão

Artigo 43.º
Registo da emissão

1. A emissão de valores mobiliários que não tenham sido destacados de outros valores mobiliários está sujeita a registo junto do emitente.

2. As disposições sobre o registo de emissão de valores mobiliários aplicam-se aos valores mobiliários emitidos por entidade cuja lei pessoal seja a lei portuguesa.

Artigo 44.º
Menções do registo da emissão

1. Do registo da emissão constam:

a) A identificação do emitente, nomeadamente a firma ou denominação, a sede, o número de identificação de pessoa colectiva, a conservatória do registo comercial onde se encontra matriculada e o número de matrícula;

b) As características completas do valor mobiliário, designadamente o tipo, os direitos que, em relação ao tipo, estão especialmente incluídos ou excluídos, a forma de representação e o valor nominal ou percentual;

c) A quantidade de valores mobiliários que integram a emissão e a série a que respeitam e, tratando-se de emissão contínua, a quantidade actualizada dos valores mobiliários emitidos;

d) O montante e a data dos pagamentos para liberação previstos e efectuados;

e) As alterações que se verifiquem em qualquer das menções referidas nas alíneas anteriores;

f) A data da primeira inscrição registral de titularidade ou da entrega dos títulos e a identificação do primeiro titular, bem como, se for o caso, do intermediário financeiro com quem o titular celebrou contrato para registo dos valores mobiliários;

g) O número de ordem dos valores mobiliários titulados.

2. O registo das alterações a que se refere a alínea *e)* do número anterior deve ser feito no prazo de 30 dias.

3. O registo da emissão é reproduzido, quanto aos elementos referidos nas alíneas *a)*, *b)* e *c)* do número anterior e suas alterações:

a) Em conta aberta pelo emitente junto da entidade gestora do sistema centralizado, quando os valores mobiliários sejam integrados nesse sistema;

b) Em conta aberta pelo emitente no intermediário financeiro que presta o serviço de registo dos valores mobiliários escriturais nos termos do artigo 63.°.

Artigo 45.°
Categoria

Os valores mobiliários que sejam emitidos pela mesma entidade e apresentem o mesmo conteúdo constituem uma categoria, ainda que pertençam a emissões ou séries diferentes.

SECÇÃO III
Representação

Artigo 46.°
Formas de representação

1. Os valores mobiliários são escriturais ou titulados, consoante sejam representados por registos em conta ou por documentos em papel; estes são, neste Código, designados também por títulos.

2. Os valores mobiliários que integram a mesma emissão, ainda que realizada por séries, obedecem à mesma forma de representação, salvo para efeitos de negociação no estrangeiro.

3. Os valores mobiliários destacados de valores mobiliários escriturais e de valores mobiliários titulados integrados em sistema centralizado são representados por registo em conta autónoma.

4. Os valores mobiliários destacados de outros valores mobiliários titulados são representados por cupões fisicamente separados do título a partir do qual se constituíram.

Artigo 47.°
Formalidades prévias

A inscrição dos valores mobiliários em contas individualizadas ou a entrega dos títulos exige o prévio cumprimento das formalidades próprias para a criação de cada tipo de valor mobiliário, incluindo as relativas ao registo comercial.

Artigo 48.°
Decisão de conversão

1. Salvo proibição legal ou estatutária, o emitente pode decidir a conversão dos valores mobiliários quanto à sua forma de representação, estabelecendo para o efeito um prazo razoável, não superior a um ano.

2. A decisão de conversão é objecto de publicação.

3. Os custos da conversão são suportados pelo emitente.

Artigo 49.°
Conversão de valores mobiliários escriturais em titulados

1. Os valores mobiliários escriturais consideram-se convertidos em titulados no momento em que os títulos ficam disponíveis para entrega.

2. Os registos dos valores mobiliários convertidos devem ser inutilizados ou cancelados com menção da data da conversão.

Artigo 50.°
Conversão de valores mobiliários titulados em escriturais

1. Os valores mobiliários titulados são convertidos em escriturais através de inscrição em conta, após o decurso do prazo fixado pelo emitente para a entrega dos títulos a converter.

2. Os valores mobiliários titulados a converter devem ser entregues ao emitente ou depositados junto da entidade que prestará o serviço de registo após a conversão.

3. Os títulos relativos a valores mobiliários não entregues no prazo fixado pelo emitente apenas legitimam os titulares para solicitar o registo a seu favor.

4. O emitente deve promover a inutilização dos valores mobiliários convertidos, através da sua destruição ou por qualquer outra forma que assinale a conversão.

5. A conversão dos valores mobiliários titulados em depósito centralizado em valores mobiliários escriturais faz-se por mera comunicação do emitente à entidade gestora do sistema centralizado, que promove a inutilização dos títulos.

Artigo 51.º
Reconstituição e reforma judicial

1. Os valores mobiliários escriturais e titulados depositados podem, em caso de destruição ou perda, ser reconstituídos a partir dos documentos e registos de segurança disponíveis.

2. A reconstituição é efectuada pela entidade que tem a seu cargo o registo ou o depósito, com a colaboração do emitente.

3. O projecto de reconstituição deve ser publicado e comunicado a cada presumível titular e a reconstituição apenas pode ser efectuada decorridos pelo menos 45 dias após a publicação e a comunicação.

4. Qualquer interessado pode, após a publicação e a comunicação, opor-se à reconstituição, requerendo a reforma judicial dos valores mobiliários perdidos ou destruídos.

5. Quando todos os títulos em depósito centralizado sejam destruídos, sem que os correspondentes registos tenham sido afectados, consideram-se os mesmos convertidos em valores mobiliários escriturais, salvo se o emitente, no prazo de 90 dias após a comunicação da entidade gestora do sistema de depósito centralizado, requerer a reforma judicial.

6. O processo de reforma de documentos regulado pelos artigos 1069.º e seguintes do Código do Processo Civil aplica-se à reforma de valores mobiliários escriturais, com as devidas adaptações.

SECÇÃO IV
Modalidades

Artigo 52.°
Valores mobiliários nominativos e ao portador

1. Os valores mobiliários são nominativos ou ao portador, conforme o emitente tenha ou não a faculdade de conhecer a todo o tempo a identidade dos titulares.

2. Na falta de cláusula estatutária ou de decisão do emitente, os valores mobiliários consideram-se nominativos.

Artigo 53.°
Convertibilidade

Salvo disposição legal, estatutária ou resultante das condições especiais fixadas para cada emissão, os valores mobiliários ao portador podem, por iniciativa e a expensas do titular, ser convertidos em nominativos e estes naqueles.

Artigo 54.°
Modos de conversão

A conversão efectua-se:

a) Através de anotação na conta de registo individualizado dos valores mobiliários escriturais ou dos valores mobiliários titulados integrados em sistema centralizado;

b) Por substituição dos títulos ou por alteração no seu texto, realizadas pelo emitente.

SECÇÃO V
Legitimação

Artigo 55.°
Legitimação activa

1. Quem, em conformidade com o registo ou com o título, for titular de direitos relativos a valores mobiliários está legitimado para o exercício dos direitos que lhes são inerentes.

2. A legitimidade para exercer os direitos que tenham sido destacados, por inscrição em conta autónoma ou por separação de cupões, pertence a quem seja titular em conformidade com o registo ou com o título.

3. São direitos inerentes aos valores mobiliários, além de outros que resultem do regime jurídico de cada tipo:

a) Os dividendos, os juros e outros rendimentos;

b) Os direitos de voto;

c) Os direitos à subscrição ou aquisição de valores mobiliários do mesmo ou de diferente tipo.

Artigo 56.º
Legitimação passiva

O emitente que, de boa fé, realize qualquer prestação a favor do titular legitimado pelo registo ou pelo título ou lhe reconheça qualquer direito fica liberado e isento de responsabilidade.

Artigo 57.º
Contitularidade

Os contitulares de um valor mobiliário exercem os direitos a eles inerentes por meio de representante comum, nos termos previstos para as acções no artigo 303.º do Código das Sociedades Comerciais.

Artigo 58.º
Aquisição a pessoa não legitimada

1. Ao adquirente de um valor mobiliário que tenha procedido de boa fé não é oponível a falta de legitimidade do alienante, desde que a aquisição tenha sido efectuada de acordo com as regras de transmissão aplicáveis.

2. O disposto no número anterior é aplicável ao titular de quaisquer direitos de garantia sobre valores mobiliários.

SECÇÃO VI
Regulamentação

Artigo 59.º
**Regulamentação do registo no emitente
e em intermediário financeiro**

1. Através de portaria, o Ministro das Finanças regulamenta:

a) O registo da emissão de valores mobiliários no emitente, nomeadamente quanto ao seu conteúdo e ao seu suporte;

b) O registo dos valores mobiliários escriturais no emitente nos termos do artigo 64.º, nomeadamente quanto aos deveres dessa entidade, ao modo de conversão dos valores mobiliários e à sua reconstituição.

2. Cabe à CMVM a regulamentação do registo dos valores mobiliários escriturais que sigam o regime do artigo 63.º.

Artigo 60.º
**Regulamentação do sistema centralizado
de valores mobiliários**

A CMVM elabora os regulamentos necessários à concretização e ao desenvolvimento das disposições relativas aos valores mobiliários escriturais e titulados integrados em sistema centralizado, ouvidas as entidades gestoras, nomeadamente quanto aos seguintes aspectos:

a) Sistema de contas e regras a que deve obedecer;

b) Exercício dos direitos inerentes aos valores mobiliários;

c) Informações a prestar pelas entidades que integram o sistema;

d) Integração dos valores mobiliários no sistema e sua exclusão;

e) Conversão da forma de representação;

f) Ligação com sistemas de liquidação;

g) Medidas de segurança a adoptar quanto ao registo de valores mobiliários registados em suporte informático;

h) Prestação do serviço de registo ou de depósito de valores mobiliários por entidades com estabelecimento no estrangeiro;

i) Procedimentos a adoptar nas relações operacionais entre sistemas centralizados a funcionar em Portugal ou no estrangeiro;

j) Termos em que pode ser ilidida a presunção a que se refere o n.º 3 do artigo 74.º.

CAPÍTULO II
Valores mobiliários escriturais

SECÇÃO I
Disposições gerais

SUBSECÇÃO I
Modalidades de registo

Artigo 61.º
Entidades registadoras

O registo individualizado de valores mobiliários escriturais consta de:

a) Conta aberta junto de intermediário financeiro, integrada em sistema centralizado; ou

b) Conta aberta junto de um único intermediário financeiro indicado pelo emitente; ou

c) Conta aberta junto do emitente ou de intermediário financeiro que o representa.

Artigo 62.º
Integração em sistema centralizado

São obrigatoriamente integrados em sistema centralizado os valores mobiliários escriturais admitidos à negociação em mercado regulamentado.

Artigo 63.º
Registo num único intermediário financeiro

1. São obrigatoriamente registados num único intermediário financeiro, quando não estejam integrados em sistema centralizado:

a) Os valores mobiliários escriturais ao portador;

b) Os valores mobiliários distribuídos através de oferta pública e outros que pertençam à mesma categoria;

c) Os valores mobiliários emitidos conjuntamente por mais do que uma entidade;

d) As unidades de participação em instituição de investimento colectivo.

2. O intermediário financeiro registador é indicado pelo emitente ou pela entidade gestora da instituição de investimento colectivo, que suportam os custos da eventual mudança de entidade registadora.

3. Se o emitente for um intermediário financeiro, o registo a que se refere o presente artigo é feito noutro intermediário financeiro.

4. O intermediário financeiro adopta todas as medidas necessárias para prevenir e, com a colaboração do emitente, corrigir qualquer divergência entre a quantidade, total e por categorias, de valores mobiliários emitidos e a quantidade dos que se encontram em circulação.

Artigo 64.º
Registo no emitente

1. Os valores mobiliários escriturais nominativos não integrados em sistema centralizado nem registados num único intermediário financeiro são registados junto do emitente.

2. O registo junto do emitente pode ser substituído por registo com igual valor a cargo de intermediário financeiro actuando na qualidade de representante do emitente.

SUBSECÇÃO II
Processo de registo

Artigo 65.º
Suporte do registo

1. Os registos integrados em sistema centralizado são feitos em suporte informático, podendo consistir em referências codificadas.

2. As entidades que efectuem os registos em suporte informático devem utilizar meios de segurança adequados para esse tipo de suporte, em particular cópias de segurança guardadas em local distinto dos registos.

Artigo 66.º
Oficiosidade e instância

1. São lavrados oficiosamente os registos relativos a actos em que a entidade registadora, de alguma forma, tenha tido intervenção, a actos que lhe sejam comunicados pela entidade gestora do sistema centralizado e a actos de apreensão judicial que lhe sejam comunicados pela entidade competente.

2. Têm legitimidade para requerer o registo:

a) O titular da conta onde se deva proceder ao registo ou para onde devam ser transferidos os valores mobiliários;

b) O usufrutuário, o credor pignoratício e o titular de outras situações jurídicas que onerem os valores mobiliários, quanto ao registo das respectivas situações jurídicas.

Artigo 67.º
Base documental dos registos

1. As inscrições e os averbamentos nas contas de registo são feitos com base em ordem escrita do disponente ou em documento bastante para a prova do facto a registar.

2. Quando o requerente não entregue qualquer documento escrito e este não seja exigível para a validade ou a prova do facto a registar, deve a entidade registadora elaborar uma nota escrita justificativa do registo.

Artigo 68.º
Menções nas contas de registo individualizado

1. Em relação a cada titular são abertas, em separado, contas por categoria de valor mobiliário que, além das menções actualizadas dos elementos constantes das alíneas *a*) e *b*) do n.º 1 do artigo 44.º, contêm:

a) A identificação do titular e, em caso de contitularidade, do representante comum;

b) Os lançamentos a crédito e a débito das quantidades adquiridas e alienadas, com identificação da conta onde se fizeram, respectivamente, os lançamentos a débito e a crédito;

c) O saldo de valores mobiliários existente em cada momento;

d) A atribuição e o pagamento de dividendos, juros e outros rendimentos;

e) A subscrição e a aquisição de valores mobiliários, do mesmo ou de diferente tipo, a que os valores mobiliários registados confiram direito;

f) O destaque de direitos inerentes ou de valores mobiliários e, neste caso, a conta onde passaram a estar registados;

g) A constituição, a modificação e a extinção de usufruto, penhor, arresto, penhora ou qualquer outra situação jurídica que onere os valores mobiliários registados;

h) Os bloqueios e o seu cancelamento;

i) A propositura de acções judiciais relativas aos valores mobiliários registados ou ao próprio registo e as respectivas decisões;

j) Outras referências que sejam exigidas pela natureza ou pelas características dos valores mobiliários registados.

2. As menções referidas no número anterior devem incluir a data da inscrição e a referência abreviada aos documentos que lhes serviram de base.

3. Se os valores mobiliários tiverem sido emitidos por entidade que tenha como lei pessoal uma lei estrangeira, o registo é efectuado, no que respeita às menções equivalentes às referidas nas alíneas *a*) e *b*) do n.º 1 do artigo 44.º, com base em declaração do requerente, acompanhada dos pareceres jurídicos previstos no n.º 1 do artigo 231.º e no artigo 117.º ou da nota comparativa prevista no n.º 1 do artigo 146.º, quando exigidos por algum destes preceitos.

Artigo 69.º
Data e prioridade dos registos

1. Os registos oficiosos são lavrados com a data do facto registado.

2. Os registos requeridos pelos interessados são lavrados com a data de apresentação do requerimento de registo.

3. Se mais do que um registo se reportar à mesma data, a prioridade do registo é decidida pelo momento de verificação do facto ou da apresentação, conforme o registo seja oficioso ou dependente de apresentação.

4. Os registos relativos a valores mobiliários escriturais bloqueados reportam-se à data da cessação do bloqueio.

5. O registo provisório convertido em definitivo conserva a data que tinha como provisório.

6. Em caso de recusa, o registo feito na sequência de reclamação para a entidade registadora ou de recurso julgado procedente é feito com a data correspondente ao acto recusado.

Artigo 70.º
Sucessão de registos

A inscrição da aquisição de valores mobiliários, bem como da constituição, modificação ou extinção de usufruto, penhor ou de outras situações jurídicas que onerem os valores mobiliários registados, exige a prévia inscrição a favor do disponente.

Artigo 71.º
Transferência de valores mobiliários escriturais entre contas

1. A transferência dos valores mobiliários escriturais entre contas do mesmo ou de distintos titulares opera-se pelo lançamento a débito na conta de origem e a crédito na conta de destino.

2. As transferências entre contas integradas em sistema centralizado são feitas em conformidade com os valores globais a transferir, comunicados pela entidade gestora do sistema centralizado de valores mobiliários.

Artigo 72.º
Bloqueio

1. Estão obrigatoriamente sujeitos a bloqueio os valores mobiliários escriturais:

a) Em relação aos quais tenham sido passados certificados para exercício de direitos a eles inerentes, durante o prazo de vigência indicado no certificado, quando o exercício daqueles direitos dependa da manutenção da titularidade até à data desse exercício;

b) Em relação aos quais tenha sido passado certificado para valer como título executivo, devendo o bloqueio manter-se até à devolução do original do certificado ou até à apresentação de certidão da decisão final do processo executivo;

c) Que sejam objecto de penhora ou de outros actos de apreensão judicial, enquanto esta se mantiver;

d) Que sejam objecto de oferta pública de venda ou, quando já tenham sido emitidos, que integrem a contrapartida em oferta pública de troca, devendo o bloqueio manter-se até à liquidação da operação ou até à cessação da oferta em momento anterior.

2. O bloqueio pode também ser efectuado:

a) Por iniciativa do titular, em qualquer caso;

b) Por iniciativa de intermediário financeiro, quanto aos valores mobiliários em relação aos quais lhe tenha sido dada ou transmitida ordem de venda em mercado registado.

3. O bloqueio consiste num registo em conta, com indicação do seu fundamento, do prazo de vigência e da quantidade de valores mobiliários abrangidos.

4. Durante o prazo de vigência do bloqueio, a entidade registadora fica proibida de transferir os valores mobiliários bloqueados.

SUBSECÇÃO III
Valor e vícios do registo

Artigo 73.º
Primeira inscrição

1. Os valores mobiliários escriturais constituem-se por registo em contas individualizadas abertas junto das entidades registadoras.

2. O primeiro registo é efectuado com base nos elementos relevantes do registo de emissão comunicados pelo emitente.

3. Se a entidade registadora tiver aberto contas de subscrição, o registo efectua-se por conversão dessas contas em contas de registo individualizado.

Artigo 74.º
Valor do registo

1. O registo em conta individualizada de valores mobiliários escriturais faz presumir que o direito existe e que pertence ao titular da conta, nos precisos termos dos respectivos registos.

2. Salvo indicação diversa constante da respectiva conta, as quotas dos contitulares de uma mesma conta de valores mobiliários escriturais presumem-se iguais.

3. Quando esteja em causa o cumprimento de deveres de informação, de publicidade ou de lançamento de oferta pública de aquisição, a presunção de titularidade resultante do registo pode ser ilidida, para esse efeito, perante a autoridade de supervisão ou por iniciativa desta.

Artigo 75.º
Prioridade de direitos

Os direitos registados sobre os mesmos valores mobiliários prevalecem uns sobre os outros pela ordem de prioridade dos respectivos registos.

Artigo 76.º
Extinção dos efeitos do registo

1. Os efeitos do registo extinguem-se por caducidade ou por cancelamento.

2. O cancelamento é lavrado oficiosamente ou a requerimento do interessado.

Artigo 77.º
Recusa do registo

1. O registo é recusado nos seguintes casos:
a) Não estar o facto sujeito a registo;
b) Não ser competente a entidade registadora;
c) Não ter o requerente legitimidade;
d) Ser manifesta a nulidade do facto a registar;
e) Ser manifesta a inadequação dos documentos apresentados;
f) Ter o registo sido lavrado como provisório por dúvidas e estas não se mostrem removidas.
2. Quando não deva ser recusado, o registo pode ser lavrado como provisório por insuficiência documental.
3. O registo lavrado como provisório caduca se a causa da provisoriedade não for removida no prazo de 30 dias.

Artigo 78.º
Prova do registo

1. O registo prova-se por certificado emitido pela entidade registadora.
2. O certificado prova a existência do registo da titularidade dos valores mobiliários a que respeita e dos direitos de usufruto, de penhor e de quaisquer outras situações jurídicas que especifique, com referência à data em que foi emitido ou pelo prazo nele mencionado.
3. O certificado pode ser pedido por quem tenha legitimidade para requerer o registo.
4. Os credores, judicialmente reconhecidos, do titular dos valores mobiliários podem requerer certidão afirmativa ou negativa da existência de quaisquer situações que onerem esses valores mobiliários.

Artigo 79.º
Rectificação e impugnação dos actos de registo

1. Os registos podem ser rectificados pela entidade registadora, oficiosamente ou por iniciativa dos interessados.
2. A rectificação retroage à data do registo rectificado, sem prejuízo dos direitos de terceiros de boa fé.
3. Os actos de registo ou a sua recusa são impugnáveis junto dos tribunais comuns até 90 dias após o conhecimento do facto pelo impugnante, desde que ainda não tenham decorrido três anos após a data do registo.

SUBSECÇÃO IV
Transmissão, constituição e exercício de direitos

Artigo 80.º
Transmissão

1. Os valores mobiliários escriturais transmitem-se pelo registo na conta do adquirente.

2. A compra em mercado regulamentado de valores mobiliários escriturais confere ao comprador, independentemente do registo e a partir da realização da operação, legitimidade para a sua venda nesse mercado.

Artigo 81.º
Penhor

1. O penhor de valores mobiliários constitui-se pelo registo na conta do titular dos valores mobiliários, com indicação da quantidade de valores mobiliários dados em penhor, da obrigação garantida e da identificação do beneficiário.

2. O penhor pode ser constituído por registo em conta do credor pignoratício, quando o direito de voto lhe tiver sido atribuído.

3. A entidade registadora onde está aberta a conta dos valores mobiliários empenhados não pode efectuar a transferência desses valores para conta aberta em outra entidade registadora, sem prévia comunicação ao credor pignoratício.

4. Salvo convenção em contrário, os direitos inerentes aos valores mobiliários empenhados são exercidos pelo titular dos valores mobiliários empenhados.

5. O disposto nos n.ᵒˢ 1 a 3 é aplicável, com as devidas adaptações, à constituição do usufruto e de quaisquer outras situações jurídicas que onerem os valores mobiliários.

Artigo 82.º
Penhora

A penhora e outros actos de apreensão judicial de valores mobiliários escriturais realizam-se mediante comunicação à entidade registadora, pelo tribunal, de que os valores mobiliários ficam à ordem deste.

Artigo 83.º
Exercício de direitos

Se os direitos inerentes a valores mobiliários não forem exercidos através da entidade registadora, podem sê-lo pela apresentação dos certificados a que se refere o artigo 78.º.

Artigo 84.º
Título executivo

Os certificados passados pelas entidades registadoras relativos a valores mobiliários escriturais valem como título executivo, se mencionarem o fim a que se destinam, se forem emitidos por prazo indeterminado e se a assinatura do representante da entidade registadora e os seus poderes estiverem reconhecidos por notário.

SUBSECÇÃO V
Deveres das entidades resgistadoras

Artigo 85.º
Prestação de informações

1. As entidades registadoras de valores mobiliários escriturais devem prestar, pela forma que em cada situação se mostre mais adequada, as informações que lhe sejam solicitadas:
a) Pelos titulares dos valores mobiliários, em relação aos elementos constantes das contas abertas em seu nome;
b) Pelos titulares de direitos de usufruto, de penhor e de outras situações jurídicas que onerem valores mobiliários registados, em relação aos respectivos direitos;
c) Pelos emitentes, em relação a elementos constantes das contas de valores mobiliários nominativos.
2. O dever de informação abrange os elementos constantes dos documentos que serviram de base aos registos.
3. Se os valores mobiliários estiverem integrados em sistema centralizado, os pedidos de informação pelos emitentes podem ser dirigidos à entidade gestora desse sistema, que os transmite a cada uma das entidades registadoras.
4. A entidade registadora deve tomar a iniciativa de enviar a cada um dos titulares de valores mobiliários registados:
a) Em cada período de três meses, ou outro menor que seja contra-

tualmente acordado, extractos das contas abertas em seu nome, com indicação dos movimentos efectuados e do saldo apurado no final do período;

b) Os elementos necessários para o atempado cumprimento das obrigações fiscais.

Artigo 86.º
Acesso à informação

Além das pessoas referidas na lei ou expressamente autorizadas pelo titular, têm acesso à informação sobre os factos e as situações jurídicas constantes dos registos e dos documentos que lhes servem de base:

a) A CMVM e o Banco de Portugal, no exercício das suas funções;

b) Através da CMVM, as autoridades de supervisão de outros Estados, nos termos previstos no estatuto daquela entidade;

c) Os intermediários financeiros a quem tenha sido dada ordem de alienação dos valores mobiliários registados.

Artigo 87.º
Responsabilidade civil

1. As entidades registadoras de valores mobiliários escriturais respondem pelos danos causados aos titulares de direitos sobre esses valores ou a terceiros, em consequência de omissão, irregularidade, erro, insuficiência ou demora na realização dos registos ou destruição destes, salvo se provarem que houve culpa dos lesados.

2. As entidades registadoras têm direito de regresso contra a entidade gestora do sistema centralizado pela indemnização devida nos termos do número anterior, sempre que os factos em que a responsabilidade se baseia lhe sejam imputáveis.

3. Sempre que possível, a indemnização é fixada em valores mobiliários da mesma categoria daqueles a que o registo se refere.

SECÇÃO II
Sistema centralizado

Artigo 88.º
Estrutura e funções do sistema centralizado

1. Os sistemas centralizados de valores mobiliários são formados por conjuntos interligados de contas, através das quais se processa a consti-

tuição e a transferência dos valores mobiliários nele integrados e se assegura o controlo de quantidade dos valores mobiliários em circulação e dos direitos sobre eles constituídos.

2. Os sistemas centralizados de valores mobiliários só podem ser geridos por entidades que preencham os requisitos fixados em lei especial.

3. O disposto na presente secção não é aplicável aos sistemas centralizados directamente geridos pelo Banco de Portugal.

Artigo 89.º
Regras operacionais

1. As regras operacionais necessárias ao funcionamento de sistema centralizado são estabelecidas pela respectiva entidade gestora, estando sujeitas a registo.

2. A CMVM recusa o registo ou impõe modificações sempre que as considere insuficientes ou contrárias a disposição legal ou regulamentar.

Artigo 90.º
Integração e exclusão de valores mobiliários

1. A integração em sistema centralizado abrange todos os valores mobiliários da mesma categoria, depende de solicitação do emitente e realiza-se através de registo em conta aberta no sistema centralizado.

2. Os valores mobiliários que não estejam obrigatoriamente integrados em sistema centralizado podem dele ser excluídos por solicitação do emitente.

Artigo 91.º
Contas integrantes do sistema centralizado

1. O sistema centralizado é constituído, pelo menos, pelas seguintes contas:

a) Contas de emissão, abertas no emitente, nos termos do n.º 1 do artigo 44.º;

b) Contas de registo individualizado, abertas junto dos intermediários financeiros para o efeito autorizados;

c) Contas de controlo da emissão, abertas por cada um dos emitentes na entidade gestora do sistema, nos termos da alínea *a)* do n.º 3 do artigo 44.º;

d) Contas de controlo das contas de registo individualizado, abertas pelos intermediários financeiros na entidade gestora do sistema.

2. Se os valores mobiliários tiverem sido emitidos por entidade que tenha como lei pessoal uma lei estrangeira, a conta de emissão a que se refere a alínea *a*) do n.° 1 pode ser aberta em intermediário financeiro autorizado a actuar em Portugal ou ser substituída por elementos fornecidos por outro sistema centralizado com o qual exista coordenação adequada.

3. As contas de registo individualizado podem também ser abertas junto de intermediários financeiros reconhecidos pela entidade gestora do sistema centralizado, desde que estejam organizadas em condições de eficiência, segurança e controlo equivalentes às exigidas aos intermediários financeiros autorizados a exercer a sua actividade em Portugal.

4. As contas a que se refere a alínea *d*) do n.° 1 são contas globais abertas em nome de cada uma das entidades autorizadas a movimentar contas de registo individualizado, devendo, em relação a cada categoria de valores mobiliários, o somatório dos respectivos saldos ser igual ao somatório dos saldos apurados em cada uma das contas de registo individualizado.

5. As contas a que se refere a alínea *d*) do n.° 1 devem revelar em separado as quantidades de valores mobiliários de que cada intermediário financeiro registador é titular.

6. Nos casos previstos em regulamento da CMVM, podem ser abertas directamente junto da entidade gestora do sistema centralizado contas de registo individualizado, às quais se aplica o regime jurídico das contas da mesma natureza junto dos intermediários financeiros.

7. Devem ser abertas junto da entidade gestora do sistema centralizado subcontas específicas relativas a valores mobiliários empenhados ou que não possam ser transferidos ou que, por outras circunstâncias, não satisfaçam os requisitos de negociabilidade em mercado regulamentado.

Artigo 92.°
Controlo dos valores mobiliários em circulação

1. A entidade gestora do sistema centralizado deve adoptar as medidas necessárias para prevenir e corrigir qualquer divergência entre a quantidade, total e por categorias, de valores mobiliários emitidos e a quantidade dos que se encontram em circulação.

2. Se as contas a que se refere o n.° 1 do artigo anterior respeitarem apenas a uma parte da categoria, o controlo da totalidade da categoria é assegurado através de coordenação adequada com outros sistemas centralizados.

Artigo 93.º
Informações a prestar ao emitente

A entidade gestora do sistema centralizado deve fornecer ao emitente informação sobre:

a) A conversão de valores mobiliários escriturais em titulados ou destes em escriturais;

b) Os elementos necessários para o exercício dos direitos patrimoniais inerentes aos valores mobiliários registados e para o controlo desse exercício pelo emitente.

Artigo 94.º
Responsabilidade civil

1. A entidade gestora do sistema centralizado responde pelos danos causados aos intermediários financeiros e aos emitentes em consequência de omissão, irregularidade, erro, insuficiência ou demora na realização dos registos que lhe compete efectuar e na transmissão das informações que deve fornecer, salvo se provar que houve culpa dos lesados.

2. A entidade gestora do sistema centralizado tem direito de regresso contra os intermediários financeiros pelas indemnizações pagas aos emitentes, e contra estes, pelas indemnizações que tenha de pagar àqueles, sempre que os factos em que a responsabilidade se baseia sejam imputáveis, conforme os casos, aos intermediários financeiros ou aos emitentes.

CAPÍTULO III
Valores mobiliários titulados

SECÇÃO I
Títulos

Artigo 95.°
Emissão e entrega dos títulos

A emissão e entrega dos títulos ao primeiro titular constitui dever do emitente, que suporta os respectivos encargos.

Artigo 96.°
Cautelas

Enquanto não forem emitidos os títulos, a posição jurídica do titular pode ser provada através de cautelas passadas pelo emitente ou pelo intermediário financeiro colocador da emissão.

Artigo 97.°
Menções nos títulos

1. Dos títulos devem constar, além das menções referidas nas alíneas *a*) e *b*) do n.° 1 do artigo 44.°, os seguintes elementos:
   a) Número de ordem;
   b) Quantidade de direitos representados no título e, se for o caso, valor nominal global;
   c) Identificação do titular, nos títulos nominativos.
2. Os títulos são assinados, ainda que através de chancela, por um titular do órgão de administração do emitente.
3. A alteração de qualquer dos elementos constantes do título pode ser feita por substituição do título ou, desde que subscrita nos termos do número anterior, no respectivo texto.

Artigo 98.º
Divisão e concentração de títulos

Os títulos representam uma ou mais unidades da mesma categoria de valores mobiliários, podendo o titular solicitar a divisão ou concentração de títulos, suportando os respectivos encargos.

SECÇÃO II
Depósito

Artigo 99.º
Modalidades de depósito

1. O depósito de valores mobiliários titulados efectua-se:
   a) Em intermediário financeiro autorizado, por iniciativa do seu titular;
   b) Em sistema centralizado, nos casos em que a lei o imponha ou por iniciativa do emitente.

2. Os valores mobiliários titulados são obrigatoriamente depositados:
   a) Em sistema centralizado, quando estejam admitidos à negociação em mercado regulamentado;
   b) Em intermediário financeiro ou em sistema centralizado, quando toda a emissão ou série seja representada por um só título.

3. A entidade depositária deve manter contas de registo separadas por titular.

4. Os títulos depositados em intermediário financeiro mantêm o número de ordem.

5. Aos valores mobiliários a que se refere a alínea *b*) do n.º 2, quando não estejam integrados em sistema centralizado, aplica-se o regime dos valores mobiliários escriturais registados num único intermediário financeiro.

Artigo 100.º
Titularidade dos valores mobiliários depositados

1. A titularidade sobre os valores mobiliários titulados depositados não se transmite para a entidade depositária, nem esta pode utilizá-los para fins diferentes dos que resultem do contrato de depósito.

2. Em caso de falência da entidade depositária, os valores mobiliários não podem ser apreendidos para a massa falida, assistindo aos titulares o direito de reclamar a sua separação e restituição.

SECÇÃO III
Transmissão, constituição e exercício de direitos

Artigo 101.º
Transmissão de valores mobiliários titulados ao portador

1. Os valores mobiliários titulados ao portador transmitem-se por entrega do título ao adquirente ou ao depositário por ele indicado.

2. Se os títulos já estiverem depositados junto do depositário indicado pelo adquirente, a transmissão efectua-se por registo na conta deste, com efeitos a partir da data do requerimento do registo.

3. Em caso de transmissão por morte, o registo referido no número anterior é feito com base nos documentos comprovativos do direito à sucessão.

Artigo 102.º
Transmissão de valores mobiliários titulados nominativos

1. Os valores mobiliários titulados nominativos transmitem-se por declaração de transmissão, escrita no título, a favor do transmissário, seguida de registo junto do emitente ou junto de intermediário financeiro que o represente.

2. A declaração de transmissão entre vivos é efectuada:

a) Pelo depositário, nos valores mobiliários em depósito não centralizado, que lavra igualmente o respectivo registo na conta do transmissário;

b) Pelo funcionário judicial competente, quando a transmissão dos valores mobiliários resulte de sentença ou de venda judicial;

c) Pelo transmitente, em qualquer outra situação.

3. A declaração de transmissão por morte do titular é efectuada:

a) Havendo partilha judicial, nos termos da alínea *b*) do número anterior;

b) Nos restantes casos, pelo cabeça-de-casal ou pelo notário que lavrou a escritura de partilha.

4. Tem legitimidade para requerer o registo junto do emitente qualquer das entidades referidas nos n.ºs 2 e 3.

5. A transmissão produz efeitos a partir da data do requerimento de registo junto do emitente.

6. Os registos junto do emitente, relativos aos títulos nominativos, são gratuitos.

7. O emitente não pode, para qualquer efeito, opor ao interessado a falta de realização de um registo que devesse ter efectuado nos termos dos números anteriores.

Artigo 103.º
Usufruto e penhor

A constituição, modificação ou extinção de usufruto, de penhor ou de quaisquer situações jurídicas que onerem os valores mobiliários titulados é feita nos termos correspondentes aos estabelecidos para a transmissão da titularidade dos valores mobiliários.

Artigo 104.º
Exercício de direitos

1. O exercício de direitos inerentes aos valores mobiliários titulados ao portador depende da posse do título ou de certificado passado pelo depositário, nos termos do n.º 2 do artigo 78.º

2. Os direitos inerentes aos valores mobiliários titulados nominativos não integrados em sistema centralizado são exercidos de acordo com o que constar no registo do emitente.

3. Os títulos podem ter cupões destinados ao exercício de direitos inerentes aos valores mobiliários.

SECÇÃO IV
Valores mobiliários titulados em sistema centralizado

Artigo 105.º
Regime aplicável

Aos valores mobiliários titulados integrados em sistema centralizado é aplicável o disposto para os valores mobiliários escriturais integrados em sistema centralizado.

Artigo 106.º
Integração em sistema centralizado

1. Após o depósito dos títulos no sistema centralizado, os valores mobiliários são registados em conta, devendo mencionar-se nos títulos a integração em sistema centralizado e respectiva data.

2. A entidade gestora do sistema centralizado pode entregar os títulos junto dela depositados à guarda de intermediário financeiro autorizado a recebê-los, mantendo aquela entidade a totalidade dos seus deveres e a responsabilidade para com o depositante.

Artigo 107.º
Exclusão de sistema centralizado

A exclusão dos valores mobiliários titulados do sistema centralizado só pode realizar-se após a entidade gestora desse sistema se ter assegurado de que os títulos reproduzem os elementos constantes do registo, deles fazendo constar a menção e a data da exclusão.

TÍTULO III
Ofertas públicas

CAPÍTULO I
Disposições comuns

SECÇÃO I
Princípios gerais

Artigo 108.°
Direito aplicável

1. As disposições do presente título e os regulamentos que as complementam aplicam-se às ofertas públicas dirigidas especificamente a pessoas com residência ou estabelecimento em Portugal, seja qual for a lei pessoal do oferente ou do emitente e o direito aplicável aos valores mobiliários que são objecto da oferta.

2. O disposto no artigo 182.° e na secção II do capítulo III aplica-se apenas às ofertas públicas de aquisição de valores mobiliários emitidos por sociedades que tenham como lei pessoal a lei portuguesa.

Artigo 109.°
Oferta pública

1. Considera-se pública a oferta relativa a valores mobiliários dirigida, no todo ou em parte, a destinatários indeterminados.

2. A indeterminação dos destinatários não é prejudicada pela circunstância de a oferta se realizar através de múltiplas comunicações padronizadas, ainda que endereçadas a destinatários individualmente identificados.

3. Considera-se também pública:

a) A oferta dirigida à generalidade dos accionistas de sociedade aberta, ainda que o respectivo capital social esteja representado por acções nominativas;

b) A oferta que, no todo ou em parte, seja precedida ou acompa-nhada de prospecção ou de recolha de intenções de investimento junto de destinatários indeterminados ou de promoção publicitária;

c) A oferta dirigida a mais de 200 pessoas.

Artigo 110.º
Ofertas particulares

1. São sempre havidas como particulares:

a) As ofertas relativas a valores mobiliários dirigidas apenas a investidores institucionais actuando por conta própria;

b) As ofertas de subscrição dirigidas por sociedades com o capital fechado ao investimento do público à generalidade dos seus accionistas, fora do caso previsto na alínea *b*) do n.º 3 do artigo anterior.

2. As ofertas particulares ficam sujeitas a comunicação subsequente à CMVM para efeitos estatísticos.

Artigo 111.º
Âmbito

Exceptuam-se do âmbito de aplicação do presente título:

a) As ofertas públicas de distribuição de valores mobiliários emiti-dos pelo Estado português ou por outro Estado membro da Comunidade Europeia;

b) As ofertas públicas de distribuição de valores mobiliários emiti-dos pelo Banco Central Europeu ou pelo banco central de um dos Estados membros da Comunidade Europeia;

c) As ofertas públicas de subscrição de valores mobiliários repre-sentativos de dívida emitidos por prazo igual ou inferior a um ano, de obrigações de caixa e de obrigações hipotecárias;

d) As ofertas relativas a valores mobiliários emitidos por uma insti-tuição de investimento colectivo de tipo aberto realizadas pelo emitente ou por sua conta;

e) As ofertas em mercado registado na CMVM que sejam apresen-tadas exclusivamente através dos meios de comunicação próprios desse mercado e que não sejam precedidas ou acompanhadas de prospecção ou de recolha de intenções de investimento junto de destinatários indetermi-nados ou de promoção publicitária.

Artigo 112.º
Igualdade de tratamento

1. As ofertas públicas devem ser realizadas em condições que assegurem tratamento igual aos destinatários, sem prejuízo da possibilidade prevista no n.º 2 do artigo 124.º

2. Se a quantidade total dos valores mobiliários que são objecto das declarações de aceitação pelos destinatários for superior à quantidade dos valores mobiliários oferecidos, procede-se a rateio na proporção dos valores mobiliários cuja alienação ou aquisição for pretendida pelos destinatários, salvo se critério diverso resultar de disposição legal ou for autorizado pela CMVM.

Artigo 113.º
Intermediação obrigatória

1. As ofertas públicas relativas a valores mobiliários devem ser realizadas com intervenção de intermediário financeiro, que presta pelo menos os seguintes serviços:

a) Assistência e colocação, nas ofertas públicas de distribuição;

b) Assistência a partir do anúncio preliminar e recepção das declarações de aceitação, nas ofertas públicas de aquisição.

2. As funções correspondentes às referidas no número anterior podem ser desempenhadas pelo oferente, quando este seja intermediário financeiro autorizado a exercê-las.

SECÇÃO II
Registo e publicidade

Artigo 114.º
Registo prévio

A realização de qualquer oferta pública está sujeita a registo prévio na CMVM.

Artigo 115.º
Instrução do pedido

1. O pedido de registo é instruído com os seguintes documentos:

a) Cópia da deliberação de lançamento tomada pelos órgãos competentes do oferente e das decisões administrativas exigíveis;

b) Cópia dos estatutos do emitente dos valores mobiliários sobre que incide a oferta;

c) Cópia dos estatutos do oferente;

d) Certidão actualizada do registo comercial do emitente;

e) Certidão actualizada do registo comercial do oferente;

f) Cópia dos relatórios de gestão e de contas, dos pareceres do órgão de fiscalização e da certificação legal de contas do emitente respeitantes aos três últimos exercícios;

g) Cópia dos relatórios de gestão e de contas, dos pareceres do órgão de fiscalização e da certificação legal de contas do oferente respeitantes ao último exercício;

h) Relatório ou parecer de auditor elaborado nos termos dos artigos 8.° e 9.°;

i) Código de identificação dos valores mobiliários que são objecto da oferta;

j) Cópia do contrato celebrado com o intermediário financeiro encarregado da assistência;

l) Cópia do contrato de colocação e do contrato de consórcio de colocação, se existir;

m) Cópia do contrato de fomento de mercado, do contrato de esta-bilização e do contrato de opção de distribuição de lote suplementar, se existirem;

n) Projecto de anúncio de lançamento;

o) Projecto de prospecto;

p) Estudo de viabilidade, quando exigível.

2. A junção de documentos pode ser substituída pela indicação de que os mesmos já se encontram, em termos actualizados, em poder da CMVM.

3. A CMVM pode solicitar ao oferente, ao emitente ou a qualquer pessoa que com estes se encontra em alguma das situações previstas do n.° 1 do artigo 20.° as informações complementares que sejam necessárias para a apreciação do pedido de registo.

Artigo 116.°
Relatórios e contas especiais

Se, à data do pedido de registo da oferta, houverem decorrido mais de nove meses sobre o termo do último exercício a que se reportam as con-tas anuais apresentadas, a entidade que não se encontre obrigada a publicar informação semestral, ou que não haja cumprido essa obrigação, deve apresentar relatórios e contas especiais, organizados nos termos prescritos para o relatório e contas anuais e reportados a data não anterior ao fim do 1.º semestre do exercício em curso.

Artigo 117.º
Conformidade com direito estrangeiro

Se a oferta tiver por objecto valores mobiliários emitidos ou a emitir por entidade cuja lei pessoal seja uma lei estrangeira ou que estejam sujeitos a direito estrangeiro, a CMVM pode exigir parecer jurídico, a mencionar no prospecto, elaborado por técnico qualificado, atestando que o emitente se constituiu e funciona e que os valores mobiliários foram ou vão ser emitidos em conformidade com o direito aplicável.

Artigo 118.º
Decisão

1. O registo ou a sua recusa devem ser comunicados ao oferente:
a) No prazo de 8 dias, em oferta pública de aquisição;
b) No prazo de 30 dias, em ofertas de outra natureza.

2. Os prazos referidos no número anterior contam-se a partir da recepção do pedido ou das informações complementares solicitadas ao oferente ou a terceiros.

3. O registo baseia-se em critérios de legalidade, não envolvendo qualquer garantia quanto ao conteúdo da informação, à situação económica ou financeira do oferente ou do emitente, à viabilidade da oferta ou à qualidade dos valores mobiliários.

Artigo 119.º
Recusa de registo

1. O registo da oferta é recusado apenas quando:
a) Algum dos documentos que instruem o pedido for falso ou desconforme com os requisitos legais ou regulamentares;
b) A oferta for ilegal ou envolver fraude à lei.

2. Antes da recusa, a CMVM deve notificar o oferente para suprir, em prazo razoável, os vícios sanáveis.

Artigo 120.º
Caducidade do registo

O registo caduca se o anúncio de lançamento e o prospecto não forem divulgados:

a) Em oferta pública de distribuição, no prazo de seis meses contados a partir da data do último relatório e contas em que o registo se baseia;

b) Em oferta pública de aquisição, no prazo de oito dias contado a partir da comunicação do registo.

Artigo 121.º
Publicidade

1. A publicidade relativa a ofertas públicas deve:
a) Obedecer aos princípios enunciados no artigo 7.º;
b) Referir a existência ou a disponibilidade futura de prospecto;
c) Harmonizar-se com o conteúdo do prospecto.

2. Todo o material publicitário relacionado com a oferta pública está sujeito a aprovação prévia pela CMVM.

3. À responsabilidade civil pelo conteúdo da informação divulgada em acções publicitárias aplica-se, com as devidas adaptações, o disposto nos artigos 149.º e seguintes.

Artigo 122.º
Publicidade prévia

Quando a CMVM, após exame preliminar do pedido, considere que o registo da oferta é viável, pode autorizar publicidade anterior à publicação do anúncio de lançamento, desde que daí não resulte perturbação para os destinatários ou para o mercado.

SECÇÃO III
Lançamento e execução

Artigo 123.º
Anúncio de lançamento

1. O anúncio de lançamento deve descrever os elementos necessários para a formação dos contratos a que se refere, incluindo designadamente os seguintes:

a) Identificação e sede social do oferente, do emitente e dos intermediários financeiros encarregados da assistência e da colocação da oferta;

b) Características e quantidade dos valores mobiliários que são objecto da oferta;

c) Tipo de oferta;

d) Qualidade em que os intermediários financeiros intervêm na oferta;

e) Preço e montante global da oferta, ou intervalo entre o preço máximo e o preço mínimo, natureza e condições de pagamento;

f) Prazo da oferta;

g) Critério de rateio;

h) Condições de eficácia a que a oferta fica sujeita;

i) Locais da publicação e distribuição do prospecto;

j) Entidade responsável pelo apuramento e pela divulgação do resultado da oferta.

2. O anúncio de lançamento de oferta pública de distribuição deve fazer também referência à opção de distribuição de lote suplementar, caso exista.

3. O anúncio de lançamento deve ser publicado, em simultâneo com a divulgação do prospecto, em meio de comunicação com grande difusão no País e no boletim do mercado regulamentado em que os valores mobiliários estejam ou se destinem a estar admitidos à negociação.

Artigo 124.º
Conteúdo da oferta

1. O conteúdo da oferta só pode ser modificado nos casos previstos nos artigos 128.º, 172.º e 184.º.

2. O preço da oferta é único, salvo a possibilidade de preços diversos consoante as categorias de valores mobiliários ou de destinatários, fixados em termos objectivos e em função de interesses legítimos do oferente.

3. A oferta só pode ser sujeita a condições que correspondam a um interesse legítimo do oferente e que não afectem o funcionamento normal do mercado.

4. A oferta não pode estar sujeita a condições cuja verificação dependa do oferente.

Artigo 125.º
Prazo da oferta

1. O prazo de vigência da oferta deve ser fixado em conformidade com as suas características, com a defesa dos interesses dos destinatários e do emitente e com as exigências de funcionamento do mercado.

2. O prazo da oferta só pode iniciar-se no dia seguinte ao da divulgação do anúncio de lançamento e do prospecto.

Artigo 126.º
Declarações de aceitação

1. A declaração de aceitação dos destinatários da oferta consta de ordem dirigida a intermediário financeiro.

2. A aceitação pode ser revogada através de comunicação ao intermediário financeiro que a recebeu até cinco dias antes de findar o prazo da oferta ou em prazo inferior constante dos documentos da oferta.

Artigo 127.º
Apuramento e publicação do resultado da oferta

1. Terminado o prazo da oferta, o resultado desta é imediatamente apurado e publicado:

a) Por um intermediário financeiro que concentre as declarações de aceitação; ou

b) Em sessão especial de bolsa.

2. Em caso de oferta pública de distribuição, paralelamente à divulgação do resultado, o intermediário financeiro ou a entidade gestora da bolsa devem informar se foi requerida a admissão à negociação dos valores mobiliários que dela são objecto.

SECÇÃO IV
Vicissitudes

Artigo 128.º
Alteração das circunstâncias

Em caso de alteração imprevisível e substancial das circunstâncias que, de modo cognoscível pelos destinatários, hajam fundado a decisão de lançamento da oferta, excedendo os riscos a esta inerentes, pode o oferente, em prazo razoável e mediante autorização da CMVM, modificar a oferta ou revogá-la.

Artigo 129.º
Modificação da oferta

1. A modificação da oferta constitui fundamento de prorrogação do respectivo prazo, decidida pela CMVM por sua iniciativa ou a requerimento do oferente.
2. As declarações de aceitação da oferta anteriores à modificação consideram-se eficazes para a oferta modificada.
3. A modificação deve ser divulgada imediatamente, através de meios iguais aos utilizados para a divulgação do anúncio de lançamento.

Artigo 130.º
Revogação da oferta

1. A oferta pública só é revogável nos termos do artigo 128.º.
2. A revogação deve ser divulgada imediatamente, através dos mesmos meios utilizados para divulgação do anúncio de lançamento.

Artigo 131.º
Retirada da oferta

1. A CMVM deve ordenar a retirada da oferta se verificar que esta enferma de alguma ilegalidade ou violação de regulamento insanáveis.
2. A decisão de retirada é publicada pela CMVM, a expensas do oferente, nos mesmos termos em que foi divulgado o anúncio de lançamento.

Artigo 132.º
Efeitos da revogação e da retirada

A revogação e a retirada da oferta determinam a ineficácia desta e dos actos de aceitação anteriores ou posteriores à revogação ou à retirada, devendo ser restituído tudo o que foi entregue.

Artigo 133.º
Suspensão da oferta

1. A CMVM deve proceder à suspensão da oferta quando verifique alguma ilegalidade ou violação de regulamento sanáveis.

2. Quando se verifiquem as circunstâncias referidas no artigo 142.º, o oferente deve suspender a oferta até publicação de adenda ou de rectificação do prospecto.

3. A suspensão da oferta faculta aos destinatários a possibilidade de revogar a sua declaração até ao 5.º dia posterior ao termo da suspensão, com direito à restituição do que tenha sido entregue.

4. O prazo de suspensão da oferta não pode ser superior a 30 dias.

5. Findo o prazo referido no número anterior sem que tenham sido sanados os vícios que determinaram a suspensão, a CMVM deve ordenar a retirada da oferta.

SECÇÃO V
Prospecto

SUBSECÇÃO I
Exigibilidade e conteúdo

Artigo 134.º
Exigibilidade de prospecto

1. A realização de qualquer oferta pública relativa a valores mobiliários deve ser precedida de divulgação de um prospecto.

2. Exceptuam-se do disposto no número anterior:

a) As ofertas de venda de valores mobiliários admitidos à negociação em mercado regulamentado, desde que o prospecto de admissão se mostre actualizado;

b) As ofertas cujo valor global seja inferior a € 40.000;

c) As ofertas de distribuição que estabeleçam o valor mínimo de € 40.000 para cada uma das ordens de subscrição ou de compra;

d) As ofertas garantidas solidária e incondicionalmente pelo Estado;

e) As ofertas realizadas por organismos internacionais de carácter público e por instituições financeiras internacionais;

f) As ofertas dirigidas a trabalhadores, quando integradas em plano de retribuição salarial;

g) As ofertas realizadas por associações beneficentes ou humanitárias, para obtenção de meios necessários à prossecução dos seus fins desinteressados.

Artigo 135.º
Princípios gerais

1. O prospecto deve conter informação completa, verdadeira, actual, clara, objectiva e lícita, que permita aos destinatários formar juízos fundados sobre a oferta, os valores mobiliários que dela são objecto e os direitos que lhe são inerentes e sobre a situação patrimonial, económica e financeira do emitente.

2. As previsões relativas à evolução da actividade e dos resultados do emitente bem como à evolução dos preços dos valores mobiliários que são objecto da oferta devem:

a) Ser claras e objectivas;

b) Basear-se em informações dotadas das características referidas no número anterior e reveladas no prospecto;

c) Apoiar-se em opinião de auditor sobre os pressupostos, os critérios utilizados e a sua coerência com as previsões.

Artigo 136.º
Conteúdo comum do prospecto

Além das previstas no artigo 123.º, o prospecto deve incluir informações sobre:

a) As pessoas que, nos termos do artigo 149.º, são responsáveis pelo seu conteúdo;

b) Os objectivos da oferta;

c) O emitente e a actividade por este desenvolvida;

d) O oferente e a actividade por este desenvolvida;

e) A estrutura de administração e fiscalização do emitente;

f) A composição dos órgãos do emitente e do oferente;

g) Os intermediários financeiros que integram o consórcio de colocação, quando exista.

Artigo 137.º
Conteúdo do prospecto de oferta pública de distribuição

1. O prospecto de oferta pública de distribuição deve incluir também informação sobre:

a) O património, a situação financeira e os resultados do emitente e a sua evolução nos três últimos exercícios ou apenas nos exercícios decorridos desde a constituição do emitente;

b) As conclusões do relatório ou parecer de auditor elaborado nos termos dos artigos 8.° e 9.°;

c) As perspectivas de evolução dos negócios do emitente relativas pelo menos ao exercício em curso, na medida em que sejam relevantes para a avaliação do investimento;

d) O estudo de viabilidade, nos casos previstos no artigo 156.°;

e) O regime da distribuição incompleta, quando diferente do previsto no artigo 161.°;

f) Se os valores mobiliários se destinam a ser admitidos à negociação em mercado regulamentado;

g) Os contratos de fomento de mercado, de estabilização de preços e a opção de distribuição de lote suplementar, caso existam.

2. Se a oferta incidir sobre valores mobiliários admitidos ou que se prevê que venham a ser admitidos à negociação em mercado regulamentado situado ou a funcionar em Portugal ou noutro Estado membro da Comunidade Europeia, pode ser aprovado e utilizado um único prospecto que satisfaça os requisitos exigidos para ambos os efeitos.

3. Se a oferta incidir sobre valores mobiliários representativos de dívida cujo reembolso seja garantido por outrem, as informações previstas nas alíneas *d*) a *f*) do artigo anterior devem ser também dadas em relação ao garante.

4. Se a oferta respeitar a valores mobiliários que confiram direito à subscrição ou à aquisição de outros valores mobiliários, devem também ser dadas informações sobre estes últimos, sobre o respectivo emitente, sobre as condições de exercício do direito e sobre os termos em que estas condições podem ser afectadas por vicissitudes relevantes dos valores mobiliários que servem de activo subjacente.

Artigo 138.°
Conteúdo do prospecto de oferta pública de aquisição

1. O prospecto de oferta pública de aquisição deve incluir também informação sobre:

a) A contrapartida oferecida e sua justificação;

b) As quantidades mínima e máxima de valores mobiliários que o oferente se propõe adquirir;

c) A percentagem de direitos de voto que, nos termos do n.° 1 do artigo 20.°, pode ser exercida pelo oferente na sociedade visada;

d) A percentagem de direitos de voto que, nos termos do n.° 1 do artigo 20.°, pode ser exercida pela sociedade visada na sociedade oferente;

e) As pessoas que estão com o oferente em alguma das relações previstas no n.° 1 do artigo 20.°;

f) Os valores mobiliários da mesma categoria dos que são objecto da oferta que tenham sido adquiridos nos seis meses anteriores pelo oferente ou por alguma das pessoas que com este estejam em alguma das relações previstas do n.° 1 do artigo 20.°, com indicação das datas de aquisição, da quantidade e das contrapartidas;

g) Os objectivos da aquisição, designadamente quanto à manutenção da negociação em mercado regulamentado dos valores mobiliários que são objecto da oferta, à manutenção da qualidade de sociedade, aberta à continuidade ou modificação da actividade empresarial desenvolvida pela sociedade visada e por sociedades que com esta estejam em relação de domínio ou de grupo e à política de pessoal e estratégia financeira;

h) As possíveis implicações do sucesso da oferta sobre a situação financeira do oferente;

i) Os acordos parassociais, celebrados pelo oferente ou por qualquer das pessoas referidas do n.° 1 do artigo 20.°, com influência significativa na sociedade visada;

j) Os acordos celebrados entre o oferente ou qualquer das pessoas referidas do n.° 1 do artigo 20.° e os titulares dos órgãos sociais da sociedade visada, incluindo as vantagens especiais eventualmente estipuladas a favor destes;

l) O modo de pagamento da contrapartida quando os valores mobiliários que são objecto da oferta estejam igualmente admitidos à negociação em mercado regulamentado situado ou a funcionar no estrangeiro.

2. Se a contrapartida consistir em valores mobiliários, emitidos ou a emitir, o prospecto deve incluir todas as informações que seriam exigíveis se os valores mobiliários fossem objecto de oferta pública de venda ou de subscrição.

Artigo 139.°
Adaptação do prospecto em casos especiais

O conteúdo do prospecto deve ser adaptado, para efeitos do artigo 135.°, se, e na medida em que, seja necessário em função da forma jurídica ou das características particulares do emitente ou da natureza e das características dos valores mobiliários que são objecto da oferta.

Artigo 140.°
Divulgação

1. O prospecto deve ser divulgado:

a) Através de publicação num ou mais jornais de grande circulação no País; ou

b) Sob a forma de brochura colocada gratuitamente à disposição do público, designadamente na sede do oferente e do emitente, na sede e nas agências dos intermediários financeiros encarregados da recolha das declarações dos destinatários e na sede da entidade gestora dos mercados regulamentados em que os valores mobiliários estejam ou venham a estar admitidos à negociação.

2. Quando seja também divulgado por meio diferente dos previstos no número anterior, o prospecto deve ser acessível de modo separado em relação a qualquer outra informação, designadamente publicitária.

3. O prospecto só pode ser divulgado após aprovação pela CMVM.

Artigo 141.°
Dispensa de inclusão de matérias no prospecto

A requerimento do emitente ou do oferente, a CMVM pode dispensar a inclusão no prospecto de informações cuja divulgação seja contrária ao interesse público ou envolva prejuízo grave para o emitente ou risco grave da ocorrência desse prejuízo, desde que a omissão dessas informações não seja susceptível de induzir o público em erro sobre factos ou circunstâncias essenciais para a avaliação dos valores mobiliários que são objecto da oferta.

Artigo 142.°
Adenda ao prospecto e rectificação do prospecto

1. Se, entre a data de aprovação do prospecto e o fim do prazo da oferta, for detectada alguma deficiência no prospecto ou ocorrer qualquer facto novo ou se tome conhecimento de qualquer facto anterior não considerado no prospecto, que sejam relevantes para a decisão a tomar pelos destinatários, deve ser imediatamente requerida à CMVM a aprovação de adenda ou de rectificação do prospecto.

2. A adenda ou a rectificação do prospecto devem ser divulgadas nos termos do artigo 140.°.

Artigo 143.°
Prospecto complementar

Se, num Estado membro da Comunidade Europeia, tiver sido publicado há menos de um ano prospecto completo relativo a valores mobiliários pertencentes à mesma categoria dos que são objecto de nova oferta dirigida também a pessoas com residência ou estabelecimento em Portugal, o prospecto desta pode limitar-se às alterações relevantes verificadas depois da publicação do prospecto anterior.

Artigo 144.°
Prospecto de referência

1. Os emitentes podem submeter anualmente à aprovação da CMVM um prospecto de referência, contendo informação sobre a sua situação económica e financeira, que substitui parcialmente o prospecto exigível em ulterior admissão à negociação ou em oferta pública de distribuição de valores mobiliários.

2. O prospecto de referência deve ser colocado, logo após a sua aprovação, à disposição do público, nos termos da alínea *b)* do n.° 1 do artigo 140.°.

SUBSECÇÃO II
Prospecto de oferta internacional

Artigo 145.°
Autoridade competente

1. Para aprovar o prospecto de oferta pública feita em vários Estados membros da Comunidade Europeia, simultaneamente ou em datas próximas, para valores mobiliários da mesma categoria é competente a autoridade do Estado membro em que o emitente tem a sua sede.

2. Se no Estado membro em que o emitente tem a sua sede não estiver previsto um controlo prévio do prospecto de oferta pública, o oferente deve escolher para a aprovação uma autoridade que o preveja de entre as autoridades dos Estados membros em que a oferta é lançada e deve comunicar à CMVM a sua escolha.

Artigo 146.º
Informação

1. Se o emitente tiver como lei pessoal uma lei estrangeira, o prospecto deve incluir uma nota comparativa que reflicta as diferenças,
relevantes para o efeito, entre aquela lei pessoal e o regime jurídico
português.

2. Quando ofertas públicas relativas ao mesmo tipo de valores
mobiliários forem lançadas em Portugal e no estrangeiro, simultaneamente
ou em datas próximas, o prospecto a divulgar em Portugal deve conter
informação pelo menos equivalente à incluída nos documentos similares
divulgados no estrangeiro.

Artigo 147.º
Reconhecimento mútuo

1. O prospecto aprovado por autoridade competente de Estado membro da Comunidade Europeia relativo a uma oferta pública realizada
simultaneamente ou em datas próximas em Portugal e noutro Estado membro é reconhecido para efeitos do registo na CMVM, desde que:

a) Seja relativo a valores mobiliários emitidos por entidades com
sede em Estado membro da União Europeia;

b) Inclua informações respeitantes às instituições que asseguram
o serviço financeiro do emitente, ao regime fiscal a que estão sujeitos em
Portugal os rendimentos dos valores mobiliários que são objecto da oferta
e ao modo de publicação de avisos destinados aos investidores; e

c) Esteja traduzido para língua portuguesa, sem prejuízo do disposto
no n.º 2 do artigo 6.º.

2. Para efeitos do número anterior, o oferente deve comunicar
às autoridades competentes a intenção de utilização do prospecto em
Portugal.

3. O prospecto é reconhecido mesmo que beneficie de dispensa parcial, desde que essa dispensa esteja prevista neste Código.

Artigo 148.º
Cooperação

1. A CMVM deve estabelecer formas de cooperação com as autoridades competentes estrangeiras quanto à troca de informações necessárias
à supervisão de ofertas realizadas em Portugal e no estrangeiro.

2. Quando se realizar em Portugal uma oferta pública relativa a acções ou a valores mobiliários que confiram direito à sua subscrição ou aquisição, sendo as acções emitidas por sociedade com sede noutro Estado membro da Comunidade Europeia onde já se encontrem admitidas à negociação em mercado regulamentado, a aprovação do prospecto deve ser precedida de consulta às autoridades competentes daquele Estado membro.

SUBSECÇÃO III
Responsabilidade pelo prospecto

Artigo 149.º
Âmbito

1. São responsáveis pelos danos causados pela desconformidade do conteúdo do prospecto com o disposto no artigo 135.º, salvo se provarem que agiram sem culpa:

a) O oferente;

b) Os titulares do órgão de administração do oferente;

c) O emitente;

d) Os titulares do órgão de administração do emitente;

e) Os promotores, no caso de oferta de subscrição para a constituição de sociedade;

f) Os titulares do órgão de fiscalização, as sociedades de revisores oficiais de contas, os revisores oficiais de contas e outras pessoas que tenham certificado ou, de qualquer outro modo, apreciado os documentos de prestação de contas em que o prospecto se baseia;

g) Os intermediários financeiros encarregados da assistência à oferta;

h) As demais pessoas que aceitem ser nomeadas no prospecto como responsáveis por qualquer informação, previsão ou estudo que nele se inclua.

2. A culpa é apreciada de acordo com elevados padrões de diligência profissional.

3. A responsabilidade é excluída se alguma das pessoas referidas no n.º 1 provar que o destinatário tinha ou devia ter conhecimento da deficiência de conteúdo do prospecto à data da emissão da sua declaração contratual ou em momento em que a respectiva revogação ainda era possível.

Artigo 150.º
Responsabilidade objectiva

Respondem independentemente de culpa:

a) O oferente, se for responsável alguma das pessoas referidas nas alíneas *b*), *g*) e *h*) do n.º 1 do artigo anterior;

b) O emitente, se for responsável alguma das pessoas referidas nas alíneas *d*), *e*) e *f*) do n.º 1 do artigo anterior;

c) O chefe do consórcio de colocação, se for responsável um dos membros do consórcio, nos termos da alínea *g*) do n.º 1 do artigo anterior.

Artigo 151.º
Responsabilidade solidária

Se forem várias as pessoas responsáveis pelos danos causados, é solidária a sua responsabilidade.

Artigo 152.º
Dano indemnizável

1. A indemnização deve colocar o lesado na exacta situação em que estaria se, no momento da aquisição ou da alienação dos valores mobiliários, o conteúdo do prospecto estivesse conforme com o disposto no artigo 135.º.

2. O montante do dano indemnizável reduz-se na medida em que os responsáveis provem que o dano se deve também a causas diversas dos vícios da informação ou da previsão constantes do prospecto.

Artigo 153.º
Cessação do direito à indemnização

O direito de indemnização fundado nos artigos precedentes deve ser exercido no prazo de seis meses após o conhecimento da deficiência do conteúdo do prospecto e cessa, em qualquer caso, decorridos dois anos contados desde a data da divulgação do resultado da oferta.

Artigo 154.º
Injuntividade

As regras previstas nesta subsecção não podem ser afastadas ou modificadas por negócio jurídico.

SECÇÃO VI
Regulamentação

Artigo 155.º
Matérias a regulamentar

A CMVM elabora os regulamentos necessários à concretização do disposto no presente título, nomeadamente sobre as seguintes matérias:

a) Regime de comunicação subsequente das ofertas particulares relativas a valores mobiliários;

b) Modelo a que obedece a estrutura dos prospectos;

c) Quantidade mínima de valores mobiliários que pode ser objecto de oferta pública;

d) Local de publicação do resultado das ofertas públicas;

e) Conteúdo do prospecto de referência;

f) Opção de distribuição de lote suplementar;

g) Recolha de intenções de investimento, designadamente quanto ao conteúdo e à divulgação do anúncio e do prospecto preliminares;

h) Requisitos a que devem obedecer os valores mobiliários que integram a contrapartida de oferta pública de aquisição;

i) Deveres de informação a cargo das pessoas que beneficiam de derrogação quanto à obrigatoriedade de lançamento de oferta pública de aquisição;

j) Taxas devidas à CMVM pelo registo da oferta ou da recolha de intenções de investimento e pela aprovação de publicidade.

CAPÍTULO II
Ofertas públicas de distribuição

SECÇÃO I
Disposições gerais

Artigo 156.º
Estudo de viabilidade

O pedido de registo de oferta pública de distribuição deve ser instruído com estudo de viabilidade económica e financeira do emitente quando:

a) A oferta tenha por objecto a constituição de sociedade por apelo à subscrição pública;

b) O emitente exerça a sua actividade há menos de dois anos;

c) O emitente tenha tido prejuízos, revelados nas contas individuais ou consolidadas, em pelo menos dois dos três últimos exercícios;

d) A fixação do preço da oferta se baseie de modo predominante nas perspectivas de rendibilidade futura do emitente.

Artigo 157.º
Registo provisório

1. A CMVM pode proceder ao registo provisório da oferta pública de distribuição quando o pedido seja precedido da celebração de contrato de tomada firme com efeitos imediatos.

2. O registo provisório é instruído com os elementos constantes das alíneas *a*) a *g*) do n.º 1 do artigo 115.º.

3. O anúncio de lançamento e o prospecto não podem ser divulgados antes de o registo provisório se converter em definitivo.

4. O registo provisório caduca no prazo de 12 meses.

Artigo 158.º
Distribuição de lote suplementar

1. A quantidade de valores mobiliários a distribuir no âmbito de uma oferta pode ser aumentada, sem alteração de preço, até um montante pre-

-determinado no anúncio de lançamento e no prospecto, que não exceda 15% da quantidade inicialmente anunciada.

2. A opção de distribuição de lote suplementar deve ser exercida no prazo da oferta ou nos 30 dias subsequentes.

Artigo 159.º
Preço da oferta

1. O oferente pode estabelecer que o preço ou, tratando-se de valores mobiliários representativos de dívida, a taxa de juro sejam determinados até ao dia anterior ao do apuramento do resultado da oferta, desde que no anúncio de lançamento sejam indicados os limites máximo e mínimo e os critérios objectivos que presidem à sua fixação.

2. O preço ou a taxa de juro definitivos devem ser divulgados nos mesmos termos do anúncio de lançamento e comunicados à CMVM no próprio dia em que sejam fixados.

Artigo 160.º
Estabilização de preços

Os contratos de estabilização só podem ser executados a partir da publicação do anúncio de lançamento da oferta pública de distribuição e até 30 dias após o apuramento do resultado.

Artigo 161.º
Distribuição incompleta

Se a quantidade total dos valores mobiliários que são objecto das declarações de aceitação for inferior à quantidade dos que foram oferecidos, a oferta é eficaz em relação aos valores mobiliários efectivamente distribuídos, salvo se o contrário resultar de disposição legal ou dos termos da oferta.

Artigo 162.º
Divulgação de informação

1. O emitente, o oferente, os intermediários financeiros intervenientes em oferta pública de distribuição, decidida ou projectada, e as pessoas que com estes estejam em alguma das situações previstas do n.º 1 do artigo 20.º devem, até que a informação relativa à oferta seja tomada pública:

a) Limitar a revelação de informação relativa à oferta ao que for necessário para os objectivos da oferta, advertindo os destinatários sobre o carácter reservado da informação transmitida;

b) Limitar a utilização da informação reservada aos fins relacionados com a preparação da oferta.

2. As entidades referidas no número anterior que, a partir do momento em que a oferta se torne pública, divulguem informação relacionada com o emitente ou com a oferta devem:

a) Observar os princípios a que deve obedecer a qualidade da informação;

b) Esclarecer as suas ligações com o emitente ou o seu interesse na oferta.

Artigo 163.º
Frustração de admissão à negociação

1. Quando uma oferta pública de distribuição for acompanhada da informação de que os valores mobiliários que dela são objecto se destinam a ser admitidos à negociação em mercado regulamentado, os destinatários da oferta podem resolver os negócios de aquisição, se:

a) A admissão à negociação não tiver sido requerida até ao apuramento do resultado da oferta; ou

b) A admissão for recusada com fundamento em facto imputável ao emitente, ao oferente, ao intermediário financeiro ou a pessoas que com estes estejam em alguma das situações previstas do n.º 1 do artigo 20.º

2. A resolução deve ser comunicada ao emitente até 60 dias após o acto de recusa de admissão a mercado regulamentado ou após a divulgação do resultado da oferta, se nesse prazo não tiver sido apresentado pedido de admissão.

3. O emitente deve restituir os montantes recebidos até 30 dias após a recepção da declaração de resolução.

SECÇÃO II
Recolha de intenções de investimento

Artigo 164.º
Admissibilidade

1. É permitida a recolha de intenções de investimento para apurar a viabilidade de uma eventual oferta pública de distribuição.

2. A recolha de intenções de investimento só pode iniciar-se após divulgação de prospecto preliminar.

3. As intenções de investimento não podem servir como meio de formação de contratos, mas podem conferir às pessoas consultadas condições mais favoráveis em oferta futura.

Artigo 165.º
Registo

1. A recolha de intenções de investimento está sujeita a registo prévio na CMVM.

2. O pedido de registo é instruído com os documentos referidos nas alíneas *a*) a *h*) do n.º 1 do artigo 115.º e, se for o caso, no artigo 168.º, acompanhados de projectos de anúncio e de prospecto preliminares.

Artigo 166.º
Responsabilidade pelo prospecto

À responsabilidade pelo conteúdo do prospecto preliminar aplica-se, com as necessárias adaptações, o disposto nos artigos 149.º e seguintes.

Artigo 167.º
Publicidade

É permitida a realização de acções publicitárias a partir da divulgação do anúncio preliminar, observando-se o disposto nos artigos 121.º e 122.º.

SECÇÃO III
Oferta pública de subscrição

Artigo 168.º
Oferta pública de subscrição para constituição de sociedade

Além dos documentos exigidos nas alíneas *j*) a *o*) do n.º 1 do artigo 115.º e no artigo 156.º, o pedido de registo de oferta de subscrição para constituição de sociedade deve ser instruído com os seguintes elementos:

a) Identificação dos promotores;

b) Documento comprovativo da subscrição do capital social mínimo pelos promotores;

c) Cópia do projecto do contrato de sociedade;

d) Certidão comprovativa do registo comercial provisório.

Artigo 169.º
Sucessão de ofertas e ofertas em séries

O lançamento pela mesma entidade de nova oferta de subscrição de valores mobiliários do mesmo tipo dos que foram objecto de oferta anterior ou o lançamento de nova série depende do pagamento prévio da totalidade do preço de subscrição ou da colocação em mora dos subscritores remissos e do cumprimento das formalidades associadas à emissão ou à série anteriores.

SECÇÃO IV
Oferta pública de venda

Artigo 170.º
Bloqueio dos valores mobiliários

O pedido de registo de oferta pública de venda é instruído com certificado comprovativo do bloqueio dos valores mobiliários oferecidos.

Artigo 171.º
Dever de cooperação do emitente

O emitente de valores mobiliários distribuídos em oferta pública de venda deve fornecer ao oferente, a expensas deste, as informações e os documentos necessários para a elaboração do prospecto.

Artigo 172.º
Revisão da oferta

1. A CMVM pode, por uma vez, autorizar a redução não inferior a 5% do preço inicialmente anunciado.

2. À revisão da oferta é aplicável o disposto no artigo 129.º.

CAPÍTULO III
Ofertas públicas de aquisição

SECÇÃO I
Disposições comuns

Artigo 173.º
Objecto da oferta

1. A oferta pública de aquisição é dirigida a todos os titulares dos valores mobiliários que dela são objecto.

2. Se a oferta pública não visar a aquisição da totalidade das acções da sociedade visada e dos valores mobiliários que conferem direito à sua subscrição ou aquisição, emitidos pela sociedade visada, não é permitida a aceitação pelo oferente ou por pessoas que com este estejam em alguma das situações previstas do n.º 1 do artigo 20.º.

3. À oferta pública de aquisição lançada apenas sobre valores mobiliários que não sejam acções ou valores mobiliários que conferem direito à sua subscrição ou aquisição não se aplicam as regras relativas ao anúncio preliminar, aos deveres de informação sobre transacções efectuadas, aos deveres do emitente, à oferta concorrente e à oferta pública de aquisição obrigatória, a não ser que, para defesa do mercado ou com vista a uma adequada protecção dos investidores, a CMVM em regulamento disponha diversamente em relação aos valores mobiliários a que se refere o n.º 2 do artigo 1.º.

Artigo 174.º
Segredo

O oferente, a sociedade visada, os seus accionistas e os titulares de órgãos sociais e, bem assim, todos os que lhes prestem serviços a título permanente ou ocasional devem guardar segredo sobre a preparação da oferta até à publicação do anúncio preliminar.

Artigo 175.º
Publicação do anúncio preliminar

1. Logo que tome a decisão de lançamento de oferta pública de aquisição, o oferente deve enviar anúncio preliminar à CMVM, à sociedade visada e às entidades gestoras dos mercados regulamentados em que os valores mobiliários que são objecto da oferta ou que integrem a contrapartida a propor estejam admitidos à negociação, procedendo de imediato à respectiva publicação.

2. A publicação do anúncio preliminar obriga o oferente a:

a) Lançar a oferta em termos não menos favoráveis para os destinatários do que os constantes desse anúncio;

b) Requerer o registo da oferta no prazo de 20 dias, prorrogável pela CMVM até 60 dias nas ofertas públicas de troca.

Artigo 176.º
Conteúdo do anúncio preliminar

1. O anúncio preliminar deve indicar:

a) O nome, a denominação ou a firma do oferente e o seu domicílio ou sede;

b) A firma e a sede da sociedade visada;

c) Os valores mobiliários que são objecto da oferta;

d) A contrapartida oferecida;

e) O intermediário financeiro encarregado da assistência à oferta, se já tiver sido designado;

f) A percentagem de direitos de voto na sociedade visada detidos pelo oferente e por pessoas que com este estejam em alguma das situações previstas no artigo 20.º, calculada, com as necessárias adaptações, nos termos desse artigo.

2. A fixação de limite mínimo ou máximo da quantidade dos valores mobiliários a adquirir e a sujeição da oferta a qualquer condição só são eficazes se constarem do anúncio preliminar.

Artigo 177.º
Contrapartida

1. A contrapartida pode consistir em dinheiro, em valores mobiliários, emitidos ou a emitir, ou ser mista.

2. Se a contrapartida consistir em dinheiro, o oferente deve, previa-

mente ao registo da oferta, depositar o montante total em instituição de crédito ou apresentar garantia bancária adequada.

3. Se a contrapartida consistir em valores mobiliários, estes devem ter adequada liquidez e ser de fácil avaliação.

Artigo 178.º
Oferta pública de troca

1. Os valores mobiliários oferecidos como contrapartida, que já tenham sido emitidos, devem ser registados ou depositados à ordem do oferente em sistema centralizado ou junto de intermediário financeiro, procedendo-se ao seu bloqueio.

2. O anúncio preliminar e o anúncio de lançamento de oferta pública de aquisição cuja contrapartida consista em valores mobiliários que não sejam emitidos pelo oferente devem também indicar os elementos respeitantes ao emitente e aos valores mobiliários por este emitidos ou a emitir, que são referidos no artigo 176.º e no n.º 1 do artigo 123.º.

Artigo 179.º
Registo da oferta pública de aquisição

Além dos referidos nos artigos 115.º e 116.º, o pedido de registo de oferta pública de aquisição apresentado na CMVM é instruído com os documentos comprovativos dos seguintes factos:

a) Entrega do anúncio preliminar, do projecto de anúncio de lançamento e de projecto de prospecto à sociedade visada e às entidades gestoras de mercados regulamentados em que os valores mobiliários estão admitidos à negociação;

b) Depósito da contrapartida em dinheiro ou emissão da garantia bancária que cauciona o seu pagamento;

c) Bloqueio dos valores mobiliários já emitidos que sejam objecto da contrapartida e dos referidos no n.º 2 do artigo 173.º.

Artigo 180.º
Transacções na pendência da oferta

1. A partir da publicação do anúncio preliminar e até ao apuramento do resultado da oferta, o oferente e as pessoas que com este estejam em alguma das situações previstas no artigo 20.º:

a) Não podem negociar fora de bolsa valores mobiliários da categoria dos que são objecto da oferta ou dos que integram a contrapartida, excepto se forem autorizados pela CMVM, com parecer prévio da sociedade visada;

b) Devem informar diariamente a CMVM sobre as transacções realizadas por cada uma delas sobre valores mobiliários emitidos pela sociedade visada ou da categoria dos que integram a contrapartida.

2. As aquisições de valores mobiliários da categoria daqueles que são objecto da oferta ou dos que integram a contrapartida, feitas depois da publicação do anúncio preliminar, são imputadas no cálculo da quantidade mínima que o adquirente se propõe adquirir.

3. A CMVM pode determinar a revisão da contrapartida se, por efeito das aquisições referidas no número anterior, a contrapartida inicial não se mostrar equitativa.

Artigo 181.°
Deveres da sociedade visada

1. O órgão de administração da sociedade visada deve, no prazo de 8 dias a contar da recepção do projecto de anúncio de lançamento, enviar ao oferente e à CMVM e publicar no boletim do mercado regulamentado em que a sociedade visada tenha os valores mobiliários admitidos à negociação um relatório elaborado nos termos do artigo 7.° sobre a oportunidade e as condições da oferta.

2. O órgão de administração da sociedade visada deve, a partir da publicação do anúncio preliminar e até ao apuramento do resultado da oferta:

a) Informar diariamente a CMVM acerca das transacções realizadas pelos seus titulares sobre valores mobiliários emitidos pela sociedade visada ou por pessoas que com esta estejam em alguma das situações previstas do n.° 1 do artigo 20.°;

b) Prestar todas as informações que lhe venham a ser solicitadas pela CMVM no âmbito das suas funções de supervisão;

c) Informar os trabalhadores, directamente ou através dos seus representantes, sobre o conteúdo dos documentos da oferta;

d) Agir de boa fé, designadamente quanto à correcção da informação e quanto à lealdade do comportamento.

Artigo 182.º
Limitação dos poderes da sociedade visada

1. A partir do momento em que tome conhecimento da decisão de lançamento de oferta pública de aquisição que incida sobre mais de um terço dos valores mobiliários da respectiva categoria e até ao apuramento do resultado ou até à cessação, em momento anterior, do respectivo processo, o órgão de administração da sociedade visada não pode praticar actos susceptíveis de alterar de modo relevante a situação patrimonial da sociedade visada que não se reconduzam à gestão normal da sociedade e que possam afectar de modo significativo os objectivos anunciados pelo oferente.

2. Para efeitos do número anterior:

   a) Equipara-se ao conhecimento do lançamento da oferta a recepção pela sociedade visada do anúncio preliminar;

   b) Consideram-se alterações relevantes da situação patrimonial da sociedade visada, nomeadamente, a emissão de acções ou de outros valores mobiliários que confiram direito à sua subscrição ou aquisição e a celebração de contratos que visem a alienação de parcelas importantes do activo social.

3. Exceptuam-se do disposto nos números anteriores:

   a) Os actos que resultem do cumprimento de obrigações assumidas antes do conhecimento do lançamento da oferta;

   b) Os actos autorizados por deliberação de assembleia geral convocada especificamente para o efeito durante o prazo da oferta.

4. Durante o período referido no n.º 1, as deliberações da assembleia geral previstas na alínea *b)* do n.º 3, bem como as relativas à distribuição antecipada de dividendos e de outros rendimentos, apenas podem ser tomadas pela maioria exigida para a alteração dos estatutos.

5. O oferente é responsável pelos danos causados por decisão de lançamento de oferta pública de aquisição tomada com o objectivo principal de colocar a sociedade visada na situação prevista neste artigo.

Artigo 183.º
Prazo da oferta

1. O prazo da oferta pode variar entre 2 e 10 semanas.

2. A CMVM, por sua própria iniciativa ou a pedido do oferente, pode prorrogar a oferta em caso de revisão, lançamento de oferta concorrente ou quando a protecção dos interesses dos destinatários o justifique.

Artigo 184.º
Revisão da oferta

1. Até 10 dias antes do fim do prazo da oferta, o oferente pode rever a contrapartida quanto à sua natureza ou montante.
2. A contrapartida da oferta revista deve ser superior à antecedente em, pelo menos, 5% do seu valor.
3. Aplica-se à revisão da oferta o artigo 129.º.

Artigo 185.º
Oferta concorrente

1. A partir da publicação do anúncio preliminar de oferta pública de aquisição de valores mobiliários admitidos à negociação em mercado regulamentado, qualquer outra oferta pública de aquisição de valores mobiliários da mesma categoria só pode ser realizada através de oferta concorrente lançada nos termos do presente artigo.
2. As ofertas concorrentes não podem incidir sobre quantidade de valores mobiliários inferior àquela que é objecto da oferta inicial.
3. A contrapartida da oferta concorrente deve ser superior à antecedente em, pelo menos, 5% do seu valor.
4. O lançamento de oferta concorrente confere ao oferente inicial o direito de proceder à revisão dos termos da sua oferta, independentemente de o ter ou não feito ao abrigo do artigo anterior.
5. Os interessados podem revogar livremente as declarações de aceitação da oferta anterior nos cinco dias seguintes ao lançamento de uma oferta concorrente.

Artigo 186.º
Sucessão de ofertas

Salvo autorização concedida pela CMVM para protecção dos interesses da sociedade visada ou dos destinatários da oferta, nem o oferente nem qualquer das pessoas que com este estejam em alguma das situações previstas do n.º 1 do artigo 20.º podem, nos 12 meses seguintes à publicação do apuramento do resultado da oferta, lançar, directamente, por intermédio de terceiro ou por conta de terceiro, qualquer oferta pública de aquisição sobre os valores mobiliários pertencentes à mesma categoria dos que foram objecto da oferta ou que confiram direito à sua subscrição ou aquisição.

SECÇÃO II
Oferta pública de aquisição obrigatória

Artigo 187.º
Dever de lançamento de oferta pública de aquisição

1. Aquele cuja participação em sociedade aberta ultrapasse, directamente ou nos termos do n.º 1 do artigo 20.º, um terço ou metade dos direitos de voto correspondentes ao capital social tem o dever de lançar oferta pública de aquisição sobre a totalidade das acções e de outros valores mobiliários emitidos por essa sociedade que confiram direito à sua subscrição ou aquisição.

2. Não é exigível o lançamento da oferta quando, ultrapassado o limite de um terço, a pessoa que a ela estaria obrigada prove perante a CMVM não ter o domínio da sociedade visada nem estar com esta em relação de grupo.

3. Quem fizer a prova a que se refere o número anterior fica obrigado:

a) A comunicar à CMVM qualquer alteração da percentagem de direitos de voto de que resulte aumento superior a 1% em relação à situação anteriormente comunicada; e

b) A lançar oferta pública de aquisição geral logo que adquira uma posição que lhe permita exercer influência dominante sobre a sociedade visada.

4. O limite de um terço referido no n.º 1 pode ser suprimido pelos estatutos das sociedades abertas que não tenham acções ou valores mobiliários que confiram direito à sua subscrição ou aquisição admitidos à negociação em mercado regulamentado.

5. Para efeitos do presente artigo é irrelevante a inibição de direitos de voto prevista no artigo 192.º.

Artigo 188.º
Contrapartida

1. A contrapartida de oferta pública de aquisição obrigatória não pode ser inferior ao mais elevado dos seguintes montantes:

a) O maior preço pago pelo oferente ou por qualquer das pessoas que, em relação a ele, estejam em alguma das situações previstas no n.º 1 do artigo 20.º pela aquisição de valores mobiliários da mesma categoria, nos seis meses imediatamente anteriores à data da publicação do anúncio preliminar da oferta;

b) O preço médio ponderado desses valores mobiliários apurado em mercado regulamentado durante o mesmo período.

2. Se a contrapartida não puder ser determinada por recurso aos critérios referidos no n.º 1 ou se a CMVM entender que a contrapartida, em dinheiro ou em valores mobiliários, proposta pelo oferente não se encontra devidamente justificada ou não é equitativa, por ser insuficiente ou excessiva, a contrapartida mínima será fixada a expensas do oferente por auditor independente designado pela CMVM.

3. Se a contrapartida consistir em valores mobiliários, deve o oferente indicar alternativa em dinheiro de valor equivalente.

Artigo 189.º
Derrogações

1. O disposto no artigo 187.º não se aplica quando a ultrapassagem do limite de direitos de voto relevantes nos termos dessa disposição resultar:

a) Da aquisição de valores mobiliários por efeito de oferta pública de aquisição lançada sobre a totalidade dos valores mobiliários referidos no artigo 187.º emitidos pela sociedade visada, sem nenhuma restrição quanto à quantidade ou percentagem máximas de valores mobiliários a adquirir e com respeito dos requisitos estipulados no artigo anterior;

b) Da execução de plano de saneamento financeiro no âmbito de uma das modalidades de recuperação ou saneamento previstas na lei;

c) Da fusão de sociedades, se da deliberação da assembleia geral da sociedade emitente dos valores mobiliários em relação aos quais a oferta seria dirigida constar expressamente que da operação resultaria o dever de lançamento de oferta pública de aquisição.

2. A derrogação do dever de lançamento de oferta é objecto de declaração pela CMVM, requerida e imediatamente publicada pelo interessado.

Artigo 190.º
Suspensão do dever

1. O dever de lançamento de oferta pública de aquisição fica suspenso se a pessoa a ele obrigada, em comunicação escrita dirigida à CMVM no prazo de 5 dias úteis após a ocorrência do facto constitutivo do dever de lançamento, se obrigar a pôr termo à situação nos 120 dias subsequentes.

2. Neste prazo deve o interessado alienar a pessoas que, em relação a ele, não estejam em alguma das situações previstas no n.º 1 do artigo 20.º os valores mobiliários bastantes para que os seus direitos de voto se situem abaixo dos limites a que se refere o artigo 187.º.

3. Durante o período de suspensão os direitos de voto ficam inibidos nos termos dos números 1, 3 e 4 do artigo 192.°.

Artigo 191.°
Cumprimento

1. A publicação do anúncio preliminar da oferta deve ocorrer até 30 dias após a verificação do facto constitutivo do dever de lançamento.

2. A pessoa obrigada pode fazer-se substituir por outra no cumprimento do seu dever.

Artigo 192.°
Inibição de direitos

1. O incumprimento do dever de lançamento de oferta pública de aquisição determina a imediata inibição dos direitos de voto e a dividendos inerentes às acções:

a) Que excedam o limite a partir do qual o lançamento seria devido;

b) Que tenham sido adquiridas por exercício de direitos inerentes às acções referidas na alínea anterior ou a outros valores mobiliários que confiram direito à sua subscrição ou aquisição.

2. A inibição vigora durante cinco anos, cessando:

a) Na totalidade, com a publicação de anúncio preliminar de oferta pública de aquisição mediante contrapartida não inferior à que seria exigida se o dever tivesse sido cumprido atempadamente;

b) Em relação a cada uma das acções referidas no número anterior, à medida da sua alienação a pessoas que não estejam em nenhuma das situações previstas no n.° 1 do artigo 20.°.

3. A inibição abrange, em primeiro lugar, as acções de que a pessoa obrigada ao lançamento é titular directo e, sucessivamente, na medida do necessário, aquelas de que são titulares as pessoas indicadas no n.° 1 do artigo 20.°, segundo a ordem das respectivas alíneas, e, em relação a pessoas referidas na mesma alínea, na proporção das acções detidas por cada uma delas.

4. São anuláveis as deliberações dos sócios que, sem os votos inibidos, não teriam sido aprovadas.

5. Os dividendos que tenham sido objecto de inibição revertem para a sociedade.

Artigo 193.°
Responsabilidade civil

O infractor é responsável pelos danos causados aos titulares dos valores mobiliários sobre os quais deveria ter incidido oferta pública de aquisição.

SECÇÃO III
Aquisição tendente ao domínio total

Artigo 194.°
Aquisição potestativa

1. Quem, após o lançamento de oferta pública de aquisição geral em que seja visada sociedade aberta que tenha como lei pessoal a lei portuguesa, ultrapasse, directamente ou nos termos do n.° 1 do artigo 20.°, 90% dos direitos de voto correspondentes ao capital social pode, nos seis meses subsequentes ao apuramento do resultado da oferta, adquirir as acções remanescentes mediante contrapartida calculada nos termos do artigo 188.°.

2. O sócio dominante que tome a decisão de aquisição potestativa deve publicar de imediato anúncio preliminar e enviá-lo à CMVM para efeitos de registo.

3. Ao conteúdo do anúncio preliminar aplica-se, com as devidas adaptações, o disposto nas alíneas *a*) a *e*) do n.° 1 do artigo 176.°.

4. A publicação do anúncio preliminar obriga o sócio dominante a consignar a contrapartida em depósito junto de instituição de crédito, à ordem dos titulares das acções remanescentes.

Artigo 195.°
Efeitos

1. A aquisição torna-se eficaz a partir da publicação, pelo interessado, do registo na CMVM.

2. A CMVM envia à entidade gestora do sistema centralizado ou à entidade registadora das acções as informações necessárias para a transferência entre contas.

3. Se as acções forem tituladas e não estiverem integradas em sistema centralizado, a sociedade procede à emissão de novos títulos representativos das acções adquiridas, servindo os títulos antigos apenas para legitimar o recebimento da contrapartida.

4. A aquisição implica a imediata exclusão da negociação em mercado regulamentado das acções da sociedade e dos valores mobiliários que a elas dão direito, ficando vedada a readmissão durante dois anos.

Artigo 196.º
Alienação potestativa

1. Se o direito de aquisição potestativa não for exercido tempestivamente, pode cada um dos titulares das acções remanescentes dirigir por escrito ao sócio dominante convite para que, no prazo de 30 dias, lhe faça proposta de aquisição das suas acções.

2. Na falta da proposta a que se refere o número anterior ou se esta não for considerada satisfatória, qualquer titular de acções remanescentes pode tomar a decisão de alienação potestativa, mediante declaração perante a CMVM acompanhada de:

a) Documento comprovativo de consignação em depósito ou de bloqueio das acções a alienar;

b) Indicação da contrapartida calculada nos termos do artigo 188.º.

3. Verificados pela CMVM os requisitos da alienação, esta torna-se eficaz a partir da notificação por aquela autoridade ao sócio dominante.

4. A certidão comprovativa da notificação constitui título executivo.

Artigo 197.º
Igualdade de tratamento

Nos processos de aquisição tendente ao domínio total, deve ser assegurado, nomeadamente quanto à fixação da contrapartida, tratamento igual aos titulares de acções da mesma categoria.

TÍTULO IV
Mercados

CAPÍTULO I
Disposições gerais

Artigo 198.º
Noção

1. Considera-se mercado de valores mobiliários qualquer espaço ou organização em que se admite a negociação de valores mobiliários por um conjunto indeterminado de pessoas actuando por conta própria ou através de mandatário.

2. A simples prestação de serviços financeiros aos seus clientes por intermediário financeiro actuando no âmbito da respectiva autorização e a realização de ofertas públicas em conformidade com o disposto no Título III deste Código não determinam, por si só, a criação de um mercado de valores mobiliários.

Artigo 199.º
Mercados permitidos

1. É permitido o funcionamento em Portugal dos seguintes mercados de valores mobiliários:

   a) Mercados de bolsa;

   b) Outros mercados regulamentados;

   c) Mercados organizados de acordo com regras livremente estabelecidas pela respectiva entidade gestora.

2. Os mercados de valores mobiliários estão sujeitos a registo na CMVM e só podem ser geridos por entidades que preencham os requisitos fixados em lei especial.

Artigo 200.º
Mercados regulamentados

1. São mercados regulamentados aqueles que:
a) Funcionem regularmente;
b) Obedeçam a requisitos iguais ou similares aos fixados no capítulo II do presente título quanto à prestação de informação, à admissão dos membros do mercado e dos valores mobiliários à negociação e ao funcionamento do mercado;
c) Sejam como tal autorizados, a pedido da entidade gestora, por portaria do Ministro das Finanças, ouvida a CMVM.
2. A CMVM comunica à Comissão Europeia e aos Estados membros da Comunidade Europeia a lista dos mercados regulamentados, acompanhada pelas respectivas regras de organização e de funcionamento.

Artigo 201.º
Regras do mercado e códigos deontológicos

1. Para cada mercado a entidade gestora elabora e publica as regras necessárias ao bom funcionamento desse mercado.
2. As regras do mercado vigoram a partir do seu registo na CMVM e são aplicáveis à própria entidade gestora, aos membros desse mercado, aos emitentes de valores mobiliários admitidos à negociação e aos investidores.
3. A CMVM recusa o registo das regras do mercado ou impõe modificações sempre que as considere insuficientes ou contrárias a disposição legal ou regulamentar.
4. Os códigos deontológicos que venham a ser aprovados pela entidade gestora do mercado aplicam-se aos titulares dos órgãos e aos trabalhadores da entidade gestora e dos membros do mercado.

Artigo 202.º
Informação ao público

1. A entidade gestora de um mercado presta ao público informação sobre:
a) Os valores mobiliários admitidos à negociação;
b) As operações realizadas e respectivos preços;
c) As tabelas das comissões por si cobradas.
2. O conteúdo, os meios e a periodicidade da informação a prestar ao público devem ser os adequados às características de cada mercado, ao

nível de conhecimentos dos investidores e à composição dos vários interesses envolvidos.

3. A CMVM pode exigir a alteração das regras relativas à informação quando verifique que não são suficientes para a protecção dos investidores.

Artigo 203.°
Membros

1. A negociação em mercado de valores mobiliários efectua-se através dos seus membros.

2. Só podem ser admitidos como membros de um mercado os intermediários financeiros que:

a) Estejam autorizados a realizar operações sobre valores mobiliários; e

b) Participem no sistema de liquidação das operações realizadas nesse mercado ou que, para esse efeito, tenham celebrado contrato com um participante naquele sistema.

3. Nos mercados constituídos para a realização exclusiva de operações entre investidores institucionais, estes podem ser admitidos como membros, ainda que não satisfaçam os requisitos do proémio e da alínea *a*) do número anterior.

4. A admissão dos membros de um mercado compete à respectiva entidade gestora, de acordo com princípios de igualdade e de respeito pelas regras de sã e leal concorrência.

5. A intervenção dos membros de um mercado pode consistir no mero registo de operações.

6. A CMVM pode autorizar que as funções dos membros de mercado não regulamentado sejam exercidas pela respectiva entidade gestora.

Artigo 204.°
Operações

1. O elenco das operações a realizar em cada mercado é definido pela entidade gestora desse mercado.

2. Podem ser objecto das operações realizadas em mercado:

a) Valores mobiliários fungíveis admitidos à negociação nesse mercado, livremente transmissíveis, integralmente liberados e que não estejam sujeitos a penhor ou a qualquer outra situação jurídica que os onere;

b) Instrumentos financeiros derivados construídos para negociação nesse mercado.

3. São fungíveis, para efeitos de negociação em mercado, os valores mobiliários que pertençam à mesma categoria, obedeçam à mesma forma de representação, estejam objectivamente sujeitos ao mesmo regime fiscal e dos quais não tenham sido destacados direitos diferentes.

Artigo 205.°
Admissão à negociação

1. A admissão de valores mobiliários à negociação num mercado depende de decisão da entidade gestora desse mercado a requerimento do emitente.

2. A admissão de valores mobiliários à negociação em mercado não regulamentado pode ser requerida por titulares de, pelo menos, 10% dos valores mobiliários pertencentes à mesma categoria.

3. Nos casos previstos no número anterior, o emitente fica apenas obrigado a enviar à entidade gestora do mercado os elementos necessários para informação ao público, nos termos do artigo 202.°.

4. O emitente de valores mobiliários admitidos à negociação deve, no momento em que solicita a admissão ou, nos casos do n.° 2, quando para tal for notificado pela entidade gestora do mercado, nomear um representante com poderes bastantes para as relações com o mercado e com a CMVM.

Artigo 206.°
Suspensão da negociação

A entidade gestora do mercado deve suspender a negociação de valores mobiliários em relação aos quais:

a) Deixem de se verificar os requisitos de admissão à negociação, desde que a falta seja sanável;

b) Ocorram circunstâncias susceptíveis de, com razoável grau de probabilidade, perturbar o regular desenvolvimento da negociação.

Artigo 207.°
Exclusão da negociação

1. A entidade gestora deve excluir da negociação os valores mobiliários em relação aos quais:

a) Deixem de se verificar os requisitos de admissão, se a falta não for sanável;

b) Não tenham sido sanadas as faltas que justificaram a suspensão.

2. A exclusão de valores mobiliários cuja negociação seja condição para a admissão de outros implica a exclusão destes.

Artigo 208.º
Poderes da CMVM

A CMVM pode:

a) Ordenar à entidade gestora que proceda à suspensão ou à exclusão de valores mobiliários da negociação, quando aquela entidade não o tenha feito em tempo oportuno;

b) Estender a suspensão ou a exclusão a todos os mercados onde valores mobiliários da mesma categoria são negociados.

Artigo 209.º
Efeitos da suspensão e da exclusão

1. A decisão de suspensão ou de exclusão produz efeitos imediatos.

2. A suspensão mantém-se pelo tempo estritamente necessário à regularização da situação que lhe deu origem.

3. A suspensão da negociação não exonera o emitente do cumprimento das obrigações de informação a que está sujeito.

4. Se a tal não obstar a urgência da decisão, a entidade gestora deve notificar o emitente para se pronunciar sobre a suspensão ou a exclusão no prazo que para o efeito lhe fixar.

5. A decisão final de suspensão ou de exclusão é comunicada à CMVM, ao emitente e à entidade gestora de outros mercados onde os valores mobiliários são negociados ou sirvam de activo subjacente de instrumentos financeiros derivados.

Artigo 210.º
Operações realizadas fora de mercado

1. Com ressalva do n.º 2 e do artigo seguinte, o disposto no presente título não é aplicável às operações sobre valores mobiliários realizadas fora dos mercados registados na CMVM.

2. As operações sobre valores mobiliários admitidos à negociação em mercado regulamentado, que sejam realizadas fora de mercado regulamentado, são comunicadas à entidade gestora do mercado onde os valores mobiliários estejam admitidos à negociação.

Artigo 211.°
Taxas

1. Pelas operações de transmissão, a qualquer título, de valores mobiliários admitidos à negociação em mercado regulamentado e realizadas fora de mercado regulamentado é devida à CMVM uma taxa a fixar por portaria do Ministro das Finanças.

2. A fixação da taxa referida no número anterior visa:

a) A remuneração dos serviços prestados pela CMVM em relação aos valores mobiliários em causa;

b) A criação de condições que assegurem a neutralidade da negociação dos valores mobiliários nesse mercado ou fora dele.

3. A portaria pode isentar certas operações do pagamento de taxa.

4. As taxas a que se refere o presente artigo são cobradas pelos notários e pelos intermediários financeiros que intervierem na operação, ficando estes responsáveis pela entrega à CMVM, independentemente de terem ou não procedido à sua cobrança.

Artigo 212.°
Regulamentos da CMVM

1. A CMVM elabora os regulamentos necessários à concretização do disposto no presente título, nomeadamente sobre as seguintes matérias:

a) Processo de registo das entidades gestoras, dos respectivos mercados e da sua denominação;

b) Regras prudenciais a que estão sujeitas as entidades gestoras dos mercados;

c) Informações a prestar à CMVM pelas entidades gestoras dos mercados;

d) Informações a prestar ao público pelas entidades gestoras dos mercados e pelos emitentes de valores mobiliários admitidos à negociação, designadamente quanto ao conteúdo da informação, aos meios e aos prazos em que deve ser prestada ou publicada;

e) Suspensão e exclusão de valores mobiliários da negociação;

f) Publicação das comissões praticadas pelas entidades gestoras dos mercados e respectivos limites máximos;

g) Comunicação a que se refere o n.° 2 do artigo 210.°;

h) Limites à assunção de responsabilidades pelas entidades gestoras de mercados onde se realizem operações a prazo e limites às posições que cada investidor, por si só ou em associação com outros, pode assumir em operações a prazo.

2. Em relação aos mercados de bolsa e a outros mercados regulamentados, compete à CMVM, sob proposta ou com audiência prévia da entidade gestora do mercado em causa, estabelecer através de regulamento:

a) Requisitos de admissão à negociação de valores mobiliários e respectivo processo, bem como critérios de dispensa de prospecto;

b) Regras de cada tipo de operação de bolsa;

c) Regras sobre as ofertas;

d) Termos da constituição, controlo e execução extrajudicial das cauções a prestar em operações a prazo.

e) Publicações obrigatórias no boletim da bolsa.

3. Os regulamentos da CMVM não prejudicam o poder conferido pelo artigo 201.º à entidade gestora para a elaboração de regras do mercado, dentro dos limites da lei e dos regulamentos aplicáveis.

CAPÍTULO II
Bolsas

SECÇÃO I
Mercados de bolsa em geral

Artigo 213.º
Noção

São havidos como mercados de bolsa os mercados regulamentados em que a emissão das ofertas e a conclusão das operações são centralizadas num só espaço ou sistema de negociação.

Artigo 214.º
Mercados de bolsa

1. Na mesma bolsa podem coexistir vários mercados diferenciados entre si pelas características das operações, dos valores mobiliários negociados e das entidades que os emitem.

2. Em cada mercado de bolsa podem ser criados os segmentos que se revelem necessários, tendo em conta nomeadamente a natureza dos valores mobiliários a negociar, o sistema de negociação e as quantidades a transaccionar.

3. Nas bolsas onde se realizem operações a contado é obrigatória a existência de um mercado, designado por mercado de cotações oficiais, a que se aplicam integralmente as disposições relativas à admissão, ao prospecto e à informação.

4. A CMVM, através de regulamento, estabelece, quanto às matérias referidas no número anterior, os requisitos mínimos exigíveis nos restantes mercados de bolsa, podendo:

a) Reduzir o grau de exigência quanto aos requisitos referidos nas alíneas *b)* e *c)* do n.º 2 do artigo 227.º, no n.º 1 do artigo 228.º e no n.º 1 do artigo 229.º;

b) Dispensar a prestação da informação semestral pelo emitente.

c) Dispensar a prestação de outras informações que, de acordo com os valores mobiliários negociados ou os destinatários do mercado, não se justifiquem em função da defesa dos investidores e da transparência do mercado.

5. Os mercados a que se refere o número anterior podem ser criados nomeadamente para negociação de:

a) Valores mobiliários emitidos por pequenas e médias empresas ou que envolvam o desenvolvimento de projectos especiais;

b) Obrigações com risco acrescido para os investidores;

c) Valores mobiliários destinados apenas a investidores institucionais.

Artigo 215.º
Acordos entre bolsas

1. As entidades gestoras de bolsas situadas ou a funcionar em Portugal devem acordar, entre si, sistemas de conexão informativa ou operativa exigidos pelo bom funcionamento dos mercados por elas geridos e pelos interesses dos investidores.

2. As entidades gestoras de bolsas situadas ou a funcionar em Portugal podem celebrar acordos com entidades congéneres de outros Estados, prevendo nomeadamente:

a) Que em cada uma delas sejam negociados valores mobiliários admitidos à negociação na outra;

b) Que os membros de cada uma das bolsas possam intervir na outra.

3. Os acordos a que se referem os números anteriores são registados na CMVM, devendo o registo ser recusado, no caso do n.º 2, se a bolsa situada ou a funcionar em Estado estrangeiro não impuser níveis de exigência similares aos da bolsa situada ou a funcionar em Portugal quanto à admissão dos valores mobiliários à negociação, à informação a prestar ao público e a outros requisitos de protecção dos investidores.

Artigo 216.º
Admissão dos membros da bolsa

1. A admissão como membro dos mercados de bolsa e a manutenção dessa qualidade dependem, além dos requisitos definidos no artigo 203.º, da observância das condições fixadas pela entidade gestora da bolsa, quanto à sua organização, aos meios materiais exigíveis e à idoneidade e aptidão profissional das pessoas que actuem em seu nome.

2. A entidade gestora de uma bolsa não pode limitar o número máximo dos seus membros.

3. A qualidade de membro da bolsa não depende da titularidade de qualquer parcela do capital social da sociedade gestora.

4. Os membros de um mercado regulamentado de outro Estado membro da Comunidade Europeia podem tornar-se membros das bolsas situadas ou a funcionar em Portugal ou a elas ter acesso, directa ou indirectamente, bem como ter acesso aos sistemas de liquidação acessíveis aos seus membros.

Artigo 217.º
Funções dos membros da bolsa

1. Os membros da bolsa que apenas exerçam funções de negociação só podem ser admitidos após terem celebrado contrato com um ou mais membros que assegurem a liquidação das operações por eles negociadas.

2. Só podem ser membros liquidadores os participantes em sistema de liquidação utilizado pela bolsa, que estejam autorizados a realizar operações por conta própria.

Artigo 218.º
Deveres dos membros da bolsa

1. Além da observância dos deveres próprios da actividade de intermediação que exercem, os membros da bolsa devem:

a) Acatar as decisões dos órgãos da entidade gestora da bolsa que sejam tomadas no âmbito das disposições legais e regulamentares aplicáveis no mercado onde actuam;

b) Prestar à entidade gestora da bolsa as informações necessárias à boa gestão dos mercados, ainda que tais informações estejam sujeitas a segredo profissional.

2. Cada um dos membros da bolsa designa um titular do seu órgão de administração, ou um representante com poderes bastantes, como interlocutor directo perante a entidade gestora da bolsa e a CMVM.

Artigo 219.º
Sessões de bolsa

1. Os mercados de bolsa funcionam em sessões públicas, que podem ser normais ou especiais.

2. As sessões normais de bolsa funcionam no horário e nos dias definidos pela entidade gestora da bolsa, para negociação corrente dos valores mobiliários admitidos à negociação.

3. As sessões especiais realizam-se em cumprimento de decisão judicial ou por decisão da entidade gestora da bolsa a pedido dos interessados.

4. As sessões especiais decorrem de acordo com as regras fixadas pela entidade gestora da bolsa, podendo as operações ter por objecto valores mobiliários admitidos ou não à negociação em sessões normais.

SECÇÃO II
Operações de bolsa

Artigo 220.º
Sistemas de negociação

1. As operações de bolsa realizam-se através de sistemas de negociação geridos pela bolsa.

2. Os sistemas de negociação a adoptar devem ser adequados à correcta formação dos preços dos valores mobiliários negociados e à liquidez do mercado, assegurando a transparência das operações e a conclusão da maior quantidade possível de negócios.

3. Os negócios sobre valores mobiliários admitidos à negociação celebrados directamente entre os interessados que sejam registados na bolsa através de um dos seus membros podem ser equiparados a operações de bolsa, nos termos das regras aprovadas pela entidade gestora da bolsa.

Artigo 221.º
Ofertas

1. Para boa execução das ordens de bolsa por eles aceites, os membros da bolsa introduzem ofertas no sistema de negociação, segundo a modalidade mais adequada e no tempo mais oportuno.

2. As ofertas que resultem do exercício de actividade por conta própria ou da execução de contratos de fomento de mercado ou de estabilização de preços podem ser sujeitas a regras especiais quanto ao modo de divulgação, de variação de preços e de conclusão das operações.

Artigo 222.º
Informação sobre preços e quantidades

1. A entidade gestora da bolsa deve colocar à disposição do público as seguintes informações relativas às operações efectuadas em cada sessão:

a) O preço de cada operação, imediatamente após a sua formação;

b) O preço mínimo, o preço máximo e um preço médio ponderado, sucessivamente apurados durante a sessão;

c) A quantidade de valores mobiliários negociados;

d) O preço de referência a que se refere o artigo 225.°, calculado nos termos das regras do mercado.

2. No decurso das sessões normais, a entidade gestora da bolsa mantém à disposição do público, em locais por ela definidos, informação permanente sobre a evolução dessas sessões.

3. Se os preços não forem expressos em moeda com curso legal em Portugal, deve ser clara a informação quanto à moeda utilizada.

Artigo 223.°
Publicações da bolsa

A entidade gestora da bolsa publica:

a) Um boletim nos dias em que tenham lugar sessões normais de bolsa;

b) Informação estatística relativa aos mercados por si geridos, sem prejuízo do disposto em matéria de segredo;

c) O texto anualmente actualizado das regras por que se regem a entidade gestora da bolsa, os mercados por si geridos e as operações nestes realizadas.

SECÇÃO III
Operações a contado

Artigo 224.°
Noção

São operações a contado aquelas cuja liquidação ocorra imediatamente após a sua realização ou em prazo muito curto, que não exceda o exigido pelo sistema de liquidação adoptado.

Artigo 225.°
Cotação

1. Sempre que na lei ou em contrato se refira a cotação numa certa data, considera-se como tal o preço de referência do mercado de bolsa a contado.

2. Se os valores mobiliários estiverem admitidos à negociação em mais de uma bolsa, será tido em conta, para os efeitos do número anterior, o preço efectuado na bolsa situada ou a funcionar em Portugal que em regulamento da CMVM seja considerada mais representativa.

Artigo 226.º
Direitos inerentes

1. Os direitos patrimoniais inerentes aos valores mobiliários vendidos pertencem ao comprador desde a data da operação.

2. O comprador paga ao vendedor, além do preço formado, os juros e outras remunerações certas correspondentes ao tempo decorrido após o último vencimento até à data da liquidação da operação.

3. O disposto nos números anteriores não exclui diferente regime de atribuição de direitos inerentes aos valores mobiliários transaccionados, desde que tal regime seja prévia e claramente publicado nos termos previstos nas regras do mercado.

SECÇÃO IV
Admissão à negociação em mercado de bolsa a contado

SUBSECÇÃO I
Requisitos e efeitos da admissão

Artigo 227.º
Requisitos gerais

1. Só podem ser admitidos à negociação valores mobiliários cujo conteúdo e forma de representação sejam conformes ao direito que lhes é aplicável e que tenham sido, em tudo o mais, emitidos de harmonia com a lei pessoal do emitente.

2. O emitente deve satisfazer os seguintes requisitos:

a) Ter sido constituído e estar a funcionar em conformidade com a respectiva lei pessoal;

b) Desenvolver a sua actividade há pelo menos três anos;

c) Ter publicado, nos termos da lei, os seus relatórios de gestão e contas anuais relativos aos três anos anteriores àquele em que a admissão é solicitada;

d) Comprovar que possui situação económica e financeira compatível com a natureza dos valores mobiliários a admitir e com o mercado onde é solicitada a admissão.

3. No requerimento de admissão devem ser indicados:

a) Os meios a utilizar pelo emitente para a prestação da informação ao público;

b) A identificação do participante em sistema de liquidação aceite pela entidade gestora através do qual se assegure o pagamento dos direitos patrimoniais inerentes aos valores mobiliários a admitir e de outras prestações devidas.

4. Se a sociedade emitente tiver resultado de fusão ou cisão, os requisitos das alíneas *b*) e *c*) do n.° 2 consideram-se satisfeitos se se verificarem numa das sociedades fundidas ou na sociedade cindida.

5. A CMVM pode dispensar os requisitos das alíneas *b*) e *c*) do n.° 2 quando por si só, nas circunstâncias concretas, o requisito da alínea *d*) permita aos investidores formar um juízo esclarecido sobre o emitente e os valores mobiliários.

Artigo 228.°
Admissão de acções à negociação

1. Só podem ser admitidas à negociação acções em relação às quais:

a) Se verifique grau adequado de dispersão pelo público; e

b) Se preveja capitalização bolsista não inferior àquela que venha a ser exigida em regulamento da CMVM.

2. O emitente tem o dever de, no prazo de 90 dias após a sua emissão, solicitar a admissão das acções que venha a emitir e que pertençam à mesma categoria das já admitidas.

3. As acções podem ser admitidas à negociação após inscrição definitiva do acto constitutivo da sociedade ou do aumento de capital no registo comercial, ainda que não esteja efectuada a respectiva publicação.

Artigo 229.°
Admissão de obrigações à negociação

1. Só podem ser admitidas à negociação obrigações representativas de empréstimo obrigacionista ou de alguma das suas séries cujo montante seja igual ou superior a € 500 000.

2. A admissão de obrigações convertíveis em acções ou com direito de subscrição de acções depende de prévia ou simultânea admissão das acções a que conferem direito ou de acções pertencentes à mesma categoria.

3. A exigência do número anterior pode ser dispensada pela entidade competente para a admissão se tal for permitido pela lei pessoal do emitente e este demonstrar que os titulares das obrigações dispõem da informação necessária para formarem um juízo fundado quanto ao valor das acções em que as obrigações são convertíveis.

4. A admissão de obrigações convertíveis em acções ou com direito de subscrição de acções já admitidas à negociação em bolsa situada ou a funcionar num Estado membro da Comunidade Europeia onde o emitente tenha a sua sede depende de consulta prévia às autoridades desse Estado membro.

5. Não se aplica o disposto nas alíneas *b*), *c*) e *d*) do n.° 2 do artigo 227.° à admissão de obrigações:

a) Representativas de dívida pública nacional ou estrangeira;

b) Emitidas pelas Regiões Autónomas e pelas autarquias locais portuguesas;

c) Emitidas por institutos públicos e fundos públicos portugueses;

d) Garantidas, solidária e incondicionalmente, pelo Estado português ou por Estado estrangeiro;

e) Emitidas por pessoas colectivas internacionais de carácter público e por instituições financeiras internacionais.

6. Não se aplica o disposto na alínea *a*) do n.° 2 do artigo 227.° às entidades referidas nas alíneas *a*), *b*) e *c*) do número anterior.

7. Quando o considerar necessário para a defesa dos investidores, a CMVM pode, através de regulamento, exigir notação de risco para as entidades que solicitem a admissão de obrigações à negociação.

Artigo 230.°
Admissão de outros valores mobiliários

A admissão à negociação de outros valores mobiliários depende da verificação de requisitos análogos aos referidos nos artigos anteriores, a definir em regulamento da CMVM.

Artigo 231.°
Disposições especiais sobre a admissão de valores mobiliários sujeitos a direito estrangeiro

1. Salvo nos casos em que os valores mobiliários estejam admitidos à negociação em mercado regulamentado situado ou a funcionar em Estado membro da Comunidade Europeia, o emitente deve apresentar parecer jurídico que ateste os requisitos do n.° 1 e da alínea *a*) do n.° 2 do artigo 227.°.

2. A admissão de valores mobiliários sujeitos ao direito de um Estado membro da Comunidade Europeia não pode ser subordinada à admissão prévia em mercado regulamentado situado ou a funcionar nesse Estado.

3. Quando o direito do Estado a que estão sujeitos os valores mobiliários a admitir não permita a sua admissão directa em mercado situado ou a funcionar fora desse Estado, ou a admissão desses valores mobiliários se mostre de difícil execução operacional, podem ser admitidos à negociação em bolsa situada ou a funcionar em Portugal certificados representativos de registo ou de depósito desses valores mobiliários.

Artigo 232.º
Efeitos da admissão à negociação

1. A admissão de valores mobiliários que tenham sido objecto de uma oferta pública só produz efeitos após o encerramento da oferta.

2. A admissão à negociação abrange todos os valores mobiliários da mesma categoria.

SUBSECÇÃO II
Processo de admissão

Artigo 233.º
Pedido de admissão

1. O pedido de admissão à negociação, instruído com os elementos necessários para a prova dos requisitos exigidos, é apresentado à entidade gestora da bolsa em cujo mercado os valores mobiliários serão negociados:

a) Pelo emitente;

b) Por titulares de, pelo menos, 10% dos valores mobiliários emitidos, pertencentes à mesma categoria, se o emitente já for uma sociedade aberta;

c) Pelo Instituto de Gestão do Crédito Público, se se tratar de obrigações emitidas pelo Estado Português.

2. A entidade gestora da bolsa envia à CMVM cópia do pedido de admissão com os documentos necessários para a aprovação do prospecto ou para a sua dispensa.

3. O pedido de admissão à negociação pode ser apresentado antes de se encontrarem reunidos todos os requisitos exigidos, desde que o emitente indique como, e em que prazos, vão ser preenchidos.

Artigo 234.º
Decisão de admissão

1. A entidade gestora decide a admissão dos valores mobiliários à negociação ou a sua recusa até 90 dias após a apresentação do pedido, devendo a decisão ser notificada imediatamente ao requerente.

2. A decisão de admissão à negociação não envolve qualquer garantia quanto ao conteúdo da informação, à situação económica e financeira do emitente, à viabilidade deste e à qualidade dos valores mobiliários admitidos.

3. A entidade gestora da bolsa divulga a sua decisão de admissão e comunica-a à CMVM, identificando os valores mobiliários admitidos, descrevendo as suas características e o modo de acesso ao prospecto.

Artigo 235.º
Recusa de admissão

1. A admissão à negociação só pode ser recusada se:

a) Não estiverem preenchidos os requisitos exigidos na lei, em regulamento ou nas regras do respectivo mercado;

b) O emitente não tiver cumprido os deveres a que está sujeito noutros mercados, situados ou a funcionar em Portugal ou no estrangeiro, onde os valores mobiliários se encontrem admitidos à negociação.

2. A entidade gestora deve notificar o requerente para suprir os vícios sanáveis em prazo razoável, que lhe fixará.

3. A admissão considera-se recusada se a decisão não for notificada ao requerente nos 90 dias posteriores ao pedido de admissão.

SUBSECÇÃO III
Prospecto

Artigo 236.º
Exigibilidade

1. Previamente à admissão de valores mobiliários à negociação, o emitente deve divulgar, nos termos do artigo 140.º, um prospecto aprovado pela CMVM.

2. O emitente pode utilizar um prospecto de referência nos termos do artigo 144.º.

3. O prospecto não é exigido para a admissão à negociação de:

a) Obrigações referidas nas alíneas *a)* a *c)* do n.º 5 do artigo 229.º;

b) Acções resultantes de aumento de capital por incorporação de reservas, quando a sociedade já tenha acções da mesma categoria admitidas à negociação.

Artigo 237.º
Reconhecimento mútuo e cooperação

1. Quando, simultaneamente ou em datas próximas, o pedido de admissão à negociação de valores mobiliários da mesma categoria seja apresentado em bolsa situada ou a funcionar em Portugal e em bolsa situada ou a funcionar noutro Estado membro da Comunidade Europeia, é aplicável, com as devidas adaptações, o disposto no artigo 145.º.

2. Para efeitos de admissão à negociação é também reconhecido pela CMVM o prospecto de oferta pública de distribuição efectuada nos três meses anteriores ao pedido de admissão à negociação, que tenha sido aprovado por autoridade competente de outro Estado membro da Comunidade Europeia em conformidade com o disposto no artigo 147.º.

3. É aplicável, com as devidas adaptações, o disposto no artigo 148.º.

Artigo 238.º
Conteúdo do prospecto

Ao conteúdo do prospecto de admissão de acções e de obrigações são aplicáveis, com as necessárias adaptações, os artigos 135.º, 136.º, 137.º, 139.º, 142.º e o n.º 1 do artigo 146.º.

Artigo 239.º
Critérios gerais de dispensa do prospecto

1. A dispensa de prospecto pela CMVM, nos casos previstos nos artigos seguintes, só pode ser concedida se, e na medida em que, os investidores disponham de informação suficiente para fazer um juízo fundado sobre os valores mobiliários cuja admissão à negociação é requerida.

2. A dispensa de inclusão de matérias no prospecto de admissão pode ser concedida, em qualquer caso, nos termos do artigo 141.º, com as devidas adaptações.

Artigo 240.º
Dispensa total ou parcial de prospecto

1. A CMVM pode dispensar o prospecto ou a inclusão de algumas matérias no prospecto, quando esteja em causa a admissão à negociação:

a) De acções atribuídas gratuitamente aos titulares de acções emitidas pela mesma sociedade e já admitidas à negociação;

b) De acções emitidas em substituição de outras emitidas pela mesma sociedade que estejam admitidas à negociação na mesma bolsa, desde que a emissão daquelas acções não envolva aumento de capital;

c) De acções emitidas em quantidade não superior a 10% da quantidade das acções da mesma categoria já admitidas à negociação;

d) De valores mobiliários já admitidos à negociação noutra bolsa situada ou a funcionar em Portugal;

e) De valores mobiliários distribuídos através de oferta pública de subscrição ou de troca, ou emitidos na sequência de uma operação de fusão ou de cisão, de transferência total ou parcial do património, ou como contrapartida de entradas em espécie, desde que, em qualquer caso, tenha sido divulgado em Portugal prospecto nos 12 meses anteriores ao pedido de admissão;

f) De valores mobiliários já admitidos à negociação, em bolsa situada ou a funcionar num Estado membro da Comunidade Europeia, nos três anos anteriores ao pedido de admissão à negociação em bolsa situada ou a funcionar em Portugal, desde que o emitente tenha cumprido os requisitos de admissão e os deveres de informação exigidos pelo direito comunitário e que a autoridade competente do Estado membro onde os valores mobiliários estão admitidos à negociação ateste o cumprimento pelo emitente.

2. Nos casos referidos na alínea *f*) do número anterior pode ser exigida apenas a publicação das informações necessárias à actualização do prospecto.

Artigo 241.º
Dispensa parcial de prospecto

A CMVM pode dispensar a inclusão de algumas matérias no prospecto de admissão, além dos casos previstos no artigo anterior, quando esteja em causa a admissão:

a) De acções emitidas com direito de preferência para os accionistas da sociedade emitente, desde que as restantes acções já estejam admitidas à negociação na mesma bolsa;

b) De acções resultantes da conversão de obrigações ou do exercício de direito de subscrição ou de aquisição, desde que as restantes acções já estejam admitidas à negociação na mesma bolsa;

c) De obrigações e de outros valores mobiliários representativos de dívida garantidos, solidária e incondicionalmente, pelo Estado Português ou por Estado estrangeiro;

d) De obrigações e de outros valores mobiliários representativos de dívida emitidos por pessoas colectivas internacionais de carácter público e por instituições financeiras internacionais;

e) De valores mobiliários que confiram o direito de subscrição ou de aquisição de acções que sejam emitidos com direito de preferência para os accionistas, desde que acções da sociedade já estejam admitidas à negociação no mesmo mercado;

f) De obrigações ou de outros valores mobiliários representativos de dívida que, em razão das suas características, sejam normal e quase exclusivamente adquiridos e transaccionados por um número limitado de investidores institucionais ou de investidores a que se refere o n.° 2 do artigo 30.°;

g) De obrigações que sejam emitidas, de modo contínuo ou frequente, por instituições de crédito ou outras instituições financeiras;

h) De acções atribuídas aos trabalhadores da sociedade emitente, se acções da mesma categoria já estiverem admitidas à negociação na mesma bolsa;

i) De valores mobiliários emitidos por instituições financeiras, por instituições de investimento colectivo cujas unidades de participação sejam negociáveis em bolsa ou por sociedades que tenham como actividade exclusiva a gestão de valores mobiliários.

Artigo 242.°
Regulamentação

A CMVM, através de regulamento, estabelece:

a) O modelo a que deve obedecer a estrutura do prospecto;

b) A exigência de informações complementares, necessárias para que os investidores e os seus consultores financeiros possam formar juízos fundados sobre as características dos valores mobiliários e dos direitos que lhes são inerentes e sobre a situação patrimonial, económica e financeira do emitente, nomeadamente quando os valores mobiliários tenham características especiais ou sejam emitidos em condições particulares;

c) As particularidades do prospecto para admissão à negociação de valores mobiliários distintos das acções e obrigações;

d) As matérias que, nos casos referidos no n.º 1 do artigo 240.º e no artigo 241.º, não podem ser objecto de dispensa de inclusão no prospecto.

Artigo 243.º
Responsabilidade pelo conteúdo do prospecto

À responsabilidade pelo conteúdo do prospecto aplica-se o disposto nos artigos 149.º a 154.º, com as devidas adaptações e as seguintes especialidades:

a) São responsáveis as pessoas referidas nas alíneas *c)*, *d)*, *f)* e *h)* do n.º 1 do artigo 149.º;

b) O direito à indemnização deve ser exercido no prazo de seis meses após o conhecimento da deficiência do prospecto ou da sua alteração e cessa, em qualquer caso, decorridos dois anos a contar da divulgação do prospecto de admissão ou da alteração que contém a informação ou previsão desconforme.

SECÇÃO V
Informação relativa a valores mobiliários admitidos à negociação

Artigo 244.º
Regras gerais

1. Os emitentes de valores mobiliários admitidos à negociação em bolsa enviam à CMVM e à entidade gestora da bolsa os documentos e as informações a que se referem os artigos seguintes, até ao momento da sua publicação, se outro prazo não estiver especialmente previsto.

2. Os emitentes de valores mobiliários admitidos simultaneamente à negociação em bolsa situada ou a funcionar em Portugal e em bolsa situada ou a funcionar noutro Estado membro da Comunidade Europeia devem fornecer à entidade gestora da bolsa situada ou a funcionar em Portugal e à CMVM informações equivalentes às que devem prestar aos mercados e às autoridades do outro Estado membro.

3. Os emitentes de valores mobiliários admitidos à negociação em bolsa situada ou a funcionar em Portugal e em bolsa situada ou a funcionar em Estado não pertencente à Comunidade Europeia devem fornecer às bolsas nacionais e à CMVM, além de informações equivalentes àquelas a que se refere o n.º 1, as informações adicionais que, sendo relevantes para a avaliação dos valores mobiliários, estejam obrigadas a prestar aos mercados e às autoridades daquele Estado.

4. Em qualquer dos casos referidos nos artigos seguintes, a CMVM pode fazer publicar as informações exigidas a expensas das entidades a tal obrigadas, caso estas se recusem a acatar as ordens que, nos termos da lei, por ela lhes sejam dadas.

Artigo 245.º
Relatório e contas anuais

1. Os emitentes de valores mobiliários admitidos à negociação em bolsa publicam, logo que possível e o mais tardar até 30 dias após a sua aprovação:

a) O relatório de gestão, as contas anuais, a certificação legal de contas e demais documentos de prestação de contas exigidos por lei ou regulamento;

b) Relatório elaborado por auditor registado na CMVM.

2. O relatório referido na alínea *b*) do n.º 1 inclui:

a) Opinião relativa às previsões sobre a evolução dos negócios e da situação económica e financeira contidas nos documentos a que se refere a alínea *a*) do n.º 1;

b) Elementos correspondentes à certificação legal de contas, se esta não for exigida por outra norma legal ou se não tiver sido elaborada por auditor registado na CMVM.

3. Os documentos referidos no n.º 1 são elaborados em base individual e consolidada, conforme seja exigido por lei ou regulamento.

4. Se o relatório e contas anuais não derem uma imagem exacta do património, da situação financeira e dos resultados da sociedade, pode a CMVM ordenar a publicação de informações complementares.

5. Os documentos que integram o relatório e as contas anuais são enviados à CMVM e à entidade gestora de bolsa logo que sejam colocados à disposição dos accionistas.

Artigo 246.º
Informação semestral

1. Os emitentes de acções admitidas à negociação publicam, até três meses após o termo do 1.º semestre do exercício, informação relativa à actividade e resultados desse semestre, contendo pelo menos os seguintes elementos:

a) O montante líquido do volume de negócios;

b) O resultado antes ou após dedução de impostos;

c) O texto integral do relatório de auditor registado na CMVM.

2. A informação exigida no n.° 1 contém os elementos necessários para que os investidores formem um juízo fundamentado sobre a evolução da actividade e dos resultados da sociedade desde o termo do exercício anterior, bem como, se possível, a evolução previsível no exercício em curso, em particular:

a) Qualquer factor específico que tenha influenciado a sua actividade e resultados;

b) Comparação dos elementos apresentados com os correspondentes ao exercício anterior.

3. Se a sociedade estiver obrigada a elaborar contas consolidadas, a informação referida no número anterior é também publicada sob forma consolidada.

Artigo 247.°
Regulamentação

A CMVM, através de regulamento, estabelece:

a) Os termos das informações referidas nos artigos anteriores quando os emitentes de valores mobiliários admitidos à negociação não sejam sociedades comerciais;

b) Os documentos a apresentar para cumprimento do disposto nos n.ºs 1 a 3 do artigo 245.° e no n.° 1 do artigo 246.°;

c) As adaptações necessárias quando as exigências das alíneas *a)* e *b)* do n.° 1 do artigo 246.° se revelem desajustadas à actividade da sociedade;

d) A informação semestral a prestar quando o primeiro exercício económico das sociedades que adoptem um exercício anual diferente do correspondente ao ano civil tenha uma duração superior a 12 meses;

e) A obrigatoriedade de prestar informação trimestral, em termos similares aos exigidos nos artigos anteriores;

f) A organização, pelas entidades gestoras dos mercados, de sistemas de informação, acessíveis ao público, contendo dados actualizados relativos a cada um dos emitentes dos valores mobiliários admitidos à negociação.

Artigo 248.°
Factos relevantes

1. As sociedades emitentes de acções admitidas à negociação informam imediatamente o público sobre quaisquer factos ocorridos na sua esfera de actividade que não sejam do conhecimento público e que,

devido à sua incidência sobre a situação patrimonial ou financeira ou sobre o andamento normal dos seus negócios, sejam susceptíveis de influir de maneira relevante no preço das acções.

2. Os emitentes de obrigações ou de outros valores mobiliários representativos de dívida admitidos à negociação informam imediatamente o público sobre quaisquer factos ocorridos na sua esfera de actividade que não sejam do conhecimento público e que sejam susceptíveis de afectar de maneira relevante a capacidade de cumprir os seus compromissos.

3. A prestação de informação sobre factos relevantes que não seja completa, verdadeira, clara e objectiva é considerada facto relevante.

Artigo 249.º
Outras informações

1. Os emitentes de valores mobiliários admitidos à negociação enviam à CMVM e à entidade gestora da bolsa:

a) Projecto de alteração dos estatutos, até à data da convocação do órgão competente para aprovar as alterações;

b) Extracto da acta contendo a deliberação sobre a alteração dos estatutos, nos 15 dias posteriores à deliberação.

2. Os emitentes de valores mobiliários admitidos à negociação informam imediatamente o público sobre:

a) Convocação das assembleias dos titulares de valores mobiliários admitidos à negociação;

b) Atribuição e pagamento ou exercício de quaisquer direitos inerentes aos valores mobiliários admitidos à negociação ou às acções a que estes dão direito;

c) Alteração dos direitos dos obrigacionistas que resultem, nomeadamente, de modificação das condições do empréstimo ou da taxa de juro;

d) Emissão de outras acções e de outras obrigações, com indicação dos privilégios e garantias de que beneficiam.

3. A CMVM, através de regulamento, pode exigir a prestação de outras informações essenciais para que os titulares dos valores mobiliários conheçam a situação desses valores e do emitente e possam exercer todos os seus direitos, nomeadamente:

a) Alterações aos elementos que tenham sido exigidos para a admissão dos valores mobiliários à negociação;

b) Aquisição de acções próprias.

Artigo 250.º
Dispensa de publicação de informação

1. A publicação da informação exigida nos artigos anteriores pode ser dispensada pela CMVM:

a) Em relação a factos relevantes, quando possa prejudicar de modo desproporcionado legítimos interesses do emitente;

b) Nos restantes casos, quando seja contrária ao interesse público e possa causar prejuízo grave para o emitente, desde que a ausência de publicação não induza o público em erro sobre factos e circunstâncias essenciais para a avaliação dos valores mobiliários.

2. A dispensa considera-se concedida se a CMVM não comunicar qualquer decisão até 15 dias após a recepção do pedido de dispensa.

3. Se o emitente estiver obrigado à prestação de informações em base individual e consolidada, a CMVM pode dispensar a publicação daquelas que não contenham elementos adicionais significativos.

Artigo 251.º
Responsabilidade civil

À responsabilidade pelo conteúdo da informação que os emitentes publiquem nos termos dos artigos anteriores aplica-se, com as devidas adaptações, o disposto nos artigo 243.º.

SECÇÃO VI
Operações a prazo

Artigo 252.º
Admissibilidade

Além de outras que sejam previstas em regulamento da CMVM, é permitida a realização em bolsa das seguintes operações a prazo: futuros, opções, reportes e empréstimos.

Artigo 253.º
Futuros

Os futuros podem consistir:

a) Numa compra e venda a prazo; ou

b) Na transmissão de posições contratuais a prazo; ou

c) Na entrega, em data estipulada, da diferença entre o preço fixado no contrato e um preço de referência futuro.

Artigo 254.º
Opções

Pelo contrato de opção uma das partes adquire o direito de, até ao termo do contrato ou exclusivamente nessa data:

a) Receber ou entregar o activo subjacente; ou

b) Transmitir ou assumir uma posição contratual a prazo; ou

c) Receber ou entregar a diferença entre o preço de exercício e um preço de referência futuro.

Artigo 255.º
Reporte

Nos reportes realizados em bolsa é permitido:

a) Que a primeira venda seja a contado ou a prazo;

b) Que o contrato produza efeitos independentemente da entrega dos valores mobiliários;

c) Que os valores mobiliários a entregar em consequência da recompra não sejam da mesma espécie, mas sejam fungíveis com os valores mobiliários vendidos, nos termos do n.º 3 artigo 204.º ou de cláusula contratual expressa.

Artigo 256.º
Empréstimo

Podem ser realizados em bolsa empréstimos de valores mobiliários, desde que:

a) O mutuante seja titular dos valores mobiliários a emprestar;

b) A entrega dos valores mobiliários ao mutuário seja efectuada no prazo estabelecido para a liquidação das operações a contado;

c) A devolução ao mutuante dos valores mobiliários emprestados seja efectuada através da bolsa.

Artigo 257.º
Cláusulas contratuais gerais

1. As operações a prazo realizam-se nos termos de cláusulas contratuais gerais, elaboradas pela entidade gestora, em que são padronizados

o objecto, incluindo a quantidade, o prazo da operação, a periodicidade dos ajustes de ganhos e perdas e a modalidade de liquidação.

2. As cláusulas contratuais gerais a que se refere o número anterior estão sujeitas:

a) A registo na CMVM; e

b) A aprovação da CMVM, se o activo subjacente tiver natureza nocional ou for constituído por valores mobiliários não admitidos à negociação em mercado regulamentado; e

c) A parecer favorável do Banco de Portugal, se tiverem como activo subjacente instrumentos do mercado monetário e cambial.

Artigo 258.º
Objecto

1. O objecto dos futuros e das opções é construído nos termos das respectivas cláusulas contratuais gerais e pode ter como activo subjacente valores mobiliários, de natureza real ou nocional, posições contratuais a prazo, instrumentos do mercado monetário, taxas de juro, divisas ou índices sobre valores mobiliários, sobre taxas de juro ou sobre divisas.

2. A realização de operações a prazo sobre mercadorias e serviços pode ser autorizada nos termos a fixar em portaria conjunta do Ministro das Finanças e do Ministro do respectivo sector, precedendo parecer da CMVM e do Banco de Portugal.

Artigo 259.º
Contraparte

1. A posição de contraparte central nos futuros e nas opções é obrigatoriamente assumida pela própria entidade gestora ou por outra entidade por ela aceite, que esteja autorizada a realizar aquela função.

2. As entidades a que se refere o número anterior podem assumir a posição de contraparte nas restantes operações a prazo.

Artigo 260.º
Garantia

1. A realização de operações a prazo exige a prestação prévia de caução a favor da contraparte, salvo quando, em função da natureza da

operação, seja dispensada nos casos e nos termos a estabelecer em regulamento da CMVM.

2. Os membros do mercado são responsáveis pela constituição, pelo reforço ou pela substituição da caução.

3. A caução é prestada através de:

a) Penhor ou reporte sobre valores mobiliários de baixo risco e elevada liquidez, livres de quaisquer ónus, ou sobre depósito de dinheiro em instituição autorizada;

b) Garantia bancária.

4. Sobre os valores dados em caução não podem ser constituídas outras garantias.

5. Os valores recebidos em caução podem ser vendidos extrajudicialmente, nos termos a definir em regulamento da CMVM, para satisfação das obrigações emergentes das operações caucionadas ou como consequência do encerramento das posições dos membros que tenham prestado a caução.

6. Em caso de abertura de um processo de falência, de recuperação de empresa ou de saneamento de um membro do mercado, as cauções a que se referem os números anteriores continuam a garantir as obrigações vencidas e não vencidas decorrentes de operações efectuadas até ao momento da abertura daquele processo, revertendo apenas para a massa falida ou para a empresa em recuperação ou saneamento o saldo que eventualmente se apure após o encerramento de todas as posições.

7. É aplicável o disposto no n.° 3 do artigo 283.°.

Artigo 261.°
Gestão de operações

1. A contraparte central assegura a boa gestão das operações, em particular:

a) O registo das posições;

b) A gestão de garantias prestadas, incluindo a constituição, o reforço, a redução e a liberação;

c) Os ajustes de ganhos e perdas emergentes de operações registadas.

2. Quando a defesa do mercado o exija, a contraparte central pode:

a) Encerrar posições;

b) Promover a transferência de posições para outros membros do mercado.

3. Os membros liquidadores são responsáveis perante a entidade gestora pelo cumprimento das obrigações resultantes de operações por

eles realizadas, por sua conta ou por conta de outrem, assim como pelas operações realizadas pelos membros negociadores perante quem tenham assumido a função de liquidação das operações.

Artigo 262.º
Encerramento de posições

As posições em futuros e opções podem ser encerradas, antes do prazo, através da abertura de posições de sentido inverso.

Artigo 263.º
Suspensão e exclusão da negociação

1. As circunstâncias em que a entidade gestora do mercado deve proceder à suspensão ou exclusão da negociação de uma certa categoria de contratos padronizados são definidas em regulamento da CMVM.

2. A decisão de suspensão é imediatamente comunicada à CMVM e, por esta, ao Banco de Portugal quando os contratos tenham como referência instrumentos do mercado monetário e cambial.

3. A decisão de exclusão deve ser precedida de comunicação à CMVM, que informa o Banco de Portugal, quando os contratos tenham como referência instrumentos do mercado monetário e cambial.

Artigo 264.º
Caução dos membros do mercado

1. A entidade gestora do mercado pode exigir, além das garantias a que se refere o artigo 260.º, que os membros do mercado prestem caução para garantia dos deveres a que estão sujeitos e das operações em que intervenham, nos termos de regulamento da CMVM.

2. Às cauções prestadas nos termos do número anterior é aplicável o disposto nos n.os 3 a 7 do artigo 260.º.

Artigo 265.º
Gestão de operações fora de bolsa

1. A entidade gestora da bolsa pode prestar serviços de gestão e de liquidação de operações a prazo, padronizadas ou não, que se realizem fora de bolsa.

2. Às operações referidas no número anterior aplica-se o disposto nos artigos 255.° e 256.°.

3. Se a entidade gestora assumir a posição de contraparte nas operações a que se refere o n.° 1, aplica-se, com as devidas adaptações, o disposto nos artigos 259.°, 260.° e 264.°.

4. A aplicação do disposto nos números anteriores depende de regulamento aprovado pela CMVM, ouvido previamente o Banco de Portugal quando estejam em causa instrumentos do mercado monetário e cambial.

TÍTULO V
Sistemas de liquidação

CAPÍTULO I
Disposições gerais

Artigo 266.º
Âmbito

1. Os sistemas de liquidação de valores mobiliários são criados por acordo escrito pelo qual se estabelecem regras comuns e procedimentos padronizados para a execução de ordens de transferência, entre os participantes, de valores mobiliários ou de direitos deles destacados.

2. O acordo deve ser subscrito por três ou mais participantes, sem contar com os participantes especiais.

3. As transferências de dinheiro associadas às transferências de valores mobiliários ou a direitos a eles inerentes e as garantias relativas a operações sobre valores mobiliários fazem parte integrante dos sistemas de liquidação de valores mobiliários.

Artigo 267.º
Participantes

Podem ser participantes num sistema de liquidação, independentemente de serem sócios da entidade gestora do mesmo:

a) As instituições de crédito, as empresas de investimento e as instituições com funções correspondentes que estejam autorizadas a exercer actividade em Portugal;

b) As entidades públicas e as empresas que beneficiem de garantia do Estado.

Artigo 268.º
Participantes especiais

1. Consideram-se também participantes em sistemas de liquidação:
a) Câmaras de compensação, que têm como função o cálculo das posições líquidas dos participantes no sistema;
b) Contrapartes centrais, que actuam como contraparte exclusiva dos participantes do sistema, relativamente às ordens de transferência dadas por estes;
c) Agentes de liquidação, que asseguram aos participantes e à contraparte central ou apenas a esta contas de liquidação através das quais são executadas ordens de transferência emitidas no âmbito do sistema, podendo conceder crédito para efeitos de liquidação.

2. Podem actuar como câmara de compensação:
a) Instituições de crédito autorizadas a exercer actividade em Portugal;
b) Entidades gestoras de mercados regulamentados e de sistemas de liquidação.

3. Podem actuar como contraparte central:
a) Instituições de crédito autorizadas a exercer actividade em Portugal;
b) Entidades gestoras de um sistema de liquidação ou de um mercado regulamentado.

4. Podem desempenhar as funções de agentes de liquidação:
a) Instituições de crédito autorizadas a exercer actividade em Portugal;
b) Sistemas centralizados de valores mobiliários.

5. De acordo com as regras do sistema, o mesmo participante pode actuar apenas como contraparte central, agente de liquidação ou câmara de compensação, ou exercer uma parte ou a totalidade dessas funções.

6. O Banco de Portugal pode desempenhar as funções referidas nos números anteriores.

Artigo 269.º
Regras do sistema

1. A organização, o funcionamento e os procedimentos operacionais relativos a cada sistema de liquidação constam:
a) Do acordo constitutivo e das alterações aprovadas por todos os participantes; e
b) De regras aprovadas pela entidade gestora.

2. As regras do sistema vigoram a partir do seu registo na CMVM e são aplicáveis à entidade gestora e a todos os participantes.

3. A CMVM recusa o registo das regras do sistema ou impõe modificações sempre que as considere insuficientes ou contrárias a disposição legal ou regulamentar.

Artigo 270.º
Direito à informação

Qualquer pessoa com interesse legítimo pode requerer a cada um dos participantes referidos no artigo 267.º que a informe sobre os sistemas de liquidação em que participa e sobre as regras essenciais de funcionamento desses sistemas.

Artigo 271.º
Reconhecimento

1. Os sistemas de liquidação de valores mobiliários, com excepção dos que forem geridos pelo Banco de Portugal, são reconhecidos através de registo na CMVM.

2. A CMVM é a autoridade competente para notificar a Comissão Europeia dos sistemas por ela reconhecidos, dos quais dará conhecimento ao Banco de Portugal.

3. O Banco de Portugal, por aviso, designa os sistemas de liquidação de valores mobiliários que são por si geridos, notificando a Comissão Europeia dessa designação e dando conhecimento à CMVM.

Artigo 272.º
Registo

1. Só podem ser registados na CMVM os sistemas de liquidação que satisfaçam cumulativamente os seguintes requisitos:

a) Integrem pelo menos um participante com sede em Portugal;

b) Cuja sociedade gestora, quando exista, tenha sede efectiva em Portugal;

c) A que se aplique o direito português por força de cláusula expressa do respectivo acordo constitutivo;

d) Tenham adoptado regras compatíveis com este código, os regulamentos da CMVM e do Banco de Portugal.

2. Do registo constam os seguintes elementos actualizados:

a) O acordo celebrado entre os participantes;

b) A identificação dos participantes no sistema;

c) Elementos de identificação da entidade gestora, quando exista, incluindo os respectivos estatutos e a identificação dos titulares dos órgãos sociais e dos accionistas detentores de participações qualificadas.

d) As regras aprovadas pela entidade gestora.

3. Ao processo de registo, incluindo a sua recusa e o seu cancelamento, aplica-se, com as devidas adaptações, o disposto para o registo das entidades gestoras de mercados.

Artigo 273.º
Regulamentação

1. A CMVM elabora os regulamentos necessários à concretização das seguintes matérias:

a) Reconhecimento e registo de sistemas de liquidação;

b) Regras de segurança a adoptar pelo sistema;

c) Garantias a prestar a favor da contraparte central;

d) Regras de gestão, prudenciais e de contabilidade, necessárias para garantir a separação patrimonial.

2. Em relação aos sistemas utilizados na liquidação de operações de bolsa, a CMVM, sob proposta ou com audiência prévia da entidade gestora dos sistemas em causa, define ou concretiza, através de regulamento:

a) Os prazos em que deve processar-se a liquidação;

b) Os procedimentos a adoptar em caso de incumprimento pelos participantes;

c) A ordenação das operações a compensar e a liquidar;

d) O registo das operações realizadas através do sistema e sua contabilidade.

3. O Banco de Portugal regulamenta os sistemas por si geridos.

CAPÍTULO II
Operações

SECÇÃO I
Disposições gerais

Artigo 274.º
Ordens de transferência

1. As ordens de transferência são introduzidas no sistema pelos participantes ou, por delegação destes, pela entidade gestora do mercado onde os valores mobiliários foram transaccionados.

2. As ordens de transferência são irrevogáveis, produzem efeitos entre os participantes e são oponíveis a terceiros a partir do momento em que tenham sido introduzidas no sistema.

3. O momento e o modo de introdução das ordens no sistema determinam-se de acordo com as regras do sistema.

Artigo 275.º
Modalidades de execução

A execução das ordens de transferência consiste em colocar à disposição do beneficiário, em conta aberta por este junto de um agente de liquidação:

a) O montante bruto indicado em cada uma das ordens de transferência;

b) O saldo líquido apurado por efeito de compensação bilateral ou multilateral.

Artigo 276.º
Compensação

A compensação efectuada no âmbito do sistema de liquidação tem carácter definitivo e é efectuada pelo próprio sistema ou por câmara de compensação participante deste.

Artigo 277.º
Invalidade dos negócios subjacentes

A invalidade ou a ineficácia dos negócios jurídicos subjacentes às ordens de transferência e às obrigações compensadas não afectam a irrevogabilidade das ordens nem o carácter definitivo da compensação.

SECÇÃO II
Liquidação de operações de bolsa

Artigo 278.º
Princípios

1. A liquidação das operações de bolsa deve ser organizada de acordo com princípios de eficiência, de redução do risco sistémico e de simultaneidade dos créditos em valores mobiliários e em dinheiro.
2. As operações de bolsa a contado são liquidadas diariamente, no mais curto prazo possível após a sua realização.

Artigo 279.º
Obrigações dos participantes

1. Os participantes colocam à disposição do sistema de liquidação, no prazo indicado nas regras do sistema, os valores mobiliários ou o dinheiro necessários à boa liquidação das operações.
2. A obrigação a que se refere o número anterior incumbe ao participante que introduziu no sistema a ordem de transferência ou que tenha sido indicado pela entidade gestora do mercado onde se efectuaram as operações a liquidar.
3. O participante indicado para liquidação de uma operação pode, por sua vez, indicar outro participante no sistema para a efectuar, mas não se libera se este recusar a indicação.
4. A recusa de indicação é ineficaz se estiver excluída por contrato celebrado entre os participantes e revelado perante o sistema.

Artigo 280.º
Incumprimento

1. A inobservância, no prazo previsto, das obrigações referidas no artigo anterior constitui incumprimento definitivo.

2. Verificado o incumprimento, a entidade gestora do sistema deve accionar imediatamente os procedimentos de substituição necessários a assegurar a boa liquidação da operação.

3. Os procedimentos de substituição são descritos nas regras do sistema, devendo estar previstos pelo menos os seguintes:

a) Empréstimo dos valores mobiliários a liquidar;

b) Recompra dos valores mobiliários que não tenham sido entregues;

c) Revenda dos valores mobiliários que não tenham sido pagos.

4. Os procedimentos de substituição não são accionados quando o credor declarar, em tempo útil, que perdeu o interesse na liquidação.

Artigo 281.°
Conexão com outros sistemas e instituições

1. Os sistemas utilizados na liquidação de operações de bolsa devem estabelecer as ligações necessárias à boa liquidação das operações, constituindo uma rede de conexões, nomeadamente com:

a) Entidades gestoras das bolsas onde se realizem as operações a liquidar;

b) Sistemas centralizados de valores mobiliários;

c) O Banco de Portugal ou instituições de crédito, se a entidade gestora do sistema não estiver autorizada a receber depósitos em dinheiro;

d) Outros sistemas de liquidação.

2. Os acordos de conexão são registados na CMVM.

Artigo 282.°
Responsabilidade civil

Salvo caso de força maior, cada um dos participantes responde pelos danos causados pelo incumprimento das suas obrigações, incluindo o custo dos procedimentos de substituição.

CAPÍTULO III
Insolvência dos participantes
Artigo 283.º
Ordens de transferência e compensação

1. A abertura de processo de falência, de recuperação de empresa ou de saneamento de qualquer participante não tem efeitos retroactivos sobre os direitos e obrigações decorrentes da sua participação no sistema ou a ela associados.

2. A abertura dos processos a que se refere o número anterior não afecta a irrevogabilidade das ordens de transferência nem a sua oponibilidade a terceiros nem o carácter definitivo da compensação, desde que as ordens tenham sido introduzidas no sistema:

a) Antes da abertura do processo; ou

b) Após a abertura do processo, se as ordens tiverem sido executadas no dia em que foram introduzidas e se a câmara de compensação, o agente de liquidação ou a contraparte central provarem que não tinham nem deviam ter conhecimento da abertura do processo.

3. O momento de abertura dos processos a que se refere o presente capítulo é aquele em que a autoridade competente profere a decisão de declaração de falência, de prosseguimento da acção de recuperação de empresa ou decisão equivalente.

Artigo 284.º
Garantias

1. As garantias de obrigações decorrentes do funcionamento de um sistema de liquidação não são afectadas pela abertura de processo de falência, de recuperação de empresa ou de saneamento da entidade garante, revertendo apenas para a massa falida ou para a empresa em recuperação ou saneamento o saldo que eventualmente se apure após o cumprimento das obrigações garantidas.

2. O disposto no número anterior aplica-se às garantias prestadas a favor de bancos centrais de Estados membros da Comunidade Europeia e do Banco Central Europeu, actuando nessa qualidade.

3. Para os efeitos do presente artigo consideram-se garantias o penhor e os direitos decorrentes de reporte e de outros contratos similares.

4. Se os valores mobiliários dados em garantia nos termos do presente artigo estiverem registados ou depositados em sistema centralizado situado ou a funcionar num Estado membro da Comunidade Europeia, a determinação dos direitos dos beneficiários da garantia rege-se pela legislação desse Estado membro, desde que a garantia tenha sido registada no mesmo sistema centralizado.

Artigo 285.°
Direito aplicável

Aberto um processo de falência, de recuperação de empresa ou de saneamento de um participante, os direitos e obrigações decorrentes dessa participação ou a ela associados regem-se pelo direito aplicável ao sistema.

Artigo 286.°
Notificações

1. A decisão de abertura de processo de falência, de recuperação de empresa ou de saneamento de qualquer participante é imediatamente notificada à CMVM e ao Banco de Portugal pelo tribunal ou pela autoridade administrativa que a proferir.

2. A CMVM ou o Banco de Portugal, em relação aos sistemas por ele geridos, notificam imediatamente os restantes Estados membros da Comunidade Europeia da decisão a que se refere o n.° 1.

3. A CMVM é a autoridade competente para receber a notificação das decisões a que se refere o n.° 1, quando tomadas por autoridade judicial ou administrativa de outro Estado membro da Comunidade Europeia.

4. A CMVM e o Banco de Portugal notificam imediatamente as entidades gestoras dos sistemas de liquidação junto delas registados das decisões a que se refere o n.° 1 e de qualquer notificação recebida de um Estado estrangeiro relativa à falência de um participante.

CAPÍTULO IV
Gestão

Artigo 287.º
Regime

1. Os sistemas utilizados na liquidação de operações de bolsa só podem ser geridos por sociedade que preencha os requisitos fixados em lei especial.

2. Os restantes sistemas de liquidação, com excepção dos que forem geridos pelo Banco de Portugal, podem também ser geridos pelo conjunto dos participantes.

Artigo 288.º
Responsabilidade civil

1. A entidade gestora do sistema de liquidação responde perante os participantes tal como, nos termos do artigo 94.º, a entidade gestora de um sistema centralizado de valores mobiliários responde perante os intermediários financeiros.

2. Se o sistema for gerido directamente pelos participantes, estes respondem solidária e ilimitadamente pelos danos por que teria de responder a entidade gestora.

TÍTULO VI
Intermediação

CAPÍTULO I
Disposições gerais

SECÇÃO I
Actividades

Artigo 289.º
Noção

1. São actividades de intermediação financeira:
a) Os serviços de investimento em valores mobiliários;
b) Os serviços auxiliares dos serviços de investimento;
c) A gestão de instituições de investimento colectivo e o exercício das funções de depositário dos valores mobiliários que integram o património dessas instituições.

2. Só os intermediários financeiros podem exercer, a título profissional, actividades de intermediação financeira.

3. O disposto no presente título não se aplica ao Banco Central Europeu e aos bancos centrais dos Estados membros da Comunidade Europeia nem às actividades desenvolvidas pelo Estado e por outras entidades públicas no âmbito da gestão da dívida pública e das reservas do Estado.

Artigo 290.º
Serviços de investimento

1. São serviços de investimento em valores mobiliários:
a) A recepção e a transmissão de ordens por conta de outrem;
b) A execução de ordens por conta de outrem;
c) A gestão de carteiras por conta de outrem;
d) A colocação em ofertas públicas de distribuição.

2. A negociação por conta própria em valores mobiliários é considerada serviço de investimento quando realizada por intermediário financeiro.

3. A mediação em transações sobre valores mobiliários considera-se equiparada ao serviço de recepção e de transmissão de ordens por conta de outrem.

Artigo 291.º
Serviços auxiliares

São serviços auxiliares dos serviços de investimento:

a) O registo e o depósito de valores mobiliários;

b) A concessão de crédito, incluindo o empréstimo de valores mobiliários, para a realização de operações sobre valores mobiliários em que intervém a entidade concedente do crédito;

c) A consultoria para investimento em valores mobiliários;

d) A consultoria sobre a estrutura de capital, a estratégia industrial e questões conexas, bem como sobre a fusão e a aquisição de empresas;

e) A assistência em oferta pública relativa a valores mobiliários;

f) Os serviços de câmbios e o aluguer de cofres-fortes ligados à prestação de serviços de investimento.

Artigo 292.º
Publicidade, promoção e prospecção

A publicidade, a promoção e a prospecção dirigidas à celebração de contratos de intermediação ou à recolha de elementos sobre clientes actuais ou potenciais integram a actividade de intermediação a que se referem, só podendo ser realizadas por intermediários financeiros autorizados a desenvolver essa actividade.

Artigo 293.º
Intermediários financeiros

1. São intermediários financeiros em valores mobiliários:

a) As instituições de crédito e as empresas de investimento que estejam autorizadas a exercer actividades de intermediação financeira em Portugal;

b) As entidades gestoras de instituições de investimento colectivo autorizadas a exercer essa actividade em Portugal;

c) As instituições com funções correspondentes às referidas nas alíneas anteriores que estejam autorizadas a exercer em Portugal qualquer actividade de intermediação financeira.

2. São empresas de investimento em valores mobiliários:

a) As sociedades corretoras;

b) As sociedades financeiras de corretagem;

c) As sociedades gestoras de patrimónios;

d) Outras que como tal sejam qualificadas por lei ou que, não sendo instituições de crédito, estejam autorizadas a prestar algum dos serviços de investimento em valores mobiliários a título principal e profissional.

Artigo 294.º
Consultoria para investimento

1. A consultoria para investimento em valores mobiliários, prestada em base individual, pode ser exercida:

a) Por intermediário financeiro autorizado a exercer essa actividade entre outras;

b) Por consultores autónomos que se dediquem exclusivamente a essa actividade.

2. Não se considera actividade de consultoria para investimento a prestação de conselhos inserida na actividade profissional de pessoas não incluídas no número anterior, desde que seja complemento normal e necessário da actividade por elas exercida.

3. Aos consultores autónomos aplicam-se as regras gerais previstas para as actividades de intermediação financeira, com as devidas adaptações.

SECÇÃO II
Registo

Artigo 295.º
Requisitos de exercício

1. O exercício profissional de qualquer actividade de intermediação financeira depende:

a) De autorização concedida pela autoridade competente;

b) De registo prévio na CMVM.

2. A CMVM organiza uma lista das instituições de crédito e das empresas de investimento que exerçam actividades de intermediação financeira em Portugal em regime de livre prestação de serviços.

Artigo 296.º
Função do registo

O registo na CMVM tem como função assegurar o controlo prévio dos requisitos para o exercício de cada uma das actividades de intermediação financeira e permitir a organização da supervisão.

Artigo 297.º
Elementos sujeitos a registo

1. O registo dos intermediários financeiros contém:
a) Os elementos referidos no artigo 66.º do Regime Geral das Instituições de Crédito e das Sociedades Financeiras, em relação aos intermediários financeiros com sede em Portugal; ou
b) Os elementos referidos no artigo 67.º do Regime Geral das Instituições de Crédito e das Sociedades Financeiras, em relação a sucursais de instituição de crédito ou de empresa de investimento com sede no estrangeiro; e
c) Cada uma das actividades de intermediação em valores mobiliários que o intermediário financeiro pretende exercer; e
d) A identificação dos representantes do intermediário financeiro e das pessoas que efectivamente dirigem ou fiscalizam cada uma das actividades registadas.
2. São averbadas ao registo as sanções e as providências extraordinárias aplicadas ao intermediário financeiro e a outras pessoas constantes do registo, bem como a suspensão ou cancelamento do registo.

Artigo 298.º
Processo de registo

1. O requerimento de registo deve:
a) Mencionar os elementos e ser instruído com os documentos necessários para o registo;
b) Ser acompanhado dos documentos necessários para demonstrar que o intermediário financeiro possui os meios humanos, materiais e técnicos indispensáveis ao exercício da actividade.
2. A CMVM, através de inspecção, pode verificar a existência dos meios a que se refere a alínea *b*) do número anterior.
3. O registo só pode ser efectuado após comunicação pela autoridade competente, certificando que o intermediário financeiro está autorizado a exercer as actividades requeridas.

4. Não é exigível a apresentação dos documentos que já estejam em poder da CMVM ou que esta possa obter em publicações oficiais ou junto da autoridade nacional que concedeu a autorização ou a quem a autorização foi comunicada.

5. As insuficiências e as irregularidades verificadas no requerimento ou na documentação podem ser sanadas no prazo fixado pela CMVM.

Artigo 299.º
Deferimento tácito

O registo considera-se efectuado se a CMVM não o recusar no prazo de 60 dias a contar:

a) Da comunicação da autorização; e

b) Da data da recepção do pedido ou de informações complementares que hajam sido solicitadas.

Artigo 300.º
Recusa de registo ou de averbamento

1. O registo inicial e os respectivos averbamentos são recusados se o intermediário financeiro:

a) Não estiver autorizado a exercer a actividade de intermediação a registar;

b) Não demonstrar que possui as aptidões e os meios indispensáveis para garantir a prestação das actividades em causa em condições de eficiência e segurança;

c) Tiver prestado falsas declarações;

d) Não sanar insuficiências e irregularidades do processo no prazo fixado pela CMVM.

2. A recusa de registo ou de averbamento pode ser total ou parcial.

Artigo 301.º
Consultores autónomos

1. O exercício autónomo da actividade de consultoria para investimento em valores mobiliários depende de autorização da CMVM.

2. A autorização só é concedida a pessoas singulares idóneas que demostrem possuir aptidão profissional adequada ao exercício da actividade e meios materiais suficientes.

3. O registo é efectuado oficiosamente pela CMVM após a concessão da autorização e contém elementos correspondentes aos referidos na alínea *a*) do n.º 1 do artigo 297.º.

Artigo 302.º
Suspensão do registo

Quando o intermediário financeiro deixe de reunir os meios indispensáveis para garantir a prestação de alguma das actividades de intermediação em condições de eficiência e segurança, pode a CMVM proceder à suspensão do registo por um prazo não superior a 60 dias.

Artigo 303.º
Cancelamento do registo

1. Constituem fundamento de cancelamento de registo pela CMVM:
a) A verificação de circunstância que obstaria ao registo, se essa circunstância não tiver sido sanada no prazo fixado pela CMVM;
b) A revogação ou a caducidade da autorização;
c) A cessação de actividade ou a desconformidade entre o objecto e a actividade efectivamente exercida.
2. A decisão de cancelamento deve ser precedida de parecer favorável do Banco de Portugal.

SECÇÃO III
Exercício

Artigo 304.º
Princípios

1. Os intermediários financeiros devem orientar a sua actividade no sentido da protecção dos legítimos interesses dos seus clientes e da eficiência do mercado.
2. Nas relações com todos os intervenientes no mercado, os intermediários financeiros devem observar os ditames da boa fé, de acordo com elevados padrões de diligência, lealdade e transparência.
3. Na medida do que for necessário para o cumprimento dos seus deveres, o intermediário financeiro deve informar-se sobre a situação financeira dos clientes, a sua experiência em matéria de investimentos e os objectivos que prosseguem através dos serviços a prestar.

4. Os intermediários financeiros estão sujeitos ao dever de segredo profissional nos termos previstos para o segredo bancário.

5. Estes princípios e os deveres referidos nos artigos seguintes são aplicáveis aos titulares do órgão de administração do intermediário financeiro e às pessoas que efectivamente dirigem ou fiscalizam cada uma das actividades de intermediação.

Artigo 305.º
Aptidão e organização profissionais

1. No exercício da sua actividade, o intermediário financeiro deve assegurar elevados níveis de aptidão profissional.

2. O intermediário financeiro deve manter a sua organização empresarial equipada com os meios humanos, materiais e técnicos necessários para prestar os seus serviços em condições adequadas de qualidade e de eficiência e por forma a evitar procedimentos errados ou negligentes.

Artigo 306.º
Segregação patrimonial

1. Em todos os actos que pratique, assim como nos registos contabilísticos e de operações, o intermediário financeiro deve assegurar uma clara distinção entre os bens pertencentes ao seu património e os bens pertencentes ao património de cada um dos clientes.

2. A abertura de processo de falência, de recuperação de empresa ou de saneamento do intermediário financeiro não tem efeitos sobre os actos praticados pelo intermediário financeiro por conta dos seus clientes.

3. O intermediário financeiro não pode, no seu interesse ou no interesse de terceiros, dispor dos valores mobiliários pertencentes aos seus clientes ou exercer os direitos a eles inerentes, salvo acordo escrito dos titulares.

4. O dinheiro recebido dos clientes ou a seu favor deve ser depositado em conta bancária aberta em nome do beneficiário ou em nome do intermediário financeiro com menção que permita distingui-la das contas próprias deste.

5. As empresas de investimento não podem utilizar no seu interesse ou no interesse de terceiros o dinheiro depositado nas contas referidas no número anterior nem os respectivos rendimentos.

Artigo 307.°
Contabilidade e registo das operações

1. A contabilidade do intermediário financeiro deve reflectir diariamente, em relação a cada cliente, o saldo credor ou devedor em dinheiro e em valores mobiliários.

2. O intermediário financeiro mantém um registo diário das operações por ele realizadas, por conta própria e por conta de cada um dos clientes.

Artigo 308.°
Conservação de documentos

1. Sem prejuízo de exigências legais ou regulamentares mais rigorosas, os intermediários financeiros conservarão em arquivo, pelo prazo mínimo de cinco anos, os documentos e registos relativos a operações sobre valores mobiliários efectuadas num mercado ou fora de mercado.

2. A pedido das autoridades competentes ou dos seus clientes, os intermediários financeiros devem emitir certificados dos registos respeitantes às operações em que intervieram.

Artigo 309.°
Conflito de interesses

1. O intermediário financeiro deve organizar-se e actuar de modo a evitar ou a reduzir ao mínimo o risco de conflito de interesses.

2. Em situação de conflito de interesses, o intermediário financeiro deve agir por forma a assegurar aos seus clientes um tratamento transparente e equitativo.

3. O intermediário financeiro deve dar prevalência aos interesses dos clientes, tanto em relação aos seus próprios interesses ou de empresas com as quais se encontra em relação de domínio ou de grupo, como em relação aos interesses dos titulares dos seus órgãos sociais e dos seus trabalhadores.

4. Sempre que o intermediário financeiro realize operações para satisfazer ordens de clientes, deve pôr à disposição destes os valores mobiliários pelo mesmo preço por que os adquiriu.

Artigo 310.°
Intermediação excessiva

1. O intermediário financeiro deve abster-se de incitar os seus clientes a efectuar operações repetidas sobre valores mobiliários ou de as realizar por conta deles, quando tais operações tenham como fim principal a cobrança de comissões ou outro objectivo estranho aos interesses do cliente.
2. Nas operações a que se refere o número anterior inclui-se a concessão de crédito para a realização de operações.
3. Além da responsabilidade civil e contra-ordenacional que ao caso caiba, pela realização das operações referidas nos números anteriores não são devidas comissões, juros ou outras remunerações.

Artigo 311.°
Defesa do mercado

1. O intermediário financeiro deve comportar-se com a maior probidade comercial, abstendo-se de participar em operações ou de praticar outros actos susceptíveis de pôr em risco a regularidade de funcionamento, a transparência e a credibilidade do mercado.
2. São, nomeadamente, susceptíveis de pôr em risco a regularidade de funcionamento, a transparência e a credibilidade do mercado:
a) A realização de operações imputadas a uma mesma carteira tanto na compra como na venda;
b) A transferência aparente, simulada ou artificial de valores mobiliários entre diferentes carteiras;
c) A execução de ordens destinadas a defraudar ou a limitar significativamente os efeitos de leilão, rateio ou outra forma de atribuição de valores mobiliários;
d) A realização de operações de fomento não registadas na CMVM ou de estabilização não aprovadas por esta entidade.

Artigo 312.°
Deveres de informação

1. O intermediário financeiro deve prestar, relativamente aos serviços que ofereça, que lhe sejam solicitados ou que efectivamente preste, todas as informações necessárias para uma tomada de decisão esclarecida e fundamentada, incluindo nomeadamente as respeitantes a:
a) Riscos especiais envolvidos pelas operações a realizar;

b) Qualquer interesse que o intermediário financeiro ou as pessoas que em nome dele agem tenham no serviço prestado ou a prestar;

c) Existência ou inexistência de qualquer fundo de garantia ou de protecção equivalente que abranja os serviços a prestar;

d) O custo do serviço a prestar.

2. A extensão e a profundidade da informação devem ser tanto maiores quanto menor for o grau de conhecimentos e de experiência do cliente.

3. A circunstância de os elementos informativos serem inseridos na prestação de conselho, dado a qualquer título, ou em mensagem promocional ou publicitária não exime o intermediário financeiro da observância dos requisitos e do regime aplicáveis à informação em geral.

Artigo 313.º
Informação às entidades gestoras dos mercados e à CMVM

1. Os intermediários financeiros com sede em território nacional declaram às entidades gestoras dos mercados regulamentados as operações por si intermediadas que tenham como objecto os seguintes instrumentos financeiros, quando admitidos à negociação num mercado regulamentado situado ou a funcionar em Estado membro da Comunidade Europeia:

a) Acções e valores mobiliários que conferem direito à sua subscrição ou aquisição;

b) Obrigações;

c) Contratos a prazo padronizados relativos a acções;

d) Opções padronizadas relativas a acções.

2. Da declaração a que se refere o número anterior deve constar, além da identificação do intermediário financeiro que efectuou a operação, o tipo, a quantidade e o preço dos instrumentos financeiros negociados, bem como a data e hora da operação.

3. A declaração é feita imediatamente após a realização da operação, por escrito, e, conforme a natureza da operação, deve ser feita à entidade gestora do mercado regulamentado a contado ou a prazo.

4. Quando o próprio sistema de negociação realize o registo das operações, a declaração considera-se feita no momento e através desse registo.

5. As entidades gestoras dos mercados regulamentados asseguram as condições para que a CMVM disponha imediatamente das informações comunicadas.

6. A declaração a que se refere o presente artigo é dispensada se as operações a comunicar se realizarem num mercado regulamentado situado ou a funcionar noutro Estado-membro da Comunidade Europeia que imponha o mesmo dever de comunicação, salvo se respeitarem a valores mobiliários negociados em mercado regulamentado situado ou a funcionar em Portugal.

7. As sociedades autorizadas a exercer actividades de intermediação fiinanceira em Portugal e os titulares de participações qualificadas nessas sociedades estão sujeitos aos deveres de informação de participações qualificadas nos termos dos artigos 102.°, 104.°, 105.°, 107.°, 108.° e 110.° do Regime Geral das Instituições de Crédito e das Sociedades Financeiras, com as seguintes adaptações:

a) Devem ser feitas também à CMVM as comunicações dirigidas ao Banco de Portugal;

b) A CMVM divulga, pelo menos anualmente, uma lista com a identidade dos titulares daquelas participações qualificadas.

Artigo 314.°
Responsabilidade civil

1. Os intermediários financeiros são obrigados a indemnizar os danos causados a qualquer pessoa em consequência da violação de deveres respeitantes ao exercício da sua actividade, que lhes sejam impostos por lei ou por regulamento emanado de autoridade pública.

2. A culpa do intermediário financeiro presume-se quando o dano seja causado no âmbito de relações contratuais ou pré-contratuais e, em qualquer caso, quando seja originado pela violação de deveres de informação.

Artigo 315.°
Códigos deontológicos

Os códigos de conduta que venham a ser aprovados pelas associações profissionais de intermediários financeiros são registados na CMVM.

Artigo 316.°
Regulamentos internos

1. Cada um dos intermediários financeiros elabora um regulamento interno de onde consta a concretização das regras deontológicas a obser-

var pelos titulares dos seus órgãos e pelos seus trabalhadores, bem como as medidas de organização adequadas ao cumprimento do disposto na lei ou em regulamento da CMVM.

2. Os regulamentos internos são registados na CMVM.

Artigo 317.°
Dever de comunicação pelos auditores

1. Os auditores que prestem serviços a intermediário financeiro ou a empresa que com ele esteja em relação de domínio ou de grupo devem comunicar imediatamente à CMVM os factos respeitantes a esse intermediário financeiro de que tenham conhecimento no exercício das suas funções, quando tais factos sejam susceptíveis de:

a) Constituir crime ou ilícito de mera ordenação social previsto em norma legal ou regulamentar que estabeleça as condições de autorização ou que regule, de modo específico, actividades de intermediação financeira; ou

b) Afectar a continuidade do exercício da actividade do intermediário financeiro; ou

c) Justificar a recusa da certificação das contas ou a emissão de reservas.

2. O dever de comunicação imposto pelo presente artigo prevalece sobre quaisquer restrições à divulgação de informações, legal ou contratualmente previstas, e o seu cumprimento de boa fé não envolve qualquer responsabilidade para os respectivos sujeitos.

3. No caso de os factos referidos no n.° 1 serem relevantes nos termos do artigo 248.°, a CMVM e o Banco de Portugal devem coordenar as respectivas acções, tendo em vista uma adequada conjugação dos objectivos de supervisão prosseguidos por cada uma dessas autoridades.

SECÇÃO IV
Regulamentação

Artigo 318.°
Organização dos intermediários financeiros

A CMVM elabora os regulamentos necessários à concretização do disposto no presente título sobre a organização dos intermediários financeiros, nomeadamente quanto às seguintes matérias:

a) Processo de registo das actividades de intermediação financeira;

b) Elenco das pessoas que, agindo em nome do intermediário financeiro, estão sujeitas a credenciação e termos em que esta é atribuída;

c) Requisitos relativos aos meios humanos, materiais e técnicos exigidos para a prestação de cada uma das actividades de intermediação;

d) Registo das operações e prestação de informações à CMVM, tendo em vista o controlo e a fiscalização das várias actividades;

e) Medidas de organização a adoptar pelo intermediário financeiro que exerça mais que uma actividade de intermediação, tendo em conta a sua natureza, dimensão e risco;

f) Funções que devem ser objecto de segregação, em particular aquelas que, sendo dirigidas ou efectuadas pela mesma pessoa, possam dar origem a erros de difícil detecção ou que possam expor a risco excessivo o intermediário financeiro ou os seus clientes;

g) Conteúdo mínimo dos regulamentos internos dos intermediários financeiros.

Artigo 319.°
Actividades de intermediação

A CMVM elabora os regulamentos necessários à concretização do disposto no presente título sobre o exercício de actividades de intermediação, nomeadamente quanto às seguintes matérias:

a) Abertura, movimentação, utilização e controlo das contas de depósito do dinheiro entregue a empresas de investimento pelos seus clientes ou por terceiros de conta deles;

b) Divulgação das comissões praticadas na prestação dos diferentes serviços;

c) Limites e requisitos da subcontratação de actividades de intermediação financeira;

d) Limites e requisitos da prospecção de investidores;

e) Informações a prestar sobre os serviços que envolvam riscos não aparentes para investidores não institucionais;

f) Termos em que as entidades gestoras dos mercados regulamentados devem pôr à disposição da CMVM as informações a que se refere o artigo 313.°.

Artigo 320.°
Consultoria autónoma

A CMVM elabora os regulamentos necessários à concretização do disposto no presente título sobre o exercício da actividade autónoma de consultoria para investimento, nomeadamente quanto às seguintes matérias:

a) Elementos exigíveis para a prova dos requisitos necessários à autorização do exercício da actividade;

b) Elementos sujeitos a registo;

c) Periodicidade e conteúdo da informação a prestar pelos consultores autónomos à CMVM sobre os valores mobiliários por eles adquiridos.

CAPÍTULO II
Contratos de intermediação

SECÇÃO I
Regras gerais

Artigo 321.º
Contratos com investidores não institucionais

1. Nos contratos sujeitos a forma escrita que sejam celebrados com investidores não institucionais, só estes podem invocar a nulidade resultante da inobservância de forma.

2. Para o efeito de aplicação do regime sobre cláusulas contratuais gerais, os investidores não institucionais são equiparados a consumidores.

3. Nos contratos de intermediação celebrados com investidores não institucionais residentes em Portugal, para a execução de operações em Portugal, a aplicação do direito competente não pode ter como consequência privar o investidor da protecção assegurada pelas disposições do presente capítulo e da secção III do capítulo I sobre informação, conflito de interesses e segregação patrimonial.

Artigo 322.º
Contratos celebrados fora do estabelecimento

1. As ordens para execução de operações e os contratos de gestão de carteira cuja emissão ou conclusão por um investidor não institucional tenha tido lugar fora do estabelecimento do intermediário financeiro, sem anterior relação de clientela e sem solicitação do investidor, só produzem efeito três dias úteis após a declaração negocial do investidor.

2. Neste prazo, pode o investidor comunicar o seu arrependimento ao intermediário financeiro.

3. Considera-se que existe anterior relação de clientela quando:

a) Entre o intermediário financeiro e o investidor tenha sido celebrado contrato de gestão de carteira; ou

b) O intermediário financeiro seja destinatário frequente de ordens dadas pelo investidor; ou *c*) O intermediário financeiro tenha a seu cargo o registo ou o depósito de valores mobiliários pertencentes ao investidor.

4. Presume-se que o contacto efectuado pelo intermediário financeiro não foi solicitado quando não exista anterior relação de clientela entre o intermediário financeiro e o investidor.

5. O consultor autónomo não pode efectuar quaisquer contactos com investidores não institucionais que por estes não tenham sido solicitados.

Artigo 323.º
Deveres de informação

Além dos deveres a que se refere o artigo 312.º, o intermediário financeiro deve informar os clientes com quem tenha celebrado contrato sobre:

a) A execução e os resultados das operações que efectue por conta deles;

b) A ocorrência de dificuldades especiais ou a inviabilidade de execução da operação;

c) Quaisquer factos ou circunstâncias de que tome conhecimento, não sujeitos a segredo profissional, que possam justificar a modificação ou a revogação das ordens ou instruções dadas pelo cliente.

Artigo 324.º
Responsabilidade contratual

1. São nulas quaisquer cláusulas que excluam a responsabilidade do intermediário financeiro por actos praticados por seu representante ou auxiliar.

2. Salvo dolo ou culpa grave, a responsabilidade do intermediário financeiro por negócio em que haja intervindo nessa qualidade prescreve decorridos dois anos a partir da data em que o cliente tenha conhecimento da conclusão do negócio e dos respectivos termos.

SECÇÃO II
Ordens

Artigo 325.º
Recepção

Logo que recebam uma ordem para a realização de operações sobre valores mobiliários, os intermediários financeiros devem:

a) Verificar a legitimidade do ordenador;

b) Adoptar as providências que permitam, sem qualquer dúvida, estabelecer o momento da recepção da ordem.

Artigo 326.°
Aceitação e recusa

1. O intermediário financeiro deve recusar uma ordem quando:

a) O ordenador não lhe forneça todos os elementos necessários à sua boa execução;

b) Seja evidente que a operação contraria os interesses do ordenador, salvo se este confirmar a ordem por escrito;

c) O intermediário financeiro não esteja em condições de fornecer ao ordenador toda a informação exigida para a execução da ordem;

d) O ordenador não preste a caução exigida por lei para a realização da operação;

e) Não seja permitido ao ordenador a aceitação de oferta pública.

2. O intermediário financeiro pode recusar-se a aceitar uma ordem quando o ordenador:

a) Não faça prova da disponibilidade dos valores mobiliários a alienar;

b) Não tenha promovido o bloqueio dos valores mobiliários a alienar, quando exigido pelo intermediário financeiro;

c) Não ponha à sua disposição o montante necessário à liquidação da operação;

d) Não confirme a ordem por escrito, se tal lhe for exigido.

3. Salvo nos casos referidos nos números anteriores, o intermediário financeiro não pode recusar ordem dada por pessoa com quem tenha anterior relação de clientela.

4. A recusa de aceitação de uma ordem deve ser imediatamente transmitida ao ordenador.

5. A aceitação de ordens para a realização de operações a prazo é precedida pela celebração de contrato escrito com o ordenador, nos termos das cláusulas gerais para esse efeito fixadas pela entidade gestora do respectivo mercado e registadas na CMVM.

Artigo 327.°
Forma

1. As ordens podem ser dadas oralmente ou por escrito, devendo no primeiro caso ser reduzidas a escrito pelo receptor ou fixadas por este em suporte fonográfico.

2. Devem ser dadas por escrito as ordens de aceitação e de revogação em oferta pública.

Artigo 328.º
Transmissão

1. Quando o intermediário financeiro não possa executar uma ordem, deve transmiti-la a outro intermediário financeiro que a possa executar.

2. A transmissão deve ser imediata e respeitar a prioridade da recepção, salvo diferente indicação dada pelo ordenador.

3. Os intermediários financeiros devem assegurar a possibilidade de reconstituição do circuito interno que as ordens tenham seguido até à sua transmissão.

4. Salvo indicação em contrário do ordenador, o intermediário financeiro pode englobar numa só as ordens de vários ordenadores para executar em mercado registado, desde que tal seja compatível com a natureza das ordens, não cause prejuízo aos ordenadores e o intermediário financeiro tenha procedimentos transparentes para imputar a cada ordenador as operações efectuadas.

Artigo 329.º
Revogação e modificação

1. As ordens podem ser revogadas ou modificadas desde que a revogação ou a modificação cheguem ao poder de quem as deva executar antes da execução.

2. A modificação de uma ordem para executar em mercado registado constitui uma nova ordem.

Artigo 330.º
Execução

1. As ordens devem ser executadas nas condições e no momento indicados pelo ordenador.

2. Na falta de indicações do ordenador, as ordens devem ser executadas nas melhores condições que o mercado viabilize, imediatamente ou no momento mais adequado.

3. As ordens podem ser executadas parcialmente, salvo indicação em contrário do ordenador.

4. As ordens relativas a valores mobiliários admitidos à negociação num dado mercado devem ser executadas nesse mercado, salvo indicação expressa e por escrito do ordenador.

5. É aplicável à execução de ordens o disposto nos n.ºs 2 a 4 do artigo 328.º.

Artigo 331.º
Responsabilidade perante os ordenadores

1. Os intermediários financeiros respondem perante os seus ordenadores:

a) Pela entrega dos valores mobiliários adquiridos e pelo pagamento do preço dos valores mobiliários alienados;

b) Pela autenticidade, validade e regularidade dos valores mobiliários adquiridos;

c) Pela inexistência de quaisquer vícios ou situações jurídicas que onerem os valores mobiliários adquiridos.

2. É nula qualquer cláusula contratual contrária ao disposto no número anterior, quando a ordem deva ser executada em mercado registado.

SECÇÃO III
Gestão de carteira

Artigo 332.º
Conteúdo

1. Pelo contrato de gestão de uma carteira individualizada de valores mobiliários, o intermediário financeiro obriga-se:

a) A realizar todos os actos tendentes à valorização da carteira;

b) A exercer os direitos inerentes aos valores mobiliários que integram a carteira.

2. Do contrato de gestão de carteiras deve constar, pelo menos:

a) A composição inicial da carteira;

b) O tipo de instrumentos financeiros que podem integrar a carteira;

c) Os actos que o gestor pode ou deve praticar em nome do cliente;

d) O grau de discricionaridade concedida ao gestor;

e) Os actos de gestão que podem ser praticados através de terceiro;

f) A periodicidade da informação relativa à situação da carteira;

g) O elenco dos actos que devem ser especialmente comunicados ao cliente;

h) Os critérios para determinar as comissões devidas ao intermediário financeiro.

Artigo 333.º
Composição da carteira

1. Se a carteira admitir na sua composição instrumentos financeiros derivados, o contrato deve indicar se esses instrumentos podem ser utilizados para fim diverso da cobertura de risco das posições dessa carteira.

2. O disposto no presente título aplica-se à gestão de valores mobiliários, ainda que a carteira integre bens de outra natureza.

Artigo 334.º
Ordens vinculativas

1. Mesmo que tal não esteja previsto no contrato, o cliente pode dar ordens vinculativas ao gestor quanto às operações a realizar.

2. O disposto no número anterior não se aplica aos contratos que garantam uma rendibilidade mínima da carteira.

Artigo 335.º
Forma e padronização

1. O contrato de gestão de carteira está sujeito a forma escrita.

2. As cláusulas contratuais gerais adoptadas por cada um dos intermediários financeiros estão sujeitas a registo na CMVM.

Artigo 336.º
Deveres de informação

O gestor tem o dever de informar o cliente sobre os riscos a que fica sujeito em consequência da gestão, tendo em conta especialmente os objectivos do investimento e o grau de discricionaridade concedida ao gestor.

SECÇÃO IV
Assistência e colocação

Artigo 337.º
Assistência

1. Os contratos de assistência técnica, económica e financeira em oferta pública abrangem a prestação dos serviços necessários à preparação, ao lançamento e à execução da oferta.

2. São obrigatoriamente prestados por intermediário financeiro os seguintes serviços de assistência:

a) Elaboração do prospecto e do anúncio de lançamento;

b) Preparação e apresentação do pedido de registo na CMVM;

c) Apuramento das declarações de aceitação, salvo nos casos a que se refere a alínea *b)* do n.º 1 do artigo 127.º.

3. O intermediário financeiro incumbido da assistência em oferta pública deve aconselhar o oferente sobre os termos da oferta, nomeadamente no que se refere ao calendário e ao preço, e assegurar o respeito pelos preceitos legais e regulamentares, em especial quanto à qualidade da informação transmitida.

Artigo 338.º
Colocação

1. Pelo contrato de colocação, o intermediário financeiro obriga-se a desenvolver os melhores esforços em ordem à distribuição dos valores mobiliários que são objecto de oferta pública, incluindo a recepção das ordens de subscrição ou de aquisição.

2. O contrato de colocação pode ser celebrado com intermediário financeiro diferente daquele que presta os serviços de assistência na oferta.

Artigo 339.º
Tomada firme

1. Pelo contrato de tomada firme o intermediário financeiro adquire os valores mobiliários que são objecto de oferta pública de distribuição e obriga-se a colocá-los por sua conta e risco nos termos e nos prazos acordados com o emitente.

2. O tomador deve transferir para os adquirentes finais todos os direitos de conteúdo patrimonial inerentes aos valores mobiliários que se tenham constituído após a data da tomada firme.

3. A tomada firme não afecta os direitos de preferência na subscrição ou na aquisição dos valores mobiliários, devendo o tomador avisar os respectivos titulares para o seu exercício em termos equivalentes aos que seriam aplicáveis se não tivesse havido tomada firme.

Artigo 340.º
Garantia de colocação

No contrato de colocação o intermediário financeiro pode também obrigar-se a adquirir, no todo ou em parte, para si ou para outrem, os valores mobiliários que não tenham sido subscritos ou adquiridos pelos destinatários da oferta.

Artigo 341.º
Consórcio para assistência ou colocação

1. O contrato de consórcio celebrado entre intermediários financeiros para assistência ou colocação deve ter o acordo do oferente e indicar expressamente o chefe do consórcio, a quantidade de valores mobiliários a colocar por cada intermediário financeiro e as regras por que se regem as relações entre os membros.
2. Cabe ao chefe do consórcio organizar a sua constituição e estrutura e representar os membros do consórcio perante o oferente.

Artigo 342.º
Recolha de intenções de investimento

Os contratos celebrados para recolha de intenções de investimento a que se referem os artigos 164.º e seguintes regem-se pelos artigos 337.º e 338.º, com as devidas adaptações.

SECÇÃO V
Registo e depósito

Artigo 343.º
Conteúdo

1. Os contratos para registo ou depósito de valores mobiliários devem incluir a menção das obrigações que para o intermediário financeiro resultam da lei e de normas regulamentares.

2. O contrato obriga o intermediário financeiro a prestar os serviços relativos aos direitos que são inerentes aos valores mobiliários registados ou depositados.

3. O intermediário financeiro pode encarregar outrem de prestar algum ou alguns dos serviços que resultam do contrato.

4. Com ressalva do n.° 1 do artigo 324.°, é permitida cláusula contratual que disponha de modo diferente dos n.ᵒˢ 2 e 3 do presente artigo.

Artigo 344.°
Forma e padronização

1. O contrato de registo ou de depósito deve ser reduzido a escrito até oito dias após o primeiro registo ou a primeira recepção para depósito.

2. Os contratos singulares são celebrados com base em cláusulas contratuais gerais registadas na CMVM.

SECÇÃO VI
Consultoria para investimento

Artigo 345.°
Deveres do consultor

Nos contratos de consultoria para investimento deve o consultor:

a) Informar o consulente dos riscos envolvidos pelo investimento que é objecto de consulta;

b) Apresentar ao consulente uma estimativa dos custos das operações a realizar e dos serviços de consultoria;

c) Informar o consulente sobre a existência de interesses do consultor que, directa ou indirectamente, se relacionam com a consulta;

d) Emitir uma nota de honorários escrita por cada consulta, com indicação sumária do objecto da consulta e identificação da pessoa singular que a prestou.

CAPÍTULO III
Negociação por conta própria

Artigo 346.º
Actuação como contraparte do cliente

1. O intermediário financeiro autorizado a actuar por conta própria pode celebrar contratos como contraparte do cliente, desde que este, por escrito, tenha autorizado ou confirmado o negócio.

2. A autorização ou a confirmação referidas no número anterior não são exigidas quando a outra parte seja um investidor institucional ou as operações devam ser executadas em mercado regulamentado, através de sistemas centralizados de negociação.

Artigo 347.º
Conflito de interesses

1. O intermediário financeiro deve abster-se de:

a) Realizar operações por conta própria em conjunto com operações por conta dos seus clientes;

b) Adquirir para si mesmo quaisquer valores mobiliários quando haja clientes que os tenham solicitado ao mesmo preço ou a preço mais alto;

c) Vender valores mobiliários de que seja titular em vez de valores da mesma categoria cuja venda lhes tenha sido ordenada pelos seus clientes a preço igual ou mais baixo.

2. As operações realizadas contra o disposto no número anterior são ineficazes em relação ao cliente se não forem por este ratificadas nos oito dias posteriores à notificação pelo intermediário financeiro.

Artigo 348.º
Fomento de mercado

1. As operações de fomento de mercado visam a criação de condições para a comercialização regular num mercado de uma determinada categoria de valores mobiliários, nomeadamente o incremento da liquidez.

2. As operações de fomento de mercado devem ser precedidas de contrato celebrado entre o intermediário financeiro e:

a) O emitente dos valores mobiliários cuja negociação se pretende fomentar; ou

b) A entidade gestora do mercado, quando as actividades de fomento respeitem a instrumentos financeiros derivados.

3. Os contratos a que se refere a alínea *b)* do número anterior são celebrados com base em cláusulas contratuais gerais a elaborar pela entidade gestora do mercado.

4. Os contratos a que se refere a alínea *a)* do n.º 2 e as cláusulas contratuais gerais referidas no número anterior são registadas na CMVM.

Artigo 349.º
Estabilização de preços

As operações susceptíveis de provocar efeitos estabilizadores nos preços de uma determinada categoria de valores mobiliários só são permitidas quando se verifiquem os seguintes requisitos cumulativos:

a) Sejam precedidas de contrato celebrado no âmbito de uma oferta pública de distribuição, nos termos do artigo 160.º, entre o oferente e um intermediário financeiro autorizado a realizar operações por conta própria;

b) Tenham como único objectivo reduzir flutuações excessivas dos preços;

c) Tenham sido aprovadas pela CMVM.

Artigo 350.º
Empréstimo de valores mobiliários

1. Os valores mobiliários emprestados transferem-se para a titularidade do mutuário, salvo disposição contratual em contrário.

2. O empréstimo de valores mobiliários para liquidação de operações de bolsa não se considera como actividade de intermediação quando efectuado pela entidade gestora de mercado ou de sistema de liquidação.

Artigo 351.º
Regulamentação

1. A CMVM, através de regulamento, define as regras a que devem obedecer as operações realizadas pelos intermediários financeiros por conta própria, bem como os termos e prazos da comunicação dessas ope-

rações à CMVM, tendo especialmente em vista detectar conflitos de interesses e actuações susceptíveis de pôr em risco a regularidade de funcionamento, a transparência e a credibilidade do mercado.

2. Relativamente às operações de fomento de mercado, a CMVM, através de regulamento, define nomeadamente:

a) As regras a que ficam sujeitas as ofertas;

b) Os limites de variação de preços;

c) A informação a prestar à CMVM e ao mercado.

3. Relativamente às actividades de estabilização de preços, a CMVM, através de regulamento, define nomeadamente:

a) Os critérios para a determinação dos preços que devem ser tomados como referência;

b) A informação a prestar pelo intermediário financeiro à CMVM e ao mercado.

4. Relativamente aos empréstimos de valores mobiliários, a CMVM, através de regulamento, com parecer prévio do Banco de Portugal, define nomeadamente:

a) Os limites de prazo e de quantidade dos valores mobiliários emprestados;

b) A exigibilidade de caução em operações realizadas fora de mercado regulamentado;

c) As regras de registo dos valores mobiliários emprestados e de contabilidade das operações;

d) A informação a prestar pelos intermediários financeiros à CMVM e ao mercado.

TÍTULO VII
Supervisão e regulação

CAPÍTULO I
Disposições gerais

Artigo 352.°
Atribuições do Governo

1. Através do Ministro das Finanças, o Governo pode:

a) Estabelecer políticas relativas aos mercados de valores mobiliários e, em geral, às matérias reguladas neste Código e em legislação complementar;

b) Exercer, em relação à CMVM, os poderes de tutela conferidos pelo estatuto desta entidade;

c) Coordenar a supervisão e a regulação relativas a valores mobiliários, quando a competência pertença a mais que uma entidade pública.

2. Quando nos mercados de valores mobiliários se verifique perturbação que ponha em grave risco a economia nacional, pode o Governo, por portaria conjunta do Primeiro-Ministro e do Ministro das Finanças, ouvidos a CMVM e o Banco de Portugal, ordenar as medidas apropriadas, nomeadamente a suspensão temporária de mercados, de certas categorias de operações ou da actividade de entidades gestoras de mercados, de entidades gestoras de sistemas de liquidação e de entidades gestoras de sistemas centralizados de valores mobiliários.

Artigo 353.°
Atribuições da CMVM

1. São atribuições da CMVM, além de outras constantes do seu estatuto:

a) A supervisão dos mercados de valores mobiliários, das ofertas públicas relativas a valores mobiliários, dos sistemas de liquidação, dos sistemas centralizados de valores mobiliários e das entidades referidas no artigo 359.°;

b) A regulação dos mercados de valores mobiliários, das ofertas públicas relativas a valores mobiliários, das actividades exercidas pelas entidades sujeitas à sua supervisão e de outras matérias previstas neste Código e em legislação complementar.

2. No exercício e no âmbito das suas atribuições a CMVM coopera com outras autoridades nacionais e estrangeiras que exerçam funções de supervisão e de regulação do sistema financeiro e com organizações internacionais de que seja membro.

Artigo 354.º
Dever de segredo

1. Os órgãos da CMVM, os seus titulares, os trabalhadores da CMVM e as pessoas que lhe prestem, directa ou indirectamente, a título permanente ou ocasional, quaisquer serviços ficam sujeitos a segredo profissional sobre os factos e os elementos cujo conhecimento lhes advenha do exercício das suas funções ou da prestação de serviços, não podendo revelar nem utilizar em proveito próprio ou alheio, directamente ou por interposta pessoa, as informações que tenham sobre esses factos ou elementos.

2. O dever de segredo mantém-se após a cessação das funções ou da prestação de serviços pelas pessoas a ele sujeitas.

3. Os factos ou elementos sujeitos a segredo só podem ser revelados mediante autorização do interessado, transmitida à CMVM, ou noutras circunstâncias previstas na lei.

4. O dever de segredo não abrange factos ou elementos cuja divulgação pela CMVM seja imposta ou permitida por lei.

Artigo 355.º
Troca de informações

1. Quando seja necessário para o exercício das respectivas funções, a CMVM pode trocar informações sobre factos e elementos sujeitos a segredo com as seguintes entidades, que ficam igualmente sujeitas ao dever de segredo:

  a) Banco de Portugal e Instituto de Seguros de Portugal;
  b) Entidades gestoras de mercados regulamentados;
  c) Entidades gestoras de sistemas de liquidação e de sistemas centralizados de valores mobiliários;

d) Autoridades intervenientes em processos de falência, de recuperação de empresa ou de saneamento das entidades referidas nas alíneas *a*) e *b*) do n.° 1 do artigo 359.°;

e) Entidades gestoras de fundos de garantia e de sistemas de indemnização dos investidores;

f) Auditores e autoridades com competência para a sua supervisão.

2. A CMVM pode também trocar informações, ainda que sujeitas a segredo, com as autoridades de supervisão dos Estados membros da Comunidade Europeia ou com as entidades que aí exerçam funções equivalentes às referidas no n.° 1.

3. A CMVM pode ainda trocar informações com as autoridades de supervisão de Estados que não sejam membros da Comunidade Europeia e com as entidades que aí exerçam funções equivalentes às referidas no n.° 1, se, e na medida em que, for necessário para a supervisão dos mercados de valores mobiliários e para a supervisão, em base individual ou consolidada, de intermediários financeiros.

Artigo 356.°
Tratamento da informação

1. As informações recebidas pela CMVM nos termos do artigo anterior só podem ser utilizadas:

a) Para exame das condições de acesso à actividade dos intermediários financeiros;

b) Para supervisão, em base individual ou consolidada, da actividade dos intermediários financeiros e para supervisão dos mercados de valores mobiliários;

c) Para instrução de processos e para aplicação de sanções;

d) No âmbito de recursos interpostos de decisões do Ministro das Finanças, da CMVM, do Banco de Portugal ou do Instituto de Seguros de Portugal, tomadas nos termos das disposições aplicáveis às entidades sujeitas à respectiva supervisão;

e) Para dar cumprimento a deveres legais de colaboração com outras entidades ou para o desenvolvimento de acções de cooperação.

2. A CMVM só pode comunicar a outras entidades informações que tenha recebido das entidades referidas no n.° 2 do artigo anterior com o consentimento expresso dessas entidades.

3. É lícita a divulgação de informações em forma sumária ou agregada que não permita identificação individual.

Artigo 357.º
Boletim da CMVM

A CMVM edita periodicamente um boletim, onde são publicados, nomeadamente:

a) Os seus regulamentos e instruções;
b) As recomendações e os pareceres genéricos;
c) As decisões de autorização;
d) As decisões de registo e de averbamento ao registo, se o registo for público.

CAPÍTULO II
Supervisão

Artigo 358.º
Princípios

A supervisão desenvolvida pela CMVM obedece aos seguintes princípios:

a) Protecção dos investidores;

b) Eficiência e regularidade de funcionamento dos mercados de valores mobiliários;

c) Controlo da informação;

d) Prevenção do risco sistémico;

e) Prevenção e repressão das actuações contrárias a lei ou a regulamento;

f) Independência perante quaisquer entidades sujeitas ou não à sua supervisão.

Artigo 359.º
Entidades sujeitas à supervisão da CMVM

1. No âmbito das actividades relativas a valores mobiliários, estão sujeitas à supervisão da CMVM, sem prejuízo da competência atribuída a outras autoridades, as seguintes entidades:

a) Entidades gestoras de mercados, de sistemas de liquidação e de sistemas centralizados de valores mobiliários;

b) Intermediários financeiros e consultores autónomos;

c) Emitentes de valores mobiliários;

d) Investidores institucionais e titulares de participação qualificada em sociedade aberta;

e) Fundos de garantia e sistemas de indemnização dos investidores e respectivas entidades gestoras;

f) Auditores e sociedades de notação de risco, registados na CMVM;

g) Outras pessoas que exerçam, a título principal ou acessório, actividades relacionadas com a emissão, a distribuição, a negociação, o registo ou o depósito de valores mobiliários ou, em geral, com a organização e o funcionamento dos mercados de valores mobiliários.

2. As pessoas ou entidades que exerçam actividades de carácter transnacional ficam sujeitas à supervisão da CMVM sempre que essas actividades tenham alguma conexão relevante com mercados, operações ou valores mobiliários sujeitos à lei portuguesa.

3. As entidades sujeitas à supervisão da CMVM devem prestar-lhe toda a colaboração solicitada.

Artigo 360.º
Procedimentos de supervisão

1. No âmbito das suas atribuições de supervisão, a CMVM pode adoptar, além de outros previstos na lei, os seguintes procedimentos:

a) Acompanhar a actividade das entidades sujeitas à sua supervisão e o funcionamento dos mercados de valores mobiliários, dos sistemas de liquidação de valores mobiliários e dos sistemas centralizados de valores mobiliários;

b) Fiscalizar o cumprimento da lei e dos regulamentos;

c) Aprovar os actos e conceder as autorizações previstas na lei;

d) Efectuar os registos previstos na lei;

e) Instruir os processos e punir as infracções que sejam da sua competência.

f) Dar ordens e formular recomendações concretas;

g) Difundir informações;

h) Publicar estudos.

2. Os poderes referidos na alínea *e*) do n.º 1 são exercidos em relação a quaisquer pessoas, ainda que não incluídas no âmbito do n.º 1 do artigo 359.º.

Artigo 361.º
Exercício da supervisão

1. No exercício da supervisão, a CMVM pratica os actos necessários para assegurar a efectividade dos princípios referidos no artigo 358.º, salvaguardando tanto quanto possível a autonomia das entidades sujeitas à sua supervisão.

2. No exercício da supervisão, a CMVM dispõe das seguintes prerrogativas;

a) Exigir quaisquer elementos e informações e examinar livros, registos e documentos, não podendo as entidades supervisionadas invocar o segredo profissional;

b) Ouvir quaisquer pessoas, intimando-as para o efeito, quando necessário;

c) Determinar que as pessoas responsáveis pelos locais onde se proceda à instrução de qualquer processo ou a outras diligências coloquem à sua disposição as instalações de que os seus agentes careçam para a execução dessas tarefas, em condições adequadas de dignidade e eficiência;

d) Requerer às autoridades policiais a colaboração que se mostre necessária ao exercício das suas funções, designadamente nos casos de resistência a esse exercício;

e) Substituir-se às entidades gestoras dos mercados de valores mobiliários quando estas não adoptem as medidas necessárias à regularização de situações anómalas que ponham em causa o regular funcionamento do mercado ou os interesses dos investidores;

f) Substituir-se às entidades supervisionadas no cumprimento de deveres de informação.

3. Nos recursos das decisões tomadas pela CMVM, no exercício dos poderes de supervisão, presume-se, até prova em contrário, que a suspensão da eficácia determina grave lesão do interesse público.

Artigo 362.º
Supervisão contínua

A CMVM acompanha de modo contínuo a actividade das entidades sujeitas à sua supervisão, ainda que não exista qualquer suspeita de irregularidade.

Artigo 363.º
Supervisão prudencial

1. Estão sujeitas à supervisão prudencial da CMVM:

a) As entidades gestoras de mercados, de sistemas de liquidação e de sistemas centralizados de valores mobiliários;

b) As instituições de investimento colectivo;

c) As entidades gestoras de fundos de garantia e de sistemas de indemnização dos investidores.

2. A supervisão prudencial é orientada pelos seguintes princípios:

a) Preservação da solvabilidade e da liquidez das instituições e prevenção de riscos próprios;

b) Prevenção de riscos sistémicos;
c) Controlo da idoneidade dos titulares dos órgãos de gestão e dos titulares de participações qualificadas, de acordo com os critérios definidos no artigo 30.° do Regime Geral das Instituições de Crédito e das Sociedades Financeiras, com as devidas adaptações.

3. A CMVM, através de regulamento, concretiza os princípios referidos nas alíneas *a*) e *b*) do número anterior.

Artigo 364.°
Fiscalização

1. No exercício de poderes de fiscalização, a CMVM:
a) Efectua as inspecções que entenda necessárias às entidades sujeitas à sua supervisão;
b) Realiza inquéritos para averiguação de infracções de qualquer natureza cometidas no âmbito dos mercados de valores mobiliários ou que afectem o seu normal funcionamento;
c) Executa as diligências necessárias ao cumprimento dos princípios referidos no artigo 358.°.

2. A CMVM participa às entidades competentes as infracções de que tome conhecimento e cuja instrução e sanção não se enquadrem na sua competência.

Artigo 365.°
Registos

1. Os registos efectuados pela CMVM visam o controlo de legalidade e de conformidade com os regulamentos dos factos ou elementos sujeitos a registo e a organização da supervisão.

2. Os registos efectuados pela CMVM são públicos, salvo quando da lei resulte o contrário.

3. Os documentos que tenham servido de base aos registos são públicos, salvo quando contenham dados pessoais que não constem do registo ou este tenha sido efectuado no âmbito de processo de contra-ordenação ou de averiguações ainda em curso ou que, por qualquer outra causa, estejam sujeitos a segredo.

4. A CMVM define, através de regulamento, os termos do acesso público aos registos e documentos a que se referem os números anteriores.

5. A CMVM mantém um registo das sanções principais e acessórias aplicadas em processos de contra-ordenação, que não é acessível ao público.

6. Os registos efectuados pela CMVM podem ser integrados e tratados em aplicações informáticas, nos termos e com os limites da lei sobre protecção de dados pessoais.

Artigo 366.°
Supervisão relativa a publicidade

1. Compete à CMVM fiscalizar a aplicação da legislação sobre publicidade relativa às matérias reguladas neste Código, instruindo os processos de contra-ordenação e aplicando as respectivas sanções.

2. Em relação a material publicitário ilegal a CMVM pode ordenar:

a) As modificações necessárias para pôr termo à ilegalidade;

b) A suspensão da acção publicitária;

c) A imediata publicação pelo responsável de rectificação apropriada.

3. Verificado o incumprimento da ordem a que se refere a alínea *c)* do número anterior, pode a CMVM, sem prejuízo das sanções aplicáveis, substituir-se ao infractor na prática do acto.

Artigo 367.°
Difusão de informações

A CMVM organiza um sistema de difusão de informação dos factos e elementos acessíveis ao público que, além dos constantes dos registos, abrange outros que lhe sejam comunicados, designadamente factos relevantes nos termos do artigo 248.°, participações qualificadas e documentos de prestação de contas.

Artigo 368.°
Despesas de publicação

Constitui título executivo a declaração do conselho directivo da CMVM atestando a realização de despesas com publicações que, segundo a lei, possam por ela ser promovidas a expensas de entidades sujeitas à sua supervisão.

CAPÍTULO III
Regulação

Artigo 369.º
Regulamentos da CMVM

1. Os regulamentos da CMVM devem observar os princípios da legalidade, da necessidade, da clareza e da publicidade.

2. Os regulamentos da CMVM são publicados na 2.ª série do Diário da República, entrando em vigor na data neles referida ou cinco dias após a sua publicação.

3. Os regulamentos da CMVM que incluam matérias relativas a um determinado mercado ou aos valores mobiliários nele negociados são também publicados no boletim desse mercado.

4. Os regulamentos da CMVM que apenas visem regular procedimentos de carácter interno de uma ou mais categorias de entidades denominam-se instruções, não são publicados nos termos dos números anteriores, são notificados aos respectivos destinatários e entram em vigor cinco dias após a notificação ou na data nelas referida.

Artigo 370.º
Recomendações e pareceres genéricos

1. A CMVM pode emitir recomendações genéricas dirigidas a uma ou mais categorias de entidades sujeitas à sua supervisão.

2. A CMVM pode formular e publicar pareceres genéricos sobre questões relevantes que lhe sejam colocadas por escrito por qualquer das entidades sujeitas à sua supervisão ou pelas respectivas associações.

Artigo 371.º
Publicação consolidada de normas

A CMVM publica anualmente o texto actualizado das normas legais e regulamentares respeitantes às matérias reguladas neste Código e em legislação complementar.

Artigo 372.º
Auto-regulação

1. Nos limites da lei e dos regulamentos, as entidades gestoras dos mercados, dos sistemas de liquidação e dos sistemas centralizados de valores mobiliários podem regular autonomamente as actividades por si geridas.

2. As regras estabelecidas nos termos do número anterior, assim como aquelas que constam de códigos deontológicos aprovados por entidades gestoras e por associações profissionais de intermediários financeiros, estão sujeitas a registo na CMVM, para controlo de legalidade e de respeito pelos regulamentos.

CAPÍTULO IV
Cooperação

Artigo 373.º
Princípios

Além daqueles que são referidos no artigo 358.º, a cooperação desenvolvida pela CMVM deve obedecer aos princípios de reciprocidade, de respeito pelo segredo profissional e de utilização restrita da informação para fins de supervisão.

Artigo 374.º
Cooperação com outras autoridades nacionais

1. Em relação a entidades que estejam também sujeitas à supervisão por outras autoridades, designadamente o Banco de Portugal e o Instituto de Seguros de Portugal, a CMVM e essas autoridades cooperam entre si para o exercício coordenado dos respectivos poderes de supervisão e de regulação.

2. A cooperação referida no número anterior tem carácter regular e pode traduzir-se:

a) Na elaboração e aprovação de regulamentos, quando a lei lhes atribua competência conjunta;

b) Na realização de consultas mútuas;

c) Na troca de informações, mesmo quando sujeitas a segredo profissional;

d) Na realização de actos de fiscalização conjunta;

e) No estabelecimento de acordos e de procedimentos comuns.

Artigo 375.º
Cooperação com outras instituições nacionais

1. As entidades públicas ou privadas que tenham poderes de intervenção sobre qualquer das entidades referidas no artigo 359.º devem cooperar com a CMVM para o exercício, por esta, dos seus poderes de supervisão.

2. Os acordos que sejam celebrados ao abrigo do disposto no número anterior são publicados no boletim da CMVM.

Artigo 376.°
Cooperação com instituições congéneres estrangeiras

1. A CMVM coopera com as instituições congéneres ou equiparadas de outros Estados, quando tal seja exigido pelo desenvolvimento de actividades transnacionais que tenham conexão relevante com o território nacional.

2. A CMVM pode celebrar com as referidas instituições acordos bilaterais ou multilaterais de cooperação, tendo nomeadamente em vista:

a) Recolha de elementos relativos a infracções contra o mercado de valores mobiliários e de outras cuja investigação caiba no âmbito das atribuições da CMVM;

b) Troca das informações necessárias ao exercício das respectivas funções de supervisão ou de regulação;

c) Consultas sobre problemas suscitados pelas respectivas atribuições;

d) Formação de quadros e troca de experiências no âmbito das respectivas atribuições.

3. Os acordos a que se refere o número anterior podem abranger a participação subordinada de representantes de instituições congéneres de Estado estrangeiro em actos da competência da CMVM, quando haja suspeita de violação de lei daquele Estado.

4. A cooperação a que se refere o presente artigo deve ser desenvolvida nos termos da lei, do direito comunitário e das convenções internacionais que vinculam o Estado português.

Artigo 377.°
Participação em organizações internacionais

O disposto no artigo anterior é aplicável, com as necessárias adaptações, às relações decorrentes da participação da CMVM em organizações internacionais.

TÍTULO VIII
Crimes e ilícitos de mera ordenação social

CAPÍTULO I
Crimes

SECÇÃO I
Crimes contra o mercado

Artigo 378.°
Abuso de informação

1. Quem disponha de informação privilegiada devido à sua qualidade de titular de um órgão de administração ou de fiscalização de um emitente ou de titular de uma participação no respectivo capital e a transmita a alguém fora do âmbito normal das suas funções ou, com base nessa informação, negoceie ou aconselhe alguém a negociar em valores mobiliários ou outros instrumentos financeiros ou ordene a sua subscrição, aquisição, venda ou troca, directa ou indirectamente, para si ou para outrem, é punido com pena de prisão até três anos ou com pena de multa.

2. Na mesma pena incorre quem disponha de informação privilegiada em razão do trabalho ou serviço que preste, com carácter permanente ou ocasional, a essa ou outra entidade ou em virtude de profissão ou função pública que exerça, e a transmita a alguém fora do âmbito normal das suas funções ou, com base nessa informação, negoceie ou aconselhe alguém a negociar em valores mobiliários ou outros instrumentos financeiros ou ordene a sua subscrição, aquisição, venda ou troca, directa ou indirectamente, para si ou para outrem.

3. Qualquer pessoa não abrangida pelos números anteriores que, tendo conhecimento de uma informação privilegiada cuja fonte seja alguma das pessoas referidas nos n.ºs 1 e 2, a transmita a outrem, ou, com base nessa informação, negoceie ou aconselhe alguém a negociar em valores mobiliários ou outros instrumentos financeiros ou ordene a sua

subscrição, aquisição, venda ou troca, directa ou indirectamente, para si ou para outrem, é punida com pena de prisão até 2 anos ou pena de multa até 240 dias.

4. Entende-se por informação privilegiada toda a informação não tornada pública que, sendo precisa e dizendo respeito a qualquer emitente ou a valores mobiliários ou outros instrumentos financeiros, seria idónea, se lhe fosse dada publicidade, para influenciar de maneira sensível o seu preço no mercado.

5. O disposto neste artigo não se aplica quando as operações sejam efectuadas pelo Banco Central Europeu, por um Estado, pelo seu banco central ou por qualquer outro organismo designado pelo Estado, por razões de política monetária, cambial ou de gestão da divida pública.

6. A tentativa de qualquer um dos ilícitos descritos é punível.

Artigo 379.º
Manipulação do mercado

1. Quem divulgue informações falsas, incompletas, exageradas ou tendenciosas, realize operações de natureza fictícia ou execute outras práticas fraudulentas que sejam idóneas para alterar artificialmente o regular funcionamento do mercado de valores mobiliários ou de outros instrumentos financeiros é punido com prisão até três anos ou com pena de multa.

2. Consideram-se idóneos para alterar artificialmente o regular funcionamento do mercado, nomeadamente, os actos que sejam susceptíveis de modificar as condições de formação dos preços, as condições normais da oferta ou da procura de valores mobiliários ou de outros instrumentos financeiros ou as condições normais de lançamento e de aceitação de uma oferta pública.

3. Os titulares do órgão de administração e as pessoas responsáveis pela direcção ou pela fiscalização de áreas de actividade de um intermediário financeiro que, tendo conhecimento de factos descritos no n.º 1, praticados por pessoas directamente sujeitas à sua direcção ou fiscalização e no exercício das suas funções, não lhes ponham imediatamente termo são punidos com pena de prisão até 2 anos ou pena de multa até 240 dias, se pena mais grave não lhes couber por força de outra disposição legal.

4. A tentativa de qualquer um dos ilícitos descritos é punível.

Artigo 380.º
Penas acessórias

Aos crimes previstos nos artigos antecedentes podem ser aplicadas, além das referidas no Código Penal, as seguintes penas acessórias:

a) Interdição, por prazo não superior a cinco anos, do exercício pelo agente da profissão ou actividade que com o crime se relaciona, incluindo inibição do exercício de funções de administração, direcção, chefia ou fiscalização e, em geral, de representação de quaisquer intermediários financeiros, no âmbito de alguma ou de todas as actividade de intermediação em valores mobiliários ou em outros instrumentos financeiros;

b) Publicação da sentença condenatória a expensas do arguido em locais idóneos para o cumprimento das finalidades de prevenção geral do sistema jurídico e da protecção do mercado de valores mobiliários ou de outros instrumentos financeiros.

SECÇÃO II
Crime de desobediência

Artigo 381.º
Desobediência

1. Quem se recusar a acatar as ordens ou os mandados legítimos da CMVM, emanados no âmbito das suas funções de supervisão, ou criar, por qualquer forma, obstáculos à sua execução incorre na pena prevista para o crime de desobediência qualificada.

2. Na mesma pena incorre quem não cumprir, quem dificultar e quem defraudar a execução das sanções acessórias ou das medidas cautelares aplicadas em processo de contra-ordenação.

SECÇÃO III
Disposições processuais

Artigo 382.º
Aquisição da notícia do crime

1. A notícia dos crimes contra o mercado de valores mobiliários ou de outros instrumentos financeiros adquire-se por conhecimento próprio da CMVM, por intermédio dos órgãos de polícia criminal ou mediante denúncia.

2. Qualquer autoridade judiciária, entidade policial ou funcionário que, no exercício das suas funções, tenha conhecimento de factos que possam vir a ser qualificados como crime contra o mercado de valores mobiliários ou de outros instrumentos financeiros deve dar imediato conhecimento deles ao conselho directivo da CMVM.

Artigo 383.º
Averiguações preliminares

1. Obtido o conhecimento de factos que possam vir a ser qualificados como crime contra o mercado de valores mobiliários ou de outros instrumentos financeiros, pode o conselho directivo da CMVM determinar a abertura de um processo de averiguações preliminares.

2. As averiguações preliminares compreendem o conjunto de diligências necessárias para apurar a possível existência da notícia de um crime contra o mercado de valores mobiliários ou outros instrumentos financeiros.

3. As averiguações preliminares são desenvolvidas sem prejuízo dos poderes de supervisão da CMVM.

Artigo 384.º
Competência

O processo de averiguações é iniciado e dirigido pelo conselho directivo da CMVM, sem prejuízo das regras internas de distribuição de competências e das delegações genéricas de competência nos respectivos serviços.

Artigo 385.º
Prerrogativas da CMVM

1. A CMVM pode, para efeito do disposto nos artigos anteriores, solicitar a quaisquer pessoas e entidades todos os esclarecimentos, informações, documentos, independentemente da natureza do seu suporte, objectos e elementos necessários para confirmar ou negar a suspeita de crime contra o mercado de valores mobiliários ou outros instrumentos financeiros.

2. A CMVM pode, para efeito do disposto nos artigos anteriores, proceder à apreensão e inspecção de quaisquer documentos, independentemente da natureza do seu suporte, valores, objectos relacionados com a possível prática de crimes contra o mercado de valores mobiliários ou outros instrumentos financeiros ou proceder à selagem de objectos não

apreendidos nas instalações das pessoas e entidades sujeitas à sua supervisão, na medida em que se revelem necessários à averiguação da possível existência da notícia de crime contra o mercado de valores mobiliários ou outros instrumentos financeiros.

3. A CMVM pode, para efeito do disposto nos números anteriores, requerer a colaboração de outras autoridades, entidades policiais e órgãos de polícia criminal.

4. Em caso de urgência ou perigo pela demora, a CMVM pode, mesmo antes de iniciadas as averiguações preliminares, proceder aos actos necessários à aquisição e conservação da prova para os efeitos descritos na presente secção.

5. Aos actos praticados ao abrigo do n.º 2 deste artigo aplica se o regime previsto no Código de Processo Penal.

Artigo 386.º
Encerramento do processo de averiguações

Concluído o processo de averiguações preliminares e obtida a notícia de um crime, o conselho directivo da CMVM remete os elementos relevantes à autoridade judiciária competente.

Artigo 387.º
Dever de notificar

As decisões tomadas ao longo dos processos por crimes contra o mercado de valores mobiliários ou outros instrumentos financeiros são notificadas ao conselho directivo da CMVM.

CAPÍTULO II
Ilícitos de mera ordenação social

SECÇÃO I
Ilícitos em especial

Artigo 388.º
Disposições comuns

1. Às contra-ordenações previstas nesta secção são aplicáveis as seguintes coimas:

a) Entre € 25.000 e € 2.500.000, quando sejam qualificadas como muito graves;

b) Entre € 12.500 e € 1.250.000, quando sejam qualificadas como graves;

c) Entre € 2.500 e € 250.000, quando sejam qualificadas como menos graves.

2. As contra-ordenações previstas nos artigos seguintes respeitam tanto à violação de deveres consagrados neste Código e sua regulamentação como à violação de deveres consagrados em outras leis e sua regulamentação, que digam respeito às seguintes matérias:

a) Valores mobiliários ou outros instrumentos financeiros, ofertas públicas relativas a valores mobiliários, mercados de valores mobiliários ou outros instrumentos financeiros, sistemas de liquidação ou intermediação financeira;

b) Entidades gestoras de mercados de valores mobiliários ou outros instrumentos financeiros, de sistemas de liquidação, de sistemas centralizados de valores mobiliários ou sociedades gestoras de participações sociais nestas entidades.

3. Se a lei ou o regulamento exigirem que um dever seja cumprido num determinado prazo considera-se que existe incumprimento logo que o prazo fixado tenha sido ultrapassado.

4. Considera-se como não divulgada a informação cuja divulgação não tenha sido efectuada através dos meios adequados.

Artigo 389.º
Informação

1. Constitui contra-ordenação muito grave a comunicação ou divulgação, por qualquer entidade e através de qualquer meio, de informação relativa a valores mobiliários ou outros instrumentos financeiros que não seja completa, verdadeira, actual, clara, objectiva e lícita.

2. Inclui-se no número anterior a prestação de informação aos seus clientes por qualquer entidade que exerça actividades de intermediação.

3. Constitui contra-ordenação grave qualquer um dos seguintes comportamentos:

a) Prática de factos referidos nos números anteriores, se os valores mobiliários ou os instrumentos financeiros a que a informação respeita não forem negociados em mercado regulamentado e se a operação tiver valor igual ou inferior ao limite máximo da coima prevista para as contra-ordenações graves;

b) Envio às entidades de supervisão e às entidades gestoras de mercados, de sistemas de liquidação e de sistemas centralizados de valores mobiliários de informação que viole os princípios referidos no n.º 1;

c) Falta de envio, total ou parcial, de documentos ou de informações à CMVM e à entidade gestora de mercado regulamentado;

d) Publicação de informação não acompanhada de relatório ou parecer elaborado por auditor registado na CMVM quando a lei o exija.

4. Constitui contra-ordenação menos grave a divulgação de informação não redigida em português ou não acompanhada de tradução para português, quando exigível.

5. Constitui contra-ordenação menos grave a divulgação de mensagem publicitária que não satisfaça algum dos seguintes requisitos:

a) Identificação inequívoca como tal;

b) Aprovação pela CMVM, quando exigida;

c) Referência ao prospecto;

d) Divulgação prévia de prospecto preliminar, em caso de recolha de intenções de investimento.

Artigo 390.º
Sociedades abertas

1. Constitui contra-ordenação muito grave a omissão de comunicação ou de publicação de participações qualificadas em sociedade aberta que atinjam ou ultrapassem um terço, metade ou 90% dos direitos de voto correspondentes ao capital social.

2. Constitui contra-ordenação grave a omissão de:

a) Comunicação ou publicação de participações qualificadas em sociedade aberta não referidas no número anterior;

b) Comunicação à CMVM de acordos parassociais relativos ao exercício de direitos sociais em sociedade aberta.

c) Verificação da autenticidade do voto por correspondência e de garantia da sua confidencialidade.

3. Constitui contra-ordenação menos grave a omissão de:

a) Menção da qualidade de sociedade aberta nos actos externos;

b) Comunicação à CMVM de indícios de incumprimento do dever de informação sobre participações qualificadas em sociedade aberta;

c) Prestação de informação ao detentor de participação qualificada em sociedade aberta pelos titulares de valores mobiliários a que são inerentes direitos de voto imputáveis àquele;

d) Menção dos elementos exigidos no pedido de procuração para participação em assembleia geral de sociedade aberta;

e) Envio à CMVM de documento-tipo utilizado na solicitação de procuração para participação em assembleia geral de sociedade aberta;

f) Prestação de informação aos titulares de direito de voto pelo solicitante de procuração para participação em assembleia geral de sociedade aberta;

g) Cumprimento dos deveres decorrentes da perda da qualidade de sociedade aberta.

Artigo 391.º
Fundos de garantia

Constitui contra-ordenação grave a falta de constituição de fundos de garantia obrigatórios.

Artigo 392.º
Valores mobiliários

1. Constitui contra-ordenação muito grave a violação de qualquer dos seguintes deveres:

a) De inutilização dos títulos de valores mobiliários convertidos em escriturais;

b) De adopção de medidas para prevenir ou corrigir divergências entre a quantidade dos valores mobiliários emitidos e a quantidade dos que se encontram em circulação;

c) De adopção pelas entidades registadoras dos meios adequados à segurança dos registos e à segregação de contas de valores mobiliários;

d) De realização de registo individualizado de valores mobiliários escriturais ou de valores mobiliários titulados integrados em sistema centralizado sem as menções devidas ou sem base documental bastante;

e) De bloqueio exigido por lei ou pelo titular dos valores mobiliários;

f) De menção nos títulos da sua integração em sistema centralizado ou da sua exclusão sem a actualização devida.

2. Constitui contra-ordenação muito grave:

a) A transferência de valores mobiliários bloqueados;

b) O cancelamento de registos ou a destruição de títulos em depósito fora dos casos previstos na lei;

c) A criação, a manutenção, a gestão, a suspensão ou o encerramento de sistema centralizado de valores mobiliários fora dos casos e termos previstos em lei ou regulamento.

3. Constitui contra-ordenação grave a emissão ou a distribuição junto do público de documentos representativos de situações jurídicas homogéneas que visem, directa ou indirectamente, o financiamento de entidades públicas ou privadas, se tais documentos não merecerem a qualificação ou não tiverem sido reconhecidos como valores mobiliários.

4 . Constitui contra-ordenação grave:

a) O registo de valores mobiliários escriturais ou o depósito de valores mobiliários titulados junto de entidade ou em sistema centralizado distintos dos permitidos ou exigidos por lei;

b) A recusa de informação por entidade registadora ou depositária ou por entidade gestora de sistema centralizado às pessoas com legitimidade para a solicitar ou a omissão de envio de informações dentro dos prazos exigidos por lei ou acordados com o interessado.

5. Constituem contra-ordenação menos grave os factos referidos nos números anteriores quando relativos a valores mobiliários emitidos por sociedades fechadas ou não admitidos à negociação em mercado registado.

Artigo 393.º
Ofertas públicas

1. Constitui contra-ordenação muito grave:

a) A realização de oferta pública sem registo na CMVM ou depois de este ter caducado;

b) A divulgação de oferta pública de distribuição decidida ou projectada e a aceitação de ordens de subscrição ou de aquisição, antes da publicação do anúncio de lançamento;

c) A divulgação de prospecto, respectivas adenda e rectificação, ou de prospecto complementar, sem prévia aprovação pela autoridade competente;

d) A revelação de informação reservada sobre oferta pública de distribuição, decidida ou projectada;

e) A criação ou a modificação de contas, de registos ou de documentos fictícios que sejam susceptíveis de alterar as regras de atribuição de valores mobiliários.

2. Constitui contra-ordenação muito grave a violação de qualquer dos seguintes deveres:

a) De igualdade de tratamento e de observância das regras de rateio;

b) De divulgação do resultado da oferta ou do requerimento de admissão à negociação dos valores mobiliários que são objecto da oferta;

c) De divulgação do prospecto, respectivas adenda e rectificação, ou do prospecto complementar;

d) De divulgação do preço ou da taxa de juro definitivos em oferta pública de distribuição;

e) De segredo sobre a preparação de oferta pública de aquisição;

f) De publicação do anúncio preliminar de oferta pública de aquisição;

g) De requerimento do registo de oferta pública de aquisição, bem como do seu lançamento, após a publicação do anúncio preliminar;

h) De lançamento de oferta pública de aquisição obrigatória;

i) De comunicação à CMVM de aumento de direitos de voto em percentagem superior a 1% por quem, tendo ultrapassado mais de um terço dos direitos de voto em sociedade aberta, tenha provado que não domina e que não está em relação de grupo com essa sociedade;

j) Relativos à realização de transacções na pendência de oferta pública de aquisição.

3. Constitui contra-ordenação grave a realização de oferta pública:

a) Sem intervenção de intermediário financeiro;

b) Com violação das regras relativas à sua modificação, revisão, suspensão, retirada ou revogação.

4. Constitui contra-ordenação grave:

a) A recolha de intenções de investimento sem registo prévio na CMVM ou antes da divulgação de prospecto preliminar;

b) A violação do dever de cooperação do emitente em oferta pública de venda;

c) A falta de envio de anúncio preliminar à CMVM, à sociedade visada ou às entidades gestoras de mercados regulamentados;

d) A violação, por sociedade visada em oferta pública de aquisição, do dever de publicar relatório sobre a oferta e de o enviar à CMVM e ao oferente, do dever de informar a CMVM sobre as transacções realizadas sobre valores mobiliários que são objecto da oferta e do dever de informar os trabalhadores sobre o conteúdo dos documentos da oferta.

5. Constitui contra-ordenação menos grave a omissão de comunicação à CMVM:

a) De oferta particular de distribuição;

b) De transacções realizadas na pendência de oferta pública de aquisição.

Artigo 394.º
Mercados

1. Constitui contra-ordenação muito grave:

a) A criação, a manutenção em funcionamento ou a gestão de mercado, a suspensão ou o encerramento da sua actividade fora dos casos e termos previstos em lei ou regulamento;

b) O funcionamento de mercado de acordo com regras não registadas na CMVM ou não publicadas;

c) A falta de prestação ao público, pelas entidades gestoras de mercados, da informação a que estão obrigadas;

d) A admissão de membros de um mercado pela entidade gestora deste sem os requisitos exigidos por lei ou regulamento;

e) A falta de publicidade das sessões de mercados regulamentados;

f) A admissão de valores mobiliários à negociação com violação das regras legais e regulamentares;

g) A falta de divulgação do prospecto de admissão, das respectivas adenda e rectificações, ou de informações necessárias à sua actualização, ou a sua divulgação sem aprovação prévia pela entidade competente;

h) A falta de publicação da informação exigida, pelos emitentes de valores mobiliários negociados em mercado regulamentado.

2. Constitui contra-ordenação grave a violação de qualquer dos seguintes deveres:

a) De envio à entidade gestora de mercado regulamentado, pelos emitentes de valores mobiliários admitidos à negociação, dos elementos necessários para informação ao público;

b) De conexão informativa com outros mercados regulamentados;

c) De prestação à entidade gestora da bolsa, pelos membros desta, das informações necessárias à boa gestão do mercado;

d) De pedido de admissão à negociação em mercado regulamentado de valores mobiliários da mesma categoria dos já admitidos;

e) De envio à CMVM, pelos emitentes de valores mobiliários admitidos à negociação em mercado regulamentado, das informações exigidas por lei.

3. Constitui contra-ordenação menos grave a falta de nomeação:

a) De representante para as relações com o mercado e com a CMVM, por entidade com valores admitidos à negociação;

b) De interlocutor perante a entidade gestora desse mercado e a CMVM, por membro da bolsa ou de outro mercado regulamentado.

Artigo 395.º
Operações

1. Constitui contra-ordenação muito grave a realização de operações:

a) Num dado mercado, sobre valores mobiliários não admitidos à negociação nesse mercado ou suspensos ou excluídos da negociação;

b) Não permitidas ou em condições não permitidas;

c) Sem a prestação das garantias devidas.

2. Constitui contra-ordenação grave:

a) A realização de operações sem a intervenção de intermediário financeiro, quando exigida;

b) A negociação em mercado regulamentado de operações a prazo, sem o registo ou a aprovação das respectivas cláusulas gerais;

c) A realização de operações por titulares de órgãos de administração, direcção e fiscalização de intermediários financeiros ou de entidades gestoras de mercados, de sistemas de liquidação e de sistemas centralizados de valores mobiliários, bem como pelos respectivos trabalhadores, se tais operações lhes estiverem vedadas.

3. Constitui contra-ordenação menos grave a violação do dever de comunicação à CMVM de operações sobre valores mobiliários admitidos à negociação em mercado regulamentado que tenham sido realizadas fora de mercado regulamentado ou noutro mercado regulamentado situado ou a funcionar num Estado membro da Comunidade Europeia.

Artigo 396.º
Sistemas de liquidação

Constitui contra-ordenação muito grave:

a) A criação, a manutenção em funcionamento ou a gestão de sistema de liquidação, a suspensão ou o encerramento da sua actividade fora dos casos ou dos termos previstos em lei ou regulamento;

b) A assunção da posição de contraparte central por entidade não autorizada;

c) A admissão de participantes pela entidade gestora do sistema sem os requisitos exigidos por lei;

d) A liquidação de operações efectuadas em mercado regulamentado com violação dos princípios consagrados na lei;

e) A falta de disponibilização atempada de valores mobiliários ou de dinheiro para liquidação de operações.

Artigo 397.º
Actividades de intermediação

1. Constitui contra-ordenação muito grave a realização de actos ou o exercício de actividades de intermediação sem a autorização ou sem o registo devidos ou fora do âmbito que resulta da autorização ou do registo.

2. Constitui contra-ordenação muito grave a violação por entidades autorizadas a exercer actividades de intermediação financeira de qualquer dos seguintes deveres:

a) De efectuar e de manter actualizado o registo diário das operações;

b) De respeitar as regras sobre conflitos de interesses;

c) De não efectuar operações que constituam intermediação excessiva;

d) De verificar a legitimidade dos ordenadores e de adoptar as providências que permitam estabelecer o momento de recepção das ordens;

e) De reduzir a escrito ou fixar em suporte fonográfico as ordens recebidas oralmente;

f) De respeitar as regras de prioridade na transmissão e na execução de ordens em mercado;

g) De prestar aos clientes a informação devida;

h) De não celebrar, sem autorização ou confirmação do cliente, contratos em que seja contraparte.

3. Constitui contra-ordenação muito grave a violação do dever de informação sobre participações qualificadas em sociedade autorizada a exercer em Portugal actividades de intermediação.

4. Constitui contra-ordenação grave a violação por entidades autorizadas a exercer actividades de intermediação financeira de qualquer dos seguintes deveres:

a) De conservar os documentos pelo prazo legalmente exigido;
b) De elaborar o regulamento interno;
c) De aceitar ordens que devam ser recusadas;
d) De recusar ordens que deva aceitar;
e) De registar na CMVM as cláusulas contratuais gerais que utilize na contratação.

Artigo 398.°
Deveres profissionais

Constitui contra-ordenação muito grave a violação de qualquer dos seguintes deveres:

a) De segredo profissional;
b) De segregação patrimonial;
c) De não utilização de valores mobiliários, de outros instrumentos financeiros ou de dinheiro fora dos casos previstos em lei ou regulamento;
d) De defesa do mercado.

Artigo 399.°
Ordens da CMVM

1. Constitui contra-ordenação grave o incumprimento de ordens ou mandados legítimos da CMVM transmitidos por escrito aos seus destinatários.

2. Se, verificado o incumprimento a que se refere o n.° 1, a CMVM notificar o destinatário para cumprir a ordem ou o mandado e aquele continuar a não cumprir, é aplicável a coima correspondente às contra-ordenações muito graves, desde que a notificação da CMVM contenha a indicação expressa de que ao incumprimento se aplica esta sanção.

Artigo 400.°
Outras contra-ordenações

A violação de deveres não referidos nos artigos anteriores mas previstos neste Código ou noutros diplomas a que se refere n.° 2 do artigo 388.° constitui:

a) Contra-ordenação menos grave; ou

b) Contra-ordenação grave, quando o agente seja intermediário financeiro ou qualquer das entidades gestoras a que se refere a alínea *b*) do n.° 2 do artigo 388.°, no exercício das respectivas actividades.

SECÇÃO II
Disposições gerais

Artigo 401.°
Responsabilidade pelas contra-ordenações

1. Pela prática das contra-ordenações previstas neste código podem ser responsabilizadas pessoas singulares, pessoas colectivas, independentemente da regularidade da sua constituição, sociedades e associações sem personalidade jurídica.

2. As pessoas colectivas e as entidades que lhes são equiparadas no número anterior são responsáveis pelas contra-ordenações previstas neste Código quando os factos tiverem sido praticados, no exercício das respectivas funções ou em seu nome ou por sua conta, pelos titulares dos seus órgãos sociais, mandatários, representantes ou trabalhadores.

3. Os titulares do órgão de administração das pessoas colectivas e entidades equiparadas, bem como os responsáveis pela direcção ou fiscalização de áreas de actividade em que seja praticada alguma contra--ordenação, incorrem na sanção prevista para o autor, especialmente atenuada, quando, conhecendo ou devendo conhecer a prática da infracção, não adoptem as medidas adequadas para lhe pôr termo imediatamente, a não ser que sanção mais grave lhe caiba por força de outra disposição legal.

4. A responsabilidade das pessoas colectivas e entidades equiparadas não exclui a responsabilidade individual dos respectivos agentes.

Artigo 402.°
Formas da infracção

1. Os ilícitos de mera ordenação social previstos neste Código são imputados a título de dolo ou de negligência.

2. A tentativa de qualquer um dos ilícitos de mera ordenação social descritos neste Código é punível.

Artigo 403.º
Cumprimento do dever violado

1. Sempre que o ilícito de mera ordenação social resulte da omissão de um dever, o pagamento da coima ou o cumprimento da sanção acessória não dispensam o infractor do cumprimento do dever, se este ainda for possível.

2. O infractor pode ser sujeito pela CMVM à injunção de cumprir o dever em causa.

3. Se a injunção não for cumprida no prazo fixado, o agente incorre na sanção prevista para as contra-ordenações muito graves.

Artigo 404.º
Sanções acessórias

1. Cumulativamente com as coimas, podem ser aplicadas aos responsáveis por qualquer contra-ordenação, além das previstas no regime geral dos ilícitos de mera ordenação social, as seguintes sanções acessórias:

a) Apreensão e perda do objecto da infracção, incluindo o produto do benefício obtido pelo infractor através da prática da contra-ordenação;

b) Interdição temporária do exercício pelo infractor da profissão ou da actividade a que a contra-ordenação respeita;

c) Inibição do exercício de funções de administração, direcção, chefia ou fiscalização e, em geral, de representação de quaisquer intermediários financeiros no âmbito de alguma ou de todas as actividades de intermediação em valores mobiliários ou outros instrumentos financeiros;

d) Publicação pela CMVM, a expensas do infractor e em locais idóneos para o cumprimento das finalidades de prevenção geral do sistema jurídico e da protecção do mercado de valores mobiliários ou de outros instrumentos financeiros, da sanção aplicada pela prática da contra-ordenação;

e) Revogação da autorização ou cancelamento do registo necessários para o exercício de actividades de intermediação em valores mobiliários ou outros instrumentos financeiros.

2. As sanções referidas nas alíneas *b*) e *c*) do número anterior não podem ter duração superior a cinco anos, contados da decisão condenatória definitiva.

3. A publicação referida na alínea *d*) do n.º 1 pode ser feita na integra ou por extracto, conforme for decido pela CMVM.

Artigo 405.°
Determinação da sanção aplicável

1. A determinação da coima concreta e das sanções acessórias faz-se em função da ilicitude concreta do facto, da culpa do agente, dos benefícios obtidos e das exigências de prevenção, tendo ainda em conta a natureza singular ou colectiva do agente.

2. Na determinação da ilicitude concreta do facto e da culpa das pessoas colectivas e entidades equiparadas atende-se, entre outras, às seguintes circunstâncias:

a) O perigo ou o dano causados aos investidores ou ao mercado de valores mobiliários ou de outros instrumentos financeiros;

b) O carácter ocasional ou reiterado da infracção;

c) A existência de actos de ocultação tendentes a dificultar a descoberta da infracção;

d) A existência de actos do agente destinados a, por sua iniciativa, reparar os danos ou obviar aos perigos causados pela infracção.

3. Na determinação da ilicitude concreta do facto e da culpa das pessoas singulares, atende-se, além das referidas no número anterior, às seguintes circunstâncias:

a) Nível de responsabilidade, âmbito das funções e esfera de acção na pessoa colectiva em causa;

b) Intenção de obter, para si ou para outrem, um benefício ilegítimo ou de causar danos;

c) Especial dever de não cometer a infracção.

4. Na determinação da sanção aplicável são ainda tomadas em conta a situação económica e a conduta anterior do agente.

Artigo 406.°
Coimas, custas e benefício económico

1. Quando as infracções forem também imputáveis às entidades referidas no n.° 2 do artigo 401.°, estas respondem solidariamente pelo pagamento das coimas, das custas ou de outro encargo associado às sanções aplicadas no processo de contra-ordenação que sejam da responsabilidade dos agentes individuais mencionados no mesmo preceito.

2. O produto das coimas e do benefício económico apreendido nos processos de contra-ordenação reverte integralmente para o Sistema de Indemnização dos Investidores, independentemente da fase em que se torne definitiva ou transite em julgado a decisão condenatória.

Artigo 407.º
Direito subsidiário

Salvo quando de outro modo se estabeleça neste Código, aplica-se às contra-ordenações nele previstas e aos processos às mesmas respeitantes o regime geral dos ilícitos de mera ordenação social.

SECÇÃO III
Disposições processuais

Artigo 408.º
Competência

1. A competência para o processamento das contra-ordenações, aplicação das coimas e sanções acessórias, bem como das medidas de natureza cautelar previstas neste código pertence ao conselho directivo da CMVM, sem prejuízo da possibilidade de delegação nos termos da lei.

2. A CMVM pode proceder à apreensão de quaisquer documentos, independentemente da natureza do seu suporte, valores e objectos relacionados com a prática de ilícitos ou proceder à selagem de objectos não apreendidos nas instalações das pessoas ou entidades sujeitas à sua supervisão, na medida em que os mesmos se revelem necessários às averiguações ou à instrução de processos da sua competência.

Artigo 409.º
Comparência de testemunhas e peritos

1. Às testemunhas e aos peritos que não comparecerem no dia, hora e local designados para a diligência do processo, nem justificarem a falta no acto ou nos cinco dias úteis imediatos, é aplicada pela CMVM uma sanção pecuniária até 10 unidades de conta.

2. O pagamento é efectuado no prazo de 10 dias úteis a contar da notificação, sob pena de se proceder a cobrança coerciva.

Artigo 410.º
Ausência do arguido

A falta de comparência do arguido não obsta a que o processo de contra-ordenação siga os seus termos.

Artigo 411.°
Notificações

1. As notificações em processo de contra-ordenação são feitas por carta registada com aviso de recepção, dirigida para a sede ou para o domicílio dos destinatários e dos seus mandatários judiciais, ou pessoalmente, se necessário através das autoridades policiais.

2. A notificação ao arguido do acto processual que lhe impute a prática de contra-ordenação, bem como da decisão que lhe aplique coima, sanção acessória ou alguma medida cautelar é feita nos termos do número anterior ou, quando o arguido não seja encontrado ou se recuse a receber a notificação, por anúncio publicado num dos jornais da localidade da sua sede ou da última residência conhecida no País ou, no caso de aí não haver jornal ou de o arguido não ter sede ou residência no País, num dos jornais diários de Lisboa.

Artigo 412.°
Medidas cautelares

1. Quando se revele necessário para a instrução do processo, para a defesa do mercado de valores mobiliários ou de outros instrumentos financeiros ou para a tutela dos interesses dos investidores, a CMVM pode determinar uma das seguintes medidas:

a) Suspensão preventiva de alguma ou algumas actividades ou funções exercidas pelo arguido;

b) Sujeição do exercício de funções ou actividades a determinadas condições, necessárias para esse exercício, nomeadamente o cumprimento de deveres de informação.

2. A determinação referida no número anterior vigora, consoante os casos:

a) Até à sua revogação pela CMVM ou por decisão judicial;

b) Até ao início do cumprimento de sanção acessória de efeito equivalente à medida prevista nas alíneas *b*) ou *c*) do número 1 do artigo 404.°.

3. A determinação de suspensão preventiva pode ser publicada pela CMVM.

4. Quando, nos termos do n.° 1, seja determinada a suspensão total das actividades ou das funções exercidas pelo arguido e este venha a ser condenado, no mesmo processo, em sanção acessória que consista em interdição ou inibição do exercício das mesmas actividades ou funções, será descontado por inteiro no cumprimento da sanção acessória o tempo de duração da suspensão preventiva.

Artigo 413.º
Procedimento de advertência

1. Quando a contra-ordenação consistir em irregularidade sanável da qual não tenham resultado prejuízos para os investidores ou para o mercado de valores mobiliários ou de outros instrumentos financeiros, a CMVM pode advertir o infractor, notificando-o para sanar a irregularidade.

2. Se o infractor não sanar a irregularidade no prazo que lhe for fixado, o processo de contra-ordenação continua a sua tramitação normal.

3. Sanada a irregularidade, o processo é arquivado e a advertência torna-se definitiva, como decisão condenatória, não podendo o mesmo facto voltar a ser apreciado como contra-ordenação.

Artigo 414.º
Processo sumaríssimo

1. Quando a reduzida gravidade da infracção e da culpa do agente o justifiquem, pode a CMVM, antes de acusar formalmente o arguido, comunicar-lhe a decisão de proferir uma admoestação ou de aplicar uma coima cuja medida concreta não exceda o triplo do limite mínimo da moldura abstractamente prevista para a infracção.

2. Pode, ainda, ser determinado ao arguido que adopte o comportamento legalmente exigido, dentro do prazo que a CMVM para o efeito lhe fixe.

3. A decisão prevista no n.º 1 é escrita e contém a identificação do arguido, a descrição sumária dos factos imputados, a menção das disposições legais violadas e termina com a admoestação ou a indicação da coima concretamente aplicada.

4. O arguido é notificado da decisão e informado de que lhe assiste o direito de a recusar, no prazo de cinco dias, e da consequência prevista no número seguinte.

5. A recusa ou o silêncio do arguido neste prazo, o requerimento de qualquer diligência complementar, o incumprimento do disposto no n.º 2 ou o não pagamento da coima no prazo de 10 dias após a notificação referida no número anterior determinam o imediato prosseguimento do processo de contra-ordenação, ficando sem efeito a decisão referida nos n.ºs 1 e 3.

6. Tendo o arguido procedido ao cumprimento do disposto no n.º 2 e ao pagamento da coima que lhe tenha sido aplicada, a decisão torna-se definitiva, como decisão condenatória, não podendo o facto voltar a ser apreciado como contra-ordenação.

7. As decisões proferidas em processo sumaríssimo são irrecorríveis.

Artigo 415.º
Suspensão da sanção

1. A CMVM pode suspender, total ou parcialmente, a execução da sanção.

2. A suspensão pode ficar condicionada ao cumprimento de certas obrigações, designadamente as consideradas necessárias para a regularização de situações ilegais, à reparação de danos ou à prevenção de perigos para o mercado de valores mobiliários ou de outros instrumentos financeiros ou para os investidores.

3. O tempo de suspensão da sanção é fixado entre dois e cinco anos, contando-se o seu início a partir da data em que se esgotar o prazo da impugnação judicial da decisão condenatória.

4. A suspensão não abrange custas.

5. Decorrido o tempo de suspensão sem que o arguido tenha praticado qualquer ilícito criminal ou de mera ordenação social previsto neste Código, e sem que tenha violado as obrigações que lhe hajam sido impostas, fica a condenação sem efeito, procedendo-se, no caso contrário, à execução da sanção aplicada.

Artigo 416.º
Impugnação judicial

1. Recebida a impugnação de uma decisão da CMVM, esta remete os autos ao Ministério Público no prazo de 20 dias úteis, podendo juntar alegações.

2. Sem prejuízo do disposto no artigo 70.º do Decreto Lei n.º 433/82, de 27 de Outubro, a CMVM pode ainda juntar outros elementos ou informações que considere relevantes para a decisão da causa, bem como oferecer meios de prova.

3. O Tribunal pode decidir sem audiência de julgamento, se não existir oposição do arguido, do Ministério Público ou da CMVM.

4. Se houver lugar a audiência de julgamento, o Tribunal decide com base na prova realizada na audiência, bem como na prova produzida na fase administrativa do processo de contra-ordenação.

5. A CMVM pode participar na audiência de julgamento através de representante indicado para o efeito.

6. A desistência da acusação pelo Ministério Público depende da concordância da CMVM.

7. A CMVM tem legitimidade para recorrer autonomamente das decisões proferidas no processo de impugnação que admitam recurso.

Artigo 417.º
Competência para conhecer a impugnação judicial

É competente para conhecer a impugnação judicial, a revisão e a execução das decisões da CMVM em processo de contra-ordenação, ou quaisquer outras medidas da CMVM tomadas no âmbito do mesmo processo que sejam legalmente susceptíveis de impugnação, o Juízo de Pequena Instância Criminal de Lisboa.

Artigo 418.º
Prescrição

1. O procedimento pelas contra-ordenações prescreve no prazo de cinco anos.
2. O prazo de prescrição das sanções é de cinco anos a contar do dia em que se torna definitiva ou transita em julgado a decisão que determinou a sua aplicação.

CAPÍTULO III
Disposições comuns aos crimes
e aos ilícitos de mera ordenação social

Artigo 419.º
Elementos pessoais

1. Não obsta à responsabilidade individual dos agentes a circunstância de o tipo legal da infracção exigir determinados elementos pessoais e estes só se verificarem na pessoa colectiva, na entidade equiparada ou num dos agentes envolvidos, nem a circunstância de, sendo exigido que o agente pratique o facto no seu interesse, ter o agente actuado no interesse de outrem.

2. A invalidade ou ineficácia do acto que serve de fundamento à actuação do agente em nome de outrem não impede a aplicação do disposto no número anterior.

Artigo 420.º
Concurso de infracções

Se o mesmo facto constituir simultaneamente crime e contra-ordenação, será o arguido responsabilizado por ambas as infracções, instaurando-se, para o efeito, processos distintos a decidir pelas autoridades competentes.

Artigo 421.º
Dever de notificar

A autoridade competente para a aplicação das sanções acessórias de revogação da autorização ou de cancelamento do registo, se não for também a entidade competente para a prática desses actos, deverá comunicar a esta última o crime ou contra-ordenação em causa, as suas circunstâncias específicas, as sanções aplicadas e o estado do processo.

II

REGULAMENTOS DA CMVM

MERCADOS E SISTEMAS DE REGISTO E LIQUIDAÇÃO

REGULAMENTO N.º 5/2000
Mercados

O Código dos Valores Mobiliários baseou o elenco dos mercados em critérios bem diferentes dos que orientavam o anterior Código. Alarga, além disso, o âmbito de autonomia das entidades gestoras dos mesmos. Cabia por isso regulamentar o conjunto dos mercados, estabelecendo princípios e regras gerais e respeitando princípios legalmente consagrados de auto-regulação, sem prejuízo dos poderes de supervisão da Comissão do Mercado de Valores Mobiliários (CMVM).

O presente regulamento divide-se em duas partes. A primeira trata dos mercados em geral e a segunda contém regras especiais sobre os mercados de bolsa, sem descurar, porém, a regulação dos mercados regulamentados.

As regras consagradas em geral para todos os mercados respeitam à sua transparência (menções obrigatórias e boletim), conexão informativa e permissão de serviços de mera difusão de ofertas, que visam potenciar os serviços prestados pelas entidades gestoras, facilitando por outro lado aos investidores a transacção de valores com limitações ou onerações.

Nos mercados regulamentados em geral, incluindo portanto os bolsistas, prevêem-se regras especiais de conexão informativa, bem como de comunicação de operações, dando-se simultaneamente um enquadramento aos mercados regulamentados não bolsistas. Visa-se, nomeadamente, minimizar os efeitos decorrentes da eventual fragmentação das operações incidentes sobre um mesmo valor por mercados diversos.

Os mercados de bolsa merecem maior desenvolvimento, tendo-se estabelecido regras de informação e de estruturação dos mesmos (membros, sessões de bolsa e seu registo e negociação). As operações a prazo mereceram uma secção autónoma, tendo em conta as suas necessidades específicas (contratos entre membros e clientes, cláusulas gerais e negociação). Foram previstas regras para os casos em que a entidade gestora assuma a posição de contraparte, o que constitui uma novidade no mercado a contado em relação ao regime anterior. De igual forma, foram reguladas as operações de fomento, integrando numa mesma secção as operações de liquidez e a criação de mercado, que se encontravam dispersas em diversos regulamentos da CMVM e que, sem esquecer as suas diferenças, obedecem a princípios gerais comuns que ficam agora expressamente enunciados.

Nos termos conjugados dos artigos 2.° e 3.° do Decreto-Lei preambular ao Código dos Valores Mobiliários, o presente regulamento entra em vigor em 1 de Março de 2000, caducando nesse momento a anterior regulamentação da CMVM nesta matéria.

Ao abrigo do disposto no n.° 2 do artigo 5.°, no artigo 212.°, no n.° 2 do artigo 351.° e na alínea *b*) do n.° 1 do artigo 353.°, todos do Código dos Valores Mobiliários, o conselho directivo da Comissão do Mercado de Valores Mobiliários (CMVM), ouvidos o Banco de Portugal, a Associação da Bolsa de Valores de Lisboa, a Associação da Bolsa de Derivados do Porto e a Interbolsa – Associação para a Prestação de Serviços às Bolsas de Valores, aprovou o seguinte regulamento:

CAPÍTULO I
Mercados em geral

ARTIGO 1.°
(Âmbito de aplicação)

O presente regulamento aplica-se aos mercados previstos no artigo 199.° do Código dos Valores Mobiliários, sem prejuízo das regras especiais que a CMVM venha a aprovar para cada mercado.

ARTIGO 2.°
(Menção em actos externos)

Toda a informação ou publicidade relativa a mercados indica, em letra destacada, a natureza de mercado regulamentado ou de mercado não regulamentado.

ARTIGO 3.°
(Mero registo de ofertas)

1. A entidade gestora pode criar, de acordo com regras previamente registadas na CMVM, sistemas de ofertas de valores mobiliários da

mesma categoria dos admitidos em mercado por ela gerido que não preencham os requisitos da alínea *a*) do n.° 2 do artigo 204.° do Código dos Valores Mobiliários.

2. Os sistemas a que se refere o número anterior são inequivocamente separados dos sistemas de negociação dos referidos mercados.

ARTIGO 4.°
(Boletim do mercado)

1. A entidade gestora edita um boletim nos dias em que houver sessão de mercado, que pode ser único para todos os mercados e serviços por ela geridos, devendo diferenciar claramente os mercados e os serviços a que se refere cada informação.

2. O boletim pode ser distribuído, total ou parcialmente, através de suporte informático, salvo nos casos em que seja solicitada versão em papel por entidade sem acesso directo a esse suporte.

3. Para além de outras previstas em lei ou regulamento da CMVM, são publicadas no boletim:

a) A designação da entidade gestora e dos mercados por ela geridos;

b) A identificação dos membros do mercado, distinguindo a sua qualidade de negociadores ou liquidadores, e dos administradores e agentes do membro do mercado sujeitos a credenciação;

c) Os valores mobiliários admitidos à negociação, a sua exclusão, bem como a sua suspensão e respectivo prazo;

d) As regras e códigos deontológicos aprovados pela entidade gestora do mercado;

e) As sanções disciplinares impostas pela entidade gestora, quando as mesmas devam ser divulgadas;

f) As comissões praticadas pelos serviços prestados pela entidade gestora;

g) Outros elementos cuja publicação venha a ser exigida pela CMVM.

4. A entidade gestora envia por via informática à CMVM o boletim no momento em que o emite e guarda cópia do mesmo, devidamente autenticada, durante pelo menos cinco anos.

ARTIGO 5.°
(Conexão informativa entre mercados)

1. Se os valores mobiliários ou outros instrumentos financeiros estiverem admitidos à negociação em mais de um mercado ou tiverem como

activo subjacente valores mobiliários ou instrumentos financeiros negociados noutro mercado, as respectivas entidades gestoras trocam entre si informação sobre quaisquer factos que possam afectar a regularidade ou a transparência das operações.

2. Se algum dos mercados referidos no número anterior for regulamentado, as entidades gestoras dos restantes mercados informam-na imediatamente e de modo contínuo sobre as operações realizadas, com indicação dos preços, quantidades e momento da sua realização e, em geral, de todos os factos necessários à adequada realização das operações.

3. As entidades gestoras que receberem as informações previstas nos números anteriores difundem-nas imediatamente pelos membros dos mercados.

4. As informações a que se referem os números anteriores, bem como os termos e prazos em que serão prestadas constam de acordo de conexão previamente registado na CMVM.

ARTIGO 6.º
(Operações realizadas fora de mercado regulamentado)

1. Nas operações de valores mobiliários ou instrumentos financeiros admitidos em mercado regulamentado e realizadas fora de um mercado com essa natureza é comunicado por escrito à entidade gestora desse mercado:

a) A identificação dos valores mobiliários ou instrumentos financeiros transmitidos e a respectiva quantidade;

b) A identidade do transmitente e do transmissário ou dos intermediários financeiros intervenientes;

c) O negócio jurídico que determinou a transmissão, os seus elementos essenciais e o preço unitário;

d) A data da transmissão.

2. A comunicação a que se refere o n.º 1 é feita:

a) Nos dois dias úteis imediatos à celebração do negócio, pelo intermediário financeiro do adquirente ou por este último nos casos em que não tenha havido a intervenção, na operação, de intermediário financeiro;

b) Pela entidade gestora de mercado não regulamentado nos termos e no prazo previstos no n.º 2 do artigo 5.º.

3. Se os valores mobiliários ou os instrumentos financeiros objecto da transacção forem negociados em mais de um mercado regulamentado a comunicação é feita à entidade gestora do mercado de bolsa.

4. Diariamente são publicadas no boletim do mercado regulamentado as operações comunicadas à respectiva entidade gestora nos termos dos

números anteriores, indicando-se a data da sua realização, as quantidades transaccionadas e o preço unitário.

5. A entidade gestora do mercado regulamentado envia à CMVM uma lista das comunicações recebidas, até ao dia 10 do mês seguinte ao que respeitam, salvo se, em instrução da CMVM que indique o formato em que a comunicação deve ser efectuada, for estabelecido um prazo mais curto.

ARTIGO 7.°
(Mercados regulamentados)

Além das normas legais aplicáveis às bolsas, as normas previstas no presente regulamento para os mercados de bolsa são aplicáveis a outros mercados regulamentados, salvo disposição regulamentar da CMVM em contrário.

CAPÍTULO II
Mercados de bolsa

SECÇÃO I
Disposições gerais

ARTIGO 8.°
(Bolsa mais representativa)

Para efeitos do disposto no n.° 2 do artigo 225.° do Código dos Valores Mobiliários, é considerado como mercado mais representativo a Bolsa de Valores de Lisboa.

ARTIGO 9.°
(Informação ao público)

1. A entidade gestora da bolsa publica informação adequada sempre que, na negociação, ocorram factos susceptíveis de alterar a regularidade de funcionamento do mercado ou de afectar as decisões dos investidores e dos emitentes com valores admitidos à negociação.

2. A entidade gestora da bolsa mantém à disposição do público, para consulta, toda a informação disponível sobre o emitente dos valores admitidos e os mercados por ela geridos.

3. No início da sessão a entidade gestora disponibiliza o preço mínimo, o preço máximo, o preço médio ponderado, o preço de referência, o preço de fecho, bem como as quantidades negociadas no dia de funcionamento anterior.

ARTIGO 10.º
(Boletim da bolsa)

Além das referidas no artigo 4.º, no boletim da bolsa são publicadas as informações referidas nas alíneas *b*) a *d*) do n.º 1 do artigo 222.º do Código dos Valores Mobiliários.

ARTIGO 11.º
(Contratos a celebrar pelos membros do mercado)

1. Antes de iniciarem a sua actividade os membros do mercado:
a) Celebram contrato escrito com a entidade gestora; e
b) Enviam a esta entidade cópia dos contratos celebrados com outros membros, nos termos do n.º 1 do artigo 217.º do Código dos Valores Mobiliários.
2. A entidade gestora fixa as cláusulas gerais dos contratos referidos no número anterior, que são previamente registadas na CMVM, prevendo, nomeadamente, a aceitação pelos membros das regras do mercado e definindo a responsabilidade assumida pelas várias entidades no cumprimento das obrigações resultantes das operações realizadas.

ARTIGO 12.º
(Sessões de bolsa)

1. Na definição das regras relativas ao calendário e horário das sessões de bolsa as entidades gestoras têm em conta a adequada conexão informativa e operativa entre elas.
2. A entidade gestora define as regras de acesso às instalações da bolsa de acordo com a necessidade de preservação do segredo profissional, da segurança das operações e da publicidade das sessões.
3. Às sessões especiais de bolsa é dada com a suficiente antecedência a publicidade adequada às operações que nela se vão realizar, tendo em conta a sua dimensão e os seus destinatários potenciais.

ARTIGO 13.º
(Regras de negociação)

1. As regras da negociação aprovadas pela entidade gestora devem, designadamente:

a) Definir os sistemas de negociação, os tipos de operações a realizar através deles e os segmentos de mercado onde são utilizados;

b) Assegurar a igualdade de tratamento dos membros do mercado;

c) Estabelecer as modalidades de ofertas e respectivas menções mínimas;

d) Fixar as variações máximas e mínimas de preços das ofertas e dos negócios, bem como os mecanismos a adoptar quando estas variações forem excedidas;

e) Assegurar a adequação dos preços e a transparência das operações efectuadas;

f) Prever os mecanismos a adoptar no caso de ocorrerem deficiências de funcionamento ou de acesso ao sistema de negociação;

g) Determinar os preços de referência de acordo com princípios de actualidade e representatividade desse preço, discriminando os preços de abertura, de fecho, os previstos no artigo 225.º do Código dos Valores Mobiliários, bem como quaisquer outros necessários para o regular funcionamento do mercado.

2. As regras de negociação estabelecem procedimentos de interrupção técnica da negociação quando, por força do exercício de direitos, conversão da forma de representação e modificação ou extinção de valores mobiliários ou instrumentos financeiros, aquela se torne necessária, salvo se estabelecerem adequados mecanismos alternativos a esta interrupção.

3. Se as regras da negociação fixarem lotes mínimos, estabelecem sistemas adequados à negociação de quantidades inferiores a esse lote mínimo.

4. A negociação em contínuo rege-se pela prioridade-preço e subsidiariamente pela prioridade-tempo.

5. Na negociação por chamada, as operações realizam-se por ordem do melhor preço das ofertas, prevalecendo pela ordem estabelecida nas alíneas seguintes os seguintes preços:

a) O que transaccione a maior quantidade de valores;

b) O que deixa menor quantidade por transaccionar;

c) O que provocar menor variação em relação ao último preço de fecho da sessão;

d) O que provocar menor variação em relação a um preço de referência fixado em regras da entidade gestora.

ARTIGO 14.º
(Registo da sessão)

1. A entidade gestora de um mercado elabora um registo da sessão, no próprio dia em que se realize.

2. O registo da sessão pode ser elaborado pelo próprio sistema de negociação e é composto por:

a) Um registo informático das operações realizadas durante a sessão;

b) Um registo informático das ofertas introduzidas no sistema e não executadas;

c) Uma acta da sessão assinada por um administrador da entidade gestora donde constem os incidentes da sessão.

3. As conversações telefónicas realizadas pela entidade gestora durante a sessão de bolsa e no âmbito da negociação são gravadas.

4. Os documentos mencionados nos números anteriores são conservados pela entidade gestora por um período mínimo de:

a) Cinco anos, nos casos das alíneas *a)* e *c)* do n.º 2;

b) Três anos, no caso da alínea *b)* do n.º 2;

c) Um ano, no caso do n.º 3.

SECÇÃO II
Operações a prazo

ARTIGO 15.º
**(Contrato a celebrar entre os membros do mercado
e os seus clientes)**

1. Os membros de um mercado de operações a prazo celebram contrato prévio com os clientes, donde constem, nomeadamente, cláusulas em relação aos seguintes aspectos:

a) Aceitação, por parte do cliente, das regras de funcionamento do mercado definidas em lei, em regulamento ou aprovadas pela entidade gestora;

b) Obrigações de informação por parte do membro em relação ao cliente;

c) Riscos envolvidos pela realização das operações, com menção em letra destacada;

d) Responsabilidades assumidas pelas partes;

e) Consequências inerentes ao incumprimento, pelo cliente, dos deveres relativos à constituição, reforço ou substituição das garantias ou à realização dos ajustes de ganhos e perdas, nomeadamente o encerramento das posições abertas.

2. A entidade gestora do mercado fixa as cláusulas referidas no número anterior e submete-as a registo na CMVM.

ARTIGO 16.º
(Boletim da bolsa)

Para além das referidas nos artigos 4.º e 10.º, no boletim da bolsa onde se realizam operações a prazo publicam-se as seguintes informações relativamente a cada contrato e a cada série:

a) Cláusulas contratuais gerais e ficha técnica;

b) A data de início de negociação de cada contrato, a sua exclusão e a sua suspensão, com indicação dos respectivos termos e prazo;

c) A quantidade de contratos em aberto, por cada série ou vencimento, bem como a quantidade total de contratos em aberto;

d) O preço de referência aplicado para efeitos de ajustes de ganhos e perdas ou de liquidação dos contratos na data de vencimento;

e) Os preços máximo e mínimo das operações realizadas em cada sessão;

f) A quantidade de contratos negociados na sessão, por cada série ou vencimento, bem como a quantidade total de contratos negociados;

g) A melhor oferta de compra e de venda, não satisfeita no momento de encerramento da sessão;

h) O preço do activo subjacente, sincrónico com o preço de referência, sempre que possível.

ARTIGO 17.º
(Cláusulas contratuais gerais)

1. Das cláusulas contratuais gerais dos contratos a prazo constam, pelo menos, os seguintes elementos:

a) A denominação do contrato;

b) A caracterização do activo subjacente;

c) O valor nominal do contrato ou a fórmula para o obter;

d) Os ciclos de vencimento de cada categoria de contratos;

e) As condições de admissão de novas séries de contratos de opções;

f) Os limites mínimos de variação de preços, sendo caso disso;

g) As formas de determinação das margens;

h) A forma de determinação do preço de referência para efeito de ajustes de ganhos e perdas e de liquidação financeira das operações na data de vencimento ou no exercício, se for o caso;

i) O primeiro e o último dia de negociação de cada ciclo de vencimentos;

j) A forma de exercício, tratando-se de contratos de opções;

l) As modalidades de liquidação admitidas.

2. Nos contratos sobre um índice, as cláusulas contratuais gerais incluem a composição genérica do índice e os termos gerais da sua alteração, devendo ser publicados em secção autónoma do boletim de mercado os activos que compõem o índice em cada momento.

3. As variações máximas de preços são definidas pela entidade gestora do mercado.

4. Caso sejam aprovadas quaisquer alterações às cláusulas contratuais gerais de um contrato, as regras que consagrem as alterações definem a fungibilidade das posições a abrir com base no contrato alterado e as posições em aberto à altura da alteração.

5. É aplicável às posições em aberto na altura da alteração do contrato o disposto nos n.ºs 1 e 2 do artigo 21.°.

ARTIGO 18.°
(Ficha técnica e estudos)

1. As cláusulas contratuais gerais de cada contrato e respectivas alterações definidas pela entidade gestora do mercado são acompanhadas, para efeitos de registo ou aprovação na CMVM, de:

a) Uma ficha técnica com a descrição sucinta das características de cada contrato;

b) As informações e os estudos necessários ao bom entendimento da proposta.

2. As informações e estudos a que se refere a alínea *b*) do n.° 1 incluem, nomeadamente:

a) As razões do lançamento do contrato;

b) A descrição do mercado do activo subjacente;

c) A descrição e a justificação da especificação do contrato.

3. Os intermediários financeiros entregam a ficha técnica aos seus clientes, antes da celebração de contrato com eles.

ARTIGO 19.°
(Início da negociação)

1. O início da negociação de cada contrato tem lugar em data a fixar pela entidade gestora do mercado.

2. Antes do início da negociação de um qualquer contrato, a entidade gestora presta ao público e aos membros do mercado as informações necessárias à boa compreensão desse contrato.

ARTIGO 20.º
(Suspensão da negociação)

1. Durante o período de suspensão a entidade gestora do mercado mantém o direito de exigir as garantias devidas.
2. As séries dos contratos que se vençam durante o período de suspensão mantêm a data de vencimento, mas apenas são liquidados no dia de levantamento da suspensão, salvo se outra for a decisão adoptada pela entidade gestora do mercado.

ARTIGO 21.º
(Exclusão da negociação)

1. A exclusão da negociação de um contrato não tem como efeito extinguir os direitos e obrigações dos detentores de posições em aberto, mas impede a introdução de novas séries sobre o contrato em causa.
2. A entidade gestora estabelece as condições em que o contrato é excluído, podendo, nomeadamente, determinar:

a) Que se mantenha apenas a negociação das séries que não atingiram a sua data de vencimento;

b) Que apenas se possam realizar negócios para encerramento de posições nas séries que não atingiram a sua data de vencimento;

c) O encerramento imediato de todas as posições em aberto, nas séries que não atingiram a sua data de vencimento.

SECÇÃO III
Segurança do mercado

ARTIGO 22.º
(Âmbito)

1. O disposto na presente secção é aplicável a todas as operações de bolsa em que uma entidade tenha assumido a posição de contraparte central.

2. Quando uma entidade assuma a posição de contraparte nas operações, estas só são eficazes face a ela e consideradas como operações de bolsa após o seu registo.

ARTIGO 23.º
(Margens)

1. As cauções prestadas pela realização de operações são designadas por margens.

2. A contraparte central pode abrir contas para liquidação junto de sistema centralizado de valores mobiliários com o objectivo específico de registo, controlo e execução extrajudicial de cauções constituídas em valores mobiliários integrados nesse sistema.

3. Nas operações a prazo:

a) As margens fixadas pela contraparte central devem ser tomadas como mínimo a exigir pelos membros do mercado aos seus clientes ou a outros membros por cujas operações sejam responsáveis;

b) Não são exigidas margens nas operações que visem o encerramento de posições ou noutros casos que venham a ser determinados nas cláusulas gerais de cada contrato.

ARTIGO 24.º
(Constituição das margens)

1. As margens são constituídas pelos membros liquidadores em relação a cada posição em aberto, dentro do prazo fixado pela entidade gestora, devendo aqueles membros assegurar a prestação dos montantes necessários àquela constituição, tanto pelos membros negociadores como, nas operações a prazo, pelos clientes.

2. No cálculo das margens pode-se considerar o conjunto das posições abertas por cada cliente, nos termos definidos pelas regras da entidade gestora.

3. Os membros do mercado não podem compensar os valores dos diversos clientes devidos a título de margens.

ARTIGO 25.º
(Execução extra-judicial das garantias)

1. A execução extra-judicial das cauções é efectuada pela contraparte central, através de intermediário financeiro.

2. Quando der ordem de venda dos valores mobiliários dados como caução, a entidade gestora informa desse facto o membro do mercado através do qual aquela se encontre prestada.

3. A transferência dos valores mobiliários para a conta do intermediário financeiro adquirente é directamente feita a partir da conta de garantias aberta junto do sistema centralizado de valores mobiliários.

ARTIGO 26.º
(Limites operacionais)

A entidade gestora do mercado estabelece, através de regras aprovadas pela CMVM, os limites que cada investidor pode assumir, por si ou em associação com outros, em operações a prazo, devendo publicitá-los com a adequada antecedência.

ARTIGO 27.º
(Garantia permanente)

1. A entidade gestora estabelece nos mercados a prazo:

a) Os termos em que os membros liquidadores prestam garantias pelo exercício das suas funções;

b) Os limites ao número de posições abertas ou a abrir por um membro liquidador ou da sua responsabilidade.

2. A garantia prevista no número anterior:

a) Garante os riscos derivados das posições em aberto, entre o momento da sua realização e o momento da entrega da margem;

b) Responde por qualquer incumprimento do membro perante a entidade gestora.

SECÇÃO IV
Operações de fomento

ARTIGO 28.º
(Âmbito)

Para efeitos da presente secção consideram-se:

a) Operações de liquidez, as que, tendo por objecto valores mobiliários, se destinam ao incremento da liquidez dos mesmos por um período limitado de tempo;

b) Criação de mercado, as operações que, tendo por objecto instrumentos financeiros derivados, se destinam à sua regular comercialização.

ARTIGO 29.º
(Poderes da entidade gestora)

1. A entidade gestora do mercado onde sejam realizadas operações de fomento define, nomeadamente:

a) As regras especiais a que ficam sujeitas as ofertas, nomeadamente o intervalo máximo entre as ofertas de compra e de venda;

b) Os sistemas de registo das ofertas para efeitos de fiscalização do cumprimento das obrigações legais e regulamentares;

c) Os sistemas especiais que devam organizar-se para controlo das operações em execução de contratos de liquidez.

2. Nos contratos de liquidez a entidade gestora define:

a) Os prazos máximos dos contratos;

b) Os limites de variação de preços;

c) As regras relativas à modificação e à cessação da execução do contrato em data anterior à inicialmente contratada.

3. Na criação de mercado, a entidade gestora define:

a) Os requisitos a observar pelos membros que pretendam desempenhar funções de criador de mercado;

b) O período do desempenho das funções de criador de mercado;

c) A quantidade mínima de contratos objecto das ofertas e o limite temporal do horário de negociação durante o qual devem ser mantidas as ofertas.

ARTIGO 30.º
(Realização de operações)

Os membros do mercado que realizem operações de fomento dão delas conhecimento à entidade gestora do mercado em que foram executadas, no próprio dia e sessão em que tiveram lugar.

ARTIGO 31.º
(Boletim da bolsa)

1. A entidade gestora do mercado onde são executadas as operações de liquidez publica no seu boletim:

a) Com uma antecedência mínima de três dias em relação à data de início de execução do contrato de liquidez, as informações relevantes sobre os elementos do contrato;

b) Diariamente, a lista dos valores mobiliários sobre os quais se encontram em execução esses contratos, com a identificação dos membros do mercado intervenientes;

c) Diariamente, a quantidade transaccionada em execução desses contratos.

2. A entidade gestora do mercado a prazo divulga diariamente no seu boletim para cada contrato objecto de negociação a identificação dos membros com os quais tenha celebrado contrato para o desempenho das funções de criador de mercado.

ARTIGO 32.°
(Contratos de liquidez)

1. Os contratos de liquidez estão sujeitos a aprovação pela entidade gestora do mercado onde vão ser executadas as operações de liquidez.

2. Os contratos de liquidez só podem ser executados no período que imediatamente se siga à admissão à negociação dos valores mobiliários que deles são objecto ou, posteriormente, quando se destinem a restabelecer condições mínimas de liquidez que evitem a exclusão ou suspensão da negociação dos mesmos valores até ao termo do prazo acordado.

3. Sem prejuízo da entidade gestora do mercado onde vão ser executadas as operações de liquidez poder solicitar quaisquer outros que entenda necessários para a respectiva aprovação, constam do contrato de liquidez os seguintes elementos:

a) Identificação da categoria do valor mobiliário objecto do contrato, quantidade emitida e quantidade admitida à negociação;

b) Identificação das partes contratantes, devendo uma delas ser membro do mercado;

c) Indicação das quantidades mínima e, se for caso disso, máxima diárias objecto das ofertas efectuadas em execução do contrato de liquidez;

d) Indicação das obrigações assumidas pelas partes contratantes;

e) Data prevista para o início da realização das operações e prazo durante o qual se devam executar;

f) Indicação da quantidade de valores mobiliários inicialmente afectos à execução do contrato;

g) Indicação do titular dos valores mobiliários inicialmente afectos à execução do contrato e do regime convencionado quanto à titularidade dos valores adquiridos no decurso da sua execução e dos valores existentes na conta de valores mobiliários para registo de operações de liquidez no termo do prazo do contrato.

4. Não é permitido o fecho de ofertas em execução do contrato de liquidez entre si.

ARTIGO 33.º
(Abertura e movimentação de contas)

1. Três dias antes do início da execução do contrato de liquidez, o intermediário financeiro incumbido de executar as operações:

a) Abre em seu nome junto da entidade gestora do sistema centralizado de valores uma conta onde se inscrevem os valores mobiliários inicialmente afectos à execução das operações de liquidez, identificada especialmente para esse efeito;

b) Abre junto de si uma conta recíproca da mencionada na alínea anterior.

2. As operações de liquidez apenas podem ser imputadas à contas referidas no número anterior.

ARTIGO 34.º
(Criadores de mercado)

1. Os membros de mercado que pretendam desempenhar funções de criador de mercado celebram, para o efeito, contrato com a entidade gestora do mercado, de acordo com as cláusulas contratuais gerais elaboradas por esta entidade e previamente registadas na CMVM

2. A entidade gestora do mercado pode limitar o número de membros que desempenhem as funções de criador de mercado.

CAPÍTULO IV
Disposições finais

ARTIGO 35.º
(Credenciação)

Às pessoas que desempenhem funções nos membros do mercado previstos no n.º 3 do artigo 203.º do Código dos Valores Mobiliários é aplicável o regime da credenciação de agentes dos intermediários financeiros que sejam membros de mercados.

ARTIGO 36.º
(Entrada em vigor)

O presente regulamento entra em vigor no dia 1 de Março de 2000.

Lisboa, 8 de Fevereiro de 2000 – O Presidente – *José Nunes Pereira*

REGULAMENTO N.º 8/2000

Operações de reporte e de empréstimo de valores mobiliários

Com o presente regulamento adapta-se o regime da prestação de serviços de registo, compensação e liquidação e assunção da posição de contraparte em operações de reporte e de empréstimo de valores mobiliários ao novo Código dos Valores Mobiliários e, simultaneamente, procede-se à unificação e consolidação, em diploma único, das disposições respeitantes tanto às operações de reporte como às de empréstimo de valores mobiliários.

Dada a importância de se manterem as condições necessárias ao desenvolvimento das operações de reporte e de empréstimo de valores mobiliários, assumiu-se como preocupação fundamental, na elaboração do presente regulamento, assegurar a continuidade do sistema já gerido pela Associação da Bolsa de Derivados do Porto. Devem, não obstante, destacar-se, como principais novidades introduzidas, o abandono da obrigatoriedade de subscrição do contrato tipo de operações de reporte nos casos em que a entidade gestora de mercado preste o serviço de contraparte, bem como a possibilidade de ser disponibilizado um sistema de difusão de ofertas de valores para a realização de operações de reporte, à semelhança do que já se verifica para o empréstimo de valores mobiliários.

É ainda de assinalar que, tanto o registo centralizado de operações de reporte e de empréstimo de valores mobiliários, como os inerentes serviços de compensação e liquidação e, principalmente, a prestação de serviço de contraparte por uma entidade gestora de mercado, são importantes contributos para a redução do risco sistémico associado às operações que se realizam fora de bolsa.

Assim, ao abrigo do n.º 4 do artigo 265.º do Código dos Valores Mobiliários, o conselho directivo da Comissão do Mercado de Valores Mobiliários, ouvidos o Banco de Portugal, a Associação da Bolsa de Derivados do Porto e a Associação da Bolsa de Valores de Lisboa, aprovou o seguinte regulamento:

CAPÍTULO I
Disposições gerais

ARTIGO 1.º
(Âmbito de aplicação)

O presente regulamento estabelece as regras aplicáveis às operações de reporte e de empréstimo de valores mobiliários geridas nos termos do artigo 265.º do Código dos Valores Mobiliários.

ARTIGO 2.º
(Serviços prestados pela entidade gestora de mercado)

1. As entidades gestoras de mercados regulamentados podem prestar, nas operações de reporte e de empréstimo de valores mobiliários, os seguintes serviços:
   a) Mero registo de operações;
   b) Registo, compensação e liquidação de operações;
   c) Registo, compensação e liquidação de operações com assunção da posição de contraparte.
2. A entidade gestora de mercado que prestar os serviços referidos no número anterior pode disponibilizar um sistema de difusão de ofertas para a realização de operações de reporte e de empréstimo de valores mobiliários.

ARTIGO 3.º
(Objecto)

1. As operações de reporte e de empréstimo abrangidas pelo presente regulamento podem ter por objecto valores mobiliários ou instrumentos do mercado monetário, nacionais ou estrangeiros.
2. Os instrumentos do mercado monetário a que se refere o número anterior são os previamente aprovados pelo Banco de Portugal.

ARTIGO 4.º
(Contratos)

1. A prestação dos serviços referidos no artigo 2.º pressupõe a celebração de contratos entre:
   a) A entidade aderente e a entidade gestora de mercado;

b) As partes na operação e a entidade aderente, com o conteúdo descrito no artigo seguinte, sempre que seja assumida a posição de contraparte;

c) As partes na operação e a entidade gestora de mercado, sempre que seja assumida a posição de contraparte.

2. A entidade gestora de mercado elabora as cláusulas contratuais gerais respeitantes aos contratos referidos nas alíneas *a*) e *c*) do número anterior.

ARTIGO 5.°
(Contrato entre as partes e os aderentes)

1. Do contrato previsto na alínea *b*) do n.° 1 do artigo 4.° constam cláusulas sobre os seguintes aspectos:

a) Responsabilidade assumida pelas partes;

b) Obrigatoriedade de as partes colocarem à disposição do aderente todos os meios exigidos para o cumprimento das suas obrigações perante a entidade gestora de mercado, nomeadamente no que respeita à eventual constituição de garantias, ao reforço decorrente do ajuste diário daquelas e à liquidação física e financeira das operações;

c) Consentimento para a entidade gestora de mercado fiscalizar as actividades do aderente no que se encontre relacionado com os serviços prestados às partes, sendo o consentimento expresso em matérias que colidam com o dever de segredo.

2. As cláusulas do contrato a que se refere o presente artigo não podem ser incompatíveis com o contrato que as partes celebrem com a entidade gestora de mercado, prevalecendo este último em caso de conflito entre ambos.

ARTIGO 6.°
(Deveres de informação)

Os aderentes prestam às partes em operações de reporte e de empréstimo de valores mobiliários a informação necessária sobre os serviços prestados pela entidade gestora de mercado e pelos próprios aderentes.

CAPÍTULO II
Serviços prestados pela entidade gestora de mercado

SECÇÃO I
Registo, liquidação e compensação

ARTIGO 7.º
(Legitimidade para o registo)

1. Têm legitimidade para apresentar pedidos de registo de operações de reporte e de empréstimo de valores mobiliários à entidade gestora de mercado as entidades aderentes.

2. Consideram-se entidades aderentes:

a) As que, nos termos do artigo 203.º do Código dos Valores Mobiliários, possam ser membros de um mercado;

b) As sociedades mediadoras dos mercados monetário ou de câmbios, desde que autorizadas a realizar operações a prazo.

3. A apresentação dos pedidos de registo pelas entidades referidas no número anterior depende da celebração do contrato referido na alínea *a)* do n.º 1 do artigo 4.º.

ARTIGO 8.º
(Incumprimento pelos aderentes)

Perante uma situação de incumprimento pelo aderente a entidade gestora de mercado pode:

a) Executar as garantias prestadas;

b) Cancelar o seu registo como aderente;

c) Transferir as posições por ele registadas para outros aderentes, desde que as partes em causa aceitem essa transferência.

ARTIGO 9.º
(Sistema de liquidação e compensação)

1. No registo da operação é indicado o sistema de liquidação através do qual ocorrem os transferências de valores e de fundos para efeitos da abertura e fecho da operação.

2. A liquidação das operações de reporte e de empréstimo e a constituição de garantias que envolvam valores mobiliários integrados em sistema centralizado de valores são efectuadas em conexão com o sistema

de liquidação utilizado e com o sistema centralizado no qual os valores mobiliários se encontrem integrados.

SECÇÃO II
Contraparte

ARTIGO 10.°
(Regime)

1. A posição de contraparte é assumida após o registo de cada operação.
2. A assunção da posição de contraparte pode ser recusada, nomeadamente quando os interessados não dêem garantias de cumprimento dos seus deveres legais e contratuais.

ARTIGO 11.°
(Garantias)

Quando assuma a posição de contraparte, a entidade gestora de mercado pode exigir às partes, para efeitos do registo das operações de reporte e de empréstimo, que constituam uma garantia inicial e, em casos devidamente justificados, uma garantia extraordinária.

ARTIGO 12.°
(Constituição de garantias)

1. As garantias prestadas no âmbito da realização de operações de reporte e de empréstimo sobre valores mobiliários integrados em sistema centralizado são objecto de anotação específica, a favor da entidade gestora de mercado, nas contas do intermediário financeiro abertas junto do sistema centralizado de valores e do sistema de registo de garantias daquela entidade gestora.
2. Os rendimentos gerados pelo numerário ou pelos valores mobiliários entregues pertencem à entidade que constituiu a garantia.

ARTIGO 13.°
(Limites operacionais)

1. A assunção da posição de contraparte está sujeita aos seguintes limites:
   a) O valor equivalente a 50% das garantias constituídas no âmbito

das operações de reporte e a 10% das garantias constituídas nas operações de empréstimo não pode exceder 15% do capital próprio da entidade gestora de mercado;

b) Cada investidor não pode ser parte, isoladamente ou em associação com terceiros, em operações de reporte ou de empréstimo que representem mais de um terço da exposição global da entidade gestora de mercado nas operações em curso em que haja assunção da posição de contraparte.

2. A ultrapassagem do limite de 15% referido na alínea *a*) do número anterior implica o reforço da posição da entidade gestora com garantias complementares que cubram integralmente o excedente, desde que:

a) Se exclua a possibilidade de qualquer entidade exercer direitos sub-rogatórios ou de regresso contra a entidade gestora de mercado;

b) Aqueles mecanismos sejam accionados prioritariamente no exercício da referida garantia.

3. Os limites referidos na alínea *b*) do n.º 1 podem ser ultrapassados desde que a entidade gestora de mercado informe do facto a CMVM e considere, justificadamente, que daí não advêm maiores riscos para o mercado, nomeadamente em situações de pouca liquidez ou no início da prestação do serviço a que se refere a presente secção.

CAPÍTULO III
Poderes e deveres da entidade gestora de mercado

ARTIGO 14.º
(Contas de valores mobiliários)

1. A entidade gestora de mercado pode abrir contas de titularidade junto da entidade gestora de um sistema centralizado de valores mobiliários com o objectivo de:

a) Liquidar fisicamente operações de reporte e de empréstimo que tenham por objecto valores mobiliários integrados nesse sistema centralizado de valores mobiliários;

b) Registar, controlar e executar extrajudicialmente as garantias relativas a operações de reporte e de empréstimo de que a entidade gestora de mercado seja contraparte e que tenham por objecto valores mobiliários integrados nesse sistema centralizado.

2. Os intermediários financeiros junto dos quais estejam depositados ou registados os valores mobiliários mantêm todas as obrigações para eles resultantes do depósito ou registo desses valores mobiliários.

ARTIGO 15.°
(Informação)

A entidade gestora de mercado presta aos aderentes a informação necessária sobre os serviços por ela assegurados, nomeadamente no que toca às condições em que os mesmos são prestados e aos efeitos que decorrem do seu carácter padronizado.

ARTIGO 16.°
(Divulgação de operações)

1. A entidade gestora de mercado publicita diariamente informação sobre as operações de reporte e de empréstimo em relação às quais preste serviços de registo, compensação e liquidação, quer assuma ou não a posição de contraparte e, mensalmente, informação agregada sobre as operações que nela tenham sido registadas.

2. As operações de reporte e de empréstimo, que tenham por objecto valores mobiliários admitidos à negociação em mercado regulamentado, são publicadas no boletim desse mercado, cabendo à entidade gestora de mercado em que aquelas operações são realizadas o envio atempado dos elementos necessários à publicação.

3. A publicação a que se refere o número anterior explicita, de forma agregada, a quantidade transaccionada por valor mobiliário nas operações de reporte e de empréstimo e a taxa de juro, de acordo com os prazos considerados relevantes.

ARTIGO 17.°
(Regras a elaborar pela entidade gestora)

1. A entidade gestora de mercado elabora, nomeadamente, as regras relativas:

a) Ao contrato referido na alínea *a)* do n.° 1 do artigo 4.°;

b) Aos deveres dos aderentes;

c) Aos poderes de fiscalização a que se refere alínea *c)* do n.° 1 do artigo 5.°;

d) Aos termos do registo da operação;

e) À forma de emissão das ofertas de valores a que se refere o n.° 2 do artigo 2.°.

2. As regras a que se refere o artigo anterior são previamente registadas na CMVM.

CAPÍTULO IV
Disposições finais e transitórias

ARTIGO 18.°
(Operações realizadas pelo Banco de Portugal)

O disposto no presente regulamento não se aplica às operações de reporte e de empréstimo realizadas pelo Banco de Portugal.

ARTIGO 19.°
(Entrada em vigor)

O presente regulamento entra em vigor no dia 1 de Março de 2000.

Lisboa, 8 de Fevereiro de 2000 – O Presidente – *José Nunes Pereira*

REGULAMENTO N.º 14/2000

Sistemas de Registo de Valores Mobiliários

O Código dos Valores Mobiliários atribui competência à Comissão do Mercado de Valores Mobiliários (CMVM) para a regulamentação dos sistemas centralizados de valores mobiliários e do registo obrigatório de valores mobiliários em intermediário financeiro único. Preserva-se a continuidade de funcionamento dos sistemas, não impondo inovações que não resultem daquele Código. Havia, por outro lado, que generalizar a regulação de uma matéria que até ao momento se encontrava dispersa pelo Código do Mercado de Valores Mobiliários, pela Portaria n.º 834-A/91, de 14 de Agosto, e pelo Regulamento da Central de Valores Mobiliários. O que une os regimes do sistema centralizado e do registo em intermediário financeiro único é mais significativo do que o que os separa, pelo que se estruturou a sua regulação com base em regras gerais (título I), aplicáveis tanto a um como a outro regime, deixando para uma segunda parte (título II) as regras especiais dos sistemas centralizados.

O título I distribui-se pelas matérias estruturadoras: disposições comuns, participantes, tipos de contas e sistemas de registo de valores. Assim, expresso o regime geral, tornou-se possível definir com generalidade algumas questões fundamentais como o princípio das partidas dobradas, que até ao momento se encontrava aflorado em diversos diplomas, mas não recebia o tratamento central que merecia. Regulam-se seguidamente os aspectos dinâmicos do regime, a integração, a exclusão e a transferência de sistema, novo instituto que se impõe pela diversificação de sistemas de registo de valores. A estas regras segue-se a disciplina das vicissitudes das contas e o exercício de direitos, cujo regime se unificou, reduzindo-se a uma tipologia que diferencia os direitos financeiros e os direitos a valores mobiliários, que sintetiza os regimes actualmente em vigor. Finalmente regulam-se as informações e declarações.

O título II é dedicado aos sistemas centralizados, comportando eles mesmos uma parte geral e uma segunda parte em que se estabelecem regras especiais sobre os valores titulados.

Remetem-se para anexo matérias que até ao momento não tinham merecido atenção expressa, pelo menos com a generalidade com que são ora enunciadas, ou que em geral poderão estar mais sujeitas a flutuações de regime, como é o caso das contas especiais e das transferências especiais. Regulam-se as contas que os sistemas de registo de valores devem ter para efeitos de conexão com serviços de liquidação. São igualmente reguladas as contas de valores mobiliários integrados noutros sistemas, mas que em sistema situado ou a funcionar em Portugal e as contas de valores mobiliários integrados em sistema registado na CMVM, mas que parcialmente circulam em sistema situado ou funcionar no estrangeiro. As transferências especiais regulam os efeitos nos sistemas de valores das aquisições e alienações potestativas previstas no Código dos Valores Mobiliários e no Código das Sociedades Comerciais.

Os valores titulados merecem uma referência especial. O regime geral aplica-se tanto às emissões representadas por título único como às representadas por uma pluralidade de títulos, neste caso desde que estejam integrados num sistema. Quando há uma pluralidade de títulos integrados em sistema centralizado o regulamento prevê regras especiais de controlo das contas, da integração e exclusão do sistema, do exercício de direitos a valores mobiliários, bem como da guarda e controlo dos títulos.

Nos termos conjugados dos artigos 2.º e 3.º do Decreto-Lei n.º 486/99, de 13 de Novembro, o presente regulamento entra em vigor em 1 de Março de 2000, cessando a vigência nesse momento a anterior regulamentação da CMVM nesta matéria, salvo no que respeita ao regime aplicável à Central de Valores Mobiliários cuja vigência cessa na medida em que as suas regras operacionais sejam registadas na CMVM, nos termos do artigo 4.º do citado Decreto-Lei.

Assim, ao abrigo do disposto no n.º 2 do artigo 5.º, no n.º 2 do artigo 59.º, no artigo 60.º, no n.º 6 do artigo 91.º, no n.º 5 do artigo 99.º, no artigo 105.º e na alínea *b*) do n.º 1 do artigo 353.º, todos do Código dos Valores Mobiliários, o conselho directivo da CMVM, ouvidos o Banco de Portugal, a Associação da Bolsa de Valores de Lisboa, a Associação da Bolsa de Derivados do Porto e a Interbolsa – Associação para a Prestação de Serviços às Bolsas de Valores, aprovou o seguinte regulamento:

TÍTULO I
Regras gerais

CAPÍTULO I
Disposições comuns

ARTIGO 1.º
(Âmbito)

O presente regulamento aplica-se aos sistemas de registo de valores mobiliários previstos nos artigos 63.º, 88.º a 94.º, na alínea *b*) do n.º 2 do artigo 99.º, e nos artigos 105.º a 107.º do Código dos Valores Mobiliários.

ARTIGO 2.º
(Participantes nos sistemas)

1. São participantes comuns nos sistemas as entidades de controlo, as entidades de custódia e as entidades emitentes.
2. Podem também ser participantes nos sistemas:
a) O Banco de Portugal;
b) O Instituto de Gestão do Crédito Público;
c) As entidades gestoras de sistemas de liquidação nacionais e estrangeiras;
d) As entidades gestoras de mercados regulamentados;
e) As entidades de controlo estrangeiras.
3. Quando as entidades mencionadas nas alíneas *c*) a *e*) do número anterior não estejam registadas na CMVM devem estar sujeitas a supervisão que garanta equivalentes níveis de segurança.

ARTIGO 3.º
(Tipos de contas)

1. São contas comuns as contas de emissão, as contas globais e as contas individualizadas.
2. Sempre que no presente regulamento se referirem contas de valores mobiliários o mesmo regime é aplicável às contas de direitos deles destacados, salvo disposição em contrário.
3. As contas especiais regem-se pelo disposto no anexo I ao presente regulamento e que dele faz parte integrante.

ARTIGO 4.°
(Princípio da inscrição prévia)

Qualquer operação sobre valores mobiliários realizada através dos sistemas de registo exige a inscrição prévia da respectiva emissão junto da entidade de controlo.

ARTIGO 5.°
(Conexão com sistemas de liquidação)

1. As entidades de controlo estabelecem conexões com os sistemas de liquidação de operações nos seguintes termos:

a) De acordo com regras registadas previamente na CMVM, caso seja a mesma entidade;

b) Com base em contrato registado previamente na CMVM, caso a entidade gestora do sistema de liquidação seja diferente da entidade de controlo.

2. Se tiver sido pedida a admissão dos valores mobiliários a um mercado, os actos previstos no número anterior devem ser emitidos em tempo útil por forma a que o seu registo na CMVM seja anterior ao início da negociação dos valores.

CAPÍTULO II
Participantes

ARTIGO 6.°
(Entidades de controlo)

1. São entidades de controlo:

a) As entidades gestoras de sistemas centralizados de valores mobiliários;

b) Os intermediários financeiros a que se refere o n.° 1 do artigo 63.° do Código dos Valores Mobiliários.

2. As entidades de controlo asseguram, para além do previsto na lei:

a) A estruturação, a administração e o funcionamento dos sistemas de registo;

b) A prestação de um serviço adequado para o exercício de direitos de conteúdo patrimonial inerentes aos valores mobiliários que controlam;

c) A gestão do sistema informático, interligando-o com os demais participantes no sistema;

d) A fiscalização do cumprimento pelos restantes participantes das normas aplicáveis;

e) A abertura e a movimentação das contas de controlo da emissão e das contas globais das entidades de custódia.

ARTIGO 7.°
(Entidades de custódia)

1. Podem ser entidades de custódia as autorizadas por lei para prestar o serviço de registo de valores escriturais ou de depósito de valores titulados.

2. No caso de suspensão, caducidade ou revogação da autorização mencionada no número anterior:

a) Tratando-se de sistema centralizado, as entidades de custódia comunicam o facto aos seus clientes e transferem os valores mobiliários para outra entidade de custódia, nos termos definidos pelos titulares dos valores mobiliários, ou, na falta desta definição, pelo acto que determinou a a suspensão, caducidade ou revogação;

b) Tratando-se de um único intermediário financeiro, este informa os clientes do facto e contacta a entidade emitente para indicar outro intermediário financeiro.

3. Às entidades de custódia incumbe:

a) A abertura e movimentação das contas individualizadas;

b) A abertura e movimentação das contas globais correspondentes ao somatório dos valores mobiliários inscritos nas contas individualizadas;

c) A prevenção, controlo e correcção de irregularidades dos valores mobiliários junto de si inscritos;

d) A denúncia à entidade de controlo de todas as situações de irregularidade dos valores mobiliários junto de si inscritos.

ARTIGO 8.°
(Entidades emitentes)

Às entidades emitentes incumbe:

a) A abertura e movimentação de uma conta de emissão por cada categoria de valores mobiliários que emitam;

b) A prevenção, controlo e correcção de irregularidades dos valores mobiliários por si emitidos;

c) A denúncia à entidade de controlo das irregularidades dos valores mobiliários por si emitidos de que tenham conhecimento.

CAPÍTULO III
Contas

ARTIGO 9.º
(Contas individualizadas)

1. As contas individualizadas contêm, para além das menções do artigo 68.º do Código dos Valores Mobiliários:

a) A descrição da conversão dos valores mobiliários inscritos noutros de diferente natureza, indicando a data de conversão;

b) A indicação da conta ou contas bancárias que devem ser creditadas, salvo quando o método de percepção de quantias escolhido pelo cliente for outro, caso em que se menciona este último.

2. São cancelados os registos dos valores mobiliários que se extinguem pelo seu exercício ou pelo reembolso desde o momento da prova dessa extinção.

3. As contas individualizadas indicam o número de arquivo da documentação que lhe sirva de suporte.

4. Os registos provisórios indicam a sua natureza e o fundamento da provisoriedade.

5. Se a entidade de custódia recusar o registo comunica esse facto imediatamente ao titular da conta, e, se for diferente, ao requerente do registo.

ARTIGO 10.º
(Contas de subscrição)

1. As contas de subscrição previstas no n.º 3 do artigo 73.º do Código dos Valores Mobiliários contêm as seguintes menções:

a) Identificação do subscritor, e em caso de contitularidade, do representante comum, com a indicação das quotas de cada subscritor, sem o que se presume que as quotas são iguais;

b) A identificação do valor mobiliário e da quantidade subscrita;

c) A data de abertura e encerramento da conta.

2. Às contas de subscrição é aplicável o disposto nos n.ºs 3 a 5 do artigo anterior.

ARTIGO 11.º
(Contas globais)

1. O saldo das contas globais corresponde ao somatório das contas individualizadas.

2. As contas de liquidação ou outras que sejam necessárias para efeitos de liquidação de operações são integradas nas contas globais como subcontas da mesma.

ARTIGO 12.º
(Contas de emissão)

1. As contas de emissão inscrevem o total de valores mobiliários da mesma categoria, emitidos pela mesma entidade .

2. Entre a abertura das contas de subscrição e a sua conversão em contas individualizadas é aberta uma conta de emissão provisória, distinguindo os valores mobiliários subscritos e os valores por subscrever.

ARTIGO 13.º
(Contas e subcontas)

1. As contas globais e as contas individualizadas contêm subcontas para a mesma categoria de valores mobiliários em que são distinguidos, nomeadamente:

a) Os valores mobiliários admitidos à negociação em bolsa ou noutros mercados regulamentados e neles livremente negociáveis dos não admitidos ou neles não livremente negociáveis;

b) Os regimes fiscais dos valores mobiliários;

c) A categoria dos titulares, quando existam limites legais ou estatutários à titularidade desses valores;

d) Os valores mobiliários pertencentes às entidades de custódia e os pertencentes a outros titulares;

e) As subcontas necessárias para o cumprimento dos deveres de informação, liquidação e regularização por parte das entidades de controlo ou de custódia;

f) Os valores mobiliários sobre os quais foram constituídas vinculações quando o seu titular assim o ordenar.

2. Os valores agregados de cada subconta estão permanentemente disponíveis nas entidades de custódia e de controlo, nomeadamente para cumprimento dos seus deveres de informação.

ARTIGO 14.º
(Dever de conservadoria)

A informação constante das contas e dos demais documentos é conservada durante cinco anos a contar do seu cancelamento definitivo.

CAPÍTULO IV
Sistemas de registo de valores mobiliários

ARTIGO 15.°
(Princípio das partidas dobradas)

1. A cada movimento, inscrição ou averbamento numa conta ou sub-conta corresponde o movimento, inscrição ou averbamento inversos na sua recíproca.

2. Os participantes nos sistemas trocam tempestivamente entre si todas as informações necessárias à boa execução do princípio referido no número anterior.

3. Os participantes regularizam no mais curto prazo todas as situações de irregularidades dos valores mobiliários ou de discrepâncias nas contas.

ARTIGO 16.°
(Registo num único intermediário financeiro)

Nos sistemas previstos no artigo 63.° e no n.° 5 do artigo 99.° do Código dos Valores Mobiliários:

a) O intermediário financeiro previsto nesses artigos é a entidade de controlo e simultaneamente a única entidade de custódia;

b) Não se inscrevem contas globais;

c) A conta de emissão junto da entidade emitente é a recíproca da conta de emissão no intermediário financeiro;

d) Os saldos das contas de emissão são sempre iguais ao somatório dòs saldos das contas individualizadas.

ARTIGO 17.°
(Sistemas centralizados)

1. Nos sistemas previstos nos artigos 88.° a 94.° e 105.° a 107.° do Código dos Valores Mobiliários:

a) A entidade de controlo é uma entidade gestora de sistemas centralizados de valores, adiante designada por entidade gestora, que tem abertas junto de si a recíproca da conta de emissão e das contas globais das entidades de custódia;

b) As entidades de custódia têm junto de si as contas individualizadas e as contas globais discriminando os valores mobiliários junto de si inscritos;

c) A conta de emissão junto da entidade emitente é a recíproca da conta de emissão junto da entidade gestora;

d) Os saldos das contas de emissão são sempre iguais ao somatório dos saldos das contas globais;

e) A conta global de cada entidade de custódia é a recíproca de cada conta global aberta junto da entidade gestora;

f) A conta global de cada entidade de custódia é sempre igual ao somatório dos saldos das contas individualizadas junto de si abertas.

2. As contas individualizadas podem ter uma recíproca na entidade gestora, sendo neste caso movimentadas pelas entidades de custódia, de acordo com regras emitidas pela primeira.

CAPÍTULO V
Integração e exclusão do sistema

ARTIGO 18.º
(Integração)

1. As entidades emitentes promovem por si ou através de intermediário financeiro participante no sistema de registo a inscrição das emissões.

2. São oficiosamente inscritos:

a) A emissão de valores mobiliários resultantes do exercício de direitos inerentes a valores integrantes de emissões já inscritas, se os primeiros forem da mesma categoria dos segundos;

b) Os direitos destacados de valores já integrados no sistema de registo.

3. A inscrição é requerida:

a) Nos valores escriturais, antes do início do período de subscrição pelo público ou do exercício dos direitos a valores mobiliários;

b) No caso de conversão de valores titulados em escriturais antes do início do prazo definido pela entidade emitente para depósito dos valores mobiliários a converter.

4. Os prazos de antecedência referidos no número anterior são definidos pela entidade de controlo.

5. O pedido é instruído com todos os documentos legalmente bastantes para a descrição da emissão e da entidade emitente.

6. Se ocorrer qualquer alteração nos documentos mencionados no número anterior, a entidade emitente remete à entidade de controlo versão actualizada dos mesmos até trinta dias após a sua verificação.

ARTIGO 19.º
(Exclusão da emissão)

1. A exclusão da emissão processa-se através do cancelamento da inscrição das emissões, que depende de verificação pela entidade de controlo da sua regularidade.

2. O cancelamento apenas pode ocorrer nos seguintes casos:

a) Extinção de uma categoria de valores mobiliários;

b) Transferência de sistema;

c) Falta de pagamento das comissões devidas à entidade de controlo pela entidade emitente.

3. Pode também ocorrer o cancelamento se:

a) Os valores mobiliários forem escriturais e se proceda à sua conversão em titulados, salvo se passarem a ser representados por um título único;

b) A emissão for representada por um título único e houver desdobramento do título.

4. Os cancelamentos mencionados nas alíneas *b*) e *c*) do n.º 2 e no n.º 3 apenas podem ocorrer depois de certificada a regular extinção das contas individualizadas pela entidade de controlo e:

a) No caso da alínea *c*) do n.º 2, depois da transferência de sistema ou da conversão de valores escriturais em titulados;

b) No caso do n.º 3, depois de verificada pela entidade de controlo a regular entrega dos títulos aos seus titulares.

ARTIGO 20.º
Transferência de sistema

1. A transferência de sistema de registo apenas se considera realizada quando se encontram preenchidos os requisitos da integração no novo sistema de registo e depois de certificação pela anterior entidade de controlo da exclusão do sistema nos termos do artigo anterior.

2. As entidades de custódia, se não participarem no sistema de registo centralizado para que a emissão é transferida, transferem as contas individualizadas e a documentação de suporte necessária para a nova entidade de controlo, que abre uma conta global especial discriminando as contas individualizadas até à sua inscrição junto de entidades de custódia a pedido dos respectivos titulares.

CAPÍTULO VI
Vicissitudes das contas

ARTIGO 21.º
(Transferências em conta)

1. Os registos em conta individualizada que resultem de transferências em consequência de operações em mercado são feitos imediatamente após a liquidação física das operações.

2. Se a transferência implicar alteração de entidade de custódia, a que recebe o pedido de transferência, seja a crédito, seja a débito, aceita-o ou recusa-o no prazo máximo de um dia, salvo se for outro o estabelecido pelo sistema de liquidação em que se integra a transferência.

3. O pedido de transferência é recusado pela entidade de custódia se os elementos do pedido não coincidirem com os elementos caracterizadores da operação em causa.

4. As transferências que visam a regularização de erros ou outros vícios regem-se pelo disposto no artigo 71.º do Código dos Valores Mobiliários e nos números anteriores.

5. As transferências especiais regem-se pelos n.ºs 1 a 3 do presente artigo e pelo anexo II ao presente regulamento e que dele faz parte integrante.

6. Nas transferências que tenham por causa empréstimos, cauções e factos que não tenham por efeito a transmissão definitiva da titularidade dos valores mobiliários:

a) As contas individualizadas debitadas mantêm os valores mobiliários objecto dos mesmos factos inscritos com a menção do facto que deu origem ao débito e identificação da conta a creditar;

b) As contas individualizadas creditadas mencionam o fundamento do crédito em conta dos valores mobiliários creditados;

ARTIGO 22.º
(Interrupções técnicas)

Sempre que haja interrupção técnica do sistema são aplicáveis as seguintes normas, salvo se as regras do sistema consagrarem procedimentos alternativos:

a) Não pode ser registado qualquer pedido de transferência, depósito ou levantamento de valores mobiliários;

b) Os pedidos de transferência, depósito ou levantamento pendentes são cancelados se não puderem ser confirmados no prazo determinado pela entidade de controlo;

c) Apenas são permitidas as transferências para cuja realização a interrupção tenha sido decidida.

ARTIGO 23.º
(Modificações do código da emissão)

A modificação do código de identificação dos valores mobiliários é feita no dia determinado pela entidade de controlo em todas as contas individualizadas.

ARTIGO 24.º
(Conversão de valores titulados em escriturais)

1. A conversão das emissões de valores titulados em escriturais obedece às regras de integração no sistema.

2. A conversão de títulos e a abertura das respectivas contas individualizadas depende da entrega desses títulos ao emitente ou a uma entidade de custódia e da comunicação da sua regularidade por estes à entidade de controlo.

3. O prazo de entrega dos títulos e a identificação das entidades que os podem receber são publicados num jornal de grande circulação nacional e no boletim do mercado em que estão admitidos à negociação ou, caso não o estejam, no boletim da bolsa de valores a contado com pelo menos 15 dias de antecedência em relação ao termo daquele prazo.

4. Os títulos são entregues pelas entidades de custódia à entidade emitente a fim de serem inutilizados, comunicando esta à entidade de controlo a entrega, identificando a sua data, os títulos e a entidade de custódia.

5. A abertura das contas individualizadas apenas pode ocorrer no primeiro dia útil após o prazo do n.º 3 e na medida em que a entidade de controlo tenha verificado as comunicações referidas no número anterior, abrindo as contas globais correspondentes.

6. Findo o prazo do n.º 3, a entidade emitente:

a) Publica nos mesmos locais anúncio informando do regime do n.º 3 do artigo 50.º do Código dos Valores Mobiliários;

b) Quando não houver conversão de todos os valores mobiliários, abre contas bancárias especiais destinadas ao crédito das remunerações geradas pelos valores mobiliários não convertidos.

7. Nas contas de emissão são abertas subcontas distinguindo os valores mobiliários convertidos dos não convertidos.

ARTIGO 25.°
(Conversão de valores escriturais em titulados)

1. Na conversão de valores escriturais em titulados o cancelamento das contas individualizadas é efectuado no momento da entrega dos títulos e da verificação da sua regularidade pelas entidades de custódia.

2. Nas contas de emissão são abertas subcontas distinguindo os valores mobiliários convertidos dos não convertidos.

ARTIGO 26.°
(Bloqueios)

A entidade de custódia comunica imediatamente os bloqueios ao intermediário financeiro incumbido de realizar a operação.

CAPÍTULO VII
Exercício de direitos

ARTIGO 27.°
(Transferência de direitos inerentes)

Até ao fim do último dia útil anterior ao início do período dos pagamentos em dinheiro ou da entrega de valores mobiliários decorrente do exercício dos direitos procede-se à interrupção técnica do sistema quanto a estes mesmos direitos salvo se as regras do sistema consagrarem procedimentos alternativos.

ARTIGO 28.°
(Exercício de direitos financeiros)

1. O exercício dos direitos a atribuições em dinheiro é previamente comunicado à entidade de controlo pela entidade emitente, que presta todas as informações necessárias para o efeito, sob pena de o pagamento

dos direitos não ser processado no dia fixado pela entidade emitente, nomeadamente:

a) Indicando a instituição de crédito responsável pelo respectivo pagamento; e

b) Enviando declaração da aceitação da instituição de crédito.

2. As entidades de custódia, a requerimento da entidade de controlo, indicam à instituição de crédito responsável pelo pagamento as contas bancárias que devem ser movimentadas em contrapartida, sob pena de o pagamento dos direitos não ser processado no dia fixado pela entidade emitente.

3. A entidade de controlo indica à instituição de crédito responsável pelo pagamento os montantes definitivos a liquidar, que apura com base nos saldos e no regime fiscal das contas das entidades de custódia.

4. Na data fixada para o exercício dos direitos, são movimentadas, por contrapartida, as contas correntes junto do Banco de Portugal da instituição de crédito que assegura o pagamento e das instituições de crédito indicadas pelas entidades de custódia.

5. Se apenas for possível processar parcialmente o pagamento, o montante da conta corrente junto do Banco de Portugal da instituição de crédito responsável pelo pagamento é proporcionalmente rateado pelas contas das instituições de crédito indicadas pelas entidades de custódia.

6. Processado o pagamento, global ou parcialmente, a instituição de crédito responsável confirma-o à entidade de controlo.

ARTIGO 29.º
(Exercício de direitos a valores mobiliários)

1. O exercício dos direitos a valores mobiliários é previamente comunicado à entidade de controlo pela entidade emitente, que presta todas as informações necessárias para o efeito, nomeadamente o factor de atribuição e os critérios de rateio.

2. Findo o período de exercício, as entidades de custódia comunicam à entidade de controlo os resultados do exercício.

3. Com base na comunicação referida no número anterior, a entidade de controlo procede ao lançamento, nas contas das entidades de custódia, dos valores mobiliários resultantes do exercício, e numa conta da entidade emitente junto de um intermediário financeiro por ela indicado, dos valores mobiliários que corresponderiam aos direitos não exercidos, salvo se outra solução resultar das condições de emissão.

4. Se for devida indemnização, a cargo da entidade emitente, pelo não exercício de direitos, ou pagamento, a cargo dos titulares, pelo seu exercício, as comunicações referidas nos n.ᵒˢ 2 e 3 são acompanhadas da identificação das contas bancárias que devem ser movimentadas para o efeito.

5. Findo o período de exercício, a entidade de controlo indica às instituições de crédito junto das quais se encontram as contas bancárias que são movimentadas a débito quais são as contas bancárias a movimentar em contrapartida.

CAPÍTULO VIII
Informações e declarações

ARTIGO 30.º
(Deveres da entidade de controlo)

1. As entidades de controlo fornecem às entidades emitentes:

a) As informações necessárias para o exercício de direitos patrimoniais inerentes aos valores mobiliários emitidos;

b) Quando os valores mobiliários sejam nominativos ou sigam o seu regime as relações que as entidades emitentes solicitem, periódica ou esporadicamente, contendo a identificação dos titulares ou de outros beneficiários e da quantidade dos mesmos que cada um detenha;

c) A quantidade de valores mobiliários pertencentes a cada categoria de titulares quando existam limites legais ou estatutários à sua detenção.

2. As entidades de controlo informam imediatamente a CMVM de todas as situações de insuficiência de saldo nas contas ou discrepâncias nos saldos das contas que não sejam imediatamente regularizadas, bem como os casos de irregularidade de valores mobiliários.

3. As entidades de controlo comunicam imediatamente às entidades gestoras de mercados as medidas adoptadas que afectem a circulação dos valores mobiliários neles negociados.

ARTIGO 31.º
(Deveres das entidades de custódia)

Os certificados previstos no artigo 78.º do Código dos Valores Mobiliários contêm, além das menções nele previstas, a identificação completa da entidade de custódia, dos valores mobiliários e do seu titular.

TÍTULO II
Sistemas centralizados

CAPÍTULO I
Disposições comuns

ARTIGO 32.º
(Regras da entidade gestora do sistema)

A entidade gestora emite regras, registadas previamente na CMVM e publicadas no boletim da bolsa de valores a contado, regendo os procedimentos operacionais e de segurança necessários ao adequado funcionamento do sistema de registo.

ARTIGO 33.º
(Aderentes)

1. A adesão das entidades de custódia ou outros participantes junto da entidade gestora constitui-se por contrato entre eles celebrados de acordo com cláusulas gerais previamente registadas junto da CMVM e depende de apresentação de documento comprovativo do registo junto da CMVM quando seja obrigatório.

2. A adesão junto da entidade gestora das entidades de custódia ou outros participantes:

   a) Implica a respectiva inscrição junto dos serviços competentes da entidade gestora;

   b) É objecto de publicação no boletim da bolsa de valores a contado.

3. A adesão é recusada pela entidade gestora quando as entidades referidas no n.º 1 não comprovem dispor dos meios adequados para prestar o serviço a que se propõem.

4. Os aderentes podem pedir a suspensão da adesão por um período não superior a três anos.

5. Cessa a adesão à entidade gestora:

   a) Decorrido o prazo previsto no número anterior;

   b) Se os aderentes deixarem de preencher os requisitos da sua adesão;

   c) Por vontade das partes.

6. A cessação nos casos das alíneas *b)* e *c)* do número anterior ocorre sem prejuízo de se manterem os seus deveres até ao regular cancelamento de todas as contas individualizadas junto de si inscritas.

ARTIGO 34.°
(Codificação de valores)

1. Os valores mobiliários e os direitos destacados são identificados nas contas pelo código ISIN.

2. A codificação é atribuída no momento da integração no sistema pela Agência Nacional de Codificação, escolhida de entre as entidades gestoras pela CMVM por iniciativa desta última ou a pedido daquelas.

3. A CMVM pode transferir a qualidade de Agência Nacional de Codificação para outra entidade gestora quando esta assegure melhores condições na prestação deste serviço.

4. A Agência Nacional de Codificação é igualmente competente para codificar os valores não integrados em sistema centralizado quando por força de lei, de regulamento, ou da vontade do emitente se deva proceder a esta codificação.

5. A codificação é atribuída de acordo com condições definidas em regras previamente registadas na CMVM.

ARTIGO 35.°
(Contas de titularidade directa)

1. Ainda que não se adopte o sistema previsto no n.° 2 do artigo 17.° inscrevem-se obrigatoriamente contas de titularidade directa na entidade gestora em relação aos valores mobiliários pertencentes às seguintes entidades:

   a) Investidores institucionais previstos no n.° 1 do art.° 30.° do Código dos Valores Mobiliários;

   b) Sociedades abertas;

   c) Titulares de participação qualificada em sociedade aberta;

   d) Consultores autónomos;

   e) Entidades colocadoras de unidades de participação;

   f) Fundos de pensões.

2. Podem ainda abrir contas de titularidade directa as entidades que possam prestar serviços de liquidação de valores mobiliários ou outros instrumentos financeiros.

3. O somatório dos saldos das contas globais é igual à diferença entre o saldo da conta de emissão e o somatório dos saldos das contas de titularidade directa.

ARTIGO 36.º
(Integração no sistema)

1. A decisão de qualquer pedido de inscrição é notificada no prazo de quatro dias úteis a contar da data de recepção do pedido ou da completa instrução do mesmo.

2. Da decisão de indeferimento cabe recurso para a CMVM, a ser interposto no prazo de cinco dias úteis a contar da data de notificação do requerente.

3. A inscrição da emissão é requerida dentro de um prazo definido pela entidade gestora após a comunicação da decisão de admissão ao mercado regulamentado.

ARTIGO 37.º
(Transferência e exclusão de sistema)

1. Da decisão de exclusão de sistema centralizado cabe recurso para a CMVM, a ser interposto no prazo de cinco dias úteis a contar da data em que o requerente haja sido notificado.

2. A exclusão do sistema de registo centralizado apenas pode ocorrer depois de tornada definitiva a decisão de exclusão do mercado regulamentado em que são negociados os valores mobiliários

3. A transferência para outro sistema centralizado implica a interrupção da negociação em mercado regulamentado antes do início do cancelamento das contas individualizadas, definido pela entidade gestora de origem e a consumação da transferência.

ARTIGO 38.º
(Conversão de valores titulados em escriturais)

1. É automaticamente interrompida a negociação em mercado regulamentado dos valores titulados a converter pelo período igual ao fixado para a liquidação de operações nesse mercado, antecedendo o termo do prazo fixado pela entidade emitente para a conversão.

2. Se os valores mobiliários forem negociados em mais de um mercado regulamentado o prazo mencionado no número anterior é o maior prazo de liquidação aplicável.

3. A conversão dos valores titulados em escriturais ocorre apenas no fim da interrupção prevista nos números anteriores.

ARTIGO 39.º
(Exercício de direitos)

1. Em alternativa ao disposto no n.º 2 do artigo 28.º, a indicação das contas bancárias que são movimentadas em contrapartida pode ser feita pela entidade gestora de acordo com as informações recebidas pelas entidades de custódia, aplicando-se o disposto na parte final do n.º 2 do mesmo artigo 28.º caso as informações recebidas não sejam completas.

2. Quanto se tratar de direitos de subscrição resultantes de oferta reservada exclusivamente a accionistas ou de direitos de incorporação, de fusão ou de cisão os procedimentos previstos nos n.ᵒˢ 2 a 4 do artigo 29.º podem ser substituídos, de acordo com as regras da entidade gestora, pelos seguintes:

a) As entidades de custódia comunicam à entidade de controlo as informações necessárias para se proceder a atribuição ou o rateio, bem como os elementos constantes do n.º 4 do artigo 29.º;

b) A entidade de controlo apura os resultados das operações de acordo com as informações recebidas.

ARTIGO 40.º
(Comissões)

1. O preçário da entidade gestora é aprovado pela CMVM, sendo publicado no boletim da bolsa de valores a contado.

2. Os preços de serviços não previstos no preçário carecem de aprovação pela CMVM.

CAPÍTULO II
Valores titulados

ARTIGO 41.º
(Contas de emissão)

1. As contas de emissão têm subcontas que distinguem os títulos integrados dos não integrados na entidade gestora.

2. Os saldos das subcontas de títulos integrados são sempre iguais ao somatório dos saldos das contas globais.

ARTIGO 42.º
(Contas e sub-contas)

1. As contas das entidades de custódia contêm subcontas que distinguem:

a) Títulos já inscritos na entidade gestora, mas ainda não entregues para guarda nesta;

b) Títulos inscritos e entregues para guarda na entidade gestora.

2. Os títulos mencionados na alínea *a*) são inscritos na subconta "não integrados" junto da entidade gestora.

ARTIGO 43.º
(Integração no sistema)

1. São obrigatoriamente inscritas as emissões de valores titulados resultantes do exercício de direitos inerentes a valores integrantes de emissões já inscritas, desde que pertençam à mesma categoria.

2. A inscrição é requerida com antecedência em relação ao início do período de subscrição pelo público ou do exercício de direitos a valores mobiliários.

3. A entidade gestora pode exigir ao emitente exemplares de cada espécime de título representativo dos valores mobiliários a integrar e a distribuição de espécimes pela numeração dos valores mobiliários integrantes da emissão.

4. As regras operacionais estabelecem os procedimentos de segurança a adoptar e as transferências de regularização visando a adequação dos registos em conta aos valores depositados com vista à sua integração no sistema.

ARTIGO 44.º
(Exclusão de valores mobiliários do sistema)

1. Os títulos são excluídos do sistema com o seu levantamento:

a) Pelos seus titulares; ou

b) Por transferência para intermediário financeiro não aderente ao sistema de registo.

2. O pedido de levantamento é feito pelo interessado junto da entidade de custódia.

3. A entrega dos títulos ao requerente depende de passagem de quitação por este.

4. Se o pedido de levantamento implicar o desdobramento de títulos:

a) A entidade gestora promove o desdobramento junto da entidade emitente, que procede ao desdobramento e à entrega dos títulos junto da entidade gestora;

b) A entidade gestora entrega os títulos à entidade de custódia, depois de inutilizados os títulos antigos e de inscritos os novos no diário de depósitos.

5. Para além das situações previstas nos n.ᵒˢ 2 e 3 do artigo 19.°, a emissão pode ser excluída do sistema a pedido a entidade emitente desde que os valores mobiliários não se encontrem admitidos em mercado regulamentado.

ARTIGO 45.°
(Exercício de direitos a valores mobiliários)

Se os valores mobiliários resultantes do exercício forem titulados, a entidade emitente acorda com a entidade de controlo o plano de entrega dos títulos definitivos e promove o depósito dos títulos que correspondem aos direitos não exercidos na conta referida no n.° 3 do artigo 29.°.

ARTIGO 46.°
(Guarda de títulos)

1. A entidade gestora cria e mantém em adequadas condições de funcionamento um sistema de guarda de títulos.

2. A entidade gestora pode exigir às entidades de custódia a entrega de títulos aos intermediários financeiros previstos no n.° 2 do artigo 106.° do Código dos Valores Mobiliários, adiante designados de intermediários financeiros de guarda, para efeitos de integração em sistema.

3. Os intermediários financeiros de guarda conferem os títulos na presença de funcionário da entidade de custódia devidamente habilitado para o efeito, passando-lhe documento de quitação.

4. Os intermediários financeiros de guarda recusam o depósito de títulos que apresentem irregularidades, dando conhecimento do facto às entidade de custódia e à entidade gestora.

5. As transferências de títulos entre os intermediários financeiros de guarda apenas podem ocorrer com o consentimento da entidade gestora.

6. De todas as transferências de títulos entre intermediários financeiros de guarda e entre estes e a entidade gestora se passam quitações.

ARTIGO 47.º
(Diário de depósitos)

1. A entidade gestora mantém um registo informático actualizado, discriminando, em relação aos que estão à sua guarda e por cada intermediário financeiro de guarda:

a) Os títulos depositados;

b) Os títulos que apresentem irregularidades, descrevendo-as;

c) Datas de entrega e levantamento de títulos.

2. Cada intermediário financeiro de guarda mantém um registo actualizado com as mesmas menções referidas no número anterior, comunicando imediatamente à entidade gestora todas as informações necessárias para a actualização dos seus registos.

ARTIGO 48.º
(Irregularidades nos títulos)

A entidade gestora comunica imediatamente à CMVM as irregularidades nos títulos de que tenha conhecimento, nomeadamente a duplicação de numeração.

TÍTULO III
Disposição transitória

ARTIGO 49.º
(Codificação de valores)

A codificação de valores actualmente vigente mantém-se em vigor enquanto não for substituída pela Agência Nacional de Codificação prevista no artigo 34.º.

ARTIGO 50.º
(Entrada em vigor)

O presente regulamento entra em vigor no dia 1 de Março de 2000.

Lisboa, 10 de Fevereiro de 2000 – O Presidente – *José Nunes Pereira*

ANEXO I
CONTAS ESPECIAIS

CAPÍTULO I
Contas para liquidações

ARTIGO 1.°
(Contas para liquidações)

1. As contas para liquidações podem ser detidas por entidades, adiante designadas por entidades autorizadas, a quem é permitido dar ordens de transferência directamente à entidade de controlo enquanto tal.

2. São entidades autorizadas, no exercício das suas funções:

a) O Banco de Portugal, nessa qualidade, em nome do fundo de garantia de depósitos e do fundo de garantia do crédito agrícola mútuo;

b) As entidades gestoras de mercados;

c) As entidades gestoras de sistemas de liquidação.

3. As contas para liquidações são compostas por contas de garantias e contas de titularidade directa, abertas nos termos do n.° 2 do artigo 17.°.

ARTIGO 2.°
(Contas de garantias)

1. Quando as vinculações dos valores mobiliários forem inscritas a favor de uma entidade autorizada nessa qualidade, ficam integrados em subcontas das contas individualizadas e das contas globais por cada tipo de vinculação a que estão sujeitos e por cada beneficiário.

2. Às subcontas de vinculação das contas globais é aplicável o regime destas últimas, salvo no que respeita à relação dos seus saldos com os da conta de emissão.

3. O somatório das subcontas globais de vinculações tem como recíproca uma conta de garantias, aberta em nome do beneficiário das mesmas e que representa o conjunto de posições activas que este detém por força dessas mesmas vinculações.

4. As contas de garantias identificam:

a) A categoria dos valores dados em garantia e a sua quantidade;

b) A natureza da garantia;

c) A identificação das subcontas mencionadas no n.° 1.

ARTIGO 3.°
(Contas para liquidações. Regimes especiais)

Nos sistemas previstos no artigo 16.° e no n.° 2 do artigo 17.° do presente regulamento:

a) As vinculações inscrevem-se apenas nas contas individualizadas;

b) Os saldos das contas de garantias previstas nos n.ᵒˢ 3 e 4 do artigo anterior é igual ao somatório das vinculações inscritas nas contas da alínea anterior.

ARTIGO 4.º
(Informações)

As entidades de controlo fornecem às entidades autorizadas informação permanentemente actualizada das suas contas para liquidações.

CAPÍTULO II
Contas de entidades de controlo estrangeiras

ARTIGO 5.º
(Regime)

1. Quando uma emissão estiver integrada em sistema de registo gerido por entidade de controlo estrangeira pode ser integrada numa conta de emissão especial para efeito de circulação em contas junto de uma entidade de controlo registada na CMVM.

2. A conta de emissão especial pode ser inscrita junto de:

a) Entidade de controlo estrangeira onde estão integrados os valores mobiliários;

b) Intermediário financeiro aderente a ambos os sistemas de valores mobiliários;

c) Intermediário financeiro de interligação aderente à entidade de controlo registada na CMVM.

3. À conta de emissão especial e às entidades mencionadas no número anterior é aplicável o regime, respectivamente, das contas de emissão e das entidades emitentes no sistema de registo.

4. As entidades referidas no n.º 2 garantem:

a) Informação completa sobre a quantidade de valores nela integrados e a quantidade total de valores mobiliários emitidos;

b) O bloqueio dos valores mobiliários inscritos na conta de emissão especial junto do sistema de valores estrangeiros;

c) A igualdade das quantidades inscritas na conta de emissão especial com as bloqueadas nos termos da alínea anterior.

5. As contas individualizadas em sistema registado na CMVM, indicam que se trata de valores integrados em entidade de controlo estrangeira, identificando-a.

6. A abertura de conta de emissão especial depende de indicação de instituição de crédito aderente ao sistema de valores registado na CMVM para efeitos de exercício dos direitos previstos nos artigos 27.º e 28.º do presente regulamento, juntando-se a sua aceitação.

7. Quando a conta de emissão especial estiver inscrita junto de um intermediário financeiro de interligação, a aceitação deste pela entidade de controlo registada na CMVM depende de apresentação de contrato entre o mesmo intermediário financeiro e a entidade de controlo estrangeira ou intermediário financeiro aderente ao sistema de registo estrangeiro pelo qual estes últimos garantem perante o intermediário financeiro de interligação e a entidade de controlo registada na CMVM os deveres previstos no n.° 4.

ARTIGO 6.°
(Exercício de direitos)

No momento da integração da emissão a entidade de controlo estrangeira, o intermediário financeiro de interligação, ou a entidade emitente determinam quem se responsabiliza pela indicação de uma instituição de crédito, aderente ao sistema de registo registado na CMVM, responsável pelo pagamento das remunerações, juntando prova da aceitação desta última.

ARTIGO 7.°
(Declarações e informações)

Nas declarações e informações previstas nos artigos 30.° e 31.° do presente regulamento indica-se que os valores estão integrados em entidade de controlo estrangeira, identificando-a.

CAPÍTULO III
**Emissões parcialmente integradas
em entidades de controlo estrangeiras**

ARTIGO 8.°
(Integração parcial em sistema estrangeiro)

Se, no momento da integração em sistema registado na CMVM, ou em momento posterior, o emitente integrar parte da emissão junto de entidades de controlo estrangeiras:

a) As contas de emissão contêm uma subconta por cada entidade de controlo estrangeira identificando-a e indicando a quantidade de valores mobiliários que é por ela controlada;

b) Para efeitos da alínea *d)* do artigo 16.° e da alínea *d)* do n.° 1 do artigo 17.° do presente regulamento considera-se como saldo da conta de emissão o que resulta da dedução da quantidade dos valores mobiliários integrados noutras entidades de controlo à quantidade total de valores emitidos.

ANEXO II
TRANSFERÊNCIAS ESPECIAIS

ARTIGO ÚNICO
(Aquisições e alienações potestativas)

1. Nas situações previstas no artigo 490.° do Código das Sociedades Comerciais e nos artigos 194.° a 196.° do Código dos Valores Mobiliários, o adquirente envia à entidade de controlo:

a) Identificação da entidade de custódia e respectiva conta para a qual devem ser transferidas as acções;

b) Identificação da conta, junto de entidade de custódia ou de instituição de crédito, onde se encontra depositada a contrapartida da aquisição.

2. Ocorrendo a aquisição ao abrigo do artigo 490.° do Código das Sociedades Comerciais, a sociedade adquirente envia ainda à entidade de controlo certidão de teor do registo da escritura de aquisição e cópia da respectiva publicação em *Diário da República* ou da sentença judicial a que se refere o n.° 6 daquele artigo.

3. A entidade de controlo, mediante a recepção dos elementos referidos nos números anteriores, indica às entidades de custódia a data em que vai proceder à transferência das acções e os elementos relativos ao depósito da contrapartida da aquisição.

4. A entidade de controlo transfere as acções das contas globais das entidades de custódia para a conta global da entidade de custódia indicada pelo adquirente.

5. Na data da transferência, as entidades de custódia dos valores mobiliários a transferir emitem para os respectivos titulares declaração, para exercício do direito à contrapartida da aquisição, contendo as seguintes menções:

a) Identificação do titular das acções a transferir;

b) Quantidade de acções a transferir;

c) Efeitos a que se destina a declaração;

d) Identificação da conta em que se encontra depositada a contrapartida da aquisição;

e) Indicação da transferência das acções a favor da sociedade adquirente;

f) Descrição dos ónus ou encargos sobre as acções, se for o caso, sendo emitida uma via da declaração para o seu beneficiário.

REGULAMENTO N.º 15/2000

Sistemas de Liquidação

Em complemento das disposições do Código dos Valores Mobiliários, o presente regulamento da Comissão do Mercado de Valores Mobiliários (CMVM) estabelece as normas relativas aos sistemas de liquidação de valores mobiliários, independentemente de quem seja a entidade gestora desses sistemas. As mesmas regras são aplicáveis, com as adaptações necessárias, aos sistemas de liquidação que sejam geridos pelo conjunto dos participantes.

Apesar da novidade da matéria e das significativas alterações introduzidas pelo Código dos Valores Mobiliários, o presente regulamento procura respeitar o princípio da continuidade dos sistemas de liquidação de valores mobiliários actualmente em funcionamento. A sua entrada em vigor, no entanto, pode exigir algumas alterações nesses sistemas. Daí que, em obediência à norma transitória consagrada no n.º 3 do artigo 6.º do Decreto-Lei n.º 486/99, de 13 de Novembro, o presente regulamento apenas entre em vigor com o registo na CMVM das regras operacionais de cada um dos sistemas de liquidação actualmente em funcionamento.

O primeiro capítulo do regulamento dá particular importância às conexões a estabelecer entre um sistema de liquidação e outros sistemas ou entidades relacionados com a boa liquidação de operações sobre valores mobiliários. Regulam-se as conexões obrigatórias e estabelecem-se as regras fundamentais a que devem obedecer quer essas conexões quer outras que venham a ser estabelecidas. Além disso, fixam-se os deveres de informação das entidades gestoras dos sistemas e os participantes nos sistemas e as respectivas entidades gestoras.

O segundo capítulo regula a compensação e liquidação das operações sobre valores mobiliários introduzindo um conjunto de regras que visam permitir a modernização desses sistemas e estabelecer princípios adequados a uma mais eficiente liquidação daquelas operações. Optou-se por regular apenas os aspectos que se revestiam de efectiva generalidade, deixando-se a sua concretização para as regras a estabelecer pelas entidades gestoras de cada um dos sistemas de liquidação.

No terceiro capítulo estabelecem-se regras fundamentais quanto à segurança na liquidação das operações, nomeadamente nos casos em que esteja em causa a liquidação de operações a prazo, sujeitas a maior risco. Também aí se consagra uma orientação que mantém em funcionamento o essencial das regras já em vigor e que a prática tem considerado como adequadas. Elas devem ser complementadas com as regras prudenciais que são exigidas para as entidades gestoras de sistemas de liquidação, constantes de regulamento específico da CMVM. Não se consagra, desde já, a obrigatoriedade de uma contraparte central assumir as operações de bolsa a contado, deixando-se a porta aberta para que tal venha a acontecer, como seria desejável, conforme a decisão que venha a ser tomada pela entidade gestora do mercado (artigo 22.º).

Assim, ao abrigo do disposto nos n.ᵒˢ 1 e 5 do artigo 260.º, no n.º 1 do artigo 264.º e nos n.ᵒˢ 1 e 2 do artigo 273.º, todos do Código dos Valores Mobiliários, ouvidos o Banco de Portugal, a Interbolsa – Associação para a Prestação de Serviços às Bolsas de Valores, a Associação da Bolsa de Derivados do Porto e a Associação da Bolsa de Valores de Lisboa, o Conselho Directivo da CMVM aprovou o seguinte regulamento:

CAPÍTULO I
Disposições gerais

SECÇÃO I
Âmbito e regras do sistema

ARTIGO 1.º
(Âmbito)

1. O presente regulamento é aplicável aos sistemas de liquidação de valores mobiliários registados na CMVM.

2. As referências feitas à entidade gestora, quando esteja em causa a situação prevista no n.º 2 do artigo 287.º do Código dos Valores Mobiliários, consideram-se extensivas, com as devidas adaptações, ao conjunto dos participantes.

3. As referências feitas a sistemas de valores mobiliários e às entidades que os gerem compreendem os sistemas previstos no artigo 61.º, na alínea b) do n.º 1 e no n.º 2 do artigo 99.º, ambos do Código dos Valores Mobiliários.

ARTIGO 2.º
(Regras do sistema)

1. Compete à entidade gestora aprovar as regras necessárias à boa execução das liquidações, nomeadamente as respeitantes:

a) À frequência, ao horário e a eventuais especificidades dos diferentes ciclos de processamento de liquidação;

b) Aos procedimentos e aos prazos relativos aos vários momentos do processo da liquidação;

c) Aos procedimentos de segurança necessários para preservar, em termos adequados, a certeza e a fiabilidade dos registos por ela realizados.

2. A entidade gestora aprova as regras relativas à emissão de certidões com base nos registos existentes junto de si.

3. Se as regras a que se refere o n.º 1 não constarem do acordo constitutivo do sistema, devem ser submetidas à aceitação dos participantes na forma e prazo estabelecido pela entidade gestora do sistema.

4. O participante num sistema de liquidação deve aderir expressamente a todas as regras por que se rege esse sistema ou que resultem de acordo celebrado entre a entidade gestora do sistema e outras entidades.

SECÇÃO II
Conexão com outros sistemas ou entidades

ARTIGO 3.º
(Regras de conexão)

1. As conexões entre um sistema de liquidação e outros sistemas ou entidades são definidas:

a) Em regras da própria entidade gestora quando os sistemas conexionados sejam geridos pela mesma entidade;

b) Em acordo celebrado entre as entidades gestoras dos sistemas conexionados, se forem distintas.

2. As entidades referidas no número anterior devem provar perante a CMVM que os sistemas envolvidos e as conexões entre eles estabelecidas são adequados à boa liquidação de operações e respeitam os princípios de segurança e de fiabilidade consagrados na lei portuguesa ou equivalentes.

ARTIGO 4.º
(Conexões obrigatórias)

As entidades gestoras de sistemas de liquidação estabelecem obrigatoriamente conexões com:

a) Entidades gestoras de mercados cujas operações sejam liquidadas através desse sistema;

b) Entidades gestoras de sistemas de valores mobiliários objecto da liquidação;

c) Contraparte central quando esteja em causa a liquidação de operações a prazo;

d) Câmaras de compensação sempre que a liquidação seja precedida de compensação;

e) Banco de Portugal ou instituições de crédito quando o sistema liquide operações de transferência de valores mobiliários a que estejam associadas transferências de dinheiro.

ARTIGO 5.º
(Conteúdo)

1. As conexões estabelecidas pelas entidades gestoras de sistemas de liquidação prevêem, conforme os casos:

a) A possibilidade de abrir contas junto de sistemas de valores mobiliários com quem tenham celebrado acordo;

b) A troca das informações necessárias ao cumprimento das funções atribuídas a cada entidade conexionada.

2. A troca de informações a que se refere a alínea *b*) do número anterior envolve, nomeadamente:

a) A transmissão pela entidade gestora do mercado ao sistema de liquidação, directamente ou através do sistema de compensação, da informação necessária à liquidação das operações realizadas no âmbito do seu sistema;

b) A transmissão ao sistema de liquidação das posições líquidas dos participantes do sistema que forem calculadas pelo sistema de compensação, a partir da informação fornecida pela entidade gestora do mercado ou pelos próprios participantes;

c) O fornecimento pelas entidades gestoras de sistemas de valores mobiliários de informação actualizada dos saldos dos valores mobiliários disponíveis para liquidação;

d) A transmissão pelo sistema de liquidação às entidades gestoras de sistemas de valores mobiliários de informação relativa aos débitos e créditos efectuados, ou a efectuar, nas suas contas.

SECÇÃO III
Informação

ARTIGO 6.º
(Informação)

1. Os participantes no sistema ficam obrigados a fornecer à entidade gestora do sistema de liquidação todas as informações necessárias ao seu bom funcionamento e a comunicar-lhe qualquer erro verificado nas operações realizadas.

2. A entidade gestora do sistema de liquidação presta as informações que lhe forem requeridas pelos participantes e por outras entidades com quem tenha celebrado acordo de conexão, nomeadamente sobre a execução das ordens de transferência e outras operações por ela realizadas.

3. A entidade gestora de um sistema de liquidação e a entidade que assume a posição de contraparte central, conforme os casos, facultam à CMVM o acesso regular às liquidações efectuadas e informam-na dos incumprimentos verificados, das providências adoptadas e das sanções aplicadas.

4. A entidade gestora do sistema de liquidação informa a CMVM da aplicação dos procedimentos de substituição.

CAPÍTULO II
Funcionamento dos sistemas de liquidação

SECÇÃO I
Ordens de transferência e compensação

ARTIGO 7.º
(Regularidade e irrevogabilidade
das ordens de transferência)

A entidade gestora do sistema de liquidação adopta procedimentos que permitam:

a) Confirmar a regularidade das ordens de transferência antes de serem consideradas definitivas;

b) Impedir a sua revogação a partir do momento em que se tornem definitivas.

ARTIGO 8.º
(Comunicação das operações)

1. A comunicação das operações a liquidar que sejam realizadas em mercado regulamentado é efectuada pela entidade gestora do mercado, por si ou através de câmara de compensação, que comunica igualmente os participantes que devem efectuar a liquidação.

2. O participante indicado para efectuar a liquidação informa o sistema sobre as contas a movimentar, caso não tenham sido identificadas nos termos do n.º 1.

3. O sistema de liquidação deve permitir à entidade gestora e aos participantes a correcção de eventuais erros e a indicação de outro participante.

ARTIGO 9.º
(Compensação multilateral)

Havendo lugar a compensação multilateral, a entidade gestora do sistema ou outra entidade com quem tenha celebrado acordo garante a realização da liquidação dos saldos resultantes da compensação.

ARTIGO 10.º
(Critérios para a realização da compensação)

1. No mesmo processamento podem ser compensadas operações realizadas em mercados distintos que sejam objecto de liquidação pelo mesmo sistema, desde que envolvam o mesmo valor mobiliário e uma conta do mesmo participante junto do sistema.

2. A compensação a que se refere o número anterior é realizada de acordo com critérios fixados pela entidade compensante, respeitadas as seguintes prioridades:

   a) Operações de bolsa e outros mercados regulamentados;
   b) Ordem de registo no sistema.

3. A concretização a que refere o n.º 2 consta das regras do sistema que definem igualmente as regras a que obedece a compensação das operações realizadas no mesmo mercado.

4. Em casos especiais devidamente justificados pela natureza das operações, a CMVM pode autorizar que as regras referidas no número anterior estabeleçam que a compensação com operações realizadas fora de mercado seja efectuada com prioridade sobre operações realizadas em mercado.

SECÇÃO II
Liquidação

ARTIGO 11.º
(Noção)

A liquidação considera-se efectuada por execução das ordens de transferência de valores mobiliários ou, se for o caso, de dinheiro através de registo nas contas dos sistemas envolvidos.

ARTIGO 12.º
(Prazos)

1. A liquidação de operações realizadas em mercado regulamentado tem lugar num prazo nunca superior a três dias úteis a contar da realização ou no vencimento da operação.

2. A liquidação de operações realizadas fora de um mercado regulamentado tem lugar:

   a) Em momento acordado entre os participantes, desde que nunca superior a 30 dias a contar do registo da ordem de transferência; ou

   b) Na falta de acordo, em prazo fixado nas regras do sistema.

3. As regras do sistema estabelecem os termos e prazos em que pode ser manifestado o acordo a que se refere a alínea *a*) do número anterior.

4. O disposto na alínea *a*) do n.º 2 não é aplicável às operações de reporte e de empréstimo de valores mobiliários registadas na bolsa.

ARTIGO 13.º
(Incumprimento)

1. Se um participante não cumprir as suas obrigações no prazo devido, a entidade gestora do sistema pode, conforme os casos:

   a) Conceder-lhe um novo prazo para realizar a liquidação;

   b) Accionar os procedimentos de substituição;

   c) Comunicar-lhe que a liquidação não será efectuada, considerando-se revertida a operação;

   d) Executar as garantias prestadas pelo participante.

2. Se existir entidade que assuma a posição de contraparte não é aplicável o disposto na alínea *c*) do n.º 1.

3. O recurso aos procedimentos a que se refere o n.º 1 é feito de acordo com a ordem estabelecida nas regras do sistema, tendo em conta o tipo de operações e o mercado onde foram realizadas.

SECÇÃO III
Regras especiais relativas às operações a prazo

ARTIGO 14.º
**(Liquidação diária
e liquidação no vencimento)**

1. Diariamente tem lugar a liquidação de ajuste de ganhos e perdas de acordo com preços de referência calculados pela entidade gestora do mercado, salvo distinta previsão nas condições gerais dos contratos.

2. Sempre que tal se revele necessário para a salvaguarda dos interesses do mercado, a entidade que assumiu a posição de contraparte central pode determinar a adopção de procedimentos alternativos de liquidação no vencimento, nomeadamente, arbitrando preços de referência, alterando os prazos de liquidação ou a entrega de valores mobiliários por uma liquidação meramente financeira.

ARTIGO 15.º
(Gestão de posições)

Durante o prazo em que estiverem sob gestão, as posições abertas são registadas pela entidade que assuma a posição de contraparte central, devendo relevar-se obrigatoriamente:

a) As posições registadas;
b) Os prémios de opções, pendentes de liquidação;
c) Os ajustes de ganhos e perdas;
d) As garantias constituídas e o seu reforço ou liberação;
e) O encerramento de posições ou a sua transferência para outros participantes;
f) As compensações efectuadas;
g) As comissões devidas ou pagas à entidade gestora.

ARTIGO 16.º
(Alterações ao registo)

1. Os registos a que se refere o artigo anterior só podem ser modificados:

a) Por erros materiais manifestos;
b) Nos casos de sucessão, doação ou sub-rogação legal.

2. Para além das transferências exigidas pela natureza das contas onde são inicialmente registadas e das que forem determinadas pela contraparte central, as posições registadas nas contas só podem ser transferidas:

a) Entre contas próprias de um mesmo participante;

b) Entre contas de um mesmo cliente abertas num mesmo ou em diferentes participantes;

c) Entre contas de diversos clientes abertas num mesmo participante ou em participantes distintos, nos casos e condições definidos pela contraparte central.

3. As alterações referidas nos números anteriores são efectuadas e aprovadas pela entidade que assume a posição de contraparte central, por iniciativa desta ou a pedido dos participantes em cujas contas estejam registadas as operações ou transferências em causa.

4. A contraparte central pode exigir ao participante que solicite qualquer alteração ao abrigo dos n.ᵒˢ 1 e 2 a apresentação de documentos que fundamentem o pedido.

5. Para os efeitos do disposto no presente artigo, os registos só se consideram alterados a partir do momento em que a alteração tenha sido efectuada no sistema de contas.

CAPÍTULO III
Garantia

SECÇÃO I
Garantia da liquidação

ARTIGO 17.º
(Empréstimo de valores mobiliários)

1. O empréstimo automático de valores mobiliários, enquanto procedimento de substituição é accionado pela entidade gestora do sistema, nos termos das regras por ela definidas.

2. O empréstimo a que se refere o número anterior pode ser efectuado pela própria entidade gestora do sistema, por participantes ou por outra entidade com quem aquela tenha celebrado acordo para o efeito.

3. As regras relativas a empréstimos de valores mobiliários para efeitos de liquidação definem pelo menos:

a) Os valores mobiliários susceptíveis de empréstimo;

b) A forma de empréstimo e a sua restituição;

c) A garantia a prestar pelo participante em cuja conta se verificou a insuficiência de valores mobiliários;

d) O prazo máximo de restituição dos valores mobiliários mutuados;

e) As comissões devidas.

4. A garantia a que se refere a alínea *c*) do número anterior cobre pelo menos o valor de mercado dos valores mobiliários objecto de empréstimo.

5. O mutuário dos valores mobiliários fica obrigado:

a) À restituição dos valores mobiliários no prazo fixado nos termos da alínea d) do n.° 3;

b) Ao pagamento das comissões mencionadas na alínea *e*) do n.° 3.

6. Em caso de incumprimento dos deveres resultantes do número anterior, a entidade que tenha disponibilizado os valores mobiliários procede:

a) À execução extrajudicial da garantia;

b) À aplicação dos custos fixados nas regras a que se refere o n.° 3.

7. A CMVM pode estabelecer através de instrução montantes máximos para os custos referidos nos n.°s 5 e 6.

ARTIGO 18.°
(Recompra)

1. A recompra dos valores mobiliários tem lugar quando, por qualquer razão, não seja possível recorrer, no todo ou em parte, ao empréstimo de valores mobiliários previsto no artigo anterior.

2. O participante cumpridor pode declarar perante a entidade gestora do sistema que não pretende recorrer à recompra dos valores mobiliários.

3. A operação é revertida:

a) Nos casos do número anterior; e

b) Se a recompra não for integralmente efectuada durante três sessões de bolsa consecutivas, salvo declaração do participante cumpridor em sentido contrário.

ARTIGO 19.°
(Revenda)

1. A revenda dos valores mobiliários só é efectuada quando o participante cumpridor declare que pretende a sua realização.

2. Não havendo lugar a revenda ou se esta não for efectuada no prazo de três sessões de bolsa, tem lugar a reversão da operação.

ARTIGO 20.°
(Operações com contraparte central)

1. Havendo a assunção da posição de contraparte central não tem lugar a aplicação do disposto nos artigos 18.° e 19.°, devendo esta entidade assumir o cumprimento da obrigação de liquidação no prazo fixado.

2. Havendo insuficiência de valores mobiliários, o participante em cuja conta se verificou essa insuficiência suporta todos os custos em que a contraparte central incorra devido à realização da liquidação.

SECÇÃO II
Garantia do sistema

ARTIGO 21.°
(Sistema de segurança)

1. O sistema de segurança de um sistema de liquidação inclui as regras relativas:

a) Ao fundo de garantia da liquidação;

b) Aos rácios prudenciais que são exigidos à entidade gestora;

c) Às regras de separação patrimonial;

d) Às garantias constituídas pelos participantes no sistema, nomeadamente a favor de uma contraparte central;

e) Aos requisitos de carácter técnico a respeitar pelo sistema de liquidação.

2. Se uma entidade tiver assumido a posição de contraparte central incluem-se no sistema de segurança regras relativas a garantias das operações.

3. As regras referidas nas alíneas *a)* e *b)* do n.° 1 constam de regulamento da CMVM, especificamente aprovado para o efeito.

ARTIGO 22.°
(Contraparte Central)

1. A posição de contraparte central é assumida, em exclusivo:

a) Em operações a prazo, pela entidade gestora do mercado onde as operações foram realizadas ou por outra entidade por ela aceite e autorizada a exercer essas funções;

b) Em operações a contado, directa ou indirectamente pela entidade gestora do mercado, pela entidade gestora do sistema de liquidação ou por outra entidade por aquelas aceite e autorizada a exercer essas funções.

2. A assunção da posição de contraparte central nas operações a que se refere a alínea *a*) do n.° 1 é obrigatória nos termos do artigo 259.° do Código dos Valores Mobiliários.

ARTIGO 23.°
(Garantias a favor da Contraparte Central)

1. Em todas as operações em relação às quais uma entidade tenha assumido a posição de contraparte central é obrigatória a prestação, pelas suas contrapartes, de garantias prévias a favor dessa entidade.

2. As regras relativas à constituição das garantias a que se refere o número anterior constam de regras aprovadas pela entidade que assume a posição de contraparte, aceites pelas suas contrapartes, definindo nomeadamente:

a) Os activos aceites como caução relativamente a cada operação;
b) O montante da caução;
c) A forma e prazo de constituição, reforço e substituição da caução;
d) Os procedimentos a adoptar em caso de incumprimento;
e) Os encargos cobrados pela contraparte central.

ARTIGO 24.°
(Rácios prudenciais
e requisitos exigíveis aos participantes)

A entidade gestora do sistema de liquidação estabelece, com a aprovação da CMVM, os requisitos a respeitar pelos participantes no sistema e os limites a observar quanto às responsabilidades que podem ser assumidas por esses participantes, nomeadamente:

a) Os fundos próprios mínimos exigíveis aos participantes;
b) Os limites de exposição de cada participante.

ARTIGO 25.°
(Requisitos de carácter técnico)

1. Tendo em vista a segurança do sistema de liquidação, a respectiva entidade gestora deve, nomeadamente:

a) Realizar cópias *(back-ups)* da informação relevante para o sistema de liquidação por ela gerido e mantê-las, em instalações distintas, por um período mínimo de 30 dias;
b) Celebrar contratos de seguro adequados;

c) Proceder a auditorias regulares aos meios técnicos e informáticos utilizados, dando conta do seu resultado à CMVM;

d) Estabelecer ligações com os participantes dos sistemas, que salvaguardem a segurança e a reserva das comunicações;

e) Manter reservado o acesso aos sistemas de liquidação quer em termos físicos quer em termos informáticos.

2. A CMVM pode exigir que a entidade gestora de um sistema de liquidação disponha de sistemas alternativos de liquidação para o caso de ruptura do sistema principal.

CAPÍTULO IV
Disposições transitórias e finais

ARTIGO 26.°
(Sistema de liquidação gerido pela Associação da Bolsa de Valores de Lisboa)

O sistema de liquidação actualmente gerido pela Associação da Bolsa de Valores de Lisboa deve ser adequado às regras da lei e do presente regulamento até ao dia 1 de Setembro de 2000.

ARTIGO 27.°
(Entrada em vigor)

O presente regulamento entra em vigor, relativamente a cada um dos sistemas de liquidação actualmente em funcionamento, com o registo na CMVM das regras operacionais por que se regem esses sistemas, nos termos do n.° 3 do artigo 6.° do Decreto-Lei n.° 486/99, de 13 de Novembro.

Lisboa, 15 de Fevereiro de 2000 – O Presidente – *José Nunes Pereira*

REGULAMENTO N.° 16/2000
Segundo Mercado

Com o objectivo de assegurar a continuidade de funcionamento do segundo mercado gerido pela Associação da Bolsa de Valores de Lisboa, torna-se necessário enquadrar juridicamente a sua organização e funcionamento, tendo em conta a entrada em vigor do Código dos Valores Mobiliários. O segundo mercado é mercado regulamentado, pelo que lhe são directamente aplicáveis as disposições gerais sobre mercados previstas naquele diploma, remetendo agora para as disposições gerais aplicáveis ao mercado de cotações oficiais. As particularidades de regime do segundo mercado foram salvaguardadas pela manutenção de disposições relativas às condições de admissão à negociação e à permanência no mercado e relativas à informação a fornecer às entidades competentes e ao público.

Assim, ao abrigo do disposto no artigo 212.° e no n.° 4 do artigo 214.° do Código dos Valores Mobiliários, o Conselho Directivo da Comissão do Mercado de Valores Mobiliários emite o seguinte regulamento:

ARTIGO 1.°
(Âmbito e regime)

1. O presente regulamento aplica-se ao segundo mercado da Bolsa de Valores de Lisboa.

2. Salvo o disposto nos artigos seguintes, o segundo mercado rege-se:

a) Quanto à informação, pelas disposições aplicáveis constantes do regulamento da CMVM n.° 11/2000;

b) Quanto à admissão à negociação, pelas disposições aplicáveis do regulamento da CMVM n.° 10/2000.

ARTIGO 2.°
(Prospecto de admissão)

O prospecto de admissão à negociação de valores mobiliários no segundo mercado contém informações equivalentes às constantes do anexo II ao regulamento da CMVM n.° 10/2000, com as necessárias adaptações e, em particular, as que resultam das alíneas seguintes:

a) Os balanços e contas de resultados mencionados no ponto 5.1., bem como os mapas de origem e aplicação de fundos mencionados no ponto 5.3. do anexo II ao referido, podem reflectir apenas os dois últimos exercícios;

b) Pode não constar do prospecto a informação referida no capítulo 6 do anexo II ao referido regulamento.

ARTIGO 3.°
(Admissão de acções à negociação)

A admissão de acções à negociação no segundo mercado depende da verificação dos requisitos de admissão estabelecidos no artigo 51.° do regulamento da CMVM n.° 10/2000, com as seguintes modificações:

a) É fixado em dois o número mínimo de exercícios em relação aos quais a sociedade deve ter publicadas contas anuais e em dois anos completos o período mínimo do exercício efectivo da sua actividade;

b) A percentagem de dispersão pelo público das acções a admitir à negociação não pode ser inferior a 10%;

c) O valor da capitalização bolsista previsível ou, não sendo esta passível de determinação, o montante dos capitais próprios do emitente, não pode ser inferior a um quarto do valor mínimo fixado, para os mesmos efeitos, para o mercado de cotações oficiais.

ARTIGO 4.°
(Admissão de obrigações à negociação)

Só podem ser admitidas à negociação no segundo mercado obrigações representativas de empréstimo obrigacionistas ou de algumas das suas séries cujo montante seja igual ou superior a metade do montante fixado, para os mesmos efeitos, para o mercado de cotações oficiais.

ARTIGO 5.°
(Informação semestral)

1. As sociedades com acções admitidas à negociação no segundo mercado estão sujeitas ao cumprimento das obrigações de informação previstas no artigo 7.° do regulamento da CMVM n.° 11/2000.

2. No primeiro ano subsequente à admissão, as sociedades com acções admitidas à negociação no segundo mercado ficam apenas obrigadas a prestar a informação constante do n.° 3 do artigo 7.° do regulamento da CMVM n.° 11/2000.

ARTIGO 6.°
(Entrada em vigor)

O presente regulamento entra em vigor no dia 1 de Março de 2000.

Lisboa, 15 de Fevereiro de 2000 – O Presidente – *José Nunes Pereira*

REGULAMENTO N.º 17/2000
Mercado sem Cotações

Com a entrada em vigor do Código dos Valores Mobiliários torna-se necessário o estabelecimento de regras que garantam a continuidade do mercado sem cotações. Dada a margem de auto-regulação que a lei reserva à entidade gestora daquele mercado, o presente regulamento limita-se a estabelecer requisitos mínimos de segurança, devendo as restantes regras ser emitidas por aquela entidade gestora.

Assim, ao abrigo do disposto no artigo 212.º do Código dos Valores Mobiliários, o conselho directivo da Comissão do Mercado de Valores Mobiliários (CMVM) emite o seguinte regulamento:

ARTIGO 1.º
(Objecto)

O presente regulamento aplica-se ao mercado sem cotações, gerido pela Associação da Bolsa de Valores de Lisboa.

ARTIGO 2.º
(Regras do mercado)

A entidade gestora elabora as regras de mercado que definem, nomeadamente, a informação adequada a prestar pela entidade emitente dos valores mobiliários.

ARTIGO 3.º
(Admissão à negociação no mercado sem cotações)

A admissão à negociação dos valores mobiliários no mercado sem cotações depende da verificação dos seguintes requisitos:

a) A emissão, o conteúdo e a forma de representação dos valores mobiliários estejam de acordo com o direito aplicável;

b) O emitente tenha sido constituído e esteja a funcionar em conformidade com a respectiva lei pessoal;

c) O emitente tenha cumprido regularmente as obrigações a que se encontre sujeito, relativamente à elaboração e publicação dos relatórios de gestão e contas anuais da sua actividade.

ARTIGO 4.º
(Exclusão da negociação)

1. Além dos casos previstos no artigo 207.º do Código dos Valores Mobiliários, a exclusão de quaisquer valores mobiliários da negociação no mercado sem cotações pode ser decidida pela entidade gestora se o emitente o requerer fundamentadamente e daí não advierem prejuízos relevantes para os investidores.

2. A exclusão da negociação é precedida de aviso publicado no Boletim de Cotações pelo menos com 30 dias de antecedência em relação à data da exclusão.

ARTIGO 5.º
(Registo, publicação e notificação)

1. A admissão à negociação de valores mobiliários no mercado sem cotações é registada, publicada e notificada aos interessados e à CMVM pela entidade gestora.

2. O disposto no número anterior é aplicável à exclusão, à suspensão e à readmissão de quaisquer valores mobiliários à negociação no mercado sem cotações.

ARTIGO 6.º
(Entrada em vigor)

O presente regulamento entra em vigor no dia 1 de Março de 2000.

Lisboa, 15 de Fevereiro de 2000 – O Presidente – *José Nunes Pereira*

REGULAMENTO N.º 18/2000

Mercado Especial de Operações por Grosso

Atenta a necessidade de assegurar a continuidade dos mercados, por força da entrada em vigor do Código dos Valores Mobiliários e da consequente cessação de vigência dos diplomas que tenham como norma habilitante disposições do Código do Mercado de Valores Mobiliários, impunha-se manter as regras que disciplinam o mercado especial de operações por grosso (MEOG), consagradas na Portaria n.º 377--C/94, de 15 de Junho e no regulamento da CMVM n.º 94/4, de 20 de Junho.

Assim, ao abrigo do disposto no artigo 212.º do Código dos Valores Mobiliários, ouvida a Associação da Bolsa de Valores de Lisboa, o conselho directivo da Comissão do Mercado de Valores Mobiliários aprovou o seguinte regulamento:

ARTIGO 1.º
(Objecto)

O presente regulamento estabelece as disposições aplicáveis ao Mercado Especial de Operações por Grosso (MEOG).

ARTIGO 2.º
(Âmbito)

1. O MEOG destina-se à realização e ao registo de transacções de grandes lotes de valores mobiliários:

   a) Representativos de dívida;

   b) Admitidos à negociação no mercado de cotações oficiais e que não estejam suspensos ou não tenham sido excluídos da negociação;

   c) Que integrem uma emissão ou série cujo valor nominal, não amortizado, seja igual ou superior a € 50 milhões;

2. As operações realizadas no MEOG são a contado.

3. Os lotes não podem ser inferiores a € 872.900, tratando-se de valores mobiliários representativos de dívida pública, ou a € 500.000, nos restantes casos.

4. O presente regulamento não se aplica às operações realizadas ou registadas, no MEOG, pelo Banco de Portugal.

ARTIGO 3.º
(Entidade gestora)

O MEOG é gerido pela entidade gestora da bolsa.

ARTIGO 4.º
(Preço)

O preço e o valor dos lotes transaccionáveis no MEOG formam-se independentemente dos juros e de outros rendimentos que se encontrem vencidos, sendo pagos nos termos do n.º 2 do artigo 226.º do Código dos Valores Mobiliários.

ARTIGO 5.º
(Membros do mercado)

1. Podem realizar e registar operações no MEOG os membros do mercado de bolsa.

2. A perda e a suspensão a qualquer título da qualidade de membro do mercado de bolsa determina a impossibilidade de esse membro realizar ou registar transacções no MEOG.

ARTIGO 6.º
(Regras de funcionamento)

A execução de operações entre os membros do mercado é efectuada de acordo com os seguintes princípios:

a) Logo que realizado o negócio, um dos intermediários financeiros intervenientes na operação procede ao registo da mesma, em módulo autónomo do sistema de negociação, com identificação do valor mobiliário, da quantidade transaccionada, do preço acordado e do intermediário financeiro contraparte;

b) O intermediário financeiro contraparte confirma a operação até quinze minutos após o registo da operação, sob pena do seu cancelamento;

c) As operações só se consideram definitivas após o registo no sistema e respectiva confirmação, nos termos das alíneas anteriores, sem prejuízo das regras relativas à impossibilidade de acesso ao sistema;

d) O sistema rejeita os registos das operações que não respeitem as condições definidas nos n.ᵒˢ 3 e 4 do artigo 2.°, tendo os membros do mercado o dever de não efectuar o registo e a confirmação das mesmas;

e) O sistema atribui uma hora à operação no momento em que for confirmada.

ARTIGO 7.°
(Registo das operações)

As operações efectuadas no MEOG são objecto de registo em sistema apropriado, no termo de cada sessão, o qual permite identificar cada operação, indicando a data, a hora, o intermediário comprador e o vendedor, os valores mobiliários transaccionados, a quantidade, o preço unitário e o valor global da operação.

ARTIGO 8.°
(Divulgação das operações)

1. As operações efectuadas e registadas no MEOG são divulgadas pelo sistema referido no artigo anterior, sendo identificado o valor mobiliário transaccionado, a quantidade, o preço unitário, a hora da operação e outros elementos que a entidade gestora venha a determinar.

2. As operações efectuadas e registadas são publicitadas diariamente em secção autónoma do boletim de mercado nos termos do artigo 10.° do regulamento da CMVM relativo aos mercados, sendo também identificada a quantidade de operações realizadas.

ARTIGO 9.°
(Regras do mercado)

1. A entidade gestora estabelece, nos termos da lei e dos regulamentos da CMVM, as regras por que se regem as operações realizadas no MEOG.

2. As regras referidas no número anterior estão sujeitas a registo prévio na CMVM.

ARTIGO 10.º
(Entrada em vigor)

O presente regulamento entra em vigor no dia 1 de Março de 2000.

Lisboa, 15 de Fevereiro de 2000 – O Presidente – *José Nunes Pereira*

REGULAMENTO N.º 22/2000

Mercado Especial de Dívida Pública – MEDIP

Considerando a autorização de constituição, pela Portaria n.º 1183/99, de 4 de Novembro, do Ministro das Finanças de um novo mercado regulamentado destinado à negociação por grosso de valores mobiliários representativos de dívida pública portuguesa, onde participam, por conta própria, investidores institucionais, estabelecem-se no presente regulamento algumas normas especiais face ao regulamento da CMVM n.º 5/2000.

O presente regulamento consagra, nomeadamente, algumas especificidades em matéria de conexão informativa entre entidades gestoras de mercados onde se encontrem admitidos à negociação valores mobiliários representativos de dívida pública portuguesa e em matéria de liquidação, exigindo-se nesta sede que a entidade gestora, através das próprias regras de mercado, identifique as fases, procedimentos subsequentes à realização das operações, prazos inerentes a essa liquidação e consequências em face de eventuais incumprimentos detectados.

Assim, ao abrigo do disposto no n.º 2 do artigo 212.º do Código do Mercado de Valores Mobiliários e considerando o disposto no artigo 7.º do Regulamento da CMVM n.º 5/2000, o conselho directivo da Comissão do Mercado de Valores Mobiliários (CMVM), ouvidas a MTS – Portugal, Sociedade Gestora do Mercado Especial de Dívida Pública, S.A, o Instituto de Gestão do Crédito Público, a BVLP – Sociedade Gestora de Mercados Regulamentados, S.A., e a Interbolsa – Sociedade Gestora de Sistemas de Liquidação e de Sistemas Centralizados de Valores Mobiliários, S.A., aprovou o seguinte regulamento:

ARTIGO 1.º
(Âmbito de aplicação)

1. O presente regulamento aplica-se ao funcionamento do Mercado Especial de Dívida Pública (MEDIP).

2. Ao MEDIP é igualmente aplicável, em tudo o que não contrarie o presente regulamento, o disposto no Regulamento da CMVM n.º 5/2000, de 23 de Fevereiro.

ARTIGO 2.º
(Admissão à negociação)

Só podem ser admitidos à negociação no MEDIP, de acordo com as regras aprovadas pela respectiva entidade gestora, valores mobiliários escriturais representativos de dívida pública do Estado.

ARTIGO 3.º
(Regras de negociação)

1. As regras de negociação aprovadas pela entidade gestora podem não estabelecer as variações máximas e mínimas de preços das ofertas e dos negócios.
2. Caso as regras de mercado do MEDIP fixem lotes mínimos, a entidade gestora poderá estabelecer os termos em que o sistema admita a negociação de uma quantidade de valores mobiliários inferiores ao lote.

ARTIGO 4.º
(Conexão informativa)

1. Se os valores mobiliários admitidos à negociação no MEDIP se encontrarem também admitidos à negociação em outros mercados regulamentados ou constituírem activo subjacente de valores mobiliários ou instrumentos financeiros negociados em mercado regulamentado, as entidades gestoras promovem entre si a troca de informações, imediata e de modo contínuo, sobre quaisquer factos que possam afectar a regularidade e a transparência das operações, bem como todos os factos necessários à adequada realização das operações.
2. Sem prejuízo do disposto no n.º 1, a entidade gestora do MEDIP deverá ainda divulgar de modo contínuo, através de sistema de grande difusão, a melhor oferta de compra e venda e valores agregados por quantidades e preços, para cada valor mobiliário admitido à negociação em mercado.

3. As entidades gestoras de mercados regulamentados estabelecem, através de acordo de conexão, os termos em que deve ser trocada entre elas e difundida aos seus membros a informação referida no n.° 1, bem como a relativa às operações realizadas, com indicação dos respectivos preços, quantidades e momento em que tenham ocorrido.

ARTIGO 5.°
(Informação sobre o emitente)

O n.° 2 do artigo 9.° do Regulamento da CMVM n.° 5/2000 não se aplica ao MEDIP.

ARTIGO 6.°
(Liquidação)

1. Se as operações realizadas no MEDIP não forem liquidadas através de sistema de liquidação reconhecido nos termos do artigo 271.° do Código dos Valores Mobiliários, a entidade gestora do MEDIP deve:
a) Identificar nas regras do mercado as fases e procedimentos subsequentes à realização das operações, designadamente a eventual existência de compensação das operações a liquidar, os prazos de liquidação, os mecanismos de substituição eventualmente existentes a serem desencadeados em caso de insuficiência de valores mobiliários ou de saldo, e as consequências inerentes a um incumprimento na liquidação; e
b) Informar a CMVM sobre quaisquer acordos celebrados para efeitos de liquidação de operações realizadas nesse mercado.
2. Na situação prevista no número anterior, a liquidação das operações deve ser executada através de um sistema de liquidação sujeito à supervisão da autoridade competente do respectivo Estado membro de origem da União Europeia.

ARTIGO 7.°
(Informação sobre liquidação)

1. A entidade gestora do MEDIP deve prestar as informações que lhe forem requeridas pelos participantes ou pela CMVM, nomeadamente sobre a execução de instruções de liquidação e outras operações realizadas no âmbito da liquidação.

2. A entidade gestora do MEDIP deve, independentemente dos procedimentos adoptados pelo sistema, informar a CMVM dos incumprimentos detectados.

ARTIGO 8.º
(Credenciação)

O artigo 10.º do Regulamento da CMVM n.º 12/2000 não se aplica à entidade gestora do MEDIP.

ARTIGO 9.º
(Entrada em vigor)

O presente regulamento entra em vigor no dia seguinte ao da sua publicação.

Lisboa, 29 de Junho de 2000 – O Conselho Directivo, *Fernando Teixeira dos Santos* (Presidente), *Luís Lopes Laranjo* (Vice-Presidente)

REGULAMENTO N.º 25/2000

Serviços de Gestão e de Liquidação de Operações de Compra e Venda de Valores Mobiliários Realizadas Fora de Mercado

O presente regulamento estabelece as condições em que as entidades gestoras de mercados regulamentados podem prestar serviços integrados de registo, liquidação e compensação, com assunção, ou não, da posição da contraparte central em relação a operações a contado. Trata-se de matéria que já se encontra regulamentada no caso de operações de reportes e empréstimos – Regulamento da CMVM n.º 8/2000, de 23 de Fevereiro.

Fixam-se agora apenas normas especiais reguladoras daqueles serviços que tenham por objecto operações de compra e venda de valores mobiliários realizadas fora de mercado, remetendo no demais para o disposto no citado regulamento.

Na medida em que estes serviços pressuponham a interposição de uma entidade que assegure a liquidação de tais operações, importa também reconhecer como aplicável e extensível a estas operações a possibilidade de constituição prévia de caução a favor da contraparte central que garanta o cumprimento de tal obrigação, aplicando-se, nessa medida, o regime resultante do artigo 260.º do Código dos Valores Mobiliários.

Dada a interligação que estes serviços implicam com outros sistemas e instituições financeiras prevê-se no presente regulamento a necessidade de eventuais conexões e acordos a estabelecer entre as entidades envolvidas deverem ser submetidos a registo na CMVM.

Assim, ao abrigo do disposto na alínea c) do n.º 1 do artigo 273.º e da alínea b) do n.º 1 do artigo 353.º do Código dos Valores Mobiliários, o Conselho Directivo da Comissão do Mercado de Valores Mobiliários (CMVM), mediante audição prévia da BVLP – Sociedade Gestora de Mercados Regulamentados, S.A., e da Interbolsa – Sociedade Gestora de

Sistemas de Liquidação e de Sistemas Centralizados de Valores Mobiliários, S.A., aprovou o seguinte regulamento:

ARTIGO 1.º
(Âmbito de aplicação)

O presente regulamento estabelece as normas especiais aplicáveis aos serviços de registo, compensação e liquidação de operações de compra e venda de valores mobiliários realizadas fora de mercado, com ou sem a assunção de posição de contraparte central, prestados por entidade gestora de mercado regulamentado, aplicando-se no demais e com as devidas adaptações o Regulamento da CMVM n.º 8/2000.

ARTIGO 2.º
(Participantes)

A entidade gestora de mercado define, através das regras a que faz referência o artigo 6.º, os intermediários financeiros que podem participar nos serviços previstos no artigo anterior, bem como os termos em que se verifica essa participação.

ARTIGO 3.º
(Conexões)

1. Ficam sujeitos a registo prévio na CMVM as conexões e acordos necessários à boa liquidação das operações que sejam celebrados com a entidade que assuma a posição de contraparte central, nomeadamente com a entidade gestora de sistema centralizado de valores mobiliários ou instituições financeiras.
2. As conexões e os acordos referidos no número anterior prevêem, quanto ao conteúdo, com as devidas adaptações, o disposto no artigo 5.º do Regulamento da CMVM n.º 15/2000.

ARTIGO 4.º
(Limites operacionais)

1. Sem prejuízo do disposto na alínea *a*) do n.º 1 do artigo 13.º do Regulamento da CMVM n.º 8/2000, o valor global das garantias consti-

tuídas no âmbito dos serviços relativos a operações de reporte, empréstimo e compra e venda de valores mobiliários realizadas fora de mercado, com a assunção da posição de contraparte, não pode ultrapassar quatro vezes o capital próprio da entidade gestora de mercado.

2. Caso seja ultrapassado o limite referido no número anterior, a entidade gestora do mercado informa imediatamente do facto a CMVM, a qual pode, caso considere que daí não advêm maiores riscos para o mercado e para a entidade gestora, fixar um prazo razoável para a regularização da situação.

3. Para efeito do cálculo do valor global constante do n.º 1 não são tomadas em consideração as garantias solicitadas pela entidade gestora para cobrir a eventual diferença entre o preço da transacção e o valor de mercado dos valores mobiliários objecto da operação de compra e venda realizada fora de mercado.

ARTIGO 5.º
(Divulgação de operações)

Sem prejuízo do disposto nos n.ᵒˢ 2 e 3 do artigo 16.º do Regulamento da CMVM n.º 8/2000, a entidade gestora de mercado publicita diariamente informação sobre as operações de compra e venda em relação às quais preste serviços de registo, compensação e liquidação, quer assuma ou não a posição de contraparte e, mensalmente, informação agregada sobre as operações que nela tenham sido liquidadas.

ARTIGO 6.º
(Regras a elaborar pela entidade gestora)

1. A entidade gestora de mercado elabora, nomeadamente, as regras relativas:

   a) Aos termos do registo da operação;
   b) Aos serviços integrados de registo, liquidação e compensação;
   c) À assunção da posição de contraparte central;
   d) Aos deveres dos participantes;
   e) Aos poderes de fiscalização pela entidade gestora sobre os participantes.

2. As regras a que se refere o número anterior são previamente registadas na CMVM.

ARTIGO 7.º
Entrada em vigor

O presente Regulamento entra em vigor no dia seguinte ao da sua publicação.

Lisboa, 14 de Julho de 2000 – O Presidente do Conselho Directivo, *Fernando Teixeira dos Santos*; o Vice-Presidente do Conselho Directivo, *Luís Lopes Laranjo.*

REGULAMENTO N.° 34/2000
Novo Mercado

Pela Portaria do Ministério das Finanças n.° 1689/2000, de 7 de Novembro, foi criado um mercado regulamentado cuja denominação é "Novo Mercado". Nessa perspectiva visa o presente regulamento estabelecer o quadro geral e os princípios que enformam este Novo Mercado. Essa finalidade é atingida através do estabelecimento de normas especiais que, naturalmente, deverão ser coordenadas com o regime geral estabelecido no Código dos Valores Mobiliários, objecto de regulamentação, nomeadamente, pelos Regulamentos da CMVM n.ºs 5/2000, 10/2000, 11/2000 e 15/2000 e complementadas, nas matérias que a lei o permite, por regulamentação da entidade gestora que se propõe desenvolver e gerir este mercado.

Como elementos caracterizadores do Novo Mercado destacam-se o facto de os instrumentos financeiros negociáveis neste mercado serem valores mobiliários e, numa primeira fase, apenas acções, emitidas por entidades que demonstrem características de elevado potencial de crescimento ou desenvolvimento de actividades tecnologicamente inovadoras, devidamente reflectidas no plano de negócios e, como requisitos específicos de admissão à negociação, a participação articulada entre o emitente, o promotor, os titulares de participações qualificadas e criadores de mercado. Acolheram-se, desta forma, as grandes linhas do mercado apresentadas pela BVLP – Sociedade Gestora de Mercados Regulamentados, S.A..

Para fazer face às exigências informativas suscitadas no Novo Mercado, o presente Regulamento procede a alterações ao esquema de prospecto previsto no anexo II ao Regulamento n.° 10/2000 e ao Regulamento n.° 11/2000. Assim, tirando as especialidades contempladas no presente Regulamento ou na sua concretização pela entidade gestora, o Novo Mercado rege-se pelas normas aplicáveis ao mercado de bolsa a contado.

Assim, ao abrigo do disposto na alínea *b*) do artigo 155.°, na alínea *a*) do n.° 2 do artigo 212.°, no n.° 4 do artigo 214.°, nas alíneas *a*) e *b*) do artigo 242.º, nas alíneas *b*) e *e*) do artigo 247.º, no n.º 3 do artigo 249.º, no n.º 1 do artigo 314.º e no artigo 319.º, todos do Código dos Valores Mobiliários, o conselho directivo da Comissão do Mercado de Valores Mobiliários, ouvida a BVLP – Sociedade Gestora de Mercados Regulamentados, S.A., aprovou o seguinte regulamento:

ARTIGO 1.º
(Âmbito e regime)

1. O presente regulamento estabelece as normas aplicáveis ao Novo Mercado, autorizado como mercado regulamentado pela Portaria n.º 1689/2000, de 7 de Novembro.

2. O Novo Mercado rege-se pelas disposições aplicáveis ao mercado de bolsa a contado com as especialidades que resultam do presente regulamento e da sua concretização pela entidade gestora.

ARTIGO 2.º
(Valores mobiliários negociáveis)

Podem ser admitidos à negociação no Novo Mercado valores mobiliários emitidos por entidades:

a) Que tenham por objecto actividades tecnologicamente inovadoras, relacionadas, nomeadamente, com a utilização, nos processos produtivos ou comerciais, de tecnologia de ponta ou com a elaboração de produtos, com a prestação de serviços tecnológicos ou relativos a tecnologias de informação;

b) Cuja actividade, integrada ou não nas actividades referidas na alínea anterior, possua um elevado potencial de crescimento.

ARTIGO 3.º
(Requisitos de admissão)

1. O emitente de valores mobiliários a admitir ao Novo Mercado deve satisfazer os seguintes requisitos:

a) Ter sido constituído e estar a funcionar em conformidade com a respectiva lei pessoal;

b) Ter publicado regularmente, nos termos da lei, os seus relatórios de gestão e contas anuais relativos aos períodos de exercício anteriores, se já desenvolver actividade;

c) Comprovar que possui situação económica e financeira compatível com a natureza dos valores mobiliários a admitir.

2. A admissão à negociação de acções no Novo Mercado depende da verificação dos seguintes requisitos cumulativos:

a) Dispersão pelo público de 100.000 acções e de 20% do capital social, representados pela categoria das acções cuja admissão é requerida;

b) Pelo menos metade dos valores mobiliários dispersos pelo público devem ter sido objecto de oferta pública de distribuição;

c) Uma capitalização bolsista previsível de 2,5 milhões de euros das acções objecto do pedido de admissão, acrescidas, se for o caso, das acções anteriormente emitidas e que já se encontrem admitidas à negociação no Novo Mercado;

d) Um montante de 1,5 milhões de euros de capitais próprios da sociedade;

e) Subscrição de declaração de inalienabilidade por parte dos titulares de participações qualificadas, nos termos a definir pela entidade gestora do mercado;

f) Celebração de contratos com o promotor, a que faz referência o artigo 4.º do presente regulamento, e com o criador de mercado, nos termos a definir pela entidade gestora do mercado.

3. Para efeitos da alínea *e*) do n.º 2, consideram-se titulares de participações qualificadas aqueles que, à data do pedido de admissão, directamente ou nos termos do artigo 20.º do Código dos Valores Mobiliários, detenham uma percentagem igual ou superior a 10% dos direitos de voto correspondentes ao capital social do emitente dos valores mobiliários a admitir.

4. A entidade gestora do mercado pode, se o grau de dispersão de acções o justificar, exigir a subscrição de declaração de inalienabilidade por alguns ou todos os accionistas que adquiriram essa qualidade antes da oferta pública de distribuição, ainda que não detenham uma participação qualificada nos termos do número anterior, aplicando-se, nesse caso, o estabelecido neste regulamento quanto aos titulares de participações qualificadas.

ARTIGO 4.º
(Promotor)

1. Podem desempenhar as funções de promotor os intermediários financeiros habilitados a prestar serviços de assistência em oferta pública relativa a valores mobiliários.

2. Sem prejuízo do disposto no artigo 16.° do Código dos Valores Mobiliários, o promotor informa a CMVM e a entidade gestora do mercado, no prazo de três dias, das aquisições de acções do emitente que efectue em múltiplos de 2% do respectivo capital social.

3. O promotor desempenha obrigatoriamente as seguintes funções:

a) Prestação de consultoria ao emitente dos valores mobiliários a admitir ao Novo Mercado;

b) Garantia da regularidade de constituição e funcionamento do emitente;

c) Prestação dos serviços necessários à preparação, ao lançamento e à execução da oferta pública de distribuição inerente à admissão dos valores mobiliários ao Novo Mercado, nomeadamente, elaboração do prospecto e do anúncio de lançamento;

d) Elaboração e divulgação de uma análise anual sobre a situação financeira do emitente;

e) Actuação como agente de ligação entre a entidade gestora do mercado e o emitente, assegurando, nomeadamente, o pontual cumprimento dos deveres de informação.

4. Em caso de incumprimento do promotor que conduza à cessação do respectivo contrato, o emitente assegura a continuidade da prestação dos serviços de promotor, celebrando, no prazo máximo de um mês, um novo contrato e informando imediatamente a CMVM, a entidade gestora do mercado e o mercado da ocorrência desses factos.

ARTIGO 5.°
(Titulares de participações qualificadas)

1. As acções objecto da declaração de inalienabilidade detidas pelos titulares de participações qualificadas, na acepção constante do n.° 3 do artigo 3.°, são, desde a data do pedido de admissão, sujeitas a bloqueio junto do intermediário financeiro onde se encontrem registadas ou depositadas, o qual apenas será levantado mediante autorização prévia da entidade gestora do mercado.

2. A celebração de qualquer negócio jurídico que vise a alienação, oneração ou transferência de acções admitidas à negociação no Novo Mercado por titulares de participações qualificadas, referidas no n.° 1, só tem lugar nos termos e condições fixadas pela entidade gestora do mercado.

3. Qualquer alienação, oneração ou transferência verificada nos termos do número anterior é comunicada de imediato à entidade gestora do mercado e à CMVM, podendo esta determinar a sua divulgação pública.

ARTIGO 6.º
(Informação)

1. O emitente de valores mobiliários admitidos simultaneamente à negociação no Novo Mercado e em outro mercado regulamentado comunica imediatamente à CMVM e à entidade gestora do mercado e informa o público sobre todas as alterações significativas ou anómalas, bem como quaisquer factos ocorridos nesse outro mercado regulamentado, que sejam susceptíveis de influir de maneira relevante no preço dos valores mobiliários.

2. Além do cumprimento dos deveres gerais de informação, o emitente envia à CMVM e à entidade gestora do mercado um calendário de eventos, nos termos a definir por esta.

ARTIGO 7.º
(Regras do mercado)

Além do disposto no artigo 13.º do Regulamento da CMVM n.º 5/2000, as regras aprovadas pela entidade gestora do mercado:

a) Definem os termos da declaração de inalienabilidade a subscrever pelos titulares de participações qualificadas, designadamente quanto ao prazo e à percentagem da participação detida que fica sujeita a esse regime;

b) Fixam os termos e as condições especiais em que, não obstante a declaração de inalienabilidade, é possível a alienação, oneração ou transferência de acções admitidas à negociação pelos titulares de participações qualificadas;

c) Estabelecem o conteúdo da instrução documental do pedido de admissão.

ARTIGO 8.º
(Liquidação)

Sem prejuízo do disposto na alínea *b)* do n.º 1 do artigo 3.º e na alínea *a)* do artigo 4.º, ambos do Regulamento da CMVM n.º 15/2000, os procedimentos de liquidação das operações realizadas no Novo Mercado são os do sistema de liquidação escolhido pela entidade gestora do mercado.

ARTIGO 9.°

1. Os n.ºˢ 3.7 e 4.9 e o capítulo 9 do anexo II ao Regulamento n.° 10/2000 passam a ter a seguinte redacção:

"3.7 – Participações no capital

Na medida em que sejam do conhecimento do emitente, indicação das pessoas singulares ou colectivas que, directa ou indirectamente, isolada ou conjuntamente, sejam detentores de participação qualificada nos termos do artigo 20.° do Código dos Valores Mobiliários, salvo se, por legislação especial, a entidade estiver obrigada a publicação de informação com um limite inferior.

Modificação na repartição do capital no decurso dos 3 últimos anos, se for o caso.

Informação sobre declarações de inalienabilidade e sobre os titulares de participações qualificadas, designadamente identificação, eventual participação no órgão de administração do emitente e eventuais obrigações assumidas em relação a ulteriores operações de financiamento do emitente."

"4.9 – Política de investimentos

Descrição qualitativa e quantitativa dos principais investimentos, incluindo os interesses noutras sociedades no decurso, sendo caso disso, dos últimos três anos e nos meses já decorridos do exercício em curso.

Indicações relativas aos principais investimentos em curso, com excepção dos interesses noutras sociedades, indicando a sua repartição por volume em função da sua localização e do seu modo de financiamento.

Indicação dos principais futuros investimentos, com excepção dos interesses noutras sociedades, indicando o seu modo de financiamento previsto.

Informação sobre o Plano de Negócios, incluindo uma descrição do ciclo económico, mercado potencial, aspectos tecnológicos e demais factores relevantes para o desenvolvimento da actividade da empresa e, bem assim, elementos de incerteza e de risco associados aos mesmos, que possam influenciar as possibilidades de crescimento."

"Capítulo 9
Outras informações

Quaisquer outras informações que o emitente considere dever introduzir.

No caso de emitente que distribui acções através de oferta pública pela primeira vez, deve ser reproduzida cópia dos estatutos.

Se se tratar de prospecto de oferta e/ou admissão ao Novo Mercado, reprodução integral do contrato com o promotor.

Quando se trate de uma entidade não residente, deve ser incluída uma nota comparativa que reflicta as particularidades essenciais do regime jurídico do Estado da lei pessoal do emitente e suas diferenças em relação ao regime jurídico nacional, nomeadamente quanto à comunicação de participações qualificadas, a transacções sobre acções próprias, à obrigatoriedade de ofertas públicas de aquisição ou outros meios alternativos de protecção dos accionistas minoritários, à possibilidade de exercício dos direitos de voto por correspondência ou por meios telemáticos, e aos critérios contabilísticos utilizados na preparação da informação económica e financeira.

Indicação do local onde poderão ser consultados os relatórios e contas relativos aos três últimos exercícios."

2. Ao n.º 1 do artigo 6.º do Regulamento n.º 11/2000 é aditada a alínea *f*) que passa a ter a seguinte redacção:

"Artigo 6.º
[...]

1. ....
   a) ....
   b) ....
   c) ....
   d) ....
   e) ....
   f) Se o emitente tiver valores mobiliários admitidos à negociação no Novo Mercado, informação sobre a execução e as perspectivas de evolução do respectivo plano de negócios, designadamente sobre projectos de investimento e indicação do modo de financiamento previsto para o desenvolvimento ou expansão dos negócios.

2. .... "

3. O n.º 1 do artigo 8.º do Regulamento n.º 11/2000 passa a ter a seguinte redacção:

"Artigo 8.º
[...]

1. Os emitentes de acções admitidas à negociação no mercado de cotações oficiais e no Novo Mercado devem elaborar e publicar, no prazo de 30 dias contados do termo do 1.º, 3.º e, se for o caso, 5.º trimestre de cada exercício contabilístico a que se reporte, informação referente à sua actividade, resultados e situação económica.

2. ....

3. .... "

ARTIGO 10.º
(Entrada em vigor)

O presente regulamento entra em vigor no dia imediato ao da sua publicação.

Lisboa, 30 de Novembro de 2000 – O Presidente do Conselho Directivo, *Fernando Teixeira dos Santos* – O Vice-Presidente do Conselho Directivo, *Luís Lopes Laranjo*

REGULAMENTO N.º 04/2001

Entidades Gestoras de Mercados, Sistemas e Serviços

A concretização do regime legal aplicável às entidades gestoras de mercados, sistemas e serviços encontrava-se dispersa nos regulamentos números 3/2000 e 28/2000, ambos da CMVM, facto que gerava algumas sobreposições e dificuldades interpretativas quanto ao seu âmbito objectivo de aplicação.

O presente regulamento, procedendo à junção da matéria constante dos dois normativos acima mencionados, faz recurso à experiência recolhida da sua aplicação concreta e tenta sistematizar e clarificar o quadro legal aplicável às entidades gestoras.

A um mesmo tempo, aproveita-se o ensejo para proceder a um maior detalhe do conteúdo da informação a produzir, introduzindo-se, simultaneamente, um conjunto de novas disposições, em particular em matéria de prestação informação, que a prática do exercício da supervisão revelou necessárias.

Assim, nos termos dos artigos 10.º, 32.º, do n.º 3 do artigo 34.º, dos n.ºs 3 e 4 do artigo 35.º e do n.º 2 do artigo 36.º, todos do Decreto-Lei n.º 394/99, de 13 de Outubro, o Conselho Directivo da Comissão do Mercado de Valores Mobiliários (CMVM), ouvidas a MTS Portugal, Sociedade Gestora do Mercado Especial de Dívida Pública – SGMR, a BVLP – Sociedade Gestora de Mercados Regulamentados, S.A. e a Interbolsa – Sociedade Gestora de Sistemas de Liquidação e de Sistemas Centralizados de Valores Mobiliários, S.A., aprovou o seguinte regulamento:

CAPÍTULO I
Âmbito e registo

ARTIGO 1.º
(Âmbito de aplicação)

1. O presente regulamento aplica-se às entidades gestoras de mercados, de sistemas centralizados de valores mobiliários e de sistemas de liquidação de valores mobiliários, bem como às sociedades gestoras de participações sociais naquelas entidades, ambas adiante designadas por entidades gestoras, relativamente ao seu:

a) Registo na CMVM;
b) Dever de observância de regras prudenciais;
c) Sistema de controlo interno;
d) Dever de informação à CMVM e ao público.

2. O presente regulamento aplica-se, com as devidas adaptações, aos participantes que gerem directamente sistemas de liquidação, salvo no que implique a natureza societária da gestão dos mesmos.

3. Não se aplicam às entidades mencionadas no artigo 35.º do Decreto-Lei n.º 394/99, de 13 de Outubro, as disposições constantes dos artigos 6.º, 8.º, n.ºs 2 a 5 do artigo 9.º, 10.º, n.º 2, alíneas b), c), e), f) e g) do artigo 11.º, 12.º, n.º 1, alínea d), e n.º 2, ambos do artigo 13.º, n.º 1, alíneas a) e b), do artigo 14.º, e 15.º, bem como outras que, consoante as características e dimensão dos mercados geridos, a CMVM possa vir a dispensar o seu cumprimento.

ARTIGO 2.º
(Concessão do registo)

A concessão do registo e a sua manutenção dependem da comprovação pelo requerente de que possui os meios técnicos, materiais e organizativos adequados ao exercício de cada actividade, por forma a cumprir o disposto no artigo 27.º, bem como, quando for o caso, no artigo 28.º, ambos do Decreto-Lei n.º 394/99, de 13 de Outubro.

ARTIGO 3.º
(Organização dos registos)

1. É aberto um registo por cada entidade gestora ou sociedade gestora de participações sociais.

2. No registo previsto no número anterior integram-se os registos relativos aos titulares dos seus órgãos sociais, o dos seus mandatários sujeitos a registo, o dos mercados, sistemas ou serviços geridos, bem como o dos factos a eles respeitantes.

3. Em relação a cada entidade, pessoa, mercado, sistema ou serviço, os registos são feitos por ordem cronológica.

4. As aprovações e autorizações previstas em lei ou em regulamento são inscritas no registo.

5. Quando os factos sujeitos a registo tenham sido objecto de publicação obrigatória, são juntos a este as referidas publicações.

6. As alterações aos elementos constantes do registo são feitas por averbamento.

7. Nos registos de entidades e pessoas averbam-se as sanções de natureza penal, contra-ordenacional ou disciplinar.

ARTIGO 4.°
(Promoção e instrução dos registos)

1. São de promoção oficiosa os registos:

a) De actos emitidos pela CMVM ou de decisões de autoridades públicas por estas comunicadas à mesma;

b) De factos comunicados pelos interessados, quando o registo não é condição da sua eficácia ou da licitude do exercício de actividades, contando-se o prazo para a sua realização desde a recepção da comunicação pela CMVM.

2. Os pedidos de registo são instruídos com os documentos necessários para a prova dos factos a registar.

ARTIGO 5.°
(Registo inicial)

1. O registo inicial das entidades gestoras é instruído com os seguintes elementos:

a) Autorização, quando concedida pelo Ministro das Finanças, com cópia dos documentos que instruíram o pedido;

b) Contrato de sociedade;

c) Identificação das entidades detentoras de participações mencionadas na alínea *c*) do n.° 1 do artigo 22.° do Decreto-lei n.° 394/99, de 13 de Outubro, caso tenha havido alterações após a concessão da autorização;

d) Certificado de registo comercial;

e) Identificação dos titulares dos órgãos sociais;

f) Descrição dos meios humanos, técnicos e materiais afectos ao exercício da sua actividade;

g) Código deontológico.

2. O registo inicial de mercados, sistemas ou serviços é instruído com os seguintes elementos:

a) Autorização, quando concedida pelo Ministro das Finanças, com cópia dos documentos que instruíram o seu pedido;

b) Regras do seu funcionamento;

c) Regras de admissão de membros, participantes ou aderentes;

d) Nos sistemas de liquidação, o acordo constitutivo aprovado por todos os participantes;

e) Acordos, contratos, cláusulas gerais ou outros documentos necessários para o correcto funcionamento dos mercados, sistemas ou serviços que pretendem gerir;

f) Estudo de viabilidade e plano de negócios, bem como demonstração de que a sociedade gestora tem condições para respeitar os requisitos prudenciais, na medida em que essa exigência não tenha já sido satisfeita para efeitos de autorização.

ARTIGO 6.º
(Meios humanos, técnicos e materiais)

Na descrição dos meios humanos, técnicos e materiais, a entidade gestora indica, designadamente:

a) Os elementos constantes do anexo I ao presente regulamento e que dele faz parte integrante;

b) A lista de funções que exijam a nomeação, nos termos do artigo 8.º, de pessoas com poderes de fiscalização e as qualificações exigidas para cada função.

ARTIGO 7.º
(Registo de pessoas)

1. Estão sujeitos a registo prévio:

a) Os titulares dos órgãos sociais;

b) Os mandatários previstos no n.º 1 do artigo 8.º.

2. O registo de pessoas depende de:

a) Apreciação da idoneidade e da competência profissional;

b) Preenchimento de questionário e declaração segundo formulário aprovado pela CMVM;

c) Junção de documento de nomeação nos casos a que se refere o artigo 8.°.

3. A apreciação da idoneidade e da competência efectua-se com base, designadamente, no questionário referido na alínea *b*) do número anterior, o qual deve ser preenchido pela pessoa a registar e que contém pelo menos os seguintes elementos:

a) Nome, morada, nacionalidade e número de contribuinte;

b) Descrição integral da situação e experiência profissional, designadamente, o tipo de relação contratual com a entidade gestora, as actividades profissionais anteriormente desempenhadas e as habilitações profissionais e académicas;

c) Informações sobre processos crime, contra-ordenacionais e processos disciplinares, em que tenha sido condenado.

4. Entre outras circunstâncias atendíveis, considera-se indiciador de falta de idoneidade o facto de a pessoa ter sido:

a) Condenada em processo crime por burla, abuso de confiança, corrupção, infidelidade, branqueamento de capitais, manipulação do mercado, abuso de informação ou crimes previstos no Código das Sociedades Comerciais;

b) Declarada falida ou julgada responsável pela falência de uma empresa;

c) Condenada em processo de contra-ordenação intentado pela CMVM, Banco de Portugal ou Instituto de Seguros de Portugal;

d) Suspensa do exercício das suas funções nos termos da alínea *a*) do n.° 1 do artigo 412.° do Código dos Valores Mobiliários.

5. Não é considerada idónea a pessoa que preste declarações falsas ou inexactas ou que omita factos relevantes.

ARTIGO 8.°
(Nomeação de mandatários)

1. Só as pessoas expressamente nomeadas pelo órgão de administração ou comissão executiva da entidade gestora podem desempenhar funções de fiscalização de mercados, sistemas ou serviços.

2. Incluem-se no número anterior as funções de direcção da negociação do mercado a contado, do mercado a prazo, de uma câmara de compensação, bem como os responsáveis pela fiscalização das contas e respec-

tivos procedimentos em sistema centralizado de valores mobiliários e em sistema de liquidação de valores mobiliários.

3. No acto de nomeação é identificado o tipo de funções que as pessoas referidas no número anterior estão habilitadas a realizar.

CAPÍTULO II
Regras prudenciais

ARTIGO 9.°
(Fundos próprios)

1. As entidades gestoras dispõem de fundos próprios necessários para assegurar o disposto no artigo 27.° do Decreto-Lei n.° 394/99, de 13 de Outubro.

2. Não são distribuídos dividendos enquanto os fundos próprios não atingirem o dobro do capital social mínimo exigível às entidades gestoras nem quando, por força dessa distribuição, fiquem abaixo desse limite.

3. O passivo das entidades gestoras é a todo o momento inferior aos seus fundos próprios.

4. Havendo incumprimento das regras definidas nos artigos anteriores:

a) As entidades gestoras comunicam imediatamente o facto à CMVM, bem como as medidas adoptadas ou a adoptar para sanar a situação;

b) A CMVM pode nomeadamente exigir que seja concretizada uma entrada de fundos de accionistas mediante aumento de capital ou prestações suplementares.

5. Para efeitos do presente artigo, os fundos próprios são calculados de acordo com o Anexo II ao presente regulamento.

ARTIGO 10.°
(Segregação contabilística)

As entidades gestoras devem gerir cada mercado, sistema e serviço de acordo com regras de segregação patrimonial que assegurem no mínimo a identificação dos respectivos centros de custos e proveitos e a sua contribuição para os resultados operacionais da entidade gestora.

CAPÍTULO III
Controlo interno

ARTIGO 11.º
(Sistema de Controlo Interno)

1. As entidades gestoras dispõem de um sistema de controlo interno apropriado à vigilância dos riscos inerentes à sua actividade bem como a assegurar o cumprimento do disposto no presente regulamento.

2. O sistema de controlo interno define os procedimentos adequados a assegurar, designadamente:

a) O cumprimento dos deveres de boa administração e defesa dos mercados e sistemas geridos;

b) O controlo dos riscos mencionados no n.º 2 do artigo 15.º;

c) O cumprimento das regras prudenciais;

d) O controlo regular e a segurança dos sistemas informáticos;

e) O cumprimento dos seus deveres de informação;

f) A avaliação dos riscos de aplicações de carteira própria;

g) O cumprimento das normas constantes do código deontológico.

ARTIGO 12.º
(Relatório Anual de controlo interno)

1. O órgão de administração da entidade gestora aprova anualmente um relatório sobre o sistema de controlo interno contendo:

a) A descrição da estrutura organizativa e dos recursos humanos;

b) Os procedimentos de controlo interno aplicados relevando as auditorias realizadas aos sistemas informáticos;

c) As situações que, em consequência da aplicação dos procedimentos referidos na alínea anterior, sejam susceptíveis de melhoramento ou correcção e as medidas adoptadas para o efeito.

2. O órgão de fiscalização da entidade gestora emite parecer sobre o relatório referido no número anterior.

CAPÍTULO IV
Informação

ARTIGO 13.º
(Envio à CMVM)

1. O órgão de administração da entidade gestora remete à CMVM:

a) Até 20 dias após o fim de cada mês, a informação mensal e os ficheiros informáticos elaborados, respectivamente, de acordo com os modelos constantes dos Anexos III-A e III-B ao presente regulamento;

b) Até à data legalmente prevista para a sua publicação, informação semestral, incluindo o balanço e demonstração de resultados e respectivos anexos, o parecer do auditor, bem como a informação mencionada no n.º 2 do artigo 15.º do presente regulamento, acompanhada de um relatório sumário onde se evidencie o cumprimento do disposto no n.º 2 do artigo 11.º;

c) Até à data legalmente prevista para a sua publicação, o seu relatório de gestão, as contas anuais, a certificação legal de contas e demais documentos de prestação de contas exigidos por lei ou regulamento;

d) Até ao final do primeiro semestre de cada ano, com referência ao ano anterior, o relatório e o parecer referidos no artigo 12.º.

2. O órgão de administração da entidade gestora remete ainda à CMVM:

a) Até 20 dias após o fim de cada mês, informação mensal sobre os fundos de garantia referidos no n.º 3 alínea *e)* do artigo 15.º nos termos do modelo constante do anexo IV ao presente regulamento;

b) Até ao dia útil seguinte à sua ocorrência, relatório que detalhe os motivos subjacentes às situações que impeçam a abertura ou o normal funcionamento dos mercados, sistemas e serviços, bem como as medidas adoptadas para a sua resolução.

3. Além de outras situações previstas em lei ou em regulamento da CMVM, as entidades gestoras comunicam também à CMVM:

a) As sanções disciplinares aplicadas;

b) Facto superveniente de que resulte a falta do requisito de idoneidade dos titulares dos órgãos de administração ou de fiscalização;

c) A aquisição de participação social por quaisquer pessoas que implique atingir ou ultrapassar 2%, 5% e 10% dos direitos de voto correspondentes ao capital social;

d) A aquisição de participações sociais noutras entidades gestoras;

e) A constituição de usufruto e penhor sobre participação social;

f) Acordo pelo qual o titular das acções se obriga a exercer os direitos de voto em determinado sentido;

g) A aquisição e alienação de imóveis.

4. As informações a que se refere o número anterior são comunicadas:

a) Imediatamente, no caso da alínea *a*) e *b*);

b) No prazo de três dias, nos casos das alíneas *c*) e *d*);

c) No prazo de oito dias, nos restantes casos.

5. As sanções contra-ordenacionais e penais são comunicadas pelo destinatário da sanção, no prazo de três dias a contar do conhecimento da decisão, mesmo que não definitiva ou transitada em julgado, salvo se entretanto a entidade gestora ou a sociedade gestora de participações sociais já tiver procedido a essa comunicação.

ARTIGO 14.°
(Publicação)

1. As entidades gestoras publicam, no boletim do mercado que gerem, ou, não gerindo estas um mercado, no boletim de bolsa onde se realizem operações a contado ou no boletim da CMVM, nos termos e prazos aplicáveis aos emitentes com acções negociadas no mercado de cotações oficiais, os elementos mencionados:

a) No n.° 1, alínea *a*), do artigo 13.°, apenas no que respeita à informação elaborada de acordo com o anexo III-A e relativamente aos primeiro e terceiro trimestre;

b) No n.° 1, alíneas *b*) e *c*), também do artigo 13.°

2. Nos locais referidos no n.° 1 e no prazo de 15 dias após a concessão do registo pela CMVM, as entidades gestoras publicam as regras de funcionamento dos mercados, sistemas e serviços por elas geridos, bem como as regras de acesso aos mesmos pelos membros, participantes ou aderentes.

ARTIGO 15.°
(Anexos ao balanço e demonstração de resultados)

1. Dos anexos ao balanço e demonstração de resultados individuais e consolidados constam, quando aplicáveis, para além de outras legalmente exigidas, as informações constantes dos números seguintes.

2. São objecto de menção e identificação os riscos assumidos pelas entidades gestoras, devendo ser quantificados os que seguidamente se descriminam:

a) Risco de contraparte – inerente às posições abertas de que a entidade gestora seja contraparte, aferido pelo montante da perda potencial assumida pela entidade gestora em caso de incumprimento, indicando-se os valores máximo e médio verificados no período de referência da informação;

b) Risco de mercado – traduzido pelas perdas potenciais provocadas por oscilação dos preços de mercado, quer dos activos integrantes da carteira de investimentos financeiros da entidade gestora, quer dos activos integrantes da carteira de valores mobiliários entregues como garantia de operações em que a entidade gestora assuma o risco de contraparte, aferidas com base em método reconhecido pela CMVM.

3. São igualmente objecto de menção, identificação e quantificação:

a) Os activos entregues à entidade gestora como garantia de operações em curso, com explicitação dos riscos a cuja cobertura os mesmos se destinam;

b) Os activos que constituem investimentos financeiros da entidade gestora, bem como os respectivos preços de aquisição e valor de equivalência patrimonial se aplicável;

c) Os compromissos de compras e vendas a prazo de conta própria da entidade gestora, bem como dos termos em que foram constituídas provisões para menos-valias potenciais;

d) As responsabilidades assumidas pela entidade gestora em matéria de fundos de pensões, bem como a forma como as mesmas se encontram contabilizadas;

e) Os valores totais que se encontram à guarda da entidade gestora no âmbito de fundos de garantia por si promovidos ou geridos.

ARTIGO 16.º
(Norma Revogatória)

São revogados os regulamentos n.º 3/2000, de 2 de Fevereiro, e n.º 28/2000, de 1 de Agosto, ambos da CMVM.

ARTIGO 17.º
(Entrada em vigor)

O presente regulamento entra em vigor no dia seguinte ao da sua publicação.

Lisboa, 4 de Outubro de 2001 – O Presidente do Conselho Directivo, *Fernando Teixeira dos Santos* – O Vice-Presidente do Conselho Directivo, *Luís Lopes Laranjo*

ANEXO I
MEIOS HUMANOS TÉCNICOS E MATERIAIS

A – Meios Humanos

1. Organograma funcional da entidade gestora.
2. Responsáveis pelas seguintes áreas ou funções:
   a) Direcção de negociação do mercado a contado;
   b) Direcção de negociação do mercado a prazo;
   c) Direcção de câmara de compensação;
   d) Fiscalização das contas e respectivos procedimentos em sistema centralizado;
   e) Fiscalização dos procedimentos em sistema de liquidação;
   f) Outros serviços prestados que não a gestão de mercados e sistemas;
   g) Sistemas informáticos de base de cada mercado/sistema/serviço;
   h) Elaboração e controlo da implementação da regulamentação emitida pela entidade gestora;
   i) Admissão, manutenção e controlo de informação de emitentes;
   j) Área administrativa e financeira;
   k) Marketing.
3. Indicação do número de pessoas afectas a cada área ou função, bem como informação quanto às qualificações tipo requeridas.

B – Meios técnicos e materiais

1. Principais características dos sistemas informáticos de base de cada mercado/sistema/serviço, evidenciando, nomeadamente:
   a) Mecanismos de segurança e controlo de riscos;
   b) Unidade física de fornecimento contínuo de energia;
   c) Realização de cópias de segurança;
   d) Acessibilidade aos sistemas, designadamente níveis de acesso e palavras chave.
2. Instalações onde são exercidas as actividades e respectivos controlos de acesso.

ANEXO II
FUNDOS PRÓPRIOS

Fundos próprios

$$= (X_1 + X_2 + X_3 + X_4 + X_5 + X_6 + X_7 + X_8)$$
$$- (X_9 + X_{10} + X_{11} + X_{12} + X_{13} + X_{14} + X_{15}).$$

Onde:

X_1 Capital realizado;

X_2 Prestações suplementares;

X_3 Prémios de emissão de acções;

X_4 Reservas legais, estatutárias e outras formadas por resultados líquidos não distribuídos;

X_5 Resultados líquidos positivos transitados de exercícios anteriores;

X_6 Resultados líquidos positivos do exercício;

X_7 Reservas da reavaliação do activo imobilizado, constituídas com os coeficientes de desvalorização monetária legalmente definidos;

X_8 Ajustamentos positivos de partes de capital em filiais e associadas;

X_9 Acções próprias e outros valores mobiliários que permitam a aquisição de acções próprias, pelo valor de inscrição no balanço;

X_{10} Despesas de instalação reconhecidas em imobilizações incorpóreas;

X_{11} 20% dos títulos negociáveis que não integrem X12 nem sejam títulos de dívida emitidos por bancos centrais ou entidades públicas que gozem de muito baixo risco pertencentes à denominada zona A para efeitos de rácios de solvabilidade das instituições de crédito da União Europeia;

X_{12} 100% dos títulos negociáveis de rendimento contingente, com excepção de obrigações de rendimento variável indexados a referenciais de taxas de juro;

X_{13} Resultados líquidos negativos transitados de exercícios anteriores;

X_{14} Resultados líquidos negativos do exercício;

X_{15} Ajustamentos negativos de partes de capital em filiais e associadas.

ANEXO III
A – INFORMAÇÃO MENSAL

INFORMAÇÃO MENSAL *INDIVIDUAL/CONSOLIDADA* (Não Auditada)
(aplicável às entidades sujeitas à disciplina normativa contabilística do Plano Oficial de Contabilidade)

Empresa:_____

Sede:_____ _____ NIPC:_____

Período de Referência: Início: ___/___/____   Fim: ___/___/____

Rubricas do Balanço	Individual			Consolidada		
	n	n-1	Var. (%)	n	n-1	Var. (%)
ACTIVO						
Imobilizado (líquido)						
Imobilizações incorpóreas	X	X	+/-X	X	X	+/-X
Imobilizações corpóreas	X	X	+/-X	X	X	+/-X
Investimentos financeiros	X	X	+/-X	X	X	+/-X
Circulante:						
Existências	X	X	+/-X	X	X	+/-X
Dívidas de terceiros (líquido)						
Médio e longo prazo	X	X	+/-X	X	X	+/-X
Curto prazo	X	X	+/-X	X	X	+/-X
Títulos negociáveis	X	X	+/-X	X	X	+/-X
Depósitos bancários e caixa	X	X	+/-X	X	X	+/-X
Acréscimos e diferimentos	X	X	+/-X	X	X	+/-X
CAPITAL PRÓPRIO						
Valor do capital social	X	X	-	X	X	-
Nº de acções ordinárias	X	X	-	X	X	-
Nº de acções de outra natureza	X	X	-	X	X	-
Valor das acções próprias	X	X	-	X	X	-
Nº de acções com voto	X	X	-	X	X	-
Nº de acções pref. sem voto	X	X	-	X	X	-
Interesses minoritários	-	-	-	X	X	+/-X
Reservas	X	X	+/-X	X	X	+/-X
Resultados transitados	X	X	+/-X	X	X	+/-X
Resultados líquidos	X	X	+/-X	X	X	+/-X
PASSIVO						
Provisões para riscos e encargos	X	X	+/-X	X	X	+/-X
Dívidas a terceiros						
Médio e longo prazo	X	X	+/-X	X	X	+/-X
Curto prazo	X	X	+/-X	X	X	+/-X
Acréscimos e diferimentos	X	X	+/-X	X	X	+/-X
TOTAL DO ACTIVO (LÍQUIDO)	X	X	+/-X	X	X	+/-X
TOTAL DO CAPITAL PRÓPRIO	X	X	+/-X	X	X	+/-X
TOTAL DO PASSIVO	X	X	+/-X	X	X	+/-X
TOTAL DOS FUNDOS PRÓPRIOS [1]	X	X	+/-X	X	X	+/-X

Rubricas da Demonstração dos Resultados	Individual			Consolidada		
	n	n-1	Var. (%)	n	n-1	Var. (%)
Vendas e prestação de serviços.................	X	X	+/-X	X	X	+/-X
Variação da produção..............................	X	X	+/-X	X	X	+/-X
CMVMC e dos serviços prestados............	X	X	+/-X	X	X	+/-X
Resultados brutos	X	X	+/-X	X	X	+/-X
Resultados operacionais............................	X	X	+/-X	X	X	+/-X
Resultados financeiros (líquido)................	X	X	+/-X	X	X	+/-X
Resultados correntes...................................	X	X	+/-X	X	X	+/-X
Resultados extraordinários.......................	X	X	+/-X	X	X	+/-X
Imposto sobre o rendimento(2)..................	X	X	+/-X	X	X	+/-X
Interesses minoritários.............................	-	-	-	X	X	+/-X
Resultado líquido.......................................	X	X	+/-X	X	X	+/-X
Resultado líquido por acção	X	X	+/-X	X	X	+/-X
Autofinanciamento(3)..................................	X	X	+/-X	X	X	+/-X

(1) Calculados de acordo com o Anexo II;
(2) Estimativa de imposto sobre o rendimento
(3) Autofinanciamento = Resultado líquido + Amortizações + Provisões.

EVOLUÇÃO DA ACTIVIDADE NO PERÍODO

(Resumo da actividade da empresa por forma a permitir aos investidores formar uma opinião sobre a actividade desenvolvida pela empresa ao longo do período)

(Pessoas que assumem responsabilidade pela informação, cargos que desempenham e respectivas assinaturas)

NOTAS EXPLICATIVAS

- Os valores solicitados deverão ser expressos em Euros, sem casas decimais.
- Os valores negativos deverão figurar entre parêntesis (   ).
- O período definido como "n" diz respeito aos valores até ao final mês em causa, enquanto que o período definido como "n-1" diz respeito aos valores até ao final mês homólogo do ano anterior.
- A informação consolidada apenas deve ser preenchida quando o período respeite ao final de um trimestre.
- Todos os valores deverão ser acumulados desde o início do exercício.

B – FICHEIROS INFORMÁTICOS

Cada rubrica do balanço ou da demonstração de resultados deve corresponder a uma linha de ficheiro ASCII a elaborar. Cada linha dos ficheiros é composta por dois ou três campos, respectivamente se se tratar de informação individual ou consolidada, separados por ponto e vírgula. O primeiro campo respeita ao código da rubrica e tem dimensão fixa de 3 caracteres Alfa, devendo ser preenchido de acordo com os códigos constantes dos quadros abaixo apresentados. Os segundo e terceiro campos respeitam, respectivamente, ao valor individual e consolidado das rubricas e têm dimensão fixa de 14 caracteres numéricos, dos quais dois são decimais.

Ficheiro 1

CÓDIGOS	Rubricas do Balanço
ILQ	**Imobilizado (líquido):**
IIN	Imobilizações incorpóreas
ICP	Imobilizações corpóreas
IFN	Investimentos financeiros
CRL	**Circulante:**
EXT	Existência
ADT	Dívidas de terceiros (líquido):
ADL	Médio e longo prazo
ADC	Curto prazo
TNG	**Títulos negociáveis**
DBC	**Depósitos bancários e caixa**
AAD	**Acréscimos e Diferimentos**
VCS	**Valor do Capital social**
NOR	*N° acções ordinárias*
NON	*N° acções de outra natureza*
VAP	**Valor das Acções próprias**
NCV	*N° acções com voto*
NSV	*N° acções pref. sem voto*
IMT	**Interesses Minoritários**
RSV	**Reservas**
RTS	**Resultados Transitados**
RLQ	**Resultado Líquido**
PRE	**Provisões para riscos e encargos**
PDT	**Dívidas a terceiros**
PDL	Médio e longo prazo
PDC	Curto prazo
PAD	Acréscimos e Diferimentos
TAL	**TOTAL DO ACTIVO (líquido)**
TCP	**TOTAL DO CAPITAL PRÓPRIO**
TPV	**TOTAL DO PASSIVO**
TFP	**TOTAL DOS FUNDOS PRÓPRIOS**

Ficheiro 2

CÓDIGOS	Rubricas da Demonstração de Resultados
VPS	Vendas e Prestação de serviços
VDP	Variação da produção
CMV	CMVMC e dos Serviços prestados
RBT	**Resultados brutos**
ROP	**Resultados operacionais**
RFN	Resultados Financeiros (líquido)
RCR	**Resultados correntes**
REX	Resultados extraordinários
ISR	Imposto sobre o rendimento
IMT	Interesses Minoritários
RLQ	**Resultado líquido**
RLA	**Resultado líquido por acção**
ATF	**Autofinanciamento**

A denominação dos ficheiros obedece à seguinte estrutura: TFMMAAENTG, em que TF corresponde ao código do tipo ficheiro produzido: BL, caso se trate do ficheiro com rubricas do balanço e DR, caso se trate de ficheiro com rubricas da demonstração de resultados, MMAA corresponde ao mês e ano a que a informação respeita e em que ENTG corresponde ao código da entidade gestora, a atribuir de acordo com a tabela abaixo apresentada.

BVLP – Sociedade Gestora de Mercados Regulamentados, SA.	**BVLP**
Interbolsa – Sociedade Gestora de Sistemas de Liquidação e de Sistemas Centralizados de Valores Mobiliários, SA.	**INTB**
MTS Portugal, Sociedade Gestora do Mercado Especial de Dívida Pública – SGMR, SA.	**MTSP**

ANEXO IV
INFORMAÇÃO MENSAL DE FUNDOS DE GARANTIA

RUBRICA	VALOR
Património 1	(X1)
Custos (X2) = (X21+X22+X23)	
Funcionamento	(X21)
Indemnizações pagas	(X22)
Outros	(X23)
Proveitos	(X3) = (X31 + X32 + X33)
Contribuições	(X31) = (X311 + X312 + X313 + X314 + X315)
Membros	(X311)
Entidade gestora	(X312)
Recompras	(X313)
Reversões	(X314)
Outras	(X315)
Exercício de direito de regresso	(X32)
Rendimentos de aplicações	(X33)
Património 2	(X4) = (X1 – X2 + X3)

– **X1** corresponde ao valor do património com referência ao final do mês imediatamente anterior ao da informação prestada.
– **X2** e **X3** correspondem, respectivamente, ao somatório dos custos e proveitos gerados no mês a que a informação prestada respeita.
– As aplicações que geram os valores inscritos em **X33** devem ser identificadas e quantificadas.

EMITENTES, OFERTAS E INFORMAÇÃO

REGULAMENTO N.º 19/99
com as alterações introduzidas pelo Regulamento n.º 29/2000 (¹)

Warrants autónomos

O presente regulamento desenvolve o regime jurídico dos *warrants* autónomos, constante do Decreto-Lei n.º 172/99, de 20 de Maio. Este diploma procedeu à qualificação dos *warrants* autónomos como valores mobiliários, o que supõe a aptidão para lhes ser aplicado o regime geral

---

(¹) O Regulamento n.º 29/2000, de 20 de Julho, foi publicado no Diário da República, II Série, de 23 de Agosto, com o seguinte preâmbulo:
"O Decreto-Lei n.º 172/99, de 20 de Maio regulou pela primeira vez no ordenamento jurídico nacional os warrants *autónomos, contribuindo para a modernização do direito mobiliário nacional.*

Em desenvolvimento do regime jurídico estabelecido, a CMVM elaborou o regulamento n.º 19/99 de 25 de Novembro, que visou a tradução de um quadro regulamentar adequado ao instrumento e à realidade do mercado nacional.

A entrada em vigor do Código dos Valores Mobiliários, aprovado pelo Decreto-Lei n.º 486/99, de 13 de Novembro, e da regulamentação emitida pela CMVM em desenvolvimento do novo Código, implicou a melhor apreciação de alguns pontos do Regulamento relativo a warrants *autónomos, de molde a adequá-lo a algumas das soluções trazidas pelo Código dos Valores Mobiliários e flexibilizar alguns pontos de regime.*

A flexibilização incide, fundamentalmente, em duas áreas: no que respeita ao modo de determinação do preço do activo subjacente para efeitos de exercício de direitos (artigo 4.º) e no que respeita aos requisitos especificamente exigidos para a admissão de warrants *autónomos emitidos por entidades de estatuto pessoal não português (artigo 13.º).*

São, ainda, previstas normas complementares de adequação do Regulamento aos novos quadros do Código dos Valores Mobiliários.

Assim,

Ao abrigo do disposto no Decreto-Lei n.º 172/99, no artigo 369.º do Código dos Valores Mobiliários e na alínea n) do artigo 9.º do Decreto-Lei n.º 473/99, de 8 de Novembro, o conselho directivo da Comissão do Mercado de Valores Mobiliários aprova as seguintes alterações ao Regulamento n.º 19/99, procedendo em anexo à sua republicação:".

constante do Código do Mercado de Valores Mobiliários e respectiva regulamentação, designadamente no tocante aos deveres de informação. Porém, torna-se necessário fixar algumas regras especialmente dirigidas aos *warrants* autónomos, atendendo às suas singularidades como valores mobiliários. Nessa conformidade, consagraram-se aqui indicações básicas no tocante às características e aos requisitos que devem obedecer os activos subjacentes deste novo tipo de valor mobiliário, assim como se determinou o conteúdo do prospecto das ofertas públicas a estes relativos. Mais se detém o presente regulamento na regulação do exercício dos direitos inerentes aos *warrants* autónomos, impondo a intervenção de um intermediário financeiro com funções de centralização de todo o processo. Estabelecem-se ainda as regras especiais respeitantes à negociação destes valores mobiliários em bolsa.

Foram ouvidas a Bolsa de Valores de Lisboa, a Bolsa de Derivados do Porto e a Interbolsa.

Assim:

Ao abrigo do disposto no Decreto-Lei n.º 172/99, de 20 de Maio, das alíneas *a*) e *b*) do n.º 1 do artigo 14.º, da alínea *q*) do n.º 1 do artigo 134.º, do n.º 2 do artigo 151.º, do artigo 173.º, na alínea *h*) do n.º 1 do artigo 313.º, no n.º 3 do artigo 323.º, no artigo 327.º, no artigo 368.º, no artigo 369.º e na alínea *a*) do n.º 1 do artigo 378.º, todos do Código do Mercado de Valores Mobiliários, o conselho directivo da CMVM aprovou o seguinte regulamento:

CAPÍTULO I
Disposições gerais

ARTIGO 1.º
(Objecto)

O presente regulamento desenvolve o disposto no Decreto-Lei n.º 172/99, de 20 de Maio, relativamente ao regime de emissão, de exercício de direitos inerentes e de admissão à negociação de *warrants* autónomos.

ARTIGO 2.º
(Características de activos subjacentes)

1. Os *warrants* autónomos podem ter como activo subjacente os seguintes índices sobre valores mobiliários:
   a) PSI 20;

b) BVL 30;

c) BVL Geral;

d) Outros índices sobre valores mobiliários cotados em bolsa com características pelo menos equivalentes aos referidos nas alíneas anteriores quanto à sua confiabilidade ou que sejam utilizados como referência nos mercados internacionais.

2. O activo utilizado como subjacente de *warrants* autónomos deve ser objecto de divulgação diária acessível em Portugal.

ARTIGO 3.°
(Requisitos de utilização dos activos subjacentes)

1. A utilização de índices sobre valores mobiliários como activo subjacente de *warrants* autónomos deve ser previamente autorizada pela entidade que procede ao seu apuramento.

2. A utilização de valores mobiliários como activo subjacente de *warrants* autónomos deve ser comunicada, com uma antecedência de cinco dias em relação ao início do prazo da oferta, ao emitente dos valores mobiliários.

ARTIGO 4.°
(Determinação do preço do activo subjacente)

1. O preço do activo subjacente utilizado como referência para a determinação do preço de exercício deve ser representativo.

2. Para efeitos do número anterior, presume-se que o preço do activo subjacente é representativo se é apurado através de uma média de preços verificados em momentos distintos.

ARTIGO 5.°
**(Montante total dos *warrants*
sobre valores mobiliários alheios)**

1. Não podem ser emitidos *warrants* autónomos que confiram o direito de aquisição de valores mobiliários alheios emitidos por sociedades sujeitas à lei portuguesa em montante superior ao capital social do emitente do activo subjacente.

2. Para efeitos do número anterior, é considerada a totalidade de valores mobiliários a que, dentro do mesmo tipo, os *warrants* emitidos dão direito de aquisição.

3. Cada emitente de *warrants* autónomos sobre valores mobiliários alheios não pode emitir, por si ou por pessoas que com ela estejam em relação de domínio ou de grupo, mais de 20% do montante resultante do n.º 1.

ARTIGO 6.º
(Vicissitudes do activo subjacente)

1. Em caso de vicissitudes relevantes no activo subjacente, a CMVM pode ordenar que a correcção às condições de emissão seja determinada por uma entidade independente e de reconhecida idoneidade.

ARTIGO 7.º
(Conteúdo do prospecto)

(Revogado pelo artigo 72.º do Regulamento n.º 10/2000 da CMVM)

ARTIGO 8.º
(Alteração das circunstâncias)

(Revogado pelo artigo 2.º do Regulamento n.º 29/2000 da CMVM)

CAPÍTULO II
Exercício de direitos

ARTIGO 9.º
(Ordens para exercício de direitos)

1. O exercício de direitos inerentes aos *warrants* pode ser feito perante um intermediário financeiro autorizado, salvo no caso de os *warrants* estarem integrados em sistema centralizado, em que deve ser efectuado através da Central de Valores Mobiliários.
2. As ordens para exercício de direitos recebidas por outro intermediário financeiro devem ser transmitidas ao intermediário financeiro referido no número anterior ou à Central de Valores Mobiliários.
3. O intermediário financeiro receptor da ordem procede de imediato ao bloqueio dos *warrants* cujo exercício foi requerido.

ARTIGO 10.°
(Apuramento das declarações)

1. O apuramento e o processamento das declarações de exercício são feitos:

a) Pela Central de Valores Mobiliários no caso de os *warrants* autónomos estarem integrados em sistema centralizado;

b) Pelo intermediário financeiro a que se refere o n.° 1 do artigo anterior, nas demais situações.

2. Os intermediários financeiros que prestarem o serviço de registo ou de depósito de *warrants* autónomos devem prestar ao intermediário financeiro que centraliza o exercício dos *warrants* toda a informação que seja necessária para o exercício das funções deste.

ARTIGO 11.°
(Atribuição dos direitos)

1. No prazo máximo de três dias úteis contados do termo do período de exercício, a entidade encarregada de proceder ao apuramento das ordens procede à atribuição do direito inerente ao *warrant* autónomo creditando nas contas indicadas pelo ordenador os valores mobiliários ou montantes correspondentes.

2. O exercício de direitos inerentes aos *warrants* autónomos através da Central de Valores Mobiliários obedece a regulamentação da Central, a emitir de acordo com as regras gerais contidas nos números anteriores.

CAPÍTULO III
Admissão à negociação

ARTIGO 12.°
(Negociabilidade em mercado de bolsa a contado)

Os *warrants* autónomos podem ser admitidos à negociação em mercado de bolsa a contado.

ARTIGO 13.º
(Admissão à negociação de *warrants*
emitidos por entidades sujeitas a lei pessoal estrangeiras)

1. Aplica-se à admissão ao mercado de cotações oficiais de *warrants* autónomos emitidos por entidades sujeitas a lei pessoal estrangeira o disposto nos artigos 60.º e seguintes do Regulamento n.º 10/2000 da CMVM, com as excepções constantes dos números seguintes.

2. O disposto nas alíneas *a*), *b*), *c*) e *d*) do artigo 64.º do Regulamento n.º 10/2000 da CMVM apenas se aplica a emissões de *warrants* autónomos por entidades sujeitas a lei pessoal estrangeira na medida em que os *warrants* autónomos emitidos confiram o direito à aquisição de acções ou outros valores mobiliários que dêem direito à sua subscrição ou aquisição a qualquer outro título.

3. A designação de intermediário financeiro de interligação não é exigida se o emitente dos *warrants* autónomos for intermediário financeiro autorizado a praticar os actos previstos no artigo 68.º do Regulamento n.º 10/2000 da CMVM.

ARTIGO 14.º
(Admissão ao mercado de cotações oficiais)

(Revogado pelo artigo 72.º do Regulamento n.º 10/2000 da CMVM)

ARTIGO 15.º
(Admissão ao segundo mercado)

(Revogado pelo artigo 72.º do Regulamento n.º 10/2000 da CMVM)

10 de Novembro de 1999 – O Presidente do Conselho Directivo, *José Nunes Pereira*

REGULAMENTO N.º 6/2000

Auditores

A informação de natureza económico-financeira exige o controlo e apreciação por parte de entidades idóneas, independentes e isentas. Estão nesta situação os auditores sujeitos a registo na Comissão do Mercado de Valores Mobiliários. Nesse sentido, consagram-se regras exigentes relativas ao registo junto da CMVM e ao desenvolvimento das funções específicas, impostas pela profissionalização dos agentes do mercado, de acordo com normas internacionalmente reconhecidas e aceites.

O Código dos Valores Mobiliários consagrou a possibilidade de registar como auditores, além de sociedades de revisores oficiais de contas, os revisores oficiais de contas em nome individual. A adopção obrigatória da forma societária deixou de constituir, por isso, um requisito de exclusividade no acesso àquele registo. Esta solução legislativa impôs a adaptação dos requisitos exigíveis para efeitos de registo junto da CMVM, com a necessidade de assegurar tratamento igualitário, quer os serviços de auditoria sejam exercidos em nome individual, quer sejam em regime societário.

Esta inovação, associada à experiência acumulada ao longo destes anos, permitiu clarificar e especificar determinadas condições por forma a conseguir uma melhoria na aplicação do presente regulamento. A experiência internacional também contribui para uma significativa modernização da função de auditoria, onde se exige uma maior responsabilização dos seus agentes, nomeadamente ao nível da independência e determinação das situações de conflito de interesse.

Foi ouvida a Ordem dos Revisores Oficiais de Contas.

Assim,

Ao abrigo do disposto no artigo 11.º e para os efeitos do disposto nos artigos 8.º a 10.º, todos do Código dos Valores Mobiliários, o conselho directivo da Comissão do Mercado de Valores Mobiliários aprovou o seguinte regulamento:

ARTIGO 1.º
(Informação auditada)

1. Para efeitos do artigo 8.º do Código dos Valores Mobiliários, está sujeita a relatório ou a parecer elaborado por auditor registado na CMVM a informação financeira contida, designadamente, nos seguintes documentos de prestação de contas:

a) Relatório de gestão;

b) Balanço, demonstrações de resultados e respectivos anexos;

c) Demonstração de fluxos de caixa e respectivos anexos.

2. O disposto no número anterior aplica-se à informação financeira elaborada sob a forma consolidada quando a entidade a tal esteja legalmente obrigada.

ARTIGO 2.º
(Conteúdo do relatório ou parecer do auditor)

1. A informação constante do relatório ou parecer elaborado por auditor registado na CMVM deve, além de cumprir os critérios dos artigos 7.º e 8.º do Código dos Valores Mobiliários:

a) Ser tecnicamente precisa, concisa e adequadamente sistematizada;

b) Mencionar, expressamente, os factos ou circunstâncias ocorridos, entre a data a que se reporta a informação financeira e a data da emissão do relatório ou parecer, que sejam ou devam ser do conhecimento do auditor e se mostrem susceptíveis de afectar de modo relevante a informação constante dos documentos de prestação de contas.

2. No caso das instituições de investimento colectivo, o relatório ou parecer do auditor deve ainda pronunciar-se sobre as matérias previstas no artigo 34.º do Decreto-Lei n.º 276/94, de 2 de Novembro, e no artigo 37.º do Decreto-Lei n.º 294/95, de 17 de Novembro, respectivamente, para os fundos de investimento mobiliário e imobiliário.

ARTIGO 3.º
(Deveres gerais do auditor)

1. O auditor deve cumprir todas as normas técnicas de revisão e de auditoria aprovadas ou reconhecidas pela Ordem dos Revisores Oficiais de Contas.

2. O relatório e o parecer obedecem aos modelos de relato aprovados pela CMVM, ouvida a Ordem dos Revisores Oficiais de Contas, e que satisfaçam todos os requisitos previstos nos artigos anteriores.

3. No relatório, o auditor deve proporcionar um nível de segurança aceitável e a sua opinião deve ser expressa de forma positiva.

4. No parecer, o auditor pode proporcionar uma segurança moderada emitindo uma opinião expressa de forma negativa.

ARTIGO 4.°
(Elaboração do relatório ou parecer)

1. O relatório ou parecer deve ser elaborado por auditor registado na CMVM, devendo ser assinado por um sócio revisor com mais de 5 anos de exercício efectivo da profissão, no caso de sociedades de revisores oficias de contas, ou pelo revisor oficial de contas no caso de revisores individuais.

2. Para efeitos do disposto no n.° 2 do artigo 9.° do Código dos Valores Mobiliários, o auditor deve demonstrar, perante a CMVM, que oferece garantias de confiança pelo menos equivalentes às exigíveis para o registo como auditor na CMVM.

3. Consideram-se sujeitos a controlo de qualificação no Estado de origem, os auditores submetidos a um sistema de controlo de qualidade que satisfaça as recomendações emanadas da União Europeia.

4. Consideram-se padrões internacionalmente reconhecidos, nomeadamente, as normas internacionais de auditoria emanadas do *International Auditing Practices Committee* da International Federation of Accountants (IFAC).

ARTIGO 5.°
(Dever de comunicação)

Os auditores que prestem serviços aos emitentes com valores mobiliários admitidos à negociação em bolsa devem comunicar imediatamente à CMVM os factos respeitantes a essas entidades de que tenham conhecimento no exercício das suas funções, quando sejam susceptíveis de:

a) Constituir crime ou ilícito de mera ordenação social previsto em norma legal ou regulamentar de aplicação pela CMVM;

b) Afectar a continuidade do exercício da actividade do emitente;

c) Justificar a emissão de reservas, escusa de opinião, opinião adversa ou impossibilidade de emissão de relatório ou de parecer.

ARTIGO 6.º
(Registo de auditores)

1. Só podem ser registados na CMVM como auditores, as sociedades de revisores oficiais de contas e outros auditores habilitados a exercer a sua actividade em Portugal, cuja inscrição na Ordem de Revisores Oficiais de Contas não se encontre suspensa, e que sejam dotados de meios humanos, materiais e financeiros necessários para assegurar a sua idoneidade, independência e competência técnica.

2. Para efeitos do disposto no número anterior, os auditores devem satisfazer, pelo menos, as seguintes condições:

a) Ter a sociedade um número de revisores oficiais de contas ao serviço permanente, em regime de dedicação exclusiva, não inferior a três;

b) O revisor oficial de contas a título individual ou, no caso de se tratar de sociedades, um dos sócios revisor oficial de contas deve ter, no mínimo, cinco anos de exercício efectivo da profissão e a venha exercendo em regime de exclusividade há, pelo menos três anos;

c) Ter uma situação patrimonial líquida não inferior a € 50 000;

d) Ter a sociedade um volume de negócios não inferior a € 250 000 ou ser a totalidade dos honorários do revisor em nome individual não inferior a € 150 000;

e) Cada cliente não pode representar mais de 15% do total do volume anual de negócios da sociedade ou do total anual dos honorários do revisor em nome individual ou limite inferior definido nos termos do Código de Ética e Deontologia Profissional da Ordem dos Revisores Oficiais de Contas;

f) Deter um seguro de responsabilidade profissional de montante não inferior a € 2 500 000;

g) Possuir conhecimentos adequados sobre instrumentos financeiros e sobre o funcionamento do mercado de valores mobiliários;

h) Demonstrar dispor dos demais meios de organização, humanos e materiais adequados ao exercício das funções atribuídas pelo Código dos Valores Mobiliários e pelos regulamentos que o complementem.

3. Para efeitos do disposto na alínea *a*) do número anterior, consideram-se em regime de dedicação exclusiva os revisores que satisfaçam os requisitos previstos no n.º 5 do artigo 49.º do Decreto-Lei n.º 487/99, de 16 de Novembro.

4. Para efeitos do disposto na alínea *h*) do n.º 2, consideram-se meios adequados, nomeadamente, os seguintes:

a) Dispor de organização que permita que os processos referentes aos serviços de auditoria, a prestar no âmbito do Código dos Valores Mobiliários, sejam sujeitos a um controlo interno de qualidade e a controlo de qualidade da Ordem dos Revisores Oficiais de Contas, executado em conformidade com as recomendações que vierem a ser emanadas da IFAC e da União Europeia;

b) Dispor de técnicos com o grau mínimo de bacharelato adequado, além dos revisores oficiais de contas, em número não inferior à razão de 1 por cada 15 pontos, de que o auditor disponha, calculados nos termos definidos para efeitos das incompatibilidades específicas de exercício previstas no artigo 76.º do Decreto-Lei n.º 487/99, de 16 de Novembro e no respectivo anexo I, arredondado por defeito para a unidade;

c) Dispor de escritório permanente equipado com meios informáticos que permitam desenvolver adequadamente o trabalho de auditoria;

d) Dispor de documentação e publicações adequadas que permitam a permanente actualização e formação técnica.

ARTIGO 7.º
(Instrução do pedido de registo)

1. O pedido de registo dos auditores deve ser solicitado através de requerimento, dirigido ao conselho directivo da CMVM, instruído com os seguintes elementos:

a) Certidão emitida pela Ordem dos Revisores Oficiais de Contas, há menos de 60 dias relativamente à data do pedido de registo, atestando que o revisor se encontra em pleno exercício da sua capacidade profissional, nos termos da alínea *o*) do artigo 5.º do Decreto-Lei n.º 487/99, de 16 de Novembro;

b) Declaração dos revisores oficiais de contas, emitida sob compromisso de honra, de que se encontram preenchidos os requisitos exigidos na alíneas *a*) e *b*) do n.º 2 do artigo anterior;

c) Registo disciplinar emitido pela Ordem dos Revisores Oficiais de Contas, há menos de 60 dias em relação à data do pedido de registo, relativo ao auditor ou a qualquer das pessoas ao seu serviço;

d) Certificado do registo criminal dos sócios da sociedade de revisores oficiais de contas ou dos revisores em nome individual, bem como dos revisores oficiais de contas ao serviço da sociedade de revisores oficiais de contas ou do revisor oficial de contas em nome individual;

e) Currículo académico e profissional dos sócios ou do revisor a título individual, bem como de todos os revisores oficiais de contas contratados, acompanhado de cópia dos relatórios anuais elaborados no último exercício, em conformidade com o previsto no artigo 452.º do Código das Sociedades Comerciais e dos correspondentes documentos de certificação legal de contas;

f) Cópia do contrato de sociedade em vigor à data do pedido de registo e indicação do *Diário da República* em que foi publicado, quando se trate de uma sociedade de revisores oficiais de contas;

g) Currículo do requerente com indicação, nomeadamente, dos seus clientes, descrição dos pontos utilizados bem como identificação expressa de todos os clientes cujos honorários cobrados ultrapasse metade da percentagem referida na alínea *e)* do n.º 2 do artigo anterior relativa ao total de honorários ou ao volume de negócios anual;

h) Descrição pormenorizada da organização e meios humanos e materiais ao dispor do auditor, mencionando as instalações, escritório permanente, pessoal e outros meios que lhe garantam a verificação das condições definidas no n.º 4 do artigo anterior;

i) Cópia dos contratos de prestação de serviços que o auditor tenha celebrado com seus colaboradores, incluindo os celebrados ao abrigo do disposto na alínea *c)* do n.º 1 do artigo 49.º do Decreto-Lei n.º 487/99, de 16 de Novembro;

j) Cópia do título que legitime o uso das instalações e escritório permanente do auditor;

l) Cópia do contrato de seguro a que se refere a alínea *f)* do n.º 2 do artigo anterior;

m) Relatório de gestão e contas da sociedade de revisores oficiais de contas respeitantes aos três últimos exercícios ou apenas aos exercícios decorridos, se tiver sido constituída há menos de três anos ou, no caso de se tratar de revisores individuais, cópia do Anexo B das declarações de IRS respeitantes aos últimos três anos.

2. O requerente deve responder aos pedidos de informação ou de esclarecimento relativos ao registo na CMVM no prazo que lhe for fixado, sob pena de indeferimento do pedido.

3. Completada a instrução do processo, e antes de decidir, a CMVM solicita o parecer da Ordem dos Revisores Oficiais de Contas, considerando-se que esta concorda com a concessão do registo se não se pronunciar no prazo de 30 dias a partir da data em que o receba.

4. O registo ou a sua recusa devem ser comunicados pela CMVM ao requerente no prazo de 45 dias contado desde a recepção do pedido, devidamente instruído.

ARTIGO 8.°
(Factos sujeitos a averbamento)

1. Ao registo dos auditores, são averbadas as seguintes alterações aos elementos referidos no n.° 1 do artigo anterior:

a) Alterações ao contrato social da sociedade de revisores oficiais de contas;

b) Alterações do domicílio profissional dos auditores quando se trate de revisores oficiais de contas em nome individual;

c) Celebração ou rescisão de contrato com revisores oficiais de contas celebrado ao abrigo da alínea *c*) do n.° 1 do artigo 49.° do Decreto-Lei n.° 487/99, de 16 de Novembro;

2. Os averbamentos são solicitados pelos interessados à CMVM, no prazo de 15 dias a contar da data de verificação das alterações, mediante requerimento instruído com todos os documentos necessários para o efeito.

ARTIGO 9.°
(Lista dos auditores registados na CMVM)

1. Os registos de auditores e os respectivos averbamentos são objecto de publicação no boletim da CMVM e no boletim do mercado regulamentado onde os valores mobiliários das sociedades auditadas estão admitidos à negociação.

2. Semestralmente, com referência a 1 de Janeiro e a 1 de Julho de cada ano, a CMVM promove a publicação, no seu boletim, da lista actualizada dos auditores registados, nos termos do presente regulamento, e cujo registo não se encontre suspenso ou cancelado.

3. A lista a que se refere o número anterior é organizada por antiguidade de registo, com indicação da firma ou nome do auditor, da sede da sociedade ou domicílio profissional e do nome dos sócios.

ARTIGO 10.°
(Factos sujeitos a comunicação à CMVM)

1. As sociedades de revisores oficiais de contas registadas na CMVM devem enviar a esta entidade, nos 30 dias imediatos à aprovação dos documentos de prestação de contas anuais, os seguintes elementos:

a) Relatório de gestão, balanço, demonstração de resultados e anexos ao balanço e demonstração de resultados;

b) Cópia da acta da assembleia geral de aprovação de contas;

c) Lista completa de clientes, com menção expressa daqueles a que prestam os serviços consignados no artigo 8.º do Código dos Valores Mobiliários, evidenciando a percentagem dos honorários cobrados face ao total, desde que ultrapasse a percentagem prevista na alínea *g*) do n.º 1 do artigo 7.º do presente regulamento;

d) Lista dos nomes completos de todos os colaboradores ao serviço com indicação daqueles que possuem grau de licenciatura ou bacharelato;

e) Quaisquer alterações aos elementos referidos no n.º 1 do artigo 7.º do presente regulamento e que não estejam sujeitos a averbamento.

2. Os auditores em nome individual registados devem enviar à CMVM, o mais tardar até ao dia 31 de Maio, cópia do Anexo B da declaração de IRS bem como os elementos previstos nas alíneas *c*) e *d*) do número anterior.

ARTIGO 11.º
(Conflito de interesses)

1. Sem prejuízo do regime das incompatibilidades previstas no Decreto-Lei n.º 487/99, de 16 de Novembro, os auditores registados na CMVM e revisores oficiais de contas contratados, bem como, no caso de sociedades, os respectivos sócios, não podem ser beneficiários de vantagens particulares ou deter, directamente ou por interposta pessoa, quaisquer valores mobiliários emitidos pelas entidades a quem prestem os serviços previstos no artigo 8.º do Código dos Valores Mobiliários ou por outras entidades que com elas se encontrarem em relação de domínio ou de grupo nos termos do artigo 21.º do Código dos Valores Mobiliários.

2. O disposto no número anterior é aplicável aos cônjuges dos revisores oficiais de contas e dos sócios das sociedades de revisores oficiais de contas.

ARTIGO 12.º
(Suspensão e cancelamento)

1. O registo é cancelado se:

a) Tiverem sido prestadas falsas declarações ou o registo tiver sido obtido por meios ilícitos;

b) Deixar de verificar-se algum dos requisitos de que dependa a sua concessão;

c) Ocorrer qualquer outro facto que, nos termos da lei, implique necessariamente o cancelamento ou suspensão da inscrição na lista a que se refere o artigo 127.º do Decreto-Lei n.º 487/99, de 16 de Novembro;

d) O auditor incorrer nalguma das situações de incompatibilidade previstas no artigo anterior;

e) O trabalho produzido pelo auditor não satisfizer, na opinião fundamentada da CMVM, com parecer prévio da Ordem dos Revisores Oficias de Contas, o padrão de qualidade exigível para efeitos do artigo 8.º do Código dos Valores Mobiliários.

2. O registo pode ser ainda suspenso ou cancelado a pedido do auditor, quando pretenda cessar ou interromper temporariamente o exercício das funções consignadas no Código dos Valores Mobiliários.

3. Quando, pela sua natureza, o facto ou situação determinantes do cancelamento do registo não afectem de maneira definitiva a qualificação técnica, idoneidade moral ou a independência do auditor e possam ser sanados em prazo razoável, a CMVM pode limitar-se a suspender o registo pelo período que considere adequado, não podendo a suspensão ser inferior a 6 meses nos casos das alíneas *d*) e *e*) do n.º 1.

4. A suspensão e o cancelamento do registo são determinados pelo conselho directivo da CMVM, de cuja decisão cabe recurso contencioso para os tribunais administrativos, nos termos gerais.

5. A suspensão ou cancelamento do registo está sujeito a divulgação nos termos previstos no n.º 1 do artigo 14.º.

ARTIGO 13.º
(Entrada em vigor)

1. O presente regulamento entra em vigor no dia 1 de Março de 2000.

2. Os auditores já registados na CMVM à data da entrada em vigor do presente regulamento têm o prazo de 18 meses para se adaptarem aos requisitos constantes dos artigos 6.º e 7.º do presente regulamento.

Lisboa, 8 de Fevereiro de 2000 – O Presidente – *José Nunes Pereira*

REGULAMENTO N.° 7/2000

Sociedades de notação de risco

O presente regulamento visa desenvolver o regime das sociedades de notação de risco, em complemento à exigência de registo junto da Comissão do Mercado de Valores Mobiliários (CMVM), decorrente do artigo 12.° do Código dos Valores Mobiliários.

Esta actividade tem uma importância crescente nos mercados de valores mobiliários, o que pode documentar-se na intervenção obrigatória destas sociedades em operações de titularização de créditos, cujo regime foi fixado pelo Decreto-lei n.° 453/99, de 5 de Novembro. Quando a emissão de unidades de titularização se efectue com recurso a subscrição pública, o pedido de autorização deve ser instruído com o relatório elaborado por uma sociedade de notação de risco registada na CMVM, conforme decorre da alínea c) do n.° 3 do artigo 27.° daquele diploma. A obrigatoriedade de notação de risco é também prevista para a emissão e oferta de títulos de dívida de curto prazo, regulada pelo Decreto-Lei n.° 181/92, de 22 de Agosto, sempre que a garantia bancária mencionada no n.° 3 do artigo 1.° daquele diploma não cubra a totalidade da emissão, conforme a alínea f) do n.° 2 do artigo 7.°.

Assim, relativamente às condições de registo na CMVM, o presente regulamento pretende impor um grau de exigência maior na descrição dos meios, técnicos e materiais, com especial relevo para os sistemas de controlo interno adoptados com vista aos objectivos que se visa salvaguardar. Além do envio dos elementos exigido anteriormente, procurou-se uma definição mais clara de critérios que devem estar preenchidos para que seja concedido registo pela CMVM que, caso não se verifiquem, podem determinar a suspensão ou o cancelamento do mesmo.

Foi ouvido o Banco de Portugal.

Assim,

Ao abrigo do disposto no artigo 11.° e para os efeitos do disposto no artigo 12.°, ambos do Código dos Valores Mobiliários, o conselho directivo da Comissão do Mercado de Valores Mobiliários aprovou o seguinte regulamento:

ARTIGO 1.º
(Registo de sociedades de notação de risco)

Só podem ser registadas na CMVM as sociedades de notação de risco que demonstrem possuir uma estrutura organizativa, os meios humanos, técnicos, materiais e financeiros necessários para assegurar a sua idoneidade, independência e competência técnica na prestação de serviços de notação de risco.

ARTIGO 2.º
(Instrução do pedido de registo)

1. O pedido de registo é solicitado pela sociedade de notação de risco, mediante requerimento dirigido ao conselho directivo da CMVM.

2. Para efeitos do disposto no artigo anterior, as sociedades de notação de risco com sede em Portugal devem instruir o pedido de registo com os seguintes elementos:

a) Cópia do contrato de sociedade;

b) Certidão actualizada do registo comercial da sociedade;

c) Identificação dos detentores de participações qualificadas cuja participação, calculada nos termos do n.º 1 do artigo 20.º do Código dos Valores Mobiliários, atinja ou ultrapasse 5% do capital social;

d) Identificação dos titulares dos órgãos de administração, fiscalização e da mesa da assembleia geral;

e) Declaração de que nem os titulares dos órgãos de administração e fiscalização, nem as empresas em que tenham detido uma participação maioritária no capital social, ou que tenham sido titulares dos órgãos de administração ou fiscalização foram declarados em estado de insolvência ou falência, declarando-se também não estar a correr os seus trâmites processo visando a obtenção de tal declaração;

f) Currículo profissional e académico dos titulares do órgão de administração;

g) Exposição pormenorizada da estrutura organizativa da sociedade;

h) Descrição dos meios humanos de que se encontra dotada, número de técnicos e suas qualificações;

i) Descrição dos meios técnicos e materiais, designadamente quanto aos meios informáticos disponíveis, principais funções que permitem assegurar e mecanismos de controlo e segurança criados;

j) Descrição dos meios financeiros, com menção de seguro de responsabilidade profissional, caso exista, e cópia dos relatórios de gestão e contas da sociedade respeitantes aos três últimos exercícios, ou apenas aos exercícios decorridos, se tiver sido constituída há menos de três anos, acompanhada dos pareceres do órgão de fiscalização e da certificação legal de contas da sociedade, quando a sociedade estiver legalmente obrigada à elaboração desses documentos;

l) Descrição dos sistemas de controlo interno adoptados, por forma a garantir, entre outros, a confidencialidade das informações e a prevenir a ocorrência de conflitos de interesses, e de normas deontológicas e de conduta, eventualmente expressas em regulamentos internos, que regulem o exercício da actividade;

m) Escala ou escalas de notação utilizadas, com descrição das metodologias adoptadas na análise das operações, nomeadamente na titularização de créditos, e dos procedimentos de revisão (*follow-up*) das classificações atribuídas;

n) Declaração de participações detidas, em sociedade com valores mobiliários cotados e que seja objecto de cotação de risco, pela sociedade ou pelas pessoas referidas nas alíneas *c*) e *d*) deste número.

3. Para efeitos do disposto no artigo anterior, as sociedades de notação de risco com sede no estrangeiro, devem prestar informação sobre:

a) Estatutos da sociedade;

b) Currículo profissional e académico dos responsáveis pela actividade da sociedade no mercado português;

c) Sócios com mais de 5% do capital social;

d) Estrutura organizativa e meios afectos à actividade da sociedade no mercado português, de acordo com as alíneas *g*) a *m*) do número anterior;

e) Quaisquer actos de reconhecimento ou registo por uma entidade competente de um outro Estado.

4. O registo considera-se efectuado se a CMVM não o recusar no prazo de 30 dias a contar da data em que receber o pedido devidamente instruído ou, se for o caso, da recepção de elementos complementares que hajam sido solicitados.

ARTIGO 3.°
(Actualizações ao registo)

Qualquer alteração relevante aos elementos referidos no artigo anterior deve ser comunicada à CMVM, mediante requerimento instruído com todos os documentos necessários para o efeito, no prazo de 15 dias após a sua verificação, tendo em vista o respectivo averbamento.

ARTIGO 4.º
(Suspensão e cancelamento do registo)

1. A suspensão do registo pode ser determinada pela CMVM, devendo esta fixar um prazo para a suspensão, quando a sociedade de notação de risco deixe de reunir os meios indispensáveis para garantir a prestação dos serviços de notação de risco em condições de imparcialidade, independência, idoneidade e competência técnica.

2. O cancelamento do registo de uma sociedade de notação de risco pode ser determinado pela CMVM sempre que se verifique uma das seguintes situações:

a) A verificação de circunstância que obstaria ao seu registo, se essa circunstância não tiver sido sanada no prazo fixado pela CMVM;

b) A violação de normas a que esteja sujeito o exercício da actividade susceptível de afectar o funcionamento do mercado e os interesses dos investidores;

c) A dissolução da sociedade ou proibição do exercício da actividade pelas autoridades do país da sede.

ARTIGO 5.º
(Entrada em vigor)

1. O presente regulamento entra em vigor no dia 1 de Março de 2000.

2. As sociedades de notação de risco já registadas na CMVM à data da entrada em vigor do presente regulamento têm o prazo de 18 meses para se adaptarem aos requisitos constantes do presente regulamento.

Lisboa, 8 de Fevereiro de 2000 – O Presidente – *José Nunes Pereira*

REGULAMENTO N.° 10/2000
com as alterações introduzidas pelos Regulamentos n.° 30/2000 ([1]),
n.° 33/2000 ([2]) *e n.° 37/2000* ([3])

Ofertas e Emitentes

O Código dos Valores Mobiliários, aprovado pelo Decreto-Lei n.°
486/99, de 13 de Novembro, introduziu relevantes alterações no tocante
ao regime jurídico dos emitentes e das ofertas públicas relativas a valores

---

([1]) O Regulamento n.° 30/2000, de 20 de Julho, foi publicado no Diário da
República, II Série, de 23 de Agosto, com o seguinte preâmbulo:
*"O artigo 67.° do Regulamento da CMVM n.° 10/2000, em sede de admissão à
negociação de valores mobiliários emitidos por entidades sujeitas a lei estrangeira,
impõe a nomeação de um representante para as relações com o mercado que disponha
de poderes e que seja responsável perante o mercado português.*
*A norma visa garantir que os investidores dispõem de meios efectivos de contacto
com alguém responsável do emitente ou do interme-diário financeiro de interligação.
Contudo, a efectiva presença em Portugal do representante para as relações com o mercado, face aos actuais meios de comunicação à distância, pode não ser necessária, desde
que se encontre assegurado o cumprimento das finalidades prescritas pela norma.*
*Assim, a alteração consagrada no presente Regulamento visa acomodar a possi-
bilidade de a CMVM dispensar a presença física do representante para as relações com
o mercado de uma entidade não residente, na medida em que a CMVM considere adequados os mecanismos de contacto implementados pelo emitente.*
Assim,
*Ao abrigo do disposto no artigo 369.° do Código dos Valores Mobiliários e na
alínea n) do artigo 9.° do Decreto-Lei n.° 473/99, de 8 de Novembro, o conselho directivo
da Comissão do Mercado de Valores Mobiliários aprova o seguinte Regulamento:".*
([2]) O Regulamento n.° 33/2000, de 4 de Outubro, foi publicado no Diário da
República, II Série, de 9 de Outubro, com o seguinte preâmbulo:
*A exigência de forma escrita para a transmissão de ordens em oferta pública, feita
no artigo 327.° do Código dos Valores Mobiliários, deve ser articulada com o princípio
geral, enunciado no artigo 4.° do mesmo diploma, quanto à possibilidade de substituição
do tradicional suporte em papel por outro meio que assegure níveis equivalentes de inteligibilidade, de durabilidade e de autenticidade. Dado o avanço tecnológico, este princípio
não pode manter-se arredado em relação às comunicações estabelecidas através de*

mobiliários. Havia, assim, que proceder a um desenvolvimento regulamentar das linhas vertidas no novo Código, que correspondesse com fidelidade à sua filosofia de flexibilização, modernidade e simplicidade, renovando, em termos substanciais e formais, o tratamento regulamentar dedicado a estas importantes matérias. Tal o objecto do presente regulamento.

O regulamento inicia-se com um capítulo dedicado à comunicação subsequente de ofertas particulares de valores mobiliários, em termos bastante diversos daquilo que resultava da legislação anterior. Com a abolição do registo prévio de ofertas particulares levada a cabo pelo Código dos Valores Mobiliários, o cumprimento do dever de comunicação subsequente basta-se com o preenchimento dos modelos anexos, dos quais resulta a informação considerada necessária para que a CMVM possa manter estatísticas adequadas sobre ofertas de valores mobiliários.

A regulamentação das ofertas públicas foi norteada pela preocupação de adequar práticas existentes anteriores ao Código dos Valores Mobiliários, nomeadamente no que respeita à sua sistematização. Optou-

---

telefone. Convirá, assim, distinguir os casos em que a comunicação de intenções de investimento e a transmissão de ordens através de telefone assegura os requisitos de durabilidade, inteligibilidade e autenticidade, por forma a compatibilizar a celeridade da comunicação das decisões de investimento em ofertas públicas com a segurança das transacções e a protecção dos investidores.

Assim,

Ao abrigo do disposto nos artigos 155.° e 319.° do Código dos Valores Mobiliários, o conselho directivo da Comissão do Mercado de Valores Mobiliários aprovou o seguinte regulamento:

(3) O Regulamento n.° 37/2000, de 28 de Dezembro, foi publicado no Diário da República, II Série, de 2 de Fevereiro de 2001, com o seguinte preâmbulo:

"O Código dos Valores Mobiliários, ao contrário do que resultava da legislação anterior, estabeleceu, relativamente às ofertas particulares de valores mobiliários o dever de comunicação subsequente à CMVM para efeitos estatísticos, cujo regime foi objecto de regulamentação pelo Regulamento n.° 10/2000, onde são estabelecidos o prazo, a legitimidade e o modelo através do qual aquele dever é cumprido.

Relativamente a determinadas situações os elementos disponíveis foram considerados deficitários para efeitos do adequado tratamento estatístico das emissões de valores mobiliários, pelo que o presente regulamento vem, por um lado, estender o dever de comunicação subsequente à CMVM às emissões de acções por incorporação de reservas ou decorrentes de processos de fusão e ou de cisão e, por outro lado, alterar o modelo, não só para fazer face à comunicação destas emissões, mas também pela introdução de novos campos de preenchimento obrigatório.

Assim, ao abrigo do disposto na alínea a) do artigo 155.° e na alínea b) do n.° 1 do artigo 353.° do Código dos Valores Mobiliários, o conselho directivo da Comissão do Mercado de Valores Mobiliários aprovou o seguinte regulamento:".

-se por apresentar uma secção contendo disposições gerais relativas a qualquer dos tipos de ofertas públicas, seguida da generalização das operações tendentes à recolha de intenções de investimento, por natureza apenas aplicável a ofertas públicas de subscrição e de venda, ambas genericamente integradas na nova categoria das ofertas públicas de distribuição.

Na regulamentação das ofertas públicas de aquisição, houve a particular cautela de rodear as ofertas concorrentes de regras claras e transparentes, algumas das quais resultam da experiência aplicativa do Código anterior e que reclamam desenvolvimento regulamentar à luz do Código dos Valores Mobiliários. Além deste aspecto nuclear, o presente regulamento concretiza três regras de ofertas de aquisição: as características dos valores mobiliários que podem integrar a contrapartida em ofertas de aquisição, em que se alinha pelos direitos de sistemas jurídicos próximos; a quantidade mínima que pode ser objecto de oferta pública de aquisição facultativa (dado que as ofertas obrigatórias são necessariamente gerais, de acordo com o n.° 1 do artigo 187.° do Código dos Valores Mobiliários) e a comunicação de situações de derrogação do dever de lançamento de oferta pública de aquisição. Neste último, importa salientar que a regulamentação fica limitada à concretização do dever de comunicação, subsequente à verificação do facto que originaria o dever de lançamento de oferta pública de aquisição e o preenchimento de uma das alíneas do n.° 1 do artigo 189.°, em execução do comando contido na alínea *i*) do artigo 155.°, ambos do Código dos Valores Mobiliários.

Quanto ao prospecto, manteve-se, no essencial, a estrutura anterior, atentas as exigências impostas pelas Directivas Comunitárias. No entanto, não se justificava continuar a autonomizar os anexos em função da oferta ou da admissão à negociação dos valores mobiliários, pelo que a distinção passou a fazer-se por tipo de valor mobiliário. Além disso, a inclusão das ofertas públicas de aquisição no regime geral das ofertas implicou a criação de um anexo próprio para o conteúdo do prospecto, dada a especificidade da informação relativa ao tipo de oferta. Apresentam-se também anexos específicos para o prospecto dos *warrants* e das obrigações titularizadas.

A uniformização que caracteriza toda a estrutura do prospecto estendeu-se, igualmente, à informação a prestar aquando da oferta ou da admissão à negociação de unidades de participação em fundos de investimento mobiliário fechados. Para o efeito foi criado um anexo próprio contendo a informação exigível em função das características dos valores mobiliários em causa.

O dinamismo dos mercados financeiros, cada vez mais globais, sugeriu a introdução no Código dos Valores Mobiliários da figura do prospecto de referência. O desenvolvimento regulamentar feito em relação a esta figura procurou colocar ao alcance dos emitentes a possibilidade de beneficiarem de um processo de registo ou de admissão mais célere, sem prejuízo das exigências de informação aos investidores.

O capítulo III é reservado à emissão de obrigações titularizadas, prevendo-se as regras básicas para o funcionamento do mecanismo de codificação da identidade dos devedores de créditos que foram objecto de operações de titularização.

O presente regulamento encerra com um conjunto de disposições relativas à admissão de valores mobiliários. A sua nota mais característica é a de tratar apenas da admissão ao mercado de cotações oficiais. Com efeito, de acordo com as Directivas comunitárias aplicáveis na matéria, que o novo Código segue fielmente, apenas este é mercado obrigatório, restringindo-se a sua regulamentação aos aspectos relacionados com requisitos de admissão, exigibilidade e conteúdo do prospecto de admissão. De realçar, ainda neste tema, que a qualificação como valores mobiliários de direitos destacados obrigou à estatuição de regras próprias, previstas no artigo 54.º do presente regulamento.

Assim ao abrigo do disposto nas alíneas *a)* a *i)* do artigo 155.º, no artigo 242.º e no n.º 3 do artigo 351.º do Código dos Valores Mobiliários e nas alíneas *a)* e *c)* do artigo 51.º do Decreto-Lei n.º 453/99, de 5 de Novembro, e para os efeitos do disposto no n.º 2 do artigo 110.º, no artigo 144.º, no n.º 2 do artigo 164.º, no n.º 2 do artigo 165.º, no artigo 185.º; nos artigos 240.º e 241.º e no artigo 349.º todos do Código dos Valores Mobiliários, o conselho directivo da Comissão do Mercado de Valores Mobiliários aprovou o seguinte regulamento:

CAPÍTULO I
Ofertas particulares

ARTIGO 1.º
(Âmbito)

O presente capítulo regula os termos da comunicação ou, quando for o caso, do registo subsequente na CMVM das ofertas particulares de valores mobiliários e das emissões de acções decorrentes de incorporação de reservas, de fusão e ou cisão.

ARTIGO 1.°-A
(Dever de comunicação subsequente de emissões)

As emissões de acções decorrentes de incorporação de reservas, de fusão e ou cisão estão sujeitas a comunicação subsequente, para efeitos estatísticos, nos termos do presente capítulo.

ARTIGO 2.°
(Legitimidade e prazo)

1. Para efeitos do n.° 2 do artigo 110.° do Código dos Valores Mobiliários, o emitente ou o intermediário financeiro encarregado da assistência e colocação da emissão comunicam à CMVM a emissão de valores mobiliários mediante oferta particular.

2. A comunicação a que se refere o número anterior é feita no prazo de 10 dias úteis contados da data da emissão dos títulos ou do registo em conta individualizada dos valores mobiliários escriturais.

ARTIGO 3.°
(Modelo de comunicação)

As ofertas e ou emissões de valores mobiliários são comunicadas à CMVM através do envio do modelo constante do anexo I ao presente regulamento e que dele faz parte integrante.

ARTIGO 4.°
(Obrigações emitidas por sociedades de titularização)

O pedido de registo prévio de oferta particular de obrigações emitidas por sociedade de titularização de crédito, prevista no n.° 3 do artigo 46.° do Decreto-Lei n.° 453/99, de 5 de Novembro, é instruído com os documentos referidos nas alíneas *a*) a *i*) do n.° 1 do artigo 115.° do Código dos Valores Mobiliários.

CAPÍTULO II
Ofertas públicas

SECÇÃO I
Ofertas públicas em geral

ARTIGO 5.º
(Informação sobre a evolução das aceitações)

1. Durante o prazo da oferta ou do processo de recolha de intenções de investimento, os intermediários financeiros que recebam ordens ou intenções de investimento devem enviar diariamente ao representante do oferente informação sobre as declarações recebidas, com indicação da quantidade global de valores mobiliários correspondentes e discriminação quantificada por categoria de valores mobiliários e por categorias de destinatários.

2. O representante do oferente presta à CMVM as informações sobre a evolução das aceitações que esta lhe solicite, podendo esta entidade, se os interesses dos investidores ou do mercado o aconselharem, obrigar à divulgação pública das informações transmitidas.

ARTIGO 6.º
(Publicação dos resultados da oferta)

Os resultados da oferta são divulgados logo após o seu apuramento através dos meios utilizados para a divulgação do anúncio de lançamento da oferta.

SECÇÃO II
Prospecto de oferta

ARTIGO 7.º
(Estrutura geral do prospecto)

1. O prospecto de oferta pública obedece à estrutura constante dos anexos II, III, IV e V ao presente regulamento e que dele fazem parte integrante.

2. O prospecto inicia-se, pelo menos, com as seguintes informações:

a) Denominação social do oferente e, se não for o mesmo, do emitente;

b) Menções a que o oferente e, se não for o mesmo, o emitente estejam legalmente obrigados nas suas publicações;

c) Natureza do prospecto;

d) Quantidade, natureza e valor nominal dos valores mobiliários objecto da oferta;

e) Data de elaboração do prospecto.

3. O prospecto encerra com informações relativas às formas de divulgação adoptadas e aos locais onde pode ser consultado.

ARTIGO 8.º
(Elaboração do prospecto)

A elaboração do prospecto deve observar, nomeadamente, as seguintes regras:

a) A informação deve estar sistematizada em quadros, mapas ou diagramas sempre que tal forma de apresentação contribua para melhor compreensão e mais fácil apreensão da informação a divulgar;

b) As remissões para outras partes do prospecto devem ser claras e devidamente explicitadas, permitindo evidenciar a informação pertinente sobre qualquer elemento ou dado apresentado;

c) Devem ser reproduzidos os capítulos e títulos de cada rubrica, tal como indicado nos anexos ao presente regulamento;

d) Se for necessário apresentar informação adicional, devem ser introduzidos e numerados sequencialmente capítulos e rubricas adicionais;

e) Devem ser introduzidos títulos adicionais de nível inferior sempre que tal contribua para facilitar a leitura do prospecto;

f) O índice geral do prospecto deve referir o número de página de cada rubrica.

ARTIGO 9.º
(Prospecto de oferta pública de distribuição)

1. O prospecto de oferta pública de distribuição de acções contém as informações do anexo II ao presente regulamento.

2. Se a oferta pública de distribuição tiver por objecto outros valores mobiliários, a informação do capítulo 2 do anexo II ao presente regulamento é substituída pela informação exigida pelo esquema relativo ao tipo de valor mobiliário.

ARTIGO 10.º
(Oferta pública de valores mobiliários com direito à subscrição ou à aquisição de outros valores mobiliários)

O prospecto de oferta pública de distribuição de valores mobiliários que confiram direito à subscrição ou à aquisição de valores mobiliários emitidos por entidade distinta do oferente inclui, em relação ao emitente destes valores, as informações referidas nos capítulos 3, 4, 5 e 6 do anexo II, devidamente renumerados e com os títulos e subtítulos devidamente adaptados.

ARTIGO 11.º
(Valores mobiliários com garantia de terceiro)

O prospecto de oferta pública de distribuição de valores mobiliários cujo direito subjacente seja garantido por outrem inclui:

a) As informações enumeradas nas alíneas *d)* a *f)* do artigo 136.º do Código dos Valores Mobiliários, em relação ao garante;

b) Reprodução do contrato de garantia ou indicação dos locais onde pode ser consultado.

ARTIGO 12.º
(Oferta pública de aquisição)

1. O prospecto de oferta pública de aquisição é elaborado de acordo com o anexo III ao presente regulamento.

2. O prospecto de oferta pública de troca fica também sujeito às disposições relativas às ofertas públicas de distribuição, com as devidas adaptações e renumerações, considerando-se como feitas ao emitente dos valores mobiliários oferecidos em contrapartida as referências feitas ao emitente no capítulo 2 e seguintes do anexo II ao presente regulamento.

ARTIGO 13.º
(Publicação em brochura)

1. A publicação do prospecto sob a forma de brochura, nos termos da alínea b) do n.º 1 do artigo 140.º do Código dos Valores Mobiliários, deve ser apresentada:

a) Em folhas brancas de formato A4;

b) Em letra
  – De corpo não inferior a 10, salvo no que respeita a quadros ou mapas numéricos, desde que esteja assegurada a sua legibilidade;
  – De corpo não inferior a 12 no que respeita às advertências;
c) Com os títulos em letra maior e devidamente destacados;
d) Com parágrafos separados, pelo menos, por uma linha em branco;
e) Com capa impressa em fundo branco ou de cor neutra, dela constando as informações preliminares referidas no n.º 2 do artigo 7.º e, facultativamente, os logotipos das entidades envolvidas;
f) Com inclusão na contracapa das informações referidas no n.º 3 do artigo 7.º.

2. A utilização de imagens na brochura a que se refere o número anterior é admitida desde que estejam relacionadas com o oferente e, se não for o mesmo, o emitente ou a actividade por eles desenvolvida.

ARTIGO 14.º
(Divulgação através de outros meios)

1. A publicação do prospecto num jornal de grande circulação no País ou no boletim do mercado regulamentado para além do respeito pelo disposto no artigo anterior, deve utilizar letra de tamanho não inferior a corpo 10, sem prejuízo das condições específicas de impressão.

2. A forma de apresentação do prospecto também divulgado por meio diferente dos previstos no n.º 1 do artigo 140.º do Código dos Valores Mobiliários deve ser, pelo menos, equivalente à aplicável a estes meios de divulgação.

ARTIGO 15.º
(Adenda e rectificação ao prospecto)

Se forem feitas adenda ou rectificação ao prospecto devem apresentar-se integralmente todas as rubricas cujo conteúdo tenha sido afectado pelas deficiências ou factos detectados, e mencionar-se, adicionalmente ao previsto no n.º 2 do artigo 7.º, os locais de publicação e de consulta do prospecto original.

ARTIGO 16.º
(Prospecto complementar)

A elaboração do prospecto complementar fica sujeita às disposições da presente secção.

SECÇÃO III
Prospecto de referência
ARTIGO 17.º
(Aprovação)

1. O prospecto de referência não pode ser divulgado antes da sua aprovação pela CMVM.

2. A instrução do pedido de aprovação contém os documentos referidos nas alíneas *b*) a *h*) do n.º 1 do artigo 115.º do Código dos Valores Mobiliários.

3. Ao processo de aprovação do prospecto de referência aplicam-se, com as devidas adaptações, os n.ºˢ 2 e 3 do artigo 115.º, o n.º 3 do artigo 118.º e o artigo 119.º, todos do Código dos Valores Mobiliários.

ARTIGO 18.º
(Assistência de intermediário financeiro)

1. Quando for prestada assistência por intermediário financeiro na elaboração de prospecto de referência, deve o pedido de aprovação ser igualmente instruído com cópia do contrato celebrado.

2. O intermediário financeiro a que se refere o número anterior deve constar do prospecto como responsável pelo seu conteúdo.

ARTIGO 19.º
(Conteúdo)

1. O prospecto de referência contém a informação exigida nos capítulos 1, 3, 4, 5, 6 e 7 do anexo II ao presente regulamento.

2. O relatório e contas anuais podem servir de base ao prospecto de referência, desde que contenham a informação referida no número anterior.

ARTIGO 20.º
(Prazo)

O prospecto de referência deixa de ser considerado como tal se, nos termos da lei, não for actualizado no prazo de 12 meses contados da publicação dos documentos de prestação de contas anuais em que se baseie.

ARTIGO 21.º
(Prospectos de oferta e de admissão)

Os prospectos de oferta e de admissão à negociação em mercado regulamentado complementam prospecto de referência já existente quanto aos elementos exigíveis.

SECÇÃO IV
Recolha de intenções de investimento

ARTIGO 22.º
(Recolha de intenções de investimento)

1. A presente secção regula as actividades relacionadas com o registo e a execução de operações tendentes à recolha de intenções de investimento.

2. As referências, feitas nesta secção, à oferta e ao oferente entendem-se reportadas à oferta futura e ao potencial oferente.

ARTIGO 23.º
(Conteúdo do anúncio preliminar)

Do anúncio preliminar dirigido à recolha de intenções de investimento constam, pelo menos, os seguintes elementos:

a) Identificação e sede social do oferente, do emitente e dos intermediários financeiros encarregados da recolha de intenções de investimento, com indicação da qualidade em que intervêm;

b) Duração do período de recolha de intenções de investimento e do período da oferta, se este estiver determinado;

c) Indicação da forma que deve revestir a comunicação de intenções de investimento;

d) Indicação dos termos e condições em que as intenções de investimento se podem converter em ordens;

e) Transcrição do artigo 28.º do presente regulamento;

f) Eventuais condições mais favoráveis, em relação à oferta, atribuídas às pessoas que manifestem intenções de investimento;

g) Características e quantidade dos valores mobiliários objecto da oferta;

h) Tipo de oferta;

i) Indicação da forma de colocação dos valores mobiliários, caso a oferta venha a ser lançada;

j)　Indicação dos critérios com base nos quais será formado o preço da oferta;

l)　Indicação de o intermediário financeiro ter assegurado o exercício da opção de distribuição de lote suplementar em conexão com a oferta e identificação desse intermediário;

m)　Outras condições a que a oferta fique eventualmente sujeita.

ARTIGO 24.º
(Conteúdo do prospecto preliminar)

1. O prospecto preliminar deve ser elaborado de acordo com as regras fixadas para o prospecto definitivo e conter a informação exigida para este, excepto quanto aos aspectos relacionados com a oferta que não se encontrem determinados.

2. A CMVM pode autorizar o oferente a incluir no prospecto preliminar outros elementos informativos, além dos previstos no anexo II.

ARTIGO 25.º
**(Caducidade do registo da operação
tendente à recolha de intenções de investimento)**

O registo da operação tendente à recolha de intenções de investimento caduca no prazo de oito dias caso não seja, nesse período, publicado o anúncio preliminar.

ARTIGO 26.º
(Conversão de intenções de investimento em ordens)

Se o anúncio de lançamento e o prospecto preliminares contiverem informação completa, actual e clara sobre as condições em que a oferta pode vir a ser lançada, a CMVM pode autorizar a conversão automática das intenções de investimento em ordens no último dia do prazo da oferta.

ARTIGO 27.º
(Comunicação de intenções de investimento)

1. Devem ser comunicadas por escrito, através de documento aprovado pela CMVM, as intenções de investimento:

a)　Que possam converter-se automaticamente em ordens nos termos do artigo anterior;

b) Que atribuam condições mais favoráveis em oferta futura.

2. À recepção da intenções de investimento aplica-se o disposto no artigo 325.° do Código dos Valores Mobiliários.

3. O intermediário financeiro inscreve no boletim de transmissão da intenção a data e a hora da sua recepção.

4. O boletim de transmissão de intenção de investimento deve fazer referência aos documentos da oferta, conter uma descrição sumária das suas principais condições e indicar, caso aplicável, que a intenção se converte em ordem no último dia do prazo da oferta caso não seja cancelada pelo ordenador até esse momento.

ARTIGO 28.°
**(Natureza das acções de recolha de investimento
e das intenções de investimento)**

1. A recolha de intenções de investimento assume natureza meramente consultiva, não podendo o potencial oferente, no âmbito destas acções, celebrar os contratos de investimento.

2. As intenções de investimento assumem natureza meramente informativa, não constituindo aceitações da oferta.

ARTIGO 29.°
(Modificação e revogação de intenções de investimento)

1. As intenções de investimento podem ser livremente alteradas durante o período de recolha de intenções, mantendo as condições preferenciais aplicáveis relativamente à quantidade confirmada em cada um dos momentos do período de recolha de intenções.

2. Os investidores podem revogar as intenções de investimento que tenham manifestado até ao termo do prazo, quer da operação de recolha de intenções de investimento, quer da oferta pública de distribuição.

ARTIGO 29.°-A
**(Transmissão de intenções de investimento e ordens
por meios telefónicos em ofertas públicas)**

1. Consideram-se equiparadas a intenções de investimento e a ordens dadas por escrito as transmitidas por meios telefónicos que assegurem níveis adequados de autenticidade, inteligibilidade e durabilidade.

2. Consideram-se preenchidos os requisitos referidos no número anterior nos casos em que o intermediário financeiro:

a) Tenha previamente estabelecido uma relação de clientela com o ordenador, baseada em contrato que preveja a possibilidade de transmissão de intenções de investimento ou de ordens por meios telefónicos;

b) Proceda à identificação do ordenador através de senha codificada previamente atribuída;

c) Informe o ordenador da existência do prospecto e dos locais onde o pode consultar, interrogando-o sobre se pretende consultá-lo antes de transmitir a intenção de investimento ou a ordem, caso em que as mesmas não podem ser transmitidas antes da consulta do prospecto pelo ordenador;

d) Tenha, previamente à transmissão da intenção de investimento ou da ordem, informado o ordenador dos termos da oferta referidos no n.º 4 do artigo 27.º;

e) Assegure que o ordenador compreende integralmente o conteúdo da intenção de investimento ou da ordem transmitidas;

f) Envie ao ordenador, logo após a transmissão da intenção de investimento ou da ordem, comprovativo com indicação da data e hora da recepção e do número de valores mobiliários sobre que incidem; e

g) Proceda ao registo fonográfico da comunicação estabelecida e à respectiva conservação durante 5 anos.

3. O disposto no presente artigo é aplicável à revogação das intenções de investimento ou das ordens, com as devidas adaptações.

4. O teor das mensagens padronizadas a transmitir por meios telefónicos pelo intermediário financeiro ao ordenador, para efeitos do disposto no presente artigo, está sujeito a aprovação pela CMVM.

ARTIGO 30.º
(Decisão sobre lançamento da oferta)

1. O potencial oferente torna pública a decisão tomada sobre o lançamento da oferta até 3 dias úteis após o termo do prazo de recolha de intenções de investimento.

2. O anúncio a que se refere o número anterior é divulgado nos mesmos termos que o anúncio preliminar.

3. O dever de divulgação da decisão considera-se cumprido se, no prazo referido no n.º 1, for divulgado o anúncio de lançamento da oferta.

ARTIGO 31.°
(Aplicação subsidiária)

A operação de recolha de intenções de investimento rege-se subsidiariamente pelas normas relativas à divulgação do anúncio e do prospecto de oferta pública de distribuição.

SECÇÃO V
Estabilização de preços

ARTIGO 32.°
(Âmbito)

A presente secção regula as operações susceptíveis de provocar efeitos estabilizadores nos preços de valores mobiliários que sejam objecto de oferta pública de distribuição.

ARTIGO 33.°
(Contrato de estabilização)

1. A realização de operações de estabilização pressupõe a prévia celebração de contrato de estabilização entre o oferente e um intermediário financeiro habilitado a realizar operações por conta própria.

2. O contrato de estabilização é aprovado pela entidade gestora do mercado regulamentado onde deva ser executado.

3. O contrato contém, além de outros elementos acordados pelas partes, as seguintes referências:

a) Identificação do valor mobiliário a estabilizar, designadamente quanto ao tipo, categoria, valor nominal unitário, quantidade emitida e quantidade admitida à negociação;

b) Identificação das partes contratantes;

c) Quantidade dos valores mobiliários objecto de estabilização ou o modo de a determinar;

d) Obrigações assumidas pelas partes contratantes;

e) Período de estabilização.

4. A entidade gestora do mercado pode solicitar quaisquer informações adicionais que considere necessárias para assegurar a legalidade das operações de estabilização.

5. A entidade gestora do mercado pode solicitar às partes, no prazo por ela fixado, a introdução das modificações ou aditamentos que entenda

convenientes, de modo a assegurar que o contrato de estabilização obedeça às disposições legais e regulamentares aplicáveis.

6. A aprovação do contrato de estabilização é recusada, não podendo o mesmo ser executado, caso as partes não o alterem ou completem de acordo com o solicitado pela entidade gestora do mercado, nos termos dos números anteriores.

ARTIGO 34.º
(Período e limites da estabilização)

1. Em caso de ocorrência de interrupções relevantes na negociação do valor mobiliário objecto de estabilização, o prazo de 30 dias previsto no artigo 160.º do Código dos Valores Mobiliários pode ser aumentado pela entidade gestora do mercado com conhecimento prévio da CMVM.

2. Diariamente, as operações de estabilização não podem ter por objecto uma quantidade de valores mobiliários superior a 25% do total das transacções efectuadas em média nas últimas 15 sessões de mercado relativas ao valor mobiliário sobre que incide a estabilização; no caso de valores mobiliários pela primeira vez admitidos à negociação em bolsa não podem ser objecto de estabilização, na primeira sessão de bolsa, mais de 5% do total de valores mobiliários objecto da oferta.

3. As operações de estabilização só podem incidir sobre 15% do total dos valores mobiliários objecto da oferta.

ARTIGO 35.º
(Preços de referência)

1. É proibida a realização de operações de estabilização nos casos em que o preço de referência do valor mobiliário seja superior ao preço fixado na oferta pública.

2. A oferta de compra estabilizadora, sem prejuízo do disposto no n.º 1, tem como limite máximo o preço médio ponderado da sessão de bolsa anterior publicado no boletim do mercado ou, quando coincida com o 1.º dia de negociação, o preço proposto na oferta pública.

3. A oferta de venda estabilizadora tem como limite mínimo o preço médio ponderado da sessão de bolsa do dia anterior.

4. Se for celebrado contrato para distribuição de lote suplementar nos termos do artigo 158.º do Código dos Valores Mobiliários, o intermediário financeiro estabilizador pode apresentar ofertas de venda a preços inferiores ao preço previsto no número anterior, enquanto este for superior ao preço proposto na oferta pública, até ao limite do saldo resultante das ope-

rações de estabilização realizadas acrescido da quantidade de valores mobiliários que são objecto da opção de distribuição do lote suplementar.

ARTIGO 36.°
(Contratendência)

Dentro dos limites estabelecidos no artigo anterior, a oferta destinada a obter um efeito estabilizador só pode ser dada no sentido contrário àquele que resulta do preço médio ponderado dos dois últimos preços dos valores mobiliários em causa.

ARTIGO 37.°
(Informação prévia)

1. O prospecto da oferta pública durante ou posteriormente à qual o oferente pretenda realizar operações de estabilização refere-se à possibilidade da realização das mesmas na pendência e subsequentemente à oferta e procede à transcrição do respectivo contrato de estabilização.

2. Simultaneamente com a publicação do anúncio de lançamento da oferta, a entidade gestora do mercado publica, no respectivo boletim de mercado, um anúncio informando o público das condições principais do contrato de estabilização e de eventuais prorrogações de prazo do mesmo em virtude de interrupções relevantes na negociação do valor mobiliário objecto de estabilização.

ARTIGO 38.°
(Informação sucessiva)

1. Até 24 horas após o fecho da sessão em que o intermediário financeiro estabilizador tenha efectuado operações de estabilização, deve enviar à CMVM e à entidade gestora do mercado:

a) A indicação das ofertas de estabilização inseridas no sistema de negociação;

b) A indicação dos negócios realizados e dos preços formados;

c) A quantidade de valores transaccionados em cada negócio;

d) A identificação do momento em que se realizaram os negócios.

2. A entidade gestora do sistema centralizado de valores mobiliários envia à entidade gestora do mercado e à CMVM, diariamente e no mais curto espaço de tempo possível, informação relativa a todas as aquisições de valores mobiliários no âmbito de operações de estabilização.

3. Em cada três dias úteis durante o período de estabilização, o intermediário financeiro estabilizador publica, no boletim do mercado, um anúncio informando, relativamente às últimas três sessões:

a) A quantidade de valores mobiliários objecto de estabilização;
b) O preço médio formado nas operações de estabilização.

4. Sem prejuízo do disposto nos números anteriores, no termo do período de estabilização o intermediário financeiro estabilizador publica um anúncio dando nota da quantidade total de valores mobiliários objecto da operação de estabilização e dos preços médios diários formados.

ARTIGO 39.º
(Suspensão e resolução do contrato de estabilização)

1. A entidade gestora do mercado pode suspender a operação de estabilização em caso de ultrapassagem pontual e desculpável dos limites quantitativos estabelecidos nos n.ºs 2 e 3 do artigo 35.º.

2. Fora dos casos previstos no número anterior, o incumprimento por parte do intermediário financeiro estabilizador de qualquer cláusula do contrato de estabilização aprovado implica a resolução da aprovação do contrato de estabilização.

3. Na situação prevista no número anterior, a entidade gestora do mercado ou a CMVM declaram a resolução da aprovação.

4. A declaração da resolução é divulgada, imediatamente, no sistema de negociação e publicada no boletim de mercado da data correspondente.

5. A resolução da aprovação de um contrato de estabilização não exclui a aplicação das sanções cominadas para as infracções previstas no Código dos Valores Mobiliários a quaisquer pessoas, singulares ou colectivas, responsáveis pelo incumprimento do contrato.

ARTIGO 40.º
(Opção de distribuição de lote suplementar)

1. O oferente pode celebrar contrato com um intermediário financeiro estabilizador no qual se preveja a possibilidade de, a pedido deste e caso a procura de valores mobiliários objecto de oferta pública de distribuição o justifique, ser aumentada a quantidade de valores a distribuir junto do público no âmbito da oferta até um montante pré-determinado que conste do respectivo prospecto.

2. Aplicam-se ao contrato de opção de distribuição de lote suplementar os n.ºs 2, 4, 5 e 6 do artigo 33.º.

3. Os valores mobiliários que forem objecto de opção de distribuição de lote suplementar são colocados nas mesmas condições que os demais valores mobiliários distribuídos no âmbito da oferta.

4. Até ao dia anterior ao do exercício da opção de distribuição de lote suplementar, o intermediário financeiro informa a CMVM e a entidade gestora do mercado regulamentado onde os valores mobiliários objecto da oferta estejam admitidos à negociação e publica no respectivo boletim informação sobre as condições da mesma, referindo designadamente a data do respectivo exercício e a quantidade de valores mobiliários envolvidos.

5. A partir do exercício da opção de distribuição de lote suplementar é proibida a prática de acções de estabilização.

6. Caso a opção de distribuição de lote suplementar seja exercida após o apuramento dos resultados da oferta, os valores mobiliários objecto da opção são rateados entre os investidores cujas ordens não foram integralmente satisfeitas e proporcionalmente aos montantes não satisfeitos.

SECÇÃO VI
Oferta pública de aquisição

SUBSECÇÃO I
Disposições gerais

ARTIGO 41.°
(Características dos valores mobiliários que integram a contrapartida)

1. Apenas podem integrar a contrapartida em ofertas públicas de aquisição valores mobiliários admitidos à negociação a um mercado regulamentado ou valores mobiliários da mesma categoria.

2. Antes do registo de oferta pública de aquisição em que a contrapartida inclua valores mobiliários a emitir por entidade diferente do oferente, este deve assegurar a emissão dos valores mobiliários que compõem a contrapartida.

ARTIGO 42.°
(Quantidade mínima de valores que pode ser objecto de oferta pública de aquisição)

1. Não pode ser lançada oferta pública de aquisição que vise:
   a) A aquisição de menos de 5% de acções representativas do capital social da sociedade visada;

b) A aquisição de outros valores referidos no n.º 2 do artigo 173.º do Código dos Valores Mobiliários em quantidade inferior à necessária à aquisição ou subscrição de acções representativas de 5% do total das acções representativas do capital social da sociedade visada.

2. No cálculo dos limites referidos no número anterior não são tidas em conta as acções preferenciais sem voto que não possuam, na data de lançamento da oferta, direitos de voto.

ARTIGO 43.º
**(Derrogação do dever de lançamento de oferta pública
de aquisição obrigatória)**

1. Quem beneficiar de uma derrogação do dever de lançamento de oferta pública de aquisição ao abrigo das alíneas *b)* e *c)* do n.º 1 do artigo 189.º do Código dos Valores Mobiliários comunica à CMVM os factos determinantes da derrogação, no prazo de cinco dias úteis após a verificação dos mesmos, juntando os elementos de prova respectivos.

2. O anúncio em que forem divulgados os resultados de uma oferta pública de aquisição lançada nos termos da alínea *a)* do n.º 1 do artigo 189.º do Código dos Valores Mobiliários contém, adicionalmente, a informação exigida pela alínea *c)* do n.º 3 do presente artigo.

3. A declaração da CMVM a que se reporta o n.º 2 do artigo 189.º do Código dos Valores Mobiliários explicita, quando estejam em causa as situações das alíneas *b)* e *c)* do n.º 1 do mesmo preceito, as seguintes informações:

a) Identificação do requerente da derrogação;

b) Breve descrição da situação de facto que justifica a derrogação;

c) Quantidade de valores mobiliários e de direitos de voto, calculados nos termos do artigo 20.º do Código dos Valores Mobiliários, que o requerente passou a deter.

ARTIGO 44.º
**(Suspensão do dever de lançamento de oferta pública
de aquisição obrigatória)**

Quem beneficiar de suspensão do dever de lançamento de oferta pública de aquisição publica de imediato um comunicado contendo, pelo menos, as seguintes informações:

a) Identificação do interessado na suspensão;

b) Breve descrição da situação de facto que justifica a suspensão;

c) Quantidade de valores mobiliários e de direitos de voto, calculados nos termos do artigo 20.° do Código dos Valores Mobiliários, que o interessado detém, com indicação expressa dos direitos de voto inibidos.

SUBSECÇÃO II
Ofertas concorrentes

ARTIGO 45.°
(Lançamento de ofertas concorrentes)

1. A oferta concorrente deve ser lançada até ao dia anterior àquele em que termine o prazo da oferta inicial.

2. Salvo autorização da CMVM, que só a concederá em casos excepcionais em que o considere justificado, não podem lançar uma oferta concorrente as pessoas que estejam com o oferente inicial ou com oferente concorrente anterior em alguma das situações previstas no n.° 1 do artigo 20.° do Código dos Valores Mobiliários.

3. Os termos de oferta concorrente devem ser mais favoráveis aos destinatários do que os da oferta inicial ou de oferta concorrente anterior.

4. A oferta concorrente não pode fazer depender a sua eficácia de uma percentagem de aceitações por titulares de valores mobiliários ou de direitos de voto em quantidade superior ao constante da oferta inicial ou de oferta concorrente anterior, salvo se, para efeitos do número anterior, essa percentagem se justificar em função dos direitos de voto na sociedade visada já detidos pelo oferente e por pessoas que com este estejam em alguma das situações previstas no artigo 20.° do Código dos Valores Mobiliários.

5. Para efeitos dos n.ºs 3 e 4, o carácter mais favorável dos termos da oferta concorrente é aferido no momento do registo de cada oferta.

ARTIGO 46.°
(Processo das ofertas concorrentes)

1. As ofertas concorrentes estão sujeitas às regras gerais aplicáveis às ofertas públicas de aquisição, com as alterações constantes dos números seguintes.

2. Se o anúncio preliminar de oferta concorrente for publicado em momento anterior ao registo na CMVM da oferta inicial, o prazo das ofer-

tas deve ser coincidente, salvo se a tal obstarem as circunstâncias concretas das ofertas em causa.

3. Se o anúncio preliminar da oferta concorrente for publicado após o registo da oferta inicial ou de ofertas concorrentes anteriores, são reduzidos para 8 dias e 4 dias, respectivamente, os prazos fixados na alínea *b*) do n.º 2 do artigo 175.º e no n.º 1 do artigo 181.º, ambos do Código dos Valores Mobiliários.

4. O pedido de registo de oferta concorrente é indeferido pela CMVM se esta entidade concluir, em função da data da apresentação do pedido de registo da oferta e do exame deste último, que lhe não é possível decidi-lo em tempo que permita o lançamento tempestivo da oferta, de acordo com o estabelecido no n.º 1 do artigo anterior.

5. O indeferimento previsto no número anterior é objecto de publicação imediata pelo oferente.

6. Com o lançamento da oferta concorrente, o prazo da oferta inicial ou de ofertas concorrentes anteriores é prorrogado pela CMVM até ao termo do prazo daquela oferta.

ARTIGO 47.º
(Direitos dos oferentes anteriores)

1. O lançamento de qualquer oferta concorrente confere ao oferente inicial o direito de proceder à revisão dos termos da sua oferta.

2. Caso pretenda exercer o direito referido no número anterior, o oferente comunica a sua decisão à CMVM e publica um anúncio, no prazo de quatro dias úteis a contar do lançamento da oferta concorrente, considerando-se para todos os efeitos, na falta dessa publicação, que mantém os termos da sua oferta.

3. Os termos da oferta revista devem ser mais favoráveis aos destinatários do que os da oferta concorrente, devendo a contrapartida oferecida ser superior em, pelo menos, 5% do seu valor.

4. A revisão da oferta inicial em virtude do lançamento de oferta concorrente não constitui fundamento da prorrogação do prazo das ofertas.

5. O lançamento de oferta concorrente pode constituir fundamento de revogação da oferta voluntária nos termos do artigo 128.º do Código dos Valores Mobiliários.

6. A decisão de revogação é publicada no prazo de 4 dias a contar do lançamento da oferta concorrente.

CAPÍTULO III
Emissão de obrigações titularizadas

ARTIGO 48.°
(Codificação)

1. Os créditos afectos ao reembolso de obrigações titularizadas são identificados sob forma codificada nos títulos ou nas contas de registo individualizado.

2. O código referido no número anterior é alfa-numérico, constituído por 20 dígitos.

3. É atribuído um código a cada emissão de obrigações titularizadas.

4. Ao código referido corresponde uma chave que contém a identificação completa dos créditos objecto de titularização afectos ao reembolso das obrigações titularizadas.

5. Para os efeitos do número anterior, é havida como identificação completa dos créditos:

a) A identificação dos respectivos devedores;

b) A identificação dos respectivos cedentes;

c) A indicação do facto que lhe tenha dado origem e a data da sua verificação;

d) A indicação dos respectivos montantes e demais termos.

ARTIGO 49.°
(Acesso ao código)

Em caso de incumprimento do empréstimo obrigacionista, de qualquer prestação de juros ou de capital, os titulares de pelo menos 10 % de obrigações titularizadas representativas da totalidade da emissão, que façam prova dessa sua qualidade, podem solicitar à CMVM a revelação dos elementos informativos referidos nos n.ᵒˢ 4 e 5 do artigo anterior.

CAPÍTULO IV
Admissão à negociação em mercado de bolsa e deveres de informação

SECÇÃO I
Disposições gerais

ARTIGO 50.º
(Prospecto de admissão)

1. Previamente à admissão de valores mobiliários à negociação em mercado de cotações oficiais a CMVM aprova um prospecto contendo a informação referida no anexo II.

2. Aplicam-se à aprovação do prospecto, com as devidas adaptações, os artigos 115.º e 116.º do Código dos Valores Mobiliários.

3. A entidade gestora da bolsa envia à CMVM toda a documentação que tenha adicionalmente solicitado à entidade requerente para efeitos de admissão.

ARTIGO 51.º
(Admissão de acções)

A admissão à negociação de acções ao mercado de cotações oficiais depende da verificação dos seguintes requisitos:

a) Uma dispersão pelo público de 25% do capital social, representado pela categoria de acções cuja admissão é requerida; ou

b) Uma capitalização bolsista previsível de 2,5 milhões de euros das acções objecto de pedido de admissão, acrescidas, se for o caso, das acções anteriormente emitidas e que já se encontrem admitidas à negociação, ou, se essa capitalização não puder ser determinada, o montante dos capitais próprios da sociedade, incluindo os resultados não distribuídos do último exercício.

ARTIGO 52.º
(Admissão de unidades de participação em fundo de investimento fechado)

1. A admissão à negociação de unidades de participação em fundo de investimento fechado ao mercado de cotações oficiais depende da verificação cumulativa dos seguintes requisitos:

a) A capitalização bolsista previsível não ser inferior a 5 milhões de euros;

b) As unidades de participação serem livremente negociáveis;

c) Estar assegurada até ao momento da admissão uma suficiente dispersão das unidades de participação pelo público, presumindo-se uma dispersão suficiente quando se encontrem dispersas pelo público, pelo menos 25% das unidades de participação representativas do património do fundo ou um número não inferior a 500.000 unidades de participação.

2. Não é aplicável à admissão de unidades de participação em fundo de investimento fechado o disposto nas alíneas *b*), *c*) e *d*) do n.° 2, na alínea *b*) do n.° 3, e nos n.ºs 4 e 5 do artigo 227.° do Código dos Valores Mobiliários.

ARTIGO 53.°
(Admissão de warrants autónomos)

1. Só podem ser admitidos à negociação ao mercado de cotações oficiais os *warrants* autónomos cuja capitalização bolsista previsível seja superior a 2, 5 milhões de euros.

2. Para efeitos do número anterior, a capitalização bolsista previsível afere-se pelo preço de subscrição dos *warrants* autónomos.

3. A admissão de *warrants* autónomos depende ainda da verificação dos seguintes requisitos:

a) Se os *warrants* autónomos tiverem acções como activo subjacente, estas acções devem ter uma capitalização bolsista superior a 25 milhões de euros;

b) Se os *warrants* autónomos tiverem obrigações como activo subjacente, estas obrigações devem ter uma capitalização bolsista superior a 12,5 milhões de euros.

ARTIGO 54.°
(Admissão de direitos destacados de valores mobiliários)

1. Os direitos de subscrição, de incorporação, ou os *warrants* emitidos conjuntamente com obrigações são automaticamente admitidos à negociação no mercado regulamentado onde estão admitidos os valores mobiliários de que esses direitos foram destacados.

2. Os valores mobiliários a que se refere o número anterior podem ser negociados em segmento do mercado diverso daquele em são negociados os valores mobiliários de que foram destacados.

3. A admissão à negociação de valores mobiliários destacados, distintos dos referidos no n.° 1, e dos direitos destacados de valores mobi-

liários não negociados em mercado regulamentado obedecem às regras fixadas nos artigos 50.º e 55.º a 59.º do presente regulamento.

4. A entidade gestora do mercado fixa as condições de admissão à negociação dos valores mobiliários referidos nos números anteriores e define os segmentos de mercado onde podem ser negociados.

5. A entidade gestora do mercado informa o público do destaque, do prazo de exercício e das restantes condições de negociação, se, por outra forma equivalente, não tiverem sido prestadas essas informações.

SECÇÃO II
Prospecto de admissão

ARTIGO 55.º
(Prospecto de admissão à negociação)

O prospecto de admissão à negociação de valores mobiliários é elaborado de acordo com o esquema do anexo II ao presente regulamento, sendo-lhe aplicável o disposto nos artigos 7.º a 11.º e 13.º a 16.º.

ARTIGO 56.º
(Critérios gerais de dispensa do prospecto)

Sem prejuízo do disposto no artigo 239.º do Código dos Valores Mobiliários e dos casos especiais previstos no presente regulamento, a CMVM pode dispensar a inclusão no prospecto de informações previstas no anexo II, sempre que considere que essas informações não são de natureza a influenciar a apreciação do património, da situação financeira, dos resultados e das perspectivas do emitente.

ARTIGO 57.º
(Dispensa total ou parcial do prospecto)

1. A CMVM pode dispensar o prospecto de admissão à negociação dos valores mobiliários ou a inclusão de algumas matérias no mesmo, nas seguintes condições:

a) Nos casos das alíneas *a)* e *b)* do n.º 1 do artigo 240.º do Código dos Valores Mobiliários, desde que sejam divulgadas as informações previstas no capítulo 2 do anexo II, com as necessárias adaptações;

b) No caso da alínea *c)* do n.º 1 do artigo 240.º do Código dos Valores Mobiliários, quando o emitente tenha cumprido os deveres de informação, nomeadamente quanto aos documentos de prestação de contas, e seja divulgada informação relativa à quantidade e à natureza das acções a admitir à negociação e às circunstâncias em que as acções foram emitidas;

    c) No caso da alínea *d*) do n.º 1 do artigo 240.º do Código dos Valores Mobiliários, quando tenha sido já publicado um prospecto e seja divulgada informação relativa à quantidade e à natureza dos valores mobiliários a admitir à negociação e às circunstâncias em que os valores mobiliários foram emitidos;

    d) No caso da alínea *e*) do n.º 1 do artigo 240.º do Código dos Valores Mobiliários, quando seja divulgado documento contendo todas as modificações significativas que ocorram após a elaboração do prospecto;

    e) No caso da alínea *f*) do n.º 1 do artigo 240.º do Código dos Valores Mobiliários, desde que seja divulgado um documento contendo as seguintes informações:

– Informações exigidas no Capítulo 1 do anexo II;
– Informações exigidas no Capítulo 2 do anexo II;
– Informações exigidas nos pontos 3.1.1., 3.5 e 3.7 do Capítulo 3 do anexo II;
– Indicação da publicação dos documentos de prestação de contas e, se for o caso, indicação de qualquer alteração ou evolução significativas ocorridas após a data da respectiva publicação;
– Indicação de prospectos de admissão à negociação ou documentos equivalentes publicados pelo emitente nos 12 meses anteriores ao pedido de admissão à negociação.

    2. A divulgação de informações e documentos prevista no presente artigo é feita nos termos previstos para o prospecto de admissão.

ARTIGO 58.º
(Dispensa do prospecto e seu conteúdo em casos especiais)

A CMVM pode dispensar a inclusão de algumas matérias no prospecto quando esteja em causa a admissão à negociação dos valores mobiliários referidos no artigo 241.º do Código dos Valores Mobiliários, nas seguintes condições:

    a) No caso da alínea *a*) do artigo 241.º do Código dos Valores Mobiliários, não podem ser objecto de dispensa as matérias previstas pelo anexo II:

– No capítulo 1;
– No capítulo 2;
– No capítulo 3, pontos 3.1, 3.2, 3.5, 3.7, 3.8 e 3.9;
– No capítulo 4, pontos 4.5, 4.7, 4.8 e 4.9;
– No capítulo 5, pontos 5.1 e 5.4;
– No capítulo 6.

b) No caso da alínea *c*) do artigo 241.º do Código dos Valores Mobiliários, a informação prevista nos capítulos 3 e 5 do anexo II pode ser apresentada de forma simplificada;

c) No caso da alínea *e*) do artigo 241.º do Código dos Valores Mobiliários não podem ser objecto de dispensa as matérias referidas na alínea *a*) do presente artigo;

d) No caso da alínea *g*) do artigo 241.º do Código dos Valores Mobiliários não podem ser objecto de dispensa as informações previstas no capítulo 2 do esquema B do anexo II.

ARTIGO 59.º
(Referência a informação omitida)

1. Em caso de dispensa parcial do prospecto, a informação omitida deve ser expressamente referenciada nos lugares em que, dentro da sistemática do prospecto, essa informação se inseriria, e com indicação do modo como os interessados podem obtê-la.

2. Em caso de dispensa total do prospecto, a informação omitida deve ser referenciada em documento elaborado pelo emitente exclusivamente para esse efeito e com divulgação idêntica à do prospecto.

SECÇÃO III
**Admissão à negociação de valores mobiliários
emitidos por entidades sujeitas a lei estrangeira**

ARTIGO 60.º
(Âmbito de aplicação)

A presente secção tem por objecto as disposições especiais relativas ao processo de admissão à negociação em mercado de cotações oficiais de valores mobiliários emitidos por entidades cuja lei pessoal seja estrangeira, bem como os respectivos deveres de informação e o sistema de controlo a que ficam sujeitos esses valores.

ARTIGO 61.º
(Apresentação do pedido de admissão)

1. O pedido de admissão é apresentado à entidade gestora do mercado através do intermediário financeiro de interligação, referido no artigo 68.º.

2. Logo que receba o pedido de admissão, a entidade gestora do mercado de bolsa insere informação desse facto no boletim do mercado.

ARTIGO 62.°
(Instrução do pedido)

Sem prejuízo dos elementos que, por força das disposições legais e regulamentares, sejam exigíveis, o pedido de admissão é instruído com:

a) Declaração do emitente de que não existe qualquer impedimento ao exercício dos direitos inerentes aos valores mobiliários que pretendem ver negociados;

b) Declaração do emitente indicando se o pedido de admissão à negociação em mercado de cotações oficiais incide sobre valores mobiliários já admitidos à negociação em mercado regulamentado a funcionar em Portugal ou no estrangeiro;

c) Certificado, outorgado pelas autoridades competentes dos Estados em que o emitente tenha os valores mobiliários admitidos à negociação em mercado regulamentado, do registo de quaisquer processos, concluídos ou pendentes, decorrentes do incumprimento pontual das suas obrigações perante esse mercado.

ARTIGO 63.°
(Admissão de acções à negociação)

O emitente que apresente um pedido de admissão à negociação de acções em mercado de cotações oficiais deve comprovar que a dispersão pelo público dos valores mobiliários objecto do pedido se encontra assegurada, comprometendo-se a recorrer aos meios destinados a garantir, em Portugal, a formação de um mercado regular para esses valores mobiliários.

ARTIGO 64.°
(Prospecto)

O prospecto inclui uma nota comparativa que reflicta as particularidades essenciais do regime jurídico do Estado da lei pessoal do emitente e suas diferenças em relação ao regime jurídico nacional, nomeadamente no tocante a:

a) Comunicação de participações qualificadas;

b) Transacções sobre acções próprias;

c) Obrigatoriedade de ofertas públicas de aquisição ou outros meios alternativos de protecção dos accionistas minoritários;

d) Possibilidade de exercício dos direitos de voto por correspondência ou por meios telemáticos;

e) Critérios contabilísticos utilizados na preparação da informação económica e financeira.

ARTIGO 65.º
(Informação económica e financeira)

1. O emitente deve apresentar a informação financeira de acordo com as normas de direito português ou de acordo com princípios contabilísticos internacionalmente aceites.

2. A requerimento fundamentado do emitente, a CMVM pode autorizar que a prestação de informação económica e financeira obedeça a normas ou princípios contabilísticos diferentes dos referidos no número anterior, desde que apresentem garantias equivalentes de confiabilidade.

ARTIGO 66.º
(Moeda de divulgação)

A informação financeira a prestar pelas entidades emitentes e a apresentação dos respectivos documentos é feita na moeda de relato original e contém a indicação da taxa de câmbio ou de conversão desta moeda para a moeda com curso legal em Portugal.

ARTIGO 67.º
(Representante para as relações com o mercado)

1. O emitente designa como seu representante para as relações com o mercado um membro do seu órgão da administração, director ou pessoa que desempenhe funções semelhantes no emitente ou que exerça idêntico cargo no intermediário financeiro de interligação.

2. O representante para as relações com o mercado deve ter domicílio profissional em Portugal.

3. A CMVM pode dispensar a verificação do requisito do número anterior na medida que considere assegurados meios equivalentes de acessibilidade do contacto.

ARTIGO 68.º
(Intermediário financeiro de interligação)

1. O intermediário financeiro de interligação deve ser uma instituição de crédito autorizada a exercer a sua actividade em Portugal e aderente aos sistemas centralizados de valores mobiliários e de liquidação dos valores mobiliários a admitir à negociação.

2. Compete ao intermediário financeiro de interligação com o emitente:

a) Apresentar e acompanhar, perante a CMVM e as entidades gestoras do mercado, do sistema centralizado de valores e do sistema de liquidação, todo o processo de admissão;

b) Assegurar o exercício dos direitos de conteúdo económico inerentes aos valores mobiliários admitidos;

c) Facultar a informação que o emitente está obrigado a prestar nos termos da lei e do presente regulamento.

3. Se a emissão dos valores mobiliários a admitir estiver integrada em sistema de valores mobiliários gerido por entidade situada ou a funcionar no estrangeiro:

a) É aplicável o disposto na regulamentação da CMVM sobre a matéria, nomeadamente no regulamento do sistema centralizado de valores mobiliários;

b) Compete ainda ao intermediário financeiro de interligação assegurar, em permanente relação com o intermediário financeiro aderente ao sistema de valores mobiliários gerido por entidade situada ou a funcionar no estrangeiro, a exacta correspondência entre os valores mobiliários que se encontrem registados junto da entidade gestora do sistema centralizado de valores mobiliários e os que se encontram inscritos em conta junto daquele intermediário financeiro, salvo quando exista conexão directa entre a entidade gestora do sistema centralizado de valores mobiliários situada ou a funcionar em Portugal e a entidade estrangeira onde se encontre integrada a emissão de valores mobiliários admitidos à negociação.

4. Se o intermediário financeiro de interligação for igualmente aderente ao sistema de valores mobiliários situado ou a funcionar no estrangeiro onde se encontre integrada a emissão dos valores mobiliários a admitir no mercado nacional, pode ser dispensada a intervenção de intermediário financeiro aderente ao sistema de valores mobiliários estrangeiro, sendo o dever a que se refere a alínea *b*) do número anterior exercido em permanente relação com aquela entidade.

5. Para efeito do n.° 2 e da situação prevista na primeira parte do n.° 3, o intermediário financeiro de interligação deve celebrar, respectivamente, contratos com o emitente e com o intermediário financeiro aderente ao sistema de valores mobiliários estrangeiro cujo conteúdo e respectivas alterações estão sujeitos a aprovação prévia pela entidade gestora do mercado de bolsa, ouvidas as entidades gestoras de sistemas centralizados de valores mobiliários e de liquidação dos valores mobiliários a admitir.

SECÇÃO IV
**Admissão à negociação de valores mobiliários sujeitos a lei estrangeira
emitidos por entidade sujeita a lei pessoal portuguesa**

ARTIGO 69.º
**(Admissão de valores mobiliários
sujeitos a lei estrangeira)**

À admissão à negociação em mercado de cotações oficiais de valores mobiliários sujeitos a lei estrangeira emitidos por entidade sujeita a lei pessoal portuguesa é aplicável, com as necessárias adaptações, o disposto no artigo 62.º e nos números 3, 4 e 5 do artigo 68.º.

SECÇÃO V
**Admissão à negociação ou negociação simultânea
de valores mobiliários em bolsas
situadas ou a funcionar em Portugal e no estrangeiro**

ARTIGO 70.º
(Pedido de admissão em bolsa estrangeira)

1. Se for requerida num mercado regulamentado situado ou a funcionar no estrangeiro a admissão à negociação de valores mobiliários já negociados em mercado de bolsa situado ou a funcionar em Portugal, o emitente envia às entidades gestoras destes mercados e à CMVM, no prazo de dez dias a contar da data em que os factos respectivos se verifiquem:

a) Cópia do pedido de admissão;

b) Documento comprovativo de que foram cumpridas ou se encontra assegurado o cumprimento das disposições legais e regulamentares relativas aos movimentos de capitais inerentes à negociação dos valores mobiliários na bolsa estrangeira e à liquidação das respectivas operações;

c) Cópia da decisão proferida sobre o pedido de admissão bem como dos prospectos e de outros elementos que tenham sido aprovados pelas autoridades competentes.

2. Se o pedido for apresentado para a admissão à negociação em bolsa situada ou a funcionar noutro Estado membro da União Europeia, as entidades gestoras dos mercados de bolsa portugueses estabelecem com as autoridades competentes desse Estado os contactos necessários para assegurar o acompanhamento e facilitar o andamento do processo e para promover a criação de um intercâmbio adequado de informações sobre os valores mobiliários em causa.

3. Se for apresentado pedido de admissão à negociação em bolsa estrangeira não abrangida pelo número anterior, as entidades gestoras dos mercados de bolsa portugueses desenvolvem, para os mesmos fins, junto das autoridades competentes do Estado em que a admissão seja solicitada, as actuações apropriadas e possíveis, no âmbito de eventuais acordos com elas estabelecidos.

ARTIGO 71.°
(Negociação simultânea em mercados de bolsa situados ou a funcionar em Portugal e no estrangeiro)

1. As entidades com valores mobiliários negociados simultaneamente em mercados de bolsa situados ou a funcionar em Portugal e no estrangeiro informam a CMVM e as entidades gestoras dos mercados de bolsa situados ou a funcionar em Portugal:

a) De quaisquer flutuações anómalas e significativas do preço dos seus valores mobiliários em cada uma das bolsas estrangeiras em que se encontrem admitidos à negociação e das transacções importantes sobre eles realizadas fora de bolsa nesses mercados;

b) De quaisquer outros factos ocorridos nos mesmos mercados, susceptíveis de influir sensivelmente na evolução do preço dos valores mobiliários em causa no mercado nacional.

2. As informações referidas no número anterior são enviadas à CMVM e às entidades gestoras de bolsa situadas ou a funcionar em Portugal logo que as entidades emitentes tomem conhecimento dos factos a que respeitam.

CAPÍTULO V
Disposições transitórias

ARTIGO 72.°
(Disposições revogadas)

São revogados os artigos 7.°, 14.° e 15.° do Regulamento n.° 19/99, de 10 de Novembro e o Regulamento n.° 25/99, de 29 de Dezembro.

ARTIGO 73.°
(Entrada em vigor)

O presente regulamento entra em vigor no dia 1 de Março de 2000.

Lisboa, 10 de Fevereiro de 2000 – O Presidente – *José Nunes Pereira*

ANEXO I
COMUNICAÇÃO SUBSEQUENTE DE OFERTAS PARTICULARES RELATIVAS A VALORES MOBILIÁRIOS

COMUNICAÇÃO SUBSEQUENTE

---

1 - IDENTIFICAÇÃO DO EMITENTE

1.1 - DENOMINAÇÃO SOCIAL

1.2 - SEDE SOCIAL

1.3 - NIPC   **1.4 - REGISTO NA CONSERVATÓRIA**

de

1.5 - SOCIEDADE ABERTA (Art. 13º do Código dos Valores Mobiliários)   **1.6. - CAE**

1.5.1 - Sim   1.5.2 - Não

1.7 - CAPITAL SOCIAL   **1.8 - TELEFONE**   **1.9 - FAX**

1.10 - E-mail   **1.11 - Sitio na INTERNET**

1.12 - CONTACTOS

1.12.1 - Nome

1.12.2 - Telefone   1.12.3 - Fax

2 - CARACTERÍSTICAS DO VALOR MOBILIÁRIO

2.1 - IDENTIFICAÇÃO DO VALOR MOBILIÁRIO

2.1.1 - TIPO DE VALOR MOBILIÁRIO

2.1.2 - VALOR NOMINAL (unitário ou percentual)

2.1.3 - FORMA DE REPRESENTAÇÃO

2.1.4 - NOMINATIVO/ AO PORTADOR

2.1.5 - PREÇO DE SUBSCRIÇÃO   Moeda

2.1.6 - REALIZAÇÃO DO PREÇO DE SUBSCRIÇÃO

2.1.6.1 - Imediata   2.1.6.2 - Diferida   2.1.6.2.1 - Momento da Realização

2.1.6.3 - Em numerário   2.1.6.4 - Em espécie   2.1.6.5 - Mista

2.1.7 - PRAZO

2.1.7.1 - Prazo do Empréstimo (para valores mobiliários representativos de dívida):

2.1.7.2 - Prazo de Exercício (no caso de obrigações convertíveis, warrants ou similares):

2.1.7.3 - Outros:

2.1.8 - REEMBOLSO DO CAPITAL

2.1.8.1 - Data: 2.1.8.2 - Montante ou Forma de o Determinar:

2.1.9 - OUTRAS CARACTERÍSTICAS

2.1.9.1 - Opções de Reembolso Antecipado:

2.1.9.2 - Outras Condições de Reembolso Antecipado:

2.1.10 - PAGAMENTO DE JUROS OU OUTROS RENDIMENTOS PERIÓDICOS

2.1.10.1 - Datas de Pagamento:

2.1.10.2 - Montante ou Forma de o Determinar:

2.1.10.3 - Base de Cálculo:

2.1.11 - DIREITOS CONFERIDOS PELOS VALORES MOBILIÁRIOS (a que se refere o n.º 2 do art.º 1 do Código dos V.M.)

2.1.12 - LEI APLICÁVEL AOS VALORES MOBILIÁRIOS (Se contratualmente fixada)

3 - CARACTERÍSTICAS DA OFERTA / EMISSÃO

3.1 - QUANTIDADE DE VALORES MOBILIÁRIOS EMITIDA   **3.2 - DATA DA OFERTA / EMISSÃO**

3.3 - TIPO DE EMISSÃO

3.3.1 - Única   3.3.2 - Por séries   3.3.3 - Contínua

3.3.4 - Novas entradas   3.3.5 - Incorporação de reservas   3.3.6 - Fusão ou cisão

3.4 - ADMISSÃO À NEGOCIAÇÃO EM MERCADO REGULAMENTADO DOS VALORES MOBILIÁRIOS

3.4.1 - Não   3.4.2 - Sim   3.4.2.1 - Mercado

3.5 - OUTROS TERMOS RELEVANTES DA OFERTA

3.6 - INTERMEDIÁRIO FINANCEIRO

3.6.1 - INTERVENÇÃO

3.6.1.1 - Sim   3.6.1.2 - Não

3.6.2 - IDENTIFICAÇÃO DO INTERMEDIÁRIO

3.6.3 - PESSOA A CONTACTAR

3.6.3.1 - Nome

3.6.3.2 - Telefone   3.6.3.3 - Fax

Assinatura do representante

ANEXO II

PROSPECTO RELATIVO A OFERTAS PÚBLICAS DE DISTRIBUIÇÃO OU A ADMISSÃO À NEGOCIAÇÃO DE VALORES MOBILIÁRIOS

CAPÍTULO 0
Advertências/Introdução

0.1. Resumo das características da operação
Breve descrição da operação, nomeadamente montante, destinatários, critérios de rateio, preços e indicação sobre o pedido de admissão à negociação.

0.2. Factores de risco
Indicação dos factores de risco e limitações relevantes do presente investimento, e que são objecto de desenvolvimento no presente prospecto, nomeadamente riscos gerais relativos à entidade emitente, suas actividades de negócio, à própria oferta ou riscos de âmbito jurídico.

Indicação de ter ou não ter sido a oferta objecto de notação por uma sociedade de prestação de serviços de notação de risco (*rating*) registada na CMVM e, caso a notação tenha sido atribuída, identificação da sociedade de notação de risco, da notação atribuída e do significado sintético da mesma, bem como, se for o caso, indicação da existência de participação do emitente no capital da sociedade de notação de risco ou de participação desta no capital do emitente ou do facto de qualquer titular dos órgãos sociais ou accionista do emitente participar no capital ou ser membro dos órgãos sociais da sociedade de notação de risco.

0.3. Advertências complementares
Indicação de dependências significativas para a normal prossecução da actividade do emitente, nomeadamente ao nível dos principais recursos logísticos e/ou financeiros.

0.4. Efeitos do registo
Transcrição do conteúdo do n.° 3 do artigo 118.° do Código dos Valores Mobiliários.

Caso a CMVM haja consentido que no prospecto figure menção de que os valores mobiliários se destinam a admissão à negociação, transcrição do conteúdo do n.° 2 do artigo 234.° do Código dos Valores Mobiliários.

Enumeração dos intermediários financeiros responsáveis pela oferta, indicando-se, quando tiver sido celebrado contrato de consórcio, qual ou quais os incumbidos da respectiva liderança, com explicitação das obrigações por todos assumidas, nos termos do artigo 113.° do Código dos Valores Mobiliários, e, caso não exista tomada firme, referência expressa ao regime da oferta caso não seja integralmente colocada.

CAPÍTULO 1
Responsáveis pela informação

Identificação dos responsáveis
Identificação das pessoas responsáveis pelo prospecto e do âmbito da sua responsabilidade, com referência expressa aos termos dos artigos 149.° e 243.° do Código dos Valores Mobiliários.

CAPÍTULO 2
Descrição da oferta

ESQUEMA A
ESQUEMA DE PROSPECTO PARA OFERTA PÚBLICA DE DISTRIBUIÇÃO DE ACÇÕES E SUA ADMISSÃO À NEGOCIAÇÃO

2.1. Montante e natureza
Indicação do montante global e da natureza da operação.

2.2. Preço das acções e modo de realização
Indicação do valor nominal e do preço das acções bem como de outras despesas a cargo do subscritor ou do adquirente.
Indicação do momento e modo de pagamento.

2.3. Categoria e forma de representação
Indicação da categoria dos valores mobiliários e forma de representação.

2.4. Modalidade da oferta
Referência à existência de tomada firme. Regime da oferta incompleta.
Caso a oferta seja efectuada simultaneamente em vários Estados, indicação da repartição da oferta por cada Estado.
Indicação de eventuais condições de eficácia a que a oferta fique sujeita.
Indicação da possibilidade de comunicabilidade de atribuição de valores mobiliários entre os diferentes tipos de destinatários da oferta.
Indicação da opção de distribuição de lote suplementar, caso exista.
Indicação da possibilidade de existência de rateio e do seu modo de aplicação, bem como dos critérios para arredondamento.

2.5. Organização e liderança
Denominação e sede social dos intermediários financeiros responsáveis pela assistência e colocação da oferta.
Indicação dos participantes no consórcio financeiro que tenha assegurado a tomada firme e ou colocação da oferta, se for o caso.
Condições gerais do contrato de colocação.
Indicação ou avaliação do montante global e ou do montante por acção dos encargos relativos à oferta, mencionando as remunerações totais dos intermediá-

rios financeiros, incluindo a comissão ou margem de tomada firme, a comissão de garantia, a comissão de colocação ou a comissão de serviço de distribuição.

2.6. Deliberações, autorizações e aprovações da oferta

Indicação das deliberações, autorizações e aprovações ao abrigo das quais as acções são oferecidas.

No caso de acções oferecidas na sequência de uma operação de fusão, cisão, transferência da totalidade ou parte do património de uma sociedade, ou em contrapartida de transferências que não sejam em dinheiro, deve ser feita menção dos locais onde estão à disposição do público os documentos contendo os termos e as condições dessas operações.

2.7. Finalidade da oferta

Indicação do destino do produto líquido da oferta.

2.8. Período e locais de aceitação

Indicação das datas e horas de início e de encerramento da oferta.

Indicação dos locais onde podem ser transmitidas declarações de aceitação da oferta.

Indicação do prazo durante o qual podem ser revogadas as declarações de aceitação da oferta.

2.9. Resultado da oferta

Indicação da entidade responsável pelo apuramento e divulgação do resultado da oferta, com referência expressa aos locais onde será divulgado.

2.10. Direitos de preferência

Condições do exercício dos direitos de preferência no âmbito da oferta, ou da sua limitação ou supressão, quando for o caso.

Indicação, se for caso disso, dos motivos de limitação ou de supressão deste direito. Nestes casos, justificação do preço das acções sempre que se trate de uma oferta contra pagamento em dinheiro.

Identificação dos beneficiários no caso de a limitação ou supressão do direito de preferência ter lugar a favor de pessoas determinadas.

Negociabilidade dos direitos de preferência e tratamento dos direitos não exercidos.

2.11. Direitos atribuídos

Descrição sumária dos direitos inerentes às acções, nomeadamente a extensão do direito de voto, direitos à participação nos lucros e no remanescente em caso de liquidação, bem como qualquer outro privilégio. No caso de emitente não residente, indicação da pessoa colectiva responsável pelas condições de exercício destes direitos.

A existirem limitações ao exercício dos direitos inerentes às acções, indicação do seu conteúdo.

2.12. Dividendos e outras remunerações
Indicação da data de vencimento do direito ao pagamento de dividendos, bem como, no caso de acções preferenciais, do seu modo de cálculo ou percentagem.

Indicação do prazo de prescrição do exercício do direito aos dividendos e indicação da entidade em proveito da qual opera essa prescrição.

No caso de acções remíveis, indicação das datas de amortização, modo de pagamento e cálculo do valor de remissão.

2.13. Serviço financeiro
Indicação dos responsáveis pelo serviço financeiro da oferta, nomeadamente pelo pagamento de dividendos.

No caso de entidade não residente indicação do agente pagador em Portugal, pelo menos para o 1.º ano.

2.14. Regime fiscal
Descrição sintética do regime fiscal e retenções fiscais na fonte relativas aos rendimentos das acções no Estado de origem e, se for o caso, nos Estados de negociação.

2.15. Regime de transmissão
Regime de transmissão das acções, com indicação de eventuais restrições à sua livre negociabilidade, nomeadamente em termos de mercados onde esses valores podem ser negociados.

2.16. Montante líquido da oferta
Indicação do montante líquido da oferta para o oferente, após dedução de todas as despesas associadas à realização, colocação e registos.

2.17. Títulos definitivos
Se as acções assumirem a forma titulada, indicação da data em que se prevê a sua entrega.

Indicação sobre a possibilidade de existência de cautelas e em que condições.

2.18. Admissão à negociação
Indicação se as acções a oferecer, serão ou não objecto de pedido de admissão à negociação, tendo em vista a sua difusão num mercado regulamentado.

Indicação dos mercados onde as acções serão admitidas, e no caso de já se negociarem numa ou várias bolsas acções da mesma categoria, indicação dessas bolsas.

Data, aproximada, em que se prevê a admissão à negociação.

Indicação da dependência do cumprimento de determinados requisitos para a admissão à negociação.

2.19. Contratos de fomento
Termos gerais dos contratos de fomento, por exemplo de liquidez ou estabilização, nomeadamente com a indicação dos intermediários financeiros intervenientes, das modalidades e dos montantes mínimos de intervenção.

2.20.Valores mobiliários admitidos à negociação
Indicação sobre a admissão à negociação a outros mercados de bolsa ou regulamentados de outros valores mobiliários emitidos pelo emitente.

2.21. Ofertas públicas relativas a valores mobiliários
Indicação, relativamente ao último exercício e ao exercício em curso, das ofertas públicas efectuadas por terceiros relativamente a valores mobiliários do emitente e das ofertas públicas efectuadas pelo emitente relativamente a valores mobiliários de uma outra sociedade.

Indicação sobre as ofertas públicas de distribuição de valores mobiliários efectuadas por sociedades que se enquadram nos termos dos pontos 5.4 e 5.5 – nos últimos 12 meses, com indicação das formas como foram publicados e como podem ser consultados os respectivos documentos.

Indicação do objecto, do preço e das condições de troca relativas a tais ofertas e indicação dos respectivos resultados.

2.22. Outras ofertas
Se, simultaneamente ou em data aproximada à distribuição das acções objecto da oferta, foram oferecidas de forma particular acções da mesma categoria, ou forem criadas acções de outras categorias tendo em vista a sua colocação pública ou particular, indicação da natureza destas operações bem como do montante e das características das acções a que se referem.

Esquema B

ESQUEMA DE PROSPECTO PARA OFERTA PÚBLICA DE DISTRIBUIÇÃO DE OBRIGAÇÕES E SUA ADMISSÃO À NEGOCIAÇÃO

2.1. Montante e natureza
Indicação do montante global e da natureza da operação.

2.2. Preço das obrigações e modo de realização
Indicação do valor nominal (unitário ou percentual) e do preço das obrigações, bem como de outras despesas explicitamente a cargo do subscritor ou do adquirente. Indicação do momento e modo de pagamento.

2.3. Categoria e forma de representação
Indicação da categoria dos valores mobiliários e forma de representação.

2.4. Modalidade da oferta
Referência à existência de tomada firme. Regime da oferta incompleta.
Caso a oferta seja efectuada simultaneamente em vários Estados, indicação da repartição da oferta por cada Estado.
Indicação da possibilidade de existência de rateio e do seu modo de aplicação, bem como dos critérios para arredondamento.
Indicação de eventuais condições de eficácia a que a oferta fique sujeita.

Indicação da possibilidade de comunicabilidade de atribuição de valores mobiliários entre os diferentes tipos de destinatários da oferta.

Indicação da opção de distribuição de lote suplementar, caso exista.

2.5. Organização e liderança

Denominação e sede social dos intermediários financeiros responsáveis pela oferta.

Indicação do consórcio financeiro que assegurou a colocação da oferta e a tomada firme, se for o caso.

Condições gerais do contrato de colocação.

Indicação ou avaliação do montante global e ou do montante por obrigação dos encargos relativos à oferta, mencionando as remunerações totais dos intermediários financeiros, incluindo a comissão ou margem de tomada firme, a comissão de garantia, a comissão de colocação ou a comissão de serviço de distribuição.

2.6. Deliberações, autorizações e aprovações da oferta

Indicação das deliberações, autorizações e aprovações ao abrigo das quais a oferta é realizada.

2.7. Finalidade da oferta

Indicação do destino do produto líquido da oferta.

2.8. Período e locais de aceitação

Indicação das datas e horas de início e de encerramento da oferta ou indicação de se tratar de uma oferta contínua.

Indicação dos locais onde podem ser transmitidas as declarações de aceitação da oferta.

Indicação do prazo durante o qual podem ser revogadas as declarações de aceitação da oferta.

2.9. Resultado da oferta

Indicação da entidade responsável pelo apuramento e divulgação do resultado da oferta, com referência expressa aos locais onde será divulgado.

2.10. Direitos de preferência

Condições do exercício dos direitos de preferência, caso existam, negociabilidade dos direitos de subscrição e tratamento dos direitos não exercidos.

2.11. Direitos atribuídos

Descrição dos direitos inerentes às obrigações, nomeadamente no caso de obrigações convertíveis, com *warrants* e hipotecárias, bem como respectivas condições de exercício.

No caso de obrigações convertíveis ou com *warrants*, dever-se-á ainda incluir todas as informações necessárias sobre a natureza e direitos das acções em causa.

2.12. Pagamento de juros e outras remunerações

Indicação da data a partir da qual se efectuará o pagamento dos juros, das datas de vencimento, do seu modo de cálculo, bem como do prazo de prescrição da obrigação de pagamento dos juros.

Indicação da taxa de juro nominal utilizada e do seu modo de cálculo bem como, se estiverem previstas várias taxas de juro, indicação das condições da sua modificação.

Indicação de outros benefícios e do respectivo modo de cálculo.

2.13. Amortizações e opções de reembolso antecipado

Duração do empréstimo, datas e modalidades de amortização.

Prazo de prescrição da obrigação de reembolso do capital mutuado.

Datas e modalidades do exercício de opções de reembolso antecipado.

No caso de obrigações convertíveis, indicação da data, modo e preço de exercício da conversão.

No caso de obrigações com warrant, indicação do modo de cálculo do preço do respectivo exercício.

2.14. Garantias e subordinação do empréstimo

Natureza e âmbito das garantias e dos compromissos destinados a assegurar o bom cumprimento do serviço de dívida.

Indicação de eventuais cláusulas de subordinação do presente empréstimo relativamente a outros débitos da emitente já contraídos ou a contrair.

2.15. Taxa de rentabilidade efectiva

Com excepção das ofertas contínuas, indicação da taxa de rentabilidade das obrigações, na óptica do investidor, tendo em atenção as condições da oferta, nomeadamente a possibilidade de reembolso antecipado, quer pelo investidor, quer pelo emitente, bem como as condições vigentes no mercado.

Breve descrição do seu modo de cálculo, entendendo-se como taxa de rentabilidade efectiva aquela que iguala o valor actual dos fluxos monetários gerados pela obrigação ao seu preço de compra.

2.16. Moeda do empréstimo

Indicação da moeda de denominação do empréstimo. Se o empréstimo for expresso em unidades de conta, estatuto contratual destas. Indicação da opção de câmbio, se existir.

2.17. Serviço financeiro

Indicação dos responsáveis pelo serviço financeiro da oferta, nomeadamente pelo pagamento de juros e amortizações.

No caso de entidade não residente, indicação do agente pagador em Portugal pelo menos para o 1.º ano.

2.18. Representação dos obrigacionistas

Forma de designação, nome e funções, ou denominação e sede social, do representante comum dos obrigacionistas e principais condições de representação.

Indicação dos locais onde o público pode consultar os textos dos contratos relativos a estas formas de representação.

2.19. Regime fiscal

Descrição sintética do regime fiscal e retenções fiscais na fonte relativas aos rendimentos das obrigações no Estado de origem e, se for o caso, nos Estados de negociação.

2.20. Regime de transmissão

Regime de transmissão das obrigações, com indicação de eventuais restrições à sua livre negociabilidade, nomeadamente em termos de mercados onde esses valores podem ser negociados. No caso de obrigações com *warrant*, indicação do modo como o *warrant* pode ser negociado.

2.21. Montante líquido da oferta

Indicação do montante líquido da oferta para o oferente, após dedução de todas as despesas associadas à realização, colocação e registos.

2.22. Títulos definitivos

Se as obrigações assumirem a forma titulada, indicação da data em que se prevê a sua entrega.

Indicação sobre a possibilidade de existência de cautelas e em que condições.

2.23. Legislação aplicável

Indicação da legislação designada como aplicável no contrato de emissão das obrigações e dos tribunais competentes em caso de litígio.

2.24. Admissão à negociação

Indicação se as obrigações a oferecer, serão ou não objecto de pedido de admissão à negociação, tendo em vista a sua difusão num mercado regulamentado.

Indicação dos mercados onde as obrigações serão admitidas, e no caso de já se negociarem numa ou várias bolsas obrigações da mesma categoria, indicação dessas bolsas.

Data, aproximada, em que se prevê a admissão à negociação.

Indicação da dependência do cumprimento de determinados requisitos para a admissão à negociação.

2.25. Contratos de fomento

Termos gerais dos contratos de fomento, por exemplo de liquidez ou estabilização, nomeadamente com a indicação dos intermediários financeiros intervenientes, das modalidades e dos montantes mínimos de intervenção.

2.26. Valores mobiliários admitidos à negociação

Indicação sobre a admissão à negociação a outros mercados regulamentados de outros valores mobiliários emitidos pelo emitente.

2.27. Ofertas públicas relativas a valores mobiliários
Indicação, relativamente ao último exercício e ao exercício em curso, das ofertas públicas efectuadas por terceiros relativamente a valores mobiliários do emitente e das ofertas públicas efectuadas pelo emitente relativamente a valores mobiliários de uma outra sociedade.

Indicação sobre as ofertas públicas de distribuição de valores mobiliários efectuadas por sociedades que se enquadram nos termos dos pontos 5.4 e 5.5 – nos últimos 12 meses, com indicação das formas como foram publicados e como podem ser consultados os respectivos documentos.

Indicação do objecto, preço e das condições de troca relativas a tais ofertas e indicação dos respectivos resultados.

2.28. Outras ofertas
Se, simultaneamente ou em data aproximada à distribuição das obrigações a oferecer, forem subscritas ou colocadas de forma particular obrigações da mesma categoria, ou forem criadas obrigações de outras categorias tendo em vista a sua colocação pública ou particular, indicação da natureza destas operações bem como do montante e das características das obrigações a que se referem.

Esquema C

ESQUEMA DE PROSPECTO PARA OFERTA PÚBLICA DE DISTRIBUIÇÃO DE *WARRANTS* E SUA ADMISSÃO À NEGOCIAÇÃO

2.1. Montante e natureza
Indicação do montante global, natureza da operação e indicação dos direitos atribuídos aos warrants.

2.2. Categoria e forma de representação
Indicação da categoria dos valores mobiliários e forma de representação.

2.3. Activo subjacente
Indicação do activo subjacente de acordo com os seguintes sub-pontos consoante a natureza do mesmo:

(a) Valores mobiliários negociados em bolsa

2.3.1. Valor mobiliário que constitui o activo subjacente
Indicação das características do valor mobiliário que serve de activo subjacente e dos direitos que lhe são inerentes.

2.3.2. Constituição e objecto social da entidade emitente do activo subjacente
Data de constituição e duração do emitente, se esta não for indeterminada.
Indicação do objecto social da emitente.
Composição dos órgãos sociais.

2.3.3. Informações relativas ao capital do emitente do activo subjacente

Montante do capital subscrito, quantidade e categorias das acções que o representam, com menção das suas principais características.

Se houver capital autorizado mas ainda não emitido, ou o compromisso de o aumentar, indicação sobre o montante desse aumento ou compromisso e, no caso de emissão de acções, das categorias de pessoas titulares do direito de preferência na subscrição dessas partes suplementares do capital.

Se existirem obrigações convertíveis ou com *warrants*, indicação da sua quantidade e das condições e modalidades de conversão ou de subscrição.

2.3.4. Participações no capital do emitente do activo subjacente

Na medida em que sejam do conhecimento do emitente dos *warrants*, indicação das pessoas singulares ou colectivas que, directa ou indirectamente, isolada ou conjuntamente, sejam detentoras de participações qualificadas no capital do emitente do activo subjacente, nos termos do art. 20.° do Código dos Valores Mobiliários, salvo se, por legislação especial, a entidade estiver obrigada à publicação de informação com um limite inferior.

2.3.5. Balanços e contas de resultados do emitente do activo subjacente

Na medida em que não estejam acessíveis aos destinatários da oferta, balanços e contas de resultados do último exercício, elaborados em termos individuais e consolidados, caso a entidade emitente a tal esteja obrigada, e incluindo, quando exigíveis, as contas reportadas a uma data não inferior ao fim do 1.° semestre do exercício económico, que preceda o da elaboração do prospecto.

Indicação do meio através do qual as contas referentes aos 3 últimos exercícios foram divulgadas.

Caso exista prospecto de referência, indicação do local onde está disponível.

Extracto da opinião e das eventuais reservas e ênfases contidas no Relatório de Auditoria referente às contas transcritas neste ponto.

2.3.6. Cotações do activo subjacente

Quadro indicativo das cotações médias e máximas nos últimos 12 meses, anteriores à data de elaboração do prospecto, com notas explicativas dos factos sociais, nomeadamente aumentos de capital ou pagamentos de dividendos, que devam ser considerados na análise daqueles elementos.

(b) Índices sobre valores mobiliários negociados em bolsa

Descrição do índice, incluindo nomeadamente indicação da composição do índice. Identificação da entidade responsável pela sua elaboração e divulgação.

Locais de divulgação do índice.

Método de cálculo do índice, com referência aos momentos de alteração da sua composição e indicação de procedimentos de ajustamento, caso existam.

Indicação da obtenção da autorização para a utilização do índice.

Indicação das consequências na impossibilidade do cálculo do índice.

Quadro indicativo da evolução do índice nos 12 últimos meses anteriores à data de elaboração do prospecto.

(c) Taxas de juro e divisas

Indicação da fórmula de cálculo da taxa de juro.

Identificação dos locais de divulgação.

Identificação dos mercados em que são negociados.

Quadro indicativo da evolução da taxa de juro e da taxa de câmbio de divisas nos últimos 6 meses anteriores à data de elaboração do prospecto.

2.4. Preço e modo de realização

Indicação do preço dos *warrants* bem como de outras despesas a cargo do subscritor ou do adquirente.

Indicação do momento e modo de pagamento.

2.5. Condições de exercício

Indicação do preço de exercício bem como de outras despesas.

Indicação das condições temporais de exercício e modo de realização, nomeadamente as datas de exercício do *warrant*.

2.6. Modalidade da oferta

Referência à existência de tomada firme. Regime da oferta incompleta.

Caso a oferta seja efectuada simultaneamente em vários Estados, indicação da repartição da oferta por cada Estado.

Indicação de eventuais condições de eficácia a que a oferta fique sujeita.

Indicação da possibilidade de comunicabilidade de atribuição de valores mobiliários entre os diferentes tipos de destinatários da oferta.

Indicação da opção de distribuição de lote suplementar, caso exista.

Indicação da possibilidade de existência de rateio e do seu modo de aplicação, bem como dos critérios para arredondamento.

2.7. Organização e liderança

Denominação e sede social dos intermediários financeiros responsáveis pela oferta.

Indicação dos participantes no consórcio financeiro que tenha assegurado a tomada firme e ou colocação da oferta, se for o caso.

Condições gerais do contrato de colocação.

Indicação ou avaliação do montante global e ou do montante por *warrant* dos encargos relativos à oferta, mencionando as remunerações totais dos intermediários financeiros, incluindo a comissão ou margem de tomada firme, a comissão de garantia, a comissão de colocação ou a comissão de serviço de distribuição.

2.8. Deliberações, autorizações e aprovações da oferta

Indicação das deliberações, autorizações e aprovações ao abrigo das quais os *warrants* são oferecidos.

2.9. Finalidade da oferta

Indicação do destino do produto líquido da oferta.

2.10. Período e locais de aceitação

Indicação das datas e horas de início e de encerramento da oferta.

Indicação dos locais onde podem ser transmitidas declarações de aceitação da oferta.

Indicação do prazo durante o qual podem ser revogadas as declarações de aceitação da oferta.

2.11. Resultado da oferta

Indicação da entidade responsável pelo apuramento e divulgação do resultado da oferta, com referência expressa aos locais onde será divulgado.

2.12. Direitos atribuídos e seu exercício

Descrição sumária dos direitos inerentes aos *warrants* e do intermediário financeiro autorizado nos termos do art. 9.° do Decreto-Lei n.° 172/99 de 20 de Maio.

No caso de entidade emitente não residente, indicação da pessoa colectiva responsável pelo exercício destes direitos.

2.13. Serviço financeiro

Indicação dos responsáveis pelo serviço financeiro da oferta, nomeadamente pelo pagamento de direitos inerentes aos *warrants*.

No caso de entidade não residente indicação do agente pagador em Portugal, pelo menos para o 1.° ano.

2.14. Regime fiscal

Descrição sintética do regime fiscal e retenções fiscais na fonte relativas aos rendimentos dos *warrants* no Estado de origem e, se for o caso, nos Estados em que os valores mobiliários são negociados.

2.15. Regime de transmissão

Regime de transmissão dos *warrants*, com indicação de eventuais restrições à sua livre negociabilidade, nomeadamente em termos de mercados onde esses valores podem ser negociados.

2.16. Montante líquido da oferta

Indicação do montante líquido da oferta para o emitente, após dedução de todas as despesas associadas à realização, colocação e registos da oferta.

2.17. Títulos definitivos

Se os *warrants* assumirem a forma titulada, indicação da data em que se prevê a sua entrega.

Indicação sobre a possibilidade de existência de cautelas e em que condições.

2.18. Admissão à negociação

Indicação se os *warrants* a oferecer serão ou não objecto de pedido de admissão à negociação, tendo em vista a sua difusão num mercado regulamentado.

Indicação dos mercados onde os *warrants* serão admitidos, e no caso de já se negociarem num ou em vários mercados regulamentados *warrants* da mesma categoria, indicação desses mercados.

Data, aproximada, em que se prevê a admissão à negociação.

Indicação da dependência do cumprimento de determinados requisitos de admissão.

2.19. Contratos de fomento

Termos gerais dos contratos de fomento, por exemplo de liquidez ou estabilização, nomeadamente com a indicação dos intermediários financeiros intervenientes, das modalidades e dos montantes mínimos de intervenção.

2.20.Valores mobiliários admitidos à negociação

Indicação sobre a admissão à negociação a outros mercados de bolsa ou regulamentados de outros valores mobiliários emitidos pelo emitente.

2.21. Ofertas públicas relativas a valores mobiliários

Indicação, relativamente ao último exercício e ao exercício em curso, das ofertas públicas efectuadas por terceiros relativamente a valores mobiliários do emitente e das ofertas públicas efectuadas pelo emitente relativamente a valores mobiliários de uma outra sociedade.

Indicação sobre as ofertas públicas de distribuição de valores mobiliários efectuadas por sociedades que se enquadram nos termos dos pontos 5.4 e 5.5 – nos últimos 12 meses, com indicação das formas como foram publicados e como podem ser consultados os respectivos documentos.

Indicação do objecto, do preço e das condições de troca relativas a tais ofertas e respectivos resultados.

2.22. Outras ofertas

Se, simultaneamente ou em data aproximada à distribuição dos *warrants* objecto da oferta, foram distribuídas através de oferta particular *warrants* da mesma categoria, ou forem emitidos *warrants* de outras categorias tendo em vista a sua distribuição através de oferta pública ou particular, indicação da natureza destas operações bem como do montante e das características dos *warrants* a que se referem.

Esquema **D**

ESQUEMA DE PROSPECTO PARA OFERTA PÚBLICA DE DISTRIBUIÇÃO
DE OBRIGAÇÕES TITULARIZADAS E SUA ADMISSÃO À NEGOCIAÇÃO

2.1. Montante e natureza

Indicação do montante global e da natureza da operação.

2.2. Preço das obrigações titularizadas e modo de realização

Indicação do valor nominal (unitário ou percentual) e do preço das obrigações titularizadas, bem como de outras despesas explicitamente a cargo do subscritor ou do adquirente.

Indicação do momento e modo de pagamento.

2.3. Categoria e forma de representação

Indicação da categoria de obrigações titularizadas e forma de representação.

2.4. Créditos afectos e respectivas garantias

Identificação dos créditos afectos à operação em causa e das respectivas
garantias estabelecidas a favor dos credores obrigacionistas.

Na identificação e descrição dos créditos ter-se-á em consideração, nomeadamente:

a) Tipologia e características;

b) Montante;

c) Informação relativa aos juros devidos, modo de cálculo, datas de vencimento, datas e modalidades do exercício de opções de reembolso antecipado, e
data de vencimento final do capital mutuado relativamente a cada tipo de crédito;

d) Se os créditos provêm de fluxos financeiros gerados por projectos
industriais ou de criação de infra-estruturas, contratos de concessão, direitos de
autor ou outros direitos similares, descrição do projecto em questão assim como
avaliação objectiva dos lucros futuros;

e) Legislação aplicável aos créditos;

f) Tipologia e características gerais dos devedores;

g) Informação relativa às garantias que reforcem a perspectiva de reembolso e remuneração dos créditos, nomeadamente no que se refere ao tipo de
garantias previstas, aos montantes máximos por estas garantidos e às respectivas
condições gerais de execução;

h) No caso de garantias pessoais, tipologia e características gerais dos
garantes e, no caso de garantias reais, tipo de bens e respectivo valor; e

i) Outros elementos que, por qualquer forma, contribuam para reforçar ou
diminuir a perspectiva de cumprimento dos créditos.

Indicação quanto à existência de pré-selecção de créditos.

Regras de aplicação e gestão do excedente de tesouraria.

Indicação do código que, para efeitos do artigo 48.º do Decreto-Lei n.º 453/99,
de 5 de Novembro, identifica os créditos afectos à operação.

Indicação de que foi efectuado o depósito da chave do código na CMVM.

2.5. Classificação da notação de risco
Indicação da classificação obtida no relatório de notação de risco.

2.6. Informações relativas à(s) entidade(s) cedente(s)

2.6.1. Identificação
Identificação da entidade cedente através da denominação e sede.

2.6.2. Breve descrição da actividade do cedente
Descrição sucinta da sua actividade e, em particular, aquelas que se encontram na origem dos créditos cedidos.

2.6.3. Competências do cedente decorrentes de relações contratuais com a sociedade de titularização
Competências do cedente, nomeadamente, em virtude da celebração de contrato de gestão dos créditos, de actividades de consultoria ou de qualquer outra natureza.

2.6.4. Remuneração
Comissões cobradas pelo cedente pelo exercício dessas funções, indicando, se aplicável, o direito ao remanescente no acto da liquidação do fundo.

2.6.5. Responsabilidade do cedente dos créditos
Responsabilidades legais e contratuais assumidas pelo cedente ou cedentes dos créditos.

2.6.6. Relações entre a sociedade de titularização e o cedente
Montante do capital detido directa ou indirectamente pelo cedente na sociedade de titularização.
Relação estabelecida, numa lógica de relação de domínio ou de grupo, entre as duas entidades.
Fornecimentos e serviços, trabalhos especializados, prestações de serviços e sub-contratos entre as duas entidades.

2.7. Condições gerais do contrato de cessão de créditos
Indicação das deliberações e autorizações com base na qual os créditos foram cedidos.
Indicação dos termos, condições e data em que se tornou efectiva a cessão.
Indicação da eventualidade de substituição dos créditos, e suas condições.
Se for o caso, indicação de que foi efectuada notificação da cessão aos devedores, para efeitos do estabelecido no n.° 1 do artigo 6.° do Decreto-Lei n.° 453/99, de 5 de Novembro.
Indicação de eventuais obrigações do emitente ou do garante relativamente ao cedente.

2.8. Gestão e garantia dos créditos
Identificação da entidade responsável pela gestão dos créditos.

Caso exista, identificação da entidade responsável pela garantia dos créditos e principais termos do contrato ao abrigo do qual é assegurada a gestão.

2.9. Modalidade da oferta
Referência à existência de tomada firme. Regime da oferta incompleta.

Caso a oferta seja efectuada simultaneamente em vários Estados, indicação da repartição da oferta por cada Estado.

Indicação da possibilidade de existência de rateio e do seu modo de aplicação, bem como dos critérios para arredondamento.

Indicação de eventuais condições de eficácia a que a oferta fique sujeita.

Indicação da possibilidade de comunicabilidade de atribuição de valores mobiliários entre os diferentes tipos de destinatários da oferta.

Indicação da opção de distribuição de lote suplementar, caso exista.

2.10. Organização e liderança
Denominação e sede social dos intermediários financeiros responsáveis pela oferta.

Indicação do consórcio financeiro que assegurou a colocação da oferta e a tomada firme, se for o caso.

Condições gerais do contrato de colocação.

Indicação ou avaliação do montante global e ou do montante por obrigação dos encargos relativos à oferta, mencionando as remunerações totais dos intermediários financeiros, incluindo a comissão ou margem de tomada firme, a comissão de garantia, a comissão de colocação ou a comissão de serviço de distribuição.

2.11. Deliberações, autorizações e aprovações da oferta
Indicação das deliberações, autorizações e aprovações ao abrigo das quais a oferta é realizada.

2.12. Finalidade da oferta
Indicação do destino do produto líquido da oferta.

2.13. Período e locais de aceitação
Indicação das datas e horas de início e de encerramento da oferta ou indicação de se tratar de uma oferta contínua.

Indicação dos locais onde podem ser transmitidas as declarações de aceitação da oferta.

Indicação do prazo durante o qual podem ser revogadas as declarações de aceitação da oferta.

2.14. Resultado da oferta
Indicação da entidade responsável pelo apuramento e divulgação do resultado da oferta, com referência expressa aos locais onde será divulgado.

2.15. Direitos de preferência
Condições do exercício dos direitos de preferência, caso existam, negociabilidade dos direitos de subscrição e tratamento dos direitos não exercidos.

2.16. Direitos atribuídos

Descrição dos direitos inerentes às obrigações titularizadas, bem como respectivas condições de exercício.

Transcrição dos seguintes parágrafos:

"Nos termos do Decreto-Lei n.° 453/99, de 5 de Novembro, os créditos afectos ao reembolso de obrigações titularizadas constituem um património autónomo, não respondendo por outras dívidas da sociedade de titularização de créditos até reembolso integral dos montantes devidos aos credores obrigacionistas da emissão designada.

Os titulares de obrigações titularizadas gozam de privilégio creditório especial sobre os créditos afectos à respectiva emissão, com precedência sobre quaisquer outros credores."

2.17. Pagamento de juros e outras remunerações

Indicação da data a partir da qual se efectuará o pagamento dos juros, das datas de vencimento, do seu modo de cálculo, bem como do prazo de prescrição da obrigação de pagamento dos juros.

Indicação da taxa de juro nominal utilizada e do seu modo de cálculo bem como, se estiverem previstas várias taxas de juro, indicação das condições da sua modificação.

Indicação de outros benefícios e do respectivo modo de cálculo.

2.18. Amortizações e opções de reembolso antecipado

Duração do empréstimo, datas e modalidades de amortização.

Prazo de prescrição da obrigação de reembolso do capital mutuado.

Datas e modalidades do exercício de opções de reembolso antecipado.

2.19. Garantias do empréstimo

Natureza e âmbito das garantias e dos compromissos destinados a assegurar o bom cumprimento do serviço de dívida.

2.20. Taxa de rentabilidade efectiva

Com excepção das ofertas contínuas, indicação da taxa de rentabilidade das obrigações titularizadas, na óptica do investidor, tendo em atenção as condições da oferta, nomeadamente a possibilidade de reembolso antecipado, quer pelo investidor, quer pelo emitente, bem como as condições vigentes no mercado.

Breve descrição do seu modo de cálculo, entendendo-se como taxa de rentabilidade efectiva aquela que iguala o valor actual dos fluxos monetários gerados pela obrigação ao seu preço de compra.

2.21. Moeda do empréstimo

Indicação da moeda de denominação do empréstimo. Se o empréstimo for expresso em unidades de conta, estatuto contratual destas. Indicação da opção de câmbio, se existir.

2.22. Serviço financeiro

Indicação dos responsáveis pelo serviço financeiro da oferta, nomeadamente pelo pagamento de juros e amortizações.

No caso de entidade não residente, indicação do agente pagador em Portugal pelo menos para o 1.º ano.

2.23. Representação dos obrigacionistas

Forma de designação, nome e funções, ou denominação e sede social, do representante comum dos obrigacionistas e principais condições de representação.

Indicação dos locais onde o público pode consultar os textos dos contratos relativos a estas formas de representação.

2.24. Regime fiscal

Descrição sintética do regime fiscal e retenções fiscais na fonte relativas aos rendimentos das obrigações titularizadas no Estado de origem e, se for o caso, nos Estados de negociação.

2.25. Regime de transmissão

Regime de transmissão das obrigações titularizadas, com indicação de eventuais restrições à sua livre negociabilidade, nomeadamente em termos de mercados onde esses valores podem ser negociados.

2.26. Montante líquido da oferta

Indicação do montante líquido da oferta para o emitente, após dedução de todas as despesas associadas à realização, colocação e registos da oferta.

2.27. Títulos definitivos

Se as obrigações titularizadas assumirem a forma titulada, indicação da data em que se prevê a sua entrega.

Indicação sobre a possibilidade de existência de cautelas, e em que condições.

2.28. Legislação aplicável

Indicação da legislação designada como aplicável no contrato de emissão das obrigações titularizadas e dos tribunais competentes em caso de litígio.

2.29. Admissão à negociação

Indicação se as obrigações a oferecer, serão ou não objecto de pedido de admissão à negociação, tendo em vista a sua difusão num mercado regulamentado.

Indicação dos mercados onde as obrigações serão admitidas, e no caso de já se negociarem numa ou várias bolsas obrigações da mesma categoria, indicação dessas bolsas.

Data, aproximada, em que se prevê a admissão à negociação.

Indicação da dependência do cumprimento de determinados requisitos para a admissão à negociação.

2.30. Contratos de fomento

Termos gerais dos contratos de fomento, por exemplo de liquidez ou esta-bilização, nomeadamente com a indicação dos intermediários financeiros interve-nientes, das modalidades e dos montantes mínimos de intervenção.

2.31. Valores mobiliários admitidos à negociação

Indicação sobre a admissão à negociação a outros mercados regulamenta-dos de outros valores mobiliários emitidos pelo emitente.

2.32. Ofertas públicas relativas a valores mobiliários

Indicação, relativamente ao último exercício e ao exercício em curso, das ofertas públicas efectuadas por terceiros relativamente a valores mobiliários do emitente e das ofertas públicas efectuadas pelo emitente relativamente a valores mobiliários de uma outra sociedade.

Indicação sobre as ofertas públicas de distribuição de valores mobiliários efectuadas por sociedades que se enquadram nos termos dos pontos 5.4 e 5.5 – nos últimos 12 meses, com indicação das formas como foram publicados e como podem ser consultados os respectivos documentos.

Indicação do objecto, preço e das condições de troca relativas a tais ofertas e respectivo resultado.

2.33. Outras ofertas

Se, simultaneamente ou em data aproximada à distribuição das obrigações titularizadas a oferecer, forem subscritas ou colocadas de forma particular obri-gações titularizadas da mesma categoria, ou forem criadas obrigações titular-izadas de outras categorias tendo em vista a sua colocação pública ou particular, indicação da natureza destas operações bem como do montante e das característi-cas das obrigações titularizadas a que se referem.

2.34. Relatório de notação de risco

Reprodução do relatório de notação de risco.

CAPÍTULO 3
Identificação e caracterização do emitente

3.1. Informações relativas à administração e à fiscalização

3.1.1. Composição

Nome, endereço e funções no emitente dos membros dos órgãos de admi-nistração e fiscalização, dos sócios comanditados, no caso de uma sociedade em comandita por acções e dos fundadores, quando se trate de uma sociedade consti-tuída há menos de cinco anos, com menção das principais actividades que desem-penhem fora da sociedade sempre que estas sejam significativas em relação à sociedade.

Descrição das regras de designação de titulares e de funcionamento de cada um daqueles órgãos.

3.1.2. Remunerações

Remunerações e benefícios em espécie atribuídos a qualquer título durante o último exercício encerrado e contabilizados em contas de custos ou despesas gerais ou em contas de distribuição de lucros aos membros dos órgãos de administração e de fiscalização, devendo esses montantes ser indicados globalmente para cada categoria de órgãos.

Montante global das remunerações e benefícios em espécie atribuídos ao conjunto de membros dos órgãos de administração ou de fiscalização do emitente pelo conjunto das sociedades em relação de domínio ou de grupo.

3.1.3. Relações económicas e financeiras com o emitente

Quantidade total de acções do emitente detidas pelo conjunto dos titulares dos seus órgãos de administração e fiscalização, bem como dos direitos de subscrição, de aquisição ou de alienação de acções do emitente que lhes tenham sido concedidos.

Indicação sobre a natureza e a extensão dos interesses dos membros dos órgãos de administração e fiscalização em transacções extraordinárias, atentas a sua natureza ou condições, efectuadas pelo emitente – como, por exemplo, aquisições estranhas à actividade corrente e a aquisição ou a cessão de elementos do activo imobilizado – no decurso do último exercício e durante o exercício em curso. Sempre que tais transacções extraordinárias tiverem sido acordadas no decurso de exercícios anteriores, mas não tenham ainda sido definitivamente concluídas, devem igualmente ser fornecidas informações sobre essas transacções.

Indicação global de todos os empréstimos em curso concedidos pelo emitente aos membros dos órgãos de administração e de fiscalização, bem como das garantias prestadas pelo emitente em favor daqueles.

3.2. Esquemas de participação dos trabalhadores

Indicação dos esquemas de participação dos trabalhadores no capital do emitente.

3.3. Constituição e objecto social

Data de constituição e duração do emitente, se esta não for indeterminada. Indicação do objecto social do emitente.

3.4. Legislação que regula a actividade do emitente

Indicação da legislação e regulamentação a que se encontre sujeita a actividade do emitente, nomeadamente quanto a autorizações administrativas de que careça para exercer a sua actividade, patentes e licenças a que a actividade esteja sujeita e as entidades que sobre ele exercem supervisão.

3.5. Informações relativas ao capital

Montante do capital subscrito, quantidade e categorias das acções que o representam, com menção das suas principais características.

Se existir capital subscrito e ainda não liberado, indicação da quantidade e

do valor nominal global e da natureza das acções ainda não integralmente libe-
radas, discriminadas, se for o caso, segundo o seu grau de liberação.

Se houver capital autorizado mas ainda não emitido, ou o compromisso de
o aumentar, indicação sobre o montante desse aumento ou compromisso e, sendo
o caso, do prazo de caducidade da autorização, e indicação das categorias de pessoas titulares do direito de preferência na subscrição dessas partes suplementares
do capital.

Se existirem obrigações convertíveis ou com *warrants*, indicação da sua
quantidade e das condições e modalidades de conversão ou de subscrição.

Indicação das condições estipuladas nos estatutos para as alterações do
capital e dos direitos respectivos das várias categorias de acções sempre que tais
condições sejam mais restritivas do que as previstas na lei.

Descrição sumária das operações que, no decurso dos três últimos anos,
alteraram o capital subscrito e ou a quantidade e as categorias de acções que o
representam, com eventual apresentação gráfica da evolução.

3.6. Política de dividendos
Indicação da política de dividendos levada a cabo pelo emitente durante os
últimos 5 anos.

3.7. Participações no capital
Na medida em que sejam do conhecimento do emitente, indicação das pessoas singulares ou colectivas que, directa ou indirectamente, isolada ou conjuntamente, sejam detentoras de participação qualificadas nos termos do art. 20.° do
Código dos Valores Mobiliários, salvo se, por legislação especial, a entidade
estiver obrigada à publicação de informação com um limite inferior.

Modificação na repartição do capital no decurso dos 3 últimos anos.

3.8. Acordos parassociais
Descrição das principais cláusulas de quaisquer acordos parassociais da
natureza dos mencionados no art. 19.° do Código dos Valores Mobiliários relativamente ao exercício de direitos sociais respeitantes ao emitente.

3.9. Acções próprias
Quantidade, valor contabilístico e valor nominal das acções próprias adquiridas e detidas em carteira pelo emitente ou por pessoas que com este estejam em
relação do domínio ou de grupo.

3.10. Representante para as relações com o mercado
Indicação do nome, funções, endereço, números de telefone, telefax e
endereço de correio electrónico, de quem se encontre designado como representante do emitente para as relações com o mercado.

3.11. Sítio na Internet
Se o emitente tiver sítio na Internet, indicação do respectivo URL.

3.12. Secretário da sociedade

Indicação do nome, funções e endereço de quem se encontre designado como secretário da sociedade.

CAPÍTULO 4
Informações relativas à actividade do emitente

4.1. Actividades e mercados

Indicação dos ramos de actividade exercidos, com descrição das principais actividades, dos principais produtos vendidos e serviços prestados e da posição relativa nos mercados em que actua.

Identificação da concorrência para cada área de negócio considerada estratégica.

Indicação dos produtos novos e ou de novas actividades, quando forem relevantes.

Se inserida num grupo, breve descrição do mesmo e indicação da sua posição relativa no mesmo, acompanhada sempre que possível de um organigrama para melhor situação da sociedade.

Quando o emitente for uma instituição de crédito, apresentação do rácio de solvabilidade, bem como do volume de crédito vencido e das provisões para riscos de crédito por sector de actividade, com a indicação do seu grau de cobertura.

Tratando-se de uma sociedade gestora de participações sociais, deverá ser caracterizada cada uma das suas participadas, nos termos atrás propostos.

4.2. Estabelecimentos principais e património imobiliário

Localização e importância dos estabelecimentos principais do emitente e informações sucintas sobre o seu património imobiliário.

Por estabelecimento principal, entende-se qualquer estabelecimento que contribui em mais de 10% para o volume de negócios ou produção.

4.3. Pessoal

Efectivo médio e total dos trabalhadores e sua evolução nos três últimos exercícios; sua repartição pelas principais categorias profissionais de actividade.

Apresentação de indicadores de produtividade e do grau de formação do pessoal nos últimos 3 exercícios.

4.4. Acontecimentos excepcionais

Indicação de algum acontecimento excepcional que tenha afectado, nos últimos três anos, ou se preveja vir a afectar significativamente as actividades do emitente ou das suas participadas.

4.5. Dependências significativas

Indicação quanto à eventual dependência relativamente a patentes e licenças, contratos de concessão ou outros tipos de contratos que tenham uma importância significativa na actividade ou rendibilidade do emitente.

4.6. Política de investigação

Descrição da política de investigação e desenvolvimento de novos produtos e processos no decurso dos três últimos exercícios.

4.7. Procedimentos judiciais ou arbitrais

Indicação de qualquer procedimento judicial ou arbitral susceptível de ter tido, ou vir a ter, uma incidência importante sobre a sua situação financeira.

4.8. Interrupções de actividades

Indicação de qualquer interrupção de actividade do emitente susceptível de ter tido ou vir a ter uma incidência importante sobre a sua situação financeira ou na das suas participadas.

4.9. Política de Investimentos

Descrição qualitativa e quantitativa dos principais investimentos, incluindo os interesses noutras sociedades, no decurso dos últimos três anos e nos meses já decorridos do exercício em curso.

Indicações relativas aos principais investimentos em curso, com excepção dos interesses noutras sociedades, indicando a sua repartição por volume em função da sua localização e do seu modo de financiamento.

Indicação dos principais futuros investimentos, com excepção dos interesses noutras sociedades.

CAPÍTULO 5
Património, situação financeira e resultados do emitente

5.1. Balanços e contas de resultados

Balanços e contas de resultados dos últimos 3 exercícios, elaborados em termos individuais e consolidados, caso o emitente a tal esteja obrigado, apresentados sob a forma de um mapa comparativo e incluindo, quando exigíveis, as contas reportadas a uma data não inferior ao fim do 1.° semestre do exercício económico que preceda o da elaboração do prospecto.

Síntese dos elementos constantes dos respectivos anexos ao balanço e demonstração de resultados, cujo conhecimento contribua significativamente para uma melhor interpretação dos valores apresentados.

Em caso de apresentação das demonstrações financeiras consolidadas, indicação das empresas incluídas e excluídas de consolidação.

Breve apresentação de indicadores económicos e financeiros do emitente caracterizando a sua rentabilidade, autonomia financeira, liquidez e mercado.

Se o emitente tiver sido objecto de alguma reestruturação, ainda não evidenciada na última informação financeira, apresentação de demonstrações financeiras pró-forma, caso tenham sido elaboradas.

Transcrição da certificação legal das contas relativas aos últimos três exercícios, com indicação dos motivos de quaisquer recusas ou reservas.

Indicação de outras informações constantes do prospecto que tenham sido verificadas pelos revisores oficiais de contas.

5.2. Cotações

Quadro indicativo das cotações médias, máximas e mínimas dos valores mobiliários emitidos pela sociedade registadas nos últimos doze meses, anteriores à data de elaboração do prospecto, com notas explicativas dos factos sociais, nomeadamente aumentos de capital ou pagamentos de dividendos, que devam ser considerados na análise daqueles elementos.

5.3. Demonstração de fluxos de caixa

Demonstrações de fluxos de caixa ou, quando a sociedade não esteja obrigada à sua apresentação, mapas de origem e aplicação de fundos relativos aos três últimos exercícios e apresentados sob a forma de mapa comparativo.

5.4. Informações sobre as participadas

Informações individualizadas para o último exercício, enumeradas a seguir, relativas às sociedades das quais o emitente detém uma parte do capital suscep-tível de ter uma incidência significativa na apreciação do seu património, da sua situação financeira ou dos seus resultados. As informações devem sempre ser fornecidas para as sociedades nas quais o emitente detém, directa ou indirecta-mente, uma participação, desde que o seu valor contabilístico represente, pelo menos, 10% dos capitais próprios ou contribua com, pelo menos, 10% do resul-tado líquido do emitente, ou, se se tratar de um grupo, desde que o valor con-tabilístico desta participação represente, pelo menos, 10% dos capitais próprios consolidados ou contribua com, pelo menos, 10% do resultado líquido consoli-dado do grupo. As informações devem ainda ser sempre fornecidas quando qual-quer uma das rubricas referidas nas alíneas *j)* ou *l)* represente, pelo menos, 10% do montante da correspondente rubrica nas últimas contas do emitente.

As informações a seguir enumeradas podem não ser fornecidas desde que o emitente demonstre que a participação tem um carácter meramente provisório, e disso se faça menção explícita:

a) Denominação e sede social da sociedade;
b) Domínio de actividade;
c) Fracção do capital detido;
d) Capital subscrito;
e) Reservas;
f) Resultado do último exercício decorrente das actividades normais depois dos impostos;
g) Valor sob o qual o emitente contabiliza as acções ou partes que detém e indicação da última negociação, bem como respectiva data, se se tratar de enti-dade com valores mobiliários admitidos à negociação em mercado regulamentado;
h) Montante ainda por liberar das acções ou partes que detém;
i) Montante dos dividendos recebidos no decurso do último exercício das acções ou partes que detém;

j) Montante dos créditos e dos débitos devidamente discriminados do emitente relativamente à sociedade e desta relativamente ao emitente;

l) Montante das compras e vendas, *royalties*, comissões, fornecimentos e serviços, trabalhos especializados, prestações de serviços e sub-contratos do emitente relativamente à sociedade e desta relativamente ao emitente.

Indicar para as participadas qual a participação de controlo efectivamente detida pela empresa mãe, determinante para a adopção de uma política comum.

5.5. Informações sobre as participantes

Informações individualizadas para o último exercício, enumeradas a seguir, relativas às pessoas singulares ou colectivas com uma participação, directa ou indirecta, superior a 50% no capital social do emitente e doutras sociedades dominadas pelos accionistas que detenham, directa ou indirectamente, uma participação superior a 50% do capital social do emitente.

As informações devem sempre ser fornecidas quando qualquer uma das rubricas constantes das alíneas *d)* ou *e)* represente, pelo menos, 10% do montante da correspondente rubrica do emitente.

As informações a seguir enumeradas podem não ser fornecidas desde que o emitente demonstre que a participação tem um carácter meramente provisório, e disso se faça menção explícita.

a) Denominação e sede social da sociedade;

b) Domínio de actividade;

c) Fracção do capital detido;

d) Montante dos créditos e dos débitos devidamente descriminados do emitente relativamente à sociedade e desta relativamente ao emitente;

e) Montante das compras e vendas, *royalties*, comissões, fornecimentos e serviços, trabalhos especializados, prestações de serviços e sub-contratos do emitente relativamente à sociedade e desta relativamente ao emitente.

5.6. Diagrama de relações de participação

Diagrama representativo das relações de participação referenciadas em 5.4. e 5.5., com indicação da designação social e percentagens de participação.

5.7. Responsabilidades

Montante dos empréstimos obrigacionistas por reembolsar.

Garantias, penhores e hipotecas prestadas em favor de terceiros.

Montante dos pagamentos devidos em consequência de contratos de locação financeira celebrados pelo emitente.

CAPÍTULO 6
Perspectivas futuras

Indicações relativas à evolução dos negócios do emitente desde o encerramento do exercício a que se referem as últimas contas anuais publicadas e, em

especial, as tendências recentes mais significativas da evolução da produção, dos mercados, das vendas, das existências e do volume da carteira de encomendas.
Explicitação e comentário das tendências recentes de evolução de custos e preços de venda.

Indicação das perspectivas comerciais, operacionais e financeiras que, na óptica dos órgãos de administração, se antevêem à evolução das actividades do emitente e dos mercados em que actua, com identificação e análise dos factores de que dependa significativamente tal evolução.

CAPÍTULO 7
Relatórios de auditoria

7.1. Relatório de auditoria
Reprodução integral do Relatório de Auditoria às informações financeiras exigíveis.

7.2. Relatório de auditoria às demonstrações financeiras pró-forma
Em caso de apresentação de demonstrações financeiras pró-forma, reprodução integral do Relatório de Auditoria das mesmas.

CAPÍTULO 8
Estudo de viabilidade técnica, económica e financeira

8.1. Pressupostos
Reprodução dos pressupostos utilizados na realização do estudo da viabilidade técnica, económica e financeira referido na alínea *p*) do n.° 1 do artigo 115.° do Código dos Valores Mobiliários.

8.2. Conclusões
Reprodução literal das conclusões do estudo de viabilidade técnica, económica e financeira referido no ponto anterior.

8.3. Parecer do auditor
Reprodução literal do parecer elaborado por auditor sobre os pressupostos e a consistência das previsões contidas no estudo de viabilidade técnica, económica e financeira.

CAPÍTULO 9
Outras informações

Quaisquer outras informações que o emitente considere dever introduzir. No caso de entidade que distribui acções através de oferta pública pela primeira vez, deve ser disponibilizada cópia dos estatutos.

Quando se trate de uma entidade não residente, deve ser incluída uma nota comparativa que reflicta as particularidades essenciais do regime jurídico do Estado da lei pessoal do emitente e suas diferenças em relação ao regime jurídico nacional, nomeadamente quanto à comunicação de participações qualificadas, à transacções sobre acções próprias, à obrigatoriedade de ofertas públicas de aquisição ou outros meios alternativos de protecção dos accionistas minoritários, à possibilidade de exercício dos direitos de voto por correspondência ou por meios telemáticos, e aos critérios contabilísticos utilizados na preparação da informação económica e financeira.

Indicação do local onde poderão ser consultados os relatórios e contas relativos aos três últimos exercícios.

CAPÍTULO 10
Contratos de fomento

Reprodução integral do contrato de liquidez e ou de estabilização, caso existam.

ANEXO III
PROSPECTO RELATIVO A OFERTAS PÚBLICAS DE AQUISIÇÃO DE VALORES MOBILIÁRIOS

CAPÍTULO 0
Advertências/Introdução

0.1. Resumo das características da operação
Breve descrição da operação, nomeadamente, descrição sintética das condições de eficácia a que a oferta fica sujeita, quantidades mínima e máxima de valores mobiliários que o oferente se propõe adquirir, contrapartida oferecida, critérios de rateio.

0.2. Efeitos do registo
Transcrição do conteúdo do n.° 3 do artigo 118.° do Código dos Valores Mobiliários.

Enumeração dos intermediários financeiros responsáveis pela oferta, com explicitação das obrigações por todos assumidas, nos termos do artigo 113.° do Código dos Valores Mobiliários.

CAPÍTULO 1
Responsáveis pela informação

Identificação dos responsáveis
Identificação das pessoas responsáveis pelo prospecto e do âmbito da sua responsabilidade, com referência expressa aos termos do artigo 149.° do Código dos Valores Mobiliários.

CAPÍTULO 2
Descrição da oferta

2.1. Montante e natureza da operação
Descrição e indicação do montante global e da natureza da operação, nomeadamente carácter geral ou parcial da oferta.

2.2. Montante, natureza e categoria dos valores mobiliários objecto da oferta
Indicação das quantidades mínima e máxima, natureza e categoria dos valores mobiliários objecto da oferta.

2.3. Contrapartida oferecida e sua justificação
Justificação do valor da contrapartida, especificando os métodos de cálculo adoptados na sua determinação e os factores e dados em que essa determinação se baseou.

2.4. Modo de pagamento da contrapartida
Indicação do modo de pagamento da contrapartida, nomeadamente no caso referido na alínea *l*) do n.º 1 do artigo 138.º do Código dos Valores Mobiliários.

2.5. Caução ou garantia da contrapartida
Indicação da entidade em que está depositada a contrapartida em dinheiro ou que prestou garantia bancária do seu pagamento, exigida na parte final do n.º 2 do artigo 177.º do Código dos Valores Mobiliários.

Se os valores mobiliários oferecidos como contrapartida já estiverem emitidos, indicação de ter sido efectuado o seu bloqueio, nos termos previstos no n.º 1 do artigo 178.º do Código dos Valores Mobiliários.

2.6. Modalidade da oferta
Indicação de eventuais condições de eficácia a que a oferta fique sujeita.

Contendo a contrapartida uma opção em dinheiro ou em valores mobiliários, condições do exercício dessa opção.

Indicação da possibilidade de existência de rateio e do seu modo de aplicação, bem como dos critérios para arredondamento.

Indicação de quaisquer despesas, taxas ou impostos que devam ser suportados pelos destinatários da oferta.

2.7. Assistência
Denominação e sede social dos intermediários financeiros responsáveis pela oferta.

Indicação dos participantes no consórcio financeiro que tenha assegurado a assistência.

Condições gerais do contrato de assistência.

2.8. Objectivos da aquisição
Informação sobre os objectivos da aquisição, designadamente quanto à manutenção da negociação em mercado regulamentado dos valores mobiliários que são objecto da oferta, à manutenção da qualidade de sociedade aberta, à continuidade ou modificação da actividade empresarial desenvolvida pela sociedade visada e por sociedades que com esta estejam em relação de domínio ou de grupo e à política de pessoal e de estratégia financeira.
Descrição das possíveis implicações do sucesso da oferta sobre a situação financeira do oferente.

2.9. Declarações de aceitação
Indicação das datas e horas de início e de encerramento da oferta, com indicação expressa da última data e hora até às quais as aceitações podem ser recebidas.
Indicação do modo como os destinatários da oferta devem proceder à sua aceitação.
Indicação da bolsa ou bolsas onde a operação se executará e indicação dos locais onde podem ser transmitidas declarações de aceitação da oferta.
Menção do direito do destinatário da oferta de revogar a sua aceitação antes do encerramento da operação, se for entretanto lançada uma oferta concorrente, e bem assim a especificação de quaisquer outros casos, incluindo os previstos na lei, em que esse direito igualmente lhe assista.
Indicação do prazo durante o qual podem ser revogadas as declarações de aceitação da oferta.

2.10. Resultado da oferta
Indicação da entidade responsável pelo apuramento e divulgação do resultado da oferta, com referência expressa aos locais onde será divulgado.

CAPÍTULO 3
Informações relativas ao oferente, participações sociais e acordos

3.1. Identificação do oferente
Tipo, firma e sede social do oferente.

3.2. Imputação de direitos de voto
Identificação das pessoas que estão com o oferente em alguma das relações previstas no n.° 1 do artigo 20.° do Código dos Valores Mobiliários.

3.3. Participações do oferente no capital da sociedade visada
Informação sobre as quantidades de valores mobiliários emitidos pela sociedade visada, de que sejam titulares o oferente e as pessoas mencionadas no n.° 1 do artigo 20.° do Código dos Valores Mobiliários, com indicação precisa da percentagem dos direitos de voto que podem por aqueles ser exercidos.

Discriminação das quantidades, datas e contrapartidas dos valores mobiliários da mesma categoria dos que são objecto da oferta que tenham sido adquiridos pelo oferente ou por alguma das pessoas referidas em 3.2. adquiridos nos últimos seis meses.

3.4. Direitos de voto e participações da sociedade visada no oferente.
Indicação da percentagem dos direitos de voto que, nos termos do n.º 1 do artigo 20.º do Código dos Valores Mobiliários, pode ser exercida pela sociedade visada na sociedade oferente.

3.5. Acordos parassociais.
Indicação de quaisquer acordos parassociais de que o oferente, ou qualquer das pessoas referidas no n.º 1 do artigo 20.º do Código dos Valores Mobiliários, seja parte ou de que tenha conhecimento, com influência significativa na sociedade visada.

Indicação de quaisquer acordos ou entendimentos estabelecidos com outras pessoas singulares ou colectivas para as quais o oferente deva transferir, após o encerramento da operação, qualquer quantidade dos valores adquiridos através da oferta, especificando, além das respectivas condições, a identidade dos interessados e bem assim informações idênticas às que lhes seriam exigíveis nos termos do presente regulamento se figurassem na operação como oferentes.

3.6. Acordos celebrados com os titulares dos órgãos sociais da sociedade visada
Indicação dos acordos celebrados entre o oferente ou qualquer das pessoas referidas no n.º 1 do artigo 20.º do Código dos Valores Mobiliários e os titulares dos órgãos sociais da sociedade visada, incluindo as vantagens especiais eventualmente estipuladas a favor destes, de execução imediata ou diferida, à data do lançamento da oferta.

3.7. Representante para as relações com o mercado
Indicação do nome, funções, endereço, números de telefone, telefax e endereço de correio electrónico de quem se encontre designado como representante do oferente para as relações com o mercado.

CAPÍTULO 4
Outras informações
Quaisquer outras informações que o oferente considere dever introduzir.

ANEXO IV

PROSPECTO RELATIVO A OFERTA PÚBLICA DE DISTRIBUIÇÃO DE UNIDADES DE PARTICIPAÇÃO DE FUNDOS DE INVESTIMENTO FECHADOS E SUA ADMISSÃO À NEGOCIAÇÃO

CAPÍTULO 0
Advertências/Introdução

0.1. Resumo das características da operação
Breve descrição da operação, nomeadamente montante, destinatários, critérios de rateio, preços e indicação sobre o pedido de admissão à negociação.

0.2. Factores de risco
Indicação dos factores de risco e limitações relevantes do presente investimento, e que são objecto de desenvolvimento no prospecto, nomeadamente relativos à política de investimentos do fundo.

Indicação de ter ou não sido a emissão objecto de notação por uma sociedade de prestação de serviços de notação de risco (*rating*) registada na CMVM e, caso a notação tenha sido atribuída, identificação da sociedade de notação de risco, da notação atribuída e do significado sintético da mesma, bem como, se for o caso, indicação da existência de participação da entidade gestora no capital da de notação de risco ou de participação desta no capital da entidade gestora ou do facto de qualquer titular dos órgãos sociais ou accionista participar no capital ou ser membro dos órgãos sociais da sociedade de notação de risco.

0.3. Advertências complementares
Indicação de dependências significativas para a normal prossecução da actividade da entidade gestora.

0.4. Efeitos do registo
Transcrição do conteúdo do n.° 3 do artigo 118.° do Código dos Valores Mobiliários.

Caso a CMVM haja consentido que no prospecto figure menção de que os valores mobiliários se destinam a admissão à negociação, transcrição do conteúdo do n.° 2 do artigo 234.° do Código dos Valores Mobiliários.

Enumeração dos intermediários financeiros responsáveis pela oferta indicando-se, quando tiver sido celebrado contrato de consórcio, qual ou quais os incumbidos da respectiva liderança, com explicitação das obrigações por todos assumidas, nos termos do artigo 113.° do Código dos Valores Mobiliários, e, caso não exista tomada firme, referência expressa ao regime da oferta caso não seja integralmente colocada.

CAPÍTULO 1
Responsáveis pela informação

Identificação dos responsáveis
Identificação das pessoas responsáveis pelo prospecto e do âmbito da sua responsabilidade, com referência expressa aos termos dos artigos 149.º e 243.º do Código dos Valores Mobiliários.

CAPÍTULO 2
Descrição da oferta

2.1. Descrição do fundo
Indicação das principais características do fundo de investimento, nomeadamente:

2.1.1. Caracterização jurídica
Caracterização jurídica do fundo de investimento enquanto património autónomo, com referência expressa à lei aplicável.

2.1.2. Política de investimentos
Descrição da política de investimentos do fundo, de acordo com o regulamento de gestão do fundo.

2.1.3. Duração do fundo de investimento
Indicação da duração do fundo e condições da prorrogação do prazo, se existirem.

2.1.4. Outras características
Indicação de outras características relevantes do fundo de investimento, nomeadamente se existe garantia do capital do fundo e competências e condições de funcionamento da assembleia de participantes.

2.1.5. Deliberações, autorizações e aprovações da oferta e do fundo
Indicação das deliberações, autorizações e aprovações ao abrigo das quais as unidades de participação são oferecidas.

2.2. Descrição da oferta

2.2.1. Montante e natureza
Indicação do montante global e da natureza da operação.

2.2.2. Preço das unidades de participação e modo de realização
Indicação do preço das unidades de participação e da comissão de emissão. Indicação do momento e modo de pagamento.

2.2.3. Categoria e forma de representação
Indicação da categoria dos valores mobiliários e modo de representação.
Se as unidades de participação assumirem a forma titulada, indicação da data em que se prevê a sua entrega.
Indicação sobre a possibilidade de existência de cautelas e em que condições.

2.2.4. Modalidade da oferta
Referência à existência de tomada firme. Regime da oferta incompleta.
Caso a oferta seja efectuada simultaneamente em vários Estados, indicação da repartição da oferta por cada Estado.
Indicação de eventuais condições de eficácia a que a oferta fique sujeita.
Indicação da possibilidade de existência de rateio e do seu modo de aplicação, bem como dos critérios para arredondamento.

2.2.5. Organização e liderança
Denominação e sede social dos intermediários financeiros responsáveis pela oferta.
Indicação dos participantes no consórcio financeiro que tenha assegurado a tomada firme e ou colocação da oferta, se for o caso.
Condições gerais do contrato de colocação.
Indicação ou avaliação do montante global e ou do montante por unidade de participação dos encargos relativos à oferta, mencionando as remunerações totais dos intermediários financeiros, incluindo a comissão ou margem de tomada firme, a comissão de garantia, a comissão de colocação ou a comissão de serviço de distribuição.

2.2.6. Finalidade da oferta
Indicação do destino do produto líquido da oferta.

2.2.7. Período e locais de aceitação
Indicação das datas e horas de início e de encerramento da oferta.
Indicação dos locais onde podem ser transmitidas declarações de aceitação da oferta.
Indicação do prazo durante o qual podem ser revogadas as declarações de aceitação da oferta.

2.2.8. Resultado da oferta
Indicação da entidade responsável pelo apuramento e divulgação do resultado da oferta, com referência expressa aos locais onde será divulgado.

2.2.9. Direitos atribuídos
Descrição sumária dos direitos inerentes às unidades de participação.

2.2.10. Política de rendimentos do fundo
Indicação da política de rendimentos do fundo.
Indicação do prazo de prescrição do exercício do direito aos rendimentos e indicação da entidade em proveito da qual opera essa prescrição.

2.2.11. Serviço financeiro
Indicação dos responsáveis pelo serviço financeiro da oferta e pelo pagamento de rendimentos, caso existam.
No caso de entidade não residente, indicação do agente pagador em Portugal.

2.2.12. Regime fiscal
Descrição sintética do regime fiscal do fundo de investimento.

2.2.13. Regime de transmissão

Regime de transmissão das unidades de participação, com indicação de eventuais restrições à sua livre negociabilidade, nomeadamente em termos de mercados onde esses valores podem ser negociados.

2.2.14. Admissão à negociação

Indicação se as unidades de participação a oferecer, serão ou não objecto de pedido de admissão à negociação, tendo em vista a sua difusão num mercado regulamentado.

Indicação dos mercados onde as unidades de participação serão admitidas, e no caso de já se negociarem numa ou várias bolsas unidades de participação da mesma categoria, indicação dessas bolsas.

Data aproximada em que se prevê a admissão à negociação.

Indicação da dependência do cumprimento de determinados requisitos para a admissão à negociação.

2.2.15. Contratos de fomento

Termos gerais dos contratos de fomento, por exemplo de liquidez ou estabilização, nomeadamente com a indicação dos intermediários financeiros intervenientes, das modalidades e dos montantes mínimos de intervenção.

2.2.16. Ofertas públicas e particulares de unidades de participação

Indicação, relativamente ao último exercício e ao exercício em curso, das ofertas públicas e particulares de unidades de participação de fundos de investimento fechado administrados pela sociedade gestora, das formas como foram publicados e como podem ser consultados os respectivos documentos.

CAPÍTULO 3
Identificação e caracterização da entidade gestora, do depositário e outras entidades

3.1. Informações relativas à entidade gestora

3.1.1. Identificação

Identificação da entidade gestora, através da sua denominação, sede, data de constituição e duração, se esta não for indeterminada, do respectivo capital subscrito e realizado.

Indicação do objecto social da entidade gestora.

3.1.2. Legislação que regula a actividade da entidade gestora

Indicação da legislação e regulamentação a que se encontre sujeita a actividade da entidade gestora, nomeadamente quanto a autorizações administrativas de que a mesma careça para exercer a sua actividade, bem como as entidades que sobre ela exercem supervisão.

3.1.3. Composição dos órgãos sociais

Composição dos órgãos sociais da entidade gestora.

Menção das principais actividades que os membros do órgão de administração desempenhem fora da sociedade sempre que estas sejam significativas em relação à sociedade.

3.1.4. Participações no capital

Indicação das pessoas singulares ou colectivas que, directa ou indirectamente, isolada ou conjuntamente, sejam detentoras de participações qualificadas nos termos do artigo 20.° do Código dos Valores Mobiliários, salvo se, por legislação especial, a entidade estiver obrigada à publicação de informação com um limite inferior.

3.1.5. Direitos e obrigações da entidade gestora

Indicação dos principais direitos e obrigações da entidade gestora do fundo, nomeadamente a referência a que a administração do fundo é feita no exclusivo interesse dos participantes e a menção sobre o regime de responsabilidade solidária juntamente com o depositário.

3.1.6. Remuneração da entidade gestora

Comissão de gestão cobrada pela entidade gestora pela administração do fundo.

3.1.7. Actividade da entidade gestora

Indicação da actividade exercida, com descrição da posição relativa nos mercados em que actua, na área dos fundos de investimento. Para cada área de negócio considerada estratégica, identificação da concorrência.

Se inserida num grupo, breve descrição do mesmo e indicação da sua posição relativa no mesmo, acompanhada sempre que possível de um organigrama para melhor integrar a situação da sociedade.

Indicação dos fundos de investimento administrados, e menção ao volume geral de activos sob administração.

Indicação sobre a admissão à negociação a outros mercados de bolsa ou regulamentados de unidades de participação de outros fundos de investimento administrados pela entidade gestora.

Informação sobre o património e situação financeira da entidade gestora, nomeadamente apresentação do balanço, conta de resultados e certificação legal relativo ao último exercício.

3.1.8. Representante para as relações com o mercado

Indicação do nome, funções, endereço, números de telefone, telefax e endereço de correio electrónico, de quem se encontre designado como representante da entidade gestora para as relações com o mercado.

3.2. Informações relativas ao depositário

3.2.1. Identificação

Identificação do depositário através da denominação e sede.

3.2.2. Direitos e obrigações do depositário
Indicação dos principais direitos e obrigações do depositário do fundo; menção sobre o regime de responsabilidade solidária juntamente com a sociedade gestora.

3.2.3. Remuneração
Comissão de depósito cobrada pelo depositário pelo exercício dessas funções.

3.3. Relações entre a entidade gestora e o depositário
Montante do capital detido directa ou indirectamente pelo depositário na entidade gestora;
Montante do capital detido directa ou indirectamente pela entidade gestora no depositário;
Montante de dividendos recebidos no decurso do último exercício;
Montante dos créditos e dos débitos devidamente discriminados entre as duas entidades;
Montante das compras e vendas, *royalties*, comissões, fornecimentos e serviços, trabalhos especializados, prestações de serviços e sub-contratos entre as duas entidades.

3.4. Entidades colocadoras
3.4.1. Identificação
Identificação das entidades colocadoras das unidades de participação através da denominação e sede.

3.4.2. Relações entre a entidade gestora e as entidades colocadoras
Indicação sobre o montante do capital detido directa ou indirectamente pelas entidades colocadoras na entidade gestora e por esta nas entidades colocadoras.

3.5. Consultores de Investimento
Indicação sobre a existência de consultores de investimento e sobre os termos do contrato com relevância para o fundo.

3.6. Auditores ou Revisor Oficial de Contas do Fundo
Identificação

3.7. Outras entidades
Indicação de outras entidades prestadoras de serviços de gestão de investimentos ou administrativos e dos termos relevantes dos respectivos contratos.

3.8. Acontecimentos excepcionais
Indicação de algum acontecimento excepcional que tenha afectado, nos últimos três anos, ou se preveja vir a afectar significativamente as actividades da entidade gestora ou dos fundos de investimento

3.9. Procedimentos judiciais ou arbitrais

Indicação de qualquer procedimento judicial ou arbitral susceptível de ter tido, ou vir a ter, uma incidência importante sobre a sua situação.

3.10. Interrupções de actividades

Indicação de qualquer interrupção de actividade da entidade gestora susceptível de ter tido ou vir a ter uma incidência importante sobre a sua situação.

CAPÍTULO 4
Património e situação financeira do fundo

4.1. Património do fundo de investimento

Descrição sumária da política de investimento do fundo.

Informação actualizada sobre a data de constituição do fundo, a evolução do valor da unidade de participação até à data, composição discriminada da carteira do fundo relativa ao último mês e menção específica sobre a situação de endividamento do fundo.

4.2. Contas Anuais do Fundo

Indicação da periodicidade de elaboração das contas e da sua disponibilização junto do público.

4.3. Relatório Semestral do Fundo

Indicação da periodicidade de elaboração do relatório semestral e da sua disponibilização junto do público.

CAPÍTULO 5
Outras informações

Quaisquer outras informações que a entidade gestora considere dever introduzir.

Indicação do local onde poderão ser consultados os relatórios e contas relativos aos três últimos exercícios.

CAPÍTULO 6
Contratos de fomento

Reprodução integral do contrato de liquidez e/ou de estabilização, caso existam.

CAPÍTULO 7
Regulamento de gestão

Reprodução integral do regulamento de gestão do fundo.

ANEXO V

PROSPECTO RELATIVO A OFERTA PÚBLICA DE DISTRIBUIÇÃO DE UNIDADES DE TITULARIZAÇÂO DE FUNDOS DE TITULARIZAÇÃO E SUA ADMISSÃO À NEGOCIAÇÃO

CAPÍTULO 0
Advertências/Introdução

0.1. Resumo das características da operação
Breve descrição da operação, nomeadamente, montante, destinatários, critérios de rateio, preços e indicação sobre o pedido de admissão à cotação.

0.2. Factores de risco
Indicação da classificação de notação de risco (*rating*) atribuído à operação, da respectiva sociedade de notação de risco e, caso seja aplicável, indicação de participação, directa ou indirecta, desta entidade no capital da sociedade gestora do fundo, relevando os riscos incorridos pelos investidores aos quais se dirige a oferta.

0.3. Efeitos do registo
Transcrição do conteúdo do n.º 3 do artigo 118.º do Código dos Valores Mobiliários.

Enumeração dos intermediários financeiros responsáveis pela oferta, com explicitação das obrigações por todos assumidas, nos termos do artigo 113.º do Código dos Valores Mobiliários.

CAPÍTULO 1
Responsáveis pela informação

Identificação dos responsáveis
Identificação das pessoas responsáveis pelo prospecto nos termos do n.º 3 do artigo 34.º do Decreto-Lei n.º 453/99, de 5 de Novembro, e do âmbito da sua responsabilidade, com referência expressa aos termos dos artigos 149.º e 243.º do Código dos Valores Mobiliários.

CAPÍTULO 2
Descrição da oferta

2.1. Descrição da operação e do fundo
    2.1.1. Caracterização jurídica
Caracterização do fundo enquanto património autónomo, com referência ao regime legal e regulamentar aplicáveis.

2.1.2. Modalidade do fundo e natureza dos créditos
Modalidade do Fundo (património fixo ou variável).
Referência à natureza dos créditos que servem de garantia à emissão das unidades de titularização.

2.1.3. Duração do fundo
Duração do fundo e condições de prorrogação do prazo, se existirem.
Regime da subscrição incompleta.

2.1.4. Outras Características
Indicação de outras características relevantes do fundo de titularização, nomeadamente se existe garantia do capital do fundo e competências e condições de funcionamento da assembleia de participantes.

2.1.5. Deliberações, autorizações e aprovações da oferta e do fundo
Indicação das deliberações, autorizações e aprovações ao abrigo das quais as unidades de titularização são oferecidas.
Entidade responsável pela supervisão do Fundo.

2.1.6. Descrição sumária da operação de titularização
Descrição esquemática da operação.
Calendário de datas relevantes.

2.2. Descrição da oferta

2.2.1. Montante e natureza
Indicação do montante global e da natureza da operação.

2.2.2. Preço das unidades de titularização e modo de realização
Indicação do preço das unidades de titularização e da comissão de emissão.
Indicação do momento e modo de pagamento.

2.2.3. Categoria e forma de representação
Indicação da categoria dos valores mobiliários e forma de representação.

2.2.4. Classificação da notação de risco
Indicação da classificação obtida no relatório de notação de risco.

2.2.5. Modalidade da oferta
Referência à existência de tomada firme. Regime da oferta incompleta.
Caso a oferta seja efectuada simultaneamente em vários Estados, indicação da repartição da oferta por cada Estado.
Indicação de eventuais condições de eficácia a que a oferta fique sujeita.
Indicação da possibilidade de existência de rateio e do seu modo de aplicação, bem como dos critérios para arredondamento.

2.2.6. Organização e liderança
Denominação e sede social dos intermediários financeiros responsáveis pela oferta.

Indicação dos participantes no consórcio financeiro que tenha assegurado a tomada firme e ou colocação da oferta, se for o caso.

Condições gerais do contrato de colocação.

Indicação ou avaliação do montante global e ou do montante por unidade de titularização dos encargos relativos à oferta, mencionando as remunerações totais dos intermediários financeiros, incluindo a comissão ou margem de tomada firme, a comissão de garantia, a comissão de colocação ou a comissão de serviço de distribuição.

2.2.7. Finalidade da oferta

Indicação do destino do produto líquido da oferta.

2.2.8. Período e locais de aceitação

Indicação das datas e horas de início e de encerramento da oferta.

Indicação dos locais onde podem ser transmitidas declarações de aceitação da oferta.

Indicação do prazo durante o qual podem ser revogadas as declarações de aceitação da oferta.

2.2.9. Resultado da oferta

Indicação da entidade responsável pelo apuramento e divulgação do resultado da oferta, com referência expressa aos locais onde será divulgado.

2.2.10 Direitos atribuídos

Descrição sumária dos direitos inerentes às unidades de titularização.

2.2.11. Serviço financeiro

Indicação dos responsáveis pelo serviço financeiro da oferta e pelo pagamento de rendimentos, caso existam.

No caso de entidade não residente, indicação do agente pagador em Portugal.

2.2.12. Regime fiscal

Descrição sintética do regime fiscal aplicável ao fundo de titularização.

2.2.13. Regime de transmissão

Regime de transmissão das unidades de titularização, com indicação de eventuais restrições à sua livre negociabilidade, nomeadamente em termos de mercados onde esses valores podem ser negociados.

2.2.14. Admissão à negociação

Indicação se as unidades de titularização a oferecer, serão ou não objecto de pedido de admissão à negociação, tendo em vista a sua difusão num mercado regulamentado.

Indicação dos mercados onde as unidades de titularização serão admitidas, e no caso de já se negociarem numa ou várias bolsas unidades de titularização da mesma categoria, indicação dessas bolsas.

Data aproximada em que se prevê a admissão à negociação.

Indicação da dependência do cumprimento de determinados requisitos para a admissão à negociação.

2.2.15. Contratos de fomento
Termos gerais dos contratos de fomento, por exemplo de liquidez ou estabilização, nomeadamente com a indicação dos intermediários financeiros intervenientes, das modalidades e dos montantes mínimos de intervenção.

2.2.16. Ofertas públicas e particulares de unidades de titularização
Indicação, relativamente ao último exercício e ao exercício em curso, das ofertas públicas e particulares de unidades de titularização de fundos de titularização administrados pela sociedade gestora as formas como foram publicados e como podem ser consultados os respectivos documentos.

CAPÍTULO 3
Identificação e caracterização das entidades intervenientes na operação de titularização

3.1. Informações relativas à sociedade gestora

3.1.1. Identificação
Identificação da sociedade gestora, através da sua denominação, sede, data de constituição e duração, se esta não for indeterminada, do respectivo capital subscrito e realizado.

3.1.2. Legislação que regula a actividade da sociedade gestora
Indicação da legislação e regulamentação a que se encontre sujeita a actividade da entidade gestora, nomeadamente quanto a autorizações administrativas de que a mesma careça para exercer a sua actividade, bem como as entidades que sobre ela exercem supervisão.

3.1.3. Composição dos órgãos sociais
Composição dos órgãos sociais da sociedade gestora.
Menção das principais actividades que os membros do órgão de administração desempenhem fora da sociedade sempre que estas sejam significativas em relação à sociedade.

3.1.4. Participações no capital
Indicação das pessoas singulares ou colectivas que, directa ou indirectamente, isolada ou conjuntamente, sejam detentoras de participações qualificadas nos termos do artigo 20.° do Código dos Valores Mobiliários, salvo se, por legislação especial, a entidade estiver obrigada à publicação de informação com um limite inferior.

3.1.5. Direitos e obrigações da sociedade gestora
Indicação dos principais direitos e obrigações da sociedade gestora do fundo, nomeadamente a referência a que a administração do fundo é feita no exclusivo interesse dos participantes e a menção sobre o regime de responsabilidade solidária juntamente com o depositário.

3.1.6. Remuneração da sociedade gestora

Comissão de gestão cobrada pela sociedade gestora pela administração do fundo.

3.1.7. Actividade da sociedade gestora

Se inserida num grupo, breve descrição do mesmo e indicação da sua posição relativa no mesmo, acompanhada sempre que possível de um organigrama para melhor integrar a situação da sociedade.

Indicação dos fundos administrados, e menção ao volume geral de activos sob administração.

Indicação sobre a admissão à negociação a outros mercados de bolsa ou regulamentados de unidades de titularização de outros fundos de titularização de créditos administrados pela sociedade gestora.

Informação sobre o património e situação financeira da sociedade gestora, nomeadamente apresentação do Balanço, Conta de Resultados e Certificação Legal relativo ao último exercício, caso exista.

3.1.8. Representante para as relações com o mercado

Indicação do nome, funções, endereço, números de telefone, telefax e endereço electrónico, de quem se encontre designado como representante da entidade gestora para as relações com o mercado.

3.2. Informações relativas ao depositário

3.2.1. Identificação

Identificação do depositário através da denominação e sede.

3.2.2. Direitos e obrigações do depositário

Indicação dos principais direitos e obrigações do depositário do fundo; menção sobre o regime de responsabilidade solidária juntamente com a sociedade gestora.

3.2.3. Remuneração

Comissão de depósito cobrada pelo depositário pelo exercício dessas funções.

3.3. Relações entre a sociedade gestora e o depositário

Montante do capital detido directa ou indirectamente pelo depositário na sociedade gestora;

Montante do capital detido directa ou indirectamente pela sociedade gestora no depositário;

Montante de dividendos recebidos no decurso do último exercício;

Montante dos créditos e dos débitos devidamente discriminados entre as duas entidades;

Montante das compras e vendas, *royalties*, comissões, fornecimentos e serviços, trabalhos especializados, prestações de serviços e sub-contratos entre as duas entidades.

3.4. Informações relativas à(s) entidade(s) cedente(s)

3.4.1. Identificação
Identificação da entidade cedente através da denominação e sede.

3.4.2. Breve descrição da actividade do cedente
Descrição sucinta da sua actividade e, em particular, aquelas que se encontram na origem dos créditos cedidos.

3.4.3. Competências do cedente decorrentes de relações contratuais com a sociedade gestora do fundo
Competências do cedente, nomeadamente, em virtude da celebração de contrato de gestão dos créditos, de actividades de consultoria ou de qualquer outra natureza.

3.4.4. Remuneração
Comissões cobradas pelo cedente pelo exercício dessas funções, indicando, se aplicável, o direito ao remanescente no acto da liquidação do fundo.

3.4.5. Responsabilidade do cedente dos créditos
Responsabilidades legais e contratuais assumidas pelo cedente ou cedentes dos créditos.

3.4.6. Relações entre a entidade gestora e o cedente
Montante do capital detido directa ou indirectamente pelo cedente na entidade gestora.

Relação estabelecida, numa lógica de domínio ou de grupo, entre as duas entidades.

Fornecimentos e serviços, trabalhos especializados, prestações de serviços e sub-contratos entre as duas entidades.

3.5. Gestor dos créditos
Identificação, competências e remuneração

Indicação das condições gerais aplicáveis ao contrato de gestão dos créditos, nomeadamente quanto ao âmbito (serviços de cobrança e de administração dos créditos, renegociação das condições e das garantias dos créditos, competências em fase pré-contenciosa ou contenciosa)

Regime de substituição do gestor dos créditos. Indicação dos procedimentos a adoptar para a cobrança dos créditos.

3.6. Entidades colocadoras

3.6.1. Identificação
Identificação das entidades colocadoras das unidades de titularização através da denominação e sede

Caso se trate de consórcio de colocação, indicação dos respectivos líderes e demais membros, indicando a extensão das suas responsabilidades no âmbito da colocação da emissão

3.6.2. Relações entre a sociedade gestora e as entidades colocadoras
Indicação sobre o montante do capital detido directa ou indirectamente pelas entidades colocadoras na sociedade gestora e por esta nas entidades colocadoras.

3.7. Entidades garantes e contrapartes em operações de cobertura de riscos
Identificação e qualidade das contrapartes do fundo nas operações em causa. Classificação da respectiva notação de risco, se existir.

3.8. Sociedade de notação de risco
Identificação e experiência da sociedade de notação de risco na área da titularização de créditos.

3.9. Auditores ou Revisor Oficial de Contas do fundo
Identificação dos auditores ou revisor oficial de contas do fundo.

3.10. Entidades subcontratadas para quaisquer outros efeitos
Indicação de outras entidades subcontratadas, nomeadamente para a gestão da tesouraria do fundo.

3.11. Outras entidades
Indicação de outras entidades prestadoras de serviços de gestão de investimentos ou administrativos e dos termos relevantes dos respectivos contratos.

3.12. Acontecimentos excepcionais
Indicação de algum acontecimento excepcional que tenha afectado, nos últimos três anos, ou se preveja vir a afectar significativamente o normal desenvolvimento das actividades das entidades relacionadas com o fundo e que, de alguma forma, fossem susceptíveis de por em causa o cabal cumprimento de todas as obrigações assumidas perante os investidores e dos direitos legais ou contratuais que assistem aos devedores originais dos créditos.

3.13. Procedimentos judiciais ou arbitrais
Indicação de qualquer procedimento judicial ou arbitral susceptível de ter tido, ou vir a ter, uma incidência importante sobre a situação dessas entidades.

3.14. Interrupções de actividade
Indicação de qualquer interrupção de actividade das entidades em causa, susceptível de ter tido ou vir a ter uma incidência importante sobre a sua situação.

CAPÍTULO 4
Composição do património do fundo e gestão dos créditos

4.1. A cessão de créditos ao fundo
Indicação das deliberações e autorizações com base na qual os créditos foram cedidos.

Indicação dos termos, condições e data em que se tornou efectiva a cessão.
Indicação da eventualidade de substituição dos créditos, e suas condições.

4.2. Activo do Fundo

4.2.1. Composição geral do activo do fundo

Identificação dos créditos afectos à operação em causa e das respectivas garantias estabelecidas a favor dos credores obrigacionistas.

Na identificação e descrição dos créditos ter-se-á em consideração, nomeadamente:

a) Tipologia e características;

b) Montante;

c) Informação relativa aos juros devidos, modo de cálculo, datas de vencimento, datas e modalidades do exercício de opções de reembolso antecipado, e data de vencimento final do capital mutuado relativamente a cada tipo de crédito;

d) Se os créditos provêm de fluxos financeiros, gerados por projectos industriais ou de criação de infra-estruturas, contratos de concessão, direitos de autor ou outros direitos similares, descrição do projecto em questão assim como avaliação objectiva dos lucros futuros;

e) Legislação aplicável aos créditos;

f) Tipologia e características gerais dos devedores;

g) Informação relativa às garantias que reforcem a perspectiva de reembolso e remuneração dos créditos, nomeadamente no que se refere ao tipo de garantias previstas, aos montantes máximos por estas garantidos e às respectivas condições gerais de execução;

h) Outros elementos que, por qualquer forma, contribuam para reforçar ou diminuir a perspectiva de cumprimento dos créditos.

Indicação quanto à existência de pré -selecção de créditos.

Regras de aplicação e gestão do excedente de tesouraria.

Indicação do código que, para efeitos do artigo 48.° do Decreto-Lei n.° 453/99, de 5 de Novembro, identifica os créditos afectos à operação.

Indicação de que foi efectuado o depósito da chave do código na CMVM.

4.2.2. Regime da alteração do activo

Regime aplicável e condições.

Tipologia e características dos créditos a adquirir.

Montante máximo dos créditos a adquirir.

Calendarização prevista para as aquisições.

Informação (com as adaptações necessárias) referida em 4.2.1.

Procedimentos a adoptar no caso de impossibilidade de aquisição dos créditos ou de falta de conformidade dos créditos.

Regime aplicável no caso de cumprimento antecipado de créditos detidos pelo fundo e de existência de vícios ocultos em relação aos créditos detidos pelo fundo

4.3. Passivo do Fundo

4.3.1. Composição geral do passivo do fundo

Descrição das unidades de titularização emitidas pelo fundo.

Regime de amortização das unidades de titularização, sua calendarização e condições aplicáveis.

Regime aplicável aos participantes.

Eventual recurso à contracção de empréstimos e respectivas condições.

4.3.2. Regime da alteração do passivo

Regime e condições aplicáveis.

Montantes das emissões futuras.

Calendarização prevista para as emissões.

Direitos inerentes às emissões previstas.

4.4. Riscos, garantias e operações de cobertura associados ao fundo

4.4.1. Riscos

Identificações dos riscos associados ao investimento (às unidades de titularização)

Riscos associados às contrapartes em operações de garantia ou de cobertura de riscos

Risco de amortização antecipada, não programada, dos créditos e suas consequências para os detentores das unidades de titularização.

4.4.2. Garantias

Garantias, seguros e outros mecanismos de cobertura (operações sobre instrumentos financeiros).

Existência de Fundos de Reserva, depósitos de garantia e condições da sua utilização.

4.5. Riscos remanescentes

CAPÍTULO 5
Outras informações

Súmula do plano previsional do fundo

Relatório de auditoria sobre os pressupostos e a consistência do plano previsional do fundo.

Reprodução integral do Regulamento de Gestão.

Resumo do relatório de notação de risco, incluindo a classificação e principais fundamentos.

Reprodução integral do contrato de liquidez e/ou de estabilização, caso existam.

Indicação do local onde poderão ser consultados os relatórios e contas relativos aos três últimos exercícios.

Quaisquer outras informações que a sociedade gestora entenda dever introduzir.

REGULAMENTO N.º 11/2000
com as alterações introduzidas pelo Regulamento n.° 24/2000 (^{1})

Deveres de informação

A informação constitui um pilar na avaliação do investimento em valores mobiliários e na própria eficiência do mercado. Como tal, na fixação dos meios de divulgação de informação, o presente regulamento pri-

---

(^{1}) O Regulamento n.° 24/2000, de 5 de Julho, que procede à republicação do Regulamento n.° 11/2000, foi publicado no Diário da República, II Série, de 19 de Julho, com o seguinte preâmbulo:

"Indo de encontro às exigências permanentes de modernização, de eficácia e de simplificação do sistema de meios de divulgação de informação obrigatória, torna-se necessário proceder a uma revisão da base regulamentar relativa à informação a divulgar ao mercado. Tal é objecto do presente Regulamento.

De entre as modificações introduzidas salienta-se, como principal novidade, a alteração do modo de cumprimento do dever de informação sobre factos relevantes. Uma vez que os meios de difusão electrónica permitem uma maior acessibilidade a todos o potenciais destinatários dos dados informativos relevantes, a divulgação no sítio que a CMVM dispõe na Internet passa a ser o meio prioritário de disseminação de factos relevantes. Nestes termos, e para assegurar uma igualdade de acesso à informação por parte dos investidores, foi determinado um dever de segredo antes da divulgação pública dos factos relevantes através do sistema de difusão da CMVM. Por outro lado, e com vista a uma maior simplificação, suprimiu-se a obrigatoriedade de publicação de factos relevantes em jornal de grande difusão, bastando a sua publicação no Boletim de Cotações da Bolsa.

Procedeu-se também à reformulação do dever de comunicação de participações qualificadas. As alterações introduzidas comportam três principais vertentes: por um lado, explicitou-se que o comunicado a difundir pelo emitente deve também ser enviado à CMVM. Por outro lado, fixou-se um conteúdo mínimo na comunicação de aquisição ou alienação de participações qualificadas. Adicionalmente, obriga-se que a informação anual e semestral venha acompanhada de uma lista dos titulares de participações qualificadas, o que também contribui para aumentar a transparência da propriedade accionista das sociedades cotadas.

Assim,

Ao abrigo do disposto no n.° 2 do artigo 5.°, nas alíneas b), d) e e) do artigo 247.°, no n.° 3 do artigo 249.° e no artigo 367.° todos do Código dos Valores Mobiliários, o conselho directivo da Comissão do Mercado de Valores Mobiliários aprova as seguintes alterações ao Regulamento n.° 11/2000, procedendo em anexo à sua republicação:".

vilegiou a celeridade da sua divulgação em função dos destinatários ou do fim a que se destina, sem prejuízo da menutenção dos meios de divulgação clássicos. Desenvolve-se, de igual modo, a informação a divulgar através do sistema de difusão de informação da Comissão do Mercado de Valores Mobiliários, que facilitará o acesso à informação relevante.

O presente regulamento trata ainda dos deveres de informação das sociedades admitidas à negociação em bolsa, mantendo a continuidade com o regime anteriormente vigente.

Assim,

Ao abrigo do disposto no n.º 2 do artigo 5.º, nas alíneas *b*), *d*) e *e*) do artigo 247.º, no n.º 3 do artigo 249.º e no artigo 367.º todos do Código dos Valores Mobiliários, o conselho directivo da Comissão do Mercado de Valores Mobiliários aprovou o seguinte regulamento:

CAPÍTULO I
Divulgação da informação

ARTIGO 1.º
(Meios gerais de divulgação)

1. Os deveres de informação consagrados no Código dos Valores Mobiliários devem ser cumpridos através de publicação num jornal de grande circulação em Portugal e, se respeitantes a emitentes de valores mobiliários admitidos à negociação em mercado regulamentado, em boletim do mercado regulamentado, salvo disposição legal em contrário.

2. A utilização de outros meios de divulgação de informação, nomeadamente o recurso à Internet ou a agências noticiosas, só pode ocorrer simultaneamente ou em momento posterior aos previstos nos números anteriores, salvo se a informação em causa tiver sido divulgada através do sistema de difusão de informação da CMVM.

ARTIGO 1.º-A
(Divulgação de factos relevantes)

1. Os factos relevantes a que se refere o artigo 248.º do Código dos Valores Mobiliários devem ser imediatamente comunicados à CMVM, que promove a sua divulgação através do sistema de difusão de informações, e à entidade gestora da bolsa, antes de a qualquer outro meio de comunicação.

2. As entidades emitentes devem guardar segredo sobre a existência de factos relevantes até à sua divulgação no sistema de difusão de informações da CMVM, após o que a divulgação do facto relevante pode realizar-se através de outros meios de comunicação.

3. A divulgação de factos relevantes deve ocorrer fora do horário de funcionamento da bolsa, salvo se a CMVM o tiver autorizado diversamente, com base na necessidade de informação urgente ao mercado ou na existência de legítimos interesses do emitente.

ARTIGO 1.°-B
(Divulgação de participações qualificadas)

1. A aquisição e a alienação de participações qualificadas em sociedade com o capital aberto ao investimento do público, em percentagem relevante para efeitos do artigo 16.° do Código dos Valores Mobiliários, devem ser comunicadas à CMVM pela sociedade participada antes de serem divulgadas nos termos da alínea *c*) do n.° 1 do artigo 2.° do presente Regulamento.

2. O comunicado relativo à aquisição ou à alienação de participações qualificadas deve mencionar nomeadamente:

a) O número de acções detidas pelo titular de participação qualificada, a percentagem de capital social e a percentagem de direitos de voto correspondentes;

b) A data a partir da qual se verificou a aquisição ou a alienação da participação qualificada;

c) O facto jurídico que motivou a aquisição ou a alienação da participação qualificada.

ARTIGO 2.°
(Factos sujeitos a dupla publicação)

1. Estão sujeitos a publicação num jornal de grande circulação em Portugal e, se respeitantes a emitentes de valores mobiliários admitidos à negociação em mercado regulamentado, em boletim do mercado regulamentado, os seguintes factos relativos a sociedades com o capital aberto ao investimento do público:

a) Exercício de direitos de subscrição, de incorporação e de direitos de aquisição de valores mobiliários, nomeadamente em virtude de operações de fusão e de cisão;

b) Exercício de eventuais direitos de conversão de obrigações em acções ou de subscrição ou de aquisição de valores mobiliários por obrigacionistas ou por titulares de *warrants*;

c) Comunicação de aquisição ou de alienação de participações qualificadas em percentagem relevante para efeitos do artigo 16.º do Código dos Valores Mobiliários.

2. Estão sujeitos a publicação num jornal de grande circulação em Portugal e no boletim do mercado regulamentado os seguintes factos relativos a sociedades com valores mobiliários admitidos à negociação em mercado regulamentado:

a) Alterações aos elementos que tenham sido exigidos para a admissão dos valores mobiliários à negociação;

b) Aumento e redução de capital social;

c) Alteração do montante do valor nominal dos valores mobiliários;

d) Operações de conversão;

e) Pagamento de dividendos, juros ou outros rendimentos aos titulares de valores mobiliários;

f) Data, local da realização e resultados de sorteios de obrigações;

g) Reembolso de obrigações e outros valores mobiliários representativos de dívida;

h) Resultados de rateios;

i) Datas de pagamento das prestações de subscrição de acções e de obrigações;

j) Troca de cautelas ou títulos provisórios por títulos definitivos;

l) Renovação de folhas de cupões;

m) Situações de incumprimento no pagamento da remuneração das obrigações;

n) Recurso ao processo especial de recuperação de empresas, apresentação à falência e pedido de declaração de falência que tenha sido apresentado, bem como a sentença homologatória de providência de recuperação ou sentença de declaração de falência.

3. O anúncio dos factos referidos nas alíneas *a*) e *b*) do n.º 1 e *d*), *e*), *f*), *g*), *i*), *j*) e *l*) do n.º 2, ambos do presente artigo, deve indicar o prazo para o exercício de direitos ou para a realização da operação em causa e deve ser publicado com a antecedência mínima de 15 dias em relação ao início do mesmo.

4. Quando o anúncio referido no número anterior respeitar a uma oferta pública, a publicação não pode ser feita antes da concessão do registo prévio da CMVM, salvo se a CMVM autorizar publicação anterior desde que:

a) Após exame preliminar do pedido, considere que o registo é viável;

b) Não resulte perturbação para os destinatários ou para o mercado; e

c) O anúncio a publicar contenha referência ao facto de a oferta se sujeitar a registo prévio na CMVM, sem a qual não poderá ser realizada.

ARTIGO 3.°
(Factos sujeitos a publicação
no boletim do mercado regulamentado)

1. Estão sujeitos a publicação no boletim do mercado regulamentado em que os valores mobiliários emitidos estão ou tenham estado admitidos à negociação, os seguintes factos relativos a sociedades com o capital aberto ao investimento do público:

a) Acordos parassociais, na parte considerada relevante para o domínio sobre a sociedade, nos termos do n.° 2 do artigo 19.° do Código dos Valores Mobiliários;

b) Alteração do título de imputação de direitos de voto em participação qualificada;

c) Resultado de oferta pública relativa a valores mobiliários e, em caso de oferta pública de distribuição, indicação se foi requerida admissão à negociação dos valores mobiliários objecto da oferta;

d) Composição dos órgãos de administração e de fiscalização, bem como da mesa da assembleia geral, quando exista, e respectivas alterações;

e) Designação e substituição do secretário da sociedade;

f) Designação e substituição do representante para as relações com o mercado e com a CMVM;

g) Informação sobre pedidos de admissão em bolsa situada ou a funcionar no estrangeiro.

2. Estão sujeitos a publicação no boletim do mercado regulamentado os seguintes factos relativos a sociedades com valores mobiliários admitidos à negociação em mercado regulamentado:

a) Factos relevantes, para efeitos do artigo 248.° do Código dos Valores Mobiliários;

b) Informação trimestral, de acordo com o previsto no artigo 8.° do presente Regulamento;

c) Identificação do intermediário financeiro registador dos valores mobiliários, para efeitos do artigo 63.° ou do n.° 2 do artigo 64.° do Código dos Valores Mobiliários.

ARTIGO 4.°
(Sistema de difusão de informação da CMVM)

Além dos previstos no artigo 367.° do Código dos Valores Mobiliários, são divulgados no sistema de difusão da CMVM, os seguintes factos e elementos:

a) Os previstos nos artigos 2.° e 3.° do presente Regulamento;

b) Os previstos no artigo 28.°, no n.° 2 do artigo 48.°, no n.° 3 do artigo 51.°, no n.° 3 do artigo 123.°, no n.° 3 do artigo 129.°, no n.° 2 do artigo 130.°, no n.° 2 do artigo 131.°, no artigo 133.°, no n.° 2 do artigo 172.°, no n.° 1 do artigo 181.°, no n.° 2 do artigo 194.° e no artigo 195.°, todos do Código dos Valores Mobiliários;

c) Os locais de divulgação do prospecto;

d) As adendas ou rectificações do prospecto;

e) A aprovação do prospecto de referência e locais onde se encontra à disposição do público;

f) O anúncio preliminar de oferta pública de aquisição.

ARTIGO 5.°
(Prazos para as publicações)

As publicações previstas no Código dos Valores Mobiliários e nos artigos anteriores do presente Regulamento devem ser feitas nos seguintes prazos, quando outros não se encontrem especialmente estabelecidos:

a) No prazo de 15 dias a contar da data da respectiva deliberação pelos órgãos sociais competentes;

b) No prazo de 15 dias a contar da celebração da correspondente escritura pública, quando esta seja indispensável para a validade ou eficácia do acto;

c) No prazo que se torne necessário para garantir a utilidade da publicação, atento o fim a que esta se destina, em todos os demais casos.

CAPÍTULO II
Deveres de informação de emitentes com valores mobiliários admitidos à negociação em bolsa

SECÇÃO I
Informação periódica

ARTIGO 6.°
(Informação anual)

1. Os relatórios e contas anuais devem incluir, além dos constantes das alíneas *a*) e *b*) do n.° 1 do artigo 245.° do Código dos Valores Mobiliários, os seguintes documentos:

a) Proposta de aplicação de resultados, balanço, demonstração de resultados por natureza e por funções, anexos ao relatório de gestão, ao balanço e às demonstrações de resultados;

b) Demonstração dos fluxos de caixa, elaborado pelo método directo, e respectivo anexo;

c) Parecer do órgão de fiscalização;

d) Extracto de acta da assembleia geral anual relativa à aprovação das contas e, sendo o caso, à aplicação de resultados;

e) A lista dos titulares de participações qualificadas, com indicação do número de acções detidas e percentagem de direitos de voto correspondentes, calculada nos termos do artigo 20.° do Código dos Valores Mobiliários.

2. Ocorrendo divergência entre os documentos contabilísticos elaborados e os aprovados, o órgão de administração do emitente deve elaborar nota explicativa das alterações verificadas, a qual deve ser publicada com os documentos referidos no n.° 1 do presente artigo.

ARTIGO 7.°
(Informação semestral)

1. Além dos elementos e documentos constantes no n.° 1 do artigo 246.° do Código dos Valores Mobiliários, a informação semestral deve incluir:

a) O relatório de gestão;

b) Indicação do número de valores mobiliários emitidos pela sociedade e por sociedades com as quais esteja em relação de domínio ou de grupo detidos por titulares dos órgãos sociais, e todas as aquisições, onerações ou transmissões durante o período considerado;

c) O balanço e demonstração de resultados e respectivos anexos;

d) A lista dos titulares de participações qualificadas, com indicação do número de acções detidas e percentagem de direitos de voto correspondentes, calculada nos termos do artigo 20.° do Código dos Valores Mobiliários.

2. Para efeitos da alínea *c)* do n.° 1 do artigo. 246.° do Código dos Valores Mobiliários, o auditor pode elaborar um relatório de revisão limitada, com base numa segurança moderada, expressando a sua opinião de forma negativa.

3. O relatório referido no número anterior deve ser expressamente designado como *Relatório de Revisão Limitada Elaborado por Auditor Registado na CMVM sobre Informação Semestral.*

4. Os emitentes com acções admitidas à negociação em mercado regulamentado distinto do mercado de cotações oficiais, no primeiro ano subsequente à admissão, ficam apenas obrigadas a elaborar e publicar o relatório de gestão, o balanço e a demonstração de resultados.

5. Se o primeiro exercício económico dos emitentes, que adoptem um exercício anual diferente do correspondente ao ano civil, tiver uma duração superior a 12 meses, devem aqueles publicar também informação semestral referente ao segundo semestre do exercício, aplicando-se, com as devidas adaptações, o disposto nos números anteriores.

ARTIGO 8.°
(Informação trimestral)

1. Os emitentes de acções admitidas à negociação no mercado de cotações oficiais devem elaborar e publicar, no prazo de 30 dias contados do termo do 1.°, 3.° e, se for o caso, 5.° trimestre de cada exercício contabilístico a que se reporte, informação referente à sua actividade, resultados e situação económica e financeira.

2. O conteúdo mínimo obrigatório da informação trimestral, referida no número anterior, depende do plano de contas aplicável a cada entidade, e que consta dos modelos anexos ao presente Regulamento.

3. Sem prejuízo do disposto no n.° 3 do artigo 250.° do Código dos Valores Mobiliários, os emitentes que estejam obrigados à elaboração de contas sob a forma consolidada devem, além da informação trimestral que individualmente lhes corresponda, elaborar e publicar informação trimestral consolidada, utilizando os modelos anexos ao presente Regulamento.

SECÇÃO II
Informação relativa à aquisição e à alienação de acções próprias

ARTIGO 9.°
(Comunicação e prazo)

1. Os emitentes, sujeitos à lei pessoal portuguesa ou a lei pessoal estrangeira, com acções ou outros valores mobiliários que dêem direito à sua subscrição, aquisição ou alienação admitidos à negociação em mercados de bolsa a contado situados ou a funcionar em Portugal, devem comunicar à entidade gestora desse mercado de bolsa e à CMVM as aquisições ou alienações desses valores mobiliários que efectuem:

a) Em território nacional ou estrangeiro, quando tais transacções, por si só ou somadas às já realizadas desde a anterior comunicação, perfaçam ou ultrapassem 1% do capital social;

b) Na mesma sessão do mercado de bolsa a contado situado ou a funcionar em Portugal, quando tais transacções, por si só ou somadas às já realizadas, perfaçam ou ultrapassem 0,05% da quantidade admitida à negociação.

2. A comunicação referida na alínea *a)* do número anterior deve ser efectuada até cinco dias contados da data da aquisição ou alienação que gerou o dever de comunicar; a comunicação referida na alínea *b)* do mesmo número deve ser efectuada imediatamente.

3. O dever de comunicação a que se refere o n.° 1 não é aplicável às transacções sobre valores mobiliários próprios realizadas em execução de contrato de liquidez.

ARTIGO 10.°
(Comunicação pela sociedade dominante)

A sociedade dominante deve comunicar, nos termos do artigo anterior, as aquisições ou alienações de valores mobiliários por ela emitidos efectuadas por sociedade por si dominada.

ARTIGO 11.°
(Forma e prazo da divulgação)

1. As comunicações são efectuadas por escrito e devem conter os seguintes elementos:

a) Identificação da sociedade que tem o dever de comunicar e, se for o caso, da sociedade dominada a que se refere o artigo 10.°;

b) Identificação dos valores mobiliários adquiridos ou alienados;
c) Data da realização da aquisição ou alienação;
d) Mercado em que a operação teve lugar;
e) Natureza do negócio;
f) Quantidade de valores mobiliários negociados;
g) Preço unitário dos valores mobiliários objecto da operação;
h) Quantidade de valores mobiliários próprios detidos.

2. A comunicação referida na alínea *a)* do n.º 1 do artigo 9.º deve conter os elementos previstos no n.º 1 relativos aos negócios que geraram o alcance ou a ultrapassagem do limite nela estabelecido; a comunicação referida na alínea *b)* do n.º 1 do mesmo artigo deve conter os referidos elementos relativos a todos os negócios realizados nessa sessão de mercado de bolsa.

3. Os elementos comunicados nos termos dos números anteriores são de imediato divulgados em secção autónoma do boletim do mercado e nos sistemas de difusão de informação.

ARTIGO 12.º
(Suspensão)

O dever de comunicação a que se refere o artigo 9.º fica suspenso relativamente às transacções sobre valores mobiliários próprios realizadas em execução de contrato de liquidez até ao termo de execução desse contrato.

CAPÍTULO III
Disposição final

ARTIGO 13.º
(Entrada em vigor)

O presente regulamento entra em vigor no dia 1 de Março de 2000.

ANEXO I

INFORMAÇÃO TRIMESTRAL *INDIVIDUAL/CONSOLIDADA* (Não Auditada)
(aplicável às entidades sujeitas à disciplina normativa contabilística do Plano Oficial de Contabilidade)

Empresa:_____

Sede:_____ NIPC:_____

Período de Referência: Valores de referência em 000Esc ☐   em Euros ☐

1° Trimestre ☐   3° Trimestre ☐   5° trimestre (1) ☐   Início: ___/___/_____   Fim: ___/___/_____

Rubricas do Balanço	Individual			Consolidada		
	N	n-1	Var. (%)	n	n-1	Var. (%)
ACTIVO						
Imobilizado (líquido)						
Imobilizações incorpóreas............................	X	X	+/-X	X	X	+/-X
Imobilizações corpóreas..............................	X	X	+/-X	X	X	+/-X
Investimentos financeiros............................	X	X	+/-X	X	X	+/-X
Dívidas de terceiros (líquido)						
Médio e longo prazo....................	X	X	+/-X	X	X	+/-X
Curto prazo....................	X	X	+/-X	X	X	+/-X
CAPITAL PRÓPRIO						
Valor do Capital social...............................	X	X	-	X	X	-
N° de acções ordinárias........................	X	X	-	X	X	-
N° de acções de outra natureza....................	X	X	-	X	X	-
Valor das Acções próprias........................	X	X	-	X	X	-
N° de acções com voto..........................	X	X	-	X	X	-
N° de acções pref. sem voto....................	X	X	-	X	X	-
Interesses minoritários............................	-	-	-	X	X	+/-X
PASSIVO						
Provisões para riscos e encargos................	X	X	+/-X	X	X	+/-X
Dívidas a terceiros						
Médio e longo prazo...................	X	X	+/-X	X	X	+/-X
Curto prazo...................	X	X	+/-X	X	X	+/-X
TOTAL DO ACTIVO (LÍQUIDO).................	X	X	+/-X	X	X	+/-X
TOTAL DO CAPITAL PRÓPRIO.................	X	X	+/-X	X	X	+/-X
TOTAL DO PASSIVO.................	X	X	+/-X	X	X	+/-X

Rubricas da Demonstração dos Resultados	Individual			Consolidada		
	N	n-1	Var. (%)	n	n-1	Var. (%)
Vendas e Prestação de serviços........................	X	X	+/-X	X	X	+/-X
Variação da produção........................	X	X	+/-X	X	X	+/-X
CMVMC e dos Serviços prestados....................	X	X	+/-X	X	X	+/-X
Resultados brutos................	X	X	+/-X	X	X	+/-X
Resultados operacionais................	X	X	+/-X	X	X	+/-X
Resultados financeiros (líquido)......................	X	X	+/-X	X	X	+/-X
Resultados correntes................	X	X	+/-X	X	X	+/-X
Resultados extraordinários................	X	X	+/-X	X	X	+/-X
Imposto sobre o rendimento (2)......................	X	X	+/-X	X	X	+/-X
Interesses minoritários......................	-	-	-	X	X	+/-X
Resultado líquido ao trimestre................	X	X	+/-X	X	X	+/-X
Resultado líquido ao trimestre por acção......	X	X	+/-X	X	X	+/-X
Autofinanciamento (3)................	X	X	+/-X	X	X	+/-X

(1) Aplicável no primeiro exercício económico das sociedades que adoptem um exercício anual diferente do correspondente ao ano civil
    (Art. 65.º - A do Código das Sociedades Comerciais);
(2) Estimativa de imposto sobre o rendimento;
(3) Autofinanciamento = Resultado líquido + Amortizações + Provisões.

EVOLUÇÃO DA ACTIVIDADE NO TRIMESTRE

(Resumo da actividade da empresa por forma a permitir aos investidores formar uma opinião sobre a actividade desenvolvida pela empresa ao longo do trimestre)

(Pessoas que assumem responsabilidade pela informação, cargos que desempenham e respectivas assinaturas)

NOTAS EXPLICATIVAS

- Os valores solicitados deverão ser expressos em milhares de escudos ou em euros, sem casas decimais.

- Os valores negativos deverão figurar entre parêntesis ( ).

- O período definido como "n" diz respeito aos valores do trimestre em causa, enquanto que o período definido como "n-1" diz respeito aos valores do trimestre homólogo do ano anterior.

- Todos os valores do trimestre deverão ser acumulados desde o início do exercício.

ANEXO II

INFORMAÇÃO TRIMESTRAL *INDIVIDUAL /CONSOLIDADA* **(Não Auditada)**
(Modelo aplicável às entidades sujeitas à disciplina do Plano de Contas para o Sistema Bancário/Leasing/Factoring)

Empresa:_____

Sede:_____ _____ NIPC:_____

Período de Referência:　　　　　　　　　　　Valores de referência em 000Esc ☐　em Euros ☐

1º Trimestre ☐　3º Trimestre ☐　5º trimestre (1) ☐　　　Inicio: __/__/_____　Fim: __/__/_____

Rubricas do Balanço	Individual			Consolidada		
	n	n-1	Var. (%)	n	n-1	Var. (%)
ACTIVO (LÍQUIDO)						
Créditos sobre instituições de crédito............	X	X	+/-X	X	X	+/-X
Créditos sobre clientes..................................	X	X	+/-X	X	X	+/-X
Títulos de rendimento fixo.........................	X	X	+/-X	X	X	+/-X
Títulos de rendimento variável....................	X	X	+/-X	X	X	+/-X
Participações....	X	X	+/-X	X	X	+/-X
CAPITAIS PRÓPRIOS E EQUIPARADOS						
Valor do Capital social................................	X	X	-	X	X	-
Nº de acções ordinárias......................	X	X	-	X	X	-
Nº de acções de outra natureza....................	X	X	-	X	X	-
Valor das Acções próprias....................	X	X	-	X	X	-
Nº de acções com voto....................	X	X	-	X	X	-
Nº de acções pref. sem voto........................	X	X	-	X	X	-
Empréstimos subordinados....................	X	X	+/-X	X	X	+/-X
Interesses minoritários.................................	-	-	-	X	X	+/-X
PASSIVO						
Débitos p/ c/ instituições de crédito..............	X	X	+/-X	X	X	+/-X
Débitos para com clientes............................	X	X	+/-X	X	X	+/-X
Débitos representados por títulos..................	X	X	+/-X	X	X	+/-X
TOTAL DO ACTIVO (LÍQUIDO)..................	X	X	+/-X	X	X	+/-X
TOTAL DO CAPITAL PRÓPRIO.................	X	X	+/-X	X	X	+/-X
TOTAL DO PASSIVO.................................	X	X	+/-X	X	X	+/-X

Rubricas da Demonstração dos Resultados	Individual			Consolidada		
	n	n-1	Var. (%)	n	n-1	Var. (%)
Margem Financeira (2).................................	X	X	+/-X	X	X	+/-X
Comissões e outros prov. exploração (líquido).	X	X	+/-X	X	X	+/-X
Rend. Títulos e result. operac. financ. (líquido)	X	X	+/-X	X	X	+/-X
Produto Bancário.....................................	X	X	+/-X	X	X	+/-X
Custos pessoal, administ. e outros custos..........	X	X	+/-X	X	X	+/-X
Amortizações..	X	X	+/-X	X	X	+/-X
Provisões (líquidas de reposições)...................	X	X	+/-X	X	X	+/-X
Resultados extraordinários........................	X	X	+/-X	X	X	+/-X
Resultados antes de impostos.........................	X	X	+/-X	X	X	+/-X
Imposto sobre o rendimento (3)......................	X	X	+/-X	X	X	+/-X
Interesses minorit. e res. emp. excl. cons.	-	-	-	X	X	+/-X
Resultado líquido ao trimestre.....................	X	X	+/-X	X	X	+/-X
Resultado líquido ao trimestre por acção......	X	X	+/-X	X	X	+/-X
Autofinanciamento (4)...................................	X	X	+/-X	X	X	+/-X

(1) Aplicável no primeiro exercício económico das sociedades que adoptem um exercício anual diferente do correspondente ao ano civil (Art. 65.° - A do Código das Sociedades Comerciais);
(2) Margem Financeira = Juros e proveitos equiparados – Juros e custos equiparados;
(3) Estimativa de imposto sobre o rendimento;
(4) Autofinanciamento = Resultados líquidos + Amortizações + Provisões.

EVOLUÇÃO DA ACTIVIDADE NO TRIMESTRE

(Resumo da actividade da empresa por forma a permitir aos investidores formar uma opinião sobre a actividade desenvolvida pela empresa ao longo do trimestre)

(Pessoas que assumem responsabilidade pela informação, cargos que desempenham e respectivas assinaturas)

NOTAS EXPLICATIVAS

- Os valores solicitados deverão ser expressos em milhares de escudos ou em euros, sem casas decimais.

- Os valores negativos deverão figurar entre parêntesis ( ).

- O período definido como "n" diz respeito aos valores do trimestre em causa, enquanto que o período definido como "n-1" diz respeito aos valores do trimestre homólogo do ano anterior.

- Todos os valores do trimestre deverão ser acumulados desde o início do exercício.

ANEXO III

INFORMAÇÃO TRIMESTRAL *CONSOLIDADA/INDIVIDUAL* **(Não Auditada)**
(Modelo aplicável às entidades sujeitas à disciplina do Plano de Contas para o Sistema Segurador)

Empresa:_____

Sede:_____ NIPC:_____

Período de Referência: Valores de referência em 000Esc ☐ em Euros ☐

1° Trimestre ☐   3° Trimestre ☐   5° trimestre (1) ☐   Inicio: __/__/_____ Fim: __/__/_____

Rubricas do Balanço	Individual			Consolidada		
	n	n-1	Var. (%)	n	n-1	Var. (%)
ACTIVO						
Imobilizações incorpóreas (líquidos)	X	X	+/-X	X	X	+/-X
Investimentos (líquidos).................................	X	X	+/-X	X	X	+/-X
Dos quais:						
Terrenos e edifícios....................	X	X	+/-X	X	X	+/-X
Empresas do grupo e associadas e outros ...	X	X	+/-X	X	X	+/-X
Provisões técnicas de resseguro cedido..........	X	X	+/-X	X	X	+/-X
Das quais:						
Provisões para prémios não adquiridos	X	X	+/-X	X	X	+/-X
Provisões matemáticas do ramo vida	X	X	+/-X	X	X	+/-X
Provisões para sinistros...............................	X	X	+/-X	X	X	+/-X
Devedores (líquidos).................................	X	X	+/-X	X	X	+/-X
Dos quais:						
por operações de seguro directo						
por operações de resseguro	X	X	+/-X	X	X	+/-X
CAPITAL PRÓPRIO						
Valor do Capital social.................................	X	X	-	X	X	-
N° de acções ordinárias.............................	X	X	-	X	X	-
N° de acções de outra natureza....................	X	X	-	X	X	-
Valor das Acções próprias..........................	X	X	-	X	X	-
N° de acções com voto.............................	X	X	-	X	X	-
N° de acções pref. sem voto........................	X	X	-	X	X	-
Interesses minoritários...................................	-	-	-	X	X	+/-X
PASSIVO						
Provisões técnicas..................................	X	X	+/-X	X	X	+/-X
Das quais:						
Provisão para prémios não adquiridos	X	X	+/-X	X	X	+/-X
Provisão matemática do ramo vida	X	X	+/-X	X	X	+/-X
Provisão para sinistros	X	X	+/-X	X	X	+/-X
Provisões p/ outros riscos e encargos...........	X	X	+/-X	X	X	+/-X
Das quais:						
Provisão para pensões	X	X	+/-X	X	X	+/-X
Credores..	X	X	+/-X	X	X	+/-X
Dos quais:						
Por operações de seguro directo	X	X	+/-X	X	X	+/-X
Por operações de resseguro	X	X	+/-X	X	X	+/-X
TOTAL DO ACTIVO (LÍQUIDO)...................	X	X	+/-X	X	X	+/-X
TOTAL DO CAPITAL PRÓPRIO.................	X	X	+/-X	X	X	+/-X
TOTAL DO PASSIVO.................................	X	X	+/-X	X	X	+/-X

Conta Técnica do Seguro não Vida	Individual			Consolidada		
	n	n-1	Var. (%)	n	n-1	Var. (%)
Prémios adquiridos líq. de resseguros...............	X	X	+/-X	X	X	+/-X
Custos c/ sinistros líq. resseguro......................	X	X	+/-X	X	X	+/-X
Custos de exploração líquidos........................	X	X	+/-X	X	X	+/-X

Conta Técnica do Seguro Vida	Individual			Consolidada		
	n	n-1	Var. (%)	n	n-1	Var. (%)
Prémios líq. de resseguros.............................	X	X	+/-X	X	X	+/-X
Custos c/ sinistros líq. Resseguro.....................	X	X	+/-X	X	X	+/-X
Custos de exploração líquidos........................	X	X	+/-X	X	X	+/-X

Conta não Técnica	Individual			Consolidada		
	n	n-1	Var. (%)	n	n-1	Var. (%)
Res. Conta técnica seg. vida..............	X	X	+/-X	X	X	+/-X
Res. Conta técnica seg. não vida.....................	X	X	+/-X	X	X	+/-X
Proveitos não técnicos.................................	X	X	+/-X	X	X	+/-X
Custos não técnicos..................................	X	X	+/-X	X	X	+/-X
Resultados actividade corrente...................	X	X	+/-X	X	X	+/-X
Resultados extraordinário............................	X	X	+/-X	X	X	+/-X
Imposto sobre o rendimento (2)	X	X	+/-X	X	X	+/-X
Interesses minoritários...............................	-	-	-	X	X	+/-X
Resultado líquido ao trimestre.....................	X	X	+/-X	X	X	+/-X
Resultado líquido ao trimestre por acção.....	X	X	+/-X	X	X	+/-X
Autofinanciamento (3).................................	X	X	+/-X	X	X	+/-X

(5) Aplicável no primeiro exercício económico das sociedades que adoptem um exercício anual diferente do correspondente ao ano civil (Art. 65.º - A do Código das Sociedades Comerciais);
(6) Estimativa de imposto sobre o rendimento;
(7) Autofinanciamento = Resultado líquido + Amortizações + Provisões.

EVOLUÇÃO DA ACTIVIDADE NO TRIMESTRE

(Resumo da actividade da empresa por forma a permitir aos investidores formar uma opinião sobre a actividade desenvolvida pela empresa ao longo do trimestre)

(Pessoas que assumem responsabilidade pela informação, cargos que desempenham e respectivas assinaturas)

NOTAS EXPLICATIVAS

• Os valores solicitados deverão ser expressos em milhares de escudos ou em euros, sem casas decimais.

• Os valores negativos deverão figurar entre parêntesis ( ).

• O período definido como "n" diz respeito aos valores do trimestre em causa, enquanto que o período definido como "n-1" diz respeito aos valores do trimestre homólogo do ano anterior.

• Todos os valores do trimestre deverão ser acumulados desde o início do exercício.

INTERMEDIAÇÃO FINANCEIRA

REGULAMENTO N.° 12/2000
Intermediação Financeira

Na sequência da publicação do Código dos Valores Mobiliários, procede-se no presente Regulamento ao desenvolvimento das regras relativas às actividades de intermediação financeira, até agora dispersas por vários regulamentos.

De acordo com um princípio de continuidade das soluções, o presente Regulamento consagra soluções que têm vigorado até agora, embora se tenha procurado introduzir alguma simplificação, sobretudo nos procedimentos relativos ao registo das actividades de intermediação. A consolidação da matéria normativa num único regulamento permitiu reduzir a quantidade de normas, quer porque se evitaram repetições quer porque o Código dos Valores Mobiliários é, nesta parte, mais desenvolvido que o código anterior.

Não obstante a salvaguarda da continuidade da regulação, o presente regulamento ocupa-se de matéria nova até agora não regulada, além de dar particular importância, quer à internacionalização das actividades quer ao desenvolvimento dos modernos meios de comunicação, em particular informáticos. No que respeita a este último aspecto, são previstas regras na utilização de meios informáticos tendo em vista uma adequada protecção dos investidores sem colocar entraves ao seu desenvolvimento da utilização desses meios pelos intermediários financeiros. Quanto a matérias que são reguladas pela primeira vez, procuram-se soluções equilibradas que permitam enfrentar o normal desenvolvimento das actividades sem pôr em causa os princípios de defesa dos investidores e a sujeição dessas actividades à supervisão da CMVM. Tal verifica-se, nomeadamente, no que respeita à subcontratação, aos consultores autónomos e à transmissão de ordens por via informática pelos investidores e sua relação com os sistemas de negociação. Estes novos desenvolvimentos exigiram que fosse fixado um prazo razoável para adaptação dos intermediários financeiros.

Algumas matérias anteriormente reguladas não são agora objecto de qualquer disciplina. O caso mais evidente é o que respeita aos empréstimos de valores mobiliários. Tal resulta de se considerar que a matéria merece mais aturada reflexão, dadas as profundas alterações introduzidas pelo Código dos Valores Mobiliários. Assim, brevemente, a CMVM irá emitir regras sobre essa e outras matérias agora não contempladas ou insuficientemente desenvolvidas o que, neste último caso, poderá vir a ser objecto de instrução dirigida aos intermediários financeiros.

No que respeita à actividade de gestão de instituições de investimento colectivo mantém-se em vigor toda a regulamentação até agora emitida ao abrigo da legislação específica que rege essas entidades. Porém, e apesar da especificidade dessa actividade, as regras previstas no presente regulamento são-lhe aplicáveis, salvo sejam expressamente excepcionadas, pois configuram deveres gerais aplicáveis a todos os intermediários financeiros.

O projecto de que resultou o presente regulamento foi objecto de ampla divulgação ao público e de inúmeras propostas por parte das diversas associações de intermediários financeiros e de outras entidades com responsabilidades nos mercados de valores mobiliários. Em consequência, muitas das sugestões dadas por essas entidades foram incorporadas no regulamento.

Ao abrigo do disposto nos artigos 318.º a 320.º, 351.º e alínea *b*) do n.º 1 do artigo 353.º, do Código dos Valores Mobiliários, o conselho directivo da Comissão do Mercado de Valores Mobiliários (CMVM), ouvidos o Banco de Portugal, o Instituto de Gestão do Crédito Público, a Associação da Bolsa de Valores de Lisboa, a Associação da Bolsa de Derivados do Porto, a Interbolsa – Associação para a Prestação de Serviços às Bolsas de Valores, a Associação Portuguesa de Bancos, a Associação Portuguesa de Sociedades Corretoras e Financeiras de Corretagem e a Associação Portuguesa de Sociedades Gestoras de Patrimónios e de Fundos de Investimento, aprovou o seguinte regulamento:

TÍTULO I
Requisitos de exercício

CAPÍTULO I
Registo prévio

SECÇÃO I
Disposição geral

ARTIGO 1.°
(Âmbito)

O registo na CMVM das actividades de intermediação, referido na alínea *b*) do n.° 1 do artigo 295.° do Código dos Valores Mobiliários, rege--se pelo disposto no presente capítulo.

SECÇÃO II
Pedido de registo

ARTIGO 2.°
(Requerimento)

1. O registo é solicitado pelo intermediário financeiro interessado, previamente ao início do exercício da actividade.

2. O requerimento menciona os seguintes elementos:

a) Actividades de intermediação que o requerente pretende exercer, com a descrição dos procedimentos a utilizar na execução das funções que integram cada actividade e a interligação entre elas;

b) Meios afectos a cada actividade;

c) Estrutura organizativa do intermediário financeiro;

d) Sistemas de controlo interno a que se refere o artigo 36.°;

e) Plano de negócios referido no artigo 5.°;

3. Relativamente aos meios técnicos e materiais, o intermediário financeiro especifica:

a) As características dos sistemas informáticos utilizados no exercício de cada actividade, que assegurem, no mínimo, as funções referidas no artigo 7.°;

b) O local a partir do qual cada actividade será exercida, juntando planta das instalações;

c) Os procedimentos a adoptar no processamento dos serviços de recepção, transmissão e execução de ordens por conta de outrem.

ARTIGO 3.°
(Instrução)

1. O requerimento em que é solicitado o registo é acompanhado dos seguintes elementos:

a) Firma ou denominação do intermediário financeiro;
b) Objecto;
c) Data de constituição;
d) Sede social;
e) Capital social, com especificação do realizado;
f) Identificação dos titulares dos órgãos de administração, fiscalização e da mesa da assembleia geral;
g) Identificação dos sócios que detêm, directa ou indirectamente, participações qualificadas, tal como são definidas no Regime Geral das Instituições de Crédito e Sociedades Financeiras, aprovado pelo Decreto-Lei 398/92, de 31 de Dezembro;
h) Identificação dos mandatários do intermediário financeiro;
i) Lugar e data da criação de filiais e sucursais;
j) Identificação das pessoas sujeitas a registo nos termos dos artigos 11.° a 18.°;
l) Questionário e declaração preenchidos segundo formulário fornecido pela CMVM, relativamente a cada uma das pessoas referidas na alínea anterior;
m) Comprovativo da credenciação para o exercício de funções, quando esta seja exigida;
n) Projecto de regulamento interno do intermediário financeiro;
o) Cópia de contrato celebrado com terceiras entidades quando houver recurso à subcontratação.

2. Os elementos referidos nas alíneas *a*) a *i*) do número anterior são conformes com o registo efectuado ou requerido junto do Banco de Portugal.

ARTIGO 4.°
(Sucursais de instituições de crédito
ou de empresas de investimento
com sede em Estados extra-comunitários)

1. O requerimento em que é solicitado o registo das sucursais de instituições de crédito ou de empresas de investimento com sede em Estados extra-comunitários é acompanhado dos seguintes elementos:

a) Firma ou denominação;

b) Data a partir da qual pode estabelecer-se em Portugal;

c) Lugar da sede;

d) Lugar das sucursais, agências e escritórios de representação em Portugal;

e) Capital afecto às operações a efectuar em Portugal, quando exigível;

f) Identificação dos gerentes das sucursais ou dos escritórios de representação;

g) Identificação das pessoas sujeitas a registo nos termos dos artigos 11.° a 18.°, de acordo com a actividade de intermediação financeira em causa;

h) Questionário e declaração segundo formulário aprovado pela CMVM relativamente a cada uma das pessoas abrangidas na alínea anterior;

i) Documento comprovativo da credenciação para o exercício das funções sujeitas a registo, quando esta seja exigida;

j) Projecto de regulamento interno do intermediário financeiro, quando as actividades a desenvolver incluam a alínea *b)* e *c)* do n.° 1 do artigo 290.° e alínea *c)* do artigo 291.°, ambos do Código dos Valores Mobiliários, em conjunto com qualquer outra das actividades de intermediação financeira;

l) Cópia do contrato celebrado com terceiras entidades, nos termos do artigo 47.°, sempre que se recorra à subcontratação de serviços especializados.

2. Os elementos referidos nas alíneas *a)* a *f)* do número anterior são conformes com o registo efectuado ou requerido junto do Banco de Portugal.

ARTIGO 5.°
(Plano de negócios)

1. A instrução do pedido é acompanhada das seguintes informações:

a) Os factores competitivos, os mercados alvo, o volume de negócios estimado para os dois primeiros anos de actividade e a comissão média estimada;

b) Investimento relativamente a cada uma das actividades e identificação do período estimado para a sua recuperação;

c) Plano de recrutamento previsto para o exercício das actividades para que é requerido o registo.

2. Para a gestão de instituições de investimento colectivo, para além dos elementos referidos no número anterior, é prestada informação relati-

vamente aos dois primeiros anos de actividade quanto ao número, à espécie, designadamente se se trata de fundos de investimento abertos ou fechados, e ao tipo, de acordo com a sua política de investimento, dos fundos de investimento a constituir.

ARTIGO 6.º
(Registo e depósito de valores mobiliários)

O requerimento para o exercício da actividade de registo e depósito de valores mobiliários, é também acompanhado de:

a) Fluxograma dos procedimentos administrativos e respectivo controlo para as operações relacionadas com a prestação do serviço;

b) Estrutura e regras operacionais da rotina informática;

c) Écran (lay-out) dos ficheiros relativos às contas de registo e depósito de valores mobiliários.

SECÇÃO III
Requisitos de concessão do registo

SUBSECÇÃO I
Meios informáticos

ARTIGO 7.º
(Requisitos)

1. O intermediário dispõe de meios informáticos compatíveis com as actividades a desenvolver, nomeadamente, no que respeita a:

a) Estrutura de rede;

b) Unidade física de fornecimento contínuo de energia;

c) Servidores;

d) Sistema operativo;

e) Cópias de segurança (*back-ups*);

f) Acessibilidade aos meios informáticos, designadamente níveis de acesso e palavras chave (*passwords*).

2. No exercício das actividades enumeradas nos números seguintes os sistemas informáticos asseguram as funções neles descritas.

3. No exercício da actividade recepção e transmissão de ordens por conta de outrem:

a) O registo das ordens e, quando for o caso, a sua transmissão para o serviço central da entidade receptora;

b) Os registos exigidos pela intervenção nos mercados em que forem executadas;

c) O registo das operações;

d) A emissão de mapas das operações efectuadas, de notas de compra e venda e, relativamente a operações efectuadas no mercado a prazo, de controlo contínuo dessas operações.

4. No exercício da actividade de assistência em oferta pública relativa a valores mobiliários e de colocação em oferta pública de distribuição, aferir, em cada momento, da colocação ou da concretização da oferta e do nível de aceitações dos investidores, recebidas junto dos intermediários financeiros envolvidos.

5. No exercício da actividade de registo e de depósito de valores mobiliários, para além das exigências resultantes da participação em sistema centralizado ou equivalente e em sistema de liquidação:

a) Os registos e demais anotações a efectuar, possibilitando a reconstituição por ordem cronológica dos registos por valor mobiliário e por cliente;

b) A emissão de notas de lançamento, ou lançamentos efectuados relativos aos movimentos ocorridos em determinada data;

c) A emissão de extractos de contas aos titulares de valores mobiliários e, caso existam, aos respectivos beneficiários, devendo o sistema informático possibilitar a emissão, em qualquer altura, de extractos de conta restringidos aos movimentos ocorridos entre determinadas datas, bem como a posição no início e final das mesmas.

6. No exercício da actividade de gestão de carteiras por conta de outrem:

a) O controlo da composição das carteiras, incluindo a desagregação por cliente das contas bancárias abertas em nome da entidade gestora por conta de clientes;

b) O registo das ordens vinculativas dadas nos termos do artigo 334.° do Código dos Valores Mobiliários.

7. No exercício da actividade de gestão de instituições de investimento colectivo:

a) A integração, de forma automática, entre o registo das operações na carteira do fundo e os respectivos lançamentos contabilísticos, para permitir que, a todo o momento, a informação resultante da carteira e da contabilidade do fundo sejam coincidentes;

b) A valorização, de forma automática, dos activos integrantes da carteira do fundo, incluindo os instrumentos financeiros derivados admitidos à negociação em mercado regulamentado, com funcionamento regular, reconhecidos e abertos ao público, designadamente com recurso a fontes externas de informação, e o consequente procedimento de apuramento do valor da unidade de participação;

c) A prestação de informação ao mercado e às autoridades de supervisão no cumprimento das normas regulamentares em vigor;

d) A integração com os sistemas do depositário e das entidades colocadoras, relativamente às operações de subscrição e de resgate;

e) A integração com os sistemas do depositário relativamente ao acesso à informação relativa às contas de valores mobiliários e de numerário de cada fundo de investimento;

f) O controlo da observância das disposições legais e regulamentares aplicáveis, bem como do regulamento de gestão dos fundos de investimento que administram;

g) A determinação de perda potencial máxima do fundo, quando a sua utilização seja exigível nos termos do Regulamento da CMVM n.° 21/99.

SUBSECÇÃO II
Meios humanos

Divisão I
Disposições gerais
ARTIGO 8.°
(Adequação)

A adequação dos meios humanos afectos a cada actividade de intermediação abrange, designadamente:

a) A idoneidade e a competência profissional das pessoas sujeitas a registo, nos termos do presente regulamento;

b) A designação dos responsáveis previstos nos artigos 11.° a 18.° do presente regulamento;

c) A credenciação das pessoas, nos casos em que seja exigível.

ARTIGO 9.°
(Idoneidade e competência)

1. A idoneidade e a competência profissional são apreciadas tendo exclusivamente em vista o exercício das funções sujeitas a registo, e devem ser comprovadas pelo intermediário financeiro previamente à sujeição a registo junto da CMVM.

2. A idoneidade e competência são apreciadas com base, designadamente, em questionário elaborado pela CMVM e preenchido pela pessoa a registar, contendo, pelo menos, os seguintes elementos:

a) Nome, morada, nacionalidade e número de contribuinte;

b) Descrição integral da situação e experiência profissional, nomeadamente o tipo de relação contratual com o intermediário financeiro, as actividades profissionais anteriores e as habilitações profissionais e académicas;

c) Informações sobre processos crime, contra-ordenacionais e disciplinares, em que tenha sido condenado ou em que seja arguido.

3. Entre outras circunstâncias atendíveis, considera-se indiciador de falta de idoneidade o facto de a pessoa ter sido:

a) Condenada em processo crime por burla, abuso de confiança, corrupção, infidelidade, branqueamento de capitais, manipulação do mercado de valores mobiliários, abuso de informação ou crimes previstos no Código das Sociedades Comerciais;

b) Declarada falida;

c) Considerada responsável pela falência de pessoa colectiva, nos termos previstos nos artigos 126.°-A e 126.°-B do Código dos Processos Especiais de Recuperação da Empresa e de Falência;

d) Condenada em processo de contra-ordenação intentado pela CMVM, Banco de Portugal ou Instituto de Seguros de Portugal;

e) Suspensa, ou encontrar-se suspensa preventivamente do exercício das suas funções nos termos da alínea *a)* do n.° 1 do artigo 412.° do Código dos Valores Mobiliários;

4. Não é considerada idónea a pessoa que dolosamente preste declarações falsas ou inexactas ou que omita factos relevantes.

ARTIGO 10.°
(Credenciação)

1. Depende de credenciação a intervenção em mercado das pessoas que, nos membros desse mercado, desempenhem as funções de:

a) Operador de terminal de negociação, autorizado a introduzir ofertas no sistema de negociação.

b) Responsável dos serviços de negociação;

c) Responsável pelo serviço de verificação, registo e atribuição das operações realizadas.

2. A credenciação distingue o tipo de operações que as pessoas estão habilitadas a realizar ou supervisionar.

3. Apenas têm acesso ao sistema de negociação as pessoas credenciadas nos termos do n.º 1.

4. Compete à entidade gestora do mercado a que a credenciação respeita:

a) Atribuir a credenciação, com base em exame efectuado para o efeito;

b) Assegurar, directamente ou através de outra entidade, mas em qualquer caso sob a sua orientação e supervisão, iniciativas de formação para as pessoas sujeitas a credenciação ou que pretendam apenas obter uma certificação;

c) Manter registo actualizado das pessoas por ela credenciadas, incluindo os termos e os fundamentos da sua caducidade e cancelamento;

d) Emitir as regras, sujeitas a registo prévio na CMVM, concretizadoras dos termos da credenciação e do registo mencionados nas alíneas anteriores, designadamente os requisitos para a concessão do registo, as matérias que são objecto de exame e os termos da avaliação contínua das pessoas credenciadas e da sua sujeição a exames periódicos.

Divisão II
Registo individual

ARTIGO 11.º
(Recepção de ordens e verificação das operações)

1. Está sujeita a registo individual na CMVM a pessoa responsável:

a) Pelo serviço de recepção e registo de ordens;

b) Pelo serviço de verificação e registo das operações realizadas.

2. A pessoa registada como responsável, nos termos do número anterior, assegura as relações com a CMVM.

3. A função a que se refere a alínea *a*) do n.º 1 inclui a responsabilidade pelo serviço centralizado de recepção de ordens, quando exista, e a respectiva transmissão ao intermediário financeiro que as deva executar.

4. As funções referidas na alínea *b*) são manifestações concretas da actividade de controlo das operações e envolvem o registo das operações efectuadas, a verificação da liquidação física e financeira dessas operações e o envio das respectivas comunicações aos clientes.

ARTIGO 12.º
(Negociação)

1. Está sujeita a registo individual na CMVM a pessoa responsável pelos serviços de negociação.

2. A função a que se refere o número anterior inclui a responsabilidade pela introdução de ofertas no sistema de negociação, em conformidade com as instruções do cliente.

3. A pessoa registada nos termos do n.° 1, assegura as relações com a CMVM.

4. As funções a que se referem o n.° 1 do presente artigo e o n.° 1 do artigo anterior são exercidas por diferentes pessoas.

ARTIGO 13.°
(Gestão de carteiras por conta de outrem)

1. Estão sujeitas a registo individual na CMVM as pessoas que desempenhem as funções de:

   a) Responsável pelas decisões de investimento;

   b) Responsável pelo serviço de verificação, registo e contabilidade das operações realizadas.

2. Consideram-se funções de decisão de investimento as que respeitam à efectiva gestão das carteiras, aí incluídas as funções de definição e execução do plano de investimento.

3. As funções referidas na alínea *b)* são manifestações concretas da actividade de controlo de execução das decisões de investimento, quando exercidas com autonomia.

4. As funções referidas nas alíneas *a)* e *b)* do n.° 1 e outras a elas equiparadas são exercidas por diferentes pessoas.

5. Cada um dos responsáveis referidos no n.° 1 assegura as relações com a CMVM relativamente à matéria abrangida no âmbito da sua responsabilidade.

6. O registo a que se refere o n.° 1 só é concedido a pessoas que possuam qualificação profissional adequada ao exercício da actividade.

7. A qualificação profissional a que se refere o número anterior é certificada por entidade para o efeito autorizada pela CMVM e depende de aprovação em exame realizado para o efeito.

8. Aplica-se à autorização da entidade certificadora a que se refere o número anterior o disposto no artigo 26.°, com as devidas adaptações.

ARTIGO 14.°
(Negociação por conta própria em valores mobiliários)

Está sujeito a registo individual na CMVM o responsável pela gestão da carteira própria do intermediário financeiro.

ARTIGO 15.º
(Assistência e colocação em oferta pública)

Está sujeito a registo individual na CMVM a pessoa que, no intermediário financeiro, seja responsável por todos os aspectos da intervenção desse intermediário financeiro em ofertas públicas, devido à prestação de serviços de assistência e colocação.

ARTIGO 16.º
(Registo e depósito de valores mobiliários)

1. Está sujeito a registo individual na CMVM o responsável pelo controlo da actividade de registo e depósito de valores mobiliários.

2. Em caso de registo e depósito de valores mobiliários integrados nas carteiras dos fundos de investimento, a responsabilidade referida no número anterior abrange também as demais funções previstas na lei, nomeadamente de vigilância e de garantia do cumprimento das disposições legais e regulamentares aplicáveis e do regulamento de gestão dos fundos de investimento.

3. A função referida no n.º 1 pode ser exercida pelo responsável referido na alínea *b*) do n.º 1 do artigo 11.º, relativamente à actividade aí prevista.

ARTIGO 17.º
(Gestão de instituições de investimento colectivo mobiliário)

1. Estão sujeitas a registo individual na CMVM as pessoas que desempenhem as seguintes funções nas entidades gestoras de fundos de investimento mobiliário:

a) Responsável pelas decisões de investimento;

b) Responsável pelo serviço de verificação, registo e contabilidade das operações realizadas.

2. Consideram-se funções de decisão de investimento as respeitantes à efectiva gestão dos fundos de investimento mobiliário, designadamente a aquisição e a alienação de valores mobiliários, a realização de outras aplicações de fundos e a utilização de técnicas e instrumentos de gestão permitidas aos fundos de investimento mobiliário.

3. As funções referidas nas alíneas *a*) e *b*) do n.º 1 são exercidas por diferentes pessoas.

4. Cada um dos responsáveis referidos no n.º 1 assegura as relações com a CMVM, relativamente à matéria abrangida no âmbito da sua responsabilidade.

ARTIGO 18.°
(Gestão de instituições de investimento colectivo imobiliário)

1. Estão sujeitas a registo individual na CMVM as pessoas que desempenhem as seguintes funções nas entidades gestoras de fundos de investimento imobiliário:

a) Responsável pelas decisões de investimento;

b) Responsável pelo serviço de verificação, registo e contabilidade das operações realizadas.

2. Consideram-se funções de decisões de investimento as que respeitam à efectiva gestão dos fundos de investimento imobiliário, designadamente a aquisição e a alienação de imóveis ou outros investimentos imobiliários ou mobiliários e o arrendamento dos imóveis.

3. As funções referidas nas alíneas *a)* e *b)* do n.° 1 são exercidas por diferentes pessoas.

4. Cada um dos responsáveis referidos no n.° 1 assegura as relações com a CMVM, relativamente à matéria abrangida no âmbito da sua responsabilidade.

ARTIGO 19.°
(Registo de pessoas com funções de supervisão e controlo e de pessoas credenciadas)

1. As pessoas que exerçam as funções de supervisão e controlo das actividades referidas nos artigos 11.°, 12.°, 13.°, 17.° e 18.° estão sujeitas a registo na CMVM.

2. As funções referidas no número anterior incluem a responsabilidade pela supervisão e controlo das funções desempenhadas pelas pessoas sujeitas a registo nos termos dos preceitos aí referidos, não podendo ser exercidas pela mesma pessoa.

3. A CMVM tem acesso permanente ao registo das pessoas credenciadas pela entidade gestora do mercado.

ARTIGO 20.°
(Acumulação de funções)

As pessoas registadas para desempenharem as funções referidas no artigo 12.°, na alínea *a)* do n.° 1 do artigo 13.°, na alínea *a)* do n.° 1 do artigo 17.° e na alínea *a)* do n.° 1 do artigo 18.°, não podem ser registadas para o exercício da actividade de negociação por conta própria, no mesmo ou em distinto intermediário financeiro.

SECÇÃO IV
Alterações ao registo

ARTIGO 21.º
(Alterações ao registo)

1. Qualquer alteração aos elementos com base nos quais foi concedido o registo é comunicada à CMVM no prazo de 30 dias após a sua verificação, tendo em vista o respectivo averbamento.

2. O prazo para a comunicação referida no número anterior é de 15 dias no caso da alteração dos elementos referidos nas alíneas *k*) e *m*) do n.º 1 do artigo 3.º e das alíneas *i*) e *k*) do n.º 1 do artigo 4.º.

3. Os averbamentos ao registo incidem sobre os elementos referidos no n.º 1 do artigo 3.º e no n.º 1 do artigo 4.º, nos mesmos termos exigidos para o registo inicial do elemento a averbar.

4. As alterações ao registo individual respeitam os critérios definidos no artigo 9.º, podendo a falta destes levar à recusa do averbamento e, nos termos da alínea *a*) do n.º 1 do artigo 303.º do Código dos Valores Mobiliários, determinar o cancelamento do registo.

ARTIGO 22.º
(Cancelamento do registo individual)

A verificação superveniente da falta de idoneidade das pessoas registadas nos termos dos artigos 11.º a 18.º determina o cancelamento do seu registo individual.

CAPÍTULO II
**Instituições de crédito e empresas de investimento
com sede em Estados membros da União Europeia**

ARTIGO 23.º
(Elementos sujeitos a registo)

1. A CMVM organiza um registo das instituições de crédito e das empresas de investimento com sede em Estados Membros da União Europeia, contendo os elementos referidos nos números seguintes.

2. No caso de estabelecimento de uma sucursal:

a) O programa de actividades, com a indicação do tipo de operações previstas e a estrutura orgânica da sucursal;

b) O endereço da sucursal em Portugal;

c) A identificação dos responsáveis pela sucursal;

d) A identificação das pessoas que desempenhem as funções mencionadas nos artigos 11.° a 18.°, consoante as actividades a exercer.

3. Para efeitos da alínea *d)* do número anterior, a sucursal envia o questionário a que se refere o n.° 2 do artigo 9.°, relativamente a cada uma das pessoas abrangidas.

4. No caso de exercício de actividades de intermediação financeira em regime de livre prestação de serviços, o respectivo plano de actividades, designadamente o serviço ou serviços de investimento que a entidade supervisora do Estado membro de origem comunicou.

CAPÍTULO III
Autorização e registo dos consultores autónomos

ARTIGO 24.°
(Âmbito)

O presente capítulo estabelece as condições do exercício da actividade de consultoria autónoma, prevista na alínea *b)* do n.° 1 do artigo 294.° do Código dos Valores Mobiliários.

ARTIGO 25.°
(Qualificação profissional)

1. O requerente deve possuir qualificação profissional adequada ao exercício da actividade.

2. A qualificação profissional é certificada por uma entidade autorizada pela CMVM.

3. A certificação depende de aprovação em exame realizado para o efeito.

ARTIGO 26.°
(Entidade certificadora)

1. A autorização referida no n.° 2 do artigo anterior é concedida a entidades que demonstrem ser idóneas e possuir os meios técnicos, materiais e humanos adequados à administração de formação aos requerentes a consultor autónomo.

2. O pedido de autorização é instruído com os seguintes elementos:

a) Firma ou denominação social;

b) Sede;

c) Especificação dos meios técnicos e materiais a utilizar;

d) Especificação dos meios humanos, com referência à experiência profissional e habilitações académicas dos formadores;

e) Programa dos cursos a ministrar;

f) Código deontológico a que estejam sujeitos os titulares dos seus órgãos sociais e as pessoas encarregadas da formação.

3. A CMVM aprecia o pedido no prazo de noventa dias, podendo solicitar ao requerente as informações complementares que considere necessárias.

4. Findo o prazo mencionado no número anterior sem que a CMVM se haja pronunciado, presume-se o indeferimento do pedido de autorização.

5. Constituem fundamento de revogação da autorização da entidade certificadora:

a) A não conformidade dos elementos constantes do pedido de autorização com os que sejam efectivamente utilizados

b) A violação dos deveres previstos no número seguinte;

c) A prestação de falsas declarações;

d) A verificação de quaisquer outros factos que se revelem incompatíveis com o desempenho da função de certificação.

6. São deveres da entidade certificadora:

a) Assegurar a realização de cursos de formação destinados às pessoas que pretendam obter a certificação;

b) Manter um registo actualizado das pessoas por ela certificadas;

c) Prestar à CMVM a informação que lhe for por esta solicitada.

ARTIGO 27.º
(Incompatibilidades)

1. O consultor autónomo não pode ser titular de cargos ou desempenhar funções de que possa resultar risco de conflito de interesses com os seus clientes e a sua actividade.

2. É susceptível de gerar conflitos de interesses o facto de o consultor autónomo ser membro do conselho geral, de outros órgãos de administração ou fiscalização, ou da mesa da assembleia geral de sociedades abertas ou oferentes, ou ser secretário ou assessor das referidas sociedades.

ARTIGO 28.º
(Pedido de autorização)

1. O pedido de autorização para o exercício autónomo da actividade de consultoria para investimento em valores mobiliários é instruído com os seguintes elementos:

a) Identificação, registo criminal e certificação do requerente;

b) Domicílio profissional;

c) Forma como tenciona exercer a actividade de consultoria para investimento, nomeadamente especificando por que meios pretende aconselhar os consulentes;

d) Meios humanos, técnicos e materiais que serão utilizados;

e) Indicação dos instrumentos financeiros de que o requerente é titular;

f) Questionário e declaração conforme formulário aprovado pela CMVM;

g) Declaração de compromisso de que o requerente não desempenha qualquer dos cargos mencionados no n.º 2 do artigo anterior.

2. As insuficiências verificadas no requerimento ou nos documentos que o acompanham podem ser sanadas, antes de recusada a autorização, no prazo fixado pela CMVM.

3. A CMVM pode solicitar ao requerente informações complementares, bem como efectuar todas as diligências que considere necessárias.

ARTIGO 29.º
(Decisão)

1. A decisão é notificada ao requerente no prazo de seis meses a contar da data da recepção do pedido ou, se for o caso, da recepção das informações complementares que tenham sido solicitadas ao requerente, mas nunca depois de decorridos doze meses da data da entrega inicial do pedido.

2. Caso o requerente não seja notificado nos prazos indicados no número anterior, presume-se o indeferimento do pedido de autorização.

3. A autorização é recusada se o requerente não preencher os requisitos legais e regulamentares que regem a sua actividade e, nomeadamente, quando:

a) As insuficiências na instrução do pedido não tenham sido sanadas no prazo fixado pela CMVM;

b) Os elementos que instruíram o pedido enfermem de inexactidões ou falsidades;

c) Não reuna os requisitos de idoneidade e competência profissional exigidos;

d) Não disponha dos meios técnicos e materiais que lhe permitam exercer a actividade;

e) O modo como o requerente pretende exercer a actividade de consultoria autónoma para investimento em valores mobiliários não permita assegurar a sua adequada supervisão.

ARTIGO 30.°
(Revogação e caducidade da autorização)

1. A CMVM pode revogar a autorização se o consultor autónomo:

a) Tiver prestado falsas declarações ou usado outros expedientes ilícitos para obter a autorização;

b) Exercer actividade não correspondente à autorizada;

c) Cessar a actividade por um período superior a doze meses;

d) Não for contactável no seu domicílio profissional por período superior a seis meses;

e) Deixar de reunir os requisitos de idoneidade e competência mencionados no artigo 9.°;

f) Violar as normas que disciplinam a sua actividade.

2. A decisão de revogação, com a indicação expressa dos seus fundamentos, é notificada ao consultor autónomo e divulgada na medida em que a CMVM entender necessário.

3. A autorização caduca se o requerente a ela expressamente renunciar ou se o consultor autónomo não iniciar a actividade no prazo de doze meses.

ARTIGO 31.°
(Registo)

O registo dos consultores autónomos contém os seguintes elementos:

a) Identificação;

b) Domicílio profissional;

c) Lista de participações qualificadas que detenha;

d) Data do início de actividade;

e) Alterações que se verifiquem nos elementos constantes das alíneas anteriores, que são comunicadas no prazo de dez dias após a verificação do facto.

TÍTULO II
Exercício das actividades

CAPÍTULO I
Disposições comuns

SECÇÃO I
Organização e funcionamento internos do intermediário

ARTIGO 32.°
(Princípios gerais)

O intermediário financeiro adopta na sua organização e funcionamento internos os procedimentos necessários para:

a) Assegurar o regular processamento e o adequado controlo interno das operações;

b) Garantir a confidencialidade dos dados relativos às operações efectuadas e aos serviços prestados aos seus clientes;

c) Prevenir a ocorrência de conflitos de interesses quer no âmbito da mesma actividade quer de diferentes actividades de intermediação que exerçam;

d) Assegurar elevados padrões de eficiência e segurança nos serviços prestados;

e) Prevenir a divulgação de informação privilegiada.

ARTIGO 33.°
(Medidas gerais de organização interna)

1. O intermediário financeiro que exerça mais do que uma actividade de intermediação, organiza e gere essas actividades de forma a evitar a ocorrência de conflitos de interesses com os seus clientes ou entre diferentes clientes, bem como a divulgação de informação privilegiada.

2. Cada uma das actividades de intermediação financeira é organizada e gerida de maneira autónoma, por pessoal afecto a cada uma delas, sem interferência em qualquer outra ou de qualquer outra com que possam ocorrer conflitos de interesses.

3. O intermediário financeiro define se e em que condições os titulares dos seus órgãos sociais ou outros responsáveis pela sua gestão e o seu pessoal podem realizar operações de conta própria sobre valores mobiliários negociáveis em mercado e a informação que, quando as realizem, devem prestar sobre elas.

ARTIGO 34.º
(Procedimentos internos)

1. Com vista a minimizar o risco de ocorrência de conflitos de interesses, os intermediários financeiros adoptam na sua organização interna, as medidas necessárias para que:

a) As informações de que hajam tomado conhecimento em virtude do exercício das suas funções, designadamente as que não tendo sido ainda tornado públicas e possam influenciar os preços em qualquer mercado, fiquem limitadas aos serviços e às pessoas directamente envolvidas na operação;

b) As informações a que se refere a alínea anterior não sejam utilizadas em operações em que intervenha o próprio intermediário financeiro, as pessoas responsáveis pela sua administração e fiscalização ou o seu pessoal, ou em que estejam interessados outros clientes seus ou terceiros;

c) Exista uma adequada segregação das funções de decisão, execução, registo e controlo;

d) Sejam criados e assegurados mecanismos de controlo e segurança no domínio informático, designadamente através da atribuição de palavras chave *(passwords)* pessoais e intransmissíveis, destinadas a proteger arquivos, ficheiros e bases de dados.

2. Quando prestem serviços relacionados com ofertas públicas ou outros de que resulte o conhecimento de informações privilegiadas, o intermediário financeiro elabora lista das pessoas que tiveram acesso às informações em concreto, devendo avisá-las de que não podem usar essa informação.

ARTIGO 35.º
(Reclamações dos clientes)

1. Com o objectivo de garantir o adequado tratamento das reclamações dos clientes, o intermediário estabelece um procedimento interno que preveja expressamente:

a) A recepção, encaminhamento e tratamento da reclamação para pessoa diferente da que praticou o acto de que se reclama;

b) Procedimentos concretos a adoptar para a apreciação das reclamações;

c) Prazo máximo de resposta ao cliente.

2. Os processos de reclamação são conservados por um prazo de 5 anos e contêm:

a) A reclamação do cliente;

b) A identificação do reclamante, da actividade de intermediação financeira em causa e a data da ocorrência dos factos e da entrada da reclamação;

c) A identificação do colaborador do intermediário que interveio na prestação do serviço;

d) A apreciação sumária efectuada pelo intermediário, solução apresentada e data da sua comunicação ao reclamante.

ARTIGO 36.°
(Sistema de controlo interno)

1. O intermediário financeiro estabelece um sistema de controlo interno para o cumprimento das disposições legais e regulamentares aplicáveis às actividades que exerce, das normas deontológicas e do regulamento interno.

2. O sistema de controlo mencionado no número anterior inclui, pelo menos:

a) A definição da estrutura organizativa;

b) As regras fundamentais que estabeleçam os seus objectivos, procedimentos e meios destinados a assegurar a sua execução;

c) As sanções estabelecidas em caso de infracção.

ARTIGO 37.°
(Regulamentos internos)

Através de regulamento interno, registado na CMVM, o intermediário financeiro concretiza, pelo menos:

a) As medidas organizativas mencionadas no artigo 33.°;

b) As áreas ou serviços entre os quais não pode circular a informação mencionada no artigo 34.°;

c) O sistema de controlo interno adoptado para o cumprimento das disposições legais, regulamentares e deontológicas aplicáveis, nos termos do artigo 36.°;

d) O procedimento interno para o tratamento das reclamações dos clientes;

e) Os procedimentos adoptados para a realização de operações por conta própria pelas pessoas mencionadas no n.° 3 do artigo 33.°.

SECÇÃO II
Deveres de informação

SUBSECÇÃO I
Informações prévias

ARTIGO 38.º
(Informação sobre o intermediário financeiro)

1. Antes de iniciar a prestação do serviço, o intermediário financeiro informa o potencial cliente sobre as principais características da empresa abrangendo, pelo menos:

a) A identificação do intermediário financeiro e respectiva morada;

b) A identidade e a posição no intermediário financeiro dos funcionários ou outros colaboradores e serviços com quem o cliente tem ou irá ter contacto;

c) Indicação da data do registo, junto da entidade de supervisão, da actividade a prestar ao cliente;

d) Tipo de intermediário financeiro e respectiva capacidade para fornecer os serviços pretendidos.

2. Qualquer informação que o intermediário financeiro forneça ao investidor sobre o desempenho passado daquele deve:

a) Ser relevante para a avaliação do desempenho do serviço que o intermediário financeiro se propõe oferecer;

b) Ser um registo completo e não enganado.

ARTIGO 39.º
(Outras informações prévias)

1. Antes de iniciar a prestação de um serviço, o intermediário financeiro:

a) Fornece ao investidor informação adequada sobre a natureza, os riscos e as implicações da operação ou do serviço em causa, cujo conhecimento seja necessário para a tomada de decisão de investimento ou de desinvestimento, tendo em conta a natureza do serviço prestado e o conhecimento e a experiência do investidor em causa;

b) Entrega ao investidor documento sobre os riscos gerais do investimento em valores mobiliários ou noutros instrumentos financeiros;

c) Fornece ao investidor informação específica e detalhada sobre o risco envolvido, quando os produtos ou serviços envolvam risco de liquidez, risco de crédito ou risco de mercado;

d) Informa o investidor sobre a existência e modo de funcionamento do serviço do intermediário financeiro destinado a receber a analisar as reclamações dos investidores e da possibilidade de reclamação junto da entidade de supervisão.

2. Quando o cliente seja um investidor institucional, o disposto no número anterior apenas se aplica se este solicitar expressamente as informações nele referidas.

3. O intermediário financeiro informa expressamente o cliente do direito previsto no número anterior.

SUBSECÇÃO II
Outras informações

ARTIGO 40.°
(Comunicação das operações)

Salvo estipulação em contrário ou prazo mais curto imposto pelo cumprimento de outros deveres ou pela defesa dos interesses do cliente, o intermediário financeiro comunica a realização das operações que lhe tiverem sido ordenadas:

a) Ao seu ordenador, até ao final do dia em que a operação foi realizada;

b) Ao intermediário financeiro depositário ou registador dos valores no mesmo prazo, salvo se outro mais curto decorrer do sistema de liquidação das operações.

ARTIGO 41.°
(Outras comunicações no âmbito de operações sobre futuros e opções)

1. Para além das operações realizadas, o intermediário financeiro comunica aos seus clientes todas as informações relativas a:

a) Constituição, reforço e substituição de garantias;

b) Ajustes de ganhos e perdas realizados;

c) Liquidações efectuadas;

d) Transferências de posição;

e) Quaisquer outros incidentes ocorridos enquanto o cliente mantenha posições em aberto e que, de alguma forma, possam afectar essas posições.

2. O intermediário financeiro realiza diariamente as comunicações a que se refere o número anterior, podendo fazê-lo de forma aglutinada em um único documento para cada cliente.

3. O intermediário financeiro e o cliente podem estabelecer, através de contrato, uma periodicidade distinta para o envio das comunicações a que se refere o n.° 1, embora nunca superior a um mês.

4. A solicitação do cliente, o intermediário financeiro emite documento comprovativo das posições por aquele detidas em futuros e opções.

ARTIGO 42.°
(Notas de execução de uma operação)

1. O intermediário financeiro emite, no prazo de 24 horas, uma nota de execução das operações ordenadas por cada cliente, da qual constam os seguintes elementos:

a) Identificação do intermediário financeiro e do ordenador;

b) Natureza de cada operação efectuada;

c) Data e a hora da realização das operações, respectivo número e o número da ordem que lhe deu origem;

d) Montante da transacção;

e) Preços efectuados ou, tratando-se de opções, o prémio;

f) Data da liquidação financeira da operação, se a ela houver lugar;

g) Mercado em que as operações foram realizadas;

h) Taxas, comissões e outros encargos.

2. Nas operações a contado consta, também, da nota de execução:

a) a identificação da categoria dos valores mobiliários e as quantidades negociadas;

b) os juros e outras remunerações de natureza similar.

3. Nas operações sobre futuros ou opções consta, também, da nota de execução o contrato negociado e respectiva série, se for o caso, e a quantidade de contratos transaccionados.

4. Cada nota reporta-se a uma única sessão de mercado.

5. As notas são feitas em duplicado, destinando-se:

a) O original, ao ordenador;

b) Um duplicado, ao arquivo obrigatório do intermediário financeiro.

6. As notas de execução são datadas, numeradas sequencialmente e assinadas por representante autorizado do intermediário financeiro que as emite, podendo a assinatura ser electrónica ou de chancela por este autorizada.

ARTIGO 43.°
(Ordens indirectas)

1. Se o intermediário financeiro que recebe a ordem não for o executante da operação, a nota de execução é emitida pelo intermediário financeiro que recebe a ordem.

2. O intermediário financeiro que recebeu a ordem comunica ao cliente a realização da operação, no prazo de 24 horas, após ser informado pelo executante da realização da operação, sem prejuízo do disposto na primeira parte do artigo 40.°

ARTIGO 44.°
(Comissões)

1. As tabelas de comissões e outras quantias que o intermediário financeiro cobre aos clientes pela prestação dos seus serviços são afixadas em todos os seus balcões e locais de atendimento ao público, ainda que informáticos, de forma bem visível.

2. A informação a que se refere o número anterior contém dados sobre todos os encargos a suportar pelos clientes, incluindo o reembolso das despesas de expediente e outras de natureza análoga derivadas da intervenção do intermediários na negociação de valores mobiliários.

3. O intermediário financeiro não pode cobrar aos seus clientes, pelos serviços prestados, valores que excedam os constantes das tabelas afixadas.

SECÇÃO III
Subcontratação

ARTIGO 45.°
(Âmbito)

A presente secção não é aplicável:

a) Ao serviço de transmissão e de execução de ordens;

b) À prestação de serviços técnicos ou ao fornecimento de meios técnicos, relacionados com o exercício de uma actividade de intermediação financeira, nomeadamente de contabilidade, publicidade e marketing.

ARTIGO 46.°
(Princípios)

1. A subcontratação de serviços de investimentos e da actividade de gestão de fundos de investimento obedece aos seguintes princípios:

a) Não esvaziamento da actividade do subcontratante;

b) Manutenção de um idêntico nível de protecção dos clientes, nomeadamente através da prestação de informação idêntica à exigida para as situações em que não haja subcontratação;

c) Manutenção pelo intermediário financeiro subcontratante do controlo das actividades subcontratadas e da responsabilidade perante os seus clientes por essas actividades;

d) Sujeição da entidade subcontratada à supervisão de uma autoridade com as suas competências estabelecidas por lei.

2. O princípio referido na alínea *c*) do número anterior implica que o subcontratante:

a) Defina a política de gestão e tome as principais decisões, se as actividades subcontratadas implicarem poderes de gestão de qualquer natureza;

b) Mantenha o exclusivo das relações com o cliente, aí incluídos os pagamentos que devam ser feito pelo ou ao cliente.

ARTIGO 47.°
(Subcontrato)

A subcontratação é formalizada por contrato escrito, registado na CMVM ou, no caso da gestão de fundos de investimento, aprovado pela CMVM, que contém os elementos necessários ao cumprimento dos princípios referidos no artigo anterior.

ARTIGO 48.°
(Deveres da entidade subcontratante)

1. O intermediário financeiro subcontratante fica sujeito aos seguintes deveres:

a) Assegurar que o prestador dos serviços dispõe dos meios técnicos, materiais e humanos adequados à função subcontratada;

b) Acompanhar a actividade do prestador dos serviços, dotando-se dos meios materiais e humanos para o efeito;

c) Disponibilizar ao prestador dos serviços toda a informação necessária ao cumprimento, por este, do contrato;

d) Informar os seus clientes dos serviços subcontratados e da entidade subcontratada;

e) Incluir nos seus relatórios anuais os elementos essenciais das actividades subcontratadas e os termos em que decorreram;

f) Resolver o contrato quando ocorra um facto que possa pôr em risco os princípios consagrados no artigo 46.°.

2. Se a subcontratação ocorrer no decurso de uma relação de clientela já estabelecida, o cliente pode rescindir o contrato, observadas as formalidades estabelecidas para o efeito.

ARTIGO 49.°
(Informação a prestar à CMVM)

1. O intermediário financeiro envia à CMVM:

a) O subcontrato, antes da sua celebração, para efeitos de registo;

b) O nome das pessoas responsáveis pela tomada de decisões e pelo controlo das actividades subcontratadas, para efeitos de registo;

c) A descrição dos procedimentos de controlo e de troca de informações entre as duas entidades;

d) Informação sobre qualquer facto com repercussão na prestação do serviço subcontratado que possa pôr em risco os princípios consagrados no artigo 46.°.

2. Se o intermediário financeiro estiver com a entidade subcontratada numa relação de domínio ou de grupo, aquele demonstra perante a CMVM que se encontram devidamente asseguradas as regras de prevenção de conflitos de interesse e de segregação de funções previstas no presente regulamento.

3. Se a entidade subcontratada estiver sujeita à supervisão de autoridade de país estrangeiro, a CMVM é informada pelo subcontratante da identidade dessa autoridade.

4. Nos casos do número anterior a CMVM pode condicionar a subcontratação à confirmação junto da autoridade de supervisão estrangeira das informações fornecidas a respeito do subcontratado.

SECÇÃO IV
Prospecção de investidores

ARTIGO 50.º
(Actividades de prospecção)

1. Considera-se prospecção de investidores e clientes toda a actividade que, sem solicitação prévia destes e independentemente da assunção de compromisso ou da imediata celebração de contrato, consista:

a) Na proposta ou no aconselhamento de subscrição, compra, venda, troca ou realização de outras operações sobre valores mobiliários;

b) Na captação de clientes para a prestação de quaisquer serviços de intermediação.

2. As actividades referidas no número anterior são consideradas prospecção de investidores quando realizadas por algum dos seguintes meios:

a) Deslocação directa à residência ou ao local de trabalho de quaisquer pessoas;

b) Contacto directo para a residência ou local de trabalho de quaisquer pessoas, nomeadamente por via de carta, contacto telefónico, e-mail ou fax;

c) contacto directo em locais públicos.

CAPÍTULO II
Disposições especiais

SECÇÃO I
Ordens dos investidores

SUBSECÇÃO I
Disposições gerais

ARTIGO 51.º
(Âmbito)

Para efeitos da presente secção consideram-se ordens dos investidores, para além das previstas no artigo 334.º do Código dos Valores Mobiliários, as destinadas a execução:

a) Dentro ou fora de mercado;

b) De operações a contado ou a prazo;

c) Em Portugal ou no estrangeiro;

d) Em oferta de distribuição ou de aquisição.

ARTIGO 52.°
(Forma)

1. O intermediário financeiro pode substituir a redução a escrito das ordens pelo mapa de inserção das ofertas no sistema de negociação, desde que fique garantido o registo dos elementos mencionados no artigo seguinte.

2. Quando as ordens recebidas sejam fixadas em suporte fonográfico, este assegura níveis adequados de inteligibilidade, durabilidade e autenticidade.

ARTIGO 53.°
(Procedimentos no intermediário financeiro)

O intermediário financeiro que receba ordens deve anotar:
a) A hora de recepção;
b) A identificação do ordenador; e
c) O número sequencial de recepção da ordem.

ARTIGO 54.°
(Conteúdo das ordens para mercado a contado regulamentado)

Quando não constem de documento enviado pelo ordenante, o intermediário financeiro inscreve os seguintes elementos em relação às ordens que receba para execução em mercado regulamentado onde se realizem operações a contado:
a) Identificação do ordenador;
b) Natureza da transacção;
c) Identificação do valor mobiliário e quantidade a transaccionar;
d) Condições em que deve ser executada;
e) Preço;
f) Prazo de validade;
g) Data e hora exacta em que é recebida;
h) Mercado ou mercados onde deva ser executada;
i) As contas de valores mobiliários e dinheiro a movimentar.

ARTIGO 55.°
(Conteúdo das ordens para mercado a prazo regulamentado)

1. Quando não constem de documento enviado pelo ordenador, o intermediário financeiro inscreve os seguintes elementos em relação às

ordens que receba para execução em mercado regulamentado onde se realizem operações a prazo:

a) Identificação do ordenador;

b) Natureza da transacção;

c) Data, hora exacta em que é recebida e o prazo de validade da ordem;

d) Identificação do contrato a que se refere a ordem, incluindo a série e condições de execução;

e) Quantidade de contratos a negociar, bem como o valor do prémio tratando-se de opções, e o preço, tratando-se de futuros ou, em qualquer dos casos, o critério para a sua determinação;

f) Mercado ou mercados onde deva ser executada.

2. A identificação do contrato a que se refere o número anterior deve ser inequívoca ainda que sob a forma de código ou abreviatura atribuídos pela entidade gestora.

ARTIGO 56.º
(Ordens no âmbito de ofertas públicas)

Se o interesse dos investidores o exigir, a CMVM pode impor requisitos adicionais às ordens dadas no âmbito de ofertas públicas.

ARTIGO 57.º
(Ordens dadas electronicamente pelos investidores)

1. Os investidores não podem fazer ofertas num mercado regulamentado através de ligação directa ao sistema de negociação, exigindo-se a passagem das ordens por um membro desse mercado.

2. A transmissão das ordens dadas electronicamente pelos investidores em caso algum pode afastar os deveres do intermediário financeiro, devendo este criar mecanismos que permitam controlar essas ordens e impedir que a defesa do mercado possa, por qualquer forma, ser posta em causa.

ARTIGO 58.º
(Prazo de validade)

1. As ordens são válidas pelo prazo definido pelo ordenador, não podendo exceder 30 dias.

2. Se o ordenador não definir o prazo de validade, as ordens são válidas até ao fim do dia em que forem dadas.

ARTIGO 59.°
(Arquivo)

1. Os intermediários financeiros mantêm as ordens recebidas, transmitidas e executadas em arquivo, actualizado diariamente e constituído por:

a) Original das ordens dadas pelo ordenador ou da redução a escrito pelo intermediário financeiro;

b) Gravação das ordens transmitidas por telefone, facto de que devem ser previamente advertidos os ordenadores;

c) Registo magnético das ordens transmitidas electronicamente.

2. Do arquivo constam também:

a) Os documentos das ordens recebidas por telex, telecópia ou equivalente;

b) A comunicação por escrito da ordem, quando exigida pelo intermediário financeiro.

3. As disposições do presente artigo aplicam-se às ordens revogadas ou modificadas.

SUBSECÇÃO II
Recepção de ordens por intermediários não membros do mercado onde se realizem operações a prazo

ARTIGO 60.°
(Contratos a celebrar pelos intermediários financeiros)

1. Os intermediários financeiros a que se refere a presente subsecção celebram, por escrito, os contratos:

a) Com os clientes de quem recebam ordens de bolsa para a realização de operações a prazo;

b) Com os membros do mercado com os quais se relacionem para efeitos de transmissão das ordens de bolsa;

c) Com a entidade gestora do mercado nos casos a que se refere a alínea *c)* do artigo seguinte.

2. Os contratos a que se refere a alínea *b)* do n.° 1 são enviados pelo membro do mercado à entidade gestora do mercado a prazo, produzindo os seus efeitos após a sua recepção por parte desta última entidade.

3. Dos contratos a que se referem as alíneas *a)* e *b)* do n.° 1 constam cláusulas respeitantes nomeadamente aos seguintes aspectos:

a) Que as ordens de bolsa dadas por clientes a esse intermediário financeiro são transmitidas de conta do cliente, não podendo ser aglutinadas com quaisquer outras;

b) Que o intermediário financeiro, em função da modalidade de transmissão de ordens em causa, está sujeito perante os seus clientes aos deveres de informação que impendem sobre os membros do mercado face aos seus clientes;

c) A opção por uma ou mais das modalidades a que se refere o artigo seguinte.

ARTIGO 61.º
(Modalidades de transmissão de ordens)

Os intermediários financeiros não membros do mercado podem receber e transmitir ordens de bolsa para a realização de operações de futuros e opções de acordo com uma ou várias das seguintes modalidades:

a) Transmissão de ordens recebidas dos seus clientes para um membro do mercado junto do qual o cliente tenha, previamente, aberto uma conta com vista à realização daquelas operações e celebrado o contrato com o membro desse mercado;

b) Transmissão de ordens recebidas dos seus clientes para um membro do mercado onde tenha aberto conta ou contas de clientes, mas sem comunicação da identidade dos clientes;

c) Transmissão de ordens recebidas dos seus clientes para um membro do mercado onde tenha aberto contas individuais desses clientes mas sem comunicação da sua identidade, sendo, igualmente, aberta, pelo membro do mercado, uma conta autónoma junto da entidade gestora do mercado, da qual conste a identificação do cliente em questão efectuada pelo intermediário financeiro não membro.

ARTIGO 62.º
(Simples transmissão)

Nos casos previstos na alínea *a*) do artigo anterior o membro do mercado, uma vez recebida a ordem transmitida pelo intermediário financeiro, passa a relacionar-se directamente com o cliente e assume integralmente as responsabilidades decorrentes da realização das operações, com excepção das que decorram da recepção e transmissão das ordens dos clientes.

ARTIGO 63.°
(Transmissão de ordens sem identificação do cliente)

1. Nos casos previstos na alínea *b*) do artigo 61.°, o intermediário financeiro transmissor da ordem é responsável perante o membro do mercado pelo cumprimento de todas as obrigações derivadas das operações ordenadas pelos seus clientes.

2. As posições abertas na sequência da execução das ordens a que se refere o número anterior são, para todos os efeitos, consideradas como posições próprias dos intermediários financeiros, nomeadamente para efeitos de determinação e controlo de limites operacionais e das medidas a adoptar em caso de incumprimento.

ARTIGO 64.°
(Transmissão de ordens com identificação do cliente perante a entidade gestora)

1. No caso previsto na alínea *c*) do artigo 61.°, o intermediário financeiro transmissor da ordem é responsável perante o membro do mercado pelo cumprimento de todas as obrigações derivadas das operações ordenadas pelos seus clientes.

2. As posições abertas na sequência da execução das ordens a que se refere o número anterior são, para todos os efeitos, consideradas como posições de clientes, nomeadamente para efeitos de determinação e controlo dos limites operacionais e das medidas a adoptar em caso de incumprimento.

3. A entidade gestora do mercado onde se realizem as operações fiscaliza o cumprimento das obrigações que incidem sobre o intermediário financeiro, nos mesmos termos em que o faz para os membros do mercado.

ARTIGO 65.°
(Contas)

Os intermediários financeiros a que se refere a presente subsecção e que transmitam ordens para um membro do mercado nos termos das alíneas *b*) e *c*) do artigo 61.°:

a) Possuem contas que lhes permitam distinguir as suas posições das dos seus clientes, e das destes entre si, tendo em vista nomeadamente a gestão das posições abertas;

b) A solicitação dos clientes, emitem documento comprovativo das suas posições em futuros e opções.

ARTIGO 66.º
(Incumprimento)

Em caso de incumprimento das obrigações a que estão sujeitos os intermediários financeiros a que se refere a presente subsecção, a entidade gestora do mercado, para além das medidas previstas na lei, em regulamento ou em regras do mercado, pode impedir aqueles intermediários financeiros de abrir junto dela as contas a que se refere a alínea *c*) do artigo 61.º.

SECÇÃO II
Dinheiro entregue por clientes

ARTIGO 67.º
(Princípios Gerais)

1. Salvo estipulação expressa em contrário formulada por escrito, o dinheiro entregue pelos clientes às empresas de investimento é depositado em conta bancária, distinta da conta bancária dessas empresas, junto de instituições de crédito com sede na Comunidade Europeia.

2. As contas mencionadas no número anterior são abertas em nome das empresas de investimento por conta de clientes podendo respeitar a um único cliente ou a uma pluralidade destes.

ARTIGO 68.º
(Movimentação das contas bancárias)

1. As empresas de investimento só podem movimentar a débito as contas referidas no artigo anterior para:

a) Pagamento de subscrição ou aquisição de valores mobiliários para os clientes;

b) Pagamento de comissões ou taxas devidas pelos clientes; ou

c) Transferência para outras contas abertas em nome dos clientes ou transferências determinadas pelos clientes para contas por estes indicadas.

2. Até um dia útil após a liquidação financeira de operações de venda, do recebimento de juros, dividendos e outros rendimentos, a empresa de investimento disponibiliza aos clientes os montantes devidos.

ARTIGO 69.°
(Registo dos movimentos)

1. As empresas de investimento registam, em suporte informático, os movimentos diários das contas na sua contabilidade, com o desdobramento em tantas sub-contas quantos os clientes abrangidos.

2. O registo é sequencial, contendo o registo de cada movimento de conta:

a) O nome do cliente;
b) A data;
c) A natureza do movimento (a débito ou a crédito);
d) A descrição do movimento;
e) O saldo remanescente.

ARTIGO 70.°
(Controlo)

1. Por forma a assegurar a exactidão dos registos diários efectuados, as empresas de investimento procedem, com a frequência necessária e no mínimo com uma periodicidade mensal, à reconciliação dos movimentos e saldos que constam dos registos por elas efectuados com os extractos bancários ou outros documentos recebidos da instituição de crédito.

2. O responsável pelos procedimentos de controlo descritos no número anterior não pode acumular estas funções com as de responsável pelo registo nas contas internas da empresa de investimento.

3. As divergências que resultem do procedimento referido no n.° 1 são regularizadas o mais rapidamente possível.

4. Se as divergências persistirem por prazo superior a um mês, as empresas de investimento informam a CMVM imediatamente da ocorrência.

ARTIGO 71.°
(Documentos a fornecer aos clientes)

1. Com uma periodicidade mínima mensal e sempre que lhes for solicitado, as empresas de investimento enviam aos investidores um extracto dos movimentos efectuados nas respectivas contas de dinheiro durante o respectivo período.

2. Do extracto mencionado no número anterior constam os seguintes elementos:

a) Data da realização dos movimentos;

b) Descrição dos movimentos;

c) Identificação dos saldos inicial, final e após cada movimento de conta.

3. Quando as contas não apresentarem movimentos, pode a empresa de investimento enviar ao cliente o extracto mencionado no n.° 1 apenas trimestralmente.

SECÇÃO III
Consultoria para investimento

ARTIGO 72.°
(Actos proibidos)

Ao consultor para investimento em valores mobiliários é proibido:

a) Divulgar conselhos que contenham recomendações para o investimento com o principal objectivo de obter benefícios para si próprio, para o intermediário financeiro em cuja estrutura organizativa se insere ou para outrem que de outra forma não conseguiria obter;

b) Actuar como contraparte nas transacções cuja realização aconselha.

ARTIGO 73.°
(Deveres de informação dos consultores autónomos)

1. O consultor autónomo mantém um registo actualizado de todas as aquisições e alienações de instrumentos financeiros que efectue, a título oneroso ou gratuito, directamente ou por interposta pessoa, especificando:

a) A data;

b) O preço;

c) A quantidade;

d) O número de operação;

e) O intermediário financeiro que executou a ordem;

f) O mercado onde a ordem foi executada.

2. O consultor autónomo envia à CMVM, até ao final do mês de Janeiro, um relatório que descrimine todas as aquisições e alienações de instrumentos financeiros que efectuou no ano anterior, a título oneroso ou gratuito, directamente ou por interposta pessoa, mencionando expressamente os elementos constantes das alíneas do número anterior.

SECÇÃO IV
Registo das operações

ARTIGO 74.°
(Âmbito)

1. A presente secção estabelece os termos do registo das operações, efectuadas pelos intermediários financeiros em execução de:

a) Ordens de investidores, tal como definidas no artigo 51.°;

b) Decisões de investimento no âmbito de gestão de carteira de terceiros, de instituições de investimento colectivo ou carteira própria, tendo como destinos de execução os definidos no artigo 51.°.

2. As disposições da presente secção aplicam-se também aos intermediários financeiros que recebam ordens no âmbito de oferta pública ou para transacção, ainda que não sejam por eles executadas.

ARTIGO 75.°
(Suporte do registo)

1. O registo das operações a que se refere a presente secção, consiste num registo electrónico que é efectuado o mais tardar até ao dia seguinte àquele a que as respectivas operações digam respeito.

2. Os intermediários financeiros efectuam o registo da forma mais adequada à estrutura dos seus sistemas de informação, ao volume da sua actividade e aos mercados onde actuem, devendo dispor dos dados actualizados e necessários para responder às exigências em matéria de geração de ficheiros e de disponibilidade dos dados.

3. Os procedimentos de registo utilizados permitem em qualquer altura buscas e selecções de conjuntos de registos por data, hora de execução, tipo e número de operação, instrumento financeiro, investidor, contraparte, mercado e actividade de intermediação, devendo as mesmas poder ser obtidas em papel sob a forma de listagem.

4. Os procedimentos utilizados asseguram que os registos não são alterados e que eventuais correcções são apropriadamente evidenciadas.

ARTIGO 76.°
(Sequência do registo)

1. O registo diário das operações é sequencial, de acordo com o momento da sua realização, devendo as operações referentes a cada dia ser agrupadas por cada mercado, distinguindo as sessões normais das

especiais e por cada oferta, descriminando as operações realizadas fora de mercado.

2. O registo relativo a operações de fomento de liquidez ou estabilização dos preços é efectuado em secções autónomas, respeitando as divisões previstas no número anterior.

ARTIGO 77.º
(Regras gerais relativas ao conteúdo do registo)

1. O registo das operações estabelece a correspondência com as ordens e as decisões de investimento que lhe deram origem, identificando neste último caso a carteira gerida.

2. O registo evidencia inequivocamente a relação entre os movimentos em dinheiro e o registo de operações efectuadas em nome de cada cliente ou carteira.

ARTIGO 78.º
(Conteúdo do registo das operações)

1. O registo das operações sobre valores mobiliários, contém, relativamente a cada operação e por referência à actividade de intermediação em causa, as seguintes informações:

a) Identificação do valor mobiliário;
b) Natureza da operação;
c) Data e hora de execução da operação;
d) Número da operação;
e) Quantidade ou montante nominal transaccionado;
f) Cotação ou preço unitário;
g) Identificação do intermediário financeiro contraparte;
h) Identificação do cliente.

2. Nas operações executadas em oferta pública a data relevante é a do apuramento dos resultados da oferta em sessão especial de mercado ou por intermediário financeiro responsável por esse apuramento.

3. Quando se tratar de operações efectuadas fora de mercado regulamentado, para além das informações mencionadas no n.º 1, com excepção da relativa ao número de negócio, o registo contém:

a) Número sequencial de registo;
b) Percentagem dos valores transferidos que corresponde aos valores efectivamente transaccionados sobre os quais incida a taxa de realização das operações.

4. O disposto no número anterior aplica-se às operações relativas às transferências de valores consubstanciadas por anotação nas respectivas contas de valores.

ARTIGO 79.°
(Conteúdo do registo das operações a prazo)

O registo das operações realizadas no mercado a prazo reflecte a todo o momento os registos contidos no sistema da respectiva contraparte central que tenham sido intermediadas pelo respectivo membro.

DISPOSIÇÕES TRANSITÓRIAS E FINAIS

ARTIGO 80.°
(Disposições transitórias)

1. As adaptações relevantes que devam ser feitas nos sistemas informáticos dos intermediários financeiros em consequência da entrada em vigor do presente regulamento devem estar concluídas até ao dia 1 de Setembro de 2000.

2. O disposto no número anterior é aplicável a eventuais modificações que os intermediários financeiros devam efectuar nos seus regulamentos internos.

3. O disposto nos números anteriores não afecta o cumprimento dos deveres que aos intermediários financeiros são impostos por lei ou pelo presente regulamento.

ARTIGO 81.°
(Entrada em vigor)

1. O presente regulamento entra em vigor no dia 1 de Março de 2000.

2. Os números 6, 7 e 8 do artigo 13.° entram em vigor com a publicação de instrução da CMVM referindo a entidade credenciadora que tenha sido autorizada.

Lisboa, 10 de Fevereiro de 2000 – O Presidente – *José Nunes Pereira*

REGULAMENTO N.º 21/2000

Recepção de ordens para subscrição ou transacção de valores mobiliários, através da Internet

O Código dos Valores Mobiliários (CVM) e a subsequente regulamentação, designadamente o Regulamento da Comissão do Mercado de Valores Mobiliários (CMVM) n.º 12/2000 relativo à intermediação financeira, consagraram princípios e regras aplicáveis independentemente do meio de informação utilizado. Os artigos 52.º e seguintes deste Regulamento estabelecem, nomeadamente, que os intermediários financeiros registados na CMVM para o exercício das actividades mencionadas na alínea *a*) e *b*) do n.º 1 do artigo 290.º do Código dos Valores Mobiliários, não podem permitir o acesso directo dos investidores à negociação no mercado regulamentado, sendo esta da responsabilidade do intermediário financeiro nos termos gerais.

Torna-se, porém, necessário desenvolver e clarificar as regras aplicáveis à recepção de ordens para subscrição ou transacção de valores mobiliários através da Internet, em relação ao que já constava da Instrução da CMVM n.º 99/02 e das Recomendações e Entendimentos da CMVM sobre a utilização da Internet. O objectivo deste Regulamento é assegurar uma utilização mais eficiente da Internet, no respeito pela integridade dos mercados e das principais tendências verificadas ao nível da regulação e supervisão internacionais.

Este Regulamento, para além dos normativos acima referidos, atende a um conjunto de diplomas com especial relevância para o tratamento das questões suscitadas pela utilização dos meios de comunicação electrónicas, designadamente a Lei n.º 67/98, de 26 de Outubro (Lei de Protecção de Dados Pessoais); a Resolução do Conselho de Ministros n.º 94/99, de 29 de Julho (Documento Orientador da Iniciativa Nacional para o Comércio Electrónico); e o Decreto-Lei n.º 290-D/99, de 2 de Agosto (Regime jurídico aplicável aos documentos electrónicos e da assinatura digital). Igualmente deve ter-se presente, no que respeita à comercializa-

ção de fundos de investimento, o disposto no Regulamento da CMVM
n.º 24/99.

Assim, ao abrigo do disposto no artigo 351.º e na alínea *b*) do
n.º 1 do artigo 353.º, ambos do Código dos Valores Mobiliários, o conselho directivo da Comissão do Mercado de Valores Mobiliários (CMVM),
ouvidas a Associação Portuguesa de Bancos e a Associação Portuguesa de
Sociedades Corretoras e Financeiras de Corretagem, aprovou o seguinte
Regulamento:

ARTIGO 1.º
(Âmbito)

O presente Regulamento estabelece as regras relativas à recepção
de ordens para subscrição ou transacção de valores mobiliários, através
da Internet.

ARTIGO 2.º
(Informação a prestar à CMVM)

1. O intermediário financeiro remete à CMVM informação clara
e precisa relativamente ao conteúdo e características do sítio, com a antecedência mínima de 15 dias relativamente à data em que o mesmo é colocado à disposição do público, nomeadamente no que se refere a:

a) Segurança e fiabilidade;
b) Confidencialidade e integridade dos dados;
c) Informação disponibilizada;
d) Equipamento utilizado, nomeadamente, modo de acesso à
Internet, indicação do prestador de serviço Internet e se o servidor é próprio ou está alojado num servidor de um prestador de serviço Internet;
e) Indicação dos destinatários alvo dos serviços a prestar, nomeadamente se são investidores institucionais ou não institucionais e se residem
ou não em território português, indicando, neste último caso, os respectivos países;
f) Forma e modo de estabelecimento da relação contratual com os
investidores angariados através da Internet, acompanhado da minuta de
contrato.

2. No mesmo prazo, o intermediário financeiro faculta à CMVM o
acesso completo a todas as páginas do sítio.

3. O intermediário financeiro comunica à CMVM a ocorrência de qualquer incidente relevante na utilização do sítio, nomeadamente utilização indevida ou violação dos sistemas informáticos.

4. O intermediário financeiro envia mensalmente à CMVM informação relativa ao volume de transacções correspondente ao exercício, através da Internet, das actividades de intermediação financeira mencionadas no artigo seguinte.

ARTIGO 3.º
(Informação sobre registo na CMVM e serviços a prestar)

O intermediário financeiro indica expressamente e de forma clara:

a) Na página de entrada do sítio, que se encontra registado na CMVM;

b) Na página de acesso aos serviços de investimento, os serviços a prestar pelo intermediário financeiro a que se referem as alíneas *a)* e *b)* do n.º 1 do artigo 290.º do Código dos Valores Mobiliários e as remunerações devidas pela prestação desses serviços.

ARTIGO 4.º
(Partilha do sítio)

No caso do intermediário financeiro partilhar o sítio na Internet com outras entidades tem que resultar evidente a distinção relativamente aos serviços efectivamente prestados por cada uma delas.

ARTIGO 5.º
(Início da prestação do serviço)

1. O intermediário financeiro indica claramente no sítio e no contrato celebrado com o investidor, o momento a partir do qual se considera celebrado esse contrato, para efeitos do início da prestação do serviço.

2. Se estabelecer uma relação de clientela exclusivamente através da Internet, o intermediário financeiro recebe, previamente, do novo cliente, pelo menos, a cópia de um documento comprovativo da sua identificação.

3. O intermediário financeiro só pode iniciar a prestação do serviço depois de respeitados os procedimentos previstos nos números anteriores.

ARTIGO 6.º
(Custo da operação)

Antes do envio da ordem pelo investidor, o intermediário financeiro indica o custo estimado para a operação em causa com base:

a) No preço fixado pelo investidor; ou

b) No último preço efectuado no mercado, se nenhuma indicação quanto ao preço tiver sido dada pelo investidor.

ARTIGO 7.º
(Informação individualizada aos clientes)

O intermediário financeiro disponibiliza informação aos clientes, relativamente:

a) Ao estado das respectivas contas, discriminando, designadamente, o correspondente saldo, quando seja a entidade depositária dos valores recebidos;

b) À introdução, rejeição ou pendência das ordens no sistema de negociação;

c) À realização do negócio.

ARTIGO 8.º
(Regularidade das ordens)

O intermediário financeiro assegura que as ordens recebidas através da Internet só são transmitidas e introduzidas no sistema de negociação após a verificação da sua regularidade.

ARTIGO 9.º
(Responsável perante a CMVM)

Para efeitos do presente Regulamento, é responsável perante a CMVM a pessoa que o intermediário financeiro registou nos termos do artigo 11.º do Regulamento da CMVM n.º 12/2000.

ARTIGO 10.º
(Meios de comunicação alternativos)

O intermediário financeiro disponibiliza, e indica no próprio sítio, os meios de comunicação alternativos e imediatos ao dispor dos clientes, nomeadamente telefone ou fax, em caso de falha do sistema que impossibilite o acesso através da Internet.

ARTIGO 11.°
(Entrada em vigor)

O presente regulamento entra em vigor no dia 30 de Julho de 2000.

Lisboa,07de Junho de 2000 – O Conselho Directivo –

REGULAMENTO N.° 32/2000

Prospecção de Investidores

O artigo 292.° do Código dos Valores Mobiliários consagra, no que respeita à publicidade, promoção e prospecção dirigidas à celebração de contratos de intermediação ou à recolha de elementos sobre clientes actuais ou potenciais, o princípio da exclusividade, estabelecendo que as mesmas só podem ser realizadas por intermediários financeiros.

Visa-se agora definir os requisitos e os limites a que deverá obedecer a prospecção que, sem solicitação prévia do investidor, seja realizada fora do estabelecimento do intermediário financeiro por recurso a pessoas singulares não integradas na estrutura organizativa deste, por forma a assegurar, por um lado, o respeito pelo mencionado princípio da exclusividade e, por outro, uma adequada protecção ao investidor.

Como pilar da relação entre o intermediário financeiro e o prospector, exige-se que aquele se responsabilize por todos os actos praticados por este no exercício das funções que lhe foram atribuídas. Por outro lado, a transparência na relação entre o prospector e os investidores é assegurada através da identificação clara do intermediário financeiro por conta de quem o prospector actua e da limitação da actividade deste a uma mera mediação, sem intervenção directa nas actividades de intermediação financeira. Para controlo por parte da Comissão do Mercado de Valores Mobiliários (CMVM) do cumprimento dos mencionados requisitos e limites impostos à prospecção, exige-se que o contrato celebrado entre o intermediário financeiro e o prospector seja reduzido a escrito.

Por forma a obstar a uma indesejável dispersão regulamentar optou--se, ao invés de regular a matéria relativa à prospecção num novo regulamento, por incorporar as disposições necessárias no Regulamento da CMVM n.° 12/2000, que agrega toda a matéria da intermediação financeira.

Nos termos da alínea d) do artigo 319.° do Código dos Valores Mobiliários, ouvidas a Associação Portuguesa de Bancos, a Associação Portuguesa de Sociedades Corretoras e Financeiras de Corretagem e a Associação Portuguesa de Sociedades Gestoras de Patrimónios e de Fundos de Investimento, o conselho directivo da Comissão do Mercado de Valores Mobiliários aprovou o seguinte Regulamento:

ARTIGO 1.º

O artigo 50.º do Regulamento da CMVM n.º 12/2000 passa a ter a seguinte redacção:

Artigo 50.º
(Noção)

1. Considera-se prospecção de investidores a actividade exercida a título profissional, sem solicitação prévia daqueles, prestada fora do estabelecimento do intermediário financeiro, que consista na captação de clientes para quaisquer actos ou actividades de intermediação financeira.

2. A actividade é efectuada fora do estabelecimento quando, nomeadamente:

a) Exista comunicação à distância, feita directamente para a residência ou local de trabalho de quaisquer pessoas, designadamente por correspondência, telefone, correio electrónico ou fax;

b) Exista contacto directo entre o prospector e o investidor em quaisquer locais fora das instalações do intermediário financeiro.

ARTIGO 2.º

Ao Regulamento da CMVM n.º 12/2000 são aditados os seguintes artigos:

"Artigo 19.º-A
(Registo de pessoas com funções de supervisão
e controlo da actividade de prospecção)

1. Está sujeita a registo individual na CMVM a pessoa com funções de supervisão e controlo da actividade de prospecção.

2. As funções referidas no número anterior não podem ser exercidas pelas pessoas registadas ao abrigo do disposto nos artigos 11.º a 18.º.

3. O prospector possui adequada formação e experiência profissional e comprovada idoneidade, as quais são previamente reco-

nhecidas pelo intermediário financeiro, designadamente através de formulário a definir pela CMVM.

4. Os intermediários financeiros comunicam à CMVM, através do formulário referido no número anterior, as pessoas que exercem a actividade de prospecção, para efeitos de divulgação pública, nomeadamente do respectivo nome e número de bilhete de identidade.

Artigo 50.°-A
(Exercício da prospecção)

1. A actividade de prospecção prevista na presente secção é exercida por pessoas singulares não integradas na estrutura organizativa de um intermediário financeiro, por conta de um intermediário financeiro, nas mesmas condições em que este se encontra autorizado a exercê-la, nos termos do contrato previsto no n.° 4.

2. A actividade de prospecção relativa à comercialização de participações em instituições de investimento colectivo constante do presente Regulamento pode ser exercida por conta das entidades a que se refere o n.° 1 do artigo 2.° do Regulamento da CMVM n.° 24/99, que submetem à CMVM o respectivo processo ao abrigo do disposto no referido Regulamento, nomeadamente no seu artigo 4.° e devem fazer referência expressa da existência de prospectores nos documentos informativos da instituição de investimento colectivo.

3. A actividade de prospecção no âmbito de uma oferta pública é divulgada no prospecto da oferta.

4. O contrato celebrado entre o prospector e o intermediário financeiro é reduzido a escrito e contém todas as cláusulas adequadas ao cumprimento dos requisitos constantes do presente Regulamento, devendo ainda incluir, nomeadamente:

a) Identificação das partes;
b) Remuneração do prospector;
c) Duração e condições de rescisão do contrato.

5. O intermediário financeiro é responsável por todos os actos praticados pelo prospector no exercício das funções que lhe foram confiadas e assegura o controlo e fiscalização da actividade desenvolvida pelo prospector, encontrando-se este sujeito ao código de conduta e ao regulamento interno do intermediário financeiro.

Artigo 50.º-B
(Limites da actividade de prospecção)

No exercício da actividade de prospecção é vedado ao prospector:

a) Dispor de poderes para a celebração de quaisquer contratos em nome do intermediário financeiro;

b) Actuar ou tomar decisões de investimento em nome dos investidores;

c) Actuar por conta de mais do que um intermediário financeiro, excepto quando entre eles exista relação de grupo ou de domínio;

d) Delegar noutras pessoas os poderes que lhe foram conferidos pelo intermediário financeiro.

Artigo 50.º-C
(Relação com os investidores)

Na sua relação com os investidores, o prospector:

a) Procede à sua identificação perante aqueles, bem como à do intermediário financeiro por conta de quem exerce a actividade;

b) Faz menção aos limites a que está sujeito o exercício da actividade de prospecção;

c) Não recebe quaisquer importâncias dos investidores;

d) Não recebe dos investidores qualquer tipo de remuneração."

ARTIGO 3.º

O presente Regulamento entra em vigor no dia seguinte ao da sua publicação no *Diário da República*.

Lisboa, 29 de Setembro de 2000 – O Conselho Directivo, *Luís Laranjo* (Vice-Presidente), *Rui Ambrósio Tribolet* (Vogal)

FUNDOS DE INVESTIMENTO

REGULAMENTO N.° 96/1
Agrupamentos de Fundos de Investimento Mobiliário

Ao abrigo do disposto na alínea *a*) do n.° 1 do artigo 14.° do Código do Mercado de Valores Mobiliários e no n.° 1 do artigo 58.° do Decreto-Lei n.° 276/94, de 2 de Novembro, o conselho directivo da Comissão do Mercado de Valores Mobiliários, ouvido o Banco de Portugal, aprovou o seguinte regulamento:

ARTIGO 1.°
(Definição, regime e denominação)

1. Os agrupamentos de fundos de investimento mobiliário, adiante designados abreviadamente por agrupamentos de fundos, são instituições de investimento colectivo constituídas por dois ou mais fundos de investimento mobiliário abertos identificados no regulamento de gestão, cada um deles com com património autónomo e política de investimento própria e diferenciada dos restantes.

2. Os agrupamentos de fundos regem-se pelo disposto no Decreto-Lei n.° 276/94, de 2 de Novembro, e pelo presente regulamento.

3. Os agrupamentos de fundos caracterizam-se por uma elevada flexibilidade na transferência, parcial ou total, das posições dos participantes entre os fundos que os constituem, devendo proporcionar aos mesmos vantagens no resgate e subscrição simultânea de unidades de participação.

4. A denominação dos agrupamentos de fundos deve conter a expressão «agrupamento de fundos».

5. A denominação específica de cada fundo deve conter a denominação do agrupamento de fundos que integra.

6. Os fundos integrantes de um agrupamento de fundos não podem ser comercializados fora desse agrupamento.

7. Dos agrupamentos de fundos não poderão fazer parte fundos de fundos.

ARTIGO 2.º
(Composição)

Cada um dos fundos que constituem os agrupamentos de fundos é considerado como um fundo autónomo e deve respeitar o disposto no Decreto-Lei n.º 276/94, de 2 de Novembro, designadamente quanto aos limites fixados para as respectivas aplicações e às normas aplicáveis às políticas de investimento.

ARTIGO 3.º
(Depósito dos valores dos fundos)

Os valores que constituem os fundos que integram cada agrupamento de fundos devem ser confiados a um único depositário.

ARTIGO 4.º
(Aquisições vedadas)

Não podem ser adquiridas para os fundos que integram os agrupamentos de fundos unidades de participação de fundos que integrem agrupamentos de fundos.

ARTIGO 5.º
(Regulamento de gestão)

Deve ser elaborado um regulamento de gestão único para cada agrupamento de fundos, que deverá observar o disposto no artigo 18.º do Decreto-Lei n.º 276/94, de 2 de Novembro, e indicar as condições especiais de resgate e subscrição simultânea das unidades de participação dos fundos que integram o agrupamento, especificando para cada um deles as respectivas particularidades, designadamente, a denominação, a duração, a política de investimento e as comissões de gestão e de depósito.

ARTIGO 6.º
(Prospecto)

As entidades gestoras devem elaborar um prospecto único para cada agrupamento de fundos que administrem, no qual devem ser claramente indicados os elementos constantes do anexo A do Decreto-Lei n.° 276/94, de 2 de Novembro, nos termos aí estabelecidos.

ARTIGO 7.°
(Subscrição e resgate)

1. A qualidade de participante num agrupamento de fundos adquire--se mediante a subscrição de unidades de participação de um ou mais dos fundos que o integram, devidamente identificados no respectivo boletim, e cessa com o respectivo resgate.
2. O resgate processa-se de acordo com as regras específicas dos fundos a que correspondem as unidades de participação a resgatar.

ARTIGO 8.°
(Transferência de participação)

1. Por solicitação dirigida à entidade gestora, ao depositário ou, se for caso disso, às entidades colocadoras, podem os participantes transferir parcial ou totalmente a sua participação entre os diversos fundos que integrem o agrupamento de fundos, mediante o resgate e a subscrição simultânea das respectivas unidades de participação.
2. A solicitação referida no n.° 1 deve indicar a quantidade de unidades de participação a transferir e a identificação dos fundos envolvidos na transferência.

ARTIGO 9.°
(Entrada em vigor)

O presente regulamento entra em vigor no dia imediato ao da sua publicação em Diário da República.

7 de Março de 1996 – O Presidente do Conselho Directivo, *José Nunes Pereira.*

REGULAMENTO N.° 96/3

Informação sobre Fundos de Investimento Imobiliário

De acordo com o disposto no n.° 2 do artigo 38.° do Decreto-Lei n.° 294/95, de 17 de Novembro, compete à Comissão do Mercado de Valores Mobiliários regulamentar os termos da prestação de informação trimestral sobre a composição discriminada das aplicações dos fundos de investimento imobiliário, valor líquido global e unidades em circulação dos mesmos.

O presente regulamento diferencia a informação a prestar ao público da que deve ser enviada à Comissão do Mercado de Valores Mobiliários, atendendo que as funções de supervisão exigem um grau mais aprofundado de informação sobre as aplicações dos fundos de investimento.

A experiência da sua aplicação e a análise da informação a enviar à Comissão do Mercado de Valores Mobiliários permitirá ajuizar sobre a necessidade de se exigir futuramente um maior grau de desenvolvimento da informação a ser prestada trimestralmente ao público investidor.

Assim, ao abrigo do disposto nas alíneas *a*) e *b*) do n.° 1 do artigo 14.° do Código do Mercado de Valores Mobiliários e para efeitos do n.° 2 do artigo 38.° do Decreto-Lei n.° 294/95, de 17 de Novembro, o conselho directivo da Comissão do Mercado de Valores Mobiliários, ouvida a APFIN – Associação Portuguesa das Sociedades Gestoras de Fundos de Investimento, aprovou o seguinte regulamento:

ARTIGO 1.°
(Deveres de informação)

1. As entidades gestoras de fundos de investimento imobiliário devem publicar trimestralmente num dos boletins de cotações das bolsas de valores, com referência ao último dia do mês imediatamente anterior, a composição discriminada das aplicações de cada fundo de investimento que administrem, o respectivo valor líquido global e o número de unidades de participação em circulação.

2. A publicação deve ser efectuada nos termos do anexo I ao presente Regulamento e até ao dia 15 do mês subsequente ao trimestre a que a informação respeita.

3. As entidades gestoras devem enviar à Comissão do Mercado de Valores Mobiliários, no prazo de três dias a contar da publicação prevista no número anterior, a informação constante do anexo II ao presente regulamento.

4. A informação relativa ao 1.º trimestre de 1996 pode ser publicada até ao dia 30 de Abril do mesmo ano.

ARTIGO 2.º
(Informação sobre os imóveis)

1. Para cada imóvel integrante da carteira de aplicações do fundo de investimento, serão indicados os seguintes elementos:
– A natureza urbana, rústica ou mista do prédio;
– A denominação do prédio e a sua situação por referência ao lugar, rua, números de polícia ou confrontações;
– Utilização;
– Valor do imóvel, contabilizado pela entidade gestora;

2. Tratando-se de fracção autónoma, deverão ser também indicadas a letra ou letras da fracção e a localização da mesma do prédio em regime de propriedade horizontal.

3. Deverá ainda ser mencionado o conjunto imobiliário ou empreendimento em que o prédio eventualmente se encontre integrado.

4. No anexo II, deverão ser também indicadas a composição e a área do prédio, valor da renda, e as datas e os valores resultantes das duas últimas avaliações periciais legalmente exigíveis.

ARTIGO 3.º
(Informação sobre os valores mobiliários)

Para cada valor mobiliário integrante da carteira de aplicações do fundo de investimento serão indicados os seguintes elementos:
a) Designação;
b) Quantidade de valores em carteira;
c) O seu valor unitário, calculado nos termos legalmente estabelecidos, na moeda em que os valores se encontram representados e em escudos;
d) Montante global do valor, incluindo os juros corridos.

ARTIGO 4.º
(Preenchimento dos anexos)

1. O mapa de composição discriminada das aplicações do fundo deverá incluir subtotais, do valor líquido global do fundo, para cada nível de desdobramento constante do esquema anexo.

2. Deve ser indicada, relativamente a cada imóvel que não esteja pago na totalidade, a parte do preço que esteja por pagar.

3. Nos n.ºs 1, 9 e 10 do anexo II, as colunas respeitantes a avaliações, devem ser preenchidas com as duas últimas avaliações periciais legalmente exigíveis e a identificação dos respectivos avaliadores.

4. No n.º 5.1.1. de ambos os anexos (adiantamentos por conta de imóveis), devem ser discriminados os montantes e a indicação dos correspondentes imóveis.

5. No n.º 8 do anexo II (arrendamentos) devem ser indicados os arrendatários cujos imóveis representem 10% ou mais do valor líquido global do fundo (n.º 8.1.) e cujas rendas representem 10% ou mais do valor total das rendas vencidas no trimestre (n.º 8.2.), devendo considerar-se as entidades em relação de domínio ou de grupo para efeitos do cálculo dessas percentagens.

ARTIGO 5.º
(Disposição final)

O presente regulamento produz efeitos desde 1 de Janeiro de 1996.

21 de Março de 1996 – O Presidente do Conselho Directivo, *José Nunes Pereira.*

ANEXO 1

A. COMPOSIÇÃO DISCRIMINADA DA CARTEIRA DE APLICAÇÕES DOS FUNDOS DE INVESTIMENTO IMOBILIÁRIO

	Quant.	Valor Unit.	Valor Global
1 – IMÓVEIS			
1.1. Terrenos			
1.2. Construções			
1.2.1. Em curso			
1.2.2. Acabadas			
1.2.2.1. Arrendadas			
1.2.2.2. Não arrendadas			
2 – OUTROS VALORES			
2.1. Participações em sociedades imobiliárias			
2.2. Títulos de dívida pública			
2.2.1. Curto Prazo			
2.2.2. Médio e Longo Prazo			
2.3. Obrigações hipotecárias			
2.4. Títulos de participação			
2.5. Obrigações de empresas			
2.6. Unidades de Participação			
2.6.1. Fundos de Investimento Imobiliários			
2.6.2. Fundos de Investimento Mobiliários			
3 – LIQUIDEZ			
3.1. À vista			
3.1.1. Numerário			
3.1.2. Depósitos à ordem			
3.2. A prazo			
3.2.1. Depósitos com pré-aviso e a prazo			
3.2.2. Aplicações nos mercados interbancários			
4 – EMPRÉSTIMOS			
5 – OUTROS VALORES A REGULARIZAR			
5.1. Valores activos			
5.1.1. Adiantamentos por conta de imóveis			
5.1.2. Outros			
5.2. Valores passivos			
B. VALOR LÍQ. GLOBAL FUNDO (VLGF)			

C. INFORMAÇÃO RELATIVA ÀS UNIDADES DE PARTICIPAÇÃO

	Quantidade
6.1. Em circulação	
6.2. Emitidas no trimestre	
6.3. Resgatadas no trimestre	

ANEXO II

A. COMPOSIÇÃO DISCRIMINADA DA CARTEIRA DE APLICAÇÕES DOS FUNDOS DE INVESTIMENTO IMOBILIÁRIO

	Área (m2)	Renda	Data das Avaliações	Valor das Avaliações	Valor do Imóvel
1 – IMÓVEIS					
1.1. Terrenos					
1.2. Construções					
1.2.1. Em curso					
Habitação					
Comércio					
Serviços					
Outros					
1.2.2. Acabadas					
1.2.2.1.Arrendadas					
Habitação					
Comércio					
Serviços					
Outros					
1.2.2.2. Não arrendadas					
Habitação					
Comércio					
Serviços					
Outros					
TOTAL					

	Quant.	Divisa	Cotação Escudos	Juros Decorridos	Valor Global
2 – OUTROS VALORES					
2.1. Participações em sociedades imobiliárias					
2.2. Títulos de dívida pública					
2.2.1. Curto Prazo					
2.2.2. Médio e Longo Prazo					
2.3. Obrigações hipotecárias					
2.4. Títulos de participação					
2.5. Obrigações de empresas					
2.6. Unidades de Participação					
2.6.1. Fundos de Investimento Imobiliários					
2.6.2. Fundos de Investimento Mobiliários					
3 – LIQUIDEZ					
3.1. À vista					
3.1.1. Numerário					
3.1.2. Depósitos à ordem					
3.2. A prazo					
3.2.1. Depósitos com pré-aviso e a prazo					
3.2.2. Aplicações nos mercados interbancários					
4 – EMPRÉSTIMOS					
5 – OUTROS VALORES A REGULARIZAR					
5.1. Valores activos					
5.1.1. Adiantamentos por conta de imóveis					
5.1.2. Outros					
5.2. Valores passivos					
TOTAL					
B. VALOR LÍQ. GLOBAL FUNDO (VLGF)					

C. INFORMAÇÃO RELATIVA ÀS UNIDADES DE PARTICIPAÇÃO

	Quantidade
6.1. Em circulação	
6.2. Emitidas no trimestre	
6.3. Resgatadas no trimestre	

D. INFORMAÇÃO RELATIVA AOS PARTICIPANTES

7.1. Número de participantes	

7.2. Participantes que detenham 10% ou mais das unidades de participação	%

E. INFORMAÇÃO RELATIVA AOS IMÓVEIS

8. Arrendatários que representem 10% ou mais do valor líquido global do fundo

Arrendatário	Imóveis	% VLGF

9. Imóveis adquiridos no trimestre

Imóveis	Vendedores	Data das Avaliações	Valor das Avaliações	Data de Aquisição	Valor de Aquisição
TOTAL					

10. Imóveis vendidos no trimestre

Imóveis	Compradores	Data das Avaliações	Valor das Avaliações	Data da Venda	Valor da Venda
TOTAL					

11. Imóveis arrendados no trimestre

Imóveis	Arrendatários	Data do Arrendamento	Vencimento do Contrato	Renda

12. Rendas e valores de venda em mora

Imóveis	Devedores	Rendas em Dívida	Valor da Venda em Dívida	Dívida em % VLGF
TOTAL				

REGULAMENTO N.º 96/14

Utilização de técnicas e instrumentos de cobertura de riscos do património dos fundos de investimento mobiliário

O Decreto-Lei n.º 276/94 de 2 de Novembro prevê no n.º 1 do artigo 24.º, a possibilidade de utilização, por parte das entidades gestoras de fundos de investimento mobiliário, de técnicas e instrumentos de cobertura de risco que tenham por objecto valores mobiliários, com vista a uma adequada gestão do património dos fundos.

Nos termos do disposto no n.º 2 do artigo 24.º do mencionado Decreto-Lei, havia já sido regulamentada a utilização de técnicas e instrumentos destinados à cobertura de riscos de câmbio, através do Regulamento n.º 95/3 da CMVM.

Definem-se no presente Regulamento as finalidades susceptíveis de integrarem o conceito de adequada gestão, elencando, face a cada tipo de risco – variação de preço, custo de aquisição, variabilidade dos rendimentos e risco cambial –, as operações, bem como as condições em que as mesmas podem ser realizadas, visando a respectiva cobertura.

Os limites impostos às operações descritas, bem como a forma de apuramento de responsabilidades a elas inerentes, espelham o fim a que as mesmas se reconduzem, o da cobertura de riscos.

Nestes termos, no que respeita às operações de cobertura do risco de variação de preço, onde se permite a venda de opções e de futuros, exige--se que o fundo detenha em carteira os valores mobiliários subjacentes (se de natureza real), ou de perfil de risco análogo aos entregáveis (se de natureza teórica).

Já quanto às operações de redução do custo de aquisição, permite-se apenas a compra de opções de compra e de futuros, limitando-se ainda a sua utilização a uma percentagem do valor do fundo.

Foram igualmente limitados os mercados que constituem o universo possível de realização das operações em causa, à semelhança da previsão do art. 42.º do Decreto-Lei n.º 276/94 de 2 de Novembro.

A restrita possibilidade de realização de operações em mercado de balcão (OTC), circunscrita às operações de swap de taxa de juro e aos acordos de taxa de juro a prazo (FRA), resulta da limitada transparência desse mercado e das dificuldades levantadas em termos de liquidez e de valorização dos instrumentos derivados aí negociados.

Quanto às exigências de informação impostas às entidades gestoras que pretendam realizar as operações em questão, foram ponderadas duas vertentes:
- a dos subscritores/participantes, que deverão tomar conhecimento, de forma clara, através da leitura do regulamento de gestão do fundo que aquele irá utilizar instrumentos derivados na sua política de investimentos;
- a da supervisão, através da obrigatoriedade de envio dos modelos anexos que revelem, numa base semanal, as posições em aberto.

O quadro normativo que ora se apresenta vem, nestes termos, regulamentar o acesso das entidades gestoras dos fundos de investimento mobiliário ao mercado de derivados.

Assim, ouvidos o Banco de Portugal, a Associação Portuguesa de Bancos, a Associação da Bolsa de Derivados do Porto, a Associação da Bolsa de Valores de Lisboa e a Associação Portuguesa das Sociedades Gestoras de Fundos de Investimento, ao abrigo do disposto na al. *a*) do n.° 1 do art. 14.° do Código do Mercado de Valores Mobiliários e para os efeitos do disposto no art. 24.° do Decreto-Lei n.° 276/94 de 2 de Novembro, o conselho directivo da Comissão do Mercado de Valores Mobiliários aprovou o seguinte Regulamento:

ARTIGO 1.°
(Objectivos)

1. O presente regulamento estabelece as regras segundo as quais as entidades gestoras de fundos de investimento mobiliário podem recorrer a técnicas e instrumentos de cobertura dos riscos inerentes às suas aplicações.

2. As técnicas e instrumentos a que se refere o número anterior, compreendem as seguintes operações:

a) A cobertura do risco de variação do preço dos valores mobiliários detidos pelo fundo que não se encontrem já afectos a outras operações de idêntica natureza;

b) A redução do custo de aquisição que tenha por objecto valores mobiliários admitidos pelo respectivo regulamento de gestão;

c) A cobertura do risco de variabilidade dos rendimentos associados aos valores mobiliários detidos pelo fundo;

d) A cobertura do risco cambial associado aos valores mobiliários expressos em divisas detidos pelo fundo.

ARTIGO 2.°
(Aplicabilidade)

As técnicas e os instrumentos previstos neste regulamento podem ser utilizados na gestão das diferentes categorias de fundos de investimento mobiliário, com excepção dos fundos de fundos.

ARTIGO 3.°
(Cobertura do risco de variação de preço)

1. Para a cobertura do risco de variação do preço dos valores mobiliários detidos pelo fundo pode a entidade gestora realizar as seguintes operações:

a) Vender opções de compra, vender futuros e comprar opções de venda sobre valores mobiliários de natureza real ou teórica;

b) Vender opções de compra, vender futuros e comprar opções de venda sobre índices de valores mobiliários.

c) Vender futuros sobre taxas de juro de curto prazo.

2. As operações previstas na al. *a*) do número anterior só podem ser realizadas se, durante a vigência das mesmas, o fundo detiver:

a) Tratando-se de operações sobre valores mobiliários de natureza real, os respectivos valores mobiliários subjacentes;

b) Tratando-se de operações sobre valores mobiliários de natureza teórica, valores mobiliários da mesma natureza e que assumam um perfil de risco análogo ao dos valores entregáveis nos termos do respectivo contrato.

3. As operações previstas na al. *b*) do n.° 1 só podem ser realizadas se o fundo detiver, durante a vigência das mesmas, valores mobiliários da mesma natureza dos que compõem o índice e que sejam negociados no mesmo mercado.

4. As operações previstas na al. *c*) do n.° 1 só podem ser realizadas se o fundo detiver, durante a vigência das mesmas, valores mobiliários representativos de dívida.

ARTIGO 4.º
(Redução do custo de aquisição)

1. Para a redução do custo de aquisições futuras pode a entidade gestora realizar as seguintes operações:

a) Comprar opções de compra, comprar futuros sobre valores mobiliários de natureza real ou teórica;

b) Comprar opções de compra, comprar futuros sobre índices de valores mobiliários;

c) Comprar futuros de taxa de juro de curto prazo.

2. As operações previstas nas als. *a*) e *b*) no número anterior só podem ser realizadas se:

a) Tratando-se de operações definidas na al. *a*) do número anterior, tiverem, por activo subjacente, valores mobiliários ou valores entregáveis nos termos do respectivo contrato, da mesma natureza dos valores previstos no regulamento de gestão do fundo;

b) Tratando-se de operações definidas na al. *b*) do número anterior, tiverem, por activo subjacente, índices cujos valores mobiliários assumam a mesma natureza dos valores previstos no regulamento de gestão e que sejam negociados em mercados previstos naquele regulamento.

ARTIGO 5.º
(Cobertura do risco de variabilidade dos rendimentos)

1. Para a cobertura do risco de variabilidade dos rendimentos associados aos valores mobiliários detidos pelo fundo, podem as entidades gestoras:

a) Realizar operações de permuta de taxas de juro (*swaps*), desde que o fundo de investimento detenha em carteira valores mobiliários que confiram condições idênticas em termos de montante, duração e datas de vencimento, à taxa de juro cedida na operação de *swap*;

b) Celebrar acordos de taxa de juro a prazo (FRA), desde que destinados à cobertura de riscos inerentes aos valores mobiliários detidos pelo fundo.

2. Os contratos a que se refere o número anterior deverão ser celebrados por escrito e prever obrigatoriamente a possibilidade de resolução pela entidade gestora, em caso de alienação antecipada dos activos a cuja cobertura se destinam.

ARTIGO 6.°
(Cobertura do risco cambial)

1. Para a cobertura do risco cambial associado aos valores mobiliários detidos pelo fundo, podem as entidades gestoras realizar:
a) Compras e vendas a prazo de divisas;
b) Operações de swap de divisas.
2. As operações referidas no número anterior devem equivaler, em duração, divisa e montante, aos valores do fundo que são objecto de cobertura.

ARTIGO 7.°
(Mercados autorizados)

1. As operações previstas nos arts. 3.° e 4.° são obrigatoriamente realizadas:
a) Numa bolsa de valores portuguesa ou em bolsa de valores de um outro Estado membro da União Europeia;
b) Noutros mercados de um Estado membro da União Europeia, regulamentados, com funcionamento regular, reconhecidos e abertos ao público, desde que esses mercados se encontrem identificados no regulamento de gestão do fundo;
c) Numa bolsa de valores ou num outro mercado, regulamentado, com funcionamento regular, reconhecido e aberto ao público, de um Estado que não seja membro da União Europeia, desde que a escolha da bolsa ou do mercado tenha sido aprovada pela CMVM e conste do regulamento de gestão do fundo.
2. As operações previstas no art. 5.° e no art. 6.° devem ter como contraparte instituições de crédito legalmente autorizadas para o efeito.

ARTIGO 8.°
(Responsabilidades e Limites)

1. As responsabilidades inerentes à realização das operações previstas no presente regulamento são aferidas:
a) Pelo preço de referência das posições líquidas, no caso de futuros;
b) Pelo preço de exercício das posições líquidas, no caso de opções;
c) Pelo valor nominal, no caso de operações de swap de taxa de juro e de divisas, bem como nas operações previstas na al. *b)* do n.° 1 do art. 5.°;

d) Pela expressão em escudos das responsabilidades a prazo, no caso de compras e vendas a prazo de divisas.

2. As responsabilidades inerentes à realização das operações previstas nos arts. 3.°, 4.° e 5.°, calculadas nos termos do número anterior, não podem exceder, globalmente e em cada momento, o valor líquido global do fundo.

3. Quando, por qualquer motivo, se verifique a ultrapassagem do limite previsto no número anterior, deverá tal situação ser regularizada no prazo máximo de cinco dias a contar da sua verificação.

4. As responsabilidades inerentes à realização das operações previstas no artigo 4.°, consideradas globalmente, não podem, em cada momento, exceder 10% do valor líquido global do fundo.

5. As responsabilidades inerentes à realização das operações previstas nos arts. 5.° e 6.°, não podem, relativamente a cada contraparte, exceder 25% do valor líquido global do fundo.

6. As responsabilidades inerentes à compra de opções de compra sobre valores mobiliários e de futuros sobre valores mobiliários, quando estes tiverem como activo subjacente valores mobiliários emitidos por uma mesma entidade, são consideradas para os efeitos dos limites estabelecidos nos n.os 1 e 2 do art. 43.° do Decreto-Lei n.° 276/94 de 2 de Novembro.

7. Não é permitido às entidades gestoras realizar, por conta dos fundos de tesouraria, as operações previstas no art. 4.°.

ARTIGO 9.°
(Informação)

1. Os fundos que pretendam realizar as operações indicadas no presente regulamento devem incluir, no regulamento de gestão e prospecto, uma menção de destaque que evidencie os objectivos, as operações que se propõe realizar e respectivos limites.

2. As entidades gestoras devem enviar à CMVM até terça-feira de cada semana os modelos em anexo, com referência ao último dia útil da semana imediatamente anterior.

ARTIGO 10.°
(Avaliação)

1. As operações descritas nos arts. 3.°, 4.° e 5.°, devem ser avaliadas ao valor de mercado, sendo os ganhos e perdas imediatamente reconhecidos nas contas de resultados.

2. As operações descritas na al. *a*) do n.° 1 do art. 5.° devem ser avaliadas diariamente, através da diferença do valor actualizado dos montantes associados a cada uma das componentes da operação de *swap*, com reflexo imediato nas contas de resultados destas diferenças de avaliação.

3. As operações descritas na al. *b*) do n.° 1 do art. 5.°, devem ser avaliadas diariamente, através da diferença entre o valor actualizado do *cash flow* gerado pela taxa garantida no contrato e o que resultaria pela aplicação da taxa de mercado, com reflexo imediato nas contas de resultados destas diferenças de avaliação.

4. As operações de compra e venda a prazo de divisas devem ser avaliadas ao valor de mercado, sendo as diferenças de avaliação imediatamente reconhecidas nas contas de resultados.

5. Nas operações de operações de swap de divisas, as componentes à vista e a prazo não são reavaliadas, sendo diariamente reconhecido nas contas de resultados a proporção do prémio ou do desconto.

ARTIGO 11.°
(Norma revogatória)

O presente regulamento revoga o regulamento n.° 95/3, de 20 de Maio de 1995, da Comissão do Mercado de Valores Mobiliários.

ARTIGO 12.°
(Entrada em vigor)

O presente regulamento entra em vigor no dia posterior ao da sua publicação no Diário da República.

7 de Outubro de 1996. – O Presidente do Conselho Directivo, *José Nunes Pereira*.

ANEXO N.° 1

Sociedade Gestora:
Fundo:
Data:
Cód. fundo:

FUTUROS: Mapa Semanal

Sociedade Gestora:
Fundo:
Cód. fundo:
Data:

Descrição do contrato	Vencimento	Posição da carteira					Responsabil.	Percentagem VLGF
		Futuros			Valores detidos pelo fundo			
		N.° contratos	P. líquida	P. Referência	Designação	Valor		
a)	b)	c)	d)	e)	f)	g)	h)	i)

NOTAS:

a) Denominação do contrato de uma série, tal como é formalmente designado nas respectivas condições gerais, indicando a bolsa onde foi negociado;

b) Vencimento do contrato para o qual este foi negociado;

c) Número de contratos da posição líquida em aberto;

d) Sinal da posição líquida, compradora (C) ou vendedora (V) para uma mesma série de contratos;

e) Preço de referência, tido para efeitos de liquidação diária de perdas e ganhos, fixado de acordo com o estabelecido nas condições gerais do respectivo contrato;

f) Denominação do valor mobiliário objecto de cobertura. Caso se trate de um conjunto de valores mobiliários a ser objecto de cobertura, indicar individualmente cada um desses valores;

g) Valor total de cada activo, tal como se encontra valorizado na carteira do fundo;

h) Aferidas pelo preço de referência da posição líquida naquela série de contratos;

i) Medida relativa das responsabilidades assumidas em relação ao valor líquido global do fundo na data a que se reporta a informação.

ANEXO N.º 2

OPÇÕES: mapa semanal
Sociedade gestora:
Fundo:
Cód. fundo:
Data:

Descrição do contrato	Vencimento	Tipo de operação				P. Exercício	Responsa-bilidade	Percentagem VLGF	Valores detidos pelo fundo	
		Call		Put					Designação	Valor
		N.º contratos	P. líquida	N.º contratos	P. líquida					
a)	b)	c)	d)	c)	d)	e)	f)	g)	h)	i)

NOTAS:

a) Denominação do contrato de uma série, tal como é formalmente designado nas respectivas condições gerais, indicando a bolsa onde foi negociado;

b) Vencimento do contrato para o qual este foi negociado;

c) Número de contratos da posição líquida em aberto;

d) Sinal da posição líquida, compradora (C) ou vendedora (V) para uma mesma série de contratos;

e) Preço de exercício da opção;

f) Aferidas pelo preço de exercício da posição líquida numa mesma série de contratos;

g) Medida relativa das responsabilidades assumidas em relação ao valor líquido global do fundo na data a que se reporta a informação;

h) Denominação do valor mobiliário objecto de cobertura. Caso se trate de um conjunto de valores mobiliários a ser objecto de cobertura, indicar individualmente cada um desses valores;

i) Valor total de cada activo, tal como se encontra valorizado na carteira do fundo.

ANEXO N.º 3

SWAP de taxa de juro: mapa semanal
Sociedade gestora:
Fundo:
Cód. fundo:
Data:

Contraparte	swap						Valor Mobiliário				
	Data Contratação	Valor do Contrato	Taxa cedida	Taxa tomada	Vencimento	Data venc.º juros	Designação	Taxa	Vencimento	Venc.º juros	Valorização
a)	b)	c)	d)	e)	f)	g)	h)	i)	j)	l)	m)

NOTAS:

a) Indicação da contraparte do fundo na operação de *swap*;
b) Data de contratação do *swap*;
c) Valor teórico do contrato;
d) Taxa de juro a «pagar» à contraparte;
e) Taxa de juro a «receber» da contraparte;
f) Data de vencimento do contrato;
g) Data da próxima liquidação de juros no formato dd/mm;
h) Denominação do valor mobiliário objecto de cobertura. Caso se trate de um conjunto de valores mobiliários a ser objecto de cobertura, indicar individualmente cada um desses valores;
i) Taxa de cupão fixa, se for o caso, ou modo de determinação da taxa de juro, tratando-se de valores mobiliários de taxa variável;
j) Data de vencimento do valor mobiliário objecto de cobertura – ou para cada um dos valores mobiliários, caso se trate de macrocobertura;
l) Data de vencimento do próximo recebimento de juros inerente valor mobiliário em carteira , no formato dd/mm;
m) Valor total de cada activo, tal como se encontra valorizado na carteira do fundo.

ANEXO N.º 4

SWAP de divisas: mapa semanal
Sociedade gestora:
Fundo:
Cód. fundo:
Data:

Contraparte	Condições do contrato								Activos subjacentes				
	Da operação à vista				Da operação a prazo			Designação	Divisa	Valorização	Data	
	Data contratação	Divisa comprada	Montante	Divisa vendida	Montante	Vencimento	P/D	Valor				Aquisição	Vencimento
a)	b)	c)	d)	e)	f)	g)	h)	i)	j)	l)	m)	n)	o)

NOTAS:

a) Indicação da contraparte do fundo na operação de *swap*;

b) Data de contratação do *swap*;

c) Código da divisa comprada na operação à vista do *swap*;

d) Montante da operação à vista, expresso na moeda comprada;

e) Código da divisa vendida na operação à vista do *swap*;

f) Montante da operação à vista, expresso na moeda vendida;

g) Data de vencimento da operação de *swap*;

h) Indicação do prémio (P) ou desconto (D) inerente à operação de *swap*;

i) Valor do prémio ou do desconto, expresso na moeda comprada na operação a prazo;

j) Denominação do valor mobiliário objecto de cobertura. Caso se trate de um conjunto de valores mobiliários a ser objecto de cobertura, indicar individualmente cada um desses valores;

l) Código da divisa em que se encontra expresso o valor mobiliário em carteira;

m) Valor total de cada activo, tal como se encontra valorizado na carteira do fundo, expresso na moeda original;

n) Data de aquisição para a carteira do fundo dos valores objecto de cobertura, no formato dd/mm/aa;

o) Data de vencimento dos valores mobiliários objecto de cobertura, no formato dd/mm/aa.

ANEXO N.° 5

Forward cambial: mapa semanal
Sociedade Gestora:
Fundo:
Cód. fundo:
Data:

Contraparte	Condições do contrato						Activo subjacente				
	Divisas envolvidas				Data		Designação	Divisa	Valor	Data	
	Operação (C/V)	Divisa	Montante	Contra divisa	Montante	Do contrato	Vencimento				Aquisição	Vencimento
a)	b)	c)	d)	e)	f)	g)	h)	i)	j)	l)	m)	n)

NOTAS:

a) Indicação da contraparte do fundo na operação de *forward*;

b) Indicação da natureza da operação: compra (C) ou venda (V) da divisa em que se encontram expressos os valores mobiliários objecto de cobertura;

c) Código da divisa dos valores mobiliários objecto de cobertura;

d) Montante da operação expresso em divisas;

e) Código da contradivisa da operação;

f) Montante da operação expresso na contradivisa;

g) Data da contratação do *forward* cambial, no formato dd/mm/aa;

h) Data de vencimento do *forward* cambial, no formato dd/mm/aa;

i) Denominação do valor mobiliário objecto de cobertura. Caso se trate de um conjunto de valores mobiliários a ser objecto de cobertura, indicar individualmente cada um desses valores;

j) Código da divisa em que se encontra expresso o valor mobiliário em carteira;

l) Valor total de cada activo, tal como se encontra valorizado na carteira do fundo, expresso na moeda original;

m) Data de aquisição para a carteira do fundo dos valores objecto de cobertura, no formato dd/mm/aa;

n) Data de vencimento dos valores mobiliários objecto de cobertura, no formato dd/mm/aa.

ANEXO N.º 6

FRA: mapa semanal
Sociedade gestora:
Fundo:
Cód. fundo:
Data:

Contraparte	FRA							Valores Mobiliários				
	Data		Valor dos contratos			Taxa garantida		Designação	Taxa	Vencimento	Data venc. juros	Valorização
	Data Contratação	Vencimento	Comprados	Vendidos	Posição Líq.							
a)	b)	c)	d)	e)	f)	g)		h)	i) ·	j)	l)	m)

NOTAS:

a) Indicação da contraparte do fundo na operação de *FRA*;

b) Data da contratação do *FRA*, no formato dd/mm/aa;

c) Data de vencimento do *FRA*, no formato dd/mm/aa;

d) Valor teórico de cada contrato em que o fundo se assumiu como entidade compradora do FRA;

e) Valor teórico de cada contrato em que o fundo se assumiu como entidade vendedora do FRA;

f) Montante da posição líquida entre contratos de FRA comprados e vendidos;

g) Taxa garantida pelo FRA;

h) Denominação do valor mobiliário objecto de cobertura. Caso se trate de um conjunto de valores mobiliários a ser objecto de cobertura, indicar individualmente cada um desses valores;

i) Taxa de cupão fixa, se for o caso, ou modo de determinação da taxa de juro, tratando-se de valores mobiliários de taxa variável;

j) Data de vencimento dos valores mobiliários objecto de cobertura;

l) Data de vencimento do próximo recebimento de juros inerente valor mobiliário em carteira, no formato dd/mm;

m) Valor total de cada activo, tal como se encontra valorizado na carteira do fundo.

REGULAMENTO N.° 96/16
com as alterações introduzidas pelo Regulamento n.° 4/99 ([1])

Contabilidade dos Fundos de Investimento Imobiliário

Ao abrigo do disposto na alínea *a*) do n.° 1 do art. 14.° do Código do Mercado de Valores Mobiliários e para os efeitos do n.° 1 do art. 38.° do Decreto-Lei n.° 294/95, de 17 de Novembro, o conselho directivo da Comissão do Mercado de Valores Mobiliários, ouvida a APFIN – Associação Portuguesa das Sociedades Gestoras de Fundos de Investimento, aprovou o seguinte regulamento:

ARTIGO 1.°
(Âmbito)

1. O presente regulamento estabelece o regime a que deve obedecer a contabilidade dos fundos de investimento imobiliário.

2. As normas e os princípios por que se rege a contabilidade dos fundos de investimento imobiliário constam de anexo a este diploma.

([1]) O Regulamento n.° 4/99, de 25 de Fevereiro, foi publicado no Diário da República, II Série, de 16 de Abril, com o seguinte preâmbulo:

"A Lei n.° 87-B/98, de 31 de Dezembro (Orçamento do Estado para 1999), alterou a redacção do artigo 45.° do Código do Imposto sobre o Rendimento das Pessoas Singulares. Esta modificação respeita à definição do método de imputação de custos para efeitos de apuramento de valias fiscais resultantes da alienação de acções, considerando-se que os títulos vendidos são os adquiridos à menos tempo.

Considerando que a valorização da carteira de títulos dos fundos de investimento deve ter em conta, quando relevante, o previsto nas normas fiscais, ao abrigo do disposto nas alíneas a) e b) do n.° 1 do art. 14.° do Código do Mercado de Valores Mobiliários e para efeitos do n.° 1 do art. 35.° do Decreto-Lei n.° 276/94, de 2 de Novembro, o conselho directivo da Comissão do Mercado de Valores Mobiliários, ouvida a Associação Portuguesa das Sociedades Gestoras de Fundos de Investimento, aprovou o seguinte Regulamento:".

ARTIGO 2.º
(Entrada em vigor)

O presente regulamento entra em vigor em 1 de Janeiro de 1997.

ARTIGO 3.º
(Disposições Transitórias)

Durante os primeiros seis meses a contar da entrada em vigor deste regulamento, a contabilidade dos fundos de investimento imobiliário poderá continuar a organizar-se nos termos das normas actualmente em vigor, nomeadamente no que diz respeito à prestação mensal de informação.

13 de Dezembro de 1996 – O Presidente do Conselho Directivo, *José Nunes Pereira.*

ANEXO

ÍNDICE

CAPÍTULO 1
Introdução

1.1 ENQUADRAMENTO DOS FUNDOS DE INVESTIMENTO IMOBILIÁRIO

Em 17 de Novembro de 1995, o Decreto-Lei n.° 294/95 introduziu nova regulamentação dos fundos de investimento imobiliário.

De acordo com esse diploma os fundos de investimento imobiliário consideram-se instituições de investimento colectivo que têm por fim exclusivo o investimento de capitais recebidos do público em carteiras diversificadas de valores fundamentalmente imobiliários, segundo um princípio de divisão de risco.

Os fundos de investimento imobiliário são divididos em partes com características idênticas e sem valor nominal, designadas por unidades de participação, podendo ocorrer duas situações:

- serem em número fixo, designando-se neste caso de **fundo fechado**;
- serem em número variável, designando-se de **fundo aberto**.

1.2 CONTABILIDADE DOS FUNDOS DE INVESTIMENTO IMOBILIÁRIO

Com a publicação do Decreto-Lei n.° 294/95 de 17 de Novembro, a contabilidade dos fundos passa, de acordo com o n.° 1 do artigo 38.°, a ser organizada de harmonia com as normas emitidas pela Comissão do Mercado de Valores Mobiliários.

O presente plano contabilístico surge da necessidade de as contas dos fundos proporcionarem uma imagem verdadeira e apropriada do património do fundo e dos resultados das suas operações, procurando evidenciar duma forma simples e objectiva o valor líquido global do fundo, bem como os elementos económicos e financeiros necessários ao acompanhamento da rendibilidade e do risco.

Pretende-se, desta forma, através da normalização do sistema contabilístico das SGFII, proteger os interesses dos investidores, proporcionando-lhes uma informação de leitura simples e útil que lhes facilite a tomada de decisão de investimento, apoiar a gestão e a tomada de decisão das próprias entidades gestoras e proporcionar às autoridades de supervisão modelos de acompanhamento e controlo simples e eficientes.

O plano contabilístico será de aplicação obrigatória a todos os fundos de investimento imobiliário a partir do dia 1 de Janeiro de 1997.

Para o efeito, os fundos encerrarão anualmente as suas contas, com referência a 31 de Dezembro de cada ano, sendo obrigatoriamente submetidas a certificação legal por revisor oficial de contas independente do conselho fiscal da entidade gestora. As contas do fundo são constituídas pelo balanço, pela demonstração dos resultados, pela demonstração dos fluxos monetários e pelo anexo, as quais formam um todo, sendo acompanhadas pelos demais relatórios e pareceres previstos na lei.

1.3 PARTICULARIDADES CONTABILÍSTICAS DOS FUNDOS DE INVESTIMENTO IMOBILIÁRIO

1.3.1 NECESSIDADE EM DETERMINAR PERIODICAMENTE O VALOR LÍQUIDO

Os participantes podem realizar, a todo o momento e sem qualquer formalidade particular, subscrições e resgates de unidades de participação. Este facto obriga a conhecer, em permanência, o valor líquido global do fundo para determinação do valor unitário da unidade de participação.

Esta necessidade de determinar periodicamente, ou seja, diariamente, o valor líquido da unidade de participação, conduziu a que no plano contabilístico tivessem sido adoptadas as seguintes soluções:

- Valorização dos activos ao seu valor de mercado, os quais se estruturam em torno das seguintes categorias: investimentos em imóveis, participações em sociedades imobiliárias, valores mobiliários, contratos a prazo, divisas e outros instrumentos de dívida. O valor actual é representado pelo valor de mercado ou, na sua ausência, por um valor que observe o princípio da prudência e de acordo com os critérios definidos no capítulo 2;
- Inscrição no passivo (2.° membro do balanço) dum grupo representativo do valor líquido global do fundo (capital do fundo). Esta inscrição permite determinar o valor líquido da unidade de participação, dividindo simplesmente o valor global pelo número de unidades em circulação;
- Apresentação, em anexo, de informação narrativa ou através de quadros, que complementa e clarifica a informação contida nas demonstrações financeiras.

1.3.2 MONTANTES DISTRIBUÍVEIS E RESULTADO LIQUIDO DE UM FUNDO DE INVESTIMENTO IMOBILIÁRIO

O activo líquido dum fundo é composto por capital e de montantes distribuíveis aos participantes, nomeadamente o resultado líquido. Trata-se de um elemento variável, não apenas em consequência dos resultados de gestão apurados no fundo, mas também das operações de subscrições e de resgates valorizadas ao valor líquido da unidade de participação.

A política e os critérios de distribuição dos rendimentos do fundo devem ser definidos objectivamente no seu regulamento de gestão. Contudo, todos os participantes devem ter direito ao mesmo rendimento distribuível, qualquer que seja a data de subscrição. Desta forma, o sistema contabilístico prevê mecanismos que permitem neutralizar a incidência das subscrições e dos resgates no valor unitário e, consequentemente, no rendimento unitário da unidade de participação.

No caso dos fundos com distribuição deverá prever-se a afectação dos rendimentos a distribuir na competente conta de capital do fundo. Nos fundos de capitalização, as operações são registadas sem qualquer formalidade particular.

1.3.3 CAPITAL

O capital dum fundo de investimento tem uma acepção mais vasta do que numa empresa comercial ou industrial. Trata-se de um elemento variável, constituído, quer pelos valores-base das unidades de participação, quer pelas diferenças para esse valor base nas operações de subscrições e de resgates, quer ainda pelos resultados apurados no exercício e em exercícios anteriores e não distribuídos aos participantes.

Compreende, desta forma, as mais e menos valias latentes e realizadas sobre as operações (imóveis, participações e carteira de títulos), as diferenças de câmbio, os gastos com os imóveis e com a negociação de títulos, as operações a prazo fechadas ou condicionadas, a comissão de gestão, a comissão de depósito e outros custos relacionados com o fundo.

1.3.4 CONTABILIDADE DE DIVISAS

Prevê-se a possibilidade dos fundos terem as suas operações registadas nas divisas em que se realizam, bem como a sua apresentação em termos de documentos de síntese no anexo. O modelo adoptado baseia-se no princípio conhecido por "contabilidade multidivisas", por forma a permitir o controlo contabilístico das operações nas várias moedas, bem como o acompanhamento das respectivas posições cambiais.

CAPÍTULO 2
Pricípios contabilísticos e critérios valorimétricos

2.1. CONSIDERAÇÕES GERAIS

Cada vez é maior o papel da informação contabilística, junto dos seus utilizadores. No domínio dos fundos de investimento são inúmeros os clientes potenciais quer nacionais quer estrangeiros.

Por esse motivo, a normalização do sistema contabilístico não se deve limitar apenas à definição das contas, do seu conteúdo e regras de movimentação e à elaboração dos documentos contabilísticos de prestação de contas, mas também à definição dos princípios e critérios subjacentes à avaliação dos elementos patrimoniais, por forma a que as contas sejam formuladas com clareza, expressando uma imagem fiel do património, da situação financeira e dos resultados do fundo.

Desta forma, esta definição visa não só contribuir para a protecção dos interesses dos participantes e de terceiros, como também assegurar a compatibilidade e fidelidade da informação financeira.

2.2. PRINCÍPIOS CONTABILÍSTICOS

Como princípios contabilísticos, adoptam-se os seguintes:

Continuidade

Considera-se que o fundo de investimento opera continuamente, com duração ilimitada, entendendo-se que não tem necessidade de entrar em liquidação. Desta forma, verificar-se-à uma total identidade entre os valores finais de um período com os valores iniciais do período imediatamente subsequente.

Consistência

Considera-se que o fundo de investimento não altera as suas regras, princípios, critérios e políticas contabilísticas de um período para o outro. Se o fizer e o efeito for materialmente relevante, deve referir o facto no anexo.

Materialidade

As demonstrações financeiras do fundo de investimento devem evidenciar todos os elementos que sejam de interesse, relevantes e que possam afectar avaliações ou decisões pelos utilizadores interessados.

Substância sobre a forma

As operações devem ser contabilizadas atendendo à sua substância, isto é, à realidade dos factos e não apenas à sua forma documental ou legal.

Especialização

Os elementos patrimoniais do fundo devem ser valorizados e reconhecidos diariamente, independentemente do seu recebimento ou pagamento, devendo incluir-se nas demonstrações financeiras do período a que dizem respeito, bem como os seus ajustamentos de valor daqui decorrentes.

Prudência

Em caso de pluralidade de aplicação de critérios contabilísticos perante um mesmo facto, deve utilizar-se aquele que menor impacto favorável tiver no património líquido do fundo, por forma a observar o valor de realização mínimo dos elementos patrimoniais que o integram.

Independência

A elaboração, aprovação e execução das informações contabilísticas do fundo são independentes das de qualquer outra entidade, incluindo as respectivas entidades gestoras.

Unidade

As demonstrações financeiras, compostas pelo balanço, pela demonstração dos resultados, pela demonstração dos fluxos monetários e pelo anexo, formam um todo coerente, constituindo um só conjunto de informação financeira.

2.3. CRITÉRIOS VALORIMÉTRICOS

2.3.1. DISPONIBILIDADES

As disponibilidades são contabilizadas pelo montante de escudos pelo qual a sua liquidez se venha a realizar. Os ganhos e perdas decorrentes da sua detenção serão registados diariamente, nas respectivas contas das classes 8 e 7, por contrapartida da correspondente conta da classe 5 – «Regularizações».

As disponibilidades expressas em moeda estrangeira são registadas em correspondentes contas de posição cambial, por cada moeda, na classe 5 (conta 595 – «Posição cambial») e são ajustadas diariamente em função das variações diárias do mercado cambial.

As diferenças de câmbio apuradas serão contabilizadas nas contas 711 – «Juros e custos equiparados – de disponibilidades», respectiva subconta e 811 – «Juros e proveitos equiparados – de disponibilidades», respectiva subconta, por contrapartida da conta 595 – «Posição cambial (escudos)».

2.3.2. CARTEIRA DE TÍTULOS

As compras de títulos serão contabilizadas, na data da transacção, pelo seu preço efectivo de aquisição.

Nas vendas, para efeitos de imputação do respectivo custo, os valores em carteira poderão em alternativa ser valorizados pelo preço médio de aquisição, pelo FIFO (*first in, first out*) ou pelo LIFO (*last in first out*), devendo a opção tomada para cada categoria de valores mobiliários ser indicada no anexo referido no capítulo 7.

Sempre que a legislação fiscal, relativamente a determinada categoria de valores mobiliários, imponha, para apuramento das valias obtidas em cada ano, a utilização de um método de imputação de custos específico, será este utilizado na sua contabilização.

Os encargos suportados com a compra, tal como com a venda, nomeadamente comissões de bolsa, corretagens, são considerados como custos da operação, pelo que se contabilizam na conta 722 – «Comissões – Em operações da bolsa», respectiva subconta.

Os valores mobiliários em carteira, negociados numa bolsa de valores ou noutro mercado regulamentado, são avaliados ao seu valor de mercado, de acordo com as seguintes regras:

1. Havendo uma única cotação, pela última cotação efectuada nos últimos 90 dias;

2. Sendo cotados em mais de uma bolsa, pelo mais baixo dos valores de cotação;
3. No caso de valores mobiliários apenas cotados em bolsas estrangeiras, as cotações referidas nas alíneas anteriores serão as verificadas na bolsa onde foram adquiridos.

Na falta de valores de cotação, a avaliação é efectuada em observância do princípio contabilístico da prudência, não devendo exceder o mais baixo dos seguintes valores:
1. Valor contabilístico apurado segundo o último balanço aprovado, preço de emissão ou preço de aquisição, tratando-se de acções;
2. Valor nominal ou valor de aquisição, tratando-se de obrigações, títulos de participação ou valores mobiliários equiparáveis;
3. Último valor de resgate divulgado, tratando-se de unidades de participação em fundos de investimento.

As participações representadas por quotas ou por partes de capital que não acções serão valorizadas pelo método da equivalência patrimonial, ou seja, pelo valor contabilístico apurado segundo o último balanço.

Os ajustamentos resultantes da aplicação destes critérios serão registadas diariamente nas contas de 732 – «Perdas em operações financeiras e valores imobiliários – na carteira de títulos e participações», respectiva subconta, ou 832 – «Ganhos em operações financeiras e valores imobiliários – na carteira de títulos e participações», respectiva subconta, pelas menos ou mais valias, respectivamente, por contrapartida da conta 28 – «Mais e menos valias».

O revisor oficial de contas do fundo deverá pronunciar-se no seu relatório sobre a avaliação efectuada pela entidade gestora dos valores do fundo, particularmente dos não cotados.

As situações que, por motivos excepcionais, não observem o disposto anteriormente serão obrigatoriamente relatadas no anexo.

Os rendimentos dos títulos em carteira, sempre que determináveis, serão registados dia a dia, não integrando o valor da carteira, mas sim lançados na classe 5 – «Regularizações».

Para os títulos expressos em moeda estrangeira devem ser aplicados os critérios referidos no ponto 2.3.1 – «Valorimetria das disponibilidades».

2.3.3. IMÓVEIS

O valor de um imóvel é o seu valor venal, determinado de acordo com o melhor preço que poderia ser obtido se fosse vendido, em condições normais de mercado, no momento de avaliação.

As aquisições, bem como as alienações, de imóveis devem ser precedidas dos pareceres de, pelo menos, dois peritos independentes, nomeados de comum acordo entre a entidade gestora e o depositário.

Os imóveis deverão ser avaliados com uma periodicidade mínima anual e sempre que ocorra uma alteração significativa do seu valor. A avaliação deverá ser realizada nos termos do parágrafo anterior, não podendo o valor considerado ser superior ao mais elevado das avaliações periciais.

Está também sujeita a avaliação nos termos dos parágrafos anteriores a execução de projectos de construção, por forma a assegurar que o investimento não ultrapasse o valor venal dos imóveis a construir.

Os ajustamentos que resultarem da avaliação indicada nos dois parágrafos imediatamente anteriores deverão ser registados na conta 38 – «Ajustamentos de Imóveis», por contrapartida da conta 65 – «Ajustamentos de Imóveis», respectiva subconta. Não havendo, pois, lugar à constituição de provisões.

2.3.4. CONTAS DE TERCEIROS

As dívidas activas não devem ser expressas por um valor superior àquele que se espera efectivamente receber do devedor. Pela diferença entre o valor contabilizado e o valor que se espera receber efectivamente, deverá ser constituída ou reforçada a provisão para crédito vencido.

As dívidas a receber em situação de contencioso serão provisionadas pela sua totalidade, incluindo as despesas suportadas e não cobradas.

Quando as importâncias das dívidas a receber forem superiores às correspondentes quantias arrecadadas, a diferença deve ser levada ao activo, sendo contabilizada na conta 52 – «Despesas com custo diferido».

Relativamente às dívidas de ou a terceiros expressas em moeda estrangeira devem ser aplicados os critérios referidos no ponto 2.3.1 – «Valorimetria das disponibilidades».

2.3.5. UNIDADES DE PARTICIPAÇÃO

O valor da unidade de participação é calculado diariamente, excepto aos sábados, domingos e feriados e determina-se dividindo o valor líquido global do fundo (saldos das contas da classe 6 – «Capital do fundo», acrescidos do resultado líquido do período) pelo número de unidades de participação em circulação.

No caso de pedidos de subscrição ou de resgate, o valor da unidade de participação deverá corresponder ao último valor conhecido e divulgado no dia do respectivo pedido ou na data a que este se reporta, salvo se o regulamento de gestão determinar que esse valor seja o da primeira avaliação subsequente.

Nas operações de resgates e de subscrições, a contabilidade deverá registar em separado o valor base das unidades de participação, por forma a evidenciar a diferença entre este e os respectivos valores de resgate ou subscrição antes das comissões devendo, esta diferença, ser repartida entre a fracção imputável a valias não realizadas e a fracção atribuível a rendimentos distribuíveis.

2.3.6. POSIÇÃO CAMBIAL

As posições cambiais deverão ser reavaliadas diariamente em função dos valores de mercado de cada moeda em risco de câmbio.

As posições cambiais à vista, entendidas como o saldo líquido:

- dos activos e passivos dessa moeda;
- das operações à vista a aguardar liquidação;
- das operações a prazo que se vencem nos dois dias úteis seguintes;

são reavaliadas em função das cotações do *fixing* do Banco de Portugal.

Relativamente às moedas sobre as quais o Banco de Portugal não fixa cotações, o seu câmbio será calculado por via indirecta, através da cotação da moeda forte (marco alemão, dólar americano, iene japonês) a que essas moedas se encontram ligadas, utilizando-se as cotações fornecidas por agências internacionais de informação financeira, mundialmente reconhecidas, nomeadamente a Reuters e a Telerate.

O método utilizado para a determinação das cotações referidas no parágrafo anterior deve ser mencionado no anexo.

As posições cambiais a prazo, entendidas como o saldo líquido:

- das operações a prazo aguardando liquidação (excluindo as que se vençam nos dois dias úteis seguintes, já transferidas para a posição à vista);
- das operações de contratos de futuros;

são reavaliadas em função das cotações do mercado a prazo implícitas para cada operação.

2.3.7. CONTRATOS DE FUTUROS E OPÇÕES

Nas operações realizadas em mercados organizados, deve ser seguido o princípio utilizado internacionalmente designado por *mark-to-market*, que consiste em valorizar diariamente todos os contratos com base nas cotações das bolsas onde foram realizadas.

CAPÍTULO 3
Estrutura
e articulação das contas

Constituindo a contabilidade um subsistema de informação vocacionado para a determinação, valorização e expressão em apropriadas demonstrações económico--financeiras dos meios e recursos utilizados e do valor gerado pelo exercício de determinada actividade, através do registo das operações daí decorrentes, a forma como se define a estrutura e a codificação das contas reflecte-se na leitura, interpretação e conhecimento dos impactos económicos e financeiros dessa actividade.

Por esses motivos, constituiu principal preocupação definir um sistema de contas que permitissem uma leitura simples e objectiva das informações financeiras dos Fundos de Investimento Imobiliário, observando, em simultâneo, os modelos nacionais e internacionais, particularmente do sistema contabilístico das entidades financeiras.

Por último, tivemos também presente as potencialidades dos modernos sistemas informáticos, que permitirão o tratamento da informação de uma forma mais flexível e versátil quer ao nível da forma de codificação das contas, quer na posterior extracção de dados e consequente produção de relatórios quer para a gestão quer para a prestação de contas.

3.1. ESTRUTURA E ARTICULAÇÃO DAS CONTAS

Como já foi referido, o modelo preconizado aproxima-se do plano de contas bancário embora tendo-se integrado os aspectos e conceitos mais adequados quer do Plano Oficial de Contabilidade aprovado para a generalidade das empresas, quer de normativos internacionais, particularmente das directivas do Conselho das Comunidades Europeias.

A seguir apresenta-se a estrutura geral das contas, bem como a sua ligação de base às demonstrações financeiras dos Fundos de Investimento Imobiliário.

Como principais particularidades devemos referir que:

1. Para além dos impactos económicos e financeiros imediatos os quais são registados nas respectivas contas patrimoniais, há que acompanhar os valores inerentes aos contratos celebrados, os quais deverão ser evidenciados em anexo às demonstrações financeiras, das quais deve fazer parte integrante;

2. A estrutura das contas foi preconizada com vista à elaboração, de uma forma directa, do balanço, da demonstração dos resultados e dos quadros do anexo. Desta forma, prevê-se a elaboração da demonstração dos fluxos monetários não a partir das contas constantes no Plano mas através de uma tabela própria associada às operações registadas nas contas de disponibilidades (v. Capítulo 6);

3. Contrariamente ao estabelecido noutros planos contabilísticos, nomeadamente o Plano Oficial de Contabilidade, não foram definidas contas próprias para transferência dos saldos das contas de custos e de proveitos, ou seja, para apuramento dos resultados. Optou-se por uma solução próxima dos modelos anglo-saxónicos, em que os resultados são apurados a partir de operações sobre as contas de proveitos e custos, sem que tais tenham de ser reflectidas em qualquer conta contabilisticamente concebida para o efeito;

4. A definição das classes de contas teve por base os grandes grupos de elementos patrimoniais e de operações identificáveis neste tipo de negócio. Houve a preocupação de definir uma classe de contas que, conjuntamente com o resultado líquido do período, nos permitisse identificar o valor líquido do fundo, bem como as causas das suas variações;

ESTRUTURA GERAL DAS CONTAS

TIPO DE FACTOS	NATUREZA DA INFORMAÇÃO	Cód.	CLASSES DE CONTAS — Designação
PATRIMONIAIS	BALANÇO	1	DISPONIBILIDADES
		2	CART. de TÍTULOS e APLICAÇÕES
		3	IMÓVEIS
		4	CONTAS de TERCEIROS
		5	CONTAS de REGULARIZAÇÃO
		6	CAPITAL do FUNDO
	RESULTADOS	7	CUSTOS e PERDAS
		8	PROVEITOS e GANHOS
EXTRA PATRIMONIAIS	ANEXOS	9	CONTAS EXTRAPATRIMONIAIS

5. As oito classes de contas reservadas às contas para registo dos factos de natureza patrimonial, foram integralmente utilizadas. Ficou totalmente livre a classe 0, a qual poderá ser adaptada às necessidades específicas de cada sociedade gestora.

Apresenta-se, a seguir, um esquema de articulação das contas patrimoniais com as correspondentes demonstrações financeiras. Como se pode verificar, cada classe de contas irá constituir um grupo homogéneo de informação da demonstração financeira em que se vai integrar.

ARTICULAÇÃO DAS CONTAS PATRIMONIAIS

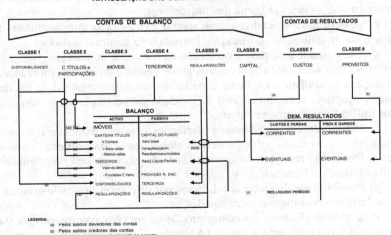

LEGENDA:
(a) Pelos saldos devedores das contas
(b) Pelos saldos credores das contas
(c) Valor do resultado líquido apurado no período

Desta forma, cada classe contemplará não apenas as contas representativas do elemento patrimonial de base, v.g. aplicação em obrigações, como também as correspondentes flutuações de valor quer consistindo em valorizações ou em depreciações, v.g. mais ou menos valias, por forma a reflectir, no seu conjunto, o valor líquido desse elemento.

A necessidade de determinar e contabilizar diariamente o valor líquido do fundo vai enfatizar a aplicação do princípio da especialização dos proveitos e custos e o consequente reflexo em contas de regularização. Por esse motivo, justifica-se a criação de uma classe de contas de regularização, a qual irá constituir os correspondentes grupos homogéneos no activo e no passivo do balanço.

Também ao nível dos proveitos e custos, as contas foram estruturadas nas respectivas classes por forma a identificar grupos de resultados, de acordo com a sua natureza e características. De forma genérica, prevê-se a distinção entre resultados correntes e resultados eventuais, os quais poderão ser ainda analisados a nível mais elementar (v. capítulo 6).

3.2. CODIFICAÇÃO E LISTA DE CONTAS

3.2.1. CODIFICAÇÃO

No que concerne à codificação, optou-se por um sistema de código flexível em vez de um código rígido, que procura responder a múltiplas finalidades. Esta opção justifica-se por:

a) As potencialidades dos sistemas informáticos os quais podem recorrer às tecnologias assentes nos *flexfieds* para flexibilizar a estrutura de dados e a sua utilização futura;

b) A possibilidade de utilizar caracteres alfanuméricos, o que torna a linguagem do código mais próxima dos utilizadores;

c) A definição de códigos com menor extensão, o que se traduz numa melhoria dos trabalhos de codificação, introdução e leitura dos dados;

d) Uma grande redução da dimensão da lista base de contas;

e) Melhor adequação às necessidades de gestão e dos outros utilizadores da informação contabilística. De facto, cada fundo terá bastante liberdade em definir atributos próprios, sem aumentar a dificuldade de prestação de informações a outros utilizadores externos e internos;

f) Facilidade em se adaptar a alterações e novas exigências futuras, na medida em que as consequências de tais alterações se irão reflectir apenas em meras extensões ou reduções do sistema existente, sem que seja posta em causa a estrutura base da informação.

g) Possibilidade de elaborar relatórios por diferentes ópticas e grau de análise, incluindo o cruzamento entre aquelas.

Para codificação-base das contas propõe-se um código composto por 9 dígitos, repartidos por três campos (*flexfields*) distintos, assim composto: **xxxxxx.xx.x**

- O primeiro campo composto por **seis dígitos** destina-se à natureza das contas, conforme lista do respectivo plano;
- O segundo campo composto por **dois dígitos** destina-se à identificação do tipo de operação ou de entidade. Assim, poderá ser utilizado de uma forma flexível por cada fundo e, neste, em cada classe de contas quer por força de necessidade de prestação de informações complementares, por exemplo tipos de imóveis, títulos cotados ou não cotados, ou outra informação para a gestão.
- O terceiro campo composto por apenas **um dígito** destina-se à identificação da localização da entidade. Esta informação visa responder à necessidade de conhecer a localização das entidades intervenientes nas operações (residentes ou não residentes) ou emitentes dos títulos que integram a carteira do fundo (Portugal, União Europeia ou outro país).

Procurou-se definir um código de contas pouco extenso, mas capaz de contemplar o registo de todos os factos relacionados com operações dos Fundos de Investimento Imobiliário. Também, utilizando o conjunto dos campos referidos, poderão ser organizadas informações por diferentes sequências, nomeadamente:

NATUREZA
        TIPO
                LOCALIZAÇÃO

ou

TIPO
        NATUREZA
                LOCALIZAÇÃO

ou

LOCALIZAÇÃO
        TIPO
                NATUREZA

e assim sucessivamente.

Quanto ao código representativo da natureza da conta, preconiza-se a sua estruturação da forma seguinte:

- O primeiro dígito identifica a classe de contas;
- As contas de **dois** dígitos constituem as contas de razão geral (1.° grau);
- As contas de **três** dígitos representam contas de 2.° grau;
- As contas de **quatro** dígitos representam contas de 2.° ou de 3.° grau;
- As contas de **seis** dígitos representam contas de 5.° (último) grau.

Quaisquer das contas de 2.° ao 5.° (último) grau podem constituir contas de movimento, dependendo da extensão da informação necessária. O sistema de gestão contabilístico do fundo deve, relativamente a cada conta, permitir identificar:

a) O seu grau (3.°, 4.° ou 5.°);
b) Se é conta de acumulação (de razão ou intermédia) ou de movimento;
c) Qual a conta para onde acumula (sendo intermédia ou de movimento).

3.2.2. *LISTA DE CONTAS*

A seguir apresenta-se a lista de contas previstas por cada uma das classes. Os conteúdos das classes e das contas, bem como as regras de movimentação destas últimas, serão desenvolvidos no capítulo seguinte. As contas constantes da lista representam o desenvolvimento mínimo. O desdobramento de algumas contas identificadas como de movimento poderá ser realizado, desde que tal contribua para melhoria da informação do Fundo de Investimento Imobiliário. Para além disso, faculta-se às entidades gestoras a criação de contas intermédias, sempre que na lista surja tal possibilidade através da notação "...". Prevê-se o recurso a tabelas auxiliares para elaboração do quadro de fluxos monetários.

ESTRUTURA DAS CLASSES DE CONTAS

CLASSES DE CONTAS		CONTAS DO RAZÃO GERAL	
Cód.	Designação	Cód.	Designação
1	DISPONIBILIDADES	11	NUMERÁRIO
		12	DEPÓSITOS À ORDEM
		13	DEPÓSITOS A PRAZO E COM PRÉ-AVISO
		14	CERTIFICADOS DE DEPÓSITO
		18	OUTROS MEIOS MONETÁRIOS
2	CARTEIRA DE TÍTULOS E PARTICIPAÇÕES	21	OBRIGAÇÕES
		22	PARTICIPAÇÕES EM SOCIEDADES IMOBILIÁRIAS
		23	TÍTULOS DE PARTICIPAÇÃO
		24	UNIDADES DE PARTICIPAÇÃO
		25	DIREITOS
		26	OUTROS INSTRUMENTOS DE DÍVIDA
		28	MAIS E MENOS VALIAS
3	IMÓVEIS	31	TERRENOS
		32	CONSTRUÇÕES
		33	ADIANTAMENTOS P/ COMPRA DE IMÓVEIS
		38	AJUSTAMENTOS EM IMÓVEIS
4	CONTAS DE TERCEIROS	41	DEVEDORES
		42	CREDORES
		43	ADIANTAMENTOS P/ VENDA DE IMÓVEIS
		44	EMPRÉSTIMOS CONTRAÍDOS
		48	PROVISÕES ACUMULADAS
5	CONTAS DE REGULARIZAÇÃO	51	PROVEITOS A RECEBER
		52	DESPESAS COM CUSTO DIFERIDO
		55	CUSTOS A PAGAR
		56	RECEITAS COM PROVEITO DIFERIDO
		58	OUTRAS CONTAS REGULARIZAÇÃO
		59	CONTAS INTERNAS
6	CAPITAL DO FUNDO	61	UNIDADES DE PARTICIPAÇÃO
		62	VARIAÇÕES PATRIMONIAIS EM SUBS. E RESGATES
		63	RESULTADOS TRANSITADOS
		64	RESULTADOS DISTRIBUÍDOS
		65	AJUSTAMENTOS EM IMÓVEIS
7	CUSTOS E PERDAS	71	JUROS E CUSTOS EQUIPARADOS
		72	COMISSÕES
		73	PERDAS OPER. FINAN. E VALORES IMOBILIARIOS
		74	IMPOSTOS
		75	PROVISOES PARA RISCOS E ENCARGOS
		76	FORNECIMENTOS E SERVIÇOS EXTERNOS
		77	OUTROS CUSTOS E PERDAS CORRENTES
		78	PERDAS EVENTUAIS
8	PROVEITOS E GANHOS	81	JUROS E PROVEITOS EQUIPARADOS
		82	REND. DE TÍTULOS E DE PARTICIPAÇÕES
		83	GANHOS EM OPER. FIN. E VALORES IMOBILIÁRIOS
		85	REPOSIÇÃO E ANULAÇÃO DE PROVISÕES
		86	RENDIMENTOS DE IMÓVEIS
		87	OUTROS PROVEITOS E GANHOS CORRENTES
		88	GANHOS EVENTUAIS
9	CONTAS EXTRAPATRIMONIAIS	91	OPERAÇÕES CAMBIAIS
		92	OPERAÇÕES SOBRE TAXAS DE JURO
		94	COMPROMISSOS COM E DE TERCEIROS
		99	CONTAS DE CONTRAPARTIDA

CLASSE 1 - DISPONIBILIDADES

ESTRUTURA GLOBAL DA CLASSE DE CONTAS

NATUREZA DAS CONTAS DE RAZÃO		TIPO/ENTIDADE		LOCALIZAÇÃO		TABELAS
Código	Designação	Cód.	Designação	Cód.	Designação	AUXILIARES
11	NUMERÁRIO					
12	DEPÓSITOS À ORDEM	Bx	Banco X	P	Portugal	A - Moedas
13	DEPÓSITOS PRAZO E P.AVISO		....	U	União Europeia	B - Fluxos
14	CERTIFICADOS DE DEPÓSITO					Monetários
18	OUTROS MEIOS MONETÁRIOS			O	Outros países	

EXEMPLOS DE CODIFICAÇÃO

Código   1201.B1.P
Designação: Conta D.O.n° xxxx, Banco B1, Portugal

Código   1301.B2.U
Designação: Conta D.P.n° xxxx, Banco B2, Un. Eur.

Código   1202.B2.U
Designação: Conta D.O.n° xxxx, Banco B2, Un.Eur.

Código   1402.B3.P
Designação: Certif. Depósitos, Banco B3, Portugal

CÓDIGO DAS CONTAS, POR NATUREZA

Código	Designação
11	NUMERÁRIO
......	
12	DEPÓSITOS À ORDEM
1201	Conta n° ......
......	
13	DEPÓSITOS A PRAZO E COM PRÉ-AVISO
1301	Conta n° ......
......	
14	CERTIFICADOS DE DEPÓSITO
1401	Conta n° ......
18	OUTROS MEIOS MONETÁRIOS
1801	......

CLASSE 2 - CARTEIRA DE TÍTULOS e PARTICIPAÇÕES

ESTRUTURA GLOBAL DA CLASSE DE CONTAS

NATUREZA DAS CONTAS DE RAZÃO		TIPO/ENTIDADE		LOCALIZAÇÃO		TABELA
Código	Designação	Cód.	Designação	Cód.	Designação	AUXILIAR
21	OBRIGAÇÕES					
22	PARTICIPAÇÕES EM SOC.IMOB					
23	TÍTULOS DE PARTICIPAÇÃO			P	Portugal	A - Moedas
24	UNIDADES DE PARTICIPAÇÃO			U	União Europeia	
25	DIREITOS			O	Outros países	
26	OUTROS INSTRUM. DE DÍVIDA					
28	MAIS E MENOS VALIAS					

EXEMPLOS DE CODIFICAÇÃO

Código 211101.P
Designação: Obrigações do tesouro, Portugal

Código 221.xx.U
Designação: Participação na Emp.XX. Un.Eur.

Código 2421.xx.P
Designação: Fundo inv.imobiliário, Portugal

Código 2812.xx.U
Designação: Mais-valias particip. emp.X, Un.Eur.

CÓDIGO DAS CONTAS, POR NATUREZA

Código	Designação
21	**OBRIGAÇÕES**
# 211	TÍTULOS DA DÍVIDA PÚBLICA
# 2111	TAXA FIXA
211101	Obrigações do tesouro
# 2112	TAXA INDEXADA
211201	F.I.P.s
211202	E.I.A.s
211203	O.C.A.s
211204	O.T.R.V.s

Contas intermédias

CLASSE 2 - CARTEIRA DE TÍTULOS e PARTICIPAÇÕES

página   2

CÓDIGO DAS CONTAS, POR NATUREZA

Código	Designação
21	**OBRIGAÇÕES** (continuação)
# 212	OUTROS FUNDOS PÚBLICOS EQUIPARADOS
# 2121	TAXA FIXA
212101	Títulos ....
.....	
# 2122	TAXA INDEXADA
212201	Títulos ....
.....	
# 213	OBRIGAÇÕES HIPOTECÁRIAS
2131	Obrigações ...
......	
# 214	OBRIGAÇÕES de EMPRESAS
2141	Obrigações ...
.....	
# 217	VALORES EMPRESTADOS
2171	Títulos da dívida Pública
2172	Outros fundos públicos e equiparados
2173	Obrigações diversas
22	**PARTICIPAÇÕES EM SOC. IMOBILIÁRIAS**
# 221	Acções
# 222	Quotas
# 223	Outras participações
23	**TÍTULOS DE PARTICIPAÇÃO**
231	Títulos ...
.....	
24	**UNIDADES DE PARTICIPAÇÃO**
# 241	FUNDOS de INVESTIMENTO IMOBILIÁRIOS
2411	Fundo ....
# 242	FUNDOS de INVESTIMENTO MOBILIÁRIOS
2421	Fundo ....

Contas intermédias

CLASSE 2 - CARTEIRA DE TÍTULOS e PARTICIPAÇÕES

página 3

CÓDIGO DAS CONTAS, POR NATUREZA	
Código	**Designação**
25	**DIREITOS**
251	Direitos de subscrição
...	
258	Outros direitos
26	**OUTROS INSTRUMENTOS DE DÍVIDA**
261	Bilhetes do Tesouro
262	CLIP´S
# 263	PAPEL COMERCIAL
...	
# 268	Outros
28	**MAIS E MENOS VALIAS**
# 281	MAIS VALIAS
# 2811	EM OBRIGAÇÕES
281101	Em títulos da dívida pública
281102	Em outros fundos públicos
281103	Em obrigações hipotecárias
281104	Em obrigações de empresas
...	....
# 2812	EM PARTICIPAÇÕES SOC. IMOBILIÁRIAS
281201	Em participações sob a forma de acções
281202	Em participações sob a forma de quotas
281203	Em participações sob outras formas
# 2813	EM TÍTULOS DE PARTICIPAÇÃO
2813..	Em ....
# 2814	EM UNIDADES DE PARTICIPAÇÃO
281401	Em fundos de investimento imobiliário
281402	Em fundos de investimento mobiliário
# 2815	EM DIREITOS
281501	Em direitos de subscrição
...	
281508	Em outros direitos
# 2816	EM OUTROS INSTRUMENTOS DE DÍVIDA
281601	Em bilhetes do tesouro
......	...
281603	Em papel comercial

Contas intermédias

CLASSE 2 - CARTEIRA DE TÍTULOS e PARTICIPAÇÕES	
	página 4

CÓDIGO DAS CONTAS, POR NATUREZA	
Código	**Designação**
28	**MAIS E MENOS VALIAS** (continuação)
# 282	MENOS VALIAS
# 2821	EM OBRIGAÇÕES
282101	Em títulos da dívida pública
282102	Em outros fundos públicos
282103	Em obrigações hipotecárias
282104	Em obrigações de empresas
....	....
# 2822	EM PARTICIPAÇÕES SOC. IMOBILIÁRIAS
282201	Em participações sob a forma de acções
282202	Em participações sob a forma de quotas
282203	Em participações sob outras formas
# 2823	EM TÍTULOS DE PARTICIPAÇÃO
282301	Em títulos ...
# 2824	EM UNIDADES DE PARTICIPAÇÃO
282401	Em fundos de investimento imobiliário
282402	Em fundos de investimento mobiliário
...	
# 2825	EM DIREITOS
282501	Em direitos de subcrição
...	
282508	Em outros direitos
# 2826	EM OUTROS INSTRUMENTOS DE DÍVIDA
282601	Em bilhetes do tesouro
....	....
282603	Em papel comercial

Contas intermédias

CLASSE 3 - IMÓVEIS

ESTRUTURA GLOBAL DA CLASSE DE CONTAS

NATUREZA DAS CONTAS DE RAZÃO		TIPO/ENTIDADE		LOCALIZAÇÃO		TABELA AUXILIAR
Código	Designação	Cód.	Designação	Cód.	Designação	
31	TERRENOS	CM	Comércio	P	Portugal	A - Moedas
32	CONSTRUÇÕES	HB	Habitação	U	União Europeia	
33	ADIANTAMENTOS P/ C/ IMÓVEIS	SV	Serviços	O	Outros países	
38	AJUSTAMENTOS EM IMÓVEIS	OT	Outros			

EXEMPLOS DE CODIFICAÇÃO

Código Designação:	Código Designação:
Código Designação:	Código Designação:

CÓDIGO DAS CONTAS, POR NATUREZA

Código	Designação
31	**TERRENOS**
311	Terrenos urbanizados
312	Terrenos não urbanizados
...	
32	**CONSTRUÇÕES**
# 321	Construções acabadas
3211	Arrendadas
3212	Não arrendadas
# 322	Construções em curso
33	**ADIANTAMENTOS P/COMPRA IMÓVEIS**
331	Adiantamentos p/conta de terrenos
332	Adiantamentos p/conta de construções

Contas intermédias

CLASSE 3 - IMÓVEIS	página 2

CÓDIGO DAS CONTAS, POR NATUREZA	
Código	**Designação**
38	**AJUSTAMENTOS DE IMOVEIS**
# 381	AJUSTAMENTOS FAVORÁVEIS
3811	Ajustamentos de terrenos
# 3812	Ajustamentos de construções
381201	Acabadas
381202	Em curso
# 382	AJUSTAMENTOS DESFAVORÁVEIS
3821	Ajustamentos de terrenos
# 3822	Ajustamentos de construções
382201	Acabadas
382202	Em curso

Contas intermédias

CLASSE 4 - CONTAS DE TERCEIROS

ESTRUTURA GLOBAL DA CLASSE DE CONTAS

NATUREZA DAS CONTAS DE RAZÃO		TIPO/ENTIDADE		LOCALIZAÇÃO		TABELA
Código	Designação	Cód.	Designação	Cód.	Designação	AUXILIAR
41	DEVEDORES			P	Portugal	
42	CREDORES			U	União Europeia	A - Moedas
43	ADIANTAMENTOS P/V IMÓVEIS			O	Outros países	
44	EMPRÉSTIMOS CONTRAÍDOS					
48	PROVISÕES ACUMULADAS					

EXEMPLOS DE CODIFICAÇÃO

Código   4111.00.P
Designação: Dev.p/obr.venc.a regularizar, Port.

Código   4122.00.U
Designação: Dev.p/juros venc.de cob.duv., U.E.

Código   421.00.P
Designação: Resgate a pagar a participantes, Port.

Código   4813.00.U
Designação: Provisões p/juros vencidos, U. E..

CÓDIGO DAS CONTAS, POR NATUREZA

Código	Designação
41	**DEVEDORES**
# 411	DEVEDORES POR TÍTULOS VENCIDOS
4111	A regularizar
4112	Em contencioso
4113	Despesas com crédito vencido
# 412	DEVEDORES POR JUROS VENCIDOS
4121	A regularizar
4122	Em contencioso
4123	Despesas com crédito vencido
# 413	DEVEDORES POR RENDAS VENCIDAS
4131	A regularizar
4132	Em contencioso
4133	Despesas com crédito vencido
....	

Contas intermédias

CLASSE 4 - CONTAS DE TERCEIROS
página

2

CÓDIGO DAS CONTAS, POR NATUREZA	
Código	Designação
41	**DEVEDORES** (continuação)
# 414	OPERAÇÕES COMPRA C/ACORDO REVENDA
# 4141	TÍTULOS
414101	Títulos da dívida pública
414102	Outros fundos públicos e equiparados
414103	Obrigações
.....	...
4148	Outras operações
# 415	DEVEDORES P/OPERAÇÕES S/ OPÇÕES
# 4151	PRÉMIOS
415101	Em opções de moeda
415102	Em opções de taxa de juro
4158	Outros
# 416	DEVEDORES P/OPERAÇOES S/ FUTUROS
4161	Em futuros de moeda
4162	Em futuros de taxa de juro
# 418	OUTROS VALORES A RECEBER
4181	Devedores p/ venda de direitos de propriedade
4182	Devedores p/ venda de participações
...	
4189	Outros devedores
42	**CREDORES**
421	Resgates a pagar aos participantes
422	Rendimentos a pagar aos participantes
# 423	COMISSÕES A PAGAR
4231	Sociedade Gestora
4232	Banco Depositário
4233	Entidades de intermediação
.....	...
4239	A outras entidades
# 424	OPERAÇÕES VENDA C/ACORDO RECOMPRA
# 4241	TÍTULOS
424101	Títulos da dívida pública
424102	Outros fundos públicos e equiparados
424103	Obrigações
.....	
4248	Outras operações

Contas intermédias

CLASSE 4 - CONTAS DE TERCEIROS

CÓDIGO DAS CONTAS, POR NATUREZA

Código	Designação
42	**CREDORES** (continuação)
# 425	CREDORES P/OPERAÇÕES S/ OPÇÕES
# 4251	PRÉMIOS
425101	Em opções de moeda
425102	Em opções de taxa de juro
4258	Outros
# 426	CREDORES P/OPERAÇÕES S/ FUTUROS
4261	Em futuros de moeda
4262	Em futuros de taxa de juro
427	SECTOR PÚBLICO ADMINISTRATIVO
4271	Imposto retido
4272	Imposto apurado
4273	Imposto a pagar
4274	Imposto a recuperar
4278	Outros
# 428	OUTROS VALORES A PAGAR
4281	Credores p/compra de direitos de propriedade
4282	Credores p/ compra de participações
4283	Credores p/fornecimentos serviços externos
....	
4289	Outros credores
43	**ADIANTAMENTOS P/VENDA DE IMÓVEIS**
431	Adiantamento p/conta de terrenos
432	Adiantamento p/conta de construções
44	**EMPRÉSTIMOS CONTRAÍDOS**
441	Entidade ...
48	**PROVISOES ACUMULADAS**
# 481	PROVISÕES PARA CRÉDITO VENCIDO
4811	Para devedores por títulos vencidos
4812	Para devedores por juros vencidos
4813	Para rendas vencidas
4814	Para outros valores a receber
# 482	PROVISÕES PARA RISCOS E ENCARGOS
4821	Para risco-país
4822	Para impostos a pagar
.....	
4829	Para outros riscos e encargos

Contas intermédias

CLASSE 5 - CONTAS DE REGULARIZAÇÃO

ESTRUTURA GLOBAL DA CLASSE DE CONTAS

NATUREZA DAS CONTAS DE RAZÃO		TIPO/ENTIDADE		LOCALIZAÇÃO		TABELA
Código	**Designação**	**Cód.**	**Designação**	**Cód.**	**Designação**	**AUXILIAR**
		Bx	Banco X			
51	PROVEITOS A RECEBER	PU	Put			
52	DESPESAS C/CUSTO DIF.	CP	Compra	P	Portugal	A - Moedas
55	CUSTOS A PAGAR	VD	Venda	U	União Europeia	
56	RECEITAS C/PROVEITO DIF.			O	Outros países	
58	OUTRAS CONTAS REG.					
59	CONTAS INTERNAS					

EXEMPLOS DE CODIFICAÇÃO

Código   5113.Bx.P
Designação: Juros dep.prazo,Banco x,Port.

Código   512101.xx.P
Designação: Juros tít.dív.pública,,Portugal

Código   529103.CP.O
Designação: D.C.dif.,swap moeda,compra,Out.país

Código   561601.BX.P
Designação: Juros antecipados,BTs,,Portugal

CÓDIGO DAS CONTAS, POR NATUREZA

Código	Designação
51	**PROVEITOS A RECEBER**
# 511	DE DISPONIBILIDADES
5112	De depósitos à ordem
5113	De depósitos a prazo e com pré-aviso
5114	De certificados de depósito
5118	De outras contas de meios monetários
# 512	DA CARTEIRA TÍT. E PART. SOC. IMOBIL.
# 5121	DE OBRIGAÇÕES
512101	De títulos da dívida pública
512102	De outros fundos públicos equiparados
512103	De obrigações
512107	De valores emprestados
# 5122	DE PARTICIPAÇÕES EM SOC.IMOBIL.
512201	De acções
512202	De outras participações

Contas intermédias

CLASSE 5 - CONTAS DE REGULARIZAÇÃO	página 2

CÓDIGO DAS CONTAS, POR NATUREZA	
Código	**Designação**
51	**PROVEITOS A RECEBER** (continuação)
# 5123	DE TÍTULOS DE PARTICIPAÇÃO
512301	De títulos ....
....	
# 5124	DE UNIDADES DE PARTICIPAÇÃO
512401	De fundos de investimento imobiliários
512402	De fundos de investimento mobiliários
# 5126	DE OUTROS TÍTULOS DE DÍVIDA
512601	De bilhetes do tesouro
512602	De papel comercial
512608	De outros títulos de dívida
# 513	DE IMÓVEIS
5131	De ....
# 514	DE CONTAS DE TERCEIROS
5141	De devedores
518	Outros proveitos a receber
# 519	EM OPERAÇÕES EXTRAPATRIMONIAIS
# 5191	EM OPERAÇÕES CAMBIAIS
519102	Em operações cambiais a prazo ("FORWARD")
519103	Em operações de "SWAP" de moeda
519104	Em operações de OPCÕES de moeda
519105	Em operações de FUTUROS de moeda
# 5192	EM OPERAÇÕES SOBRE TAXAS DE JURO
519201	Em contratos a prazo de taxa de juro ("FRA")
519202	Em operações de "SWAP" de taxa de juro (IRS)
519203	Em contratos de garantia de taxa de juro
519204	Em operações de OPCÕES de taxa de juro
519205	Em operações de FUTUROS de taxa de juro
52	**DESPESAS COM CUSTO DIFERIDO**
# 522	DA CARTEIRA TÍTULOS E PART.SOC. IMOBIL.
# 5221	OBRIGAÇÕES
....	
5226	De outros títulos de dívida
# 523	DE IMÓVEIS
5231	Condomínios adiantados
5232	Seguros antecipados
.....	

Contas intermédias

CLASSE 5 - CONTAS DE REGULARIZAÇÃO   página 3

CÓDIGO DAS CONTAS, POR NATUREZA

Código	Designação
52	**DESPESAS C/ CUSTO DIFERIDO** (continuação)
528	Outras despesas com custo diferido
# 529	EM OPERAÇÕES EXTRAPATRIMONIAIS
# 5291	EM OPERAÇÕES CAMBIAIS
529102	Em operações cambiais a prazo ("FORWARD")
529103	Em operações de "SWAP" de moeda
529104	Em operações de OPÇÕES de moeda
529105	Em operações de FUTUROS de moeda
# 5292	EM OPERAÇÕES SOBRE TAXAS DE JURO
529201	Em contratos a prazo de taxa de juro ("FRA")
529202	Em operações de "SWAP" de taxa de juro (IRS)
529204	Em operações de OPÇÕES de taxa de juro
529205	Em operações de FUTUROS de taxa de juro
55	**CUSTOS A PAGAR**
552	Comissões a liquidar
# 553	CUSTOS A PAGAR DE IMÓVEIS
5531	…
…….	
558	Outros custos a pagar
56	**RECEITAS COM PROVEITO DIFERIDO**
# 561	DA CARTEIRA TÍTULOS PART. SOC. IMOBIL.
# 5611	De Títulos da dívida pública
# 5612	De participações em soc.imobiliárias
# 5613	De obrigações
561301	De obrigações hipotecárias
561302	De outras obrigações
# 5616	De outros instrumentos da dívida
561601	Bilhetes do tesouro
561602	Papel comercial
# 563	DE IMÓVEIS
5631	Rendas adiantadas
….	
568	Outras receitas com proveito diferido

Contas intermédias

CLASSE 5 - CONTAS DE REGULARIZAÇÃO   página 4

| CÓDIGO DAS CONTAS, POR NATUREZA ||
Código	Designação
56	**RECEITAS C/PROV.DIFERIDO** (continuação)
# 569	· EM OPERAÇÕES EXTRAPATRIMONIAIS
# 5691	EM OPERAÇÕES CAMBIAIS
569102	Em operações cambiais a prazo ("FORWARD")
569103	Em operações de "SWAP" de moeda
569104	Em operações de OPCÕES de moeda
569105	Em operações de FUTUROS de moeda
# 5692	EM OPERAÇÕES SOBRE TAXAS DE JURO
569201	Em contratos a prazo de taxa de juro ("FRA")
569202	Em operações de "SWAP" de taxa de juro (IRS)
569204	Em operações de OPCÕES de taxa de juro
569205	Em operações de FUTUROS de taxa de juro
58	**OUTRAS CONTAS DE REGULARIZAÇÃO**
# 581	Operações de regularização de vendas de títulos
5811	Operações de Bolsa
5812	Operações fora de Bolsa
# 582	Operações de regularização de compras de títulos
5821	Operações de Bolsa
5822	Operações fora de Bolsa
# 583	AJUSTAMENTOS DE COTAÇÕES
# 5831	DE OPERAÇÕES CAMBIAIS
583102	De operações cambiais a prazo ("FORWARD")
583103	De operações de "SWAP" de moeda
583104	De operações de OPCÕES de moeda
583105	De operações de FUTUROS de moeda
# 5832	DE OPERAÇÕES SOBRE TAXAS DE JURO
583201	De contratos a prazo de taxa de juro ("FRA")
583202	De operações de "SWAP" de taxa de juro (IRS)
583203	De contratos de garantia de taxa de juro
583204	De operações de OPCÕES de taxa de juro
583205	De operações de FUTUROS de taxa de juro
588	Outras operações a regularizar

Contas intermédias

CLASSE 5 - CONTAS DE REGULARIZAÇÃO	página 5

CÓDIGO DAS CONTAS, POR NATUREZA	
Código	**Designação**

59	**CONTAS INTERNAS**
# 591	OPERAÇÕES CAMBIAIS A LIQUIDAR
5911	Operação cambial à vista
5912	Operação cambial a prazo
# 5913	OPERAÇÃO DE "SWAP"
591301	Operações de "SWAP" à vista
591302	Operações de "SWAP" a prazo
# 5914	OPÇÕES
591401	Opções compradas
591402	Opções vendidas
5915	FUTUROS
# 592	OPERAÇÕES DE TAXA DE JURO A LIQUIDAR
5921	De contratos a prazo de taxa de juro ("FRA")
5922	De contratos "SWAPS" de taxas de juro
5923	De contratos de garantia de taxa de juro
5924	De operações de OPCÕES de taxa de juro
5925	De operações de FUTUROS de taxa de juro
# 595	POSIÇÃO CAMBIAL
5951	Posição cambial à vista
5952	Posição cambial a prazo
598	Outras contas internas

Contas intermédias

CLASSE 6 - CAPITAL DO FUNDO

ESTRUTURA GLOBAL DA CLASSE DE CONTAS

NATUREZA DAS CONTAS DE RAZÃO		TIPO/ENTIDADE		LOCALIZAÇÃO		TABELA AUXILIAR
Código	Designação	Cód	Designação	Cód.	Designação	
61	UNIDADES DE PARTICIPAÇÃO			P	Portugal	
62	VARIAÇÕES PATRIMONIAIS			U	União Europeia	A - Moedas
63	RESULTADOS TRANSITADOS			O	Outros países	
64	RESULTADOS DISTRIBUÍDOS					
65	AJUSTAMENTOS EM IMÓVEIS					

EXEMPLOS DE CODIFICAÇÃO

Código	611.00.R	Código	631.00.P
Designação:	Valor base das UPs, Portugal	Designação:	Resultados aprovados, Portugal
Código	6222.00.P	Código	641.00.O
Designação:	Dif.em resgates de rend. dist., Portugal	Designação:	Resultados distribuídos, Outro país

CÓDIGO DAS CONTAS, POR NATUREZA

Código	Designação
61	**UNIDADES DE PARTICIPAÇÃO**
611	Valor base
62	**VARIAÇÕES PATRIM. EM SUBS. E RESG.**
# 621	RELATIVAS A VALIAS NÃO REALIZADAS
6211	Diferenças em subscrições
6212	Diferenças em resgates
# 622	RELATIVAS A RENDIMENTOS DISTRIBUÍVEIS
6221	Diferenças em subscrições
6222	Diferenças em resgates
63	**RESULTADOS TRANSITADOS**
631	Resultados aprovados
632	Resultados aguardando aprovação
634	Resultados distribuídos em exercícios findos
64	**RESULTADOS DISTRIBUÍDOS**
641	Resultados distribuídos a participantes
65	**AJUSTAMENTOS EM IMÓVEIS**
651	Ajustamentos favoráveis
652	Ajustamentos desfavoráveis

Contas intermédias

CLASSE 7 - CUSTOS E PERDAS

ESTRUTURA GLOBAL DA CLASSE DE CONTAS

NATUREZA DAS CONTAS DE RAZÃO		TIPO/ENTIDADE		LOCALIZAÇÃO		TABELA
Código	Designação	Cód.	Designação	Cód.	Designação	AUXILIAR
71	JUROS CUSTOS EQUIPARADOS					
72	COMISSÕES			P	Portugal	
73	PERDAS OP.FIN.e VAL.IMOBIL.			U	União Europeia	A - Moedas
74	IMPOSTOS			O	Outros países	
75	PROVISÕES P/RISCOS ENCARGOS					
76	FORNEC.E SERVIÇOS EXTERNOS					
77	OUT.CUSTOS PERDAS CORRENTES					
78	PERDAS EVENTUAIS					

EXEMPLOS DE CODIFICAÇÃO

Código 7112.00.U
Designação: Juros deved.dep.à ordem, U.E.

Código 732101.00.P
Designação: Perdas em títulos dívida pública, Portugal

Código 724.00.P
Designação: Comissão de gestão, Portugal

Código 781.00.O
Designação: Valores incobráveis, Outros países

CÓDIGO DAS CONTAS, POR NATUREZA

Código	Designação
71	**JUROS E CUSTOS EQUIPARADOS**
# 711	DE DISPONIBILIDADES
7112	De depósitos à ordem
7118	De outras contas de meios monetários
# 712	DA CARTEIRA TÍTULOS E PART SOC IMOBIL
# 7121	DE OBRIGAÇÕES
# 7126	De outros instrumentos de dívida
# 714	DE CONTAS DE TERCEIROS
7141	De contas de devedores
7142	De contas de credores
7143	De empréstimos contraídos
# 718	OUTROS JUROS E CUSTOS EQUIPARADOS
.....	
# 719	DE OPERAÇÕES EXTRAPATRIMONIAIS
# 7191	DE OPERAÇÕES CAMBIAIS
719101	De operações cambiais à vista ("SPOT")
719102	De operações cambiais a prazo ("FORWARD")
719103	De operações de "SWAP" de moeda
719104	De operações de OPCÕES de moeda
719105	De operações de FUTUROS de moeda

Contas intermédias

CLASSE 7 - CUSTOS E PERDAS	página 2

CÓDIGO DAS CONTAS, POR NATUREZA	
Código	**Designação**
71	**JUROS E CUSTOS EQUIPARADO**S (continuação)
# 7192	DE OPERAÇÕES SOBRE TAXAS DE JURO
719201	De contratos a prazo de taxa de juro ("FRA")
719202	De operações de "SWAP" de taxa de juro (IRS)
719203	De contratos de garantia de taxa de juro
719204	De operações de OPCÕES de taxa de juro
719205	De operações de FUTUROS de taxa de juro
72	**COMISSÕES**
# 722	COMISSÕES DA CARTEIRA DE TÍTULOS
7221	Taxa de operações na Bolsa
7222	Taxa de operações fora da Bolsa
7223	Taxa de corretagem
.....	
7229	Outras comissões da carteira de títulos
# 723	COMISSÕES EM IMÓVEIS
# 7231	Comissões de intermediação
723101	Em transacções de imóveis
......	
724	Comissão de gestão
725	Comissão de depósito
728	Outras comissões
# 729	COMISSÕES DE OPERAÇÕES EXTRAPATRIM.
# 7291	DE OPERAÇÕES CAMBIAIS
729101	De operações cambiais à vista ("SPOT")
729102	De operações cambiais a prazo ("FORWARD")
729103	De operações de "SWAP" de moeda
729104	De operações de OPCÕES de moeda
729105	De operações de FUTUROS de moeda
# 7292	DE OPERAÇÕES SOBRE TAXAS DE JURO
729201	De contratos a prazo de taxa de juro ("FRA")
729202	De operações de "SWAP" de taxa de juro (IRS)
729203	De contratos de garantia de taxa de juro
729204	De operações de OPCÕES de taxa de juro
729205	De operações de FUTUROS de taxa de juro
73	**PERDAS OP. FINANC.e VAL.IMOBILIÁR.**
731	Perdas em disponibilidades
# 732	PERDAS NA CARTEIRA TÍTULOS E PART.
# 7321	EM OBRIGAÇÕES
732101	Em títulos da dívida pública
732102	Em outros fundos públicos equiparados
732103	Em obrigações hipotecárias
732103	Noutras obrigações

Contas intermédias

CLASSE 7 - CUSTOS E PERDAS

página 3

CÓDIGO DAS CONTAS, POR NATUREZA

Código	Designação
73	**PERDAS OP. FINANC.e VAL.IMOBILIÁR.**
# 7322	EM PARTICIPAÇÕES SOC. IMOBILIÁRIAS
732201	Em participações por acções
732202	Em quotas
732203	Noutras participações
# 7323	EM TÍTULOS DE PARTICIPAÇÃO
732301	Em títulos ....
# 7324	EM UNIDADES DE PARTICIPAÇÃO
732401	Em fundos de invetimento imobiliários
732402	Em fundos de invetimento mobiliários
# 7325	EM DIREITOS
732501	Em direitos de subscrição
...	
732509	Em outros direitos
# 7326	EM OUTROS INSTRUMENTOS DE DÍVIDA
732601	Em bilhetes do tesouro
# 733	PERDAS EM IMÓVEIS
7331	Perdas na alienação de imóveis
...	
738	Outras perdas em operações financeiras
# 739	EM OPERAÇÕES EXTRAPATRIMONIAIS
# 7391	EM OPERAÇÕES CAMBIAIS
739101	Em operações cambiais à vista ("SPOT")
739102	Em operações cambiais a prazo ("FORWARD")
739103	Em operações de "SWAP" de moeda
739104	Em operações de OPCÕES de moeda
739105	Em operações de FUTUROS de moeda
# 7392	EM OPERAÇÕES SOBRE TAXAS DE JURO
739201	De contratos a prazo de taxa de juro ("FRA")
739202	De operações de "SWAP" de taxa de juro (IRS)
739203	De contratos de garantia de taxa de juro
739204	De operações de OPCÕES de taxa de juro
739205	De operações de FUTUROS de taxa de juro
74	**IMPOSTOS E TAXAS**
# 741	IMPOSTOS INDIRECTOS
7411	Imposto do selo
...	
7418	Outros impostos indirectos
# 742	IMPOSTOS DIRECTOS
7421	Imposto de mais-valias
7422	Imposto s/rendimento apurado
...	
7428	Outros impostos directos

Contas intermédias

CLASSE 7 - CUSTOS E PERDAS	página 4

CÓDIGO DAS CONTAS, POR NATUREZA	
Código	**Designação**
75	**PROVISÕES DO EXERCÍCIO**
# 751	PROVISÕES PARA CRÉDITO VENCIDO
7511	Para devedores por títulos vencidos
7512	Para devedores por juros vencidos
7513	Para devedores por rendas vencidas
7514	Para outros valores a receber
# 752	PROVISÕES PARA RISCOS E ENCARGOS
7521	Para risco-país
7522	Para impostos a pagar
.....	
7528	Para outros riscos e encargos
76	**FORNECIMENTOS SERVIÇOS EXTERN**
761	Encargos de manutenção e conservação
7611	Electricidade
7612	Água
7613	Condomínio
7614	Reparações
7615	Vigilância e segurança
7616	Seguros
....	
762	Outros encargos
77	**OUTROS CUSTOS E PERDAS CORRENTES**
.....	
778	Diversos custos e perdas correntes
78	**CUSTOS E PERDAS EVENTUAIS**
781	Valores incobráveis
782	Perdas extraordinárias
783	Perdas imputáveis a exercícios anteriores
.....	
788	Outros custos e perdas eventuais

Contas intermédias

CLASSE 8 - PROVEITOS E GANHOS

ESTRUTURA GLOBAL DA CLASSE DE CONTAS

NATUREZA DAS CONTAS DE RAZÃO		TIPO/ENTIDADE		LOCALIZAÇÃO		TABELA AUXILIAR
Código	Designação	Cód.	Designação	Cód.	Designação	
81	JUROS PROVEITOS EQUIPARADOS					
82	REND.DE TÍTULOS e PARTICIP.			P	Portugal	A - Moedas
83	GANHOS em OPER.FIN.e VAL.IMOB			U	União Europeia	
85	REPOSIÇÃO E ANUL.PROVISÕES			O	Outros países	
86	RENDIMENTO DE IMÓVEIS					
87	OUT.PROV.E GANHOS CORRENTES					
88	GANHOS EVENTUAIS					

EXEMPLOS DE CODIFICAÇÃO

Código 8113.00.U
Designação: Juros depósitos a prazo, U.E.

Código 812103.00.P
Designação: Juros de obrig.diversas, Portugal

Código 839204.00.O
Designação: Ganhos opções taxas de juro, Out.País

Código 883.00.P
Designação: Ganhos imp.exerc.anteriores, Portugal

CÓDIGO DAS CONTAS, POR NATUREZA

Código	Designação
81	**JUROS E PROVEITOS EQUIPARADOS**
# 811	DE DISPONIBILIDADES
8112	De depósitos à ordem
8113	De depósitos a prazo e com pré-aviso
8114	De certificados de depósitos
8118	De outras contas de meios monetários
# 812	DA CARTEIRA TÍTULOS e PART. SOC. IMOB.
# 8121	JUROS DE OBRIGAÇÕES
812101	De títulos da dívida pública
812102	De outros fundos públicos e equiparados
812103	De obrigações hipotecárias
812104	De outras obrigações
# 8123	JUROS de TÍTULOS de PARTICIPAÇÃO
812301	De títulos ....
# 8126	JUROS DE OUTROS INSTRUMENTOS DE DÍVIDA
812601	Juros de bilhetes de tesouro
812602	Juros de papel comercial

Contas intermédias

CLASSE 8 - PROVEITOS E GANHOS	página 2

CÓDIGO DAS CONTAS, POR NATUREZA	
Código	**Designação**
81	**JUROS E PROVEITOS EQUIP.** (continuação)
# 814	DE CONTAS DE TERCEIROS
8141	De contas de devedores
8142	` De contas de credores
# 818	OUTROS JUROS E PROVEITOS EQUIPARADOS
# 819	DE OPERAÇÕES EXTRAPATRIMONIAIS
# 8191	DE OPERAÇÕES CAMBIAIS
819101	De operações cambiais à vista ("SPOT")
819102	De operações cambiais a prazo ("FORWARD")
819103	De operações de "SWAP" de moeda
819104	De operações de OPCÕES de moeda
819105	De operações de FUTUROS de moeda
# 8192	DE OPERAÇÕES SOBRE TAXAS DE JURO
819201	De contratos a prazo de taxa de juro ("FRA")
819202	De operações de "SWAP" de taxa de juro (IRS)
819203	De contratos de garantia de taxa de juro
819204	De operações de OPCÕES de taxa de juro
819205	De operações de FUTUROS de taxa de juro
82	**REND. TÍTULOS e PART. SOC. IMOBILIÁRIAS**
# 822	RENDIMENTO DE PART. SOC. IMOBILIÁRIAS
8221	De participações por acções
8222	De quotas
8223	De outras participações
# 823	RENDIMENTO de TÍTULOS de PARTICIPAÇÃO
8231 ...	De títulos ....
# 824	RENDIMENTO de UNIDADES PARTICIPAÇÃO
8241	De fundos de investimento imobiliários
8242	De fundos de investimento mobiliários
# 828	Outros rendimentos de títulos
# 829	DE OPERAÇÕES EXTRAPATRIMONIAIS
# 8291	DE OPERAÇÕES CAMBIAIS
829101	De operações cambiais à vista ("SPOT")
829102	De operações cambiais a prazo ("FORWARD")
829103	De operações de "SWAP" de moeda
829104	De operações de OPCÕES de moeda
829105	De operações de FUTUROS de moeda

Contas intermédias

CLASSE 8 - PROVEITOS E GANHOS

página
3

CÓDIGO DAS CONTAS, POR NATUREZA	
Código	**Designação**
82	**REND.TÍTULOS E PARTICIP.** (continuação)
# 8292	DE OPERAÇÕES SOBRE TAXAS DE JURO
829201	De contratos a prazo de taxa de juro ("FRA")
829202	De operações de "SWAP" de taxa de juro (IRS)
829203	De contratos de garantia de taxa de juro
829204	De operações de OPCÕES de taxa de juro
829205	De operações de FUTUROS de taxa de juro
83	**GANHOS OP. FIN. E VALORES IMOBIL.**
831	Ganhos em disponibilidades
# 832	GANHOS CART. TÍTULOS E PART. SOC. IMOB.
# 8321	EM OBRIGAÇÕES
832101	Em títulos da dívida pública
832102	Em outros fundos públicos equiparados
832103	Em obrigações hipotecárias
832104	Noutras obrigações
# 8322	EM PARTICIPAÇÕES SOC. IMOBILIÁRIAS
832201	Em participações por acções
832202	Em quotas
832203	Noutras participações
# 8323	EM TÍTULOS DE PARTICIPAÇÃO
832301	Em títulos ....
......	
# 8324	EM UNIDADES DE PARTICIPAÇÃO
832401	Em fundos de investimento imobiliários
832402	Em fundos de investimento mobiliários
# 8325	EM DIREITOS
832501	Em direitos de subscrição
...	
832509	Em outros direitos
# 8326	EM OUTROS INSTRUMENTOS DE DÍVIDA
832602	Em papel comercial
# 833	GANHOS EM IMÓVEIS
8331	Ganhos na alienação de imóveis
....	...
838	Outros Ganhos aplic.financeiras e val.imobiliários

Contas intermédias

CLASSE 8 - PROVEITOS E GANHOS	página 4

CÓDIGO DAS CONTAS, POR NATUREZA

Código	Designação
83	**GANHOS OP. FIN. E VAL. IMOBILIÁRIOS**
# 839	EM OPERAÇÕES EXTRAPATRIMONIAIS
# 8391	EM OPERAÇÕES CAMBIAIS
839101	Em operações cambiais à vista ("SPOT")
839102	Em operações cambiais a prazo ("FORWARD")
839103	Em operações de "SWAP" de moeda
839104	Em operações de OPCÕES de moeda
839105	Em operações de FUTUROS de moeda
# 8392	EM OPERAÇÕES SOBRE TAXAS DE JURO
839201	Em contratos a prazo de taxa de juro ("FRA")
839202	Em operações de "SWAP" de taxa de juro (IRS)
839203	Em contratos de garantia de taxa de juro
839204	Em operações de OPCÕES de taxa de juro
839205	Em operações de FUTUROS de taxa de juro
85	**REPOSIÇÃO E ANULAÇÃO DE PROVISÕES**
# 851	DE PROVISÕES PARA CRÉDITO VENCIDO
8511	Para devedores por títulos vencidos
8512	Para devedores por juros vencidos
8513	Para devedores por rendas vencidas
8514	Para outros valores a receber
# 852	DE PROVISÕES PARA RISCOS E ENCARGOS
.....	
8528	Para outros riscos e encargos
86	**RENDIMENTO DE IMÓVEIS**
861	Rendas
862	......
87	**OUTR. PROVEITOS E GANHOS CORRENTES**
.....	
878	Diversos proveitos e ganhos correntes
88	**PROVEITOS E GANHOS EVENTUAIS**
881	Recuperação de incobráveis
882	Ganhos extraordinárias
883	Ganhos imputáveis a exercícios anteriores
.....	
888	Outros proveitos e ganhos eventuais

Contas intermédias

CLASSE 9 - CONTAS EXTRAPATRIMONIAIS

ESTRUTURA GLOBAL DA CLASSE DE CONTAS

NATUREZA DAS CONTAS DE RAZÃO		TIPO/ENTIDADE		LOCALIZAÇÃO		TABELA
Código	Designação	Cód.	Designação	Cód.	Designação	AUXILIAR
91	OPERAÇÕES CAMBIAIS	CA	Call	P	Portugal	A - Moedas
92	OPERAÇÕES S/TAXAS DE JURO	PU	Put	U	União Europeia	
94	COMP. COM E DE TERCEIROS	CP	Compra	O	Outros países	
99	CONTAS DE CONTRAPARTIDA	VD	Venda			

EXEMPLOS DE CODIFICAÇÃO

Código	912.CA.P	**Código**	9211.CA.O
Designação:	Oper.cambiais a prazo,Call,Portugal	**Designação:**	Contrato "FRA"cobertura,Call,O.País
Código	9141.PU.U	**Código**	9222.PU.P
Designação:	Opções compradas,Put,Un.Europeia	**Designação:**	Oper."swap"tx.variável, Put,Portugal

CÓDIGO DAS CONTAS, POR NATUREZA

Código	Designação
91	**OPERAÇÕES CAMBIAIS**
911	Operações cambiais à vista ("SPOT")
912	Operações cambiais a prazo ("FORWARD")
913	Operações de "SWAP" de moeda
# 914	OPERAÇÕES DE OPÇÕES DE MOEDA
9141	Opções compradas
9142	Opções vendidas
# 915	OPERAÇÕES DE FUTUROS DE MOEDA
9151	Contratos de compra
9152	Contratos de venda
92	**OPERAÇÕES SOBRE TAXAS DE JURO**
# 921	CONTRATOS a PRAZO de TAXA de JURO ("FRA")
9211	De cobertura
# 922	OPERAÇÕES de "SWAP" de TAXA de JURO (IRS)
9221	Taxa fixa
9222	Taxa variável

Contas intermédias

CLASSE 9 - CONTAS EXTRAPATRIMONIAIS	página 2

CÓDIGO DAS CONTAS, POR NATUREZA	
Código	**Designação**
92	**OPERAÇÕES S/ TAXAS DE JURO** (continuação)
# 923	CONTRATOS de GARANTIA de TAXA de JURO
9231	Sobre taxas activas "caps"
9232	Sobre taxas activas "floors"
9233	Sobre taxas activas "collars"
# 924	OPERAÇÕES de OPÇÕES de TAXA de JURO
9241	Opções compradas
9242	Opções vendidas
# 925	OPERAÇÕES de FUTUROS de TAXA de JURO
9251	Contratos de compra
9252	Contratos de venda
94	**COMPROMISSOS COM E DE TERCEIROS**
941	Subscrições de títulos
# 942	OPERAÇÕES A PRAZO
9421	Operações de compra
9422	Operações de venda
# 943	VALORES CEDIDOS EM GARANTIA
# 944	VALORES RECEBIDOS EM GARANTIA
....	
99	**CONTAS DE CONTRAPARTIDA**
991	Contratos à vista ("SPOT"
992	Contratos a prazo ("FORWARD" e "FRA")
993	Contratos "SWAP"
# 994	CONTRATOS DE OPÇÕES
9941	Contratos de compra
9942	Contratos de venda
# 995	CONTRATOS DE FUTUROS
9951	Contratos de compra
9952	Contratos de venda
# 996	CONTR. PROMESSA COMPRA E VENDA
9961	Contratos promessa de compra
9962	Contratos promessa de venda
997	Contratos de garantia de taxa de juro
998	Compromissos com e de terceiros

Contas intermédias

CAPÍTULO 4
Conteúdo e regras
de movimentação das contas

4.1. CONSIDERAÇÕES GERAIS

A normalização do sistema contabilístico não se limita apenas à identificação da lista das contas, do conteúdo e forma das demonstrações financeiras e à definição dos princípios e critérios subjacentes à avaliação dos elementos patrimoniais. Sendo condições necessárias, não são suficientes. Para que as entidades responsáveis pela contabilização das operações o façam de forma equivalente, torna-se necessário definir o conteúdo e regras de movimentação das contas, particularmente daquelas que suscitem mais dúvidas ou possam ter diversas interpretações.

Tal facto, poderia levar a que um mesmo facto fosse contabilizado, pelas diversas entidades, em diferentes contas o que prejudicaria o conhecimento de terceiros, colocando em causa a protecção dos seus interesses e a comparabilidade entre o património e os resultados das operações realizadas pelas diversas entidades.

Pelo contrário, a definição exaustiva de conteúdos e regras de movimentação poderia proporcionar limitações à liberdade de registo de operações, situação que se pretende evitar com o presente plano contabilístico, porquanto as entidades deverão optar pelos sistemas de registo que se afigurem mais adequados, desde que seja garantida a imagem fiel e verdadeira do património e dos resultados do fundo.

Identificando-se neste capítulo apenas o conteúdo e regras de movimentação das contas do plano, reserva-se para o capítulo seguinte a explicitação dos lançamentos contabilísticos a efectuar nas operações mais frequentes do fundo.

4.2. CONTEÚDO E REGRAS DE MOVIMENTAÇÃO

Tendo por base a definição das classes de contas e a ordem na sua codificação apresenta-se, de seguida, o conteúdo das principais contas e as regras da sua movimentação. Na sua identificação, utilizou-se a seguinte nomenclatura:

TIPO: **R**azão – Contas de 1.° grau (2 dígitos)
        Intermédia – Conta que acumula e se desdobra noutras contas;
        Movimento – Conta que se destina a acolher directamente o
        registo das operações.

ACUMULA: Conta de grau imediatamente inferior que a integra e que, por isso, recebe os valores por acumulação.

NATUREZA: **Balanço** – Conta a ser integrada no balanço;
Resultados – Conta de custos ou de proveitos;
Extrapatrimonial – Conta para registo dos factos extrapatrimoniais.

GRAU: Nível de desdobramento/integração da conta.

Desde que observado o seu conteúdo de base, outros factos, para além dos referidos, poderão ser contabilizados nas contas, quando as entidades considerarem que tal contribua para a melhoria do conhecimento do património e dos resultados do fundo.

4.2.1. CLASSE 1 – DISPONIBILIDADES

Nesta classe deverão ser incluídas todas as contas representativas de meios líquidos de pagamento, imediata ou rapidamente mobilizáveis.

CONTA:	DEPÓSITOS À ORDEM		
Código: 12		Tipo: R Acumula:	
		Natureza: B Grau: 1.°	
CONTEÚDO			
Inclui os meios líquidos de pagamento de propriedade do fundo, depositados em instituições financeiras e imediatamente mobilizáveis, independentemente da moeda em que estejam expressos.			
REGRAS DE MOVIMENTAÇÃO			
A DÉBITO		*A CRÉDITO*	
• Entradas de meios líquidos em contas à ordem abertas em instituições financeiras		• Saídas de meios líquidos em contas à ordem abertas em instituições financeiras	
Observações: Por cada conta bancária deverá ser criada a respectiva subconta.			

CONTA:	DEPÓSITOS A PRAZO E COM PRÉ-AVISO	
Código: 13	Tipo: R	Acumula:
	Natureza: B	Grau: 1.°

C O N T E Ú D O

As operações a incluir nesta conta serão estabelecidas de acordo com as definições da legislação bancária.

REGRAS DE MOVIMENTAÇÃO

A DÉBITO	*A CRÉDITO*
• Constituição de contas a prazo ou com pré-aviso	• Liquidação total ou parcial das contas a prazo ou com pré-aviso

Observações: Por cada conta bancária deverá ser criada a respectiva subconta.

CONTA:	CERTIFICADOS DE DEPÓSITO	
Código: 14	Tipo: R	Acumula:
	Natureza: B	Grau: 1.°

C O N T E Ú D O

Engloba os investimentos em títulos ao portador representativos de depósitos, emitidos por Instituições Financeiras com prazos estabelecidos entre as partes contratantes.

REGRAS DE MOVIMENTAÇÃO

A DÉBITO	*A CRÉDITO*
• Aquisição de títulos representativos de Certificados de Depósito	• Reembolso e venda dos títulos

CONTA:	OUTROS MEIOS MONETÁRIOS	
Código: 18	Tipo: R	Acumula:
	Natureza: B	Grau: 1.°

C O N T E Ú D O

Engloba as restantes contas classificáveis como disponibilidades e não contempladas nas contas anteriores.

4.2.2. CLASSE 2 – *Carteira de títulos e participações em sociedades imobiliárias*

Nesta classe deverão ser incluídas as contas relativas às aplicações dos fundos, constituídos por valores mobiliários, por direitos de conteúdo económico destacáveis desses valores, desde que susceptíveis de negociação autónoma no mercado secundário, por participações financeiras em sociedades imobiliárias e por outros instrumentos representativos de dívida, transaccionáveis, que possuam liquidez e tenham valor susceptível de ser determinado com precisão a qualquer momento.

Constituem valores mobiliários, as acções, obrigações, títulos de participação e quaisquer outros valores, seja qual for a sua natureza, ou forma de representação ainda que meramente escritural emitidos por quaisquer pessoas ou entidades públicas ou privadas em conjuntos homogéneos que confiram aos seus titulares direitos idênticos e legalmente susceptíveis de negociação num mercado organizado.

CONTA:	OBRIGAÇÕES	
Código: 21		Tipo: R Acumula: Natureza: B Grau: 1.°
CONTEÚDO		
Engloba os títulos de rendimento fixo representativos de empréstimos emitidos por entidades privadas ou organismos públicos.		
REGRAS DE MOVIMENTAÇÃO		
A DÉBITO		*A CRÉDITO*
• Compra de obrigações, ao seu valor de aquisição		• Venda de obrigações, ao seu valor de aquisição • Reembolso de obrigações

Observações: Esta conta desdobra-se de acordo com a categoria das entidades emitentes.

Faz-se ainda a distinção entre:

• Títulos com taxa fixa, quando a taxa de juro do cupão é fixada no início e se mantém para todo o período de vida do título;

• Títulos com taxa indexada, quando a taxa de juro varia em função de determinadas taxas-base de referência.

Nas vendas e reembolsos de obrigações da mesma emissão adquiridas por preços de custo diferentes, será utilizado o critério do custo médio ponderado para valorização das mesmas.

CONTA:	TÍTULOS DA DÍVIDA PÚBLICA	
Código: 211	Tipo: I	Acumula: 21
	Natureza: B	Grau: 2.°

CONTEÚDO

Engloba os títulos de rendimento fixo em carteira, emitidos pelos Tesouros da Administração Central.

CONTA:	OUTROS F. PÚBLICOS EQUIPARADOS	
Código: 212	Tipo: I	Acumula: 21
	Natureza: B	Grau: 2.°

CONTEÚDO

Nesta conta registam-se os títulos em carteira emitidos por outros órgãos da Administração Central e órgãos da Administração Regional e Local e da Segurança Social.

CONTA:	OBRIGAÇÕES HIPOTECÁRIAS	
Código: 213	Tipo: I	Acumula: 21
	Natureza: B	Grau: 2.°

CONTEÚDO

Esta conta destina-se a registar as obrigações hipotecárias em carteira e que tenham sido emitidas por entidades privadas, nacionais ou internacionais.

Observações: Esta conta deverá ser desdobrada por forma a conhecer as categorias de obrigações em carteira.

CONTA:	OBRIGAÇÕES DE EMPRESAS	
Código: 214	Tipo: I	Acumula: 21
	Natureza: B	Grau: 2.°

CONTEÚDO

Esta conta destina-se a registar as obrigações em carteira e que tenham sido emitidas por entidades privadas, nacionais ou internacionais.

Observações: Esta conta deverá ser desdobrada por forma a conhecer as categorias de obrigações em carteira.

CONTA:	VALORES EMPRESTADOS	
Código: 217	Tipo: R	Acumula:
	Natureza: B	Grau: 1.°

CONTEÚDO

Movimentam-se nesta conta as obrigações cedidas temporariamente a terceiros a título de empréstimo, enquanto parte integrante da carteira.

REGRAS DE MOVIMENTAÇÃO

A DÉBITO	*A CRÉDITO*
• Valor de aquisição de obrigações cedidas a terceiros a título de empréstimo, por contrapartida da correspondente conta de carteira.	• Anulação do empréstimo de obrigações, quer pela sua venda ou reembolso, quer pela sua devolução.

Observações: O valor das obrigações cedidas a terceiros a título de empréstimos será transferido da correspondente conta da carteira para esta conta, tratando-se apenas de uma mera alteração de situação dos títulos em car-teira. Da mesma forma, deverá proceder-se a igual ajustamento nas contas de mais e menos valias relativas aos títulos em causa.

As saídas (vendas ou reembolsos) dos títulos nesta situação serão creditadas directamente nesta conta, sem necessidade de "passagem" pela conta originária.

Este procedimento aplica-se às restantes subcontas da carteira **2x.7 – Valores emprestados.**

CONTA: PARTICIPAÇÕES EM SOCIEDADES IMOBILIÁRIAS		
Código: 22	Tipo: R	Acumula:
	Natureza: B	Grau: 1.°
C O N T E Ú D O		
Nesta conta regista-se o valor de aquisição das participações de capital em sociedades imobiliárias, nos termos definidos na alínea *b*) do art. 4.° do Decreto Lei 294/95. Deverá se desdobrada de acordo com a natureza do capital da participada.		

CONTA: UNIDADES DE PARTICIPAÇÃO		
Código: 24	Tipo: R	Acumula:
	Natureza: B	Grau: 1.°
C O N T E Ú D O		
Nesta conta registam-se os investimentos efectuados em unidades de participação de fundos de investimento.		
REGRAS DE MOVIMENTAÇÃO		
A DÉBITO		*A CRÉDITO*
• Subscrições de unidades de participação de outros fundos de investimento.		• Resgates de unidades de participação de outros fundos de investimento
Observações: No desdobramento desta conta prevê-se a contabilização em contas próprias os fundos de investimento imobiliário e os fundos de investimento mobiliário.		

CONTA: DIREITOS		
Código: 25	Tipo: R	Acumula: 21
	Natureza: B	Grau: 1.°
C O N T E Ú D O		
Nesta conta englobam-se os direitos de conteúdo económico, desde que susceptíveis de negociação autónoma, tais como direitos de subscrição, de incorporação, *warrants* e outros.		

572   *Fundos de investimento*

CONTA:	OUTROS INSTRUMENTOS DE DÍVIDA

Código: 26	Tipo: R Acumula: Natureza: B Grau: 1.°

REGRAS DE MOVIMENTAÇÃO

A DÉBITO	A CRÉDITO
• Subscrições de títulos representativos de outros instrumentos de dívida.	• Resgates de títulos; • Reembolso de títulos; • Venda de títulos.

CONTEÚDO

Nesta conta registam-se os restantes instrumentos de dívida não contemplados nas contas anteriores, nomeadamente bilhetes do tesouro e papel comercial.

CONTA:	MAIS E MENOS VALIAS

Código: 28	Tipo: R Acumula: Natureza: B Grau: 1.°

CONTEÚDO

Esta conta destina-se a registar os ganhos e perdas potenciais relacionados com a detenção da carteira de títulos. Movimenta-se diariamente pelas diferenças de cotação e de valorização dos títulos em carteira, por contrapartida das correspondentes contas de custos e proveitos.

REGRAS DE MOVIMENTAÇÃO

A DÉBITO	A CRÉDITO
• Aumento de valor dos títulos em carteira (ajustamentos favoráveis de cotação); • Anulação das menos valias acumuladas aquando da saída dos títulos em carteira.	• Redução do valor dos títulos em carteira (ajustamentos desfavoráveis de cotação); • Anulação das mais valias acumuladas aquando da saída dos títulos em carteira

Observações: As flutuações de valor, com carácter temporário, dos títulos em carteira serão lançadas nas contas de proveitos e custos por contrapartida destas contas. Este procedimento resulta da necessidade de os títulos serem diariamente ajustados ao valor de mercado.

Será desdobrada nas subcontas 281 – Mais Valias e 282 – Menos Valias, cuja estrutura observa a estritamente definida para a carteira de títulos. Consistindo em elementos que visam ajustar os activos do fundo, os seus saldos serão evidenciados nas colunas de balanço reservadas para os aumentos e reduções de valores activos.

4.2.3. CLASSE 3 – Imóveis

Nesta classe deverão ser incluídas as contas relativas às aplicações dos fundos, constituídos por direitos de propriedade sobre bens imóveis, adiantamentos por compra de imóveis e respectivos ajustamentos de valor.

A inscrição dos direitos de propriedade é feita nos termos do n.° 3 do artigo 93.° do Código do Registo Predial, com dispensa de identificação, substituindo-se esta pela simples menção do fundo.

Os contratos promessa de compra e venda de imóveis não são registados nesta classe de contas mas sim em contas de ordem (classe 9), por forma a evidenciar os compromissos assumidos.

CONTA:	TERRENOS	
Código: 31	Tipo: R	Acumula:
	Natureza: B	Grau: 1.°
CONTEÚDO		
Engloba os direitos de propriedade sobre terrenos registados a favor do fundo.		
REGRAS DE MOVIMENTAÇÃO		
A DÉBITO	*A CRÉDITO*	
• Aquisição dos direitos de propriedade	• Alienação dos direitos de propriedade	
Observações: Esta conta pode desdobra-se por cada contrato.		

CONTA:	CONSTRUÇÕES	
Código: 32	Tipo: R	Acumula:
	Natureza: B	Grau: 1.°
CONTEÚDO		
Engloba os direitos de propriedade sobre construções registadas a favor do fundo.		
REGRAS DE MOVIMENTAÇÃO		
A DÉBITO	*A CRÉDITO*	
• Aquisição dos direitos de propriedade	• Alienação dos direitos de propriedade	
Observações: Esta conta desdobra-se em subcontas representativas de construções acabadas e em curso. Por sua vez, as primeiras serão ainda desdobradas em arrendadas e não arrendadas.		

574	*Fundos de investimento*

CONTA:	ADIANTAMENTOS POR COMPRA DE IMÓVEIS	
Código: 33		Tipo: R Acumula: Natureza: B Grau: 1.°

C O N T E Ú D O

Engloba as importâncias pagas a título de adiantamento por conta de aquisição de direitos de propriedade sobre imóveis.

REGRAS DE MOVIMENTAÇÃO

A DÉBITO	*A CRÉDITO*
• Pagamento de adiantamentos a terceiros	• Anulação do adiantamento, quer pela celebração do contrato, quer pela sua anulação

Observações: Esta conta desdobra-se de acordo com a natureza do imóvel subjacente ao adiantamento.

CONTA:	AJUSTAMENTOS EM IMÓVEIS	
Código: 38		Tipo: R Acumula: Natureza: B Grau: 1.°

C O N T E Ú D O

Esta conta destina-se a registar os ganhos e perdas potenciais relacionados com a detenção de imóveis. Movimenta-se pelas diferenças resultantes da avaliação dos imóveis, por contrapartida das correspondentes contas de variações patrimoniais. (conta 65)

REGRAS DE MOVIMENTAÇÃO

A DÉBITO	*A CRÉDITO*
• Aumento de valor dos imóveis (ajustamentos favoráveis de avaliação); • Anulação dos ajustamentos desfavoráveis acumulados, aquando da alienação dos imóveis	• Redução do valor dos imóveis (ajustamentos desfavoráveis de avaliação); • Anulação dos ajustamentos favoráveis acumulados, aquando da alienação dos imóveis.

Observações: Será desdobrada nas subcontas 381 – Ajustamentos favoráveis e 382 – Ajustamentos desfavoráveis. Consistindo em elementos que visam ajustar os activos do fundo, os seus saldos serão evidenciados nas colunas de balanço reservadas para os aumentos e reduções de valores activos.

4.2.4. *CLASSE 4 – Contas de terceiros*

Nesta classe devem ser consideradas as contas representativas de dívidas a receber ou a pagar pelo fundo, resultante de operações realizadas com terceiros e ainda não recebidas ou pagas, bem como os adiantamentos recebidos por conta da alienação de imóveis.

Embora as contas de terceiros sejam consideradas na generalidade dentro desta classe, existem também contas em que se relevam operações com terceiros na classe 5, em particular na conta 58, mas em que estas últimas se apresentam com um carácter pontual e muito transitório.

Também serão de considerar nesta classe as provisões acumuladas para crédito vencido e as representativas de riscos e encargos diversos.

CONTA:	DEVEDORES POR TÍTULOS VENCIDOS		
Código: 411		Tipo: I	Acumula: 41
		Natureza: B	Grau: 2.°
CONTEÚDO			
Esta conta destina-se a acolher o montante das dívidas a receber em consequência de obrigações vencidas e não liquidadas pelo mutuante, excluindo os juros que são contabilizados na conta 412.			
REGRAS DE MOVIMENTAÇÃO			
A DÉBITO		*A CRÉDITO*	
• Valor das obrigações vencidas não pagas pelo <u>mutuante</u>; • Despesas com o crédito por obrigações vencidas		• Cobrança das dívidas; • Incobrabilidade dos créditos, por contrapartida da conta de resultados eventuais.	
Observações: O desdobramento desta conta tem a ver com as expectativas de cobrança dos valores vencidos. Assim, contemplam-se as seguintes subcontas: 4111 – Representativa de valores vencidos de que se aguarda breve recebimento; 4112 – Representativa de valores vencidos, cuja cobrança se considera duvidosa, quer tenha ou não sido instituído o correspondente processo judicial; 4113 – Despesas com crédito vencido, onde se registam todas as despesas com vista à cobrança de crédito contabilizado nas contas anteriores. O valor desta conta deve ser provisionado pela quantia que se estima não vir a ser recuperada.			

CONTA:	DEVEDORES POR JUROS VENCIDOS	
Código: 412	Tipo: I	Acumula: 41
	Natureza: B	Grau: 2.º

CONTEÚDO

Esta conta destina-se a registar o montante das dívidas a receber resultante de juros liquidados e não pagos pelo mutuante, no respectivo vencimento.

REGRAS DE MOVIMENTAÇÃO

A DÉBITO	*A CRÉDITO*
• Montante dos juros não pagos pelo mutuante; • Despesas com o crédito por juros vencidos	• Cobrança do montante em dívida; • Incobrabilidade dos créditos, por contrapartida da conta de resultados eventuais.

Observações: O desdobramento desta conta observa os princípios referidos na conta 411 – Devedores por obrigações vencidas.

CONTA:	DEVEDORES POR RENDAS VENCIDAS	
Código: 413	Tipo: I	Acumula: 41
	Natureza: B	Grau: 2.º

CONTEÚDO

Esta conta destina-se a registar o montante das dívidas a receber resultante de rendas de imóveis vencidas e não pagos pelo locatário, no respectivo vencimento.

REGRAS DE MOVIMENTAÇÃO

A DÉBITO	*A CRÉDITO*
• Montante das rendas não pagos pelo locatário; • Despesas com o crédito por rendas vencidas	• Cobrança do montante em dívida; • Incobrabilidade dos créditos, por contrapartida da conta de resultados eventuais.

Observações: O desdobramento desta conta observa os princípios referidos na conta 411 – Devedores por obrigações vencidas.

CONTA: OPERAÇÕES DE COMPRA COM ACORDO DE REVENDA	
Código: 414	Tipo: I Acumula: 41 Natureza: B Grau: 2.º

CONTEÚDO

Destina-se a registar o valor da compra de títulos ou outros activos, com o compromisso da sua revenda. Será saldada na data de realização da operação de revenda.

REGRAS DE MOVIMENTAÇÃO

A DÉBITO	*A CRÉDITO*
• Compra de títulos, ou outros activos com acordo de revenda e pelo valor deste último.	• Revenda de títulos e outros activos.

Observações: Esta conta subdivide-se na subconta 4141 – Títulos, a qual será desdobrada em função da carteira de títulos e 4148 – Outras operações.

CONTA: DEVEDORES POR OPERAÇÕES DE OPÇÕES	
Código: 415	Tipo: I Acumula: 41 Natureza: B Grau: 2.º

CONTEÚDO

Esta conta destina-se a registar o valor do prémio suportado em contratos de opções, durante o período compreendido entre o momento a que se reporta a transacção e da liquidação.

REGRAS DE MOVIMENTAÇÃO

A DÉBITO	*A CRÉDITO*
• Pagamento do prémio na data de início do contrato.	• Regularização do prémio na data de fecho do contrato.

Observações: O seu desdobramento será efectuado de acordo com a natureza do contrato de opções.

CONTA: DEVEDORES POR OPERAÇÕES SOBRE FUTUROS	
Código: 416	Tipo: I Acumula: 41 Natureza: B Grau: 2.°

C O N T E Ú D O

Esta conta destina-se a registar o valor da margem inicial suportada em contratos sobre futuros, bem como os seus ajustamentos de cotações, durante o período de vigência do contrato.

REGRAS DE MOVIMENTAÇÃO

A DÉBITO	*A CRÉDITO*
• Pagamento da margem inicial na data de celebração dos contratos. • Ajustamentos de cotações (favoráveis).	• Regularização no termo do contrato ou da sua reversão. • Ajustamentos de cotações (desfavoráveis).

Observações: Para o efeito preconiza-se a utilização de diferentes subcontas para o registo da margem inicial e dos ajustamentos de cotações.

Cada uma destas será desdobrada de acordo com a natureza dos contratos sobre futuros.

CONTA: RESGATES A PAGAR AOS PARTICIPANTES	
Código: 421	Tipo: M Acumula: 42 Natureza: B Grau: 2.°

C O N T E Ú D O

Destina-se a registar o valor em dívida aos participantes durante o período compreendido entre a data do pedido do resgate ou a data a que este se reporta e a data de pagamento.

REGRAS DE MOVIMENTAÇÃO

A DÉBITO	*A CRÉDITO*
• Pagamento de resgates aos participantes.	• Valor em dívida a participantes por resgates solicitados.

CONTA: RENDIMENTOS A PAGAR AOS PARTICIPANTES	
Código: 422	Tipo: M Acumula: 42 Natureza: B Grau: 2.°

C O N T E Ú D O

Destina-se a registar o valor em dívida aos participantes de rendimentos cuja distribuição já foi aprovada, mas ainda não pagos.

REGRAS DE MOVIMENTAÇÃO

A DÉBITO	*A CRÉDITO*
• Pagamento dos rendimentos aos participantes.	• Valor em dívida por rendimentos distribuídos.

CONTA:	COMISSÕES A PAGAR
Código: 423	Tipo: I Acumula: 42 Natureza: B Grau: 2.°

CONTEÚDO

Esta conta destina-se a evidenciar o valor das comissões em dívida à sociedade gestora e a outras entidades.

REGRAS DE MOVIMENTAÇÃO

A DÉBITO	*A CRÉDITO*
• Pagamento das comissões liquidadas por terceiros. • Anulação/redução das comissões liquidadas, ajustamentos de cotações (favoráveis).	• Montante das comissões liquidadas por terceiros.

Observações: Esta conta será desdobra em sub-contas de acordo com a entidade credora.

CONTA: OPERAÇÕES DE VENDA COM ACORDO DE RECOMPRA	
Código: 424	Tipo: I Acumula: 42 Natureza: B Grau: 2.°

CONTEÚDO

Destina-se a registar o valor de venda de títulos ou outros activos, com o compromisso da sua recompra. Será saldada na data de realização da operação de recompra.

REGRAS DE MOVIMENTAÇÃO

A DÉBITO	*A CRÉDITO*
• Recompra dos títulos ou outros activos.	• Activos vendidos, com acordo de recompra, pelo valor deste último.

Observações: Esta conta desdobra-se na subconta 4241 – Títulos, sendo esta subdividida em função da carteira de títulos e 4248 – Outras operações.

CONTA:	CREDORES POR OPERAÇÕES DE OPÇÕES
Código: 425	Tipo: I Acumula: 42 Natureza: B Grau: 2.º

CONTEÚDO

Esta conta destina-se a registar o valor do prémio a receber em contratos de opções, durante o período compreendido entre o momento a que se reporta a transacção e da liquidação.

REGRAS DE MOVIMENTAÇÃO

A DÉBITO	*A CRÉDITO*
• Regularização do prémio na data de fecho do contrato.	• Recebimentos do prémio na data de início do contrato.

Observações: O seu desdobramento será efectuado de acordo com a natureza do contrato de opções.

CONTA:	ADIANTAMENTOS POR VENDA DE IMÓVEIS
Código: 43	Tipo: R Acumula: Natureza: B Grau: 1.º

CONTEÚDO

Engloba as importâncias recebidas a título de adiantamento por conta da alienação de direitos de propriedade sobre imóveis.

REGRAS DE MOVIMENTAÇÃO

A DÉBITO	*A CRÉDITO*
• Anulação do adiantamento, quer pela celebração do contrato, quer pela sua anulação	• Recebimento de adiantamentos de terceiros

Observações: Esta conta desdobra-se de acordo com a natureza do imóvel subjacente ao adiantamento.

CONTA:	EMPRÉSTIMOS CONTRAÍDOS	
Código: 44	Tipo: R	Acumula:
	Natureza: B	Grau: 1.°

CONTEÚDO

Esta conta destina-se a registar os empréstimos contraídos pelas sociedades gestoras por conta do fundo.

REGRAS DE MOVIMENTAÇÃO

A DÉBITO	*A CRÉDITO*
• Reembolso total ou parcial do empréstimo	• Contracção ou reforço do empréstimo, por conta do fundo

Observações: Nos termos da alínea *b*) do artigo 12.° do Decreto-Lei n° 294/95 de 17 de Novembro, as entidades gestoras podem contrair empréstimos por conta dos fundos que administram até ao limite de 10% do valor global do fundo e durante um período de tempo que não pode exceder os 120 dias, seguidos ou interpolados.

Esta conta destina-se a registar o montante dos empréstimos contraídos e, por conseguinte, em dívida, nos termos referidos no parágrafo anterior.

Caso sejam cedidos quaisquer valores do fundo a título de garantia dos empréstimos contraídos, tais devem ser evidenciados numa conta de natureza extrapatrimonial, prevista para o efeito (943 – Compromissos com e de terceiros – Valores cedidos em garantia).

O seu desdobramento em subcontas deve prever a identificação da entidade mutuante.

CONTA:	PROVISÕES ACUMULADAS	
Código: 48		Tipo: R Acumula: Natureza: B Grau: 1.°

C O N T E Ú D O

Esta conta destina-se a registar o montante de provisões constituídas no exercício e em exercícios anteriores e ainda em aberto, para fazer face a incobrabilidade de créditos vencidos e eventuais riscos e encargos.

REGRAS DE MOVIMENTAÇÃO

A DÉBITO	*A CRÉDITO*
• Reposições e anulações de provisões, sempre que o seu montante se apresente excessivo, face aos riscos para os quais se constituiu ou reforçou.	• Constituição ou reforço das provisões, sempre que o seu saldo se mostre insuficiente para cobrir os riscos de incobrabilidade de créditos vencidos ou de prováveis encargos a suportar.

Observações: Esta conta contempla dois tipos de provisões com idêntica finalidade, mas de diferente natureza:

1. **Provisões para crédito vencido**, representativas de redução de valores activos, que visam cobrir as perdas prováveis associadas à incobrabilidade de créditos que possam resultar de incumprimentos no pagamento de obrigações, rendas ou juros vencidos. Assim, os valores mobiliários com serviço de dívida em atraso (capital e juros) devem ser avaliados de acordo com o princípio da prudência, mediante uma análise casuística e fundamentada das situações em causa, tendo em conta as perspectivas que o devedor apresenta para a sua regularização, donde resultará a correspondente provisão sempre que haja dúvidas sobre a sua cobrabilidade.

2. **Provisões para riscos e encargos**, representativas de encargos futuros de ocorrência e montante incertos, pelo que serão compreendidas no passivo do fundo. Também a sua constituição ou reforço deve ter em conta o princípio da prudência, pelo que por eventuais encargos com risco de ocorrência deverão ser constituídas as correspondentes provisões, mesmo que futuramente se venham a demonstrar como desnecessárias, momento em que se procederá à sua anulação.

A definição das suas subcontas observa esta classificação supra as quais, serão, por sua vez, desdobradas de acordo com a natureza dos créditos e dos riscos e encargos.

4.2.5. CLASSE 5 – Contas de regularização

Esta classe contempla as contas necessárias para que possam ser evidenciados os valores relativos a, entre outros, os seguintes factos:

1. Desajustamentos entre as datas de realização das despesas e receitas e da atribuição dos correspondentes custos e proveitos, nomeadamente os acréscimos de custos e proveitos e as despesas e receitas antecipadas. A necessidade de determinar o valor diário da unidade de participação, origina a aplicação do princípio da especialização ao dia.
2. Operações em divisa e consequente exposição ao risco cambial, bem como os correspondentes ajustamentos de cotações;
3. Operações de natureza patrimonial mas relativas a contratos que, pela sua natureza, estão contabilizados em contas extrapatrimoniais;
4. Outras operações de carácter ocasional e transitório.

CONTA:	PROVEITOS A RECEBER	
Código: 51		Tipo: R Acumula: Natureza: B Grau: 1.°

C O N T E Ú D O

Esta conta serve de contrapartida aos proveitos a registar no próprio período, ainda que não tenham documentação vinculativa, cuja receita só venha a realizar-se em períodos posteriores.

REGRAS DE MOVIMENTAÇÃO

A DÉBITO	*A CRÉDITO*
• Proveitos atribuídos ao período, cuja receita ocorrerá em períodos seguintes, em contrapartida da correspondente conta de proveitos.	• Anulação do valor contabilizado ao longo dos períodos , aquando da ocorrência da receita

Observações: Nesta conta devem ser contabilizados diariamente, os proveitos imputáveis ao período decorrido, cuja receita e recebimento ocorrerá posteriormente.

O seu desdobramento observa a estrutura de contas das correspondentes classes, incluindo as extrapatrimoniais.

CONTA:	PROV. A RECEBER – DE DISPONIBILIDADES	
Código: 511	Tipo: I Acumula: 51	Natureza: B Grau: 2.°

C O N T E Ú D O

Nesta conta debitam-se diariamente os proveitos atribuídos ao período decorrido, resultantes das contas de disponibilidades, a receber posteriormente. Não deve englobar os resultantes de flutuações de valores e que, por isso, são de recebimento incerto.

REGRAS DE MOVIMENTAÇÃO

A DÉBITO	*A CRÉDITO*
• Proveitos de contas de disponibilidades atribuídos ao período, a receber em períodos posteriores.	• Recebimento de proveitos das contas de disponibilidades.

Observações: Esta conta será desdobrada em subcontas de acordo com a natureza das contas de disponibilidades.

CONTA:	PROV. A RECEBER – DA CARTEIRA DE TÍTULOS e PART.SOC.IMOB.	
Código: 512	Tipo: I Acumula: 51	Natureza: B Grau: 2.°

C O N T E Ú D O

Destina-se a registar, diariamente, os proveitos atribuídos ao período decorrido, gerados pela Carteira de Títulos, cuja liquidação ocorrerá posteriormente v.g. juros vincendos. Tal como a anterior, não engloba os proveitos resultantes de flutuações de valores.

REGRAS DE MOVIMENTAÇÃO

A DÉBITO	*A CRÉDITO*
• Proveitos de Carteira de Títulos atribuídos ao período, a receber posteriormente.	• Liquidação/recebimentos das receitas da Carteira de Títulos, que tenham sido lançados diariamente.

Observações: Esta conta será desdobrada em subcontas, de acordo com a estrutura preconizada para a carteira de títulos.

CONTA: PROV. A RECEBER – DE CONTAS DE TERCEIROS	
Código: 514	Tipo: I Acumula: 51 Natureza: B Grau: 2.°

CONTEÚDO

Regista diariamente os proveitos atribuídos ao período decorrido, a liquidar sobre as contas de terceiros. Não deve englobar as flutuações de valores nomeadamente os ajustamentos cambiais das contas expressas em moeda estrangeira.

REGRAS DE MOVIMENTAÇÃO

A DÉBITO	*A CRÉDITO*
• Proveitos a liquidar sobre saldos das contas de terceiros.	• Liquidação das receitas sobre as contas de terceiros.

Observações: Esta conta poderá ser desdobrada de acordo com a estrutura definida para as contas de terceiros.

CONTA: PROV. A RECEBER – EM OPERAÇÕES EXTRAPATRIMONAIS	
Código: 519	Tipo: I Acumula: 51 Natureza: B Grau: 2.°

CONTEÚDO

Regista diariamente os proveitos atribuídos ao período decorrido, proporcionado por operações extrapatrimonais e que venham a ser liquidados posteriormente. Excluem--se as flutuações de valores, mesmo quando reflictam proveitos nesse período.

REGRAS DE MOVIMENTAÇÃO

A DÉBITO	*A CRÉDITO*
• Proveitos a receber por períodos seguintes, gerados por operações extrapatrimonais.	• Liquidação/recebimento das receitas em operações extrapatrimonais.

Observações: O seu desdobramento em subcontas respeita a estrutura das contas extrapatrimoniais.

CONTA:	DESPESAS COM CUSTO DIFERIDO
Código: 52	Tipo: R Acumula: Natureza: B Grau: 1.°

CONTEÚDO

Esta conta destina-se a acolher as despesas ocorridas no período e períodos anteriores, cujo custo deva ser atribuído a períodos seguintes.

REGRAS DE MOVIMENTAÇÃO

A DÉBITO	A CRÉDITO
• Pagamento de despesas cujo custo deva ser repartido pelo período e períodos posteriores.	• Lançamento, dia a dia, dos custos que devam ser atribuídos ao período decorrido por contrapartida de correspondente conta de custos.

Observações: O desdobramento desta conta observa a estrutura das correspondentes classes, incluindo as contas extrapatrimonais.

CONTA:	DESP. C/ CUSTO DIFERIDO CARTEIRA DE TÍTULOS E PART.SOC.IMOB.
Código: 522	Tipo: I Acumula: 52 Natureza: B Grau: 2.°

CONTEÚDO

Regista as despesas suportadas com a carteira de títulos cujo custo deva ser atribuído a períodos seguintes.

REGRAS DE MOVIMENTAÇÃO

A DÉBITO	A CRÉDITO
• Pagamentos de despesas com a carteira de títulos, cujo valor deva ser imputado a períodos posteriores.	• Lançamento diário da fracção de despesas que respeite ao custo do período decorrido.

Observações: Esta conta será desdobrada em subcontas de acordo com a natureza da carteira de títulos.

Excluem as despesas que tenham a natureza de flutuações de valor.

CONTA:	DCD - EM OPERAÇÕES EXTRAPATRIMONAIS		
Código: 529		Tipo: I	Acumula: 52
		Natureza: B	Grau: 2.°

CONTEÚDO

Movimentam-se nesta conta as despesas suportadas com operações de natureza extra-patrimonial, cujo custo deva ser atribuído a períodos seguintes.

REGRAS DE MOVIMENTAÇÃO

A DÉBITO	*A CRÉDITO*
• Pagamento de despesas com operações extrapatrimoniais.	• Lançamento diário da fracção da despesa que deve ser considerada como custo.

Observações: O montante das despesas e do período a que respeite a operação devem ser bem determinados.

Esta conta será desdobrada em subcontas de acordo com a estrutura das contas extrapatrimonais (classe 9).

CONTA:	CUSTOS A PAGAR		
Código: 55		Tipo: R	Acumula:
		Natureza: B	Grau: 1.°

CONTEÚDO

Movimentam-se nesta conta os custos que devem ser atribuídos ao período, ainda que não tenham documentação vinculativa, cuja despesa só venha a realizar-se em perío-dos seguintes.

REGRAS DE MOVIMENTAÇÃO

A DÉBITO	*A CRÉDITO*
• Liquidação/pagamento das despesas.	• Valor do custo atribuído ao período decorrido, em contrapartida da corres-pondente conta de custos.

Observações: Nesta conta são registados diariamente os custos cuja despesa ocorra em datas posteriores, isto é, encargos liquidados postcipadamente.

Esta conta será desdobrada em subcontas de acordo com a natureza dos custos, tal como definida na classe 7.

CONTA:	RECEITAS COM PROVEITO DIFERIDO	
Código: 56	Tipo: R	Acumula:
	Natureza: B	Grau: 1.°

C O N T E Ú D O

Compreende as receitas ocorridas no período ou em períodos anteriores, cujo proveito deva ser atribuído a períodos seguintes.

REGRAS DE MOVIMENTAÇÃO

A DÉBITO	*A CRÉDITO*
• Lançamento periódico da fracção da receita que deve ser considerada como proveito desse período.	• Montante das receitas ocorridas no período, imputáveis a períodos seguintes.

Observações: Esta conta visa registar o que vulgarmente se designa por receitas antecipadas, bem como a atribuição diária do correspondente proveito.

Esta conta será desdobrada em subcontas de acordo com a natureza dos proveitos e com a estrutura da carteira de títulos e das contas extrapatrimonais (classe 9).

CONTA:	OPERAÇÕES DE REGULARIZAÇÃO DE VENDAS DE TÍTULOS	
Código: 581	Tipo: I	Acumula: 58
	Natureza: B	Grau: 2.°

C O N T E Ú D O

Esta conta destina-se a registar o valor a receber gerado entre a data da operação de venda de títulos em carteira e a data de recebimento.

REGRAS DE MOVIMENTAÇÃO

A DÉBITO	*A CRÉDITO*
• Valor de venda de títulos que aguarda o correspondente crédito na conta de disponibilidades.	• Recebimento do valor da venda de títulos.

Observações: Preconiza-se o seu desdobramento em subcontas consoante se trate de operações em bolsa ou fora de bolsa.

CONTA: OPERAÇÕES DE REGULARIZAÇÃO DE COMPRAS DE TÍTULOS

Código: 582	Tipo: I Acumula: 58
	Natureza: B Grau: 2.°

C O N T E Ú D O

Esta conta destina-se a registar o valor a pagar gerado entre a data da operação de compra de títulos e a data de pagamento.

REGRAS DE MOVIMENTAÇÃO

A DÉBITO	*A CRÉDITO*
• Pagamento do valor de compra de títulos.	• Valor de compra de títulos que aguarda o correspondente débito na conta de disponibilidades.

Observações: Preconiza-se o seu desdobramento em subcontas consoante se trate de operações em bolsa ou fora de bolsa.

CONTA: AJUSTAMENTOS DE COTAÇÕES

Código: 583	Tipo: I Acumula: 58
	Natureza: B Grau: 2.°

C O N T E Ú D O

Esta conta destina-se a registar as flutuações de valor de posições de risco em operações cambiais, sobre taxas de juro e sobre cotações.

REGRAS DE MOVIMENTAÇÃO

A DÉBITO	*A CRÉDITO*
• Flutuações de valor representativas de ganhos. • Anulação na data de fecho da posição de risco.	• Flutuações de valor representativas de perdas. • Anulação na data de fecho da posição de risco.

Observações: Esta conta será desdobrada em subcontas de acordo com a natureza das operações.

CONTA:	OPERAÇÕES CAMBIAIS A LIQUIDAR	
Código: 591	Tipo: I	Acumula: 59
	Natureza: B	Grau: 2.º

CONTEÚDO

Esta conta regista o valor a receber ou a pagar gerado entre a data de transacção de cambiais e a data da sua liquidação.

Observações: Esta conta será desdobrada em subcontas de acordo com a natureza das operações cambiais.

CONTA:	OPERAÇÕES DE TAXA DE JURO A LIQUIDAR	
Código: 592	Tipo: I	Acumula: 59
	Natureza: B	Grau: 2.º

CONTEÚDO

Esta conta regista o valor a receber ou a pagar gerado entre a data de transacção de operações de taxa de juro e a data da sua liquidação.

Observações: Esta conta será desdobrada em subcontas de acordo com a natureza das operações de taxa de juro.

CONTA:	POSIÇÃO CAMBIAL	
Código: 595	Tipo: I	Acumula: 59
	Natureza: B	Grau: 2.º

CONTEÚDO

Esta conta destina-se a evidenciar as posições cambiais de risco em aberto.

REGRAS DE MOVIMENTAÇÃO

A DÉBITO	*A CRÉDITO*
• Valor das posições compradas em escudos.	• Valor das posições vendidas em escudos.
• Valor das posições vendidas em divisas.	• Valor das posições compradas em divisas.

Observações: Esta conta deverá ser desdobrada por cada moeda, incluindo escudos. Será saldada apenas na data de fecho da posição cambial de risco.

4.2.6. CLASSE 6 – Capital do fundo

Nesta classe serão incluídas todas as contas que, conjuntamente com o resultado líquido do período, nos permitam evidenciar o valor líquido global do fundo. Desta forma serão contempladas as contas representativas do valor base das unidades de participação em circulação, bem como dos seus aumentos ou reduções de valor, quer em consequência de operações sobre as próprias unidades de participação (resgates e subscrições), quer por resultados obtidos e não distribuídos aos participantes.

Para o efeito, foram previstas as contas necessárias quer para a determinação do valor líquido global do fundo, quer para identificar as causas das suas variações ao longo da sua vida, mantendo-se os valores transitados de exercícios anteriores.

CONTA:	U.P. – VALOR BASE	
Código: 611		Tipo: M Acumula: 61 Natureza: B Grau: 2.°
CONTEÚDO		
Esta conta destina-se ao registo do valor base das unidades de participação em circulação.		
REGRAS DE MOVIMENTAÇÃO		
A DÉBITO	*A CRÉDITO*	
• Resgates de unidades de participação, ao seu valor base	• Subscrições de unidades de participação, ao seu valor base	

CONTA: VARIAÇÕES PATRIMONIAIS EM SUBSCRIÇÕES E RESGATES	
Código: 62	Tipo: R Acumula: Natureza: B Grau: 1.°
CONTEÚDO	
Esta conta destina-se a registar o montante da diferença entre o valor de cada subscrição ou resgate de unidades de participação e o seu valor base.	
REGRAS DE MOVIMENTAÇÃO	
A DÉBITO	*A CRÉDITO*
• Diferenças negativas nas subscrições • Diferenças positivas nos resgates	• Diferenças positivas nas subscrições • Diferenças negativas nos resgates

Observações: Esta conta desdobra-se nas subcontas indicadas na lista. A diferença entre o valor da operação e o valor base deve ser decomposta em:

* diferença imputável a valias não realizadas (subcontas 621)

* diferença imputável a resultados distribuíveis (subcontas 622).

CONTA:	RESULTADOS TRANSITADOS
Código: 63	Tipo: R Acumula: Natureza: B Grau: 1.°

C O N T E Ú D O

Esta conta destina-se a evidenciar o saldo líquido entre os resultados gerados em exercícios anteriores e os distribuídos a participantes.

CONTA:	RESULTADOS APROVADOS
Código: 631	Tipo: M Acumula: 63 Natureza: B Grau: 2.°

C O N T E Ú D O

Esta conta é utilizada para registar os resultados líquidos provenientes de exercícios anteriores e que já tenham sido objecto de aprovação de contas.

REGRAS DE MOVIMENTAÇÃO

A DÉBITO	A CRÉDITO
• Prejuízos aprovados, transitados de anos anteriores.	• Lucros aprovados, transitados de anos anteriores.

CONTA:	RESULTADOS AGUARDANDO APROVAÇÃO
Código: 632	Tipo: M Acumula: 63 Natureza: B Grau: 2.°

C O N T E Ú D O

Esta conta regista, no início de cada exercício económico, os resultados do(s) exercício(s) anterior(es) que aguardam aprovação de contas.

REGRAS DE MOVIMENTAÇÃO

A DÉBITO	A CRÉDITO
• Prejuízos de anos anteriores aguardando aprovação; • Transferência para a conta 631 dos lucros aprovados.	• Lucros de anos anteriores aguardando aprovação; • Transferência para a conta 631 dos prejuízos aprovados.

CONTA: RESULTADOS DISTRIBUÍDOS EM EXERCÍCIOS FINDOS	
Código: 634	Tipo: M Acumula: 63 Natureza: B Grau: 2.°

CONTEÚDO

Destina-se a registar o montante dos resultados distribuídos em exercícios anteriores aos participantes.

REGRAS DE MOVIMENTAÇÃO

A DÉBITO	*A CRÉDITO*
• Transferência, no início de cada exercício, do saldo da conta 641 – Resultados distribuídos a participantes.	

CONTA: RESULTADOS DISTRIBUÍDOS	
Código: 64	Tipo: R Acumula: Natureza: B Grau: 1.°

CONTEÚDO

Esta conta destina-se a registar o valor dos rendimentos distribuídos no exercício aos participantes. No início de cada exercício económico o seu saldo será transferido para a conta 634 podendo, esta última, ser desdobrada por exercício económico.

REGRAS DE MOVIMENTAÇÃO

A DÉBITO	*A CRÉDITO*
• Montante dos resultados distribuídos no período aos participantes.	• Transferência, no início de cada exercício económico, do seu saldo para a conta 634 – Resultados distribuídos em exercícios findos.

Observações: O seu movimento contabilístico processa-se na subconta 641.

CONTA:	AJUSTAMENTOS EM IMÓVEIS	
Código: 65	Tipo: R	Acumula:
	Natureza: B	Grau: 1.°

CONTEÚDO

Esta conta destina-se a registar o valor dos ajustamentos favoráveis e desfavoráveis em imóveis, resultantes da sua avaliação periódica.

REGRAS DE MOVIMENTAÇÃO

A DÉBITO	*A CRÉDITO*
• Ajustamentos desfavoráveis em imóveis.	• Ajustamentos favoráveis em imóveis.
• Anulação dos ajustamentos favoráveis de imóveis abatidos ao património do fundo.	• Anulação dos ajustamentos desfavoráveis de imóveis abatidos ao património do fundo.

Observações: O seu movimento contabilístico processa-se em contrapartida da conta 38 – Ajustamentos em Imóveis, respectiva subconta.

4.2.7. *CLASSE 7 – Custos e perdas*

Nesta classe incluem-se as contas que registam os custos e as perdas imputáveis ao período, normais ou eventuais.

A sua estrutura reflecte a natureza dos custos e perdas e, em cada uma das contas, o tipo de operação que esteve na sua origem, permitindo apurar os resultados quer pela sua natureza, quer em função da categoria de activos ou compromissos que os originaram.

CONTA:	JUROS E CUSTOS EQUIPARADOS	
Código: 71	Tipo: R	Acumula:
	Natureza: R	Grau: 1.°

CONTEÚDO

Esta conta destina-se ao registo dos encargos financeiros respeitantes à remuneração dos recursos alheios, bem como todos os encargos com carácter de juro.

REGRAS DE MOVIMENTAÇÃO

A DÉBITO	*A CRÉDITO*
• Montante dos juros e custos equiparados atribuídos ao período.	

Observações: Devem ser custos equiparados a juros os seguintes:

1. As comissões com carácter de juro e calculadas em função da duração ou do montante do crédito ou do compromisso;
2. Os custos (prémios ou descontos desfavoráveis) decorrentes de operações a prazo.

O seu desdobramento em subcontas é efectuado tendo em atenção o tipo de activo ou de compromisso que tenha estado na sua origem.

CONTA:	COMISSÕES
Código: 72	Tipo: R Acumula: Natureza: R Grau: 1.º

CONTEÚDO

Esta conta destina-se ao registo das comissões e outros encargos atribuídos ao período, suportadas pelo fundo, decorrentes do recurso a serviços de terceiros e das comissões e prémios de risco que não assumam o carácter de juro.

Observações: O seu desdobramento em subcontas é efectuado tendo em atenção o tipo de activo ou de compromisso que tenha estado na sua origem e, em cada uma destas, pela natureza da comissão suportada.

CONTA:	PERDAS EM OPERAÇÕES FINANCEIRAS e VALORES IMOBILIÁRIOS
Código: 73	Tipo: R Acumula: Natureza: R Grau: 1.º

CONTEÚDO

Esta conta destina-se ao registo dos prejuízos e outras perdas em operações financeiras e valores imobiliários (participações e imóveis) e imputáveis ao período.

REGRAS DE MOVIMENTAÇÃO

A DÉBITO	*A CRÉDITO*
• Montante dos prejuízos e perdas em operações do período.	

Observações: Devem ser considerados como prejuízos e perdas em operações financeiras e valores imobiliários, entre outros, os seguintes factos:

1. As diferenças de reavaliação desfavoráveis na carteira de títulos e participações;
2. Os ajustamentos desfavoráveis de cotação decorrentes da aplicação dos critérios de valorimetria dos activos e das operações a prazo;
3. Os resultados negativos apurados na venda ou reembolso de títulos, participações e imóveis;
4. Os resultados negativos na data de vencimento e os prémios suportados que não assumam carácter de juro, em operações a prazo.

O seu desdobramento em subcontas é efectuado em função do tipo de activo ou de compromisso que tenha estado na sua origem.

CONTA:	IMPOSTOS E TAXAS
Código: 74	Tipo: R Acumula: Natureza: R Grau: 1.º

CONTEÚDO

Esta conta destina-se ao registo dos impostos e taxas suportados pelo fundo quer tenham a forma de tributos sobre o consumo (indirectos) quer sobre rendimentos ou ganhos contabilizados na classe 8 e que o fundo tenha a obrigatoriedade da sua liquidação (directos).

REGRAS DE MOVIMENTAÇÃO

A DÉBITO	A CRÉDITO
• Montante dos impostos e taxas atribuídos ao período.	

Observações: A título de exemplo refira-se o imposto de mais-valias sobre ganhos em operações financeiras, dele não isentos.

O seu desdobramento em subcontas é efectuado tendo em atenção a natureza do imposto suportado.

CONTA:	PROVISÕES DO EXERCÍCIO
Código: 75	Tipo: R Acumula: Natureza: R Grau: 1.º

CONTEÚDO

Esta conta destina-se ao registo das dotações do período (constituição ou reforço) para provisões para crédito vencido e para riscos e encargos, tal como definidas na conta 48. Provisões acumuladas.

REGRAS DE MOVIMENTAÇÃO

A DÉBITO	A CRÉDITO
• Constituição e reforços de provisões, no período.	

Observações: A finalidade desta conta é de atribuir ao período os custos decorrentes da necessidade em constituir ou reforçar as provisões para cobrir riscos de incobrabilidade de créditos vencidos ou de encargos previsíveis mas de ocorrência e valor incertos. O seu desdobramento em subcontas é efectuado tendo em atenção a natureza dos encargos para os quais é constituída.

CONTA:	FORNECIMENTOS E SERVIÇOS EXTERNOS
Código: 76	Tipo: R Acumula: Natureza: R Grau: 1.°

C O N T E Ú D O

Esta conta destina-se ao registo de todos os encargos correntes com imóveis que façam parte da carteira do fundo.

REGRAS DE MOVIMENTAÇÃO

A DÉBITO	*A CRÉDITO*
• Montante das despesas com imóveis.	

Observações: Esta conta deve ser desdobrada em função da natureza do custo ou perda.

CONTA:	OUTROS CUSTOS E PERDAS CORRENTES
Código: 77	Tipo: R Acumula: Natureza: R Grau: 1.°

C O N T E Ú D O

Esta conta destina-se ao registo de todos os custos e perdas correntes, não enquadráveis nas contas anteriores.

REGRAS DE MOVIMENTAÇÃO

A DÉBITO	*A CRÉDITO*
• Montante dos custos e perdas correntes atribuídos ao período.	

Observações: Esta conta deve ser desdobrada em função da natureza do custo ou perda.

CONTA:	CUSTOS E PERDAS EVENTUAIS
Código: 78	Tipo: R Acumula: Natureza: R Grau: 1.°

C O N T E Ú D O

Esta conta destina-se ao registo dos encargos suportados pelo fundo no período, com carácter de ocasionalidade e que, por isso, não devam ser considerados como de gestão corrente.

REGRAS DE MOVIMENTAÇÃO

A DÉBITO	*A CRÉDITO*
• Montante dos custos e prejuízos eventuais ou ocasionais ocorridos no período.	

Observações: De acordo com o desdobramento em subcontas, contempla-se nesta conta os créditos incobráveis, as perdas extraordinárias, as perdas imputáveis a exercícios anteriores e outras de carácter eventual.

4.2.8. CLASSE 8 – *Proveitos e ganhos*

Nesta classe incluem-se as contas que registam os proveitos e os ganhos imputáveis ao período, normais ou eventuais.

Tal como na classe 7, a sua estrutura reflecte a natureza dos proveitos e ganhos e, em cada uma das contas, o tipo de operação que esteve na sua origem, permitindo apurar os resultados, quer pela sua natureza, quer em função da categoria de activos ou compromissos que os originaram.

CONTA:	JUROS E PROVEITOS EQUIPARADOS	
Código: 81	Tipo: R	Acumula:
	Natureza: R	Grau: 1.º

CONTEÚDO

Esta conta destina-se ao registo dos rendimentos financeiros respeitantes à remuneração das disponibilidades, da carteira de títulos e de outros activos, bem como todos os rendimentos com carácter de juro.

Observações: Devem ser proveitos equiparados a juros os seguintes:

1. As comissões com carácter de juro e calculadas em função da duração ou do montante do crédito ou do compromisso;

2. Os proveitos (prémios ou descontos favoráveis) decorrentes de operações a prazo.

O seu desdobramento em subcontas é efectuado tendo em atenção o tipo de activo ou de compromisso que tenha estado na sua origem.

CONTA:	RENDIMENTO DE TÍTULOS e PARTICIP. EM SOC. IMOBILIÁRIAS	
Código: 82	Tipo: R	Acumula:
	Natureza: R	Grau: 1.º

CONTEÚDO

Esta conta destina-se ao registo dos rendimentos relativos a títulos-investimento de rendimento variável e a participações no capital em sociedades imobiliárias, bem como em operações de natureza extrapatrimonial.

Observações: O seu desdobramento em subcontas é efectuado tendo em atenção o tipo de activo, de compromisso ou de operação que tenha estado na sua origem.

CONTA: GANHOS EM OPERAÇÕES FINANCEIRAS e VALORES IMOBILIÁRIOS	
Código: 83	Tipo: R Acumula: Natureza: R Grau: 1.°

CONTEÚDO

Esta conta destina-se ao registo dos lucros e outros ganhos em operações financeiras e em imóveis imputáveis ao período.

REGRAS DE MOVIMENTAÇÃO

A DÉBITO	A CRÉDITO
	• Montante dos lucros e ganhos em operações financeiras do período.

Observações: Devem ser considerados como lucros e ganhos em operações financeiras e valores imobiliários, entre outros, os seguintes factos:

1. As diferenças de reavaliação favoráveis na carteira de títulos e participações;
2. Os ajustamentos favoráveis de cotação decorrentes da aplicação dos critérios de valorimetria dos activos e das operações a prazo;
3. Os resultados positivos apurados na venda ou reembolso de títulos;
4. Os resultados positivos na data de vencimento e os prémios suportados que não assumam carácter de juro, em operações a prazo.

O seu desdobramento em subcontas é efectuado em função do tipo de activo, de compromisso ou de operação que tenha estado na sua origem.

CONTA: REPOSIÇÃO E ANULAÇÃO DE PROVISÕES	
Código: 85	Tipo: R Acumula: Natureza: R Grau: 1.°

CONTEÚDO

Esta conta destina-se ao registo das reduções (reposições e anulações) das provisões para crédito vencido e para riscos e encargos, tal como definidas na conta 48. Provisões acumuladas.

REGRAS DE MOVIMENTAÇÃO

A DÉBITO	A CRÉDITO
	• Reposições e anulações de provisões no período.

Observações: A finalidade desta conta é de registar as reduções de provisões para créditos vencidos ou para riscos e encargos, sempre que o seu valor se apresente excesssivo face às perdas previsíveis.

O seu desdobramento em subcontas é efectuado tendo em atenção a natureza dos encargos para os quais tinha sido constituída.

CONTA:	RENDIMENTOS DE IMÓVEIS
Código: 86	Tipo: R Acumula: Natureza: R Grau: 1.°

CONTEÚDO

Esta conta destina-se ao registo de todos os rendimentos provenientes dos imóveis que fazem parte dos activos do fundo.

REGRAS DE MOVIMENTAÇÃO

A DÉBITO	A CRÉDITO
	• Montante dos rendimentos que devam ser atribuídos ao período.

Observações: Esta conta deve ser desdobrada em função da natureza do rendimento, nomeadamente rendas.

CONTA:	OUTROS PROVEITOS E GANHOS CORRENTES
Código: 87	Tipo: R Acumula: Natureza: R Grau: 1.°

CONTEÚDO

Esta conta destina-se ao registo de todos os proveitos e ganhos correntes, não enquadráveis nas contas anteriores.

REGRAS DE MOVIMENTAÇÃO

A DÉBITO	A CRÉDITO
	• Montante dos proveitos e ganhos correntes atribuídos ao período.

Observações: Esta conta deve ser desdobrada em função da natureza do proveito ou ganho.

CONTA:	PROVEITOS E GANHOS EVENTUAIS
Código: 88	Tipo: R Acumula: Natureza: R Grau: 1.º

CONTEÚDO
Esta conta destina-se ao registo dos ganhos realizados pelo fundo no período, com carácter de ocasionalidade e que, por isso, não devam ser considerados como de gestão corrente.

REGRAS DE MOVIMENTAÇÃO	
A DÉBITO	*A CRÉDITO*
	• Montante dos proveitos e ganhos eventuais ou ocasionais ocorridos no período

Observações:	De acordo com o desdobramento em subcontas, contempla-se nesta conta a recuperação de créditos anteriormente considerados incobráveis, os ganhos extraordinários, os ganhos imputáveis a exercícios anteriores e outros de carácter eventual.

4.2.9. CLASSE 9 – *Contas extrapatrimoniais*

Nas condições e limites a definir em regulamento a emitir pela Comissão do Mercado de Valores Mobiliários, os fundos de investimento podem recorrer a técnicas e instrumentos que tenham por objecto valores mobiliários, com vista a uma adequada gestão do seu património e à cobertura de riscos cambiais.

Nesta classe deverão ser incluídas todas as contas destinadas a registar os factos que expressem o recurso às técnicas e instrumentos referidos no parágrafo anterior, bem como as responsabilidades e direitos decorrentes de contratos e compromissos com e de terceiros, em particular os contratos promessa de compra e venda. Assim, esta classe inclui as contas representativas de compromissos ou direitos subjacentes aos contratos realizados, porquanto os factos de natureza patrimonial que lhe estejam associados, nomeadamente, comissões ou margens recebidas ou pagas, ajustamentos de cotações, reconhecimento de ganhos e perdas, deverão ser contabilizadas nas respectivas classes de contas, integrando o balanço e a demonstração dos resultados.

Sendo as operações de bolsa a contado ou a prazo e sabendo que estas últimas podem ter por objecto valores mobiliários e outros instrumentos financeiros, esta classe de contas visa acompanhar os riscos associados às responsabilidades assumidas nas operações realizadas pelos fundos e que, entretanto, tenham sido aprovadas pela Comissão do Mercado de Valores Mobiliários.

As técnicas e instrumentos previstos consistem em:

• Cobertura do **risco cambial,** prevendo-se a realização de operações com instituições financeiras autorizadas a exercer o comércio de câmbios, ou em mercados regulamentados de bolsas de valores, designadamente:

    * Operações cambiais à vista (*"spot"*) e a prazo (*"forward"*);
    * Operações de *"swaps"* de moeda;
    * Contratos de futuros de moeda;

- Cobertura do **risco de taxa de juro**, que contempla as operações que visam reduzir o risco de perda patrimonial dos activos cujo valor varia em função das taxas de juro de mercado, designadamente:

    * Contratos a prazo de taxas de juro (*"FRA"*);
    * Contratos de garantia de taxas de juro (*"FLOORS"*, *"CAPS"* e *"COL-LARS"*);
    * Operações de *"swaps"* sobre taxas de juro (*"IRS"*);
    * Opções sobre taxas de juro;
    * Futuros de taxas de juro;

As contas desta classe foram estruturadas por forma a identificarem num primeiro nível as operações realizadas de acordo com os activos subjacentes e, em cada uma destas, a natureza do contrato celebrado. As subcontas da conta de contrapartida (99) foram organizadas por forma a obter-se a informação dos contratos em curso, de acordo com a sua natureza.

CONTA:	OPERAÇÕES CAMBIAIS	
Código: 91	Tipo: R	Acumula:
	Natureza: E	Grau: 1.°
CONTEÚDO		
Esta conta destina-se a registar os compromissos assumidos com terceiros, relacionados com operações que envolvam divisas em moeda estrangeira.		
REGRAS DE MOVIMENTAÇÃO		
A DÉBITO	*A CRÉDITO*	
• Assumpção de responsabilidades pelo valor nominal ou teórico da transacção.	• Anulação das responsabilidades aquando da extinção do contrato	

Observações: Esta conta desdobra-se nas subcontas estruturadas de acordo com a natureza dos contratos celebrados, nomeadamente de operações cambiais à vista e a prazo, de operações de *"swap"* de moeda, de operações de opções de moeda e de operações sobre futuros de moeda.

No capítulo seguinte serão caracterizadas com mais detalhe a natureza e as características subjacentes a cada um dos referidos contratos.

CONTA:	OPERAÇÕES SOBRE TAXAS DE JURO
Código: 92	Tipo: R Acumula: Natureza: E Grau: 1.º

CONTEÚDO

Esta conta destina-se a registar os compromissos assumidos com terceiros, relacionados com operações que envolvam técnicas e instrumentos de cobertura de risco de taxa de juro.

REGRAS DE MOVIMENTAÇÃO

A DÉBITO	A CRÉDITO
• Assumpção de responsabilidades pelo valor nominal ou teórico da transacção.	• Anulação das responsabilidades em resultado da extinção do contrato.

Observações: Esta conta desdobra-se nas subcontas estruturadas de acordo com a natureza dos contratos celebrados, nomeadamente de operações de "*swap*" de taxa de juro, de operações de contratos de garantia de taxa de juro, de operações de opções de taxa de juro e de operações sobre futuros de taxa de juro, as quais serão caracterizadas com mais detalhe no capítulo seguinte.

CONTA:	COMPROMISSOS COM E DE TERCEIROS
Código: 94	Tipo: R Acumula: Natureza: E Grau: 1.º

CONTEÚDO

Esta conta destina-se a registar a responsabilidade pelo valor gerado entre a data da assumpção do compromisso e da liquidação da operação, quer tenham sido assumidos pelo fundo perante terceiros, quer na situação inversa.

REGRAS DE MOVIMENTAÇÃO

A DÉBITO	A CRÉDITO
• Assumpção de responsabilidades pelo valor nominal ou teórico da transacção.	• Anulação das responsabilidades aquando do extinção do contrato

Observações: Esta conta desdobra-se em subcontas destinadas ao registo da natureza dos compromissos em apreço, nomeadamente com a realização de contratos promessa, com a subscrição de títulos, com a realização de operações a prazo, com a cedência de valores em garantia e com a obtenção de valores como garantia.

CONTA:	CONTAS DE CONTRAPARTIDA	
Código: 99	Tipo: R	Acumula:
	Natureza: E	Grau: 1.º

CONTEÚDO
Esta conta destina-se a servir de contrapartida ao valor das responsabilidades contabilizadas nas restantes contas extrapatrimoniais.

REGRAS DE MOVIMENTAÇÃO

A DÉBITO	*A CRÉDITO*
• Anulação das responsabilidades aquando da extinção do contrato.	• Assumpção das responsabilidades pelo valor nominal ou teórico da transacção.

Observações: Esta conta desdobra-se em subcontas estruturadas em função da natureza dos contratos celebrados.

CAPÍTULO 5
Contabilização de operações

5.1 INTRODUÇÃO

Neste capítulo procura-se apresentar o esquema contabilístico de algumas operações realizadas pelos fundos de investimento imobiliário, particularmente as operações correntes relacionadas com subscrições, resgates e a carteira de títulos e as operações a prazo e de divisas.

Não é objectivo deste capítulo apresentar a contabilização de todas as operações do fundo, mas tão somente referir os aspectos fundamentais na contabilização daquelas que sejam passíveis de algumas dúvidas ou diferentes interpretações das sociedades responsáveis pela sua gestão, quer pela estrutura preconizada para as contas do plano, quer pela reduzida tradição na contabilidade das operações a prazo e de divisas.

Também, para efeitos de simplificação, não serão utilizadas as extensões das contas previstas para o tipo/entidade e para a localização.

5.2 OPERAÇÕES CORRENTES

5.2.1 RESGATES

Nesta operação deve ser registado o pedido de resgate na data a que se reporta, bem como a entrega da quantia ao participante. Também o valor do resgate deve ser repartido entre valor base, diferença imputável a valias não realizadas e diferença imputável a rendimentos distibuíveis.

O montante a pagar ao participante decorrente do pedido de resgate, será contabilizado na correspondente conta de terceiros (classe 4) até ao momento do seu pagamento efectivo. Por sua vez, deverão ser contabilizados em separado, nas respectivas contas da classe 6, o valor base das unidades de participação resgatadas, a diferença imputável a valias não realizadas e a diferença imputável a rendimentos distribuíveis.

Na data de pagamento será saldada a conta de credores (resgates a pagar aos participantes) por contrapartida da respectiva conta de disponibilidades.

5.2.2 SUBSCRIÇÕES

O procedimento é equivalente ao resgate, com a diferença de o recebimento coincidir com o acto de subscrição, não havendo a necessidade de utilizar uma conta de terceiros.

O crédito nas correspondentes contas da classe 6 (caso o valor de subscrição exceda o valor base) será registado de acordo com os princípios referidos na contabilização dos resgates.

5.2.3 RENDIMENTOS AOS PARTICIPANTES

Pela aprovação e colocação à disposição dos rendimentos (R) aos participantes deve ser efectuado o lançamento:

	Débito	Crédito	Importância
Colocação à disposição	641	422	R

Pelo pagamento dos rendimentos aos participantes:

	Débito	Crédito	Importância
Pagamento	422	1201	R

ficando, deste modo, saldada a correspondente conta de terceiros.

5.2.4 OPERAÇÕES COM A CARTEIRA DE TÍTULOS e PARTICIPAÇÕES

i) Na compra, os títulos devem ser valorizados pelo preço de custo e as participações ao seu preço de aquisição, sendo as despesas classificadas na correspondente conta de custos.

Caso o débito na conta de disponibilidades não coincida com o dia da operação de compra, deverá utilizar-se uma conta de regularização, estando prevista

para o efeito a conta 582 «Operações de regularização de compras», a qual será
saldada no momento da ocorrência do débito em conta.

ii) Diariamente, deve proceder-se ao registo contabilístico do ajustamento
do valor de mercado dos títulos em carteira, lançando-se o correspondente ganho ou perda (embora potencial) em contrapartida das contas
de menos ou mais valias, respectivamente.

iii) No acto de venda de títulos deve ser contabilizado o ganho ou perda
efectivo, anulando-se, não apenas os títulos em carteira, mas também os
valores acumulados nas correspondentes contas de mais e menos valias.

iv) As participações em sociedades imobiliárias não representadas por
acções que, por isso, não possa ser aplicado o princípio enunciado em
ii), devem ser valorizadas pelo método da equivalência patrimonial com
base no último balanço aprovado.

Os ajustamentos positivos *(mais valias)* e negativos *(menos valias)* serão
anulados creditando ou debitando as respectivas contas da classe 2 (28), o valor
de compra é anulado na correspondente conta da carteira de títulos e as perdas ou
ganhos registados nas respectivas contas de perdas (732) ou ganhos (832) em operações financeiras – na carteira de títulos.

À semelhança do referido na compra de títulos, caso o crédito na conta de
disponibilidades não coincida com o dia da operação de venda, deverá utilizar-se
uma conta de regularização, estando prevista para o efeito a conta 581 «Operações
de regularização de vendas de títulos», a qual será saldada no momento da ocorrência do crédito em conta.

5.3 OPERAÇÕES EM MOEDA ESTRANGEIRA

Nos mercados cambiais internacionais convencionou-se que a data valor
das operações é o 2.º dia útil (comum aos países das moedas transaccionadas)
após o dia da negociação da operação. Esta prática também foi a adoptada em
Portugal. Porém, os sãos princípios contabilísticos universalmente aceites exigem que as operações fiquem imediatamente registadas na data da sua contratação.

Assim, a relevação contabilística de cada operação deve permitir:
- o controlo contabilístico das operações,
- a sua correcta representação patrimonial,
- e as responsabilidades extrapatrimoniais,

bem como o acompanhamento diário do valor das posições cambiais de cada
Fundo.

Cada operação deve ser registada exclusivamente nas subcontas das moedas
da transacção.

5.3.1 OPERAÇÕES À VISTA (SPOT)

No dia da transacção a conta de posição cambial à vista deve imediatamente registar a natureza e o valor da operação contratada. A responsabilidade contraída deve igualmente ser registada em contas extrapatrimoniais.

Na data valor (liquidação) o movimento em contas internas deve ser saldado por contrapartida de disponibilidades, e anulado o registo em contas extrapatrimoniais.

Diariamente as *posições cambiais à vista* terão de ser reavaliadas em função dos valores diários de mercado de cada moeda (*fixing* do Banco de Portugal) por contrapartida das respectivas contas de resultados.

5.3.2 OPERAÇÕES A PRAZO (FORWARD)

No dia da transacção a conta de posição cambial a prazo regista a natureza e o valor da operação e as contas extrapatrimoniais registam a responsabilidade assumida.

Na data de vencimento o movimento em contas internas salda por contrapartida de disponibilidades, e anulado o registo em contas extrapatrimoniais.

Diariamente as posições cambiais a prazo devem ser reavaliadas em função das cotações do mercado a prazo implícitas para cada operação, por contrapartida de contas de resultados.

5.3.3 OPERAÇÕES DE SWAP DE MOEDA

Tratando-se de uma troca temporária de moedas, onde o diferencial de juros entre as moedas a trocar para o respectivo prazo está implícito no preço das cotações, estas operações não afectam as posições cambiais à vista e a prazo.

Assim, os respectivos custos e proveitos dos juros implícitos devem ser contabilizados diariamente ao longo do período de vida da operação.

No dia da transacção e na data valor *spot* os movimentos são idênticos aos das operações cambiais à vista e a prazo.

Durante a vida da transacção as componentes à vista e a prazo resultantes do "*swap*" não são reavaliadas. Diariamente a parcela a imputar a custos ou a proveitos (os prémios/descontos – "*swap points*") de cada operação deve ser registada na conta 583 «Ajustamentos de cotações», respectiva subconta, por contrapartida de uma conta de proveitos ou custos.

No 2.º dia útil anterior à data de vencimento da componente a prazo do *swap* essa conta de regularização deve saldar por contrapartida da conta de posição de moeda a liquidar, sendo na data de vencimento anulada por disponibilidades.

5.4 OPERAÇÕES A PRAZO

O desenvolvimento e utilização de novos instrumentos financeiros na gestão e cobertura dos riscos de mercado das carteiras das instituições, abreviadamente designados em linguagem de mercado por *derivativos*, tem vindo a criar nos vários organismos internacionais de supervisão uma preocupação crescente e um acompanhamento específico destes instrumentos financeiros.

Apesar da sua complexidade, as contas das instituições não podem deixar de reflectir a realidade económica dessas operações, a quantificação dos riscos em que incorrem e os resultados obtidos.

Esses resultados devem registar-se em função da evolução do valor de mercado, fazendo aquilo que os anglo-saxónicos designam por *mark-to-market*.

5.4.1 CONTRATOS A PRAZO DE TAXA DE JURO ("FRAs")

Entende-se por FRA um contrato futuro sobre taxas de juro de curto prazo realizado fora de um mercado organizado em bolsa.

No dia da transacção deve registar-se na respectiva conta extrapatrimonial (classe 9) a responsabilidade contraída. Este registo é feito pelo valor teórico do contrato.

Diariamente, durante a primeira parte do contrato, deverá ser objecto de reavaliação, utilizando-se as respectivas contas da classe 5.

Na data da liquidação, as importâncias recebidas ou pagas são registadas pelo saldo na classe 5, anulando-se, também, os registos feitos nas contas extrapatrimoniais.

Durante a segunda parte do contrato, esse custo ou proveito diferido deve ser registado diariamente por contrapartida de contas de resultados (classe 7 ou 8).

5.4.2 OPERAÇÕES DE SWAP DE TAXA DE JURO (IRS)

Entende-se por *Swap* de taxa de juro, um contrato entre duas partes, em que estas acordam em trocar fluxos de juros, calculados sobre um valor teórico do contrato, sendo um dos fluxos baseado numa taxa fixa durante toda a vida do contrato e o outro baseado numa taxa que varia periodicamente conforme a evolução no mercado do indexante combinado.

No dia da transacção as contas extrapatrimoniais respectivas são movimentadas pelo valor teórico do contrato de *swap*.

Uma vez que uma das componentes do *swap* implica a redefinição periódica da taxa dita "variável", no início de cada um desses períodos, deve registar-se na classe 5 os respectivos custos e proveitos diferidos.

Diariamente essas contas de resultados diferidos devem ser movimentadas por contrapartida de resultados efectivos nas classes 7 e 8, pelo valor atribuído ao período.

Nas datas de liquidação de juros as respectivas contas da classe 5 são movimentadas por contrapartida de disponibilidades.

No início do último período de fixação da taxa variável, anulam-se os registos feitos na classe 9.

5.4.3 OPERAÇÕES DE OPÇÕES (OPTIONS)

Entende-se por Opção o direito adquirido (mas não a obrigação) de comprar ou vender um instrumento financeiro (moeda, taxa de juro ou índice de cotações) por um preço acordado para um certo período de tempo.

No dia da transacção o compromisso assumido deve registar-se em contas extrapatrimoniais pelo valor do contrato.

O prémio a liquidar regista-se em contas da classe 5 como um resultado diferido, podendo ser utilizadas as contas de terceiros entre a data da transacção e a da liquidação.

Diariamente, a posição assumida deve ser reavaliada, em função da flutuação dos preços desse instrumento financeiro no mercado, nas respectivas contas de regularização da classe 5.

No final do contrato a posição pode extinguir-se pelo exercício do direito adquirido ou pelo seu abandono. Em qualquer das situações os registos da classe 9 devem ser anulados.

Contudo, as características destes contratos negociados em mercados organizados tornam-se fungíveis entre si, pelo que no decorrer da vida de um contrato este pode ser eliminado por outro de sinal contrário.

Se o produto financeiro objecto da operação de *Opção* for uma *Opção de Moeda*, a conta da **posição cambial a prazo** deve também registar a natureza e o valor da operação, sendo assim reavaliada globalmente com as restantes posições a prazo resultantes de outros tipos de operações cambiais.

5.4.4 OPERAÇÕES COM CONTRATOS DE "FUTUROS"

Um **contrato de futuro** é um acordo realizado num mercado organizado em bolsa, pelo qual as partes se obrigam a trocar um determinado instrumento financeiro (moeda, taxa de juro ou índices de cotações) seguindo as normas padronizadas por esse mercado, e com entrega e preço previamente acordados.

No dia da transacção essa responsabilidade deve imediatamente ser reflectida em contas extrapatrimoniais pelo valor do contrato.

A **margem inicial** deve ser registada em contas de terceiros na classe 4, bem como os eventuais reforços do seu valor (ajustamentos de cotações).

Diariamente os valores dos contratos devem ser reavaliados em função dos novos preços desses contratos na bolsa onde foram transaccionados, registando as eventuais flutuações de valor nas respectivas contas de regularização da classe 5.

As características destes contratos permitem a sua fungibilidade, pelo que a assunção de um novo contrato de sinal contrário leva à sua eliminação. Porém, se um contrato for levado até ao seu vencimento, haverá necessidade de anular os registos feitos na classe 9, para além dos relativos à sua liquidação física ou financeira.

Tratando-se de um *contrato futuro de moeda* a conta da posição cambial a prazo deve também ser movimentada registando o valor e a natureza da operação, sendo por isso reavaliada globalmente com as restantes operações cambiais a prazo.

5.5 OUTRAS OPERAÇÕES

5.5.1 SUBSCRIÇÕES DE TÍTULOS

Existindo normalmente um desfasamento temporal entre a data de decisão de subscrição de títulos no mercado primário e a data da sua liquidação financeira, esse compromisso deve ser registado de imediato na respectiva conta da classe 9.

5.5.2 CONTRATOS PROMESSA DE COMPRA E VENDA

No intervalo de tempo compreendido entre a data a que se reporta a operação e a data da efectiva transacção, o compromisso assumido perante terceiros deverá ser registado, pelo valor nominal do contrato, nas competentes contas da classe 9.

CAPÍTULO 6
Demonstrações financeiras

6.1. INTRODUÇÃO

Como já anteriormente foi referido, é objectivo do sistema contabilístico a recolha, registo e tratamento dos factos decorrentes das operações realizadas pelas organizações, por forma a elaborar demonstrações económico-financeiras que revelem:

- A situação patrimonial e financeira, bem como o grau de cumprimento das obrigações para com terceiros;
- A situação económica e a capacidade de gerar excedentes;
- A forma como se gera e se utiliza o dinheiro em determinados períodos.

Para tal, preconiza-se a preparação de três categorias de demonstrações financeiras:

* Balanço;
* Demonstração dos Resultados;
* Demonstração dos Fluxos de Caixa;

e respectivos anexos.

Por constituírem um instrumento de informação não apenas para a gestão, mas também para utilizadores externos, refira-se o disposto no n.° 1 do artigo 2.° da Directiva n.° 78/660/CEE, adoptada em 25 de Julho de 1978 pelo Conselho das Comunidades Europeias e geralmente conhecida por 4.ª Directiva da UE, o qual refere que aqueles três documentos devem ser considerados como um todo, proporcionando a informação necessária com vista a:

- Proteger os interesses dos participantes e de terceiros;
- Garantir uma imagem verdadeira e apropriada da situação financeira e patrimonial e dos resultados obtidos no exercício da actividade;
- Assegurar a comparabilidade das informações financeiras, não só no interesse de cada unidade, mas também do sector e, consequentemente nacional;
- Estabelecer regras de divulgação pública, por forma a garantir uma uniformidade nos documentos a divulgar, assim como a sua leitura.

Tendo em consideração que as contas anuais devem dar uma imagem verdadeira e apropriada da posição financeira e dos resultados das operações do fundo, estabelece-se, neste capítulo, esquemas de modelos obrigatórios para a elaboração do Balanço, da Demonstração dos Resultados e da Demonstração dos Fluxos Monetários. No capítulo seguinte serão identificadas as informações a divulgar em notas anexas aos mesmos.

6.2. CARACTERÍSTICAS DA INFORMAÇÃO CONTABILÍSTICA

De acordo com o definido no sistema contabilístico a que estão subordinadas as empresas comerciais, as demonstrações financeiras devem proporcionar informações acerca da situação financeira e das suas alterações, dos resultados das operações e da forma como se gerou e utilizou o dinheiro, para que seja útil a investidores, a credores, aos gestores e a outros utilizadores, a fim de investirem e tomarem outras decisões racionalmente. Desta forma, contribuirão para um eficiente funcionamento do mercado de capitais.

A informação deve ser compreensível aos que desejem analisar e avaliar, ajudando-os a distinguir quem gere de forma eficiente ou não, a conhecer os resultados obtidos no exercício da actividade e a identificar a responsabilidade presente e futura pelos recursos que lhe foram confiados e pelas operações realizadas ou comprometidas.

Os utilizadores da informação financeira proporcionadas pelos FII são, mais especificamente, os seguintes:

- Os participantes (investidores);
- Os gestores;
- Os credores;
- Os organismos e entidades de controlo;
- O público em geral.

A responsabilidade pela preparação da informação financeira e da sua apresentação é das sociedades gestoras do fundo. Por este motivo, constituem um dos principais interessados não apenas nessa informação, mas também em todos os elementos que as ajudem a executar e cumprir as responsabilidades inerentes à sua missão.

Adoptam-se como características qualitativas da informação financeira, as divulgadas no sistema contabilístico a que estão subordinadas as empresas comerciais, constituindo qualidade fundamental a sua compreensibilidade pelos diversos utilizadores. Mais especificamente, constituem características fundamentais:

* A relevância;
* A fiabilidade;
* A comparabilidade.

A **relevância** tem a ver com a capacidade da informação em influenciar as decisões dos seus utilizadores, ajudando-os a avaliar os acontecimentos passados, presentes e futuros ou a confirmar ou a corrigir as suas avaliações passadas. A objectividade e rapidez da informação constituem os elementos fundamentais para a sua relevância.

Assim, uma informação deixa de ser relevante quando a sua omissão ou erro não influenciar a decisão do gestor, ou quando não for tempestivamente relatada, isto é, houver demoras no seu relato. A relevância está muito ligada à utilidade da informação financeira, pelo que a oportunidade na sua divulgação e a objectividade para que seja compreensível ao utilizador constituem factores críticos desta característica.

Tendo em atenção esta característica, foi dado particular desenvolvimento ao registo dos factos extrapatrimoniais e à explicitação em quadros do anexo da respectiva exposição ao risco, pelo que as demonstrações financeiras e anexo, devem ser consideradas como um todo.

A **fiabilidade** consiste na característica que a informação tem de estar liberta de erros materiais e de juízos prévios. Assim, deve ser capaz de evidenciar de forma apropriada a realidade que tem por finalidade representar ou se espera que represente.

Para que a informação seja fiável, os factos devem ser registados de acordo com a sua substância e realidade económica e financeira e não apenas com base na sua forma legal ou documental. A neutralidade e a objectividade dos princípios e critérios utilizados nos registos das operações, constituem requisitos fundamentais para a obtenção de informação fiável.

A existência de informação relevante e fiável reduz o risco e maximiza a sua utilidade aos diferentes utilizadores.

A **comparabilidade** devem ser entendida como a característica da informação financeira em ser confrontada com os impactos financeiros de operações similares quer no tempo, quer no espaço.

A comparabilidade no tempo leva a que, numa dada unidade, os factos sejam registados de forma consistente ao longo dos vários períodos. Desta forma, será possível acompanhar, durante a sua vida, a evolução e tendências na posição financeira e nos resultados das operações realizadas.

A comparabilidade no espaço permite que a posição financeira e os resultados de uma determinada unidade possam ser confrontados com unidades com actividade equivalente e analisadas no âmbito de um sector, pelo que todas deverão adoptar sistemas normalizados assentes em princípios, critérios e regras comumente aceites.

Contudo, esta normalização não pode significar uniformização total, nem tão pouco um meio que constitua impedimento à introdução de conceitos, princípios e técnicas contabilísticas mais aperfeiçoadas. Uma entidade não se vê forçada a contabilizar da mesma maneira um dada operação ou facto, se a política contabilística adoptada permitir obter a informação requerida de forma também relevante e fiável.

Em síntese, podemos referir que estas características, aplicadas conjuntamente com regras, princípios e critérios contabilísticos adequados, permitem a obtenção de demonstrações financeiras capazes de proporcionar uma imagem verdadeira e apropriada da posição financeira e dos resultados das operações do fundo.

6.3. BALANÇO

Numa perspectiva financeira, o balanço traduz um conjunto de aplicações de capital, bem como as correspondentes origens. Trata-se então, de uma demonstração de todas as aplicações de capital (1.° membro), nomeadamente, em títulos, em dívidas de terceiros, em aplicações monetárias, etc., e das fontes de financiamento (origens) dessas aplicações (2.° membro), nomeadamente participantes, resultados gerados pelo exercício da actividade e credores diversos.

A forma de representação, para além de reflectir esta perspectiva, aproxima-se da estrutura preconizada na 4.ª Directiva do Conselho, na medida em que:

O modelo apresenta uma disposição vertical com determinada sucessão de grupos homogéneos de elementos activos e passivos, de forma a comparar as aplicações de fundos (activo), com as correspondentes origens (passivo).

A estrutura do balanço é obrigatória, pelo que se indica a correspondência de cada um dos seus elementos com as contas do plano.

Os elementos do activo são estruturados de acordo com o seu destino ou aplicação e tendo em conta a sua ordem natural neste tipo de actividade.

O mesmo em relação ao passivo, mas tendo em atenção a sua origem. Evidencia, fácil e inequivocamente o valor líquido do fundo, para além das provisões para riscos e encargos, das dívidas do fundo e das regularizações passivas.

Alguns grupos homogéneos do balanço serão desenvolvidos no anexo, mas observando a mesma estrutura e forma de apresentação da informação. Os aumentos e reduções dos elementos activos deverão ser indicados nas correspondentes rubricas do activo e nas colunas previstas para o efeito.

Relativamente ao valor líquido do fundo, procurou-se evidenciar não apenas o seu valor base, mas também as suas variações, quer resultantes de operações de capital (resgates, subscrições ou outras), quer da avaliação de imóveis, quer dos resultados de gestão (lucros ou prejuízos acumulados e do período).

Procurou-se também introduzir melhorias com a apresentação do número de unidades de participação e do respectivo valor unitário, uma vez que esta informação constitui um dos objectivos fundamentais da gestão dos fundos.

Apresenta-se de seguida o modelo de balanço que, para melhor informação dos utilizadores, inclui as quantias correspondentes ao ano anterior.

BALANÇO

(valores em contos)   Data: __/__/__

ACTIVO

CÓDIGO	DESIGNAÇÃO	Período N Bruto	Mv	mv / P	Líquido	Per. N-1 Líquido
	IMÓVEIS					
31	Terrenos	X	X	X	X	X
32	Construções	X	X	X	X	X
33	Adiantamentos por compras de imóveis	X		X	X	X
	TOTAL DE IMÓVEIS	X	X	X	X	X
	CARTEIRA TÍTULOS e PART.SOC.IMOB.					
	OBRIGAÇÕES:					
211+2171	Títulos da Dívida Pública	X	X	X	X	X
212+2172	Outros Fundos Públicos Equiparados	X	X	X	X	X
213+214+2173	Obrigações diversas	X	X	X	X	X
22	Participações em sociedades imobiliárias	X	X	X	X	X
23	Títulos de Participação	X	X	X	X	X
24	Unidades de Participação	X	X	X	X	X
25	Direitos	X	X	X	X	X
26	Outros instrumentos de dívida	X	X	X	X	X
	TOTAL DA CARTEIRA DE TÍTULOS	X	X	X	X	X
	CONTAS DE TERCEIROS					
411	Obrigações Vencidas, a Regularizar	X			X	X
412	Juros Vencidos, a Regularizar	X			X	X
413	Rendas Vencidas, a Regularizar	X			X	X
412+4122+4132	Devedores em Contencioso	X	X		X	X
414+...+418	Outras Contas de Devedores	X	X		X	X
427	Sector Público Administrativo	X			X	X
	TOTAL DE TERCEIROS	X	X	X	X	X
	DISPONIBILIDADES					
11 + 18	Numerário e Equivalentes	X			X	X
12	Depósitos à ordem	X			X	X
13	Depósitos a prazo e com pré-aviso	X			X	X
14	Certificados de depósito	X			X	X
	TOTAL DAS DISPONIBILIDADES	X			X	X
	CONTAS DE REGULARIZAÇÃO					
51	Proveitos a Receber	X			X	X
52	Despesas com Custo Diferido	X			X	X
58+59	Outras Contas de Regularização	X			X	X
	TOTAL DAS REGULARIZAÇÕES ACTIVAS	X			X	X
	TOTAL DO ACTIVO	X	X	X	X	X
	Total do Número de Unidades de Participação				N	N

Abreviaturas: Mv - Mais valias;   mv - Menos valias;   P - Provisões

PASSIVO

CÓDIGO	DESIGNAÇÃO	Períodos N	N-1
	CAPITAL DO FUNDO		
61	Unidades de Participação	X	X
62	Variações Patrimoniais	+X	+X
63	Resultados Transitados	+X	+X
64	Resultados distribuídos	-X	-X
65	Ajustamentos em imóveis	+X	+X
DR	Resultados Líquidos do Período	+X	+X
	TOTAL DO CAPITAL DO FUNDO	X	X
	PROVISÕES P/RISCOS ENCARGOS		
482	Para Riscos e Encargos	X	X
	TOTAL PROVISÕES P/RISCOS E ENCARGOS	X	X
	CONTAS DE TERCEIROS		
421	Resgates a Pagar a Participantes	X	X
422	Rendimentos a Pagar a Participantes	X	X
423	Comissões a Pagar	X	X
427	Sector Público Administrativo	X	X
424+...+428	Outras Contas de Credores	X	X
43	Adiantamentos por vendas de imóveis	X	X
44	Empréstimos Contraídos	X	X
	TOTAL DE TERCEIROS	X	X
	CONTAS DE REGULARIZAÇÃO		
55	Custos a Pagar	X	X
56	Receitas com Proveito Diferido	X	X
58+59	Outras Contas de Regularização	X	X
	TOTAL DAS REGULARIZAÇÕES PASSIVAS	X	X
	TOTAL DO PASSIVO	X	X
	Valor Unitário da Unidade de Participação	$	$

6.4. DEMONSTRAÇÃO DOS RESULTADOS

Esta demonstração tem por finalidade evidenciar os resultados (lucros ou prejuízos) obtidos na actividade do fundo. Apresenta-se sob a forma de quadro demonstrativo dos resultados apurados, discriminando os custos e os proveitos segundo a sua natureza.

Também, à semelhança do balanço, o modelo de demonstração dos resultados apresenta uma estrutura próxima da preconizada na 4.ª Directiva do Conselho, isto é, aquela que apresenta, em disposição horizontal, os custos e os proveitos classificados por natureza.

Tal como o balanço, esta demonstração financeira também inclui as quantias correspondentes ao ano anterior.

A estrutura da demonstração visa identificar a natureza dos resultados do período, nomeadamente:

* RESULTADOS CORRENTES, ou seja o lucro ou prejuízo decorrente das operações normais do fundo, ou seja, dos proveitos e custos directamente relacionados com a sua actividade, nomeadamente:
  * Proveitos e ganhos correntes (juros e proveitos equiparados, rendimentos de títulos, ganhos em operações financeiras, reposição e anulação de provisões e outros).
  * Custos e perdas correntes (juros e custos equiparados, comissões suportadas, perdas em operações financeiras, constituição e reforço de provisões e outros).

* RESULTADOS EVENTUAIS, os decorrentes de factos ou operações de carácter ocasional ou acidental e que, por isso, a sua ocorrência tem reduzido grau de previsibilidade (incobrabilidade de valores, correcções a exercícios anteriores, penalidades, ganhos e perdas extraordinários).

A estrutura dos resultados supra permite conhecer , para além dos dois grandes grupos mencionados, ainda:

  * Resultados da carteira de títulos (rendimentos e encargos correntes directa e inequivocamente relacionados com a detenção da carteira de títulos);
  * Resultados das operações extrapatrimoniais (idem relativamente às operações extra balanço);
  * Resultados antes de imposto sobre o rendimento (soma dos resultados correntes e eventuais com o valor do imposto sobre o rendimento);
  * Resultado líquido do período, o qual constará no balanço no grupo homogéneo relativo ao capital do fundo.

Apresenta-se de seguida o modelo a adoptar. A estrutura é obrigatória, pelo que se indica a correspondência de cada um dos seus elementos com as contas do plano. Não se prevêem quaisquer desdobramentos noutras demonstrações dos resultados, pelo que se optou por alguma discriminação nas naturezas dos proveitos e custos.

(valores em contos)	DEMONSTRAÇÃO DOS RESULTADOS						Data: __/__/__
CUSTOS E PERDAS				PROVEITOS E GANHOS			
CÓDIGO	DESIGNAÇÃO	Período N	Período N-1	CÓDIGO	DESIGNAÇÃO	Período N	Período N-1
	CUSTOS E PERDAS CORRENTES				PROVEITOS E GANHOS CORRENTES		
	JUROS E CUSTOS EQUIPARADOS:				JUROS E PROVEITOS EQUIPARADOS:		
711+718	De Operações Correntes	X	X	812	Da Carteira de Títulos e Partic.em Soc. Imobiliárias	X	X
719	De Operações Extrapatrimoniais	X	X	811+818	Outros, de Operações Correntes	X	X
	COMISSÕES			819	De Operações Extrapatrimoniais	X	X
722	Da Carteira de Títulos e Partic.em Soc. Imobiliárias	X	X		RENDIMENTO DE TÍTULOS PART.SOC.IMOBILIÁRIAS		
723	Em Imóveis	X	X	822...825	Da Carteira de Títulos e Partic.em Soc. Imobiliárias	X	X
724+...+728	Outras, de Operações Correntes	X	X	828	De Outras Operações Correntes	X	X
729	De Operações Extrapatrimoniais	X	X	829	De Operações Extrapatrimoniais	X	X
	PERDAS OPER. FINANCEIRAS e VAL.IMOBILIÁRIOS				GANHOS EM OPER. FINANCEIRAS E VAL.IMOBILIÁRIOS		
732	Na Carteira de Títulos e Partic.em Soc. Imobiliárias	X	X	832	Na Carteira de Títulos e Partic.em Soc. Imobiliárias	X	X
733	Em imóveis	X	X	833	Em Imóveis		
731+738	Outras, em Operações Correntes	X	X	831+838	Outros, em Operações Correntes	X	X
739	Em Operações Extrapatrimoniais	X	X	839	Em Operações Extrapatrimoniais	X	X
	IMPOSTOS E TAXAS						
741	Indirectos	X	X		REPOSIÇÃO E ANULAÇÃO DE PROVISÕES		
742	Directos	X	X	851	Para crédito Vencido	X	X
	PROVISÕES DO EXERCÍCIO			851	Para Riscos e Encargos	X	X
751	Para crédito Vencido	X	X	86	RENDIMENTOS DE IMÓVEIS	X	X
752	Para Riscos e Encargos	X	X	87	OUTROS PROVEITOS E CUSTOS CORRENTES	X	X
76	FORNECIMENTOS E SERVIÇOS EXTERNOS	X	X		TOTAL DOS PROVEITOS E GANHOS CORRENTES (B)	X	X
77	OUTROS CUSTOS E PERDAS CORRENTES	X	X		PROVEITOS E GANHOS EVENTUAIS		
	TOTAL DOS CUSTOS E PERDAS CORRENTES (A)	X	X	881	Recuperação de Incobráveis	X	X
	CUSTOS E PERDAS EVENTUAIS			882	Ganhos Extraordinários	X	X
781	Valores Incobráveis	X	X	883	Ganhos de Exercícios Anteriores	X	X
782	Perdas Extraordinárias	X	X	884...888	Outras Ganhos Eventuais	X	X
783	Perdas de exercícios Anteriores	X	X		TOTAL DOS PROVEITOS E GANHOS EVENTUAIS (D)	X	X
784...788	Outras Perdas Eventuais	X	X				
	TOTAL DOS CUSTOS E PERDAS EVENTUAIS (C)	X	X				
	RESULTADO LÍQUIDO DO PERÍODO	X	X				
	TOTAL	X	X		TOTAL	X	X

8x2-7x2-7x3	Resultados da Carteira Títulos e Part.Soc.Imobiliária	X	X	D-C	Resultados Eventuais	X	X
8x3+86-7x3-76	Resultados de Imóveis	X	X	B+D-A-C+742	Resultados Antes de Imposto s/o Rendimento	X	X
8x9-7x9	Resultados das Operações Extrapatrimoniais	X	X	B+D-A-C	Resultados Líquidos do Período	X	X
B-A+742	Resultados Correntes	X	X				

6.5. DEMONSTRAÇÃO DOS FLUXOS MONETÁRIOS

6.5.1 CARACTERÍSTICAS

Para além do conhecimento da situação financeira e dos resultados gerados, assume também relevância para os utilizadores da informação financeira o conhecimento da forma como é obtido e utilizado o dinheiro num determinado período.

É sabido que nem sempre existe uma correlação directa entre os resultados apurados e os fluxos monetários, por exemplo, o facto de um fundo apurar lucros não significa necessariamente que disponha de dinheiro para, designadamente, distribuir rendimentos ou investir.

A informação acerca dos fluxos monetários reveste-se de grande utilidade, pois permite aos utilizadores das demonstrações financeiras, por um lado, conhecer as origens de dinheiro durante um determinado período de tempo e, por outro lado, verificar o destino que lhe foi dado.

A demonstração dos fluxos monetários, como parte integrante das demonstrações financeiras do fundo, permite aos utilizadores melhorar o conhecimento das variações ocorridas na posição financeira e a capacidade de gerar meios de pagamento e em que tempo, com vista designadamente, a adaptar-se a situações de mudança.

Por **fluxos monetários** entende-se os recebimentos (entradas em contas de disponibilidades, com excepção das quantias transferidas de outras contas da mesma natureza) e os pagamentos (saídas das contas de disponibilidades, com excepção das importâncias transferidas para outras contas da mesma natureza); Os fluxos monetários devem ser classificados de acordo com o tipo de operação que os originou. Os tipos de operação identificados na demonstração dos fluxos de caixa são os seguintes:

- Operações sobre as unidades do fundo;
- Operações com valores imobiliários;
- Operações da carteira de títulos à vista;
- Operações a prazo e de divisas;
- Operações de gestão corrente;
- Operações eventuais;

1. Operações sobre as **unidades do fundo** que dizem respeito aos fluxos de entrada e saída de meios monetários em consequência de operações com os participantes, incluindo a distribuição de rendimentos. A título de exemplo, serão de incluir neste grupo, os fluxos monetários resultantes de:

- * Pagamentos por resgates de unidades de unidades de participação;
- * Recebimentos pela subscrição de unidades de participação;
- * Pagamentos por distribuição de rendimentos aos participantes.

2. Operações com **valores imobiliários** dizem respeito a todos os fluxos de recebimentos e pagamentos relacionados com a gestão de valores imobiliários (participações em sociedades imobiliárias e imóveis), incluindo os custos e perdas e os proveitos e ganhos dela decorrente. Assim, contempla os fluxos monetários resultantes de:

- Pagamentos por aquisições de imóveis;
- Adiantamentos por contas de imóveis;
- Pagamentos por conta de aquisições de participações em sociedades imobiliárias;
- Pagamentos com fornecimentos e serviços externos relacionados com imóveis;
- Recebimentos pela venda de imóveis;
- Recebimentos pela venda de participações em sociedades imobiliárias;
- Recebimentos de rendimentos de valores imobiliários; etc.

3. Operações da **carteira de títulos à vista** dizem respeito a todos os fluxos de recebimentos e pagamentos directamente relacionados com a gestão da carteira, incluindo os custos e perdas e os proveitos e ganhos dela decorrente. Assim, contempla os fluxos monetários resultantes de:

- * Pagamentos por aquisições de aplicações financeiras;

* Recebimentos pela venda de aplicações financeiras;
* Recebimentos por rendimentos de títulos;
* Pagamentos por comissões de corretagem; etc.

4. Operações **a prazo e de divisas** que dizem respeito a todos os fluxos de recebimentos e pagamentos relacionados com operações a prazo sobre instrumentos financeiros, e com divisas, incluindo os resultados gerados. Assim, engloba os fluxos monetários relativos a:

* Pagamentos de comissões em contratos de futuros;
* Recebimentos de prémios num contrato de opções;
* Recebimentos cambiais num contrato s/câmbio; etc.

5. Operações de **gestão corrente** que correspondem a todos os recebimentos e pagamentos não contemplados nos grupos anteriores e que não tenham a natureza eventual. Estão, neste caso, entre outros, os seguintes factos:

* Pagamentos da comissão de gestão;
* Recebimentos de juros de depósitos a prazo;
* Pagamentos de juros devedores de depósitos à ordem; etc.

6. Operações **eventuais** que dizem respeito a todos os fluxos de recebimentos e pagamentos decorrentes de factos ocasionais ou acidentais e registados nas correspondentes contas de resultados. Assim, contempla os fluxos monetários resultantes de:

* Pagamentos por perdas imputáveis a exercícios anteriores;
* Recebimentos de ganhos extraordinários.

7. Tecnicamente, os componentes dos recebimentos e dos pagamentos acima mencionados, podem ser obtidos por uma de duas vias:

  i) directamente do registo contabilístico das operações, mediante a adopção de rubricas apropriadas (por exemplo, através da criação de um subsistema informativo integrado no sistema de contas ou da definição de uma tabela associada aos movimentos das contas de disponibilidades);

  ii) pelo ajustamento das rubricas constantes da demonstração de resultados pelas contas activas e passivas que lhe estejam associadas, por forma a deduzir os proveitos ainda não recebidos e os custos ainda não pagos. A esse ajustamento haveria que acrescentar as restantes variações de balanço representativas de recebimentos e de pagamentos não reflectidos nos resultados.

6.5.2 TRATAMENTO ESPECÍFICO DE ALGUMAS SITUAÇÕES

Os fluxos monetários provenientes de operações em moeda estrangeira devem ser registados em escudos, pela aplicação da taxa de câmbio à data dos respectivos recebimentos ou pagamentos.

Os fluxos monetários relacionados com as rubricas eventuais são classificados e divulgados em grupo próprio e autónomo, a fim de habilitar os utilizadores a compreender a sua natureza e os seus efeitos, actual e futuro.

Os juros, comissões e taxas pagos e os juros, dividendos e outros rendimentos recebidos devem ser classificados como um componente dos fluxos monetários em cada um dos grupos das operações a que correspondem, por forma a obter-se uma imagem mais apropriada dos impactos dessas operações.

Os fluxos monetários relativos a imposto sobre o rendimento, quando os haja, devem ser considerados no grupo das operações que os originou, salvo os que não puderem ser especificamente identificados, os quais serão considerados nas operações de gestão corrente.

As operações que não exijam a utilização de meios monetários devem ser excluídos da demonstração dos fluxos de caixa. Esta exclusão da demonstração dos fluxos monetários é consistente com o objectivo desta demonstração financeira, dado que esses elementos não envolvem recebimentos ou pagamentos no período em causa.

Também não devem ser considerados na demonstração dos fluxos monetários as operações que se limitam a transferência de valores entre as contas de disponibilidades, nomeadamente levantamentos para fundo fixo de caixa, constituição de depósitos a prazo a partir de contas de depósitos à ordem, etc. Contudo, os custos ou proveitos gerados pelas contas de disponibilidades já devem ser considerados na demonstração dos fluxos monetários no grupo de operações de gestão corrente.

6.5.3 MODELO DA DEMONSTRAÇÃO DOS FLUXOS MONETÁRIOS

Por ser desejável assegurar a uniformidade da demonstração dos fluxos monetários, apresenta-se de seguida um modelo mínimo a que deverá subordinar--se a sua divulgação. Admite-se, assim, a criação de rubricas nos casos evidenciados por reticências.

DEMONSTRAÇÃO DOS FLUXOS MONETÁRIOS

página 1

DISCRIMINAÇÃO DOS FLUXOS	PERÍODO N	PERÍODO N-1
OPERAÇÕES SOBRE AS UNIDADES DO FUNDO		
RECEBIMENTOS:		
Subscrição de unidades de participação	x	x
...	... (1)	... (1)
PAGAMENTOS:		
Resgates de unidades de participação	x	x
Rendimentos pagos aos participantes	x	x
...	... (2)	... (2)
Fluxo das operações sobre as unidades do fundo	(3)=(1)-(2)	(3)=(1)-(2)
OPERAÇÕES COM VALORES IMOBILIÁRIOS		
RECEBIMENTOS:		
Alienação de imóveis	x	x
Venda de participações em sociedades imobiliárias	x	x
Rendimentos de imóveis	x	x
Rendimentos de participações em sociedades imobiliárias	x	x
Adiantamentos por conta de venda de imóveis	–	–
...	x	x
Outros recebimentos de valores imobiliários	(4)	(4)
PAGAMENTOS:	x	x
Aquisição de imóveis	x	x
Aquisição de participações em sociedades imobiliárias	x	x
Grandes reparações em imóveis	x	x
Comissões em imóveis	x	x
Despesas correntes (FSE) com imóveis	x	x
Adiantamentos por conta de compra de imóveis	–·	–
...	x	x
Outros pagamentos de valores imobiliários	(5)	(5)
Fluxo das operações sobre valores imobiliários	6=(4-5)	6=(4-5)

DISCRIMINAÇÃO DOS FLUXOS	PERÍODO N		PERÍODO N-1	
OPERAÇÕES DA CARTEIRA DE TÍTULOS				
RECEBIMENTOS:				
Venda de títulos	x		x	
Reembolso de títulos	x		x	
Resgates de unidades de participação	x		x	
Rendimento de títulos	x		x	
Juros e proveitos similares recebidos	x		x	
Vendas de títulos com acordo de recompra	x		x	
...	...		...	
Outros recebimentos relacionados com a carteira	x	(7)	x	(7)
PAGAMENTOS:				
Compra de títulos	x		x	
Subscrições de unidades de participação	x		x	
Juros e custos similares pagos	x		x	
Vendas de títulos com acordo de recompra	x		x	
Taxas de Bolsa suportadas	x		x	
Taxas de corretagem	x		x	
Outras taxas e comissões	x		x	
...	...		...	
Outros pagamentos relacionados com a carteira	x	(8)	x	(8)
Fluxo das operações da carteira de títulos		$9=(7-8)$		$9=(7-8)$

DISCRIMINAÇÃO DOS FLUXOS	PERÍODO N		PERÍODO N-1	
OPERAÇÕES A PRAZO E DE DIVISAS				
RECEBIMENTOS:				
Juros e proveitos similares recebidos	x		x	
Recebimentos em operações cambiais	x		x	
Recebimento em operações de taxa de juro	x		x	
Recebimento em operações sobre cotações	x		x	
Comissões em contratos de opções	x		x	
Outras comissões	x		x	
...	...		...	
Outros recebimentos op. a prazo e de divisas	x	(10)	x	(10)
PAGAMENTOS:				
Juros e custos similares pagos	x		x	
Pagamentos em operações cambiais	x		x	
Pagamentos em operações de taxa de juro	x		x	
Pagamentos em operações sobre cotações	x		x	
Margem inicial em contratos de futuros	x		x	
Comissões em contratos de opções	x		x	
...	...		...	
Outros pagamentos op. a prazo e de divisas	x	(11)	x	(11)
Fluxo das operações a prazo e de divisas		12=(10-11)		12=(10-11)
OPERAÇÕES GESTÃO CORRENTE				
RECEBIMENTOS:				
Cobranças de crédito vencido	x		x	
Compras com acordo de revenda	x		x	
Juros de depósitos bancários	x		x	
Juros de certificados de depósito	x		x	
...	...		...	
Outros recebimentos correntes		(13)		(13)
PAGAMENTOS:	x		x	
Comissão de gestão	x		x	
Comissão de depósito	x		x	
Despesas com crédito vencido	x		x	
Juros devedores de depósitos bancários	x		x	
Compras com acordo de revenda	x		x	
Impostos e taxas	...		...	
...	x		x	
Outros pagamentos de valores imobiliários		(14)		(14)
Fluxo das operações de gestão corrente		15=(13-14)		15=(13-14)

página 4

DISCRIMINAÇÃO DOS FLUXOS	PERÍODO N		PERÍODO N-1	
OPERAÇÕES EVENTUAIS				
RECEBIMENTOS:				
Ganhos extraordinários	x		x	
Ganhos imputáveis a exercícios anteriores	x		x	
Recuperação de incobráveis	x		x	
...	...		...	
Outros recebimentos de operações eventuais	x	(16)	x	(16)
PAGAMENTOS:				
Perdas extraordinárias	x		x	
Perdas imputáveis a exercícios anteriores	x		x	
...	...		...	
Outros pagamentos de operações eventuais	x	(17)	x	(17)
Fluxo das operações eventuais		18=(16-17)		18=(16-17)
Saldo dos fluxos monetários do período...(A)		3+6+9+		3+6+9+
Disponibilidades no início do período ....(B)		+12+15+		+12+15+
Disponibilidades no fim do período ....(C) = (B)+(A)		+18		+18

6.5.4 TABELA AUXILIAR PARA CONSTRUÇÃO DA DEMONSTRAÇÃO DOS FLUXOS MONETÁRIOS

Das duas alternativas mencionadas para obtenção dos valores a inscrever nas rubricas da desta demonstração financeira, preconiza-se a que se baseia no registo contabilístico das operações, mediante a definição de uma tabela associada aos movimentos das contas de disponibilidades.

Assim, no momento de lançamento das contas de disponibilidades, particularmente contas de depósitos à ordem, o sistema informático deverá prever o preenchimento de um atributo adicional a que corresponde a um ficheiro (tabela) que contempla os vários tipos de operações previstos no quadro monetários e que serão utilizados na sua elaboração.

A título exemplificativo, apresenta-se uma possível lista de códigos de atributos monetários a afectar, como se referiu, nos registos de entradas e saídas das contas de disponibilidades, utilizando um sistema alfanumérico até 4 campos.

LISTA DE CÓDIGOS DE FLUXOS MONETÁRIOS

RF – RECEBIMENTOS DE OPERAÇÕES S/UNIDADES DO FUNDO

RF01 – Subscrições de unidades de participação
...
RF99 – Outros recebimentos s/unidades do fundo

PF – PAGAMENTOS DE OPERAÇÕES S/UNIDADES DO FUNDO

PF01 – Resgates de unidades de participação
PF02 – Pagamentos de rendimentos aos participantes
...
PF99 – Outros pagamentos s/ unidades do fundo

RI – RECEBIMENTOS DE OPERAÇÕES COM VALORES IMOBILIÁRIOS

RI01 – Alienação de imóveis
RI02 – Vendas de participações em socieaddes imobiliárias
RI03 – Rendimentos de imóveis
RI04 – Rendimentos de participações em sociedades imobiliárias
RI05 – Adiantamentos recebidos por conta alienação de imóveis
...
RI99 – Outros recebimentos com valores imobiliários

PI – PAGAMENTOS DE OPERAÇÕES COM VALORES IMOBILIÁRIOS

PI01 – Aquisição de imóveis
PI02 – Aquisição de participações em sociedades imobiliárias
PI03 – Grandes reparações em imóveis
PI04 – Comissões em imóveis
PI05 – Despesas correntes (FSE) com imóveis
PI06 – Adiantamentos por conta de compra de imóveis
PI07 – ....
...
PI99 – Outros pagamentos de valores imobiliários

RT – RECEBIMENTOS DE OPERAÇÕES COM A CARTEIRA DE TÍTULOS

RT01 – Vendas de títulos
RT02 – Reembolsos de títulos
RT03 – Resgates de unidades de participação
RT04 – Rendimentos de títulos
RT05 – Vendas de títulos com acordo de recompra
RT06 – Recebimento de juros e proveitos similares
...
RT99 – Outros recebimentos com a carteira de títulos

PT – PAGAMENTOS DE OPERAÇÕES COM A CARTEIRA DE TÍTULOS

PT01 – Compras de títulos
PT02 – Subscrições de títulos
PT03 – Subscrições de unidades de participação

PT04 – Comissões de bolsa suportadas
PT05 – Vendas de títulos com acordo de recompra
PT06 – Pagamento de juros e custos similares
PT07 – Comissões de corretagem
PT08 – Outras comissões e taxas
...
PT99 – Outros pagamentos com a carteira de títulos

RP – RECEBIMENTOS DE OPERAÇÕES A PRAZO E DE DIVISAS

RP01 – Juros e proveitos similares recebidos
RP02 – Recebimentos em operações cambiais
RP03 – Recebimentos em operações de taxa de juro
RP04 – Recebimentos em operações sobre cotações
RP05 – Comissões recebidas em contratos de opções
RP06 – Outras comissões recebidas em operações a prazo e de divisas
...
RP99 – Outros recebimentos de operações a prazo e de divisas

PP – PAGAMENTOS DE OPERAÇÕES A PRAZO E DE DIVISAS

PP01 – Juros e proveitos similares pagos
PP02 – Pagamentos em operações cambiais
PP03 – Pagamentos em operações de taxa de juro
PP04 – Pagamentos em operações sobre cotações
PP05 – Margem inicial em contratos de futuros, paga
PP06 – Comissões pagas em contratos de opções
...
PP99 – Outros pagamentos de operações a prazo e de divisas

RC – RECEBIMENTOS EM OPERAÇÕES DE GESTÃO CORRENTE

RC01 – Cobranças de crédito vencido
RC02 – Compras com acordo de revenda
RC03 – Juros de depósitos bancários
RC04 – Juros de certificados de depósito
RC05 – Rendimentos de outras contas de disponibilidades
RC06 – Contracção de empréstimos
...
RC99 – Outros recebimentos com operações de gestão corrente

PC – PAGAMENTOS EM OPERAÇÕES DE GESTÃO CORRENTE

PC01 – Despesas com crédito vencido
PC02 – Compras com acordo de revenda
PC03 – Pagamento de juros de disponibilidades e empréstimos
PC04 – Comissão de gestão
PC05 – Comissão de depósito
PC06 – Impostos e taxas
PC07 – Reembolso de empréstimos
...
PC99 – Outros pagamentos com operações de gestão corrente

RE – RECEBIMENTOS EM OPERAÇÕES EVENTUAIS

RE01 – Recebimentos de ganhos eventuais
RE02 – Recebimento de valores atribuíveis a exercícios anteriores
RE03 – Recuperação de valores incobráveis
...
RE99 – Outros recebimentos com operações eventuais

PE – PAGAMENTOS EM OPERAÇÕES EVENTUAIS

PE01 – Pagamentos de perdas eventuais
PE02 – Pagamento de valores atribuíveis a exercícios anteriores
...
PE99 – Outros pagamentos com operações eventuais

CAPÍTULO 7
Anexo

As contas dos fundos devem dar uma imagem verdadeira e apropriada da sua situação financeira e dos resultados das operações. Ao proporcionarem uma informação de grande síntese, a simples leitura e interpretação dos conteúdos do Balanço, da Demonstração dos Resultados e da Demonstração dos Fluxos Monetários não possibilita, por si só, que se obtenha tal imagem.

Por esse motivo a necessidade em complementar tais informações com outras, dadas de forma narrativa ou através de mapas, as quais constituem o presente Anexo às demonstrações financeiras de síntese.

O Anexo abrange dois tipos de informações:

• Umas que se destinam a desenvolver e a comentar quantias incluídas nas demonstrações financeiras definidas no capítulo anterior;
• Outras que se destinam a divulgar factos ou situações que, não tendo expressão naquelas, são úteis para os utilizadores das informações dos fundos de investimento, por influenciarem ou poderem vir a influenciar as suas decisões.

Assim sendo, pode afirmar-se que a qualidade da informação financeira dos fundos de investimento está muito dependente do conteúdo das notas divulgadas no Anexo.

NOTA 1

Número de unidades de participação emitidas, resgatadas e em circulação no período em referência. Comparação do valor líquido global do fundo e da unidade de participação no início e no fim do período em referência, bem como dos factos geradores das variações ocorridas.

Para o efeito, poderá elaborar-se um quadro com o seguinte formato:

Descrição	No Início	Subscr.	Resgates	Dist.Res	Outros	Res.Per	No Fim
Valor base	x	x	x				x
Diferença em subs. resgates	x	x	x				x
Resultados distribuídos	x			x			x
Resultados acumulados	x					x	x
Ajustamentos em imóveis	x				+-x		x
S O M A	x	x	x	x	+-x	x	x
N.° de unidades participação	x						x
Valor unidade participação	x						x

No caso de fundos que prevêm no seu regulamento, resgates com valor da primeira avaliação subsequente, deve indicar-se em separado o número de unidades de participação com pedidos de resgate em curso.

NOTA 2

Inventário das aplicações em imóveis:

Página 1

Descrição dos Imóveis	Valor do imóvel
1. IMÓVEIS	
1.1 TERRENOS	x
1.2 CONSTRUÇÕES	
1.2.1 Em Curso	
Habitação	x
Comércio	x
Serviços	x
Outros	x
1.2.2 Acabadas	
1.2.2.1 Arrendadas	
Habitação	x
Comércio	x
Serviços	x
Outros	x
1.2.2.1 Não Arrendadas	
Habitação	x
Comércio	x
Serviços	x
Outros	x
TOTAL	x

NOTA 3

Inventário da carteira de títulos e das participações em sociedades imobiliárias:

Descrição	Quanti-dade	Divisa	Cotação escudos	Mais e menos valias	Juros decor-ridos	Valor global
1. VALORES IMOBILIÁRIOS						
1.1 PARTIC. EM SOC. IMOBILIÁRIAS						
Acções						
Quotas	x	x	x	x		x
Outras participações	x	x	x	x		x
1.2 CARTEIRA DE TÍTULOS						
Títulos dívida Pública	x	x	x	x		x
Curto prazo						
Médio e longo prazos						
Obrigações hipotecárias						
Títulos de participação	x	x	x	x	x	x
Obrigações de empresas	x	x	x	x	x	x
Unidades de Participação:	x	x	x	x	x	x
Em F. Investimento Imobiliários	x	x	x	x	x	x
Em F. Investimento Mobiliários	x	x	x	x	x	x
SOMA	x	x		x	x	x

NOTA 4

Fundamentação das circunstâncias especiais que justificaram a atribuição, caso tenha ocorrido, a elementos da carteira de títulos de um valor inferior ao mais baixo do custo ou do mercado.

NOTA 5

Indicação e justificação das disposições do PCFII que, em casos excepcionais, tenham sido derrogadas e dos respectivos efeitos nas demonstrações financeiras, tendo em vista a necessidade de estas darem uma imagem verdadeira e apropriada do activo, do passivo, dos resultados e dos fluxos monetários do fundo.

NOTA 6

Discriminação da liquidez do fundo. Poderá elaborar-se um quadro com o seguinte conteúdo:

(valores em contos)

Contas	Saldo inicial	Aumentos	Reduções	Saldo final
Numerário	x			x
Depósitos à ordem	x			x
Depósitos a prazo e com pré-aviso	x	x	x	x
Certificados de depósito	x	x	x	x
Outras contas de disponibilidades	x	x	x	x
Total	x	x	x	x

NOTA 7

Valor das dívidas de cobrança duvidosa incluídas em cada uma das rubricas de devedores constantes do balanço. Poder-se-á também elaborar um quadro com o seguinte conteúdo:

(valores em contos)

Contas	Dev. p/obrig. vencidas	Dev. p/juros vencidos	Devedores p/rendas vencidas	Outros devedores	Soma
Conta ...	x	x	x	x	x
Conta ...	x	x	x	x	x
Total	x	x	x	x	x

NOTA 8

Indicação e comentário das rubricas do Balanço, da Demonstração dos Resultados e da Demonstração dos Fluxos Monetários cujos conteúdos não sejam comparáveis com os do período anterior.

NOTA 9

Valor das dívidas a terceiros cobertas por garantias reais prestadas pelo fundo, com indicação da natureza e valor destas, bem como da sua repartição em conformidade com as rubricas do balanço. A informação a prestar pode ser divulgada através de um quadro com o modelo seguinte:

(valores em contos)

Rubrica do Balanço	Valores	Garantias prestadas	
		Natureza	Valor
....			
....			

NOTA 10

Desdobramento das contas de provisões acumuladas e explicitação dos movimentos ocorridos no exercício, de acordo com um quadro do seguinte tipo:

(valores em contos)

Contas	Saldo Inicial	Aumento	Redução	Saldo final
481 – Provisões para crédito vencido	x	x	x	x
482 – Provisões para riscos e encargos	x	x	x	x

NOTA 11

Discriminação dos impostos retidos na fonte em relação aos rendimentos obtidos e contabilizados no fundo.

NOTA 12

Discriminação das responsabilidades com e de terceiros, de acordo com o quadro seguinte:

Tipo de responsabilidade	Montantes (contos)	
	No início	No fim
Subscrição de títulos	x	x
Operações a prazo de compra – Imóveis	x	x
Operações a prazo de compra – Outras	x	x
Operações a prazo de venda – Imóveis	x	x
Operações a prazo de venda – Outras	x	x
Valores recebidos em garantia	x	x
Valores cedidos em garantia	x	x
Outras	x	x
Total	x	x

TABELA DE EQUIVALÊNCIA DE CONTAS		TABELA DE EQUIVALÊNCIA DE CONTAS	
ACTUAL	NOVA	ACTUAL	NOVA
10	11	420112	322
11	12	42020	331
12	12	42021	332
13	12	4207	381
19	18	4208	382
20	13	51	51
21	13	52	55
25000	261	54	56
25001	262	55	52
25005	211204/211101	56	-
25006	211201/2/3	58	58
2501	212	590	595
2502	213/4	591	591
25100	261	599	592/598
25101	211/2	61	-
2512	213/4	620	611
253	23/24	621	621
254	23/24	64	64
2590	281	651	6221
2591	282	652	6222
27	41	66	63
28400	411	671	78
28401	412	672	88
288	412	70	71
289	4113/4123	71	72
292	-	72	73
293	-	74	76
290/9	48	76	74
30	44	77	77
35	44	792/4/5	-
368	43	790/9	75
369	42	80	81
390	427	81	82
392	422	82	87
399	428	83	83
400	22	842/4/5	-
407	2812	840/9	85
408	2822	890	86
42010	31	899	87
420111	321		

Como complemento ao mapa de transposição de contas, apresentam-se seguidamente os procedimentos a adoptar para efeitos de anulação das contas do anterior plano contabilístico que não têm correspondência directa no âmbito do novo plano de contas.

Desta forma, importa distinguir os procedimentos a tomar quando se trate de imóveis ou de valores mobiliários e participações em sociedades imobiliárias.

Em Imóveis:

O saldo das contas 4207 «Mais Valias» e 4208 «Menos Valias» devem ser transferidos para a conta 38 «Ajustamentos em Imóveis» do actual plano. Por sua vez, o saldo referente a imóveis da conta 56 «Flutuação de Valores», deverá ser transferido para a conta 65 «Ajustamentos em Imóveis». A conta 293 «Para Depreciação de Imóveis» deverá ser anulada por contrapartida da conta 632 «Resultados Transitados Aguardando Aprovação».

Em valores mobiliários e participações em sociedades imobiliárias:

No sentido de anular o saldo das contas 292 «Provisões para depreciação de títulos» e 56 «Flutuação de valores», deverá o saldo credor da primeira ser anulado por contrapartida da segunda. O eventual saldo credor da conta 56 «Flutuação de Valores» deverá ser anulado por contrapartida da conta do novo plano respeitante a resultados transitados aguardando aprovação de contas.

O saldo da conta 259 «Valias» deverá ser movimentado por contrapartida da conta 28 «Mais e Menos Valias».

Os lançamentos atrás referidos deverão ser efectuados na abertura do exercício de 1996.

BALANCETE MENSAL

Fundo:
Código:
Data: .../.../...

CONTAS COM SALDOS DEVEDORES

11	NUMERÁRIO	
12	DEPÓSITOS À ORDEM	
13	DEPÓSITOS A PRAZO E C/ AVISO PRÉVIO	
14	CERTIFICADOS DE DEPÓSITOS	
18	OUTROS MEIOS MONETÁRIOS	
21	OBRIGAÇÕES	
211	Títulos de Dívida Pública	
2111	Taxa Fixa	
2112	Taxa Indexada	
212	Outros Fundos Públicos e Equiparados	

2121	Taxa Fixa	
2122	Taxa Indexada	
213	Obrigações Hipotecárias	
214	Obrigações de Empresas	
217	Valores Emprestados	
2171	Títulos da Dívida Pública	
2172	Outros Fundos Públicos e Equiparados	
2173	Obrigações Diversas	
22	PARTICIPAÇÕES EM SOCIEDADES IMOBILIÁRIAS	
221	Acções	
222	Quotas	
223	Outras participações	
23	TÍTULOS DE PARTICIPAÇÃO	
24	UNIDADES DE PARTICIPAÇÃO	
241	Fundos Imobiliários	
242	Fundos Mobiliários	
25	DIREITOS	
251	Direitos de Subscrição	
258	Outros Direitos	
26	OUTROS INSTRUMENTOS DE DÍVIDA	
261	Bilhetes do Tesouro	
262	CLIP	
263	Papel Comercial	
268	Outros	
28	MAIS E MENOS VALIAS	
281	Mais Valias	
2811	Em Obrigações	
281101	Em Títulos da Dívida Pública	
281102	Em Outros Fundos Públicos	
281103	Em Obrigações Hipotecárias	
281104	Em Obrigações de Empresas	
2812	Em Participações em Sociedades Imobiliárias	
281201	Em Participações sob a forma de Acções	
281202	Em Participações sob a forma de Quotas	
281203	Em participações sob Outras formas	
2813	Em Títulos de Participação	
2814	Em Unidades de Participação	
281401	Em Fundos Imobiliários	
281402	Em Fundos Mobiliários	
2815	Em Direitos	
251	De Subscrição	
258	Outros	
2816	Em Outros Instrumentos de Dívida	

281601	Em Bilhetes do Tesouro	
281603	Em Papel Comercial	
282	Menos Valias	
2821	Em Obrigações	
282101	Em Títulos da Dívida Pública	
282102	Em Outros Fundos Públicos	
282103	Em Obrigações Hipotecárias	
282104	Em Obrigações de Empresas	
2822	Em Participações em Sociedades Imobiliárias	
282201	Em Participações sob a forma de Acções	
282202	Em Participações sob a forma de Quotas	
282203	Em participações sob Outras formas	
2823	Em Títulos de Participação	
2824	Em Unidades de Participação	
282401	Em Fundos Imobiliários	
282402	Em Fundos Mobiliários	
2825	Em Direitos	
282501	De Subscrição	
282508	Outros	
2826	Em Outros Instrumentos de Dívida	
282601	Em Bilhetes do Tesouro	
282603	Em Papel Comercial	
31	TERRENOS	
311	Urbanizados	
312	Não Urbanizados	
32	CONSTRUÇÕES	
321	Acabadas	
3211	Arrendadas	
3212	Não Arrendadas	
322	Em Curso	
33	ADIANTAMENTOS POR COMPRA DE IMÓVEIS	
331	De Terrenos	
332	De Construções	
41	DEVEDORES	
411	Devedores por Títulos Vencidos	
412	Devedores por Juros Vencidos	
413	Devedores por Rendas Vencidas	
414	Devedores por Operações de Compra com Acordo de Revenda	
415	Devedores p/ Operações s/ Opções	
416	Devedores p/ Operações s/ Futuros	
418	Outros Valores a Receber	
51	PROVEITOS A RECEBER	
511	De Disponibilidades	

512	Da Carteira de Títulos e Participações em Soc. Imobiliárias	
5121	De Obrigações	
5122	De Participações em Soc. Imobiliárias	
5123	De Títulos de Participação	
5124	De Unidades de Participação	
5126	De Outros Títulos de Dívida	
513	De Imóveis	
514	De Contas de Terceiros	
518	De Outros Proveitos a Receber	
519	Em Operações Extrapatrimoniais	
5191	Em Operações Cambiais	
5192	Em Operações Sobre Taxas de Juro	
52	DESPESAS COM CUSTO DIFERIDO	
522	Da Carteira de Títulos e Participações em Soc. Imobiliárias	
5221	Obrigações	
5226	De outros Títulos de Dívida	
523	De Imóveis	
528	Outras Despesas com Custo Diferido	
529	Em Operações Extrapatrimoniais	
5291	Em Operações Cambiais	
5292	Em Operações Sobre Taxas de Juro	
58	OUTRAS CONTAS DE REGULARIZAÇÃO	
581	Operações de Regularização de Vendas de Títulos	
583	Ajustamentos de Cotações	
5831	Em Operações Cambiais	
5832	Em Operações Sobre Taxas de Juro	
588	Outras Operações a Regularizar	
59	CONTAS INTERNAS	
591	Operações Cambiais a Liquidar	
592	Operações de Taxas de Juro a Liquidar	
595	Posição Cambial	
5951	Posição Cambial à Vista	
5952	Posição Cambial a Prazo	
598	Outras Contas Internas	
71	JUROS E CUSTOS EQUIPARADOS	
711	De Disponibilidades	
712	Da Carteira de Títulos e Participações em Soc. Imobiliárias	
7121	De Obrigações	
7126	De Outros Instrumentos de Dívida	
714	De Contas de Terceiros	
7141	De Contas de Devedores	
7142	De Contas de Credores	
7143	De Empréstimos Obtidos	

718	Outros Juros e Custos Equiparados	
719	De Operações Extrapatrimoniais	
7191	Em Operações Cambiais	
7192	Em Operações Sobre Taxas de Juro	
72	COMISSÕES	
722	Comissões da Carteira de Títulos	
723	Comissões em Imóveis	
724	Comissão de Gestão	
725	Comissão de Depósito	
728	Outras Comissões	
729	Comissões de Operações Extrapatrimoniais	
7291	Em Operações Cambiais	
7292	Em Operações Sobre Taxas de Juro	
73	PERDAS EM OPERAÇÕES FINANCEIRAS e VALORES IMOBIL.	
731	Perdas em Disponibilidades	
732	Perdas na Carteira de Títulos e Participações	
7321	Em Obrigações	
7322	Em Participações em Sociedades Imobiliárias	
7323	Em Títulos de Participação	
7324	Em Unidades de Participação	
7325	Em Direitos	
7326	Em Outros Instrumentos de Dívida	
733	Em Imóveis	
738	Outras Perdas	
739	Em Operações Extrapatrimoniais	
7391	Em Operações Cambiais	
7392	Em Operações Sobre Taxas de Juro	
74	IMPOSTOS E TAXAS	
741	Impostos Indirectos	
742	Impostos Directos	
75	PROVISÕES DO EXERCÍCIO	
751	Provisões Para Crédito Vencido	
752	Provisões para Riscos e Encargos	
76	FORNECIMENTOS E SERVIÇOS EXTERNOS	
761	Encargos de Manutenção e Conservação	
762	Outros Encargos	
77	OUTROS CUSTOS E PERDAS CORRENTES	
78	CUSTOS E PERDAS EVENTUAIS	
781	Valores Incobráveis	
782	Perdas Extraordinárias	
783	Perdas Imputáveis a Exercícios Anteriores	
788	Outros Custos e Perdas Eventuais	
	TOTAL	

BALANCETE MENSAL

Fundo:
Código:
Data: .../.../...

CONTAS COM SALDOS CREDORES

42	CREDORES	
421	Resgates a Pagar aos Participantes	
422	Rendimentos a Pagar aos Participantes	
423	Comissões a Pagar	
4231	Sociedade Gestora	
4232	Banco Depositário	
4233	Entidades de Intermediação	
4239	A Outras Entidades	
424	Operações de Venda com Acordo de Recompra	
425	Credores p/ Operações s/ Opções	
426	Credores p/ Operações s/ Futuros	
427	Sector Público Administrativo	
428	Outros Valores a Pagar	
43	ADIANTAMENTOS POR VENDA DE IMÓVEIS	
44	EMPRÉSTIMOS CONTRAÍDOS	
48	PROVISÕES ACUMULADAS	
481	Provisões Para Crédito Vencido	
482	Provisões para Riscos e Encargos	
55	CUSTOS A PAGAR	
552	Comissões a Liquidar	
553	De Imóveis	
558	Outros Custos a Pagar	
56	RECEITAS COM PROVEITO DIFERIDO	
561	Da Carteira de Títulos e Participações em Soc. Imobiliárias	
5611	De Títulos de Dívida Pública	
5612	De Participações em Soc. Imobiliárias	
5613	De Obrigações	
5616	De Outros Instrumentos de Dívida	
563	De Imóveis	
568	Outras Receitas com Proveito Diferidos	
569	Em Operações Extrapatrimoniais	
5691	Em Operações Cambiais	
5692	Em Operações Sobre Taxas de Juro	
58	OUTRAS CONTAS DE REGULARIZAÇÃO	
582	Operações de Regularização de Compras de Títulos	
583	Ajustamentos de Cotações	

5831	Em Operações Cambiais	
5832	De Operações Sobre Taxas de Juro	
588	Outras Operações a Regularizar	
59	CONTAS INTERNAS	
591	Operações Cambiais a Liquidar	
592	Operações de Taxas de Juro a Liquidar	
595	Posição Cambial	
5951	Posição Cambial à Vista	
5952	Posição Cambial a Prazo	
598	Outras Contas Internas	
61	UNIDADES DE PARTICIPAÇÃO	
611	Valor Base	
62	VARIAÇÕES PATRIMONIAIS EM SUBSCRIÇÕES E RESGATES	
621	Relativas a Valias não Realizadas	
6211	Diferenças em Subscrições	
6212	Diferenças em Resgates	
622	Relativas a Rendimentos Distribuíveis	
6221	Diferenças em Subscrições	
6222	Diferenças em Resgates	
63	RESULTADOS TRANSITADOS	
631	Resultados Aprovados	
632	Resultados Aguardando Aprovação	
634	Resultados Distribuídos em Exercícios Findos	
64	RESULTADOS DISTRIBUÍDOS	
641	Resultados Distribuídos a Participantes	
65	AJUSTAMENTOS EM IMÓVEIS	
651	Ajustamentos Favoráveis	
652	Ajustamentos Desfavoráveis	
81	JUROS E PROVEITOS EQUIPARADOS	
811	De Disponibilidades	
812	Da Carteira de Títulos e Participações em Soc. Imobiliárias	
8121	Juros de Obrigações	
8123	Juros de Títulos de Participação	
8126	Juros de Outros Instrumentos de Dívida	
814	De Contas de Terceiros	
8141	De Contas de Devedores	
8142	De Contas de Credores	
818	Outros Juros e Proveitos Equiparados	
819	De Operações Extrapatrimoniais	
8191	Em Operações Cambiais	
8192	Em Operações Sobre Taxas de Juro	
82	RENDIMENTO DE TÍTULOS E PATICIPAÇÕES EM SOC. IMOBIL.	
822	Em Participações em Soc. Imobiliárias	

823	Em Títulos de Participação	
824	Em Unidades de Participação	
828	Outros Rendimentos de Títulos	
829	De Operações Extrapatrimoniais	
8291	Em Operações Cambiais	
8292	Em Operações Sobre Taxas de Juro	
83	GANHOS EM OPERAÇÕES FINANCEIRAS E VALORES IMOBIL.	
831	Em Disponibilidades	
832	Carteira de Títulos e Participações em Soc. Imobiliárias	
8321	Em Obrigações	
8322	Em Participações em Soc. Imobiliárias	
8323	Em Títulos de Participação	
8324	Em Unidades de Participação	
8325	Em Direitos	
8326	Em Outros Instrumentos de Dívida	
833	Em Imóveis	
838	Outros Ganhos em Aplicações Financeiras e Valores Imobiliários	
839	Em Operações Extrapatrimoniais	
8391	Em Operações Cambiais	
8392	Em Operações Sobre Taxas de Juro	
85	REPOSIÇÃO E ANULAÇÃO DE PROVISÕES	
851	De provisões Para Crédito Vencido	
852	De provisões Para Riscos e Encargos	
86	RENDIMENTOS DE IMÓVEIS	
87	OUTROS PROVEITOS E GANHOS CORRENTES	
88	PROVEITOS E GANHOS EVENTUAIS	
881	Recuperação de incobráveis	
882	Ganhos Extraordinários	
883	Ganhos Imputáveis a Exercícios Anteriores	
888	Outros Proveitos e Ganhos Eventuais	
		TOTAL

BALANCETE MENSAL

Fundo:
Código:
Data: .../.../...

CONTAS EXTRAPATRIMONIAIS

91	OPERAÇÕES CAMBIAIS	
911	Operações Cambiais à vista («SPOT»)	
912	Operações Cambiais a Prazo («FORWARD»)	
913	Operações de «SWAP» de Moeda	
914	Operações de Opções de Moeda	
915	Operações de Futuros de Moeda	
92	OPERAÇÕES SOBRE TAXA DE JURO	
921	Contratos a Prazo de Taxas de Juro («FRA»)	
922	Operações de «SWAP» de Taxa de Juro ("IRS")	
923	Contratos de Garantia de Taxa de Juro	
924	Operações de Opções de Taxa de Juro	
925	Operações de Futuros de Taxa de Juro	
94	COMPROMISSOS COM E DE TERCEIROS	
941	Subscrição de Títulos	
942	Operações a Prazo	
943	Valores Cedidos em Garantia	
944	Valores Recebidos em Garantia	
99	CONTAS DE CONTRAPARTIDA	
991	Contratos à Vista ("SPOT")	
992	Contratos a Prazo ("FORWARD" e "FRA")	
993	Contratos SWAP	
994	Contratos de Opções	
995	Contratos de Futuros	
996	Contratos Promessa de Compra e Venda	
997	Contratos de Garantia de Taxa de Juro	
998	Compromissos com e de Terceiros	

REGULAMENTO N.º 11/97

Critérios de Avaliação e peritos avaliadores dos imóveis dos fundos de investimento imobiliário

O Decreto-Lei n.º 294/95, de 17 de Novembro, que estabelece o regime jurídico dos fundos de investimento imobiliário, atribui competência à Comissão do Mercado de Valores Mobiliários para a definição de regras técnicas sobre os peritos avaliadores e respectivos critérios de avaliação dos imóveis dos fundos.

Nos termos do referido diploma, os imóveis dos fundos de investimento imobiliário devem ser avaliados por dois peritos independentes, designados de comum acordo entre a entidade gestora e o depositário, com uma periodicidade mínima anual, sem prejuízo daquelas que se efectuem extraordinariamente nos termos da lei.

O presente regulamento consagra os métodos de avaliação mais utilizados na prática, estabelecendo princípios gerais no domínio da avaliação dos imóveis, designadamente no tocante à imposição de determinadas obrigações relativas à independência dos peritos avaliadores e à exigência de prestação da informação relacionada com aquela actividade.

Assim, ao abrigo do disposto na alínea *a*) do n.º 1 do artigo 14.º do Código do Mercado de Valores Mobiliários e para os efeitos do disposto no n.º 4 do artigo 34.º do Decreto-Lei n.º 294/95, de 17 de Novembro, o Conselho Directivo da Comissão do Mercado de Valores Mobiliários, ouvida a APFIN – Associação Portuguesa das Sociedades Gestoras de Fundos de Investimento, aprovou o seguinte regulamento:

ARTIGO 1.º
(Objecto)

O presente regulamento estabelece as regras técnicas sobre critérios de avaliação dos imóveis dos fundos de investimento imobiliário e define os requisitos exigíveis aos respectivos peritos avaliadores.

ARTIGO 2.º
(Avaliações)

1. Os imóveis dos fundos de investimento imobiliário devem ser avaliados por dois peritos independentes, designados de comum acordo entre a entidade gestora e o depositário, pelo menos uma vez em cada ano civil, sem prejuízo daquelas que se efectuem extraordinariamente nos termos da lei.

2. O valor atribuído aos imóveis pela entidade gestora não poderá exceder o mais elevado das duas avaliações consideradas nos termos deste regulamento.

ARTIGO 3.º
(Objectivo da avaliação)

A avaliação de um imóvel deve ser efectuada com o fim de fornecer à entidade gestora uma informação objectiva e rigorosa, de acordo com o melhor preço que poderia ser obtido caso o mesmo imóvel fosse vendido em condições normais de mercado no momento da avaliação.

ARTIGO 4.º
(Métodos de avaliação)

1. Para a realização dos objectivos definidos no artigo anterior devem os peritos avaliadores utilizar preferencialmente os seguintes métodos de avaliação:

a) **Método comparativo** – consiste na avaliação do imóvel por comparação, ou seja, em função de transacções e/ou propostas efectivas de aquisição relativamente a imóveis com idênticas características físicas e funcionais, cuja localização se insira numa mesma área do mercado imobiliário.

A utilização deste método requer a existência duma amostra representativa e credível em termos de transacções e/ou propostas efectivas de aquisição que não se apresentem desfasadas relativamente ao momento de avaliação;

b) **Método de actualização das rendas futuras** – consiste na determinação do valor do imóvel através do somatório dos cash-flows efectiva ou previsivelmente libertados e do seu valor residual no final do período de investimento previsto ou da sua vida útil, actualizados a uma taxa de mercado para aplicações com perfil de risco semelhante;

c) **Método dos múltiplos do rendimento** – consiste na determinação do valor do imóvel mediante o quociente entre a renda anual efectiva ou previsivelmente libertada, líquida de encargos de conservação e manutenção, e uma taxa de remuneração adequada às suas características e ao nível de risco do investimento, face às condições gerais do mercado imobiliário no momento da avaliação;

d) **Método de substituição** – consiste na determinação do valor do imóvel através da soma entre o valor de mercado do terreno e de todos os custos necessários para a construção de um imóvel com as mesmas características físicas e funcionais. Na determinação do valor final do imóvel, devem ser consideradas, designadamente, a depreciação em função da sua antiguidade, estado de conservação e estimativa de vida útil, bem como as margens de lucro requeridas.

2. Os peritos avaliadores devem optar pelo método ou métodos mais adequados à situação concreta do imóvel em causa.

3. Na avaliação devem os peritos avaliadores tomar em consideração todos os elementos que, tendo em conta o método escolhido, possam afigurar-se como relevantes, designadamente, o estado de conservação do imóvel e a respectiva situação.

4. Sempre que, no entender do perito avaliador, circunstâncias especiais não permitam a determinação adequada do valor do imóvel, o perito deve fundamentar, no relatório de avaliação, as razões que o levaram a excluir os métodos mencionados no n.° 1, assim como a sua opção por outro método de avaliação que julgue adequado.

5. Sempre que as informações essenciais para a correcta determinação do valor do imóvel estejam inacessíveis ou não tenham sido disponibilizadas, evidenciar, em sede de relatório de avaliação, as limitações do valor determinado em função dos condicionalismos encontrados.

ARTIGO 5.°
(Relatório de avaliação)

A estrutura do relatório de avaliação deve conter, pelo menos, as seguintes informações:

1. **Elementos descritivos:**

a) A identificação do avaliador e, caso este seja uma sociedade, do ou dos peritos intervenientes na avaliação;

b) A identificação do imóvel objecto da avaliação;

c) Identificação do fundo e da entidade gestora;

d) A data a que se reporta a avaliação e a data da última avaliação efectuada ao imóvel.

2. **Elementos de avaliação:**

a) Descrição pormenorizada das características do imóvel, designadamente quanto à sua localização, estado de conservação, tipo de construção e o fim a que se destina;

b) Análise da envolvente de mercado do imóvel, designadamente em termos de inserção geográfica e da existência de infra-estruturas circundantes que possam influenciar o seu valor;

c) Descrição das diligências efectuadas, de estudos e dados sectoriais utilizados e de outras informações relevantes para a determinação do valor do imóvel;

d) Fundamentação da escolha do ou dos métodos de avaliação e descrição pormenorizada da sua aplicação;

e) O valor da renda à data da avaliação, se o imóvel se encontrar arrendado, ou, caso contrário, uma estimativa das rendas que previsivelmente possa libertar;

f) Estimativa dos encargos de conservação, manutenção e outros encargos indispensáveis à adequada exploração económica do imóvel;

g) Justificação da utilização de taxas de actualização, remuneração, capitalização, depreciação e outros parâmetros predeterminados pelo avaliador;

h) Indicação concreta de eventuais transacções ou propostas efectivas de aquisição utilizadas na avaliação relativas a imóveis de idênticas características;

i) Indicação do valor proposto para o imóvel.

3. **Elementos de responsabilização:**

a) Indicação de eventuais reservas ao valor proposto para o imóvel, em função dos elementos disponíveis;

b) Declaração do avaliador em como efectuou a avaliação de acordo com as exigências do presente regulamento;

c) Identificação das sociedades que se encontrem em relação de domínio ou de grupo com a entidade gestora, com as quais os peritos avaliadores mantenham uma relação de trabalho subordinado.

ARTIGO 6.º
(Incompatibilidades)

Não podem ser designados como peritos avaliadores de imóveis de fundos de investimento imobiliário:

a) As pessoas singulares que pertençam aos órgãos sociais da entidade gestora ou que com esta tenham uma relação de trabalho subordinado;

b) As pessoas singulares que detenham participações qualificadas no capital social da entidade gestora;

c) As pessoas colectivas que se encontrem em relação de domínio ou de grupo com a entidade gestora;

d) As pessoas colectivas cujo capital social seja pertencente, directa ou indirectamente, em percentagem igual ou superior a 20%, a pessoa singular que mantenha uma relação profissional com a entidade gestora.

ARTIGO 7.°
(Informação)

1. A CMVM pode, sempre que o entenda necessário, questionar os peritos avaliadores relativamente a qualquer matéria relacionada com a sua actividade de avaliação de imóveis de fundos de investimento imobiliário.

2. As entidades gestoras devem enviar à CMVM todos os relatórios de avaliação que:

a) Apresentem estimativas do valor do imóvel com reservas, nos termos da alínea *a*) do n.° 3 do artigo 5.° deste Regulamento;

b) No âmbito da avaliação anual programada e relativamente a um mesmo imóvel, apresentem entre si valores que divirjam em mais de 25%, sem prejuízo das medidas que, em consequência, as entidades gestoras, conjuntamente com os peritos avaliadores, tenham equacionado;

c) Contenham métodos de avaliação diferentes dos referidos no n.° 1 do artigo 4.° deste Regulamento.

2. As entidades gestoras devem enviar à CMVM, no prazo de 3 dias após a sua solicitação, quaisquer informações ou elementos relativos à avaliação de bens imóveis integrantes das carteiras de fundos de investimento imobiliário.

ARTIGO 8.°
(Disposição transitória)

As entidades gestoras e os depositários dispõem de um período de seis meses, a contar da data de entrada em vigor do presente regulamento, para cumprirem com o disposto no artigo 6.°.

ARTIGO 9.º
(Entrada em vigor)

O presente regulamento entra em vigor no dia posterior ao da sua publicação no Diário da República.

10 de Julho de 1997 – O Presidente do Conselho Directivo, *José Nunes Pereira.*

REGULAMENTO N.° 5/98

Arrendamentos de imóveis dos fundos de investimento imobiliário celebrados com a mesma entidade ou entidades ligadas entre si

Considerando a experiência de supervisão da Comissão do Mercado de Valores Mobiliários relativamente à análise de situações envolvendo arrendamentos de imóveis dos fundos de investimento imobiliário celebrados com uma mesma entidade ou entidades ligadas entre si, afigura-se oportuno proceder à fixação de determinados limites quantitativos que minimizem o impacto de eventuais consequências prejudiciais para o património de tais fundos.

Justifica-se, pois, a aplicação do regime prudencial relativo à concentração de riscos decorrentes da celebração de contratos de arrendamento, que tenham como contraparte a mesma entidade ou entidades ligadas entre si, não só no que respeita ao risco de crédito, mas também no da cessação repentina de arrendamentos em situações em que não se mostre fácil a celebração de novos contratos.

O presente regulamento fixa o limite para a celebração de contratos de arrendamento relativos a imóveis dos fundos de investimento imobiliário, por arrendatário ou conjunto de arrendatários ligados entre si, em função de uma percentagem do valor líquido global do fundo, reduzindo-o nos casos em que o arrendatário ou conjunto de arrendatários estejam ligados à entidade gestora.

Mantém-se a autorização prévia da Comissão do Mercado de Valores Mobiliários que condiciona os arrendamentos de imóveis dos fundos de investimento imobiliário às entidades referidas nas alíneas c) a h) do n.° 1 do artigo 22.° do Decreto-Lei n.° 294/95, de 17 de Novembro, pelo que, independentemente do cumprimento dos limites fixados no presente regulamento, deve ser assegurada, em cada situação, a consideração dos interesses dos participantes.

Assim, ao abrigo do disposto na alínea *a*) do n.° 1 do artigo 14.° do Código do Mercado de Valores Mobiliários e para os efeitos do disposto no n.° 6 do artigo 5.° do Decreto-Lei n.° 294/95, de 17 de Novembro, o conselho directivo da Comissão do Mercado de Valores Mobiliários, ouvida a APFIN – Associação Portuguesa das Sociedades Gestoras de Fundos de Investimento, aprovou o seguinte regulamento:

ARTIGO 1.°
(Objecto)

O presente regulamento estabelece os limites quantitativos relativos à concentração de riscos nos fundos de investimento imobiliário, decorrentes da celebração de contratos de arrendamento que tenham como contraparte a mesma entidade ou entidades ligadas entre si.

ARTIGO 2.°
(Limite por arrendatário)

1. Os imóveis arrendados a uma única entidade ou a um conjunto de entidades ligadas entre si não poderão exceder 20% do valor líquido global do fundo.

2. Para os efeitos do número anterior, consideram-se ligadas entre si as sociedades em relação de domínio ou de grupo, ou que sejam dominadas, directa ou indirectamente, por uma mesma pessoa, singular ou colectiva.

ARTIGO 3.°
(Limite por arrendatário ligado à entidade gestora)

O limite fixado no artigo anterior é reduzido para 10% nos casos em que o arrendatário, ou arrendatários, sejam a própria entidade gestora ou entidades a ela ligadas nos termos previstos nas alíneas *d*) a *h*) do n.° 1 do art. 22.° do Decreto-Lei n.° 294/95, de 17 de Novembro.

ARTIGO 4.°
(Informação à Comissão do Mercado de Valores Mobiliários)

As entidades gestoras devem comunicar à CMVM, no prazo de 15 dias a contar da data de entrada em vigor do presente regulamento, de acordo com o quadro em anexo, uma relação das situações que, com referência ao dia 31 de Dezembro de 1997, e relativamente a cada fundo que administrem, ultrapassem os limites acima referidos.

ARTIGO 5.°
(Disposição transitória)

Sem prejuízo da proibição da celebração de novos contratos de arrendamento que agravem as situações que, com referência ao dia 31 de Dezembro de 1997, ultrapassem os limites fixados nos artigos anteriores, devem as decisões de gestão das entidades gestoras ter por objectivo prioritário a regularização desses casos, na consideração do interesse dos participantes.

ARTIGO 6.°
(Entrada em vigor)

O presente regulamento entra em vigor no dia posterior ao da sua publicação no Diário da República.

Lisboa, 13 de Maio de 1998, o Presidente do Conselho Directivo, *José Nunes Pereira.*

ANEXO

Denominação do fundo:

(1)				(2)			
Imóvel	Valor	% VLGF	Arrendatário	Imóvel	Valor	% VLGF	Arrendatário
TOTAL				TOTAL			

(1) Imóveis arrendados a uma só entidade ou a entidades ligadas entre si, enquadráveis no n.º 3 do artigo 22.º do Decreto-Lei n.º 294/95, de 17 de Novembro, cujo valor no seu conjunto seja superior a 10% do valor líquido global do fundo.

(2) Imóveis arrendados a uma só entidade ou a entidades ligadas entre si, independentemente da sua relação com a entidade gestora, cujo valor no seu conjunto seja superior a 20% do valor líquido global do fundo.

REGULAMENTO N.º 7/98

Publicação de Informações
pelos Fundos de Investimento Mobiliário

Ao abrigo do disposto nas alíneas *a*) e *b*) do n.º 1 do artigo 14.º do Código do Mercado de Valores Mobiliários e para efeitos do n.º 2 do artigo 35.º do Decreto-Lei n.º 276/94, de 2 de Novembro, o conselho directivo da Comissão do Mercado de Valores Mobiliários aprovou o seguinte regulamento:

ARTIGO 1.º
(Âmbito)

O presente regulamento estabelece as regras segundo as quais as entidades gestoras de fundos de investimento mobiliário devem publicar mensalmente, com referência ao último dia do mês imediatamente anterior, num dos boletins de cotações das bolsas de valores, a composição discriminada das aplicações de cada fundo de investimento que administrem, o respectivo valor líquido global, as responsabilidade extrapatrimoniais e o número de unidades de participação em circulação, e enviar à CMVM o mesmo conjunto de informação.

ARTIGO 2.º
(Prazo de publicação e envio)

1. A publicação deve ser efectuada até ao 6.º dia útil do mês subsequente ao mês a que a informação respeite.

2. As entidades gestoras devem enviar à CMVM, em papel e até três dias a contar da publicação prevista no número anterior, a informação referida no artigo 1.º do presente regulamento.

ARTIGO 3.º
(Conteúdo da publicação)

1. Os valores que compõem a carteira de aplicações de cada fundo de investimento devem ser publicados, discriminadamente, de acordo com o esquema apresentado no anexo ao presente regulamento.

2. Para cada valor integrante da carteira de aplicações do fundo de investimento serão indicados os seguintes elementos:

a) Designação do valor;

b) Quantidade de valores em carteira;

c) Cotação ou preço unitário, na moeda em que os valores se encontram representados e em escudos;

d) Montante de juros decorridos em escudos;

e) Montante global do valor integrante da carteira, incluindo os juros decorridos, em escudos.

3. O mapa de composição discriminada das aplicações do fundo deverá incluir subtotais dos montantes referidos na alínea *e*) do número anterior, pelo menos para cada segundo nível do desdobramento constante do esquema Anexo, e o seu total geral corresponderá ao valor líquido global do fundo.

4. As responsabilidades extrapatrimoniais, determinadas em conformidade com as disposições regulamentares emitidas pela CMVM, serão expressas em escudos e deverão incluir subtotais de cada rubrica respectiva, correspondendo o seu somatório ao total das responsabilidades extrapatrimoniais.

5. Como informação final, indicar-se-á, com este título, o número de unidades de participação em circulação, no dia a que se refere a composição discriminada das aplicações do fundo.

6. A publicação integrará ainda a denominação e a sede da entidade gestora, a denominação do fundo e a data a que se refere a publicação, como menções iniciais.

ARTIGO 4.º
(Euro)

A partir de 1 de Janeiro de 1999 as referências a Escudos contidas no presente regulamento deverão ser entendidas como sendo feitas ao Euro.

ARTIGO 5.°
(Entrada em vigor)

O presente regulamento produz efeitos com relação à informação respeitante a Julho de 1998.

ARTIGO 6.°
(Norma revogatória)

É revogado o regulamento n.° 95/2 da CMVM, de 8 de Maio de 1995.

... de Maio de 1998 – O Presidente do Conselho Directivo, *José Nunes Pereira.*

ANEXO

A. COMPOSIÇÃO DISCRIMINADA DA CARTEIRA DE APLICAÇÕES DOS FUNDOS DE INVESTIMENTO MOBILIÁRIO

1. VALORES MOBILIÁRIOS COTADOS
  1.1. Mercado de cotações oficiais de bolsa de valores portuguesa:
    1.1.1. Títulos de dívida pública
    1.1.2. Outros fundos públicos e equiparados
    1.1.3. Obrigações diversas
    1.1.4. Acções
    1.1.5. Títulos de participação
    1.1.6. Unidades de participação de fundos de investimento fechados
    1.1.7. Direitos
  1.2. Outros mercados regulamentados nacionais:
    1.2.1. Títulos de dívida pública
    1.2.2. Outros fundos públicos e equiparados
    1.2.3. Obrigações diversas
    1.2.4. Acções
    1.2.5. Títulos de participação
    1.2.6. Unidades de participação de fundos de investimento fechados
    1.2.7. Direitos
  1.3. Mercado de cotações oficiais de bolsa de valores de Estado-membro da UE:
    1.3.1. Títulos de dívida pública
    1.3.2. Outros fundos públicos e equiparados
    1.3.3. Obrigações diversas
    1.3.4. Acções

1.3.5. Títulos de participação
1.3.6. Unidades de participação de fundos de investimento fechados
1.3.7. Direitos
1.4. Outros mercados regulamentados da UE:
    1.4.1. Títulos de dívida pública
    1.4.2. Outros fundos públicos e equiparados
    1.4.3. Obrigações diversas
    1.4.4. Acções
    1.4.5. Títulos de participação
    1.4.6. Unidades de participação de fundos de investimento fechados
    1.4.7. Direitos
1.5. Mercado de cotações oficiais de bolsa de valores de Estado não membro da UE:
    1.5.1. Títulos de dívida pública
    1.5.2. Outros fundos públicos e equiparados
    1.5.3. Obrigações diversas
    1.5.4. Acções
    1.5.5. Títulos de participação
    1.5.6. Unidades de participação de fundos de investimento fechados
    1.5.7. Direitos
1.6. Outros mercados regulamentados de Estados não membros da UE:
    1.6.1. Títulos de dívida pública
    1.6.2. Outros fundos públicos e equiparados
    1.6.3. Obrigações diversas
    1.6.4. Acções
    1.6.5. Títulos de participação
    1.6.6. Unidades de participação de fundos de investimento fechados
    1.6.7. Direitos
1.7. Em processo de admissão em mercado nacional:
    1.7.1. Títulos de dívida pública
    1.7.2. Outros fundos públicos e equiparados
    1.7.3. Obrigações diversas
    1.7.4. Acções
    1.7.5. Títulos de participação
    1.7.6. Unidades de participação de fundos de investimento fechados
    1.7.7. Direitos
1.8. Em processo de admissão em mercado estrangeiro:
    1.8.1. Títulos de dívida pública
    1.8.2. Outros fundos públicos e equiparados
    1.8.3. Obrigações diversas
    1.8.4. Acções
    1.8.5. Títulos de participação
    1.8.6. Unidades de participação de fundos de investimento fechados
    1.8.7. Direitos

2. OUTROS VALORES
  2.1. Valores Mobiliários nacionais não cotados:
    2.1.1. Títulos de dívida pública
    2.1.2. Outros fundos públicos e equiparados
    2.1.3. Obrigações diversas
    2.1.4. Acções
    2.1.5. Títulos de participação
    2.1.6. Unidades de participação de fundos de investimento fechados
    2.1.7. Direitos
  2.2. Valores Mobiliários estrangeiros não cotados:
    2.2.1. Títulos de dívida pública
    2.2.2. Outros fundos públicos e equiparados
    2.2.3. Obrigações diversas
    2.2.4. Acções
    2.2.5. Títulos de participação
    2.2.6. Unidades de participação de fundos de investimento fechados
    2.2.7. Direitos
  2.3. Outros instrumentos de dívida:
    2.3.1. Títulos de dívida pública
    2.3.2. Papel comercial
    2.3.3. Outros valores

3. UNIDADES DE PARTICIPAÇÃO DE FIM
  3.1. FIM Domiciliados em Portugal:
    3.1.1. Unidades de participação de FIM abertos
    3.1.2. Unidades de participação de FIM de tesouraria
    3.1.3. Unidades de participação de agrupamentos de fundos
  3.2. FIM domiciliados num Estado-membro da UE:
    3.2.1. Unidades de participação de FIM harmonizados
    3.2.2. Unidades de participação de FIM não harmonizados
  3.3. FIM domiciliados em Estados não membros da UE:
    3.3.1. Unidades de participação de FIM

7. LIQUIDEZ
  7.1. À vista:
    7.1.1. Numerário
    7.1.2. Depósitos à ordem
  7.2. A prazo:
    7.2.1. Depósitos com pré-aviso e a prazo
    7.2.2. Aplicações nos mercados monetários

8. EMPRÉSTIMOS

9. OUTROS VALORES A REGULARIZAR
  9.1. Valores activos
  9.2. Valores passivos

B. VALOR LÍQUIDO GLOBAL DO FUNDO

C. RESPONSABILIDADES EXTRAPATRIMONIAIS

    10. OPERAÇÕES CAMBIAIS
        10.1.1. Em bolsa
            10.1.1.1. Futuros
            10.1.1.2. Opções
            10.1.1.3. Outros
        10.1.2. Fora de Bolsa
            10.1.2.1. *Forwards*
            10.1.2.2. Opções
            10.1.2.3. *Swaps*
            10.1.2.4. Outros

    11. OPERAÇÕES SOBRE TAXAS DE JURO
        11.1.1. Em bolsa
            11.1.1.1. Futuros
            11.1.1.2. Opções
            11.1.1.3. Outros
        11.1.2. Fora de bolsa
            11.1.2.1. FRA
            11.1.2.2. Opções
            11.1.2.3. *Swaps*
            11.1.2.4. Outros

    12. OPERAÇÕES SOBRE COTAÇÕES
        12.1.1. Em bolsa
            12.1.1.1. Futuros
            12.1.1.2. Opções
            12.1.1.3. Outros
        12.1.2. Fora de bolsa
            12.1.2.1. Opções
            12.1.2.2. *Swaps*
            12.1.2.3. Outros

    13. COMPROMISSOS COM E DE TERCEIROS
        13.11. Reportes
        13.12. Empréstimos
        13.13. Outros

D. NÚMERO DE UNIDADES DE PARTICIPAÇÃO EM CIRCULAÇÃO

REGULAMENTO N.º 10/98
com as alterações introduzidas pelo Regulamento n.º 02/2001 (^{1})

Operações de reporte e de empréstimo de valores efectuadas por conta de fundos de investimento mobiliário

Os fundos de investimento mobiliário, enquanto patrimónios autónomos detentores de carteiras de valores mobiliários, ocupam no nosso mercado uma posição privilegiada como potenciais interventores em operações de empréstimo e de reporte de valores mobiliários. Acresce ainda que as referidas operações podem constituir técnicas adequadas e de reduzido risco para a rentabilização do património dos fundos.

(^{1}) O Regulamento n.º 02/2001, de 11 de Abril, foi publicado no Diário da República, II Série, de 26 de Abril, com o seguinte preâmbulo:

"O Regulamento da CMVM n.º 10/98 veio definir as regras a que devem obedecer as operações de reporte e de empréstimo de valores mobiliários efectuadas por conta de fundos de investimento, destacando-se a exigência de um contrato quadro que deve conter as condições gerais, designadamente o regime de denúncia antecipada pelo fundo de investimento mobiliário. Com o objectivo de reduzir o período de indisponibilidade para o fundo dos valores emprestados ou cedidos, fixou-se também um limite temporal máximo de um mês para a duração de ambos os tipos de operações. Esta restrição temporal de um mês não impedia que, findo este prazo, os fundos de investimento renovassem as operações, celebrando um novo contrato, todavia esta prática implica custos operacionais significativos que desaconselham a utilização desta solução. A supressão desta restrição temporal, bem como o alargamento do leque de entidades elegíveis como contraparte, permite uma utilização mais eficiente destas duas figuras, contribuindo para um maior dinamismo do mercado de reportes e de empréstimos em Portugal.

A alteração consagrada no presente regulamento visa também adequar a redacção à entrada em vigor do Código dos Valores Mobiliários e suprimir as referências a regulamentos da CMVM entretanto revogados.

Assim, ao abrigo do disposto na alínea b) do n.º 1 do artigo 353.º do Código dos Valores Mobiliários e para os efeitos do disposto nos artigos 8.º e 24.º do Decreto-Lei n.º 276/94, de 2 de Novembro, com a redacção que lhe foi dada pelo Decreto-Lei n.º 323/99, de 13 de Agosto, o conselho directivo da Comissão do Mercado de Valores Mobiliários aprovou o seguinte regulamento:".

Definem-se no presente regulamento as regras a que os fundos de investimento mobiliário devem obedecer na realização de operações de reporte e de empréstimo, cujas condições gerais deverão estar definidas em contrato quadro. Por razões de segurança e de controlo exige-se ainda que as condições particulares de cada operação sejam documentadas por escrito.

Com o objectivo de limitar o risco de contraparte a suportar pelo fundo de investimento, restringe-se a assumpção da posição de contraparte às instituições financeiras legalmente autorizadas a exercer as funções de depositário e à Associação da Bolsa de Derivados do Porto.

Semelhante objectivo esteve igualmente presente na imposição de um limite quantitativo, por contraparte, limitando-se ainda a alavancagem, nas operações de reporte, através da proibição de utilização dos valores tomados pelo fundo para qualquer finalidade alheia ao cumprimento da operação de reporte. Em contrapartida, no que respeita às operações de empréstimo, são exigidas garantias que representem um mínimo de 105% do valor de mercado dos valores emprestados, as quais deverão ser ajustadas diariamente.

A fixação de um limite temporal de um mês enquanto duração máxima para ambas as operações, procura restringir o período de indisponibilidade para o fundo dos valores emprestados ou cedidos.

No que respeita às exigências de informação impostas às entidades gestoras que realizem as operações objecto do presente regulamento, foram ponderadas duas vertentes: dos participantes e da supervisão. Os primeiros deverão tomar conhecimento, de forma clara, através da leitura do regulamento de gestão e do prospecto do fundo que existe a possibilidade de realização de tais operações, e a da supervisão, através da obrigatoriedade de envio à CMVM dos contratos quadro utilizados, de informação relativa aos valores mobiliários envolvidos, bem como sobre operações realizadas e em aberto.

Por último, de referir que as razões que motivaram as alterações que o presente diploma comporta – conducentes à revogação do Regulamento n.º 14/97 – têm como fundamento a publicação da Portaria n.º 476/98, que veio permitir à Associação da Bolsa de Derivados do Porto a prestação de serviços integrados de registo, compensação e liquidação de operações de empréstimo de valores, prevendo, também, a possibilidade de aquela entidade assumir a posição de contraparte nas mesmas operações.

Em face deste facto – e tendo em conta o que havia sido adoptado para o caso das operações de reporte de valores – pretendeu-se o alargamento do âmbito das operações de empréstimo de valores, designadamente, no que respeita às entidades passíveis de actuarem como contraparte do fundo nas operações em causa.

De modo a conferir maior flexibilidade e celeridade na utilização destes instrumentos por parte das entidades gestoras, por conta dos fundos de investimento mobiliário que administram, foi especialmente introduzida uma norma que habilita a realização de tais operações, nos termos do presente diploma, sem que haja o imperativo prévio de alteração ao regulamento de gestão e prospecto do fundo, contudo, desde que tal possibilidade se encontre já contemplada naqueles documentos.

Assim, ouvidas a Associação da Bolsa de Derivados do Porto e a Associação Portuguesa das Sociedades Gestoras de Fundos de Investimento, ao abrigo do disposto na alínea *b*) do n.° 1 do artigo 14.° do Código do Mercado de Valores Mobiliários, e para os efeitos do disposto nos artigos 8.° e 24.° do Decreto-Lei n.° 276/94, de 2 de Novembro, o Conselho Directivo da Comissão do Mercado de Valores Mobiliários aprovou o seguinte regulamento:

CAPÍTULO I
Disposições gerais

ARTIGO 1.°
(Âmbito)

1. O presente regulamento estabelece as regras relativas às operações de reporte e de empréstimo de valores, realizadas por conta dos fundos de investimento mobiliário pelas respectivas entidades gestoras.
2. As operações a que se refere o número anterior podem ser realizadas por conta de qualquer categoria de fundos de investimento mobiliário, com excepção dos fundos de fundos.

ARTIGO 2.°
(Requisitos)

As operações a que se refere o artigo anterior apenas podem ser realizadas se estiverem preenchidos os seguintes requisitos:
1. Tenham como contraparte instituições de crédito legalmente autorizadas a exercer as funções de depositário de fundos de investimento ou sociedades gestoras de mercados regulamentados ou de sistemas de liquidação e compensação;
2. As respectivas condições gerais devem encontrar-se estabelecidas em contrato quadro que incluirá, designadamente, o regime de denúncia antecipada pelo fundo, bem como o regime de incumprimento do contrato;

3. Estejam previstas no regulamento de gestão e no prospecto as condições da sua realização;

4. As condições particulares devem ser documentadas por escrito."

ARTIGO 3.°
(Informação à CMVM)

1. As entidades gestoras devem comunicar à CMVM, até ao 3.° dia útil do mês seguinte a que respeite:

a) Uma relação das operações de empréstimo efectuadas, de acordo com o anexo I ao presente regulamento;

b) Uma relação das operações de reporte efectuadas, de acordo com o anexo II ao presente regulamento.

2. Devem ainda ser enviados à CMVM os contratos quadro referidos no artigo anterior, previamente ao início da realização da operação de empréstimo e de reporte de valores.

ARTIGO 4.°
(Obrigações do depositário)

1. Sempre que as operações não sejam efectuadas através do depositário a entidade gestora deve prestar a este todas as informações necessárias não só para a execução dos contratos como também para o cumprimento das obrigações a que se refere o número seguinte.

2. Compete ao depositário, salvo no caso em que esse serviço seja prestado pela Associação da Bolsa de Derivados do Porto, verificar da prestação das garantias e da sua manutenção, nos termos do presente regulamento.

CAPÍTULO II
Empréstimo de valores mobiliários

ARTIGO 5.°
(Objecto)

1. Podem ser objecto de empréstimo, valores mobiliários detidos pelos fundos de investimento que estejam admitidos à cotação numa bolsa de valores ou num mercado regulamentado de um Estado membro da União Europeia e que não se encontrem suspensos da negociação.

2. O contrato quadro a que se refere o artigo 2.°, n.° 1, alínea *b)* deve prever os procedimentos a seguir, caso os valores sejam suspensos da

negociação ou sofram outras vicissitudes relevantes, como ofertas públicas de aquisição.

ARTIGO 6.°
(Limites e garantias)

1. Sempre que a contraparte não seja a Associação da Bolsa de Derivados do Porto, deve ser constituída, a favor da entidade gestora e em nome do fundo respectivo, uma garantia cujo valor representará, a todo o momento, um mínimo de 105% do valor de mercado dos valores emprestados.

2. A garantia deve revestir a forma de numerário ou valores mobiliários emitidos ou garantidos por Estados membros da União Europeia, admitidos à cotação numa bolsa de valores ou num mercado regulamentado de um Estado membro da União Europeia, ou ainda, por instrumentos do mercado monetário, emitidos em conjuntos homogéneos, nomeadamente bilhetes do tesouro.

3. A garantia constituída para cada fundo deve ser avaliada diariamente.

4. Nos casos em que a garantia é constituída a favor do fundo, os valores mobiliários dela objecto devem ser avaliados de acordo com a cotação média ponderada efectuada na última sessão de Bolsa relativamente ao dia da avaliação, ou, para o caso de valores não cotados, o seu valor de mercado.

5. Relativamente a cada contraparte, salvo no caso em que Associação da Bolsa de Derivados do Porto assuma essa posição, as operações de empréstimo, aferidas pelo valor de mercado dos activos emprestados, não podem exceder, em todo o momento, 25% do valor líquido global do fundo.

ARTIGO 7.°
(Informação sobre garantias)

O contrato quadro a que se refere o artigo 2.°, n.° 1, alínea *b*), deve prever a obrigatoriedade de constituição das garantias mencionadas no artigo 6.° do presente regulamento, bem como a prestação, numa base diária, à entidade gestora e ao depositário do fundo, de informação detalhada sobre a sua constituição e valorização.

ARTIGO 8.°
(Contabilização)

1. Os valores cedidos pelo fundo em operações de empréstimo continuam a ser valorizados nos termos legais e regulamentares aplicáveis, contando o valor apurado para efeitos do cálculo do valor da unidade de participação do fundo.

2. Os montantes fixados a título de remuneração pelo empréstimo de valores devem ser reconhecidos como proveito durante o período de empréstimo.

3. As garantias constituídas a favor do fundo devem ser registadas em contas extra patrimoniais.

4. No âmbito das operações de empréstimo de valores tendo como contraparte a Associação da Bolsa de Derivados do Porto, presumir-se-á que as garantias têm o valor dos activos cedidos.

5. A cedência de valores mobiliários em operações de empréstimo não obsta à sua consideração para efeitos de observância dos limites legais estipulados no Decreto-Lei n.º 276/94, de 2 de Novembro.

CAPÍTULO III
Operações de reporte

ARTIGO 9.º
(Noção e objecto)

As operações de reporte a que se refere o presente regulamento devem entender-se nos termos e condições do n.º 3 da Portaria do Ministro das Finanças n.º 291/96, de 23 de Dezembro, e podem ter por objecto activos aceites pela Associação da Bolsa de Derivados do Porto no mercado de reportes, e outros valores mobiliários representativos de dívida emitidos ou garantidos por Estados membros da União Europeia, admitidos à cotação numa bolsa de valores ou num mercado regulamentado de um Estado membro da União Europeia, bem como os instrumentos do mercado monetário a que se refere aquela portaria.

ARTIGO 10.º
(Limites)

1. Relativamente a cada contraparte, salvo no caso em que Associação da Bolsa de Derivados do Porto assuma essa posição, as operações de reporte, aferidas pelo valor absoluto das posições líquidas, não podem exceder, em cada momento, 25% valor líquido global do fundo.

2. Para efeitos do limite estabelecido no número anterior, as posições líquidas são aferidas pela diferença entre as responsabilidades compradoras e vendedoras a prazo.

3. O valor de revenda dos valores tomados pelo fundo em operações de reporte deve ser considerado para os efeitos do n.º 3 do artigo 42.º do Decreto Lei n.º 276/94, de 2 de Novembro.

4. Os valores tomados pelo fundo através de operações de reporte não podem ser alienados ou utilizados para outro fim que não seja o cumprimento da operação de reporte.

5. O preço de venda dos valores cedidos pelo fundo na operação de reporte não pode exceder o seu valor de mercado.

ARTIGO 11.°
(Contabilização)

Para além do disposto nos n.ᵒˢ 1 e 5 do artigo 8.° a contabilização das operações de reporte obedece às seguintes regras:

a) Os valores tomados pelo fundo em operações de reporte não integram a respectiva carteira de valores, devendo ser contabilizados em contas de devedores.

b) A diferença de preços entre a operação de venda e de recompra a prazo deve ser reconhecida como custo ou como proveito, durante a operação de reporte.

c) As responsabilidades a prazo devem ser relevadas em contas extrapatrimoniais.

ARTIGO 12.°
(Realização das operações)

Os fundos de investimento mobiliário cujos regulamentos de gestão, à data de entrada em vigor do presente diploma, já prevejam a possibilidade de realização de operações de empréstimo e de reporte de valores, podem, sem necessidade de alterações dos respectivos articulados, executar as referidas operações nos termos previstos neste regulamento.

ARTIGO 13.°
(Norma revogatória)

É revogado o Regulamento n.° 14/97 da CMVM, de 8 de Outubro.

ARTIGO 14.°
(Entrada em vigor)

O presente regulamento entra em vigor no dia posterior ao da sua publicação no Diário da República.

5 de Agosto de 1998 – O Presidente do Conselho Directivo – *José Nunes Pereira*

ANEXO I

EMPRÉSTIMOS

MÊS:

SOCIEDADE GESTORA:

FUNDO:

CÓDIGO DO FUNDO: VLGF:

Dia	Data da operação		Valores emprestados				Garantias[1]					Contraparte	% dos valores emprestados
	Início	Fim	Designação	QT	COT	TOT	Designação	QT	VMP	TOT			
A)	B)	B)	C)	D)	E)	F)	G)	H)	I)	J)		K)	K)

(1) Preencher somente para o caso das operações em aberto no final do mês.

NOTAS:

A) Dias de calendário do mês de referência da informação.
B) Data de início e de fim das operações de empréstimo.
C) Denominação completa dos valores mobiliários com indicação do seu código CVM ou SIIB.
D) Quantidade de valores.
E) Cotação dos valores.
F) Valor total – (D*E).
G) Denominação completa dos valores mobiliários recebidos em garantia.
H) Quantidade de valores.
I) Valor médio ponderado dos valores.
J) Valor total – (H*I).
K) Percentagem do valor das garantias em função dos valores emprestados – (J/F).

ANEXO II

REPORTES

MÊS:

SOCIEDADE GESTORA:

FUNDO:

CÓDIGO DO FUNDO: VLGF:

Dia	Data da operação		Valores comprados/vendidos			Posição a prazo (C/V)	Valor de recompra/revenda	Contraparte	% VLGF[(1)]
	Início	Fim	DES	QT	COT	TOT				
A)	B)	B)	C)	D)	E)	F)	G)	H)	I)	

(1) Preencher somente para o caso das operações em aberto no final do mês.

NOTAS:

    A) Dias de calendário do mês de referência da informação.
    B) Data de início e de fim das operações de reporte.
    C) Denominação completa dos valores mobiliários com indicação do seu código CVM ou SIIB.
    D) Quantidade de valores.
    E) Cotação dos valores.
    F) Valor total – (D*E).
    G) Responsabilidade compradora/vendedora a prazo.
    H) Valor de recompra/revenda.
    I) Contraparte da operação de reporte.
    J) Percentagem por contraparte

REGULAMENTO N.º 15/99

Prospecto simplificado
de Fundos de Investimento Mobiliário

O presente regulamento estabelece as regras segundo as quais as entidades gestoras de fundos de investimento mobiliário devem elaborar um prospecto simplificado para cada fundo de investimento mobiliário, configurado de modo a incluir a informação essencial que permita ao investidor tomar uma decisão de investimento esclarecida, prestada através de uma linguagem acessível e sintética, tendo em consideração que o prospecto completo, a elaborar nos termos do n.º 1 do artigo 33.º do Decreto-Lei n.º 276/94, de 2 de Novembro, com as alterações que lhe foram introduzidas pelo Decreto-Lei n.º 323/99, de 13 de Agosto, reúne, de uma forma tendencialmente exaustiva e com recurso a uma linguagem mais técnica, toda a informação sobre cada fundo.

Na elaboração do prospecto simplificado, as entidades gestoras de fundos de investimento mobiliário devem, entre outros aspectos, respeitar as características essenciais de cada fundo e adoptar um formato padronizado por forma a facilitar ao investidor uma fácil comparação entre os diversos fundos de investimento, podendo, em complemento da informação prestada, utilizar variadas formas de expressão gráfica.

Nestes termos, ao abrigo do disposto nas alíneas *a*) e *b*) do n.º 1 do artigo 14.º do Código do Mercado de Valores Mobiliários e para os efeitos do disposto no n.º 3 do artigo 33.º do Decreto-Lei n.º 276/94, de 2 de Novembro e ouvida a APFIN – Associação Portuguesa das Sociedades Gestoras de Fundos de Investimento, o conselho directivo da Comissão do Mercado de Valores Mobiliários aprovou o seguinte regulamento:

ARTIGO 1.º
(Prospecto simplificado)

1. As entidades gestoras de fundos de investimento mobiliário devem elaborar, para cada fundo de investimento mobiliário sob sua administra-

ção, um prospecto simplificado, nos termos previstos no presente regulamento, o qual deve ser entregue aos subscritores do fundo previamente à subscrição das unidades de participação.

2. O prospecto simplificado deve adoptar um formato padronizado, incluindo apenas a informação prevista nos artigos seguintes e respeitando o modelo que constitui o Anexo ao presente regulamento.

3. A Comissão do Mercado de Valores Mobiliários pode ainda determinar a obrigatoriedade de introdução de informações adicionais ao prospecto simplificado, tendo em conta as especiais características do fundo de investimento em causa ou as de novas modalidades de fundos de investimento.

4. Relativamente a cada agrupamento de fundos, deve ser elaborado um único prospecto simplificado, o qual deve conter uma parte geral concentrando a informação comum a todo agrupamento, incluindo menção relativa às suas especialidades de regime, nomeadamente quanto à subscrição e resgate simultâneos de unidades de participação dentro do agrupamento, e uma parte especial contendo toda informação específica de cada fundo.

ARTIGO 2.º
(Informação introdutória)

O prospecto simplificado deve conter informação introdutória que permita a apresentação sucinta do fundo, a identificação da entidade gestora e, quando for o caso, das entidades que prestem serviços necessários à administração do fundo, incluindo:

a) A indicação de que se trata do prospecto simplificado do fundo e data do prospecto (indicativo quanto à actualidade da informação nele contida);

b) A denominação completa e tipo de fundo (conforme consta do prospecto completo) e data de início de actividade do fundo; os agrupamentos de fundos devem indicar a denominação completa do agrupamento e de cada fundo que o integra;

c) A identificação da entidade gestora do fundo (denominação completa e sede);

d) A identificação da entidade depositária dos valores do fundo (denominação completa);

e) A identificação das entidades colocadoras do fundo (denominação completa);

f) A identificação dos consultores de investimento do fundo.

ARTIGO 3.°
(Conteúdo do prospecto simplificado)

O prospecto simplificado deve destacar especificadamente as seguintes matérias:

a) Tipo e política de investimento do fundo – incluindo a caracterização do tipo de fundo em causa e a sua estratégia de investimento, quer em relação ao tipo de instrumentos financeiros que compõem a sua carteira, quer no que respeita aos limites percentuais previstos para o investimento em permanência em cada um deles ou, não sendo o caso, a referência expressa à inexistência desses limites e às implicações que acarreta e, ainda, a incidência geográfica dos mercados nos quais o fundo pretende efectivamente realizar as suas aplicações, devendo indicar, se aplicável, o nível de especialização do fundo, designadamente, em termos sectoriais ou geográficos;

b) Perfil do investidor a que o fundo se dirige – tendo em conta as implicações da política de investimento do fundo em matéria de rendibilidade e risco, devem ser indicadas as características do investidor para o qual o investimento no fundo se possa revelar mais adequado ou inadequado, designadamente o seu nível de aversão ao risco e tolerância pelas oscilações do valor do capital investido, o seu propósito de investimento, como sejam, a liquidez, a rendibilidade e os benefícios fiscais, e, ainda, o período de investimento aconselhado para o tipo de investimento;

c) Risco associado aos investimentos do fundo – clarificação quanto ao risco associado às espécies de instrumentos que integram a carteira do fundo, tendo em consideração, nomeadamente, as suas características e o objectivo da política de investimento do fundo e, relativamente a cada espécie destes activos, os principais vectores de que depende a variação do risco associado ao seu valor, designadamente pela existência, entre outros, de risco de variação de preço, de risco de crédito do emitente, de risco país, de risco de taxa de juro e de risco cambial e, caso o fundo utilize técnicas e instrumentos de gestão do seu património que respeitem a instrumentos a prazo, explicação sobre o acréscimo do risco associado a essa utilização; devem ainda ser explicitadas as eventuais circunstâncias específicas de agravamento do risco decorrente da política de investimento, tais como a particular incidência em mercados de elevada volatilidade ou risco cambial ou a aplicação preferencial em valores com baixa notação de risco;

d) Rendibilidade e risco históricos - representação gráfica da evolução da rendibilidade do fundo e da evolução do valor da unidade de participação do fundo durante os últimos cinco anos civis ou, caso não seja aplicável, desde o início da actividade do fundo, bem como quantificação das rendibilidades obtidas, incluindo ainda, sempre que o regulamento do fundo adopte a indicação de um parâmetro de referência do mercado ("benchmark"), a evolução desse *benchmark* no mesmo período, por forma a permitir a sua comparação com a evolução da rendibilidade do fundo e, ainda, a quantificação do risco nos mesmos períodos da rendibilidade divulgada, calculado através do desvio-padrão anualizado das rendibilidades semanais;

e) Advertência – menção esclarecendo que os dados que serviram de base ao apuramento dos riscos e rendibilidade histórica são factos passados que, como tal, poderão não se verificar no futuro;

f) Comissões e encargos – indicação das comissões – subscrição, resgate, gestão e depósito –, com menção específica de quem as suporta, incluindo uma breve simulação do investimento após dedução das comissões a suportar pelo participante e, no caso dos agrupamentos de fundos, menção expressa indicando as vantagens proporcionadas aos participantes no resgate e subscrição simultâneos das unidades de participação dos fundos que o integram;

g) Comercialização – indicação dos locais de comercialização do fundo e, no caso de comercialização à distância, das respectivas modalidades;

h) Condições de subscrição – menção indicando o montante mínimo de subscrição, em valor monetário ou em número de unidades de participação, indicação do valor da unidade de participação considerado para efeitos de subscrição e das datas em que a mesma se torna efectiva;

i) Condições de resgate – menção informando do local, da forma e dos meios de resgate, indicando, designadamente, os prazos de pré-aviso e do valor da unidade de participação considerado para efeitos de resgate, incluindo uma simulação do desinvestimento após dedução das comissões a suportar pelo participante; no caso dos agrupamentos de fundos, menção expressa indicando as vantagens proporcionadas aos participantes no resgate e subscrição simultâneos das unidades de participação dos fundos que o integram;

j) Política de distribuição de rendimentos - menção que permita ao investidor aferir se o fundo não distribui rendimentos ou se distribui total ou parcialmente os resultados, e, ainda, indicação da periodicidade, dos critérios e da forma como é feita essa distribuição;

k) Consulta de outra documentação do fundo e da composição da carteira do fundo – menção esclarecendo que o prospecto simplificado contém apenas informações essenciais sobre o fundo em causa e que a sua consulta não exclui a necessidade de análise de informação mais detalhada que poderá ser obtida, sem quaisquer encargos, através do prospecto completo respectivo e, se for caso disso, dos relatórios anual e semestral, que se encontram à disposição dos interessados junto da entidade gestora e das entidades colocadoras e, se for o caso, através de outros meios previstos para a comercialização e, ainda, indicação de que os participantes podem consultar mensalmente a composição da carteira do fundo no *Boletim da Bolsa de Valores de Lisboa* e, eventualmente, noutros meios idóneos de divulgação desta informação, nomeadamente através do *web site* da entidade gestora;

l) Regime fiscal – breve súmula do regime fiscal aplicável ao fundo e aos participantes do fundo;

m) Contacto – menção indicando um telefone/morada/*site* de contacto para esclarecimento, numa base diária, aos investidores sobre quaisquer dúvidas suscitadas relativamente ao investimento no fundo em causa.

ARTIGO 4.°
(Da informação)

1. As entidades gestoras devem elaborar o prospecto simplificado utilizando uma linguagem clara, sintética e facilmente compreensível para os investidores comuns, complementada com a utilização de gráficos, tabelas ou outras representações gráficas;

2. O conteúdo do prospecto simplificado deve observar uma total correspondência de substância com o prospecto completo, não podendo, de nenhum modo, contrariar ou modificar o conteúdo contratual deste último, designadamente no que respeita aos compromissos assumidos pela entidade gestora perante os participantes.

3. Na elaboração do prospecto simplificado, as entidades gestoras devem evitar a simples reprodução de disposições legais ou regulamentares, utilizando apenas a referência a normas permissivas quanto seja efectivamente objectivo do fundo utilizar as prerrogativas que aquelas lhes conferem, nomeadamente no que se refere aos valores objecto de aplicação dos fundos e respectivos limites de aplicação, a utilização de técnicas e instrumentos de cobertura de risco, ao recurso a operações de reporte e de empréstimo de valores e ainda no que respeita aos mercados elegíveis, nos quais o fundo pretende efectuar as suas transacções e operações, concretamente se esses mercados são mercados onde os valores estão meramente admitidos à cotação não tendo qualquer correspondência com o mercado do emitente.

ARTIGO 5.º
(Actualização das informações)

1. As entidades gestoras devem actualizar a informação contida no prospecto simplificado sempre que introduzam alterações ao prospecto completo que versem sobre matéria incluída no prospecto simplificado, devendo, para este efeito, submeter à apreciação da Comissão do Mercado de Valores Mobiliários o projecto de prospecto simplificado actualizado, em cumprimento do disposto nos n.ºs 4 e 5 do artigo 33.º do Decreto-Lei n.º 276/94, de 2 de Novembro.

2 - Sem prejuízo do disposto no número anterior, as entidades gestoras devem actualizar anualmente o prospecto simplificado no que respeita à informação relativa à rendibilidade e riscos históricos, prevista na alínea *d*) do artigo 3.º do presente regulamento, devendo enviar um exemplar actualizado à CMVM.

ARTIGO 6.º
(Fundos de fundos)

Os prospectos simplificados dos fundos de fundos devem respeitar todas as regras previstas no presente regulamento, contendo ainda a seguinte informação adicional:

a) A informação prestada relativamente ao tipo e política de investimento, prevista na alínea *a*) do artigo 3.º do presente regulamento, deve incluir indicação clara quanto à opção tomada pela entidade gestora na escolha dos fundos objecto de investimento pelo fundo de fundos, bem como uma breve referência às políticas de gestão respectivas;

b) O esclarecimento de que, para além da comissão de gestão cobrada no âmbito do fundo de fundos, são devidas comissões de gestão nos fundos participados e, no caso dos fundos de fundos que, nos termos do regulamento de gestão, investem em fundos geridos pela própria sociedade gestora, indicação do valor máximo que pode atingir a soma da comissão de gestão do fundo de fundos com a comissão de gestão estabelecida para cada um daqueles fundos.

ARTIGO 7.º
(FPA, FPR e FPE)

Os Fundos de Poupança em Acções (FPA), os Fundos Poupança Reforma (FPR) e os Fundos Poupança Educação (FPE) devem igualmente elaborar um prospecto simplificado adaptando as informações mínimas obrigatórias previstas no artigo 3.° do presente regulamento às suas especificidades de regime, nomeadamente no que se refere à política de investimento, atentas as regras especiais de composição de carteira a que está sujeita a subscrição dos planos de poupança constituídos no âmbito destes fundos, as condições de transferência de planos, as condições de reembolso ou levantamento antecipado, com expressa referência aos custos adicionais e outras penalizações a suportar pelo subscritor e o regime fiscal.

ARTIGO 8.°
(Disposições finais e transitórias)

1. As entidades gestoras devem submeter à aprovação da Comissão do Mercado de Valores Mobiliários os projectos dos prospectos simplificados dos fundos de investimento sob sua administração, no prazo de 60 dias de calendário contados da data de entrada em vigor do presente regulamento.

2. No mesmo prazo, devem as entidades gestoras enviar igualmente, em cumprimento do disposto no n.° 5 do artigo 3.° do Decreto-Lei n.° 323/ /99, de 13 de Agosto, o projecto de prospecto completo de cada fundo de investimento devidamente adaptado ao regime legal em vigor e redigido de modo a assegurar a sua compatibilidade com o prospecto simplificado, nos termos do n.° 2 do artigo 4.° do presente regulamento.

3. Após recepção dos projectos dos prospectos referidos nos números anteriores, a Comissão do Mercado de Valores Mobiliários dispõe do prazo de 120 dias de calendário para a apreciação e aprovação dos mesmos.

4. A Comissão do Mercado de Valores Mobiliários divulgará, através de circular dirigida às entidades gestoras e de anúncio publicado no Boletim de Cotações da Bolsa de Valores de Lisboa, a data em que todas as entidades gestoras devem ter disponível, para efeitos de comercialização, os documentos de informação referidos nos n.ᵒˢ 1 e 2 do presente artigo.

5. Os fundos de investimento autorizados pela Comissão do Mercado de Valores Mobiliários que ainda não se encontrem constituídos e os pedidos de constituição de fundos de investimento mobiliário sobre os quais ainda não tenha recaído decisão da Comissão do Mercado de Valores Mobiliários na data de entrada em vigor do presente regulamento devem igualmente adequar-se ao disposto no mesmo.

ARTIGO 9.°
(Entrada em vigor)

O presente regulamento entra em vigor no dia seguinte ao da sua publicação no Diário da República.

16 de Setembro de 1999 – O Presidente do Conselho Directivo, *José Nunes Pereira.*

ANEXO

PROSPECTO SIMPLIFICADO

(actualizado a .. de ..... de 1999)

Identificação do fundo: _____ |
anteriormente denominado

Tipo de Fundo	. Informação prevista na alínea a) do artigo 2° do Reg 15/99 CMVM
Início de Actividade	. Informação prevista na alínea b) do artigo 2° do Reg 15/99 CMVM
Entidade Gestora	. Informação prevista na alínea c) do artigo 2° do Reg 15/99 CMVM
Banco Depositário	. Informação prevista na alínea d) do artigo 2° do Reg 15/99 CMVM
Entidades Colocadoras	. Informação prevista na alínea e) do artigo 2° do Reg 15/99 CMVM
Consultores de Investimento	. Informação prevista na alínea f) do artigo 2° do Reg 15/99 CMVM
Política de Investimento	. Informação prevista na alínea a) do artigo 3° do Reg 15/99 CMVM . Informação prevista na alínea a) do artigo 6° do Reg 15/99 CMVM
Perfil do Investidor	. Informação prevista na alínea b) do artigo 3° do Reg 15/99 CMVM
Risco Associado ao Investimento	. Informação prevista na alínea c) do artigo 3° do Reg 15/99 CMVM

Evolução da Unidade de Participação: . Informação prevista na alínea d) do artigo 3° do Reg 15/99 CMVM
Representação gráfica da evolução do valor da unidade de participação (últimos 5 anos) e, se aplicável, comparativamente ao da rendibilidade do fundo.

Rendibilidade e Risco históricos: . Informação prevista na alínea d) do artigo 3° do Reg 15/99 CMVM
⊙ Representação gráfica da evolução da rendibilidade do fundo (últimos 5 anos ou anos civis existentes desde o início de actividade do fundo), calculada nos termos previstos no Regulamento n.° 10/97 da CMVM.
⊙ Quantificação da rendibilidade e do risco – tabela analítica - nos mesmos períodos da rendibilidade divulgada e, se aplicável, do *benchmark*.

Advertência . Informação prevista na alínea e) do artigo 3° do Reg 15/99 CMVM

Comissões e encargos	. Informação prevista na alínea f) do artigo 3° do Reg 15/99 CMVM . Esta informação pode ser indicada no quadro da "subscrição" e "resgate" . Informação prevista na alínea b) do artigo 6° do Reg 15/99 CMVM
Comercialização	. Informação prevista na alínea g) do artigo 3° do Reg 15/99 CMVM
Subscrição	. Informação prevista na alínea h) do artigo 3° do Reg 15/99 CMVM
Resgate	. Informação prevista na alínea i) do artigo 3° do Reg 15/99 CMVM
Distribuição rendimentos	. Informação prevista na alínea j) do artigo 3° do Reg 15/99 CMVM
Consulta de outra documentação	. Informação prevista na alínea k) do artigo 3° do Reg 15/99 CMVM
Regime fiscal	. Informação prevista na alínea l) do artigo 3° do Reg 15/99 CMVM
Contacto	. Informação prevista na alínea m) do artigo 3° do Reg 15/99 CMVM

---

[1] Se o fundo alterou a sua denominação nos últimos 6 meses, deve incluir-se a denominação anterior.

REGULAMENTO N.° 16/99
com as alterações introduzidas pelos Regulamentos
n.° 4/2000 (¹) *e n.° 26/2000* (²)

Valorização dos activos integrantes
do património dos fundos de investimento mobiliário
e cálculo do valor da unidade de participação

O artigo 30.° do Decreto-Lei n.° 276/94, de 2 de Novembro, com redacção introduzida pelo Decreto-Lei n.° 323/99, de 13 de Agosto, assume claramente uma evolução face ao anterior enquadramento legal, na medida

---

(¹) O Regulamento n.° 4/2000, de 3 de Fevereiro, foi publicado no Diário da República, II Série, de 16 de Fevereiro, com o seguinte preâmbulo:

"A aplicação do princípio da unicidade entre a valorização dos activos do fundo e a inclusão das transacções efectuadas até ao momento de referência consagrado no Regulamento n.° 16/99 da CMVM, embora desejável, coloca, presentemente, grandes dificuldades operacionais na sua implementação por parte das respectivas sociedades gestoras.

A natureza dessas dificuldades levanta importantes questões ao nível da exactidão do cálculo do valor da unidade de participação, para além de pôr em causa o princípio da homogeneidade de procedimentos que se pretende para a globalidade das entidades que operam no mercado.

Tendo em consideração tal situação, mostram-se oportunas as alterações introduzidas pelo presente regulamento, que estabelecem uma derrogação ao princípio da unicidade entre valorização e composição da carteira no que diz respeito às transacções em mercados estrangeiros, tendo em conta as diferentes características que apresentam, nomeadamente no que se refere ao respectivo período de negociação.

Desta forma, relativamente aos mercados estrangeiros, podem as entidades gestoras tomar como relevantes as operações efectuadas até ao final do dia anterior, devendo as cotações ou preços referir-se ao momento de referência do dia da avaliação estabelecido no prospecto do fundo. No que se refere aos mercados nacionais, concedeu-se um prazo transitório de 3 meses para que as mesmas entidades se adaptem aos novos procedimentos."

(²) O Regulamento n.° 26/2000, de 17 de Julho, foi publicado no Diário da República, II Série, de 19 de Agosto, com o seguinte preâmbulo:

"A evolução dos mercados financeiros tem-se vindo a reflectir não só numa crescente diversidade e complexidade de novos instrumentos, como também na versatilidade do funcionamento desses mesmos mercados. É exemplo desta última tendência o alargamento dos

em que pretende introduzir alguma flexibilidade na determinação de regras e critérios que tenham em vista a valorização dos activos que podem integrar o património dos fundos de investimento mobiliário, até aqui rigidamente delimitada pela lei.

O regime jurídico dos fundos de investimento mobiliário consagra o valor de mercado como o princípio que subjaz à avaliação dos activos passíveis de integrar a carteira do fundo, cabendo ao presente regulamento estabelecer as condições e limites por forma a prosseguir esse princípio. Na definição destas condições e limites, atendeu-se às normas internacionalmente estabelecidas nesta matéria, nomeadamente, nas directrizes emanadas pela *Internacional Accounting Standards Committee*, no âmbito da norma IAS 39.

O presente regulamento vem atribuir às entidades gestoras maior competência na adopção das metodologias e critérios relativos à avaliação e valorização dos activos em que o fundo pode investir. Esta opção impõe um aumento da responsabilidade que impende sobre as entidades gestoras e os depositários dos fundos no que a esta área se refere, tendo em conta a adequabilidade, a consistência e o controlo sobre a utilização dos critérios fixados.

Paralelamente ao aumento da responsabilidade da entidade gestora e depositário, o incremento da flexibilidade conferida no presente regula-

---

períodos disponíveis para a negociação, quer em bolsa quer noutros mercados regulamentados ou, ainda, em mercados de balcão. Veja-se a este propósito, a tendência reinante nos mercados de dívida, nos quais a negociação se processa praticamente de forma contínua.

A regulamentação deve, pois, assumir uma perspectiva dinâmica face à constante evolução dos mercados financeiros. Neste contexto, justifica-se a alteração ora introduzida ao Regulamento n.° 16/99 da CMVM, no sentido de eliminar a exigibilidade patenteada pela anterior norma relativamente ao decurso de metade da sessão para efeitos da tomada de preços ou cotações relevantes na valorização dos activos integrantes da carteira dos fundos de investimento mobiliário.

Por outro lado, dada a experiência adquirida desde a entrada em vigor do referido regulamento, bem como da sensibilidade da própria indústria, considera-se oportuna a revisão do limite mínimo tido para efeitos de ressarcimento dos participantes lesados, nas situações em que, regulamentarmente, essa iniciativa deve partir da entidade gestora. Tendo igualmente em consideração a experiência internacional, consagrou-se um desvio de 0,5% do valor da unidade de participação face ao seu real valor, em consequência de erros ocorridos no processo de valorização e divulgação desse valor.

Assim, para os efeitos do disposto nos n.os 2 e 3 do artigo 30.° do Decreto-Lei n.° 276/94, de 2 de Novembro, com a redacção introduzida pelo Decreto-Lei n.° 323/99, de 13 de Agosto, ouvida a APFIN – Associação Portuguesa das Sociedades Gestoras de Patrimónios e de Fundos de Investimento, o conselho directivo da Comissão do Mercado de Valores Mobiliários aprovou o seguinte Regulamento:"

mento deve ainda ser contrabalançado por uma definição qualitativamente mais elaborada da publicidade dada aos critérios e metodologias adoptados. Preconiza-se a que sua divulgação deve revestir contornos de clareza e precisão, sendo veiculada no prospecto e no relatório e contas do fundo.

Os critérios estabelecidos devem ter por base um momento de referência respeitante ao dia em que se procede à valorização. A sua definição cabe igualmente à entidade gestora, dentro das condições previstas neste regulamento. Os preços ou cotações que relevam para a valorização, bem como a composição da carteira, incluindo todas as transações efectuadas até essa altura, reportam-se ao momento de referência fixado.

Estabelece-se uma redução do prazo de 90 para 30 dias para efeitos da aplicação dos critérios de valorização de valores não cotados a valores que, embora admitidos à negociação numa bolsa ou num mercado regulamentado, não hajam sido objecto de transacção nesse período, sendo por esta via equiparados a valores não cotados.

O presente regulamento vem ainda estabelecer normas de procedimento relativas à obrigação legal de indemnizar os participantes lesados em consequência de erros ocorridos no processo de cálculo e divulgação do valor da unidade de participação, bem como, em situações que consubstanciem afectações intempestivas de subscrições e resgates ao fundo. Desta forma, são definidos critérios de materialidade para as situações em que o ressarcimento dos participantes deve ser efectuado pela sociedade gestora de forma universal, independentemente da solicitação individual dos lesados. Esta obrigação de indemnizar, que nos termos da lei, recai solidariamente sobre a sociedade gestora e o depositário sempre que o erro seja imputável a um deles, é assim objecto de específica tutela pública, abrangendo os danos sofridos pelos participantes que tenham subscrito ou resgatado unidades de participação a um valor incorrecto e, independentemente dos limites de materialidade, o próprio fundo pelas diferenças de valor em seu detrimento em virtude das subscrições e resgates ocorridos.

Destaque-se, por último, o papel activo conferido ao revisor oficial de contas do fundo, que deverá fazer um juízo de valor sobre a utilização consistente dos critérios e modelos de valorização fixados pela entidade gestora, bem como verificar se, na eventualidade de ocorrência de erros no processo de valorização e divulgação do valor da unidade de participação, a entidade gestora deu cumprimento ao estabelecido no presente regulamento.

Assim, ouvidas a Associação Portuguesa das Sociedades Gestoras de Fundos de Investimento, a Câmara dos Revisores Oficiais de Contas e a Comissão de Normalização Contabilística, ao abrigo do disposto na alínea *a*) do n.º 1 do artigo 14.º do Código do Mercado de Valores Mobiliários e para os efeitos do disposto nos n.ºˢ 2 e 3 do artigo 30.º do Decreto-Lei n.º 276/94, de 2 de Novembro, com a redacção introduzida pelo Decreto-Lei n.º 323/99, de 13 de Agosto, o conselho directivo da Comissão do Mercado de Valores Mobiliários aprovou o seguinte Regulamento:

CAPÍTULO I
Disposições gerais

ARTIGO 1.º
(Âmbito)

O presente regulamento estabelece as regras relativas à valorização dos activos integrantes do património dos fundos de investimento mobiliário e ao cálculo do valor da unidade de participação.

ARTIGO 2.º
(Princípios gerais)

1. Os activos em carteira, admitidos ou não à cotação numa bolsa de valores, devem ser valorizados diariamente ao seu justo valor.

2. A metodologia e critérios relevantes para a valorização das diferentes espécies de activos nos quais os fundos podem aplicar os seus recursos, definidos de uma forma clara, devem constar expressamente do regulamento de gestão que integra o prospecto completo do fundo, dentro dos limites e condições constantes do presente regulamento.

3. Cada entidade gestora deve adoptar critérios de valorização e pressupostos uniformes para efeitos de valorização dos mesmos activos nas carteiras dos diferentes fundos de investimento mobiliário que administra.

4. Relativamente à valorização de produtos financeiros estruturados, que comportem um ou mais instrumentos derivados, devem as entidades gestoras proceder à valorização autónoma de cada componente.

ARTIGO 3.º
(Momento de referência da valorização)

1. A valorização diária dos activos que integram o património dos fundos, tendo em vista o cálculo do valor da unidade de participação a divulgar no dia útil seguinte, refere-se ao momento do dia da valorização

indicado no regulamento de gestão para efeitos da determinação, quer dos preços aplicáveis, quer da composição da carteira do fundo.

2. Em derrogação ao número anterior, podem as entidades gestoras considerar para efeitos da composição da carteira, relativamente às operações realizadas em mercados estrangeiros, apenas as transacções efectuadas até ao final do dia anterior ao da respectiva valorização.

ARTIGO 4.°
(Valores cotados)

1. Para efeitos do presente regulamento, consideram-se valores cotados aqueles que se encontrem admitidos à negociação numa bolsa de valores ou sejam transaccionados num mercado regulamentado nos termos previstos no n.° 1 do artigo 42.° do Decreto-Lei n.° 276/94, de 2 de Novembro.

2. Os valores que se enquadrem no número anterior e que não sejam transaccionados nos 30 dias que antecedem a respectiva valorização são equiparados a valores não cotados para efeitos da aplicação das normas constantes do presente regulamento.

CAPÍTULO II
Dos critérios de valorização

ARTIGO 5.°
(Valores mobiliários cotados)

1. O valor dos activos cotados deve corresponder aos preços praticados no mercado onde se encontram admitidos à negociação, reportados ao momento de referência, de acordo com o disposto nos números seguintes.

2. Encontrando-se admitidos à negociação em mais do que uma bolsa de valores ou mercado regulamentado, o valor a considerar deve reflectir os preços praticados no mercado que apresenta maior liquidez, frequência e regularidade de transacções.

3. A sociedade gestora deve definir nos documentos informativos do fundo quais os critérios adoptados para a valorização dos activos cotados, de entre as seguintes possibilidades:

a) A cotação ou preço médios ponderados do período imediatamente anterior ao momento de referência;

b) A última cotação ou preço verificado no momento de referência;

4. Tratando-se de valores representativos de dívida admitidos à negociação numa bolsa de valores ou num mercado regulamentado, poderão ainda ser estabelecidos outros critérios para efeitos de valorização:

a) Critérios idênticos aos referidos no n.° 3, quando se trate de valores transaccionados no âmbito de mercados especializados de funcionamento regular, reconhecidos e que preencham requisitos de transparência, eficiência e suficiência da informação prestada;

b) Metodologias baseadas em ofertas de compra, difundidas para o mercado através de meios de informação especializados.

5. Excepcionalmente e quando circunstâncias pontuais de mercado o justifiquem, podem as entidades gestoras adoptar critérios diferentes dos estabelecidos nos regulamentos de gestão, encontrando-se tal procedimento sujeito à autorização da CMVM.

ARTIGO 6.°
(Valores mobiliários não cotados)

1. Os critérios de valorização de activos não cotados, fixados pela entidade gestora, devem ter em conta o seu presumível valor de realização, respeitando as condições do emitente e do mercado vigentes no momento de referência.

2. Na prossecução do princípio a que se refere o número anterior, a entidade gestora deve adoptar critérios que tenham por base o valor das ofertas de compra, difundidas através de meios de informação especializados.

3. À falta das condições a que se refere o número anterior, devem as entidades gestoras recorrer a modelos de avaliação universalmente aceites e utilizados, baseados na análise fundamental e assentes na metodologia dos fluxos de caixa descontados.

4. Tratando-se de valores em processo de admissão à cotação numa bolsa de valores ou num mercado regulamentado, podem ainda as entidades gestoras adoptar critérios que tenham por base a valorização de valores mobiliários da mesma espécie, emitidos pela mesma entidade e admitidos à cotação, tendo em conta as características de fungibilidade e liquidez entre as emissões.

ARTIGO 7.°
(Outros instrumentos representativos de dívida)

Na valorização dos activos referidos na alínea *b*) do n.° 2 do artigo 42.° do Decreto-Lei n.° 276/94, de 2 de Novembro, emitidos por prazos inferiores a um ano, na falta de preços de mercado, as entidades gestoras devem proceder à respectiva valorização com base no reconhecimento diário do juro inerente à operação.

ARTIGO 8.°
(Instrumentos derivados)

1. A valorização de instrumentos derivados deve ter em conta os preços apurados, nos termos do n.° 3 do artigo 5.°, no mercado onde são negociados.

2. Caso se trate de instrumentos não admitidos à cotação em bolsa ou à negociação num mercado regulamentado, a respectiva valorização deve respeitar o princípio do justo valor.

3. Na prossecução do princípio a que se refere o número anterior a entidade gestora deve adoptar critérios que tenham por base o valor das ofertas de compra e de venda, difundidas para o mercado através de meios de informação especializados.

4. Na impossibilidade de aplicação do disposto no número anterior, podem ser adoptados modelos de avaliação universalmente aceites nos mercados financeiros, desde que os pressupostos utilizados na valorização tenham por base valores de mercado.

CAPÍTULO III
Erro no cálculo ou divulgação do valor
das unidades de participação
ou no processamento das subscrições e resgates

ARTIGO 9.°
(Responsabilidade da entidade gestora)

1. A entidade gestora deve, por sua própria iniciativa, proceder ao ressarcimento dos prejuízos sofridos pelos participantes sempre que, em consequência de erros que lhe sejam imputáveis e ocorridos no processo de valorização e divulgação do valor da unidade de participação dos fundos de investimento mobiliário, a diferença entre o valor que deveria ter sido apurado de acordo com as normas aplicáveis e o valor efectivamente utilizado nas subscrições e resgates seja igual ou superior a 0,5% do valor da unidade de participação.

2. A entidade gestora deve igualmente ressarcir os participantes lesados em virtude de erros ocorridos na imputação das subscrições e resgates ao património do fundo, nomeadamente pela falta de tempestividade no processamento dos mesmos.

3. Os montantes devidos nos termos dos números anteriores devem ser pagos aos participantes lesados num período não superior a 30 dias após a detecção do erro, sendo tal procedimento individualmente comunicado aos mesmos dentro deste prazo.

4. A observância do disposto nos números anteriores não prejudica o exercício do direito de indemnização que seja reconhecido aos participantes nos termos gerais de direito.

5. A entidade gestora deve compensar o fundo em resultado de erros que lhe sejam imputáveis e ocorridos no processo de cálculo ou divulgação do valor da unidade de participação ou, ainda, na afectação das subscrições e resgates, sempre que se verifiquem prejuízos para o fundo, independentemente do montante.

CAPÍTULO IV
Controlo e informação

ARTIGO 10.º
(Informação)

1. Sem prejuízo do disposto no n.º 2 do artigo 2.º, devem as entidades gestoras referir-se, detalhadamente, no prospecto e em nota anexa às contas semestrais e anuais dos fundos que administram, ao momento de referência adoptado nos termos do artigo 3.º, aos critérios e metodologias adoptados, bem como, aos respectivos pressupostos utilizados para a valorização das diferentes categorias de activos que sejam passíveis de integrar a respectiva carteira.

2. Em nota anexa às contas anuais e semestrais, a entidade gestora deve dar publicidade aos montantes pagos ao fundo com carácter compensatório, decorrentes da aplicação do disposto no artigo 9.º do presente regulamento.

3. Na certificação legal a que se refere o artigo 34.º do Decreto-Lei n.º 276/94, de 2 de Novembro, com as alterações introduzidas pela Decreto-Lei n.º 323/99, de 13 de Agosto, o revisor oficial de contas deve pronunciar-se sobre a utilização consistente dos critérios estabelecidos para efeitos do presente regulamento, bem como sobre o cumprimento do disposto no artigo anterior.

4. Todas as situações passíveis de serem enquadradas no âmbito dos n.ᵒˢ 1, 2, 4 e 5 do artigo 9.° devem ser imediatamente comunicadas à CMVM, com os elementos constantes do quadro I anexo ao presente regulamento, sendo delas dada publicidade através de todos os meios utilizados para efeitos de divulgação do valor da unidade de participação, devendo conter os elementos constantes do quadro II do mesmo anexo, bem como a medida em que os investidores podem ser ressarcidos por eventuais prejuízos sofridos.

5. As entidades gestoras devem manter actualizado um registo, com um histórico mínimo de três anos, dos critérios e pressupostos utilizados para a valorização das diferentes categorias de activos que integram o património do fundo.

ARTIGO 11.°
(Norma transitória)

As entidades gestoras devem adaptar os prospectos completos dos fundos que administram às normas constantes do presente regulamento, no prazo e para os efeitos previstos no n.° 1 do artigo 8.° do Regulamento n.° 15/99 da CMVM.

ARTIGO 12.°
(Entrada em vigor)

O presente regulamento entra em vigor no dia posterior ao da sua publicação no *Diário da República*.

30 de Setembro de 1999 – O Presidente do Conselho Directivo, *José Nunes Pereira*.

ANEXO

Reporte de erros ocorridos no processo de valorização e divulgação do valor da unidade de participação

QUADRO I

Cód. Fundo:
Designação:
Descrição do motivo:

Evolução do valor da UP			Diferença no valor da UP		Subscrições ocorridas			Resgates ocorridos		
Data	Valor correcto	Valor utilizado	Valor	%	n.º de operações	n.º UP´s	Valor apurado*	n.º de operações	n.º UP´s	Valor apurado*

* Diferença total considerando o valor correcto e o valor utilizado.

No caso de se tratar de erros de imputação de subscrições e resgates que não resultem da consideração errada do valor da unidade de participação, apenas devem ser preenchidas as colunas "Subscrições ocorridas" e/ou "Resgates ocorridos". Nesta situação, o valor a considerar nos *itens* "Valor apurado" deve corresponder ao montante que resultaria da diferença entre imputação da subscrição ou resgate de forma tempestiva e na altura em que efectivamente se processou a sua afectação ao fundo.

QUADRO II

Para efeitos da publicação a que se refere o n.º 4 do art. 10.º, devem a entidades gestoras explicitar para cada fundo os motivos que originaram a situação, bem como assim os elementos seguintes:

Evolução do valor da UP		
Data	Valor correcto	Valor considerado

REGULAMENTO N.° 20/99

Transacções Realizadas fora de Bolsa
por Conta dos Fundos de Investimento Mobiliário,
sobre Valores Mobiliários Cotados

O artigo 23.° do Decreto-Lei n.° 276/94, de 2 de Novembro, com a redacção introduzida pelo Decreto-Lei n.° 323/99, de 13 de Agosto, estabelece uma norma limitativa à realização de operações sobre valores mobiliários que se encontrem admitidos à negociação numa bolsa de valores, incluindo aqueles que sejam transaccionados em mercados regulamentados à luz do artigo 42.° do Decreto-Lei n.° 276/94, de 2 de Novembro.

Consideram-se ainda, para efeitos do presente regulamento, valores mobiliários admitidos à negociação em mercados especializados, os quais, embora não respeitem todas as condições previstas para os anteriores, concretamente no que se refere ao acesso por parte do público, preencham requisitos de transparência, eficiência e suficiência em termos da informação prestada.

Assim, ao abrigo do disposto na alínea *a*) do n.° 1 do artigo 14.° do Código do Mercado de Valores Mobiliários e para efeitos do disposto no n.° 2 do artigo 23.° do Decreto-Lei n.° 276/94 de 2 de Novembro, com a redacção introduzida pelo Decreto-Lei n.° 323/99, de 13 de Agosto, o conselho directivo da Comissão do Mercado de Valores Mobiliários aprovou o seguinte regulamento:

ARTIGO 1.°
(Âmbito)

O presente regulamento define os termos e as condições a que deve obedecer o registo das operações, a manter pelas entidades gestoras de fundos de investimento mobiliário, a que se refere o artigo 23.° do

Decreto-Lei n.º 276/94, de 2 de Novembro, com a redacção introduzida pelo Decreto-Lei n.º 323/99, de 13 de Agosto.

ARTIGO 2.º
(Valores objecto de registo)

1. Consideram-se valores cotados sujeitos às disposições constantes do presente diploma, aqueles que se encontrem admitidos à negociação nos mercados a que se referem as alíneas *a*), *b*) e *c*) do n.º 1 do artigo 42.º do Decreto-Lei n.º 276/94, de 2 de Novembro.

2. Consideram-se transacções fora de bolsa as operações realizadas fora dos mercados a que se refere no número anterior, bem como dos mercados previstos na alínea *a*) do n.º 4 do artigo 5.º do Regulamento n.º 16/99 da CMVM.

ARTIGO 3.º
(Registo)

As entidades gestoras devem manter actualizado um registo autónomo, com histórico mínimo de 3 anos, das operações a que se referem os artigos anteriores, nos termos definidos em anexo ao presente regulamento.

ARTIGO 4.º
(Entrada em vigor)

O presente regulamento entra em vigor no dia seguinte ao da sua publicação no Diário da República.

Lisboa, 7 de Outubro de 1999 – O Presidente do Conselho Directivo, *José Nunes Pereira.*

ANEXO

Registo de operações efectuadas fora de bolsa sobre valores mobiliários cotados

Cód. Fundo:
Designação:

Entidades		Descrição da operação							
Intermediário financeiro	Contraparte	Data	Hora	Valor mobiliário	Quantidade/V. nominal	Preço unit.	Custos incorridos		Valor total
							Taxa *	Corretagem	

* Taxa aplicável para operações fora de bolsa

Dados sobre a bolsa ou mercado onde se encontram admitidos à negociação				
Identificação do mercado	Quantidade negociada na sessão	Taxa de bolsa	Preço máximo	Preço mínimo

REGULAMENTO N.° 21/99
com as alterações introduzidas pelos Regulamentos
n.° 27/2000 (¹) e n.° 36/2000 (²)

Utilização de Instrumentos Financeiros Derivados
pelos Fundos de Investimento Mobiliário

O Decreto-Lei n.° 276/94, de 2 de Novembro, prevê, no n.° 1 do artigo 24.°, a possibilidade de utilização pelos fundos de investimento de técnicas e instrumentos adequados à gestão do seu património, incluindo a cobertura de riscos, nas condições e limites a definir pela CMVM.

(¹) O Regulamento n.° 27/2000, de 17 de Julho, foi publicado no Diário da República, II Série, de 19 de Agosto, com o seguinte preâmbulo:

"Para os efeitos do disposto no n.° 1 do artigo 24.° do Decreto-Lei n.° 276/94, de 2 de Novembro, com a redacção introduzida pelo Decreto-Lei n.° 323/99, de 13 de Agosto, ouvida a APFIN – Associação Portuguesa das Sociedades Gestoras de Patrimónios e de Fundos de Investimento, o conselho directivo da Comissão do Mercado de Valores Mobiliários aprovou o seguinte Regulamento:"

(²) O Regulamento n.° 36/2000, de 21 de Dezembro, foi publicado no Diário da República, II Série, de 9 de Janeiro de 2001, com o seguinte preâmbulo:

"O Regulamento da CMVM n.° 21/99 estabeleceu as condições e regras que as entidades gestoras de fundos de investimento mobiliário devem observar na utilização de instrumentos financeiros derivados, com o objectivo de limitar a ocorrência de determinados efeitos, nomeadamente os decorrentes da eventual sobre exposição ao risco inerente a este tipo de instrumentos financeiros.

Considerando que o âmbito de aplicação destes limites deveria ser o mais abrangente possível, optou-se por consagrar uma noção ampla de instrumento financeiro derivado, com a qual se pretendia abarcar todos os instrumentos financeiros que assentem numa técnica de derivação, nomeadamente os warrants. No caso dos warrants, em geral, e dos warrants autónomos que se enquadram na noção definida no art. 2.° do Decreto--Lei n.° 172/99, de 2 de Novembro, em particular, a sua tipificação legal como valor mobiliário não afasta a possibilidade da sua consideração como instrumentos financeiros derivados, designadamente para efeitos da aplicação daquele regulamento, no âmbito da sua utilização pelos fundos de investimento mobiliário. Neste sentido, o próprio Código dos Valores Mobiliários no seu artigo 2.°, n.° 4, não contrapõe rigidamente a disciplina

No exercício das suas competências a CMVM havia já regulmentado a utilização de técnicas e instrumentos de cobertura de risco do património dos fundos de investimento mobiliário através do seu regulamento n.º 96/14.

Emitido num momento em que o mercado de derivados dava os primeiros passos no mercado nacional, as soluções aí consagradas seguiram um princípio de prudência, definindo pormenorizadamente as operações autorizadas e os fins a que as mesmas se deviam destinar, com uma orientação exclusiva de cobertura de risco.

O presente regulamento, na sequência da experiência decorrente da actuação dos fundos nesta matéria e também do acompanhamento efectuado pela própria supervisão, adopta uma filosofia mais flexível não só na definição dos instrumentos financeiros derivados autorizados, estabelecendo como admissíveis todos aqueles cujo activo subjacente seja passível de integrar o património dos fundos sem que exista necessariamente uma

dos valores mobiliários à dos instrumentos financeiros derivados. Porém, é necessário clarificar o âmbito de aplicação de algumas das normas deste diploma, nomeadamente daquelas que, pelo seu conteúdo e alcance, devam ser aplicadas aos warrants.

Concretamente, a existência de um risco de mercado que é determinado pelo comportamento do activo subjacente, e que justifica a aplicação dos limites por entidade ao emitente do activo subjacente no caso dos futuros e das opções, deve abranger também outros instrumentos com a natureza de opção, dado que não existem razões para desconsiderar este efeito relativamente a estes instrumentos financeiros.

No que respeita aos diferentes tipos de activos subjacentes, nomeadamente aos índices, o princípio adoptado é de que a exposição individual a cada um dos valores mobiliários que compõem esses índices não é relevada para efeitos dos limites por entidade (apenas é relevado o limite relativo à entidade emitente do warrant através do prémio).

Todavia, o princípio de que o risco inerente ao índice subjacente não é considerado para efeitos do cálculo do referido limite por entidade, só deve ser aplicável a índices diversificados, internacionalmente reconhecidos como representativos dos mercados em que os fundos de investimento investem, designadamente quando são utilizados como parâmetros de referência de investimento (benchmarks). Este critério afigura-se suficientemente inequívoco e permite uma fácil aplicação da respectiva disposição do regulamento, todavia, no caso de se colocarem dúvidas quanto ao enquadramento de um índice neste conceito, a CMVM esclarecerá se o risco inerente ao activo subjacente deve ser relevado para esses efeitos.

As alterações consagradas neste regulamento visam assim acolher esta solução e, adicionalmente, clarificar que a mesma é aplicável aos warrants.

Assim,

Ao abrigo do disposto no artigo 369.º do Código dos Valores Mobiliários e para os efeitos do disposto no n.º 1 do artigo 14.º do Decreto-Lei n.º 276/94 de 2 de Novembro, com a redacção introduzida pelo Decreto-Lei n.º 323/99 de 13 de Agosto, o conselho directivo da Comissão do Mercado de Valores Mobiliários aprovou o seguinte regulamento:"

identificação perfeita entre os activos dos fundos e o subjacente dos derivados, como também nos objectivos inerentes à sua utilização, não se cingindo apenas à possibilidade de cobertura de riscos.

No capítulo dos instrumentos financeiros derivados não negociados em mercados organizados, usualmente denominados "Derivados OTC", permite-se a utilização de um leque mais alargado de instrumentos, devendo, porém, serem observadas algumas condições que têm como objectivo assegurar a liquidez e a adequada avaliação dos contratos, bem como a dispersão de risco por contraparte.

No que respeita à limitação ao envolvimento dos fundos neste tipo de instrumentos define-se uma metodologia assente no acréscimo de perda potencial máxima (baseado em técnicas de VAR) introduzida pelos instrumentos financeiros derivados nas carteiras dos fundos, tentando-se assim que estes não vejam desvirtuadas as suas características de risco.

No caso dos fundos que restrinjam a utilização de instrumentos financeiros derivados a objectivos de cobertura de riscos do património, o que por definição não aumentará a perda potencial máxima do fundo, bem como em situações em que esse acréscimo seja marginal, excepciona-se a necessidade de utilização de tais metodologias.

No domínio da informação introduzem-se exigências adicionais a prestar no âmbito dos relatórios e contas por forma a que se possa aferir das consequências decorrentes da utilização de instrumentos financeiros derivados, nomeadamente o seu impacto no desempenho do fundo.

Assim, ao abrigo do disposto na alínea *a*) do n.° 1 do artigo 14.° do Código do Mercado de Valores Mobiliários e para os efeitos do disposto no n.° 1 do artigo 24.° do Decreto-Lei n.° 276/94 de 2 de Novembro, com a redacção introduzida pelo Decreto-Lei n.° 323/99, de 13 de Agosto, ouvidas a Associação Portuguesa das Sociedades Gestoras de Fundos de Investimento, a Associação da Bolsa de Derivados do Porto e o Banco de Portugal, o conselho directivo da Comissão do Mercado de Valores Mobiliários aprovou o seguinte Regulamento:

ARTIGO 1.°
(Âmbito)

O presente regulamento estabelece as condições e regras que as entidades gestoras de fundos de investimento mobiliário devem observar na utilização de instrumentos financeiros derivados por conta dos fundos que administrem.

ARTIGO 2.º
(Instrumentos financeiros derivados)

1. É permitida a utilização de instrumentos financeiros derivados quer para fins de cobertura de risco quer para a prossecução de outros objectivos de adequada gestão do património dos fundos, dentro dos limites e condições estabelecidas no presente regulamento.

2. Para efeitos do presente regulamento são considerados instrumentos financeiros derivados os que, contratados isoladamente ou incorporados noutros valores, com ou sem liquidação física, tenham como activo subjacente, real ou teórico, valores ou direitos a eles inerentes, bem como índices desses valores, que sejam susceptíveis de integrar o património dos fundos pela sua previsão na política de investimentos, bem como taxas de juro e divisas, designadamente:

a) Futuros padronizados, *Forwards* e FRA;
b) Opções padronizadas, *warrants*, *caps*, *floors* e *collars*;
c) *Swaps* e *swaptions*.

3. Por solicitação das entidades gestoras e com prévia aprovação da CMVM, podem ainda ser utilizados instrumentos financeiros derivados que tenham diferentes características dos mencionados no número anterior.

ARTIGO 3.º
(Mercados)

1. Os instrumentos financeiros derivados mencionados no artigo 2.º devem ser negociados:

a) Numa bolsa de valores portuguesa ou em bolsa de valores de um outro Estado membro da União Europeia;
b) Noutros mercados de um Estado membro da União Europeia, regulamentados, com funcionamento regular, reconhecidos e abertos ao público, desde que identificados no regulamento de gestão do fundo;
c) Numa bolsa de valores ou noutros mercados regulamentados, com funcionamento regular, reconhecidos e abertos ao público, de um Estado que não seja membro da União Europeia, desde que a bolsa ou mercado tenha sido aprovada pela CMVM e conste do regulamento de gestão do fundo.

2. Podem ainda ser utilizados instrumentos financeiros derivados não negociados nos mercados referidos no número anterior, desde que:

a) A contraparte seja uma instituição de crédito ou uma empresa de investimento habilitada para o efeito e sediada na União Europeia ou num país terceiro, desde que, neste último caso, se encontre sujeita a regime de supervisão prudencial;

b) Os contratos sejam celebrados por escrito, sem prejuízo do recurso a contratos tipo reconhecidos internacionalmente;

c) Não prevendo os contratos referidos na alínea *b*) a possibilidade de resolução pela entidade gestora em termos não excessivamente onerosos para o fundo, existam *market makers* que assegurem, nomeadamente, a divulgação diária de ofertas firmes de compra e venda.

ARTIGO 4.°
(Limites)

1. O acréscimo de perda potencial máxima resultante da utilização de instrumentos financeiros derivados não pode exceder, a todo o momento, 25% da perda máxima potencial a que o património do fundo, sem instrumentos financeiros derivados, está exposto.

2. Na determinação do limite referido no número anterior as entidades gestoras deverão considerar, como mínimos, a detenção da carteira por um período de 30 dias e um intervalo de confiança a 95% e, como máximo, volatilidades a um ano.

3. A fixação dos pressupostos referidos no número anterior deve conformar-se com princípios de prudência e de adequação à situação concreta de cada fundo e ter em conta alterações substanciais recentes registadas na volatilidade dos mercados.

4. O valor líquido dos prémios devidos pelas posições em aberto em instrumentos com a natureza de opção não pode exceder, a todo o momento, 10% do valor líquido global do fundo.

5. A celebração de contratos relativos aos instrumentos financeiros derivados mencionados no n.° 2 do artigo 3.° do presente regulamento, não pode envolver, com relação a cada contraparte, mais de 25% dos activos do fundo.

6. A ultrapassagem dos limites referidos nos n.os 1 e 4, a suceder, deve ser regularizada no prazo máximo de cinco dias úteis a contar da sua verificação.

7. A exposição ao activo subjacente resultante da utilização de futuros, opções e *warrants*, sobre activos individuais ou índices, medida, respectivamente, pelo preço de referência e pelo delta, concorre para o cálculo dos limites por entidade emitente definidos no Decreto-Lei n.° 276/94, de 2 de Novembro."

8. A regra contida no número anterior não é aplicável aos índices internacionalmente reconhecidos como representativos dos mercados em que os fundos de investimento investem, designadamente aos correntemente utilizados como parâmetros de referência de investimento.

ARTIGO 5.º
(Excepções)

1. As entidades gestoras que utilizem instrumentos financeiros derivados com o intuito exclusivo de cobertura de riscos do património dos fundos ou que, com outros objectivos, restrinjam a sua utilização aos instrumentos financeiros derivados mencionados no n.º 1 do artigo 3.º do presente regulamento, sem que da mesma resulte uma exposição ao activo subjacente superior a 10% do valor líquido global do fundo, são dispensadas da utilização das metodologias constantes do artigo 4.º também do presente regulamento.

2. Os fundos de tesouraria apenas podem utilizar os instrumentos financeiros derivados previstos no presente regulamento com a finalidade de cobertura de risco do seu património.

3. Os fundos de fundos apenas podem utilizar os instrumentos financeiros derivados previstos no presente regulamento com a finalidade de cobertura de risco cambial inerente às unidades de participação em que invistam.

4. Os fundos que assumam o compromisso de garantia de capital ou de um determinado perfil de rendimentos nos termos do regulamento previsto no artigo 47.º-B do Decreto-Lei n.º 276/94, de 2 de Novembro, com a redacção dada pelo Decreto-Lei n.º 323/99, de 13 de Agosto, podem não respeitar o disposto na alínea *c*) do n.º 2 do artigo 3.º e nos n.ºs 1, 4 e 6 do artigo 4.º, se tal se revelar fundamental para a prossecução do seu objectivo.

ARTIGO 6.º
(Responsabilidades extrapatrimoniais)

As responsabilidades extrapatrimoniais registadas na carteira do fundo são entendidas como a exposição resultante em termos de activo subjacente do instrumento financeiro derivado.

ARTIGO 7.°
(Informação)

1. As entidades gestoras que utilizem os instrumentos financeiros derivados previstos no n.° 2 do artigo 3.° do presente Regulamento devem incluir nos Relatórios e Contas dos fundos um capítulo destinado à descrição pormenorizada das operações efectuadas, relevando os objectivos do envolvimento em tais operações bem como os métodos de avaliação e respectivos pressupostos utilizados.

2. As entidades gestoras que utilizem instrumentos financeiros derivados devem informar a CMVM quanto:

a) Às operações efectuadas mensalmente, nos termos dos modelos anexos ao presente regulamento, no prazo máximo de três dias úteis subsequentes ao final de cada mês;

b) Ao montante de perda potencial máxima do fundo relativa às carteiras enviadas mensalmente, com e sem instrumentos financeiros derivados, indicando os modelos e pressupostos utilizados;

c) Ao montante de acréscimo de perda potencial máxima referida no n.° 1 do artigo 4.°, sempre que se ultrapasse metade do seu valor limite, no máximo até ao dia útil seguinte à sua ocorrência, indicando os modelos e pressupostos utilizados.

ARTIGO 8.°
(Norma Revogatória)

É revogado o regulamento n.° 96/14 da CMVM, de 7 de Outubro.

ARTIGO 10.°
(Entrada em Vigor)

O presente regulamento entra em vigor no dia seguinte ao da sua publicação.

25 de Novembro de 1999 – O Presidente do Conselho Directivo, *José Nunes Pereira.*

ANEXO I

FUTUROS PADRONIZADOS: Mapa mensal

SOCIEDADE GESTORA:
FUNDO:
CÓDIGO DO FUNDO:
DATA:

Data da Operação	Descrição do contrato	Vencimento	Posição da carteira					% VLGF
			Futuros			Valores detidos pelo fundo		
			N.º de contratos	P. líquida	P. Referência	Designação	valor	
a)	b)	c)	d)	e)	f)	g)	h)	i)

NOTAS:

a) Data da aquisição do contrato.
b) Denominação do contrato de uma série, tal como é formalmente negociado.
c) Vencimento do contrato para o qual este foi negociado.
d) Número de contratos da posição líquida em aberto.
e) Sinal da posição líquida, compradora (C) ou vendedora (V) para uma mesma série de contratos.
f) Preço de referência, tido para efeitos de liquidação diária de perdas e ganhos, fixado de acordo com o estabelecido nas condições gerais do respectivo contrato.
g) Denominação do valor mobiliário ou conjunto de valores mobiliários objecto de cobertura.
h) Valor total dos activos, tal como se encontram valorizados na carteira do fundo.
i) Exposição ao activo subjacente em percentagem do valor líquido global do fundo.

ANEXO II

OPÇÕES PADRONIZADOS: Mapa mensal

SOCIEDADE GESTORA:

FUNDO:

CÓDIGO DO FUNDO:

DATA:

Data da Operação	Descrição do contrato	Vencimento	Tipo de operação				P. Exercício	Delta	Valores detidos pelo fundo		%VLGF
			Calt		Put				Designação	Valor	
			N.º contratos	P. líquida	N.º contratos	P. líquida					
a)	b)	c)	d)	e)	d)	e)	f)	g)	h)	i)	j)

NOTAS:

a) Data de aquisição do contrato.

b) Denominação do contrato de uma série, tal como é formalmente designado nas respectivas condições gerais, indicando a bolsa onde foi negociado.

c) Vencimento do contrato para o qual este foi negociado.

d) Número de contratos da posição líquida em aberto.

e) Sinal da posição líquida, compradora (C) ou vendedora (V) para uma mesma série de contratos.

f) Preço de exercício da opção.

g) Delta da opção à data de referência de prestação da informação, caso se mantenha em carteira.

h) Denominação do valor mobiliário ou conjunto de valores mobiliários objecto de cobertura.

i) Valor total dos activos, tal como se encontram valorizados na carteira do fundo.

j) Exposição ao activo subjacente em percentagem do valor líquido global do fundo.

ANEXO III

SWAP DE TAXA DE JURO: Mapa mensal

SOCIEDADE GESTORA:

FUNDO:

CÓDIGO DO FUNDO:

DATA:

Contraparte	Swap							Valor Mobiliário					
	Data Contratação	Valor Contrato	Taxa cedida	Taxa tomada	Vencimento	Data venc. juros	Designação	Taxa	Vencimento	Venc. juros	Valorização	% VLGF
a)	b)	c)	d)	e)	f)	g)	h)	i)	j)	l)	m)	n)

NOTAS:

a) Indicação da contraparte do fundo na operação de *swap*.

b) Data de contratação do *swap*.

c) Valor teórico do contrato.

d) Taxa de juro a *"pagar"* à contraparte.

e) Taxa de juro a *"receber"* da contraparte.

f) Data de vencimento do contrato.

g) Data da próxima liquidação de juros.

h) Denominação do valor mobiliário ou conjunto de valores mobiliários objecto de cobertura.

i) Taxa de cupão, fixa se for o caso, ou modo de determinação da taxa de juro, tratando-se de valores mobiliários de taxa variável.

j) Data de vencimento do valor ou conjunto de valores mobiliários objecto de cobertura, se aplicável.

l) Data de vencimento do próximo recebimento de juros inerente ao valor mobiliário em carteira.

m) Valor total de cada activo ou conjunto de activos, tal como se encontram valorizados na carteira do fundo.

n) Exposição ao activo subjacente em percentagem do valor líquido global do fundo.

ANEXO IV

SWAP DE DIVISAS: Mapa mensal

SOCIEDADE GESTORA:

FUNDO:

CÓDIGO DO FUNDO:

DATA:

| Contraparte | Condições do contrato | | | | | | | | Activos subjacentes | | | | |
| | Da operação à vista | | | | Da operação a prazo | | | Designação | Divisa | Valorização | Data | |
	Data Contratação	Divisa comprada	Divisa vendida	Montante	Vencimento	P/D	Valor				Aquisição	Vencimento
a)	b)	c)	e)	f)	g)	h)	i)	j)	l)	m)	n)	o)

NOTAS:

a) Indicação da contraparte do fundo na operação de *swap*.

b) Data de contratação do *swap*.

c) Código da divisa comprada na operação à vista do *swap*.

d) Montante da operação à vista, expresso na moeda comprada.

e) Código da divisa vendida na operação à vista do *swap*.

f) Montante da operação à vista, expresso na moeda vendida.

g) Data de vencimento da operação de *swap*.

h) Indicação do prémio (P) ou do desconto (D) inerente à operação de *swap*.

i) Valor do prémio ou do desconto, expresso na moeda comprada na operação a prazo.

j) Denominação do valor mobiliário ou conjunto de valores mobiliários objecto de cobertura.

l) Código da divisa em que se encontra expresso o(s) valor(es) mobiliário(s) em carteira.

m) Valor total de cada activo ou conjunto de activos, tal como se encontram valorizados na carteira do fundo, expresso na moeda original.

n) Data de aquisição para a carteira do fundo dos valores ou conjunto de valores objecto de cobertura, se aplicável.

o) Data de vencimento do valor ou conjunto de valores mobiliários objecto de cobertura, se aplicável.

p) Exposição ao activo subjacente em percentagem do valor líquido global do fundo.

ANEXO V

FORWARD CAMBIAL: Mapa mensal

SOCIEDADE GESTORA:

FUNDO:

CÓDIGO DO FUNDO:

DATA:

| Contraparte | Condições do contrato | | | | | | | Activos subjacentes | | | | | | % VLGF |
| | Da operação à vista | | | Da operação a prazo | | Designação | Divisa | Valor | Data | | |
	Operação (C/V)	Divisa	Montante	contra divisa	Montante	Do contrato	Vencimento				Aquisição	Vencimento	
a)	b)	c)	d)	e)	f)	g)	h)	i)	j)	l)	m)	n)	a)

NOTAS:

a) Indicação da contraparte do fundo na operação de *Forward*.
b) Indicação da natureza da operação: compra (C) ou venda (V) da divisa em que se encontram expressos os valores mobiliários objecto de cobertura.
c) Código da divisa dos valores mobiliários objecto de cobertura.
d) Montante da operação expresso em divisas.
e) Código da contra divisa da operação.
f) Montante da operação expresso na contra divisa.
g) Data da contratação do *Forward* cambial.
h) Data de vencimento do *Forward* cambial.
i) Denominação do valor mobiliário ou conjunto de valores mobiliários objecto de cobertura.
j) Código da divisa em que se encontra expresso ovalor mobiliário em carteira.
l) Valor total de cada activo ou conjunto de activos, tal como se encontram valorizados na carteira do fundo, expresso na moeda original.
m) Data de aquisição para a carteira do fundo dos valores objecto de cobertura.
n) Data de vencimento do valor ou conjunto de valores mobiliários objecto de cobertura, se aplicável.
o) Exposição ao activo subjacente em percentagem do valor líquido global do fundo.

ANEXO VI

FRA: Mapa mensal

SOCIEDADE GESTORA:
FUNDO:
CÓDIGO DO FUNDO:
DATA:

Contraparte	FRA						Valores Mobiliários					% VLGF
	Data		Valor dos contratos			Taxa garantida	Designação	Taxa	Vencimento	Data venc. juros	Valorização	
	Data contratação	Vencimento	Comprados	Vendidos	Pos. Líq.							
a)	b)	c)	d)	e)	f)	g)	h)	i)	j)	l)	m)	n)

NOTAS:

a) Indicação da contraparte do fundo na operação de *FRA*.
b) Data da contratação do *FRA*.
c) Data de vencimento do *FRA*.
d) Valor teórico de cada contrato em que o fundo se assumiu como entidade compradora do *FRA*.
e) Valor teórico de cada contrato em que o fundo se assumiu como entidade vendedora do *FRA*.
f) Montante da posição líquida entre contratos de *FRA* comprados e vendidos.
g) Taxa garantida pelo *FRA*.
h) Denominação do valor mobiliário ou conjunto de valores mobiliários objecto de cobertura.
i) Taxa de cupão, fixa se for o caso, ou modo de determinação da taxa de juro, tratando-se de valores mobiliários de taxa variável.
j) Data de vencimento do valor ou conjunto de valores mobiliários objecto de cobertura, se aplicável.
l) Data de vencimento do próximo recebimento de juros inerente valor mobiliário em carteira.
m) Valor total de cada activo ou conjunto de activos, tal como se encontram valorizados na carteira do fundo, expresso na moeda original.
n) Exposição ao activo subjacente em percentagem do valor líquido global do fundo.

ANEXO VII

OPÇÕES OTC: Mapa mensal

SOCIEDADE GESTORA:

FUNDO:

CÓDIGO DO FUNDO:

DATA:

Data da Operação	Descrição do contrato	Vencimento	Tipo de operação				P. Exercício	Delta	Valores detidos pelo fundo		Contraparte	% VLGF
			Calt		Put				Designação	Valor		
			N.º contratos	Posição	N.º contratos	Posição						
a)	b)	c)	d)	e)	d)	e)	f)	g)	h)	i)	j)	l)

NOTAS:

a) Data de aquisição do contrato.
b) Denominação do contrato revelando as suas características essenciais, em particular o activo subjacente.
c) Vencimento do contrato.
d) Número de contratos da posição líquida em aberto.
e) Sinal da posição, compradora (C) ou vendedora (V).
f) Preço de exercício da opção.
g) Delta da opção à data de referência de prestação da informação, caso se mantenha em carteira.
h) Denominação do valor mobiliário ou conjunto de valores mobiliários objecto de cobertura.
i) Valor total dos activos, tal como se encontram valorizados na carteira do fundo.
j) Identificação da contraparte.
l) Exposição ao activo subjacente em percentagem do valor líquido global do fundo.

REGULAMENTO N.° 24/99

Comercialização de Fundos de Investimento Mobiliário

O presente Regulamento surge na sequência da entrada em vigor do Decreto-Lei n.° 323/99, de 13 de Agosto, que introduz alterações ao regime aplicável aos fundos de investimento, cujo artigo 28.°, n.° 6 atribui competência à CMVM para estabelecer as regras sobre a comercialização de instituições de investimento colectivo em valores mobiliários, domiciliadas ou não em Portugal, quer presencial, quer à distância, e sobre as condições a que estão sujeitas as respectivas entidades colocadoras.

Este Regulamento vem substituir o Regulamento n.° 95/5 da CMVM, aperfeiçoando-o e introduzindo novas regras que pretendem, por um lado, consagrar na lei alguns aspectos que a prática administrativa consagrou, como seja o da exigência de uma nota informativa complementar para organismos de investimento colectivo sediados no estrangeiro e, por outro, estabelecer novas regras em relação a matérias que correspondem a novas tendências impostas quer pela própria evolução dos mercados quer da tecnologia, como é o caso da comercialização à distância, nomeadamente através da Internet.

As regras constantes do presente regulamento aplicam-se à comercialização, em Portugal, quer de fundos de investimento domiciliados em Portugal, quer de instituições de investimento colectivo em valores mobiliários sediadas em outros Estados membros da Comunidade Europeia que obedeçam aos requisitos da Directiva OICVM, quer ainda a outras instituições de investimento colectivo não *harmonizadas*, e qualquer que seja a modalidade de comercialização adoptada, presencial ou à distância.

As vertentes básicas que presidiram à elaboração deste Regulamento centram-se em três aspectos fundamentais: a protecção do investidor, a adequada supervisão e a abertura a novas formas de comercialização de fundos de investimento.

Quanto à perspectiva da protecção do investidor, saliente-se a consagração de uma regra que estabelece a obrigatoriedade de os investidores receberem os documentos informativos obrigatórios relativos ao fundo em momento anterior ao da subscrição, qualquer que seja a modalidade utilizada na sua comercialização. Refira-se, também, a já referida obrigatoriedade de divulgação de uma nota informativa complementar aos respectivos documentos obrigatórios, para os organismos de investimento colectivo em valores mobiliários sediados no estrangeiro, em relação ao qual se fixa um conteúdo mínimo obrigatório com os aspectos mais relevantes relativos à sua comercialização em Portugal; para os fundos de investimento domiciliados em Portugal e no que diz respeito à sua comercialização, a informação relativa quer às entidades comercializadoras quer às modalidades de comercialização consta já do prospecto simplificado.

No que diz respeito à criação de condições que permitam uma adequada supervisão por parte da CMVM, realça-se a importância que o contrato assume no seio das relações entre a entidade gestora e a entidade colocadora, em relação ao qual se estabelece um conteúdo mínimo obrigatório. Mantém-se neste diploma a possibilidade de outras entidades, para além dos intermediários financeiros, poderem exercer a actividade de comercialização de organismos de investimento colectivo, devendo, para isso, demonstrar que possuem os meios materiais, técnicos e humanos adequados à actividade que se propõem exercer. Outro aspecto relevante e que se relaciona com a evolução das técnicas de venda à distância, prende-se com a obrigatoriedade do envio à CMVM dos projectos do sítio e dos contratos celebrados com os investidores no âmbito da banca telefónica. Saliente-se, ainda, que não constituindo a actividade de comercialização de organismos de investimento colectivo uma actividade autónoma de intermediação em valores mobiliários, devem ainda assim as entidades colocadoras respeitar o regime jurídico constante do Código, nomeadamente no que diz respeito às regras de conduta e prevenção de conflitos de interesses.

Quanto às novas modalidades de comercialização de fundos de investimento, pretendeu-se ultrapassar a visão rígida que enformava o anterior regime jurídico e que permitia apenas a comercialização de fundos de investimento num estabelecimento, passando a consagrar-se a possibilidade de comercialização à distância, nomeadamente através da Internet, quer a partir de Portugal, quer a partir do estrangeiro.

Nestes termos, ao abrigo do disposto nas alíneas *a*) e *b*) do n.° 1 do artigo 14.° do Código do Mercado de Valores Mobiliários e para os efeitos do disposto no n.° 6.° do artigo 28.° do Decreto-Lei n.° 276/94, de 2 de Novembro, e ouvida a APFIN – Associação Portuguesa das Sociedades Gestoras de Fundos de Investimento, o conselho directivo da Comissão do Mercado de Valores Mobiliários aprovou o seguinte Regulamento:

ARTIGO 1.°
(Âmbito)

O presente regulamento estabelece as regras sobre a comercialização de fundos de investimento domiciliados em Portugal e de instituições de investimento colectivo em valores mobiliários domiciliados no estrangeiro, quer presencial, quer à distância, e sobre as condições a que estão sujeitas as respectivas entidades colocadoras.

ARTIGO 2.°
(Entidades Colocadoras)

1. A actividade de comercialização de instituições de investimento colectivo em valores mobiliários, pode ser exercida, para além da entidade gestora, pelas seguintes entidades estabelecidas em Portugal:

a) Intermediários financeiros legalmente habilitados a exercer a actividade de colocação em ofertas públicas de distribuição;

b) Entidades que reunam os requisitos previstos no número seguinte.

2. Para os efeitos da alínea *b)* do número anterior, as entidades devem reunir os seguintes requisitos:

a) Dispôr de meios materiais e técnicos adequados à actividade que se propõem exercer;

b) Assegurar aos seus colaboradores, que mantenham contacto com o público, formação específica na área de actividade que se propõem exercer;

c) Ser autorizadas para o efeito pela CMVM.

3. A actividade de comercialização de instituições de investimento colectivo em valores mobiliários por entidades sem estabelecimento em Portugal pode ser exercida por:

a) Instituições de crédito e empresas de investimento com sede num Estado membro da Comunidade Europeia que tenham efectuado a notificação prévia, nos termos da lei, para efeitos de livre prestação de serviços em Portugal;

b) Entidades que reunam condições equivalentes às previstas no n.° 2 do presente artigo e que se encontrem legalmente habilitadas ao exercício da actividade de comercialização de organismos de investimento colectivo no país de origem.

ARTIGO 3.°
(Contrato)

1. As entidades colocadoras exercem a actividade de comercialização de instituições de investimento colectivo em valores mobiliários por conta e sob a responsabilidade da respectiva entidade gestora nos termos do contrato celebrado entre ambas, sujeito a aprovação da CMVM, do qual devem constar todos os aspectos relativos à comercialização, nomeadamente:

a) Identificação da instituição de investimento colectivo em valores mobiliários;

b) Identificação e descrição de todas as modalidades utilizadas pela entidade colocadora para comercialização das instituições de investimento colectivo em valores mobiliários, distinguindo a comercialização através de estabelecimentos, dos modos de contratação à distância, como sejam as redes electrónicas abertas, tais como a Internet, especificando o caso da banca electrónica, a banca telefónica e por correspondência;

c) Indicação precisa sobre o objecto do contrato e sobre o tipo de funções cometidas à entidade colocadora relativas à comercialização, incluindo funções conexas, tais como a recepção de pedidos de resgate e pagamento de rendimentos;

d) Deveres da entidade colocadora no domínio da prestação de informação aos investidores;

e) Sistemas que asseguram o funcionamento regular das trocas de informação entre a entidade colocadora, o depositário e a sociedade gestora relativos a movimentos de subscrições e resgates, no caso de fundos de investimento domiciliados em Portugal.

f) Remuneração da entidade colocadora;

g) Condições de rescisão do contrato, nomeadamente as que decorram do incumprimento, pela entidade colocadora, das obrigações de informação aos investidores.

ARTIGO 4.°
(Aprovação)

1. A aprovação do contrato a que se refere o n.° 2 do artigo 28.° do Decreto-Lei n.° 276/94, de 2 de Novembro, com a redacção dada pelo Decreto-Lei n.° 323/99, de 13 de Agosto, e as autorizações exigidas nos termos da alínea *c*) do n.° 2 do artigo 2.° do presente Regulamento são concedidas pela CMVM, conforme os casos, no âmbito dos seguintes procedimentos:

a) Autorização para a constituição de fundos de investimento, nos termos do artigo 17.° daquele diploma;

b) Alteração dos prospectos completo e simplificado, no caso de introdução de uma nova entidade colocadora ou de uma nova modalidade de comercialização, nos termos do disposto no artigo 33.° daquele diploma;

c) Comunicação prévia à CMVM para efeitos de comercialização de participações numa instituição de investimento colectivo em valores mobiliários, nos termos do artigo 37.° daquele diploma;

d) Pedidos de autorização para efeitos de comercialização de participações numa instituição de investimento colectivo em valores mobiliários, nos termos do artigo 40.° daquele diploma.

2. No âmbito dos processos referidos no n.° 1, deve ser apresentado um memorando descritivo com a indicação dos meios técnicos, materiais e humanos afectos à actividade que se pretende exercer, em função das modalidades de comercialização, presencial ou à distância, que se pretendem utilizar.

3. No caso de comercialização à distância devem ser ainda enviados, consoante os casos, o projecto do sítio, nos termos do artigo 7.° do presente Regulamento, o contrato que venha a ser celebrado com o investidor, no caso de banca telefónica ou de outro sistema organizado de vendas através do telefone, e outros documentos utilizados nos casos de comercialização por correspondência.

4. Quando se trate de entidades referidas na alínea *b*) do n.° 1 do artigo 2.°, o pedido de autorização para a comercialização de instituições de investimento colectivo em valores mobiliários deve ser instruído com os seguintes elementos:

a) Exposição pormenorizada sobre o projecto, com especial incidência na relação entre a actividade que pretendem exercer e a que nesse momento desenvolvem;

b) Memorando descritivo da estrutura, organização e meios humanos, materiais e técnicos adequados ao tipo e volume das actividades a exercer;

c) Identificação dos membros do órgão de administração responsáveis por essa actividade;

d) Contrato social ou estatutos e documentos de prestação de contas, devidamente aprovados, relativos aos últimos três exercícios, se existirem, no caso de não se encontrarem disponíveis na CMVM.

5. A apreciação do processo com vista à aprovação do contrato por parte da CMVM terá em especial atenção não só a adequação dos meios técnicos, materiais e humanos da entidade colocadora, em função da actividade que se propõe exercer, mas também a sua compatibilidade com o exercício das outras actividades por ela exercidas, na perspectiva da prevenção de conflitos de interesses.

ARTIGO 5.°
(Nota Informativa Complementar)

1. A comunicação prévia e o pedido de autorização para a comercialização de instituições de investimento colectivo em valores mobiliários não domiciliadas em Portugal referidos, respectivamente, nos artigos 37.° e 40.° do Decreto-Lei n.° 276/94, de 2 de Novembro, com a redacção dada pelo Decreto-Lei n.° 323/99, de 13 de Agosto, devem ser acompanhados de uma nota informativa complementar à documentação legalmente exigível, com toda a informação relativa à comercialização em Portugal, contendo, nomeadamente:

a) Identificação da instituição de investimento colectivo em valores mobiliários em causa, especificando a divisa em que esta é expressa;

b) Data de autorização da instituição de investimento colectivo no país de origem;

c) Identificação e morada da entidade de supervisão do país de origem;

d) Menção expressa de que a instituição de investimento colectivo em valores mobiliários se encontra legalmente habilitada a comercializar-se em Portugal, nos termos dos artigos 37.° e 40.° do diploma supra referido, consoante os casos, e indicação da data de início de comercialização;

e) Identificação da CMVM e morada;

f) Identificação e sede das entidades colocadoras em Portugal e dos locais de comercialização, no caso de comercialização presencial;

g) Identificação das modalidades de comercialização à distância em Portugal, se for o caso;

h) Identificação completa da entidade que assegura em Portugal, designadamente, os pagamentos aos participantes, os resgates das participações e a difusão das informações que a instituição de investimento colectivo deva prestar;

i) Periodicidade e modalidades da publicação em Portugal do valor das unidades de participação;

j) Regime fiscal aplicável em Portugal;

k) Datas relevantes para efeitos de determinação do valor e da liquidação financeira de subscrição e de resgate;

l) Descrição clara dos mecanismos e das modalidades relativos ao pagamento do valor das subscrições, dos rendimentos e dos reembolsos relativos aos resgates, no caso de comercialização à distância;

m) Quaisquer outras particularidades relativas à comercialização do fundo de investimento em Portugal, nomeadamente comissões de emissão e de resgate aplicáveis;

n) Referência à existência de outros custos, se existirem.

ARTIGO 6.°
(Divulgação de informação)

1. Qualquer que seja a modalidade utilizada na comercialização de instituições de investimento colectivo em valores mobiliários, presencial ou à distância, a entidade colocadora deve:

a) No caso de fundos de investimento domiciliados em Portugal, entregar o prospecto simplificado aos participantes, previamente à subscrição, e disponibilizar os respectivos prospecto completo e os últimos relatórios anual e semestral, se existirem;

b) No caso de instituições de investimento colectivo não domiciliadas em Portugal, entregar a nota informativa complementar referida no artigo 5.° previamente à subscrição e toda a informação obrigatória, nos termos do regime vigente aplicável no respectivo país de origem.

2. No exercício da actividade de comercialização de instituições de investimento colectivo em valores mobiliários, as entidades colocadoras devem observar os seguintes princípios, no contacto com o público:

a) Não devem fornecer qualquer tipo de informação relativa à instituição de investimento colectivo em valores mobiliários que não conste dos respectivos documentos informativos ou que não possa ser clara e objectivamente confirmada através desses documentos ou de outros suportes documentais elaborados sob a responsabilidade da sociedade gestora;

b) Devem respeitar as regras de conduta e os limites da sua própria actividade, nomeadamente no que diz respeito à prestação de serviços de aconselhamento e consultoria de investimentos, respeitando o regime legal constante do Código do Mercado de Valores Mobiliários;

c) Devem evitar situações geradoras de conflitos de interesses.

ARTIGO 7.°
(Redes electrónicas abertas)

1. No caso de comercialização de instituições de investimento colectivo em valores mobiliários através redes electrónicas abertas, como a Internet, incluindo a banca electrónica, o respectivo sítio deve estar concebido de forma a:

a) Indicar na página principal de acesso à subscrição que a instituição de investimento colectivo em valores mobiliários se encontra legalmente habilitada a ser comercializada em Portugal e a data de início da comercialização através da rede electrónica aberta em causa;

b) Identificar, também na página principal de acesso à subscrição a CMVM, incluindo a sua morada, e a entidade de supervisão do país de origem, no caso de instituições de investimento colectivo em valores mobiliários domiciliadas no estrangeiro;

c) Disponibilizar um endereço de correio electrónico e os meios de comunicação alternativos ao dispor dos investidores, em caso de falha de sistema que impossibilite o acesso através da rede electrónica aberta;

d) Explicitar as diferentes etapas a seguir pelo investidor para a realização das operações, assegurando que as ordens dadas não decorrem de erros de digitação;

e) Só permitir a efectivação da primeira operação de subscrição de cada fundo após a recepção, pelo investidor, do prospecto simplificado, no caso de fundos de investimento domiciliados em Portugal, e da nota informativa complementar acompanhada dos respectivos documentos informativos ou obrigatórios segundo o regime aplicável no país de origem, no caso de instituições de investimento colectivo não domiciliadas em Portugal, ou de outros documentos contratuais obrigatórios, em suporte durável, de modo a permitir ao investidor a sua integral reprodução e arquivo;

f) Permitir ao investidor a opção de receber a informação obrigatória referida no número anterior, em suporte de papel, sem quaisquer custos adicionais;

g) Disponibilizar no sítio o prospecto completo e os relatórios anual e semestral, no caso de fundos de investimento domiciliados em Portugal, e os documentos obrigatórios segundo o regime aplicável no país de origem, no caso de instituições de investimento colectivo não domiciliadas em Portugal;

h) Permitir o arquivo do registo de todas as operações efectuadas.

2. Caso a entidade colocadora esteja domiciliada em Portugal, o projecto do sítio deve ser apresentado à CMVM, devendo ser facultada uma palavra-chave de testes que permita o acesso a todas as páginas.

3. Devem ser também apresentadas as principais características do sítio, como sejam as relativas a:

a) Segurança e fiabilidade;

b) Confidencialidade e integridade dos dados;

c) Informação disponibilizada;

d) Equipamento informático utilizado e especificação do modo de acesso à rede electrónica aberta, indicação do fornecedor de acesso à rede e se o servidor utilizado é próprio ou se se encontra alojado num outro servidor de acesso à rede.

ARTIGO 8.º
(Comercialização por telefone)

1. Na comercialização de fundos de investimento através do telefone não pode a entidade colocadora aceitar a primeira operação de subscrição de cada fundo sem previamente se ter assegurado de que o investidor tem o respectivo prospecto simplificado, no caso de fundos de investimento domiciliados em Portugal, e a nota informativa complementar e documentos obrigatórios segundo o regime aplicável no país de origem, no caso de instituições de investimento colectivo não domiciliadas em Portugal.

2. Em momento anterior à aceitação de pedidos de subscrição, a entidade colocadora deve fornecer ao investidor informação sucinta sobre o fundo de investimento em causa, nomeadamente as comissões de subscrição e de resgate, a política de investimentos e o risco.

3. As comunicações telefónicas relativas a pedidos de subscrição e de resgate de fundos de investimento devem ser objecto de registo em suporte fonográfico.

4. Nos contratos de prestação de serviços onde se inclua a comercialização de fundos de investimento através do telefone devem ser incluídas todas as cláusulas adequadas ao cumprimento das obrigações referidas nos números anteriores.

ARTIGO 9.º
(Língua)

1. A informação obrigatória relativa à comercialização de instituições de investimento colectivo em Portugal deve ser difundida em língua portuguesa.

2. Os documentos em língua estrangeira devem ser apresentados à CMVM acompanhados de uma versão traduzida em português.

ARTIGO 10.º
(Norma revogatória)

O presente Regulamento revoga o Regulamento n.º 95/5, de 22 de Setembro de 1995, da Comissão do Mercado de Valores Mobiliários.

ARTIGO 11.º
(Entrada em vigor)

O presente regulamento entra em vigor no dia seguinte ao da sua publicação no *Diário da República*.

15 de Dezembro de 1999 – O Vice-Presidente do Conselho Directivo, *Gil Galvão*.

REGULAMENTO N.° 19/2000

Fusão de Fundos de Investimento Mobiliário

O Decreto-Lei n.° 323/99, de 13 de Agosto, introduz alterações ao regime aplicável aos fundos de investimento e atribui competência à Comissão do Mercado de Valores Mobiliários para estabelecer regras sobre a fusão de fundos de investimento mobiliário.

O presente Regulamento, indo ao encontro das necessidades sentidas no seio da indústria dos fundos, nomeadamente em virtude da tendência de concentração verificada no sector financeiro, vem permitir a fusão de fundos de investimento mobiliário administrados pela mesma entidade gestora ou por entidades gestoras ligadas por uma relação de grupo, desde que aqueles sejam da mesma espécie e modalidade e não contenham divergências substanciais ao nível das respectivas políticas de investimento.

Em termos genéricos, este Regulamento contém regras que visam três objectivos fundamentais: em primeiro lugar, assegurar a regularidade, a transparência e o controle da fusão, quer através da autorização da fusão por parte da CMVM, quer mediante a intervenção dos Revisores Oficiais de Contas, que se devem pronunciar sobre as operações de troca das unidades de participação e sobre os critérios de valorimetria dos activos dos fundos, antes e depois da fusão; em segundo lugar, assegurar uma adequada e eficaz difusão pública de informação sobre a fusão, previamente à sua realização, mediante a disponibilização de toda a documentação relevante junto das sociedades gestoras e dos bancos depositários e a publicação de avisos contendo toda a informação sobre as principais condições da fusão; e, por último, assegurar a defesa e protecção dos participantes, nomeadamente através da obrigatoriedade de comunicação prévia e individualizada da fusão e da possibilidade de procederem ao resgate das unidades de participação sem quaisquer custos adicionais.

Nestes termos, ao abrigo do n.° 1 do artigo 25.°-B do Decreto-Lei n.° 276/94, de 2 de Novembro, com a redacção dada pelo Decreto-Lei n.° 323/99, de 13 de Agosto, o conselho directivo da Comissão do Mercado de Valores Mobiliários, ouvida a Associação Portuguesa das Sociedades Gestoras de Patrimónios e de Fundos de Investimento e a Ordem dos Revisores Oficiais de Contas, aprovou o seguinte regulamento:

ARTIGO 1.°
(Âmbito)

O presente regulamento estabelece as regras sobre as condições a que deve obedecer a fusão de fundos de investimento mobiliário.

ARTIGO 2.°
(Fusão)

1. A fusão de fundos de investimento pode realizar-se:
   a) Por incorporação de um ou mais fundos de investimento;
   b) Por criação de um fundo de investimento.

2. A fusão por incorporação realiza-se mediante a transferência total do património de um ou mais fundos de investimento para outro fundo de investimento, o fundo incorporante, e implica a extinção dos fundos incorporados.

3. A fusão por criação de um fundo realiza-se mediante a constituição de um novo fundo de investimento, para o qual se transfere a totalidade do património dos fundos de investimento objecto da fusão e implica a extinção dos mesmos.

4. Podem ser objecto de fusão dois ou mais fundos de investimento mobiliário, desde que sejam da mesma espécie e modalidade, nos termos do artigo 4.° do Decreto-Lei n.° 276/94, de 2 de Novembro, com a redacção dada pelo Decreto-Lei n.° 323/99, de 13 de Agosto, não devendo existir entre eles divergências substanciais ao nível das respectivas políticas de investimentos.

5. Os fundos de investimento objecto de fusão devem ser administrados pela mesma entidade gestora ou por entidades gestoras ligadas entre si por uma relação de domínio ou de grupo.

6. Para os efeitos do presente regulamento considera-se como data da fusão a da produção de efeitos das operações de troca de unidades de participação pressupostas nos n.ᵒˢ 2 e 3 do presente artigo, a qual será fixada nos termos do ponto IV da alínea *b)* do artigo 4.° do presente Regulamento.

ARTIGO 3.°
(Autorização)

1. A fusão de fundos de investimento está sujeita a autorização da CMVM, que se deve pronunciar no prazo de 30 dias a contar da data da recepção do pedido ou do envio de informações suplementares, caso sejam solicitadas.

2. O pedido de autorização, subscrito pela entidade ou pelas entidades gestoras, consoante os casos, deve ser remetido à CMVM juntamente com os seguintes documentos:

a) Exposição pormenorizada sobre o projecto de fusão, contendo, nomeadamente, a seguinte informação:

   i) Justificação, objectivos e data previsível da fusão;

   ii) Identificação da modalidade de fusão a adoptar, dos fundos incorporados e incorporante ou do novo fundo, consoante os casos;

   iii) Identificação das entidades gestora e depositária responsáveis pelo fundo que resultar da fusão, se estiverem em causa, respectivamente, duas ou mais entidades;

   iv) Demonstração da compatibilidade dos fundos de investimento envolvidos e das respectivas políticas de investimento, para efeitos do disposto no n.° 4 do artigo 2.° do presente Regulamento;

   v) Indicação, se necessário, dos critérios a adoptar tendo em vista a uniformidade, na data da fusão, da valorização de activos do mesmo tipo entre os fundos envolvidos, por força do n.° 2 do artigo 5.° do presente Regulamento e do impacto da mesma no valor do património dos fundos envolvidos na fusão;

   vi) Critérios de atribuição de unidades de participação aos participantes do fundo que resultar da fusão;

   vii) Identificação das alterações significativas ao nível do prospecto completo do fundo que resultar da fusão, nomeadamente condições de subscrição e resgate, comissões, prazos de resgate, entidades e meios de comercialização;

b) Declarações de concordância do ou dos depositários envolvidos;

c) Parecer do ou dos revisores oficiais de contas dos fundos, consoante os casos, sobre as matérias enunciadas nos pontos *v*) e *vi*) da alínea *a*) do n.° 2 do presente artigo;

d) Projecto de prospecto completo e de prospecto simplificado do fundo incorporante, caso existam alterações, para efeitos do artigo 33.° do

Decreto-Lei n.° 276/94, de 2 de Novembro, com a redacção do Decreto-
-Lei n.° 323/99, de 13 de Agosto, no caso de fusão por incorporação;

    e) Documentação necessária à constituição do fundo, nos termos do
artigo 17.° do Decreto-Lei n.° 276/94, de 2 de Novembro, com a redacção
do Decreto-Lei n.° 323/99, de 13 de Agosto, no caso de fusão por criação
de um novo fundo.

    3. A autorização da fusão por parte da CMVM abrange igualmente a
autorização para a constituição do novo fundo ou das alterações dos prospectos do fundo incorporante, consoante os casos, e tem em conta, no caso
de estarem envolvidas duas ou mais entidades gestoras, a adequação dos
meios técnicos, materiais e humanos da entidade gestora que ficar responsável pela gestão do fundo que resultar da fusão.

    4. A data da fusão deve verificar-se no prazo máximo de 90 dias a
contar da autorização da CMVM.

ARTIGO 4.°
(Divulgação de informação)

    1. Após a autorização da CMVM, a entidade gestora responsável
pela gestão do fundo que resultar da fusão deve, no prazo mínimo de 30
dias antes da data da fusão:

    a) Publicar um aviso no Boletim de Cotações da BVLP – Sociedade
Gestora de Mercados Regulamentados, S.A., e num jornal de grande circulação nacional, contendo as principais condições da fusão, com a informação constante da alínea seguinte, com excepção do ponto *vi*).

    b) Comunicar individualmente aos participantes dos fundos envol-
vidos na fusão a realização da operação de fusão, indicando, no mínimo,
os seguintes elementos:

        i) Principais condições da fusão, nomeadamente se se trata de
           fusão por incorporação ou por criação de um novo fundo e
           identificação quer dos fundos incorporados e do fundo incor-
           porante, quer do novo fundo, consoante os casos;

       ii) Informação sobre a eventual substituição de entidades gestora
           e depositária e modificações ao nível de meios ou locais de
           comercialização das unidades de participação;

      iii) Informação sobre eventuais aumentos de comissões ou agra-
           vamento de outras condições de subscrição ou de resgate;

      iv) Data da fusão;

       v) Explicação sobre as consequências da fusão, nomeadamente
           no que diz respeito à manutenção do valor proporcional das

unidades de participação detidas e à eventual modificação da
sua quantidade;

vi) Envio do novo prospecto simplificado, caso exista;

vii) Informação sobre a disponibilidade dos documentos, nos termos do número seguinte;

viii) Informação sobre a possibilidade de o resgate e a subscrição
das unidades de participação se efectuar nas mesmas condições praticadas pelo fundo em que são participantes, até à
data de início da fusão;

ix) Aviso sobre a existência dos períodos de suspensão de resgate e de emissão de unidades de participação, previstos no
artigo 7.°;

x) Comunicação sobre a inexistência de comissões de subscrição ou de resgate e de quaisquer custos adicionais.

2. Os documentos referidos no n.° 2 do artigo 3.° do presente
Regulamento devem estar à disposição dos participantes, junto da ou das
entidades gestoras e do ou dos bancos depositários dos fundos envolvidos na fusão, com a antecedência mínima de 30 dias antes da data da
fusão.

ARTIGO 5.°
**(Transferência do património
e unidades de participação)**

1. Os participantes do fundo de investimento que resulta da fusão
passam a deter um número de unidades de participação proporcional ao
valor, à data da fusão, das unidades de participação que detinham nos fundos envolvidos.

2. Para efeitos da realização da operação de fusão, devem seguir-se
critérios de valorização idênticos para o mesmo tipo de activos que integram o património dos fundos de investimento envolvidos, devendo aqueles corresponder aos critérios de valorização estabelecidos no regulamento
de gestão do fundo de investimento que resultar da fusão.

3. Não haverá lugar à cobrança de quaisquer comissões de subscrição ou de resgate, em consequência das operações relativas à fusão, nem
de quaisquer custos adicionais para o participante.

ARTIGO 6.º
(Certificação legal de contas)

A adequação e razoabilidade dos critérios de valorimetria dos activos e das relações de troca das unidades de participação dos fundos envolvidos na fusão devem também ser apreciadas, na certificação legal das contas, pelo revisor oficial de contas do fundo que resultar da fusão.

ARTIGO 7.º
(Suspensão da emissão e do resgate)

1. As operações de resgate das unidades de participação dos fundos envolvidos na fusão são suspensas durante o período de tempo imediatamente anterior à data da fusão, devendo tal período ser igual ao maior dos prazos de resgate previstos para esses fundos.

2. As operações de emissão das unidades de participação dos fundos de investimento envolvidos na fusão são suspensas durante os dois dias úteis anteriores à data da fusão, se outro prazo não for decidido pela ou pelas sociedades gestoras.

ARTIGO 8.º
(Entrada em vigor)

O presente regulamento entra em vigor no dia seguinte ao da sua publicação no *Diário da República*.

23 de Março de 2000. – O Presidente do Conselho Directivo, *Fernando Teixeira dos Santos.*

REGULAMENTO N.º 20/2000

Divulgação de medidas de rendibilidade de instituições de investimento colectivo em valores mobiliários

O artigo 26.º do Decreto Lei n.º 276/94, de 2 de Novembro, atribui competências à CMVM na definição das regras de cálculo das medidas de rendibilidade e de risco dos fundos de investimento mobiliário e dos termos e condições de divulgação das mesmas.

No exercício dessa competências, a CMVM publicou o seu Regulamento n.º 97/10, que preconizava, fundamentalmente, a obrigatoriedade de divulgação de rendibilidades anualizadas calculadas com base em rendibilidades efectivas para determinados períodos de referência mínimos – 3 meses para os fundos de tesouraria e 12 meses para os restantes fundos.

No caso particular dos fundos que tivessem iniciado a sua actividade há menos de um ano, e independentemente da categoria onde se inseriam, autorizava-se a utilização de um período de referência mínimo de três meses.

Este regime de excepção introduziu distorções na leitura do desempenho de alguns fundos, uma vez que permitia a projecção de rendibilidades ocorridas em apenas três meses para o período de um ano, traduzindo-se, assim, na possibilidade de serem divulgadas rendibilidades anualizadas que apenas se verificariam se tal desempenho de três meses se mantivesse inalterado.

O presente regulamento continua a consagrar a rendibilidade anualizada como medida elegível, passando a ser única excepção a esta regra de base a obrigatoriedade de os fundos em actividade há menos de um ano divulgarem apenas rendibilidades efectivas que respeitem a um período mínimo de seis meses. Estabelece-se, assim, um paralelo com o prazo definido para que sejam cumpridos os limites legais de composição de carteira, entendido como o período necessário à concretização da política de investimentos.

Aproveitando o ensejo, e no sentido de tornar mais clara a abrangência do regulamento, consagrou-se explicitamente a sua aplicação quer aos fundos de investimento mobiliário nacionais quer às restantes instituições de investimento colectivo em valores mobiliários que sejam comercializadas em Portugal.

Para efeitos do artigo 26.° do Decreto-Lei n.° 276/94, de 2 de Novembro, com a redacção introduzida pelo Decreto-Lei n.° 323/99, de 13 de Agosto, o conselho directivo da Comissão do Mercado de Valores Mobiliários, ouvida a APFIN – Associação Portuguesa das Sociedades Gestoras de Patrimónios e de Fundos de Investimento, aprovou o seguinte regulamento:

ARTIGO 1.°
(Âmbito)

O presente regulamento estabelece os termos e as condições a observar na divulgação pública, sob qualquer meio, de medidas de rendibilidade de fundos de investimento mobiliário nacionais e outras instituições de investimento colectivo em valores mobiliários comercializadas em Portugal.

ARTIGO 2.°
(Menções obrigatórias)

1. Em todas as acções publicitárias ou informativas onde sejam divulgadas medidas de rendibilidade, devem constar as seguintes informações:

a) Identificação objectiva e completa da instituição de investimento colectivo e da respectiva entidade gestora;

b) Esclarecimento em termos adequados, para a sua compreensão no contexto da mensagem publicitária, de que os valores divulgados representam dados passados, não constituindo os mesmos garantia de rendibilidade para o futuro, dado que o valor das unidades de participação pode aumentar ou diminuir em função da avaliação dos activos que integram o seu património;

c) Identificação clara do período de referência, nomeadamente as datas inicial e final;

d) Esclarecimento de que os valores divulgados não têm em conta as comissões de emissão e resgate eventualmente devidas;

e) Esclarecimento em termos adequados quanto à fiscalidade suportada pela instituição de investimento colectivo e a suportar pelo investidor a título de imposto sobre o rendimento;

f) Informação sobre a existência de prospectos relativos às instituições de investimento colectivo que são objecto dessas acções e os locais onde podem ser obtidos;

g) No caso de instituições de investimento colectivo cotadas em bolsas de valores, a identificação das bolsas de valores onde se encontram admitidos à negociação e a indicação de que os cálculos divulgados são efectuados com base no valor patrimonial ou no valor de cotação das respectivas unidades de participação.

2. Sempre que sejam divulgadas medidas de rendibilidade anualizadas que tenham por base um período de referência superior a 1 ano, deve ser feita menção, com o mesmo destaque atribuído a essas medidas, que tal rendibilidade anual apenas seria obtida se o investimento fosse efectuado durante a totalidade do período de referência.

3. Em todas as acções publicitárias ou informativas deve resultar claro que se trata de instituições de investimento colectivo em valores mobiliários e não de qualquer outro tipo de instrumento financeiro.

4. Em todas as acções publicitárias ou informativas deve ser feita menção qualitativa apropriada ao risco do investimento, tendo em atenção os objectivos de gestão da instituição de investimento colectivo e a execução da sua política de investimentos, devendo resultar claro que, em regra, a uma maior rendibilidade está associado um maior risco.

ARTIGO 3.°
(Fórmulas de cálculo)

1. O cálculo de medidas de rendibilidade deve ter por base as seguintes fórmulas:

a) Rendibilidade efectiva $= \left[\dfrac{UP_f}{UP_i} \prod_i^f \left(1 + \dfrac{R_j}{UP_j} \right) \right] - 1$

em que:

UP_f – Valor da unidade de participação no final do período de referência;

UP_i – Valor da unidade de participação no início do período de referência;

R_j – Rendimento atribuído na data j, por unidade de participação;

UP_j – Valor da unidade de participação utilizado na capitalização dos rendimentos distribuídos ou utilizável se os rendimentos distribuídos tivessem sido capitalizados.

b) Rendibilidade anualizada = $(1 +$ Rendibilidade efectiva$)^{\frac{365}{n}} - 1$

com n = número de dias do período a que se refere a rendibilidade efectiva utilizada.

2. No cálculo das medidas de rendibilidade não devem ser incluídas as comissões de emissão e resgate cobradas nem quaisquer taxas ou impostos aplicáveis.

ARTIGO 4.°
(Divulgação de rendibilidade)

1. Sem prejuízo do disposto no n.° 4. seguinte, apenas podem ser divulgadas medidas de rendibilidade anualizadas.

2. Os períodos de referência mínimos a considerar para efeitos do n.° 1, alínea *a*) do artigo anterior, são de 3 meses para os fundos de tesouraria e de 12 meses para as restantes instituições de investimento colectivo.

3. Sempre que o período de referência ultrapasse os intervalos mínimos estabelecidos no número anterior, devem ser considerados como períodos de referência os respectivos múltiplos.

4. Podem ser divulgadas medidas de rendibilidade efectiva de instituições de investimento colectivo com menos de um ano de actividade, desde que tenham por base um período de referência mínimo de seis meses.

5. Não podem ser utilizados períodos de referência, cujo termo tenha ocorrido há mais de um mês, relativamente à data da divulgação das medidas de rendibilidade.

6. Em derrogação ao número anterior, podem ser utilizados períodos de referência que correspondam a anos civis completos.

7. Os valores divulgados referentes a medidas de rendibilidade devem corresponder a instituições de investimento colectivo individualmente consideradas, não podendo ser divulgadas medidas de rendibilidade médias que integrem no seu cálculo mais que uma instituição de investimento colectivo.

ARTIGO 5.°
(Divulgação de desempenho)

1. Podem ser divulgadas medidas gráficas que não respeitem as regras mencionadas nos n.os 2 a 6 do artigo anterior, desde que traduzam a

evolução do desempenho duma instituição de investimento colectivo relativamente a um determinado índice reconhecido como representativo da evolução dos mercados onde aquela investe.

2. Na divulgação das medidas referidas no número anterior, a evolução do desempenho pode ser apresentada não considerando a fiscalidade e as comissões suportadas pela instituição de investimento colectivo, devendo desse facto ser dada nota de destaque no contexto da mensagem publicitária.

ARTIGO 6.°
(Informação e publicidade)

Toda a informação e publicidade prestada pelas entidades gestoras no âmbito do presente regulamento está sujeita ao disposto nos artigos 7.° e 312.° ambos do Código dos Valores Mobiliários.

ARTIGO 7.°
(Norma revogatória)

É revogado o Regulamento n.° 10/97 da Comissão do Mercado de Valores Mobiliários.

ARTIGO 8.°
(Entrada em vigor)

O presente regulamento entra em vigor no dia seguinte após a sua publicação.

Lisboa, 25 de Maio de 2000, O Conselho Directivo, *Fernando Teixeira dos Santos* (Presidente), *Luís Lopes Laranjo* (Vice-Presidente).

REGULAMENTO N.º 31/2000

Contabilidade dos Fundos de Investimento Mobiliário

A constante evolução dos mercados financeiros, o aparecimento de novos instrumentos financeiros (derivados, produtos híbridos) e de novas técnicas para aumentar a rentabilidade das carteiras de activos (reporte e empréstimo de valores) e das respectivas metodologias de valorização e avaliação, implicam um constante esforço de acompanhamento por parte da regulamentação e das regras de registo dos factos patrimoniais e extra-patrimoniais.

Uma correcta reflexão não só dos factos patrimoniais, como das responsabilidades assumidas pelo e para com o fundo, concorrem directamente para a prossecução de um dos principais objectivos da contabilidade: prestar uma informação completa, útil e tempestiva. Nesta vertente, o Plano de Contas dos Fundos de Investimento Mobiliário, aprovado pelo Regulamento da CMVM n.º 95/14, esteve sempre na linha da frente, sobretudo pela necessidade de efectuar diariamente o cálculo do respectivo valor patrimonial com vista à valorização das subscrições e resgates diários, garantido a neutralidade que deve presidir a este tipo de operações.

A evolução que se verificou desde que a sua aprovação em 1995, seja ao nível dos mercados e do maior acesso aos mesmos, seja por parte da legislação e regulamentação aplicável, veio enfatizar o imperativo de uma correcta avaliação dos activos, a qual deve ter em conta o seu justo valor. Este critério implicou uma alteração da filosofia até aqui seguida, sobretudo no que diz respeito a valores não cotados, típicos de mercados informais não regulamentados. Estas alterações produzem, necessariamente, modificações ao nível das regras do registo dos factos patrimoniais e extrapatrimoniais, às quais se pretende responder com o presente Regulamento.

Assim, para os efeitos do disposto nos n.º 1 do artigo 35.º do Decreto-Lei n.º 276/94, de 2 de Novembro, com a redacção introduzida pelo Decreto-Lei n.º 323/99, de 13 de Agosto, ouvidas a APFIN – Associação Portuguesa das Sociedades Gestoras de Patrimónios e de Fundos de Investimento, a Ordem dos Revisores Oficiais de Contas (OROC) e a Comissão de Normalização Contabilística (CNC), o conselho directivo da Comissão do Mercado de Valores Mobiliários aprovou o seguinte Regulamento:

ARTIGO 1.º
(Âmbito)

1. O presente regulamento estabelece o regime a que deve obedecer a contabilidade dos fundos de investimento mobiliário.

2. As normas e os princípios por que se rege a contabilidade dos fundos de investimento mobiliário constam de anexo a este diploma.

ARTIGO 2.º
(Norma revogatória)

É revogado o Regulamento n.º 95/14 da CMVM, de 21 de Dezembro.

ARTIGO 3.º
(Entrada em vigor)

O presente regulamento entra em vigor em 1 de Janeiro de 2001.

Lisboa, 27 de Julho de 2000 – O Conselho Directivo, *Rui Ambrósio Tribolet* (Vogal), *Carlos Costa Pina* (Vogal).

ANEXO
PLANO DE CONTAS
DOS FUNDOS DE INVESTIMENTO MOBILIÁRIO

CAPÍTULO 1
Introdução

1.1. ENQUADRAMENTO DOS FUNDOS DE INVESTIMENTO

O Decreto-Lei n.° 276/94, de 2 de Novembro, transpôs para o normativo da ordem jurídica interna a Directiva do Conselho n.° 85/611/CEE, de 20 de Dezembro de 1985, relativa a alguns dos organismos de investimento colectivo em valores mobiliários, ao mesmo tempo, reformulou o regime jurídico dos fundos de investimento mobiliário constituídos em Portugal. Este regime jurídico foi, entretanto, alterado pelo Decreto-Lei n.° 309/95, de 20 de Novembro e pelo Decreto-Lei n.° 323/97, de 26 de Novembro e, mais recentemente, objecto de revisão com a publicação do Decreto-Lei n.° 323/99, de 13 de Agosto, ao qual deve ser aditada a Declaração de Rectificação n.° 15-E/99.

De acordo com esse diploma [1], consideram-se instituições de investimento colectivo aquelas que, dotadas ou não de personalidade jurídica, têm por fim exclusivo o investimento em capitais recebidos do público em carteiras diversificadas de valores mobiliários ou outros valores equiparados, segundo um princípio de divisão de risco.

Os fundos de investimento são instituições de investimento colectivo, na medida em que pertencem a uma pluralidade de pessoas singulares ou colectivas.

Essas pessoas colectivas, designadas por participantes, não respondem de modo algum pelas dívidas do fundo ou das entidades (sociedades gestoras) que asseguram a sua gestão.

Os fundos de investimento são divididos em partes com características idênticas e sem valor nominal, designadas por unidades de participação, podendo ocorrer duas situações:

* serem em número fixo, designando-se neste caso, **fundo fechado**;
* serem em número variável, pelo que se designará de **fundo aberto**.

O regime dos fundos fechados encontra-se autonomizado no Capítulo III, que abrange os artigos 48.° a 51.°-A.

Estão previstas modalidades especiais de fundos abertos, nomeadamente fundos índice de acções (regulados pelo art. 47.°-A do Decreto-Lei n.° 276/94, com a redacção introduzida pelo Decreto-Lei n.° 323/99), fundos abertos com garantia (art. 47.°-B), fundos de tesouraria e do mercado monetário (art. 52.° a

---
[1] Artigo 2.°.

54.º), fundos de fundos (art. 55.º a 57.º) e agrupamentos de fundos (art. 58.º). Mediante regulamento que definirá as respectivas especialidades, a CMVM poderá ainda criar outras modalidades de fundos de investimento mobiliário.

1.2. CONTABILIDADE DOS FUNDOS DE INVESTIMENTO MOBILIÁRIO

Após a publicação do Decreto-Lei n.º 276/94, de 2 de Novembro, a contabilidade dos fundos passou a ser organizada de harmonia com as normas emitidas pela Comissão do Mercado de Valores Mobiliários.

O presente plano contabilístico vem ao encontro da necessidade de as contas dos fundos proporcionarem uma imagem verdadeira e apropriada do património do fundo e dos resultados das suas operações, procurando evidenciar duma forma simples e objectiva o valor líquido global do fundo, bem como os elementos económicos e financeiros necessários ao acompanhamento da rendibilidade e do risco.

Pretende-se, desta forma, através da normalização do sistema contabilístico dos FIM, proteger os interesses dos investidores proporcionando-lhes uma informação de leitura simples e útil que lhes facilite a tomada de decisão de investimento, apoiar a gestão e a tomada de decisão das próprias entidades gestoras e proporcionar às autoridades de supervisão modelos de acompanhamento e controlo simples e eficientes.

A aplicação do presente plano de contas passou a ser obrigatória a todos os fundos de investimento mobiliário a partir do dia 1 de Janeiro de 1996.

Para o efeito, os fundos encerrarão anualmente as suas contas, com referência a 31 de Dezembro de cada ano, sendo obrigatoriamente submetidas a certificação legal pelo revisor oficial de contas do fundo, independente do conselho fiscal da entidade gestora e registado na CMVM. Com referência a 30 de Junho de cada exercício, devem ainda as entidades gestoras elaborar um relatório e contas semestrais dos fundos que administram, as quais devem ser objecto de parecer, elaborado por auditor igualmente registado na CMVM.

Os documentos de prestação de contas dos fundos de investimento mobiliário, definidas neste plano contabilístico, são constituídas pelo balanço, pela demonstração dos resultados, pela demonstração dos fluxos de caixa e pelo anexo, as quais formam um todo, sendo acompanhadas pelos demais relatórios e pareceres previstos na lei.

1.3. PARTICULARIDADES CONTABILÍSTICAS DOS FIM

1.3.1. NECESSIDADE EM DETERMINAR DIARIAMENTE O VALOR LÍQUIDO

Nos fundos de investimento abertos, os participantes podem realizar, a todo o momento e sem qualquer formalidade particular, subscrições e resgates de unidades de participação. Este facto obriga a conhecer, em permanência, o valor líquido global do fundo para determinação do valor unitário da unidade de participação.

Esta necessidade de determinar diariamente, o valor da unidade de participação, conduziu a que no plano contabilístico tivessem sido adoptadas as seguintes soluções:

- Valorização das operações financeiras ao seu valor de mercado (*mark-to-market*), as quais se estruturam em torno das seguintes categorias: valores mobiliários, operações a prazo, divisas, outros instrumentos de dívida e de capital próprio;
- Inscrição no passivo (2.° membro do balanço) dum grupo representativo do valor líquido global do fundo (capital do fundo). Esta inscrição permite determinar o valor líquido da unidade de participação, dividindo simplesmente o valor global pelo número de unidades em circulação;
- Apresentação, em anexo, de quadros de exposição ao risco. A exposição ao risco constitui uma informação de importância muito significativa para os investidores. Os modelos de quadros de exposição ao risco segue de próximo a estrutura de contas preconizada para o registo dos contratos a prazo (operações sobre taxas de juro, taxas de câmbio e sobre cotações).

1.3.2. MONTANTES DISTRIBUÍVEIS E RESULTADO LIQUIDO DUM FIM

O activo líquido dum fundo é composto por capital e de montantes distribuíveis aos participantes, nomeadamente o resultado líquido. Trata-se de um elemento variável, quer não apenas em consequência dos resultados de gestão apurados no fundo, mas também das operações de subscrições e de resgates valorizadas ao valor líquido da unidade de participação.

A política e os critérios de distribuição dos rendimentos do fundo devem ser definidos objectivamente no prospecto do fundo. Contudo, todos os participantes devem ter direito ao mesmo rendimento distribuível, qualquer que seja a data de subscrição. Desta forma, o sistema contabilístico prevê mecanismos que permitem neutralizar a incidência das subscrições e dos resgates no valor unitário e, consequentemente, no rendimento unitário da unidade de participação.

No caso dos fundos com distribuição deverá prever-se a afectação dos rendimentos a distribuir na competente conta de capital do fundo. Nos fundos de capitalização, as operações são registadas sem qualquer formalidade particular.

1.3.3. CAPITAL

O capital dum fundo de investimento tem uma acepção mais vasta do que numa empresa comercial ou industrial. Trata-se de um elemento variável, constituído quer pelos valores-base das unidades de participação, quer pelas diferenças para esse valor base nas operações de subscrições e de resgates, quer ainda pelos resultados apurados no exercício e em exercícios anteriores e não distribuídos aos participantes.

Compreende, as mais e menos valias latentes e realizadas sobre as operações financeiras, as diferenças de câmbio, os gastos com a negociação dos títulos, os gastos com as operações a prazo fechadas ou condicionadas, a comissão de gestão, a comissão de depósito e outros custos e proveitos relacionados com a actividade do fundo.

1.3.4. CONTABILIDADE DE DIVISAS

Prevê-se a possibilidade dos fundos terem as suas operações registadas nas divisas em que se realizam, bem como a sua apresentação em termos de documentos de síntese no anexo. O modelo adoptado baseia-se no princípio conhecido por "contabilidade multidivisas", por forma a permitir o controlo contabilístico das operações nas várias moedas, bem como o acompanhamento das respectivas posições cambiais.

CAPÍTULO 2
Princípios contabilísticos
e critérios valorimétricos

2.1. CONSIDERAÇÕES GERAIS

Cada vez é maior o papel da informação contabilística, junto dos seus utilizadores. No domínio dos fundos de investimento são inúmeros os clientes potenciais quer nacionais quer estrangeiros.

Por esse motivo, a normalização do sistema contabilístico não se deve limitar apenas à definição das contas, do seu conteúdo e regras de movimentação e à elaboração dos documentos contabilísticos de prestação de contas, mas também à definição dos princípios e critérios subjacentes à avaliação dos elementos patrimoniais, por forma a que as contas sejam formuladas com clareza, expressando uma imagem fiel do património, da situação financeira e dos resultados do fundo.

Desta forma, esta definição visa não só contribuir para a protecção dos interesses dos intervenientes directos e de terceiros, como também assegurar a comparabilidade e fidelidade da informação financeira.

2.2. PRINCÍPIOS CONTABILÍSTICOS

Como princípios contabilísticos, adoptam-se os seguintes:

Continuidade
Considera-se que o fundo de investimento opera continuamente, com duração ilimitada, entendendo-se que não tem intenção nem necessidade de entrar em liquidação.

Consistência

Considera-se que o fundo de investimento não altera as suas regras, princípios, critérios e políticas contabilísticas de um período para o outro. Se o fizer e o efeito for materialmente relevante, deve referir o facto no anexo.

Materialidade

As demonstrações financeiras do fundo de investimento devem evidenciar todos os elementos que sejam de interesse, relevantes e que possam afectar avaliações ou decisões pelos utilizadores interessados.

Substância sobre a forma

As operações devem ser contabilizadas atendendo à sua substância, à realidade financeira e não apenas à sua forma documental ou legal.

Especialização

Os elementos patrimoniais do fundo devem ser valorizados e reconhecidos diariamente, independentemente do seu recebimento ou pagamento, devendo incluir-se nas demonstrações financeiras do período a que dizem respeito, bem como os seus ajustamentos de valor decorrentes dessa valorização.

Independência

A elaboração, aprovação e execução das informações contabilísticas do fundo são independentes das de qualquer outra entidade, incluindo as respectivas sociedades gestoras.

Unidade

As demonstrações financeiras, compostas pelo balanço, pela demonstração dos resultados pela demonstração dos fluxos de caixa e pelo anexo, formam um todo coerente, constituindo um só conjunto de informação financeira.

2.3. CRITÉRIOS VALORIMÉTRICOS

2.3.1. DISPONIBILIDADES

As disponibilidades são contabilizadas em Euro. Os custos e proveitos decorrentes da sua detenção serão registados diariamente, nas respectivas contas das classes 8 e 7, por contrapartida da correspondente conta da classe 5 – Regularizações.

As disponibilidades expressas em moeda diferente do Euro são registadas na correspondente conta de posição cambial, por cada moeda, na classe 5 (conta 59.5 – Posição cambial) e são ajustadas diariamente em função das variações diárias do mercado cambial.

As diferenças de câmbio apuradas serão contabilizadas nas contas 711 – Juros e custos equiparados – de disponibilidades, respectivas subcontas e 811 – Juros e proveitos equiparados – de disponibilidades, respectivas subcontas, por contrapartida da conta 595 – posição cambial (Euro).

2.3.2. CARTEIRA DE TÍTULOS

As compras de títulos serão contabilizadas, na data da transacção, pelo seu preço efectivo de aquisição.

Nas vendas, para efeitos de imputação do respectivo custo, os valores em carteira poderão em alternativa ser valorizados pelo preço médio de aquisição, pelo FIFO (first in first out) ou pelo LIFO (last in first out), devendo a opção tomada para cada categoria de valores mobiliários ser indicada no anexo referido no Capítulo 7.

Todavia, sempre que a legislação fiscal, relativamente a determinada categoria de valores mobiliários imponha, para apuramento das valias obtidas em cada ano, a utilização de um método de imputação de custos diferente, será este o utilizado na sua contabilização (apuramento das mais e menos valias tributáveis).

Os encargos suportados com a compra, tal como com a venda, nomeadamente comissões de bolsa e corretagens, são considerados como custos da operação, pelo que se contabilizam na conta 722 – Comissões – Em operações da bolsa, respectiva subconta.

Os valores mobiliários em carteira são avaliados ao seu justo valor, de acordo com as regras definidas em regulamento da CMVM. As metodologias e critérios de valorização são definidos pelas entidades gestoras nos prospectos dos fundos sob sua administração, tendo em conta os limites e condições consagradas no mesmo regulamento. De acordo com a *International Accounting Standard n.° 39* (IAS 39), o "justo valor" é o montante pelo qual um determinado activo pode ser realizado ou transaccionado segundo as condições vigentes no mercado.

– para valores mobiliários negociados numa bolsa de valores ou noutro mercado regulamentado, considera-se como representativo do seu justo valor a cotação ou preço resultante do encontro de vontades de compra e de venda dos intervenientes nesses mercados.
– na falta de valores de cotação, deve ser tomado o seu presumível valor de realização respeitando as condições do emitente e do mercado vigentes no momento de referência dessa avaliação. Tal poderá fundamentar-se na aplicação de critérios de avaliação universalmente aceites e utilizados, devendo os parâmetros a utilizar resultar do funcionamento dos respectivos mercados (taxas de juro, *yields*, taxas de câmbio, volatilidades).

Os ajustamentos resultantes da aplicação destes critérios serão registadas diariamente nas contas de 732 – Perdas em operações financeiras – na carteira de títulos, respectiva subconta, ou 832 – Ganhos em operações financeiras – na carteira de títulos, respectiva subconta, conforme se trate de menos ou mais valias, por contrapartida da conta 28 – Mais e menos valias.

As situações que, por motivos excepcionais, não observem o disposto anteriormente, serão obrigatoriamente relatadas na correspondente nota do Anexo.

Os rendimentos dos títulos em carteira, sempre que determináveis, serão registados dia a dia na classe 5 – Regularizações.

Para os títulos expressos em moeda diferente do Euro, devem ser aplicados os critérios referidos no ponto 231 – Valorimetria das disponibilidades.

O procedimento contabilístico a observar em situações de incumprimento dos empréstimos obrigacionistas que integrem as carteiras dos fundos de investimento mobiliário, deverá obedecer às seguintes regras:

1 – no que se refere a capital não vencido, e na existência de cupões já vencidos, mas não liquidados pelo emitente, o impacto de um eventual incumprimento deverá ser reflectido no valor do activo através do reconhecimento de menos valias. No vencimento, deverá ser constituída uma provisão para obrigações vencidas, pelo valor líquido a que estas figurem no activo;

2 – a constituição de provisões para juros decorridos e ainda não vencidos, deverá apenas ter lugar quando exista uma forte probabilidade do seu incumprimento, designadamente em situações como a referida no ponto 4 seguinte. Quando se verifique o incumprimento do pagamento de juros de um cupão, deverão deixar de ser reconhecidos os juros dos cupões subsequentes, havendo lugar à constituição de provisão pelos juros entretanto reconhecidos como proveitos e não liquidados.

3 – quando vencidos e não liquidados, tanto o capital como juros, devem ser transferidos, das respectivas contas do activo, para as correspondentes contas de devedores.

4 – caso o fundo detenha outras emissões obrigacionistas da mesma entidade emitente, deverá manter-se o reconhecimento dos juros como proveito do fundo, sendo simultaneamente constituída uma provisão pelo mesmo montante (dos juros), salvo se se tratar de obrigações que usufruam de garantias que motivem um tratamento diferente.

2.3.3. CONTAS DE TERCEIROS

As dívidas activas não devem ser expressas por um valor superior àquele que se espera efectivamente receber do devedor. Pela diferença entre o valor contabilizado e o valor que se espera receber efectivamente, deverá ser constituída ou reforçada a provisão para crédito vencido.

As dívidas a receber em situação de contencioso serão provisionadas pela sua totalidade, incluindo as despesas suportadas e não cobradas.

Relativamente às dívidas de ou a terceiros expressas em moeda diferente do Euro, devem ser aplicados os critérios referidos no ponto 231 – Valorimetria das disponibilidades, quanto ao registo em contas de Posição Cambial.

2.3.4. UNIDADES DE PARTICIPAÇÃO

O valor da unidade de participação é calculado e divulgado diariamente, excepto aos sábados, domingos e feriados e determina-se dividindo o valor líquido global do fundo (saldos das contas da classe 6 – Capital do fundo, acrescidos do resultado líquido do período) pelo número de unidades de participação em circulação.

No caso de pedidos de subscrição ou de resgate, o valor da unidade de participação deverá corresponder ao último valor conhecido e divulgado no dia do respectivo pedido, salvo se o regulamento de gestão determinar que esse valor seja o da primeira avaliação subsequente.

Nas operações de subscrição e resgate, a contabilidade deverá registar em separado o valor base das unidades de participação, por forma a evidenciar a diferença entre este e os respectivos valores de resgate ou subscrição antes das respectivas comissões, devendo esta diferença ser repartida entre a fracção imputável a exercícios anteriores e a fracção atribuível ao exercício em curso.

2.3.5. POSIÇÃO CAMBIAL

As posições cambiais deverão ser reavaliadas diariamente em função dos valores de mercado de cada moeda em risco de câmbio.

As posições cambiais à vista, entendidas como o saldo líquido:

• dos activos e passivos dessa moeda;
• das operações à vista a aguardar liquidação;
• das operações a prazo que se vencem nos dois dias úteis seguintes

são reavaliadas em função das cotações indicativas divulgadas pelo Banco de Portugal, ou pela utilização das cotações fornecidas por agências internacionais de informação financeira mundialmente reconhecidas, como sejam a *Reuters*, *Bloomberg* ou *Telerate*.

O método utilizado para a determinação das cotações referidas no parágrafo anterior deve ser mencionado no anexo.

2.3.6. CONTRATOS DE FUTUROS E OPÇÕES

Nas operações realizadas em mercados organizados, deve ser seguido o princípio do valor de mercado, que consiste em valorizar diariamente todos os contratos com base nas cotações ou preços formados nas bolsas ou outros mercados regulamentados onde sejam negociados.

A valorização de instrumentos derivados *"over-the-counter"* deve, igualmente, ser consistente com o critério do justo valor, devendo as respectivas posições ser avaliadas diariamente, tendo em conta modelos de avaliação definidos no prospecto do fundo, os quais devem ter por base parâmetros de mercado.

2.4. O PAPEL DO REVISOR OFICIAL DE CONTAS

O revisor oficial de contas do fundo não pode integrar o órgão de fiscalização da entidade gestora, devendo encontrar-se registado na CMVM.

No âmbito do seu relatório, o revisor oficial de contas do fundo deverá pronunciar-se, entre outros, sobre a utilização consistente dos critérios de valorização definidos pela entidade gestora no prospecto do fundo, em especial, sobre a valorização de activos não cotados e de instrumentos derivados transaccionados em mercado de balcão.

CAPÍTULO 3
Estrutura e articulação das contas

Constituindo a contabilidade um subsistema de informação vocacionado para a determinação, valorização e expressão em apropriadas demonstrações económico-financeiras dos meios e recursos utilizados e do valor gerado pelo exercício de determinada actividade, através do registo das operações daí decorrentes, a forma como se define a estrutura e a codificação das contas reflecte-se na leitura, interpretação e conhecimento dos impactos económicos e financeiros dessa actividade.

Por esses motivos, constituiu principal preocupação definir um sistema de contas que permitissem uma leitura simples e objectiva das informações financeiras dos FIM, observando, em simultâneo, os modelos nacionais e internacionais, particularmente do sistema contabilístico das entidades financeiras.

Por último, tivemos também presente as potencialidades dos modernos sistemas informáticos, que permitirão o tratamento da informação duma forma mais flexível e versátil quer ao nível na forma de codificação das contas, quer na posterior extracção de dados e consequente produção de relatórios quer para a gestão quer para a prestação de contas.

3.1. ESTRUTURA E ARTICULAÇÃO DAS CONTAS

Como já foi referido, o modelo preconizado aproxima-se do plano de contas bancário embora tendo-se integrado outros aspectos e conceitos, quer do plano oficial de contabilidade aprovado para a generalidade das empresas, quer de normativos internacionais, particularmente das directivas do Conselho das Comunidades Europeias.

Na página seguinte apresenta-se a estrutura geral das contas, bem como a sua ligação de base às demonstrações financeiras dos FIM. Como principais particularidades devemos referir que:

1 – A ênfase dada à distinção entre factos patrimoniais e extrapatrimoniais justifica-se pelo actual e previsível crescimento dos mercados de deri-

vados. Para além dos impactos económicos e financeiros imediatos os quais são registados nas respectivas contas patrimoniais, há que acompanhar os valores inerentes ao contratos celebrados, com a consequente exposição ao risco, os quais deverão ser evidenciados em anexo às demonstrações financeiras, das quais deve fazer parte integrante;

ESTRUTURA GERAL DAS CONTAS			
TIPO DE FACTOS	*NATUREZA DA INFORMAÇÃO*	*CLASSES DE CONTAS*	
		Cód.	*Designação*
PATRIMONIAIS	BALANÇO	1	DISPONIBILIDADES
		2	CARTEIRA DE TÍTULOS
		3	(em aberto)
		4	CONTAS DE TERCEIROS
		5	CONTAS DE REGULARIZAÇÃO
		6	CAPITAL DO FUNDO
	RESULTADOS	7	CUSTOS E PERDAS
		8	PROVEITOS E GANHOS
EXTRA PATRIMONIAIS	ANEXOS	9	CONTAS EXTRAPATRIMONIAIS

2. A estrutura das contas foi preconizada com vista à elaboração, duma forma directa, do Balanço, da Demonstração dos Resultados e dos quadros do Anexo. Desta forma, prevê-se a elaboração da Demonstração dos Fluxos de caixa não a partir das contas constantes no Plano mas através de uma tabela própria associada às operações registadas nas contas de disponibilidades (vide Capítulo 6);

3. Contrariamente ao estabelecido noutros planos contabilísticos, nomeadamente o plano oficial de contabilidade, não foram definidas contas próprias para transferência dos saldos das contas de custos e de proveitos, ou seja, para apuramento dos resultados. Optou-se por uma solução próxima dos modelos anglo-saxónicos, em que os resultados são apurados a partir de operações sobre as contas de proveitos e custos, sem que tais tenham de ser reflectidas em qualquer conta contabilisticamente concebida para o efeito;

4. A definição das classes de contas teve por base os grandes grupos de elementos patrimoniais e de operações identificáveis neste tipo de negócio. Constituiu preocupação a definição de uma classe que, conjuntamente

com o resultado líquido do período, nos permitisse identificar o valor líquido do fundo, bem como as causas das suas variações;

5. Das oito classes de contas normalmente reservadas às contas para registo dos factos de natureza patrimonial, foram utilizadas apenas sete. A ausência de imobilizados no património dos FIM, permitiu libertar uma classe de contas (classe 3), a qual poderá vir a ser utilizada numa futura extensão a outros tipos de fundos de investimento e que sejam detentores desta categoria de activos. Também fica totalmente livre a classe 0, a qual poderá ser adaptada às necessidades específicas de cada sociedade gestora.

Apresenta-se, abaixo, um esquema de articulação das contas patrimoniais com as correspondentes demonstrações financeiras. Como se pode verificar, cada classe de contas irá constituir um grupo homogéneo de informação da demonstração financeira em que se vai integrar.

Desta forma, cada classe contemplará não apenas as contas representativas do elemento patrimonial de base, v.g. aplicação em acções, como também as correspondentes flutuações de valor quer consistindo em valorizações ou em depreciações, v.g. mais ou menos valias, por forma a reflectir, no seu conjunto, o valor líquido desse elemento.

A necessidade de determinar e contabilizar diariamente o valor líquido do fundo vai enfatizar a aplicação do princípio da especialização dos proveitos e custos e o consequente reflexo em contas de regularização. Por esse motivo, justifica-se a criação de uma classe de contas de regularização, a qual irá constituir os correspondentes grupos homogéneos no activo e no passivo do balanço.

Também ao nível dos proveitos e custos, as contas foram estruturadas nas respectivas classes por forma a identificar grupos de resultados, de acordo com a sua natureza e características.

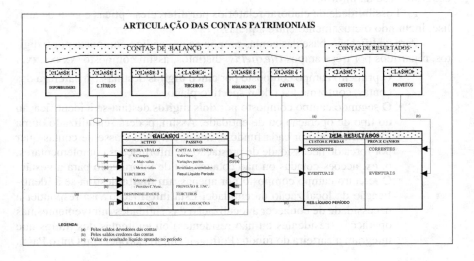

De forma genérica, prevê-se a distinção entre resultados correntes e resultados eventuais, os quais poderão ser ainda analisados a nível mais elementar (vide capítulo 6).

3.2. CODIFICAÇÃO E LISTA DE CONTAS

3.2.1. CODIFICAÇÃO

No que concerne à codificação, optou-se por um sistema de código flexível em vez de um código rígido que procura responder a múltiplas finalidades. Esta opção justifica-se por:

a) As potencialidades dos sistemas informáticos os quais podem recorrer às tecnologias assentes nos *flexfields* para flexibilizar a estrutura de dados e a sua utilização futura;

b) A possibilidade de utilizar caracteres alfanuméricos, o que torna a linguagem do código mais próxima dos utilizadores;

c) A definição de códigos com menor extensão, o que se traduz numa melhoria dos trabalhos de codificação, introdução e leitura dos dados;

d) Uma grande redução da dimensão da lista-base de contas;

e) Melhor adequação às necessidades de gestão e dos outros utilizadores da informação contabilística. De facto, cada fundo terá bastante liberdade em definir atributos próprios, sem aumentar a dificuldade de prestação de informações a outros utilizadores externos e internos.

f) Facilidade em se adaptar a alterações e novas exigências futuras, na medida em que as consequências de tais alterações se irão reflectir apenas em meras extensões ou reduções do sistema existente, sem que seja posta em causa a estrutura base da informação.

g) Possibilidade de elaborar relatórios por diferentes ópticas e grau de análise, incluindo o cruzamento entre aquelas.

Para codificação-base das contas propõe-se um código composto por 9 dígitos, repartidos por três campos (*flexfields)* distintos, assim composto: **xxxxx.xx.x**

- O primeiro campo composto por **cinco dígitos** destina-se à natureza das contas, conforme lista do respectivo plano;
- O segundo campo composto por **dois dígitos** destina-se à identificação do tipo de operação ou de entidade. Assim, poderá ser utilizado duma forma flexível por cada fundo e, neste, em cada classe de contas quer por força de necessidade de prestação de informações complementares, p. ex. acções cotadas ou não cotadas, ou de informação para a gestão.
- O terceiro campo composto por apenas **um dígito** destina-se à identificação da localização da entidade. Esta informação visa responder à necessidade de conhecer a localização das entidades intervenientes nas operações (residentes ou não residentes) ou emitentes dos títulos que integram a carteira do fundo (Portugal, União Europeia ou Outro País).

Procurou-se definir um código de contas pouco extenso, mas capaz de contemplar o registo de todos os factos relacionados com operações dos FIM. Também, utilizando o conjunto dos campos referidos, poderão ser organizadas informações por diferentes sequências, nomeadamente:

NATUREZA
      TIPO
            LOCALIZAÇÃO

ou

TIPO
      NATUREZA
            LOCALIZAÇÃO

ou

LOCALIZAÇÃO
      TIPO
            NATUREZA

e, assim sucessivamente.

Quanto ao código representativo da natureza da conta, preconiza-se a sua estruturação da forma seguinte:

* Primeiro dígito identifica a classe de contas
* Contas de **dois** dígitos constituem as contas de razão geral (1.° grau)
* Contas de **três** dígitos representam contas de 2.° grau;
* Contas de **quatro** dígitos representam contas de 2.° ou de 3.° grau;
* Contas de cinco dígitos representam contas de grau 4;

Quaisquer das contas de 2.° ao 4.° grau podem constituir contas de movimento, dependendo da extensão da informação necessária. O sistema de gestão contabilístico do fundo deve, relativamente a cada conta, permitir identificar:

a) O seu grau (3.° ou 4.°)
b) Se é conta de acumulação (de razão ou intermédia) ou de movimento;
c) Qual a conta para onde acumula (sendo intermédia ou de movimento)

3.2.2. *LISTA DE CONTAS*

Nas páginas seguintes apresenta-se a lista de contas previstas por cada uma das classes. Os conteúdos das classes e das contas, bem como as regras de movimentação destas últimas serão desenvolvidos no capítulo seguinte. As contas constantes da lista representam o desenvolvimento mínimo. O desdobramento de algumas contas identificadas como de movimento poderá ser realizado, desde que tal contribua para melhoria da informação do FIM. Para além disso, faculta-se às sociedades gestores a criação de outras contas intermédias. Prevê-se o recurso a tabelas auxiliares para gestão das moedas (**A**) e do quadro de fluxos de caixa (**B**).

ESTRUTURA DAS CLASSES DE CONTAS			
CLASSES DE CONTAS		*CONTAS DO RAZÃO GERAL*	
Cód.	Designação	Cód.	Designação
		11	NUMERÁRIO
		12	DEPÓSITOS À ORDEM
1	DISPONIBILIDADES	13	DEPÓSITOS A PRAZO E COM PRÉ-AVISO
		14	CERTIFICADOS DE DEPÓSITO
		18	OUTROS MEIOS MONETÁRIOS
		21	OBRIGAÇÕES
		22	ACÇÕES
2	CARTEIRA DE TÍTULOS	23	TÍTULOS DE PARTICIPAÇÃO
		24	UNIDADES DE PARTICIPAÇÃO
		25	DIREITOS
		26	OUTROS INSTRUMENTOS DE DÍVIDA
		28	MAIS E MENOS VALIAS
		41	DEVEDORES
4	CONTAS DE TERCEIROS	42	CREDORES
		43	EMPRÉSTIMOS CONTRAÍDOS
		48	PROVISÕES ACUMULADAS
		51	PROVEITOS A RECEBER
		52	DESPESAS COM CUSTO DIFERIDO
5	CONTAS DE REGULARIZAÇÃO	55	CUSTOS A PAGAR
		56	RECEITAS COM PROVEITO DIFERIDO
		58	OUTRAS CONTAS REGULARIZAÇÃO
		59	CONTAS INTERNAS
		61	UNIDADES DE PARTICIPAÇÃO
		62	VARIAÇÕES PATRIMONIAIS
6	CAPITAL DO FUNDO	63	RESULTADOS TRANSITADOS
		64	RESULTADOS DISTRIBUÍDOS
		71	JUROS E CUSTOS EQUIPARADOS
		72	COMISSÕES
		73	PERDAS EM OPERAÇÕES FINANCEIRAS
7	CUSTOS E PERDAS	74	IMPOSTOS
		75	PROVISÕES PARA RISCOS E ENCARGOS
		77	OUTROS CUSTOS E PERDAS CORRENTES
		78	PERDAS EVENTUAIS
		81	JUROS E PROVEITOS EQUIPARADOS
		82	RENDIMENTO DE TÍTULOS
8	PROVEITOS E GANHOS	83	GANHOS EM OPERAÇÕES FINANCEIRAS
		85	REPOSIÇÃO E ANULAÇÃO DE PROVISÕES
		87	OUTROS PROVEITOS E GANHOS CORRENTES
		88	GANHOS EVENTUAIS
		91	OPERAÇÕES CAMBIAIS
9	CONTAS EXTRAPATRIMONIAIS	92	OPERAÇÕES SOBRE TAXAS DE JURO
		93	OPERAÇÕES SOBRE COTAÇÕES
		94	COMPROMISSOS COM E DE TERCEIROS
		99	CONTAS DE CONTRAPARTIDA

CLASSE 1 - DISPONIBILIDADES					
ESTRUTURA GLOBAL DA CLASSE DE CONTAS					
NATUREZA DAS CONTAS DE RAZÃO		**TIPO/ENT.**		**LOCALIZAÇÃO**	**TABELAS**
Código	**Designação**	**Cód.** Designação	**Cód.**	**Designação**	**AUXILIARES**
11	NUMERÁRIO				
12	DEPÓSITOS À ORDEM	Bx Banco X	P	Portugal	A - Moedas
13	DEPÓSITOS PRAZO E P.AVISO	....	U	União Europeia	B - Fluxos
14	CERTIFICADOS DE DEPÓSITOS				Monetários
18	OUTROS MEIOS MONETÁRIOS		O	Outros países	

EXEMPLOS DE CODIFICAÇÃO			
Código 1201.B1.P		**Código** 1301.B2.U	
Desig. : Conta D.O.n° xxxx, Banco B1, Portugal		**Desig.:** Conta D.P.n° xxxx, Banco B2, Un. Eur.	
Código 1202.B2.U		**Código** 1402.B3.P	
Desig.: Conta D.O.n° xxxx, Banco B2, Un.Eur.		**Desig.:** Certif. Depósitos, Banco B3, Portugal	

CÓDIGO DAS CONTAS, POR NATUREZA			
	Código		**Designação**
11		NUMERÁRIO	
12		DEPÓSITOS À ORDEM	
	1201	Conta n°	
13		DEPÓSITOS A PRAZO E COM PRÉ-AVISO	
	1301	Conta n°	
14		CERTIFICADOS DE DEPÓSITO	
	1401	Conta n°	
18		OUTROS MEIOS MONETÁRIOS	
	1801	......	

	CLASSE 2 - CARTEIRA DE TÍTULOS					
	ESTRUTURA GLOBAL DA CLASSE DE CONTAS					
NATUREZA DAS CONTAS DE RAZÃO			TIPO/ENT.	LOCALIZAÇÃO		TABELA
Código	Designação	Cód.	Designação	Cód.	Designação	AUXILIAR
21	OBRIGAÇÕES	PA	Proc. admissão			
22	ACÇÕES	CB	Cotadas Bolsa			
23	TÍTULOS DE PARTICIPAÇÃO	NC	Não Cotadas	P	Portugal	A - Moedas
24	UNIDADES DE PARTICIPAÇÃO	CO	Cotadas O.Merc	U	União Europeia	
25	DIREITOS	FA	Fundo aberto	O	Outros países	
26	OUTROS INSTRUM. DE DÍVIDA	FF	Fundo fechado			
28	MAIS E MENOS VALIAS		....			
	EXEMPLOS DE CODIFICAÇÃO					
Código	21111.NC.P			Código	2421.FF.P	
Desig.:	Obrigações do tesouro, não cot.,Port.			Desig.:	Fundos de tesouraria, abertos, Portugal	
Código	221.CB.U			Código	2812.CB.U	
Desig.:	Acções ordinárias, cot.bolsa, Un.Eur.			Desig.:	Mais-valias acções, cot.bolsa, Un.Europ.	
	CÓDIGO DAS CONTAS, POR NATUREZA					
	Código		Designação			
21		OBRIGAÇÕES				
#211		TÍTULOS DA DÍVIDA PÚBLICA				
# 2111		Taxa Fixa				
21111		Obrigações do tesouro				
# 2112		Taxa Indexada				
21121		F.I.P.s				
21122		E.I.A.s				
21123		O.C.A.s				
21124		O.T.R.V.s				
#212		OUTROS FUNDOS PÚBLICOS EQUIPARADOS				
# 2121		Taxa fixa				
21211		Títulos				
.....						
# 2122		Taxa indexada				
21221		Títulos				
.....						
#213		OBRIGAÇÕES DIVERSAS				
# 2131		Taxa Fixa				
21311		Obrigações ...				
# 2132		Taxa Indexada				
# Contas intermédias						

CLASSE 2 - CARTEIRA DE TÍTULOS						página	
						2	
CÓDIGO DAS CONTAS, POR NATUREZA							
Código		Designação					
21		OBRIGAÇÕES				(continuação)	
#	2133	De Remuneração Variável					
#	217	VALORES CEDIDOS EM OPERAÇÕES DE VENDA COM ACORDO DE RECOMPRA					
	2171	Obrigações					
	21711	Títulos da Dívida Pública					
	21712	Outros Fundos Públicos e Equiparados					
	21713	Obrigações diversas					
#	218	VALORES EMPRESTADOS					
	2181	Obrigações					
	21811	Títulos da Dívida Pública					
	21812	Outros Fundos Públicos e Equiparados					
	21813	Obrigações diversas					
22		ACÇÕES					
	221	ACÇÕES ORDINÁRIAS					
	222	ACÇÕES PRIVILEGIADAS E PREFERENCIAIS					
	223	OUTRAS ACÇÕES					
#	227	VALORES CEDIDOS EM OPERAÇÕES DE VENDA COM ACORDO DE RECOMPRA					
#	228	VALORES EMPRESTADOS					
23		TÍTULOS DE PARTICIPAÇÃO					
	231	Títulos ...					
#	237	VALORES CEDIDOS EM OPERAÇÕES DE VENDA COM ACORDO DE RECOMPRA					
#	238	VALORES EMPRESTADOS					
	......						
24		UNIDADES DE PARTICIPAÇÃO					
#	241	FUNDOS HARMONIZADOS					
	2411	Fundos de obrigações					
	2412	Fundos de acções					
	2413	Fundos mistos					
	....						
	2419	Outros fundos harmonizados					
#	242	FUNDOS NÃO HARMONIZADOS					
	2421	Fundos de tesouraria					
	2421	Fundos do mercado monetário					
	......						
#	243	OUTROS FUNDOS					
	2431	Fundos ...					
#	Contas intermédias						

	CLASSE 2 - CARTEIRA DE TÍTULOS				página
					3
	CÓDIGO DAS CONTAS, POR NATUREZA				
	Código	Designação			
25		**DIREITOS**			
	251	DIREITOS DE SUBSCRIÇÃO			
		DIREITOS DE INCORPORAÇÃO			
	252				
	253	WARRANTS			
	2533	Dependentes			
	2534	Autónomos			
	254	OPÇÕES			
	2545	Compradas			
	25451	De operações de OPCÕES de moeda			
	25452	De operações de OPCÕES sobre taxas de juro			
	25453	De operações de OPCÕES sobre cotações			
	2546	Vendidas			
	25461	De operações de OPCÕES de moeda			
	25462	De operações de OPCÕES sobre taxas de juro			
	25463	De operações de OPCÕES sobre cotações			
#	257	VALORES CEDIDOS EM OPERAÇÕES DE VENDA COM ACORDO DE RECOMPRA			
	2571	Direitos de subscrição			
	2572	Direitos de incorporação			
#	258	VALORES EMPRESTADOS			
	2581	Direitos de subscrição			
	2582	Direitos de incorporação			
	259	OUTROS DIREITOS			
26		**OUTROS INSTRUMENTOS DE DÍVIDA**			
#	261	BILHETES DE TESOURO			
	...	...			
#	262	CLIP'S			
#	263	PAPEL COMERCIAL			
	.....				
#	267	VALORES CEDIDOS EM OPERAÇÕES DE VENDA COM ACORDO DE RECOMPRA			
	2671	Bilhetes de Tesouro e Outros Instrumentos de Dívida			
	2673	Papel Comercial			
#	Contas intermédias				

CLASSE 2 – CARTEIRA DE TÍTULOS				página
				4
CÓDIGO DAS CONTAS, POR NATUREZA				
Código		Designação		
28		MAIS E MENOS VALIAS		
#	281	MAIS VALIAS		
#	2811	Em obrigações		
	28111	Em títulos da dívida pública		
	28112	Em outros fundos públicos		
	28113	Em obrigações diversas		
#	2812	Em acções		
	28121	Em acções ordinárias		
	28122	Em acções privilegiadas e preferenciais		
	28123	Em outras acções		
#	2813	Em títulos de participação		
	28131	Em títulos...		
#	2814	Em unidades de participação		
	28141	Em fundos harmonizados		
	28142	Em fundos não harmonizados		
	28143	Em outros fundos		
#	2815	Em direitos		
	28151	Em direitos de subcrição		
	28152	Em direitos de incorporação		
	28153	Em warrants dependentes		
	28154	Em warrants autónomos		
	28155	Em opções compradas		
	28156	Em opções vendidas		
	28159	Em outros direitos		
#	2816	Em outros instrumentos de dívida		
	28161	Em bilhetes do tesouro		
	28163	Em papel comercial		
#	Contas intermédias			

CLASSE 2 – CARTEIRA DE TÍTULOS				página
				5
CÓDIGO DAS CONTAS, POR NATUREZA				
Código		Designação		
# 282		MENOS VALIAS		
# 2821		Em Obrigações		
28211		Em títulos da dívida pública		
28212		Em outros fundos públicos		
28213		Em obrigações diversas		
# 2822		Em acções		
28221		Em acções ordinárias		
28222		Em acções privilegiadas e preferenciais		
28223		Em outras acções		
# 2823		Em títulos de participação		
28231		Em títulos ...		
# 2824		Em unidades de participação		
28241		Em fundos harmonizados		
28242		Em fundos não harmonizados		
28243		Em outros fundos		
# 2825		Em direitos		
28251		Em direitos de subcrição		
28252		Em direitos de incorporação		
28253		Em warrants dependentes		
28254		Em warrants autónomos		
28255		Em opções compradas		
28256		Em opções vendidas		
28259		Em outros direitos		
# 2826		Em outros instrumentos de dívida		
28261		Em bilhetes do tesouro		
28263		Em papel comercial		
# 411		DEVEDORES POR OBRIGAÇÕES VENCIDAS		
4111		A regularizar		
4112		Em contencioso		
4113		Despesas com crédito vencido		
# Contas intermédias				

CLASSE 4 – CONTAS DE TERCEIROS						
ESTRUTURA GLOBAL DA CLASSE DE CONTAS						
NAT. DAS CONTAS DE R		**TIPO/ENTIDADE**		**LOCALIZAÇÃO**		**TABELA**
Código	**Designação**	**Cód.**	**Designação**	**Cód.**	**Designação**	**AUXILIAR**
41	DEVEDORES			P	Portugal	
42	CREDORES			U	União Europeia	A - Moedas
43	EMPRÉST. CONTRAÍDOS			O	Outros países	
48	PROV. ACUMULADAS					
EXEMPLOS DE CODIFICAÇÃO						
Código	4111.00.P		Código	421.00.P		
Desig.:	Dev.p/obr.venc.a regularizar, Portugal	Desig.:		Resgate a pagar a participantes, Portugal		
Código	4122.00.U		Código	4813.00.U		
Desig.:	Dev.p/juros venc.de cob.duv., Un.Eur.	Desig.:		Provisões p/juros vencidos, Un. Europ.		
CÓDIGO DAS CONTAS, POR NATUREZA						
Código			**Designação**			
41		DEVEDORES				
#	411	DEVEDORES POR OBRIGAÇÕES VENCIDAS				
	4111	A regularizar				
	4112	Em contencioso				
	4113	Despesas com crédito vencido				
#	412	DEVEDORES POR JUROS VENCIDOS				
	4121	A regularizar				
	4122	Em contencioso				
	4123	Despesas com crédito vencido				
#	415	DEVEDORES P/OPERAÇÕES S/ OPÇÕES				
#	4151	Prémios				
	41511	Em opções de moeda				
	41512	Em opções de taxa de juro				
	41513	Em opções sobre cotações				
#	4152	Margem inicial				
	41521	Em opções de moeda				
	41522	Em opções de taxa de juro				
	41523	Em opções sobre cotações				
#	4153	Ajustamento de cotações				
	41531	Em opções de moeda				
	41532	Em opções de taxa de juro				
	41533	Em opções sobre cotações				
	4158	Outros				
#	416	DEVEDORES P/OPERAÇÕES S/ FUTUROS				
#	4161	Margem inicial				
	41611	Em futuros de moeda				
	41612	Em futuros de taxa de juro				
	41613	Em futuros sobre cotações				
#	Contas intermédias					

748 *Fundos de investimento*

CLASSE 4 - CONTAS DE TERCEIROS		Página 2
CÓDIGO DAS CONTAS, POR NATUREZA		
Código	Designação	
41	**DEVEDORES** (continuação)	
# 4162	Ajustamento de cotações	
41621	Em futuros de moeda	
41622	Em futuros de taxa de juro	
41623	Em futuros sobre cotações	
4168	Outros	
# 417	OPERAÇÕES REPORTE DE VALORES	
# 4177	Operações compra c/acordo de revenda	
41771	Títulos da dívida Pública	
41772	Outros fundos públicos e equiparados	
41773	Obrigações diversas	
41774	Acções	
41775	Títulos de Participação	
41776	Bilhetes de Tesouro e Outros Instrumentos de Dívida	
41778	Outros Valores	
418	DEVEDORES POR OPERAÇÕES DE REGULARIZAÇÃO DE VENDA DE TÍTULOS	
4181	Operações de bolsa ou mercado regulamentado	
4182	Operações fora de mercado	
# 419	OUTROS VALORES A RECEBER	
4199	Outros devedores	
42	**CREDORES**	
421	RESGATES A PAGAR AOS PARTICIPANTES	
422	RENDIMENTOS A PAGAR AOS PARTICIPANTES	
# 423	COMISSÕES A PAGAR	
4231	Sociedade Gestora	
4232	Banco depositário	
4239	A outras entidades	
424	SECTOR PÚBLICO ADMINISTRATIVO	
# 425	CREDORES P/OPERAÇÕES S/ OPÇÕES	
# 4251	Prémios	
42511	Em opções de moeda	
42512	Em opções de taxa de juro	
42513	Em opções sobre cotações	
# 4253	Ajustamento de cotações	
42531	Em opções de moeda	
42532	Em opções de taxa de juro	
42533	Em opções sobre cotações	
4258	Outros	

	CLASSE 4 - CONTAS DE TERCEIROS		página
			3
	CÓDIGO DAS CONTAS, POR NATUREZA		
	Código	**Designação**	
42		**CREDORES** (continuação)	
#	426	CREDORES P/OPERAÇÕES S/ FUTUROS	
#	4262	Margem inicial	
	42621	Em futuros de moeda	
	42622	Em futuros de taxa de juro	
	42623	Em futuros sobre cotações	
#	4263	Ajustamentos de cotações	
	42631	Em futuros de moeda	
	42632	Em futuros de taxa de juro	
	42633	Em futuros sobre cotações	
	4268	Outros	
#	427	OPERAÇÕES REPORTE DE VALORES	
#	4277	Operações venda c/acordo de recompra	
	42771	Títulos da dívida Pública e Outros fundos públicos e equiparados	
	42772	Outros fundos públicos e equiparados	
	42773	Obrigações diversas	
	42774	Acções	
	42775	Títulos de Participação	
	42776	Bilhetes do Tesouro e outros instrumentos de dívida	
	428	CREDORES POR OPERAÇÕES DE REGULARIZAÇÃO DE COMPRA DE TÍTULOS	
	4181	Operações de bolsa ou mercado regulamentado	
	4182	Operações fora de mercado	
#	429	OUTROS VALORES A PAGAR	
	.....		
	4299	Outros credores	
43		**EMPRÉSTIMOS CONTRAÍDOS**	
	431	ENTIDADE ...	
48		**PROVISÕES ACUMULADAS**	
#	481	PROVISÕES PARA CRÉDITO VENCIDO	
	4811	Para devedores por obrigações vencidas	
	4812	Para devedores por juros vencidos	
	4813	Para outros valores a receber	
#	482	PROVISÕES PARA RISCOS E ENCARGOS	
	4821	Para risco-país	
	4822	Para impostos a pagar	
	.....		
	4829	Para outros riscos e encargos	
#	Contas intermédias		

	CLASSE 5 - CONTAS DE REGULARIZAÇÃO					
	ESTRUTURA GLOBAL DA CLASSE DE CONTAS					
NATUREZA DAS CONTAS DE RAZÃO		**TIPO/ENTIDADE**		**LOCALIZAÇÃO**		**TABELA**
Código	**Designação**	**Cód.**	**Designação**	**Cód.**	**Designação**	**AUXILIAR**
		Bx	Banco X			
51	PROVEITOS A RECEBER	CB	Cotadas Bolsa			
52	DESPESAS C/CUSTO DIFERIDO	NC	Não Cotadas	P	Portugal	A - Moedas
55	CUSTOS A PAGAR	CO	Cotadas O.Merc	U	União Europeia	
56	RECEITAS C/PROVEITO DIFER.	PA	Pedido Admissão	O	Outros países	
58	OUTRAS CONTAS REGULARIZ.	FF	Fundo Fechado			
59	CONTAS INTERNAS	CA	Call			
		PU	Put			
		CP	Compra			
		VD	Venda			

EXEMPLOS DE CODIFICAÇÃO			
Código	5113.Bx.P	**Código**	52913.CA.O
Desig.:	Juros a receb.dep.prazo,Bano x,Portugal	**Desig.:**	D.C.dif.,swap moeda,Put,Out.país
Código	51211.CB.P	**Código**	56161.NC.P
Desig.:	Juros a rec.tít.dív.púb.,cot.bolsa,Portug.	**Desig.:**	Juros antec.BTs,não cotados,Portugal

CÓDIGO DAS CONTAS, POR NATUREZA		
Código		**Designação**
51		**PROVEITOS A RECEBER**
#	511	DE DISPONIBILIDADES
	5112	De depósitos à ordem
	5113	De depósitos a prazo e com pré-aviso
	5114	De certificados de depósito
	5118	De outras contas de meios monetários
#	512	DA CARTEIRA DE TÍTULOS
#	5121	De obrigações
	51211	De títulos da dívida pública
	51212	De outros fundos públicos equiparados
	51213	De obrigações diversas
#	5122	De acções
	51221	De acções ordinárias
	51222	De acções privilegiadas e preferenciais
	51223	De outras acções
#	5123	De títulos de participação
	51231	De títulos ....
#	5124	De unidades de participação
	51241	De fundos harmonizados
	51242	De fundos não harmonizados
	51243	De outros fundos
#	Contas intermédias	

CLASSE 5 - CONTAS DE REGULARIZAÇÃO				Página 2
CÓDIGO DAS CONTAS, POR NATUREZA				
Código			Designação	
51		PROVEITOS A RECEBER		(continuação)
#	5126	De outros instrumentos de dívida		
	51261	De bilhetes do tesouro		
	51262	De clips		
	51263	De papel comercial		
	....			
#	514	DE CONTAS DE TERCEIROS		
	5141	De devedores		
	517	OPERAÇÕES DE EMPRÉSTIMO E REPORTE DE VALORES		
	5177	Operações de compra com acordo de revenda		
	5178	Operações de empréstimo de valores		
	518	OUTROS PROVEITOS A RECEBER		
#	519	EM OPERAÇÕES EXTRAPATRIMONIAIS		
#	5191	EM OPERAÇÕES CAMBIAIS		
	51912	Em operações cambiais a prazo ("FORWARD")		
	51913	Em operações de "SWAP" de moeda		
	51915	Em operações de FUTUROS de moeda		
#	5192	EM OPERAÇÕES SOBRE TAXAS DE JURO		
	51921	Em contratos a prazo de taxa de juro ("FRA")		
	51922	Em operações de "SWAP" de taxa de juro (IRS)		
	51923	Em contratos de garantia de taxa de juro		
	51925	Em operações de FUTUROS de taxa de juro		
52		DESPESAS COM CUSTO DIFERIDO		
#	522	DA CARTEIRA DE TÍTULOS		
#	5221	Obrigações		
	52211	De títulos de dívida pública		
	52212	De outros fundos públicos equiparados		
	52213	De obrigações diversas		
	5226	De outros títulos de dívida		
	527	OPERAÇÕES DE REPORTE DE VALORES		
	5277	Operações de venda com acordo de recompra		
	528	OUTRAS DESPESAS COM CUSTO DIFERIDO		
#	529	EM OPERAÇÕES EXTRAPATRIMONIAIS		
#	5291	Em operações cambiais		
	52912	Em operações cambiais a prazo ("FORWARD")		
	52913	Em operações de "SWAP" de moeda		
	52915	Em operações de FUTUROS de moeda		
#	5292	Em operações sobre taxas de juro		
	52921	Em contratos a prazo de taxa de juro ("FRA")		
	52922	Em operações de "SWAP" de taxa de juro (IRS)		
	52925	Em operações de FUTUROS de taxa de juro		
#	5293	Em operações sobre cotações		
#	52935	Em operações de FUTUROS de cotações		
#	Contas intermédias			

	CLASSE 5 - CONTAS DE REGULARIZAÇÃO		Página 3
	CÓDIGO DAS CONTAS, POR NATUREZA		
	Código	Designação	
55		**CUSTOS A PAGAR**	
	551	JUROS E CUSTOS EQUIPARADOS A LIQUIDAR	
	5511	De empréstimos obtidos	
	....	....	
	552	COMISSÕES A LIQUIDAR	
	554	IMPOSTOS A LIQUIDAR	
	557	OPERAÇÕES DE REPORTE DE VALORES	
	5577	Operações de venda com acordo de recompra	
	558	OUTROS CUSTOS A PAGAR	
#	559	EM OPERAÇÕES EXTRAPATRIMONIAIS	
#	5591	Em operações cambiais	
	55912	Em operações de "SWAP" de moeda	
#	5592	Em operações sobre taxas de juro	
	55921	Em contratos a prazo de taxa de juro ("FRA")	
	55922	Em operações de "SWAP" de taxa de juro ("IRS")	
56		**RECEITAS COM PROVEITO DIFERIDO**	
#	561	JUROS ANTECIPADOS, RECEBIDOS	
#	5611	De títulos da dívida pública	
	56113	De O.C.A.s	
	56118	De outros títulos da dívida pública	
	5612	De outros fundos públicos e equiparados	
#	5613	De obrigações diversas	
	56138	Outras obrigações	
	5616	De outros instrumentos da dívida	
	56161	De bilhetes do tesouro	
	56162	Papel comercial	
	567	OPERAÇÕES DE REPORTE E EMPRÉSTIMO DE VALORES	
	5677	De operações de compra c/ ac. revenda	
	5678	De operações de empréstimo de valores	
	568	OUTRAS RECEITAS COM PROVEITO DIFERIDO	
#	569	EM OPERAÇÕES EXTRAPATRIMONIAIS	
#	5691	Em operações cambiais	
	56912	Em operações cambiais a prazo ("FORWARD")	
	56913	Em operações de "SWAP" de moeda	
	56915	Em operações de FUTUROS de moeda	
#	5692	Em operações sobre taxas de juro	
	56921	Em contratos a prazo de taxa de juro ("FRA")	
	56922	Em operações de "SWAP" de taxa de juro (IRS)	
	56925	Em operações de FUTUROS de taxa de juro	
#	5693	Em operações sobre cotações	
	56935	Em operações de FUTUROS de cotações	

	CLASSE 5 – CONTAS DE REGULARIZAÇÃO	Página 4
	CÓDIGO DAS CONTAS, POR NATUREZA	
	Código	Designação	
58		**OUTRAS CONTAS DE REGULARIZAÇÃO**	
#	583	AJUSTAMENTOS DE COTAÇÕES	
#	5831	De operações cambiais	
	58311	De operações cambiais a prazo ("FORWARD")	
	58312	De operações de "SWAP" de moeda	
	58315	De operações de FUTUROS de moeda	
#	5832	De operações sobre taxas de juro	
	58321	De contratos a prazo de taxa de juro ("FRA")	
	58322	De operações de "SWAP" de taxa de juro (IRS)	
	58323	De contratos de garantia de taxa de juro	
	58325	De operações de FUTUROS de taxa de juro	
#	5833	De operações sobre cotações	
	58335	De operações de FUTUROS de cotações	
	588	Outras operações a regularizar	
59		**CONTAS INTERNAS**	
#	591	OPERAÇÕES CAMBIAIS A LIQUIDAR	
	5911	Operação cambial à vista	
	5912	Operação cambial a prazo	
#	5913	Operação de "SWAP"	
	59131	Operações de "SWAP" à vista	
	59132	Operações de "SWAP" a prazo	
#	5914	Opções	
	59141	Opções compradas	
	59142	Opções vendidas	
	5915	Futuros	
#	592	OPERAÇÕES DE TAXA DE JURO A LIQUIDAR	
	5921	De contratos a prazo de taxa de juro ("FRA")	
	5922	"SWAPS" de taxas de juro	
	5923	De contratos de garantia de taxa de juro	
	5924	De operações de OPCÕES de taxa de juro	
	5925	De operações de FUTUROS de taxa de juro	
#	593	DE OPERAÇÕES S/COTAÇÕES a LIQUIDAR	
	5934	De operações de OPCÕES de cotações	
	5935	De operações de FUTUROS de cotações	
#	595	POSIÇÃO CAMBIAL	
	5951	Posição cambial à vista	
	598	OUTRAS CONTAS INTERNAS	
#	Contas intermédias		

NATUREZA DAS CONTAS RAZÃO		TIPO/ENTIDADE		LOCALIZAÇÃO		TABELA
CLASSE 6 – CAPITAL DO FUNDO						
ESTRUTURA GLOBAL DA CLASSE DE CONTAS						
Código	**Designação**	**Cód.**	**Designação**	**Cód.**	**Designação**	**AUXILIAR**
61	UNIDADES DE PARTICIPAÇÃO			P	Portugal	
62	VARIAÇÕES PATRIMONIAIS			U	União Europeia	A - Moedas
63	RESULTADOS TRANSITADOS			O	Outros países	
64	RESULTADOS DISTRIBUÍDOS					

EXEMPLOS DE CODIFICAÇÃO			
Código	611.00.R	Código	631.00.P
Desig.:	Valor base das UPs, Portugal	Desig.:	Resultados aprovados, Portugal
Código	6222.00.P	Código	641.00.O
Desig.:	Dif.em resgates do exercício, Portugal	Desig.:	Resultados distribuídos, Outro país

CÓDIGO DAS CONTAS, POR NATUREZA			
Código		**Designação**	
61		**UNIDADES DE PARTICIPAÇÃO**	
	611	Valor base	
62		**VARIAÇÕES PATRIMONIAIS**	
#	621	VARIAÇÕES DO FUNDO REL. EXERCÍCIOS ANTERIORES	
	6211	Diferenças em subscrições	
	6212	Diferenças em resgates	
#	622	VARIAÇÕES DO FUNDO REL. EXERCÍCIO EM CURSO	
	6221	Diferenças em subscrições	
	6222	Diferenças em resgates	
63		**RESULTADOS TRANSITADOS**	
	631	RESULTADOS APROVADOS	
	632	RESULTADOS AGUARDANDO APROVAÇÃO	
	634	RESULTADOS DISTRIBUÍDOS EM EXERCÍCIOS FINDOS	
64		**RESULTADOS DISTRIBUÍDOS**	
	641	RESULTADOS DISTRIBUÍDOS A PARTICIPANTES	
#	Contas intermédias		

CLASSE 7 - CUSTOS E PERDAS			
ESTRUTURA GLOBAL DA CLASSE DE CONTAS			
NATUREZA DAS CONTAS RAZÃO	TIPO/ENTIDADE	LOCALIZAÇÃO	TABELA
Código Designação	Cód. Designação	Cód. Designação	AUXILIAR
71 JUROS CUSTOS EQUIP.			
72 COMISSÕES		P Portugal	
73 PERDAS OPER. FIN.		U União Europeia	A - Moedas
74 IMPOSTOS		O Outros países	
75 PROVISÕES P/RISCOS ENCARGOS			
77 OUT.CUSTOS PERDAS CORRENTES			
78 PERDAS EVENTUAIS			
EXEMPLOS DE CODIFICAÇÃO			
Código 7112.00.U	Código	73211.00.P	
Desig.: Juros deved.dep.à ordem, Un.Europeia	Desig.:	Perdas em títulos dív. pública, Portugal	
Código 724.00.P	Código	781.00.O	
Desig.: Comissão de gestão, Portugal	Desig.:	Valores incobráveis, Outros países	
CÓDIGO DAS CONTAS, POR NATUREZA			
Código		Designação	
71	JUROS E CUSTOS EQUIPARADOS		
# 711	DE DISPONIBILIDADES		
7112	De depósitos à ordem		
7118	De outras contas de meios monetários		
# 712	DA CARTEIRA DE TÍTULOS		
# 7121	De obrigações		
71211	De títulos da dívida pública		
71212	De outros fundos públicos equiparados		
71213	De obrigações diversas		
7126	De outros instrumentos de dívida		
# 714	DE CONTAS DE TERCEIROS		
7141	De contas de devedores		
7142	De contas de credores		
7143	De empréstimos contraídos		
# 717	DE OPERAÇÕES DE REPORTE DE VALORES		
7177	De operações de venda com acordo de recompra		
71771	Títulos da Dívida Pública		
71772	Outros Fundos Públicos e Equiparados		
71773	Obrigações diversas		
71774	Acções		
71775	Títulos de Participação		
71776	Bilhetes de Tesouro e Outros Instrumentos de Dívida		
71778	Outros Valores		
# Contas intermédias			

CLASSE 7 - CUSTOS E PERDAS					Página 2
CÓDIGO DAS CONTAS, POR NATUREZA					
Código			**Designação**		(continuação)
71			**JUROS E CUSTOS EQUIPARADOS**		
	718		OUTROS JUROS E CUSTOS EQUIPARADOS		
	719		DE OPERAÇÕES EXTRAPATRIMONIAIS		
	7191		De operações cambiais		
		719101	De operações cambiais à vista ("SPOT")		
		719102	De operações cambiais a prazo ("FORWARD")		
		719103	De operações de "SWAP" de moeda		
		719105	De operações de FUTUROS de moeda		
	7192		De operações sobre taxas de juro		
		71921	De contratos a prazo de taxa de juro ("FRA")		
		71922	De operações de "SWAP" de taxa de juro (IRS)		
		71923	De contratos de garantia de taxa de juro		
		71925	De operações de FUTUROS de taxa de juro		
	7193		De operações sobre cotações		
		71935	De operações de FUTUROS de cotações		
72			**COMISSÕES**		
	722		COMISSÕES DA CARTEIRA DE TÍTULOS		
		7221	Taxa de operações em bolsa ou em mercado regulamentado		
		7222	Taxa de operações fora de mercado		
		7223	Taxa de corretagem		
		.....	......		
		7229	Outras comissões da carteira de títulos		
	724		COMISSÃO DE GESTÃO		
		7241	Componente Fixa		
		7242	Componente Variável		
	725		COMISSÃO DE DEPÓSITO		
		7251	Componente Fixa		
		7252	Componente Variável		
	728		OUTRAS COMISSÕES		
#	729		COMISSÕES DE OPERAÇÕES EXTRAPATRIM.		
#	7291		De operações cambiais		
		72911	De operações cambiais à vista ("SPOT")		
		72912	De operações cambiais a prazo ("FORWARD")		
		72913	De operações de "SWAP" de moeda		
		72915	De operações de FUTUROS de moeda		
#	7292		De operações sobre taxas de juro		
		72921	De contratos a prazo de taxa de juro ("FRA")		
		72922	De operações de "SWAP" de taxa de juro (IRS)		
		72923	De contratos de garantia de taxa de juro		
		72925	De operações de FUTUROS de taxa de juro		
# Contas intermédias					

	CLASSE 7 - CUSTOS E PERDAS					página
						3
	CÓDIGO DAS CONTAS, POR NATUREZA					
	Código			**Designação**		
72		**COMISSÕES**				
#	7293	De operações sobre cotações				
	72935	De operações de FUTUROS de cotações				
73		**PERDAS EM OPERAÇÕES FINANCEIRAS**				
	731	PERDAS EM DISPONIBILIDADES				
#	732	PERDAS NA CARTEIRA DE TÍTULOS				
#	7321	Em obrigações				
	73211	Em títulos da dívida pública				
	73212	Em outros fundos públicos equiparados				
	73213	Em obrigações diversas				
#	7322	Em acções				
	73221	Em acções ordinárias				
	73222	Em acções privilegiadas e preferenciais				
	73223	Noutras acções				
#	7323	Em títulos de participação				
	73231	Em títulos				
	....					
#	7324	Em unidades de participação				
	73241	Em fundos harmonizados				
	73242	Em fundos não harmonizados				
	73243	Em outros fundos				
#	7325	Em direitos				
	73251	Em direitos de subscrição				
	73252	Em direitos de incorporação				
	73253	Em warrants dependentes				
	73254	Em warrants autónomos				
	73255	Em opções compradas				
	73256	Em opções vendidas				
	....					
	73259	Em outros direitos				
#	7326	Em outros instrumentos de dívida				
	73261	Em Bilhetes do tesouro				
	73263	Em papel comercial				
	738	OUTRAS PERDAS EM OPERAÇÕES FINANCEIRAS				
#	739	EM OPERAÇÕES EXTRAPATRIMONIAIS				
#	7391	Em operações cambiais				
	73911	Em operações cambiais à vista ("SPOT")				
	73912	Em operações cambiais a prazo ("FORWARD")				
	73913	Em operações de "SWAP" de moeda				
	73915	Em operações de FUTUROS de moeda				

CLASSE 7 - CUSTOS E PERDAS					Página 4
CÓDIGO DAS CONTAS, POR NATUREZA					
Código				**Designação**	(continuação)
73			PERDAS EM OPERAÇÕES FINANCEIRAS		
#	7392		Em operações sobre taxas de juro		
	73921		De contratos a prazo de taxa de juro ("FRA")		
	73922		De operações de "SWAP" de taxa de juro (IRS)		
	73923		De contratos de garantia de taxa de juro		
	73925		De operações de FUTUROS de taxa de juro		
#	7393		Em operações sobre cotações		
	73935		De operações de FUTUROS de cotações		
74			IMPOSTOS E TAXAS		
#	741		IMPOSTOS INDIRECTOS		
	7411		Imposto do selo		
	....				
	7418		Outros impostos indirectos		
#	742		IMPOSTOS DIRECTOS		
	7421		Imposto de mais-valias		
	7422		IRC/IRS retido e liquidado		
	.....				
	7428		Outros impostos directos		
75			PROVISÕES DO EXERCÍCIO		
#	751		PROVISÕES PARA CRÉDITO VENCIDO		
	7511		Para devedores por obrigações vencidas		
	7512		Para devedores por juros vencidos		
	7513		Para outros valores a receber		
#	752		PROVISÕES PARA RISCOS E ENCARGOS		
	.....				
	7528		Para outros riscos e encargos		
77			OUTROS CUSTOS E PERDAS CORRENTES		
	.....				
	778		DIVERSOS CUSTOS E PERDAS CORRENTES		
78			CUSTOS E PERDAS EVENTUAIS		
	781		VALORES INCOBRÁVEIS		
	782		PERDAS EXTRAORDINÁRIAS		
	783		PERDAS IMPUTÁVEIS A EXERCÍCIOS ANTERIORES		
	.....				
	788		OUTROS CUSTOS E PERDAS EVENTUAIS		
#	Contas intermédias				

CLASSE 8 – PROVEITOS E GANHOS				
ESTRUTURA GLOBAL DA CLASSE DE CONTAS				
NATUREZA DAS CONTAS RAZÃO		**TIPO/ENTIDADE**	**LOCALIZAÇÃO**	**TABELA**
Código	**Designação**	**Cód.**	**Designação**	**Cód.**	**Designação**	**AUXILIAR**
81	JUROS PROVEITOS EQUIP.					
82	RENDIMENTO DE TÍTULOS			P	Portugal	A - Moedas
83	GANHOS EM OPER.FINANCEIRAS			U	União Europeia	
85	REPOSIÇÃO E ANUL.PROV.			O	Outros países	
87	OUT.PROV.E GANHOS CORRENTES					
88	GANHOS EVENTUAIS					

EXEMPLOS DE CODIFICAÇÃO			
Código	8113.00.U	**Código**	83924.00.O
Desig.:	Juros depósitos a prazo, Un.Europeia	**Desig.:**	Ganhos em opções de taxas de juro, Out.País
Código	81213.00.P	**Código**	883.00.P
Desig.:	Juros de obrig.diversas, Portugal	**Desig.:**	Ganhos imp.exerc.anteriores, Portugal

CÓDIGO DAS CONTAS, POR NATUREZA			
Código			**Designação**
81			**JUROS E PROVEITOS EQUIPARADOS**
#	811		DE DISPONIBILIDADES
	8112		De depósitos à ordem
	8113		De depósitos a prazo e com pré-aviso
	8114		De certificados de depósitos
	8118		De outras contas de meios monetários
#	812		DA CARTEIRA DE TÍTULOS
#	8121		Juros de obrigações
		81211	De títulos da dívida pública
		81212	De outros fundos públicos e equiparados
		81213	De obrigações diversas
#	8123		Juros de títulos de participação
		81231	De títulos ....
#	8126		Juros de outros instrumentos de dívida
		81261	Juros de bilhetes do tesouro
		81262	Juros de clips
		81263	Juros de papel comercial
#	Contas intermédias		

CLASSE 8 – PROVEITOS E GANHOS		Página
		2
CÓDIGO DAS CONTAS, POR NATUREZA		
Código	Designação	
81	JUROS E PROVEITOS EQUIPARADOS	(continuação)
# 814	DE CONTAS DE TERCEIROS	
8141	De contas de devedores	
8142	De contas de credores	
# 817	EM OPERAÇÕES DE REPORTE DE VALORES	
8177	De operações de compra com acordo de revenda	
81771	Títulos da Dívida Pública	
81772	Outros Fundos Públicos e Equiparados	
81773	Obrigações diversas	
81774	Acções	
81775	Títulos de Participação	
81776	Bilhetes de Tesouro e Outros Instrumentos de Dívida	
81778	Outros Valores	
# 818	OUTROS JUROS E PROVEITOS EQUIPARADOS	
.....		
# 819	DE OPERAÇÕES EXTRAPATRIMONIAIS	
# 8191	De operações cambiais	
81911	De operações cambiais à vista ("SPOT")	
81912	De operações cambiais a prazo ("FORWARD")	
81913	De operações de "SWAP" de moeda	
81915	De operações de FUTUROS de moeda	
# 8192	De operações sobre taxas de juro	
81921	De contratos a prazo de taxa de juro ("FRA")	
81922	De operações de "SWAP" de taxa de juro (IRS)	
81923	De contratos de garantia de taxa de juro	
81925	De operações de FUTUROS de taxa de juro	
# 8193	De operações sobre cotações	
81935	De operações de FUTUROS de cotações	
82	RENDIMENTO DE TÍTULOS	
# 822	RENDIMENTO DE ACÇÕES	
8221	De acções ordinárias	
8222	De acções privilegiadas e preferenciais	
8223	De outras acções	
# 823	RENDIMENTO de TÍTULOS de PARTICIPAÇÃO	
8231	De títulos	
# 824	RENDIMENTO de UNIDADES PARTICIPAÇÃO	
8241	De fundos harmonizados	
8242	De fundos não harmonizados	
8243	De outros fundos	
828	OUTROS RENDIMENTOS DE TÍTULOS	
# Contas intermédias		

	CLASSE 8 – PROVEITOS E GANHOS					Página	
						3	
	CÓDIGO DAS CONTAS, POR NATUREZA						
	Código			Designação			
#	829	DE OPERAÇÕES EXTRAPATRIMONIAIS					
#	8291	De operações cambiais					
	82911	De operações cambiais à vista ("SPOT")					
	82912	De operações cambiais a prazo ("FORWARD")					
	82913	De operações de "SWAP" de moeda					
	82915	De operações de FUTUROS de moeda					
#	8292	De operações sobre taxas de juro					
	82921	De contratos a prazo de taxa de juro ("FRA")					
	82922	De operações de "SWAP" de taxa de juro (IRS)					
	82923	De contratos de garantia de taxa de juro					
	82925	De operações de FUTUROS de taxa de juro					
#	8293	De operações sobre cotações					
	82935	De operações de FUTUROS de cotações					
83		GANHOS EM OPERAÇÕES FINANCEIRAS					
	831	GANHOS EM DISPONIBILIDADES					
#	832	GANHOS NA CARTEIRA DE TÍTULOS					
#	8321	Em obrigações					
	83211	Em títulos da dívida pública					
	83212	Em outros fundos públicos equiparados					
	83213	Em obrigações diversas					
#	8322	Em acções					
	83221	Em acções ordinárias					
	83222	Em acções privilegiadas e preferenciais					
	83223	Em outras acções					
#	8323	Em títulos de participação					
	83231	Em títulos					
#	8324	Em unidades de participação					
	83241	Em fundos harmonizados					
	83242	Em fundos não harmonizados					
	83243	Em outros fundos					
#	8325	Em direitos					
	83251	Em direitos de subscrição					
	83252	Em direitos de incorporação					
	83253	Em warrants dependentes					
	83254	Em warrants autónomos					
	83255	Em opções compradas					
	83256	Em opções vendidas					
	83259	Em outros direitos					
#	8326	Em outros instrumentos de dívida					
	83263	Em papel comercial					
#	Contas intermédias						

	CLASSE 8 – PROVEITOS E GANHOS			página
				4
	CÓDIGO DAS CONTAS, POR NATUREZA			
	Código		Designação	(contin.)
83			**GANHOS EM OPERAÇÕES FINANCEIRAS**	
#	837		EM OPERAÇÕES DE EMPRÉSTIMO DE VALORES	
	8378		Empréstimo de valores do fundo	
	83781		Títulos da Dívida Pública	
	83782		Outros Fundos Públicos e Equiparados	
	83783		Obrigações diversas	
	83784		Acções	
	83785		Títulos de Participação	
	83786		Bilhetes de Tesouro e Outros Instrumentos de Dívida	
	83788		Outros Valores	
	838		OUTROS GANHOS EM OPERAÇÕES FINANCEIRAS	
#	839		EM OPERAÇÕES EXTRAPATRIMONIAIS	
#		8391	Em operações cambiais	
		83911	Em operações cambiais à vista ("SPOT")	
		83912	Em operações cambiais a prazo ("FORWARD")	
		83913	Em operações de "SWAP" de moeda	
		83915	Em operações de FUTUROS de moeda	
#		8392	Em operações sobre taxas de juro	
		83921	Em contratos a prazo de taxa de juro ("FRA")	
		83922	Em operações de "SWAP" de taxa de juro (IRS)	
		83923	Em contratos de garantia de taxa de juro	
		83925	Em operações de FUTUROS de taxa de juro	
#		8393	EM OPERAÇÕES SOBRE COTAÇÕES	
		83935	De operações de FUTUROS de cotações	
85			**REPOSIÇÃO E ANULAÇÃO DE PROVISÕES**	
#	851		DE PROVISÕES PARA CRÉDITO VENCIDO	
	8511		Para devedores por obrigações vencidas	
	8512		Para devedores por juros vencidos	
	8513		Para outros valores a receber	
#	852		DE PROVISÕES PARA RISCOS E ENCARGOS	
	8528		Para outros riscos e encargos	
87			**OUTR. PROVEITOS E GANHOS CORRENTES**	
	878		Diversos proveitos e ganhos correntes	
88			**PROVEITOS E GANHOS EVENTUAIS**	
	881		RECUPERAÇÃO DE INCOBRÁVEIS	
	882		GANHOS EXTRAORDINÁRIAS	
	883		GANHOS IMPUTÁVEIS A EXERCÍCIOS ANTERIORES	
	888		OUTROS PROVEITOS E GANHOS EVENTUAIS	
#	Contas intermédias			

CLASSE 9 - CONTAS EXTRAPATRIMONIAIS			
ESTRUTURA GLOBAL DA CLASSE DE CONTAS			

NATUREZA DAS CONTAS RAZÃO		TIPO/ENTIDADE		LOCALIZAÇÃO		TABELA
Código	Designação	Cód.	Designação	Cód.	Designação	AUXILIAR
91	OPERAÇÕES CAMBIAIS	CA	Call	P	Portugal	A – Moedas
92	OPERAÇÕES S/TAXAS DE JURO	PU	Put	U	União Europeia	
93	OPERAÇÕES SOBRE COTAÇÕES	CP	Compra	O	Outros países	
94	COMPROM. COM E DE TERCEIROS	VD	Venda			
99	CONTAS DE CONTRAPARTIDA					

EXEMPLOS DE CODIFICAÇÃO			
Código	912.CA.P	Código	9211.CA.O
Desig.:	Oper.cambiais a prazo,Call,Portugal	Desig.:	Contrato "FRA"cobertura,Call,O.País
Código	9141.PU.U	Código	9222.PU.P
Desig.:	Opções compradas,Put,Un.Europeia	Desig.:	Oper."swap"tx.variável, Put,Portugal

CÓDIGO DAS CONTAS, POR NATUREZA		
Código		Designação
91		OPERAÇÕES CAMBIAIS
	911	OPERAÇÕES CAMBIAIS À VISTA ("SPOT")
	912	OPERAÇÕES CAMBIAIS A PRAZO ("FORWARD")
	913	OPERAÇÕES DE "SWAP" DE MOEDA
#	914	OPERAÇÕES DE OPÇÕES DE MOEDA
	9141	Opções compradas
	9142	Opções vendidas
#	915	OPERAÇÕES DE FUTUROS DE MOEDA
	9151	Contratos de compra
	9152	Contratos de venda
92		OPERAÇÕES SOBRE TAXAS DE JURO
#	921	CONTRATOS a PRAZO de TAXA de JURO ("FRA")
	9211	De cobertura
#	922	OPERAÇÕES de "SWAP" de TAXA de JURO (IRS)
	9221	Taxa fixa
	9222	Taxa variável
#	Contas intermédias	

Código		Designação	
92		**OPERAÇÕES S/ TAXAS DE JURO**	(continuação)
#	923	CONTRATOS de GARANTIA de TAXA de JURO	
	9231	Sobre taxas activas "caps"	
	9232	Sobre taxas activas "floors"	
	9233	Sobre taxas activas "collars"	
#	924	OPERAÇÕES de OPÇÕES de TAXA de JURO	
	9241	Opções compradas	
	9242	Opções vendidas	
#	925	OPERAÇÕES de FUTUROS de TAXA de JURO	
	9251	Contratos de compra	
	9252	Contratos de venda	
93		**OPERAÇÕES SOBRE COTAÇÕES**	
#	934	OPERAÇÕES de OPÇÕES SOBRE COTAÇÕES	
	9341	Opções compradas	
	9342	Opções vendidas	
#	935	OPERAÇÕES de FUTUROS SOBRE COTAÇÕES	
	9351	Contratos de compra	
	9352	Contratos de venda	
94		**COMPROMISSOS COM E DE TERCEIROS**	
	941	SUBSCRIÇÃO DE TÍTULOS	
#	942	OPERAÇÕES DE REPORTE DE VALORES	
	9421	Operações de compra	
	9422	Operações de venda	
#	943	VALORES CEDIDOS EM GARANTIA	
#	944	VALORES RECEBIDOS EM GARANTIA	
#	945	EMPRÉSTIMO DE TÍTULOS	
	....		
99		**CONTAS DE CONTRAPARTIDA**	
	991	CONTRATOS À VISTA ("SPOT")	
	992	CONTRATOS A PRAZO ("FORWARD" E "FRA")	
	993	CONTRATOS "SWAP"	
#	994	CONTRATOS DE OPÇÕES	
	9941	Contratos de compra	
	9942	Contratos de venda	
#	995	CONTRATOS DE FUTUROS	
	9951	Contratos de compra	
	9952	Contratos de venda	
	997	CONTRATOS DE GARANTIA DE TAXA DE JURO	
	998	COMPROMISSOS COM E DE TERCEIROS	
#	Contas intermédias		

CLASSE 9 - CONTAS EXTRAPATRIMONIAIS — página 2 — CÓDIGO DAS CONTAS, POR NATUREZA

CAPÍTULO 4
Conteúdo e regras
de movimentação das contas

4.1. CONSIDERAÇÕES GERAIS

A normalização do sistema contabilístico não se limita apenas à identificação da lista das contas, do conteúdo e forma das demonstrações financeiras e à definição dos princípios e critérios subjacentes à avaliação dos elementos patrimoniais. Sendo condições necessárias, não são suficientes. Para que as entidades responsáveis pela contabilização das operações o façam de forma equivalente, torna-se necessário definir o conteúdo e regras de movimentação das contas, particularmente daquelas que suscitem mais dúvidas ou possam ter diversas interpretações.

Tal facto, poderia levar a que um mesmo facto fosse contabilizado, pelas diversas entidades, em diferentes contas o que prejudicaria o conhecimento de terceiros, colocando em causa a protecção dos seus interesses e a comparabilidade entre o património e os resultados das operações realizadas pelas diversas entidades.

Pelo contrário, a definição exaustiva de conteúdos e regras de movimentação poderia proporcionar limitações à liberdade de registo de operações, situação que se pretende evitar com o presente plano contabilístico, porquanto as entidades deverão optar pelos sistemas de registo que se afigurem mais adequados, desde que seja garantida a imagem fiel e verdadeira do património e dos resultados do fundo.

Identificando-se neste capítulo apenas o conteúdo e regras de movimentação das contas do plano, reserva-se para o capítulo seguinte a explicitação dos lançamentos contabilísticos a efectuar nas operações mais frequentes do fundo.

4.2. CONTEÚDO E REGRAS DE MOVIMENTAÇÃO

Tendo por base a definição das classes de contas e a ordem na sua codificação apresenta-se, de seguida, o conteúdo das principais contas e as regras da sua movimentação. Na sua identificação, utilizou-se a seguinte nomenclatura:

TIPO: **R**azão – Contas de 1.° grau (2 dígitos)
              Intermédia – Conta que acumula e se desdobra noutras contas;
              Movimento – Conta que se destina a acolher directamente o registo das operações.

ACUMULA: Conta de grau imediatamente inferior que a integra e que, por isso, recebe os valores por acumulação.

NATUREZA: **B**alanço – Conta a ser integrada no balanço;
               Resultados – Conta de custos ou de proveitos;
               Extrapatrimonial – Conta para registo dos factos extrapatrimoniais.

GRAU: Nível de desdobramento/integração da conta.

Desde que observado o seu conteúdo de base, outros factos, para além dos referidos, poderão ser contabilizados nas contas, quando as entidades considerarem que tal contribua para a melhoria do conhecimento do património e dos resultados do fundo.

4.2.1. CLASSE 1 – *Disponibilidades*

Nesta classe deverão ser incluídas todas as contas representativas de meios líquidos de pagamento, imediata ou rapidamente mobilizáveis.

CONTA:	DEPÓSITOS À ORDEM	
Código: 12	Tipo: R Acumula:	
	Natureza: B Grau: 1.°	
CONTEÚDO		
Inclui os meios líquidos de pagamento de propriedade do fundo, depositados em instituições financeiras e imediatamente mobilizáveis, independentemente da moeda em que estejam expressos.		
REGRAS DE MOVIMENTAÇÃO		
A DÉBITO	*A CRÉDITO*	
• Entradas de meios líquidos em contas à ordem abertas em instituições financeiras	• Saídas de meios líquidos em contas à ordem abertas em instituições financeiras	
Observações: Por cada conta bancária deverá ser criada a respectiva subconta.		

CONTA:	DEPÓSITOS A PRAZO E COM PRÉ-AVISO	
Código: 13	Tipo: R Acumula:	
	Natureza: B Grau: 1.°	
CONTEÚDO		
As operações a incluir nesta conta serão estabelecidas de acordo com as definições da legislação bancária.		
REGRAS DE MOVIMENTAÇÃO		
A DÉBITO	*A CRÉDITO*	
• Constituição de contas a prazo ou com pré-aviso	• Liquidação total ou parcial das contas a prazo ou com pré-aviso	
Observações: Por cada conta bancária deverá ser criada a respectiva subconta.		

CONTA:	CERTIFICADOS DE DEPÓSITO
Código: 14	Tipo: R Acumula: Natureza: B Grau: 1.°

C O N T E Ú D O

Engloba os investimentos em títulos ao portador representativos de depósitos, emitidos por Instituições Financeiras com prazos estabelecidos entre as partes contratantes.

REGRAS DE MOVIMENTAÇÃO

A DÉBITO	*A CRÉDITO*
• Aquisição de títulos representativos de Certificados de Depósito	• Reembolso e venda dos títulos

CONTA:	OUTROS MEIOS MONETÁRIOS
Código: 18	Tipo: R Acumula: Natureza: B Grau: 1.°

C O N T E Ú D O

Engloba as restantes contas classificáveis como disponibilidades e não contempladas nas contas anteriores.

4.2.2. CLASSE 2 – *Carteira de títulos*

Nesta classe deverão ser incluídas todas as contas relativas às aplicações dos fundos, constituídos por valores mobiliários, por direitos de conteúdo económico destacáveis desses valores, desde que susceptíveis de negociação autónoma no mercado secundário e por outros instrumentos representativos de dívida, transaccionáveis, que possuam liquidez e tenham valor susceptível de ser determinado com precisão a qualquer momento.

Constituem valores mobiliários, as acções, obrigações, títulos de participação e quaisquer outros valores, seja qual for a sua natureza, ou forma de representação ainda que meramente escritural emitidos por quaisquer pessoas ou entidades públicas ou privadas em conjuntos homogéneos que confiram aos seus titulares direitos idênticos e legalmente susceptíveis de negociação num mercado organizado.

Desta forma, constituirão a carteira de títulos do fundo:

1. Valores mobiliários admitidos à cotação no mercado de cotações oficiais de uma bolsa de valores portuguesa ou de um outro Estado membro da Comunidade Europeia;
2. Valores mobiliários negociados noutros mercados de um Estado membro da Comunidade Europeia, regulamentados, com funcionamento regular, reconhecidos e abertos ao público [2];

---

[2] Desde que tais se encontrem identificadas no regulamento de gestão do fundo.

3. Valores mobiliários admitidos à cotação oficial de uma bolsa de valores ou negociados num outro mercado regulamentado, com funcionamento regular, reconhecido e aberto ao público, de um Estado que não seja membro da Comunidade Europeia, desde que a escolha da bolsa ou do mercado tenha sido aprovada pela Comissão do Mercado de Valores Mobiliários [1];

4. Valores mobiliários recentemente emitidos, desde que as condições de emissão incluam o compromisso de que será apresentado o pedido de admissão à cotação ou à negociação, em bolsa em mercados referidos nos pontos anteriores e desde que essa admissão seja obtida o mais tardar antes do final de um período de um ano a contar da data de emissão;

5. Valores mobiliários diferentes dos referidos nos pontos anteriores.

6. Outros instrumentos representativos de dívida, transaccionáveis, que possuam liquidez e tenham valor susceptível de ser determinado com precisão a qualquer momento.

7. A compra e a venda de warrants e opções, sendo considerados pelo valor do respectivo prémio pago ou recebido.

CONTA:	OBRIGAÇÕES	
Código: 21	Tipo: R	Acumula:
	Natureza: B	Grau: 1.°

CONTEÚDO	
Engloba os títulos de rendimento fixo representativos de empréstimos emitidos por entidades privadas ou organismos públicos.	

REGRAS DE MOVIMENTAÇÃO	
A DÉBITO	*A CRÉDITO*
• Compra de obrigações, ao seu valor de aquisição	• Venda de obrigações, ao seu valor de aquisição • Reembolso de obrigações

Observações: Esta conta desdobra-se de acordo com a categoria das entidades emitentes.

Faz-se ainda a distinção entre:

• Títulos com taxa fixa, quando a taxa de juro do cupão é fixada no início e se mantém para todo o período de vida do título;

• Títulos com taxa indexada, quando a taxa de juro varia em função da determinadas taxas-base de referência.

• Títulos com remuneração variável, ainda que a remuneração do obrigacionista se encontre dependente de variáveis que não tenham a natureza de taxa de juro

Nas vendas e reembolsos de obrigações da mesma emissão adquiridas por preços de custo diferentes, será utilizado o critério do custo médio ponderado ou o FIFO para valorização das mesmas, ou qualquer outro critério que venha a ser adoptado para efeitos fiscais.

CONTA:	TÍTULOS DA DÍVIDA PÚBLICA	
Código: 211	Tipo: I	Acumula: 21
	Natureza: B	Grau: 2.°

C O N T E Ú D O

Engloba os títulos de rendimento fixo em carteira, emitidos pelos Tesouro das Administrações Centrais.

CONTA:	OUTROS FUNDOS PÚBLICOS EQUIPARADOS	
Código: 212	Tipo: I	Acumula: 21
	Natureza: B	Grau: 2.°

C O N T E Ú D O

Nesta conta registam-se os títulos em carteira emitidos por outros órgãos da Administração Central, órgãos da Administração Regional e Local e da Segurança Social e outros, bem como por organismos internacionais de carácter público.

CONTA:	OBRIGAÇÕES DIVERSAS	
Código: 213	Tipo: I	Acumula: 21
	Natureza: B	Grau: 2.°

C O N T E Ú D O

Esta conta destina-se a registar as obrigações em carteira e que tenham sido emitidas por entidades privadas, nacionais ou internacionais.

Observações: Tal como nas contas anteriores, preconiza-se a sua classificação em títulos com taxa fixa,com taxa indexada e de remuneração variável.

CONTA:	UNIDADES DE PARTICIPAÇÃO	
Código: 24	Tipo: R	Acumula:
	Natureza: B	Grau: 1.°

C O N T E Ú D O

Nesta conta registam-se os investimentos efectuados em unidades de participação de fundos de investimento.

REGRAS DE MOVIMENTAÇÃO

A DÉBITO	*A CRÉDITO*
• Subscrições de unidades de participação de outros fundos de investimento	• Resgates de unidades de participação de outros fundos de investimentos

Observações: No desdobramento desta conta prevê-se a contabilização em contas próprias os fundos harmonizados e não harmonizados.

CONTA:	DIREITOS	
Código: 25	Tipo: R Natureza: B	Acumula: Grau: 1.°

C O N T E Ú D O

Nesta conta englobam-se os direitos de conteúdo económico, desde que susceptíveis de negociação autónoma, tais como direitos de subscrição e de incorporação, os warrants dependentes e autónomos, bem assim, as opções compradas e vendidas, sejam ou não padronizadas. As últimas serão registadas a crédito desta conta.

CONTA:	OUTROS INSTRUMENTOS DE DÍVIDA	
Código: 26	Tipo: R Natureza: B	Acumula: Grau: 1.°

REGRAS DE MOVIMENTAÇÃO

A DÉBITO	*A CRÉDITO*
• Subscrições de títulos representativos de outros instrumentos de dívida	• Resgates de títulos; • Reembolso de títulos; • Venda de títulos

C O N T E Ú D O

Nesta conta registam-se os restante instrumentos de dívida não contemplados nas contas anteriores. Destacam-se, como mais frequentes, os bilhetes do tesouro e o papel comercial.

CONTA:	MAIS E MENOS VALIAS	
Código: 28	Tipo: R Natureza: B	Acumula: Grau: 1.°

C O N T E Ú D O

Esta conta destina-se a registar os ganhos e perdas potenciais relacionados com a detenção da carteira de títulos. Movimenta-se diariamente pelas diferenças de cotação e de valorização dos títulos em carteira (incluindo em opções compradas e vendidas), por contrapartida das correspondentes contas de custos e proveitos.

REGRAS DE MOVIMENTAÇÃO

A DÉBITO	*A CRÉDITO*
• Aumento de valor dos títulos em carteira (ajustamentos favoráveis de cotação); • Anulação das menos valias acumuladas aquando da saída dos títulos em carteira.	• Redução do valor dos títulos em carteira (ajustamentos desfavoráveis de cotação); • Anulação das mais valias acumuladas aquando da saída dos títulos em carteira

Observações:	As flutuações de valor, com carácter temporário, dos títulos em carteira serão lançadas nas contas de proveitos e custos por contrapartida destas contas.Este procedimento resulta da necessidade de os títulos serem diariamente ajustados ao valor de mercado. Será desdobrada nas subcontas 281 – Mais Valias e 282 – Menos Valias, cuja estrutura observa a estritamente definida para a carteira de títulos. Consistindo em elementos que visam ajustar os activos do fundo, os seus saldos serão evidenciados nas colunas de balanço reservadas para os aumentos e reduções de valores activos.

4.2.4. CLASSE 4 – *Contas de terceiros*

Nesta classe devem ser consideradas as contas representativas de dívidas a receber ou a pagar pelo fundo, resultante de operações realizadas com terceiros e ainda não recebidas ou pagas.

Embora as contas de terceiros sejam consideradas na generalidade dentro desta classe, existem também contas em que se relevam operações com terceiros na classe 5, em particular na conta 58, mas em que estas últimas se apresentam com um carácter pontual e muito transitório.

Também serão de considerar nesta classe as provisões acumuladas para crédito vencido e as representativas de riscos e encargos diversos.

CONTA:	DEVEDORES POR OBRIGAÇÕES VENCIDAS	
Código: 411	Tipo: I	Acumula: 41
	Natureza: B	Grau: 2.°

CONTEÚDO
Esta conta destina-se a acolher o montante das dívidas a receber em consequência de obrigações vencidas e não liquidadas pelo mutuante, excluindo os juros que são contabilizados na conta 412.

REGRAS DE MOVIMENTAÇÃO	
A DÉBITO	*A CRÉDITO*
• Valor das obrigações vencidas não pagas pelo emitente; • Despesas com o crédito por obrigações vencidas	• Cobrança das dívidas; • Incobrabilidade dos créditos, por contrapartida da conta de resultados eventuais

Observações:	O desdobramento desta conta tem a ver com as expectativas de cobrança dos valores vencidos. Assim, contemplam-se as seguintes subcontas: 4111 – Representativa de valores vencidos de que se aguarda breve recebimento; 4112 – Representativa de valores vencidos, cuja cobrança se considera duvidosa, quer tenha ou não sido instituído o correspondente processo judicial; 4113 – Despesas com crédito vencido, onde se registam todas as despesas com vista à cobrança de crédito contabilizado nas contas anteriores. O valor, total ou parcial, desta conta pode ser provisionado pela quantia que se estima não vir a ser recuperada.

CONTA:	DEVEDORES POR JUROS VENCIDOS	
Código: 412	Tipo: I	Acumula: 41
	Natureza: B	Grau: 2.°

CONTEÚDO

Esta conta destina-se a registar o montante das dívidas a receber resultante de juros liquidados e não pagos pelo mutuante, no respectivo vencimento.

REGRAS DE MOVIMENTAÇÃO

A DÉBITO	*A CRÉDITO*
• Montante dos juros não pagos pelo mutuante;	• Cobrança do montante em dívida;
• Despesas com o crédito por juros vencidos	• Incobrabilidade dos créditos, por contrapartida da conta de resultados eventuais.

Observações: O desdobramento desta conta observa os princípios referidos na conta 411 – Devedores por obrigações vencidas.

CONTA:	DEVEDORES POR OPERAÇÕES DE OPÇÕES	
Código: 415	Tipo: I	Acumula: 41
	Natureza: B	Grau: 2.°

CONTEÚDO

Esta conta destina-se a registar fluxos financeiros relativos à transacção em opções, englobando prémios a receber e a constituição e ajuste de margens.

Observações: 4151 – Esta conta destina-se a registar o valor do prémio a receber em contratos de opções durante o período compreendido entre o momento a que se reporta a transacção e da liquidação financeira da mesma

4152 – Esta conta regista o montante inicial das margens a depositar a favor da contraparte durante a vigência do contrato.

4153 – Regista os ajustamentos de margens durante a vigência do contrato

CONTA:	DEVEDORES POR OPERAÇÕES SOBRE FUTUROS
Código: 416	Tipo: I　　Acumula: 41 Natureza: B　Grau: 2.°

CONTEÚDO

Esta conta destina-se a registar o valor da margem inicial suportada em contratos sobre futuros, bem como os seus ajustamentos de cotações, durante o período de vigência do contrato.

REGRAS DE MOVIMENTAÇÃO

A DÉBITO	*A CRÉDITO*
• Pagamento da margem inicial na data de celebração dos contratos. • Ajustamentos de cotações (favoráveis).	• Regularização no termo do contrato ou da sua reversão. • Ajustamentos de cotações (desfavoráveis).

Observações:　Para o efeito preconiza-se a utilização de diferentes subcontas para o registo da margem inicial e dos ajustamentos de cotações.

Cada uma destas será desdobrada de acordo com a natureza dos contratos sobre futuros.

CONTA:	OPERAÇÕES DE REPORTE DE VALORES
Código: 417	Tipo: I　　Acumula: 41 Natureza: B　Grau: 2.°

CONTEÚDO

Destina-se a registar o valor da compra de títulos ou outros activos, com o compromisso da sua revenda. Será saldada na data de realização da operação de revenda.

REGRAS DE MOVIMENTAÇÃO

A DÉBITO	*A CRÉDITO*
• Compra de títulos, ou outros activos, com acordo de revenda e pelo valor deste último.	• Revenda de títulos ou outros activos.

CONTA:	DEVEDORES POR OPERAÇÕES DE REGULARIZAÇÃO DE VENDA DE TÍTULOS	
Código: 418	Tipo: I Acumula: 41	Natureza: B Grau: 2.°

CONTEÚDO

Destina-se a registar o valor da venda de títulos ou outros activos, entre a data de realização da operação, em mercado regulamentado ou fora dele, e da respectiva liquidação financeira.

REGRAS DE MOVIMENTAÇÃO

A DÉBITO	A CRÉDITO
• Valor da venda dos títulos.	• Recebimento do produto da venda, aquando da liquidação financeira.

CONTA:	RESGATES A PAGAR AOS PARTICIPANTES	
Código: 421	Tipo: M Acumula: 42	Natureza: B Grau: 2.°

CONTEÚDO

Destina-se a registar o valor em dívida aos participantes durante o período compreendido entre a data do pedido do resgate ou a data a que este se reporta e a data de pagamento.

REGRAS DE MOVIMENTAÇÃO

A DÉBITO	A CRÉDITO
• Pagamento da resgates aos participantes.	• Valor da dívida a participantes por resgates silicitados.

CONTA:	RENDIMENTOS A PAGAR AOS PARTICIPANTES	
Código: 422	Tipo: M Acumula: 42	Natureza: B Grau: 2.°

CONTEÚDO

Destina-se a registar o valor em dívida aos participantes de rendimentos cuja distribuição já foi aprovada, mas ainda não pagos.

REGRAS DE MOVIMENTAÇÃO

A DÉBITO	A CRÉDITO
• Pagamento dos rendimentos aos participantes.	• Valor em dívida por rendimentos distribuídos.

CONTA:	COMISSÕES A PAGAR
Código: 423	Tipo: I Acumula: 42 Natureza: B Grau: 2.°

C O N T E Ú D O

Esta conta destina-se a evidenciar o valor das comissões em dívida à sociedade gestora e a outras entidades.

REGRAS DE MOVIMENTAÇÃO

A DÉBITO	*A CRÉDITO*
• Pagamento das comissões liquidadas por terceiros. • Anulação/redução das comissões liquidadas ajustamentos de cotações (favoráveis).	• Montante das comissões liquidadas por terceiros.

Observações: Esta conta será desdobra em sub-contas de acordo com a entidade credora.

CONTA:	SECTOR PÚBLICO ADMINISTRATIVO
Código: 424	Tipo: I Acumula: 42 Natureza: B Grau: 2.°

C O N T E Ú D O

Esta conta destina-se a registar o valor em dívida a entidades do sector público administrativo em consequência de liquidação e retenções de impostos, taxas e contribuições.

REGRAS DE MOVIMENTAÇÃO

A DÉBITO	*A CRÉDITO*
• Pagamento das quantias liquidadas ou retidas;	• Liquidação/retenção de impostos, em contrapartida da correspondente conta de custos (74) ou da conta 55.4 Impostos a liquidar, quando registados diariamente.

CONTA:	CREDORES POR OPERAÇÕES DE OPÇÕES	
Código: 425	Tipo: I	Acumula: 42
	Natureza: B	Grau: 2.º

CONTEÚDO

Esta conta destina-se a registar fluxos financeiros relativos à transacção em opções, englobando prémios a pagar (até à data do seu efectivo pagamento) e a constituição e ajuste de margens (até à expiração do contrato, respectiva utilização ou levantamento).

CONTA:	CREDORES POR OPERAÇÕES SOBRE FUTUROS	
Código: 426	Tipo: I	Acumula: 42
	Natureza: B	Grau: 2.º

CONTEÚDO

Esta conta destina-se a registar o valor da margem inicial recebida em contratos sobre futuros, bem como os seus ajustamentos de cotações, durante o período da sua vigência.

REGRAS DE MOVIMENTAÇÃO

A DÉBITO	A CRÉDITO
• Regularização no termo do contrato ou da sua reversão;	• Recebimento da margem inicial na data de celebração do contrato.
• Ajustamentos de cotações (favoráveis).	• Ajustamentos de cotações (desfavoráveis)

Observações: Para o registo da margem inicial e dos seus ajustamentos de cotações, preconizam-se diferentes subcontas, as quais serão ainda desdobradas de acordo com a natureza dos contratos.

CONTA:	OPERAÇÕES DE REPORTE DE VALORES	
Código: 427	Tipo: I	Acumula: 42
	Natureza: B	Grau: 2.º

CONTEÚDO

Destina-se a registar o valor de venda de títulos ou outros activos, com o compromisso da sua recompra. Será saldada na data de realização da operação de recompra.

REGRAS DE MOVIMENTAÇÃO

A DÉBITO	A CRÉDITO
• Recompra dos títulos ou outros activos	• Activos vendidos, com acordo de recompra, pelo valor deste último.

CONTA:	CREDORES POR OPERAÇÕES DE REGULARIZAÇÃO DE COMPRA DE TÍTULOS	
Código: 428	Tipo: I Acumula: 42	
	Natureza: B Grau: 2.°	

CONTEÚDO

Destina-se a registar o valor da compra de títulos ou outros activos, entre a data de realização da operação, em mercado regulamentado ou fora dele, e da respectiva liquidação financeira.

REGRAS DE MOVIMENTAÇÃO

A DÉBITO	A CRÉDITO
• Pagamento do produto da venda, aquando da liquidação financeira.	• Valor de aquisição dos títulos.

CONTA:	EMPRÉSTIMOS CONTRAÍDOS	
Código: 43	Tipo: R Acumula:	
	Natureza: B Grau: 2.°	

CONTEÚDO

Esta conta destina-se a registar os empréstimos contraídos pelas sociedades gestoras por conta do fundo.

REGRAS DE MOVIMENTAÇÃO

A DÉBITO	A CRÉDITO
• Reembolso total ou parcial do empréstimo;	• Contracção ou reforço do empréstimo, por conta do fundo

Observações: Nos termos da alínea *b*) do artigo 11.° do Decreto-Lei n.° 276/94 de 2 de Novembro, as entidades gestoras podem contrair empréstimos por conta dos fundos que administram até ao limite de 10% do valor global do fundo e durante um período de tempo que não pode exceder os 120 dias, seguidos ou interpolados, num período de um ano, os quais serão registados nesta conta, podendo ser desdobrada por mutuante.

Caso sejam cedidos quaisquer valores do fundo a título de garantia dos empréstimos contraídos, tais devem ser evidenciados num conta de natureza extrapatrimonial, prevista para o efeito (943 – Compromissos com e de terceiros – Valores cedidos em garantia).

CONTA:	PROVISÕES ACUMULADAS	
Código: 48	Tipo: R Acumula:	
	Natureza: B Grau: 1.°	

CONTEÚDO

Esta conta destina-se a registar o montante de provisões constituídas no exercício e em exercícios anteriores e ainda em aberto, para fazer face a incobrabilidade de créditos vencidos e eventuais riscos e encargos.

REGRAS DE MOVIMENTAÇÃO

A DÉBITO	*A CRÉDITO*
• Reposições e anulações de provisões, sempre que o seu montante se apresente excessivo, face aos riscos para os quais se constituiu ou reforçou.	• Constituição ou reforço das provisões, sempre que o seu saldo se mostre insuficiente para cobrir os riscos de incobrabilidade de créditos vencidos ou de prováveis encargos a suportar.

Observações: Esta conta contempla dois tipos de provisões com idêntica finalidade, mas de diferente natureza:

1. **Provisões para crédito vencido**, representativas de redução de valores activos, que visam cobrir as perdas prováveis associadas à incobrabilidade de créditos que possam resultar de incumprimentos no pagamento de obrigações ou juros vencidos. Assim, os valores mobiliários com serviço de dívida em atraso (capital e juros) devem ser avaliados de acordo com o princípio da prudência, mediante uma análise casuística e fundamentada das situações em causa, tendo em conta as perspectivas que o devedor apresenta para a sua regularização, donde resultará a correspondente provisão sempre que haja dúvidas sobre a sua cobrabilidade.

2. **Provisões para riscos e encargos**, representativas de encargos futuros de ocorrência e montante incertos, pelo que serão compreendidas no passivo do fundo. Também a sua constituição ou reforço deve ter em conta o princípio da prudência, pelo que por eventuais encargos com risco de ocorrência deverão ser constituídas as correspondentes provisões, mesmo que futuramente se venham a demonstrar como desnecessárias, momento em que se procederá à sua anulação.

As regras de constituição de provisões são as que se encontram vertidas no âmbito do ponto 2.3.2. do Capítulo 2 deste Plano Contabilístico, ou aquelas que futuramente possam vir a ser estabelecidas pela CMVM.

4.2.5. CLASSE 5 – *Contas de regularização*

Esta classe contempla as contas necessárias para que possam ser evidencia-dos os valores relativos a, entre outros, os seguintes factos:

1. Desajustamentos entre as datas de realização das despesas e receitas e da atribuição dos correspondentes custos e proveitos, nomeadamente os acréscimos de custos e proveitos e as despesas e receitas antecipadas. A necessidade de determinar o valor diário da unidade de participação, origina a aplicação do princípio da especialização ao dia.
2. Operações em divisa e consequente exposição ao risco cambial, bem como os correspondentes ajustamentos de cotações;
3. Operações de natureza patrimonial mas relativas a contratos que, pela sua natureza, estão contabilizados em contas extrapatrimoniais;
4. Outras operações de carácter ocasional e transitório.

CONTA:	PROVEITOS A RECEBER	
Código: 51	Tipo: R	Acumula:
	Natureza: B	Grau: 1.°

CONTEÚDO
Esta conta serve de contrapartida aos proveitos a registar no próprio período, ainda que não tenham documentação vinculativa, cuja receita só venha a realizar-se em períodos posteriores.

REGRAS DE MOVIMENTAÇÃO	
A DÉBITO	*A CRÉDITO*
• Proveitos atribuídos ao período, cuja receita ocorrerá em períodos seguintes, em contrapartida da correspondente conta de proveitos.	• Anulação do valor contabilizado ao longo dos períodos, aquando da ocor-rência da receita.

Observações:	Nesta conta devem ser contabilizados diariamente, os proveitos impu-táveis ao período decorrido, cuja receita e recebimento ocorrerá poste-riormente. O seu desdobramento observa a estrutura de contas dos correspondentes classes, incluindo as extrapatrimoniais.

CONTA:	PROV. A RECEBER – DE DISPONIBILIDADES	
Código: 511	Tipo: I	Acumula: 51
	Natureza: B	Grau: 2.°

CONTEÚDO

Nesta conta debitam-se diariamente os proveitos atribuídos ao período decorrido, resultantes das contas de disponibilidades, a receber posteriormente. Não deve englobar os resultantes de flutuações de valores e que, por isso, são de recebimento incerto.

REGRAS DE MOVIMENTAÇÃO

A DÉBITO	A CRÉDITO
• Proveitos de contas de disponibilidades atribuídos ao período, a receber em períodos posteriores.	• Recebimento de proveitos das contas de disponibilidades.

Observações: Esta conta será desdobrada em subcontas de acordo com a natureza das contas de disponibilidades.

CONTA:	PROV. A RECEBER – DA CARTEIRA DE TÍTULOS	
Código: 512	Tipo: I	Acumula: 51
	Natureza: B	Grau: 2.°

CONTEÚDO

Destina-se a registar, diariamente, os proveitos atribuídos ao período decorrido, gerados pela Carteira de Títulos, cuja liquidação ocorrerá posteriormente v.g. juros vincendos. Tal como a anterior, não engloba os proveitos resultantes de flutuações de valores.

REGRAS DE MOVIMENTAÇÃO

A DÉBITO	A CRÉDITO
• Proveitos de Carteira de Títulos atribuídos ao período, a receber posteriormente.	• Liquidação/recebimentos das receitas da Carteira de Títulos, que tenham sido lançados diariamente.

Observações: Esta conta será desdobrada em subcontas, de acordo com a estrutura preconizada para a carteira de títulos.

CONTA:	PROV. A RECEBER – DE CONTAS DE TERCEIROS	
Código: 514	Tipo: I	Acumula: 51
	Natureza: B	Grau: 2.º

C O N T E Ú D O

Regista diariamente os proveitos atribuídos ao período decorrido, a liquidar sobre as contas de terceiros. Não deve englobar as flutuações de valores nomeadamente os ajustamentos cambiais das contas expressas em moeda estrangeira.

REGRAS DE MOVIMENTAÇÃO

A DÉBITO	*A CRÉDITO*
• Proveitos a liquidar sobre saldos das contas de terceiros.	• Liquidação das receitas sobre as contas de terceiros.

Observações: Esta conta poderá ser desdobrada de acordo com a estrutura definida para as contas de terceiros.

CONTA:	PROV. A RECEBER – OP. DE EMPRÉSTIMOS E REPORTE DE VALORES	
Código: 517	Tipo: I	Acumula: 51
	Natureza: B	Grau: 2.º

C O N T E Ú D O

Destina-se a registar os proveitos a receber decorrentes da realização de operações de reporte – compra com acordo de revenda – e de empréstimo (remuneração do empréstimo e do "reverse repo"), quando recebidos postecipadamente.

REGRAS DE MOVIMENTAÇÃO

A DÉBITO	*A CRÉDITO*
• Proveitos decorrentes de operações de reporte e empréstimo de valores atribuídos ao período, a receber posteriormente.	• Liquidação / recebimentos das receitas originados em operações de reporte e empréstimo de valores.

Observações: Esta conta será desdobrada em duas subcontas (5177 e 5178), de acordo com a natureza da operação.

CONTA: PROV. A RECEBER – EM OPERAÇÕES EXTRAPATRIMONAIS

Código: 519	Tipo: I Acumula: 51
	Natureza: B Grau: 2.°

C O N T E Ú D O

Regista diariamente os proveitos atribuídos ao período decorrido, proporcionado por operações extrapatrimonais e que venham a ser liquidados posteriormente. Excluem-se as flutuações de valores, mesmo quando reflictam proveitos nesse período.

REGRAS DE MOVIMENTAÇÃO

A DÉBITO	*A CRÉDITO*
• Proveitos a receber por períodos seguintes, gerados por operações extrapatrimonais.	• Liquidação/recebimento das receitas em operações extrapatrimonais.

Observações: O seu desdobramento em subcontas respeita a estrutura das contas extrapatrimoniais.

CONTA: DESPESAS COM CUSTO DIFERIDO

Código: 52	Tipo: R Acumula:
	Natureza: B Grau: 1.°

C O N T E Ú D O

Esta conta destina-se a acolher as despesas ocorridas no período e períodos anteriores, cujo custo deva ser atribuído a períodos seguintes.

REGRAS DE MOVIMENTAÇÃO

A DÉBITO	*A CRÉDITO*
• Pagamento de despesas cujo custo deva ser repartido pelo período e períodos posteriores.	• Lançamento, dia a dia, dos custos que devam ser atribuídos ao período decorrido, por contrapartida de correspondente conta de custos.

Observações: O desdobramento desta conta observa a estrutura das correspondentes classes, incluindo as contas extrapatrimoniais.

CONTA:	DESPESAS COM CUSTO DIFERIDO
Código: 52	Tipo: R Acumula: Natureza: B Grau: 1.°

CONTEÚDO

Esta conta destina-se a acolher as despesas ocorridas no período e períodos anteriores, cujo custo deva ser atribuído a períodos seguintes.

REGRAS DE MOVIMENTAÇÃO

A DÉBITO	*A CRÉDITO*
• Pagamento de despesas cujo custo deva ser repartido pelo período e períodos posteriores.	• Lançamento, dia a dia, dos custos que devam ser atribuídos ao período decorrido, por contrapartida de correspondente conta de custos.

Observações: O desdobramento desta conta observa a estrutura das correspondentes classes, incluindo as contas extrapatrimonais.

CONTA:	DESP. C/CUSTO DIFERIDO – DA CARTEIRA DE TÍTULOS
Código: 522	Tipo: I Acumula: 52 Natureza: B Grau: 2.°

CONTEÚDO

Regista as despesas suportadas com a carteira de títulos cujo custo deva ser atribuído a períodos seguintes.

REGRAS DE MOVIMENTAÇÃO

A DÉBITO	*A CRÉDITO*
• Pagamento de despesas com a carteira de títulos, cujo valor deva ser imputado a períodos posteriores.	• Lançamento, diário da fracção de despesas que respeite ao custo do período decorrido.

Observações: Esta conta será desdobrada em subcontas de acordo com a natureza da carteira de títulos.

Excluem as despesas que tenham a natureza de flutuações de valor.

CONTA: DESP. C/CUSTO DIFERIDO – EM OP. DE REPORTE DE VALORES	
Código: 527	Tipo: I Acumula: 52 Natureza: B Grau: 2.°

CONTEÚDO

Regista as despesas suportadas com a liquidação antecipada da taxa "repo" em operações de venda com acordo de recompra, cujo custo deva ser atribuído a períodos seguintes.

REGRAS DE MOVIMENTAÇÃO

A DÉBITO	*A CRÉDITO*
• Pagamentos de despesas relativas a operações de venda com ac. de recompra, cujo valor deva ser imputado a períodos posteriores.	• Lançamento, diário da fracção de despesas que respeite ao custo do período decorrido.

Observações: Esta conta será desdobrada em subcontas de acordo com a natureza da carteira de títulos, sendo movimentada diariamente, durante a vigência da operação, por contrapartida da correspondente conta de custos.

CONTA: DESP. C/CUSTO DIFERIDO – EM OP. EXTRAPATRIMONAIS	
Código: 529	Tipo: I Acumula: 52 Natureza: B Grau: 2.°

CONTEÚDO

Movimentam-se nesta conta as despesas suportadas com operações de natureza extrapatrimonial, cujo custo deva ser atribuído a períodos seguintes.

REGRAS DE MOVIMENTAÇÃO

A DÉBITO	*A CRÉDITO*
• Pagamento de despesas com operações extrapatrimoniais.	• Lançamento diário da fracção da despesa que deve ser considerada como custo.

Observações: O montante das despesas e do período a que respeite a operação devem ser bem determinados.

Esta conta será desdobrada em subcontas de acordo com a estrutura das contas extrapatrimonais (classe 9).

CONTA:	CUSTOS A PAGAR	
Código: 55	Tipo: R	Acumula:
	Natureza: B	Grau: 1.°

C O N T E Ú D O

Movimentam-se nesta conta os custos que devem ser atribuídos ao período, ainda que não tenham documentação vinculativa, cuja despesa só venha a realizar-se em perío-dos seguintes.

REGRAS DE MOVIMENTAÇÃO

A DÉBITO	A CRÉDITO
• Liquidação/pagamento das despesas e de impostos sobre rendimentos.	• Valor do custo atribuído ao período decor-rido, em contrapartida da correspondente conta de custos.

Observações: Nesta conta são registados diariamente os custos cuja despesa ocorra em datas posteriores, isto é, encargos liquidados postcipadamente.

Esta conta será desdobrada em subcontas de acordo com a natureza dos custos, tal como definida na classe 7. A subconta "554 – Impostos a liquidar" deverá ser saldada em contrapartida da conta "424 – Sector Público Administrativo", aquando do apuramento.

CONTA:	JUROS E CUSTOS EQUIPARADOS A LIQUIDAR	
Código: 551	Tipo: I	Acumula: 55
	Natureza: B	Grau: 2.°

C O N T E Ú D O

Esta conta destina-se a registar os custos suportados, com carácter de juro, relativos ao período e ainda não liquidados (por exemplo, de empréstimos obtidos).

REGRAS DE MOVIMENTAÇÃO

A DÉBITO	A CRÉDITO
• Liquidação/pagamento no final da operação	• Valor do custo atribuído ao período.

CONTA:	CUSTOS A PAGAR – EM OPERAÇÕES DE REPORTE DE VALOR	
Código: 557	Tipo: I	Acumula: 55
	Natureza: B	Grau: 2.°

C O N T E Ú D O

Movimentam-se nesta conta o custo relacionado com o reconhecimento diário da taxa "repo" a pagar, inerente à operação de venda com acordo de recompra, que apenas será liquidado no final da operação.

REGRAS DE MOVIMENTAÇÃO

A DÉBITO	A CRÉDITO
• Liquidação/pagamento da taxa "repo" no final da operação.	• Valor do custo atribuído ao período.

CONTA:	RECEITAS COM PROVEITO DIFERIDO
Código: 56	Tipo: R Acumula: Natureza: B Grau: 1.°

C O N T E Ú D O

Compreende as receitas ocorridas no período ou em períodos anteriores, cujo proveito deva ser atribuído a períodos seguintes, incluindo de activos cedidos em operações de reporte e empréstimo de valores.

REGRAS DE MOVIMENTAÇÃO

A DÉBITO	A CRÉDITO
• Lançamento periódico da fracção da receita que deve ser considerada como proveito desse período.	• Montante das receitas ocorridas no período, imputáveis a períodos seguintes.

Observações: Esta conta visa registar o que vulgarmente se designa por receitas antecipadas, bem como a atribuição diária do correspondente proveito.

Esta conta será desdobrada em subcontas de acordo com a natureza dos proveitos e com a estrutura da carteira de títulos e das contas extrapatrimonais (classe 9).

CONTA:	RECEITAS COM PROVEITO DIFERIDO – OPERAÇÕES DE REPORTE E EMPRÉSTIMO DE VALORES
Código: 567	Tipo: I Acumula: 56 Natureza: B Grau: 2.°

C O N T E Ú D O

Compreende as receitas decorrentes da realização de operações de compra com acordo de revenda (taxa "reverse repo") e de empréstimo de valores, sempre que recebidas antecipadamente, devendo o respectivo proveito ser atribuído a períodos seguintes.

REGRAS DE MOVIMENTAÇÃO

A DÉBITO	A CRÉDITO
• Lançamento periódico da fracção da receita que deve ser considerada como proveito desse período.	• Montante das receitas ocorridas no período na sequência de operações de reporte e empréstimo de valores, imputáveis a períodos seguintes.

Observações: Esta conta será desdobrada em subcontas de acordo com a natureza das operações realizadas. Diariamente, durante a vigência da operação, é movimentada por contrapartida conta de proveitos respectiva.

CONTA:	AJUSTAMENTOS DE COTAÇÕES	
Código: 583	Tipo: I Acumula: 58	
	Natureza: B Grau: 2.°	

CONTEÚDO

Esta conta destina-se a registar as flutuações de valor de posições de risco em operações cambiais, sobre taxas de juro e sobre cotações, excluindo as decorrentes da detenção de posições curtas ou longas em opções.

REGRAS DE MOVIMENTAÇÃO

A DÉBITO	*A CRÉDITO*
• Flutuações de valor representativas de ganhos.	• Flutuações de valor representativas de perdas.
• Anulação na data de fecho da posição de risco.	• Anulação na data de fecho da posição de risco

Observações: Esta conta será desdobrada em subcontas de acordo com a natureza das operações.

CONTA:	OPERAÇÕES CAMBIAIS A LIQUIDAR	
Código: 591	Tipo: I Acumula: 59	
	Natureza: B Grau: 2.°	

CONTEÚDO

Esta conta regista o valor a receber ou a pagar gerado entre a data de transacção de cambiais e a data da sua liquidação.

Observações: Esta conta será desdobrada em subcontas de acordo com a natureza das operações cambiais.

CONTA:	OPERAÇÕES DE TAXAS DE JURO A LIQUIDAR	
Código: 592	Tipo: I Acumula: 59	
	Natureza: B Grau: 2.°	

CONTEÚDO

Esta conta regista o valor a receber ou a pagar gerado entre a data de transacção de operações de taxa de juro e a data da sua liquidação.

Observações: Esta conta será desdobrada em subcontas de acordo com a natureza das operações.

CONTA:	OPERAÇÕES SOBRE COTAÇÕES	
Código: 593	Tipo: I	Acumula: 59
	Natureza: B	Grau: 2.°

CONTEÚDO

Esta conta regista o valor a receber ou a pagar gerado entre a data de realização da operação sobre cotações e a data da sua liquidação.

Observações: Será desdobrada em função da natureza das operações sobre cotações.

CONTA:	POSIÇÃO CAMBIAL	
Código: 595	Tipo: I	Acumula: 59
	Natureza: B	Grau: 2.°

CONTEÚDO

Esta conta destina-se a evidenciar as posições cambiais à vista.

REGRAS DE MOVIMENTAÇÃO

A DÉBITO	*A CRÉDITO*
• Valor das posições compradas em Euro.	• Valor das posições vendidas em Euro.
• Valor das posições vendidas em divisas.	• Valor das posições compradas em divisas.

Observações: Esta conta deverá ser desdobrada por cada moeda, incluindo Euros. Será saldada apenas na data de fecho da posição cambial de risco.

4.2.6. CLASSE 6 – *Capital do fundo*

Nesta classe serão incluídas todas as contas que, conjuntamente com o resultado líquido do período, nos permitam evidenciar o valor líquido global do fundo. Desta forma serão contempladas as contas representativas do valor base das unidades de participação em circulação, bem como dos seus aumentos ou reduções de valor, quer em consequência de operações sobre as próprias unidades de participação (resgates e subscrições), quer por resultados obtidos e não distribuídos aos participantes.

Para o efeito, foram previstas as contas necessárias quer para a determinação do valor líquido global do fundo, quer para identificar as causas das suas variações ao longo da sua vida, mantendo-se os valores transitados de exercícios anteriores.

CONTA:	U.P. – VALOR BASE		
Código: 611		Tipo: M Acumula: 61	
		Natureza: B Grau: 2.°	

C O N T E Ú D O

Esta conta destina-se ao registo do valor base das unidades de participação em circulação.

REGRAS DE MOVIMENTAÇÃO

A DÉBITO	*A CRÉDITO*
• Resgates de unidades de participação, ao seu valor base (valor inicial).	• Subscrições de unidades de participação, ao seu valor base (valor inicial)

CONTA:	VARIAÇÕES PATRIMONIAIS		
Código: 62		Tipo: R Acumula: 51	
		Natureza: B Grau: 1.°	

C O N T E Ú D O

Esta conta destina-se a registar o montante da diferença entre o valor de cada subscrição ou resgate de unidades de participação e o seu valor base.

REGRAS DE MOVIMENTAÇÃO

A DÉBITO	*A CRÉDITO*
• Diferenças negativas nas subscrições • Diferenças positivas nos resgates	• Diferenças positivas nas subscrições • Diferenças negativas nos resgates

Observações: Esta conta desdobra-se nas subcontas indicadas na lista. A diferença entre o valor da operação e o valor base deve ser decomposta em:

* diferença imputável a exercícios anteriores, tendo em conta a cotação da unidade de participação no início do exercício (subcontas 621)

* diferença imputável ao exercício em curso decorrente da variação da cotação ao longo do mesmo (subcontas 622, cujos saldos serão, no início de cada exercício, transferidos para as correspondentes subcontas 621).

CONTA:	RESULTADOS TRANSITADOS		
Código: 63		Tipo: R Acumula:	
		Natureza: B Grau: 1.°	

C O N T E Ú D O

Esta conta destina-se a evidenciar o saldo líquido entre os resultados gerados em exercícios anteriores e os distribuídos a participantes.

CONTA:	RESULTADOS APROVADOS	
Código: 631	Tipo: M Acumula: 63 Natureza: B Grau: 2.°	

CONTEÚDO

Esta conta é utilizada para registar os resultados líquidos provenientes de exercícios anteriores e que já tenham sido objecto de aprovação de contas.

REGRAS DE MOVIMENTAÇÃO

A DÉBITO	*A CRÉDITO*
• Prejuízos aprovados, transitados de anos anteriores	• Lucros aprovados, transitados de anos anteriores

CONTA:	RESULTADOS AGUARDANDO APROVAÇÃO	
Código: 632	Tipo: M Acumula: 63 Natureza: B Grau: 2.°	

CONTEÚDO

Esta conta regista, no início de cada exercício económico, os resultados do(s) exercício(s) anterior(es) que aguardam aprovação de contas.

REGRAS DE MOVIMENTAÇÃO

A DÉBITO	*A CRÉDITO*
• Prejuízos de anos anteriores aguardando aprovação; • Transferência para a conta 631 dos lucros aprovados	• Lucros de anos anteriores aguardando aprovação; • Transferência para a conta 631 dos prejuízos aprovados.

CONTA:	RESULTADOS DISTRIBUÍDOS EM EXERCÍCIOS FINDOS	
Código: 634	Tipo: M Acumula: 63 Natureza: B Grau: 2.°	

CONTEÚDO

Destina-se a registar o montante dos resultados distribuídos em exercícios anteriores aos participantes.

REGRAS DE MOVIMENTAÇÃO

A DÉBITO	*A CRÉDITO*
• Transferência, no início de cada exercício, do saldo da conta 641 – Resultados distribuídos a participantes.	

CONTA:	RESULTADOS DISTRIBUÍDOS	
Código: 64	Tipo: R Acumula:	
	Natureza: B Grau: 1.°	

C O N T E Ú D O

Esta conta destina-se a registar o valor dos rendimentos distribuídos no exercício aos participantes. No início de cada exercício económico o seu saldo será transferido para a conta 634 podendo, esta última, ser desdobrada por exercício económico.

REGRAS DE MOVIMENTAÇÃO

A DÉBITO	*A CRÉDITO*
• Montante dos resultados distribuídos no período aos participantes.	• Transferência, no início de cada exercício económico, do seu saldo para a conta 634 – Resultados distribuídos em exercícios findos.

Observações: O seu movimento contabilístico processa-se na subconta 641.

4.2.7. CLASSE 7 – Custos e perdas

Nesta classe incluem-se as contas que registam os custos e as perdas imputáveis ao período, normais ou eventuais.

A sua estrutura reflecte a natureza dos custos e perdas e, em cada uma das contas, o tipo de operação que esteve na sua origem, permitindo apurar os resultados quer pela sua natureza, quer em função da categoria de activos ou compromissos que os originaram.

CONTA:	JUROS E CUSTOS EQUIPARADOS	
Código: 71	Tipo: R Acumula:	
	Natureza: R Grau: 1.°	

C O N T E Ú D O

Esta conta destina-se ao registo dos encargos financeiros respeitantes à remuneração dos recursos alheios, bem como todos os encargos com carácter de juro.

REGRAS DE MOVIMENTAÇÃO

A DÉBITO	*A CRÉDITO*
• Montante dos juros e custos equiparados atribuídos ao período.	

Observações: Devem ser custos equiparados a juros os seguintes:
1. As comissões com carácter de juro e calculadas em função da duração ou do montante do crédito ou do compromisso;
2. Os custos com carácter de juro decorrentes de operações a prazo, incluindo a "taxa repo" em operações de venda com acordo de recompra.

O seu desdobramento em subcontas é efectuado tendo em atenção o tipo de activo ou de compromisso que tenha estado na sua origem.

CONTA:	JUROS E CUSTOS EQUIPARADOS – OPERAÇÕES DE REPORTE DE VALORES	
Código: 717	Tipo: I	Acumula: 71
	Natureza: R	Grau: 2.°

CONTEÚDO

Esta conta destina-se ao registo dos encargos financeiros decorrentes de operações de venda com acordo de recompra. Considera-se que a taxa implicita no reporte (taxa "repo") assume carácter de juro.

REGRAS DE MOVIMENTAÇÃO

A DÉBITO	A CRÉDITO
• Montante dos juros e custos equiparados atribuídos ao período ("taxa repo").	

CONTA:	COMISSÕES	
Código: 72	Tipo: R	Acumula:
	Natureza: R	Grau: 1.°

CONTEÚDO

Esta conta destina-se ao registo das comissões e outros encargos atribuídos ao período, suportadas pelo fundo, decorrentes do recurso a serviços de terceiros e das comissões e prémios de risco que não assumam o carácter de juro.

REGRAS DE MOVIMENTAÇÃO

A DÉBITO	A CRÉDITO
• Montante das comissões e custos equiparados atribuídos ao período.	

Observações: O seu desdobramento em subcontas é efectuado tendo em atenção o tipo de activo ou de compromisso que tenha estado na sua origem e, em cada uma destas, pela natureza da comissão suportada.

CONTA:	PERDAS EM OPERAÇÕES FINANCEIRAS
Código: 73	Tipo: R Acumula: Natureza: R Grau: 1.°

CONTEÚDO

Esta conta destina-se ao registo dos prejuízos e outras perdas em operações financeiras e imputáveis ao período.

REGRAS DE MOVIMENTAÇÃO

A DÉBITO	*A CRÉDITO*
• Montante dos prejuízos e perdas em operações financeiras do período.	

Observações: Devem ser considerados como prejuízos e perdas em operações financeiras, entre outros, os seguintes factos:

1. As diferenças de reavaliação desfavoráveis apuradas nas posições cambiais;
2. Os ajustamentos desfavoráveis de cotação decorrentes da aplicação dos critérios de valorimetria dos activos e das operações a prazo;
3. Os resultados negativos apurados na venda ou reembolso de títulos;
4. Os resultados negativos na data de vencimento e os prémios suportados que não assumam carácter de juro, em operações a prazo.

O seu desdobramento em subcontas é efectuado em função do tipo de activo ou de compromisso que tenha estado na sua origem.

CONTA:	IMPOSTOS E TAXAS
Código: 74	Tipo: R Acumula: Natureza: R Grau: 1.°

CONTEÚDO

Esta conta destina-se ao registo dos impostos e taxas suportados pelo fundo quer tenham a forma de tributos sobre o consumo (indirectos) quer sobre rendimentos ou ganhos contabilizados na classe 8 e que o fundo tenha a obrigatoriedade da sua liquidação ou retenção(directos).

REGRAS DE MOVIMENTAÇÃO

A DÉBITO	*A CRÉDITO*
• Montante dos impostos e taxas atribuídas ao período.	

Observações: A título de exemplo refira-se o imposto de mais-valias sobre ganhos em operações financeiras e outra categoria de imposto sobre o rendimento liquidado em proveitos financeiros, quando deles não isentos. O seu desdobramento em subcontas é efectuado tendo em atenção a natureza do imposto suportado.

CONTA:	PROVISÕES DO EXERCÍCIO
Código: 75	Tipo: R Acumula: Natureza: R Grau: 1.°

CONTEÚDO

Esta conta destina-se ao registo das dotações do período (constituição ou reforço) para provisões para crédito vencido e para riscos e encargos, tal como definidas na conta 48. Provisões acumuladas.

REGRAS DE MOVIMENTAÇÃO

A DÉBITO	A CRÉDITO
• Constituição e reforços de provisões, no período.	

Observações: A finalidade desta conta é de atribuir ao período os custos decorrentes da necessidade em constituir ou reforçar as provisões para cobrir riscos de incobrabilidade de créditos vencidos ou de encargos previsíveis mas de ocorrência e valor incertos.O seu desdobramento em subcontas é efectuado tendo em atenção a natureza dos encargos para os quais é constituída.

CONTA:	OUTROS CUSTOS E PERDAS CORRENTES
Código: 77	Tipo: R Acumula: Natureza: R Grau: 1.°

CONTEÚDO

Esta conta destina-se ao registo de todos os custos e perdas correntes, não enquadráveis nas contas anteriores.

REGRAS DE MOVIMENTAÇÃO

A DÉBITO	A CRÉDITO
• Montante dos custos e perdas correntes atribuídos ao período.	

Observações: Esta conta deve ser desdobrada em função da natureza do custo ou perda.

CONTA:	CUSTOS E PERDAS EVENTUAIS
Código: 78	Tipo: R Acumula: Natureza: R Grau: 1.°

C O N T E Ú D O

Esta conta destina-se ao registo dos encargos suportados pelo fundo no período, com carácter de ocasionalidade e que, por isso, não devam ser considerados como de gestão corrente.

REGRAS DE MOVIMENTAÇÃO

A DÉBITO	*A CRÉDITO*
• Montante dos custos e prejuízos eventuais ou ocasionais ocorridos no período.	

Observações: De acordo com o desdobramento em subcontas, contempla-se nesta conta os créditos incobráveis, as perdas extraordinárias, as perdas imputáveis a exercícios anteriores e outras de carácter eventual.

4.2.8. CLASSE 8 – *Proveitos e ganhos*

Nesta classe incluem-se as contas que registam os proveitos e os ganhos imputáveis ao período, normais ou eventuais.

Tal como na classe 7, a sua estrutura reflecte a natureza dos proveitos e ganhos e, em cada uma das contas, o tipo de operação que esteve na sua origem, permitindo apurar os resultados quer pela sua natureza, quer em função da categoria de activos ou compromissos que os originaram.

CONTA:	JUROS E PROVEITOS EQUIPARADOS
Código: 81	Tipo: R Acumula: Natureza: R Grau: 1.°

C O N T E Ú D O

Esta conta destina-se ao registo dos rendimentos financeiros respeitantes à remuneração das disponibilidades, da carteira de títulos e de outros activos, bem como todos os rendimentos com carácter de juro.

REGRAS DE MOVIMENTAÇÃO

A DÉBITO	*A CRÉDITO*
	• Montante dos juros e proveitos equiparados atribuídos ao período.

Observações: Devem ser proveitos equiparados a juros os seguintes:
1. As comissões com carácter de juro e calculadas em função da duração ou do montante do crédito ou do compromisso;
2. Os proveitos (prémios ou descontos favoráveis) decorrentes de operações a prazo, incluindo a taxa "reverse repo" em operações de compra com acordo de revenda.

O seu desdobramento em subcontas é efectuado tendo em atenção o tipo de activo ou de compromisso que tenha estado na sua origem.

CONTA:	JUROS E PROVEITOS EQUIPARADOS – OPERAÇÕES DE REPORTE DE VALORES
Código: 817	Tipo: I Acumula: 81 Natureza: R Grau: 2.°

C O N T E Ú D O

Esta conta destina-se ao registo dos proveitos a reconhecer no período, decorrentes da realização de operações de compra com acordo de revenda, considerando-se que a taxa implicita no reporte (taxa " reverse repo") tem carácter de juro.

REGRAS DE MOVIMENTAÇÃO

A DÉBITO	A CRÉDITO
	• Montante dos juros relativo a operações de compra com acordo de revenda atribuídos ao período (taxa " reverse repo").

CONTA:	REDIMENTOS DE TÍTULOS
Código: 82	Tipo: R Acumula: Natureza: R Grau: 1.°

C O N T E Ú D O

Esta conta destina-se ao registo dos rendimentos relativos a títulos de rendimento variável e a participações no capital de empresas, bem como em operações de natureza extrapatrimonial.

REGRAS DE MOVIMENTAÇÃO

A DÉBITO	A CRÉDITO
	• Montante dos rendimentos de títulos atribuídos ao período

Observações: O seu desdobramento em subcontas é efectuado tendo em atenção o tipo de activo, de compromisso ou de operação que tenha estado na sua origem.

CONTA:	GANHOS EM OPERAÇÕES FINANCEIRAS	
Código: 83	Tipo: R	Acumula:
	Natureza: R	Grau: 1.°

CONTEÚDO

Esta conta destina-se ao registo dos lucros e outros ganhos em operações financeiras e imputáveis ao período.

REGRAS DE MOVIMENTAÇÃO

A DÉBITO	*A CRÉDITO*
	• Montante dos rlucros e ganhos em operações financeiras do período.

Observações: Devem ser considerados como lucros e ganhos em operações financeiras, entre outros, os seguintes factos:

1. As diferenças de reavaliação favoráveis apuradas nas posições câmbiais;
2. Os ajustamentos favoráveis de cotação decorrentes da aplicação dos critérios de valorimetria dos activos e das operações a prazo;
3. Os resultados positivos apurados na venda ou reembolso de títulos;
4. Os resultados positivos na data de vencimento e os prémios suportados que não assumam carácter de juro, em operações a prazo.

O seu desdobramento em subcontas é efectuado em função do tipo de activo, de compromisso ou de operação que tenha estado na sua origem.

CONTA:	GANHOS EM OPERAÇÕES FINANCEIRAS – OPERAÇÕES DE EMPRÉSTIMO DE VALORES	
Código: 837	Tipo: I	Acumula: 83
	Natureza: R	Grau: 2.°

CONTEÚDO

Esta conta destina-se ao registo dos proveitos a reconhecer no período, decorrentes da realização de operações de empréstimo de valores.

REGRAS DE MOVIMENTAÇÃO

A DÉBITO	*A CRÉDITO*
	• Montante dos proveitos decorrentes da realização de operações de empréstimo de valores atribuídos ao período.

CONTA:	REPOSIÇÃO E ANULAÇÃO DE PROVISÕES	
Código: 85	Tipo: R	Acumula:
	Natureza: R	Grau: 1.°

CONTEÚDO

Esta conta destina-se ao registo das reduções (reposições e anulações) das provisões para crédito vencido e para riscos e encargos, tal como definidas na conta 48. Provisões acumuladas.

REGRAS DE MOVIMENTAÇÃO

A DÉBITO	A CRÉDITO
	• Reposições e anulações de provisões no período.

Observações: A finalidade desta conta é de registar as reduções de provisões para créditos vencidos ou para riscos e encargos, sempre que o seu valor se apresente excesssivo face às perdas previsíveis.

O seu desdobramento em subcontas é efectuado tendo em atenção a natureza dos encargos para os quais tinha sido constituída.

CONTA:	OUTROS PROVEITOS E GANHOS CORRENTES	
Código: 87	Tipo: R	Acumula:
	Natureza: R	Grau: 1.°

CONTEÚDO

Esta conta destina-se ao registo de todos os proveitos e ganhos correntes, não enquadráveis nas contas anteriores.

REGRAS DE MOVIMENTAÇÃO

A DÉBITO	A CRÉDITO
	• Montante dos proveitos e ganhos correntes atribuídos ao período.

Observações: Esta conta deve ser desdobrada em função da natureza do proveito ou ganho.

CONTA:	PROVEITOS E GANHOS EVENTUAIS	
Código: 88	Tipo: R	Acumula:
	Natureza: R	Grau: 1.°

CONTEÚDO
Esta conta destina-se ao registo dos ganhos realizados pelo fundo no período, com carácter de ocasionalidade e que, por isso, não devam ser considerados como de gestão corrente.

REGRAS DE MOVIMENTAÇÃO	
A DÉBITO	*A CRÉDITO*
	• Montante dos proveitos e ganhos eventuais ou ocasionais ocorridos no período.

Observações: De acordo com o desdobramento em subcontas, contempla-se nesta conta a recuperação de créditos anteriormente considerados incobráveis, os ganhos extraordinários, os ganhos imputáveis a exercícios anteriores e outros de carácter eventual.

4.2.9. CLASSE 9 – *Contas extrapatrimoniais*

Nas condições e limites a definir em regulamento a emitir pela CMVM, os fundos de investimento podem recorrer a técnicas e instrumentos que tenham por objecto valores mobiliários, com vista a uma adequada gestão do seu património e à cobertura de riscos cambiais.

Nesta classe deverão ser incluídas todas as contas destinadas a registar os factos que expressem o recurso às técnicas e instrumentos referidos no parágrafo anterior. Refira-se que, apenas serão de incluir as contas representativas de compromissos ou direitos subjacentes aos contratos realizados, porquanto os factos de natureza patrimonial que lhe estejam associados, nomeadamente, comissões ou margens recebidas ou pagas, ajustamentos de cotações, reconhecimento de ganhos e perdas, deverão ser contabilizadas nas respectivas classes de contas, integrando o balanço e a demonstração dos resultados.

Sendo as operações de bolsa a contado ou a prazo e sabendo que estas últimas podem ter por objecto valores mobiliários e outros instrumentos financeiros, esta classe de contas visa acompanhar os riscos associados às responsabilidades assumidas ou dotar os fundos de exposição a determinados segmentos de mercado.

As técnicas e instrumentos previstos dividem-se em:

• Operações cambiais, prevendo-se a realização de operações com instituições financeiras autorizadas a exercer o comércio de câmbios, ou em mercados regulamentados de bolsas de valores, designadamente:
   * Operações cambiais à vista ("*SPOT*") e a prazo ("*FORWARD*");
   * Operações de "*swaps*" de moeda;
   * Contratos de opções de moeda;
   * Contratos de futuros de moeda;

- Operações sobre taxas de juro, que contempla as operações que visam reduzir o risco de perda patrimonial dos activos cujo valor varia em função das taxas de juro de mercado, designadamente:
  * Contratos a prazo de taxas de juro (*"FRA"*);
  * Contratos de garantia de taxas de juro (*"FLOORS"*, *"CAPS"* e *"COLLARS"*);
  * Operações de *"swaps"* sobre taxas de juro (*"IRS"*);
  * Opções sobre taxas de juro;
  * Futuros de taxas de juro.

- Operações sobre cotações de activos cotados em mercados organizados, nomeadamente:
  * Operações de opções valores mobiliários ou índices de valores mobiliários;
  * Operações de futuros sobre valores mobiliários ou índices de valores mobiliários;

As contas desta classe foram estruturadas por forma a identificarem num primeiro nível as operações realizadas de acordo com os activos subjacentes e, em cada uma destas, a natureza do contrato celebrado. As subcontas da conta de contrapartida (99) foram organizadas por forma a obter-se a informação dos contratos em curso, de acordo com a sua natureza.

CONTA:	OPERAÇÕES CAMBIAIS	
Código: 91		Tipo: R Acumula: Natureza: E Grau: 1.°
CONTEÚDO		
Esta conta destina-se a registar os compromissos assumidos com terceiros, relacionados com operações que envolvam divisas em moeda estrangeira.		
REGRAS DE MOVIMENTAÇÃO		
A DÉBITO	*A CRÉDITO*	
• Assumpção de responsabilidades pelo valor nominal ou teórico da transacção.	• Anulação das responsabilidades aquando da extinção do contrato.	
Observações: Esta conta desdobra-se nas subcontas estruturadas de acordo com a natureza dos contratos celebrados, nomeadamente de operações cambiais à vista e a prazo, de operações de *"swap"* de moeda, de operações de opções de moeda e de operações sobre futuros de moeda. No capítulo seguinte serão caracterizadas com mais detalhe a natureza e as características subjacentes a cada um dos referidos contratos.		

CONTA:	OPERAÇÕES SOBRE TAXAS DE JURO
Código: 92	Tipo: R Acumula: Natureza: E Grau: 1.°

C O N T E Ú D O

Esta conta destina-se a registar os compromissos assumidos com terceiros, relacionados com operações que envolvam técnicas e instrumentos de cobertura de risco de taxa de juro.

REGRAS DE MOVIMENTAÇÃO

A DÉBITO	*A CRÉDITO*
• Assumpção de responsabilidades pelo valor nominal ou teórico da transacção.	• Anulação das responsabilidades em resultado da extinção do contrato.

Observações: Esta conta desdobra-se nas subcontas estruturadas de acordo com a natureza dos contratos celebrados, nomeadamente de operações de *"swap"* de taxa de juro, de operações de contratos de garantia de taxa de juro, de operações de opções de taxa de juro e de operações sobre futuros de taxa de juro, as quais serão caracterizadas com mais detalhe no capítulo seguinte.

CONTA:	OPERAÇÕES SOBRE COTAÇÕES
Código: 93	Tipo: R Acumula: Natureza: E Grau: 1.°

C O N T E Ú D O

Esta conta destina-se a registar os compromissos assumidos com terceiros, relacionados com operações que envolvam contratos em mercados organizados sobre cotações de valores mobiliários.

REGRAS DE MOVIMENTAÇÃO

A DÉBITO	*A CRÉDITO*
• Assumpção de responsabilidades pelo valor nominal ou teórico da transacção.	• Anulação das responsabilidades em resultado da extinção do contrato.

Observações: Esta conta desdobra-se nas subcontas estruturadas de acordo com a natureza dos contratos celebrados, nomeadamente de operações de opções sobre cotações e de operações de futuros sobre cotações, as quais serão caracterizadas com mais detalhe no capítulo seguinte.

CONTA:	COMPROMISSOS COM E DE TERCEIROS	
Código: 94	Tipo: R	Acumula:
	Natureza: E	Grau: 1.º

C O N T E Ú D O

Esta conta destina-se a registar a responsabilidade pelo valor gerado entre a data da assumpção do compromisso e da liquidação da operação, quer tenham sido assumidos pelo fundo perante terceiros, quer na situação inversa.

REGRAS DE MOVIMENTAÇÃO

A DÉBITO	*A CRÉDITO*
• Assumpção de responsabilidades pelo valor nominal ou teórico da transacção.	• Anulação das responsabilidades aquando da extinção do contrato.

Observações: Esta conta desdobra-se em subcontas destinadas ao registo da natureza dos compromissos em apreço, nomeadamente com a subscrição de títulos, com a realização de reporte de valores, com a cedência e obtenção de valores em garantia, assim como com operações de empréstimo de valores. No capítulo seguinte serão apresentadas referências complementares quanto à natureza destas responsabilidades.

CONTA:	CONTAS DE CONTRAPARTIDA	
Código: 99	Tipo: R	Acumula:
	Natureza: E	Grau: 1.º

C O N T E Ú D O

Esta conta destina-se a servir de contrapartida ao valor das responsabilidades contabilizadas nas restantes contas extrapatrimoniais.

REGRAS DE MOVIMENTAÇÃO

A DÉBITO	*A CRÉDITO*
• Anulação das responsabilidades aquando da extinção do contrato.	• Assumpção das responsabilidades pelo valor nominal ou teórico da transacção.

Observações: Esta conta desdobra-se em subcontas estruturadas em função da natureza dos contratos celebrados.

CAPÍTULO 5
Contabilização de operações

5.1. INTRODUÇÃO

Neste capítulo procura-se apresentar o esquema contabilístico de algumas operações realizadas pelos fundos de investimento, particularmente as operações correntes relacionadas com subscrições, resgates e a carteira de títulos e as operações a prazo e de divisas.

Não é objectivo deste capítulo apresentar a contabilização de todas as operações do fundo, mas tão somente referir os aspectos fundamentais na contabilização daquelas que sejam passíveis de algumas dúvidas ou diferentes interpretações das sociedades responsáveis pela sua gestão, quer pela estrutura preconizada para as contas do plano, quer pela reduzida tradição na contabilidade das operações a prazo e de divisas.

Também, para efeitos de simplificação, não serão utilizadas as extensões das contas previstas para o tipo/entidade e para a localização.

5.2. OPERAÇÕES CORRENTES

5.2.1 RESGATES

Nesta operação deve ser registado o pedido de resgate na data a que se reporta, bem como a entrega da quantia ao participante. Também o valor do resgate deve ser repartido entre valor base, diferença imputável a exercícios anteriores e diferença imputável ao exercício.

O montante a pagar ao participante decorrente do pedido de resgate, será contabilizado na correspondente conta de terceiros (classe 4) até ao momento do seu pagamento efectivo. Por sua vez, deverão ser contabilizados em separado, nas respectivas contas da classe 6, o valor base das unidades de participação resgatadas, a diferença imputável ao ano anterior (pelo que se torna necessário dispor da cotação no fim do ano anterior) e a diferença imputável ao exercício em curso (diferença de cotação entre a data a que se reporta o resgate e a data do fim do exercício imediatamente anterior).

Na data de pagamento será saldada a conta de credores (resgates a pagar aos participantes) por contrapartida da respectiva conta de disponibilidades.

5.2.2 SUBSCRIÇÕES

O procedimento é equivalente ao resgate, com a diferença de o recebimento coincidir com o acto de subscrição, não havendo a necessidade de utilizar uma conta de terceiros.

O crédito nas correspondentes contas da classe 6 (caso o valor de subscrição exceda o valor base) será registado de acordo com os princípios referidos na contabilização dos resgates.

5.2.3 RENDIMENTOS AOS PARTICIPANTES

Pela aprovação e colocação à disposição dos rendimentos (R) aos participantes deve ser efectuado o lançamento:

	Débito	Crédito	Importância
Colocação à disposição	641	422	R

Pelo pagamento dos rendimentos aos participantes:

	Débito	Crédito	Importância
Pagamento	422	12	R

ficando, deste modo, saldada a correspondente conta de terceiros.

5.2.4 OPERAÇÕES COM A CARTEIRA DE TÍTULOS

i) Na compra, os valores mobiliários, incluindo *warrants* e opções, devem ser valorizados pelo preço de custo, sendo as despesas classificadas na correspondente conta de custos.

Caso o débito na conta de disponibilidades não coincida com o dia da operação de compra, deverá utilizar-se uma conta de terceiros, estando prevista para o efeito a conta "428 – Credores por operações de regularização de compras de títulos", a qual será saldada no momento da ocorrência do débito em conta.

ii) Diariamente, deve proceder-se ao registo contabilístico do ajustamento do valor de mercado dos títulos em carteira, lançando-se o correspondente ganho ou perda (ainda que potencial) em contrapartida das contas de menos ou mais valias, respectivamente.

iii) No acto de venda de títulos deve ser contabilizado o ganho ou perda efectivo, anulando-se, não apenas os títulos em carteira, mas também os valores acumulados nas correspondentes contas de mais e menos valias.

Na venda, os ajustamentos positivos *(mais valias)* e negativos *(menos valias)* serão anulados creditando ou debitando as respectivas contas da classe 2 (conta 28), o valor de compra é anulado na correspondente conta da carteira de títulos e as perdas ou ganhos, incorridos desde a última avaliação, registados nas respectivas contas de perdas (732) ou ganhos (832) em operações financeiras – na carteira de títulos.

À semelhança do referido na compra de títulos, caso o crédito na conta de disponibilidades não coincida com o dia da operação de venda, deverá utilizar-se uma conta de terceiros, estando prevista para o efeito a conta "418 – Devedores por operações de regularização de vendas de títulos", a qual será saldada no momento da ocorrência do crédito em conta.

Relativamente aos juros suportados em empréstimos obtidos (incluindo os relativos a descobertos bancários), deve proceder-se à sua contabilização pelo crédito da conta "551 – Custos a Pagar", por contrapartida da conta de custos respectiva, devendo a primeira ser liquidada aquando do vencimento dos juros devidos.

5.3 – OPERAÇÕES EM MOEDA ESTRANGEIRA

Nos mercados cambiais internacionais convencionou-se que a data valor das operações é o 2.° dia útil (comum aos países das moedas transaccionadas) após o dia da negociação da operação. Esta prática também foi a adoptada em Portugal. Porém, os sãos princípios contabilísticos universalmente aceites exigem que as operações fiquem imediatamente registadas na data da sua contratação.

Assim, a relevação contabilística de cada operação deve permitir:
   – o controlo contabilístico das operações,
   – a sua correcta representação patrimonial,
   – e as responsabilidades extrapatrimoniais,

bem como o acompanhamento diário do valor das posições cambiais de cada Fundo.

Cada operação deve ser registada exclusivamente nas sub-contas das moedas da transacção.

5.3.1 – OPERAÇÕES À VISTA (SPOT)

No dia da transacção a conta de posição cambial (conta 591) à vista deve imediatamente registar a natureza e o valor da operação contratada. A responsabilidade contraída deve igualmente ser registada em contas extrapatrimoniais.

Na data valor (liquidação) o movimento em contas internas (conta 591) deve ser saldado por contrapartida de disponibilidades, e anulado o registo em contas extrapatrimoniais.

Diariamente as *posições cambiais à vista* terão de ser reavaliadas em função dos valores diários de mercado de cada moeda por contrapartida das respectivas contas de resultados.

5.3.2 – OPERAÇÕES A PRAZO (FORWARD)

No dia da transacção as contas extrapatrimoniais registam a responsabilidade assumida.

Diariamente, de acordo com os critérios definidos no prospecto completo do fundo, procede-se ao registo decorrente da reavaliação do *forward*, movimentado a conta "583 – ajustamento de cotações", por contrapartida da respectiva conta de custos ou proveitos.

Na data de vencimento a conta de regularizações salda por contrapartida de disponibilidades, anulado-se o registo em contas extrapatrimoniais.

5.3.3 – OPERAÇÕES DE SWAP DE MOEDA

Trata-se de uma troca temporária de moedas, podendo igualmente incorporar uma troca de juros periódica entre as moedas envolvidas na operação, ao longo da vida do *swap*. A valorização de *swap* cambial pode ser reproduzida pela valorização de uma posição longa numa obrigação denominada numa dessas moedas e uma posição curta na outra. O *swap* deverá, pois, ser reavaliado diariamente, sendo levadas às respectivas contas de resultados todas as valias potenciais.

Paralelamente, devem ser reconhecidos os juros implícitos em cada período (prémio ou desconto), que serão trocados no final de cada um desses períodos.

A contabilização dos fluxos reais ou potenciais inerentes a este tipo de operações comporta os seguintes movimentos:

i) *Na data de operação*

Registo da responsabilidade incorrida nas correspondentes contas extrapatrimoniais. Este registo deve ser efectuado pelo valor "nocional" do *swap*, expresso na moeda de denominação do fundo.

ii) *Na data da liquidação financeira da operação "à vista"*

Troca dos montantes expressos em cada uma das moedas, registando o facto nas contas internas (operações de *swap* a prazo).

iii) *Diariamente*

Devem ser considerados dois tipos de factos patrimoniais: com a natureza de ajustamentos de cotação e com a natureza de juro.

O primeiro refere-se ao registo das mais e menos valias potenciais decorrentes da reavaliação do *swap*, devendo ser movimentadas as contas de regularização (583) por contrapartida das correspondentes contas de resultados (73 ou 83).

Paralelamente, a troca periódica de juros deve ser reconhecida nas respectivas contas de resultados (71 ou 81), por contrapartida de proveitos a receber ou de custos a pagar (classe 5).

iv) *Datas de troca dos cash-flows periódicos (juros)*

Contabiliza-se o recebimento ou pagamento do diferencial de juros, anulando-se as contas de proveitos a receber ou de custos a pagar.

v) *Dois dias úteis anteriores à maturidade ou reversão do swap*

Tranferência, dentro das contas internas (classe 5) do valor incrito na conta "operações de *swap* a prazo" para a conta de "operações de *swap* à vista".

vi) *Maturidade*

Na maturidade da operação procede-se ao registo do recebimento ou pagamento dos juros que vieram a ser reconhecidos ao longo do último período.

Procede-se, igualmente, ao registo da troca das moedas, anulando as contas internas, e à anulação da responsabilidade inscrita em contas extrapatrimoniais.

Em caso da operação ser revertida antes da sua maturidade, dever-se-á ainda proceder à anulação dos ganhos ou perdas decorrentes da avaliação do *swap*, registados na conta 583 – ajustamento de cotações, respectiva subconta.

5.4 – OPERAÇÕES A PRAZO

O desenvolvimento e utilização de novos instrumentos financeiros na gestão e cobertura dos riscos de mercado das carteiras das instituições, abreviadamente designados em linguagem de mercado por *"derivados"*, tem vindo a criar nos vários organismos internacionais de supervisão uma preocupação crescente e um acompanhamento específico destes instrumentos financeiros.

Apesar da sua complexidade, as contas das instituições não podem deixar de reflectir a realidade económica dessas operações, a quantificação dos riscos em que incorrem e os resultados obtidos.

Esses resultados devem registar-se em função da evolução do valor de mercado, consagrando, desta forma, o critério do *"mark-to-market"*.

5.4.1 – CONTRATOS A PRAZO DE TAXA DE JURO ("FRAs")

Entende-se por FRA um contrato futuro sobre taxas de juro de curto prazo, realizado fora de um mercado organizado em bolsa.

No dia da transacção deve registar-se na respectiva conta extrapatrimonial (classe 9) a responsabilidade contraída. Este registo é feito pelo valor "nocional" do contrato.

Diariamente, durante a primeira parte do contrato, deverá ser objecto de reavaliação utilizando-se as respectivas contas da classe 5 (conta 59 – Contas Internas, respectiva subconta e conta 583 – Ajustamento de Cotações, respectiva subconta).

Na data da liquidação, as importâncias recebidas ou pagas são registadas pelo saldo na classe 5, anulando-se, também, os registos feitos nas contas extrapatrimoniais.

Durante a segunda parte do contrato, esse custo ou proveito diferido deve ser registado diariamente por contrapartida de contas de resultados (classe 7 ou 8).

5.4.2 – OPERAÇÕES DE "SWAP" DE TAXA DE JURO (IRS)

Entende-se por *swap* de taxa de juro, um contrato entre duas partes, em que estas acordam em trocar fluxos de juros, calculados sobre um valor teórico do contrato, sendo um dos fluxos baseado numa taxa fixa durante toda a vida do contrato e o outro baseado numa taxa que varia periodicamente conforme a evolução no mercado do indexante acordado. Desta forma, a sua avaliação poderá ser reproduzida pela posição longa numa obrigação de taxa fixa (variável) e por posição curta numa obrigação de taxa variável (fixa).

i) Na data de operação

Registo da responsabilidade incorrida nas correspondentes contas extrapatrimoniais, pelo valor "nocional" do *swap*.

ii) Diariamente

Tal como no caso dos *swaps* cambiais, devem ser considerados dois tipos de factos patrimoniais: com a natureza de capital e com a natureza de juro.

O primeiro refere-se ao registo das mais e menos valias potenciais decorrentes da reavaliação diária do *swap*, devendo ser movimentadas as contas de regularização (583) por contrapartida das correspondentes contas de resultados.

Paralelamente, os fluxos a trocar no final de cada período devem ser reconhecidos nas respectivas contas de resultados com carácter de juro ou equiparado, por contrapartida de proveitos a receber (em caso de prémio) ou de custos a pagar (em caso de desconto).

iii) Datas de troca dos cash-flows periódicos (juros)

Contabiliza-se o recebimento ou pagamento do diferencial de juros, anulando-se as contas de proveitos a receber ou de custos a pagar.

iv) Maturidade

Na maturidade da operação procede-se ao registo do recebimento ou pagamento (conforme se trate de prémio ou desconto) que veio sendo reconhecido ao longo do último período.

Procede-se, igualmente, à anulação da responsabilidade inscrita em contas extrapatrimoniais.

Em caso da operação ser revertida antes da sua maturidade, dever-se-á ainda proceder à anulação dos ganhos ou perdas decorrentes da avaliação do *swap*, registados na conta 583 – ajustamento de cotações, respectiva subconta.

5.4.3 – OPÇÕES ("OPTIONS")

Entende-se por opção o direito adquirido (mas não a obrigação) de comprar ou vender um instrumento financeiro (moeda, taxa de juro, acções ou índice de cotações) por um preço acordado para um certo período de tempo. As posições longas e curtas nestes instrumentos devem figurar ao nível da carteira (classe 2) pelo respectivo valor (prémio).

A variação do valor da opção deve ser reconhecida diariamente nas respectivas contas de custos ou proveitos do exercício.

A contabilização de opções de estilo americano segue os mesmos trâmites das opções de estilo europeu, existindo apenas a possibilidade de exercício antecipado, o que, ao nível do impacto contabilístico, resulta também numa antecipação dos lançamentos a efectuar no vencimento de uma opção do estilo europeu.

– Comprador da opção:

i) Na data de operação

Registo da responsabilidade incorrida nas correspondentes contas extrapatrimoniais. Este registo deve ser efectuado pelo preço de exercício.

O prémio pago deve ser registado na respectiva conta de carteira do fundo (classe 2, conta 254, respectiva subconta).

ii) Diariamente

O contrato de opção deve ser reavaliado diariamente ao seu valor de mercado, de acordo com os critérios estabelecidos no prospecto completo do fundo. Para contratos não admitidos à negociação num mercado organizado, todos os parâmetros a utilizar nos modelos de valorização definidos no prospecto completo do fundo devem ser tomados a partir do seu comportamento no mercado (preço e volatilidade do subjacente, taxa de juro).

O montante de mais ou menos valias resultantes da reavaliação diária deve ser levado à conta de carteira "28 – Mais e Menos valias", por cantrapartida da correspondente conta de custos ou proveitos.

iii) Expiração ou reversão

Na maturidade da opção, na eventualidade do seu exercício (opção *in-the-money*), anula-se a conta de carteira (onde se havia registado o prémio no início do contrato) e de mais e menos valias (conta 28), por contrapartida de Disponibilidades. Considerando a sua expiração *out-of-the-money*, apenas se procede à anulação do saldo da conta de carteira, por contrapartida da conta de ajustamento de mais e menos valias (conta 28), pois neste caso os respectivos saldos são coincidentes.

Procede-se, igualmente, à anulação da responsabilidade inscrita em contas extrapatrimoniais.

Em caso da operação ser revertida, através da sua venda no mercado, por exercício contratual de clausulas de reversão, ou outras quaisquer, para além dos lançamentos referidos para o caso de expiração *in-the-money*, há ainda que registar a mais ou menos valia, incorrida desde a última avaliação até ao momento da reversão, nas respectivas contas de custos ou proveitos.

– Vendedor da opção:

Na data de operação, os registos extrapatrimoniais são idênticos ao caso da posição longa. O prémio recebido deve ser registado na respectiva conta de carteira (254 – Opções, respectiva subconta). Caso seja aplicável, deverá ser efectuado o registo da margem inicial devida pelo vendedor da opção na respectiva conta de terceiros (conta 415 – Devedores por Operações Sobre Opções), o qual deverá ser mantido até à maturidade, reversão ou expiração do contrato.

Diariamente e no momento da expiração ou reversão, os procedimentos contabilísticos são análogos à posição longa em opções.

5.4.4 – OPERAÇÕES COM CONTRATOS DE "FUTUROS"

Um contrato de futuro é um acordo realizado num mercado organizado em bolsa, pelo qual as partes se obrigam a trocar um determinado instrumento financeiro (moeda, taxa de juro, mercadorias, ou índices de cotações) seguindo as normas padronizadas por esse mercado, e com entrega e preço previamente acordados.

No dia da transacção essa responsabilidade deve imediatamente ser reflectida em contas extrapatrimoniais pelo valor do contrato.

A margem inicial deve ser registada em contas de terceiros na classe 4, bem como os eventuais reforços do seu valor (ajustamentos de cotações).

Diariamente os contratos devem ser reavaliados em função dos novos preços desses contratos na bolsa onde foram transaccionados, registando as eventuais flutuações de valor nas respectivas contas de regularização da classe 5 (conta 583 – Ajustamentos de Cotações), por contrapartida das contas de resultados respectivas.

As características destes contratos permitem a sua fungibilidade, pelo que a assunção de um novo contrato de sinal contrário leva à sua eliminação. Porém, quer o contrato seja revertido antes do respectivo vencimento, quer seja levado até esta data, haverá necessidade de anular os registos feitos na classe 9, para além dos relativos à sua liquidação física ou financeira.

Tratando-se de um contrato futuro de moeda a conta da posição cambial a prazo deve também ser movimentada registando o valor e a natureza da operação, sendo por isso reavaliada globalmente com as restantes operações cambiais a prazo.

5.5 OUTRAS OPERAÇÕES

5.5.1 SUBSCRIÇÕES DE TÍTULOS

Existindo normalmente um desfasamento temporal entre a data de decisão de subscrição de títulos no mercado primário e a data da sua liquidação financeira, esse compromisso deve ser registado de imediato na respectiva conta da classe 9.

5.5.2 OPERAÇÕES A PRAZO DE TÍTULOS

No intervalo de tempo compreendido entre a data a que se reporta a operação e a data da efectiva liquidação, o compromisso assumido perante terceiros deverá ser registado na competente conta da classe 9.

5.5.3 OPERAÇÕES DE REPORTE DE VALORES DO FUNDO

De acordo com as condições e limites definidos em regulamento da CMVM, as entidades gestoras podem realizar, por conta dos fundos que administram, operações de reporte de valores. Concretamente, o fundo pode entrar neste tipo de operações a vender valores integrantes da sua carteira, assumindo o compromisso de os recomprar numa data futura e a um determinado preço, previamente definidos. De forma inversa, o fundo poderá tomar (comprar) valores, assumindo o compromisso de os revender, igualmente numa data futura, a um preço pré-definido.

A assumpção de uma ou outra posição terá consequencias divergentes ao nível contabilístico.

– Posição compradora a prazo (cedente de valores)

Nesta situação, os valores cedidos devem permanecer na carteira do fundo e, como tal, devem continuar a registar-se todos os factos patrimoniais por eles produzidos, embora a situação em que tais valores se encontram deva ser relevada através do seu registo em subcontas específicas.

Na data da operação, as responsabilidades devem ser expressas em termos de contas extrapatrimoniais, pelo valor da posição a prazo.

O recebimento do valor da venda à vista deve ser efectuado por contrapartida da correspondente conta de terceiros (427 – Credores por Operações de Venda com Acordo de Recompra), sendo a remuneração da operação a pagar pelo fundo ("repo rate") registada em contas de regularização da seguinte forma:

i. *Taxa repo paga no final da operação*: Diariamente, ao longo da operação, a conta "557 – Operações de Reporte de Valores" deve ser creditada por contrapartida da conta de custos respectiva (conta 717). No final da operação, a conta 557 será saldada por contrapartida da respectiva conta de Disponibilidades.

ii. *Taxa repo paga no início da operação*: débito da conta 527 – Despesas com Custo Diferido, por contrapartida da respectiva conta de Disponibilidades. Diariamente, ao longo da operação, a conta 527 deve ser creditada por contrapartida da conta de custos respectiva (conta 717).

Finalmente, no vencimento, procede-se à anulação das contas extrapatrimoniais, sendo igualmente registada a recompra dos valores.

– Posição vendedora a prazo (cedente de fundos)

Neste caso, os valores tomados em repo não integram a carteira do fundo, pelo que os factos patrimoniais por estes gerados também não apresentam qualquer influência na situação patrimonial do fundo.

Assim, na data da operação, e para além do seu reflexo em contas extrapatrimoniais, deverá proceder-se ao registo da posição a prazo em contas de terceiros (417 – Devedores por Operações de Reporte de Valores), por contrapartida da conta de depósitos e de regularizações, na parte respeitante à taxa repo a receber pelo fundo. A contabilização deste facto patrimonial processar-se-á da seguinte forma:

i. *Taxa repo recebida no final da operação*: diariamente, ao longo da operação, movimenta-se a débito a conta "517 – Proveitos a Receber / Em

Operações de Compra com Ac. de Revenda", por contrapartida da respectiva conta de proveitos (conta 817), sendo a 517 movimentada por contrapartida da respectiva conta de Disponibilidades, no final da mesma.

ii. *Taxa repo recebida no início da operação*: movimentação a débito da conta 567 – Receitas com Proveito Diferido em Operações de Compra com Ac. de Revenda, por contrapartida da conta de disponibilidades respectiva. Diariamente, ao longo da operação, a conta 567 deve ser creditada por contrapartida da respectiva conta de proveitos (conta 817).

No vencimento, procede-se à anulação das contas extrapatrimoniais, sendo igualmente registada a revenda dos valores.

5.5.3 OPERAÇÕES DE EMPRÉSTIMO DE VALORES DO FUNDO

De acordo com as condições e limites definidos em regulamento da CMVM, as entidades gestoras podem realizar, por conta dos fundos que administram, operações de empréstimo de valores. Concretamente, o fundo pode entrar neste tipo de operações a emprestar valores integrantes da sua carteira, mediante uma determinada remuneração, sendo-lhes estes devolvidos numa data futura previamente acordada.

Com excepção dos procedimentos contabilísticos relativos à alienação e aquisição posterior dos valores subjacentes à operação, todos os outros lançamentos são análogos aos estabelecidos para as operações de venda com acordo de recompra, com as adaptações resultantes do facto da remuneração do empréstimo assumir um carácter de ganho de capital (pelo que será registado ao nível da conta 837).

CAPÍTULO 6
Demonstrações financeiras

6.1. INTRODUÇÃO

Como já anteriormente foi referido, é objectivo do sistema contabilístico a recolha, registo e tratamento dos factos decorrentes das operações realizadas pelas organizações, por forma a elaborar demonstrações económico-financeiras que revelem:

* A situação patrimonial e financeira, bem como o grau de cumprimento das obrigações para com terceiros;
* A situação económica e a capacidade de gerar excedentes;
* A forma como se gera e se utiliza o dinheiro em determinados períodos.

Para tal, preconiza-se a preparação de três categorias de demonstrações financeiras:

* Balanço;
* Demonstração dos Resultados;
* Demonstração dos Fluxos de Caixa;

e respectivos anexos.

Por constituírem um instrumento de informação não apenas para a gestão, mas também para utilizadores externos, refira-se o disposto no n.º 1 do artigo 2.º da Directiva n.º 78/660/CEE, adoptada em 25 de Julho de 1978 pelo Conselho das Comunidades Europeias e geralmente conhecida por 4.ª Directiva da UE, o qual refere que aqueles três documentos devem ser considerados como um todo, proporcionando a informação necessária com vista a:

* Proteger os interesses dos participantes e de terceiros;
* Garantir uma imagem verdadeira e apropriada da situação financeira e patrimonial e dos resultados obtidos no exercício da actividade;
* Assegurar a comparabilidade das informações financeiras, não só no interesse de cada unidade, mas também do sector e, consequentemente nacional;
* Estabelecer regras de divulgação pública, por forma a garantir uma uniformidade nos documentos a divulgar, assim como a sua leitura.

Tendo em consideração que as contas anuais devem dar uma imagem verdadeira e apropriada da posição financeira e dos resultados das operações do fundo, estabelece-se, neste capítulo, esquemas de modelos obrigatórios para a elaboração do Balanço, da Demonstração dos Resultados e da Demonstração dos Fluxos de caixa. No capítulo seguinte serão identificadas as informações a divulgar em notas anexas aos mesmos.

6.2. CARACTERÍSTICAS DA INFORMAÇÃO CONTABILÍSTICA

De acordo com o definido no sistema contabilístico a que estão subordinadas as empresas comerciais, as demonstrações financeiras devem proporcionar informações acerca da situação financeira e das suas alterações, dos resultados das operações e da forma como se gerou e utilizou o dinheiro, para que seja útil a investidores, a credores, aos gestores e a outros utilizadores, a fim de investirem e tomarem outras decisões racionalmente. Desta forma, contribuirão para um eficiente funcionamento do mercado de capitais.

A informação deve ser compreensível aos que desejem analisar e avaliar, ajudando-os a distinguir quem gere de forma eficiente ou não, a conhecer os resultados obtidos no exercício da actividade e a identificar a responsabilidade presente e futura pelos recursos que lhe foram confiados e pelas operações realizadas ou comprometidas.

Os utilizadores da informação financeira proporcionada pelos FIM são, mais especificamente, os seguintes:

- Os participantes (investidores)
- Os gestores
- Os credores
- Os organismos e entidades de controlo
- O público em geral.

A responsabilidade pela preparação da informação financeira e da sua apresentação é das sociedades gestoras do fundo. Por este motivo, constituem um dos principais interessados não apenas nessa informação, mas também em todos os elementos que as ajudem a executar e cumprir as responsabilidades inerentes à sua missão.

Adoptam-se como características qualitativas da informação financeira, as divulgadas no sistema contabilístico a que estão subordinadas as empresas comerciais, constituindo qualidade fundamental a sua compreensibilidade pelos diversos utilizadores. Mais especificamente, constituem características fundamentais:

* A relevância;
* A fiabilidade;
* A comparabilidade.

A **relevância** tem a ver com a capacidade da informação em influenciar as decisões dos seus utilizadores, ajudando-os a avaliar os acontecimentos passados, presentes e futuros ou a confirmar ou a corrigir as suas avaliações passadas. A objectividade e rapidez da informação constituem os elementos fundamentais para a sua relevância.

Assim, uma informação deixa de ser relevante quando a sua omissão ou erro não influenciar a decisão do gestor, ou quando não for tempestivamente relatada, isto é, houver demoras no seu relato. A relevância está muito ligada à utilidade da informação financeira, pelo que a oportunidade na sua divulgação e a objectividade para que seja compreensível ao utilizador, constituem factores críticos desta característica.

Tendo em atenção esta característica, foi dado particular desenvolvimento ao registo dos factos extrapatrimoniais e à explicitação em quadros do anexo da respectiva exposição ao risco, pelo que as demonstrações financeiras e anexo, devem ser consideradas como um todo.

A **fiabilidade** consiste na característica que a informação tem de estar liberta de erros materiais e de juízos prévios. Assim, deve ser capaz de evidenciar de forma apropriada a realidade que tem por finalidade representar ou se espera que represente.

Para que a informação seja fiável, os factos devem ser registados de acordo com a sua substância e realidade económica e financeira e não apenas com base na sua forma legal ou documental. A neutralidade e a objectividade dos princípios e critérios utilizados nos registos das operações, constituem requisitos fundamentais para a obtenção de informação fiável.

A existência de informação relevante e fiável reduz o risco e maximiza a sua utilidade aos diferentes utilizadores.

A **comparabilidade** deve ser entendida como a característica da informação financeira em ser confrontada com os impactos financeiros de operações similares quer no tempo, quer no espaço.

A comparabilidade no tempo leva a que, numa dada unidade, os factos sejam registados de forma consistente ao longo dos vários períodos. Desta forma, será possível acompanhar, durante a sua vida, a evolução e tendências na posição financeira e nos resultados das operações realizadas.

A comparabilidade no espaço permite que a posição financeira e os resultados de uma determinada unidade possam ser confrontados com unidades com actividade equivalente e analisadas no âmbito de um sector, pelo que todas deverão adoptar sistemas normalizados assentes em princípios, critérios e regras comummente aceites.

Contudo, esta normalização não pode significar uniformização total, nem tão pouco um meio que constitua impedimento à introdução de conceitos, princípios e técnicas contabilísticas mais aperfeiçoadas. Uma entidade não se vê forçada a contabilizar da mesma maneira uma dada operação ou facto, se a política contabilística adoptada permitir obter a informação requerida de forma também relevante e fiável.

Em síntese, podemos referir que estas características, aplicadas conjuntamente com regras, princípios e critérios contabilísticos adequados, permitem a obtenção de demonstrações financeiras capazes de proporcionar uma imagem verdadeira e apropriada da posição financeira e dos resultados das operações do fundo.

6.3. BALANÇO

Numa perspectiva financeira, o Balanço traduz um conjunto de aplicações de capital, bem como as correspondentes origens. Trata-se então, duma demonstração de todas as aplicações de capital (1.° membro), nomeadamente, em títulos, em dívidas de terceiros, em aplicações monetárias, etc., e das fontes de financiamento (origens) dessas aplicações (2.° membro), nomeadamente, participantes, resultados gerados pelo exercício da actividade e credores diversos.

A forma de representação, para além de reflectir esta perspectiva, aproxima-se da estrutura preconizada na 4.ª Directiva do Conselho, na medida em que:

O modelo apresenta uma disposição vertical com determinada sucessão de grupos homogéneos de elementos activos e passivos, de forma a comparar as aplicações de fundos (activo), com as correspondentes origens (passivos).

A estrutura do balanço é obrigatória, pelo que se indica a correspondência de cada um dos seus elementos com as contas do plano.

Os elementos do activo são estruturados de acordo com o seu destino ou aplicação e tendo em conta a sua ordem natural neste tipo de actividade.

O mesmo em relação ao passivo, mas tendo em atenção a sua origem. Evidencia, fácil e inequivocamente o valor líquido do fundo, para além das provisões para riscos e encargos, das dívidas do fundo e das regularizações passivas.

Alguns grupos homogéneos do balanço serão desenvolvidos no Anexo, mas observando a mesma estrutura e forma de apresentação da informação. Os aumentos e reduções dos elementos activos deverão ser indicados nas correspondentes rubricas do activo e nas colunas previstas para o efeito.

Relativamente ao valor líquido do fundo, procurou-se evidenciar não apenas o seu valor base, mas também as suas variações, quer resultantes de operações de capital (resgates, subscrições ou outras), quer dos resultados de gestão (lucros ou prejuízos acumulados e do período).

Procurou-se também introduzir melhorias com a apresentação do número de unidades de participação e do respectivo valor unitário, uma vez que esta informação constitui um dos objectivos fundamentais da gestão dos fundos.

Apresenta-se de seguida o modelo de balanço que, para melhor informação dos utilizadores, inclui as quantias correspondentes ao ano anterior.

BALANÇO — (valores em Euro) — Data: ___/___/___

Cód.	Designação (ACTIVO)	Bruto	Mv	Mv/P	Líq.	Per. N-1	Cód.	Designação (PASSIVO)	N	N-1
	CARTEIRA DE TÍTULOS							CAPITAL DO FUNDO		
21	Obrigações						61	Unidades de Participação	X	X
22	Acções	X	X	X	X	X	62	Variações Patrimoniais	± X	± X
23	Títulos de Participação	X	X	X	X	X	63	Resultados Transitados	± X	± X
24	Unidades de Participação	X	X	X	X	X	64	Resultados Distribuídos	- X	- X
25	Direitos	X	X	X	X	X				
26	Outros Instrumentos de Dívida	X	X	X	X	X	DR	Resultados Líquidos do Período	± X	± X
	TOTAL DA CARTEIRA DE TÍTULOS	X	X	X	X	X		TOTAL DO CAPITAL DO FUNDO	X	X
	CONTAS DE TERCEIROS							PROVISÕES P/A RISCOS E ENCARG.		
4111	Obrigações vencidas, a regularizar	X			X	X				
4111+4113	Obrigações vencidas, em Contencioso	X		X	X	X	48	Para Riscos e Encargos	X	X
4121	Juros Vencidos, a Regularizar	X			X	X				
4122+4123	Juros Vencidos, em Contencioso	X		X	X	X		TOTAL DE PROV. P/A RISCOS E ENC.	X	X
413+...+418	Outras Contas de Devedores	X		X	X	X				
	TOTAL DOS VALORES A RECEBER	X	X	X	X	X		CONTAS DE TERCEIROS		
							421	Resgates a Pagar aos Participantes	X	X
	DISPONIBILIDADES						422	Rendimentos a Pagar aos Participantes	X	X
11+18	Numerário e Equivalentes	X			X	X	423	Comissões a Pagar	X	X
12	Depósitos à Ordem	X			X	X	424+...+428	Outras Contas de Credores	X	X
13	Depósitos a Prazo e com Pré-Aviso	X			X	X	43+12	Empréstimos Contraídos	X	X
14	Certificados de Depósito	X			X	X				
	TOTAL DAS DISPONIBILIDADES	X	X	X	X	X		TOTAL DOS VALORES A PAGAR	X	X
	CONTAS DE REGULARIZAÇÃO							CONTAS DE REGULARIZAÇÃO		
51	Proveitos a Receber	X			X	X	55	Custos a Pagar	X	X
52	Despesas com Custo Diferido	X			X	X	56	Receitas com Proveito Diferido	X	X
58+59	Outras Contas de Regularização	X			X	X	58+59	Outras Contas de Regularização	X	X
	TOTAL DAS REGULARIZAÇÕES ACTIVAS	X	X	X	X	X				
								TOTAL DE REGULARIZAÇÕES PASSIVAS	X	X
	TOTAL DO ACTIVO	X	X	X	X	X		TOTAL DO PASSIVO	X	X
	Número total de unidades de participação em circulação				N	N		Valor Unitário da Unidade de Participação	€	€

Abreviaturas: Mv - Mais Valias; mv - Menos Valias; P - Provisões

(valores em Euro)	CONTAS EXTRAPATRIMONIAIS				Data: __/__/__		
DIREITOS SOBRE TERCEIROS				**RESPONSABILIDADES PERANTE TERCEIROS**			
Cód.	**Designação**	**Período**		**Cód.**	**Designação**	**Períodos**	
		N	**N-1**			**N**	**N-1**
	OPERAÇÕES CAMBIAIS				OPERAÇÕES CAMBIAIS		
911	À vista	X	X	911	À vista	X	X
912	A prazo (Forwards cambiais)	X	X	912	A prazo (Forwards cambiais)	X	X
913	Swaps cambiais	X	X	913	Swaps cambiais	X	X
914	Opções	X	X	914	Opções	X	X
915	Futuros	X	X	915	Futuros	X	X
	TOTAL				TOTAL		
	OPERAÇÕES SOBRE TAXAS DE JURO				OPERAÇÕES SOBRE TAXAS DE JURO		
921	Contratos a prazo (FRA)	X	X	921	Contratos a prazo (FRA)	X	X
922	Swap de taxa de juro	X	X	922	Swap de taxa de juro	X	X
923	Contratos de garantia de taxa de juro	X	X	923	Contratos de garantia de taxa de juro	X	X
924	Opções	X	X	924	Opções	X	X
925	Futuros	X	X	925	Futuros	X	X
	TOTAL				TOTAL		
	OPERAÇÕES SOBRE COTAÇÕES				OPERAÇÕES SOBRE COTAÇÕES		
934	Opções	X	X	934	Opções	X	X
935	Futuros	X	X	935	Futuros	X	X
	TOTAL				TOTAL		
	COMPROMISSOS DE TERCEIROS				COMPROMISSOS COM TERCEIROS		
942	Operações a prazo (reporte de valores)	X	X	941	Subscrição de títulos	X	X
944	Valores recebidos em garantia	X	X	942	Operações a prazo (reporte de valores)	X	X
945	Empréstimo de valores	X	X	943	Valores recebidos em garantia	X	X
	TOTAL	X	X		TOTAL		
	TOTAL DOS DIREITOS	X	X		TOTAL DAS RESPONSABILIDADES	X	X

6.4. DEMONSTRAÇÃO DOS RESULTADOS

Esta demonstração tem por finalidade evidenciar os resultados (lucros ou prejuízos) obtidos na actividade do fundo. Apresenta-se sob a forma de quadro demonstrativo dos resultados apurados, discriminando os custos e os proveitos segundo a sua natureza.

Também, à semelhança do balanço, o modelo de demonstração dos resultados apresenta uma estrutura próxima da preconizada na 4ª Directiva do Conselho, isto é, aquela que apresenta, em disposição horizontal, os custos e os proveitos classificados por natureza.

Tal como o balanço, esta demonstração financeira também inclui as quantias correspondentes ao ano anterior.

A estrutura da demonstração visa identificar as naturezas dos resultados do período, nomeadamente:

– **Resultados correntes,** ou seja o lucro ou prejuízo decorrente das operações normais do fundo, ou seja dos proveitos e custos directamente relacionados com a sua actividade, nomeadamente:

- Proveitos e ganhos correntes (juros e proveitos equiparados, rendimentos de títulos, ganhos em operações financeiras, reposição e anulação de provisões e outros).
- Custos e perdas correntes (juros e custos equiparados, comissões suportadas, perdas em operações financeiras, constituição e reforço de provisões e outros).

– **Resultados eventuais,** os decorrentes de factos ou operações de carácter ocasional ou acidental e que, por isso, a sua ocorrência tem reduzido grau de previsibilidade (incobrabilidade de valores, correcções a exercícios anteriores, penalidades, ganhos e perdas extraordinários).

A estrutura dos resultados supra permite conhecer, para além dos dois grandes grupos mencionados, ainda:

• Resultados da carteira de títulos (rendimentos e encargos correntes directa e inequivocamente relacionados com a detenção da carteira de títulos)
• Resultados das operações extrapatrimoniais (idem relativamente às operações extra balanço)
• Resultados antes de imposto sobre o rendimento (soma dos resultados correntes e eventuais com o valor do imposto sobre o rendimento)
• Resultado líquido do período, o qual constará no balanço no grupo homogéneo relativo ao capital do fundo.

Apresenta-se de seguida o modelo a adoptar. A estrutura é obrigatória, pelo que se indica a correspondência de cada um dos seus elementos com as contas do plano. Não se prevêem quaisquer desdobramentos noutras demonstrações dos resultados, pelo que se optou por alguma discriminação nas naturezas dos proveitos e custos.

(valores em Euro)	DEMONSTRAÇÃO DOS RESULTADOS						
CUSTOS E PERDA		Período		**PROVEITOS E GANHOS**		Período	
CÓDIGO	DESIGNAÇÃO	N	N-1	CÓDIGO	DESIGNAÇÃO	N	N-1
	CUSTOS E PERDAS CORRENTES				**PROVEITOS E GANHOS CORRENTES**		
	JUROS E CUSTOS EQUIPARADOS:				JUROS E PROVEITOS EQUIPARADOS:		
711+718	De Operações Correntes	X	X	812	Da Carteira de Títulos	X	X
719	De Operações Extrapatrimoniais	X	X	811+818	Outros, de Operações Correntes	X	X
	COMISSÕES			819	De Operações Extrapatrimoniais	X	X
722	Da Carteira de Títulos	X	X		RENDIMENTO DE TÍTULOS		
724+...+728	Outras, de Operações Correntes	X	X	822...825	Da Carteira de Títulos	X	X
729	De Operações Extrapatrimoniais	X	X	828	De Outras Operações Correntes	X	X
	PERDAS EM OPERAÇÕES FINANCEIRAS			829	De Operações Extrapatrimoniais	X	X
732	Na Carteira de Títulos	X	X		GANHOS EM OPERAÇÕES FINANCEIRAS		
731+738	Outras, em Operações Correntes	X	X	832	Na Carteira de Títulos	X	X
739	Em Operações Extrapatrimoniais	X	X	831+838	Outros, em Operações Correntes	X	X
	IMPOSTOS E TAXAS			839	Em Operações Extrapatrimoniais	X	X
741	Indirectos	X	X				
742	Directos	X	X		REPOSIÇÃO E ANULAÇÃO DE PROVISÕES		
	PROVISÕES DO EXERCÍCIO			851	Para crédito Vencido	X	X
751	Para crédito Vencido	X	X	851	Para Riscos e Encargos	X	X
752	Para Riscos e Encargos	X	X				
77	OUTROS CUSTOS E PERDAS CORRENTES	X	X	87	OUTROS PROVEITOS E CUSTOS CORRENTES	X	X
	TOTAL DOS CUSTOS E PERDAS CORRENTES (A)	X	X		TOTAL DOS PROVEITOS E GANHOS CORRENTES (B)	X	X
	CUSTOS E PERDAS EVENTUAIS				**PROVEITOS E GANHOS EVENTUAIS**		
781	Valores Incobráveis	X	X	881	Recuperação de Incobráveis	X	X
782	Perdas Extraordinárias	X	X	882	Ganhos Extraordinários	X	X
783	Perdas de exercícios Anteriores	X	X	883	Ganhos de Exercícios Anteriores	X	X
784...788	Outras Perdas Eventuais	X	X	884...888	Outras Ganhos Eventuais	X	X
	TOTAL DOS CUSTOS E PERDAS EVENTUAIS (C)	X	X		TOTAL DOS PROVEITOS E GANHOS EVENTUAIS (D)	X	X
	RESULTADO LÍQUIDO DO PERÍODO	X	X				
	TOTAL	X	X		**TOTAL**	X	X
8x2-7x2	Resultados da Carteira de Títulos	X	X	D-C	Resultados Eventuais	X	X
8x9-7x9	Resultados das Operações Extrapatrimoniais	X	X	B+D-A-C+742	Resultados Antes de Imposto s/o Rendimento	X	X
B-A+742	Resultados Correntes	X	X	B+D-A-C	Resultados Líquidos do Período	X	X

Data: _/_/_

6.5. DEMONSTRAÇÃO DOS FLUXOS DE CAIXA

6.5.1 – CARACTERÍSTICAS

Para além do conhecimento da situação financeira e dos resultados gerados, assume também relevância para os utilizadores da informação financeira o conhecimento da forma como é obtido e utilizado o dinheiro num determinado período.

É sabido que nem sempre existe uma correlação directa entre os resultados apurados e os fluxos de caixa, por exemplo, o facto de um fundo apurar lucros não significa necessariamente que disponha de dinheiro para, designadamente, distribuir rendimentos ou investir.

A informação acerca dos fluxos de caixa reveste-se de grande utilidade, pois permite aos utilizadores das demonstrações financeiras, por um lado, conhecer as origens de dinheiro durante um determinado período de tempo e, por outro lado, verificar o destino que lhe foi dado.

A demonstração dos fluxos de caixa, como parte integrante das demonstrações financeiras do fundo, permite aos utilizadores melhorar o conhecimento das variações ocorridas na posição financeira e a capacidade de gerar meios de pagamento e em que tempo, com vista designadamente, a adaptar-se a situações de mudança.

Por **fluxos de caixa** entende-se os recebimentos (entradas em contas de disponibilidades, com excepção das quantias transferidas de outras contas da mesma natureza) e os pagamentos (saídas das contas de disponibilidades, com excepção das importâncias transferidas para outras contas da mesma natureza);

Os fluxos de caixa devem ser classificados de acordo com o tipo de operação que os originou. Os tipos de operação identificados na demonstração dos fluxos de caixa são os seguintes:

- Operações sobre as unidades do fundo;
- Operações da carteira de títulos à vista;
- Operações a prazo e de divisas;
- Operações de gestão corrente;
- Operações eventuais;

1. Operações sobre as **unidades do fundo** que dizem respeito aos fluxos de entrada e saída de meios monetários em consequência de operações com os participantes, incluindo a distribuição de rendimentos. A título de exemplo, serão de incluir neste grupo, os fluxos de caixa resultantes de:

   * Pagamentos por resgates de unidades de unidades de participação;
   * Recebimentos pela subscrição de unidades de participação;
   * Pagamentos por distribuição de rendimentos aos participantes;

2. Operações da **carteira de títulos à vista** dizem respeito a todos os fluxos de recebimentos e pagamentos directamente relacionados com a ges-

tão da carteira, incluindo os custos e perdas e os proveitos e ganhos dela decorrente. Assim, contempla os fluxos de caixa resultantes de:

* Pagamentos por aquisições de aplicações financeiras;
* Recebimentos pela venda de aplicações financeiras;
* Recebimentos por rendimentos de títulos;
* Pagamentos por comissões de corretagem;
* etc.

3. Operações **a prazo e de divisas** que dizem respeito a todos os fluxos de recebimentos e pagamentos relacionados com operações a prazo sobre instrumentos financeiros, e com divisas, incluindo os resultados gerados. Assim, engloba os fluxos de caixa relativos a:

* Pagamentos de comissões em contratos de futuros;
* Recebimentos de prémios num contrato de opções;
* Recebimentos cambiais num contrato s/câmbio;
* etc.

4. Operações de **gestão corrente** que correspondem a todos os recebimentos e pagamentos não contemplados nos grupos anteriores e que não tenham a natureza eventual. Estão, neste caso, entre outros, os seguintes factos:

* Pagamentos da comissão de gestão;
* Recebimentos de juros de depósitos a prazo;
* Pagamentos de juros devedores de depósitos à ordem;
* etc.

5. Operações **eventuais** que dizem respeito a todos os fluxos de recebimentos e pagamentos decorrentes de factos ocasionais ou acidentais e registados nas correspondentes contas de resultados. Assim, contempla os fluxos de caixa resultantes de:

* Pagamentos por perdas imputáveis a exercícios anteriores;
* Recebimentos de ganhos extraordinários;

Tecnicamente, os componentes dos recebimentos e dos pagamentos acima mencionados, podem ser obtidos por uma de duas vias:

i) directamente do registo contabilístico das operações, mediante a adopção de rubricas apropriadas (por exemplo, através da criação de um subsistema informativo integrado no sistema de contas ou da definição de uma tabela associada aos movimentos das contas de disponibilidades);

ii) pelo ajustamento das rubricas constantes da demonstração de resultados pelas contas activas e passivas que lhe estejam associadas, por forma a deduzir os proveitos ainda não recebidos e os custos ainda não pagos. A esse ajustamento haveria que acrescentar as restantes variações de balanço representativas de recebimentos e de pagamentos não reflectidos nos resultados.

6.5.2 – TRATAMENTO ESPECÍFICO DE ALGUMAS SITUAÇÕES

Os fluxos de caixa provenientes de operações em moeda estrangeira devem ser registados em Euros, pela aplicação da taxa de câmbio à data dos respectivos recebimentos ou pagamentos.

Os fluxos de monetários relacionados com as rubricas eventuais são classificados e divulgados em grupo próprio e autónomo, a fim de habilitar os utilizadores a compreender a sua natureza e os seus efeitos, actual e futuro.

Os juros, comissões e taxas pagos e os juros, dividendos e outros rendimentos recebidos devem ser classificados como um componente dos fluxos de caixa em cada um dos grupos das operações a que correspondem, por forma a obter-se uma imagem mais apropriada dos impactos dessas operações.

Os fluxos de caixa relativos a imposto sobre o rendimento, quando os haja, devem ser considerados no grupo das operações que os originou, salvo os que não puderem ser especificamente identificados, os quais serão considerados nas operações de gestão corrente. Nas situações de retenção na fonte, pode registar-se a operação pelo seu valor líquido.

As operações que não exijam a utilização de meios monetários devem ser excluídas da demonstração dos fluxos de caixa. Esta exclusão da demonstração dos fluxos de caixa é consistente com o objectivo desta demonstração financeira, dado que esses elementos não envolvem recebimentos ou pagamentos no período em causa.

Também não devem ser considerados na demonstração dos fluxos de caixa as operações que se limitam a transferência de valores entre as contas de disponibilidades, constituição de depósitos a prazo a partir de contas de depósitos à ordem , etc. Contudo, os custos ou proveitos gerados pelas contas de disponibilidades já devem ser considerados nas demonstrações dos fluxos de caixa no grupo de operações de gestão corrente.

6.5.3 – MODELO DA DEMONSTRAÇÃO DOS FLUXOS DE CAIXA

Por ser desejável assegurar a uniformidade da demonstração dos fluxos de caixa, apresenta-se de seguida um modelo mínimo a que deverá subordinar-se a sua divulgação. Admite-se, assim, a criação de rubricas nos casos evidenciados por reticências.

DEMONSTRAÇÃO DOS FLUXOS DE CAIXA

página 1

DISCRIMINAÇÃO DOS FLUXOS	PERÍODO N		PERÍODO N-1	
OPERAÇÕES SOBRE AS UNIDADES DO FUNDO				
RECEBIMENTOS:				
Subscrição de unidades de participação	x		x	
...	...	(1)	...	(1)
PAGAMENTOS:				
Resgates de unidades de participação	x		x	
Rendimentos pagos aos participantes	x		x	
...	...	(2)	...	(2)
Fluxo das operações sobre as unidades do fundo		(3)=(1)-(2)		(3)=(1)-(2)
OPERAÇÕES DA CARTEIRA DE TÍTULOS				
RECEBIMENTOS:				
Venda de títulos	x		x	
Reembolso de títulos	x		x	
Resgates de unidades de participação noutros fundos	x		x	
Rendimento de títulos	x		x	
Juros e proveitos similares recebidos	x		x	
Vendas de títulos com acordo de recompra	x		x	
Outros recebimentos relacionados com a carteira	x	(4)	x	(4)
PAGAMENTOS:				
Compra de títulos	x		x	
Subscrições de unidades de participação noutros fundos	x		x	
Juros e custos similares pagos	x		x	
Vendas de títulos com acordo de recompra	x		x	
Taxas de Bolsa suportadas	x		x	
Taxas de corretagem	x		x	
Outras taxas e comissões	x		x	
...				
Outros pagamentos relacionados com a carteira	x	(5)	x	(5)
Fluxo das operações da carteira de títulos		(6)=(4)-(5)		(6)=(4)-(5)

DISCRIMINAÇÃO DOS FLUXOS	PERÍODO N		PERÍODO N-1	
OPERAÇÕES A PRAZO DE DIVISAS				
RECEBIMENTOS:				
Juros e proveitos similares recebidos	x		x	
Recebimentos em operações cambiais	x		x	
Recebimento em operações de taxa de juro	x		x	
Recebimento em operações sobre cotações	x		x	
Margem inicial em contratos de futuros e opções	x		x	
Comissões em contratos de opções	x		x	
Outras comissões	x		x	
...	...		...	
Outros recebimentos op. a prazo e de divisas	x	(7)	x	(7)
PAGAMENTOS:				
Juros e custos similares pagos	x		x	
Pagamentos em operações cambiais	x		x	
Pagamentos em operações de taxa de juro	x		x	
Pagamentos em operações sobre cotações	x		x	
Margem inicial em contratos de futuros e opções	x		x	
Comissões em contratos de opções	x		x	
...	...		...	
Outros pagamentos op. a prazo e de divisas	x	(8)	x	(8)
Fluxo das operações a prazo e de divisas		(9)=(7)-(8)		(9)=(7)-(8)
OPERAÇÕES GESTÃO CORRENTE				
RECEBIMENTOS:				
Cobranças de crédito vencido	x		x	
Compras com acordo de revenda	x		x	
Juros de depósitos bancários	x		x	
Juros de certificados de depósito	x		x	
Comissões em operações de empréstimo de títulos	x		x	
...	...	(10)	...	
Outros recebimentos correntes	x		x	(10)
PAGAMENTOS:				
Comissão de gestão	x		x	
Comissão de depósito	x		x	
Despesas com crédito vencido	x		x	
Juros devedores de depósitos bancários	x		x	
Compras com acordo de revenda	x		x	
Impostos e taxas	x		x	
...	...	(11)	...	
Outros pagamentos correntes	x		x	(11)
Fluxo das operações de gestão corrente		(12)=(10)-(11)		(12)=(10)-(11)

página 3

DISCRIMINAÇÃO DOS FLUXOS	PERÍODO N		PERÍODO N-1	
OPERAÇÕES EVENTUAIS				
RECEBIMENTOS:				
Ganhos extraordinários	x		x	
Ganhos imputáveis a exercícios anteriores	x		x	
Recuperação de incobráveis	x		x	
...	...		...	
Outros recebimentos de operações eventuais	x	(13)	x	(13)
PAGAMENTOS:				
Perdas extraordinárias	x		x	
Perdas imputáveis a exercícios anteriores	x		x	
...	...		...	
Outros pagamentos de operações eventuais	x	(14)	x	(14)
Fluxo das das operações eventuais		(15)=(13)-(14)		(15)=(13)-(14)
OPERAÇÕES GESTÃO CORRENTE				
Saldo dos fluxos de caixa do período...(A)		3+6+9+ +12+15		3+6+9+ +12+15
Disponibilidades no início do período ....(B)				
Disponibilidades no fim do período ....(C) = (B)+(A)				

6.5.4 – TABELA AUXILIAR PARA CONSTRUÇÃO DA DEMONSTRAÇÃO DOS FLUXOS DE CAIXA

Das duas alternativas mencionadas para obtenção dos valores a inscrever nas rubricas desta demonstração financeira, preconiza-se a que se baseia no registo contabilístico das operações, mediante a definição de uma tabela associada aos movimentos das contas de disponibilidades.

Assim, no momento de lançamento das contas de disponibilidades, particularmente contas de depósitos à ordem, o sistema informático deverá prever o preenchimento de um atributo adicional a que corresponde um ficheiro (tabela) que contempla os vários tipos de operações previstos no quadro monetário e que serão utilizados na sua elaboração.

A título exemplificativo, apresenta-se uma possível lista de códigos de atributos monetários a afectar, como se referiu, nos registos de entradas e saídas das contas de disponibilidades, utilizando um sistema alfanumérico até 4 campos.

LISTA DE CÓDIGOS DE FLUXOS DE CAIXA

RF – RECEBIMENTOS DE OPERAÇÕES S/UNIDADES DO FUNDO
RF01 – Subscrições de unidades de participação
...
RF99 – Outros recebimentos s/unidades do fundo

PF – PAGAMENTOS DE OPERAÇÕES S/UNIDADES DO FUNDO
PF01 – Resgates de unidades de participação
PF02 – Pagamentos de rendimentos aos participantes
...
PF99 – Outros pagamentos s/ unidades do fundo

RT – RECEBIMENTOS DE OPERAÇÕES COM A CARTEIRA DE TÍTULOS
RT01 – Vendas de títulos
RT02 – Reembolsos de títulos
RT03 – Resgates de unidades de participação noutros fundos
RT04 – Rendimentos de títulos
RT05 – Vendas de títulos com acordo de recompra
RT06 – Recebimento de juros e proveitos similares
RT99 – Outros recebimentos com a carteira de títulos

PT – PAGAMENTOS DE OPERAÇÕES COM A CARTEIRA DE TÍTULOS
PT01 – Compras de títulos
PT02 – Subscrições de títulos
PT03 – Subscrições de unidades de participação noutros fundos
PT04 – Comissões de bolsa suportadas
PT05 – Vendas de títulos com acordo de recompra
PT06 – Pagamento de juros e custos similares
PT07 – Comissões de corretagem
PT08 – Outras comissões e taxas
...
PT99 – Outros pagamentos com a carteira de títulos

RP – RECEBIMENTOS DE OPERAÇÕES A PRAZO E DE DIVISAS
RP01 – Juros e proveitos similares recebidos
RP02 – Recebimentos em operações cambiais
RP03 – Recebimentos em operações de taxa de juro
RP04 – Recebimentos em operações sobre cotações
RP05 – Margem inicial em contratos de futuros e opções, recebida
RP06 – Comissões recebidas em contratos de opções
RP07 – Outras comissões recebidas em operações a prazo e de divisas
...
RP99 – Outros recebimentos de operações a prazo e de divisas

PP – PAGAMENTOS DE OPERAÇÕES A PRAZO E DE DIVISAS
PP01 – Juros e proveitos similares pagos
PP02 – Pagamentos em operações cambiais

PP03 – Pagamentos em operações de taxa de juro
PP04 – Pagamentos em operações sobre cotações
PP05 – Margem inicial em contratos de futuros e opções, paga
PP06 – Comissões pagas em contratos de opções
PP07 – Outras comissões pagas em operações a prazo e de divisas
...
PP99 – Outros pagamentos de operações a prazo e de divisas

RC – RECEBIMENTOS EM OPERAÇÕES DE GESTÃO CORRENTE

RC01 – Cobranças de crédito vencido
RC02 – Compras com acordo de revenda
RC03 – Juros de depósitos bancários
RC04 – Juros de certificados de depósito
RC05 – Rendimentos de outras contas de disponibilidades
RC06 – Contracção de empréstimos
RC07 – Comissões em operações de empréstimo de títulos
...
RC99 – Outros recebimentos com operações de gestão corrente

PC – PAGAMENTOS EM OPERAÇÕES DE GESTÃO CORRENTE

PC01 – Despesas com crédito vencido
PC02 – Comissão de gestão
PC03 – Compras com acordo de revenda
PC04 – Pagamento de juros de disponibilidades e empréstimos
PC05 – Comissão de gestão
PC06 – Comissão de depósito
PC07 – Impostos e taxas
PC08 – Reembolso de empréstimos
...
PC99 – Outros pagamentos com operações de gestão corrente

RE – RECEBIMENTOS EM OPERAÇÕES EVENTUAIS

RE01 – Recebimentos de ganhos eventuais
RE02 – Recebimento de valores atribuíveis a exercícios anteriores
RE03 – Recuperação de valores incobráveis
...
RE99 – Outros recebimentos com operações eventuais

PE – PAGAMENTOS EM OPERAÇÕES EVENTUAIS

PE01 – Pagamentos de perdas eventuais
PE02 – Pagamento de valores atribuíveis a exercícios anteriores
...
PE99 – Outros pagamentos com operações eventuais

CAPÍTULO 7
Anexo

As contas dos fundos devem dar uma imagem verdadeira e apropriada da sua situação financeira e dos resultados das operações. Ao proporcionarem uma informação de grande síntese, a simples leitura e interpretação dos conteúdos do Balanço, da Demonstração dos Resultados e da Demonstração dos Fluxos de caixa não possibilita, por si só, que se obtenha tal imagem.

Por esse motivo a necessidade em complementar tais informações com outras, dadas de forma narrativa ou através de mapas, as quais constituem o presente Anexo às demonstrações financeiras de síntese.

O Anexo abrange dois tipos de informações:

* Umas que se destinam a desenvolver e a comentar quantias incluídas nas demonstrações financeiras definidas no capítulo anterior;
* Outras que se destinam a divulgar factos ou situações que, não tendo expressão naquelas, são úteis para os utilizadores das informações dos fundos de investimento, por influenciarem ou poderem vir a influenciar as suas decisões.

Assim sendo, pode afirmar-se que a qualidade da informação financeira dos fundos de investimento está muito dependente do conteúdo das notas divulgadas no Anexo. Todavia, o conteúdo do anexo deverá ser diferenciado nos documentos de prestação de contas anual e semestral, quanto à quantidade da informação a incluir.

NOTA 1

Número de unidades de participação emitidas, resgatadas e em circulação no período em referência. Comparação do valor líquido global do fundo e da unidade de participação no início e no fim do período em referência, bem como dos factos geradores das variações ocorridas.

Para o efeito, poderá elaborar-se um quadro com o seguinte formato:

Descrição	No Início	Subscr.	Resgates	Dist.Res	Outros	Res.Per	No Fim
Valor base	x	x	x				x
Diferença p/Valor Base	x	x	x				x
Resultados distribuídos	x			x			x
Resultados acumulados	x			x	x		x
Resultados do período	x				-x	x	x
S O M A	x	x	x	x		x	x
N.° de unidades participação	x						x
Valor unidade participação	x	x$^{(1)}$	x$^{(1)}$				x

(^{1}) Valores unitários médios

No caso de fundos que prevêm no seu regulamento, resgates com valor da primeira avaliação subsequente, deve indicar-se em separado o número de unidades de participação com pedidos de resgate em curso.

EVOLUÇÃO DO FUNDO

		VLGF	VALOR U.P.
Ano N			
	Mar		
	Jun		
	Set		
	Dez		
Ano N-1			
	Mar		
	Jun		
	Set		
	Dez		
Ano N-2			
	Mar		
	Jun		
	Set		
	Dez		

NOTA 2

Ventilação do volume de transacções do exercício, por tipo de valor mobiliário, aferido pelo preço de realização dos respectivos negócios, dos montantes de subscrições e resgates, bem como os respectivos valores cobrados a título de comissões de subscrição e resgate.

TRANSACÇÕES DE VALORES MOBILIÁRIOS NO PERÍODO (em Euro)

	COMPRAS (1)		VENDAS (2)		TOTAL (1)+(2)	
	Bolsa	Fora bolsa	Bolsa	Fora bolsa	Bolsa	Fora bolsa
Dívida Pública						
Fundos Públicos e Equiparados						
Obrigações Diversas						
Acções						
Títulos de Participação						
Direitos						
Unidades de Participação						
Contratos de futuros [a]						
Contratos de Opções [b]						

[a] Pelo preço de referência   [b] Valor dos prémios

SUBSCRIÇÕES E RESGATES

	VALOR	COMISSÕES COBRADAS
Subscrições		
Resgates		

(em Euro)

NÚMERO DE PARTICIPANTES POR ESCALÃO (em 31/Dezembro)

	N.°
Até € 500	
Entre £500 e € 2 500	
Entre £2500 e € 12 500	
Entre £12500 e € 50 000	
Mais de € 50 000	

NOTA 3

Inventário da carteira de títulos, com repartição de acordo com o quadro seguinte e com discriminação ao nível dos valores que a compõem, nos termos em que é mensalmente publicada no Boletim de Cotações:

(valores em Euro)

Descrição dos títulos	Preço de aquisição	Mais valias	menos valias	Valor da carteira	Juros corridos	SOMA
1. VALORES MOBILIÁRIOS COTADOS						
M.C.O.B.V.Portuguesas						
– Títulos dívida Pública	x	x	x	x	x	x
– Out.Fundos Públicos Equiparados	x	x	x	x	x	x
– Obrigações diversas	x	x	x	x	x	x
– Acções	x	x	x	x		x
– Títulos de participação	x	x	x	x	x	x
– U.P. FIM Fechados	x	x	x	x	x	x
– Direitos	x	x	x	x	x	x
O.M.Regulamentados nacionais						
– Títulos dívida Pública	x	x	x	x	x	x
– Out. Fundos Públicos Equiparados	x	x	x	x	x	x
– Obrigações diversas	x	x	x	x	x	x
– Acções	x	x	x	x		x
– Títulos de participação	x	x	x	x	x	x
– U.P. FIM Fechados	x	x	x	x	x	x
– Direitos	x	x	x	x	x	x
A Transportar	x	x	x	x	x	x

INVENTÁRIO DA CARTEIRA

(valores em Euro)

Descrição dos títulos	Preço de aquisição	Mais valias	Menos valias	Valor da carteira	Juros cor-ridos	SOMA
1. VALORES MOBILIÁRIOS COTADOS						
M.C.O.B.V.Estados Membros UE						
– Títulos dívida Pública	x	x	x	x	x	x
– Out.Fundos Públicos Equiparados	x	x	x	x	x	x
– Obrigações diversas	x	x	x	x	x	x
– Acções	x	x	x	x		x
– Títulos de participação	x	x	x	x	x	x
– U.P. FIM Fechados	x	x	x	x	x	x
– Direitos	x	x	x	x	x	x
O.M.Regulamentados Estados UEs						
– Títulos dívida Pública	x	x	x	x	x	x
– Out. Fundos Públicos Equiparados	x	x	x	x	x	x
– Obrigações diversas	x	x	x	x	x	x
– Acções	x	x	x	x		x
– Títulos de participação	x	x	x	x	x	x
– U.P. FIM Fechados	x	x	x	x	x	x
– Direitos	x	x	x	x	x	x
M.C.O.B.V.Estados Não Membros UE						
– Títulos dívida Pública	x	x	x	x	x	x
– Out. Fundos Públicos Equiparados	x	x	x	x	x	x
– Obrigações diversas	x	x	x	x	x	x
– Acções	x	x	x	x		x
– Títulos de participação	x	x	x	x	x	x
– U.P. FIM Fechados	x	x	x	x	x	x
– Direitos	x	x	x	x	x	x
O.M.Regulamentados E. Não Membro						
– Títulos dívida Pública	x	x	x	x	x	x
– Out. Fundos Públicos Equiparados	x	x	x	x	x	x
– Obrigações diversas	x	x	x	x	x	x
– Acções	x	x	x	x		x
– Títulos de participação	x	x	x	x	x	x
– U.P. FIM Fechados	x	x	x	x	x	x
– Direitos	x	x	x	x	x	x
Proc. admissão mercado nacional						
– Títulos dívida Pública	x	x	x	x	x	x
– Out. Fundos Públicos Equiparados	x	x	x	x	x	x
– Obrigações diversas	x	x	x	x	x	x
– Acções	x	x	x	x		x
– Títulos de participação	x	x	x	x	x	x
– U.P. FIM Fechados	x	x	x	x	x	x
– Direitos	x	x	x	x	x	x
A Transportar	x	x	x	x	x	x

INVENTÁRIO DA CARTEIRA

(valores em Euro)

Descrição dos títulos	Preço de aquisição	Mais valias	Menos valias	Valor da carteira	Juros cor-ridos	SOMA
Proc. Admissão mercado estrangeiro						
– Títulos dívida Pública	x	x	x	x	x	x
– Out. Fundos Públicos Equiparados	x	x	x	x	x	x
– Obrigações diversas	x	x	x	x	x	x
– Acções	x	x	x	x		x
– Títulos de participação	x	x		x	x	x
– U.P. FIM Fechados	x	x	x	x	x	x
– Direitos	x	x	x	x	x	x
2. OUTROS VALORES						
Val.mobiliários nacionais não cotados						
– Títulos dívida Pública	x	x	x	x	x	x
– Out.Fundos Públicos Equiparados	x	x	x	x	x	x
– Obrigações diversas	x	x	x	x	x	x
– Acções	x	x	x	x		x
– Títulos de participação	x	x	x	x	x	x
– U.P. FIM Fechados	x	x	x	x	x	x
– Direitos	x	x	x	x	x	x
Val.mobiliários estrang. não cotados						
– Títulos dívida Pública	x	x	x	x	x	x
– Out. Fundos Públicos Equiparados	x	x	x	x	x	x
– Obrigações diversas	x	x	x	x	x	x
– Acções	x	x	x	x		x
– Títulos de participação	x	x	x	x		x
– U.P. FIM Fechados	x	x	x	x		x
– Direitos	x	x	x	x	x	x
Outros instrumentos de dívida						
– Títulos dívida Pública	x	x	x	x		x
– Papel comercial	x	x	x	x	x	x
– Outros valores	x	x	x	x	x	x
3. UNIDADES DE PARTICIPAÇÃO						
Unidades de participação de FIM						
FIM domiciliados em Portugal						
– U.P. de FIM abertos	x	x	x	x	x	x
– U.P. de FIM de tesouraria	x	x	x	x	x	x
– U.P. de agrupamento de fundos	x	x	x	x	x	x
FIM domiciliados Estado membro UE						
– U.P. de FIM harmonizados	x	x	x	x	x	x
– U.P. de FIM não harmonizados	x	x	x	x	x	x
FIM domiciliados E não membro UE						
– U.P. de FIM	x	x	x	x	x	x
TOTAL	x	x	x	x	x	x

Discriminação da liquidez do fundo. Poderá elaborar-se um quadro com o seguinte conteúdo:

(valores em Euro)

Contas	Saldo inicial	Aumentos	Reduções	Saldo final
Numerário	x			x
Depósitos à ordem	x			x
Depósitos a prazo e com pré-aviso	x	x	x	x
Certificados de depósito	x	x	x	x
Outras contas de disponibilidades	x	x	x	x
Total	x	x	x	x

NOTA 4

Explicitação dos critérios utilizados na valorização dos activos integrantes da carteira do fundo, incluindo instrumentos financeiros derivados.

Fundamentação das circunstâncias especiais que justificaram a utilização, caso tenha ocorrido, de critérios diferentes dos estabelecidos nos documentos do fundo. Devem tais critérios ser objectivamente identificados, bem como o período durante o qual a sua utilização ocorreu.

NOTA 5

Ventilação dos resultados obtidos pelo fundo, decorrentes das posições detidas pelos fundos nos mercados a contado e a prazo, bem como de operações destinadas a aumentar a rendibilidade do fundo.

COMPONENTES DO RESULTADO DO FUNDO – PROVEITOS

Natureza	GANHOS DE CAPITAL			GANHOS COM CARÁCTER DE JURO		RENDIMENTO DE TÍTULOS	Soma
	Mais Valias potenciais	Mais Valias efectivas	Soma	Juros vencidos	Juros decorridos		
OPERAÇÕES "À VISTA"							
Acções	x	x	x			x	x
Obrigações	x	x	x	x	x		x
Títulos de participação	x	x	x	x	x	x	x
Unidades de participação	x	x	x			x	x
Instr. de dívida de c/ prazo	x	x	x	x	x		x
Depósitos				x	x		x
OPERAÇÕES A PRAZO(1)							
Cambiais							
Forwards	x	x	x	x	x		x
Swaps	x	x	x	x	x		x
....							
Taxa de Juro							
FRA	x	x	x	x	x		x
Swaps	x	x	x	x	x		x
Futuros	x	x	x				
......							
Cotações							
Futuros	x	x	x				
Opções	x	x	x				
.....							
OUTRAS OPERAÇÕES							
Oper. de Reporte				x	x		x
Op. de Empréstimo(2)		x	x				
....							

(1) Inclui eventuais remunerações de margens
(2) Refere-se a comissões auferidas pelo fundo decorrente de operações de empréstimo de valores integrantes do seu património

COMPONENTES DO RESULTADO DO FUNDO – CUSTOS

Natureza	PERDAS DE CAPITAL			JUROS E COMISSÕES SUPORTADOS		
	Menos Valias potenciais	Menos Valias efectivas	Soma	Juros vencidos e comissões	Juros decorridos	Soma
OPERAÇÕES "À VISTA"						
Acções	x	x	x			
Obrigações	x	x	x			
Títulos de participação	x	x	x			
Unidades de participação	x	x	x			
Depósitos						
OPERAÇÕES A PRAZO						
Cambiais						
Forwards	x	x	x	x	x	x
Swaps	x	x	x	x	x	x
....						
Taxa de Juro						
FRA	x	x	x	x	x	x
Swaps	x	x	x	x	x	x
Futuros	x	x	x			
......						
Cotações						
Futuros	x	x	x			
Opções	x	x	x			
.....						
COMISSÕES						
De Gestão				x		x
De Depósito				x		x
Da carteira de títulos				x		x
De Op. Extrapartimon				x		x
....						
OUTRAS OPERAÇÕES						
Operaç. de Reporte				x	x	x
Juros de empr. obtidos				x	x	x
....						

NOTA 6

Valor das dívidas de cobrança duvidosa incluídas em cada uma das rubricas de devedores e de carteira (dívida). Poder-se-á também elaborar um quadro com o seguinte conteúdo:

(valores em Euro)

Contas/Entidades	Dev. p/obrig. vencidas	Dev. p/juros vencidos	Outros devedores	Soma	Provisões Constituídas	Utilizadas
Contas de terceiros						
Entidade A	x	x	x	x	x	x
Entidade B	x	x	x	x	x	x
....	x	x	x	x	x	x
Contas de carteira						
Obrigação A	x	x	x	x	x	x
Obrigação B	x	x	x	x	x	x
....	x	x	x	x	x	x
Total	x	x	x	x	x	x

NOTA 7

Desdobramento das contas de provisões acumuladas e explicitação dos movimentos ocorridos no exercício, de acordo com um quadro do seguinte tipo

(valores em contos)

Contas	Saldo Inicial	Aumento	Redução	Saldo final
481 – Provisões para crédito vencido	x	x	x	x
482 – Provisões para riscos e encargos	x	x	x	x

NOTA 8

Valor das dívidas a terceiros cobertas por garantias prestadas pelo fundo, com indicação da natureza e valor destas, bem como da sua repartição em conformidade com as rubricas do balanço. A informação a prestar pode ser divulgada através de um quadro com o modelo seguinte:

(valores em contos)

Rubrica do Balanço	Valores	Garantias prestadas	
		Natureza	Valor
....			
....			

NOTA 9

Discriminação, por categoria de valor integrante da carteira, dos impostos retidos na fonte e do imposto sobre mais valias em relação aos rendimentos obtidos e contabilizados no fundo. Relativamente ao imposto sobre mais valias, deve ser evidenciado o montante de imposto a liquidar ao Estado (sobre o saldo positivo entre mais e menos valias efectivas).

NOTA 10

Discriminação das responsabilidades com e de terceiros, de acordo com o quadro seguinte:

(valores em Euro)

Tipo de responsabilidade	Prestadas pelo fundo		Prestadas por terceiros	
	No início	No fim	No início	No fim
Subscrição de títulos	x	x	x	x
Reporte de valores				
Operações a prazo de compra	x	x	x	x
Operações a prazo de venda	x	x	x	x
Empréstimo de valores				
Valores recebidos em garantia	x	x	x	x
Valores cedidos em garantia	x	x	x	x
Outras				
Total	x	x	x	x

NOTA 11
(Exposição ao risco cambial)

Para expressar as posições cambiais abertas do fundo nas várias moedas, poderá elaborar-se um quadro como o seguinte, explicitando os tipos de instrumentos de cobertura utilizados. A posição global deve reflectir o montante em moeda diferente do Euro não coberta.

POSIÇÃO CAMBIAL						
MOEDAS	À VISTA	A PRAZO			OPÇÕES	POSIÇÃO GLOBAL (1)
		FORWARD	FUTUROS	TOTAL A PRAZO		
GBP						
USD						
CHF						
JPY						
......						
Contravalor €uro						

As posições compradas devem evidenciar o sinal (+) e as posições vendidas o sinal (-).
(1) É constituída pela soma aritmética das posições cambiais à vista, a prazo e em opções.

NOTA 12
(Exposição ao risco de taxa de juro)

Esta nota deverá expressar o total dos activos com taxa de juro invariável durante toda a vida da operação, bem como as operações extrapatrimoniais realizadas para cobertura do risco taxa de juro.

QUADRO DE EXPOSIÇÃO AO RISCO TAXA DE JURO

MATURIDADES (1)	MONTANTE EM CARTEIRA (A)	EXTRA-PATRIMONIAIS (B)				SALDO$^{(2)}$ (A)±(B)
		FRA$^{(3)}$	Swaps (IRS)$^{(3)}$	Futuros$^{(4)}$	Opções$^{(5)}$	
de 0 a 1 ano						
de 1 a 3 anos						
de 3 a 5 anos						
de 5 a 7 anos						
mais de 7 anos						

As posições compradas devem evidenciar o sinal (+) e as posições vendidas o sinal (-).

(^{1}) Todos os escalões de prazos devem ser entendidos como o prazo remanescente até ao vencimento. Engloba todos os activos do património do fundo cujas operações subjacentes tinham como característica um cupão com taxa fixa.

(^{2}) Representa o saldo dos activos do património do fundo com sensibilidade às flutuações da taxa de juro, isto é os activos sem cobertura de risco por operações extrapatrimoniais, bem como a eventual exposição adicional decorrente da utilização de instrumentos derivados com esse propósito.

(^{3}) Pelo valor inscrito em contas extrapatrimoniais.

(^{4}) Pelo valor de referência.

(^{5}) Pelo *delta* da opção.

NOTA 13
(Cobertura do risco cotações)

Esta nota deverá expressar a composição da carteira de acções, as operações de cobertura do risco realizadas (extrapatrimoniais), bem como a posição de risco não coberta.

QUADRO DE EXPOSIÇÃO AO RISCO COTAÇÕES

ACÇÕES E VALORES SIMILARES	MONTANTE (€)	EXTRA-PATRIMONIAIS		SALDO
		Futuros$^{(1)}$	Opções$^{(2)}$	
Acções				
Warrants				
......				

As posições compradas devem evidenciar o sinal (+) e as posições vendidas o sinal (-).

(^{1}) Pelo preço de referência

(^{2}) Pelo *delta* da opção

NOTA 14

Para os fundos de investimento que, nos termos do Regulamento da CMVM n.° 21/99, utilizem metodologias de gestão de risco destinadas a avaliar as perdas potenciais inerentes à respectiva carteira, deve ser ventilada a projecção dessas perdas, com referência ao final do exercício.

PERDAS POTENCIAIS

	Perda potencial no final do exercício (€)	Perda potencial em no final do exercício anterior (€)
Carteira sem derivados		
Carteira com derivados		

Devem ser explicitados os pressupostos assumidos na determinação dos valores, bem como uma breve descrição narrativa do significado dos mesmos.

NOTA 15

Indicação e justificação das disposições do PCFIM que, em casos excepcionais, tenham sido derrogadas e dos respectivos efeitos nas demonstrações financeiras, tendo em vista a necessidade de estas darem uma imagem verdadeira e apropriada do activo, do passivo, dos resultados e dos fluxos de caixa do fundo.

NOTA 16

Indicação e comentário das rubricas do Balanço, da Demonstração dos Resultados e da Demonstração dos Fluxos de caixa cujos conteúdos não sejam comparáveis com os do período anterior.

Para efeitos da elaboração do Relatório e Contas semestral, deverá o Anexo relevar as seguintes notas:

- Nota 1. A tabela descritiva da evolução do fundo apenas reflectirá os valores relativos ao final de cada mês do ano a que respeita a prestação de contas (Janeiro a Junho);
- Nota 3;
- Nota 4;
- Nota 10;
- Notas 11, 12, 13 e 14 (nesta última, o "final do exercício anterior" deve ser entendido como a perda potencial em 31/12/n-1);
- Notas 15 e 16.

BALANCETE MENSAL

Fundo:
Código:
Data: .../.../...

CONTAS COM SALDOS DEVEDORES

11	NUMERÁRIO
12	DEPÓSITOS À ORDEM
13	DEPÓSITOS A PRAZO E C/ AVISO PRÉVIO
14	CERTIFICADOS DE DEPÓSITOS
18	OUTROS MEIOS MONETÁRIOS
21	OBRIGAÇÕES
211	Títulos de Dívida Pública
2111	Taxa Fixa
2112	Taxa Indexada
212	Outros Fundos Públicos e Equiparados
2121	Taxa Fixa
2122	Taxa Indexada
213	Obrigações Diversas
2131	Taxa Fixa
2132	Taxa Indexada
2133	Remuneração variável
217	Valores cedidos em operações de venda com ac. recompra
218	Valores emprestados
22	ACÇÕES
221/2/3	Acções
227	Valores cedidos em operações de venda com ac. recompra
228	Valores emprestados
23	TÍTULOS DE PARTICIPAÇÃO
231	Títulos
237	Valores cedidos em operações de venda com ac. recompra
238	Valores emprestados
24	UNIDADES DE PARTICIPAÇÃO
241	Fundos Harmonizados
242	Fundos Não Harmonizados
243	Outros Fundos
25	DIREITOS
251	Direitos de Subscrição
252	Direitos de Incorporação
253	Warrants
2531	Warrants dependentes
2532	Warrants autónomos
254	Opções
2541	Opções compradas
2542	Opções vendidas (-)
257	Valores cedidos em operações de venda com ac. recompra
258	Valores emprestados
259	Outros Direitos

```
┌─────────────────────────────────────────────────────────────┐
│                    BALANCETE MENSAL                           │
│                                                               │
│   Fundo:                                                      │
│   Código:                                                     │
│   Data: .../.../...                                           │
└─────────────────────────────────────────────────────────────┘
```

CONTAS COM SALDOS DEVEDORES

26	OUTROS INSTRUMENTOS DE DÍVIDA
261	Bilhetes do Tesouro
263	Papel Comercial
267	Valores cedidos em operações de venda com ac. recompra
268	Valores emprestados
28	MAIS E MENOS VALIAS
281	Mais Valias
2811	Em Obrigações
28111	Em Títulos da Dívida Pública
28112	Em Outros Fundos Públicos
28113	Em Obrigações Diversas
2812	Em acções
2813	Em Títulos de Participação
2814	Em Unidades de Participação
2815	Em Direitos
2816	Em Outros Instrumentos de Dívida
28161	Em Bilhetes do Tesouro
28163	Em Papel Comercial
282	Menos Valias (-)
2821	Em Obrigações (-)
28211	Em Títulos da Dívida Pública (-)
28212	Em Outros Fundos Públicos (-)
28213	Em Obrigações Diversas (-)

```
┌─────────────────────────────────────────────────────────────────┐
│                      BALANCETE MENSAL                             │
│        Fundo:                                                     │
│        Código:                                                    │
│        Data: .../.../...                                          │
└─────────────────────────────────────────────────────────────────┘
```

```
┌─────────────────────────────────────────────────────────────────┐
│  CONTAS COM SALDOS DEVEDORES                                      │
└─────────────────────────────────────────────────────────────────┘
```

2822	Em acções (-)	
2823	Em Títulos de Participação	
2824	Em Unidades de Participação (-)	
2825	Em Direitos (-)	
2826	Em Outros Instrumentos de Dívida (-)	
28261	Em Bilhetes do Tesouro (-)	
28263	Em Papel Comercial (-)	
41	DEVEDORES	
411	Devedores por Obrigações Vencidas	
412	Devedores por Juros Vencidos	
415	Devedores p/ Operações s/ Opções	
4151	Prémios	
4152	Margem inicial	
4153	Ajustamento de cotações	
416	Devedores p/ Operações s/ Futuros	
417	Operações de Reporte de Valores	
4177	Operações de Compra com Acordo de Revenda	
418	Dev. por operações de regularização de venda de títulos	
419	Outros Valores a Receber	
51	PROVEITOS A RECEBER	
511	De Disponibilidades	
512	Da Carteira de Títulos	
5121	De Obrigações	
5122	De Acções	
5123	De Títulos de Participação	
5124	De Unidades de Participação	
5126	De Outros Instrumentos de Dívida	
514	De Contas de Terceiros	

BALANCETE MENSAL
Fundo: **Código:** **Data:** .../.../...

CONTAS COM SALDOS DEVEDORES

517	De operações de reporte e empréstimo de valores	
5177	Em operações de compra com acordo de revenda	
5178	Em operações de empréstimo de valores	
518	Outros Proveitos a Receber	
519	Em Operações Extrapatrimoniais	
5191	Em Operações Cambiais	
5192	Em Operações Sobre Taxas de Juro	
52	DESPESAS COM CUSTO DIFERIDO	
522	Da Carteira de Títulos	
5221	Obrigações	
5226	De outros Títulos de Dívida	
527	Em operações de reporte de valores	
5277	Em operações de venda com acordo de recompra	
528	Outras Despesas com Custo Diferido	
529	Em Operações Extrapatrimoniais	
5291	Em Operações Cambiais	
5292	Em Operações Sobre Taxas de Juro	
5293	Em Operações Sobre Cotações	
58	OUTRAS CONTAS DE REGULARIZAÇÃO	
583	Ajustamentos de Cotações	
5831	Em Operações Cambiais	
5832	De Operações Sobre Taxas de Juro	
5833	De Operações Sobre Cotações	
588	Outras Operações a Regularizar	
59	CONTAS INTERNAS	
591	Operações Cambiais a Liquidar	
592	Operações de Taxas de Juro a Liquidar	
593	Operações Sobre Cotações	
595	Posição Cambial	
5951	Posição Cambial à Vista	
598	Outras Contas Internas	
71	JUROS E CUSTOS EQUIPARADOS	
711	De Disponibilidades	
712	Da Carteira de Títulos	
7121	De Obrigações	
7126	De Outros Instrumentos de Dívida	

```
┌─────────────────────────────────────────────────────────────┐
│                    BALANCETE MENSAL                           │
│                                                               │
│        Fundo:                                                 │
│        Código:                                                │
│        Data: .../.../...                                      │
└─────────────────────────────────────────────────────────────┘
```

CONTAS COM SALDOS DEVEDORES

714	De Contas de Terceiros	
7141	De Contas de Devedores	
7142	De Contas de Credores	
7143	De Empréstimos Obtidos	
717	De operações de reporte de valores	
7177	De operações de venda com acordo de recompra	
718	Outros Juros e Custos Equiparados	
719	De Operações Extrapatrimoniais	
7191	Em Operações Cambiais	
7192	Em Operações Sobre Taxas de Juro	
7193	Em Operações Sobre Cotações	
72	COMISSÕES	
722	Comissões da Carteira de Títulos	
7221	Taxa de operações de bolsa ou em mercado regulamentado	
7222	Taxa de operações fora de mercado	
7223	Taxa de corretagem	
724	Comissão de Gestão	
7241	Componente Fixa	
7242	Componente Variável	
725	Comissão de Depósito	
7251	Componente Fixa	
7252	Componente Variável	
728	Outras Comissões	
729	Comissões de Operações Extrapatrimoniais	
73	PERDAS EM OPERAÇÕES FINANCEIRAS	
731	Perdas em Disponibilidades	
732	Perdas na Carteira de Títulos	
7321	Em Obrigações	
7322	Em Acções	
7323	Em Títulos de Participação	
7324	Em Unidades de Participação	
7325	Em Direitos	
73251	Em direitos de subscrição	
73252	Em direitos de incorporação	
73253	Em warrants dependentes	
73254	Em warrants autónomos	
73255	Em opções compradas	
73256	Em opções vendidas	
7326	Em Outros Instrumentos de Dívida	
739	Em Operações Extrapatrimoniais	

BALANCETE MENSAL

Fundo:
Código:
Data: .../.../...

CONTAS COM SALDOS DEVEDORES

74	IMPOSTOS E TAXAS
741	Impostos Indirectos
742	Impostos Directos
7421	Imposto de mais valias
7422	IRC/IRC Retido e liquidado
7428	Outros impostos
75	PROVISÕES DO EXERCÍCIO
751	Provisões Para Crédito Vencido
752	Provisões para Riscos e Encargos
77	OUTROS CUSTOS E PERDAS CORRENTES
78	CUSTOS E PERDAS EVENTUAIS
781	Valores Incobráveis
782	Perdas Extraordinárias
783	Perdas Imputáveis a Exercícios Anteriores
788	Outros Custos e Perdas Eventuais

```
┌─────────────────────────────────────────────────────────┐
│                   BALANCETE MENSAL                        │
│     Fundo:                                                │
│     Código:                                               │
│     Data: .../.../...                                     │
└─────────────────────────────────────────────────────────┘
```

CONTAS COM SALDOS CREDORES

42	CREDORES	
421	Resgates a Pagar aos Participantes	
422	Rendimentos a Pagar aos Participantes	
423	Comissões a Pagar	
4231	Sociedade Gestora	
4232	Banco Depositário	
4239	A Outras Entidades	
424	Sector Público Admnistrativo	
425	Credores p/ Operações s/ Opções	
4251	Prémios	
4253	Ajustamento de cotações	
4258	Outros	
426	Credores p/ Operações s/ Futuros	
4261	Margem inicial	
4263	Ajustamento de cotações	
427	Operações de Reporte de valores	
4277	Operações de Venda com Acordo de Recompra	
428	Cred. por operações de compra de títulos	
429	Outros Valores a Pagar	
43	EMPRÉSTIMOS CONTRAÍDOS	
48	PROVISÕES ACUMULADAS(-)	
481	Provisões Para Crédito Vencido(-)	
482	Provisões para Riscos e Encargos(-)	
55	CUSTOS A PAGAR	
551	Juros e Custos Equiparados a Liquidar	
5511	De Empréstimos Obtidos	
552	Comissões a Liquidar	
554	Impostos a Liquidar	
557	Operações de reporte de valores	
5577	Operações de venda com acordo de recompra	
558	Outros Custos a Pagar	
559	Em Operações Extrapatrimoniais	
56	RECEITAS COM PROVEITO DIFERIDO	
561	Juros Antecipados Recebidos	
5611	De Títulos de Dívida Pública	
5612	De Outros Fundos Públicos e Equiparados	
5613	De Obrigações Diversas	
5616	De Outros Instrumentos de Dívida	
567	Em operações de reporte e empréstimo de valores	
5677	De operações de compra com acordo de revenda	
5678	De operações de empréstimo de valores	
568	Outras Receitas com Proveitos Diferidos	
569	Em Operações Extrapatrimoniais	

BALANCETE MENSAL

Fundo:
Código:
Data: .../.../...

CONTAS COM SALDOS CREDORES

58	OUTRAS CONTAS DE REGULARIZAÇÃO	
582	Operações de Regularização de Compras de Títulos	
583	Ajustamentos de Cotações	
5831	Em Operações Cambiais	
5832	De Operações Sobre Taxas de Juro	
5833	De Operações Sobre Cotações	
588	Outras Operações a Regularizar	
59	CONTAS INTERNAS	
591	Operações Cambiais a Liquidar	
592	Operações de Taxas de Juro a Liquidar	
593	Operações Sobre Cotações	
595	Posição Cambial	
5951	Posição Cambial à Vista	
598	Outras Contas Internas	
61	UNIDADES DE PARTICIPAÇÃO	
611	Valor Base	
62	VARIAÇÕES PATRIMONIAIS	
621	Variações do Fundo Relativamente a Exercícios Anteriores	
6211	Diferenças em Subscrições	
6212	Diferenças em Resgates	
622	Variações do Fundo do Exercício em Curso	
6221	Diferenças em Subscrições	
6222	Diferenças em Resgates	
63	RESULTADOS TRANSITADOS	
631	Resultados Aprovados	
632	Resultados Aguardando Aprovação	
634	Resultados Distribuídos em Exercícios Findos	
64	RESULTADOS DISTRIBUÍDOS	
641	Resultados Distribuídos a Participantes	
81	JUROS E PROVEITOS EQUIPARADOS	
811	De Disponibilidades	
812	Da Carteira de Títulos	

BALANCETE MENSAL

Fundo:
Código:
Data: .../.../...

CONTAS COM SALDOS CREDORES

8121	Juros de Obrigações
8123	Juros de Títulos de Participação
8124	Juros de Operações de Compra c/ Acordo de Revenda
8126	Juros de Outros Instrumentos de Dívida
814	De Contas de Terceiros
8141	De Contas de Devedores
8142	De Contas de Credores
817	Em operações de reporte de valores
8177	De operações de compra com acordo de revenda
818	Outros Juros e Proveitos Equiparados
819	De Operações Extrapatrimoniais
82	RENDIMENTO DE TÍTULOS
822	Rendimento de acções
823	Rendimento de títulos de participação
824	Rendimento de unidades de participação
828	Outros rendimentos de títulos
829	De operações extrapatrimoniais
83	GANHOS EM OPERAÇÕES FINANCEIRAS
831	Ganhos em Disponibilidades
832	Ganhos na Carteira de Títulos
8321	Em Obrigações
8322	Em Acções
8323	Em Títulos de Participação
8324	Em Unidades de Participação
8325	Em Direitos
83251	Em direitos de subscrição
83252	Em direitos de incorporação
83253	Em warrants dependentes
83254	Em warrants autónomos
83255	Em opções compradas
83256	Em opções vendidas
8326	Em Outros Instrumentos de Dívida
837	Em Operações de Empréstimo de Valores
8378	Em Operações de Empréstimo de Valores
838	Outros Ganhos em Operações Financeiras
839	Em Operações Extrapatrimoniais
85	REPOSIÇÃO E ANULAÇÃO DE PROVISÕES
851	De provisões Para Crédito Vencido
852	De provisões Para Riscos e Encargos

BALANCETE MENSAL

Fundo:
Código:
Data: .../.../...

CONTAS COM SALDOS CREDORES

87	OUTROS PROVEITOS E GANHOS CORRENTES
88	PROVEITOS E GANHOS EVENTUAIS
881	Recuperação de incobráveis
882	Ganhos Extraordinários
883	Ganhos Imputáveis a Exercícios Anteriores
888	Outros Proveitos e Ganhos Eventuais

BALANCETE MENSAL

Fundo:
Código:
Data: .../.../...

CONTAS EXTRAPATRIMONIAIS

91	OPERAÇÕES CAMBIAIS
911	Operações Cambiais à vista («SPOT»)
912	Operações Cambiais a Prazo («FORWARD»)
913	Operações de «SWAP» de Moeda
914	Operações de Opções de Moeda
915	Operações de Futuros de Moeda
92	OPERAÇÕES SOBRE TAXA DE JURO
921	Contratos a Prazo de Taxas de Juro («FRA»)
922	Operações de «SWAP» de Taxa de Juro
923	Contratos de Garantia de Taxa de Juro
924	Operações de Opções de Taxa de Juro
925	Operações de Futuros de Taxa de Juro
93	OPERAÇÕES SOBRE COTAÇÕES
934	Operações de Opções Sobre Cotações
935	Operações de Futuros Sobre Cotações
94	COMPROMISSOS COM E DE TERCEIROS
941	Subscrição de Títulos
942	Operações de reporte de valores
943	Valores Cedidos em Garantia
944	Valores Recebidos em Garantia
945	Empréstimo de Títulos
99	CONTAS DE CONTRAPARTIDA

REGULAMENTO N.º 03/2001

Publicação da composição das carteiras dos fundos de investimento mobiliário

As alterações ora introduzidas com o presente regulamento visam fundamentalmente fazer reflectir na informação sobre a composição das carteiras dos FIM as recentes realidades e inovações dos mercados financeiros, às quais a indústria dos fundos de investimento não passa incólume.

Desta forma, pretendeu-se conferir maior visibilidade à importância crescente de novos instrumentos financeiros, designadamente no que respeita aos *warrants* autónomos e às opções.

Relativamente aos primeiros, dada a sua grande visibilidade e aceitação, entendeu-se por conveniente destacar estes dos *warrants* cobertos, emitidos de forma acoplada com outro valor mobiliário. No que se refere às opções propriamente ditas, passam agora a ser registadas como uma rúbrica de carteira, pelo valor do prémio (preço da opção). Tratando-se de uma posição vendedora na opção, o prémio será registado como um valor negativo, sendo este valor positivo caso se esteja perante uma opção comprada.

Aproveitou-se igualmente o ensejo, para proceder à desagregação da rubrica "Empréstimos", por forma a evidenciar os empréstimos obtidos junto de terceiras entidades, de outras figuras como o descoberto bancário ou contas correntes.

Assim, ao abrigo do disposto na alínea *b*) do n.º 1 do artigo 353.º do Código dos Valores Mobiliários, e para os efeitos do disposto nos artigos 8.º e 24.º do Decreto-Lei n.º 276/94, de 2 de Novembro, com a redacção que lhe foi dada pelo Decreto-Lei n.º 323/99, de 13 de Agosto, o conselho directivo da Comissão do Mercado de Valores Mobiliários aprovou o seguinte regulamento:

ARTIGO 1.º
(Âmbito)

O presente regulamento estabelece as regras segundo as quais as entidades gestoras de fundos de investimento mobiliário devem publicar mensalmente, com referência ao último dia do mês imediatamente anterior, num dos boletins de cotações das bolsas de valores, a composição discriminada das aplicações de cada fundo de investimento que administrem, o respectivo valor líquido global, as responsabilidades extrapatrimoniais e o número de unidades de participação em circulação, e enviar à CMVM o mesmo conjunto de informação.

ARTIGO 2.º
(Prazo de publicação e envio)

1. A publicação deve ser efectuada até ao 6.º dia útil do mês subsequente ao mês a que a informação respeite.
2. No prazo referido no número anterior, as entidades gestoras devem enviar à CMVM a informação referida no artigo 1.º do presente regulamento, em papel e em suporte informático.
3. As condições do envio em suporte informático são definidas por instrução da CMVM.

ARTIGO 3.º
(Conteúdo da publicação)

1. Os valores que compõem a carteira de aplicações de cada fundo de investimento devem ser publicados discriminadamente, de acordo com o esquema apresentado no anexo ao presente regulamento.
2. Para cada valor integrante da carteira de aplicações do fundo de investimento, serão indicados os seguintes elementos:
   a) Designação do valor;
   b) Quantidade de valores em carteira;
   c) Cotação ou preço unitário, na moeda em que os valores se encontram representados e em euros;
   d) Montante de juros decorridos, em euros;
   e) Montante global do valor integrante da carteira, incluindo os juros decorridos, em euros.
3. O mapa de composição discriminada das aplicações do fundo deverá incluir subtotais dos montantes referidos na alínea e) do número

anterior, pelo menos para cada segundo nível do desdobramento constante do esquema anexo, e o seu total geral corresponderá ao valor líquido global do fundo.

4. As responsabilidades extrapatrimoniais, determinadas em conformidade com as disposições regulamentares emitidas pela CMVM, serão expressas em euros e deverão incluir subtotais de cada rubrica respectiva, correspondendo o seu somatório ao total das responsabilidades extrapatrimoniais.

5. Como informação final, indicar-se-á, com este título, o número de unidades de participação em circulação, no dia a que se refere a composição discriminada das aplicações do fundo.

6. A publicação integrará ainda a denominação e a sede da entidade gestora, a denominação do fundo e a data a que se refere a publicação, como menções iniciais.

ARTIGO 4.º
(Entrada em vigor)

O presente regulamento produz efeitos com relação à informação respeitante a Maio de 2001.

ARTIGO 5.º
(Norma revogatória)

É revogado o Regulamento N.º 7/98 da CMVM, de 25 de Junho de 1998.

Lisboa, 26 de Abril de 2001 – O Vice-Presidente do Conselho Directivo, *Luís Lopes Laranjo* – O Vogal do Conselho Directivo, *Carlos Costa Pina*.

ANEXO

A. COMPOSIÇÃO DISCRIMINADA DA CARTEIRA DE APLICAÇÕES DOS FUNDOS DE INVESTIMENTO MOBILIÁRIO

1. VALORES MOBILIÁRIOS COTADOS
    1.1. Mercado de cotações oficiais de bolsa de valores portuguesa
        1.1.1. Títulos de dívida pública
        1.1.2. Outros fundos públicos e equiparados
        1.1.3. Obrigações diversas
        1.1.4. Acções
        1.1.5. Títulos de participação
        1.1.6. Unidades de participação de fundos de investimento fechados
        1.1.7. Direitos
        1.1.8. Warrants Autónomos
        1.1.9. Opções
    1.2. Outros mercados regulamentados nacionais
        1.2.1. Títulos de dívida pública
        1.2.2. Outros fundos públicos e equiparados
        1.2.3. Obrigações diversas
        1.2.4. Acções
        1.2.5. Títulos de participação
        1.2.6. Unidades de participação de fundos de investimento fechados
        1.2.7. Direitos
        1.2.8. Warrants Autónomos
        1.2.9. Opções
    1.3. Mercado de cotações oficiais de bolsa de valores de Estado-membro da UE
        1.3.1. Títulos de dívida pública
        1.3.2. Outros fundos públicos e equiparados
        1.3.3. Obrigações diversas
        1.3.4. Acções
        1.3.5. Títulos de participação
        1.3.6. Unidades de participação de fundos de investimento fechados
        1.3.7. Direitos
        1.3.8. Warrants Autónomos
        1.3.9. Opções
    1.4. Outros mercados regulamentados da UE
        1.4.1. Títulos de dívida pública
        1.4.2. Outros fundos públicos e equiparados
        1.4.3. Obrigações diversas
        1.4.4. Acções
        1.4.5. Títulos de participação
        1.4.6. Unidades de participação de fundos de investimento fechados

1.4.7. Direitos
1.4.8. Warrants Autónomos
1.4.9. Opções
1.5. Mercado de cotações oficiais de bolsa de valores de Estado não membro da UE
   1.5.1. Títulos de dívida pública
   1.5.2. Outros fundos públicos e equiparados
   1.5.3. Obrigações diversas
   1.5.4. Acções
   1.5.5. Títulos de participação
   1.5.6. Unidades de participação de fundos de investimento fechados
   1.5.7. Direitos
   1.5.8. Warrants Autónomos
   1.5.9. Opções
1.6. Outros mercados regulamentados de Estados não membros da UE
   1.6.1. Títulos de dívida pública
   1.6.2. Outros fundos públicos e equiparados
   1.6.3. Obrigações diversas
   1.6.4. Acções
   1.6.5. Títulos de participação
   1.6.6. Unidades de participação de fundos de investimento fechados
   1.6.7. Direitos
   1.6.8. Warrants Autónomos
   1.6.9. Opções
1.7. Em processo de admissão em mercado nacional
   1.7.1. Títulos de dívida pública
   1.7.2. Outros fundos públicos e equiparados
   1.7.3. Obrigações diversas
   1.7.4. Acções
   1.7.5. Títulos de participação
   1.7.6. Unidades de participação de fundos de investimento fechados
   1.7.7. Direitos
   1.7.8. Warrants Autónomos
   1.7.9. Opções
1.8. Em processo de admissão em mercado estrangeiro
   1.8.1. Títulos de dívida pública
   1.8.2. Outros fundos públicos e equiparados
   1.8.3. Obrigações diversas
   1.8.4. Acções
   1.8.5. Títulos de participação
   1.8.6. Unidades de participação de fundos de investimento fechados
   1.8.7. Direitos
   1.8.8. Warrants Autónomos
   1.8.9. Opções

2. OUTROS VALORES

   2.1. Valores Mobiliários nacionais não cotados
      2.1.1. Títulos de dívida pública
      2.1.2. Outros fundos públicos e equiparados
      2.1.3. Obrigações diversas
      2.1.4. Acções
      2.1.5. Títulos de participação
      2.1.6. Unidades de participação de fundos de investimento fechados
      2.1.7. Direitos
   2.2. Valores Mobiliários estrangeiros não cotados
      2.2.1. Títulos de dívida pública
      2.2.2. Outros fundos públicos e equiparados
      2.2.3. Obrigações diversas
      2.2.4. Acções
      2.2.5. Títulos de participação
      2.2.6. Unidades de participação de fundos de investimento fechados
      2.2.7. Direitos
   2.3. Outros instrumentos de dívida
      2.3.1. Títulos de dívida pública
      2.3.2. Papel comercial
      2.3.3. Outros valores

3. UNIDADES DE PARTICIPAÇÃO DE ORGANISMOS DE INVESTIMENTO COLECTIVO (OIC)

   3.1. OIC Domiciliados em Portugal
      3.1.1. Unidades de participação de OIC abertos
      3.1.2. Unidades de participação de OIC de tesouraria
      3.1.3. Unidades de participação de agrupamentos de fundos
   3.2. OIC Domiciliados num Estado-membro da UE
      3.2.1. Unidades de participação de OIC harmonizados
      3.2.2. Unidades de participação de OIC não harmonizados
   3.3. OIC Domiciliados em Estados não membros da UE
      3.3.1. Unidades de participação de OIC

7. LIQUIDEZ

   7.1. À vista
      7.1.1. Numerário
      7.1.2. Depósitos à ordem
   7.2. A prazo
      7.2.1. Depósitos com pré aviso e a prazo
      7.2.2. Aplicações nos mercados monetários

8. EMPRÉSTIMOS

   8.1. Empréstimos Obtidos
   8.2. Descobertos

9. OUTROS VALORES A REGULARIZAR
   9.1. Valores activos
   9.2. Valores passivos

B. VALOR LÍQUIDO GLOBAL DO FUNDO

C. RESPONSABILIDADES EXTRAPATRIMONIAIS

   10. OPERAÇÕES CAMBIAIS
      10.1.1. Em mercado regulamentado
         10.1.1.1. Futuros
         10.1.1.2. Opções
         10.1.1.3. Outros
      10.1.2. Fora de mercado regulamentado
         10.1.2.1. Forwards
         10.1.2.2. Opções
         10.1.2.3. Swaps
         10.1.2.4. Outros

   11. OPERAÇÕES SOBRE TAXAS DE JURO
      11.1.1. Em mercado regulamentado
         11.1.1.1. Futuros
         11.1.1.2. Opções
         11.1.1.3. Outros
      11.1.2. Fora de mercado regulamentado
         11.1.2.1. FRA
         11.1.2.2. Opções
         11.1.2.3. Swaps
         11.1.2.4. Outros

   12. OPERAÇÕES SOBRE COTAÇÕES
      12.1.1. Em mercado regulamentado
         12.1.1.1. Futuros
         12.1.1.2. Opções
         12.1.1.3. Outros
      12.1.2. Fora de mercado regulamentado
         12.1.2.1. Opções
         12.1.2.2. Swaps
         12.1.2.3. Outros

   13. COMPROMISSOS COM E DE TERCEIROS
      13.11. Reportes de Valores do Fundo
      13.12. Empréstimos de Valores do Fundo
      13.13. Outros

D. NÚMERO DE UNIDADES DE PARTICIPAÇÃO EM CIRCULAÇÃO

TAXAS

REGULAMENTO N.º 35/2000

O Regulamento n.º 9/2000 da CMVM veio com a experiência a revelar-se insuficiente para reger algumas situações previstas pelo Código dos Valores Mobiliários. Procede-se por isso à sua alteração diminuindo ou isentando de taxa em alguns casos, nomeadamente no registo de ofertas, no registo de titulares de órgãos, nos averbamentos aos registos, no reconhecimento de perda de qualidade de sociedade aberta, na declaração de derrogação do dever de lançamento de oferta pública de aquisição quando em execução de plano de saneamento financeiro e no registo de instituições de investimento colectivo.

Por outro lado, aproveitou-se para diferenciar certas situações que careciam de tratamento diverso, como aconteceu com a taxação do registo dos intermediários financeiros, de actividades de intermediação, bem como nas dispensas de publicação de informação.

Foram supridas algumas lacunas de taxação relativas a instituições de investimento colectivo não domiciliadas em Portugal, ao prospecto de referência e a códigos deontológicos.

Assim, nos termos da alínea *n*) do artigo 9.º e do artigo 26.º do Estatuto da CMVM, aprovado pelo Decreto-lei n.º 473/99, de 8 de Novembro, e da alínea *b*) do n.º 1 do artigo 353.º do Código dos Valores Mobiliários o conselho directivo da CMVM aprovou o seguinte regulamento:

ARTIGO 1.º
(Disposição comum)

1. Salvo disposição em contrário, as taxas previstas no presente regulamento são pagas pelo beneficiário do acto:

a) Até ao 5.º dia útil seguinte ao da recepção da notificação do deferimento do pedido;

b) Até ao 15.º dia a seguir à data de emissão inscrita na nota de liquidação, se for posterior à da alínea a).

2. O pagamento da taxa é efectuado:

a) Em dinheiro;

b) Por cheque cruzado, passado à ordem da Comissão do Mercado de Valores Mobiliários;

c) Por transferência bancária, devendo neste caso o devedor comunicar por escrito no próprio dia à CMVM a operação de transferência;

d) Por transferência electrónica, quando este sistema for colocado à disposição pela CMVM.

ARTIGO 2.º
(Cópias e certidões)

1. Pela emissão de fotocópias é devida a taxa de € 0,2 por cada página.

2. Pela emissão de certidões é devida a taxa de € 10, acrescida de € 0,5 por página.

3. As taxas previstas neste artigo são devidas com o levantamento das certidões ou fotocópias a que respeitem, se este for anterior a qualquer das datas previstas no n.º 1 do artigo 1.º.

4. Pela emissão de certidões cujo conteúdo se reconduza exclusivamente ao referido nas alíneas do n.º 1, do art. 63.º do Código do Procedimento Administrativo, é devida a taxa de € 0,2 por página.

ARTIGO 3.º
(Registos de ofertas)

1. Por cada registo de oferta pública é devida a taxa de € 2.500.

2. Pelo registo de oferta pública de distribuição ou de aquisição, à taxa do n.º 1 acresce a taxa de 0,2‰ sobre o valor da operação.

3. No caso do número anterior, a cobrança da taxa processa-se da seguinte forma:

a) Até ao 5.º dia útil seguinte ao da recepção da notificação da CMVM a comunicar o registo, o requerente procede ao pagamento do valor previsível da taxa, que é determinado pela CMVM atendendo ao valor da taxa aplicável e ao valor previsível da operação;

b) Até ao 5.º dia útil seguinte ao encerramento da operação objecto de registo, ou à data em que houver a certeza de que a operação não se realizará, procede-se ao apuramento definitivo do valor da taxa de registo;

    c) Havendo divergência entre o montante apurado nos termos da alínea anterior e o entregue por conta da taxa nos termos da alínea *a*), o requerente é notificado para proceder, no prazo de cinco dias úteis contados da data da recepção da notificação, ao pagamento do que ainda estiver em falta ou para proceder ao levantamento da quantia entregue em excesso.

    4. Está isento da taxa fixa prevista no n.º 1 o registo de ofertas públicas nas quais é utilizado prospecto de referência.

    5. Está isento da taxa variável prevista no n.º 2 o registo das ofertas públicas previstas no artigo 134.º, n.º 2, quando não seja efectivamente divulgado prospecto, e o registo de ofertas públicas relativamente às quais seja reconhecido prospecto nos termos do art. 147.º, ambos do Código dos Valores Mobiliários.

    6. No caso da oferta objecto de registo se integrar em oferta internacional, para efeitos de cálculo do valor da taxa prevista no n.º 2, entende-se como valor da operação o valor colocado em Portugal.

    7. O cúmulo das taxas previstas nos n.ᵒˢ 1 e 2 não pode exceder € 100.000.

    8. É devida a taxa pelo registo :

    a) Provisório de oferta pública de distribuição, de € 1.000;

    b) De recolha de intenções de investimento, de € 2.500;

    c) De aquisição potestativa, de € 2.500.

    9. A taxa referida no n.º 1 do presente artigo é devida ainda que o registo tenha sido recusado.

    10. A CMVM pode isentar das taxas referidas neste artigo o registo de oferta pública em que o requerente demonstre que a operação em causa se destina a promover a recuperação económica ou financeira da entidade emitente dos valores mobiliários em causa.

    11. Está isento das taxas previstas nos n.ᵒˢ 1 e 2 do presente artigo o registo de ofertas públicas de distribuição de fundos de investimento.

ARTIGO 4.º
(Registo de entidades)

    1. É devida a taxa pelo registo inicial de:

    a) Auditores, de € 1.000;

    b) Sociedades de notação de risco, de € 2.500;

    c) Associações de defesa de investidores, de € 1;

    d) Sociedades gestoras de fundos de garantia, de € 2.500;

e) Intermediários financeiros, se forem:
- Empresas de investimento, sociedades gestoras de fundos de investimento e sociedades gestoras de fundos de titularização de créditos, de € 5.000
- Outros intermediários financeiros, de € 15.000
- Sucursais de instituições de crédito ou de empresas de investimento não comunitárias, de € 15.000;

f) Entidades gestoras de:
- Bolsas, de € 100.000
- Mercados regulamentados, de € 50.000
- Mercados não regulamentados, de € 50.000
- Mercados de dívida pública, de € 5.000
- Sistemas de liquidação, com assunção de contraparte, de € 75.000
- Sistemas de liquidação, sem assunção de contraparte, de € 50.000
- Sistemas centralizados de valores, de € 100.000;

g) Sociedades gestoras de participações sociais nas entidades mencionadas na alínea anterior, de € 50.000;

2. As taxas previstas no número anterior abrangem todos os factos incluídos no registo inicial.

ARTIGO 5.º
(Registos de titulares de órgãos e de outras pessoas físicas)

Por cada registo de titulares de órgãos sociais e de outras pessoas físicas sujeitas a registo na CMVM é devida a taxa de € 50.

ARTIGO 6.º
(Registo de actividades e serviços)

É devida a taxa pelo registo de cada:
a) Actividade de intermediação, constante:
- Do artigo 290.º, n.º 1, alíneas *a)*, *b)* e *c)*, n.º 2 e do artigo 291.º, alínea *a)*, todos do Código dos Valores Mobiliários, de € 3.000.
- Do artigo 290.º, n.º 1, alínea *d)*, e do artigo 291.º, alíneas *b)* a *f)*, todos do Código dos Valores Mobiliários, de € 2.000.

b) Bolsa, de € 100.000;
c) Mercado regulamentado, de € 50.000;
d) Mercado regulamentado de dívida pública, de € 5.000;
e) Mercado não regulamentado, de € 50.000;
f) Sistema centralizado de valores, de € 100.000;

g) Sistema de liquidação:
- Com assunção de contraparte, de € 75.000
- Sem assunção de contraparte, de € 50.000;

h) Serviço conexo previsto na alínea *c*) do artigo 2.º do Decreto-Lei n.º 394/99, de 13 de Outubro, de € 5.000.

ARTIGO 7.º
(Averbamentos aos registos)

1. É devida a taxa de € 50 pelos averbamentos relativos a cada um dos elementos constantes dos registos previstos nos artigos 4.º, 5.º e 6.º.

2. O disposto no número anterior não se aplica às associações de defesa dos investidores.

ARTIGO 8.º
(Autorizações)

1. É devida a taxa pela autorização:

a) Da sucessão de ofertas prevista no artigo 186.º do Código dos Valores Mobiliários, de € 2.500;

b) De consultores autónomos, de € 3.000.

2. Na hipótese prevista na alínea *a*) do número anterior, se for concedida a autorização, o valor é descontado no montante da taxa devida pelo registo da oferta.

ARTIGO 9.º
(Dispensas)

Pela dispensa de:

a) Tradução prevista no n.º 2 do artigo 6.º do Código dos Valores Mobiliários, é devida a taxa de € 250;

b) Publicação prevista no artigo 18.º do Código dos Valores Mobiliários, é devida a taxa de € 250;

c) Publicação de informação prevista no artigo 250.º do Código dos Valores Mobiliários, é devida a taxa:

- De € 1.000, no caso do n.º 1 do mesmo artigo;
- De € 500, no caso do n.º 3 do mesmo artigo, em relação a contas anuais e a contas semestrais;
- De € 250, no caso do n.º 3 do mesmo artigo, em relação a contas trimestrais.

ARTIGO 10.º
(Reconhecimentos)

Pelo reconhecimento de:

a) Relatório ou parecer de auditor não registado na CMVM previsto no n.º 2 do artigo 9.º do Código dos Valores Mobiliários é devida a taxa de € 1.000;

b) Perda de qualidade de sociedade aberta prevista no n.º 2 do artigo 27.º do Código dos Valores Mobiliários é devida a taxa de € 2.500;

c) Prospecto previsto no n.º 2 do artigo 237.º do Código dos Valores Mobiliários, é devida a taxa de € 2.500.

ARTIGO 11.º
**(Instituições de investimento colectivo
e fundos de titularização)**

1. É devida a taxa:

a) Pela recepção e análise da comunicação prévia para comercialização de instituições de investimento colectivo em valores mobiliários estrangeiras que preencham os requisitos da Directiva do Conselho n.º 85/611/CE, prevista no n.º 3 do art. 37.º do Decreto-Lei n.º 276/94, de 2 de Novembro, independentemente do número de compartimentos integrados num agrupamento, de € 1.500;

b) Pela autorização de comercialização de outras instituições de investimento colectivo em valores mobiliários estrangeiras, de € 3.000;

c) Pela alteração da nota informativa complementar das instituições de investimento colectivo em valores mobiliários a que se referem as alíneas anteriores, de € 150;

d) Pela autorização da constituição de fundos de titularização de créditos a que se refere o artigo 27 n.º 1.º do Decreto-Lei 453/99 de 5 de Novembro, de € 1.000;

e) Pela alteração de regulamentos de gestão dos fundos referidos na alínea anterior, de € 150.

2. As taxas previstas nas alíneas *b)* e *c)* do n.º 1 constituem encargos das respectivas entidades comercializadoras.

ARTIGO 12.º
(Outros actos)

1. É devida a taxa de € 2.500 pela emissão da declaração prevista no n.º 2 do artigo 189.º do Código dos Valores Mobiliários.

2. Está isenta da taxa prevista no n.° 1 a declaração que tiver por fundamento a situação prevista na alínea *b*) do n.° 1 do artigo 189.° do Código dos Valores Mobiliários.

3. É devida a taxa de € 2.500 pela aprovação de prospecto de referência prevista no n.° 1 do artigo 144.° do Código dos Valores Mobiliários.

4. É devida a taxa de € 125 pelo registo, e respectivas alterações, das cláusulas contratuais gerais dos contratos de gestão de carteiras por conta de outrem e de registo e depósito de valores mobiliários, bem como dos códigos deontológicos das associações profissionais de intermediários financeiros.

ARTIGO 13.°
(Revogação)

É revogado o Regulamento da CMVM n.° 9/2000, de 23 de Fevereiro.

ARTIGO 14.°
(Entrada em vigor)

O presente regulamento entra em vigor no dia 1 de Janeiro de 2001.

Lisboa, 14 de Dezembro de 2000 – O Vice-Presidente do Conselho Directivo, *Luís Lopes Laranjo* – O Vogal, *Amadeu Ferreira*.

OUTROS

REGULAMENTO N.° 24/98
com as alterações introduzidas pelo Regulamento n.° 01/01 ([1])

Regulamento da redenominação de valores mobiliários integrados em sistema centralizado de valores

A faculdade de redenominação de valores mobiliários é uma das mais importantes implicações da transição para o euro no mercado desses valores. Nesta sede, o artigo 21.° do Decreto-Lei n.° 343/98, de 6 de Novembro, atribui à Comissão do Mercado de Valores Mobiliários (CMVM) competência para definir as regras necessárias para a concretização do disposto nesse diploma.

Em especial, no caso de os mesmos valores se encontrarem integrados em sistema centralizado, suscitam-se problemas específicos que não podem ser descurados. É, por outro lado, consensualmente reconhecido

---

([1]) O Regulamento n.° 01/01, de 22 de Fevereiro, foi publicado no Diário da República, II Série, de 3 de Abril, com o seguinte preâmbulo:

"Tendo em conta o conjunto de vantagens associadas e já reconhecidas pelos Decreto-Lei n.° 343/98, de 6 de Novembro, e pelo Regulamento n.° 24/98, de 28 de Dezembro, à redenominação voluntária, durante o período de transição para o euro, a CMVM procura, através de alteração ao referido Regulamento, flexibilizar e simplificar os procedimentos de execução dos métodos de redenominação deliberados, tomando em consideração a experiência já obtida com a sua aplicação. A simplificação que se visa agora incrementar deve, assim, ser encarada como um incentivo à redenominação voluntária antes do termo do referido prazo de transição – 31 de Dezembro de 2001.

Nos termos da alteração agora adoptada, estabelece-se que a redenominação de acções determina sempre a aplicação do processo previsto para a alteração unitária, ainda que com as adaptações necessárias.

Nestes termos, ao abrigo do artigo 21.° do Decreto-Lei n.° 343/98, de 6 de Novembro, e do disposto na alínea c) do artigo 60.° do Código dos Valores Mobiliários, o conselho directivo da CMVM, ouvida a Interbolsa – Sociedade Gestora de Sistemas de Liquidação e de Sistemas Centralizados de Valores Mobiliários, S.A., aprovou o seguinte Regulamento:"

que a redenominação através do sistema centralizado de valores mobiliários apresenta vantagens significativas no que respeita à segurança, equidade, transparência e celeridade do processo, traduzindo-se ainda em
menores custos para as entidades emitentes. Daí que esta matéria seja
merecedora de especial atenção em sede de regulamentação.

O citado Decreto-Lei privilegia expressamente certos métodos de
redenominação, que define como métodos padrão. Para as acções escolheu
o método da alteração unitária, tendo optado pelo método da alteração por
carteira no caso das obrigações e outros valores representativos de dívida.
Na sequência desta opção legal, o presente Regulamento estrutura-se em
torno destes dois métodos, consagrando um regime que visa assegurar a
simplificação do processo de redenominação, dentro das possibilidades
operacionais e no respeito pelos imperativos de segurança a que os sistemas de registo, depósito e controlo devem obedecer.

Ao abrigo do artigo 21.º do Decreto-Lei n.º 343/98, de 6 de
Novembro, e do disposto nas alíneas *a*) e *b*) do n.º 1 do artigo 14.º, do
n.º 3 do artigo 76.º, do artigo 96.º, do n.º 1 do artigo 407.º, do n.º 4
do artigo 437.º e do n.º 1 do artigo 461.º, todos do Código do Mercado
de Valores Mobiliários, o conselho directivo da CMVM, ouvidos o Banco
de Portugal, a Associação da Bolsa de Valores de Lisboa, a Associação
da Bolsa de Derivados do Porto, a Interbolsa, o Instituto de Gestão do
Crédito Público, a Associação Portuguesa de Bancos e a Associação
Portuguesa de Sociedades Corretoras e Financeiras de Corretagem, aprovou o seguinte Regulamento:

TÍTULO I
Disposições gerais

ARTIGO 1.º
(Âmbito de aplicação e regulamentação operacional)

1. O presente Regulamento aplica-se à redenominação de valores
mobiliários integrados nos sistemas previstos nos artigos 58.º, 85.º e 86.º
do Código do Mercado de Valores Mobiliários.

2. A Interbolsa define, através de normas regulamentares de natureza operacional aprovadas pela CMVM e publicadas no *Boletim de
Cotações da Bolsa de Valores de Lisboa*, os horários e os procedimentos
necessários à concretização do presente Regulamento.

ARTIGO 2.º
(Fases do processo)

O processo de redenominação comporta uma fase preliminar seguida de uma fase de redenominação na Interbolsa, a qual pode implicar, consoante os casos, a interrupção da circulação dos valores a redenominar.

ARTIGO 3.º
(Valores titulados)

1. Se a emissão não estiver totalmente integrada no sistema de depósito e controlo, apenas é admissível a adopção do método de alteração unitária, ou dos métodos que, nos termos do presente regulamento, sigam o mesmo regime e incidam sobre o total de valores mobiliários emitidos e não sobre o saldo da conta de emissão na Interbolsa.

2. Se a emissão estiver totalmente integrada no sistema de depósito e controlo, a entidade emitente, caso tenha optado por um método diferente do previsto no número anterior, comunica imediatamente a sua decisão à Interbolsa.

3. A partir da recepção, pela Interbolsa, da comunicação a que se refere o n.º 2, fica inibido o levantamento dos valores mobiliários até ao termo do processo de redenominação.

ARTIGO 4.º
(Indemnizações)

Se do método de redenominação decidido resultar, para a entidade emitente, o dever de indemnizar os titulares dos valores mobiliários, esta indica, no momento do pedido de redenominação uma instituição de crédito filiada na Interbolsa para efectuar os movimentos financeiros decorrentes daquela indemnização, juntando documento comprovativo do seu acordo.

ARTIGO 5.º
(Incumprimento dos intermediários financeiros)

1. A Interbolsa informa a CMVM da violação pelo intermediário financeiro:

a) Do dever de redenominar tempestivamente os valores mobiliários inscritos nas contas de titularidade;

b) Do dever de comunicar os resultados da redenominação à Interbolsa;

c) Dos limites estabelecidos no anexo II ao presente regulamento e que dele faz parte integrante, ou dos limites fixados pela entidade emitente na decisão de redenominação, caso não os tenha corrigido atempadamente.

2. A conta global do intermediário financeiro inadimplente, nos termos do n.º 1, não pode ser objecto de especificação, nem os valores mobiliários nela inscritos podem ser objecto de compensação ou liquidação ou de transferências quanto aos mesmos valores, até ao momento em que a redenominação tiver sido efectuada de acordo com a decisão da entidade emitente e depois de aceite pela Interbolsa.

3. O disposto no n.º 2 não é aplicável:

a) Se tiver sido adoptado o método da alteração unitária ou que siga o mesmo regime nos termos do presente Regulamento; ou

b) Se tiver sido adoptado o método de alteração por carteira e a entidade emitente não recusou, na sua decisão, a redenominação supletiva a que se refere o artigo 15.º.

ARTIGO 6.º
(Comissões)

Pelos actos de redenominação que resultem da aplicação dos métodos padrão, definidos no artigo 13.º do Decreto-Lei n.º 343/98, de 6 de Novembro, não são devidas comissões à Interbolsa.

TÍTULO II
Redenominação de acordo com métodos padrão

CAPÍTULO I
Fase preliminar

ARTIGO 7.º
(Processo)

1. A entidade emitente acorda com a Interbolsa as datas do início e do termo da fase de redenominação e comunica a esta entidade a sua deci-

são de redenominação, acompanhada das autorizações, registos ou declarações prévias, quando for o caso.

2. Recebida a comunicação a que se refere o n.° 1, a Interbolsa verifica se a decisão da entidade emitente exige a adopção de um método padrão, caso em que dará sempre seguimento ao processo de redenominação.

3. O anúncio da decisão da entidade emitente, previsto no artigo 16.° do Decreto Lei n.° 343/98, de 6 de Novembro, para além das menções previstas nesse preceito, contém a indicação das datas do início e do termo da fase da redenominação na Interbolsa, sendo publicado no *Boletim de Cotações da Bolsa de Valores de Lisboa* e num jornal de grande circulação após cumprimento do disposto nos números anteriores.

CAPÍTULO II
Fase de redenominação
na Central de Valores Mobiliários

SECÇÃO I
Disposições gerais

ARTIGO 8.° ([1])

ARTIGO 9.°
(Interrupção da circulação)

1. Durante a fase da redenominação na Interbolsa não se efectuam operações com os valores a redenominar na Bolsa de Valores de Lisboa e no Mercado Especial de Operações por Grosso nem podem ser liquidadas operações de reporte e de empréstimo na Bolsa de Derivados do Porto.

2. As ofertas que não tenham sido executadas até ao fim da sessão de Bolsa de Valores de Lisboa do dia anterior ao início da fase de redenominação na Interbolsa são canceladas nesse momento.

3. Nos três primeiros dias úteis da fase da redenominação na Interbolsa procede-se à liquidação física e financeira das operações anteriormente realizadas.

([1]) Revogado pelo artigo 1.° do Regulamento n.° 01/01.

4. As reversões que decorrerem de incumprimentos na liquidação prevista no n.º 3 são comunicadas à CMVM no fim do último dia da mesma liquidação.

5. Durante a aplicação do método de redenominação não se efectuam transferências de valores mobiliários, sendo cancelados todos os pedidos de transferência pendentes.

6. Após o período referido no n.º 3, procede-se à aplicação do método.

SECÇÃO II
Aplicação do método da alteração unitária

ARTIGO 10.º
(Âmbito de aplicação)

A presente secção aplica-se quando se adopte o método da alteração unitária tal como definido no n.º 2 do artigo 13.º do Decreto-Lei n.º 343/98, de 6 de Novembro.

ARTIGO 11.º
(Procedimentos)

Na data fixada para a redenominação, a Interbolsa redenomina a conta de emissão, informando os intermediários financeiros do valor nominal em euros de cada acção, devendo estes imediatamente reflecti-lo nas contas de titularidade junto de si abertas.

ARTIGO 12.º
(Inaplicabilidade da interrupção da circulação)

Quando se adopta o método previsto na presente secção não se aplica o disposto no artigo 9.º.

SECÇÃO III
Aplicação do método da alteração por carteira

ARTIGO 13.°
(Âmbito de Aplicação)

A presente secção aplica-se quando se adopte o método da alteração por carteira tal como definido no n.° 3 do artigo 13.° do Decreto-Lei n.° 343/98, de 6 de Novembro.

ARTIGO 14.°
(Procedimentos)

1. No primeiro dia útil da aplicação do método de redenominação:
a) A Interbolsa informa os intermediários financeiros dos saldos das suas contas em que estejam inscritos os valores mobiliários a redenominar;
b) Os intermediários financeiros procedem à redenominação dos valores mobiliários inscritos nas contas de titularidade junto si abertas, de acordo com a fórmula constante do anexo I ao presente Regulamento e que dele faz parte integrante.

2. Nos 1.° e 2.° dias úteis, no horário que for definido no Regulamento a que se refere o n.° 2 do art. 1.°, os intermediários financeiros informam a Interbolsa, após terem procedido à redenominação dos valores mobiliários:
a) Dos saldos globais das várias contas que têm abertas junto da mesma;
b) Da quantidade de contas de titularidade junto de si abertas.

3. No 3.° dia útil, a Interbolsa informa:
a) Os intermediários financeiros dos saldos das contas em que os valores mobiliários inscritos tenham sido redenominados;
b) A entidade emitente do total da emissão de valores mobiliários redenominados e, caso estejam admitidos à negociação em bolsa, a Bolsa de Valores de Lisboa.

4. O saldo total de valores mobiliários junto de cada intermediário financeiro deve encontrar-se dentro dos limites fixados no anexo II.

5. A Interbolsa, quando receber as informações constantes do n.° 2, recusa a redenominação caso os valores indicados não se encontrem dentro dos limites fixados no anexo II, comunicando imediatamente essa recusa aos intermediários financeiros com a indicação de que os valores devem ser corrigidos.

ARTIGO 15.º
(Redenominação supletiva)

1. O saldo total em valor nominal da conta global do intermediário financeiro junto da Interbolsa é denominado em cêntimos, por esta entidade, de acordo com a fórmula aplicável às contas de titularidade, constante do anexo I, desde que a decisão da entidade emitente a isso não se oponha e os intermediários financeiros:

a) Não tenham cumprido tempestivamente os seus deveres de redenominação dos valores mobiliários constantes das contas de titularidade; ou

b) Não tenham efectuado a comunicação da redenominação; ou

c) Tenham feito a redenominação fora dos limites fixados no anexo II sem proceder à correcção prevista no n.º 5 do artigo anterior.

2. O disposto no n.º 1 não afasta o dever de os intermediários financeiros procederem à redenominação dos valores mobiliários inscritos nas contas de titularidade, em simultâneo para todos os clientes e de acordo com o previsto na alínea *b*) do n.º 1 do artigo 14.º.

SECÇÃO IV
Termo da redenominação na Interbolsa

ARTIGO 16.º
(Termo do processo de redenominação)

1. No dia seguinte ao termo da fase da redenominação na Interbolsa, esta entidade publica um anúncio no *Boletim de Cotações da Bolsa de Valores de Lisboa* informando da consumação da redenominação e identificando:

a) O valor mobiliário em causa;

b) O valor nominal em euros de cada valor mobiliário;

c) O montante total da emissão em euros;

d) A quantidade de valores mobiliários redenominados.

2. A Interbolsa emite declaração com as menções referidas no n.º 1, enviando-a à entidade emitente por carta registada com aviso de recepção.

3. Quando o método adoptado for o de alteração de carteira e não haja lugar à redenominação supletiva prevista no artigo 15.º, por a entidade emitente a ter recusado na sua decisão de redenominação, é aplicável o artigo 20.º.

ARTIGO 17.° (¹)

TÍTULO III
Redenominação de acordo com métodos não padrão

ARTIGO 18.°
(Métodos não padrão)

1. Aos métodos não padrão de redenominação de acções aplica-se o regime previsto para o método de alteração unitária, com as adaptações que operacionalmente se mostrem necessárias.

2. Aos métodos não padrão de redenominação de valores mobiliários representativos de dívida, consoante tenham ou não em conta a posição dos titulares, é aplicável respectivamente o regime previsto para o método de alteração por carteira, com excepção do disposto no artigo 15.°, ou para o método de alteração unitária, com as devidas adaptações.

3. Recebida a comunicação da deliberação de redenominação segundo um método não padrão, a Interbolsa dá seguimento ao processo caso o considere operacionalmente exequível.

ARTIGO 19.°
(Valores admitidos à negociação em mercado)

1. No caso de valores mobiliários admitidos à negociação em mercado, a adopção de métodos não padrão está sujeita a aprovação da CMVM.

2. O disposto no número anterior não se aplica à redenominação de acções de acordo com o seguinte método não padrão: transposição para euros do valor nominal expresso em escudos, mediante a aplicação da taxa de conversão a que se refere o artigo 13.°, n.° 2, do Decreto-Lei n.° 343/98, de 6 de Novembro, seguida de renominalização para o euro mais próximo.

3. Para efeitos do previsto no n.° 1, a Interbolsa envia o processo à CMVM contendo declaração sobre a exequibilidade operacional do método.

(¹) Revogado pelo artigo 1.° do Regulamento n.° 01/01.

4. A CMVM aprecia a conformidade do processo de redenominação decidido com as normas legais e regulamentares, nomeadamente com os princípios da redenominação e os interesses dos investidores e do mercado.

5. A Interbolsa notifica a entidade emitente da decisão da CMVM e, se for o caso, da inexequibilidade operacional do método decidido.

ARTIGO 20.º
(Termo do processo de redenominação)

1. Se, depois de terminada a fase da redenominação na Interbolsa, não tiver sido possível a redenominação de todos os valores mobiliários a redenominar por incumprimento de intermediários financeiros, é publicado, no *Boletim de Cotações da Bolsa de Valores de Lisboa*, um anúncio intercalar indicando o termo da mesma fase e identificando os intermediários financeiros cujas contas globais junto da Interbolsa estão inibidas nos termos do n.º 2 do artigo 5.º.

2. No caso previsto no número anterior, o anúncio mencionado no n.º 1 do artigo 16.º só é publicado, bem como a declaração prevista no n.º 2 do mesmo artigo só é emitida, depois do cumprimento por todos os intermediários financeiros dos seus deveres de redenominação.

TÍTULO IV
Disposição final

ARTIGO 21.º
(Entrada em vigor)

O presente Regulamento entra em vigor em 1 de Janeiro de 1999.

21 de Dezembro de 1998 – O Presidente do Conselho Directivo, *José Nunes Pereira.*

ANEXO I

$P_e = trunc\ (((P \times V_n) \div F_c) \times 100 + 0,5)$

Em que:

trunc = função que procede à truncagem de um número, tornando-o um número inteiro, ao remover a sua parte decimal.

P_e = Valor nominal denominado em cêntimos

P = Quantidade de valores mobiliários denominados em escudos na conta de valores mobiliários

V_n = Valor nominal unitário em escudos

F_c = Factor de conversão do escudo para o euro

ANEXO II

$P_e = trunc\ (((P \times V_n) \div F_c) \times 100 + 0,5) \pm (0,5cêntimos \times N_c)$

Em que:

trunc = função que procede à truncagem de um número, tornando-o um número inteiro, ao remover a sua parte decimal.

P_e = Valor nominal denominado em cêntimos

P = Quantidade de valores mobiliários denominados em escudos na conta global do intermediário financeiro

V_n = Valor nominal unitário em escudos

F_c = Factor de conversão do escudo para o euro

N_c = Número de contas no intermediário financeiro

REGULAMENTO N.º 2/2000

Sistema de Indemnização aos Investidores

O Decreto-Lei n.º 222/99, de 22 de Junho, que criou o Sistema de Indemnização aos Investidores (adiante designado por Sistema), atribui à Comissão do Mercado de Valores Mobiliários competência para regulamentar a participação ou a exclusão do Sistema de empresas de investimento e instituições de crédito com sede em território de outro Estado membro da Comunidade Europeia, as despesas de funcionamento do Sistema suportadas pelas entidades participantes e os termos da constituição das garantias a prestar pelas mesmas entidades.

Em conformidade, o presente regulamento determina a contribuição a prestar por cada entidade participante em caso de accionamento do Sistema, bem como o modo e forma pela qual a mesma é garantida. Assim, a garantia é prestada através de penhor de valores mobiliários, cujo valor na data da constituição não pode ser inferior a 107,5% da garantia devida. O valor do penhor é actualizado semestralmente ou sempre que, pela oscilação do preço de mercado dos valores mobiliários, seja inferior a 92,5% da garantia devida. Para a determinação da contribuição e da garantia, são definidos os procedimentos necessários à recolha da informação relativamente aos fundos e instrumentos financeiros que pertençam aos investidores ou que a entidade participante detém, administra ou gere por conta daqueles no âmbito de operações de investimento.

O regulamento fixa o montante anual a suportar por cada entidade participante para as despesas de funcionamento do Sistema. Em todo o caso, a comissão directiva do Sistema pode dispensar esta contribuição anual em função das receitas do Sistema.

Finalmente, são definidas as condições e procedimentos para a participação e exclusão do Sistema das empresas de investimento e instituições de crédito com sede em território de outro Estado membro da Comunidade Europeia relativamente aos créditos decorrentes de operações de investimento efectuadas pelas suas sucursais em Portugal quando manifestem interesse em nele participarem, em complemento da indemnização prevista no país de origem.

Assim, ao abrigo do disposto no n.° 3 do artigo 5.°, no artigo 18.° e no n.° 3 do artigo 23.° do Decreto-Lei n.° 222/99, de 22 de Junho, que cria o Sistema de Indemnização aos Investidores, e ouvidos o Banco de Portugal, a comissão directiva do Sistema de Indemnização aos Investidores, a Associação Portuguesa de Bancos e a Associação Portuguesa de Sociedades Corretoras e Financeiras de Corretagem, o conselho directivo da Comissão do Mercado de Valores Mobiliários (adiante designada por CMVM) aprovou o seguinte regulamento:

ARTIGO 1.°
(Âmbito)

O presente regulamento aplica-se a:

a) Empresas de investimento com sede em Portugal, nomeadamente sociedades corretoras, sociedades financeiras de corretagem, sociedades gestoras de patrimónios e sociedades mediadoras dos mercados monetário ou de câmbios;

b) Instituições de crédito com sede em Portugal autorizadas a prestar algum dos serviços de investimento constantes do n.° 1 do artigo 199.°-A do Regime Geral das Instituições de Crédito e Sociedades Financeiras ou o serviço constante do n.° 1 da Secção C do anexo à Directiva n.° 93/22/CEE, de 10 de Maio;

c) Empresas de investimento e instituições de crédito que tenham sede em país não membro da Comunidade Europeia, relativamente a créditos decorrentes de operações de investimento efectuadas pelas suas sucursais em Portugal, salvo se esses créditos estiverem cobertos por um sistema de indemnização em termos equivalentes aos proporcionados pelo sistema português;

d) Empresas de investimento e instituições de crédito autorizadas a efectuar operações de investimento que tenham sede no território de outro Estado membro da Comunidade Europeia, relativamente a créditos decorrentes de operações de investimento efectuadas pelas suas sucursais em Portugal, que pretendam participar no Sistema para complementar a indemnização prevista no país de origem.

ARTIGO 2.°
(Informação a prestar ao Sistema)

1. Cada entidade participante informa o Sistema, nos termos de instrução a emitir por este, do valor:

a) Dos fundos por ela devidos aos investidores ou que a estes pertençam e que se encontrem especialmente afectos a operações de investimento, não considerando os fundos excluídos da cobertura, nos termos do artigo 9.° do Decreto-Lei n.° 222/99, de 22 de Junho; e

b) Dos instrumentos financeiros que pertençam aos investidores ou que sejam por ela detidos, administrados ou geridos por conta destes no âmbito de operações de investimento, não considerando os instrumentos financeiros excluídos, nos termos do artigo 9.° do Decreto-Lei n.° 222/99, de 22 de Junho.

2. Para efeitos do disposto na alínea *a*) do n.° 1, entende-se por fundos afectos a operações de investimento, entre outros:

a) Os fundos recebidos dos clientes pelas empresas de investimento para a realização de operações de investimento, ainda que depositados em contas bancárias com indicação de se tratarem de fundos de clientes;

b) Os fundos depositados em contas bancárias, no âmbito de uma convenção que determine a afectação especial destes à realização de operações de investimento;

c) Os fundos depositados em contas bancárias, na medida necessária para a liquidação de operações de aquisição ou de subscrição de valores mobiliários ou de outros instrumentos financeiros a estes equiparados por lei, desde que a instituição de crédito depositária tenha recebido do cliente instruções para a liquidação da operação, no caso em que este tenha dado directamente a ordem a outro intermediário financeiro;

d) Os fundos depositados em contas bancárias, na medida necessária para a liquidação de operações de aquisição ou de subscrição de valores mobiliários ou de outros instrumentos financeiros a estes equiparados por lei, desde que o intermediário financeiro tenha comunicado à instituição de crédito depositária a realização da operação, no caso de ter sido esta a receber a ordem do cliente.

3. Para efeitos do disposto na alínea *b*) do n.° 1, consideram-se instrumentos financeiros:

a) Valores mobiliários, incluindo unidades de participação em organismos de investimento colectivo;

b) Instrumentos do mercado monetário;

c) Futuros sobre instrumentos financeiros, incluindo instrumentos equivalentes que dêem origem a uma liquidação financeira;

d) Contratos a prazo relativos a taxas de juro (FRA);

e) *Swaps* de taxas de juro, de divisas ou relativos a um índice sobre acções (*equity swaps*);

f) Opções destinadas à compra ou à venda de qualquer instrumento financeiro referido nas alíneas anteriores, incluindo os instrumentos equivalentes que dêem origem a uma liquidação financeira, nomeadamente as opções sobre divisas e sobre taxas de juro.

4. No apuramento do valor dos fundos e instrumentos financeiros referidos nos números anteriores:

a) Os fundos são convertidos para euros às taxas de câmbio da data de referência da informação;

b) Os valores mobiliários são avaliados com base no preço de mercado verificado na data de referência da informação, devendo os montantes ser convertidos para euros às taxas de câmbio da mesma data, ou, na ausência de preço de mercado:

    i) Os valores mobiliários de rendimento variável são avaliados pelo valor de aquisição ou, na sua falta, pelo valor nominal;

    ii) As unidades de participação em organismos de investimento colectivo são avaliadas pelo valor patrimonial;

    iii) Os restantes valores mobiliários são avaliados com base no valor nominal ou valor teórico.

c) Os instrumentos do mercado monetário são avaliados segundo os critérios de valorização extrapatrimonial constantes do plano de contas para o sistema bancário, definido pelo Banco de Portugal, devendo os montantes ser convertidos para euros às taxas de câmbio da data de referência da informação;

d) Os contratos a prazo relativos a taxas de juro (FRA) e os *swaps* de taxas de juro, de divisas ou relativos a um índice devem ser avaliados com base no proveito que o cliente obteria caso o contrato fosse liquidado na data de referência da informação, devendo os montantes apurados ser convertidos para euros às taxas de câmbio da data de referência da informação;

e) Os instrumentos financeiros referidos nas alíneas *c*) e *f*) do número anterior são avaliados com base nas margens constituídas por cada cliente junto da entidade participante, bem como, sendo o caso, do saldo dos ajustes diários de ganhos e perdas, na data de referência da informação.

ARTIGO 3.°
(Momento de prestação da informação)

A informação prevista no artigo anterior é prestada:

a) Até final dos meses de Fevereiro e Agosto de cada ano, sendo os valores reportados ao final dos meses de Dezembro e Junho anteriores, respectivamente;

b) Sempre que o Sistema a solicite.

ARTIGO 4.°
(Financiamento corrente)

1. Até ao dia 15 de Janeiro de cada ano, cada entidade participante contribui com a importância de 2.500 euros destinada a assegurar as despesas de funcionamento do Sistema.

2. Mediante deliberação da comissão directiva do Sistema, poderá ser dispensado, em cada ano, o pagamento, por todas as entidades participantes, da importância a que se refere o número anterior.

3. As entidades participantes que saiam do Sistema não têm direito a qualquer reembolso das importâncias a ele entregues.

ARTIGO 5.°
(Responsável pelas relações com o Sistema)

1. Cada entidade participante comunica ao Sistema a pessoa ou pessoas responsáveis pelas suas relações com o Sistema e os meios de comunicação entre ambos.

2. As pessoas que desempenhem as funções referidas no número anterior, caso não pertençam à administração da entidade participante, devem reunir as condições necessárias para representar a entidade participante nas relações com o Sistema e assegurar a prestação das informações solicitadas, bem como o seu carácter fidedigno, e o cumprimento das demais obrigações da entidade participante.

3. A prestação de qualquer informação ao Sistema pela entidade participante é obrigatoriamente subscrita pelo menos por uma das pessoas referidas no n.° 1.

4. Qualquer alteração aos elementos referidos no n.° 1 é comunicada ao Sistema no prazo de 15 dias após a sua verificação.

ARTIGO 6.º
(Obrigação irrevogável)

1. As entidades participantes assumem a obrigação irrevogável de entrega ao Sistema, em caso de accionamento deste, dos montantes necessários para pagamento das indemnizações que forem devidas aos investidores.

2. A obrigação irrevogável a que se refere o número anterior é formalizada através de declaração escrita da entidade participante dirigida ao Sistema, nos termos do modelo que este aprovará, e será acompanhada por anexo indicando os valores mobiliários dados em garantia da referida obrigação.

ARTIGO 7.º
(Responsabilidade potencial)

Simultaneamente à prestação da informação a que se refere o artigo 3.º, cada entidade participante regista nas suas contas a obrigação irrevogável, referida no artigo anterior, como uma responsabilidade potencial, por um montante correspondente a 1‰ do valor determinado nos termos do artigo 10.º.

ARTIGO 8.º
(Penhor)

1. Em garantia da obrigação a que se refere o artigo 6.º, cada entidade participante constitui a favor do Sistema penhor de valores mobiliários integrados em sistema centralizado, no montante correspondente a 0,5‰ do valor determinado nos termos do artigo 10.º.

2. O penhor é constituído por instrução da entidade participante à entidade gestora do sistema centralizado de valores mobiliários.

3. A extinção do penhor apenas pode ter lugar por iniciativa do Sistema, que informa a entidade gestora do sistema centralizado de valores mobiliários de tal facto.

4. O penhor constituído por cada entidade participante deve ser actualizado em conformidade com a informação prestada ao abrigo do artigo 3.º, devendo ser introduzidas as correspondentes alterações ao anexo referido no n.º 2 do artigo 6.º.

5. Apenas podem ser objecto do penhor a que se referem os números anteriores valores mobiliários admitidos à negociação em bolsa ou noutros

mercados regulamentados, emitidos ou garantidos por entidades em relação às quais as instituições de crédito e as sociedades financeiras estejam isentas da constituição de provisões para risco específico de crédito e que, à data de constituição do penhor, tenham prazo de amortização superior a 18 meses, desde que a lei aplicável à constituição do penhor admita a respectiva execução extrajudicial.

6. Os valores mobiliários dados em penhor, avaliados pela média dos preços de fecho ou de referência verificados nas últimas cinco sessões de bolsa ou do mercado regulamentado do mês anterior à data da constituição ou modificação do penhor, devem corresponder a um montante igual ou superior a 107,5% do referido no n.º 1.

7. Sempre que os valores mobiliários dados em penhor, avaliados pela média dos preços de fecho ou de referência verificados nas últimas cinco sessões de bolsa ou do mercado regulamentado, representem menos de 92,5% do montante referido no n.º 1, a entidade participante deve modificar o penhor, por forma a que seja reposta a percentagem referida no número anterior.

8. Nas datas em que os valores mobiliários sejam dados em penhor, cada entidade participante comprova perante o Sistema que aquele está registado a favor deste, que os valores em causa são de sua propriedade, que sobre eles não incide qualquer outro ónus, encargo, limitação ou vinculação e que a lei aplicável à constituição do penhor, caso não seja a portuguesa, admite a respectiva execução extrajudicial.

9. Os valores mobiliários dados em garantia podem ser substituídos, quer por iniciativa da entidade participante e com autorização do Sistema, quer por solicitação deste, implicando as devidas alterações ao anexo referido no n.º 2 do artigo 6.º.

10. Os juros e demais rendimentos de valores mobiliários dados em penhor pertencem aos titulares dos mesmos.

ARTIGO 9.º
(Contribuições em caso de accionamento do Sistema)

1. Em caso de accionamento do Sistema, a contribuição de cada entidade participante corresponde a uma percentagem do valor global das indemnizações, resultante do rácio entre o valor dos fundos e instrumentos financeiros, referidos no artigo 2.º, cobertos pelo Sistema e detidos, administrados ou geridos por essa entidade e o valor dos fundos e instrumentos financeiros cobertos pelo Sistema e detidos, administrados ou geri-

dos pelo conjunto das entidades participantes, com excepção da entidade que originou o accionamento do Sistema.

2. Sem prejuízo do disposto no n.º 1, cada entidade participante apenas é obrigada a pagar, em cada ano, um montante correspondente a 2‰ do valor determinado nos termos do artigo 10.º no ano de accionamento do Sistema.

3. Se o montante da contribuição devida por cada entidade participante for inferior ao limite definido no número anterior, a entidade deve manter registada, até ao final do ano em causa, uma responsabilidade potencial igual à diferença entre o valor daquele limite e o da contribuição devida, com um máximo correspondente a 1‰ do valor determinado nos termos do artigo 10.º.

ARTIGO 10.º
(Base de cálculo)

1. Para a determinação, relativamente a cada entidade participante, dos montantes da responsabilidade potencial, do penhor e das contribuições em caso de accionamento do Sistema, é utilizada a média dos dois valores mais recentes constantes da informação prestada ao Sistema ao abrigo do artigo 3.º.

2. Nos casos em que ao Sistema tenha sido prestada, pela entidade participante, informação relativa a um único valor, os montantes referidos no número anterior serão determinados apenas com base nele.

ARTIGO 11.º
(Adesão de novas entidades)

1. Sem prejuízo do disposto no artigo seguinte, as entidades mencionadas nas alíneas *a)* a *c)* do artigo 1.º que se registem na CMVM após a entrada em vigor do presente regulamento aderem ao Sistema na data do respectivo registo.

2. As sociedades mediadoras dos mercados monetário ou de câmbios aderem ao Sistema na data do respectivo registo no Banco de Portugal.

3. A adesão é efectuada oficiosamente e o Sistema notifica cada entidade participante da sua adesão e da data a partir da qual a mesma produz efeitos.

4. No prazo de 20 dias a contar da data de envio da notificação a que se refere o número anterior, cada entidade participante efectua o paga-

mento da importância a que se refere o artigo 4.°, calculada por duodécimos correspondentes ao mês em que aderiu ao Sistema, e dá cumprimento ao disposto no artigo 5.°.

5. Simultaneamente ao envio da informação prestada ao abrigo do artigo 3.°, cada entidade participante dá cumprimento ao disposto nos artigos 6.°, 7.° e 8.°.

6. O presente artigo é aplicável às entidades que resultem de processos de fusão por constituição, às que se constituam em resultado de processos de cisão e àquelas cuja alteração de objecto implique mudança de tipo de instituição.

ARTIGO 12.°
(Dispensa de adesão)

1. A participação no Sistema das entidades referidas na alínea *c*) do artigo 1.° pode ser dispensada se os créditos decorrentes de operações de investimento efectuadas pelas suas sucursais em Portugal estiverem cobertos por um sistema de indemnização em termos que a CMVM e o Banco de Portugal considerem equivalentes aos proporcionados pelo Sistema.

2. Sem prejuízo dos acordos bilaterais existentes sobre a matéria, as entidades que pretendam beneficiar da dispensa referida no número anterior devem apresentar documento com a descrição pormenorizada do sistema de indemnização aos investidores em que a entidade requerente participe e que assegure a protecção dos investidores clientes da sucursal, emitido ou certificado pelo sistema ou autoridade de supervisão do país de origem.

ARTIGO 13.°
(Adesão de entidades com sede noutro Estado membro da Comunidade Europeia)

1. As entidade mencionadas na alínea *d*) do artigo 1.° devem apresentar ao Sistema o respectivo pedido de adesão.

2. O pedido de adesão referido no número anterior deve ser instruído com os seguintes elementos:

a) Documento com a descrição pormenorizada do sistema de indemnização aos investidores em que a entidade requerente participe e que assegure a protecção dos investidores clientes da sucursal, emitido ou certificado pelo sistema ou autoridade de supervisão do país de origem;

b) Indicação do complemento de cobertura pretendido;

c) Valor dos fundos e instrumentos financeiros a cobrir pelo Sistema, referidos no artigo 2.°, reportado ao final dos meses de Junho e Dezembro anteriores ao pedido de adesão.

3. No prazo de 30 dias a contar da recepção do pedido, ou a contar da recepção de informações complementares solicitadas à entidade requerente ou ao sistema de indemnização ou autoridade de supervisão do país de origem, o Sistema notifica a entidade da decisão proferida e, se for o caso, da data a partir da qual a adesão produz efeitos e do complemento de cobertura concedido.

4. No prazo de 20 dias a contar da data de envio da notificação a que se refere o número anterior, cada entidade participante efectua o pagamento da importância a que se refere o artigo 4.°, calculada por duodécimos correspondentes ao mês em que aderiu ao Sistema, e dá cumprimento ao disposto nos artigos 5.°, 6.°, 7.° e 8.°.

5. Após a notificação referida no n.° 3, o Sistema acorda com o sistema de indemnização do país de origem as regras e procedimentos adequados para o pagamento de indemnizações aos investidores da referida sucursal.

ARTIGO 14.°
(Incumprimento)

1. Sem prejuízo dos procedimentos sancionatórios a que haja lugar, sempre que uma das entidades referidas na alínea *d*) do artigo 1.° não cumprir as obrigações que decorrem da sua participação no Sistema, este notifica a autoridade de supervisão do país de origem, que, em colaboração com o Sistema, tomará todas as medidas necessárias para assegurar o cumprimento das referidas obrigações.

2. Decorrido o prazo de um mês após a notificação referida no número anterior e mantendo-se a situação de incumprimento, o Sistema, com o consentimento da autoridade de supervisão do país de origem, notifica a empresa de investimento ou instituição de crédito, mediante pré-aviso de 12 meses, da intenção de a excluir.

3. Se uma das entidades mencionadas no n.° 1 for excluída do Sistema, os créditos decorrentes de operações de investimento efectuadas pelas suas sucursais anteriormente à data da exclusão continuam garantidos até à data da liquidação financeira da operação de investimento, no caso de fundos, ou por um prazo máximo de três meses, no caso de instrumentos financeiros.

4. O Sistema e a entidade publicitam de imediato e de forma adequada a exclusão desta.

ARTIGO 15.º
(Disposições transitórias)

1. A adesão ao Sistema das entidades a que se referem as alíneas *a*) a *c*) do artigo 1.º que, à data da entrada em vigor do presente regulamento, se encontrem registadas na CMVM, é oficiosamente efectuada pelo Sistema e produz efeitos desde aquela data.
2. Para efeitos do disposto no número anterior, a CMVM comunica ao Sistema a relação das entidades nele referidas que se encontrem registadas na CMVM com referência a essa data.
3. As sociedades mediadoras dos mercados monetário ou de câmbios que se encontrem registadas no Banco de Portugal aderem ao Sistema na data de entrada em vigor do presente regulamento.
4. O Sistema notifica cada entidade participante da sua adesão e da data a partir da qual a mesma produz efeitos.
5. No prazo de 20 dias a contar da data de envio da notificação a que se refere o número anterior, cada entidade participante efectua o pagamento de 2.500 euros e dá cumprimento ao disposto nos artigos 5.º, 6.º, 7.º e 8.º.
6. Até à prestação da informação relativa a Junho de 2000, o cálculo dos montantes a que se referem os artigos 7.º e 8.º é efectuado com base no valor reportado ao final do mês de Junho de 1999, constante da informação enviada à CMVM.

ARTIGO 16.º
(Entrada em vigor)

O presente regulamento entra em vigor no dia seguinte ao da sua publicação no *Diário da República*.

Lisboa, 20 de Janeiro de 2000 – O Presidente do Conselho Directivo, *José Nunes Pereira*.

REGULAMENTO N.º 13/2000

Entrega de Elementos

Ao abrigo do disposto na alínea *b*) do n.º 1 do artigo 353.º do Código dos Valores Mobiliários, o conselho directivo da Comissão do Mercado de Valores Mobiliários (CMVM) aprovou o seguinte regulamento:

ARTIGO 1.º
(Âmbito)

1. O presente regulamento aplica-se a todos os elementos entregues à CMVM para instrução de pedidos de registo e outros actos similares.
2. Se os documentos forem electrónicos, o presente regulamento aplica-se com as adaptações resultantes da lei e regulamentação especiais na matéria, nomeadamente no que respeita à forma, força probatória, cópias, comunicação dos mesmos e assinatura digital.

ARTIGO 2.º
(Preenchimento de modelo)

1. A entrega de documentação implica o preenchimento do modelo SG1 em anexo ao presente regulamento e que dele faz parte integrante, referenciando-se cada elemento entregue.
2. O modelo referido no número anterior reveste a natureza de recibo.

ARTIGO 3.º
(Formato)

Os documentos, excepto aqueles que sendo oficiais obedeçam a regras diferentes, são apresentados no formato A4, impressos ou dactilografados em letra de corpo não inferior a 10 e devidamente numerados.

ARTIGO 4.º
(Assinatura)

1. Cada documento que não seja autêntico ou autenticado é assinado pelo requerente.

2. Se o documento for em suporte de papel, devem ser rubricadas todas as páginas.

ARTIGO 5.º
(Organização dos documentos)

Quando o requerente entregue mais de um documento:

a) Estes são organizados cada um em sua série de pastas ou dossiers, em que cada um dos documentos exigíveis se encontre isolado por um separador numerado com a identificação do seu conteúdo;

b) A capa de cada um dos conjuntos enviados identifica o processo a que respeita.

ARTIGO 6.º
(Suporte magnético)

Quando os elementos a entregar constem de suporte magnético este é etiquetado e selado.

ARTIGO 7.º
(Entrega de elementos fora do horário de atendimento ao público)

Os elementos entregues na CMVM fora do horário de atendimento ao público são, para todos os efeitos, considerados entregues no período de atendimento ao público seguinte.

ARTIGO 8.º
(Norma transitória)

O disposto no presente regulamento não é aplicável à entrega de elementos inseridos em processos iniciados antes da sua entrada em vigor.

ARTIGO 9.º
(Entrada em vigor)

O presente regulamento entra em vigor no dia 1 de Março de 2000.

Lisboa, 10 de Fevereiro de 2000 – O Presidente – *José Nunes Pereira*

ANEXO

RECIBO
ENTREGA DE DOCUMENTOS

ELEMENTOS REFERENTES AO REQUERENTE					
DENOMINAÇÃO SOCIAL					
MORADA					
CÓDIGO POSTAL					
TELEFONE		FAX			
PESSSOA A CONTACTAR					
PROCESSO RESPEITANTE A					
A PREENCHER PELA CMVM					
REFª CMVM					
A PREENCHER PELO REQUERENTE					
LISTA DOS DOCUMENTOS ENTREGUES					
DOCUMENTO	Cópias	NºPágs	DOCUMENTO	Cópias	Nº Págs
RECEBIDO			**TOTAIS:**		

REGULAMENTO N.º 23/2000

Mediação voluntária de conflitos

O Código dos Valores Mobiliários consagra, entre os meios a afectar pela Comissão do Mercado de Valores Mobiliários para promoção e protecção dos interesses dos investidores, a organização de um serviço de mediação de conflitos destinado à composição de litígios privados na área do mercado de valores mobiliários (arts. 33.º e 34.º).

O presente Regulamento consagra um conjunto de procedimentos que permitem adaptar às especificidades dos litígios nesta área um novo modelo de resolução não judicial de conflitos. Este modelo baseia-se exclusivamente na busca de um acordo entre os interessados, mediante o auxílio de um terceiro imparcial, e caracteriza-se pela celeridade e informalidade dos procedimentos.

Envolvendo partes entre as quais poderá existir um desnível acentuado de conhecimento e experiência, o regulamento complementa os serviços de apoio ao investidor já desenvolvidos pela CMVM, como a prestação de esclarecimentos, a disponibilização de informação, a difusão de acções de formação, a edição de publicações e a recepção e resolução de reclamações e queixas, devendo a mediação ser tão flexível quanto as partes o desejem e acordem.

A intervenção da Comissão do Mercado de Valores Mobiliários traduz-se na disponibilização dos seus serviços e na nomeação de um mediador que seja tecnicamente qualificado, a quem competirá praticar todos os actos que repute convenientes para obter, por consenso, a satisfação patrimonial dos lesados, com a consequente extinção do conflito.

Devendo este processo contribuir para a pacificação de conflitos, não poderia ser esquecida a possível ocorrência de conflitos de massa. Por isso se permite que o mediador agregue e trate conjuntamente pedidos que lhe dirijam pessoas com interesses idênticos homogéneos, sem prejuízo da intervenção, a título principal ou acessório, de associações de defesa dos investidores.

Assim, ao abrigo do disposto no n.º 1 do artigo 34.º do Código dos Valores Mobiliários aprovado pelo Decreto-Lei n.º 486/99, de 13 de Novembro, e na alínea *n*) do artigo 9.º do Decreto-Lei n.º 473/99, de 8 de Novembro, o conselho directivo da Comissão do Mercado de Valores Mobiliários, ouvido o Conselho Consultivo, aprova o seguinte regulamento:

ARTIGO 1.º
(Procedimento de mediação)

1. O procedimento de mediação voluntária de conflitos emergentes de relações que envolvam valores mobiliários, e em que uma das partes seja considerada investidor não institucional, pauta-se pelos princípios consignados no artigo 34.º do Código dos Valores Mobiliários e pelo disposto no presente regulamento.

2. No âmbito do procedimento, o mediador designado pelo conselho directivo promove as diligências que, em cada caso e dentro dos limites da lei vigente, repute mais adequadas à obtenção do acordo entre as partes.

ARTIGO 2.º
(Pedido de mediação)

1. O procedimento de mediação voluntária de conflitos inicia-se mediante solicitação expressa de investidor não institucional ou de associação de defesa dos investidores, dirigida à CMVM, em que se descreva o objecto do litígio, a pretensão e os seus fundamentos e a entidade ou entidades visadas.

2. O pedido de mediação contém a identificação e o domicílio do requerente, devendo ser assinado pelo próprio ou por representante.

3. Depois de recebido o pedido de mediação, o conselho directivo da CMVM designa um mediador para cada caso sujeito a mediação.

4. Caso a caso, o mediador pode acordar com as partes envolvidas na mediação a adopção de regras procedimentais a que estas livremente se vinculam, sob pena de extinção do procedimento em caso de incumprimento.

ARTIGO 3.º
(Aceitação da mediação)

1. O pedido de mediação voluntária é notificado à entidade ou entidades visadas, que comunica ao Serviço de Mediação de Conflitos se aceita participar no respectivo procedimento.

2. Na falta de resposta da entidade visada, o Serviço de Mediação de Conflitos solicita uma resposta em prazo razoável, findo o qual comunica ao requerente que o pedido não foi aceite.

3. Nos casos de manifesta improcedência das pretensões do requerente, ou do seu não enquadramento no âmbito da mediação, o Serviço de Mediação de Conflitos comunica-lhe fundamentadamente a sua indisponibilidade para administrar o procedimento.

ARTIGO 4.°
(Mediação multilateral)

1. Sempre que o Serviço de Mediação de Conflitos verifique que se lhe dirigiram pessoas com interesses homogéneos aos das partes em procedimento de mediação pendente, pode, mediante a expressa aceitação destas, comunicar àquelas a existência do procedimento e a possibilidade de nele intervirem em prazo que fixará.

2. Podem também ser objecto de mediação multilateral os casos em que, antes de iniciado o procedimento, se verifique a existência de várias partes com interesses homogéneos.

ARTIGO 5.°
(Audiência dos interessados)

1. Aceite a mediação, o mediador nomeado procede à audição das partes, a fim de averiguar desde logo da possibilidade de acordo prévio ou de sistematização de uma agenda da mediação.

2. Entendendo o mediador ser possível a obtenção de consenso através de contactos informais com as partes, pode prescindir de as reunir.

ARTIGO 6.°
(Extinção do procedimento)

1. O procedimento de mediação extingue-se sempre que qualquer das partes comunique ao mediador a desistência da mediação, ou sempre que este verifique fundadamente a impossibilidade da produção de um acordo.

2. O procedimento de mediação termina com a transacção entre as partes ou, independentemente de qualquer transacção formal, quando a pretensão do requerente seja satisfeita.

ARTIGO 7.°
(Resultado da mediação
e responsabilidade do agente)

O resultado do procedimento de mediação não exclui a responsabilidade em que os respectivos agentes possam incorrer a outro título, salvo no domínio da responsabilidade civil, mas será nesse caso tido em consideração de acordo com a legislação aplicável.

ARTIGO 8.°
(Entrada em vigor)

O presente regulamento entra em vigor no dia posterior ao da sua publicação no *Diário da República*.

Lisboa, 05 de Julho de 2000 – O Conselho Directivo, *Fernando Teixeira dos Santos* (Presidente), *Luís Lopes Laranjo* (Vice-Presidente).

LEGISLAÇÃO COMPLEMENTAR

LEI N.º 106/99
de 26 de Julho

Autoriza o Governo a tomar medidas legislativas no âmbito dos mercados de valores mobiliários e outros instrumentos financeiros

A Assembleia da República decreta, nos termos da alínea *d*) do art. 161.º da Constituição, o seguinte:

Artigo 1.º
Autorização legislativa

É concedida ao Governo autorização legislativa para, no âmbito dos mercados de valores mobiliários e de outros instrumentos financeiros:

a) Definir o regime dos ilícitos penais e de mera ordenação social, incluindo os aspectos processuais;

b) Definir o regime do ilícito disciplinar nos mercados de valores mobiliários e outros instrumentos financeiros, a aplicar pelas respectivas entidades gestoras;

c) Estabelecer limitações ao exercício da profissão de consultor autónomo quanto ao investimento em valores mobiliários e outros instrumentos financeiros;

d) Definir o regime de isenção de impostos relativos aos mercados de valores mobiliários ou outros instrumentos financeiros;

e) Estabelecer o regime de taxas devidas pela realização de operações sobre valores mobiliários ou outros instrumentos financeiros e pelos serviços de supervisão;

f) Atribuir o direito de acção popular aos investidores não institucionais e suas associações ou fundações;

g) Instituir um sistema de mediação voluntária de conflitos;

h) Definir o regime de segurança social das entidades gestoras de mercados ou serviços relacionados com o mercado de valores mobiliários.

Artigo 2.º
Âmbito da autorização legislativa quanto ao regime jurídico dos ilícitos penais e de mera ordenação social

No âmbito da autorização legislativa concedida pelo artigo 1.º, alínea *a*), pode o Governo, nos termos dos artigos seguintes:

a) Criar ilícitos criminais e definir as respectivas penas, principais e acessórias, revogando as normas penais actualmente previstas no Código do Mercado de Valores

Mobiliários, aprovado pelo Decreto-Lei n.º 142-A/91, de 10 de Abril, com as alterações que lhe foram introduzidas pelos Decretos-Leis n.ᵒˢ 89/94, de 2 de Abril, 186/94, de 5 de Julho, 204/94, de 2 de Agosto, 196/95, de 29 de Julho, 261/95, de 3 de Outubro, 232/96, de 5 de Dezembro, e 178/97, de 24 de Julho;

b) Criar um regime jurídico que preveja as formas de aquisição da notícia do crime relativamente aos crimes previstos no n.º 1 do artigo 3.º do presente diploma, as averiguações preliminares anteriores à aquisição da notícia do crime e a notificação das decisões tomadas nos processos relativos aos crimes referidos, revogando as normas relativas a estas matérias contidas no Código do Mercado de Valores Mobiliários;

c) Criar os ilícitos de mera ordenação social e as regras gerais, de natureza substantiva e processual, que se revelem adequadas a garantir o respeito pelas normas legais e regulamentares que disciplinam os mercados de valores mobiliários ou outros instrumentos financeiros, revogando as normas relativas a estas matérias contidas no referido Código;

d) Criar normas transitórias relativas à vigência das normas revogadas e à entrada em vigor das normas que as substituam, bem como um regime especial de vigência das novas soluções jurídicas adoptadas no uso da presente autorização legislativa, na medida em que tal se revele necessário.

Artigo 3.º
**Sentido e extensão da autorização legislativa
quanto à tipificação dos crimes**

1. No uso da autorização legislativa conferida pelos artigos anteriores, pode o Governo tipificar os seguintes ilícitos criminais:

a) O crime de abuso de informação, prevendo as formas de utilização e divulgação abusiva de informação privilegiada, nos termos em que este conceito se encontra definido pela Directiva n.º 89/592/CEE, de 13 de Novembro de 1989;

b) O crime de manipulação do mercado, prevendo a divulgação de informações falsas, incompletas, exageradas ou tendenciosas, as operações fictícias ou outras práticas fraudulentas que sejam adequadas a alterar o regular funcionamento de qualquer mercado de valores mobiliários ou de outros instrumentos financeiros;

c) O crime de violação do dever de impedir práticas manipuladoras, prevendo a omissão de actuação dos titulares do órgão de administração de um intermediário financeiro ou das pessoas responsáveis pela direcção ou fiscalização de áreas de actividade que, tendo conhecimento da ocorrência de factos subsumíveis ao crime de manipulação de mercado, praticados por pessoas sujeitas à sua direcção ou fiscalização e no exercício das suas funções, não lhes ponham imediatamente termo, sujeitando a sua aplicação a uma cláusula de subsidiariedade expressa que preveja a aplicação de outros crimes sancionados com pena mais grave;

d) O crime de intermediação financeira não autorizada em valores mobiliários ou outros instrumentos financeiros, exercida em nome próprio ou por conta de outrem;

e) O crime de gestão ou constituição de mercados de valores mobiliários ou de outros instrumentos financeiros, em nome próprio ou por conta de outrem, sem a necessária autorização ou registo;

f) O crime de desobediência qualificada, prevendo o não acatamento de ordens ou mandados legítimos das entidades de supervisão ou a obstrução à sua execução por parte dos agentes sujeitos à supervisão das entidades referidas, equiparando ainda a tais factos o incumprimento e a criação de alguma obstrução ao cumprimento dos deveres inerentes às sanções acessórias, aplicadas em processo de contra-ordenação, ou das medidas cautelares legalmente previstas.

2. Pode o Governo declarar a punibilidade da tentativa em relação aos ilícitos previstos nas alíneas *a*), *b*), *d*) e *e*) do número anterior.

3. Pode o Governo criar um regime geral de actuação em nome de outrem com base nas seguintes regras:

a) Não obstará à responsabilidade dos agentes individuais a circunstância de estes não possuírem certas qualidades ou relações especiais exigidas no tipo de crime e estas só se verificarem na pessoa ou entidade em cujo nome o agente actua;

b) Não obstará à responsabilidade dos agentes individuais a circunstância de o agente actuar no interesse de outrem quando o tipo de crime exija que actue no interesse próprio.

Artigo 4.°
**Sentido e extensão da autorização legislativa
quanto à definição das penas**

1. O Governo poderá estabelecer as seguintes penas para os ilícitos criminais a criar com base na presente autorização legislativa:

a) Pena de prisão até 3 anos ou pena de multa até ao limite máximo previsto no Código Penal para o crime de abuso de informação previsto no artigo 3.°, n.° 1, alínea *a*), da presente lei, quando o agente for membro de um órgão de administração ou fiscalização de uma entidade emitente, titular de uma participação no respectivo capital ou alguém que obteve a informação privilegiada em função do trabalho ou serviço que preste, com carácter permanente ou ocasional, a uma entidade a que a informação diga respeito ou, ainda, quando a tenha obtido em virtude de profissão ou função pública que exerça;

b) Pena de prisão até 2 anos ou pena de multa até 240 dias para o crime de abuso de informação previsto no artigo 3.°, n.° 1, alínea *a*), da presente lei quando o agente não possua nenhuma das qualidades referidas na alínea anterior;

c) Pena de prisão até 3 anos ou pena de multa até ao limite máximo previsto no Código Penal para o crime de manipulação do mercado, previsto no artigo 3.°, n.° 1, alínea *b*), da presente lei;

d) Pena de prisão até 2 anos ou pena de multa até 240 dias para o crime de violação do dever de impedir práticas manipuladoras, previsto no artigo 3.°, n.° 1, alínea *c*), da presente lei;

e) Pena de prisão até 3 anos ou pena de multa até ao limite máximo previsto no Código Penal para o crime de intermediação financeira não autorizada, previsto no artigo 3.°, n.° 1, alínea *d*), da presente lei;

f) Pena de prisão até 3 anos ou pena de multa até ao limite máximo previsto no Código Penal para o crime de constituição ou gestão não autorizadas ou não registadas de mercados de valores mobiliários ou outros instrumentos financeiros, previsto no artigo. 3.°, n.° 1, alínea *e*), da presente lei;

g) A punição dos factos que integram o crime de desobediência, previsto no artigo 3.°, n.° 1, alínea *f*), da presente lei, nos termos da desobediência qualificada, prevista no Código Penal.

2. O Governo poderá estabelecer que aos crimes previstos neste diploma serão aplicáveis, para além das referidas no Código Penal, as seguintes sanções acessórias:

a) Interdição, por prazo não superior a cinco anos, do exercício pelo agente da profissão ou actividade que com o crime se relaciona, incluindo inibição do exercício de funções de administração, direcção, chefia ou fiscalização e, em geral, de representação de quaisquer intermediários financeiros, no âmbito de algum, de alguns ou de todos os tipos de actividade de intermediação em valores mobiliários ou outros instrumentos financeiros;

b) Publicação da sentença condenatória a expensas do arguido em locais idóneos ao cumprimento das finalidades de prevenção geral do sistema jurídico e da protecção dos mercados de valores mobiliários, nomeadamente em jornais de grande circulação nacional e publicações específicas da área de actividade em causa;

c) Revogação da autorização ou cancelamento do registo necessários para o exercício de actividades de intermediação financeira, de acordo com a natureza, gravidade ou frequência dos crimes cometidos.

Artigo 5.°
Sentido e extensão da autorização legislativa
quanto aos aspectos processuais relativos aos ilícitos criminais

1. No uso da autorização legislativa conferida pelos artigos 1.°, alínea *a*) e 2.°, alínea *b*), da presente lei, pode o Governo criar as seguintes regras sobre a aquisição da notícia do crime, no sentido de:

a) A notícia dos crimes contra o mercado de valores mobiliários, referidos no artigo 3.°, n.° 1, alíneas *a*) a *f*), da presente lei, se adquirir por conhecimento próprio da CMVM, por intermédio dos órgãos de polícia criminal ou mediante denúncia;

b) Qualquer autoridade judiciária, entidade policial ou funcionário que, no exercício das suas funções, tenha conhecimento de factos que possam vir a ser qualificados como crime, contra o mercado de valores mobiliários ou outros instrumentos financeiros, deve dar imediato conhecimento deles ao conselho directivo da CMVM.

2. Pode o Governo, no uso da autorização legislativa conferida pela presente lei, criar regras sobre as averiguações preliminares relativas aos crimes, previstos no artigo 3.°, n.° 1, alíneas *a*) a *e*) da presente lei, no sentido de:

a) Poder a CMVM realizar um conjunto de averiguações preliminares, que serão determinadas e dirigidas pelo seu conselho directivo, sem prejuízo das regras internas de distribuição de competências e das delegações genéricas de competência nos respectivos serviços;

b) Prever que as averiguações preliminares compreendam o conjunto de diligências necessárias para apurar a possível existência da notícia de um crime contra o mercado de valores mobiliários ou outros instrumentos financeiros;

c) Prever a possibilidade de a CMVM, para efeito do disposto nas alíneas anteriores e sem prejuízo dos poderes de supervisão e fiscalização de que disponha, poder solicitar às diversas pessoas e entidades todos os esclarecimentos, informações, documentos, independentemente do seu suporte, objectos e todos os elementos necessários para confirmar ou negar a suspeita de um crime contra o mercado de valores mobiliários ou outros instrumentos financeiros;

d) Prever a possibilidade de a CMVM proceder à apreensão e inspecção de quaisquer documentos, independentemente da natureza do seu suporte, valores, objectos relacionados com a possível prática de crimes contra o mercado de valores mobiliários ou proceder à selagem de objectos não apreendidos nas instalações das entidades ou pessoas sujeitas à sua jurisdição, na medida em que os mesmos se revelem necessários à averiguação da possível existência da notícia de um crime contra o mercado de valores mobiliários, sujeitando tais actos ao regime respectivo previsto no Código de Processo Penal;

e) Prever a possibilidade de a CMVM, para efeito do disposto nas alíneas anteriores, requerer a colaboração de outras autoridades, entidades policiais e órgãos de polícia criminal;

f) Prever a possibilidade de a CMVM poder, em caso de urgência ou perigo pela demora, mesmo antes de iniciadas as averiguações preliminares, proceder aos actos necessários à aquisição e conservação da prova, para os efeitos descritos nas alíneas anteriores;

g) Prever que, uma vez concluídas as averiguações preliminares e obtida a notícia de um crime, a CMVM remeta os elementos disponíveis à autoridade judiciária competente.

3. O Governo pode determinar que todas as decisões tomadas ao longo dos processos por crimes contra o mercado de valores mobiliários sejam sempre notificadas ao conselho directivo da CMVM.

Artigo 6.º
**Sentido e extensão da autorização legislativa
relativamente ao regime dos ilícitos de mera ordenação social
e respectivas sanções**

1. O Governo poderá determinar que a violação das normas que regulam os mercados de valores mobiliários ou outros instrumentos financeiros seja sancionada com as coimas e sanções acessórias descritas neste diploma, devendo a conexão entre os ilícitos e as sanções ser estabelecida de acordo com critérios de gravidade dos factos, apreciada em abstracto, em função da protecção dos mercados de valores mobiliários ou outros instrumentos financeiros e das entidades que neles intervenham.

2. O Governo poderá organizar os ilícitos de mera ordenação social e respectivas coimas em abstracto dentro dos seguintes escalões de gravidade:

a) As infracções menos graves ou ligeiras serão sancionadas com coima de 2 500 euros a 250 000 euros;

b) As infracções graves serão sancionadas com coima de 12 500 euros a 1 250 000 euros;

c) As infracções muito graves serão sancionadas com coima de 25 000 euros a 2 500 000 euros.

3. Para além das sanções acessórias previstas no Decreto-Lei n.º 433/82, de 27 de Outubro, com as alterações introduzidas pelo Decreto-Lei n.º 244/95, de 14 de Setembro, pode o Governo estabelecer para os ilícitos de mera ordenação social que tipificar a aplicação, cumulativamente com as sanções principais, as seguintes sanções acessórias:

a) Apreensão e perda do objecto da infracção, incluindo o produto do benefício obtido pelo infractor através da prática da contra-ordenação, com observância do disposto nos artigos 22.º a 26.º do Decreto-Lei n.º 433/82, de 27 de Outubro;

b) Interdição temporária do exercício pelo infractor da profissão ou actividade a que a contra-ordenação respeita;

c) Inibição do exercício de funções de administração, direcção, chefia ou fiscalização e, em geral, de representação de quaisquer intermediários financeiros no âmbito de algum, de alguns ou de todos os tipos de actividades de intermediação;

d) Publicação pela CMVM, a expensas do infractor e em locais idóneos ao cumprimento das finalidades de prevenção geral do sistema jurídico e da protecção dos mercados de valores mobiliários ou outros instrumentos financeiros, da sanção aplicada pela prática da contra-ordenação;

e) Revogação da autorização ou cancelamento de registo necessários para o exercício das actividades nos mercados de valores mobiliários ou outros instrumentos financeiros.

4. As sanções referidas nas alíneas *b)* e *c)* do número anterior não poderão ter duração superior a cinco anos, contados da decisão condenatória definitiva.

5. O Governo estabelecerá para as pessoas colectivas ou equiparadas um regime de responsabilidade solidária pelo pagamento das coimas, custas e outros encargos associados às sanções aplicadas aos diversos arguidos no processo de contra-ordenação.

6. O Governo estabelecerá os critérios para a determinação da medida concreta das sanções aplicáveis que se revelem adequados a dar cumprimento ao princípio da proporcionalidade, à gravidade dos factos e à culpa dos agentes.

7. O Governo estabelecerá que, independentemente da fase em que transite em julgado a decisão condenatória, o produto das coimas e do benefício económico apreendido nos processos de contra-ordenação reverterá integralmente para o sistema de Indemnização dos Investidores, a criar na sequência da transposição da Directiva n.º 97/9/CE, de 3 de Março.

Artigo 7.º
**Sentido e extensão da autorização legislativa
relativamente ao regime geral dos ilícitos de mera ordenação social**

1. O Governo poderá adaptar o regime geral das contra-ordenações às características e circunstâncias de funcionamento dos mercados de valores mobiliários ou outros instrumentos financeiros, no sentido de:

a) Criar um regime específico de atribuição da responsabilidade por factos praticados em nome ou por conta de outrem, sem que o mesmo exclua a responsabilidade das pessoas individuais;

b) Criar um regime geral de actuação em nome ou por conta de outrem, dispondo que não obstará à responsabilidade dos agentes individuais a circunstância de estes não possuírem certas qualidades ou relações especiais exigidas na contra-ordenação e estas só se verificarem na pessoa ou entidade em cujo nome o agente actua, bem como a circunstância de o agente actuar no interesse de outrem quando a contra-ordenação exija que actue no interesse próprio;

c) Criar uma regra de atribuição de responsabilidade para os titulares do órgão de administração e responsáveis pela direcção ou fiscalização de áreas de actividade de pessoas colectivas ou equiparadas que não cumpram o dever de pôr termo aos ilícitos de mera ordenação social que sejam praticados na sua área de intervenção funcional;

d) Determinar a responsabilidade a título de dolo, de negligência e na forma tentada;

e) Ressalvar o cumprimento do dever violado nas infracções por omissão, não obstante o pagamento da coima ou o cumprimento das sanções acessórias, sujeitando o infractor a uma injunção da CMVM no sentido de cumprir esse dever e qualificando o desrespeito por essa injunção como contra-ordenação muito grave;

f) Determinar que se o mesmo facto constituir simultaneamente crime e contra-ordenação será o arguido sempre responsabilizado por ambas as infracções, instaurando-se, para o efeito, processos distintos a decidir pelas respectivas autoridades competentes.

2. O Governo poderá fixar em cinco anos o prazo de prescrição do procedimento pelas contra-ordenações, sujeitando-se ao mesmo prazo a prescrição das sanções.

Artigo 8.º
Sentido e extensão da autorização legislativa
relativamente ao processo dos ilícitos de mera ordenação social

1. O Governo poderá adaptar as regras de processo previstas no regime geral das contra-ordenações às características e circunstâncias de funcionamentos dos mercados de valores mobiliários ou outros instrumentos financeiros, no sentido de:

a) Regular a competência da CMVM para processar as contra-ordenações, aplicar as respectivas sanções e medidas cautelares;

b) Estabelecer o dever geral de comparência das testemunhas e peritos na fase administrativa do processo, cuja violação será sancionada com uma sanção pecuniária adequada;

c) Admitir a presença facultativa do arguido na fase administrativa do processo;

d) Regular o regime das notificações na fase administrativa do processo;

e) Prever a possibilidade de a CMVM aplicar, na fase administrativa do processo de contra-ordenações, medidas cautelares de suspensão preventiva, no todo ou em parte, das actividades ou funções exercidas pelos arguidos ou, ainda, a sujeição do exercício de funções ou actividades a condições específicas, necessárias para o exercício idóneo da actividade ou função em causa, quando tal se revele necessário à salvaguarda da instrução do processo, do mercado de valores mobiliários ou dos interesses dos investidores;

f) Prever a possibilidade de um procedimento de advertência ao infractor, na fase administrativa do processo, para sanação de irregularidades previstas como contra-ordenações;

g) Prever a possibilidade de ser aplicada, na fase administrativa do processo, uma forma sumaríssima do procedimento, de natureza facultativa e cuja decisão final será irrecorrível, em função da reduzida gravidade da infracção e da culpa do agente, cuja tramitação dependerá do acordo do arguido quanto à sanção proposta, podendo esta ser uma admoestação escrita ou uma coima que não exceda o triplo do limite mínimo abstractamente previsto;

h) Prever a possibilidade de a CMVM suspender a execução da sanção, no todo ou em parte, condicionando a eficácia da decisão condenatória;

i) Prever a possibilidade de a CMVM proceder à apreensão de quaisquer documentos, independentemente do seu suporte, valores, objectos relacionados com a prática de ilícitos ou proceder à selagem de objectos não apreendidos nas instalações das entidades ou pessoas sujeitas a sua jurisdição, na medida em que os mesmos se revelem necessários às averiguações ou instrução de processos da sua competência.

2. O Governo poderá adaptar as regras de processo previstas no regime geral das contra-ordenações relativas à impugnação judicial das decisões da CMVM, no sentido de:

a) Ser estabelecida uma norma especial relativa ao tribunal competente para conhecer o recurso de impugnação das decisões da CMVM;

b) Permitir que a CMVM possa juntar à impugnação judicial alegações, elementos ou informações revelantes para a decisão da causa, bem como oferecer meios de prova;

c) Permitir que o tribunal possa decidir por despacho quando não considere necessária a audiência de julgamento e não exista oposição do arguido, do Ministério Público e da CMVM;

d) Estabelecer que, caso tenha lugar a audiência de julgamento, o tribunal decidirá não só com base na prova realizada em audiência, mas também com base na prova produzida na fase administrativa do processo de contra-ordenação;

e) Permitir a participação da CMVM na audiência de julgamento;
f) Prever que a desistência da acusação pelo Ministério Público dependerá da concordância da CMVM;
g) Prever a possibilidade de a CMVM recorrer autonomamente das decisões proferidas no processo de impugnação que admitam recurso;
h) Prever o dever de todos os sujeitos processuais que intervenham na fase judicial do processo de contra-ordenação notificarem a CMVM das decisões que tomem relativamente a esse processo.

Artigo 9.º
Sentido e extensão da autorização legislativa
relativamente ao âmbito de vigência das normas

O Governo poderá criar normas relativas à vigência das normas revogadas com base na alínea *c*) do artigo 2.º deste diploma e à entrada em vigor das normas que as substituam, de acordo com as seguintes regras:
a) Aos factos que sejam considerados contra-ordenações pelo Código do Mercado de Valores Mobiliários de 1991 e que ocorram antes da entrada em vigor do diploma que der execução à presente lei de autorização será aplicada a lei vigente no momento da prática do facto, sem prejuízo aplicação da lei que, considerando tal facto uma contra-ordenação, se revele mais favorável ao arguido;
b) Aos processos de contra-ordenação pendentes à data da entrada em vigor do diploma que der execução à presente lei de autorização será aplicado, com as necessárias adaptações, o regime previsto no artigo 5.º do Código de Processo Penal.

Artigo 10.º
Sentido e extensão da autorização legislativa
relativamente aos ilícitos disciplinares
a aplicar pelas entidades gestoras de mercados regulamentados

1. No uso da autorização legislativa conferida pela alínea *b*) do artigo 1.º, pode o Governo estabelecer um regime do ilícito disciplinar a aplicar pelas entidades gestoras de mercados regulamentados, quanto à violação das normas que regulam os mercados de valores mobiliários e dos códigos deontológicos a observar nesses mercados por todas as pessoas e entidades que neles intervêm.
2. À violação das normas referidas no número anterior poderão ser aplicadas as sanções de advertência, de suspensão ou de exclusão de funções, conforme a gravidade da infracção.
3. O exercício do poder disciplinar não afasta a possibilidade de a CMVM instaurar processo de contra-ordenação pelos mesmos factos.

Artigo 11.º
Sentido e limites da autorização legislativa
relativamente ao exercício da profissão de consultor autónomo

No uso da autorização legislativa conferida pela alínea *c*) do artigo 1.º, pode o Governo estabelecer limites ao exercício da profissão de consultor autónomo quanto ao investimento em valores mobiliários ou outros instrumentos financeiros, nos seguintes termos:

a) Exigir a autorização da CMVM para esse exercício;

b) Fazer depender esse exercício do preenchimento de adequados requisitos de idoneidade, experiência e organização.

Artigo 12.°
**Sentido e extensão da autorização legislativa
relativamente a isenções fiscais**

No uso da autorização legislativa conferida pela alínea *d*) do artigo 1.°, pode o Governo:

a) Isentar de imposto de selo e de emolumentos os actos de constituição de sociedades gestoras de mercados regulamentados e de sistemas de liquidação, para o exercício das actividades actualmente desempenhadas pelas associações de bolsa e pela Interbolsa – Associação para a Prestação de Serviços às Bolsas de Valores;

b) Isentar de sisa a aquisição de imóveis destinados à instalação de mercados regulamentados, de sistemas de liquidação ou de centrais de valores mobiliários pelas sociedades referidas na alínea anterior no momento em que iniciem a sua actividade;

c) Isentar de imposto sobre o rendimento das pessoas colectivas os rendimentos dos fundos e sistema de garantia dos investidores em valores mobiliários e outros instrumentos financeiros, com excepção dos rendimentos provenientes de aplicações que os mesmos façam das suas disponibilidades financeiras;

d) Revogar a isenção de IRC relativo ao investimento dos resultados das entidades referidas na alínea *a*);.

e) Revogar a isenção do imposto sobre o rendimento às mais valias que resultem de operações de fomento de mercado ou de estabilização de preços.

Artigo 13.°
**Sentido e extensão da autorização legislativa
relativamente às taxas devidas nos mercados de valores mobiliários
e outros instrumentos financeiros**

1. No uso da autorização legislativa conferida pela alínea *e*) do artigo 1.°, pode o Governo estabelecer:

a) Taxas, a cobrar pela CMVM, que incidam sobre as operações relativas a valores mobiliários e outros instrumentos financeiros admitidos à negociação em mercados regulamentados, que sejam realizadas fora desses mercados;

b) Taxas, a cobrar pela CMVM, pelos serviços de supervisão por esta prestados aos investidores, às entidades emitentes, aos intermediários financeiros, às entidades gestoras de mercados e de sistemas de liquidação ou a quaisquer outras entidades.

2. As taxas referidas nas alíneas *a*) e *b*) do n.° 1 devem ser estabelecidas por forma a criar condições que assegurem:

a) A neutralidade da negociação, em mercado regulamentado ou fora dele, dos valores mobiliários e outros instrumentos financeiros admitidos à negociação no primeiro;

b) A compensação pelos serviços de supervisão, quer genericamente considerados quer em concreto.

Artigo 14.º
**Sentido e extensão da autorização legislativa
relativamente à acção popular**

No uso da autorização legislativa conferida pela alínea *f)* do artigo 1.º, pode o Governo aditar ao elenco do n.º 2 do artigo 1.º da Lei n.º 83/95, de 31 de Agosto, os interesses dos investidores não institucionais em valores mobiliários ou outros instrumentos financeiros, conferindo a qualquer deles e às associações e fundações defensoras desses interesses a titularidade para a iniciativa da acção popular.

Artigo 15.º
**Sentido e extensão da autorização legislativa
relativamente ao sistema de mediação de conflitos**

No uso da autorização legislativa conferida pela alínea *g)* do artigo 1.º, pode o Governo instituir um sistema de mediação voluntária de conflitos entre investidores não institucionais e entidades emitentes ou intermediários financeiros.

Artigo 16.º
**Sentido e extensão da autorização legislativa relativamente ao regime
de segurança social dos trabalhadores das entidades gestoras de mercados
ou serviços relacionados com o mercado de valores mobiliários**

No uso da autorização legislativa conferida pela alínea *h)* do artigo 1.º, pode o Governo definir o regime de segurança social dos trabalhadores das seguintes entidades gestoras de mercados ou serviços relacionados com o mercado de valores mobiliários:
a) A definir as taxas das contribuições para os vários regimes de segurança social a cargo das entidades gestoras das bolsas de valores, de outros mercados secundários de valores mobiliários, de sistemas de liquidação e compensação de operações de valores mobiliários ou de outros serviços relacionados com a emissão e a negociação de valores mobiliários ou de outros instrumentos financeiros;
b) A definir a repartição, por entidades públicas, dos encargos relativos às pensões dos actuais e futuros pensionistas das entidades referidas na alínea anterior que se encontrem sujeitos ao regime da Caixa Geral de Aposentações.

Artigo 17.º
Prazo

As autorizações legislativas concedidas pela presente lei de autorização têm a duração de 180 dias.

Aprovada em 17 de Junho de 1999.

O Presidente da Assembleia da República, *António de Almeida Santos.*

Promulgada em 8 de Julho de 1999.

Publique-se.

O Presidente da República, Jorge Sampaio.

Referendada em 14 de Julho de 1999.

O Primeiro-Ministro, *António Manuel de Oliveira Guterres.*

DECRETO-LEI N.° 473/99
de 8 de Novembro

Aprova o Estatuto da Comissão do Mercado de Valores Mobiliários, criado pelo Decreto-Lei n.° 142-A/91, de 10 de Abril

Em Portugal, o aparecimento da Comissão do Mercado de Valores Mobiliários (CMVM) encontra-se indissociavelmente ligado ao ressurgimento recente do próprio mercado de capitais. Na verdade, só a partir de 1986, e por influência da integração comunitária, se deu corpo à criação de um mercado nacional de valores mobiliários, incentivando-se, desde logo, a abertura do capital das empresas ao público, bem como a sua cotação em bolsa, tendo em vista a promoção do funcionamento do mercado em condições de estabilidade, eficiência, profundidade e liquidez. Seguidamente, tendo em conta as anomalias verificadas no mercado em 1987, deu-se início, em 1988, à realização de estudos tendentes à revisão do respectivo regime. Passariam, assim, os mercados a funcionar numa base de maior autonomia, procedendo-se à sua desestatização, desgovernamentalização e liberalização, o que implicaria, por outro lado, o reforço dos meios de supervisão e controlo, como forma de os reconduzir ao modelo adoptado no âmbito da Comunidade Europeia.

Destes estudos, resultou o Código do Mercado de Valores Mobiliários (CódMVM), aprovado pelo Decreto-Lei n.° 142-A/91, de 10 de Abril, através do qual se pretendeu compatibilizar aquela linha liberalizadora com a protecção dos interesses públicos em causa, a defesa do mercado e a protecção dos investidores. E daí a intensificação da supervisão e da fiscalização do mercado e dos agentes que nele actuam. Foi, então, para dar concretização a este propósitos que se procedeu à criação da CMVM, uma entidade pública profissionalizada e especializada, dotada de um grau máximo de autonomia relativamente ao ministério da tutela, e quem passaria a "caber a supervisão e fiscalização, tanto do mercado primário como dos mercados secundários de valores mobiliários, e bem assim a sua regulamentação em tudo o que, não sendo excepcional e expressamente reservado ao Ministro das Finanças", se encontrava previsto no CódMVM.

Passaria, pois, a CMVM a assumir as funções antes pertencentes ao Ministro das Finanças. Mas não só. A CMVM veio também substituir o anterior cargo de Auditor-Geral do Mercado de Títulos, que havia sido criado em 1987, e ao qual já haviam sido atribuídas, entre outras, as funções – também antes pertencentes ao Ministro das Finanças – de garantir uma efectiva inspecção e supervisão do mercado, bem como proceder ao seu acompanhamento e assegurar a existência e a circulação de informação fidedigna.

Actualmente a superintendência do mercado financeiro e a coordenação da actividade dos agentes que nele actuam cabe ao Ministro das Finanças, de acordo com a política económica e social do Governo. Para além disso, porém, os diversos agentes económicos financeiros, encontram-se também sujeitos à supervisão, designadamente de natureza prudencial, por parte, consoante os casos, do Banco de Portugal, da CMVM e do Instituto de Seguros de Portugal.

A CMVM tem demonstrado, no curto tempo da sua existência, capacidade de supervisão e de regulação dos mercados financeiros, contribuindo para a eficácia do sistema de supervisão tripartido de que se dispõe. Em todo o caso, da maior coordenação pretendida entre as autoridades de supervisão financeira depende a inexistência – ou a redução – de factores de conflito negativo de competências ou de enfraquecimento da supervisão, nomeadamente nas situações supervisão em base consolidada, em que é importante que a mesma se exerça, por igual, em relação a todo o sistema financeiro, observando critérios cada vez mais harmonizados e apresentando graus de fiabilidade e confiança comparáveis, relativamente às três instituições e às áreas por que são responsáveis. E isto tanto no plano nacional, como ao nível da cooperação e da troca de informações internacionais. Tal realidade não implica, porém, qualquer redução da sua independência, exige apenas um reforço desta coordenação, quer eventualmente um reforço regulado, quer um reforço operativo resultante da iniciativa das próprias instituições.

A CMVM é uma pessoa colectiva de direito público, dotada de autonomia administrativa e financeira e de património próprio, estando sujeita à tutela do Ministro das Finanças, e tem como orgãos o conselho directivo, a comissão de fiscalização e o conselho consultivo. Para além disso, exerce a sua jurisdição em todo o território nacional e tem como funções, basicamente, a regulamentação dos mercados de valores mobiliários e das actividades financeiras que neles têm lugar; a supervisão dos mercados de valores mobiliários e das actividades dos intermediários financeiros; a fiscalização do cumprimento das obrigações legais que impendem, quer sobre as entidades encarregadas da organização e gestão dos mercados de valores, quer sobre os intermediários financeiros, entidades emitentes e outras entidades; e a promoção do mercado de valores mobiliários nacional, contribuindo para o seu desenvolvimento, bem como para a sua competitividade no quadro europeu e internacional, fomentando a sua transparência, estabilidade, profundidade, eficiência e liquidez.

Não obstante, a reformulação do seu Estatuto, a que agora se dá corpo, não surge, no plano substantivo, como uma solução de ruptura. Pelo contrário, o presente diploma mantém, no essencial, o regime actualmente constante das disposições vertidas nos artigos 6.º a 46.º do CódMVM e no seu regulamento interno. Porém, procede-se a alterações de carácter terminológico, por imposição, designadamente, da complementaridade de que é dotado o Estatuto relativamente ao projecto de Código dos Valores Mobiliários e diplomas conexos, como é o caso do projecto de diploma relativo à gestão das bolsas e outros mercados.

No que se refere ao regime aplicável à CMVM clarifica-se substancialmente a conjugação entre as normas de direito público e de direito privado, articulando as exigências de prossecução do interesse público e de disciplina financeira com as vantagens decorrentes da flexibilização do funcionamento e da gestão da Comissão.

Por fim, aproveita-se ainda a oportunidade para definir, de forma actualizada, a composição do Conselho Nacional do Mercado de Valores Mobiliários, orgão Consultivo do Ministro das Finanças que, integrado no Conselho Superior de Finanças, se tem evidenciado, no seu funcionamento, pela oportunidade e utilidade das suas reflexões e observações.

Assim, nos termos das alíneas _a)_ do n.º 1 do artigo 198.º da Constituição, o Governo decreta o seguinte:

Artigo 1.°
Estatuto da Comissão do Mercado de Valores Mobiliários

É aprovado o Estatuto da Comissão do Mercado de Valores Mobiliários, criada pelo Decreto-lei 142-A/91, de 10 de Abril, que faz parte integrante do presente decreto-lei.

Artigo 2.°
Conselho Nacional do Mercado de Valores Mobiliários

1. O Conselho Nacional do Mercado de Valores Mobiliários é um órgão consultivo do Ministro das Finanças, integrado no Conselho Superior de Finanças.

2. O Conselho Nacional do Mercado de Valores Mobiliários é convocado pelo Ministro das Finanças e deve pronunciar-se sobre:

a) Políticas gerais do Governo relativas ao mercado de valores mobiliários ou que nele tenham reflexos significativos;

b) Diplomas legais relacionados com o mercado de valores mobiliários;

c) Situação e evolução do mercado de valores mobiliários.

3. O Conselho Nacional do Mercado de Valores Mobiliários é presidido pelo Ministro das Finanças, tem como vice-presidente o Secretário de Estado do Ministério das Finanças designado para o efeito por aquele e é composto pelos seguintes vogais:

a) O governador do Banco de Portugal;

b) O presidente do conselho directivo da Comissão do Mercado de Valores Mobiliários;

c) O presidente do conselho directivo do Instituto de Seguros de Portugal;

d) O director-geral do Tesouro;

e) O presidente do conselho directivo do Instituto de Gestão do Crédito Público;

f) Os presidentes dos conselhos de administração das entidades gestoras de bolsas e de outros mercados regulamentados, bem como das entidades gestoras de sistemas de liquidação e de sistemas centralizados de valores mobiliários;

g) Três representantes dos emitentes de valores mobiliários;

h) Um representante de cada uma das categorias de intermediários financeiros;

i) Um representante das empresas de seguros;

j) Um representante das entidades gestoras de fundos de pensões;

l) Um representante das associações de investidores não institucionais;

m) Até três individualidades de reconhecida competência e idoneidade designadas pelo Ministro das Finanças.

4. As entidades referidas nas alíneas *g)* a *l)* são indicadas pelas respectivas associações ou, quando estas não existam ou exista mais do que uma associação, pelo Ministro das Finanças de entre as pessoas que lhe tenham sido indicadas.

5. O Ministro das Finanças pode convidar a participar nas reuniões do Conselho individualidades de reconhecida competência e experiência nas matérias a apreciar nessas reuniões.

6. Nas faltas ou impedimentos, os vogais do Conselho são substituídos de acordo com o estatuto ou a lei orgânica da entidade representada ou por suplente indicado no acto de designação do representante efectivo.

7. O Gabinete do Ministro das Finanças assegura o expediente e o apoio técnico do Conselho.

Artigo 3.°
Entrada em vigor

O presente diploma entra em vigor no dia 1 de Março de 2000.

Visto e aprovado em Conselho de Ministros de 9 de Setembro de 1999. – *António Manuel de Oliveira Guterres – António Luciano Pacheco de Sousa Franco.*

Promulgado em 15 de Outubro de 1999.

Publique-se.

O Presidente da República, JORGE SAMPAIO.

Referendado em 21 de Outubro de 1999.

O Primeiro-Ministro, *António Manuel de Oliveira Guterres.*

ESTATUTO DA COMISSÃO
DO MERCADO DE VALORES MOBILIÁRIOS

CAPÍTULO I
Natureza, regime e sede

Artigo 1.°
Natureza

A Comissão do Mercado de Valores Mobiliários, designada abreviadamente CMVM, é uma pessoa colectiva de direito público dotada de autonomia administrativa e financeira e de património próprio.

Artigo 2.°
Regime e tutela

1. A CMVM rege-se pelo presente diploma, pelo Código dos Valores Mobiliários e, no que neles não for previsto ou com eles não for incompatível, pelas normas aplicáveis às entidades públicas empresariais.

2. A CMVM está sujeita à tutela do Ministro das Finanças, nos termos do presente Estatuto e do Código dos Valores Mobiliários.

Artigo 3.°
Sede e delegações

A CMVM tem sede em Lisboa e uma delegação no Porto, podendo criar outras delegações ou formas de representação.

CAPÍTULO II
Atribuições

Artigo 4.°
Atribuições

1. São atribuições da CMVM:

a) Regular os mercados de valores mobiliários e de outros instrumentos financeiros, as actividades exercidas pelas entidades sujeitas à sua supervisão, as ofertas públicas relativas a valores mobiliários e outras matérias previstas no Código dos Valores Mobiliários e em legislação complementar;

b) Exercer as funções de supervisão nos termos do Código dos Valores Mobiliários;

c) Promover o desenvolvimento do mercado de valores mobiliários e de outros instrumentos financeiros e das actividades de intermediação financeira;

d) Assistir o Governo e o Ministro das Finanças, a pedido destes ou por iniciativa própria, na definição das políticas relativas aos valores mobiliários e outros instrumentos financeiros, respectivos mercados e entidades que nestes intervêm;

e) Desempenhar as demais funções que lhe sejam atribuídas por lei.

2. No âmbito das suas atribuições a CMVM coopera:

a) Com outras autoridades nacionais que exerçam funções de supervisão e de regulação do sistema financeiro;

b) Com autoridades de outros Estados que exerçam funções de supervisão e de regulação no domínio dos valores mobiliários e do sistema financeiro em geral;

c) Com as organizações internacionais de que seja membro.

Artigo 5.°
Promoção do mercado

Na prossecução das atribuições de promoção do mercado, a CMVM deve, nomeadamente:

a) Difundir e fomentar o conhecimento das normas legais e regulamentares aplicáveis;

b) Desenvolver, incentivar ou patrocinar, por si ou em colaboração com outras entidades, estudos, inquéritos, publicações, acções de formação e outras iniciativas semelhantes.

CAPÍTULO III
Órgãos

SECÇÃO I
Disposições gerais

Artigo 6.°
Órgãos

São órgãos da CMVM o conselho directivo, a comissão de fiscalização e o conselho consultivo.

Artigo 7.º
Representação da CMVM

1. Na prática de actos jurídicos, a CMVM é representada pelo presidente do conselho directivo ou por dois membros do conselho directivo ou, no âmbito da respectiva procuração, por representante ou representantes designados pelo presidente ou por dois membros do conselho directivo.

2. As notificações dirigidas à CMVM são eficazes quando cheguem ao seu poder ou de qualquer membro do conselho directivo ou dos funcionários por este designados para o efeito.

SECÇÃO II
Conselho directivo

Artigo 8.º
Composição, nomeação e duração do mandato

O conselho directivo é composto por um presidente, por um vice-presidente e por três vogais, nomeados por resolução do Conselho de Ministros, sob proposta do Ministro das Finanças, por um período de cinco anos, de entre pessoas com reconhecida idoneidade, independência e competência.

Artigo 9.º
Competência

O conselho directivo exerce a competência necessária ao desenvolvimento das atribuições da CMVM, cabendo-lhe, nomeadamente:

a) Definir a política geral da CMVM;

b) Elaborar o plano anual de actividades e o orçamento da CMVM e submetê-los, com o parecer da comissão de fiscalização, à aprovação do Ministro das Finanças;

c) Elaborar o relatório da actividade desenvolvida pela CMVM em cada exercício, o balanço e as contas anuais de gerência, submeter esses documentos, até 31 de Março do ano seguinte, com o parecer da comissão de fiscalização, à aprovação do Ministro das Finanças e publicá-los no *Diário da República* no prazo de 30 dias após a sua aprovação;

d) Elaborar relatório sobre a situação dos mercados de valores mobiliários e proceder à sua divulgação, apresentando-o ao Ministro das Finanças até 31 de Março de cada ano;

e) Cumprir e fazer cumprir as deliberações do Conselho de Ministros e as decisões do Ministro das Finanças, tomadas no exercício dos poderes de tutela;

f) Organizar os serviços e gerir os recursos humanos da CMVM;

g) Gerir os recursos patrimoniais da CMVM;

h) Deliberar sobre a aquisição, a alienação, a locação financeira ou o aluguer de bens móveis e o arrendamento de bens imóveis destinados à instalação, equipamento e funcionamento da CMVM;

i) Deliberar sobre a aquisição, a alienação e a locação financeira de bens imóveis para os mesmos fins, com autorização prévia do Ministro das Finanças;

j) Contratar a prestação de quaisquer serviços e autorizar a realização de despesas;

l) Arrecadar as receitas;

m) Deliberar sobre a instalação e o encerramento de delegações e outras formas de representação.

n) Aprovar os regulamentos e os outros actos normativos cuja competência a lei atribua à CMVM, incluindo a definição de taxas pela realização de operações e pela prestação de quaisquer serviços, salvo quando a lei atribua essa competência ao Ministro das Finanças;

o) Aprovar recomendações genéricas dirigidas às entidades sujeitas à sua supervisão e pareceres genéricos sobre questões relevantes que lhe sejam colocadas;

p) Deduzir acusação ou praticar acto análogo que impute os factos ao arguido e aplicar coimas e sanções acessórias em processo de contra-ordenação;

q) Determinar a abertura de processo de averiguações preliminares relativas a crimes contra o mercado e o seu encerramento;

r) Praticar os demais actos de supervisão da CMVM definidos na lei;

s) Deliberar sobre quaisquer outras matérias que sejam atribuídas por lei à CMVM.

Artigo 10.º
Competências do presidente

1. Compete ao presidente do conselho directivo:

a) Representar a CMVM em actos de qualquer natureza;

b) Convocar o conselho directivo e presidir às suas reuniões;

c) Convocar o conselho consultivo e presidir às suas reuniões;

d) Promover, sempre que o entenda conveniente, a convocação da comissão de fiscalização;

e) Dirigir superiormente todas as actividades e serviços da CMVM e assegurar o seu adequado funcionamento;

f) Tomar as resoluções e praticar os actos que, dependendo de deliberação do conselho directivo, não possam, pela sua natureza e urgência, aguardar a reunião desse conselho.

2. As resoluções e os actos referidos na alínea *f)* do número anterior devem ser submetidos a ratificação do conselho directivo na reunião seguinte.

3. Compete ao vice-presidente do conselho directivo coadjuvar o presidente no desempenho das respectivas funções, substituí-lo nas ausências ou nos impedimentos e exercer as demais funções que lhe sejam delegadas nos termos do artigo seguinte.

Artigo 11.º
Delegação de competência

1. O conselho directivo pode delegar, num ou mais dos seus membros, nos directores e em outras pessoas responsáveis nos termos do regulamento interno da CMVM, a prática de actos constantes das alíneas *f)*, *g)*, *h)*, *j)*, *l)* e *o)* do artigo 9.º e a aplicação de sanções em processo de advertência e em processo sumaríssimo.

2. São também susceptíveis de delegação de competência os actos a que se refere a alínea *r)* do artigo 9.º, com excepção dos seguintes:

a) Autorização para o exercício de actividade de consultoria autónoma;

b) Registo prévio para o exercício de actividades de intermediação;

c) Registo de entidades gestoras de mercados e dos mercados por elas geridos, bem como registo de entidades gestoras de sistemas centralizados de valores mobiliários, de sistemas de liquidação e de fundos de garantia;

d) Registo de ofertas públicas de aquisição e, no âmbito destas, concessão de quaisquer autorizações;

e) Registo das regras a que se refere o artigo 372.° do Código dos Valores Mobiliários;

f) Registo ou aprovação de cláusulas contratuais de operações de bolsa a prazo e de contratos de estabilização.

g) Recusa ou indeferimento dos actos referidos nas alíneas anteriores;

h) Celebração de acordos de cooperação;

i) Actos referidos nas alíneas *e*) e *f*) do n.° 2 do artigo 361.° do Código dos Valores Mobiliários;

j) Actos referidos nas alíneas *b*), *d*) e *e*) do n.° 3 do artigo seguinte.

3. Sem prejuízo do disposto no n.° 3 do artigo anterior, o presidente do conselho directivo pode delegar a competência prevista nas alíneas *a*), *c*) e *d*) do n.° 1 do mesmo preceito.

4. A delegação deve constar da acta da reunião em que a respectiva deliberação for tomada e é publicada na 2.ª Série do *Diário da República* e no boletim da CMVM.

Artigo 12.°
Reuniões e deliberações

1. O conselho directivo reúne, ordinariamente, com a periodicidade que no seu regulamento interno se fixar, e, extraordinariamente, sempre que o seu presidente o convoque, por sua iniciativa, a pedido de dois membros do conselho directivo ou a pedido da comissão de fiscalização.

2. O conselho directivo delibera validamente com a presença da maioria dos seus membros.

3. As deliberações são tomadas por maioria dos votos dos membros presentes, incluindo obrigatoriamente o voto do presidente quando tenham por objecto:

a) A aprovação de regulamentos, de recomendações ou de pareceres genéricos da CMVM;

b) A aprovação de projectos de diplomas legais a apresentar ao Governo ou de portarias a apresentar ao Ministro das Finanças;

c) As matérias das alíneas *a*), *b*) e *h*) do artigo 9.°;

d) A abertura, a suspensão ou o encerramento de mercados, de sistemas centralizados de valores e de sistemas de liquidação;

e) A autorização ou a revogação da autorização de entidades gestoras dos sistemas referidos na alínea anterior.

4. Das reuniões do conselho directivo são lavradas actas, as quais serão assinadas pelos membros presentes.

Artigo 13.°
Estatuto dos membros do conselho directivo

1. Aos membros do conselho directivo da CMVM aplica-se o estatuto dos gestores públicos, com as especialidades do presente diploma.

2. Os membros do conselho directivo não podem, durante o seu mandato:

a) Exercer qualquer outra função pública ou actividade profissional, salvo a actividade de docente do ensino superior, desde que seja autorizada pelo Ministro das Finanças e não cause prejuízo ao exercício das suas funções;

b) Realizar, directamente ou por interposta pessoa, operações sobre valores mobiliários, salvo tratando-se de fundos públicos ou de fundos de poupança-reforma.

3. Os membros do conselho directivo que à data da sua nomeação sejam titulares de acções devem aliená-las antes da tomada de posse ou declarar, por escrito, a sua existência ao conselho directivo, só as podendo alienar com autorização do Ministro das Finanças.

4. Os membros do conselho directivo têm remuneração e regalias fixadas por despacho do Ministro das Finanças, não podendo ser inferiores às mais elevadas legalmente admitidas para os titulares dos órgãos de administração das entidades públicas empresariais e às das restantes autoridades de supervisão financeira.

Artigo 14.°
Organização dos serviços

1. O conselho directivo, através de regulamento interno, define a estrutura orgânica da CMVM, as funções e competências dos serviços que a integrem, os respectivos quadros de pessoal, as normas gerais a observar no desenvolvimento das actividades a seu cargo e tudo o mais que se torne necessário para o adequado funcionamento da Comissão.

2. A atribuição da gestão de pelouros aos membros do conselho directivo ou a trabalhadores especialmente designados para o efeito envolve a delegação de competência necessária a essa gestão.

Artigo 15.°
Cessação de funções

1. Os membros do conselho directivo cessam o exercício das suas funções:

a) Pelo decurso do prazo por que foram designados;

b) Por incapacidade permanente ou por incompatibilidade superveniente do titular;

c) Por renúncia;

d) Por demissão decidida por resolução do Conselho de Ministros em caso de falta grave, comprovadamente cometida pelo titular no desempenho das suas funções ou no cumprimento de qualquer obrigação inerente ao cargo.

2. Considera-se falta grave a violação do disposto no n.° 2 do artigo 13.°.

3. O termo do mandato de cada um dos membros do conselho directivo é independente do termo do mandato dos restantes membros.

SECÇÃO III
Comissão de fiscalização

Artigo 16.°
Composição e mandato

1. A comissão de fiscalização é constituída por três membros, nomeados pelo Ministro das Finanças, sendo um deles revisor oficial de contas.

2. Do acto de nomeação consta a designação do presidente da comissão.

3. Os membros da comissão de fiscalização têm um mandato de três anos.

918 *Cód.VM*

Artigo 17.º
Competência

1. Compete à comissão de fiscalização:

a) Acompanhar e controlar a gestão financeira da CMVM;

b) Apreciar e emitir parecer sobre o orçamento anual da CMVM;

c) Apreciar e emitir parecer sobre o relatório de actividade e as contas anuais da CMVM;

d) Fiscalizar a organização da contabilidade da CMVM e o cumprimento das disposições legais e dos regulamentos internos aplicáveis nos domínios orçamental, contabilístico e de tesouraria, informando o conselho directivo de quaisquer desvios ou anomalias que verifique;

e) Pronunciar-se sobre qualquer assunto da sua competência que lhe seja submetido pelo conselho directivo.

2. A comissão de fiscalização poderá:

a) Solicitar ao conselho directivo e aos serviços da CMVM as informações, os esclarecimentos ou os elementos necessários ao bom desempenho das suas funções;

b) Promover a realização de reuniões com o conselho directivo para análise de questões compreendidas no âmbito das suas atribuições, sempre que a sua natureza ou importância o justifique.

Artigo 18.º
Reuniões

1. A comissão de fiscalização reúne ordinariamente com a periodicidade que for fixada no seu regulamento interno e extraordinariamente sempre que convocada pelo respectivo presidente, por sua iniciativa ou a pedido de qualquer dos membros da comissão ou do presidente do conselho directivo.

2. Das reuniões da comissão de fiscalização será lavrada acta assinada pelos membros presentes.

Artigo 19.º
Estatuto

1. Os membros da comissão de fiscalização são equiparados aos titulares dos órgãos de fiscalização das entidades públicas empresariais.

2. É aplicável aos membros da comissão de fiscalização o disposto no n.º 3 do artigo 13.º.

SECÇÃO IV
Conselho consultivo

Artigo 20.º
Composição

1. O conselho consultivo é presidido pelo presidente do conselho directivo da CMVM e composto por:

a) Um membro do conselho de administração do Banco de Portugal;

b) Um membro do conselho directivo do Instituto de Seguros de Portugal;

c) Um membro do conselho directivo do Instituto de Gestão de Crédito Público;

d) Dois administradores de sociedades gestoras de mercados situadas ou a funcionar em Portugal;

e) Um administrador de sociedade gestora de sistema de liquidação ou de sistema centralizado de valores mobiliários;

f) Dois representantes dos emitentes de valores mobiliários;

g) Dois representantes dos investidores, sendo pelo menos um representante dos investidores não institucionais;

h) Quatro representantes das diversas categorias de intermediários financeiros;

i) Um representante da Câmara de Revisores Oficiais de Contas.

2. O conselho directivo da CMVM pode:

a) Designar como membros do conselho consultivo, até ao máximo de três, representantes de entidades que exerçam a sua actividade no âmbito de outros sectores relevantes para o mercado de valores mobiliários ou individualidades de reconhecido mérito na área dos valores mobiliários;

b) Convidar a estar presentes nas reuniões do conselho consultivo, sem direito a voto, personalidades ou representantes de instituições cujo contributo considere importante para as matérias a apreciar em cada reunião.

3. O conselho consultivo considera-se constituído quando tiverem sido designados pelo menos dois terços das pessoas referidas nas alíneas do n.° 1.

Artigo 21.°
Designação

1. Os membros do conselho consultivo são designados pelas entidades que representam ou, nos casos referidos nas alíneas *d)* a *h)* do n.° 1 do artigo anterior, pelas respectivas associações.

2. Uma das entidades a que se refere a alínea *f)* do n.° 1 do artigo anterior deverá ser emitente de valores mobiliários que, em bolsa de operações a contado, integrem o índice representativo dos valores mobiliários com maior capitalização bolsista.

3. Se não existir acordo quanto à designação das pessoas referidas nas alíneas *d)* a *h)* do n.° 1 do artigo anterior, a designação será feita pelo conselho directivo da CMVM de entre pessoas que lhe sejam indicadas por cada uma das entidades.

Artigo 22.°
Mandato

Cada um dos membros do conselho consultivo tem um mandato de três anos e pode ser substituído, até ao termo do mandato, pela entidade que o designou.

Artigo 23.°
Competência

O conselho consultivo é um órgão de consulta e assessoria do conselho directivo nas matérias abrangidas pelas atribuições da CMVM, competindo-lhe, nomeadamente:

a) Pronunciar-se sobre os assuntos que lhe sejam submetidos pelo conselho directivo;

b) Apresentar, de sua própria iniciativa, ao conselho directivo recomendações e sugestões no âmbito das atribuições da CMVM.

Artigo 24.º
Reuniões e deliberações

1. O conselho consultivo reúne ordinariamente com a periodicidade fixada no seu regulamento interno e extraordinariamente quando for convocado pelo seu presidente, por sua iniciativa ou a pedido da quarta parte dos seus membros.
2. O conselho consultivo delibera por maioria simples dos votos dos membros presentes, exigindo-se a presença de pelo menos metade das pessoas que o constituem.
3. O presidente do conselho consultivo não tem direito de voto.
4. De cada reunião do conselho consultivo será lavrada acta assinada pelo presidente e pelo secretário, que é designado pelo conselho directivo.

Artigo 25.º
Remunerações

Os membros do conselho consultivo podem ser remunerados através de senhas de presença de montante a fixar por despacho do Ministro das Finanças, sob proposta da CMVM.

CAPÍTULO IV
Regime financeiro

Artigo 26.º
Receitas

1. Constituem receitas da CMVM, para além de outras que a lei preveja:
a) As taxas devidas pelas entidades gestoras de mercados, de sistemas de liquidação e de sistemas centralizados de valores mobiliários;
b) As taxas devidas pela transmissão de valores mobiliários admitidos à negociação em mercado regulamentado e realizadas fora de mercado regulamentado;
c) As taxas devidas por operações sobre valores mobiliários, realizadas em mercados registados ou por entidades gestoras de fundos de investimento;
d) As taxas devidas pelos serviços de registo, de autorização e de outros serviços a cargo da CMVM, incluindo os serviços inerentes à manutenção do registo dos intermediários financeiros, bolsas de valores e outras entidades gestoras de mercados, entidades gestoras de sistemas de liquidação e de sistemas centralizados de valores mobiliários, instituições de investimento colectivo e outras entidades registadas na CMVM;
e) As custas dos processos de contra-ordenação;
f) As receitas provenientes das publicações obrigatórias ou de quaisquer outras publicações efectuadas no respectivo boletim;
g) O produto da venda ou assinatura do boletim da CMVM e de quaisquer estudos, obras ou outras edições da sua responsabilidade;

h) O produto da alienação ou da cedência, a qualquer título, de direitos integrantes do seu património;

i) As receitas decorrentes de aplicações financeiras dos seus recursos;

j) As comparticipações, os subsídios e os donativos;

2. As taxas a que se referem as alíneas *a)*, *b)* e *c)* do número anterior são fixadas, ouvida a CMVM, por portaria do Ministro das Finanças, em função das operações realizadas, liquidadas ou registadas.

3. Os saldos de gerência de cada exercício transitam para o ano seguinte.

4. É vedado à CMVM contrair empréstimos sob qualquer forma.

Artigo 27.°

Despesas

Constituem despesas da CMVM:

a) Os encargos com o respectivo funcionamento;

b) Os custos de aquisição, manutenção e conservação de bens ou de utilização de serviços;

c) Os subsídios à investigação científica e à divulgação de conhecimentos em matérias relevantes para os mercados de valores mobiliários e outros instrumentos financeiros e para quaisquer actividades a eles relativas.

Artigo 28.°

Gestão financeira e patrimonial

1. A actividade financeira da CMVM rege-se exclusivamente pelo regime jurídico aplicável às entidades que revistam forma e designação de entidade pública empresarial, em tudo o que não for especialmente regulado pelo presente Estatuto e pelo Código dos Valores Mobiliários.

2. A gestão patrimonial e financeira da CMVM rege-se segundo princípios de direito privado, não lhe sendo aplicável o regime geral da actividade financeira dos fundos e serviços autónomos.

3. O orçamento da CMVM, que constará do Orçamento do Estado, é elaborado de acordo com o Plano Oficial de Contabilidade, não lhe sendo aplicável o regime da contabilidade pública.

4. A contabilidade da CMVM é elaborada de acordo com o Plano Oficial de Contabilidade, não lhe sendo aplicável o regime da contabilidade pública, devendo, contudo, ser apresentados mapas consolidados, de acordo com o Plano Oficial de Contabilidade Pública, a aprovar pelo Ministro das Finanças.

Artigo 29.°

Cobrança coerciva de taxas

1. À cobrança coerciva de taxas devidas à CMVM aplica-se o processo de cobrança coerciva dos créditos do Estado.

2. Para os efeitos do número anterior é título executivo bastante a certidão de dívida passada pela CMVM de acordo com o disposto no artigo 249.° do Código de Processo Tributário.

CAPÍTULO V
Pessoal

Artigo 30.º
Regime geral

1. Ao pessoal da CMVM aplica-se o regime jurídico do contrato individual de trabalho.
2. A CMVM pode ser parte em instrumentos de regulação colectiva de trabalho.

Artigo 31.º
Estatuto

1. A admissão, a remuneração e as regalias do pessoal da CMVM, bem como a indicação de pessoas para cargos de nomeação e de chefia e a cessação da respectiva actividade e das inerentes regalias, e suplementos de remuneração são da competência do conselho directivo.

2. Os trabalhadores da CMVM não podem exercer outra actividade profissional, ou prestar serviços de que resulte conflito de interesse com as suas funções na CMVM, com excepção da actividade de docente do ensino superior ou de colaboração temporária com entidade publica, se o conselho directivo o autorizar.

3. Os trabalhadores da CMVM não podem por conta própria ou por conta de outrem, directa ou indirectamente, realizar quaisquer operações sobre valores mobiliários, salvo nos seguintes casos:

a) Se as operações tiverem por objecto fundos públicos ou fundos de poupança reforma;

b) Se o conselho directivo, por escrito, o autorizar.

4. A autorização a que se refere a alínea *b)* do número anterior apenas será concedida se as operações em causa não afectarem o normal funcionamento do mercado, não resultarem da utilização de informação confidencial a que o trabalhador tenha tido acesso em virtude do exercício das suas funções e se, em caso de venda, tiverem decorrido mais de seis meses desde a data da aquisição dos valores mobiliários a vender.

Artigo 32.º
Mobilidade

Os funcionários do Estado, de institutos públicos e de autarquias locais, bem como os empregados, quadros ou administradores de empresas públicas ou privadas, podem ser chamados a desempenhar funções na CMVM, em regime de requisição ou de comissão de serviço, com garantia do lugar de origem e dos direitos nele adquiridos, considerando-se o período de requisição ou de comissão como tempo de serviço prestado nos quadros de que provenham, suportando a CMVM as despesas inerentes.

Artigo 33.º
Segurança social

1. Os trabalhadores da CMVM são obrigatoriamente inscritos na Caixa Geral de Aposentações e na ADSE, excepto se, estando inscritos em qualquer outro regime de segurança social, optarem, podendo fazê-lo, pela sua manutenção.

2. Os trabalhadores da CMVM que nesta exerçam funções em regime de requisição ou de comissão de serviço manterão o regime de segurança social inerente ao seu quadro de origem, nomeadamente no que se refere a aposentação ou reforma, sobrevivência e apoio na doença devendo, os que sejam subscritores da Caixa Geral de Aposentações, descontar quotas sobre a remuneração efectivamente auferida se for superior à correspondente ao cargo de origem.

3. Os membros do conselho directivo ficam sujeitos ao regime geral da segurança social, salvo se tiverem sido nomeados em comissão de serviço ou requisitados, caso em que se lhes aplica o disposto no número anterior, devendo, porém, os que sejam subscritores da Caixa Geral de Aposentações, descontar quotas sobre a remuneração correspondente ao cargo de origem.

4. Relativamente aos trabalhadores abrangidos pelo regime de protecção social da função pública, incluindo os que exerçam funções em regime de comissão de serviço ou requisição, a CMVM contribuirá para o financiamento da Caixa Geral de Aposentações com uma importância mensal de montante igual ao das quotas pagas por esses trabalhadores, a qual será remetida mensalmente a esta instituição no prazo fixado no n.° 1 do art. 8.° do Estatuto da Aposentação.

5. O conselho directivo pode promover a constituição de um fundo de pensões, ou a integração em fundo já existente, destinado a assegurar complementos de reforma para os trabalhadores da CMVM.

DECRETO-LEI N.° 228/2000
de 23 de Setembro

A supervisão do sistema financeiro nacional cabe a três autoridades distintas e independentes entre si, o Banco de Portugal (BP), a Comissão do Mercado de Valores Mobiliários (CMVM) e o Instituto de Seguros de Portugal (ISP).

A eliminação das fronteiras entre os diversos sectores da actividade financeira, de que os conglomerados financeiros são corolário, reforça a necessidade de as diversas autoridades de supervisão estreitarem a respectiva cooperação, criarem canais eficientes de comunicação de informações relevantes e coordenarem a sua actuação com o objectivo de eliminar, designadamente, conflitos de competência, lacunas de regulamentação, múltipla utilização de recursos próprios.

É nesse quadro com tais propósitos que o Governo decide instituir o Conselho Nacional de Supervisores Financeiros.

Justifica-se que o Conselho seja presidido pelo governador do Banco de Portugal, em virtude de essa entidade ser a principal responsável pela estabilidade do sistema financeiro. Para alem do seu presidente, no Conselho terão assento permanente representantes das três autoridades de supervisão, estando prevista a possibilidade de serem chamados a participar nas suas reuniões outras entidades, públicas ou privadas, em especial representantes do Fundo de Garantia de Depósitos, do Fundo de Garantia do Crédito Agrícola Mútuo, do Sistema de Indemnização aos Investidores, das entidades gestoras de mercados regulamentados.

A criação do Conselho de Supervisores Financeiros, sem afectar a competência e a autonomia das diferentes autoridades, tem por objectivo institucionalizar e organizar a cooperação entre elas, criando um fórum de coordenação da actuação de supervisão do sistema financeiro para facilitar o mútuo intercâmbio de informações.

Os membros do Conselho, bem como todas as outras pessoas que com ele colaborem, ficam obrigados ao dever de segredo, sendo suposto que as informações a que cada autoridade tenha acesso no Conselho sejam utilizadas na perspectiva do interesse público que a criação do Conselho visa acautelar.

Foram ouvidos o Banco de Portugal e a Comissão do Mercado de Valores Mobiliários.

Assim:

Nos termos da alínea a) do n.° 1 do artigo 198.° da Constituição, o Governo decreta o seguinte:

Artigo 1.°
Criação

É criado o Conselho Nacional de Supervisores Financeiros (CNSF), adiante designado por Conselho, com as finalidades a seguir definidas, sem prejuízo das competências e autonomia das diferentes autoridades que o compõem.

Artigo 2.º
Competência

O Conselho tem por competências:

a) Promover a coordenação da actuação das autoridades de supervisão do sistema financeiro (autoridades de supervisão);

b) Facilitar e coordenar o intercâmbio de informações entre as autoridades de supervisão;

c) Promover o desenvolvimento de regras e mecanismos de supervisão de conglomerados financeiros;

d) Formular propostas de regulamentação de matérias conexas com a esfera de acção de mais de uma das autoridades de supervisão;

e) Emitir pareceres, nos termos do artigo 7.º;

f) Promover a formulação ou a adopção de políticas de actuação coordenadas junto de entidades estrangeiras e organizações internacionais;

g) Realizar quaisquer acções que, consensualmente, sejam consideradas, pelos seus membros, adequadas às finalidades indicadas nas alíneas precedentes e que caibam na esfera de competência de qualquer das autoridades de supervisão.

Artigo 3.º
Definições

Para efeitos deste diploma, são considerados:

a) Autoridades de supervisão do sistema financeiro as autoridades a quem compete, em Portugal, a supervisão prudencial:

    i) Das instituições de crédito e sociedades financeiras, incluindo as empresas de investimento na acepção do Regime Geral das Instituições de Crédito a Sociedades Financeiras;

    ii) Da actividade seguradora, resseguradora e de intermediação de seguros, das empresas conexas ou complementares daquelas e das actividades dos fundos de pensões;

    iii) Do mercado de valores mobiliários;

b) Conglomerados financeiros: grupos de empresas que abranjam, simultaneamente, entidades sujeitas a supervisão prudencial do Banco de Portugal e do Instituto de Seguros de Portugal.

Artigo 4.º
Composição

1. São membros permanentes do Conselho:

a) O governador do Banco de Portugal, que preside;

b) O membro do conselho de administração do Banco de Portugal com o pelouro da supervisão das instituições de crédito e das sociedades financeiras;

c) O presidente do Instituto de Seguros de Portugal;

d) O presidente da Comissão do Mercado de Valores Mobiliários.

2. Em caso de ausência, por motivos justificados, os membros permanentes referidos nas alíneas *b*), *c*) e *d*) do número anterior podem fazer-se representar pelos substitutos legais ou estatutários, os quais terão todos os direitos e obrigações dos representados.

3. Poderão ser convidados a participar nos trabalhos do Conselho outras entidades públicas ou privadas, em especial representantes do Fundo de Garantia de Depósitos, do Fundo de Garantia do Crédito Agrícola Mútuo, do Sistema de Indemnização aos Investidores, das entidades gestoras de mercados regulamentados e associações representativas de quaisquer categorias de instituições sujeitas a supervisão prudencial.

Artigo 5.°
Coordenação

1. Na ausência ou impedimento do presidente, os trabalhos são coordenados por um dos restantes membros do Conselho, que servirá de suplente.

2. As funções de suplente, a que se refere o número anterior, são exercidas rotativamente, por períodos de um ano, coincidentes com o ano civil.

Artigo 6.°
Deliberações

1. As conclusões das reuniões do Conselho serão objecto de uma súmula, que será apresentada em sessão do órgão de administração de cada uma das autoridades representadas.

2. As conclusões consensuais que não contenham elementos por lei sujeitos a sigilo poderão ser levadas ao conhecimento do Ministro das Finanças, de quaisquer entidades do sector público ou privado, bem como do público em geral, se tal for consensualmente considerado conveniente.

Artigo 7.°
Emissão de pareceres

1. O Ministro das Finanças e o governador do Banco de Portugal, este em representação do Banco enquanto entidade responsável pela estabilidade do sistema financeiro nacional, podem solicitar pareceres ao Conselho ou enviar-lhe comunicações sobre quaisquer assuntos do seu âmbito de competência.

2. O Conselho poderá tomar a iniciativa de emitir pareceres sobre quaisquer assuntos da sua competência.

Artigo 8.°
Sessões

1. As sessões do Conselho não têm periodicidade definida, são marcadas com uma antecedência de 15 dias e convocadas pelo presidente, por sua iniciativa ou a solicitação de qualquer dos restantes membros permanentes.

2. Em caso de urgência, podem ser marcadas sessões sem a antecedência referida no número anterior.

Artigo 9.°
Apoio técnico

Mediante prévio acordo entre os membros do Conselho, os mesmos podem fazer-se acompanhar por colaboradores, que terão o estatuto de observadores, ou determinar a criação de grupos de trabalho para o estudo de questões comuns às autoridades que integram o Conselho.

Artigo 10.º
Dever de segredo

Os membros do Conselho, bem como todas as outras pessoas que com ele colaborem, ficam sujeitos ao dever de segredo, relativamente a factos e elementos cobertos por tal dever, nos termos previstos na lei aplicável a cada caso.

Artigo 11.º
Entrada em vigor

Este diploma entra em vigor no dia imediato ao da respectiva publicação.

Visto e aprovado em Conselho de Ministros de 10 de Agosto de 2000. – *Jaime José Matos da Gama – Fernando Manuel dos Santos Vigário Pacheco.*

Promulgado em 31 de Agosto de 2000.

Publique-se.

O Presidente da República, JORGE SAMPAIO.

Referendado em 14 de Setembro de 2000.

O Primeiro-Ministro, *António Manuel de Oliveira Guterres.*

DECRETO-LEI N.º 394/99,
de 13 de Outubro

Aprova o regime jurídico que reestrutura e reorganiza as entidades gestoras de mercados de valores mobiliários regulamentados e não regulamentados e as entidades que prestam serviços relacionados com a gestão desses mercados

No âmbito da reforma em curso no sector do mercado de capitais, concretizado, designadamente, na aprovação do novo Código dos Valores Mobiliários com base na lei de autorização legislativa n.º 106/99, de 26 de Julho, importa reformular o regime de organização e gestão dos mercados de valores mobiliários, dotando-os de acrescidos níveis de eficácia, eficiência e competitividade.

É, pois, neste sentido, que se procede à aprovação do regime jurídico que permitirá a reestruturação e reorganização das entidades gestoras de mercados de valores mobiliários, regulamentados e não regulamentados, e de entidades que prestem serviços relacionados com a gestão desses mercados, designadamente de sistemas centralizados de valores mobiliários.

Opta-se por impor às primeiras a sua organização sob forma de sociedades anónimas, às quais é aplicável, no geral, o Código das Sociedades Comerciais. Porém, e em especial, atenta a especificidade do objecto destas sociedades e os valores e interesses públicos a tutelar, designadamente de boa gestão dos mercados, são aplicáveis as regras constantes do regime agora aprovado e o Código dos Valores Mobiliários. A organização jurídica destas entidades como associações civis sem fins lucrativos começa a revelar alguns entraves ao adequado desenvolvimento das entidades gestoras de mercados e, consequentemente, dos próprios mercados existentes e serviços com estes relacionados. A adopção da natureza de sociedades anónimas vai ao encontro de soluções consagradas em outros mercados desenvolvidos de valores mobiliários e revela a necessária flexibilidade para os desafios de interligação e de parcerias entre mercados, assim permitindo um adequado acompanhamento das evoluções que se registam nesta sede e um correcto posicionamento, no plano internacional, dos mercados de valores mobiliários existentes em Portugal. Pretende-se reforçar, pois, de modo significativo a competitividade dos mercados de valores mobiliários e, reflexamente, da economia e dos diversos agentes económicos com ligações aos mercados.

Cabe, contudo, às instituições financeiras participantes no capital das actuais entidades gestoras decidirem, dentro do regime aprovado, e de acordo com os procedimentos e tempos agora fixados, sobre os contornos, em concreto, do modelo de funcionamento das novas entidades gestoras a constituir e, bem assim, da figuração da estrutura de entidades a constituir. Prevê-se que os associados das actuais entidades possam aprovar, por maioria qualificada, a constituição de novas entidades, através de uma mera transformação das actuais entidades em novas sociedades gestoras, com novas regras de funcionamento. Pretende-se, deste modo, garantir um processo simultaneamente seguro e insusceptível de afectar o normal funcionamento dos mercados. Todavia, caso tal não suceda no prazo de nove meses depois da publicação do novo regime, este contempla mecanismos tendentes à protecção do normal funcionamento dos mercados até que sejam constituídas novas sociedades que os giram. Criam-se já condições para a constituição, de acordo com o regime aprovado, de uma sociedade destinada a gerir um novo mercado especial de dívida pública que, em simultâneo com a sociedade, estará em condições de receber a negociação da dívida pública.

São objecto de especial tratamento no novo regime alguns aspectos do funcionamento das novas entidades. Trata-se, entre outras, das regras de supervisão prudencial, sobre a administração das sociedades, sobre a estrutura accionista ou em matéria de influência na gestão das sociedades.

Releva tutelar adequadamente os interesses patrimoniais do Estado. Com efeito, a transmissão em 1992, a título gratuito, do Estado para as actuais associações privadas, do património das então existentes Bolsa de Valores de Lisboa e Bolsa de Valores do Porto não poderia deixar de ser tomada em consideração num regime que visa permitir uma inteira e, sobretudo, efectiva abertura do capital a entes privados. Prevê-se, por isso, que a constituição de novas sociedades por transformação das existentes só possa ocorrer depois de entregue ao Estado um montante que acautele o reembolso daquele património objecto de transmissão. Por outro lado, importaria sempre garantir condições de manutenção de uma capacidade económica e financeira adequada à gestão dos mercados e à evolução estratégica dos mesmos. Admite-se, com este escopo, que a tutela daqueles interesses patrimoniais seja realizada de modo a não afectar as próprias entidades gestoras a constituir. Assim, dentro do quadro traçado no regime, o Ministro das Finanças poderá estabelecer, por portaria, as regras a que obedecerá a resolução da vertente patrimonial do processo de transformação.

Assim:

No uso da autorização legislativa concedida pela Lei n.° 106/99, de 26 de Julho, e nos termos da alínea b) do n.° 1 do artigo 198.° da Constituição, o Governo decreta o seguinte:

TÍTULO I
Sociedades gestoras de mercado regulamentado

CAPÍTULO I
Disposições gerais

Artigo 1.°
Natureza e regime jurídico

1. As sociedades gestoras de mercado regulamentado são sociedades anónimas cuja constituição e actividade são reguladas pelo presente decreto-lei, sendo-lhes ainda aplicáveis o Código dos Valores Mobiliários e o Código das Sociedades Comerciais.

2. O presente decreto-lei não é aplicável a mercados de valores mobiliários de natureza monetária que sejam exclusivamente geridos pelo Banco de Portugal.

Artigo 2.°
Objecto

As sociedades gestoras de mercado regulamentado têm como objecto principal a gestão de bolsas ou de outros mercados regulamentados, podendo ainda:

a) Gerir outros mercados de valores mobiliários;

b) Gerir sistemas de liquidação de valores mobiliários;

c) Prestar outros serviços relacionados com a emissão e a negociação de valores mobiliários que não constituam actividade de intermediação;

d) Prestar aos membros dos mercados por si geridos os serviços que se revelem necessários à intervenção desses membros em mercados geridos por entidade congénere de outro Estado, com quem tenha celebrado acordo.

Artigo 3.°
Sede e denominação

1. As sociedades gestoras de mercado regulamentado têm sede estatutária e efectiva administração em Portugal.

2. A firma destas sociedades inclui a expressão "sociedade gestora de mercado regulamentado" ou a abreviatura SGMR, as quais, ou outras que com elas se confundam, não podem ser usadas por outras entidades.

Artigo 4.°
Capital social

1. As sociedades gestoras de mercado regulamentado devem ter, no momento da sua constituição, capital social não inferior ao que seja estabelecido por portaria do Ministro das Finanças.

2. Na data de constituição da sociedade, o montante mínimo do capital social deve estar integralmente subscrito e realizado.

3. As acções representativas do capital social das sociedades gestoras de mercado regulamentado são nominativas.

Artigo 5.°
Participações no capital

1. Sem prejuízo do disposto no n.° 2, só podem ser titulares de acções representativas do capital social de sociedades gestoras de mercado regulamentado, sejam ou não membros de mercado de bolsa gerido pela sociedade:

a) Instituições de crédito, empresas de investimento, empresas de seguros e sociedades gestoras de fundos de investimento ou de fundos de pensões;

b) Emitentes de valores mobiliários admitidos à negociação em mercado regulamentado gerido pela sociedade;

c) Outras sociedades gestoras de mercado regulamentado;

d) Sociedades gestoras de sistemas de liquidação e de sistemas centralizados de valores mobiliários;

e) Entidades cuja lei pessoal não seja a lei portuguesa com objecto social análogo ao das sociedades referidas nas alíneas *c)* e *d)*;

f) O Estado.

2. O contrato de sociedade gestora de mercado regulamentado pode permitir que acções representativas de percentagem não superior a 30% do capital social ou dos direitos de voto sejam detidas por quaisquer entidades.

3. As acções de sociedade gestora de mercado regulamentado não podem ser objecto de usufruto nem de penhor a favor de entidade distinta das referidas no n.° 1 nem com entidade distinta pode ser celebrado negócio pelo qual o titular das acções se obrigue a exercer os direitos de voto inerentes às mesmas em determinado sentido.

4. São nulos os negócios celebrados em violação do número anterior, ainda que, no último caso, sejam celebrados em momento anterior ao da detenção das acções.

5. Exceptuam-se do disposto no n.° 3 as acções que, de acordo com o n.° 2, o contrato de sociedade permita que sejam detidas por quaisquer entidades.

Artigo 6.°
Exercício de direitos de voto

1. O contrato de sociedade gestora de mercado regulamentado estabelecerá, nos termos da alínea *b*) do n.° 2 do artigo 384.° do Código das Sociedades Comerciais, que não sejam contados votos acima de percentagem igual ou inferior a 15% dos votos correspondentes à totalidade do capital social, quando emitidos por uma só entidade, em nome próprio, em representação de outra entidade ou de outrem por sua conta.

2. Para efeitos do disposto no número anterior, são abrangidos pela limitação de contagem os votos considerados como integrantes de uma participação qualificada nos termos previstos para as sociedades com o capital aberto ao investimento do público, sendo a limitação de cada accionista abrangido proporcional ao número de votos que emitir.

3. As entidades que, nos termos do n.° 2, passem a deter uma participação, em relação quer ao capital social representado por acções com direito de voto quer ao capital social total, igual ou superior à percentagem que for estabelecida de acordo com o n.° 1, ficam obrigadas a comunicar qualquer um desses factos à Comissão do Mercado de Valores Mobiliários, adiante designada por CMVM, e ao órgão de administração da sociedade gestora de mercado regulamentado no prazo de cinco dias contados da data em que se tenha verificado a detenção.

4. Para efeitos de controlo do disposto nos números anteriores, os detentores de participações em sociedade gestora de mercado regulamentado têm o dever de prestar à CMVM, por escrito, e de forma completa, verdadeira, actual, clara e objectiva, todas as informações que lhes sejam solicitadas.

5. O não cumprimento dos deveres de informação previstos nos n.os 3 e 4 determina a inibição do exercício de todos os direitos de voto que, nos termos do n.° 2, se devam considerar como integrando a participação da entidade inadimplente.

6. Em casos devidamente fundamentados e desde que o contrato de sociedade o preveja, o Ministro das Finanças poderá autorizar, não havendo razões de interesse público que o desaconselhem, a fixação de limite superior ao que seja estabelecido nos termos do número 1 em relação a entidades previstas nas alíneas *c*), *d*) e *e*) do n.° 1 do artigo 5.°, no âmbito de acordos de parceria ou cooperação.

7. A fixação do limite a que alude o número anterior deve ser aprovada, mediante proposta fundamentada do órgão de administração, pela assembleia geral, nos termos previstos no contrato de sociedade.

Artigo 7.°
Regime especial de invalidade de deliberações

1. Sempre que a CMVM ou o órgão de administração da sociedade gestora de mercado regulamentado tenham conhecimento que alguma entidade detém, nos termos do n.° 2 do artigo 6.°, participação, em relação ao capital social representado por acções com direito de voto, superior à que o contrato de sociedade, de acordo com o n.° 1 do artigo 6.°, estabeleça ou que se verifique alguma situação de inibição de exercício de direitos de voto, prevista no n.° 5 do artigo 6.°, deve comunicar esses factos ao presidente da mesa da assembleia geral da sociedade.

2. Deverá ser registado em acta se os accionistas titulares das acções consideradas integrantes da participação estiveram ou não presentes ou representados na reunião, se exerceram os seus direitos de voto e, neste caso, o sentido da votação bem como a informação, em relação a cada accionista, sobre os direitos de voto que, nos termos do n.° 1 do artigo 6.°, não tenham sido contados.

3. São anuláveis as deliberações sociais tomadas com base em votos inibidos ou que não pudessem ser contados, salvo se se provar que a deliberação teria sido adoptada sem aqueles votos.

4. A anulabilidade da deliberação pode ser arguida nos termos gerais ou, ainda, pela CMVM.

Artigo 8.°
Publicidade de participações

1. O órgão de administração da sociedade gestora de mercado regulamentado promove a publicação, na publicação oficial do mercado cuja gestão assegure:

a) Das informações a que alude o n.° 3 do artigo 6.°, logo que as mesmas lhes sejam prestadas;

b) Por determinação da CMVM, das informações sobre participações detidas, incluindo a sua diminuição ou cessação, em relação quer ao capital social representado por acções com direito de voto quer ao capital social total, em montante igual ou superior à percentagem que for estabelecida de acordo com o n.° 1 do artigo 6.°.

2. Até ao 5.° dia anterior ao da realização de assembleia geral, o órgão de administração da sociedade gestora de mercado regulamentado promove a publicação, no boletim de mercado por ela gerido, da lista:

a) Dos accionistas que sejam titulares de acções representativas de mais de 2% do capital social representado por acções com direito de voto ou do capital social total;

b) Das entidades detentoras de participações referidas nos n.°ˢ 3, 5, 6 e 7 do artigo 6.°.

Artigo 9.°
Participações permitidas

1. As sociedades gestoras de mercado regulamentado só podem deter participações no capital de:

a) Outras sociedades gestoras de mercado regulamentado;

b) Sociedades gestoras de sistemas de liquidação e de sistemas centralizados de valores mobiliários e sociedades gestoras de mercados não regulamentados;

c) Entidades cuja lei pessoal não seja a lei portuguesa, com objecto social análogo ao das referidas nas alíneas anteriores;

d) Sociedades cuja actividade principal tenha natureza acessória relativamente ao objecto de qualquer uma das sociedades previstas nas alíneas anteriores, nomeadamente a gestão de serviços informáticos.

2. As sociedades gestoras de mercado regulamentado só podem adquirir os imóveis que se revelem indispensáveis à sua instalação e funcionamento.

Artigo 10.º
Regulamentação

Compete à CMVM regulamentar o disposto no presente decreto-lei, nomeadamente:

a) O registo das sociedades gestoras de mercado regulamentado;

b) Os deveres de informação ao público e à CMVM sobre a detenção, a aquisição ou a alienação de valores mobiliários ou outros instrumentos financeiros;

c) Os deveres de informação ao público e à CMVM sobre a situação económica das sociedades gestoras de mercado regulamentado;

d) Os deveres de informação sobre os membros do mercado e sobre os titulares dos órgãos e trabalhadores daqueles e das sociedades gestoras de mercado regulamentado.

CAPÍTULO II
Administração e fiscalização

Artigo 11.º
Requisitos dos titulares dos órgãos

1. Só podem ser titulares dos órgãos de administração e de fiscalização de sociedade gestora de mercado regulamentado pessoas que, atendendo à sua idoneidade e experiência profissional, dêem garantias de uma gestão de acordo com elevados padrões de prudência e eficiência.

2. À apreciação dos requisitos de idoneidade e de experiência profissional são aplicáveis, com as devidas adaptações, os n.ᵒˢ 2 a 4 do artigo 30.º e o artigo 31.º do Regime Geral das Instituições de Crédito e Sociedades Financeiras, aprovado pelo Decreto-Lei n.º 298/92, de 31 de Dezembro.

3. Aos titulares de órgão de administração de sociedade gestora de mercado regulamentado fica vedado o exercício de funções nas seguintes entidades:

a) Emitentes de valores mobiliários admitidos à negociação em mercado gerido pela sociedade ou por entidade em que esta detenha, directa ou indirectamente, participação qualificada, excepto se a entidade for alguma das sociedades referidas no n.º 1 do artigo 9.º ou sociedade a que alude o artigo 36.º;

b) Intermediários financeiros;

c) Entidades que, directa ou indirectamente, detenham participação qualificada em alguma das entidades referidas nas alíneas anteriores;

d) Entidades nas quais as previstas na alínea anterior detenham participação qualificada.

4. Não podem ser titulares de órgãos de administração de sociedades gestoras de mercado regulamentado pessoas que, directa ou indirectamente, detenham participação qualificada em entidade prevista nas alíneas *a*) a *d*) do n.º 3.

5. O disposto nos n.ᵒˢ 3 e 4 não é aplicável aos membros do conselho de administração de sociedades gestoras de mercado regulamentado que tenham uma comissão executiva com composição colegial desde que os respectivos estatutos assegurem que as competências previstas nas alínea *e*) a *l*) do n.° 2 e no n.° 3 do artigo 13.° sejam exercidas exclusivamente pelos membros da comissão executiva com composição colegial, aos quais se aplicam as regras dos n.ᵒˢ 3 e 4 do presente artigo.

Artigo 12.°
Falta de requisitos dos titulares dos órgãos

Se, em relação a qualquer titular dos órgãos de administração ou de fiscalização se deixar de verificar, por facto superveniente ou ainda não conhecido pela CMVM, o requisito de idoneidade, esta notificará a sociedade gestora de mercado regulamentado para, de imediato, pôr termo às funções das pessoas em causa e, no prazo que seja fixado, promover a respectiva substituição.

Artigo 13.°
Administração

1. À administração das sociedades gestoras de mercado regulamentado aplica-se o Código das Sociedades Comerciais.

2. Compete, nomeadamente, ao órgão de administração da sociedade gestora de mercado regulamentado, nos termos das normas legais e regulamentares aplicáveis e em relação aos mercados geridos pela sociedade:

a) Aprovar as regras relativas à organização geral dos mercados e à admissão, suspensão e exclusão dos membros desses mercados;

b) Em complemento ou concretização dos regulamentos da CMVM, aprovar as regras relativas à admissão, suspensão e exclusão de valores mobiliários nos mercados;

c) Aprovar as regras que fixem limites quantitativos às posições que cada investidor ou membro do mercado, por si ou em associação com outros, pode assumir em operações a prazo;

d) Aprovar as regras relativas ao procedimento disciplinar em conformidade com o artigo 31.°, salvaguardada a confidencialidade do processo e as garantias de defesa do arguido;

e) Deliberar sobre a admissão dos membros dos mercados ou, quando deixem de se verificar os requisitos da sua admissão ou em virtude de sanção disciplinar, sobre a suspensão e exclusão daqueles membros;

f) Exercer o poder disciplinar;

g) Admitir à negociação, bem como suspender e excluir da negociação valores mobiliários;

h) Credenciar os mandatários dos membros que podem intervir nos mercados;

i) Exigir às entidades com valores admitidos à negociação e aos membros dos mercados as informações necessárias ao exercício das suas competências, ainda que as informações solicitadas se encontrem sujeitas a segredo profissional;

j) Fiscalizar a execução das operações, o comportamento dos membros dos mercados e o cumprimento dos deveres de informação;

l) Promover a cooperação com entidades congéneres de mercados nacionais e estrangeiros.

3. Ao órgão de administração compete igualmente adoptar quaisquer medidas exigidas pelo bom funcionamento dos mercados ou para prevenir a prática de quaisquer actos fraudulentos e outros susceptíveis de perturbar a regularidade do seu funcionamento, nomeadamente:

    a) Interromper a sessão de bolsa;

    b) Suspender a realização de operações;

    c) Excluir ofertas do sistema de negociação ou impedir a liquidação de operações;

    d) Encerrar posições em operações a prazo ou promover a sua transferência para outros membros do mercado, sempre que a sociedade gestora de mercado regulamentado tenha assumido a posição de contraparte;

    e) Excluir operações como elemento para o cálculo do preço de referência.

4. As medidas adoptadas nos termos do número anterior e a respectiva justificação são imediatamente comunicadas à CMVM que pode determinar a sua revogação se as considerar inadequadas ou insubsistente a justificação apresentada.

Artigo 14.º
Recurso

1. Aos actos referidos nas alíneas *e)*, *g)* e *h)* do número 2 do artigo anterior, é aplicável o disposto no Código de Procedimento Administrativo, sendo dispensada a audiência prévia dos interessados.

2. Dos actos previstos no número anterior cabe recurso para a CMVM e desta para os tribunais administrativos

CAPÍTULO III
Autorização

Artigo 15.º
Autorização

A constituição de sociedades gestoras de mercado regulamentado, ainda que por alteração do objecto social de sociedade já existente ou por cisão, e a constituição dos mercados regulamentados por ela geridos dependem de autorização a conceder pelo Ministro das Finanças, com parecer prévio da CMVM.

Artigo 16.º
Instrução do pedido

1. O pedido de autorização é instruído com os seguintes elementos:

    a) Projecto do contrato de sociedade;

    b) Estrutura orgânica, meios humanos, técnicos e materiais que serão utilizados;

    c) Estrutura dos mercados que a sociedade pretende gerir;

    d) Estudo comprovativo da viabilidade económica e financeira da sociedade a constituir;

    e) Identificação dos accionistas fundadores, com especificação do montante de capital a subscrever por cada um;

f) Identificação das entidades detentoras de quaisquer participações na sociedade a constituir, nos termos do n.º 2 do artigo 6.º, com especificação da percentagem do capital social detido;

g) Declaração de compromisso de que no acto da constituição, e como condição dela, se encontrará depositado numa instituição de crédito o montante do capital social.

2. A CMVM, por iniciativa própria ou a pedido do Ministro das Finanças, poderá solicitar aos requerentes elementos e informações complementares e realizar as averiguações que considere necessárias.

Artigo 17.º
Decisão

1. A decisão é notificada aos interessados no prazo de três meses contados da recepção do pedido, devendo o parecer da CMVM ser emitido no prazo de dois meses contados da data da sua solicitação.

2. Caso sejam solicitados elementos ou informações complementares, a data de recepção das mesmas constitui o termo inicial dos prazos previstos no número anterior, que não podem exceder, respectivamente, seis e cinco meses.

3. Na falta de decisão nos prazos previstos nos números anteriores presume-se indeferida a pretensão.

Artigo 18.º
Recusa

A autorização é recusada sempre que:

a) O pedido de autorização não se encontre instruído, dentro dos prazos aplicáveis, com os elementos referidos no n.º 1 do artigo 16.º ou, nos mesmos prazos, não sejam entregues os elementos e as informações complementares solicitadas;

b) A instrução do pedido enfermar de inexactidões ou falsidades;

c) A sociedade a constituir não observar as normas que lhe são aplicáveis;

d) A sociedade a constituir não dispuser dos meios humanos, técnicos, materiais ou dos recursos financeiros adequados para a prossecução do seu objecto social;

e) Não seja concedida autorização para constituição do mercado regulamentado cuja gestão a sociedade a constituir se proponha assegurar;

f) A sociedade tenha menos de dez accionistas ou alguma entidade detenha, nos termos do n.º 2 do artigo 6.º, participação superior a um terço do capital social, sem prejuízo do disposto na alínea *c*) do n.º 2 do artigo 36.º.

Artigo 19.º
Caducidade

A autorização caduca:

a) Se os requerentes a ela renunciarem expressamente;

b) Se a sociedade não for constituída no prazo de 6 meses após a sua autorização ou não iniciar actividade no prazo de 12 meses após a sua autorização;

c) Se a sociedade for dissolvida;

e) Se o mercado regulamentado que se propõe gerir não iniciar actividade no prazo de 12 meses após a autorização da sociedade;

Artigo 20.°
Revogação

1. O Ministro das Finanças pode revogar a autorização em qualquer das seguintes situações:

   a) Ter sido obtida mediante falsas declarações ou outros meios ilícitos;

   b) Não corresponder a actividade ao objecto social autorizado;

   c) Se a sociedade cessar o exercício da actividade;

   d) Deixar de se verificar a adequação da situação económica e financeira da sociedade com vista a garantir o disposto no artigo 27.°, designadamente em virtude de não regularização de alguma das situações previstas nos n.ᵒˢ 2 e 3 do artigo 32.° no prazo que seja fixado pela CMVM;

   e) Deixar de se verificar algum dos requisitos de que dependa a concessão da respectiva autorização;

   f) Ocorrerem faltas graves na actividade da sociedade, designadamente na administração, na fiscalização, na organização contabilística ou nos sistemas de controlo internos;

   g) Não observância das normas, legais e regulamentares, que lhe sejam aplicáveis ou não acatamento de determinações das autoridades competentes;

   h) A sociedade não adopte as medidas referidas no n.° 6 do artigo 24.°;

   i) Extinção do mercado regulamentado gerida pela sociedade.

2. A revogação da autorização implica dissolução e liquidação da sociedade gestora de mercado regulamentado.

3. O Ministro das Finanças estabelece, no acto de revogação, o regime de gestão provisória da sociedade podendo, designadamente, nomear a maioria dos membros dos órgãos de administração e fiscalização da sociedade e determinar a adopção de quaisquer medidas que assegurem a defesa do mercado.

4. Havendo recurso da decisão de revogação, presume-se que a suspensão da execução determina grave lesão do interesse público.

CAPÍTULO IV
Registo

Artigo 21.°
Sujeição a registo

As sociedades gestoras de mercado regulamentado, os titulares dos seus órgãos e outras pessoas sujeitas a registo e os mercados ou sistemas por aquelas geridos não podem iniciar a sua actividade enquanto não se encontrarem registados na CMVM.

Artigo 22.°
Elementos sujeitos a registo

1. Do registo constam os seguintes elementos actualizados:

   a) Contrato de sociedade;

   b) Identificação dos titulares dos órgãos sociais;

   c) Identificação das entidades detentoras de participações referidas nos n.ᵒˢ 3, 5 e 7 do artigo 6.°;

d) Mercado ou mercados geridos pela sociedade, com indicação da respectiva denominação e das regras por que se regem;

e) Identificação dos membros do mercado;

f) Descrição dos meios humanos, técnicos e materiais de que a sociedade disponha.

2. À denominação dos mercados aplicam-se, com as devidas adaptações, as regras do Código da Propriedade Industrial relativas ao nome do estabelecimento.

Artigo 23.°
Processo

1. O prazo para requerer o registo é de 30 dias contados da data em que os factos a registar tenham ocorrido.

2. O registo dos titulares dos órgãos da sociedade gestora de mercado regulamentado deverá ser requerido logo após a respectiva designação, podendo ser solicitado o registo antes da designação.

3. A conversão em definitivo do registo provisório é requerida no prazo de 30 dias contados da designação, sob pena de caducidade.

4. O prazo para apreciação do pedido de registo é de 30 dias contados da data de apresentação do respectivo requerimento ou da prestação de esclarecimentos ou informações complementares solicitadas pela CMVM.

Artigo 24.°
Recusa e cancelamento

1. A CMVM recusa o registo quando o pedido ou os seus pressupostos sejam desconformes com as normas legais ou regulamentares, nomeadamente quando:

a) For manifesto que o facto não se encontra titulado nos documentos apresentados;

b) Falte qualquer autorização legalmente exigida;

c) Falte idoneidade ou experiência profissional aos titulares dos órgãos;

d) Em relação aos titulares dos órgãos, não for entregue declaração de compromisso de que o interessado não se encontra em nenhuma das situações de incompatibilidade previstas nos n.ᵒˢ 3 e 4 do artigo 11.°;

e) For manifesta a nulidade do facto;

2. Constituem fundamento de cancelamento do registo:

a) Verificação de qualquer circunstância anterior ou posterior ao registo que obstaria a que este fosse efectuado e que não tenha sido sanada no prazo fixado pela CMVM;

b) A sua obtenção mediante falsas declarações ou outros expedientes ilícitos;

c) Verificação ou conhecimento superveniente de falta de idoneidade dos titulares dos órgãos;

d) Revogação ou caducidade da autorização da sociedade.

3. Para efeitos do disposto na alínea *c*) do n.° 2, as sociedades gestoras de mercado regulamentado ficam obrigadas a comunicar à CMVM os factos previstos no artigo 12.°, logo que deles tomem conhecimento.

4. A sociedade gestora de mercado regulamentado toma as medidas adequadas para que os titulares dos órgãos em relação aos quais tenha sido recusado ou cancelado o registo cessem imediatamente funções.

5. A recusa ou o cancelamento do registo referidos no número anterior não determina a invalidade dos actos praticados pela pessoa em causa no exercício das suas funções.

6. No acto de cancelamento, a CMVM estabelece as medidas que sejam necessárias para defesa dos interesses dos investidores, dos emitentes e dos intermediários financeiros.

CAPÍTULO V
Alterações ao contrato de sociedade

Artigo 25.°
Alterações em geral

Ficam dependentes de prévia autorização da CMVM as alterações ao contrato de sociedade que tenham por objecto alguma das seguintes matérias:
a) Objecto social;
b) Redução do capital social;
c) Limitações de contagem de votos e outras matérias conexas, designadamente deveres de comunicação ao órgão de administração ou as situações mencionadas no n.° 2 do artigo 5.°;
d) Firma ou denominação;
e) Local da sede;
f) Criação de categorias de acções ou alteração das categorias existentes;
g) Estrutura da administração ou fiscalização;
h) Limitação dos poderes dos órgãos de administração ou de fiscalização;
i) Dissolução.

Artigo 26.°
Fusão e cisão

Depende de autorização prévia da CMVM:
a) A fusão de sociedades gestoras de mercado regulamentado;
b) A cisão de sociedades gestoras de mercado regulamentado.

CAPÍTULO VI
Regras de conduta

Artigo 27.°
Boa gestão

As sociedades gestoras de mercado regulamentado devem assegurar a manutenção de padrões de elevada qualidade e eficiência na gestão dos mercados e dos sistemas a seu cargo bem como na prestação de outros serviços.

Artigo 28.°
Defesa do mercado

1. A sociedade gestora de mercado regulamentado deve comportar-se com a maior probidade comercial, não permitindo a prática de actos susceptíveis de pôr em risco a regularidade de funcionamento, a transparência e a credibilidade do mercado.

2. São, nomeadamente, susceptíveis de pôr em risco a regularidade de funcionamento, a transparência e a credibilidade do mercado:

a) A realização de operações imputadas a uma mesma carteira tanto na compra como na venda;

b) A transferência aparente, simulada ou artificial de valores mobiliários entre diferentes carteiras;

c) A realização de operações de fomento não registadas na CMVM ou de estabilização não aprovadas pela mesma entidade.

Artigo 29.º
Código deontológico

1. As sociedades gestoras de mercado regulamentado aprovam um código deontológico ao qual ficam sujeitos:

a) Os titulares dos seus órgãos;

b) Os seus trabalhadores;

c) Os membros dos mercados por si geridos, bem como os titulares dos seus órgãos e os seus trabalhadores;

d) Quaisquer entidades que intervenham nos mercados geridos pela sociedade gestora de mercado regulamentado ou que tenham acesso às instalações desses mercados ou a sistemas geridos pela sociedade, quanto aos deveres relacionados com essa intervenção ou acesso.

2. O código deontológico regula, designadamente:

a) As medidas de defesa do mercado;

b) Os termos em que as pessoas a ele sujeitas podem transaccionar valores mobiliários negociados em mercado por si gerido;

c) Os padrões de diligência e aptidão profissional que devem ser observados em todas as actividades da sociedade;

3. As normas que tenham por destinatários os titulares dos órgãos e os trabalhadores da sociedade e os membros de mercados por si geridos devem estabelecer níveis elevados de exigência.

4. O código deontológico está sujeito a registo prévio na CMVM, a qual poderá recusá-lo ou impor modificações sempre que o considere insuficiente ou contrário a disposição legal ou regulamentar.

5. Depois de registado, o código deontológico é publicado no boletim do mercado.

Artigo 30.º
Segredo profissional

1. A sociedade gestora de mercado regulamentado, os titulares dos seus órgãos, os seus trabalhadores e as pessoas que lhe prestem, a título permanente ou ocasional, quaisquer serviços estão sujeitos a segredo profissional quanto a todos os factos e elementos cujo conhecimento lhes advenha do exercício das suas funções ou da prestação dos seus serviços.

2. O dever de segredo não cessa com o termo das funções ou do serviço.

3. Os factos e elementos abrangidos pelo dever de segredo só podem ser revelados nos termos previstos na lei, designadamente à CMVM.

Artigo 31.º
Infracções disciplinares

1. Estão sujeitos ao poder disciplinar da sociedade gestora de mercado regulamentado, nos termos previstos no código deontológico, as pessoas e entidades referidas nas alíneas *b*), *c*) e *d*) do n.º 1 do artigo 29.º.

2. O código deontológico deve prever a aplicação das sanções de advertência, de suspensão até seis meses ou de exclusão, consoante o grau de gravidade da infracção.

3. Constitui infracção disciplinar a violação dos deveres a que estão sujeitas as pessoas referidas no n.º 1, previstos na lei, em regulamento ou no código deontológico.

4. As sanções disciplinares aplicadas são comunicadas à CMVM.

5. Se a infracção configurar igualmente contra-ordenação ou crime público, o órgão de administração da sociedade comunica-a às autoridades competentes.

CAPÍTULO VII
Regras prudenciais

Artigo 32.º
Regras prudenciais

1. A situação económica e financeira das sociedades gestoras de mercado regulamentado deve revelar-se sempre adequada para garantir o disposto no artigo 27.º.

2. Uma fracção não inferior a 10% dos lucros líquidos apurados em cada exercício pelas sociedades gestoras de mercado regulamentado é destinada à constituição de reserva legal até ao limite do capital social.

3. Para efeitos do n.º 1, a CMVM pode, por regulamento, estabelecer as regras que se revelem necessárias, designadamente:

a) A relação que deve ser observada entre os capitais próprios e o total dos activos;

b) Limites e formas de cobertura dos recursos alheios e de quaisquer outras responsabilidades perante terceiros;

3. Se for violado alguns dos deveres referidos nos números anteriores, a CMVM pode fixar prazo razoável para regularização da situação.

Artigo 33.º
Segregação patrimonial

1. As sociedades gestoras de mercado regulamentado apenas podem utilizar os valores mobiliários e outros instrumentos financeiros e dinheiro de terceiros nos termos e para os efeitos para os quais estão mandatadas.

2. A sociedade gestora de mercado regulamentado que exerça cumulativamente funções de gestão de um sistema de liquidação e que actue como câmara de compensação ou como contraparte central deve gerir separadamente cada uma dessas actividades, distinguindo a contabilidade relativa a cada uma delas e observando regras prudenciais autónomas.

3. A separação da contabilidade é também observada relativamente a cada mercado gerido pela sociedade.

4. Salvo quando actue como contraparte central, a sociedade gestora de mercado regulamentado não é responsável pelo pagamento de saldos credores dos participantes em sistema de liquidação por ela gerido, nem os saldos devedores destes respondem, mesmo em caso de insolvência, por dívidas da sociedade gestora.

TÍTULO II
Outras sociedades gestoras e sociedades gestoras de participações sociais

Artigo 34.º
Sociedades gestoras de sistemas de liquidação e de sistemas centralizados de valores mobiliários

1. Podem ser constituídas sociedades anónimas que tenham por objecto a gestão de:
   a) Sistemas de liquidação de valores mobiliários;
   b) Sistemas centralizados de valores mobiliários.
2. As sociedades gestoras que tenham por objecto a gestão de sistemas centralizados de valores mobiliários não podem prestar serviços de gestão de mercados de valores mobiliários.
3. Às sociedades gestoras mencionadas no n.º 1, é aplicável o disposto no Título I, com as devidas adaptações e as seguintes especialidades:
   a) As publicações previstas no artigo 8.º são feitas no boletim da bolsa onde se realizam operações a contado;
   b) As referências aos mercados regulamentados são aplicáveis aos restantes mercados e sistemas, com as devidas adaptações;
   c) Os deveres de segregação patrimonial aplicam-se mesmo quando as sociedades em causa apenas façam a gestão de sistema de liquidação ou de sistema centralizado de valores mobiliários, quanto às várias funções desempenhadas no âmbito desses sistemas;
   d) As competências do Ministro das Finanças previstas nos artigos 15.º e 20.º são conferidas à CMVM .
4. Para além das entidades referidas no n.º 1 do artigo 5.º, poderão ainda ser titulares de acções representativas do capital social das sociedades gestoras a que alude o n.º 1, bem como, relativamente àquelas que exerçam a actividade referida na alínea *b)* do n.º 1, o Banco de Portugal e os emitentes de valores mobiliários integrados no sistema centralizado gerido pela sociedade.

Artigo 35.º
Sociedades gestoras de mercados não regulamentados

1. Podem ser constituídas, sob qualquer um dos tipos previstos no Código das Sociedades Comerciais, sociedades que tenham como objecto exclusivo uma ou ambas as seguintes actividades:
   a) Gestão de mercados não regulamentados;
   b) Prestação dos serviços previstos na alínea *c)* do artigo 2.º.

2. O início de actividade das sociedades referidas no n.° 1 e dos mercados por elas geridos depende de registo na CMVM.

3. São aplicáveis às sociedades a que alude o n.° 1, além do disposto no Código dos Valores Mobiliários, o n.° 1 do artigo 3.°, os n.°ˢ 1 e 2 do artigo 4.°, o artigo 10.°, os n.°ˢ 1 e 2 do artigo 11.°, o artigo 12.°, os artigos 21.° a 24.°, o artigo 27.° e o artigo 30.°.

4. A CMVM, através de regulamento, estabelece as regras prudenciais a observar pelas sociedades referidas no n.° 1, por forma a garantir o cumprimento do disposto no artigo 27.°.

Artigo 36.°
Sociedades gestoras de participações sociais

1. Para além das entidades referidas no n.° 1 do artigo 5.°, podem ainda ser titulares de acções representativas do capital social de sociedades gestoras de mercados regulamentados ou de sociedades gestoras de sistemas de liquidação ou de serviços centralizados de valores mobiliários, sociedades anónimas gestoras de participações sociais que tenham por objecto social exclusivo a titularidade directa de participações naquelas sociedades.

2. Às sociedades gestoras de participações sociais referidas no número anterior é aplicável o regime geral das sociedades gestoras de participações sociais e o disposto no Título I com as devidas adaptações e as seguintes especialidades:

a) Não é aplicável o disposto nos n.°ˢ 3 e 4 do artigo 11.°, os n.°ˢ 2 a 4 do artigo 13.° e o artigo 14.°;

b) As competências do Ministro das Finanças previstas nos artigos 15.° e 20.° são conferidas à CMVM;

c) A limitação de votos prevista no n.° 1 do artigo 6.° não é aplicável desde que a sociedade gestora de participações sociais seja a única titular da totalidade das acções representativas do capital da sociedade gestora que não possam ser detidas por entidades distintas das previstas no n.° 1 do artigo 6.°.

TÍTULO III
Constituição de sociedades

Artigo 37.°
Constituição de sociedades por transformação

1. No prazo de nove meses, contados da data da entrada em vigor do presente decreto-lei, pode ser aprovada a transformação da Associação da Bolsa de Valores de Lisboa e da Associação da Bolsa de Derivados do Porto, por deliberação das respectivas assembleias gerais, em uma só ou em duas sociedades gestoras de mercados regulamentados.

2. No mesmo prazo, pode ser aprovada a transformação da INTERBOLSA – Associação para a Prestação de Serviços às Bolsas de Valores, por deliberação da respectiva assembleia geral, em sociedade gestora prevista no artigo 34.°.

3. As deliberações previstas nos números anteriores não poderão ser tomadas, em primeira convocação, por maioria inferior a dois terços dos votos correspondentes a todos

os associados, nem, em segunda convocação, por menos de dois terços dos votos expressos na assembleia.

4. A constituição das novas sociedades, por transformação, é regulada pelo presente decreto-lei podendo o Ministro das Finanças, por portaria, estabelecer as regras que se revelem necessárias para execução do processo de constituição por transformação.

Artigo 38.°
Processo de constituição por transformação

1. As sociedades gestoras de mercados regulamentados e a outra sociedade gestora de serviços centralizados de valores mobiliários que sejam constituídas nos termos do artigo anterior sucedem automática e globalmente às entidades que lhes dêem origem, continuando a personalidade jurídica destas e conservando a universalidade dos direitos e das obrigações que constituam o património das mesmas à data da transformação, sem prejuízo do disposto no artigo 42.°.

2. A CMVM verificará a legalidade das deliberações referidas no artigo anterior, constituindo o documento comprovativo da aludida verificação, acompanhado de acta da reunião em que haja sido tomada a deliberação, título bastante para a comprovação do disposto no n.° 1 e no artigo anterior para todos os efeitos, incluindo os de registo comercial, devendo quaisquer actos necessários à regularização da situação ser realizados pelas entidades competentes, mediante simples comunicação subscrita por dois membros do órgão de administração das sociedades constituídas.

Artigo 39.°
Trabalhadores

1. Os trabalhadores e pensionistas das entidades que, nos termos dos n.ᵒˢ 1 e 2 do artigo 37.°, dêem origem às sociedades a constituir por transformação mantêm todos os direitos, obrigações e regalias que detiverem à data da deliberação que aprove a transformação.

2. Os direitos e regalias dos trabalhadores a que alude o número anterior, decorrentes da lei, instrumentos de regulamentação colectiva ou contratos individuais de trabalho, não são prejudicados pela transferência para as sociedades constituídas contando-se, para todos os efeitos, o tempo de serviço prestado nas entidades que lhes deram origem.

Artigo 40.°
Isenções de taxas e emolumentos

Estão isentos de quaisquer taxas e emolumentos devidos a quaisquer entidades, designadamente às conservatórias de registo comercial e predial, aos notários e ao Registo Nacional de Pessoas Colectivas:

a) Todos os actos necessários para constituição das sociedades referidas nos n.ᵒˢ 1 e 2 do artigo 37.°;

b) Todos os actos a praticar para execução do disposto no artigo 38.°;

c) Todos os actos necessários à constituição, no prazo de nove meses contados da data de publicação do presente decreto-lei, de sociedades previstas no artigo 36.° e de sociedade gestora de mercado regulamentado que tenha por objecto a gestão de mercado regulamentado de dívida pública.

Artigo 41.º
**Sociedade gestora de mercado regulamentado
de dívida pública**

1. Todas as alterações aos estatutos de sociedade gestora de mercado regulamentado que tenha por objecto a gestão de mercado regulamentado de dívida pública e que seja constituída no prazo de nove meses contados da data de entrada em vigor do presente decreto-lei, ficam isentas de quaisquer taxas e emolumentos, advenientes, nomeadamente, da realização de escritura pública e de registos.
2. A redução do capital social de sociedade gestora de mercado regulamentado referida no número anterior que resulte de amortização compulsiva de acções efectuada nos termos do artigo 347.º do Código das Sociedades Comerciais não carece das autorizações previstas no número 1 do artigo 95.º do mesmo Código e na alínea b) do artigo 25.º do presente decreto-lei, devendo, no entanto, ser comunicada à CMVM.
3. Por despacho do Ministro das Finanças, os membros de órgão de administração de sociedade prevista no n.º 1 poderão ser autorizados, a título excepcional e em casos devidamente justificados, a exercer funções em alguma das entidades a que alude o n.º 3 do artigo 11.º do presente decreto-lei.
4. A autorização referida no número anterior pode ficar sujeita a condições.

Artigo 42.º
Tutela dos interesses patrimoniais do Estado

1. No prazo de três meses contados da data de entrada em vigor do presente decreto-lei, o Ministro das Finanças estabelecerá, por portaria, as condições em que, em caso de constituição de sociedades nos termos do artigo 37.º, deverão ser tutelados os interesses patrimoniais do Estado.
2. Na definição das regras a que alude o n.º 1, poderão ser previstos mecanismos que assegurem a manutenção de condições económicas e financeiras adequadas ao bom funcionamento dos mercados e sistemas cuja gestão as sociedades assegurem, podendo designadamente:
  a) Prever a participação do Estado no capital das sociedades a constituir;
  b) Prever a subscrição pelo Estado de obrigações emitidas pelas sociedades a constituir, ou por sociedade prevista no artigo 36.º, e dispensar as sociedades emitentes das obrigações do cumprimento do disposto no n.º 2 do artigo 348.º e do n.º 1 do artigo 349.º do Código das Sociedades Comerciais.
3. A portaria mencionada no n.º 1 deverá fixar o montante a entregar ao Estado a título de reembolso do valor líquido actualizado do património da Bolsa de Valores de Lisboa e da Bolsa de Derivados do Porto, transferidos, sem quaisquer encargos, nos termos do n.º 6 do artigo 2.º e dos n.ºs 1 e 3 do artigo 6.º, ambos do Decreto-Lei n.º 142-A/91, de 10 de Abril, da Portaria n.º 81/92, de 11 de Março e do artigo 250.º do Código do Mercado de Valores Mobiliários, aprovado por aquele decreto-lei, para a Associação da Bolsa de Valores de Lisboa e para a Associação da Bolsa de Derivados do Porto.

4. Em caso de constituição de sociedade nos termos do artigo 37.º, os montantes que, de acordo com a portaria mencionada no número anterior, devam ser entregues ao Estado, devem ser pagos através de depósito na conta do Tesouro junto do Banco de Portugal, a efectuar no prazo máximo de 30 dias contados da data da tomada da deliberação que aprove a transformação.

5. A CMVM só procederá à verificação prevista no n.º 2 do artigo 38.º depois de ser entregue documento comprovativo da realização do depósito a que alude o número anterior.

TÍTULO IV
Disposições finais

Artigo 43.º
Ilícitos de mera ordenação social

À violação dos deveres consagrados neste diploma e ao respectivo processo aplica-se o disposto no Código do Mercado de Valores Mobiliários para os ilícitos de mera ordenação social.

Artigo 44.º
Normas revogadas

1. Sem prejuízo do disposto no número seguinte, os artigos 190.º, 192.º, 194.º a 263.º e 481.º a 498.º do Código do Mercado de Valores Mobiliários, aprovado pelo Decreto-Lei n.º 142-A/91, de 10 de Abril, são revogados com a transformação das actuais associações em sociedades, nos termos do artigo 37.º do presente diploma ou, se entretanto aquela transformação não se verificar, decorrido o prazo de nove meses a que se referem os números 1 e 2 do mesmo artigo.

2. Mantêm-se em vigor, caso alguma das actuais associações não seja transformada nos termos do artigo 37.º, os n.ºs 3 e 4 do artigo 194.º e o artigo 250.º do Código do Mercado de Valores Mobiliários.

Artigo 45.º
Continuidade dos mercados e sistemas

Tendo em vista a manutenção em funcionamento dos mercados de valores mobiliários bem como dos serviços com os mesmos relacionados cuja gestão a associação não transformada nos termos do artigo 37.º assegure, o Governo, por decreto-lei:

a) Regulará, sem prejuízo do n.º 2 do artigo 44.º, os termos e condições em que será promovida a constituição de nova sociedade ou de novas sociedades, de capitais total ou maioritariamente privados, que tenham por objecto a gestão dos mercados e sistemas a cargo de associação não transformada;

b) Estabelecerá as regras que visem a manutenção em funcionamento, até à constituição da nova ou das novas sociedades, dos mercados e sistemas referidos na alínea anterior;

c) Poderá considerar que à não transformação de associação de acordo com o artigo 37.º, é aplicável o n.º 2 do artigo 249.º do Código do Mercado de Valores Mobiliários;

d) Preverá os termos e condições da transferência, para as novas sociedades, dos bens e direitos que integrem o activo patrimonial de associação que não tenha sido transformada de acordo com o artigo 37.º.

Visto e aprovado em Conselho de Ministros de 2 de Setembro de 1999. – *António Manuel de Oliveira Guterres – António Luciano Pacheco de Sousa Franco – José Eduardo Vera Cruz Jardim – Joaquim Augusto Nunes de Pina Moura.*

Promulgado em 29 de Setembro de 1999.

Publique-se.

O Presidente da República, JORGE SAMPAIO.

Referendado em 1 de Outubro de 1999.

O Primeiro-Ministro, *António Manuel de Oliveira Guterres.*

DECRETO-LEI N.° 262/2001,
de 28 de Setembro

A acentuada evolução registada nos mercados financeiros na última década, mercê dos avanços da tecnologia da informação, da desintermediação financeira, do lançamento quase quotidiano de novos instrumentos financeiros, tornou imperativa a necessidade de dotar as sociedades corretoras e as sociedades financeiras de corretagem de um quadro regulamentar que as não coloque em situação de desvantagem competitiva face a outras empresas de investimento comunitárias e de países terceiros.

Por outro lado, o Regime Geral das Instituições de Crédito e Sociedades Financeiras, aprovado pelo Decreto-Lei n.° 298/92, de 31 de Dezembro, tornou igualmente necessária a adaptação da legislação específica que regula a actividade das sociedades corretoras e das sociedades financeiras de corretagem. Contudo, ao contrário do que sucedeu relativamente ao regime jurídico de outras sociedades financeiras, o Decreto-Lei n.° 229-I/88, de 4 de Julho, não sofreu quaisquer alterações neste sentido.

Acresce que do aditamento do título X-A ao Regime Geral das Instituições de Crédito e Sociedades Financeiras, introduzido pelo Decreto-Lei n.° 232/96, de 5 de Dezembro, relativo aos serviços e às empresas de investimento, decorre que as sociedades corretoras e as sociedades financeiras de corretagem são empresas de investimento para todos os efeitos ali previstos.

Finalmente, com a entrada em vigor do Código dos Valores Mobiliários, aprovado pelo Decreto-Lei n.° 486/99, de 13 de Novembro, veio acentuar-se a necessidade de revisão do regime específico das sociedades em apreço.

De entre as soluções consagradas no presente diploma destaca-se a possibilidade de admissão à cotação em mercado de valores mobiliários das acções das sociedades corretoras e das sociedades financeiras de corretagem, a participação e intervenção dos sócios e membros dos órgãos sociais das referidas sociedades noutras empresas, aplicando-se, assim, a estas sociedades, o disposto nos artigos 33.°, 85.° e 86.° do Regime Geral das Instituições de Crédito e Sociedades Financeiras, *ex vi* artigos 182.° e 195.° do mesmo diploma.

Foram ouvidos o Banco de Portugal e a Comissão do Mercado de Valores Mobiliários.

Assim:

Nos termos da alínea *a*) do n.° 1 do artigo 198.° da Constituição, o Governo decreta o seguinte:

Artigo 1.°
Âmbito

As sociedades corretoras e as sociedades financeiras de corretagem regem-se pelas normas do presente diploma e pelas disposições aplicáveis do Regime Geral das Instituições de Crédito e Sociedades Financeiras, aprovado pelo Decreto-Lei n.° 298/92, de 31 de Dezembro, e do Código dos Valores Mobiliários, aprovado pelo Decreto-Lei n.° 486/99, de 13 de Novembro.

Artigo 2.°
Objecto das sociedades corretoras

1 – As sociedades corretoras têm por objecto o exercício das actividades referidas nas alíneas *a*) a *c*) do n.° 1 do artigo 290.° do Código dos Valores Mobiliários, e também na alínea d) do mesmo número, com o âmbito previsto no artigo 338.° do citado diploma.

2 – O objecto das sociedades corretoras compreende ainda as actividades indicadas nas alíneas *a*) e *c*) do artigo 291.° do Código dos Valores Mobiliários, bem como quaisquer outras cujo exercício lhes seja permitido por portaria do Ministro das Finanças, ouvidos o Banco de Portugal e a Comissão do Mercado de Valores Mobiliários.

Artigo 3.°
Objecto das sociedades financeiras de corretagem

1 – As sociedades financeiras de corretagem têm por objecto o exercício das actividades referidas nas alíneas *a*) a *d*) do n.° 1 e no n.° 2 do artigo 290.° do Código dos Valores Mobiliários.

2 – Incluem-se ainda no objecto das sociedades financeiras de corretagem as actividades indicadas nas alíneas *a*) a *f*) do artigo 291.° do Código dos Valores Mobiliários, bem como quaisquer outras cujo exercício lhes seja permitido por portaria do Ministro das Finanças, ouvidos o Banco de Portugal e a Comissão do Mercado de Valores Mobiliários.

Artigo 4.°
Forma e denominação

1 – As sociedades corretoras e as sociedades financeiras de corretagem constituem-se sob a forma de sociedades anónimas.

2 – O disposto no número anterior não se aplica às sociedades já constituídas sob forma diferente.

3 – A firma das sociedades corretoras deverá conter a expressão «sociedade corretora», podendo ainda incluir a designação acessória de *broker*.

4 – A firma das sociedades financeiras de corretagem deverá conter a expressão «sociedade financeira de corretagem», podendo ainda incluir a designação acessória de *dealer*.

Artigo 5.°
Operações vedadas

1 – É vedado às sociedades corretoras e às sociedades financeiras de corretagem:
a) Prestar garantias pessoais ou reais a favor de terceiros;
b) Adquirir bens imóveis, salvo os necessários à instalação das suas próprias actividades.

2 – É ainda vedado às sociedades corretoras:
a) Conceder crédito sob qualquer forma;
b) Adquirir por conta própria valores mobiliários de qualquer natureza, com excepção dos títulos da dívida pública emitidos ou garantidos por Estados-Membros da OCDE.

Artigo 6.°
Recursos das sociedades corretoras
e das sociedades financeiras de corretagem

As sociedades corretoras e as sociedades financeiras de corretagem podem financiar-se com recursos alheios nos termos e condições a definir pelo Banco de Portugal, ouvida a Comissão do Mercado de Valores Mobiliários.

Artigo 7.°
Reembolso de créditos

Quando uma sociedade corretora ou uma sociedade financeira de corretagem venha a adquirir, para reembolso de créditos, quaisquer bens cuja aquisição lhe seja vedada, deve promover a sua alienação no prazo de um ano, o qual, havendo motivo fundado, poderá ser prorrogado pelo Banco de Portugal, ouvida a Comissão do Mercado de Valores Mobiliários.

Artigo 8.°
Supervisão

A supervisão da actividade das sociedades corretoras e das sociedades financeiras de corretagem compete ao Banco de Portugal e à Comissão do Mercado de Valores Mobiliários, no âmbito das respectivas competências.

Artigo 9.°
Norma revogatória

É revogado o Decreto-Lei n.° 229-I/88, de 4 de Julho.

Visto e aprovado em Conselho de Ministros de 23 de Agosto de 2001. – *António Manuel de Oliveira Guterres – Guilherme d'Oliveira Martins.*

Promulgado em 17 de Setembro de 2001.

Publique-se.

O Presidente da República, JORGE SAMPAIO.

Referendado em 20 de Setembro de 2001.

O Primeiro-Ministro, *António Manuel de Oliveira Guterres.*

DECRETO-LEI N.º 222/99
de 22 de Junho

Com o presente decreto-lei é criado o Sistema de Indemnização aos Investidores, transpondo-se para a ordem jurídica portuguesa a Directiva n.º 97/9/CE, do Parlamento Europeu e do Conselho, de 3 de Março. A preservação da confiança no sistema financeiro e a protecção dos interesses de todos os que a ele recorrem, na perspectiva de aplicação das suas poupanças, constituem elementos fundamentais para a realização e bom funcionamento do mercado interno dos serviços financeiros.

Em paralelo com a protecção já conferida pelo Fundo de Garantia de Depósitos, cujo limite máximo de garantia se ajusta, o Sistema tem em vista diferentes tipos de operações sobre valores mobiliários e outros instrumentos financeiros, conferindo aos investidores meios efectivos de ressarcimento de direitos que não possam ser satisfeitos devido à situação financeira da entidade prestadora dos serviços de investimento, quer seja uma instituição de crédito, quer seja uma empresa de investimento, que sejam participantes do Sistema.

O Sistema visa garantir o reembolso dos créditos relativos a fundos ou instrumentos financeiros detidos, administrados ou geridos pelas entidades financeiras participantes no âmbito de operações de investimento, até um máximo de 25 000 ecu por investidor.

Participam obrigatoriamente no Sistema as instituições de crédito autorizadas a prestar serviços de investimento e as empresas de investimento com sede em Portugal. Reconhece-se, no entanto, às instituições de crédito e empresas de investimento autorizadas noutros Estados membros, e que disponham de sucursais em Portugal, o direito de adesão voluntária ao Sistema quando seja mais favorável que o do país de origem.

Ficam excluídos da cobertura pelo Sistema, entre outros, os créditos decorrentes de operações de investimento realizadas por conta de instituições de crédito e de sociedades financeiras.

As entidades participantes, de acordo com o montante dos fundos e instrumentos financeiros detidos, administrados ou geridos, assumem uma responsabilidade de participação no Sistema em caso de o mesmo ser accionado pelos investidores.

Por último, a aprovação do Sistema impõe a introdução de alterações no Regime Geral das Instituições de Crédito e Sociedades Financeiras e no Código do Mercado de Valores Mobiliários.

Foram ouvidos o Banco de Portugal e a Comissão do Mercado de Valores Mobiliários.

Assim, nos termos da alínea a) do n.º 1 do artigo 198.º da Constituição, o Governo decreta, para valer como lei geral da República, o seguinte:

CAPÍTULO I
Sistema de Indemnização aos Investidores

Artigo 1.º
Criação e natureza do Sistema

1. É criado o Sistema de Indemnização aos Investidores, adiante designado por Sistema, pessoa colectiva de direito público dotada de autonomia administrativa e financeira.

2. O Sistema tem sede em Lisboa e funciona junto da Comissão do Mercado de Valores Mobiliários, adiante designada CMVM.

Artigo 2.º
Definições

Para efeitos do presente diploma, entende-se por:

a) Empresas de investimento: as empresas como tal definidas no n.º 3 do artigo 199.º-A do Regime Geral das Instituições de Crédito e Sociedades Financeiras, aprovado pelo Decreto-Lei n.º 298/92, de 31 de Dezembro, adiante designado por RGIC;

b) Instrumentos financeiros: os indicados na secção B do anexo à Directiva n.º 93/22/CEE, do Conselho, de 10 de Maio;

c) Operações de investimento: qualquer serviço de investimento nos termos previstos no n.º 1 do artigo 199.º-A do RGIC e o serviço de custódia e administração de um ou mais instrumentos financeiros;

d) Investidor: qualquer pessoa que confiou fundos ou instrumentos financeiros a uma empresa de investimento ou a uma instituição de crédito no âmbito de operações de investimento;

e) Operação colectiva de investimento: uma operação de investimento efectuada por conta de duas ou mais pessoas, ou sobre a qual duas ou mais pessoas têm direitos que podem ser exercidos por uma ou mais de entre elas.

Artigo 3.º
Âmbito

O Sistema garante a cobertura dos créditos de que seja sujeito passivo uma entidade participante em consequência de incapacidade financeira desta para, de acordo com as condições legais e contratuais aplicáveis, reembolsar ou restituir aos investidores os fundos que lhes sejam devidos ou que lhes pertençam e que se encontrem especialmente afectos a operações de investimento, ou que sejam detidos, administrados ou geridos por sua conta no âmbito de operações de investimento.

Artigo 4.º
Entidades participantes

1. Participam obrigatoriamente no Sistema:

a) As empresas de investimento com sede em Portugal;

b) As instituições de crédito com sede em Portugal autorizadas a efectuar operações de investimento.

2. Sem prejuízo dos acordos bilaterais existentes sobre a matéria, são igualmente obrigadas a participar no Sistema as empresas de investimento e as instituições de crédito que tenham sede em país não membro da Comunidade Europeia, relativamente a créditos decorrentes de operações de investimento efectuadas pelas suas sucursais em Portugal, salvo se esses créditos estiverem cobertos por um sistema de indemnização em termos equivalentes aos proporcionados pelo sistema português.

3. Compete ao Banco de Portugal e à CMVM a verificação da equivalência prevista na parte final do número anterior.

Artigo 5.°
Participação de entidades com sede na Comunidade Europeia

1. Em complemento da indemnização prevista no país de origem, podem participar no Sistema as empresas de investimento e as instituições de crédito autorizadas a efectuar operações de investimento que tenham sede no território de outro Estado membro da Comunidade Europeia relativamente aos créditos decorrentes de operações de investimento efectuadas pelas suas sucursais em Portugal, se o nível ou o âmbito daquela indemnização forem inferiores aos proporcionados pelo sistema português.

2. As entidades referidas no número anterior ficam sujeitas às normas legais e regulamentares relativas ao Sistema, designadamente no que respeita ao pagamento de uma quota-parte dos encargos emergentes da cobertura complementar.

3. As condições segundo as quais as entidades referidas no n.° 1 podem participar no Sistema ou dele serem excluídas serão definidas por regulamento da CMVM, ouvido o Banco de Portugal.

4. Sempre que uma das entidades mencionadas no n.° 1 participar no Sistema, este estabelecerá com o sistema do Estado membro de origem as regras e procedimentos adequados ao pagamento de indemnizações aos investidores da sucursal em causa.

5. Se uma das entidades mencionadas no n.° 1 for excluída do Sistema, os créditos decorrentes de operações de investimento efectuadas pelas suas sucursais anteriormente à data da exclusão continuam garantidos até a data da liquidação financeira da operação de investimento, no caso de fundos, ou por um prazo máximo de três meses, no caso de instrumentos financeiros.

Artigo 6.°
Obrigações dos participantes

1. As entidades participantes assumem a obrigação irrevogável de entrega ao Sistema, em caso de accionamento deste, dos montantes necessários para pagamento das indemnizações que forem devidas aos investidores.

2. A obrigação irrevogável prevista no número anterior deve ser garantida por penhor de valores mobiliários.

3. Em caso de accionamento do Sistema a contribuição de cada entidade participante corresponde a uma percentagem do valor global das indemnizações.

4. A percentagem prevista no número anterior resulta do rácio entre o valor dos fundos e dos instrumentos financeiros detidos, administrados ou geridos por essa entidade, no âmbito de operações de investimento, e o valor dos fundos e instrumentos financeiros detidos, administrados ou geridos pelo conjunto das entidades participantes, no âmbito de operações de investimento.

5. O pagamento, por cada entidade participante, das contribuições referidas no número anterior está sujeito a um limite anual.

6. As entidades participantes são obrigadas a fornecer ao Sistema a informação que se revele necessária para uma adequada avaliação dos compromissos assumidos, nomeadamente os elementos que permitam analisar a contabilidade da entidade e o montante dos créditos dos investidores.

Artigo 7.º
Empréstimos contraídos pelo Sistema

1. Quando os recursos anuais se mostrem insuficientes para o cumprimento das obrigações do Sistema, os créditos remanescentes devidos aos investidores são pagos com importâncias provenientes de empréstimos contraídos pelo Sistema.

2. O reembolso dos empréstimos contraídos ao abrigo do número anterior é efectuado por recurso a montantes entregues pelas entidades participantes, sem prejuízo do disposto no n.º 5 do artigo 6.º.

3. Os créditos emergentes dos empréstimos contraídos pelo Sistema, para efeitos do disposto no número anterior, gozam de privilégio creditório sobre os direitos do Sistema ao pagamento dos montantes devidos pelas entidades participantes nos termos do mesmo preceito.

CAPÍTULO II
Pagamento de indemnizações

Artigo 8.º
Créditos cobertos pelo Sistema

O Sistema garante a cobertura dos créditos decorrentes de:

a) Operações de investimento efectuadas em Portugal ou em outros Estados membros da Comunidade Europeia pelas entidades participantes com sede em Portugal, sem prejuízo de, até 31 de Dezembro de 1999, a cobertura relativa a créditos decorrentes de operações de investimento efectuadas nesses Estados membros por sucursais das mencionadas entidades não poder exceder o nível e âmbito máximos da cobertura oferecida pelo sistema de indemnização do país de acolhimento, se forem inferiores aos proporcionados pelo Sistema;

b) Operações de investimento efectuadas em Portugal por sucursais referidas no n.º 2 do artigo 4.º;

c) Operações de investimento efectuadas em Portugal por sucursais de empresas de investimento ou instituições de crédito com sede noutro Estado membro da Comunidade Europeia que participem voluntariamente no Sistema, na parte que exceda a cobertura prevista no sistema do país de origem.

Artigo 9.º
Créditos excluídos do Sistema

Excluem-se da cobertura do Sistema:

a) Os créditos decorrentes de operações de investimento de que sejam titulares instituições de crédito, sociedades financeiras, instituições financeiras, empresas de seguros, sociedades gestoras de fundos de pensões, quer actuem em nome próprio quer por conta de clientes, ou entidades do sector público administrativo;

b) Os créditos decorrentes de operações de investimento de que seja titular um investidor, qualquer outra pessoa ou parte interessada nessas operações, em relação às quais tenha sido proferida uma condenação penal, transitada em julgado, pela prática de actos de branqueamento de capitais;

c) Os créditos decorrentes de operações de investimento realizadas em nome de fundos de investimento, outras instituições de investimento colectivo ou fundos de pensões;

d) Os créditos decorrentes de operações de investimento realizadas em nome e por conta de membros dos órgãos de administração ou fiscalização da entidade participante, accionistas que nela detenham participações qualificadas, revisores oficiais de contas ao seu serviço, auditores externos que lhe prestem serviços de auditoria ou investidores com estatuto semelhante noutras empresas que se encontrem em relação de domínio ou de grupo com a entidade participante;

e) Os créditos decorrentes de operações de investimento realizadas em nome e por conta do cônjuge, parentes ou afins em 1.° grau ou terceiros que actuem por conta de investidores referidos na alínea anterior;

f) Os créditos decorrentes de operações de investimento realizadas em nome e por conta de empresas que se encontrem em relação de domínio ou de grupo com a entidade participante;

g) Os créditos de que sejam titulares investidores responsáveis por factos relacionados com a entidade participante, ou que deles tenham tirado benefício, e que estejam na origem das dificuldades financeiras ou tenham contribuído para o agravamento de tal situação.

Artigo 10.°
Critérios de determinação e limite da indemnização

1. O Sistema garante o reembolso dos créditos decorrentes de operações de investimento de que seja titular o investidor à data em que se verificarem as situações previstas no n.° 1 do artigo seguinte até um limite máximo de 25 000 ecu.

2. O valor dos créditos do investidor é calculado de acordo com as condições legais e contratuais, nomeadamente as relativas à compensação, aplicáveis na avaliação, à data da verificação ou da publicação referidas no n.° 1 do artigo seguinte, do montante dos fundos ou dos instrumentos financeiros pertencentes ao investidor e que a entidade participante não tenha capacidade de reembolsar ou de restituir.

3. O valor referido nos números anteriores é determinado com observância dos seguintes critérios:

a) O valor dos instrumentos financeiros é determinado em função do valor estimado de realização na data referida no n.° 1;

b) São convertidos em escudos ou euros, ao câmbio da mesma data, os créditos expressos em moeda estrangeira;

c) Para efeitos do limite previsto no n.° 1, são considerados os créditos de cada investidor sobre a mesma entidade participante, independentemente do número de contas, da divisa e da localização na Comunidade Europeia;

d) Na ausência de disposição em contrário, os créditos resultantes de uma operação colectiva de investimento são repartidos em partes iguais entre os investidores;

e) A parte imputável a cada investidor numa operação colectiva de investimento é tomada em consideração para efeitos do limite previsto no n.° 1;

f) São agregados e tratados como se decorressem de um investimento efectuado por um único investidor os créditos relacionados com uma operação colectiva de investimento sobre a qual duas ou mais pessoas tenham direitos na qualidade de sócios de uma sociedade ou membros de uma associação, ou de qualquer agrupamento de natureza similar, desprovidos de personalidade jurídica;

g) Se o investidor não for o titular do direito aos fundos ou aos instrumentos financeiros, recebe a indemnização o respectivo titular, desde que tenha sido identificado ou seja identificável antes da data referida no n.º 1.

4. Para efeitos do disposto na alínea *a)* do número anterior, pode o Sistema recorrer aos serviços de uma entidade idónea e independente.

Artigo 11.º
Pagamento da indemnização

1. O Sistema é accionado, assegurando o pagamento da indemnização aos investidores, nos seguintes casos:

a) Quando a entidade participante, por razões directamente relacionadas com a sua situação financeira, não tenha possibilidade de cumprir as obrigações resultantes de créditos dos investidores e o Banco de Portugal tenha verificado, ouvida a CMVM, no prazo máximo de 21 dias após se ter certificado pela primeira vez da ocorrência, que a entidade participante não mostra ter possibilidade de proximamente vir a fazê-lo;

b) Quando o Banco de Portugal torne pública a decisão pela qual revogue a autorização da entidade participante, caso tal publicação ocorra antes da verificação referida na alínea anterior;

c) Relativamente aos créditos decorrentes de operações de investimento efectuadas em Portugal por sucursais de empresas de investimentos e instituições de crédito com sede em outro Estado membro da Comunidade Europeia, quando for recebida uma declaração da autoridade de supervisão do país de origem comprovando que se encontra suspenso o exercício dos direitos dos investidores a reclamarem os seus créditos sobre essa entidade.

2. O Sistema toma as medidas adequadas para informar os investidores da verificação, decisão ou declaração referidas no número anterior.

3. A indemnização é paga no prazo máximo de três meses contados da verificação da admissibilidade e do montante global dos créditos.

4. O prazo previsto no número anterior poderá ser prorrogado até seis meses em casos excepcionais mediante solicitação do Sistema junto da CMVM.

5. Sem prejuízo do prazo de prescrição previsto na lei, o termo do prazo previsto no n.º 3 não prejudica o direito dos investidores a reclamarem do Sistema o montante que por este lhes for devido.

6. No caso das entidades previstas no artigo 5.º, o Sistema e o sistema do Estado membro de origem devem chegar a acordo quanto à forma de repartição dos encargos a suportar por cada sistema.

Artigo 12.º
Sub-rogação

O Sistema fica sub-rogado na titularidade dos direitos dos investidores na medida das indemnizações que tenha efectuado.

Artigo 13.º
Suspensão do pagamento da indemnização

1. O Sistema suspende todos os pagamentos no caso de o investidor, ou qualquer outra pessoa que seja titular dos créditos decorrentes de uma operação de investimento, ou parte interessada nessa operação, tiver sido pronunciado pela prática de actos de branqueamento de capitais.
2. A suspensão prevista no número anterior mantém-se até ao trânsito em julgado da sentença final.

Artigo 14.º
Informação ao público

1. As empresas de investimento e as instituições de crédito devem prestar ao público todas as informações pertinentes relativas ao sistema de indemnização em que participem, nomeadamente quanto ao montante, âmbito da cobertura prestada pelo sistema e prazo máximo de pagamento da indemnização.
2. A informação deve encontrar-se disponível nas instalações das entidades referidas no número anterior, em local bem identificado e directamente acessível.

CAPÍTULO III
Estrutura orgânica

Artigo 15.º
Administração do Sistema

1. O Sistema é administrado por uma comissão directiva, composta por um presidente e dois vogais.
2. O presidente é designado pelo conselho directivo da CMVM de entre os seus membros.
3. Um dos vogais é designado pelo conselho de administração do Banco de Portugal, de entre os seus membros, sendo o outro nomeado pelo Ministro das Finanças, ouvidas as associações representativas dos participantes no Sistema.
4. O presidente da comissão directiva tem voto de qualidade.
5. O Sistema obriga-se pela assinatura de dois membros da comissão directiva.
6. Os membros da comissão directiva exercem as suas funções por períodos renováveis de três anos, desde que se mantenham no conselho directivo da CMVM e no conselho de administração do Banco de Portugal, respectivamente.

Artigo 16.º
Serviços

A CMVM assegura os serviços técnicos e administrativos indispensáveis ao bom funcionamento do Sistema.

Artigo 17.º
Receitas próprias

O Sistema dispõe das seguintes receitas:

a) Entregas dos participantes no cumprimento das obrigações previstas no presente diploma;

b) Liberalidades;

c) Produto das coimas aplicadas pelo Banco de Portugal a empresas de investimento que sejam participantes do Sistema, à data da infracção, nos termos do RGIC;

d) Produto das coimas aplicadas a entidades participantes por incumprimento das obrigações a que se encontram obrigadas no âmbito do Sistema, nos termos do Código do Mercado de Valores Mobiliários;

e) Produto das coimas aplicadas, nos termos e nos casos previstos no Código do Mercado de Valores Mobiliários, às entidades habilitadas a exercer actividades de intermediação em valores mobiliários que sejam participantes do Sistema.

3. O produto das coimas referidas nas alíneas *c*) a *e*) do número anterior reverte para o Sistema mesmo que haja impugnação judicial ou recurso judicial do processo de aplicação da coima.

Artigo 18.º
Despesas de funcionamento do Sistema

As despesas de funcionamento do Sistema são suportadas pelas entidades participantes em montante e no prazo fixados por regulamento da CMVM.

Artigo 19.º
Períodos de exercício

Os períodos de exercício do Sistema correspondem ao ano civil.

Artigo 20.º
Plano de contas

O plano de contas do Sistema é aprovado pela comissão directiva e é organizado de modo a permitir identificar claramente a sua estrutura patrimonial e o seu funcionamento e a registar todas as operações realizadas.

Artigo 21.º
Fiscalização

A comissão de fiscalização da CMVM acompanha a actividade do Sistema, zela pelo cumprimento das leis e regulamentos e emite parecer acerca das contas anuais.

Artigo 22.º
Relatório e contas

Até 31 de Março de cada ano, o Sistema apresenta ao Ministro das Finanças, para aprovação, o relatório e as contas reportados a 31 de Dezembro do ano anterior, acompanhados do parecer da comissão de fiscalização da CMVM.

CAPÍTULO IV
Regulamentação

Artigo 23.°
Regulamentação

1. O Ministro das Finanças aprova por portaria, sob proposta da comissão directiva, os regulamentos necessários ao funcionamento do Sistema.

2. O Ministro das Finanças fixa as remunerações dos membros da comissão directiva do Sistema e da comissão de fiscalização referida no artigo 21.°.

3. São definidos por regulamento da CMVM, ouvido o Banco de Portugal, a comissão directiva do Sistema e as associações representativas das entidades participantes:

a) Os termos da garantia prevista no n.° 2 do artigo 6.°;

b) A percentagem prevista no n.° 3 do artigo 6.°;

c) O montante anual previsto no n.° 5 do artigo 6.°.

CAPÍTULO V
Alterações ao RGIC e ao Código do Mercado de Valores Mobiliários

Artigo 24.°
Alterações ao RGIC

Os artigos 22.°, 49.°, 79.°, 89.°, 166.°, 178.° e 225.° do Regime Geral das Instituições de Crédito e Sociedades Financeiras, aprovado pelo Decreto-Lei n.° 298/92, de 31 de Dezembro, passam a ter a seguinte redacção:

«Artigo 22.°

[...]

1. ...

a) ...

b) ...

c) ...

d) ...

e) ...

f) ...

g) Se a instituição não cumprir as obrigações decorrentes da sua participação no Fundo de Garantia de Depósitos ou no Sistema de Indemnização aos Investidores;

h) ...

2. ...

3. ...

Artigo 49.°

[...]

1. ...

a) ...

b) ...

c) ...

d) ...

e) ...

f) ...

g) Descrição pormenorizada do Sistema de Indemnização aos Investidores de que a instituição de crédito participe e que assegure a protecção dos investidores clientes da sucursal.

2. ...

Artigo 79.º

[...]

1. ...

2. ...

a) ...

b) ...

c) Ao Fundo de Garantia de Depósitos e ao Sistema de Indemnização aos Investidores, no âmbito das respectivas atribuições;

d) ...

e) ...

Artigo 89.º

[...]

1. ...

2. As mensagens publicitárias que mencionem a garantia dos depósitos ou a indemnização dos investidores devem limitar-se a referências meramente descritivas e não podem conter quaisquer juízos de valor nem tecer comparações com a garantia dos depósitos ou a indemnização dos investidores asseguradas por outras instituições.

3. ...

4. ...

5. ...

Artigo 166.º

[...]

1. O Fundo garante o reembolso da totalidade do valor global dos saldos em dinheiro de cada depositante, desde que esse valor não ultrapasse os 25000 ecu.

2. Para os efeitos do número anterior, considerar-se-ão os saldos existentes à data em que se verificar a indisponibilidade dos depósitos.

3. O valor referido no n.º 1 será determinado com observância dos seguintes critérios:

a) [Anterior alínea *a)* do n.º 4.]

b) [Anterior alínea *b)* do n.º 4.]

c) [Anterior alínea *c)* do n.º 4.]

d) [Anterior alínea *d)* do n.º 4.]

e) [Anterior alínea *e)* do n.º 4.]

f) Se o direito tiver vários titulares, a parte imputável a cada um deles, nos termos da regra constante da alínea *d)*, será tomada em consideração no cálculo do limite previsto no n.º 1;

g) Os depósitos numa conta à qual tenham acesso várias pessoas na qualidade de membros de uma associação ou de uma comissão especial desprovidos de personalidade jurídica são agregados como se tivessem sido feitos por um único depositante e não contam para efeitos do cálculo do limite previsto no n.º 1 aplicável a cada uma dessas pessoas.

Artigo 178.º
[...]
1. ...
a) ...
b) ...
c) ...
d) ...
e) ...
f) ...
g) ...
h) Se a sociedade não cumprir as obrigações decorrentes da sua participação no Sistema de Indemnização aos Investidores.
2. ...
Artigo 225.º
[...]
1. ...
2. ...
3. O valor das coimas reverte integralmente para o Estado, salvo nos casos previstos nos números seguintes.
4. ...
5. Reverte para o Sistema de Indemnização aos Investidores o valor das coimas em que forem condenadas as empresas de investimento que sejam participantes daquele Sistema.»

Artigo 25.º
Revogação

É revogado o n.º 2 do artigo 166.º e a alínea *c*) do artigo 199.º-E do Regime Geral das Instituições de Crédito e Sociedades Financeiras.

Artigo 26.º
Alteração ao Código do Mercado de Valores Mobiliários

O artigo 40.º do Código do Mercado de Valores Mobiliários, aprovado pelo Decreto-Lei n.º 142-A/91, de 10 de Abril, passa a ter a seguinte redacção:
«Artigo 40.º
[...]
1. ...
a) ...
b) ...
c) ...
d) ...
e) O produto das coimas aplicadas em processo de contra-ordenação, nos termos dos artigos 670.º e seguintes, mesmo que haja impugnação judicial ou recurso judicial do processo de aplicação da coima, salvo se for legalmente afecto ao Sistema de Indemnização aos Investidores.
f) ...

g) ...
h) ...
i) ...
j) ...
l) ...
m) ...
2. ...
3. ...
4. ...
5. ...

Visto e aprovado em Conselho de Ministros de 1 de Abril de 1999. – *António Manuel de Oliveira Guterres – António Carlos dos Santos.*

Promulgado em 2 de Junho de 1999.

Publique-se.

O Presidente da República, JORGE SAMPAIO.

Referendado em 9 de Junho de 1999.

O Primeiro-Ministro, *António Manuel de Oliveira Guterres.*

DECRETO-LEI N.° 433/82
de 27 de Outubro

1. Após a publicação do Decreto-Lei n.° 411-A/79, de 1 de Outubro, o regime das contra-ordenações, introduzido pelo Decreto-Lei n.° 232/79, de 24 de Julho, ficou desprovido de qualquer eficácia directa e própria.

As transformações entretanto operadas tanto no plano da realidade político-social e económica como no ordenamento jurídico português vieram tornar mais instante a necessidade de reafirmar a vigência do direito de ordenação social, introduzindo, do mesmo passo, algumas alterações.

São conhecidas as necessidades de índole político-criminal a que este específico ramo do direito procura dar resposta. Elas foram, aliás, apresentadas com algum desenvolvimento no relatório que precedia o Decreto-Lei n.° 232/79 em termos que conservam plenamente a sua pertinência. Resumidamente, o aparecimento do direito das contra-ordenações ficou a dever-se ao pendor crescentemente intervencionista do Estado contemporâneo, que vem progressivamente alargando a sua acção conformadora aos domínios da economia, saúde, educação, cultura, equilíbrios ecológicos, etc. Tal característica, comum à generalidade dos Estados das modernas sociedades técnicas, ganha entre nós uma acentuação particular por força das profundas e conhecidas transformações dos últimos anos, que encontraram eco na Lei Fundamental de 1976. A necessidade de dar consistência prática às injunções normativas decorrentes deste novo e crescente intervencionismo do Estado, convertendo-as em regras efectivas de conduta, postula naturalmente o recurso a um quadro específico de sanções. Só que tal não pode fazer-se, como unanimemente reconhecem os cultores mais qualificados das ciências criminológicas e penais, alargando a intervenção do direito criminal. Isto significaria, para além de uma manifesta degradação do direito penal, com a consequente e irreparável perda da sua força de persuasão e prevenção, a impossibilidade de mobilizar preferencialmente os recursos disponíveis para as tarefas da prevenção e repressão da criminalidade mais grave. Ora é esta que de forma mais drástica põe em causa a segurança dos cidadãos, a integridade das suas vidas e bens e, de um modo geral, a sua qualidade de vida.

2. No mesmo sentido, ou seja, no da urgência de conferir efectividade ao direito de ordenação social, distinto e autónomo do direito penal, apontam as transformações operadas ou em vias de concretização no ordenamento jurídico português, a começar pelas transformações do quadro jurídico-constitucional.

Por um lado, com a revisão constitucional aprovada pela Assembleia da República o direito das contra-ordenações virá a receber expresso reconhecimento constitucional (cf. v.g. os textos aprovados para os novos artigos 168.°, n.° 1, alínea *d)*, e 282.°, n.° 3). Por outro lado, o texto aprovado para o artigo 18.°, n.° 2, consagra expressamente o princípio em nome do qual a doutrina penal vem sustentando o princípio da subsidiariedade do direito criminal. Segundo ele, o direito criminal deve apenas ser utilizado como a *ultima ratio* da política criminal, destinado a punir as ofensas intoleráveis aos valores ou interesses fundamentais à conveniência humana, não sendo lícito recorrer a ele para sancionar infracções de não comprovada dignidade penal.

Também o novo Código Penal, ao optar por uma política equilibrada da descriminalização, deixa aberto um vasto campo ao direito de ordenação social naquelas áreas em que as condutas, apesar de socialmente intoleráveis, não atingem a dignidade penal. Mas são, sobretudo, as necessárias reformas em domínios como as práticas restritivas da concorrência, as infracções contra a economia nacional e o ambiente, bem como a protecção dos consumidores, que tornam o regime das contra-ordenações verdadeiramente imprescindível.

Só ele, com efeito, viabilizará uma política criminal racional, permitindo diferenciar entre os tipos de infracções e os respectivos arsenais de reacções.

3. Para atingir estes objectivos, importava introduzir algumas alterações no regime geral das contra-ordenações. Tratava-se, fundamentalmente, de colmatar uma importante lacuna, estabelecendo as normas necessárias à regulamentação substantiva e processual do concurso de crime e contra-ordenação, bem como das vicissitudes processuais impostas pela alteração da qualificação, no decurso do processo, de uma infracção como crime ou contra-ordenação.

Para além disso e das alterações introduzidas quanto às autoridades competentes para aplicar em primeira instância as coimas (retirando-se tal competência aos secretários das câmaras municipais), manteve-se, no essencial, inalterada a lei das contra-ordenações. Apesar de se tratar de um diploma de enquadramento, manifesta-se a vontade de progressivamente se caminhar no sentido de constituir efectivamente um ilícito de mera ordenação social.

Manteve-se, outrossim, a fidelidade à ideia de fundo que preside à distinção entre crime e contra-ordenação. Uma distinção que não esquece que aquelas duas categorias de ilícito tendem a extremar-se, quer pela natureza dos respectivos bens jurídicos quer pela desigual ressonância ética. Mas uma distinção que terá, em última instância, de ser jurídico-pragmática e, por isso, também necessariamente formal.

Assim, usando da faculdade conferida pela Lei n.° 24/82, de 23 de Agosto, o Governo decreta, nos termos da alínea *b*) do n.° 1 do artigo 201.° da Constituição, o seguinte:

Decreto-Lei n.° 356/89
de 17 de Outubro

Com a introdução no ordenamento jurídico português do regime geral das contra-ordenações pelo Decreto-Lei n.° 433/82, de 27 de Outubro, deu-se um passo fundamental no sentido de dar um tratamento jurídico autónomo a infracções verificadas em domínios nos quais se assiste a uma crescente intervenção conformadora do Estado e que, submetidas à tutela do direito penal, o vinham descaracterizando retirando-lhe eficácia persuasiva e preventiva.

Conferiu-se assim ao direito de ordenação social a tutela de uma área em que as condutas, sem constituírem ofensas graves aos bens essenciais da vida em comunidade, são, apesar disso, merecedoras de sanção.

Passados que foram seis anos sobre a entrada em vigor do referido diploma, importa introduzir-lhe alterações ditadas pela experiência da sua aplicação e, ainda, pelas transformações entretanto operadas, quer na realidade social e económica, quer no ordenamento jurídico português.

Revela-se necessário proceder a um reforço das garantias dos particulares, alterando o processo contra-ordenacional de modo a alargar o actual prazo de recurso para os tribunais das decisões da aplicação de coimas pelas autoridades administrativas, uma vez que os cinco dias previstos se têm demonstrado manifestamente insuficientes para garantir um pleno acesso aos tribunais pelos interessados.

De igual modo importa alterar as regras de competência para conhecimento pelos tribunais dos referidos recursos uma vez que o actual regime, ao determinar a competência do tribunal pelo local da sede da autoridade administrativa, procede a um afastamento da justiça quanto aos seus destinatários.

Por outro lado, impõe-se fixar regras de determinação de competência para aplicar coimas de molde a evitar situações de insegurança e incerteza na aplicação do direito.

De referir, ainda, a necessidade de reforçar a eficácia do sistema contra-ordenacional procedendo-se a uma actualização do montante máximo e mínimo das coimas aplicáveis, actualização esta que se impõe, aliás, pela depreciação monetária entretanto verificada.

Também o regime das sanções acessórias aplicáveis carece de revisão, esclarecendo-se dúvidas e incertezas resultantes da prática da sua aplicação e, ainda, instituindo-se novas sanções acessórias particularmente adequadas à gravidade dos comportamentos descritos em certos tipos legais de contra-ordenação.

De salientar, por último, a necessidade de proceder às adaptações impostas pelo novo regime de processo penal.

Assim:

No uso de autorização legislativa concedida pelo artigo 1.° da Lei n.° 4/89, de 3 de Março, e nos termos da alínea *b*) do n.° 1 do artigo 201.° da Constituição, o Governo decreta o seguinte:

Artigo 1.° Os artigos 17.°, 21.°, 22.°, 26.°, 34.°, 35.°, 59.°, 61.° e 66.° do Decreto--Lei n.° 433/82, de 27 de Outubro, passam a ter a seguinte redacção:

. . . .

Artigo 2.° É aditado ao Decreto-Lei n.° 433/82, de 27 de Outubro, o artigo 50.°-A, com a seguinte redacção:

. . . .
. . . .

Decreto-Lei n.° 244/95
de 14 de Setembro

Consagrado a partir de 1979, o ilícito de mera ordenação social tem vindo a assumir uma importância antes dificilmente imaginável.

Com efeito, a par do programa de descriminalização desde então gizado, com a inerente transformação em contra-ordenações de muitas infracções anteriormente qualificadas como contravenções ou como crimes, regista-se um crescente movimento de neopunição, com o alargamento notável das áreas de actividade que agora são objecto de ilícito de mera ordenação social e, do mesmo passo, com a fixação de coimas de montantes muito elevados e a cominação de sanções acessórias especialmente severas. Compreensivelmente, não pode o direito de mera ordenação social continuar a ser olhado como um direito de bagatelas penais.

É nesta perspectiva que deve entender-se a presente reforma do regime geral das contra-ordenações, especialmente orientada para o efectivo reforço das garantias dos arguidos perante o crescente poder sancionatório da Administração. Por outro lado, cumpre acentuar a eficácia do sistema punitivo das contra-ordenações, tão mais necessário quanto mais extenso o domínio de intervenção e a relevância daquele sistema na ordenação da vida comunitária. Por último, afigura-se adequado, no momento presente, proceder ao aperfeiçoamento da coerência interna do regime geral de mera ordenação social, bem como da coordenação deste com o disposto na legislação penal e processual penal.

Em rápida síntese, cabe agora descrever as principais alterações consagradas no presente diploma.

Em ordem ao reforço dos direitos e garantias dos arguidos, destacam-se a fixação de regras sobre a atenuação especial da coima e a previsão de tal atenuação nos casos de tentativa e cumplicidade, bem como a revisão do regime das sanções acessórias, estabelecendo com rigor os respectivos pressupostos e, em especial, fazendo depender a sua aplicação de uma ligação relevante com a prática da contra-ordenação.

Mais ainda, reduzem-se os prazos de prescrição da coima, elimina-se a previsão da possibilidade de detenção para identificação do agente de uma contra-ordenação e procede-se a uma explicitação mais rigorosa dos direitos fundamentais de audiência e defesa do arguido.

Deve, a este propósito, ser também referida a revisão do disposto sobre apoio judiciário, o reforço do dever de fundamentação de decisão administrativa, assim como da decisão judicial, o alargamento significativo do prazo para impugnação da decisão administrativa – esclarecendo regras sobre o modo como deve contar-se – e do prazo de recurso da decisão judicial, o estabelecimento da proibição da *reformatio in pejus* e, por último, a previsão da obrigação de restituir os montantes pagos a título de coima em caso de caducidade da decisão administrativa, devida a decisão judicial incompatível com aquela.

No sentido de garantir uma maior eficácia do sistema, são de sublinhar a alteração dos limites mínimos e máximos das coimas, tendo em conta a evolução do índice de preços ao consumidor desde a actualização de 1989, a inclusão da referência ao benefício económico retirado da infracção entre os critérios gerais de medida da coima, a par da previsão como circunstância qualificativa do benefício económico, nos casos em que este excede o limite máximo da coima, e ainda a fixação de um cúmulo jurídico das coimas, em caso de concurso de contra-ordenação, com equiparação entre concurso ideal e concurso real.

Em particular, procede-se à revisão do regime do pagamento voluntário da coima, esclarecendo-se que não fica precludida a aplicação de sanções acessórias, e aperfeiçoam--se quer o regime atinente ao processo de aplicação administrativa das coimas e das sanções acessórias, ao processo judicial de aplicação de tais sanções e aos recursos das decisões, quer as regras em matéria de execução da coima e das sanções acessórias, de custas e de taxa de justiça.

No plano da intensificação da coerência interna do regime geral de mera ordenação social e da respectiva coordenação com a legislação penal e processual penal, devem salientar-se, entre outros aspectos, a introdução de uma distinção clara entre a apreensão, as medidas de natureza provisória e a perda com efeitos definitivos, a clarificação do regime de perda e da apreensão de objectos perigosos, a fixação de regras sobre a suspensão da prescrição do procedimento e a interrupção da prescrição da coima, para além da substituição do chamado processo de advertência pela previsão da sanção de admoestação.

Alteram-se ainda as regras sobre competência territorial do tribunal para conhecer da impugnação da decisão da autoridade administrativa, de modo a aproximá-las às regras equivalentes do Código de Processo Penal. Em simultâneo, estabelece-se, em sede de impugnação da decisão administrativa, a obrigatoriedade da presença do Ministério Público na audiência, atribuindo-se a esta entidade a competência para promover a prova, clarificando-se também o regime da retirada da acusação e do recurso. É, do mesmo passo, eliminada a referência ao «trânsito em julgado da decisão definitiva», passando a utilizar--se a expressão «carácter definitivo da decisão», ou equivalente.

Apesar das significativas alterações introduzidas, optou-se por manter inalterada a estrutura formal do diploma agora revisto, bem como a numeração do articulado, o que facilitará a sua aplicação pelos operadores deste sector do jurídico.

A ideia de Estado de direito constitucionalmente assumida postula a limitação do poder sancionatório das entidades públicas pelo princípio da proporcionalidade, do mesmo modo que exige o respeito, na prossecução do interesse público, pelos direitos, liberdades e garantias individuais. Espera-se que a inserção do presente diploma no ordenamento português contribua para conciliar a eficácia do ilícito de mera ordenação social com o progresso na construção, que deve ser tarefa permanente da comunidade, de um verdadeiro Estado de direito.

Procede-se também à publicação integral do texto resultante das modificações introduzidas.

Assim:

No uso da autorização legislativa concedida pela Lei n.° 13/95, de 5 de Maio, e nos termos das alíneas *a*) e *b*) do n.° 1 do artigo 201.° da Constituição, o Governo decreta o seguinte:

Artigo 1.° Os artigos 1.°, 3.°, 4.°, 9.°, 13.°, 16.° a 19.°, 21.° a 27.° 29.° 33.° 35.° 38.° 39.°, 41.°, 45.°, 49.° a 51.°, 53.°, 56.°, 58.° a 62.°, 64.°, 65.°, 68.° a 76.°, 78.° a 83.°, 85.° e 87.° a 95.° do Decreto-Lei n.° 433/82, de 27 de Outubro, alterado pelo Decreto-Lei n.° 356/89, de 17 de Outubro, passam a ter a seguinte redacção:

....

Artigo 2.° São aditados ao Decreto-Lei n.° 433/82, de 27 de Outubro, alterado pelo Decreto-Lei n.° 356/89, de 17 de Outubro, os artigos 21.°-A, 27.°-A, 30.°-A, 48.°-A, 65.°-A, 72.°-A e 89.°-A, com a seguinte redacção:

....

Artigo 3.° São revogados os artigos 84.° e 86.° do Decreto-Lei n.° 433/82, de 27 de Outubro.

Artigo 4.° É republicado em anexo o texto do Decreto-Lei n.° 433/ /82, de 27 de Outubro, com as alterações que lhe foram introduzidas pelo Decreto-Lei n.° 356/89, de 17 de Outubro, e pelo presente diploma.

Artigo 5.° O presente diploma entra em vigor no dia 1 de Outubro de 1995.

Visto e aprovado em Conselho de Ministros de 27 de Julho de 1995. – *Manuel Dias Loureiro – José Manuel Cardoso Borges Soeiro.*

Promulgado em 24 de Agosto de 1995.

Publique-se.

O Presidente da República, MÁRIO SOARES.

Referendado em 28 de Agosto de 1995.

O Primeiro-Ministro, *Aníbal António Cavaco Silva.*

I PARTE
Da contra-ordenação e da coima em geral

CAPÍTULO I
Âmbito de vigência

Artigo 1.°
Definição

Constitui contra-ordenação todo o facto ilícito e censurável que preencha um tipo legal no qual se comine uma coima.

Artigo 2.°
Princípio da legalidade

Só será punido como contra-ordenação o facto descrito e declarado passível de coima por lei anterior ao momento da sua prática.

Artigo 3.°
Aplicação no tempo

1. A punição da contra-ordenação é determinada pela lei vigente no momento da prática do facto ou do preenchimento dos pressupostos de que depende.
2. Se a lei vigente ao tempo da prática do facto for posteriormente modificada, aplicar-se-á a lei mais favorável ao arguido, salvo se este já tiver sido condenado por decisão definitiva ou transitada em julgado e já executada.
3. Quando a lei vale para um determinado período de tempo, continua a ser punida a contra-ordenação praticada durante esse período.

Artigo 4.°
Aplicação no espaço

Salvo tratado ou convenção internacional em contrário, são puníveis as contra-ordenações:
a) Praticadas em território português, seja qual for a nacionalidade do agente;
b) Praticadas a bordo de aeronaves ou navios portugueses.

Artigo 5.°
Momento da prática do facto

O facto considera-se praticado no momento em que o agente actuou ou, no caso de omissão, deveria ter actuado, independentemente do momento em que o resultado típico se tenha produzido.

Artigo 6.°
Lugar da prática do facto

O facto considera-se praticado no lugar em que, total ou parcialmente e sob qualquer forma de comparticipação, o agente actuou ou, no caso de omissão, devia ter actuado, bem como naquele em que o resultado típico se tenha produzido.

CAPÍTULO II
Da contra-ordenação

Artigo 7.°
Responsabilidade das pessoas colectivas ou equiparadas

1. As coimas podem aplicar-se tanto às pessoas singulares como às pessoas colectivas, bem como às associações sem personalidade jurídica.
2. As pessoas colectivas ou equiparadas serão responsáveis pelas contra-ordenações praticadas pelos seus órgãos no exercício das suas funções.

Artigo 8.°
Dolo e negligência

1. Só é punível o facto praticado com dolo ou, nos casos especialmente previstos na lei, com negligência.
2. O erro sobre elementos do tipo, sobre a proibição ou sobre um estado de coisas que, a existir, afastaria a ilicitude do facto ou a culpa do agente exclui o dolo.
3. Fica ressalvada a punibilidade da negligência nos termos gerais.

Artigo 9.°
Erro sobre a ilicitude

1. Age sem culpa quem actua sem consciência da ilicitude do facto, se o erro lhe não for censurável.
2. Se o erro lhe for censurável, a coima pode ser especialmente atenuada.

Artigo 10.°
Inimputabilidade em razão da idade

Para os efeitos desta lei, consideram-se inimputáveis os menores de 16 anos.

Artigo 11.°
Inimputabilidade em razão de anomalia psíquica

1. É inimputável quem, por força de uma anomalia psíquica, é incapaz, no momento da prática do facto, de avaliar a ilicitude deste ou de se determinar de acordo com essa avaliação.

2. Pode ser declarado inimputável quem, por força de uma anomalia psíquica grave não acidental e cujos efeitos não domina, sem que por isso possa ser censurado, tem no momento da prática do facto a capacidade para avaliar a ilicitude deste ou para se determinar de acordo com essa avaliação sensivelmente diminuída.

3. A imputabilidade não é excluída quando a anomalia psíquica tiver sido provocada pelo próprio agente com intenção de cometer o facto.

Artigo 12.º
Tentativa

1. Há tentativa quando o agente pratica actos de execução de uma contra-ordenação que decidiu cometer sem que esta chegue a consumar-se.

2. São actos de execução:

a) Os que preenchem um elemento constitutivo de um tipo de contra-ordenação;

b) Os que são idóneos a produzir o resultado típico;

c) Os que, segundo a experiência comum e salvo circunstâncias imprevisíveis, são de natureza a fazer esperar que se lhes sigam actos das espécies indicadas nas alíneas anteriores.

Artigo 13.º
Punibilidade da tentativa

1. A tentativa só pode ser punida quando a lei expressamente o determinar.

2. A tentativa é punível com coima aplicável à contra-ordenação consumada, especialmente atenuada.

Artigo 14.º
Desistência

1. A tentativa não é punível quando o agente voluntariamente desiste de prosseguir na execução da contra-ordenação, ou impede a consumação, ou, não obstante a consumação, impede a verificação do resultado não compreendido no tipo da contra-ordenação.

2. Quando a consumação ou a verificação do resultado são impedidas por facto independente da conduta do desistente, a tentativa não é punível se este se esforça por evitar uma ou outra.

Artigo 15.º
Desistência em caso de comparticipação

Em caso de comparticipação, não é punível a tentativa daquele que voluntariamente impede a consumação ou a verificação do resultado, nem daquele que se esforça seriamente por impedir uma ou outra, ainda que os comparticipantes prossigam na execução da contra-ordenação ou a consumem.

Artigo 16.º
Comparticipação

1. Se vários agentes comparticipam no facto, qualquer deles incorre em responsabilidade por contra-ordenação mesmo que a ilicitude ou o grau de ilicitude do facto depen-

dam de certas qualidades ou relações especiais do agente e estas só existam num dos comparticipantes .

2. Cada comparticipante é punido segundo a sua culpa, independentemente da punição ou do grau de culpa dos outros comparticipantes.

3. É aplicável ao cúmplice a coima fixada para o autor, especialmente atenuada.

CAPÍTULO III
Da coima e das sanções acessórias

Artigo 17.°
Montante da coima

1. Se o contrário não resultar de lei, o montante mínimo da coima aplicável às pessoas singulares é de 750$ e o máximo de 750000$.

2. Se o contrário não resultar de lei, o montante máximo da coima aplicável às pessoas colectivas é de 9000000$.

3. Em caso de negligência, se o contrário não resultar de lei, os montantes máximos previstos nos números anteriores são, respectivamente, de 375000$ e de 4500000$.

4. Em qualquer caso, se a lei, relativamente ao montante máximo, não distinguir o comportamento doloso do negligente, este só pode ser sancionado até metade daquele montante.

Artigo 18.°
Determinação da medida da coima

1. A determinação da medida da coima faz-se em função da gravidade da contra-ordenação, da culpa, da situação económica do agente e do benefício económico que este retirou da prática da contra-ordenação.

2. Se o agente retirou da infracção um benefício económico calculável superior ao limite máximo da coima, e não existirem outros meios de o eliminar, pode este elevar-se até ao montante do benefício, não devendo todavia a elevação exceder um terço do limite máximo legalmente estabelecido.

3. Quando houver lugar à atenuação especial da punição por contra-ordenação, os limites máximo e mínimo da coima são reduzidos para metade.

Artigo 19.°
Concurso de contra-ordenações

1. Quem tiver praticado várias contra-ordenações é punido com uma coima cujo limite máximo resulta da soma das coimas concretamente aplicadas às infracções em concurso.

2. A coima aplicável não pode exceder o dobro do limite máximo mais elevado das contra-ordenações em concurso.

3. A coima a aplicar não pode ser inferior à mais elevada das coimas concretamente aplicadas às várias contra-ordenações.

Artigo 20.º
Concurso de infracções

Se o mesmo facto constituir simultaneamente crime e contra-ordenação, será o agente sempre punido a título de crime, sem prejuízo da aplicação das sanções acessórias previstas para a contra-ordenação.

Artigo 21.º
Sanções acessórias

1. A lei pode, simultaneamente com a coima, determinar as seguintes sanções acessórias, em função da gravidade da infracção e da culpa do agente:

a) Perda de objectos pertencentes ao agente;

b) Interdição do exercício de profissões ou actividades cujo exercício dependa de título público ou de autorização ou homologação de autoridade pública;

c) Privação do direito a subsídio ou benefício outorgado por entidades ou serviços públicos;

d) Privação do direito de participar em feiras ou mercados;

e) Privação do direito de participar em arrematações ou concursos públicos que tenham por objecto a empreitada ou a concessão de obras públicas, o fornecimento de bens e serviços, a concessão de serviços públicos e a atribuição de licenças ou alvarás;

f) Encerramento de estabelecimento cujo funcionamento esteja sujeito a autorização ou licença de autoridade administrativa;

g) Suspensão de autorizações, licenças e alvarás.

2. As sanções referidas nas alíneas *b)* a *g)* do número anterior têm a duração máxima de dois anos, contados a partir da decisão condenatória definitiva.

3. A lei pode ainda determinar os casos em que deva dar-se publicidade à punição por contra-ordenação.

Artigo 21.º-A
Pressupostos da aplicação das sanções acessórias

1. A sanção referida na alínea *a)* do n.º 1 do artigo anterior só pode ser decretada quando os objectos serviram ou estavam destinados a servir para a prática de uma contra-ordenação, ou por esta foram produzidos.

2. A sanção referida na alínea *b)* do n.º 1 do artigo anterior só pode ser decretada se o agente praticou a contra-ordenação com flagrante e grave abuso da função que exerce ou com manifesta e grave violação dos deveres que lhe são inerentes.

3. A sanção referida na alínea *c)* do n.º 1 do artigo anterior só pode ser decretada quando a contra-ordenação tiver sido praticada no exercício ou por causa da actividade a favor da qual é atribuído o subsídio.

4. A sanção referida na alínea *d)* do n.º 1 do artigo anterior só pode ser decretada quando a contra-ordenação tiver sido praticada durante ou por causa da participação em feira ou mercado.

5. A sanção referida na alínea *e)* do n.º 1 do artigo anterior só pode ser decretada quando a contra-ordenação tiver sido praticada durante ou por causa dos actos públicos ou no exercício ou por causa das actividades mencionadas nessa alínea.

6. As sanções referidas nas alíneas *f*) e *g*) do n.° 1 do artigo anterior só podem ser decretadas quando a contra-ordenação tenha sido praticada no exercício ou por causa da actividade a que se referem as autorizações, licenças e alvarás ou por causa do funcionamento do estabelecimento.

Artigo 22.°
Perda de objectos perigosos

1. Podem ser declarados perdidos os objectos que serviram ou estavam destinados a servir para a prática de uma contra-ordenação, ou que por esta foram produzidos, quando tais objectos representem, pela sua natureza ou pelas circunstâncias do caso, grave perigo para a comunidade ou exista sério risco da sua utilização para a prática de um crime ou de outra contra-ordenação.

2. Salvo se o contrário resultar do presente diploma, são aplicáveis à perda de objectos perigosos as regras relativas à sanção acessória de perda de objectos.

Artigo 23.°
Perda do valor

Quando, devido a actuação dolosa do agente, se tiver tornado total ou parcialmente inexequível a perda de objectos que, no momento da prática do facto, lhe pertenciam, pode ser declarada perdida uma quantia em dinheiro correspondente ao valor daqueles.

Artigo 24.°
Efeitos da perda

O carácter definitivo ou o transito em julgado da decisão de perda determina a transferência da propriedade para o Estado ou outra entidade pública, instituição particular de solidariedade social ou pessoa colectiva de utilidade pública que a lei preveja.

Artigo 25.°
Perda independente de coima

A perda de objectos perigosos ou do respectivo valor pode ter lugar ainda que não possa haver procedimento contra o agente ou a este não seja aplicada uma coima.

Artigo 26.°
Objectos pertencentes a terceiro

A perda de objectos perigosos pertencentes a terceiro só pode ter lugar:

a) Quando os seus titulares tiverem concorrido, com culpa, para a sua utilização ou produção, ou do facto tiverem tirado vantagens; ou

b) Quando os objectos forem, por qualquer título, adquiridos após a prática do facto, conhecendo os adquirentes a proveniência.

CAPÍTULO IV
Prescrição

Artigo 27.°
Prescrição do procedimento

O procedimento por contra-ordenação extingue-se por efeito da prescrição logo que sobre a prática da contra-ordenação hajam decorrido os seguintes prazos:

a) Dois anos, quando se trate de contra-ordenação a que seja aplicável uma coima superior ao montante máximo previsto no n.° 1 do artigo 17.°;

b) Um ano, nos restantes casos.

Artigo 27.°-A
Suspensão da prescrição

A prescrição do procedimento por contra-ordenação suspende-se, para além dos casos previstos na lei, durante o tempo em que o procedimento não puder legalmente iniciar-se ou continuar por falta de autorização legal.

Artigo 28.°
Interrupção da prescrição

1. A prescrição do procedimento por contra-ordenação interrompe-se:

a) Com a comunicação ao arguido dos despachos, decisões ou medidas contra ele tomados ou com qualquer notificação;

b) Com a realização de quaisquer diligências de prova, designadamente exames e buscas, ou com o pedido de auxílio às autoridades policiais ou a qualquer autoridade administrativa;

c) Com quaisquer declarações que o arguido tenha proferido no exercício do direito de audição.

2. Nos casos de concurso de infracções, a interrupção da prescrição do procedimento criminal determina a interrupção da prescrição do procedimento por contra-ordenação.

Artigo 29.°
Prescrição da coima

1. As coimas prescrevem nos prazos seguintes:

a) Três anos, no caso de uma coima superior ao montante máximo previsto no n.° 1 do artigo 17.°;

b) Um ano, nos restantes casos.

2. O prazo conta-se a partir do carácter definitivo ou do trânsito em julgado da decisão condenatória.

Artigo 30.°
Suspensão da prescrição da coima

A prescrição da coima suspende-se durante o tempo em que:

a) Por força da lei a execução não pode começar ou não pode continuar a ter lugar;

b) A execução foi interrompida;
c) Foram concedidas facilidades de pagamento.

Artigo 30.°-A
Interrupção da prescrição da coima

1. A prescrição da coima interrompe-se com a sua execução.
2. A prescrição da coima ocorre quando, desde o seu início e ressalvado o tempo de suspensão, tiver decorrido o prazo normal da prescrição acrescido de metade.

Artigo 31.°
Prescrição das sanções acessórias

Aplica-se às sanções acessórias o regime previsto nos artigos anteriores para a prescrição da coima.

CAPÍTULO V
Do direito subsidiário

Artigo 32.°
Do direito subsidiário

Em tudo o que não for contrário à presente lei aplicar-se-ão subsidiariamente, no que respeita à fixação do regime substantivo das contra-ordenações, as normas do Código Penal.

II PARTE
Do processo de contra-ordenação

CAPÍTULO I
Da competência

Artigo 33.°
Regra da competência das autoridades administrativas

O processamento das contra-ordenações e a aplicação das coimas e das sanções acessórias competem às autoridades administrativas, ressalvadas as especialidades previstas no presente diploma.

Artigo 34.°
Competência em razão da matéria

1. A competência em razão da matéria pertencerá às autoridades determinadas pela lei que prevê e sanciona as contra-ordenações.

2. No silêncio da lei serão competentes os serviços designados pelo membro do Governo responsável pela tutela dos interesses que a contra-ordenação visa defender ou promover.

3. Os dirigentes dos serviços aos quais tenha sido atribuída a competência a que se refere o número anterior podem delegá-la, nos termos gerais, nos dirigentes de grau hierarquicamente inferior.

Artigo 35.º
Competência territorial

1. É territorialmente competente a autoridade administrativa concelhia em cuja área de actuação:

a) Se tiver consumado a infracção ou, caso a infracção não tenha chegado a consumar-se, se tiver praticado o último acto de execução ou, em caso de punibilidade dos actos preparatórios, se tiver praticado o último acto de preparação;

b) O arguido tem o seu domicílio ao tempo do início ou durante qualquer fase do processo.

2. Se a infracção for cometida a bordo de aeronave ou navio português, fora do território nacional, será competente a autoridade em cuja circunscrição se situe o aeroporto ou porto português que primeiro for escalado depois do cometimento da infracção.

Artigo 36.º
Competência por conexão

1. Em caso de concurso de contra-ordenações será competente a autoridade a quem, segundo os preceitos anteriores, incumba processar qualquer das contra-ordenações.

2. O disposto no número anterior aplica-se também aos casos em que um mesmo facto torna várias pessoas passíveis de sofrerem uma coima.

Artigo 37.º
Conflitos de competência

1. Se das disposições anteriores resultar a competência cumulativa de várias autoridades, o conflito será resolvido a favor da autoridade que, por ordem de prioridades:

a) Tiver primeiro ouvido o arguido pela prática da contra-ordenação;

b) Tiver primeiro requerido a sua audição pelas autoridades policiais;

c) Tiver primeiro recebido das autoridades policiais os autos de que conste a audição do arguido.

2. As autoridades competentes poderão, todavia, por razões de economia, celeridade ou eficácia processuais, acordar em atribuir a competência a autoridade diversa da que resultaria da aplicação do n.º 1.

Artigo 38.º
Autoridades competentes em processo criminal

1. Quando se verifique concurso de crime e contra-ordenação, ou quando, pelo mesmo facto, uma pessoa deva responder a título de crime e outra a título de contra-orde-

nação, o processamento da contra-ordenação cabe às autoridades competentes para o processo criminal.

2. Se estiver pendente um processo na autoridade administrativa, devem os autos ser remetidos à autoridade competente nos termos do número anterior.

3. Quando, nos casos previstos nos n.ᵒˢ 1 e 2, o Ministério Público arquivar o processo criminal mas entender que subsiste a responsabilidade pela contra-ordenação, remeterá o processo à autoridade administrativa competente.

4. A decisão do Ministério Público sobre se um facto deve ou não ser processado como crime vincula as autoridades administrativas.

Artigo 39.°
Competência do tribunal

No caso referido no n.° 1 do artigo anterior, a aplicação da coima e das sanções acessórias cabe ao juiz competente para o julgamento do crime.

Artigo 40.°
Envio do processo ao Ministério Público

1. A autoridade administrativa competente remeterá o processo ao Ministério Público sempre que considere que a infracção constitui um crime.

2. Se o agente do Ministério Público considerar que não há lugar para a responsabilidade criminal, devolverá o processo à mesma autoridade.

CAPÍTULO II
Princípios e disposições gerais

Artigo 41.°
Direito subsidiário

1. Sempre que o contrário não resulte deste diploma, são aplicáveis, devidamente adaptados, os preceitos reguladores do processo criminal.

2. No processo de aplicação da coima e das sanções acessórias, as autoridades administrativas gozam dos mesmos direitos e estão submetidas aos mesmos deveres das entidades competentes para o processo criminal, sempre que o contrário não resulte do presente diploma.

Artigo 42.°
Meios de coacção

1. Não é permitida a prisão preventiva, a intromissão na correspondência ou nos meios de telecomunicação nem a utilização de provas que impliquem a violação do segredo profissional.

2. As provas que colidam com a reserva da vida privada, bem como os exames corporais e a prova de sangue, só serão admissíveis mediante o consentimento de quem de direito.

Artigo 43.º
Princípio da legalidade

O processo das contra-ordenações obedecerá ao princípio da legalidade.

Artigo 44.º
Testemunhas

As testemunhas não serão ajuramentadas.

Artigo 45.º
Consulta dos autos

1. Se o processo couber às autoridades competentes para o processo criminal, podem as autoridades administrativas normalmente competentes consultar os autos, bem como examinar os objectos apreendidos.
2. Os autos serão, a seu pedido, enviados para exame às autoridades administrativas.

Artigo 46.º
Comunicação de decisões

1. Todas as decisões, despachos e demais medidas tomadas pelas autoridades administrativas serão comunicadas às pessoas a quem se dirigem.
2. Tratando-se de medida que admita impugnação sujeita a prazo, a comunicação revestirá a forma de notificação, que deverá conter os esclarecimentos necessários sobre admissibilidade, prazo e forma de impugnação.

Artigo 47.º
Da notificação

1. A notificação será dirigida ao arguido e comunicada ao seu representante legal, quando este exista.
2. A notificação será dirigida ao defensor escolhido cuja procuração conste do processo ou ao defensor nomeado.
3. No caso referido no número anterior, o arguido será informado através de uma cópia da decisão ou despacho.
4. Se a notificação tiver de ser feita a várias pessoas, o prazo da impugnação só começa a correr depois de notificada a última pessoa.

CAPÍTULO III
Da aplicação da coima pelas autoridades administrativas

Artigo 48.º
Da polícia e dos agentes de fiscalização

1. As autoridades policiais e fiscalizadoras deverão tomar conta de todos os eventos ou circunstâncias susceptíveis de implicar responsabilidade por contra-ordenação e tomar as medidas necessárias para impedir o desaparecimento de provas.

2. Na medida em que o contrário não resulte desta lei, as autoridades policiais têm direitos e deveres equivalentes aos que têm em matéria criminal.

3. As autoridades policiais e agentes de fiscalização remeterão imediatamente às autoridades administrativas a participação e as provas recolhidas.

Artigo 48.°-A
Apreensão de objectos

1. Podem ser provisoriamente apreendido pelas autoridades administrativas competentes os objectos que serviram ou estavam destinados a servir para a prática de uma contra-ordenação, ou que por esta foram produzidos, e bem assim quaisquer outros que forem susceptíveis de servir de prova.

2. Os objectos são restituídos logo que se tornar desnecessário manter a apreensão para efeitos de prova, a menos que a autoridade administrativa pretenda declará-los perdidos.

3. Em qualquer caso, os objectos são restituídos logo que a decisão condenatória se torne definitiva, salvo se tiverem sido declarados perdidos.

Artigo 49.°
Identificação pelas autoridades administrativas e policiais

As autoridades administrativas competentes e as autoridades policiais podem exigir ao agente de uma contra-ordenação a respectiva identificação.

Artigo 50.°
Direito de audição e defesa do arguido

Não é permitida a aplicação de uma coima ou de uma sanção acessória sem antes se ter assegurado ao arguido a possibilidade de, num prazo razoável, se pronunciar sobre a contra-ordenação que lhe é imputada e sobre a sanção ou sanções em que incorre.

Artigo 50.°-A
Pagamento voluntário

1. Nos casos de contra-ordenação sancionável com coima de valor não superior a metade dos montantes máximos previstos nos n.os 1 e 2 do artigo 17.°, é admissível em qualquer altura do processo, mas sempre antes da decisão, o pagamento voluntário da coima, a qual, se o contrário não resultar da lei, será liquidada pelo mínimo, sem prejuízo das custas que forem devidas.

2. O pagamento voluntário da coima não exclui a possibilidade de aplicação de sanções acessórias.

Artigo 51.°
Admoestação

1. Quando a reduzida gravidade da infracção e da culpa do agente o justifique, pode a entidade competente limitar-se a proferir uma admoestação.

2. A admoestação é proferida por escrito, não podendo o facto voltar a ser apreciado como contra-ordenação.

Artigo 52.º
Deveres das testemunhas e peritos

1. As testemunhas e os peritos são obrigados a obedecer às autoridades administrativas quando forem solicitados a comparecer e a pronunciar-se sobre a matéria do processo.
2. Em caso de recusa injustificada, poderão as autoridades administrativas aplicar sanções pecuniárias até 10 000$00 e exigir a reparação dos danos causados com a sua recusa.

Artigo 53.º
Do defensor

1. O arguido da prática de uma contra-ordenação tem o direito de se fazer acompanhar de advogado, escolhido em qualquer fase do processo.
2. A autoridade administrativa nomeia defensor ao arguido, oficiosamente ou a requerimento deste, nos termos previstos na legislação sobre apoio judiciário, sempre que as circunstâncias do caso revelarem a necessidade ou a conveniência de o arguido ser assistido.
3. Da decisão da autoridade administrativa que indefira o requerimento de nomeação de defensor cabe recurso para o tribunal.

Artigo 54.º
Da iniciativa e da instrução

1. O processo iniciar-se-á oficiosamente, mediante participação das autoridades policiais ou fiscalizadoras ou ainda mediante denúncia particular.
2. A autoridade administrativa procederá à sua investigação e instrução, finda a qual arquivará o processo ou aplicará uma coima.
3. As autoridades administrativas poderão confiar a investigação e instrução, no todo ou em parte, às autoridades policiais, bem como solicitar o auxílio de outras autoridades ou serviços públicos.

Artigo 55.º
Recurso das medidas das autoridades administrativas

1. As decisões, despachos e demais medidas tomadas pelas autoridades administrativas no decurso do processo são susceptíveis de impugnação judicial por parte do arguido ou da pessoa contra as quais se dirigem.
2. O disposto no número anterior não se aplica às medidas que se destinem apenas a preparar a decisão final de arquivamento ou aplicação da coima, não colidindo com os direitos ou interesses das pessoas.
3. É competente para decidir do recurso o tribunal previsto no artigo 61.º, que decidirá em última instância.

Artigo 56.º
Processo realizado pelas autoridades competentes para o processo criminal

1. Quando o processo é realizado pelas autoridades competentes para o processo criminal, as autoridades administrativas são obrigadas a dar-lhes toda a colaboração.

2. Sempre que a acusação diga respeito à contra-ordenação, esta deve ser comunicada às autoridades administrativas.

3. As mesmas autoridades serão ouvidas pelo Ministério Público se este arquivar o processo.

Artigo 57.º
Extensão da acusação a contra-ordenação

Quando, nos casos previstos no artigo 38.º, o Ministério Público acusar pelo crime, a acusação abrangerá também a contra-ordenação.

Artigo 58.º
Decisão condenatória

1. A decisão que aplica a coima ou as sanções acessórias deve conter:

a) A identificação dos arguidos;

b) A descrição do facto imputados, com indicação das provas obtidas;

c) A indicação das normas segundo as quais se pune e a fundamentação da decisão;

d) A coima e as sanções acessórias.

2. Da decisão deve ainda constar a informação de que:

a) A condenação se torna definitiva e exequível se não for judicialmente impugnada nos termos do artigo 59.º;

b) Em caso de impugnação judicial, o tribunal pode decidir mediante audiência ou, caso o arguido e o Ministério Público não se oponham, mediante simples despacho;

3. A decisão conterá ainda:

a) A ordem de pagamento da coima no prazo máximo de 10 dias após o carácter definitivo ou o trânsito em julgado da decisão;

b) A indicação de que em caso de impossibilidade de pagamento tempestivo deve comunicar o facto por escrito à autoridade que aplicou a coima.

CAPÍTULO IV
Recurso e processo judiciais
Artigo 59.º
Forma e prazo

1. A decisão da autoridade administrativa que aplica uma coima é susceptível de impugnação judicial.

2. O recurso de impugnação poderá ser interposto pelo arguido ou pelo seu defensor.

3. O recurso será feito por escrito e apresentado à autoridade administrativa que aplicou a coima, no prazo de 20 dias após o seu conhecimento pelo arguido, devendo constar de alegações e conclusões.

Artigo 60.º
Contagem do prazo para impugnação

1. O prazo para a impugnação da decisão da autoridade administrativa suspende-se aos sábados, domingos e feriados.

2. O termo do prazo que caia em dia durante o qual não for possível, durante o período normal, a apresentação do recurso, transfere-se para o primeiro dia útil seguinte.

Artigo 61.º
Tribunal competente

1. É competente para conhecer do recurso o tribunal em cuja área territorial se tiver consumado a infracção.

2. Se a infracção não tiver chegado a consumar-se, é competente o tribunal em cuja área se tiver praticado o último acto de execução ou, em caso de punibilidade dos actos preparatórios, o último acto de preparação.

Artigo 62.º
Envio dos autos ao Ministério Público

1. Recebido o recurso, e no prazo de cinco dias, deve a autoridade administrativa enviar os autos ao Ministério Público, que os tornará presentes ao juiz, valendo este acto como acusação.

2. Até ao envio dos autos, pode a autoridade administrativa revogar a decisão de aplicação da coima.

Artigo 63.º
Não aceitação do recurso

1. O juiz rejeitará, por meio de despacho, o recurso feito fora do prazo ou sem respeito pelas exigências de forma.

2. Deste despacho há recurso, que sobe imediatamente.

Artigo 64.º
Decisão por despacho judicial

1. O juiz decidirá do caso mediante audiência de julgamento ou através de simples despacho.

2. O juiz decide por despacho quando não considere necessária a audiência de julgamento e o arguido ou o Ministério Público não se oponham.

3. O despacho pode ordenar o arquivamento do processo, absolver o arguido ou manter ou alterar a condenação.

4. Em caso de manutenção ou alteração da condenação deve o juiz fundamentar a sua decisão, tanto no que concerne aos factos como ao direito aplicado e às circunstâncias que determinaram a medida da sanção.

5. Em caso de absolvição deverá o juiz indicar por que não considera provados os factos ou porque não constituem uma contra-ordenação.

Artigo 65.º
Marcação da audiência

Ao aceitar o recurso o juiz marcará a audiência, salvo o caso referido no n.º 2 do artigo anterior.

Artigo 65.º-A
Retirada da acusação

1. A todo o tempo, e até à sentença em 1.ª instância ou até ser proferido o despacho previsto no n.º 2 do artigo 64.º, pode o Ministério Público, com o acordo do arguido, retirar a acusação.

2. Antes de retirar a acusação, deve o Ministério Público ouvir as autoridades administrativas competentes, salvo se entender que tal não é indispensável para uma adequada decisão.

Artigo 66.º
Direito aplicável

Salvo disposição em contrário, a audiência em 1.ª instância obedece às normas relativas ao processamento das transgressões e contravenções, não havendo lugar à redução da prova a escrito.

Artigo 67.º
Participação do arguido na audiência

1. O arguido não é obrigado a comparecer à audiência, salvo se o juiz considerar a sua presença como necessária ao esclarecimento dos factos.

2. Nos casos em que o juiz não ordenou a presença do arguido este poderá fazer-se representar por advogado com procuração escrita.

3. O tribunal pode solicitar a audição do arguido por outro tribunal, devendo a realização desta diligência ser comunicada ao Ministério Público e ao defensor e sendo o respectivo auto lido na audiência.

Artigo 68.º
Ausência do arguido

1. Nos casos em que o arguido não comparece nem se faz representar por advogado, tomar-se-ão em conta as declarações que lhe tenham sido colhidas no processo ou registar-se-á que ele nunca se pronunciou sobre a matéria dos autos, não obstante lhe ter sido concedida a oportunidade para o fazer, e julgar-se-á.

2. Se, porém, o tribunal o considerar necessário, pode marcar uma nova audiência.

Artigo 69.º
Participação do Ministério Público

O Ministério Público deve estar presente na audiência de julgamento.

Artigo 70.º
Participação das autoridades administrativas

1. O tribunal concederá às autoridades administrativas a oportunidade de trazerem à audiência os elementos que reputem convenientes para uma correcta decisão do caso, podendo um representante daquelas autoridades participar na audiência.

2. O mesmo regime se aplicará, com as necessárias adaptações, aos casos em que, nos termos do n.° 3 do artigo 64.°, o juiz decidir arquivar o processo.

3. Em conformidade com o disposto no n.° 1, o juiz comunicará às autoridades administrativas a data da audiência.

4. O tribunal comunicará às mesmas autoridades a sentença, bem como as demais decisões finais.

Artigo 71.°
Retirada do recurso

1. O recurso pode ser retirado até à sentença em 1.ª instância ou até ser proferido o despacho previsto no n.° 2 do artigo 64.°.

2. Depois do início da audiência de julgamento, o recurso só pode ser retirado mediante o acordo do Ministério Público.

Artigo 72.°
Prova

1. Compete ao Ministério Público promover a prova de todos os factos que considere relevantes para a decisão.

2. Compete ao juiz determinar o âmbito da prova a produzir.

Artigo 72.°-A
Proibição da *reformatio in pejus*

1. Impugnada a decisão da autoridade administrativa ou interposto recurso da decisão judicial somente pelo arguido, ou no seu exclusivo interesse, não pode a sanção aplicada ser modificada em prejuízo de qualquer dos arguidos, ainda que não recorrentes.

2. O disposto no número anterior não prejudica a possibilidade de agravamento do montante da coima, se a situação económica e financeira do arguido tiver entretanto melhorado de forma sensível.

Artigo 73.°
Decisões judiciais que admitem recurso

1. Pode recorrer-se para a relação da sentença ou do despacho judicial proferidos nos termos do artigo 64.° quando:

a) For aplicada ao arguido uma coima superior a 50 000$00;

b) A condenação do arguido abranger sanções acessórias;

c) O arguido for absolvido ou o processo for arquivado em casos em que a autoridade administrativa tenha aplicado uma coima superior a 50 000$00 ou em que tal coima tenha sido reclamada pelo Ministério Público;

d) A impugnação judicial for rejeitada;

e) O tribunal decidir através de despacho não obstante o recorrente se ter oposto a tal.

2. Para além dos casos enunciados no número anterior, poderá a relação, a requerimento do arguido ou do Ministério Público, aceitar o recurso da sentença quando tal se afigure manifestamente necessário à melhoria da aplicação do direito ou à promoção da uniformidade da jurisprudência.

3. Se a sentença ou o despacho recorrido são relativos a várias infracções ou a vários arguidos e se apenas quanto a alguma das infracções ou a algum dos arguidos se verificam os pressupostos necessários, o recurso subirá com esses limites.

Artigo 74.°
Regime do recurso

1. O recurso deve ser interposto no prazo de 10 dias a partir da sentença ou do despacho, ou da sua notificação ao arguido, caso a decisão tenha sido proferida sem a presença deste.

2. Nos casos previstos no n.° 2 do artigo 73.°, o requerimento deve seguir junto ao recurso, antecedendo-o.

3. Nestes casos, a decisão sobre o requerimento constitui questão prévia, que será resolvida por despacho fundamentado do tribunal, equivalendo o seu indeferimento à retirada do recurso.

4. O recurso seguirá a tramitação do recurso em processo penal, tendo em conta as especialidades que resultam deste diploma.

Artigo 75.°
Âmbito e efeitos do recurso

1. Se o contrário não resultar deste diploma, a 2.ª instância apenas conhecerá da matéria de direito, não cabendo recurso das suas decisões.

2. A decisão do recurso poderá:

a) Alterar a decisão do tribunal recorrido sem qualquer vinculação aos termos e ao sentido da decisão recorrida, salvo o disposto no artigo 72.°-A;

b) Anulá-la e devolver o processo ao tribunal recorrido.

CAPÍTULO V
Processo de contra-ordenação e processo criminal

Artigo 76.°
Conversão em processo criminal

1. O tribunal não está vinculado à apreciação do facto como contra-ordenação, podendo, oficiosamente ou a requerimento do Ministério Público, converter o processo em processo criminal.

2. A conversão do processo determina a interrupção da instância e a instauração de inquérito, aproveitando-se, na medida do possível, as provas já produzidas.

Artigo 77.°
Conhecimento da contra-ordenação no processo criminal

1. O tribunal poderá apreciar como contra-ordenação uma infracção que foi acusada como crime.

2. Se o tribunal só aceitar a acusação a título de contra-ordenação, o processo passará a obedecer aos preceitos desta lei.

Artigo 78.º
Processo relativo a crimes e contra-ordenações

1. Se o mesmo processo versar sobre crimes e contra-ordenações, havendo infracções que devam apenas considerar-se como contra-ordenações, aplicam-se, quanto a elas, os artigos 42.º, 43.º 45.º, 58.º, n.ºs 1 e 3, 70 º e 83.º

2. Quando, nos casos previstos no número anterior, se interpuser simultaneamente recurso em relação a contra-ordenação e a crime, os recursos subirão juntos.

3. O recurso subirá nos termos do Código de Processo Penal, não se aplicando o disposto no artigo 66.º nem dependendo o recurso relativo à contra-ordenação dos pressupostos do artigo 73.º.

CAPÍTULO VI
Decisão definitiva, caso julgado e revisão

Artigo 79.º
Alcance da decisão definitiva e do caso julgado

1. O carácter definitivo da decisão da autoridade administrativa ou o trânsito em julgado da decisão judicial que aprecie o facto como contra-ordenação ou como crime precludem a possibilidade de reapreciação de tal facto como contra-ordenação.

2. O trânsito em julgado da sentença ou despacho judicial que aprecie o facto como contra-ordenação preclude igualmente o seu novo conhecimento como crime.

Artigo 80.º
Admissibilidade da revisão

1. A revisão de decisões definitivas ou transitadas em julgado em matéria contra-ordenacional obedece ao disposto nos artigos 449.º e seguintes do Código de Processo Penal, sempre que o contrário não resulte do presente diploma.

2. A revisão do processo a favor do arguido, com base em novos factos ou em novos meios de prova não será admissível quando:

a) O arguido apenas foi condenado em coima inferior a 7 500$00;

b) Já decorreram cinco anos após o trânsito em julgado ou carácter definitivo da decisão a rever.

3. A revisão contra o arguido só será admissível quando vise a sua condenação pela prática de um crime.

Artigo 81.º
Regime do processo de revisão

1. A revisão de decisão da autoridade administrativa cabe ao tribunal competente para a impugnação judicial.

2. Tem legitimidade para requerer a revisão o arguido, a autoridade administrativa e o Ministério Público.

3. A autoridade administrativa deve remeter os autos ao representante do Ministério Público junto do tribunal competente.

4. A revisão de decisão judicial será da competência do tribunal da relação, aplicando-se o disposto no artigo 451.º do Código de Processo Penal.

Artigo 82.º
Caducidade da aplicação da coima por efeito de decisão no processo criminal

1. A decisão da autoridade administrativa que aplicou uma coima ou uma sanção acessória caduca quando o arguido venha a ser condenado em processo criminal pelo mesmo facto.
2. O mesmo efeito tem a decisão final do processo criminal que, não consistindo numa condenação, seja incompatível com a aplicação da coima ou da sanção acessória.
3. As importâncias pecuniárias que tiverem sido pagas a título de coima serão, por ordem de prioridade, levadas à conta da multa e das custas processuais ou, sendo caso disso, restituídas.
4. Da sentença ou das demais decisões do processo criminal referidas nos n.ᵒˢ 1 e 2 deverá constar a referência aos efeitos previstos nos n.ᵒˢ 1, 2 e 3.

CAPÍTULO VII
Processos especiais

Artigo 83.º
Processo de apreensão

Quando, no decurso do processo, a autoridade administrativa decidir apreender qualquer objecto, nos termos do artigo 48.º-A, deve notificar a decisão às pessoas que sejam titulares de direitos afectados pela apreensão.

Artigo 84.º
(Revogado pelo Dec.-Lei n.º 244/95, de 14/9)

Artigo 85.º
Impugnação judicial da apreensão

A decisão de apreensão pode ser impugnada judicialmente, sendo aplicáveis as regras relativas à impugnação da decisão de perda de objectos.

Artigo 86.º
(Revogado pelo Dec.-Lei n.º 244/95, de 14/9)

Artigo 87.º
Processo relativo a pessoas colectivas ou equiparadas

1. As pessoas colectivas e as associações sem personalidade jurídica são representadas no processo por quem legal ou estatutariamente as deva representar.

2. Nos processos relativos a pessoas colectivas ou a associações sem personalidade jurídica é também competente para a aplicação da coima e das sanções acessórias a autoridade administrativa em cuja área a pessoa colectiva ou a associação tenha a sua sede.

CAPÍTULO VIII
Da execução

Artigo 88.º
Pagamento da coima

1. A coima é paga no prazo de 10 dias a partir da data em que a decisão se tornar definitiva ou transitar em julgado, não podendo ser acrescida de quaisquer adicionais.

2. O pagamento deve ser feito contra recibo, cujo duplicado será entregue à autoridade administrativa ou tribunal que tiver proferido a decisão.

3. Em caso de pagamento parcial, e salvo indicação em contrário do arguido, o pagamento será, por ordem de prioridades, levado à conta da coima e das custas.

4. Sempre que a situação económica o justifique, poderá a autoridade administrativa ou o tribunal autorizar o pagamento da coima dentro de prazo que não exceda um ano.

5. Pode ainda a autoridade administrativa ou o tribunal autorizar o pagamento em prestações, não podendo a última delas ir além dos dois anos subsequentes ao carácter definitivo ou ao trânsito em julgado da decisão e implicando a falta de pagamento de uma prestação o vencimento de todas as outras.

6. Dentro dos limites referidos nos n.os 4 e 5 e quando motivos supervenientes o justifiquem, os prazos e os planos de pagamento inicialmente estabelecidos podem ser alterados.

Artigo 89.º
Da execução

1. O não pagamento em conformidade com o disposto no artigo anterior dará lugar à execução, que será promovida, perante o tribunal competente, segundo o artigo 61.º, salvo quando a decisão que dá lugar à execução tiver sido proferida pela relação, caso em que a execução poderá também promover-se perante o tribunal da comarca do domicílio do executado.

2. A execução é promovida pelo representante do Ministério Público junto do tribunal competente, aplicando-se, com as necessárias adaptações, o disposto no Código de Processo Penal sobre a execução da multa.

3. Quando a execução tiver por base uma decisão da autoridade administrativa, esta remeterá os autos ao representante do Ministério Público competente para promover a execução.

4. O disposto neste artigo aplica-se, com as necessárias adaptações, às sanções acessórias, salvo quanto aos termos da execução, aos quais é aplicável o disposto sobre a execução de penas acessórias em processo criminal.

Artigo 89.º-A
Prestação de trabalho a favor da comunidade

1. A lei pode prever que, a requerimento do condenado, possa o tribunal competente para a execução ordenar que a coima aplicada seja total ou parcialmente substituída por dias de trabalho em estabelecimentos, oficinas ou obras do Estado ou de outras pessoas colecti-

vas de direito público, ou de instituições particulares de solidariedade social, quando concluir que esta forma de cumprimento se adequa à gravidade da contra-ordenação e às circunstâncias do caso.

2. A correspondência entre o montante da coima aplicada e a duração da prestação de trabalho, bem como as formas da sua execução, são reguladas por legislação especial.

Artigo 90.°
Extinção e suspensão da execução

1. A execução da coima e das sanções acessórias extingue-se com a morte do arguido.

2. Deve suspender-se a execução da decisão da autoridade administrativa quando tenha sido proferida acusação em processo criminal pelo mesmo facto.

3. Quando, nos termos dos n.ºs 1 e 2 do artigo 82.°, exista decisão em processo criminal incompatível com a aplicação administrativa de coima ou de sanção acessória, deve o tribunal da execução declarar a caducidade desta, oficiosamente ou a requerimento do Ministério Público ou do arguido.

Artigo 91.°
Tramitação

1. O tribunal perante o qual se promove a execução será competente para decidir sobre todos os incidentes e questões suscitados na execução, nomeadamente:

a) A admissibilidade da execução;

b) As decisões tomadas pelas autoridades administrativas em matéria de facilidades de pagamento;

c) A suspensão da execução segundo o artigo 90.°.

2. As decisões referidas no n.° 1 serão tomadas sem necessidade de audiência oral, assegurando-se ao arguido ou ao Ministério Público a possibilidade de justificarem, por requerimento escrito, as suas pretensões .

CAPÍTULO IX
Das custas

Artigo 92.°
Princípios gerais

1. Se o contrário não resultar desta lei, as custas em processo de contra-ordenação regular-se-ão pelos preceitos reguladores das custas em processo criminal.

2. As decisões das autoridades administrativas que decidam sobre a matéria do processo deverão fixar o montante das custas e determinar quem as deve suportar.

3. As custas abrangem, nos termos gerais, a taxa de justiça, os honorários dos defensores oficiosos, os emolumentos a pagar aos peritos e os demais encargos resultantes do processo.

Artigo 93.°
Da taxa de justiça

1. O processo de contra-ordenação que corra perante as autoridades administrativas não dá lugar ao pagamento de taxa de justiça.

2. Está também isenta de taxa de justiça a impugnação judicial de qualquer decisão das autoridades administrativas.

3. Dão lugar ao pagamento de taxa de justiça todas as decisões judiciais desfavoráveis ao arguido.

4. A taxa de justiça não será inferior a 150$00 nem superior a 75000$00, devendo o seu montante ser fixado em razão da situação económica do infractor, bem como da complexidade do processo.

Artigo 94.°
Das custas

1. Os honorários dos defensores oficiosos e os emolumentos devidos aos peritos obedecerão às tabelas do Código das Custas Judiciais.

2. As custas deverão, entre outras, cobrir as despesas efectuadas com:

a) O transporte dos defensores e peritos;

b) As comunicações telefónicas, telegráficas ou postais, nomeadamente as que se relacionam com as notificações;

c) O transporte de bens apreendidos;

d) A indemnização das testemunhas.

3. As custas são suportadas pelo arguido em caso de aplicação de uma coima ou de uma sanção acessória, de desistência ou rejeição da impugnação judicial ou dos recursos de despacho ou sentença condenatória.

4. Nos demais casos, as custas serão suportadas pelo erário público.

Artigo 95.°
Impugnação das custas

1. O arguido pode, nos termos gerais, impugnar judicialmente a decisão da autoridade administrativa relativa às custas, devendo a impugnação ser apresentada no prazo de 10 dias a partir do conhecimento da decisão a impugnar.

2. Da decisão do tribunal da comarca só há recurso para a relação quando o montante exceda a alçada daquele tribunal.

CAPÍTULO X
Disposição final

Artigo 96.°
Revogação

Fica revogado o Decreto-Lei n.° 232/79, de 24 de Julho.

Visto e aprovado em Conselho de Ministros, 26 de Agosto de 1982. – *Diogo Pinto de Freitas do Amaral – José Manuel Meneres Sampaio Pimentel.*

Promulgado em 18 de Outubro de 1982.

Publique-se.

O Presidente da República, ANTÓNIO RAMALHO EANES.

DECRETO-LEI N.º 1/97
de 7 de Janeiro

O desenvolvimento crescente das relações do Estado com os mercados financeiros, num contexto de crescente integração dos mesmos, exige que a gestão da dívida pública se adeqúe à permanente evolução do seu funcionamento, em ordem a que os interesses do Estado possam ser cabalmente prosseguidos com a necessária flexibilidade.

Entre as medidas de carácter legislativo que cumpre adoptar, destaca-se a necessidade de adaptar a nossa lei, tal como têm feito outros Estados europeus, às práticas contratuais vigentes nos mercados financeiros em matéria de acordos sobre produtos financeiros derivados.

Importa, nomeadamente, neste âmbito, regular com clareza a aceitação pelo Estado das cláusulas de compensação (denominadas de *netting* e *set-off*) que constam daqueles acordos de enquadramento, eliminando por esta via as dúvidas que, na ausência de preceito expresso derrogando o artigo 853.º, n.º 1, alínea *c*), do Código Civil, se suscitam quanto à possibilidade da sua consagração nos contratos a celebrar pelo Estado.

Assim, tendo em consideração o disposto no artigo 71.º da Lei n.º 10-B/96, de 23 de Março:

Nos termos da alínea *a*) do n.º 1 do artigo 201.º da Constituição, do Governo decreta o seguinte:

Artigo 1.º

Nos contratos financeiros compreendidos no âmbito do presente decreto-lei pode o Estado, pelo Ministro das Finanças, com faculdade de delegação, aceitar cláusulas de compensação de créditos e débitos da mesma natureza, ou de natureza similar, desde que decorrentes desses contratos.

Artigo 2.º

Para efeitos do presente decreto-lei, entende-se por contratos financeiros:
a) Contratos relativos a taxas de juro:
   i) *Swaps* de taxas de juro (na mesma moeda);
   ii) *Swaps* de taxas de juro variáveis, de naturezas diferentes;
   iii) Contratos a prazo relativos a taxas de juro (*forward rate agreements swaps-fras*);
   iv) Contratos de futuros relativos a taxas de juro;
   v) Contratos de opções relativos a taxas de juro;
   vi) Outros contratos de natureza similar;

b) Contratos relativos a taxas de câmbio e a ouro:
  i) Contratos relativos a taxas de câmbio à vista;
  ii) Contratos a prazo relativos a divisas;
  iii) *Swaps* cruzados (relativos a taxas de juro e taxas cambiais);
  iv) Contratos de futuros de câmbio;
  v) Contratos de opções sobre divisas;
  vi) Outros contratos de natureza similar.

Artigo 3.º

1. As cláusulas de compensação que podem ser aceites pelo Estado têm por conteúdo a determinação de valores ou taxas no termo dos contratos financeiros em causa, mediante a sua compensação, de forma que se fixe o montante líquido devido por uma parte à outra e apenas tal montante seja exigível na data dos termos dos contratos.

2. Os acordos de compensação a celebrar pelo Estado são bilaterais e podem respeitar a contratos financeiros presentes ou futuros.

3. Os acordos de compensação podem reportar-se a contratos financeiros certos e determinados ou integrar-se em acordos gerais que disponham sobre a compensação dos montantes devidos nos termos de um ou mais contratos financeiros celebrados entre as partes.

Artigo 4.º

1. O Ministro das Finanças pode, por despacho, autorizar outras pessoas colectivas públicas a aceitar cláusulas de compensação em contratos financeiros.

2. As pessoas colectivas públicas que sejam instituições financeiras não carecem da autorização prevista no precedente n.º 1.

Visto e aprovado em Conselho de Ministros de 21 de Novembro de 1996. – *António Manuel de Oliveira Guterres* – *António Luciano Pacheco de Sousa Franco.*

Promulgado em 19 de Dezembro de 1996.

Publique-se.

O Presidente da República, JORGE SAMPAIO.

Referendado em 26 de Dezembro de 1996.

O Primeiro-Ministro, *António Manuel de Oliveira Guterres.*

DECRETO-LEI N.º 343/98
de 6 de Novembro

A substituição do escudo pelo euro é uma decorrência de regras comunitárias constitucionalmente vigentes em Portugal. A própria transição do escudo para o euro e diversos mecanismos de adaptação encontram, nas fontes comunitárias, a sua sede jurídico-positiva.

Não obstante, cabe ao legislador português proceder a adaptações na ordem interna. Nalguns casos, as próprias regras cometem aos Estados membros a concretização de diversos aspectos; noutros, as particularidades do direito interno recomendam normas de acompanhamento e de complementação Trata-se, aliás, de uma prática seguida por outros Estados participantes.

Nas alterações ao Código Civil tem-se o cuidado de deixar intocada a linguagem própria desse diploma, limitando ao mínimo as modificações introduzidas. Aproveita-se para actualizar os limites que conferem natureza formal, simples ou agravada, ao mútuo e à renda vitalícia. Idêntica orientação é seguida no tocante às adaptações introduzidas nos Códigos das Sociedades Comerciais e Cooperativo. Os novos capitais sociais mínimos, dotados de um regime transitório favorável, constituem uma primeira aproximação aos correspondentes valores adoptados noutros ordenamentos europeus. Mantém-se o paralelismo do estabelecimento individual de responsabilidade limitada com as sociedades por quotas.

No contexto da adaptação dos instrumentos regulamentares do ordenamento jurídico português à introdução do euro, procede-se à alteração do artigo 406.º do Código do Mercado de Valores Mobiliários, que visa acomodar a decisão das bolsas de cotar os valores e liquidar transacções em euros logo a partir de 4 de Janeiro de 1999. Contudo, a liquidação em euros não impede que os créditos e débitos em conta, tanto de intermediários financeiros como de investidores, sejam feitos em escudos, irrelevando para tal a moeda em que os valores mobiliários se encontrem denominados.

Igualmente se regula no presente diploma a redenominação de valores mobiliários, isto é, a alteração para euros da unidade monetária em que se expressa o respectivo valor nominal, a ocorrer voluntariamente de 1 de Janeiro de 1999 a 31 de Dezembro de 2001 ou obrigatoriamente em 1 de Janeiro de 2002. Visa-se, assim, complementar o quadro comunitário corporizado nos Regulamentos (CE) n.º 974/98, do Conselho, de 3 de Maio, e 1103/97, do Conselho, de 17 de Junho, explicitando-se princípios gerais que devem nortear o processo de redenominação durante aquele período transitório e estipulando-se regras especiais quanto a determinados tipos de valores mobiliários.

Na realidade, o enquadramento jurídico do processo de redenominação de qualquer valor mobiliário deve ser enformado por determinados princípios gerais: o princípio da liberdade, de iniciativa do emitente quanto ao momento e ao método de redenominação a adoptar; o princípio da unidade de redenominação, pelo qual se veda a hipótese de utilização de diversos métodos na redenominação de acções de uma mesma sociedade ou na redenominação de valores mobiliários representativos de dívida pertencentes a uma mesma emissão ou categoria; o princípio da informação, consubstanciado na necessidade de cada entidade emitente comunicar a sua decisão de redenominar à Comissão do Mercado de Valores Mobiliários, bem como a de publicar essa decisão em jornal de grande circulação e nos boletins de cotações das bolsas em que os valores mobiliários a redenominar são negociados; o princípio da simplificação do processo de redenominação, que atende à preocupação de não se sobrecarregar as entidades emitentes com custos acrescidos e processos formais morosos, dispensando-se, por conseguinte, no quadro do processo de redenominação, o cumprimento de diversos requisitos de ordem formal e o pagamento de determinados emolumentos; finalmente, o princípio da neutralidade, pelo qual se pretende assegurar que o processo de redenominação, concretamente o método de redenominação escolhido pela entidade em causa, não implique alterações significativas na situação jurídico-económica da entidade que optou por redenominar valores mobiliários.

Aliás, este princípio da neutralidade explica muitas das soluções do presente diploma. De facto, opta-se conscientemente por privilegiar um determinado método de redenominação que, de entre uma multiplicidade de métodos possíveis, surge como o mais idóneo para garantir uma influência mínima na vida jurídico-financeira das entidades emitentes: trata-se da redenominação através da utilização de um método padrão para a redenominação, quer de acções, quer de obrigações e outros valores mobiliários representativos de dívida.

Concretamente, no que diz respeito à redenominação de acções, entende-se por método padrão a mera aplicação da taxa de conversão ao valor nominal unitário das acções emitidas e arredondamento ao cêntimo. Esta operação não altera o número de acções emitidas, mas exige um ligeiro ajustamento do capital social.

No que se refere às obrigações e a outros valores mobiliários representativos de dívida, e na linha do que se passa na grande maioria dos mercados obrigacionistas europeus, o método padrão corresponde à aplicação da taxa de conversão à posição do credor, com uma consequente conversão do valor nominal em cêntimo (vulgarmente denominado por método *bottom up* por carteira, com renominalização ao cêntimo).

Na sequência do Decreto-Lei n.º 138/98, de 16 de Maio, o presente diploma consagra um regime especial para a redenominação da dívida pública directa do Estado, remetendo para aquele diploma a disciplina da redenominação da dívida denominada em escudos, ao mesmo tempo que estabelece o enquadramento para a redenominação da dívida denominada em moedas de outros Estados membros participantes.

Aproveita-se, ainda, a oportunidade para incluir a regulamentação genérica respeitante à área aduaneira e dos impostos especiais sobre o consumo, em complemento do regime fiscal constante do referido decreto-lei.

Foram ouvidos a Associação Nacional de Municípios Portugueses, o Banco de Portugal, a Comissão do Mercado de Valores Mobiliários e os órgãos de governo próprio das Regiões Autónomas.

Assim, nos termos da alínea a) do n.º 1 do artigo 198.º e do n.º 5 do artigo 112.º da Constituição, o Governo decreta o seguinte:

SECÇÃO I
Alteração de diplomas legais

Artigo 1.°
Obrigações em moeda com curso legal apenas no estrangeiro

A subsecção III da secção VI do capítulo III do título I do livro II do Código Civil, aprovado pelo Decreto-Lei n.° 47344, de 25 de Novembro de 1966, passa a ter a seguinte redacção:

«Obrigações em moeda com curso legal apenas no estrangeiro.»

Artigo 2.°
Código Civil

Os artigos 558.°, 1143.° e 1239.° do Código Civil passam a ter a seguinte redacção:

«Artigo 558.°
[...]
1. A estipulação do cumprimento em moeda com curso legal apenas no estrangeiro não impede o devedor de pagar em moeda com curso legal no País, segundo o câmbio do dia do cumprimento e do lugar para este estabelecido, salvo se essa faculdade houver sido afastada pelos interessados.
2. ...
Artigo 1143.°
[...]
O contrato de mútuo de valor superior a 20000 euros só é válido se for celebrado por escritura pública e o de valor superior a 2000 euros se o for por documento assinado pelo mutuário.
Artigo 1239.°
[...]
Sem prejuízo da aplicação das regras especiais de forma quanto à alienação da coisa ou do direito, a renda vitalícia deve ser constituída por documento escrito, sendo necessária escritura pública se a coisa ou o direito alienado for de valor igual ou superior a 20000 euros.»

Artigo 3.°
Código das Sociedades Comerciais

Os artigos 14.°, 29.°, 201.°, 204.°, 218.°, 219.°, 238.°, 250.°, 262.°, 276.°, 295.°, 352.°, 384.°, 390.°, 396.° e 424.°, do Código das Sociedades Comerciais, aprovado pelo Decreto--Lei n.° 262/86, de 2 de Setembro, passam a ter a seguinte redacção:

«Artigo 14.°
[...]
O montante do capital social deve ser sempre e apenas expresso em moeda com curso legal em Portugal.

Artigo 29.º

[...]

1. A aquisição de bens por uma sociedade anónima ou em comandita por acções deve ser previamente aprovada por deliberação da assembleia geral desde que se verifiquem cumulativamente os seguintes requisitos:

a) ...

b) O contravalor dos bens adquiridos à mesma pessoa durante o período referido na alínea c) exceda 2% ou 10% do capital social, consoante este for igual ou superior a 50000 euros, ou inferior a esta importância, no momento do contrato donde a aquisição resulte;

c) ...

2. ...

3. ...

4. ...

5. ...

Artigo 201.º

[...]

A sociedade por quotas não pode ser constituída com um capital inferior a 5000 euros nem posteriormente o seu capital pode ser reduzido a importância inferior a essa.

Artigo 204.º

[...]

1. ...

2. ...

3. A estas partes não é aplicável o disposto no artigo 219.º, n.º 3, não podendo, contudo, cada uma delas ser inferior a 50 euros.

4. ...

Artigo 218.º

[...]

1. ...

2. É aplicável o disposto nos artigos 295.º e 296.º, salvo quanto ao limite mínimo de reserva legal, que nunca será inferior a 2500 euros.

Artigo 219.º

[...]

1. ...

2. ...

3. Os valores nominais das quotas podem ser diversos, mas nenhum pode ser inferior a 100 euros, salvo quando a lei o permitir.

4. ...

5. ...

6. ...

7. ...

Artigo 238.º

[...]

1. Verificando-se, relativamente a um dos contitulares da quota, facto que constitua fundamento de amortização pela sociedade, podem os sócios deliberar que

a quota seja dividida, em conformidade com o título donde tenha resultado a contitularidade, desde que o valor nominal das quotas, depois da divisão, não seja inferior a 50 euros.

2. ...

Artigo 250.°

[...]

1. Conta-se um voto por cada cêntimo do valor nominal da quota.

2. É, no entanto, permitido que o contrato de sociedade atribua, como direito especial, dois votos por cada cêntimo de valor nominal da quota ou quotas de sócios que, no total, não correspondam a mais de 20% do capital.

3. ...

Artigo 262.°

[...]

1. ...

2. As sociedades que não tiverem conselho fiscal devem designar um revisor oficial de contas para proceder à revisão legal desde que, durante dois anos consecutivos, sejam ultrapassados dois dos três seguintes limites:

a) Total do balanço: 1500000 euros;

b) Total das vendas líquidas e outros proveitos: 3000000 euros;

c) ...

3. ...

4. ...

5. ...

6. ...

7. ...

Artigo 276.°

[...]

1. ...

2. Todas as acções têm o mesmo valor nominal, com um mínimo de um cêntimo.

3. O valor nominal mínimo do capital é de 50000 euros.

4. ...

Artigo 295.°

[...]

1. ...

2. ...

3. ...

4. Por portaria dos Ministros das Finanças e da Justiça podem ser dispensadas, no todo ou em parte, do regime estabelecido no n.° 2, as reservas constituídas pelos valores referidos na alínea a) daquele número.

Artigo 352.°

[...]

1. ...

2. ...

3. O valor nominal da obrigação deve ser expresso em moeda com curso legal em Portugal, salvo se, nos termos da legislação em vigor, for autorizado o pagamento em moeda diversa.

Artigo 384.º

[...]

1. ...

2. O contrato de sociedade pode:

a) Fazer corresponder um só voto a um certo número de acções, contanto que sejam abrangidas todas as acções emitidas pela sociedade e fique cabendo um voto, pelo menos, a cada 1000 euros de capital;

b) ...

3. ...

4. ...

5. ...

6. ...

7. ...

8. ...

Artigo 390.º

[...]

1. ...

2. O contrato de sociedade pode dispor que a sociedade tenha um só administrador, desde que o capital social não exceda 200000 euros; aplicam-se ao administrador único as disposições relativas ao conselho de administração que não pressuponham a pluralidade de administradores.

3. ...

4. ...

5. ...

Artigo 396.º

[...]

1. A responsabilidade de cada administrador deve ser caucionada por alguma das formas admitidas por lei, na importância que for fixada pelo contrato de sociedade, num valor nunca inferior a 5000 euros.

2. ...

3. ...

4. ...

Artigo 424.º

[...]

1. ...

2. O contrato de sociedade deve fixar o número de directores, mas a sociedade só pode ter um único director quando o seu capital não exceda 200000 euros.»

Artigo 4.º
Estabelecimento individual de responsabilidade limitada

O artigo 3.º do Decreto-Lei n.º 248/86, de 25 de Agosto, passa a ter a seguinte redacção:

«Artigo 3.º

[...]

1. ...

2. O capital mínimo do estabelecimento não pode ser inferior a 5000 euros.

3. ...

4. ...

5. ...

6. ...

Artigo 5.°
Código Cooperativo

Os artigos 18.°, 21.° e 91.° do Código Cooperativo, aprovado pela Lei n.° 51/96, de 7 de Setembro, passam a ter a seguinte redacção:

«Artigo 18.°

[...]

1. ...

2. Salvo se for outro o mínimo fixado pela legislação complementar aplicável a cada um dos ramos do sector cooperativo, esse montante não pode ser inferior a 2500 euros.

Artigo 21.°

[...]

1. ...

2. ...

3. ...

4. ...

5. ...

6. Quando a avaliação prevista no número anterior for fixada pela assembleia de fundadores ou pela assembleia geral em, pelo menos, 7000 euros por cada membro, ou 35000 euros pela totalidade das entradas, deve ser confirmada por um revisor oficial de contas ou por uma sociedade de revisores oficiais de contas.

Artigo 91.°

[...]

1. ...

2. ...

3. ...

4. Enquanto, nos termos do n.° 2 do artigo 18.°, não for fixado outro valor mínimo pela legislação complementar aplicável aos ramos de produção operária, artesanato, cultura e serviços, mantém-se para as cooperativas desses ramos o valor mínimo de 250 euros.

5. ...»

Artigo 6.°
Código do Mercado de Valores Mobiliários

O artigo 406.° do Código do Mercado de Valores Mobiliários, aprovado pelo Decreto-Lei n.° 142-A/91, de 10 de Abril, passa a ter a seguinte redacção:

«Artigo 406.°

Operações sobre valores expressos em moeda com e sem curso legal

1. Os valores mobiliários expressos em moeda com curso legal em Portugal são cotados, negociados e liquidados nessa moeda.

2. Os valores mobiliários expressos em qualquer moeda que não tenha curso legal em Portugal, emitidos em território nacional ou no estrangeiro e admitidos à cotação em bolsas portuguesas, são cotados e negociados em moeda com curso legal em Portugal, salvo se as autoridades competentes, a requerimento das entidades emitentes ou de sua iniciativa, com prévia audiência daquelas, determinarem que a cotação e negociação desses valores se realizam na moeda em que se encontram expressos.

3. Os valores mobiliários a que se refere o número anterior são liquidados em moeda com curso legal em Portugal, salvo se as autoridades competentes, ouvido o Banco de Portugal, a requerimento das entidades emitentes ou por sua iniciativa, com prévia audiência daquelas, determinarem que a liquidação desses valores se realiza noutra moeda.

4. (O actual n.º 3.)»

Artigo 7.º
Decreto-Lei n.º 125/90, de 16 de Abril

Sem prejuízo da validade das emissões anteriores a 1 de Janeiro de 1999, o artigo 9.º do Decreto-Lei n.º 125/90, de 16 de Abril, passa a ter a seguinte redacção:

«Artigo 9.º
[...]
1. ...
2. Cada emissão não pode ser inferior a 1000000 de euros.»

Artigo 8.º
Decreto-Lei n.º 408/91, de 17 de Outubro

O artigo 6.º do Decreto-Lei n.º 408/91, de 17 de Outubro, passa a ter a seguinte redacção:

«Artigo 6.º
Representação
1. As obrigações de caixa poderão ser representadas por títulos nominativos ou ao portador.
2. ...
3. ...»

Artigo 9.º
Decreto-Lei n.º 181/92, de 22 de Agosto

O artigo 2.º do Decreto-Lei n.º 181/92, de 22 de Agosto, alterado pelo artigo 1.º do Decreto-Lei n.º 232/94, de 14 de Setembro, passa a ter a seguinte redacção:

«Artigo 2.º
[...]
1. ...
2. ...
3. (O actual n.º 4.)
4. (O actual n.º 5.)»

Artigo 10.°
Decreto-Lei n.° 138/98, de 16 de Maio

O n.° 2 do artigo 2.° do Decreto-Lei n.° 138/98, de 16 de Maio, passa a ter a seguinte redacção:

> «Artigo 2.°
> [...]
> 1. ...
> 2. A troca das referidas moedas efectua-se, a partir da data da entrada em vigor do presente diploma e até 31 de Dezembro de 1998, na sede, filial, delegações regionais ou agências do Banco de Portugal, bem como nas tesourarias da Fazenda Pública.
> 3. ...»

SECÇÃO II
Redenominação de valores mobiliários

Artigo 11.°
Âmbito

1. A presente secção estabelece as regras fundamentais que disciplinam a redenominação de valores mobiliários.
2. As disposições constantes desta secção aplicam-se igualmente aos títulos de dívida de curto prazo.

Artigo 12.°
Conceito de redenominação

Para os efeitos deste diploma, a redenominação consiste na alteração para euros da unidade monetária em que se expressa o valor nominal de valores mobiliários.

Artigo 13.°
Métodos de redenominação

1. Constituem métodos padrão de redenominação de acções e de obrigações ou outros valores mobiliários representativos de dívida, respectivamente, o método da alteração unitária e o da alteração por carteira.
2. A redenominação de acções através do método padrão traduz-se na transposição para euros do valor nominal expresso em escudos, mediante a aplicação da taxa de conversão fixada irrevogavelmente pelo Conselho da União Europeia, de acordo com o n.° 4, primeiro período, do artigo 109.°-L do Tratado que institui a Comunidade Europeia.
3. A redenominação de obrigações e de outros valores mobiliários representativos de dívida através do método padrão realiza-se a partir da posição do credor pela aplicação da taxa de conversão, referida no número anterior, ao valor da sua carteira, com arredondamento ao cêntimo, passando a constituir o novo valor nominal mínimo desses valores.
4. A redenominação de valores mobiliários representativos de dívida das Regiões Autónomas e das autarquias locais efectua-se pelo método padrão definido nos termos do número anterior.

Artigo 14.º
Redenominação dos valores mobiliários

1. A partir de 1 de Janeiro de 1999, as entidades emitentes de valores mobiliários podem proceder à redenominação destes.

2. À redenominação aplicam-se as regras relativas à modificação do tipo de valores mobiliários em causa, salvo o disposto nos artigos seguintes.

3. Após 1 de Janeiro de 2002, todos os valores mobiliários ainda denominados em escudos consideram-se automaticamente denominados em euros, mediante a aplicação da taxa de conversão fixada irrevogavelmente pelo Conselho da União Europeia, de acordo com o n.º 4, primeiro período, do artigo 109.º-L do Tratado que institui a Comunidade Europeia.

Artigo 15.º
Unidade e globalidade da redenominação

1. Devem obedecer a um único método a redenominação de acções emitidas pela mesma sociedade e a redenominação dos restantes valores mobiliários, caso pertençam à mesma categoria ou à mesma emissão, ainda que realizada por séries.

2. Ficam vedadas redenominações parciais de acções de uma mesma sociedade e de obrigações e valores mobiliários representativos de dívida pertencentes a uma mesma categoria ou emissão.

3. A redenominação é irreversível.

4. A redenominação das acções implica a alteração da denominação do capital social.

5. Após a redenominação das acções da sociedade, qualquer nova emissão de acções, ainda que em consequência do exercício dos direitos de conversão ou subscrição conferidos por valores mobiliários emitidos anteriormente, só pode denominar-se em euros.

Artigo 16.º
Comunicações e anúncio prévio

1. A decisão da entidade emitente de redenominar os valores mobiliários deve ser comunicada à Comissão do Mercado de Valores Mobiliários e anunciada em jornal de grande circulação, com uma antecedência mínima de 30 dias relativamente à data da redenominação.

2. O anúncio da decisão referida no número anterior deve explicitar, nomeadamente:

a) A identificação dos valores mobiliários em causa;

b) A fonte normativa em que assenta a decisão;

c) A taxa de conversão fixada irrevogavelmente pelo Conselho da União Europeia, de acordo com o n.º 4, primeiro período, artigo 109.º-L do Tratado que institui a Comunidade Europeia;

d) O método de redenominação e o novo valor nominal;

e) A data prevista para o pedido de inscrição da redenominação no registo comercial.

3. A decisão referida no n.º 1 deve, com a antecedência nele referido, ser publicada no boletim de cotações da bolsa em que os valores mobiliários a redenominar sejam negociados.

4. Quando os valores mobiliários a redenominar constituam activo subjacente a instrumentos financeiros derivados, a respectiva decisão deve ser publicada no boletim de

cotações da bolsa onde tais instrumentos sejam negociados, com a antecedência prevista no n.º 1.

5. Quando estejam em causa obrigações de caixa, obrigações hipotecárias ou títulos de dívida de curto prazo, a respectiva decisão deve ser comunicada, com a antecedência prevista no n.º 1, ao Banco de Portugal.

Artigo 17.º
Deliberações dos sócios

1. Podem ser tomadas por maioria simples as seguintes deliberações dos sócios:
   a) Alteração da denominação do capital social para euros;
   b) Redenominação de acções de sociedades anónimas através do método padrão, mesmo quando isso ocasione aumento ou redução de capital social, respectivamente, por incorporação de reservas ou por transferência para reserva de capital, sujeita ao regime da reserva legal.
2. A redução de capital social resultante da utilização do método padrão de redenominação de acções não carece da autorização judicial prevista no artigo 95.º do Código das Sociedades Comerciais.

Artigo 18.º
Assembleia de obrigacionistas

1. A redenominação de obrigações, quando efectuada através do método padrão, não carece de deliberação da assembleia de obrigacionistas prevista no artigo 355.º, n.º 4, alínea *b)*, do Código das Sociedades Comerciais.
2. O regime do número anterior aplica-se aos títulos de participação, quanto à reunião da assembleia prevista no artigo 14.º do Decreto-Lei n.º 321/85, de 5 de Agosto.

Artigo 19.º
Dispensa dos limites de emissão

As emissões de obrigações anteriores a 1 de Janeiro de 1999 ficam dispensadas dos limites de emissão fixados no artigo 349.º do Código das Sociedades Comerciais, na precisa medida em que os mesmos sejam ultrapassados, mercê da redenominação de acções ou de obrigações através dos respectivos métodos padrão.

Artigo 20.º
Isenções e formalidades

1. A redenominação de valores mobiliários, quotas, ou as modificações estatutárias que visem a alteração da denominação do capital social para euros ficam dispensadas:
   a) Da escritura pública prevista no artigo 85.º, n.º 3, do Código das Sociedades Comerciais;
   b) Das publicações referidas nos artigos 167.º do Código das Sociedades Comerciais e 70.º, n.º 1, alínea *a)*, do Código do Registo Comercial;
   c) Dos emolumentos referidos nas Portarias n.os 366/89, de 22 de Maio, e 883/89, de 13 de Outubro.

2. O disposto no número anterior não é aplicável quando se verifique uma redução do capital social superior à que resultaria da redenominação de acções através do método padrão, uma alteração do número de acções ou um aumento do capital por entradas em dinheiro ou em espécie.

3. O disposto na alínea *a*) do n.º 1 aplica-se às alterações dos contratos de sociedade que visem, até 1 de Janeiro de 2002, adoptar os novos capitais sociais mínimos previstos neste diploma.

4. As entidades emitentes devem requerer o registo comercial da redenominação de valores mobiliários, mediante apresentação de cópia da acta de que conste a respectiva deliberação.

5. No caso de os valores mobiliários estarem integrados nos sistemas de registo, depósito e controlo, constitui documento bastante, para efeitos notariais e de registo comercial, quanto ao montante total da emissão, a quantidade de valores e o valor nominal redenominado, declaração da Central de Valores Mobiliários com estas menções.

6. Em relação aos valores mobiliários mencionados no número anterior, não sendo obrigatória a escritura pública, considera-se titulada a situação, para efeitos do n.º 1 do artigo 15.º do Código do Registo Comercial, no momento do envio da declaração da Central de Valores Mobiliários à entidade emitente.

Artigo 21.º
Comissão do Mercado de Valores Mobiliários

A Comissão do Mercado de Valores Mobiliários define, através de regulamento, as regras necessárias à aplicação das normas incluídas nesta secção, disciplinando, nomeadamente, as funções da Central de Valores Mobiliários quanto à redenominação de valores escriturais ou titulados integrados nos seus sistemas de registo, depósito e controlo.

Artigo 22.º
Caducidade

1. Os direitos de indemnização que venham a fundar-se em incumprimento das normas ou regras relativas à introdução do euro ou ao processo de redenominação devem ser exercidos, sob pena de caducidade, no prazo de seis meses contado a partir do registo do capital social ou do montante do empréstimo obrigacionista redenominados.

2. Em relação aos valores mobiliários que não estejam sujeitos a inscrição no registo comercial, o prazo referido no número anterior deve ser contado a partir do anúncio prévio a que se refere o artigo 16.º

SECÇÃO III
Redenominação da dívida pública directa do Estado

Artigo 23.º
Regime especial

1. Aos valores mobiliários expressos em escudos, representativos de dívida pública directa do Estado, aplica-se o regime especial de redenominação previsto pelos artigos 14.º e 15.º do Decreto-Lei n.º 138/98, de 16 de Maio.

2. Se os outros Estados membros participantes tomarem medidas para redenominar a dívida que emitiram na respectiva moeda, a dívida pública directa do Estado expressa nessa moeda pode ser redenominada a partir da data de entrada em vigor do presente diploma.

3. Cabe ao Ministro das Finanças definir a data e o âmbito da redenominação prevista no número anterior, ficando autorizado a regular as suas condições concretas e a proceder a correcções no montante das emissões, justificadas por força dos arredondamentos efectuados.

SECÇÃO IV
Legislação financeira

Artigo 24.°
Impostos aduaneiros e impostos especiais sobre o consumo

1. As declarações aduaneiras e dos impostos especiais sobre o consumo podem ser entregues pelos operadores económicos e entidades habilitadas a declarar, indistintamente em escudos ou em euros, em termos a definir por despacho do Ministro das Finanças.

2. As garantias podem ser constituídas indistintamente em escudos ou em euros.

3. A Pauta Aduaneira fornece informação com os valores expressos em euros.

4. As notificações destinadas aos operadores económicos e entidades habilitadas a declarar são emitidas referenciando os valores de cobrança em escudos e em euros.

5. O documento de autoliquidação pode ser entregue pelos operadores económicos e entidades habilitadas a declarar, indistintamente em escudos ou em euros.

Artigo 25.°
Finanças locais e das Regiões Autónomas

As autarquias locais e as Regiões Autónomas devem adoptar, tendo em consideração as suas especificidades, as opções respeitantes à introdução do euro na administração pública financeira.

SECÇÃO V
Conversão

Artigo 26.°
Custos de conversão

São gratuitas as operações de conversão entre montantes expressos em unidades monetárias com curso legal em Portugal.

SECÇÃO VI
Disposições finais e transitórias

Artigo 27.º
Início de vigência

Sem prejuízo do disposto nos artigos seguintes, o presente diploma entra em vigor no dia 1 de Janeiro de 1999.

Artigo 28.º
Código Civil

O disposto nos artigos 1143.º e 1239.º do Código Civil, na redacção do artigo 2.º, aplica-se aos contratos celebrados a partir de 1 de Janeiro de 1999, quer estes sejam denominados em euros ou em escudos, devendo, neste último caso, proceder-se à conversão para escudos dos valores estabelecidos em euros, através da taxa irrevogavelmente fixada pelo Conselho da União Europeia, de acordo com o n.º 4, primeiro período, do artigo 109.º-L do Tratado que institui a Comunidade Europeia.

Artigo 29.º
Código das Sociedades Comerciais

1. O disposto nos artigos 29.º, 201.º, 204.º, 218.º, 219.º, 238.º, 250.º, 262.º, 276.º, 384.º, 390.º, 396.º e 424.º do Código das Sociedades Comerciais, na redacção do artigo 3.º, e no que respeita aos montantes neles indicados, entra em vigor:
a) No dia 1 de Janeiro de 2002, relativamente às sociedades constituídas em data anterior a 1 de Janeiro de 1999;
b) No dia em que se torne eficaz a opção das sociedades de alterar a denominação do capital social para euros.
2. As sociedades constituídas a partir de 1 de Janeiro de 1999 que optem por denominar o seu capital social em escudos devem converter para essa unidade monetária os montantes denominados em euros referidos nas disposições do Código das Sociedades Comerciais mencionadas no número anterior, aplicando a taxa de conversão fixada pelo Conselho da União Europeia, nos termos do artigo 109.º-L, n.º 4, primeiro período, do Tratado que institui a Comunidade Europeia.

Artigo 30.º
Código Cooperativo

O disposto nos artigos 18.º, 21.º e 91.º do Código Cooperativo, na redacção do artigo 5.º, aplica-se:
a) Às cooperativas constituídas a partir de 1 de Janeiro de 1999, ainda que optem por denominar o seu capital social em escudos durante o período de transição, devendo, nesse caso, proceder à conversão para escudos dos valores estabelecidos em euros, através da taxa irrevogavelmente fixada pelo Conselho da União Europeia, de acordo com o n.º 4, primeiro período, do artigo 109.º-L do Tratado que institui a Comunidade Europeia;

b) Às cooperativas que alterem a denominação, para euros, do seu capital social;
c) A todas as cooperativas, após 1 de Janeiro de 2002.

Artigo 31.°
Estabelecimento individual de responsabilidade limitada

O titular do estabelecimento individual de responsabilidade limitada pode proceder à alteração da denominação do capital do estabelecimento, aplicando-se, com as necessárias adaptações, as disposições relativas às sociedades.

Artigo 32.°
Comissão do Mercado de Valores Mobiliários

O disposto no artigo 21.° entra em vigor no dia imediato ao da publicação do presente diploma.

Artigo 33.°
Norma revogatória

É revogada a Portaria n.° 815-A/94, de 14 de Setembro.

Visto e aprovado em Conselho de Ministros de 3 de Setembro de 1998. – *António Manuel de Oliveira Guterres – Luís Filipe Marques Amado – António Luciano Pacheco de Sousa Franco – João Cardona Gomes Cravinho – José Eduardo Vera Cruz Jardim – Joaquim Augusto Nunes de Pina Moura – Eduardo Luís Barreto Ferro Rodrigues.*

Promulgado em 23 de Outubro de 1998.

Publique-se.

O Presidente da República, JORGE SAMPAIO.

Referendado em 28 de Outubro de 1998.

O Primeiro-Ministro, *António Manuel de Oliveira Guterres.*

Decreto-Lei n.° 65/94
de 28 de Fevereiro

O processo de reprivatização que o Governo tem vindo a desenvolver, sobretudo após a publicação da Lei n.° 11/90, de 5 de Abril, inclui, entre os seus objectivos principais, o do reforço da capacidade empresarial nacional, em termos de a tornar mais competitiva no contexto da crescente liberalização dos espaços económicos internacionais.

Daí o ter-se justificado, no seu arranque, a preocupação de estabelecer alguns limites à participação de entidades estrangeiras no capital das empresas que foram sendo transferidas para o sector privado, limites que variaram conforme a natureza particular de cada caso.

A experiência entretanto decorrida permite constatar que aquele objectivo foi substancialmente alcançado, quanto a um núcleo importante de empresas pertencentes a sectores chave da nossa economia.

Assegurada essa exigência do interesse nacional numa fase crucial de transformação da economia portuguesa, pode concluir-se que a situação é hoje significativamente diferente daquela que existia quando o programa de reprivatizações se iniciou.

Por um lado, as posições accionistas que já são detidas por grupos portugueses reduziram a vulnerabilidade das respectivas empresas à intervenção de interesses estrangeiros e, por outro, é, por vezes, o próprio interesse destas empresas que aconselha a abertura do seu capital a investidores de outros países.

Num outro plano, os compromissos do Estado Português no aprofundamento da integração europeia e na unificação do direito comunitário levam também a que, sem prejuízo do interesse nacional, os limites à participação de estrangeiros atrás referidos vão sendo gradualmente eliminados.

Consciente de tudo isso, o Governo não só tem vindo a alargar a percentagem daqueles limites nas diversas fases de cada processo de reprivatização, como nalguns casos de reprivatização mais recentes optou por não instituir limite algum.

Urge, no entanto, actuar com igual preocupação quanto às empresas cujos processos de reprivatização já se encontrem concluídos há algum tempo e em que, por isso, os limites fixados para a participação de estrangeiros são mais baixos.

Assim:

No desenvolvimento do regime jurídico estabelecido na Lei n.° 11/90, de 5 de Abril, e nos termos das alíneas *a*) e *c*) do n.° 1 do artigo 201.° da Constituição, o Governo decreta o seguinte:

Artigo único – Para efeitos do disposto no n.° 3 do artigo 13.° da Lei n.° 11/90, de 5 de Abril, o limite quantitativo à participação de entidades estrangeiras no capital das sociedades cujo processo de reprivatização se encontre concluído passará a ser de

25%, salvo se, em diploma que haja regulamentado aquele processo, o limite fixado já for superior.

Visto e aprovado em Conselho de Ministros de 6 de Janeiro de 1994. – *Aníbal António Cavaco Silva – Eduardo de Almeida Catroga.*

Promulgado em 11 de Fevereiro de 1994.

Publique-se.

O Presidente da República, MÁRIO SOARES.

Referendado em 15 de Fevereiro de 1994.

O Primeiro-Ministro, *Aníbal António Cavaco Silva.*

Decreto-Lei n.º 24/96
de 20 de Março

O processo de reprivatização da titularidade ou do direito de exploração das empresas nacionalizadas depois de 25 de Abril de 1974, iniciado em 1988 ao abrigo da Lei n.º 84/88, de 20 de Julho, tem vindo a ser desenvolvido com base no estatuído na Lei n.º 11/90, de 5 de Abril, diploma publicado na sequência da revisão constitucional de 1989, no qual, com observância dos princípios fundamentais fixados no artigo 296.º da Constituição da República Portuguesa, se determinam os objectivos gerais obrigatoriamente prosseguidos nas operações de reprivatização.

No conjunto dos objectivos previstos no artigo 3.º desta Lei Quadro das Reprivatizações incluem-se, compreensivelmente, os referentes ao reforço da capacidade empresarial nacional e à valorização de outros interesses nacionais relevantes. Objectivos deste tipo têm sido igualmente prosseguidos noutros processos nacionais de privatização de empresas públicas, sem prejuízo da necessária compatibilização dos mesmos, numa perspectiva evolutiva, com as novas realidades de internacionalização das economias.

Esta orientação, no sentido de associar a redução do peso do Estado na economia ao desenvolvimento das estruturas empresariais nacionais no sector privado, levou a que, nos termos do n.º 3 do artigo 13.º da Lei Quadro das Reprivatizações, se tenha previsto a faculdade de o Governo, nos decretos-leis que operem a transformação das empresas públicas a reprivatizar em sociedades anónimas e que estabeleçam as condições de reprivatização, poder limitar o montante das acções a adquirir ou a subscrever pelo conjunto de entidades estrangeiras, ou cujo capital seja detido maioritariamente por entidades estrangeiras, bem como fixar o valor máximo da respectiva participação no capital social.

Apesar de essa faculdade ter sido utilizada em diversos casos, a evolução do programa nacional de privatizações e o aprofundamento do processo de integração europeia determinam, no presente, uma reformulação das opções a adoptar neste domínio.

Na realidade, em face da evolução dos compromissos do Estado Português, como Estado membro da União Europeia, impõe-se uma alteração dos termos e do âmbito em que a faculdade prevista no n.º 3 do artigo 13.º da Lei n.º 11/90 pode ser exercida, afastando, no futuro, a aplicação de quaisquer condições que possam ser tidas como discriminatórias relativamente a investidores da União Europeia, quer no que concerne a processos de reprivatização já concluídos, quer relativamente a operações de reprivatização pendentes ou a iniciar, acompanhando-se, neste ponto, evoluções comparáveis verificadas nos programas de privatização desenvolvidos por outros Estados membros da União Europeia.

Assim:

No desenvolvimento do regime jurídico previsto na Lei n.º 11/90, de 5 de Abril, e nos termos das alíneas a) e c) do n.º 1 do artigo 201.º da Constituição, o Governo decreta o seguinte:

Artigo único

Para efeitos do n.º 3 do artigo 13.º da Lei n.º 11/90, de 5 de Abril, não se aplica a entidades nacionais de Estados membros da União Europeia ou aí residentes qualquer limite quantitativo relativo à participação de entidades estrangeiras no capital de sociedades reprivatizadas, em processo de reprivatização ou a reprivatizar.

Visto e aprovado em Conselho de Ministros de 8 de Fevereiro de 1996. – *António Manuel de Oliveira Guterres – António Luciano Pacheco de Sousa Franco.*

Promulgado em 6 de Março de 1996.

Publique-se.

O Presidente da República, MÁRIO SOARES.

Referendado em 8 de Março de 1996.

O Primeiro-Ministro, *António Manuel de Oliveira Guterres.*

Decreto-Lei n.º 70/97
de 3 de Abril

Em Julho de 1994, o Comité de Basileia sobre Supervisão Bancária, emendando o Acordo de Julho de 1988 sobre adequação de capital para riscos de crédito, decidiu reconhecer os acordos bilaterais de compensação.

Assim, o Comité passou a reconhecer os acordos em que duas partes, que celebrem habitualmente entre si contratos sobre instrumentos financeiros, dos quais resultem direitos e obrigações similares, estipulam que todas as obrigações emergentes do contrato se considerarão vencidas e compensadas, na parte relevante, no caso de uma das partes não cumprir as suas obrigações por, nomeadamente, vir a ser declarada em estado de falência.

Do referido reconhecimento resulta que, para efeitos de cálculo do denominador do rácio de adequação do capital aos riscos de crédito, as instituições de crédito podem proceder à «compensação» entre posições «devedoras» e posições «credoras» resultantes da realização de operações extrapatrimoniais relativas a taxas de juro e a taxas de câmbio com a contraparte no acordo. Deste modo, do aludido reconhecimento decorre que se pode passar a considerar apenas o valor «líquido» das operações abrangidas pelos acordos.

Também a Directiva n.º 96/10/CE, do Parlamento Europeu e do Conselho, de 21 de Março de 1996, a qual altera a Directiva n.º 89/647/CEE, do Conselho, de 18 de Dezembro de 1989 – relativa a um rácio de solvibilidade das instituições de crédito –, permite às autoridades competentes dos Estados membros reconhecer a compensação contratual.

Quer o Comité de Basileia quer a Directiva n.º 96/10/CE permitem às autoridades competentes recusar o reconhecimento dos acordos bilaterais de compensação se não se encontrarem convencidas sobre a validade dos mesmos face aos diversos ordenamentos jurídicos aplicáveis.

Considerando que o artigo 153.º do Código dos Processos Especiais de Recuperação da Empresa e de Falência impede os credores do falido de, a partir da data da sentença da declaração de falência, compensar os respectivos débitos com créditos que detenham sobre o falido;

Considerando ainda que do artigo 2.º do Decreto-Lei n.º 132/93, de 23 de Abril – que aprovou o referido Código –, ressalva a possibilidade de a falência de instituições de crédito ou financeiras e sociedades seguradoras se reger por normas especiais;

Considerando, por último, que o Decreto-Lei n.º 30689, de 27 de Agosto de 1940, designadamente o seu artigo 15.º, não permite, em todos os casos, reconhecer os acordos bilaterais de compensação:

Assim:

Nos termos da alínea *a*) do n.º 1 do artigo 201.º da Constituição, o Governo decreta o seguinte:

Artigo 1.º

1. O negócio jurídico através do qual as partes, na sua qualidade de intervenientes em contratos sobre instrumentos financeiros, de que decorrem direitos e obrigações similares, acordam em que todas as obrigações entre elas contraídas no âmbito desse negócio se considerarão compensadas, na parte relevante, se uma das partes vier a ser declarada em estado de falência, é oponível à massa falida e aos credores dessa massa.

2. O disposto no número anterior é aplicável, com as devidas adaptações, se o negócio jurídico estabelecer que a mesma compensação terá lugar se um dos sujeitos vier a ser objecto de medida de recuperação, de saneamento ou outras de natureza similar.

Artigo 2.º

Para efeitos do disposto no presente diploma, são considerados instrumentos financeiros os valores mobiliários, os contratos a prazo relativos a divisas, a taxas de juro e a taxas de câmbio, os *swaps*, as opções e outros contratos de natureza análoga.

Artigo 3.º

O disposto no presente diploma prevalece sobre qualquer outra disposição legal, ainda que de natureza especial.

Visto e aprovado em Conselho de Ministros de 20 de Fevereiro de 1997. – *António Manuel de Oliveira Guterres – António Luciano Pacheco de Sousa Franco – José Eduardo Vera Cruz Jardim.*

Promulgado em 14 de Março de 1997.

Publique-se.

O Presidente da República, JORGE SAMPAIO.

Referendado em 19 de Março de 1997.

O Primeiro-Ministro, *António Manuel de Oliveira Guterres.*

Decreto-Lei n.° 321/85
de 5 de Agosto

Uma das soluções encontradas em alguns países para reforçar os fundos próprios das empresas públicas tem sido a emissão dos chamados «títulos de participação», que se situam numa posição intermédia entre as acções e as obrigações, constituindo como que uma terceira espécie.

O novo instrumento financeiro que o presente diploma visa introduzir no nosso mercado de capitais tem o aliciante de beneficiar, do mesmo passo, a entidade emitente, que disporá, assim, dos recursos a longo prazo de que se mostre carecida, e o aforrador, que receberá uma renda do tipo «renda perpétua», ainda que se preveja a faculdade de reembolso do capital, mas apenas no caso de liquidação da empresa ou, então, nos moldes expressamente previstos nas condições de emissão e sempre depois de decorridos pelo menos 10 anos sobre a data da liberação.

A principal originalidade do novo título mobiliário reside na forma de calcular a respectiva remuneração, que se decompõe em duas partes: uma «fixa» e outra «variável», esta em função dos resultados, do volume de negócios ou de qualquer outro elemento da actividade da empresa. A justaposição das duas referidas partes propicia um resultado equilibrado, medido não só em termos do valor recebido pelo aforrador, como também da mais valia que, gradualmente, o título de participação vai incorporando.

Não menos importante é a equiparação dos fundos obtidos em resultado da emissão de títulos de participação a capitais próprios, bem como a proibição de a empresa amortizar o seu capital ou reduzi-lo mediante reembolso enquanto houver títulos vivos por ela emitidos.

A posição dos participantes perante a empresa é especialmente protegida, como resulta do direito que lhes fica reconhecido de tomarem conhecimento dos documentos da empresa em condições idênticas às dos accionistas das sociedades anónimas, como à prevista constituição e funcionamento das assembleias de participantes, onde, inclusivamente, poderá discutir-se e deliberar-se sobre a modificação das condições dos créditos dos participantes. Do mesmo modo, as figuras do representante comum dos participantes, com poderes para praticar os actos de gestão mais convenientes à defesa dos interesses comuns daqueles, e de um revisor oficial de contas, com competência idêntica, em matéria de exame, inspecção, verificação e obtenção de informações, à do órgão de fiscalização da empresa e aos revisores oficiais de contas, insere-se na mesma linha de preocupações.

A existência de títulos de participação irá permitir um reforço dos denominados, em sentido financeiro, «capitais próprios», ao mesmo tempo que contribuirá para a dinamização do mercado de capitais, o que o Governo reputa desejável e necessário.

Assim:

O Governo decreta, nos termos da alínea *a*) do n.° 1 do artigo 201.° da Constituição, o seguinte:

Artigo 1.º
Emissão de títulos de participação

1. As empresas públicas e as sociedades anónimas pertencentes maioritariamente ao Estado, directa ou indirectamente, podem, de acordo com o disposto no presente diploma, emitir títulos de crédito denominados «títulos de participação», representativos de empréstimos por elas contraídos.

2. A emissão depende de autorização do Ministro das Finanças e do Plano.

3. A emissão não pode exceder a soma do capital realizado e das reservas constantes do último balanço aprovado da entidade emitente, devendo, no cálculo do limite de cada emissão, ser considerados pelo valor nominal os títulos anteriormente emitidos ao abrigo das disposições do presente decreto-lei, vivos na data da respectiva deliberação.

4. Os títulos de participação são emitidos pelo seu valor nominal.

5. Os títulos de participação podem ser nominativos ou ao portador e ser admitidos à cotação nas bolsas de valores.

6. Podem ser emitidos títulos representativos de mais de um título de participação.

Artigo 2.º
Designações

Nas disposições seguintes deste diploma as designações «empresa», «títulos» e «participantes» correspondem, respectivamente, à entidade emitente dos títulos de participação, a estes e aos seus titulares.

Artigo 3.º
Remuneração

1. Os títulos conferem o direito a uma remuneração anual composta de duas partes, uma independente e outra dependente da actividade ou dos resultados da empresa, denominadas, respectivamente, «parte fixa» e «parte variável».

2. A primeira remuneração pode, no entanto, ser reportada a um período superior ou inferior a um ano, contando-se os períodos anuais seguintes a partir da data do seu vencimento.

3. A parte fixa é calculada aplicando a uma fracção do valor nominal do título uma taxa predeterminada, invariável ou reportada a um indicador de referência.

4. A parte variável é calculada em função dos resultados, do volume de negócios ou de qualquer outro elemento da actividade da empresa e com referência a uma fracção do valor nominal do título compreendida entre 20% e 40%.

5. Os resultados da empresa a atender para o cálculo da parte variável incluem as importâncias que, por força da lei ou dos estatutos, constituem remuneração obrigatória dos capitais próprios, não podendo ser consideradas como custos as amortizações e provisões efectuadas para além dos máximos legalmente admitidos para efeitos de contribuição industrial.

6. O cálculo da parte variável é efectuado uma vez por ano com base em elementos constantes das contas aprovadas do exercício anterior ou, se existirem, das contas consolidadas, estas apuradas segundo critérios a constar das condições de emissão.

7. Em todos os casos, incluindo os previstos no n.º 2, o elemento da actividade da empresa e quaisquer outros a atender, bem como os critérios do seu apuramento e de cál-

culo da remuneração, devem constar das condições de emissão e não podem ser alterados sem o acordo dos participantes.

8. O apuramento feito pela empresa dos elementos a atender para a determinação da remuneração e, bem assim, o cálculo desta devem ser submetidos a parecer de revisor oficial de contas a nomear pelos participantes.

Artigo 4.°
Reembolso

1. Os títulos são reembolsados apenas em caso de liquidação da empresa ou, se esta assim o decidir, após terem decorrido pelo menos 10 anos sobre a sua liberação, nas condições definidas aquando da emissão.

2. No caso de liquidação, os títulos são reembolsados somente depois do pagamento de todos os outros credores da empresa.

Artigo 5.°
Equiparação de juro a capitais próprios

Os fundos obtidos em resultado da emissão de títulos são equiparados a capitais próprios nos termos e para os efeitos a definir em portaria do Ministro das Finanças e do Plano.

Artigo 6.°
Deliberação da emissão e do reembolso

1. A emissão e o reembolso dos títulos são deliberados:

a) Tratando-se de empresas públicas, por quem tiver competência para deliberar a emissão de obrigações;

b) Nas sociedades anónimas, pela assembleia geral de accionistas, sobre proposta do conselho de administração, acompanhada de parecer do conselho fiscal, devendo a deliberação ser tomada pela maioria exigida para alteração do contrato de sociedade.

2. Pode ser deliberado que os títulos a emitir sejam reservados, no todo ou em parte, aos participantes de emissões anteriores, aos accionistas, aos obrigacionistas ou ao pessoal da empresa.

Artigo 7.°
Menções de títulos

Os títulos devem mencionar:

a) A firma ou denominação, o tipo e a sede da empresa, o seu capital e a importância que se encontra realizada, a conservatória do registo comercial onde se encontra matriculada e o número de matrícula;

b) A data de extinção da empresa, se tiver duração limitada;

c) A data da deliberação ou, tendo tido lugar, da escritura da emissão;

d) A data e a origem das autorizações que no caso tenham sido necessárias;

e) A data do registo definitivo da emissão;

f) O seu valor nominal, o número e o valor nominal total dos títulos dessa emissão, a forma, data de vencimento, montante e critérios de cálculos da remuneração, as condições de reembolso e de compra pela empresa e quaisquer outras características particulares da emissão;

    g) O seu número de ordem;

    h) A sua forma, nominativa ou ao portador;

    i) O valor nominal total, na data da emissão, dos títulos vivos anteriormente emitidos;

    j) Que, no caso de liquidação da empresa, só são reembolsados depois do pagamento de todos os outros oredores.

Artigo 8.º
Prospecto

O prospecto, que tem de ser publicado no caso de emissão de títulos destinados no todo ou em parte a subscrição pública, deve, além das demais indicações constantes da lei, conter os balanços dos três últimos exercícios e a evidenciação, a título de exemplo, dos elementos que neles seriam considerados para calcular a parte variável da remuneração e, bem assim, do montante desta e indicar:

    a) A forma, data de vencimento, montante e critérios de cálculo da remuneração;

    b) As condições de reembolso dos títulos;

    c) As condições de compra dos títulos pela empresa;

    d) O montante dos títulos vivos anteriormente emitidos;

    e) O conteúdo resumido das disposições legais relativas à assembleia de participantes, ao representante comum destes, ao direito de conhecer documentos da empresa e ao revisor oficial de contas referido no artigo 29.º;

    f) Que, no caso de liquidação da empresa, os participantes são reembolsados somente após o pagamento de todos os outros credores.

Artigo 9.º
Títulos próprios

1. Uma empresa não pode subscrever e, salvo o caso de reembolso, só pode adquirir títulos próprios por compra em bolsa.

2. Os títulos adquiridos devem ser vendidos, também em bolsa, dentro do prazo de um ano a seguir à aquisição ou ser anulados o mais tardar logo após a expiração desse prazo.

3. Os direitos dos títulos adquiridos ficam suspensos enquanto estes pertencerem à empresa.

4. Os estatutos da empresa podem proibir total ou parcialmente a aquisição de títulos próprios.

5. Uma empresa não pode conceder empréstimos, por qualquer outra forma fornecer fundos ou prestar garantias para que um terceiro subscreva ou por outro meio adquira títulos por ela emitidos.

Artigo 10.º
Actos vedados

A empresa não pode amortizar o seu capital ou reduzi-lo mediante reembolso enquanto houver títulos vivos por ela emitidos.

Artigo 11.°
Regime fiscal

O regime fiscal dos títulos é o das obrigações, podendo o Ministro das Finanças e do Plano, por despacho, isentar total ou parcialmente a sua remuneração do imposto de capitais e do imposto complementar.

Artigo 12.°
Direito de tomar conhecimento de documentos

Os participantes têm o direito de tomar conhecimento dos documentos da empresa em condições idênticas às dos accionistas das sociedades anónimas.

Artigo 13.°
Assembleia de participantes

1. Os participantes de uma mesma emissão reúnem-se e deliberam em assembleia.
2. A assembleia reúne quando for convocada e apenas pode deliberar sobre assuntos constantes da ordem do dia indicada no aviso de convocação.
3. A assembleia é presidida pelo representante comum dos participantes, quando tenha sido por ele convocada, ou, nos outros casos, por quem a própria assembleia escolher de entre ela, os substitutos, se os houver, e os participantes presentes.
4. Os participantes podem fazer-se representar na assembleia por cônjuge, ascendente, descendente ou outro participante.
5. Os comproprietários de títulos indivisos devem fazer-se representar por um deles ou por um mandatário único a escolher de entre as pessoas indicadas no número anterior.
6. O direito de participar na assembleia pode ser subordinado ao depósito dos títulos, em local a indicar no aviso de convocação, ou ao seu registo em nome do participante, nos livros da empresa, consoante sejam ao portador ou nominativos.
7. Os requisitos referidos no número anterior têm de ser cumpridos até uma data a indicar no aviso de convocação, que não pode distar mais de 5 dias da prevista para a assembleia.
8. Salvo deliberação em contrário da própria assembleia, podem estar presentes os membros do conselho de administração e do órgão de fiscalização da empresa e os representantes comuns dos participantes de outras emissões.
9. As despesas ocasionadas pela convocação e pelas reuniões da assembleia e, bem assim, as de publicidade das suas decisões constituem encargo da empresa.
10. Não são permitidas assembleias de participantes de emissões diferentes, salvo nos casos previstos no artigo 25.°

Artigo 14.°
Deliberações da assembleia

1. A assembleia delibera sobre todos os assuntos indicados por lei ou que sejam de interesse comum dos participantes, nomeadamente:
   a) Modificação das condições dos créditos dos participantes;
   b) Propostas de concordata e de acordo de credores;
   c) Reclamação de créditos em acções executivas, salvo o caso de urgência;

d) Constituição de um fundo para as despesas necessárias à tutela dos interesses comuns e prestação das respectivas contas;

e) Autorização do representante comum para a propositura de acções judiciais.

2. A assembleia não pode deliberar o aumento de encargos dos participantes ou quaisquer medidas que impliquem o tratamento desigual destes.

3. As deliberações são tomadas por maioria dos votos emitidos, devendo, porém, as modificações das condições dos créditos dos participantes ser aprovadas, em primeira convocação, por metade dos votos correspondentes a todos os títulos e, em segunda convocação, por dois terços dos votos emitidos.

4. As deliberações tomadas pela assembleia vinculam os participantes ausentes ou discordantes.

Artigo 15.º
Deliberações inválidas

1. A acção declarativa de nulidade e a acção de anulação de deliberações da assembleia devem ser propostas contra o conjunto de participantes que tenham aprovado a deliberação na pessoa do representante comum.

2. Na falta de representante comum ou não tendo ele aprovado a deliberação, o autor requererá ao tribunal, na petição, que seja nomeado um representante especial de entre os participantes cujos votos fizeram vencimento.

3. Aplicam-se subsidiariamente as normas aplicáveis à invalidade de deliberações de accionistas.

Artigo 16.º
Convocação da assembleia

1. A assembleia é convocada quando a lei o imponha, quando o representante comum dos participantes, a empresa ou o revisor referido no artigo 29.º entendam conveniente ou quando o requeiram participante ou participantes com um total de títulos correspondentes a, pelo menos, 2,5% do montante da emissão.

2. A assembleia é convocada por quem a lei o indicar e, na falta de indicação, pelo representante comum dos participantes ou pelo conselho de administração da empresa; estando esta em liquidação, a convocação é feita, em vez do conselho de administração, pelos liquidatários.

Artigo 17.º
Convocação de assembleia a requerimento de participantes

1. O requerimento previsto no n.º 1 do artigo 16.º deve ser dirigido por escrito ao representante comum ou ao conselho de administração, indicando com precisão os assuntos a incluir na ordem do dia e justificando a necessidade de reunião da assembleia.

2. A não ser que o requerimento seja considerado abusivo e por isso indeferido, a convocação deve ser promovida nos 15 dias seguintes à recepção do requerimento e a assembleia deve ser convocada para reunir antes de decorridos 60 dias sobre a mesma data.

3. O representante comum ou o conselho de administração, quando indefiram o requerimento ou não convoquem a assembleia nos termos previstos no número anterior, devem justificar por escrito a sua decisão, dentro do referido prazo de 15 dias.

4. Os autores de requerimento que não for atendido nos termos do n.º 3 podem requerer ao tribunal a convocação da assembleia.

5. Quando o requerimento referido no n.º 1 tenha sido dirigido ao conselho de administração, constituem encargo da empresa as despesas ocasionadas pela acção judicial prevista no n.º 4 julgada procedente.

Artigo 18.º
Aviso de convocação da assembleia

1. O aviso de convocação deve ser publicado em termos idênticos aos estabelecidos para a convocação das assembleias gerais de accionistas de sociedades anónimas, podendo a publicação ser substituída por cartas registadas se todos os títulos forem nominativos.

2. Entre a última publicação ou a expedição das cartas registadas e a data de reunião da assembleia devem mediar pelo menos 30 e 21 dias, respectivamente.

3. O aviso de convocação deve mencionar, pelo menos:

a) A firma ou denominação, o tipo e a sede da empresa, o seu capital e a importância que se encontra realizada, a conservatória do registo comercial onde se encontra matriculada e o número de matrícula e, sendo o caso, que se encontra em liquidação;

b) O lugar, o dia e a hora da reunião;

c) Os requisitos a que porventura esteja subordinada a participação na assembleia;

d) A emissão de títulos de que se trata;

e) A ordem do dia.

Artigo 19.º
Inclusão de assuntos na ordem do dia

1. O participante ou participantes que satisfaçam a condição exigida na parte final do n.º 1 do artigo 16.º podem requerer que na ordem do dia de uma assembleia já convocada ou a convocar sejam incluídos determinados assuntos.

2. Se a assembleia já tiver sido convocada, o requerimento deve ser dirigido por escrito ao autor da convocação até, respectivamente, 10 ou 5 dias depois da última publicação do aviso de convocação ou da recepção da carta registada que o contém.

3. Se a assembleia não tiver ainda sido convocada, o requerimento deve ser dirigido por escrito ao representante comum ou ao conselho de administração.

4. Os assuntos incluídos na ordem do dia devido ao disposto nos números anteriores devem ser comunicados aos participantes pela forma usada para a convocação até 10 ou 5 dias antes da data da assembleia, conforme se trate de publicação ou de carta registada.

5. Não sendo satisfeito o requerimento, podem os seus autores pedir ao tribunal a convocação de nova assembleia para deliberar sobre os assuntos em causa.

6. O disposto nos números anteriores não é aplicável nos casos de segunda convocação.

7. Quando os requerimentos referidos nos n.ºs 2 e 3 tenham sido dirigidos ao conselho de administração, constituem encargo da empresa as despesas ocasionadas pela acção judicial prevista no n.º 5 julgada procedente.

Artigo 20.º
Quórum e local de reunião da assembleia

1. A assembleia só pode reunir em primeira convocação se estiverem presentes ou representados participantes que, em conjunto, detenham pelo menos um quatro dos títulos com direito de voto.

2. Em segunda convocação, a assembleia pode reunir com qualquer número de participantes.

3. Salvo cláusula em contrário do contrato de emissão, a assembleia deve reunir na sede da empresa, podendo, todavia, ser por esta escolhido ou aprovado outro local, dentro da mesma comarca judicial, se as instalações da sede não permitirem a reunião em condições satisfatórias.

Artigo 21.º
Votos em assembleia

1. A cada título corresponde um voto, salvo o disposto no número seguinte.

2. Não têm direito de voto em assunto que tenha a ver também com a empresa:

a) A sociedade dominada pela empresa ou em cujo capital esta tenha participação superior a 10%;

b) A sociedade ou empresa pública que domine a empresa ou tenha mais de 10% do capital desta;

c) O titular de mais de 10% do capital da empresa.

3. O participante que disponha de mais de um voto não pode fraccionar os seus votos para votar em sentidos diversos sobre a mesma proposta ou para deixar de votar com alguns dos seus votos.

4. O participante que represente outros pode votar em sentidos diversos com os seus títulos e com os dos representados e, bem assim, deixar de votar com os seus títulos ou com os dos representados.

Artigo 22.º
Listas de presenças

1. Em cada assembleia deve ser organizada a lista dos participantes que estiverem presentes ou representados.

2. A lista de presenças deve indicar:

a) O nome, firma ou denominação e o domicílio ou sede de cada um dos participantes presentes ou representados e dos representantes destes;

b) O número de votos de que dispõe cada um dos participantes presentes ou representados.

3. A lista de presenças deve ser assinada pelo presidente da assembleia e rubricada pelos participantes presentes e pelos representantes de participantes.

4. As listas de presenças devem ficar arquivadas no local que a assembleia determinar, podendo ser consultadas e delas sendo facultadas cópias a qualquer participante que o solicite.

5. A fidelidade das cópias entregues a qualquer participante é certificada, a pedido deste, pelo representante comum.

Artigo 23.°
Actas das reuniões

1. Devem ser elaboradas actas das reuniões da assembleia.
2. As actas devem permitir conhecer o sentido do voto de cada um dos participantes presentes ou representados.
3. As actas devem ser assinadas pelo presidente da assembleia e por quem as tenha redigido, se for outra pessoa.
4. A assembleia pode deliberar que a acta seja por si aprovada antes de ser assinada.
5. As actas devem ficar arquivadas no local que a assembleia determinar, podendo ser consultadas e delas sendo facultadas cópias a qualquer participante que o solicite.
6. A fidelidade das cópias entregues a qualquer participante é certificada, a pedido deste, pelo representante comum.

Artigo 24.°
Reunião anual

1. A assembleia de participantes deve reunir dentro dos 4 primeiros meses de cada ano para ouvir uma exposição do conselho de administração da empresa sobre a situação e a actividade desta durante o exercício anterior e para tomar conhecimento das contas respectivas, do parecer sobre elas emitido pelo órgão de fiscalização e do relatório e do parecer referidos no n.° 1 do artigo 31.°
2. O conselho de administração tem o dever de convocar a assembleia referida no número anterior.
3. Devem estar presentes a maioria dos membros do conselho de administração, incluindo o seu presidente ou outrem com poderes de representação da empresa, e a maioria dos membros do órgão de fiscalização, incluindo o revisor oficial de contas que o integre.

Artigo 25.°
Assembleia conjunta de participantes

1. Os participantes das várias emissões de títulos efectuadas por uma empresa reúnem-se em assembleia conjunta para os fins indicados nos n.os 1, 2 e 9 do artigo 30.°
2. A assembleia conjunta é convocada pelo conselho de administração da empresa por dever de ofício, se se tratar da nomeação do revisor, e a requerimento de participante ou participantes com um total de títulos correspondente a, pelo menos, 2,5% do montante total das emissões, se se tratar da sua destituição.
3. A assembleia conjunta é presidida por quem ela própria escolher de entre os representantes comuns e participantes presentes.
4. O número de votos correspondente a cada título é proporcional à quota-parte que ele representa no montante total das várias emissões, sendo no mínimo um voto.
5. São ainda aplicáveis à assembleia conjunta, com as necessárias adaptações, as disposições relativas à assembleia de participantes que não forem incompatíveis com ela.

Artigo 26.º
Representante comum dos participantes

1. Para cada emissão deve haver um representante comum dos respectivos participantes.
2. O representante comum pode ser ou não participante, mas deve ser uma pessoa singular dotada de capacidade jurídica plena, uma sociedade de advogados ou uma sociedade de revisores oficiais de contas.
3. Pode haver um ou mais representantes comuns substitutos.
4. Não podem ser representantes comuns:

a) Os beneficiários de vantagens particulares e os administradores, membros do órgão de fiscalização e membros da mesa da assembleia geral de accionistas da empresa;

b) Os gerentes, administradores, membros do órgão de fiscalização e membros da mesa da assembleia geral de accionistas de sociedade dominada pela empresa ou em cujo capital esta detenha participação superior a 10% ou de sociedade ou empresa pública que domine a empresa ou detenha mais de 10% do capital desta;

c) O sócio de sociedade em nome colectivo que tenha com a empresa ligação prevista na alínea anterior;

d) Os que prestem serviços remunerados à empresa ou a sociedades ou empresa pública que com ela tenha ligação prevista na alínea b);

e) Que exerçam funções numa concorrente;

f) Os cônjuges, os parentes e afins na linha recta e até ao terceiro grau na linha colateral de pessoas abrangidas pelas alíneas *a*), *b*), *c*) e *e*) e os cônjuges de pessoas abrangidas pela alínea *d*).

5. É nula a nomeação de pessoa que não possua a capacidade exigida pelo n.º 2 ou relativamente à qual se verifique alguma das circunstâncias referidas no n.º 4.
6. A superveniência de alguma das circunstâncias referidas no n.º 4 importa caducidade da nomeação.

Artigo 27.º
Nomeação, destituição e remuneração do representante comum

1. O representante comum e os substitutos são nomeados e destituídos pela assembleia de participantes, sendo a duração das suas funções definida por ela.
2. A nomeação do representante comum deve ser feita dentro dos 90 dias seguintes ao encerramento da subscrição ou dos 60 dias seguintes à vacatura do cargo.
3. A assembleia para a nomeação prevista na primeira parte do n.º 2 é convocada pelo conselho de administração da empresa por dever de ofício.
4. Na falta de nomeação, qualquer participante ou, quando o seu conselho de administração tiver sem resultado convocado a assembleia para esse fim, a empresa pode requerer ao tribunal a designação do representante comum, o qual se mantém em funções até ser nomeado novo representante.
5. Qualquer participante pode também requerer ao tribunal a destituição do representante comum com fundamento em justa causa.
6. A nomeação e a destituição do representante comum e, bem assim, a cessação de funções por outro motivo devem ser comunicadas à empresa por escrito e, por iniciativa desta, ser inscritas no registo comercial.
7. A remuneração do representante comum é fixada pela assembleia de participantes ou, no caso previsto no n.º 3, pelo tribunal, constituindo encargo da empresa.

8. Cabe ainda ao tribunal decidir, a requerimento do representante comum ou da empresa, se a assembleia não fixar a remuneração ou se a empresa discordar da que for por ela fixado.

Artigo 28.º
Atribuições, competência e responsabilidade do representante comum

1. O representante comum deve praticar, em nome de todos os participantes e com as restrições porventura deliberadas pela respectiva assembleia, os actos de gestão destinados à defesa dos interesses comuns daqueles, sendo da sua competência, além do mais, representar o conjunto dos participantes nas suas relações com a empresa e em juízo, nomeadamente em processos de execução ou de liquidação do património desta.

2. O representante comum tem o direito de tomar conhecimento dos documentos da empresa em condições idênticas às dos accionistas das sociedades anónimas.

3. Se a empresa tiver assembleia geral de accionistas, o representante comum tem ainda o direito de assistir às respectivas reuniões, embora sem direito de voto, sendo aí ouvido e podendo intervir sobre os assuntos inscritos na ordem do dia, à excepção da nomeação ou destituição dos membros da mesa da referida assembleia geral, do conselho de administração e do conselho fiscal.

4. O representante comum deve prestar aos participantes as informações que lhe forem solicitadas sobre factos relevantes para os interesses comuns.

5. O representante comum responde, nos termos gerais, pelos actos ou omissões que violem a lei ou as deliberações da assembleia de participantes.

6. As funções dos representantes comuns substitutos devem ser definidas pela assembleia de participantes.

Artigo 29.º
Revisor oficial de contas

1. Com o fim de dar o parecer referido no n.º 8 do artigo 3.º, deve haver em cada momento, independentemente do número de emissões, apenas um revisor oficial de contas.

2. O revisor não tem quaisquer obrigações para com a empresa que não sejam as que resultam do seu estatuto profissional.

3. O revisor não pode ser accionista da empresa nem ter cônjuge ou parente em linha recta que o seja, sendo-lhe também aplicáveis as incompatibilidades estabelecidas no n.º 4 do artigo 26.º e outras que estejam previstas para os revisores oficiais de contas.

4. É nula a nomeação de revisor relativamente ao qual se verifique alguma das circunstâncias previstas no número anterior.

5. A superveniência de alguma das circunstâncias previstas no n.º 3 importa caducidade da nomeação.

Artigo 30.º
Nomeação, destituição e remuneração do revisor

1. O revisor é nomeado e, ocorrendo justa causa, destituído pela assembleia de participantes ou por assembleia conjunta dos participantes das várias emissões, consoante tenha havido antes da nomeação ou da destituição uma só ou várias emissões.

2. A duração das funções do revisor é definida pela assembleia que o nomear, não podendo, porém, exceder 4 anos.

3. O revisor não cessa funções pelo facto de a empresa proceder a novas emissões.

4. A nomeação do revisor deve ser feita dentro dos 90 dias seguintes ao encerramento da subscrição dos títulos da primeira emissão ou dos 60 dias seguintes à vacatura do cargo.

5. A assembleia para nomeação do revisor é convocada pelo conselho de administração da empresa, por dever de ofício.

6. Na falta de nomeação, qualquer participante ou, quando o seu conselho de administração tiver sem resultado convocado a assembleia para esse fim, a empresa pode requerer ao tribunal a designação do revisor, o qual se mantém em funções por um período máximo de 4 anos, até ser nomeado novo revisor.

7. Qualquer participante pode também requerer ao tribunal a destituição do revisor com fundamento em justa causa.

8. A nomeação e a destituição do revisor e, bem assim, a cessação de funções por outro motivo devem ser comunicadas à empresa por escrito e, por iniciativa desta, ser inscritas no registo comercial.

9. A remuneração do revisor é fixada pela assembleia ou pelo tribunal que o nomeou, constituindo encargo da empresa.

10. Cabe ainda ao tribunal decidir, a requerimento do revisor ou da empresa, se a assembleia não fixar a remuneração ou se a empresa discordar da que for por ela fixada.

Artigo 31.º
Atribuições, competência e responsabilidade do revisor

1. O revisor deve, anualmente, em separado para cada uma das emissões, dar parecer sobre o apuramento feito pela empresa dos elementos a atender para a determinação da remuneração e sobre o cálculo desta e elaborar relatório sobre a acção por si desenvolvida para esse efeito.

2. O revisor tem os poderes de exame, de inspecção, de verificação e de obtenção de informações legalmente atribuídos por lei quer ao órgão de fiscalização da empresa quer aos revisores oficiais de contas no exercício da revisão legal.

3. O revisor pode convocar a assembleia de participantes quando tenha sem resultado solicitado a convocação ao representante comum ou ao conselho de administração.

4. O revisor deve estar presente na assembleia anual referida no artigo 24.º e ainda em todas as outras para que for convocado, devendo prestar os esclarecimentos que nelas lhe forem solicitados sobre factos relevantes para os interesses comuns dos participantes.

5. O revisor responde, nos termos gerais, pelos actos ou omissões que violem a lei.

Artigo 32.º
Despesas em processo

As despesas ocasionadas pela representação dos participantes nos processos de falência e de liquidação judicial da empresa constituem encargo desta.

Artigo 33.º
Lei subsidiária

São aplicáveis subsidiariamente, com as necessárias adaptações, as disposições legais respeitantes a obrigações em geral.

Visto e aprovado em Conselho de Ministros de 27 de junho de 1985. – *Mário Soares – Rui Manuel Parente Chancerelle de Machete – Ernâni Rodrigues Lopes.*

Promulgado em 17 de Junho de 1985.

Publique-se.

O Presidente da República, ANTÓNIO RAMALHO EANES.

Referendado em 18 de Julho de 1985.

O Primeiro-Ministro, *Mário Soares.*

Decreto-Lei n.° 160/87
de 3 de Abril

Até à entrada em vigor do Código das Sociedades as sociedades por quotas podiam emitir obrigações ao abrigo do disposto no artigo 50.° da Lei de 11 de Abril de 1901, que foi revogada por aquele Código.

Atendendo a que o número de sociedades por quotas em Portugal é muito significativo, afigura-se desejável que se permita a emissão de obrigações por este tipo de sociedades e se estabeleçam as condições em que podem proceder à respectiva emissão.

Nestes termos:

O Governo decreta, ao abrigo da alínea *a*) do n.° 1 do artigo 201.° da Constituição, o seguinte:

Artigo único

As sociedades por quotas podem emitir obrigações, devendo observar-se, na parte aplicável, as disposições legais relativas às emissões de obrigações das sociedades anónimas.

Visto e aprovado em Conselho de Ministros de 5 de Março de 1987. – *Aníbal António Cavaco Silva – Miguel José Ribeiro Cadilhe.*

Promulgado em 20 de Março de 1987.

Publique-se.

O Presidente da República, MÁRIO SOARES.

Referendado em 25 de Março de 1987.

O Primeiro-Ministro, *Aníbal António Cavaco Silva.*

Decreto-Lei n.° 320/89
de 25 de Setembro

Tem sido entendimento dominante que a emissão de obrigações está legalmente reservada, no sector privado, às sociedades anónimas e às sociedades por quotas, embora nada pareça justificar que entidades de diferente natureza com boa situação financeira sejam impedidas de obter recursos por esta via de financiamento das suas actividades.
Assim:
Nos termos da alínea *a*) do n.° 1 do artigo 201.° da Constituição, o Governo decreta o seguinte:

Artigo único

Sem prejuízo do disposto na legislação em vigor sobre a emissão de obrigações por parte de sociedades anónimas e sociedades por quotas, o Ministro das Finanças poderá, por despacho, autorizar outras entidades a emitir a referida espécie de títulos, em circunstâncias especiais devidamente justificadas.

Visto e aprovado em Conselho de Ministros de 3 de Agosto de 1989. – *Eurico Silva Teixeira de Melo – Miguel José Ribeiro Cadilhe.*

Promulgado em 13 de Setembro de 1989.

Publique-se.

O Presidente da República, MÁRIO SOARES.

Referendado em 15 de Setembro de 1989.

Primeiro-Ministro, *Aníbal António Cavaco Silva.*

Decreto-Lei n.º 125/90
de 16 de Abril

O presente diploma propõe-se alargar o universo dos instrumentos financeiros postos à disposição dos agentes económicos, com a criação das denominadas obrigações hipotecárias, bem conhecidas e largamente utilizadas em grande parte dos Estados membros das Comunidades Europeias.

Trata-se, essencialmente, de títulos que conferem ao respectivo portador um privilégio creditório sobre os créditos hipotecários de que sejam titulares as entidades emitentes.

Neste sentido, o presente regime excepciona o disposto no Código Civil quanto à hierarquia dos privilégios creditórios. Esta excepção, no entendimento do Governo, justifica-se plenamente como condição de eficácia a este novo instrumento financeiro, e não acarreta quaisquer prejuízos de segurança jurídica visto estar confinado a bens sobre que, à data, não incidam quaisquer ónus ou encargos.

Refira-se, ainda, que a presente medida se insere no contexto mais alargado da revisão global em curso ao regime jurídico da hipoteca.

As instituições de crédito e parabancárias que se encontrem nas condições estabelecidas no diploma passam, assim, a dispor de uma nova modalidade de captação de recursos, por simples afectação ao seu reembolso dos créditos hipotecários de que disponham. Aos investidores é facultado o acesso a um produto financeiro de risco consideravelmente reduzido. O sector imobiliário, designadamente o segmento da habitação, beneficiará de um novo factor de dinamização que o sistema pode produzir.

O produto foi concebido com preocupações de desburocratização e flexibilidade. Neste quadro, os formalismos exigíveis foram reduzidos ao mínimo. Não foram, todavia, descuidados os mecanismos de prudência e de controlo adequados à salvaguarda dos interesses dos investidores e do sistema.

Assim:

Nos termos da alínea *a*) do n.º 1 do artigo 201.º da Constituição, o Governo decreta o seguinte:

Artigo 1.º
Noções

Para efeitos do presente diploma, entende-se por:

a) Entidades emitentes – as instituições autorizadas a emitir obrigações hipotecárias, nos termos do artigo 2.º;

b) Obrigações hipotecárias – os títulos de crédito que incorporam a obrigação de a entidade emitente pagar ao titular, nos termos das condições de emissão, determinada importância correspondente a capital e juros e que conferem o privilégio indicado no n.º 1 do artigo 6.º;

c) Créditos hipotecários – os créditos concedidos pelas entidades emitentes nas condições estabelecidas no artigo 11.º;

d) Titular – o possuidor de obrigações hipotecárias à data do exercício de direitos;

e) Bens hipotecados – os imóveis onerados por hipotecas que garantem créditos afectos ao cumprimento de obrigações hipotecárias.

Artigo 2.º
Entidades emitentes

1. Podem emitir obrigações hipotecárias, nos termos do presente diploma, as instituições de crédito ou parabancárias legalmente autorizadas a conceder créditos garantidos por hipoteca, para financiamento da construção ou aquisição de imóveis, e que disponham de fundos próprios não inferiores a 1 500 000 000$00.

2. O Banco de Portugal definirá os elementos que, para efeitos do presente diploma, podem integrar os fundos próprios das entidades eminentes.

Artigo 3.º
Deliberação de emissão

1. A emissão de obrigações hipotecárias deverá ser objecto de deliberação expressa do órgão de administração da entidade eminente, da qual conste a justificação da emissão e características das obrigações a emitir, bem como as condições efectivas da emissão.

2. A emissão dos títulos deverá ter lugar no prazo máximo de seis meses após a deliberação, sob pena de caducidade.

Artigo 4.º
Autorização da emissão

1. A emissão de obrigações hipotecárias carece de autorização prévia a conceder pelo Ministro das Finanças, ouvido o Banco de Portugal.

2. O pedido de autorização será apresentado ao Ministro das Finanças, acompanhado da acta da deliberação a que se refere o n.º 1 do artigo anterior.

3. A emissão considera-se tacitamente aprovada nos termos propostos, se não houver decisão expressa do Ministro das Finanças no prazo de 60 dias a contar da data da apresentação do pedido.

Artigo 5.º
Menções dos títulos

1. Dos títulos a emitir devem constar, em conformidade com a deliberação da entidade emitente:

a) Referências da entidade emitente a que alude o artigo 171.º do Código das Sociedades Comerciais;

b) Data da deliberação de proceder à respectiva emissão;

c) Data da emissão;

d) Número de ordem;

e) Valor nominal;

f) Prazo;
g) Taxa ou taxas de juro;
h) Datas de vencimento dos juros;
i) Datas ou períodos em que poderá proceder-se à respectiva amortização;
j) A modalidade, nominativa ou ao portador, da obrigação;
l) Assinaturas que obriguem a entidade emitente.

2. Os títulos de obrigações hipotecárias podem revestir a forma escritural, aplicando-se, com as devidas adaptações, o disposto no Decreto-Lei n.º 229-D/88, de 4 de Julho, devendo, neste caso, o respectivo registo mencionar os elementos aludidos no número anterior.

3. Os títulos de obrigações hipotecárias podem ser divididos ou concentrados, consoante o que for deliberado para cada emissão, sendo os encargos suportados pelos respectivos titulares, se nada se estipular em contrário.

Artigo 6.º
Privilégio creditório

1. Os titulares de obrigações hipotecárias gozam de privilégio creditório especial sobre os créditos hipotecários afectos à respectiva emissão, com precedência sobre quaisquer outros credores, para efeitos de reembolso do capital e recebimento dos juros correspondentes aos respectivos títulos.

2. As hipotecas que garantam créditos hipotecários prevalecem sobre quaisquer privilégios creditórios imobiliários.

3. Será registado pelas conservatórias do registo predial competentes, aquando da inscrição da hipoteca respectiva, perante declaração constante do título constitutivo, que o crédito que esta garante fica afecto ao cumprimento de obrigações hipotecárias.

4. No caso de hipotecas já constituídas a favor das entidades emitentes à data de entrada em vigor do presente diploma, o registo a que se refere o número anterior será feito por averbamento, perante a declaração a que se refere o mesmo número.

5. O privilégio creditório estabelecido no n.º 1 não carece de inscrição no registo predial.

Artigo 7.º
Disciplina legal

Não são aplicáveis à emissão de obrigações hipotecárias:
a) O capítulo IV do título IV do Código das Sociedades Comerciais;
b) O artigo 3.º, alínea *l*), do Código do Registo Comercial;
c) O Decreto-Lei n.º 23/87, de 13 de Janeiro;
d) A Portaria n.º 281/87, de 7 de Abril.

Artigo 8.º
Prazo de reembolso

As obrigações hipotecárias não podem ser emitidas com um prazo de reembolso inferior a 3 nem superior a 30 anos.

Artigo 9.º
Forma de emissão

1. A emissão de obrigações hipotecárias pode ser efectuada de forma contínua ou por séries, de acordo com as necessidades financeiras da entidade emitente e com a procura dos aforradores.

2. Cada emissão não pode ser inferior a 200 milhões de escudos, nem cada obrigação ter um valor nominal inferior a 1000$00.

Artigo 10.º
Taxas de juro

1. As emissões de obrigações hipotecárias de cupão zero ou taxa de juro fixa apenas podem ter por suporte créditos hipotecários que vençam juros a taxa fixa e que não sejam susceptíveis de reembolso antecipado.

2. Nas emissões com taxa variável, a taxa de juro dos créditos hipotecários afectos e a das obrigações hipotecárias devem ser definidas em relação ao mesmo valor de referência.

Artigo 11.º
Requisitos dos créditos hipotecários

1. Apenas podem ser afectos à garantia de obrigações hipotecárias créditos vincendos, de que sejam sujeitos activos as entidades emitentes, garantidos por primeiras hipotecas constituídas sobre bens que pertençam em propriedade plena ao devedor hipotecário e sobre os quais não incida qualquer outro ónus ou encargo, sem prejuízo do disposto no n.º 4.

2. O montante de um crédito hipotecário não pode exceder 80% do valor do bem hipotecado.

3. Não se consideram créditos hipotecários os créditos garantidos por bens ou direitos que, pela sua natureza ou regime jurídico, não constituam um valor estável e duradouro.

4. São considerados créditos hipotecários os créditos garantidos por fiança de uma instituição de crédito ou parabancária ou por adequado contrato de seguro, com contragarantia por hipoteca que reúna as condições indicadas no n.º 1.

Artigo 12.º
Seguro dos bens hipotecados

1. Na ausência de contrato de seguro adequado aos riscos inerentes à natureza do bem hipotecado efectuado pelo proprietário do mesmo, devem as entidades emitentes proceder à sua celebração, suportando, nesse caso, os respectivos encargos.

2. O contrato de seguro a que se refere o número anterior deverá garantir um capital não inferior ao valor de avaliação previsto no artigo seguinte.

3. A indemnização que eventualmente venha a ter lugar é directamente paga pelo segurador ao credor hipotecário, até ao limite do capital do crédito hipotecário.

Artigo 13.º
Avaliação dos bens hipotecados

1. O valor dos bens hipotecados a que se refere o n.º 2 do artigo 11.º é fixado pela entidade emitente, de acordo com os seguintes critérios:

a) Se forem prédios urbanos, o valor de mercado de bens de características, uso e localização semelhantes;

b) Se forem prédios rústicos:

i) O seu emprego útil segundo as possibilidades de facto e de direito;

ii) Os proveitos previsíveis da exploração agrícola, florestal, pecuária ou outra similar.

2. Sem prejuízo do referido no número anterior, o valor dos terrenos é determinado tendo ainda em atenção o grau de urbanização, aproveitamento urbanístico, características naturais e localização.

Artigo 14.º
Relatório de avaliação

A avaliação de bens é objecto de relatório circunstanciado, subscrito por revisor oficial de contas, sem prejuízo de caber à entidade emitente a responsabilidade daquela avaliação.

Artigo 15.º
Limites

1. Relativamente a cada entidade emitente, o valor nominal global das obrigações hipotecárias em circulação não pode ultrapassar 80% do valor global dos créditos hipotecários indicados no artigo 11.º, afectos às referidas obrigações.

2. Se, por qualquer causa, o limite referido no número anterior for ultrapassado, a entidade emitente deve, dentro dos cinco dias úteis seguintes à verificação do facto, regularizar a situação através de um dos seguintes procedimentos:

a) Outorga de novos créditos hipotecários;

b) Aquisição no mercado secundário das obrigações excedentes;

c) Depósito de dinheiro ou de títulos de dívida pública no Banco de Portugal, no valor do excesso, o qual fica exclusivamente afecto ao serviço da dívida obrigacionista.

3. As obrigações hipotecárias, enquanto estiverem na posse da entidade que as emitiu, não gozam do regime previsto no presente diploma.

4. O vencimento médio das obrigações hipotecárias emitidas por uma entidade não pode ultrapassar a vida média dos créditos hipotecários que lhes estão afectos.

5. O montante global dos juros a pagar anualmente em consequência de obrigações hipotecárias não pode exceder o montante dos juros anuais a cobrar dos mutuários dos créditos hipotecários afectos àquelas obrigações.

Artigo 16.º
Registo dos créditos hipotecários

1. A entidade emitente manterá um registo próprio, actualizado, de todos os créditos hipotecários de que seja titular, afectos a obrigações hipotecárias, o qual deve ser enviado trimestralmente ao Banco de Portugal.

2. Do registo referido no número anterior devem constar, em relação a cada crédito, designadamente, as seguintes indicações:

   a) Montante ainda em dívida;

   b) Taxa de juro;

   c) Prazo de amortização;

   d) Cartórios notariais onde foram celebradas as escrituras de constituição das hipotecas integradas no universo afecto a cada emissão;

   e) Referências relativas à inscrição definitiva das hipotecas na conservatória do registo predial.

3. Os créditos constantes do registo a que se refere o n.º 1 só podem ser alienados ou onerados na medida em que a entidade emitente proceda à afectação de novos créditos hipotecários às obrigações em questão, nos termos do presente diploma.

Artigo 17.º
Regime de contabilização

1. O Banco de Portugal determinará as regras de contabilização a respeitar pelas entidades emitentes, com vista a, em cada momento, poderem ser verificados os valores das obrigações hipotecárias emitidas, em circulação, e amortizadas.

2. As entidades emitentes informarão mensalmente o Banco de Portugal do número e do valor das obrigações hipotecárias por si emitidas, em circulação.

Artigo 18.º
Mercado secundário

1. As obrigações hipotecárias podem ser admitidas à cotação nas bolsas de valores nos termos da regulamentação em vigor.

2. Independentemente de estarem ou não cotadas, as obrigações hipotecárias têm o regime dos títulos cotados em bolsas de valores nacionais, para efeitos de composição dos activos dos fundos de investimento e das reservas das instituições de segurança social.

3. As obrigações hipotecárias são consideradas como obrigações emitidas por entidades portuguesas, para efeitos de composição dos activos que representam ou caucionam as provisões técnicas das seguradoras, bem como dos activos representativos dos fundos de pensões.

4. As entidades emitentes podem livremente comprar e vender as obrigações hipotecárias por si emitidas com vista a assegurar a liquidez do mercado secundário.

Visto e aprovado em Conselho de Ministros de 22 de Fevereiro de 1990. – *Aníbal António Cavaco Silva – Luís Miguel Couceiro Pizarro Beleza – Joaquim Fernando Nogueira.*

Promulgado em 2 de Abril de 1990.

Publique-se.

O Presidente da República, MÁRIO SOARES.

Referendado em 5 de Abril de 1990.

O Primeiro-Ministro, *Aníbal António Cavaco Silva.*

Decreto-Lei n.º 408/91
de 17 de Outubro

Com as alterações introduzidas
pelo Decreto-Lei n.º 181/2000, de 10 de Agosto

O Decreto-Lei n.º 117/83, de 25 de Fevereiro, regulou, pela primeira vez, na nossa ordem jurídica, a emissão do instrumento financeiro designado por obrigações de caixa.

Este regime veio a ser sucessivamente modificado e integrado, de modo a dotá-lo de maior flexibilidade, por um lado, e a colocar esta forma de financiamento ao serviço de outras instituições financeiras não abrangidas na previsão inicial, por outro.

Julga-se chegado o momento de reformular integralmente esse regime jurídico, tendo em vista simplificar a emissão dos títulos em causa e eliminar os constrangimentos que não se justificam nas circunstâncias actuais.

De facto, não pode deixar de notar-se que este instrumento financeiro se encontra à disposição apenas de entidades cuja constituição carece de prévia autorização das autoridades monetárias, que se encontram submetidas à supervisão do Banco de Portugal e que estão obrigadas a respeitar rácios prudenciais.

Assim:

Nos termos da alínea *a*) do n.º 1 do artigo 201.º da Constituição, o Governo decreta o seguinte:

Artigo 1.º
Noção

As obrigações de caixa são valores mobiliários que incorporam a obrigação de a entidade emitente pagar ao seu titular uma certa importância, em prazo não inferior a dois anos, e os correspondentes juros.

Artigo 2.º
Entidades emitentes

Podem emitir obrigações de caixa as instituições de crédito com fundos próprios não inferiores a 2 500 000 euros.

Artigo 3.º
Disciplina legal

1. A emissão de obrigações de caixa bem como a respectiva oferta pública de subscrição regem-se, exclusivamente, pelo disposto no presente diploma.

2. O Banco de Portugal pode, por aviso, estabelecer condições de emissão das obrigações de caixa e da apresentação do prospecto, nomeadamente nos casos em que, atendendo ao respectivo valor nominal, seja provável a sua subscrição por pequenos investidores, obrigando a que a taxa de juro, se variável, se relacione com a evolução de indicadores relevantes, por forma que o montante do reembolso não seja inferior ao respectivo valor de emissão.

Artigo 4.º
Autorizações

A emissão e a oferta pública de subscrição de obrigações de caixa não dependem de qualquer autorização administrativa.

Artigo 5.º
Formalidades

1. As instituições referidas no artigo 2.º, antes da realização das operações referidas no artigo 4.º, devem publicar um prospecto através do qual informem os destinatários das operações dos respectivos elementos essenciais, nomeadamente dos seguintes:

a) Montante global das obrigações e forma de representação;

b) Valor nominal e preço de subscrição, bem como especificação de outras despesas a cargo do subscritor;

c) Moeda de denominação do empréstimo;

d) Data em que se prevê a entrega dos títulos, se aplicável;

e) Taxa de juro nominal utilizada e seu modo de cálculo, data a partir da qual se procede ao pagamento dos juros, datas de vencimento e prazo de prescrição da obrigação de pagamento dos juros;

f) Taxa de rentabilidade efectiva;

g) Duração do empréstimo, datas e modalidades de amortização, prazo de prescrição de reembolso do capital mutuado;

h) Datas e modalidades do exercício de opção de reembolso antecipado;

i) Natureza e âmbito das garantias e eventuais cláusulas de subordinação do empréstimo;

j) Sendo caso disso, pedido de admissão das obrigações à negociação em mercado regulamentado.

2. O prospecto referido no número anterior deve ser enviado ao Banco de Portugal, antes de iniciada a colocação das obrigações.

3. A emissão de obrigações de caixa não está sujeita ao registo a que se refere a alínea *l*) do artigo 3.º do Código do Registo Comercial.

Artigo 6.º
Valor nominal e representação

1. As obrigações de caixa têm o valor nominal de 50 euros ou de múltiplos desse valor e podem ser representadas por títulos nominativos ou ao portador.

2. Podem também ser emitidas obrigações de caixa sob a forma escritural, registando-se a sua colocação e movimentação em contas abertas em nome dos respectivos titulares nos livros da instituição emitente.

3. A produção dos efeitos de transmissão dos títulos nominativos ou das obrigações emitidas sob a forma escritural só se opera relativamente à entidade emitente após comunicação a esta, efectuada pelo transmissário.

Artigo 7.°
Amortização e reembolso antecipados

1. As obrigações de caixa são emitidas a prazo fixo, podendo, no entanto, as instituições emitentes conceder aos seus titulares a faculdade de solicitarem o reembolso antecipado, o qual não poderá efectuar-se antes de decorridos 12 meses após a data da emissão das obrigações e implicará a amortização das mesmas.

2. Sem prejuízo do disposto no número anterior quanto ao reembolso antecipado, as obrigações de caixa não podem ser adquiridas pela instituição emitente antes de decorrido o prazo de dois anos sobre a data de emissão.

Artigo 8.°
Menções dos títulos

Dos títulos representativos das obrigações de caixa constarão sempre:
a) A entidade emitente;
b) O nome do subscritor, quando se trate de título nominativo;
c) A data de emissão;
d) O número de ordem;
e) O valor nominal;
f) O prazo;
g) A taxa ou taxas de juro a aplicar;
h) As datas de vencimento semestral ou anual dos juros a liquidar;
i) A data ou período em que poderá ser efectuada a amortização e respectivas condições;
j) As assinaturas que obriguem a sociedade.

Artigo 9.°
Formas de emissão

A emissão de obrigações de caixa pode ser efectuada de forma contínua ou por séries, de acordo com as necessidades financeiras da instituição emitente e com a procura dos aforradores.

Artigo 10.°
Admissão à negociação

A admissão das obrigações de caixa à negociação em mercado regulamentado rege-se pelo disposto no Código dos Valores Mobiliários.

Artigo 11.º
Regime de contabilidade

A contabilidade das entidades emitentes deve expressar os valores das obrigações emitidas, amortizadas e em circulação.

Artigo 12.º
Revogações e remissões

1. É revogado o Decreto-Lei n.º 117/83, de 25 de Fevereiro, e o aviso n.º 12/86, publicado no Diário da República, 1.ª série, de 24 de Julho de 1986.
2. Sempre que instrumentos normativos em vigor remetam para o Decreto-Lei n.º 117/83, devem considerar-se as remissões como referidas ao presente diploma.

Visto e aprovado em Conselho de Ministros de 29 de Agosto de 1991. – *Aníbal António Cavaco Silva – Luís Miguel Couceiro Pizarro Beleza.*

Promulgado em 3 de Outubro de 1991.

Publique-se.

O Presidente da República, MÁRIO SOARES.

Referendado em 7 de Outubro de 1991

O Primeiro-Ministro, *Aníbal António Cavaco Silva.*

Decreto-Lei n.º 181/92
de 22 de Agosto

Com as alterações introduzidas
pelo Decreto-Lei n.º 26/2000, de 3 de Março

A modernização e a reforma dos mercados monetários, em conjugação com a mudança das formas de exercício da política monetária e com o reforço da supervisão prudencial das instituições financeiras em geral, a que tem vindo gradualmente a proceder-se, tornam oportuno introduzir neste momento um novo mercado de títulos de dívida, vulgarmente conhecidos por «papel comercial».

Com o presente diploma uniformiza-se a emissão de títulos de dívida de curto prazo, com excepção dos que se encontrem sujeitos a regime especial, como é o caso das obrigações de caixa.

Disciplina-se assim a emissão e a oferta à subscrição pública e particular dos títulos de crédito com prazo fixo inferior a um ano, bem como a emissão e a oferta à subscrição particular dos títulos de crédito com prazo fixo igual ou superior a um ano e inferior a dois anos.

Quanto aos títulos de crédito com prazo fixo igual ou superior a um ano e inferior a dois anos, com emissão e oferta à subscrição pública, justifica-se que lhes seja aplicável o regime do Código do Mercado de Valores Mobiliários, com algumas simplificações, na linha do regime fixado para os restantes títulos de crédito com prazo fixo inferior a dois anos.

Cumpre assim destacar, a este respeito, que todos os títulos referidos ficam dispensados de registo comercial e podem ser emitidos sob forma contínua ou por séries.

Este novo instrumento, representando uma importante diversificação das fontes de recursos de curto prazo a que as empresas podem recorrer, contribuirá também para intensificar a concorrência, nomeadamente entre as instituições de crédito.

Em consequência, é de esperar que a sua introdução eleve a eficiência do mercado e produza, nomeadamente para o vasto conjunto de mutuários que poderão emitir estes títulos, um significativo benefício.

Assim:

Nos termos da alínea *a*) do n.º 1 do artigo 201.º da Constituição, o Governo decreta o seguinte:

Artigo 1.º – 1. As sociedades comerciais ou civis sob forma comercial, as cooperativas, as empresas públicas e as demais pessoas colectivas de direito público ou privado, com sede ou direcção efectiva em território português, poderão emitir e oferecer à subscrição, pública ou particular, títulos que representem direitos de crédito sobre as entidades emitentes, nos termos do presente diploma.

2. As entidades emitentes deverão preencher, cumulativamente, os seguintes requisitos:

a) Evidenciar no último balanço aprovado um capital próprio não inferior a 1 milhão de contos;

b) Apresentar resultados positivos nos três últimos exercícios anteriores àquele em que ocorrer a oferta.

3. As entidades referidas no n.º 1 ficam dispensadas dos requisitos previstos no n.º 2 desde que as obrigações de pagamento inerentes aos títulos sejam garantidas perante os tomadores por alguma das instituições de crédito mencionadas no artigo 6.º

Art. 2.º – 1. Os títulos serão emitidos por prazo fixo, inferior a um ano, com valor nominal mínimo de 10 000 contos, sendo admitido o seu resgate, antes do fim do prazo, nos termos previstos nas condições de emissão.

2. A aquisição pelas entidades emitentes equivale ao resgate.

3. A emissão e oferta poderão ser feitas de forma contínua, de acordo com um programa estabelecido em função das necessidades financeiras da entidade emitente.

4. A emissão de títulos a que se refere este artigo não está sujeita a registo comercial nem lhe é aplicável o disposto no artigo 349.º do Código das Sociedades Comerciais.

Art. 3.º – 1. Os títulos referidos no artigo 2.º devem, previamente, ser domiciliados junto de uma instituição sujeita à supervisão do Banco de Portugal e em cujo objecto se integre a guarda e administração de títulos por conta de terceiros.

2. As instituições referidas no número anterior não poderão aceitar a domiciliação sem antes se terem certificado de que a emissão é feita em conformidade com o disposto no presente diploma e respectivas normas complementares e regulamentares.

3. As instituições domiciliatárias deverão manter actualizado o registo da emissão e de todas as transmissões dos respectivos títulos.

4. A produção dos efeitos da transmissão de títulos relativamente ao emitente só se opera após comunicação daquela transmissão, efectuada pelo transmissário, à entidade domiciliatária.

Art. 4.º – 1. Os títulos referidos no artigo 2.º deverão ser nominativos, não podendo transmitir-se por endosso em branco.

2. Poderão ainda ser emitidos sob forma escritural, fazendo-se a sua colocação e movimentação através de contas abertas em nome dos respectivos titulares, nas condições que venham a ser fixadas por aviso do Banco de Portugal.

Art. 5.º – 1. Os títulos poderão ser emitidos com juros a:

a) Taxa fixa;

b) Taxa variável, indexada ao valor de uma ou mais taxas de referência das utilizadas no mercado, que devem ser fixadas no momento da emissão.

2. Caso os títulos sejam emitidos a desconto, deverá ser utilizada a técnica do «desconto por dentro».

3. Para efeitos de cálculo de juros serão considerados os dias do ano civil.

Art. 6.º As obrigações de pagamento decorrentes da emissão poderão ser garantidas por instituições de crédito cujo objecto abranja a prestação de garantias e que tenham fundos próprios não inferiores a 1 milhão de contos.

Art. 7.° – 1. As entidades emitentes ficam obrigadas a elaborar uma nota informativa sobre a emissão e a sua situação financeira e, bem assim, a publicar os elementos de informação periódica que vierem a ser definidos por aviso do Banco de Portugal.

2. Da nota informativa constarão os seguintes elementos, sem prejuízo de outros que venham a ser estabelecidos por aviso do Banco de Portugal ou os emitentes nela entendam incluir:

a) Os referidos no artigo 171.° do Código das Sociedades Comerciais;

b) Natureza e âmbito de eventuais garantias prestadas à emissão;

c) Características genéricas do programa, nomeadamente quanto a montantes, prazos, denominação e cadência da emissão dos títulos;

d) Designação das entidades encarregadas da colocação dos títulos e explicitação do método desta;

e) Identificação da entidade que assegura o serviço de pagamento de juros e reembolso dos títulos, caso seja distinta do emitente;

f) Notação de *rating* por empresa especializada, registada na Comissão do Mercado de Valores Mobiliários, sempre que as garantias mencionadas no n.° 3 do artigo 1.° não cubram a totalidade da emissão;

g) Regime fiscal aplicável.

3. A nota informativa deve ser dada a conhecer aos investidores previamente ao início do período de subscrição da emissão e, se esta for pública, deve ser objecto de publicação.

Art. 8.° As entidades emitentes devem proceder à publicação imediata dos factos novos posteriores à elaboração da nota informativa, desde que os mesmos sejam susceptíveis de afectar de maneira relevante a sua solvabilidade e não constem já de publicações a que as referidas entidades estejam obrigadas por disposição legal ou regulamentar.

Art. 9.° Comete ao Banco de Portugal fixar, por aviso:

a) O montante máximo de recursos que as entidades emitentes podem obter através da emissão de títulos;

b) A forma de liquidação dos juros;

c) A constituição de disponibilidades mínimas de caixa ou de contas margem;

d) O modo como deve ser facultada a informação estatística;

e) Os termos em que devem ser efectuadas as publicações a que se referem os n.ᵒˢ 1 e 3 do artigo 7.° e o artigo anterior.

Art. 10.° Dos títulos não emitidos sob a forma escritural devem constar:

a) Os elementos referidos no artigo 171.° do Código das Sociedades Comerciais;

b) A indicação do órgão que deliberou a emissão e data da deliberação;

c) O montante total da emissão;

d) O número de ordem do título;

e) O valor nominal do título;

f) A taxa de juro, salvo se os títulos forem emitidos a desconto;

g) O prazo de reembolso;

h) As garantias ao tomador, se as houver;

i) As assinaturas de quem obrigue a entidade emitente.

Art. 11.º Compete ao Banco de Portugal, ao abrigo do disposto nos artigos 21.º e 22.º da sua Lei Orgânica, aprovada pelo Decreto-Lei n.º 337/90, de 30 de Outubro, estabelecer através de aviso as demais condições e aspectos regulamentares que directa ou indirectamente respeitem à emissão destes títulos bem como ao regular funcionamento e à fiscalização dos respectivos mercados, salvo legislação especial.

Art. 12.º – 1. Fica vedada a emissão, com oferta à subscrição pública ou particular, de quaisquer títulos de crédito de prazo inferior a um ano que não se mostrem conformes às disposições dos artigos anteriores, salvo se previstos em legislação especial.

2. Em conformidade com o disposto na alínea _a_) do n.º 2 do artigo 2.º do Código do Mercado de Valores Mobiliários, as disposições deste Código não são aplicáveis aos títulos referidos nos artigos anteriores.

Art. 13.º – 1. Aos títulos que representem direitos de crédito sobre as entidades emitentes, com prazo fixo igual ou superior a um ano e inferior a dois anos, que sejam oferecidos à subscrição particular, bem como à respectiva emissão, oferta à subscrição e transmissão, é aplicável o disposto nos artigos anteriores, não estando sujeitos ao Código do Mercado de Valores Mobiliários.

2. A emissão dos títulos referidos no número anterior não está sujeita a registo comercial.

Art. 14.º – 1. Aos títulos que representem direitos de crédito sobre as entidades emitentes, com prazo fixo igual ou superior a um ano e inferior a dois anos, bem como à sua emissão, oferta à subscrição e negociação, sempre que tais títulos sejam objecto de oferta à subscrição pública, não é aplicável o regime estabelecido nos artigos anteriores, estando sujeitos ao Código do Mercado de Valores Mobiliários com as alterações constantes dos números seguintes.

2. A emissão dos títulos mencionados no número anterior não está sujeita a registo comercial.

3. As emissões com subscrição pública dos títulos referidos no presente artigo podem ser efectuadas de forma contínua, ou por séries, não se aplicando o disposto no n.º 1 do artigo 114.º nem no n.º 5 do artigo 134.º do Código do Mercado de Valores Mobiliários.

4. Os intermediários financeiros encarregados da colocação das emissões com subscrição pública dos títulos a que se refere este artigo estão obrigados a fornecer ao Banco de Portugal todas as informações relativas àqueles títulos e respectivas operações que o mesmo Banco lhes venha a solicitar.

Visto e aprovado em Conselho de Ministros de 17 de Junho de 1992. – _Aníbal António Cavaco Silva – Jorge Braga de Macedo – Álvaro José Brilhante Laborinho Lúcio._

Promulgado em 11 de Agosto de 1992.

Publique-se.

O Presidente da República, MÁRIO SOARES.

Referendado em 11 de Agosto de 1992.

Pelo Primeiro-Ministro, _Joaquim Fernando Nogueira,_ Ministro da Presidência.

DECRETO-LEI N.° 172/99
de 20 de Maio

O presente decreto-lei estabelece o regime jurídico dos *warrants* autónomos, regulando a sua emissão no mercado nacional, prevendo a admissão à negociação em mercado de bolsa e a respectiva comercialização, em condições a regulamentar, nos termos gerais, pela Comissão do Mercado de Valores Mobiliários, atenta a natureza dos warrants enquanto valores mobiliários.

Quer a evolução registada no panorama nacional pelos warrants destacáveis de obrigações quer o aumento do recurso à emissão por empresas portuguesas de warrants autónomos em mercados internacionais justificam, entre outros factores, a regulação deste instrumento financeiro por forma a enquadrar a sua utilização no âmbito do mercado nacional, assim se contribuindo, num crescente contexto de concorrência entre os mercados de capitais, para o reforço da competitividade das empresas, das instituições financeiras, do mercado e da economia portuguesa. As experiências de mercados estrangeiros desenvolvidos neste domínio não deixaram, naturalmente, de ser tomadas em consideração.

Optou-se, atenta a diferente génese dos instrumentos, por não fazer aplicar o regime ora estabelecido aos warrants destacáveis de obrigações, já regulado, em especial, no Código das Sociedades Comerciais, antes se admitindo a aplicabilidade de aspectos significativos daquele regime aos warrants autónomos sobre valores mobiliários próprios.

Optou-se, de igual modo, por restringir o conjunto de activos subjacentes – valores cotados, índices sobre esses valores, taxas de juro e divisas. Permitiu-se, contudo, antecipando o desenvolvimento possível do mercado e a sua aproximação a congéneres estrangeiros, que o Ministro das Finanças, por portaria, possa alargar o rol de activos subjacentes quando se entender oportuno e adequado.

Considerando a natureza dos warrants como valores mobiliários – aplicando-se-lhes o respectivo regime geral –, não se deixou de prever os normais mecanismos de limitação e controlo das emissões, já aplicáveis às sociedades comerciais e às instituições financeiras.

As matérias objecto de regulação circunscrevem-se a um núcleo reputado essencial, conferindo-se competências regulamentares que, para além das já existentes em termos gerais no domínio do mercado de valores mobiliários, permitirão, no quadro legal fixado, dotar o regime jurídico dos warrants autónomos de flexibilidade suficiente para acompanhar as evoluções do mercado e as necessidades de supervisão desse mercado e de algumas das entidades que, com maior amplitude, os poderão emitir.

Foi ouvido o Banco de Portugal, a Comissão do Mercado de Valores Mobiliários e o Instituto de Gestão do Crédito Público.

Assim:

Nos termos da alínea *a*) do n.º 1 do artigo 198.º da Constituição, o Governo decreta, para valer com lei geral da República, o seguinte:

Artigo 1.º
Âmbito de aplicação

O presente decreto-lei aplica-se aos warrants autónomos emitidos, negociados ou comercializados em Portugal.

Artigo 2.º
Noção

Warrants autónomos são valores mobiliários que, em relação a um dos activos subjacentes referidos no artigo 3.º, conferem, alternativa ou exclusivamente, algum dos seguintes direitos:

a) Direito a subscrever, a adquirir ou a alienar o activo subjacente, mediante um preço, no prazo e nas demais condições estabelecidas na deliberação de emissão;

b) Direito a exigir a diferença entre o preço do activo subjacente fixado na deliberação de emissão e o preço desse activo no momento do exercício.

Artigo 3.º
Activo subjacente

1. Os warrants autónomos podem ter como activo subjacente:

a) Valores mobiliários cotados em bolsa;

b) Índices sobre valores mobiliários cotados em bolsa;

c) Taxas de juro;

d) Divisas;

e) Outros activos de natureza análoga que o Ministro das Finanças, por portaria, venha a estabelecer.

2. A Comissão do Mercado de Valores Mobiliários poderá fixar, por regulamento, as características que devem revestir os activos subjacentes.

3. Deverá ser solicitado parecer ao Banco de Portugal e ao Instituto de Gestão do Crédito Público antes de serem exercidas as competências previstas na alínea *e)* do n.º 1 e no n.º 2 quando o activo subjacente se encontre, de algum modo, relacionado com as respectivas atribuições.

Artigo 4.º
Entidades emitentes

1. Podem emitir warrants autónomos:

a) Os bancos;

b) A Caixa Económica Montepio Geral;

c) A Caixa Central de Crédito Agrícola Mútuo;

d) As sociedades de investimento;

e) Outras instituições de crédito e as sociedades financeiras de corretagem, sem prejuízo das normas legais e regulamentares que regem as respectivas actividades, desde que previamente autorizadas pelo Banco de Portugal;

f) O Estado;

g) As sociedades anónimas, se se tratar de warrants sobre valores mobiliários próprios.

2. O Banco de Portugal estabelecerá, por aviso, as condições em que poderá ser concedida a autorização referida na alínea *e)* do n.º 1.

Artigo 5.º
Deliberação de emissão

1. Se o contrato de sociedade não a impedir ou se não dispuser de modo diferente, a emissão de warrants autónomos pode ser deliberada pelo órgão de administração.

2. Só podem ser emitidos warrants autónomos sobre valores mobiliários próprios se o contrato de sociedade o autorizar.

3. A deliberação deve conter as seguintes menções:
   a) Identificação do activo subjacente;
   b) Número de warrants a emitir;
   c) Preço de subscrição;
   d) Preço de exercício;
   e) Condições temporais de exercício;
   f) Natureza pública ou particular da emissão;
   g) Critérios de rateio.

Artigo 6.º
Limite de emissão

1. À emissão de warrants autónomos sobre valores mobiliários próprios por sociedades anónimas que não revistam a natureza de instituições de crédito nem de sociedades financeiras aplica-se, com as necessárias adaptações, o disposto no artigo 349.º do Código das Sociedades Comerciais.

2. A Comissão do Mercado de Valores Mobiliários pode, por regulamento, fixar outros limites para a emissão de warrants autónomos sobre valores mobiliários, designadamente em função da capitalização bolsista dos valores que lhes servem de activo subjacente.

Artigo 7.º
Vicissitudes dos activos subjacentes

1. A Comissão do Mercado de Valores Mobiliários regulamentará:
   a) Os termos em que, nas deliberações de emissão de warrants autónomos, poderão ser previstas condições a aplicar caso se verifiquem vicissitudes relevantes em relação ao activo subjacente;
   b) Os termos em que poderá autorizar a liquidação financeira antecipada ou a alteração das condições de emissão em caso de verificação de alteração anormal de circunstâncias.

2. Antes de exercer a competência referida no n.º 1, a Comissão do Mercado de Valores Mobiliários solicitará parecer ao Banco de Portugal e ao Instituto de Gestão do Crédito Público quando o activo subjacente se encontre, de algum modo, relacionado com as respectivas atribuições.

Artigo 8.º
Menções obrigatórias

Quando os warrants autónomos assumam forma titulada, os respectivos títulos devem conter, além das referidas nas alíneas *a*), *c*), *d*) e *e*) do artigo 5.º, as seguintes menções:
   a) A identificação completa da entidade emitente;

b) A indicação do número de warrants que incorpora cada título;
c) O número sequencial do título;
d) As assinaturas de quem vincula a entidade emitente, que podem ser feitas por chancela.

Artigo 9.º
Exercício de direitos

O exercício de direitos inerentes a warrants autónomos é feito perante um intermediário financeiro autorizado pela Comissão do Mercado de Valores Mobiliários a proceder ao registo, guarda e administração de valores mobiliários designado por contrato entre este e a entidade emitente.

Artigo 10.º
Negociação em bolsa

Os warrants autónomos podem ser admitidos à negociação em bolsa.

Artigo 11.º
Warrants autónomos sobre valores mobiliários próprios

1. São warrants autónomos sobre valores mobiliários próprios aqueles que tenham como activo subjacente valores mobiliários emitidos pela própria entidade emitente do warrant ou por sociedade que, nos termos do Código das Sociedades Comerciais, consigo se encontre em relação de domínio ou de grupo.

2. Aos warrants sobre acções próprias ou sobre valores mobiliários que confiram direito à sua subscrição, aquisição ou alienação aplicam-se, com as necessárias adaptações, os artigos 325.º-A, 366.º, 367.º, 368.º, 369.º, n.º 2, 370.º, 371.º, 372.º e 487.º do Código das Sociedades Comerciais.

Artigo 12.º
Qualificação da oferta

Considerar-se-á pública a oferta de subscrição de warrants autónomos sobre acções ou sobre valores mobiliários que confiram direito à subscrição, aquisição ou alienação de acções sempre que a entidade emitente das acções seja sociedade de subscrição pública, ainda que a subscrição seja reservada aos respectivos accionistas.

Artigo 13.º
Warrants autónomos sobre valores mobiliários alheios

1. Imediatamente após ser deliberada a emissão de warrants autónomos sobre valores mobiliários alheios, a entidade emitente dos warrants deve informar a Comissão do Mercado de Valores Mobiliários e a entidade emitente do valor mobiliário subjacente, devendo proceder à publicação do respectivo anúncio, nos termos do artigo 339.º do Código do Mercado de Valores Mobiliários.

2. Os warrants autónomos sobre valores mobiliários alheios conferem sempre ao respectivo emitente a faculdade de se exonerar através de liquidação financeira, nos termos da alínea *b*) do artigo 2.°

Artigo 14.°
Emissão de warrants autónomos pelo Estado

O regime dos warrants autónomos a emitir pelo Estado será estabelecido nos termos da Lei n.° 7/98, de 3 de Fevereiro.

Artigo 15.°
Direito subsidiário

Aos warrants autónomos regulados no presente decreto-lei aplicam-se:
a) O Código do Mercado de Valores Mobiliários;
b) Com as necessárias adaptações, os artigos 355.° a 359.° do Código das Sociedades Comerciais.

Artigo 16.°
Isenção de taxas e emolumentos

Ficam isentas de quaisquer taxas e emolumentos todas as escrituras públicas e registos de alteração de contrato de sociedade que tenham por objecto, exclusivamente, introduzir a proibição ou as restrições previstas no n.° 1 do artigo 5.° ou a autorização prevista no n.° 2 do mesmo artigo e sejam efectuadas no prazo de cinco anos contados da data de entrada em vigor do presente decreto-lei.

Artigo 17.°
Alteração ao Código do Mercado de Valores Mobiliários

Ao Código do Mercado de Valores Mobiliários, aprovado pelo Decreto-Lei n.° 142-A/ /91, de 10 de Abril, é aditado o artigo 157.°-A, com a seguinte redacção:

«Artigo 157.°-A
Apuramento do resultado de oferta pública de subscrição
1. Nos 10 dias subsequentes ao termo do prazo da oferta pública de subscrição, a entidade emitente deve comunicar à CMVM o apuramento do resultado daquela oferta e publicá-lo no boletim de cotações onde:
a) A sociedade tenha valores mobiliários admitidos à negociação ou a emissão se destine a ser admitida à negociação;
b) O activo subjacente se encontre admitido à cotação, no caso de emissão de warrants autónomos.
2. Tratando-se de emissões de warrants autónomos sobre valores mobiliários próprios, a CMVM enviará à conservatória do registo comercial competente a comunicação referida no número anterior acompanhada de declaração comprovativa do registo da emissão.»

Artigo 18.º
Alteração ao Código do Registo Comercial

O artigo 3.º do Código do Registo Comercial, aprovado pelo Decreto-Lei n.º 403/86, de 3 de Dezembro, passa a ter a seguinte redacção:

«Artigo 3.º
[...]
1. Estão sujeitos a registo os seguintes factos relativos às sociedades comerciais e sociedades civis sob forma comercial:

a) ...
b) ...
c) ...
d) ...
e) ...
f) ...
g) ...
h) ...
i) ...
j) ...
l) ...
m) ...
n) ...
o) ...
p) ...
q) ...
r) ...
s) ...
t) ...
u) ...

v) A emissão de warrants autónomos sobre valores mobiliários próprios colocada por subscrição particular, por entidade que não tenha valores mobiliários admitidos à negociação em mercado regulamentado nacional, bem como a emissão colocada por subscrição pública fora do mercado nacional.

2. Nos casos em que a emissão de warrants autónomos sobre valores mobiliários próprios esteja sujeita a registo na Comissão do Mercado de Valores Mobiliários, a declaração comprovativa do referido registo é objecto de simples depósito na pasta da sociedade, a realizar oficiosamente, aquando da sua recepção pelo conservador.»

Visto e aprovado em Conselho de Ministros de 25 de Março de 1999. – *António Manuel de Oliveira Guterres – António Luciano Pacheco de Sousa Franco – José Eduardo Vera Cruz Jardim.*

Promulgado em 29 de Abril de 1999.

Publique-se.

O Presidente da República, JORGE SAMPAIO.

Referendado em 4 de Maio de 1999.

O Primeiro-Ministro, *António Manuel de Oliveira Guterres.*

DECRETO-LEI N.º 453/99
de 5 de Novembro

O presente decreto-lei estabelece o regime jurídico das operações de transmissão de créditos com vista à subsequente emissão, pelas entidades adquirentes, de valores mobiliários destinados ao financiamento das referidas operações. Regula-se igualmente a constituição e a actividade das duas únicas entidades que poderão proceder à titularização de créditos: os fundos de titularização de créditos e as sociedades de titularização de créditos.

O primeiro dos veículos de titularização mencionados, considerando a natureza de património autónomo que reveste, implica o estabelecimento de regras especiais de funcionamento das respectivas sociedades gestoras.

Introduz-se, assim, no ordenamento jurídico português a figura da titularização de créditos, facultando um relevante instrumento financeiro, largamente difundido – e frequentemente utilizado – nas economias mais desenvolvidas, aos agentes económicos, em geral, e, em particular, ao sistema financeiro. Dota-se a economia de um importante factor de competitividade e o mercado de capitais de um factor de dinamização e diversificação.

A titularização de créditos, usualmente conhecida por *securitização*, consistindo, no essencial, numa agregação de créditos, sua autonomização, mudança de titularidade e emissão de valores representativos, conheceu os seus primeiros desenvolvimentos nos Estados Unidos, no início da década de 80, tendo sido já objecto de tratamento legislativo na generalidade dos Estados membros da Comunidade Europeia. A sua utilização tem sido reconhecidamente bem sucedida, rapidamente se assumindo como relevante factor de competitividade das economias.

Embora os principais agentes da titularização sejam instituições financeiras, também sociedades comerciais de maior dimensão e entidades públicas têm recorrido, de modo crescente, à titularização de créditos, assim vendo diminuir os seus riscos e custos de obtenção de financiamentos. Os operadores de mercado, por seu lado, encontram nestas operações novas oportunidades de investimento, mediante a colocação de títulos no mercado e a respectiva rentabilização, permitindo aos investidores finais a obtenção de rendimentos indexados ao valor dos créditos.

No novo regime permite-se que procedam à titularização de créditos instituições financeiras, entidades públicas – desde que as regras que lhes sejam especialmente aplicáveis o não impeçam – e outras pessoas colectivas cuja situação financeira seja devidamente acompanhada e reúnam determinadas condições. Relativamente ao sector segurador, atenta a específica natureza da actividade e as soluções adoptadas em outros países, delimita-se o universo de créditos que podem ser objecto de cessão no âmbito de operações de titularização. Impõe-se, no geral, para que possam ser transmitidos para veículos de titularização, que os créditos reúnam um conjunto de requisitos, procurando-se garantir a segurança e transparência das operações, bem como a tutela dos interesses dos devedores, em particular dos consumidores de serviços financeiros, dos investidores e da supervisão das instituições financeiras.

Com efeito, a concretização de operações de titularização fica dependente de um prévio e rigoroso controlo de legalidade, o qual é exercido no momento da emissão dos valores mobiliários, sejam as unidades de titularização de fundos, sejam as obrigações a emitir pelas sociedades de titularização.

Também sujeitos a prévia autorização e a permanente acompanhamento ficam os veículos de titularização – fundos, sociedades gestoras e sociedades de titularização –, tendo-se optado, com essa preocupação, por posicionar os entes societários dentro do sistema financeiro.

Prevêem-se exames mais aprofundados das operações e informação mais detalhada sobre as mesmas caso se destinem à comercialização pública, designadamente com procedimentos de notação de risco e respectiva divulgação.

De um prisma de supervisão das instituições financeiras cedentes, sujeita-se a realização das transmissões a prévia autorização das competentes entidades de supervisão.

Quanto aos legítimos direitos dos devedores, especialmente dos consumidores de serviços financeiros, consagram-se normas que visam a neutralidade da operação perante estes. É o que sucede, nomeadamente, no que respeita à manutenção, pela instituição financeira cedente, de poderes de gestão dos créditos e das respectivas garantias. Com efeito, em relação aos devedores, a titularização dos créditos não implica a diminuição de nenhuma das suas garantias, continuando aqueles, no que ao sector financeiro respeita e não obstante a ausência de notificação da cessão, a manter todos os seus direitos e todo o seu relacionamento com a instituição financeira cedente.

A competitividade do instrumento financeiro à luz da natureza do mesmo – que permite a transferência, em massa, de créditos – e a sua viabilidade estão presentes nas regras sobre os procedimentos formais da cessão e sobre a tutela acrescida dos créditos titularizados.

Não se permite que os créditos sejam retransmitidos pelos veículos de titularização – salvo em casos excepcionais –, permitindo-se apenas a circulação dos mesmos entre sociedades de titularização ou destas para os fundos.

As sociedades de titularização só podem financiar a respectiva actividade por recurso a capitais próprios e a emissões de obrigações, tendo-se criado uma categoria específica de obrigações - as obrigações titularizadas - que permitem obter uma afectação exclusiva de conjuntos de créditos às responsabilidades emergentes da emissão das mesmas, tendo-se igualmente acautelado a modificação da estrutura accionista destas sociedades na pendência de emissões de obrigações, assim se visando acautelar potenciais conflitos de interesses entre accionistas e obrigacionistas.

Julgou-se conveniente não introduzir elementos de rigidez desnecessários na montagem de operações com recurso a fundos, permitindo-se que o regulamento de gestão, com grande amplitude, estabeleça, dentro da moldura legal definida, os direitos a conferir às unidades de titularização, admitindo-se a convivência, numa mesma operação, de unidades de diversas categorias.

Assim:

Nos termos da alínea *a*) do n.º 1 do artigo 198.º da Constituição, o Governo decreta, para valer como lei geral da República, o seguinte:

CAPÍTULO I
Titularização de créditos

Artigo 1.º
Âmbito

1. O presente decreto-lei estabelece o regime das cessões de créditos para efeitos de titularização e regula a constituição e funcionamento dos fundos de titularização de créditos, das sociedades de titularização de créditos e das sociedades gestoras daqueles fundos.

2. Consideram-se realizadas para efeitos de titularização as cessões de créditos em que a entidade cessionária seja um fundo de titularização de créditos ou uma sociedade de titularização de créditos.

Artigo 2.º
Entidades cedentes

1. Podem ceder créditos para efeitos de titularização o Estado e demais pessoas colectivas públicas, as instituições de crédito, as sociedades financeiras, as empresas de seguros, os fundos de pensões, as sociedades gestoras de fundos de pensões bem como outras pessoas colectivas cujas contas dos três últimos exercícios tenham sido objecto de certificação legal por auditor registado na Comissão do Mercado de Valores Mobiliários (CMVM). ·

2. Em casos devidamente justificados, designadamente por se tratar de pessoa colectiva cuja lei pessoal seja estrangeira, a CMVM pode autorizar a substituição da certificação referida no número anterior por documento equivalente, nomeadamente por relatório de auditoria realizada por auditor internacionalmente reconhecido, contanto que sejam devidamente acautelados os interesses dos investidores e adequadamente analisada a situação da pessoa colectiva.

Artigo 3.º
Entidades cessionárias

Só podem adquirir créditos para titularização:
a) Os fundos de titularização de créditos;
b) As sociedades de titularização de créditos.

Artigo 4.º
Créditos susceptíveis de titularização

1. Só podem ser objecto de cessão para titularização créditos em relação aos quais se verifiquem cumulativamente os seguintes requisitos:
a) A transmissibilidade não se encontrar sujeita a restrições legais ou convencionais;
b) Serem de natureza pecuniária;
c) Não se encontrarem sujeitos a condição;
d) Não se encontrarem vencidos;
e) Não serem litigiosos, não se encontrarem dados em garantia nem judicialmente penhorados ou apreendidos.

2. Podem ainda ser cedidos para titularização créditos futuros desde que emergentes de relações jurídicas constituídas e de montante conhecido ou estimável.

3. Sem prejuízo do disposto nos números anteriores, as empresas de seguros, os fundos de pensões e as sociedades gestoras de fundos de pensões só podem ceder para titularização:

a) Créditos hipotecários;

b) Créditos sobre o Estado ou outras pessoas colectivas públicas;

c) Créditos de fundos de pensões relativos às contribuições dos respectivos participantes, sem prejuízo do benefício a atribuir a estes.

4. A cessão deve ser plena, não pode ficar sujeita a condição nem a termo, salvo nos casos previstos no n.º 2 do artigo 28.º, de subscrição incompleta de unidades de titularização ou de obrigações emitidas por sociedade de titularização de créditos, não podendo o cedente, ou entidade que com este se encontre constituída em relação de grupo ou de domínio, conceder quaisquer garantias ou assumir responsabilidades pelo cumprimento, sem prejuízo, em relação aos créditos presentes, do disposto no n.º 1 do artigo 587.º do Código Civil.

5. O disposto no número anterior não prejudica a possibilidade de os créditos serem garantidos por terceiro ou o risco de não cumprimento transferido para empresa de seguros.

6. A entidade cedente fica obrigada a revelar ao cessionário todos os factos susceptíveis de pôr em risco a cobrança dos créditos que sejam, ou razoavelmente devessem ser, do seu conhecimento à data de produção de efeitos da cessão.

Artigo 5.º
Gestão dos créditos

1. Quando a entidade cedente seja instituição de crédito, sociedade financeira ou empresa de seguros, deve ser sempre celebrado, simultaneamente com a cessão, contrato pelo qual aquela fique obrigada a praticar todos os actos que se revelem adequados à boa gestão dos créditos e, se for o caso, das respectivas garantias, a assegurar os serviços de cobrança, os serviços administrativos relativos aos créditos, todas as relações com os respectivos devedores e os actos conservatórios relativos às garantias, caso existam.

2. Nas demais situações a gestão dos créditos pode ser assegurada pelo cedente ou por terceira entidade idónea.

3. Quando o gestor dos créditos não for o cessionário, a oneração e a alienação dos créditos são sempre expressa e individualmente autorizadas por aquele.

4. Sem prejuízo da responsabilidade das partes, o contrato de gestão de créditos objecto de titularização só pode cessar com motivo justificado, devendo a substituição da entidade gestora, nesse caso, realizar-se com observância do disposto nos números anteriores.

5. Em caso de falência do gestor dos créditos, os montantes que estiverem na sua posse decorrentes de pagamentos relativos a créditos cedidos para titularização não integram a massa falida.

Artigo 6.º
Efeitos da cessão

1. Sem prejuízo do disposto no n.º 4, a eficácia da cessão para titularização em relação aos devedores fica dependente de notificação.

2. A notificação prevista no número anterior é feita por carta registada enviada para o domicílio do devedor constante do contrato do qual emerge o crédito objecto de cessão, considerando-se, para todos os efeitos, a notificação realizada no 3.º dia útil posterior ao do registo da carta.

3. A substituição da entidade gestora dos créditos, de acordo com o n.º 4 do artigo 5.º, deve ser notificada aos devedores nos termos previstos no número anterior.

4. Quando a entidade cedente seja instituição de crédito, sociedade financeira, empresa de seguros, fundo de pensões ou sociedade gestora de fundo de pensões, a cessão de créditos para titularização produz efeitos em relação aos respectivos devedores no momento em que se tornar eficaz entre o cedente e o cessionário, não dependendo do conhecimento, aceitação ou notificação desses devedores.

5. Dos meios de defesa que lhes seria lícito invocar contra o cedente, os devedores dos créditos objecto de cessão só podem opor ao cessionário aqueles que provenham de facto anterior ao momento em que a cessão se torne eficaz entre o cedente e o cessionário.

6. A cessão de créditos para titularização respeita sempre o estipulado nos contratos celebrados com os devedores dos créditos, designadamente quanto ao exercício dos respectivos direitos em matéria de reembolso antecipado, cessão da posição contratual e sub-rogação, mantendo estes todas as relações contratuais exclusivamente com o cedente, caso este seja uma das entidades referidas no n.º 4.

Artigo 7.º
Forma do contrato de cessão de créditos

1. O contrato de cessão dos créditos para titularização pode ser celebrado por documento particular, ainda que tenha por objecto créditos hipotecários.

2. Para efeitos de averbamento no registo da transmissão dos créditos hipotecários, ou outras garantias sujeitas a registo, o documento particular referido no número anterior constitui título bastante, desde que contenha o reconhecimento presencial das assinaturas nele apostas, efectuado por notário ou, se existirem, pelos secretários das sociedades intervenientes.

3. Ficam isentos de quaisquer taxas e emolumentos os registos referidos no número anterior.

4. O disposto nos números anteriores aplica-se igualmente às transmissões efectuadas nos termos da alínea *b*) do artigo 11.º, do n.º 5 do artigo 38.º e do artigo 41.º

Artigo 8.º
Tutela dos créditos

1. A cessão de créditos para titularização:

a) Só pode ser objecto de impugnação pauliana no caso de os interessados provarem a verificação dos requisitos previstos nos artigos 610.º e 612.º do Código Civil, não sendo aplicáveis as presunções legalmente estabelecidas, designadamente no artigo 158.º do Código dos Processos Especiais de Recuperação da Empresa e de Falência;

b) Não pode ser resolvida em benefício da massa falida, excepto se os interessados provarem que as partes agiram de má fé.

2. Não fazem parte da massa falida do cedente os montantes pagos no âmbito de créditos cedidos para titularização anteriormente à falência e que apenas se vençam depois dela.

CAPÍTULO II
Fundos de titularização de créditos

SECÇÃO I
Fundos de titularização de créditos

Artigo 9.º
Noção

1. Os fundos de titularização de créditos, adiante designados por fundos, são patrimónios autónomos pertencentes, no regime especial de comunhão regulado no presente decreto-lei, a uma pluralidade de pessoas, singulares ou colectivas, não respondendo, em caso algum, pelas dívidas destas pessoas, das entidades que, nos termos da lei, asseguram a sua gestão e das entidades às quais hajam sido adquiridos os créditos que os integrem.

2. Os fundos são divididos em parcelas que revestem a forma de valores escriturais com o valor nominal que for previsto no regulamento de gestão do fundo e são designadas por unidades de titularização de créditos, adiante apenas unidades de titularização.

3. O número de unidades de titularização de cada fundo é determinado no respectivo regulamento de gestão.

4. A responsabilidade de cada titular de unidades de titularização pelas obrigações do fundo é limitada ao valor das unidades de titularização subscritas.

Artigo 10.º
Modalidades de fundos

1. Os fundos podem ser de património variável ou de património fixo.

2. São de património variável os fundos cujo regulamento de gestão preveja, cumulativa ou exclusivamente:

a) A aquisição de novos créditos, quer quando o fundo detenha créditos de prazo inferior ao da sua duração, por substituição destes na data do respectivo vencimento, quer em adição aos créditos adquiridos no momento da constituição do fundo;

b) A realização de novas emissões de unidades de titularização.

3. São de património fixo os fundos em relação aos quais não seja possível, nos termos do número anterior, modificar os respectivos activos ou passivos.

Artigo 11.º
Modificação do activo dos fundos

Os fundos de património fixo ou de património variável podem sempre adquirir novos créditos desde que o respectivo regulamento de gestão o preveja e se verifique alguma das seguintes situações:

a) Cumprimento antecipado de créditos detidos pelo fundo;

b) Existência de vícios ocultos em relação a créditos detidos pelo fundo.

Artigo 12.°
Composição do património dos fundos

1. Os fundos devem aplicar os seus activos na aquisição, inicial ou subsequente, de créditos, nos termos do presente decreto-lei e do respectivo regulamento de gestão, os quais não podem representar menos de 75% do activo do fundo.

2. Os fundos podem ainda, a título acessório, aplicar as respectivas reservas de liquidez na aquisição de valores mobiliários cotados em mercado regulamentado e títulos de dívida, pública ou privada, de curto prazo na medida adequada para assegurar uma gestão eficiente do fundo.

3. Os activos adquiridos nos termos do número anterior devem revestir as características necessárias para que a sua detenção pelo fundo não altere a notação de risco que tenha sido atribuída às unidades de titularização.

4. O passivo dos fundos pode abranger as responsabilidades emergentes das unidades de titularização, referidas no n.° 1 do artigo 32.°, de contratos de empréstimo, de contratos destinados à cobertura de riscos e das remunerações devidas pelos serviços que lhes sejam prestados, designadamente pela sociedade gestora e pelo depositário.

5. Os créditos do fundo não podem ser objecto de oneração por qualquer forma ou de alienação, excepto nos casos previstos na alínea *b*) do artigo 11.°, no artigo 13.° e no n.° 5 do artigo 38.° ou se se tratar de créditos vencidos.

Artigo 13.°
Empréstimos

1. Para dotar o fundo das necessárias reservas de liquidez, as sociedades gestoras podem contrair empréstimos por conta dos fundos que administrem, desde que o regulamento de gestão o permita.

2. A CMVM pode estabelecer, por regulamento, as condições e os limites em que, com finalidades distintas da prevista no n.° 1, as sociedades gestoras podem contrair empréstimos por conta dos fundos que administrem, incluindo junto de entidades que tenham transmitido créditos para os fundos, bem como dar em garantia créditos detidos pelos fundos, designadamente estabelecer limites, em relação ao valor global do fundo, os quais poderão variar em função da forma de comercialização das unidades de titularização e da especial qualificação dos investidores que possam deter as referidas unidades de titularização.

Artigo 14.°
Cobertura de riscos

1. As sociedades gestoras podem recorrer, por conta dos fundos que administrem, nos termos e condições previstas no regulamento de gestão, a técnicas e instrumentos de cobertura de risco, designadamente contratos de swap de taxas de juro e de divisas.

2. A CMVM pode estabelecer, por regulamento, as condições e limites em que as sociedades gestoras podem recorrer a técnicas e instrumentos de cobertura de risco.

SECÇÃO II
Sociedades gestoras

Artigo 15.º
Administração dos fundos

1. A administração dos fundos deve ser exercida por uma sociedade gestora de fundos de titularização de créditos, adiante designada apenas por sociedade gestora.
2. As sociedades gestoras devem ter a sua sede e a sua administração efectiva em Portugal.

Artigo 16.º
Sociedades gestoras

1. As sociedades gestoras devem ter por objecto exclusivo a administração, por conta dos detentores das unidades de titularização, de um ou mais fundos.
2. As sociedades gestoras não podem transferir para terceiros, total ou parcialmente, os poderes de administração dos fundos que lhe são conferidos por lei, sem prejuízo da possibilidade de recorrerem aos serviços de terceiros que se mostrem convenientes para o exercício da sua actividade, designadamente para o efeito da gestão dos créditos detidos pelos fundos e das respectivas garantias, bem como da aplicação de reservas de liquidez.
3. As entidades cedentes cujos créditos transmitidos para fundos administrados pela mesma sociedade gestora representem mais de 20% do valor global líquido da totalidade dos fundos administrados pela sociedade gestora, ou de algum desses fundos, não pode, por si ou através de sociedade que consigo se encontre constituída em relação de domínio ou de grupo, deter mais de 20% do capital social da sociedade gestora.

Artigo 17.º
Constituição

1. As sociedades gestoras de fundos de titularização de créditos são sociedades financeiras que adoptam o tipo de sociedade anónima.
2. O capital social das sociedades gestoras deve encontrar-se obrigatoriamente representado por acções nominativas ou ao portador registadas.
3. A firma das sociedades gestoras deve incluir a expressão «sociedade gestora de fundos de titularização de créditos» ou a abreviatura SGFTC.
4. É vedado aos membros dos órgãos de administração das sociedades gestoras e às pessoas que com as mesmas mantiverem contrato de trabalho exercer quaisquer funções em outras sociedades gestoras.

Artigo 18.º
Funções da sociedade gestora

As sociedades gestoras actuam por conta e no interesse exclusivo dos detentores das unidades de titularização do fundo, competindo-lhes praticar todos os actos e operações necessários ou convenientes à boa administração do fundo, de acordo com critérios de elevada diligência e competência profissional, designadamente:
a) Aplicar os activos do fundo na aquisição de créditos, de acordo com a lei e o regulamento de gestão, proceder, no caso previsto no n.º 1 do artigo 6.º, à notificação da

cessão aos respectivos devedores e, quando se trate de créditos hipotecários, promover o averbamento da transmissão no registo predial;

b) Praticar todos os actos e celebrar todos os contratos necessários ou convenientes para a emissão das unidades de titularização;

c) Contrair empréstimos por conta do fundo, nos termos do artigo 13.°, desde que o regulamento de gestão do fundo o permita;

d) Gerir os montantes pagos pelos devedores dos créditos que integrarem o fundo;

e) Calcular e mandar efectuar os pagamentos correspondentes aos rendimentos e reembolsos das unidades de titularização;

f) Pagar as despesas que, nos termos do regulamento de gestão, caiba ao fundo suportar;

g) Manter em ordem a escrita do fundo;

h) Dar cumprimento aos deveres de informação estabelecidos por lei ou pelo regulamento de gestão;

i) Informar a CMVM, sempre que esta o solicite, sobre as aplicações referidas no n.° 2 do artigo 12.°;

j) Praticar todos os actos adequados à boa gestão dos créditos e das respectivas garantias, caso a gestão não seja assegurada pelo cedente ou por terceiro;

l) Autorizar a alienação e a oneração de créditos do fundo, nos casos previstos no n.° 5 do artigo 12.°

Artigo 19.°
Fundos próprios

Os fundos próprios das sociedades gestoras não podem ser inferiores às seguintes percentagens do valor líquido global dos fundos que administrem:

a) Até 75 milhões de euros – 1%;

b) No excedente – 1‰.

Artigo 20.°
Acesso ao mercado interbancário

As sociedades gestoras podem no exercício das respectivas funções ter acesso ao mercado interbancário, nas condições definidas pelo Banco de Portugal.

Artigo 21.°
Operações vedadas

Às sociedades gestoras é especialmente vedado:

a) Contrair empréstimos por conta própria;

b) Onerar, por qualquer forma, ou alienar os créditos que integrem o fundo, excepto nos casos previstos no n.° 5 do artigo 12.°;

c) Adquirir, por conta própria, valores mobiliários de qualquer natureza, com excepção de fundos públicos, nacionais e estrangeiros, e de valores mobiliários aos mesmos equiparados;

d) Conceder crédito, incluindo prestação de garantias, por conta própria ou por conta dos fundos que administrem;

e) Adquirir, por conta própria, imóveis, para além dos necessários às suas instalações e funcionamento.

Artigo 22.º
Substituição da sociedade gestora

1. Em casos excepcionais, a CMVM pode, a requerimento conjunto da sociedade gestora e do depositário, e desde que sejam acautelados os interesses dos detentores de unidades de titularização do fundo, autorizar a substituição da sociedade gestora.

2. Caso seja revogada pelo Banco de Portugal a autorização da sociedade gestora ou se verifique outra causa de dissolução da sociedade, a CMVM pode determinar a substituição da sociedade gestora.

SECÇÃO III
Depositário

Artigo 23.º
Depósito dos valores dos fundos

1. Devem ser confiados a um único depositário os valores que integram o fundo, designadamente:

a) Os montantes recebidos a título de pagamento de juros ou de reembolso de capital respeitantes aos créditos que integram o fundo;

b) Os valores mobiliários adquiridos por conta do fundo, nos termos do n.º 2 do artigo 12.º;

c) Os montantes resultantes de empréstimos contraídos pela sociedade gestora por conta do fundo, de acordo com o artigo 13.º, desde que o regulamento de gestão o permita.

2. Podem ser depositárias as instituições de crédito referidas nas alíneas *a*) a *f*) do artigo 3.º do Regime Geral das Instituições de Crédito e Sociedades Financeiras, aprovado pelo Decreto-Lei n.º 298/92, de 31 de Dezembro, que disponham de fundos próprios não inferiores a 1,5 milhões de contos.

3. O depositário deve ter a sua sede em Portugal ou, se tiver a sua sede em outro Estado membro da Comunidade Europeia, deve estar estabelecido em Portugal através de sucursal.

4. As relações entre a sociedade gestora e o depositário são regidas por contrato escrito.

Artigo 24.º
Funções do depositário

1. Compete, designadamente, ao depositário:

a) Receber, em depósito, os valores do fundo e guardar todos os documentos e outros meios probatórios relativos aos créditos que integrem o fundo e que não tenham sido conservados pelo respectivo cedente;

b) Receber em depósito ou inscrever em registo os valores mobiliários que, nos termos do n.º 2 do artigo 12.º, integrem o fundo;

c) Efectuar todas as aplicações dos activos do fundo de que a sociedade gestora o incumba, de acordo com as instruções desta;

d) Quando o regulamento de gestão o preveja, cobrar por conta do fundo, e de acordo com as instruções da sociedade gestora, os juros e capital dos créditos que integrem o fundo, bem como praticar todos os demais actos que se revelem adequados à boa administração dos créditos;

e) Pagar aos detentores das unidades de titularização, nos termos das instruções transmitidas pela sociedade gestora, os rendimentos periódicos e proceder ao reembolso daquelas unidades de mobilização;

f) Executar todas as demais instruções que lhe sejam transmitidas pela sociedade gestora;

g) No caso de, em relação à sociedade gestora, se verificar alguma das situações previstas no n.° 2 do artigo 22.°, propor à CMVM a sua substituição;

h) Assegurar que nas operações relativas aos valores que integram o fundo a contrapartida lhe seja entregue nos prazos conformes à prática do mercado;

i) Assegurar que os rendimentos do fundo sejam aplicados em conformidade com a lei e o regulamento de gestão;

j) Assumir uma função de vigilância e garantir perante os detentores de unidades de titularização o cumprimento do regulamento de gestão.

2. O depositário tem o dever de, previamente ao seu cumprimento, verificar a conformidade de todas as instruções recebidas da sociedade gestora com a lei e o regulamento de gestão.

3. O depositário pode ainda celebrar com a sociedade gestora, actuando por conta do fundo, e com observância do disposto no artigo 14.°, contratos de swap, contratos de garantia de taxa de juro ou quaisquer outros destinados a assegurar a cobertura dos riscos do fundo.

4. O depositário pode adquirir unidades de titularização dos fundos em relação aos quais exerça essas funções.

5. À substituição do depositário aplica-se o disposto no artigo 22.°, bastando que o pedido de substituição seja apresentado pela sociedade gestora.

Artigo 25.°

Responsabilidade da sociedade gestora e do depositário

1. A sociedade gestora e o depositário respondem solidariamente perante os detentores das unidades de titularização pelo cumprimento das obrigações contraídas nos termos da lei e do regulamento de gestão.

2. A sociedade gestora e o depositário são ainda solidariamente responsáveis perante os detentores das unidades de titularização pela veracidade, actualidade, rigor e suficiência da informação contida no regulamento de gestão.

3. A responsabilidade do depositário não é afectada pelo facto de a guarda dos valores do fundo ser por ele confiada, no todo ou em parte, a um terceiro.

Artigo 26.°

Despesas do fundo

O regulamento de gestão deve prever todas as despesas e encargos que devam ser suportados pelo fundo, designadamente as remunerações dos serviços a prestar pela sociedade gestora, pelo depositário ou, nos casos em que a lei o permite, por terceiros.

SECÇÃO IV
Constituição dos fundos de titularização e regulamento de gestão

Artigo 27.º
Autorização

1. A constituição de fundos depende de autorização da CMVM.

2. O pedido de autorização, a apresentar pela sociedade gestora, deve ser instruído com os seguintes documentos:

a) Projecto do regulamento de gestão;

b) Projecto de contrato a celebrar com o depositário;

c) Contrato de aquisição dos créditos que irão integrar o fundo;

d) Se for caso disso, projecto dos contratos de gestão dos créditos, a celebrar nos termos do artigo 5.º;

e) Plano financeiro previsional do fundo, detalhando os fluxos financeiros que se prevêem para toda a sua duração e a respectiva afectação aos detentores das unidades de titularização.

3. Caso as unidades de titularização se destinem a ser emitidas com recurso a subscrição pública, o pedido deve ainda ser instruído com os seguintes documentos:

a) Projecto de prospecto;

b) Contrato de colocação;

c) Relatório elaborado por uma sociedade de notação de risco registada na CMVM.

4. O relatório de notação de risco a que alude a alínea c) do número anterior deve conter, pelo menos e sem prejuízo de outros que a CMVM, por regulamento, venha a estabelecer:

a) Apreciação sobre a qualidade dos créditos que integram o fundo e, se este detiver créditos de qualidade distinta, uma análise sobre a qualidade de cada categoria de créditos detidos;

b) Confirmação sobre os pressupostos e consistência das perspectivas de evolução patrimonial na base das quais foi financeiramente planeada a operação;

c) A adequação da estrutura da operação, incluindo os meios necessários para a gestão dos créditos;

d) A natureza e adequação das eventuais garantias de que beneficiem os detentores das unidades de titularização;

e) O risco de solvabilidade inerente a cada unidade de titularização emitida pelo fundo.

5. Se a entidade cedente dos créditos a adquirir pelo fundo for instituição de crédito, sociedade financeira, empresa de seguros, fundo de pensões ou sociedade gestora de fundos de pensões, a autorização depende de parecer favorável a emitir pelo Banco de Portugal ou pelo Instituto de Seguros de Portugal, consoante o caso.

6. O prazo para a emissão dos pareceres referidos no número anterior é de 30 dias contados da data de recepção da cópia do processo que a CMVM enviará ao Banco de Portugal ou ao Instituto de Seguros de Portugal, consoante o caso.

7. A CMVM pode solicitar à sociedade gestora os esclarecimentos e as informações complementares que repute adequados, bem como as alterações necessárias aos documentos que instruem o pedido.

8. A decisão deve ser notificada pela CMVM à requerente no prazo de 30 dias a contar da data de recepção do pedido ou, se for o caso, da recepção dos pareceres previstos no

n.º 3, das informações complementares ou dos documentos alterados a que se refere o número anterior, mas em caso nenhum depois de decorridos 90 dias sobre a data de apresentação do pedido.

9. Quando a sociedade gestora requeira que a emissão das unidades de titularização se realize por recurso a subscrição pública, a concessão de autorização implica o registo da oferta pública de subscrição.

Artigo 28.º
Constituição

1. O fundo considera-se constituído no momento da liquidação financeira da subscrição das unidades de titularização.

2. O contrato de aquisição dos créditos e o contrato com a entidade depositária produzem efeitos na data de constituição do fundo.

3. No prazo de três dias contados da data de constituição do fundo, a sociedade gestora informa o público sobre esse facto através da publicação de anúncio no *Boletim de Cotações da Bolsa de Valores de Lisboa* e em jornal de grande circulação no País.

Artigo 29.º
Regulamento de gestão

1. A sociedade gestora deve elaborar um regulamento de gestão para cada fundo que administre.

2. O regulamento de gestão deve conter, pelo menos, informação sobre os seguintes elementos:

a) Denominação e duração do fundo, bem como identificação da decisão que haja autorizado a sua constituição;

b) Identificação da sociedade gestora e do depositário;

c) As características dos créditos, ou das categorias homogéneas de créditos, que integrem o fundo e o regime da sua gestão, designadamente se estes serviços serão prestados pelo fundo, através da sociedade gestora ou do depositário, pelo cedente ou por terceira entidade idónea;

d) Os direitos inerentes a cada categoria de unidades de titularização a emitir pelo fundo, nomeadamente os referidos no artigo 32.º;

e) Regras relativas à ordem de prioridade dos pagamentos a efectuar pelo fundo;

f) Termos e condições de liquidação e partilha do fundo, designadamente sobre a transmissão dos créditos detidos pelo fundo à data de liquidação;

g) Os contratos a celebrar pela sociedade gestora, por conta do fundo, destinados à cobertura de riscos que se preveja que este último possa vir a incorrer, designadamente o risco da insuficiência dos montantes recebidos dos devedores dos créditos do fundo para cumprir as obrigações de pagamento dos rendimentos periódicos e de reembolso das unidades de titularização;

h) Termos e condições dos empréstimos que a sociedade gestora pode contrair por conta do fundo;

i) Remuneração dos serviços da sociedade gestora e do depositário, respectivos modos de cálculo e condições de cobrança, bem como quaisquer outras despesas e encargos que devam ser suportados pelo fundo;

j) Deveres da sociedade gestora e do depositário;

l) Termos e condições em que seja admitida a alienação de créditos vencidos.

3. No caso de fundos de património variável em relação aos quais se encontre prevista, nos termos da alínea *a)* do n.º 2 do artigo 10.º, a aquisição subsequente de créditos, o regulamento de gestão deve ainda conter informação relativa aos créditos a adquirir em momento posterior ao da constituição do fundo, designadamente sobre:

a) As características dos créditos;

b) O montante máximo dos créditos a adquirir;

c) A calendarização prevista para as aquisições e respectivos montantes;

d) Procedimentos a adoptar no caso de, por motivos excepcionais, não ser possível concretizar as aquisições previstas.

4. No caso de fundos de património variável em que se encontre prevista, nos termos da alínea *b)* do n.º 2 do artigo 10.º, a realização de novas emissões de unidades de titularização, o regulamento de gestão deve ainda conter informação sobre os direitos inerentes às unidades de titularização a emitir, sobre os montantes das emissões, a calendarização prevista para as emissões e sobre as eventuais consequências das novas emissões em relação às unidades de titularização existentes.

5. Na hipótese de o regulamento de gestão permitir a modificação do activo do fundo, de acordo com o previsto no artigo 11.º, deve estabelecer os termos e condições em que a mesma se pode realizar.

6. As informações a prestar sobre as características dos créditos nunca poderão permitir a identificação dos devedores.

7. As alterações ao regulamento de gestão ficam dependentes de autorização da CMVM, incluindo nos casos em que, nos termos da alínea *b)* do n.º 2 do artigo 10.º, sejam realizadas novas emissões de unidades de titularização.

Artigo 30.º
Domicílio

Consideram-se domiciliados em Portugal os fundos administrados por sociedade gestora cuja sede esteja situada em território nacional.

SECÇÃO V
Unidades de titularização

Artigo 31.º
Natureza e emissão das unidades de titularização

1. As unidades de titularização são valores mobiliários, devendo assumir forma escritural.

2. Ao registo e controlo das unidades de titularização é aplicável o regime dos valores mobiliários escriturais.

3. As unidades de titularização não podem ser emitidas sem que a importância correspondente ao preço de emissão seja efectivamente integrada no activo do fundo.

4. Na data de constituição do fundo, as contas de subscrição das unidades de titularização convertem-se em contas de registo de valores mobiliários, nos termos do Código dos Valores Mobiliários.

5. A subscrição das unidades de titularização implica a aceitação do regulamento de gestão e confere à sociedade gestora os poderes necessários para que esta administre com autonomia o fundo.

6. As entidades cedentes podem adquirir unidades de titularização de fundos para os quais hajam transmitido créditos.

Artigo 32.°
Direitos inerentes às unidades de titularização

1. As unidades de titularização conferem aos respectivos detentores, cumulativa ou exclusivamente, os seguintes direitos, nos termos e condições estabelecidos no regulamento de gestão:

a) Direito ao pagamento de rendimentos periódicos;
b) Direito ao reembolso do valor nominal das unidades de titularização;
c) Direito, no termo do processo de liquidação e partilha do fundo, à parte que proporcionalmente lhes competir do montante que remanescer depois de pagos os rendimentos periódicos e todas as demais despesas e encargos do fundo.

2. Sem prejuízo do direito de exigir o cumprimento do disposto na lei e no regulamento de gestão, os detentores das unidades de titularização não podem dar instruções à sociedade gestora relativamente à administração do fundo.

3. Desde que o regulamento de gestão o preveja, os fundos podem emitir unidades de titularização de diferentes categorias que confiram direitos iguais entre si mas distintos dos das demais unidades de titularização, designadamente quanto ao grau de preferência no pagamento dos rendimentos periódicos, no reembolso do valor nominal ou no pagamento do saldo de liquidação.

4. O risco de simples mora ou de incumprimento das obrigações correspondentes aos créditos que integrarem o fundo corre por conta dos titulares das unidades de titularização, não podendo a sociedade gestora ser responsabilizada pela mora ou incumprimento das obrigações referidas no n.° 1 que sejam causados por aquelas circunstâncias, sem prejuízo do disposto nos n.os 1 e 2 do artigo 25.°

Artigo 33.°
Reembolso antecipado das unidades de titularização

A sociedade gestora pode, desde que o regulamento de gestão o preveja, proceder, antes da liquidação e partilha do fundo, em uma ou mais vezes, a reembolsos parciais ou integrais das unidades de titularização, contanto que seja assegurada a igualdade de tratamento dos detentores de unidades da mesma categoria.

Artigo 34.°
Oferta pública de subscrição de unidades de titularização

1. A emissão de unidades de titularização pode efectuar-se com recurso a subscrição pública, sendo aplicável à oferta o disposto no Código dos Valores Mobiliários.

2. O lançamento da oferta pública de subscrição é feito, pela sociedade gestora, através da publicação do prospecto no *Boletim de Cotações da Bolsa de Valores de Lisboa*.

3. São responsáveis pela suficiência, veracidade, objectividade e actualidade das informações que constem do prospecto, à data da sua publicação:

    a) A sociedade gestora;

    b) O depositário;

    c) Os membros do órgão de administração da sociedade gestora e do depositário;

    d) As pessoas que, com o seu consentimento, sejam nomeadas no anúncio de lançamento como tendo preparado ou verificado qualquer informação nele incluída, ou qualquer estudo, previsão ou avaliação em que essa informação se baseie, relativamente à informação, estudo, previsão ou avaliação em causa;

    e) As entidades cedentes e os membros dos seus órgãos de administração e fiscalização, relativamente à verificação da informação relacionada com os créditos a transmitir ao fundo e com as entidades em causa;

    f) Os intermediários financeiros encarregados da colocação da emissão.

4. O prazo da oferta deve ser aprovado pela CMVM, iniciando-se no dia útil seguinte ao da publicação dos documentos referidos no n.º 1.

5. Em caso de subscrição incompleta a emissão fica sem efeito, excepto se o prospecto tiver previsto que a emissão fica limitada às subscrições recolhidas.

6. A CMVM define, por regulamento, a informação a constar do prospecto, designadamente:

    a) O conteúdo integral do regulamento de gestão;

    b) As partes do relatório de notação de risco a que alude a alínea *c*) do n.º 3 do artigo 27.º que devem ser reproduzidas;

    c) Súmula do plano financeiro previsional do fundo;

    d) Relatório de auditoria sobre os pressupostos e a consistência do plano previsional do fundo.

Artigo 35.º
Negociação em bolsa

As unidades de titularização de fundos de titularização de créditos podem ser admitidas à negociação em bolsa.

SECÇÃO VI
Contas do fundo, informação e supervisão

Artigo 36.º
Contas dos fundos

1. A contabilidade dos fundos é organizada de harmonia com as normas emitidas pela CMVM.

2. As contas dos fundos são encerradas anualmente com referência a 31 de Dezembro e devem ser certificadas por auditor registado na CMVM que não integre o conselho fiscal da sociedade gestora.

3. Até 31 de Março de cada ano, a sociedade gestora deve colocar à disposição dos interessados, na sua sede e na sede do depositário, o balanço e a demonstração de resultados de cada fundo que administre, acompanhados de um relatório elaborado pela sociedade gestora e da certificação legal das contas referida no número anterior.

4. O relatório da sociedade gestora a que alude o número anterior contém uma descrição das actividades do respectivo exercício e as informações relevantes que permitam aos detentores das unidades de titularização apreciar a evolução da actividade do fundo.

5. As sociedades gestoras são obrigadas a remeter à CMVM, até 31 de Março de cada ano, ou logo que sejam disponibilizados aos interessados, os documentos referidos no n.° 3.

Artigo 37.°
Supervisão e prestação de informação

1. Compete à CMVM a fiscalização da actividade dos fundos, sem prejuízo das competências do Banco de Portugal em matéria de supervisão das sociedades gestoras.

2. A CMVM pode, por regulamento:

a) Definir o conteúdo mínimo do relatório de notação de risco previsto na alínea *c*) do n.° 3 do artigo 27.°;

b) Estabelecer as condições em que pode ser concedido o registo preliminar de uma oferta pública de subscrição de unidades de titularização de fundo em constituição, com base no qual a sociedade gestora pode desenvolver acções de prospecção e sensibilização do mercado tendo em vista aferir a viabilidade e verificar as condições em que o fundo poderá ser constituído e a oferta lançada;

c) Definir a periodicidade e o conteúdo da informação a prestar pela sociedade gestora à CMVM.

SECÇÃO VII
Liquidação e partilha dos fundos

Artigo 38.°
Liquidação e partilha

1. Os detentores das unidades de titularização não podem exigir a liquidação e partilha dos fundos.

2. Os fundos devem ser liquidados e partilhados no termo do prazo da respectiva duração, só podendo ser liquidados e partilhados antes do termo daquele prazo se o respectivo regulamento de gestão o admitir, designadamente caso os activos residuais representem menos de 10% do montante mínimo de créditos detidos pelo fundo desde o momento da respectiva constituição ou em caso de concentração da totalidade das unidades de titularização numa única entidade.

3. Os fundos podem ainda ser liquidados e partilhados antes do termo do prazo de duração por determinação da CMVM no caso de ser revogada a autorização da sociedade gestora ou de se verificar outra causa de dissolução da sociedade, não sendo esta substituída.

4. A conta de liquidação do fundo e a aplicação dos montantes apurados deve ser objecto de apreciação por auditor registado na CMVM.

5. Os créditos que integrem o fundo à data da liquidação devem ser transmitidos nos termos e condições previstos no regulamento de gestão.

CAPÍTULO III
Sociedades de titularização de créditos

SECÇÃO I
Das sociedades de titularização de créditos

Artigo 39.º
Noção

As sociedades de titularização de créditos são sociedades financeiras constituídas sob a forma de sociedade anónima que têm por objecto exclusivo a realização de operações de titularização.

Artigo 40.º
Objecto

1. As sociedades de titularização de créditos têm por objecto exclusivo a realização de operações de titularização de créditos, mediante a sua aquisição, gestão e transmissão, bem como a emissão de obrigações para pagamento dos créditos adquiridos, nos termos dos capítulos I e III do presente decreto-lei.

2. As sociedades de titularização de créditos podem ainda:

a) Prestar serviços às entidades cedentes dos créditos em matéria de estudo dos riscos de crédito e de gestão dos créditos objecto da transmissão, incluindo apoio comercial e contabilístico, quando a administração dos mesmos seja assegurada pelas entidades cedentes;

b) Sem prejuízo do disposto no n.º 1 do artigo 5.º, as sociedades de titularização de créditos podem contratar com terceiro idóneo a prestação dos serviços de gestão dos créditos adquiridos e das respectivas garantias.

Artigo 41.º
Transmissão de créditos

1. Sem prejuízo do disposto no número seguinte, as sociedades de titularização de créditos só podem ceder créditos a fundos de titularização de créditos e a outras sociedades de titularização de créditos.

2. As sociedades de titularização de créditos podem ainda transmitir os créditos de que sejam titulares nos seguintes casos:

a) Não cumprimento das obrigações correspondentes aos créditos;

b) Revelação de vícios ocultos ao cedente nos termos do respectivo contrato de cessão.

3. Nos casos previstos no número anterior, os créditos só podem ser transmitidos por valor igual ou superior ao valor nominal se o cessionário for:

a) Detentor de uma participação qualificada na sociedade de titularização de créditos, nos termos do n.º 7 do artigo 13.º do Regime Geral das Instituições de Crédito e Sociedades Financeiras, aprovado pelo Decreto-Lei n.º 298/92, de 31 de Dezembro;

b) Membro dos órgãos sociais da sociedade de titularização de créditos;

c) Sociedades em que as pessoas referidas na alínea anterior detenham participação qualificada.

Artigo 42.°
Firma e capital social

1. A firma das sociedades referidas no artigo 39.° deve incluir a expressão «sociedade de titularização de créditos» ou a abreviatura STC, as quais, ou outras que com elas se confundam, não podem ser usadas por outras entidades que não as previstas no presente capítulo.

2. O capital social das sociedades de titularização de créditos deve ser sempre representado por acções nominativas ou ao portador registadas.

Artigo 43.°
Recursos financeiros

1. As sociedades de titularização de créditos só podem financiar a sua actividade com fundos próprios e através da emissão de obrigações, de acordo com os artigos 46.° e seguintes.

2. As sociedades de titularização de créditos podem:

a) Realizar as operações cambiais necessárias ao exercício da sua actividade e celebrar contratos sobre derivados para cobertura de riscos;

b) Adquirir, a título acessório, valores mobiliários cotados em mercado regulamentado, títulos de dívida, pública e privada, de curto prazo.

3. Às sociedades de titularização de créditos fica vedado:

a) Adquirir obrigações próprias;

b) Emitir obrigações de caixa, nos termos do Decreto-Lei n.° 408/91, de 17 de Outubro.

Artigo 44.°
Alterações societárias relevantes

1. Dependem de autorização a conceder por assembleia especial de obrigacionistas onde estão presentes ou representados os titulares das obrigações emitidas pela sociedade de titularização de créditos, independentemente da sua natureza:

a) As aquisições de participações qualificadas em sociedade de titularização de créditos;

b) A fusão, cisão ou alienação de parte significativa do património da sociedade de titularização de créditos.

2. O disposto no número anterior não é aplicável quando se encontrem integralmente reembolsadas todas as obrigações emitidas pela sociedade de titularização de créditos.

Artigo 45.°
Isenções

O aumento do capital social das sociedades de titularização de créditos fica dispensado dos emolumentos referidos nas Portarias n.° 366/89, de 22 de Maio, e 883/89, de 13 de Outubro.

SECÇÃO II
Emissão de obrigações

Artigo 46.º
Requisitos gerais

1. Sem prejuízo do disposto na alínea *b*) do n.º 3 do artigo 43.º, as sociedades de titularização de créditos podem emitir obrigações de qualquer espécie nas condições previstas na lei e, bem assim, obrigações titularizadas nos termos do presente capítulo.

2. As obrigações emitidas podem ser de diferentes categorias, designadamente quanto às garantias estabelecidas a favor dos credores obrigacionistas.

3. As emissões de obrigações, incluindo de obrigações titularizadas, ficam sujeitas a registo prévio na CMVM, ainda que efectuadas por recurso a subscrição particular, nos seguintes casos:

a) Quando emitidas por sociedade de titularização de créditos cuja lei pessoal seja a lei portuguesa, mesmo que os actos de divulgação da oferta não se dirijam ao mercado nacional;

b) Quando emitidas no mercado nacional por sociedade de titularização de créditos sujeita a lei pessoal estrangeira.

4. As emissões de obrigações, incluindo de obrigações titularizadas, por sociedade de titularização de créditos não ficam sujeitas a registo comercial, devendo a CMVM enviar à conservatória do registo comercial competente, para depósito oficioso na pasta da sociedade, declaração comprovativa do registo da emissão na CMVM.

5. O pedido de registo de oferta pública de subscrição de obrigações emitidas por sociedade de titularização de créditos deve ser instruído com relatório de notação de risco cujo conteúdo deverá observar, com as devidas adaptações, o disposto no n.º 4 do artigo 27.º

Artigo 47.º
Obrigações titularizadas

1. As sociedades de titularização de créditos podem emitir obrigações cujo reembolso seja garantido por créditos que lhe estão exclusivamente afectos, designadas «obrigações titularizadas».

2. Na emissão de obrigações titularizadas, a sociedade de titularização de créditos afecta uma parte dos créditos por ela adquiridos na medida que se revele necessária ao reembolso do capital e respectivos juros.

Artigo 48.º
Princípio da segregação

1. Os créditos que sejam afectos ao reembolso de obrigações titularizadas devem ser identificados sob forma codificada nos documentos da emissão e passam a constituir um património autónomo, não respondendo por outras dívidas da sociedade de titularização de créditos até reembolso integral dos montantes devidos aos credores obrigacionistas da emissão designada.

2. A sociedade de titularização de créditos tem o direito ao remanescente do património autónomo afecto ao pagamento de cada emissão de obrigações titularizadas, logo que cada emissão seja integralmente reembolsada.

3. Na execução movida contra a sociedade de titularização de créditos, o credor apenas pode penhorar o direito ao remanescente de cada património separado se provar a insuficiência dos restantes bens da sociedade.

4. A chave do código a que alude o n.° 1 fica depositada na CMVM.

Artigo 49.°
Garantias dos credores obrigacionistas

1. Os titulares de obrigações titularizadas gozam de privilégio creditório especial sobre os créditos afectos à respectiva emissão, com precedência sobre quaisquer outros credores.

2. O privilégio referido no número anterior não está sujeito a inscrição em registo.

Artigo 50.°
Limites de emissão

As emissões de obrigações titularizadas cuja notação de risco, efectuada nos termos do n.° 4 do artigo 27.°, seja A ou equivalente não estão sujeitas aos limites estabelecidos no artigo 349.° do Código das Sociedades Comerciais.

Artigo 51.°
Regulamentação

A CMVM pode estabelecer, por regulamento:

a) Regras sobre o registo de ofertas de valores mobiliários por sociedades de titularização de créditos;

b) Regras relativas à utilização de instrumentos financeiros derivados por sociedades de titularização de créditos;

c) As condições em que os credores obrigacionistas, em caso de incumprimento, podem ter acesso à chave do código a que alude o n.° 4 do artigo 48.°

CAPÍTULO IV
Disposições finais

Artigo 52.°
Actividade de intermediação em valores mobiliários

A criação e administração de fundos de titularização de créditos considera-se actividade de intermediação em valores mobiliários, quando exercida a título profissional.

Visto e aprovado em Conselho de Ministros de 9 de Setembro de 1999. – *António Manuel de Oliveira Guterres – António Luciano Pacheco de Sousa Franco – José Manuel de Matos Fernandes.*

Promulgado em 15 de Outubro de 1999.

Publique-se.

O Presidente da República, JORGE SAMPAIO.

Referendado em 21 de Outubro de 1999.

O Primeiro-Ministro, *António Manuel de Oliveira Guterres.*

DECRETO-LEI N.º 294/95
de 17 de Novembro

Os fundos de investimento mobiliários e imobiliários encontravam-se ambos regulados pelo Decreto-Lei n.º 229-C/88, de 4 de Julho, até à entrada em vigor do Decreto-Lei n.º 276/94, de 2 de Novembro, que transpôs para a ordem jurídica interna a Directiva n.º 85/611/CEE, do Conselho, de 20 de Dezembro de 1985, reformulando assim o regime jurídico dos fundos de investimento mobiliário constituídos em Portugal.

Torna-se agora necessário rever todo o regime dos fundos de investimento imobiliário, nomeadamente para o harmonizar com as soluções adoptadas para os fundos mobiliários, sem, no entanto, deixar de considerar de modo adequado a sua diferente natureza, que coloca problemas específicos de regime, em boa medida diversos dos suscitados pelos fundos mobiliários.

Com base na experiência adquirida, introduzem-se algumas modificações que visam, por um lado, o reforço da defesa dos investidores e, por outro, a adopção de um regime mais flexível no que respeita ao funcionamento dos fundos.

Relativamente ao primeiro aspecto, salienta-se um enquadramento mais rigoroso das operações vedadas, proibidas e condicionadas e o aumento das exigências de prestação de informação.

Quanto ao segundo aspecto, refira-se a possibilidade, ora consagrada, de reembolso periódico das unidades de participação dos fundos mobiliários abertos, que, no entanto, deverá ocorrer, pelo menos, numa base anual. Trata-se de uma faculdade não consagrada no anterior regime, mas que se revela da maior importância num tipo de fundos em que a natureza dos investimentos efectuados melhor se concilia com uma perspectiva de aplicação de poupanças a prazo.

Em matéria de supervisão, adoptou-se um regime semelhante ao previsto nos fundos de investimento mobiliário, por se entender dever preservar a coerência na atribuição dos poderes de supervisão, fiscalização e regulamentação nos dois tipos de instituições de investimento colectivo.

Assim:

Nos termos da alínea a) do n.º 1 do artigo 201.º da Constituição, o Governo decreta o seguinte:

CAPÍTULO I
Das instituições de investimento colectivo em valores imobiliários

SECÇÃO I
Disposições gerais

Artigo 1.º
Objecto do diploma

O presente diploma regula a constituição e o funcionamento dos fundos de investimento imobiliário.

Artigo 2.º
Fundos de investimento imobiliário

1. Os fundos de investimento imobiliário são instituições de investimento colectivo que têm por fim o investimento de capitais recebidos do público em carteiras diversificadas de valores fundamentalmente imobiliários, segundo um princípio de divisão de riscos.
2. Os fundos de investimento constituem patrimónios autónomos, pertencentes, no regime especial de comunhão regulado pelo presente diploma, a uma pluralidade de pessoas singulares ou colectivas e que não respondem pelas dívidas próprias dos participantes ou das entidades que asseguram a sua gestão.
3. Os fundos são divididos em participações de igual valor, designadas por unidades de participação.

Artigo 3.º
Espécies de fundos

1. Os fundos de investimento podem ser abertos ou fechados.
2. São abertos os fundos cujas unidades de participação são em número variável.
3. São fechados os fundos cujas unidades de participação são em número fixo.

Artigo 4.º
Valores imobiliários

1. Para os efeitos do presente diploma, consideram-se valores imobiliários:
a) Os direitos de propriedade sobre bens imóveis que possam ser adquiridos para os fundos;
b) As participações superiores a 50% no capital social de sociedades cujo objecto seja exclusivamente a aquisição, venda, arrendamento, gestão e exploração de imóveis.
2. A inscrição dos direitos de propriedade referidos na alínea *a)* do número anterior é feita nos termos do n.º 3 do artigo 93.º do Código do Registo Predial, com dispensa de identificação, substituindo-se esta pela simples menção do fundo.

Artigo 5.º
Composição

1. O património dos fundos de investimento imobiliário só pode ser constituído por valores imobiliários, numerário, depósitos bancários, títulos da dívida pública, obrigações

hipotecárias, títulos de participação e obrigações de empresas cotadas em bolsa que tenham sido objecto de notação, correspondente, pelo menos, à notação A ou equivalente, por uma empresa de *rating* registada na Comissão do Mercado de Valores Mobiliários ou internacionalmente reconhecida, participações noutras instituições de investimento colectivo e aplicações no mercado interbancário.

2. Tratando-se de fundos de investimento imobiliário abertos, observar-se-á o seguinte, sem prejuízo do disposto no n.° 4:

a) Um mínimo de 6% do valor líquido global do fundo será constituído por numerário, depósitos bancários, títulos da dívida pública e aplicações nos mercados interbancários;

b) Os valores imobiliários não podem representar menos de 75% do valor líquido global do fundo;

c) Até 10% do seu valor líquido global, o património do fundo poderá ser constituído por terrenos destinados à execução de programas de construção;

d) As participações no capital previstas na alínea *b)* do n.° 1 do artigo anterior não podem representar mais de 25% do valor líquido global do fundo;

e) Não podem ser aplicados num único empreendimento mais de 20% do valor líquido global do fundo.

3. As percentagens referidas nas alíneas *b)* a *e)* do número anterior devem ser respeitadas a partir do início do terceiro exercício do fundo, devendo ser regularizadas no prazo máximo de um ano as situações de desconformidade resultantes da alteração dos valores venais dos bens ou do exercício do direito de reembolso pelos participantes dos fundos abertos.

4. Em casos devidamente fundamentados pela entidade gestora, poderá a Comissão do Mercado de Valores Mobiliários autorizar que os fundos detenham transitoriamente uma estrutura patrimonial que ultrapasse algum dos limites estabelecidos no n.° 2.

5. O disposto nas alíneas *b)*, *c)* e *e)* do n.° 2 e nos n.os 3 e 4 aplica-se aos fundos de investimento imobiliário fechados.

6. A Comissão do Mercado de Valores Mobiliários poderá fixar regras técnicas sobre a estrutura patrimonial dos fundos.

SECÇÃO II
Das entidades gestoras e dos depositários

Artigo 6.°
Administração dos fundos

1. A administração dos fundos de investimento imobiliário deve ser exercida por uma sociedade gestora de fundos de investimento imobiliário.

2. A administração de fundos de investimento imobiliário fechados pode ainda ser exercida por alguma das instituições de crédito referidas nas alíneas *a)* a *f)* do artigo 3.° do Regime Geral das Instituições de Crédito e Sociedades Financeiras, aprovado pelo Decreto-Lei n.° 298/92, de 31 de Dezembro, que disponham de fundos próprios não inferiores a 1,5 milhões de contos.

3. As sociedades gestoras de fundos de investimento imobiliário devem ter a sua sede e administração em Portugal.

Artigo 7.º
Entidades gestoras

1. As sociedades gestoras de fundos de investimento imobiliário devem ter por objecto exclusivo a administração, em representação dos participantes, de um ou mais fundos de investimento imobiliário.

2. As entidades gestoras não podem transferir global ou parcialmente para terceiros os poderes de administração dos fundos que lhes são conferidos por lei, sem prejuízo da possibilidade de recorrerem a serviços de terceiros que se mostrem convenientes para o exercício da sua actividade, designadamente os de prestação de conselhos especializados sobre investimentos e de execução, sob sua orientação e responsabilidade, das operações que não estejam reservadas por lei aos depositários.

3. Em casos excepcionais, pode a Comissão do Mercado de Valores Mobiliários, a requerimento da entidade gestora, ouvido o Banco de Portugal e obtido o acordo do depositário, autorizar a substituição da entidade gestora, devendo esta comunicar aos participantes, individualmente, o teor da autorização e publicá-la em boletim de cotações de uma bolsa de valores e num jornal diário de grande circulação no País com a antecedência de 30 dias sobre a data em que a substituição produzirá os seus efeitos.

4. Para efeitos do número anterior, no caso de fundos de investimento fechados, a autorização da Comissão do Mercado de Valores Mobiliários é precedida apenas das publicações previstas no número anterior, nas quais se conterá um convite aos participantes para, num prazo não inferior a 30 dias, se pronunciarem perante a Comissão do Mercado de Valores Mobiliários sobre a substituição, que não será autorizada se a esta se opuserem os participantes que sejam titulares de, pelo menos, um terço das unidades de participação.

Artigo 8.º
Constituição

1. As sociedades gestoras de fundos de investimento devem adoptar a forma de sociedade anónima, sendo o respectivo capital social obrigatoriamente representado por acções nominativas ou ao portador registadas.

2. É vedado aos membros dos órgãos de administração das sociedades gestoras e às pessoas que com as mesmas mantiverem contrato de trabalho exercer quaisquer funções noutras sociedades gestoras.

Artigo 9.º
Funções da entidade gestora

A entidade gestora actua por conta dos participantes e no interesse exclusivo destes, competindo-lhe, em geral, a prática de todos os actos e operações necessários ou convenientes à boa administração do fundo, de acordo com critérios de elevada diligência e competência profissional, e em especial:

a) Adquirir e alienar quaisquer valores e exercer os direitos directa ou indirectamente relacionados com os bens do fundo;

b) Emitir, em ligação com o depositário, as unidades de participação e autorizar o seu reembolso;

c) Determinar o valor das unidades de participação;

d) Seleccionar os valores que devem constituir o fundo, de acordo com a política de investimentos prevista no respectivo regulamento de gestão, e efectuar ou dar instruções ao depositário para que este efectue as operações adequadas à execução dessa política;

e) Manter em ordem a escrita do fundo;

f) Dar cumprimento aos deveres de informação estabelecidos por lei ou pelo regulamento de gestão.

Artigo 10.°
Fundos próprios

Os fundos próprios das sociedades gestoras não podem ser inferiores às seguintes percentagens do valor líquido global dos fundos que administrem:

a) Até 15 milhões de contos – 1%;

b) No excedente – 1‰.

Artigo 11.°
Acesso ao mercado interbancário

As entidades gestoras poderão, no exercício das respectivas funções, ter acesso ao mercado interbancário, nas condições definidas pelo Banco de Portugal.

Artigo 12.°
Operações vedadas

1. Às entidades gestoras é especialmente vedado:

a) Contrair empréstimos por conta própria;

b) Contrair empréstimos por conta dos fundos que administrem, salvo com carácter não permanente e até ao limite de 10% do valor global do fundo;

c) Onerar por qualquer forma os valores dos fundos, salvo para a obtenção dos empréstimos referidos na alínea anterior;

d) Adquirir por conta própria unidades de participação de fundos de investimento, com excepção de fundos de tesouraria;

e) Adquirir por conta própria outros valores imobiliários de qualquer natureza, com excepção dos de dívida pública, de títulos de participação e de obrigações de empresas cotadas em bolsa que tenham sido objecto de notação, correspondente, pelo menos, à notação A ou equivalente, por uma empresa de *rating* registada na Comissão do Mercado de Valores Mobiliários ou internacionalmente reconhecida;

f) Sem prejuízo da alínea anterior, conceder crédito, incluindo prestação de garantias, por conta própria ou por conta dos fundos que administrem;

g) Adquirir por conta própria imóveis para além do limite dos seus fundos próprios;

h) Efectuar, por conta própria ou dos fundos, vendas a descoberto sobre valores mobiliários.

2. É permitido às entidades gestoras de fundos fechados que não sejam sociedades gestoras adquirir unidades de participação dos fundos que administrem, até ao limite de 25% do valor global de cada fundo.

3. Às entidades gestoras que sejam instituições de crédito não é aplicável o disposto nas alíneas *a*), *d*), *e*) e *g*) do n.° 1 e, quando actuem por conta própria, o disposto nas alíneas *f*) e *h*) do mesmo número.

Artigo 13.º
Depósito dos valores dos fundos

1. Os valores mobiliários que constituam património do fundo de investimento devem ser confiados a um único depositário.

2. Podem ser depositárias as instituições de crédito referidas nas alíneas *a*) a *f*) do artigo 3.º do Regime Geral das Instituições de Crédito e Sociedades Financeiras que disponham de fundos próprios não inferiores a 1,5 milhões de contos.

3. O depositário deve ter a sua sede em Portugal ou, se tiver sede noutro Estado membro da União Europeia, deve estar estabelecido em Portugal através de sucursal.

Artigo 14.º
Funções do depositário

1. Compete, designadamente, ao depositário:

a) Receber em depósito ou inscrever em registo os valores mobiliários do fundo, consoante sejam titulados ou escriturais;

b) Efectuar todas as compras e vendas dos valores mobiliários do fundo de que a entidade gestora o incumba, as operações de cobrança de juros, dividendos e outros rendimentos por eles produzidos, bem como as operações decorrentes do exercício de outros direitos de natureza patrimonial relativos aos mesmos valores;

c) Receber e satisfazer os pedidos de subscrição e de resgate de unidades de participação;

d) Pagar aos participantes a sua quota-parte nos lucros do fundo;

e) Ter em dia a relação cronológica de todas as operações realizadas e estabelecer trimestralmente o inventário discriminado dos valores à sua guarda;

f) Assumir uma função de vigilância e garantir perante os participantes o cumprimento do regulamento de gestão do fundo, especialmente no que se refere à política de investimentos.

2. O depositário deve ainda:

a) Assegurar que a venda, a emissão, o reembolso e a anulação das unidades de participação sejam efectuados de acordo com a lei e o regulamento de gestão;

b) Assegurar que o cálculo do valor das unidades de participação se efectue de acordo com a lei e o regulamento de gestão;

c) Executar as instruções da entidade gestora, salvo se forem contrárias à lei ou ao regulamento de gestão;

d) Assegurar que, nas operações relativas aos valores que integram o fundo, a contrapartida lhe seja entregue nos prazos conformes à prática do mercado;

e) Assegurar que os rendimentos do fundo sejam aplicados em conformidade com a lei e o regulamento de gestão.

3. O depositário pode adquirir unidades de participação dos fundos relativamente aos quais exerça essas funções para o efeito de atribuição de liquidez nos termos de contrato celebrado com a entidade gestora, aprovado pela Comissão do Mercado de Valores Mobiliários.

4. A substituição do depositário depende de autorização da Comissão do Mercado de Valores Mobiliários, ouvido o Banco de Portugal, devendo a autorização ser publicada em boletim de uma bolsa de valores e num jornal diário de grande circulação no País com a antecedência de 15 dias sobre a data em que a substituição produzirá os seus efeitos.

Artigo 15.º
Relações entre as entidades gestoras e os depositários

1. As funções de administração de fundos de investimento e as de depositário não podem ser exercidas pela mesma entidade relativamente aos mesmos fundos.

2. As entidades gestoras e os depositários, no exercício das suas funções, devem agir de modo independente e no exclusivo interesse dos participantes.

3. As relações entre as entidades gestoras e os depositários são regidas por contrato escrito, devendo ser enviada à Comissão do Mercado de Valores Mobiliários uma cópia do contrato e das suas alterações.

Artigo 16.º
Responsabilidade da entidade gestora e do depositário

1. As entidades gestoras e os depositários respondem solidariamente perante os participantes pelo cumprimento das obrigações contraídas nos termos da lei e do regulamento de gestão.

2. A responsabilidade do depositário não é afectada pelo facto de a guarda dos valores do fundo ser por ele confiada, no todo ou em parte, a um terceiro.

Artigo 17.º
Remuneração dos serviços da entidade gestora e do depositário

1. As remunerações dos serviços da entidade gestora e do depositário devem constar expressamente do regulamento de gestão do fundo e podem abranger apenas:

a) Uma comissão de gestão, a liquidar periodicamente pelo fundo, destinada a cobrir todas as despesas de gestão;

b) Uma comissão de emissão, a cargo dos subscritores, destinada a cobrir as despesas de emissão e de venda das unidades de participação;

c) Uma comissão de resgate, a suportar pelo participante, destinada a cobrir despesas com o resgate das unidades de participação;

d) Uma comissão de depósito, a liquidar periodicamente pelo fundo, destinada a remunerar os serviços do depositário no âmbito das funções definidas no artigo 14.º, com excepção das mencionadas na alínea *c)* do n.º 1 do mesmo artigo.

2. As despesas relativas à compra e venda de valores por conta dos fundos que sejam indicadas nos respectivos regulamentos de gestão constituem encargo dos mesmos fundos.

CAPÍTULO II
Dos fundos

SECÇÃO I
Dos fundos imobiliários em geral

Artigo 18.º
Constituição

1. A constituição de fundos de investimento imobiliário depende de autorização da Comissão do Mercado de Valores Mobiliários, com parecer favorável do Banco de Portu-

gal, mediante apresentação de requerimento subscrito pela entidade gestora acompanhado do projecto do regulamento de gestão e dos contratos celebrados com o depositário e, sendo caso disso, com as entidades colocadoras a que se refere o artigo 31.º ou dos respectivos projectos.

2. A Comissão do Mercado de Valores Mobiliários remeterá uma cópia do requerimento e dos documentos que o acompanham ao Banco de Portugal, que emitirá parecer no prazo de 30 dias a contar da recepção desses documentos ou, sendo caso disso, das alterações ou informações complementares referidas no número seguinte.

3. A Comissão do Mercado de Valores Mobiliários poderá solicitar à entidade gestora informações complementares ou sugerir alterações ao regulamento de gestão que considere necessárias, as quais devem ser remetidas ao Banco de Portugal.

4. Quando o interesse do investidor o justifique, poderá ser recusada a autorização para a constituição de novos fundos fechados, enquanto não estiver inteiramente realizado o capital de outros fundos fechados administrados pela mesma entidade gestora.

5. A decisão deverá ser notificada pela Comissão do Mercado de Valores Mobiliários à requerente no prazo de 90 dias a contar da data da recepção do pedido ou, se for o caso, a contar da data da recepção das informações complementares ou das alterações de projecto de regulamento de gestão referidas no n.º 3, mas em caso algum depois de decorridos 120 dias sobre a data inicial da recepção do pedido.

6. A falta de notificação nos prazos referidos constitui presunção de indeferimento tácito do pedido.

7. Após a recepção da notificação da autorização, a entidade gestora dispõe de um período de 90 dias para colocar à subscrição as unidades de participação, devendo comunicar à Comissão do Mercado de Valores Mobiliários a data escolhida para o efeito, considerando-se o fundo constituído nessa mesma data.

8. No caso de a subscrição não ter início no prazo previsto no número anterior ou de nos seis meses subsequentes à data da constituição do fundo este não atingir o número mínimo de 30 participantes e o valor mínimo de 250 000 000$, poderá a Comissão do Mercado de Valores Mobiliários, ouvido o Banco de Portugal, revogar a autorização.

Artigo 19.º
Regulamento de gestão

1. As entidades gestoras devem elaborar um regulamento de gestão de cada fundo.

2. O regulamento deve conter elementos identificadores do fundo, da entidade gestora e do depositário e ainda definir de forma clara os direitos e obrigações dos participantes, da entidade gestora e do depositário, a política de investimentos do fundo e as condições da sua liquidação.

3. O regulamento deve indicar, nomeadamente:

a) A denominação do fundo, que deve conter a expressão «Fundo de Investimento Imobiliário» ou a abreviatura «F. I. Imobiliário» e não pode estar em desacordo com a natureza e a política de investimentos e de distribuição daquele;

b) A duração do fundo;

c) A denominação e a sede da entidade gestora;

d) A denominação e a sede do depositário;

e) As entidades que, além do depositário, são encarregadas da comercialização das unidades de participação;

f) A política de investimento do fundo, de forma a identificar o seu objectivo, o nível de especialização, se existir, em termos, designadamente, sectoriais e geográficos, e os limites de endividamento;

g) O valor, o modo de cálculo e as condições de cobrança das comissões referidas no n.° 1 do artigo 17.°;

h) A forma de determinação dos preços de emissão e de resgate das unidades de participação;

i) O prazo ou o período em que terá de verificar-se o resgate das unidades de participação;

j) As condições para a suspensão das operações de emissão e de resgate das unidades de participação;

l) A política de distribuição dos rendimentos do fundo, definida objectivamente, por forma, em especial, a verificar se se trata de um fundo de acumulação ou de um fundo com distribuição, total ou parcial, dos resultados, e, neste caso, quais os critérios dessa distribuição, ou ainda de um fundo em que a política de distribuição seja anualmente definida pela entidade gestora;

m) Todos os encargos que, além da comissão de gestão e depósito, devam ser suportados pelo fundo, nomeadamente as despesas relativas às compras, vendas e arrendamento de valores por conta dos fundos;

n) O número mínimo de unidades de participação que poderá ser exigido em cada subscrição;

o) Outros elementos que venham a ser exigidos pela Comissão do Mercado de Valores Mobiliários.

4. No caso de fundos de investimento imobiliário fechados, o regulamento de gestão deve ainda indicar o valor do capital, o número de unidades de participação e a eventual solicitação da sua admissão à cotação em bolsa de valores.

5. As alterações ao regulamento de gestão estão sujeitas a autorização da Comissão do Mercado de Valores Mobiliários, com parecer favorável do Banco de Portugal, devendo considerar-se tacitamente autorizadas se a Comissão do Mercado de Valores Mobiliários não notificar a entidade gestora da sua decisão no prazo de 30 dias a contar da recepção do pedido de alteração.

6. A alteração do regulamento de gestão que respeite apenas à denominação ou sede da entidade gestora, do depositário ou das entidades colocadoras efectuar-se-á mediante mera comunicação à Comissão do Mercado de Valores Mobiliários e ao Banco de Portugal.

7. O regulamento de gestão do fundo, bem como as suas alterações, será sempre publicado no boletim de cotações de uma das bolsas.

8. As alterações ao regulamento de gestão de que resulte um aumento das comissões a pagar pelos participantes ou pelo fundo, ou uma alteração à política de investimentos, entrarão em vigor 90 dias após a sua publicação no boletim de cotações de uma das bolsas de valores e num jornal de grande circulação no País.

Artigo 20.°
Domicílio

Consideram-se domiciliados em Portugal os fundos administrados por entidade gestora cuja sede esteja situada em território português.

Artigo 21.º
Limites às aplicações em valores mobiliários emitidos por uma mesma entidade

1. Não podem fazer parte de um fundo de investimento imobiliário:
a) Mais de 10% das obrigações emitidas por uma mesma entidade;
b) Mais de 10% das obrigações hipotecárias emitidas por uma mesma entidade;
c) Mais de 10% dos títulos de participação emitidos por uma mesma entidade;
d) Mais de 10% das unidades de participação emitidas por um mesmo fundo de investimento.

2. O disposto no número anterior não se aplica nos casos de:
a) Valores mobiliários emitidos ou garantidos por um Estado membro da União Europeia;
b) Valores mobiliários emitidos ou garantidos por um Estado que não seja membro da União Europeia, desde que o investimento nessa espécie de valores seja expressamente indicado no regulamento de gestão do fundo;
c) Valores mobiliários emitidos por organismos internacionais de carácter público a que pertençam um ou vários Estados membros da União Europeia.

Artigo 22.º
Operações proibidas ou condicionadas

1. Não podem ser adquiridos para os fundos os seguintes valores, imobiliários ou mobiliários:
a) Unidades de participação de um fundo gerido pela mesma entidade gestora ou por qualquer outra entidade gestora a que aquela esteja ligada por uma relação de domínio ou de grupo;
b) Valores objecto de garantias reais, penhora ou procedimentos cautelares;
c) Valores detidos ou emitidos pela entidade gestora;
d) Valores detidos ou emitidos por entidades que, directa ou indirectamente, participem em 10% ou mais do capital da entidade gestora;
e) Valores detidos ou emitidos por entidades cujo capital social seja pertencente, em percentagem igual ou superior a 20%, à entidade gestora ou a uma sociedade que, directa ou indirectamente, domine a entidade gestora, ou por entidades dominadas, directa ou indirectamente, pela entidade gestora;
f) Valores detidos ou emitidos por entidades que sejam membros do órgão de administração ou de direcção ou do conselho geral da entidade gestora ou de sociedade que a domine directa ou indirectamente;
g) Valores detidos ou emitidos por entidades cujo capital social seja pertencente, em percentagem igual ou superior a 20%, a um ou mais membros do órgão de administração ou de direcção ou do conselho geral da entidade gestora ou de sociedade que a domine directa ou indirectamente;
h) Valores detidos ou emitidos por sociedades de cujos órgãos de administração ou de direcção ou de cujo conselho geral façam parte um ou mais administradores ou directores ou membros do conselho geral da entidade gestora;
i) Valores colocados no mercado, em cumprimento de contrato de colocação, pela entidade gestora, pelo depositário e por entidades que, directa ou indirectamente, participem em 10% ou mais do capital social da entidade gestora, salvo tratando-se de emissões

de valores mobiliários referidos no n.° 2 do artigo 21.° ou de emissões de obrigações de empresas com valores cotados em bolsa que tenham sido objecto de avaliação por uma empresa de *rating* nos termos referidos no n.° 1 do artigo 5.°;

j) Prédios ou as suas fracções autónomas em regime de compropriedade.

2. As relações de participação indirecta e de domínio previstas no número anterior só são relevantes desde que sejam, ou razoavelmente devessem ser, do conhecimento da entidade gestora.

3. A venda ou arrendamento de bens do fundo às entidades referidas nas alíneas *c)* a *h)* do n.° 1 depende de autorização prévia da Comissão do Mercado de Valores Mobiliários, a requerimento, devidamente justificado, da entidade gestora.

Artigo 23.°
Situações excepcionais

Os limites previstos no presente diploma só podem ser ultrapassados em resultado do exercício de direitos de subscrição inerentes a valores mobiliários que integrem o fundo, ou em casos alheios à vontade da respectiva entidade gestora, devendo esta, em tais circunstâncias, ter por objectivo prioritário a regularização da situação, que deverá ocorrer no prazo de seis meses, salvo se a tal se opuser o interesse dos participantes.

Artigo 24.°
Transacções efectuadas fora de bolsa

1. As operações sobre valores mobiliários cotados numa bolsa de valores, realizadas por conta dos fundos, só podem ser efectuadas fora de bolsa nos casos em que resulte uma inequívoca vantagem para os mesmos, designadamente quando os preços de compra ou de venda sejam mais favoráveis do que os valores da respectiva cotação.

2. As transacções referidas no número anterior são anuláveis caso não sejam comunicadas à Comissão do Mercado de Valores Mobiliários no prazo de três dias após a sua concretização.

Artigo 25.°
Cobertura de riscos

1. Nas condições e limites a definir em regulamento da Comissão do Mercado de Valores Mobiliários, os fundos podem recorrer a técnicas e a instrumentos de cobertura de riscos que tenham por objecto valores mobiliários, com vista a uma gestão adequada do seu património.

2. Nas condições a definir nos termos do número anterior, os fundos podem ainda recorrer a técnicas e a instrumentos destinados à cobertura de riscos de câmbio.

3. Os fundos devem deter activos que se possa razoavelmente prever sejam suficientes para assegurar o cumprimento de quaisquer obrigações efectivas ou potenciais resultantes das operações referidas nos números anteriores.

Artigo 26.°
Liquidação e partilha

1. Os participantes em fundos imobiliários abertos não podem exigir a respectiva liquidação ou partilha.

2. Os participantes em fundos imobiliários fechados podem exigir a respectiva liquidação, desde que tal possibilidade esteja prevista no regulamento de gestão, ou quando, prevendo este a admissão à cotação em bolsa de valores das respectivas unidades de participação, ela se não verifique no prazo de 12 meses a contar da constituição do fundo.

3. A liquidação dos fundos de investimento imobiliário só pode realizar-se nas condições previstas no regulamento de gestão, sendo obrigatória a publicação do respectivo aviso, com 60 dias de antecedência, em dois jornais de grande circulação, um de Lisboa e outro do Porto, e no boletim de cotações de uma bolsa de valores.

4. Nos casos previstos no n.º 2, não será necessário observar o prazo estabelecido no número anterior, se a decisão de liquidação for tomada por unanimidade e com a intervenção de todos os participantes no fundo.

5. Quando, em virtude, designadamente, da reiterada violação do regulamento de gestão ou da inobservância por períodos prolongados dos limites mínimos estabelecidos no n.º 8 do artigo 18.º, o interesse dos participantes o imponha, poderá ser ordenada a liquidação compulsiva do fundo, por decisão da Comissão do Mercado de Valores Mobiliários, ouvido o Banco de Portugal.

6. A notificação da decisão referida no número anterior determina a imediata suspensão das operações de subscrição e de resgate e o início do procedimento de liquidação, que deverá ser efectuada pela entidade gestora em colaboração com o depositário no prazo fixado para o efeito pela Comissão do Mercado de Valores Mobiliários, que poderá prorrogá-lo, em casos excepcionais.

7. No termo do prazo referido no número anterior, a entidade gestora deverá submeter à aprovação da Comissão do Mercado de Valores Mobiliários as contas de liquidação.

Artigo 27.º
Rendibilidade

A Comissão do Mercado de Valores Mobiliários, ouvido o Banco de Portugal, regulará os termos e condições em que as entidades gestoras podem tornar públicos, sob qualquer forma, as medidas ou índices de rendibilidade e risco dos fundos de investimento e as regras a que obedecerá o cálculo dessas medidas ou índices.

SECÇÃO II
Dos fundos de investimento imobiliário fechados

Artigo 28.º
Emissão e subscrição de unidades de participação

1. Só podem ser emitidas e subscritas o número de unidades de participação fixadas no regulamento de gestão, sem prejuízo do disposto no número seguinte.

2. Mediante autorização prévia da Comissão do Mercado de Valores Mobiliários, poderão ser permitidos aumentos ou reduções de capital de fundos imobiliários fechados, desde que essa possibilidade se encontre prevista no regulamento de gestão.

3. A subscrição de unidades de participação de fundos imobiliários fechados pode ser pública ou particular, aplicando-se-lhe o disposto no título II do Código do Mercado dos Valores Mobiliários, com as seguintes adaptações:

a) O registo da emissão é oficiosamente concedido pela Comissão do Mercado de

Valores Mobiliários com a aprovação do prospecto da emissão relativamente aos fundos autorizados nos termos do presente diploma;

b) Consideram-se feitas à entidade gestora as referências à entidade emitente e como feitas ao depositário as referências ao intermediário financeiro;

c) No caso da existência de consórcio de colocação, o depositário do fundo será obrigatoriamente o respectivo líder.

Artigo 29.°
Cotação em bolsa

As unidades de participação dos fundos imobiliários fechados podem, nos termos da lei, ser objecto de cotação oficial em bolsa de valores, após a integral colocação das unidades de participação.

SECÇÃO III
Das unidades de participação
Artigo 30.°
Forma

1. As unidades de participação são valores mobiliários e podem ser representadas por certificados de uma ou mais unidades ou adoptar a forma escritural.

2. O registo e controlo das unidades de participação sob forma escritural não negociadas em bolsa rege-se pelo regime geral dos valores mobiliários escriturais, que poderá, para o efeito, ser regulamentado por portaria do Ministro das Finanças.

3. As unidades de participação de um fundo não podem ser emitidas sem que a importância correspondente ao preço de emissão seja efectivamente integrada no activo do fundo.

4. A entidade gestora pode converter em escriturais as unidades de participação já emitidas sob a forma de certificados, com observância do regime aplicável do Código do Mercado de Valores Mobiliários.

Artigo 31.°
Subscrição e comercialização

1. As unidades de participação são subscritas nos balcões do depositário, em estabelecimento da sociedade gestora ou através de entidades colocadoras previamente autorizadas pela Comissão do Mercado de Valores Mobiliários, ouvido o Banco de Portugal.

2. O boletim de subscrição deverá conter a reprodução integral do regulamento de gestão e será preenchido em duplicado, devendo um exemplar ser entregue ao participante.

3. As entidades colocadoras referidas no n.° 1 exercem essa actividade por conta da entidade gestora e de acordo com o contrato celebrado com a mesma entidade, cujos termos, incluindo a indicação dos serviços relacionados com a subscrição que se comprometam a prestar e a correspondente remuneração, devem ser submetidos à aprovação da Comissão do Mercado de Valores Mobiliários.

4. No exercício da sua actividade as entidades colocadoras ficam sujeitas às normas que regem a execução das mesmas operações pelos depositários, respondendo solidaria-

mente a entidade gestora perante os participantes pelos prejuízos causados pelos actos e omissões daquelas entidades.

5. A subscrição de unidades de participação implica a aceitação do regulamento de gestão e confere à entidade gestora os poderes necessários para realizar os actos de administração do fundo.

6. O regulamento de gestão determinará se a subscrição se faz pelo último valor da unidade de participação conhecido e divulgado na data da subscrição ou pelo valor calculado na primeira avaliação subsequente.

Artigo 32.º
Resgate

1. Os participantes podem exigir o resgate das unidades de participação dos fundos abertos que possuam, mediante solicitação dirigida ao depositário, devendo o reembolso ser efectuado até ao termo do prazo ou do período estabelecido no regulamento de gestão.

2. O regulamento de gestão poderá estabelecer uma periodicidade, não superior a um ano, para o reembolso das unidades de participação apresentadas para resgate.

3. Tratando-se de fundos fechados, as unidades de participação só são reembolsáveis aquando da sua liquidação.

4. O valor da unidade de participação, calculado nos termos do artigo seguinte, deverá, para efeitos de resgate, corresponder ao último valor conhecido e divulgado na data do respectivo pedido ou na data a que este se refere, salvo se o regulamento de gestão determinar que esse valor seja o da primeira avaliação subsequente ou o da data do reembolso.

5. Nas instalações onde se proceder à subscrição das unidades de participação deve ser dada publicidade ao prazo ou período de resgate, em lugar bem visível.

Artigo 33.º
Cálculo do valor

1. O valor da unidade de participação é calculado diariamente, excepto aos sábados, domingos e feriados, e determina-se dividindo o valor líquido global do fundo pelo número de unidades de participação em circulação.

2. O regulamento determinará o momento do dia a que se reporta o cálculo do valor.

3. Para os efeitos do n.º 1, o valor de um imóvel é o seu valor venal, determinado de acordo com o melhor preço que poderia ser obtido se fosse vendido, em condições normais de mercado, no momento da avaliação.

4. Os valores mobiliários em carteira devem ser avaliados ao seu valor de mercado, de acordo com as seguintes regras:

a) Havendo uma única cotação, pela última cotação efectuada nos últimos 90 dias;

b) Sendo cotados em mais de uma bolsa, pelo mais baixo dos valores de cotação;

c) Sendo apenas cotados em bolsas estrangeiras, as cotações referidas nas alíneas anteriores serão as verificadas na bolsa onde foram adquiridos.

5. Na falta de valores de cotação, a avaliação é efectuada de acordo com princípios de prudência, não devendo exceder o mais baixo dos seguintes valores:

a) Valor contabilístico apurado segundo o último balanço aprovado, preço de emissão ou preço de aquisição, tratando-se de acções;

b) Valor nominal ou valor de aquisição, tratando-se de obrigações e títulos de participação;

c) Último valor de resgate divulgado, tratando-se de unidades de participação em fundos de investimento.

6. Em casos excepcionais, os valores máximos indicados nas alíneas do número anterior podem ser excedidos, devendo tais situações ser de imediato comunicadas, de modo fundamentado, à Comissão do Mercado de Valores Mobiliários.

7. Enquanto durar o período de subscrição, o valor das unidades de participação dos fundos, abertos ou fechados, deve ser diariamente publicado no boletim de cotações de uma das bolsas de valores, no dia seguinte ao do seu apuramento.

8. O valor das unidades de participação dos fundos fechados totalmente subscritos deve ser publicado mensalmente, com referência ao último dia de cada mês, excepto se existir uma variação superior a 3% em relação à última publicação, caso em que o novo valor será objecto de publicação no dia útil imediatamente posterior àquele em que essa variação se verificou.

Artigo 34.°
Avaliação de imóveis

1. As aquisições de bens imóveis para os fundos imobiliários e as respectivas alienações devem ser precedidas dos pareceres de, pelo menos, dois peritos independentes, nomeados de comum acordo entre a entidade gestora e o depositário.

2. Os imóveis devem ser avaliados, nos termos do número anterior, com uma periodicidade mínima anual e sempre que ocorra uma alteração significativa do seu valor, não podendo o valor considerado ser superior ao mais elevado das avaliações periciais.

3. Está ainda sujeita à avaliação de peritos, nos termos do n.° 1, a execução de projectos de construção, de forma a assegurar que o investimento não ultrapasse o valor venal dos imóveis a construir.

4. A Comissão do Mercado de Valores Mobiliários poderá fixar regras técnicas sobre a idoneidade de peritos e critérios de avaliação.

Artigo 35.°
Suspensão da emissão e do resgate dos fundos abertos

1. Quando os pedidos de resgate de unidades de participação excederem os de subscrição, num só dia, em 5% do valor global do fundo ou, num período não superior a cinco dias seguidos, em 10% do mesmo valor, a entidade gestora poderá mandar suspender as operações de resgate.

2. A entidade gestora deve mandar suspender as operações de resgate ou de emissão quando, apesar de não se verificarem as circunstâncias previstas no número anterior, os interesses dos participantes o aconselhem.

3. Decidida a suspensão, a entidade gestora deve promover a afixação, nos balcões do depositário e em todos os outros locais de comercialização das unidades de participação do fundo, em local bem visível, de um aviso destinado a informar o público sobre a situação de suspensão e, logo que possível, a sua duração.

4. A suspensão do resgate não determina a suspensão simultânea da subscrição, mas a subscrição de unidades de participação só pode efectuar-se mediante declaração escrita do participante de que tomou prévio conhecimento da suspensão do resgate.

5. As suspensões previstas nos n.os 1 e 2 e as razões que as determinarem devem ser imediatamente comunicadas pela entidade gestora à Comissão do Mercado de Valores Mobiliários e ao Banco de Portugal, devendo a Comissão do Mercado de Valores Mobiliários fixar um prazo máximo para a suspensão, que deverá ser comunicado de imediato ao Banco de Portugal.

6. Sem prejuízo do disposto nos n.os 7 e 8, a suspensão do resgate não abrange os pedidos que tenham sido apresentados até ao fim do dia anterior ao do envio da comunicação à Comissão do Mercado de Valores Mobiliários.

7. A Comissão do Mercado de Valores Mobiliários, por sua iniciativa ou a solicitação da entidade gestora, pode, quando ocorram circunstâncias excepcionais susceptíveis de perturbarem o normal funcionamento das operações inerentes ao funcionamento do fundo ou de porem em risco os legítimos interesses dos investidores, determinar, ouvido o Banco de Portugal, a suspensão da emissão ou do resgate das respectivas unidades de participação.

8. A suspensão do resgate determinada nos termos do número anterior tem efeitos imediatos, aplicando-se a todos os pedidos de resgate que no momento da notificação da Comissão do Mercado de Valores Mobiliários não tenham sido satisfeitos.

9. O disposto no n.º 4 aplica-se, com as necessárias adaptações, à suspensão determinada pela Comissão do Mercado de Valores Mobiliários, nos termos dos números anteriores.

SECÇÃO IV
Da informação, das contas e da supervisão

Artigo 36.º
Prospecto

1. A entidade gestora deve elaborar e manter actualizado, nos seus aspectos essenciais e relativamente a cada fundo, um prospecto informativo, a colocar à disposição dos interessados nas suas instalações e nas do depositário, bem como nas de outras entidades referidas no n.º 1 do artigo 31.º

2. O prospecto deve conter as informações necessárias para que os participantes possam formular um juízo fundamentado sobre o investimento que lhes é proposto, devendo ser oferecido aos subscritores previamente à subscrição.

3. O prospecto incluirá, pelo menos, os elementos constantes do anexo A do presente diploma, salvo se tais elementos já constarem do regulamento de gestão.

4. O prospecto e as alterações que lhe forem introduzidas estão sujeitos a aprovação prévia da Comissão do Mercado de Valores Mobiliários, considerando-se aprovados se a Comissão do Mercado de Valores Mobiliários não se lhes opuser no prazo de 15 dias úteis a contar da data da sua recepção.

5. Todas as acções publicitárias relativas a um fundo devem conter informação sobre a existência do prospecto a que se refere este artigo e os locais onde pode ser obtido.

Artigo 37.º
Contas dos fundos

1. As contas dos fundos são encerradas anualmente com referência a 31 de Dezembro e submetidas a certificação legal por revisor oficial de contas que não integre o conse-

lho fiscal da entidade gestora, devendo o revisor pronunciar-se sobre a avaliação efectuada pela entidade gestora dos valores do fundo.

2. Nos quatro meses seguintes à data referida no número anterior, as entidades gestoras devem publicar o balanço e a demonstração de resultados de cada fundo, acompanhados de um relatório e do parecer da entidade fiscalizadora do fundo.

3. O relatório referido no número anterior conterá uma descrição das actividades do respectivo exercício e as informações previstas no anexo B do presente diploma, bem como outras informações relevantes e que permitam aos participantes formar um juízo fundamentado sobre a evolução da actividade e dos resultados dos fundos.

4. O relatório referido no n.º 2 deve conter ainda as listas que poderão ser consultadas pelos interessados nos locais onde se efectue a subscrição e o reembolso de unidades de participação, com informação detalhada, nomeadamente sobre os rendimentos e as despesas de cada imóvel, sobre as operações previstas no n.º 3 do artigo 22.º e sobre a situação financeira das sociedades imobiliárias participadas.

5. Nos dois meses a contar do fim do período a que respeite, as entidades gestoras devem igualmente publicar um relatório semestral, que abrangerá os seis primeiros meses do exercício e conterá as informações indicadas no anexo B.

6. Os relatórios anual e semestral acima referidos devem estar à disposição do público nos locais indicados no n.º 1 do artigo anterior, sendo enviados sem encargos aos participantes que o requeiram.

Artigo 38.º
Organização da contabilidade e prestação de informações

1. A contabilidade dos fundos é organizada de harmonia com as regras técnicas emitidas pela Comissão do Mercado de Valores Mobiliários.

2. As entidades gestoras devem publicar trimestralmente, com referência ao último dia do mês imediatamente anterior, num dos boletins de cotações das bolsas de valores, a composição discriminada das aplicações de cada fundo, o respectivo valor líquido global e o número de unidades de participação em circulação, nos termos definidos pela Comissão do Mercado de Valores Mobiliários.

3. As entidades gestoras são obrigadas a enviar, no prazo de três dias após a respectiva publicação, à Comissão do Mercado de Valores Mobiliários e ao Banco de Portugal todos os elementos indicados no número anterior, bem como o prospecto e os documentos referidos nos n.ºs 2 e 5 do artigo anterior e ainda os balancetes mensais e quaisquer elementos de informação relativos à sua situação, à dos fundos que administrem e às operações realizadas, que as autoridades competentes lhes solicitem.

Artigo 39.º
Supervisão

Compete à Comissão do Mercado de Valores Mobiliários a fiscalização do disposto no presente diploma.

SECÇÃO V
**Da comercialização em Portugal de unidades de participação
em instituições de investimento colectivo em valores imobiliários,
com sede ou que sejam administradas por entidades com sede no estrangeiro**

Artigo 40.º
**Comercialização em Portugal de unidades de participação
de fundos de investimento domiciliados ou com sede no estrangeiro**

1. A comercialização em Portugal das participações em instituições de investimento colectivo em valores imobiliários com sede ou que sejam administrados por entidade gestora com sede no estrangeiro está sujeita a autorização do Ministro das Finanças, mediante parecer da Comissão do Mercado de Valores Mobiliários.

2. A autorização só será concedida se as instituições de investimento colectivo referidas no número anterior e o modo previsto para a comercialização das respectivas unidades de participação conferirem aos participantes condições de segurança e protecção análogas às dos fundos domiciliados em Portugal.

Artigo 41.º
Publicidade e identificação

As instituições de investimento colectivo podem fazer publicidade da comercialização das respectivas participações em território português, com observância das disposições nacionais sobre publicidade.

Artigo 42.º
Língua

As instituições de investimento colectivo abrangidas por esta secção devem difundir, em língua portuguesa, nas modalidades aplicáveis aos fundos de investimento imobiliário domiciliados em Portugal, os documentos e as informações que devam ser publicitados no Estado de origem.

CAPÍTULO III
Disposições transitórias e finais

Artigo 43.º
Disposição transitória

1. Salvo o disposto nos números seguintes, os fundos de investimento constituídos até à data da entrada em vigor do presente diploma devem adequar-se ao novo regime no prazo de um ano.

2. Aos fundos que à data da entrada em vigor do presente diploma disponham de mais de um depositário não se aplica o disposto no n.º 1 do artigo 13.º

3. O disposto na alínea *a*) do n.º 3 do artigo 19.º não se aplica aos fundos já constituídos à data da entrada em vigor do presente diploma.

4. Os fundos cujo depositário seja a entidade gestora devem ser adaptados ao disposto no n.° 1 do artigo 15.° no prazo de dois anos, sem prejuízo do disposto no número seguinte.

5. Em casos excepcionais, devidamente justificados, a Comissão do Mercado de Valores Mobiliários poderá prorrogar os prazos fixados nos n.ºs 1 e 3, mediante requerimento subscrito pela entidade gestora, apresentado antes de se terem esgotado os mesmos prazos.

6. Regem-se pelo disposto no presente diploma os pedidos de constituição de fundos de investimento imobiliário sobre os quais ainda não tenha recaído decisão na data da sua entrada em vigor.

Visto e aprovado em Conselho de Ministros de 24 de Agosto de 1995. – *Aníbal António Cavaco Silva – Eduardo de Almeida Catroga.*

Promulgado em 5 de Outubro de 1995.

Publique-se.

O Presidente da República, MÁRIO SOARES.

Referendado em 10 de Outubro de 1995.

O Primeiro-Ministro, Aníbal António Cavaco Silva.

ANEXO A

I – Informações relativas ao fundo
1 – Denominação.
2 – Data de constituição.
3 – Indicação do local onde podem ser obtidos o regulamento de gestão e os relatórios periódicos.
4 – Indicações sobre o regime fiscal aplicável e da existência ou não de retenção na fonte sobre as mais-valias e os rendimentos distribuídos aos participantes.
5 – Data de encerramento das contas e frequência dos rendimentos distribuídos, se for caso disso.
6 – Indicação das pessoas encarregadas do exame a que se refere o n.° 1 do artigo 38.°
7 – Indicação das bolsas de valores ou dos mercados onde as unidades de participação se encontram admitidas à negociação, se for caso disso.
8 – Descrição das regras de determinação dos resultados e da sua afectação.
9 – Descrição dos objectivos de investimento do fundo, da política de investimentos e dos seus limites e da política a ser seguida no domínio da contracção de empréstimos.
10 – Regras de valorimetria.
11 – Modo de determinação do valor da unidade de participação, do seu preço de emissão e de reembolso, em particular:
Indicação dos custos relativos às operações de venda, emissão e reembolso das unidades de participação;
Indicação dos locais em que este valor é publicado, bem como da publicação.
12 – Identificação dos consultores de investimento externos, se for caso disso, e identificação dos elementos essenciais do respectivo contrato de prestação de serviços que possam interessar aos participantes.
13 – Informações sobre o modo e o local dos pagamentos devidos aos participantes, por efeito da distribuição de rendimentos ou do reembolso de unidades.

II – Informações relativas à entidade gestora
1 – Denominação, forma jurídica e sede social.
2 – Data de constituição e duração, se esta for limitada.
3 – Indicação de outros fundos geridos pela entidade gestora, se for caso disso.
4 – Identificação, com indicação dos respectivos cargos, dos membros dos órgãos sociais e menção das principais actividades exercidas por essas pessoas fora da entidade gestora, desde que sejam significativas e possam, de algum modo, interferir na actividade desta.
5 – Identificação dos accionistas com participação igual ou superior a 10% no capital da entidade gestora;
6 – Capital subscrito e capital realizado.

ANEXO B

Informações a inserir nos relatórios periódicos
1 – Número de unidades de participação emitidas, resgatadas e em circulação no período em referência.
2 – Quadro comparativo do valor da unidade de participação, referente ao final de cada um dos três últimos períodos (semestre ou exercício).
3 – Inventário da carteira, com repartição pelas seguintes categorias:
   3.1 – Valores mobiliários desagregados por categorias;
   3.2 – Valores imobiliários desagregados por terrenos e construções acabadas e em curso, indicando para cada um deles os custos de aquisição e os valores de avaliação;
   3.3 – Participações nas sociedades referidas na alínea *b*) do n.º 1 do artigo 4.º;
   3.4 – Outros valores ventilados de acordo com os critérios mais adequados, tendo em conta a política de aplicações do fundo.
4 – Listagem das transacções efectuadas de valores imobiliários, com indicação dos respectivos montantes.
5 – Indicação dos rendimentos distribuídos e reinvestidos.
6 – Indicação dos movimentos ocorridos na conta «Unidades de participação».
7 – Explicitação das mais e menos-valias potenciais.
8 – Informações sobre outras situações relevantes que possam afectar o património do fundo.
9 – Mapa comparativo referente ao final de cada um dos três últimos períodos (semestre ou exercício, conforme os casos), indicando:
   Valor global do fundo;
   Valor por unidade de participação.
10 – Indicação, se for caso disso, das operações realizadas, nas condições previstas no artigo 25.º

DECRETO-LEI N.° 276/94

de 2 de Novembro

O presente diploma transpõe para a ordem jurídica interna a Directiva do Conselho n.° 85/611/CEE, de 20 de Dezembro de 1985, relativa a alguns dos chamados organismos de investimento colectivo em valores mobiliários (OICVM), e, do mesmo passo, reformula o regime jurídico dos fundos de investimento mobiliário constituídos em Portugal.

O diploma respeita a parte imperativa do referido instrumento de direito comunitário e utiliza as opções reservadas aos Estados membros que pareceram mais adequadas às nossas realidades e à nossa tradição no domínio em apreço.

Assim, o presente diploma não acolheu, designadamente, a forma societária de OICVM – implantada em França com a designação genérica de SICAV – e não se afastou, na medida do que foi possível e do que se considerou justificado, do quadro regulamentar vigente, que, de um modo geral, tem mostrado conter virtualidades para servir com eficiência e com um grau de prudência razoável os objectivos de todas as partes interessadas.

Na estrutura do diploma, o regime dos fundos de investimento mobiliário abertos corresponde ao modelo fixado pela directiva. Só esta modalidade de fundos de investimento preenche, assim, os requisitos na mesma estabelecidos para o reconhecimento mútuo pelos Estados membros da Comunidade, passando a beneficiar de uma liberdade praticamente automática e sem restrições em todo o espaço comunitário.

De idêntica liberdade passam a beneficiar as entidades de investimento colectivo com sede, ou cuja sociedade gestora tenha sede, num Estado membro da Comunidade e que, de acordo com a legislação nacional que lhes é aplicável, preencham os requisitos de harmonização exigidos pela directiva.

A par dos fundos de investimento abertos que respeitam as regras de harmonização da directiva, a lei admite a existência de fundos não harmonizados que, numa ou em outra das suas características, se afastam daquele padrão normativo e que correspondem ou a situações já existentes ou a novos interesses relevantes do mercado.

Estão no primeiro caso os fundos fechados, já previstos na legislação actual, que se caracterizam por terem número fixo de unidades de participação e não admitirem o resgate destas.

Para além de uma ligeira maior flexibilidade nas regras sobre composição destes fundos, o regime que lhes é aplicável favorece, em vários aspectos, a admissão à cotação em bolsa das suas unidades de participação com o objectivo de lhes conferir uma maior liquidez.

Uma espécie de fundos já com expressão significativa na realidade do mercado, mas que só com a nova lei adquire reconhecimento normativo, é a dos fundos de tesouraria, que, sob esta designação, se caracterizam por uma política de investimentos orientada para activos de elevada liquidez.

Já no que respeita aos fundos de investimento imobiliário, optou-se, dada a sua diferente natureza, que coloca problemas específicos de regime em grande medida diversos dos suscitados pelos fundos mobiliários, pela sua regulamentação em diploma autónomo a publicar em breve, mantendo-se transitoriamente em vigor as disposições por que actualmente se regem.

O presente diploma visa, com base em experiências já ensaiadas noutros países, conferir às aplicações em fundos de investimento uma maior versatilidade e adequação às necessidades dos investidores, num mercado que se caracteriza por uma constante exigência e por um apelo à inovação: os fundos de fundos e os agrupamentos de fundos.

Os primeiros são fundos de investimento abertos que, dentro de certos limites e condições, aplicam os seus recursos, exclusivamente, noutros fundos de investimento abertos.

Os agrupamentos de fundos visam também alargar as possibilidades de investimento em fundos de características diferentes, neste caso não de modo integrado mas sucessivo, só sendo permitidos se conferirem vantagens aos participantes na transferência das suas aplicações de um para outro dos fundos que integram o agrupamento, os quais ficam sujeitos ao regime geral dos fundos abertos, com algumas especialidades decorrentes da sua integração no grupo.

No regime geral dos fundos de investimento deve assinalar-se que foram introduzidas diversas modificações de pormenor que têm sobretudo o propósito de clarificar e precisar certos aspectos do regime até aqui vigente, com base na experiência adquirida na sua aplicação.

Deverá ainda destacar-se neste domínio a exigência agora feita pela lei de um mínimo de dispersão das unidades de participação - traduzida na imposição do número mínimo de 30 participantes - de acordo com a concepção dos fundos de investimento como instrumentos de captação da poupança oferecidos ao público.

Em matéria de supervisão consegue-se uma solução que procura alcançar uma repartição de competências entre o Banco de Portugal e a Comissão do Mercado de Valores Mobiliários de acordo com a natureza das atribuições de cada uma destas instituições e evitar, na medida do possível, duplicações desnecessárias de controlo.

Assim:

Nos termos da alínea a) do n.º 1 do artigo 201.º da Constituição, o Governo decreta o seguinte:

CAPÍTULO I
Das instituições de investimento colectivo

SECÇÃO I
Disposições gerais

Artigo 1.º
Objecto do diploma

1. A constituição e o funcionamento de instituições de investimento colectivo, bem como a comercialização das respectivas unidades de participação, obedecem às normas do presente diploma.

2. Regem-se por legislação especial os fundos de investimento imobiliário, os fundos criados no âmbito do Decreto-Lei n.º 234/91, de 27 de Junho, os fundos de capital de

risco, os fundos de reestruturação e internacionalização empresarial e os fundos de gestão de património imobiliário, bem como as suas sociedades gestoras.

Artigo 2.º
Instituições de investimento colectivo

São instituições de investimento colectivo aquelas que, dotadas ou não de personalidade jurídica, têm por fim exclusivo o investimento de capitais recebidos do público em carteiras diversificadas de valores mobiliários ou outros valores equiparados, segundo um princípio de divisão de riscos.

Artigo 3.º
Fundos de investimento

1. Os fundos de investimento mobiliário, adiante designados apenas por fundos de investimento, são instituições de investimento colectivo.
2. Os fundos de investimento constituem patrimónios autónomos, pertencentes, no regime especial de comunhão regulada pelo presente diploma, a uma pluralidade de pessoas singulares ou colectivas, designadas por participantes, que não respondem, em caso algum, pelas dívidas destes ou das entidades que, nos termos da lei, asseguram a sua gestão.
3. Os fundos são divididos em partes, de características idênticas e sem valor nominal, designadas por unidades de participação.

Artigo 4.º
Espécies de fundos

1. Os fundos de investimento podem ser abertos ou fechados.
2. São abertos os fundos cujas unidades de participação são em número variável.
3. São fechados os fundos cujas unidades de participação são em número fixo.
4. Podem existir, como modalidades especiais de fundos abertos, fundos de tesouraria e fundos de fundos.

SECÇÃO II
Das entidades gestoras e dos depositários

Artigo 5.º
Administração dos fundos

1. A administração dos fundos de investimento deve ser exercida por uma sociedade gestora de fundos de investimento.
2. A administração de fundos de investimento fechados pode ainda ser exercida por alguma das instituições de crédito referidas nas alíneas *a*) a *f*) do artigo 3.º do Regime Geral das Instituições de Crédito e Sociedades Financeiras, aprovado pelo Decreto-Lei n.º 298/92, de 31 de Dezembro, que disponham de fundos próprios não inferiores a 1,5 milhões de contos.
3. As sociedades gestoras de fundos de investimento devem ter a sua sede e a sua administração em Portugal.

Artigo 6.º
Entidades gestoras

1. As sociedades gestoras de fundos de investimento devem ter por objecto exclusivo a administração, em representação dos participantes, de um ou mais fundos de investimento mobiliário.

2. Uma mesma sociedade gestora não pode administrar simultaneamente fundos de investimento mobiliário e fundos de investimento imobiliário.

3. As entidades gestoras não podem transferir global ou parcialmente para terceiros os poderes de administração dos fundos que lhe são conferidos pela lei, sem prejuízo da possibilidade de recorrerem a serviços de terceiros que se mostrem convenientes para o exercício da sua actividade, designadamente os de prestação de conselhos especializados sobre investimentos e de execução, sob sua orientação e responsabilidade, das operações que não estejam reservadas pela lei aos depositários.

4. Em casos excepcionais pode a Comissão do Mercado de Valores Mobiliários, a requerimento da entidade gestora, ouvido o Banco de Portugal e obtido o acordo do depositário, autorizar a substituição da entidade gestora, devendo esta comunicar aos participantes, individualmente, o teor da autorização e publicá-la em boletim de cotações de uma bolsa de valores e num jornal diário de grande circulação com a antecedência de 30 dias sobre a data em que a substituição produzirá os seus efeitos.

5. Para efeitos do número anterior, no caso de fundos de investimento fechados, a autorização da Comissão do Mercado de Valores Mobiliários é precedida apenas das publicações previstas no número anterior, nas quais se conterá um convite aos participantes para, num prazo não inferior a 30 dias, se pronunciarem perante a Comissão do Mercado de Valores Mobiliários sobre a substituição, que não será autorizada se a esta se opuserem os participantes que sejam titulares de pelo menos um terço das unidades de participação.

Artigo 7.º
Constituição

1. As sociedades gestoras de fundos de investimento devem adoptar a forma de sociedade anónima, sendo o respectivo capital social obrigatoriamente representado por acções nominativas ou ao portador registadas.

2. É vedado aos membros dos órgãos de administração das sociedades gestoras e às pessoas que com as mesmas mantiverem contrato de trabalho exercer quaisquer funções noutras sociedades gestoras.

Artigo 8.º
Funções das entidades gestoras

As entidades gestoras actuam por conta dos participantes e no interesse exclusivo destes, competindo-lhes, em geral, a prática de todos os actos e operações necessários ou convenientes à boa administração do fundo, de acordo com critérios de elevada diligência e competência profissional, e em especial:

a) Adquirir e alienar quaisquer valores e exercer os direitos directa ou indirectamente relacionados com os bens do fundo;

b) Emitir, em ligação com o depositário, as unidades de participação e autorizar o seu reembolso;

c) Determinar o valor das unidades de participação;
d) Seleccionar os valores que devem constituir o fundo, de acordo com a política de investimentos prevista no respectivo regulamento de gestão, e efectuar ou dar instruções ao depositário para que este efectue as operações adequadas à execução dessa política;
e) Manter em ordem a escrita do fundo;
f) Dar cumprimento aos deveres de informação estabelecidos por lei ou pelo regulamento de gestão.

Artigo 9.º
Fundos próprios

Os fundos próprios das sociedades gestoras não podem ser inferiores às seguintes percentagens do valor líquido global dos fundos que administrem:
a) Até 15 milhões de contos – 1%;
b) No excedente – 1‰.

Artigo 10.º
Acesso ao mercado interbancário

As entidades gestoras poderão, no exercício das respectivas funções, ter acesso ao mercado interbancário, nas condições definidas pelo Banco de Portugal.

Artigo 11.º
Operações vedadas

1. Às entidades gestoras é especialmente vedado:
a) Contrair empréstimos por conta própria;
b) Contrair empréstimos por conta dos fundos que administrem, salvo por 120 dias, seguidos ou interpolados, num período de um ano e até ao limite de 10% do valor global do fundo;
c) Onerar por qualquer forma os valores dos fundos, salvo para a obtenção dos empréstimos referidos na alínea anterior;
d) Proceder a operações por conta dos fundos que possam assegurar-lhes, bem como aos depositários ou aos participantes, uma influência notável sobre qualquer sociedade;
e) Adquirir, por conta própria, unidades de participação de fundos de investimento, com excepção de fundos de tesouraria que não sejam por si administrados;
f) Adquirir por conta própria outros valores mobiliários de qualquer natureza, com excepção dos de dívida pública, de títulos de participação e de obrigações de empresas cotadas em bolsa que tenham sido objecto de notação, correspondente pelo menos à notação A ou equivalente, por uma empresa de *rating* registada na Comissão do Mercado de Valores Mobiliários ou internacionalmente reconhecida;
g) Sem prejuízo da alínea anterior, conceder crédito, incluindo prestação de garantias, por conta própria ou por conta dos fundos que administrem;
h) Adquirir, por conta própria, imóveis para além do limite dos seus fundos próprios;
i) Efectuar, por conta própria ou dos fundos, vendas a descoberto sobre valores mobiliários.

2. É permitido às entidades gestoras de fundos fechados que não sejam sociedades gestoras adquirir unidades de participação dos fundos que administrem, até ao limite de 25% do valor global de cada fundo.

3. Às entidades gestoras que sejam instituições de crédito não é aplicável o disposto nas alíneas *a*), *e*), *f*) e *h*) do n.º 1 e, salvo quando actuem por conta dos fundos, o disposto nas alíneas *g*) e *i*) do mesmo número.

Artigo 12.º
Depósito dos valores dos fundos

1. Os valores que constituem o fundo de investimento devem ser confiados a um único depositário.

2. Podem ser depositárias as instituições de crédito referidas nas alíneas *a*) a *f*) do artigo 3.º do Regime Geral das Instituições de Crédito e Sociedades Financeiras que disponham de fundos próprios não inferiores a 1,5 milhões de contos.

3. O depositário deve ter a sua sede em Portugal ou, se tiver sede noutro Estado membro da Comunidade Europeia, deve estar estabelecido em Portugal através de sucursal.

Artigo 13.º
Funções do depositário

1. Compete, designadamente, ao depositário:

a) Receber em depósito ou inscrever em registo os valores do fundo, consoante sejam titulados ou escriturais;

b) Efectuar todas as compras e vendas dos valores do fundo de que a entidade gestora o incumba, as operações de cobrança de juros, dividendos e outros rendimentos por eles produzidos, bem como as operações decorrentes do exercício de outros direitos de natureza patrimonial relativos aos mesmos valores;

c) Receber e satisfazer os pedidos de subscrição e de resgate de unidades de participação;

d) Pagar aos participantes a sua quota-parte nos lucros do fundo;

e) Ter em dia a relação cronológica de todas as operações realizadas e estabelecer mensalmente o inventário discriminado dos valores à sua guarda;

f) Assumir uma função de vigilância e garantir perante os participantes o cumprimento do regulamento de gestão do fundo, especialmente no que se refere à política de investimentos.

2. O depositário deve ainda:

a) Assegurar que a venda, a emissão, o reembolso e a anulação das unidades de participação sejam efectuados de acordo com a lei e o regulamento de gestão;

b) Assegurar que o cálculo do valor das unidades de participação se efectue de acordo com a lei e o regulamento de gestão;

c) Executar as instruções da entidade gestora, salvo se forem contrárias à lei ou ao regulamento de gestão;

d) Assegurar que nas operações relativas aos valores que integram o fundo a contrapartida lhe seja entregue nos prazos conformes à prática do mercado;

e) Assegurar que os rendimentos do fundo sejam aplicados em conformidade com a lei e o regulamento de gestão.

3. O depositário pode subscrever unidades de participação dos fundos relativamente aos quais exerce essas funções, sendo-lhe, no entanto, vedada a aquisição de unidades já emitidas.

4. A substituição do depositário depende de autorização da Comissão do Mercado de Valores Mobiliários, mediante parecer favorável do Banco de Portugal, devendo a autorização ser publicada em boletim de bolsa de valores e num jornal diário de grande circulação com a antecedência de 15 dias sobre a data em que a substituição produzirá os seus efeitos.

Artigo 14.º
Relações entre as entidades gestoras e os depositários

1. As funções de administração de fundos de investimento e as de depositário não podem ser exercidas pela mesma entidade relativamente aos mesmos fundos.

2. As entidades gestoras e os depositários, no exercício das suas funções, devem agir de modo independente e no exclusivo interesse dos participantes.

3. As relações entre as entidades gestoras e os depositários são regidas por contrato escrito, devendo ser enviada à Comissão do Mercado de Valores Mobiliários uma cópia do contrato e das suas alterações.

Artigo 15.º
Responsabilidade da entidade gestora e do depositário

1. As entidades gestoras e os depositários respondem solidariamente perante os participantes pelo cumprimento das obrigações contraídas nos termos da lei e do regulamento de gestão.

2. A responsabilidade do depositário não é afectada pelo facto de a guarda dos valores do fundo ser por ele confiada, no todo ou em parte, a um terceiro.

Artigo 16.º
Remuneração dos serviços da entidade gestora e do depositário

1. As remunerações dos serviços da entidade gestora e do depositário devem constar expressamente do regulamento de gestão do fundo e podem abranger apenas:

a) Uma comissão de gestão, a pagar periodicamente pelo fundo, destinada a cobrir todas as despesas de gestão;

b) Uma comissão de emissão, a cargo dos subscritores, destinada a cobrir as despesas de venda e emissão das unidades de participação;

c) Uma comissão de resgate, a suportar pelo participante;

d) Uma comissão de depósito, a pagar periodicamente pelo fundo, destinada a remunerar os serviços do depositário no âmbito das funções definidas no artigo 13.º, com excepção das mencionadas na alínea *c)* do n.º 1 do mesmo artigo.

2. As despesas relativas à compra e venda de valores por conta dos fundos que sejam indicadas nos respectivos regulamentos de gestão constituem encargo dos mesmos fundos.

SECÇÃO III
Dos fundos em geral

Artigo 17.º
Constituição

1. A constituição de fundos de investimento depende de autorização da Comissão do Mercado de Valores Mobiliários, com parecer favorável do Banco de Portugal, mediante apresentação de requerimento subscrito pela entidade gestora acompanhado do projecto do regulamento de gestão e dos contratos celebrados com o depositário e, sendo caso disso, com as entidades colocadoras a que se refere o artigo 28.º ou dos respectivos projectos.

2. A Comissão do Mercado de Valores Mobiliários remeterá uma cópia do requerimento e dos documentos que o acompanham ao Banco de Portugal, que emitirá parecer no prazo de 30 dias a contar da recepção desses documentos ou, sendo caso disso, das informações complementares.

3. A Comissão do Mercado de Valores Mobiliários poderá solicitar à entidade gestora informações complementares ou sugerir alterações ao regulamento de gestão que considere necessárias, as quais são remetidas ao Banco de Portugal, iniciando-se a contagem de novo prazo para a emissão de parecer.

4. Quando o interesse do investidor o justifique, poderá ser recusada a autorização para a constituição de novos fundos fechados enquanto não estiver inteiramente realizado o capital de outros fundos fechados administrados pela mesma entidade gestora.

5. A decisão deverá ser notificada pela Comissão do Mercado de Valores Mobiliários à requerente no prazo de 90 dias a contar da data da recepção do pedido ou, se for o caso, a contar da data da recepção das informações complementares ou das alterações de projecto de regulamento de gestão referidas no n.º 3, mas em caso algum depois de decorridos 120 dias sobre a data inicial da recepção do pedido.

6. A falta de notificação nos prazos referidos constitui presunção de indeferimento tácito do pedido.

7. Após a recepção da notificação da autorização, a sociedade gestora dispõe de um período de 90 dias para colocar à subscrição das unidades de participação, devendo comunicar à Comissão do Mercado de Valores Mobiliários a data escolhida para o efeito, considerando-se o fundo constituído nessa mesma data.

8. No caso de a subscrição não ter início no prazo previsto no número anterior ou de nos seis meses subsequentes à data da constituição do fundo este não atingir o número mínimo de 30 participantes e o valor mínimo de 250 000 000$, poderá a Comissão do Mercado de Valores Mobiliários revogar a autorização.

Artigo 18.º
Regulamento de gestão

1. As entidades gestoras devem elaborar um regulamento de gestão de cada fundo.

2. O regulamento deve conter elementos identificadores do fundo, da entidade gestora e do depositário e ainda definir de forma clara os direitos e obrigações dos participantes, da entidade gestora e do depositário, a política de investimentos do fundo e as condições da sua liquidação.

3. O regulamento deve indicar, nomeadamente:

a) A denominação do fundo, que não deverá estar em desacordo com a natureza e a política de investimentos e de distribuição daquele;

b) A duração do fundo;
c) A denominação e a sede da entidade gestora;
d) A denominação e a sede do depositário;
e) As entidades que, além do depositário, são encarregadas da comercialização das unidades de participação;
f) A política de investimento do fundo, de forma a identificar o seu objectivo, a natureza geral dos valores que integram a sua carteira, o nível de especialização, se existir, em termos, designadamente, sectoriais, geográficos ou por tipo de instrumento financeiro, as técnicas de gestão de carteiras e de cobertura de riscos que serão utilizadas e os limites do endividamento;
g) O valor, modo de cálculo e condições de cobrança das comissões referidas no n.° 1 do artigo 16.°;
h) A forma de determinação dos preços de emissão e de resgate das unidades de participação;
i) O prazo máximo em que terá de verificar-se o resgate das unidades de participação;
j) As condições para a suspensão das operações de emissão e resgate das unidades de participação;
l) A política de distribuição dos rendimentos do fundo, definida objectivamente por forma, em especial, a verificar se se trata de um fundo de capitalização ou de um fundo com distribuição, total ou parcial, dos resultados e, neste caso, quais os critérios dessa distribuição;
m) Todos os encargos que, além da comissão de gestão e depósito, devam ser suportados pelo fundo;
n) O número mínimo de unidades de participação que poderá ser exigido em cada subscrição.

4. No caso de fundos fechados, o regulamento de gestão deve ainda indicar o valor do capital, o número de unidades de participação e se será solicitada a sua admissão à cotação em bolsa de valores.

5. As alterações ao regulamento de gestão estão sujeitas a autorização da Comissão do Mercado de Valores Mobiliários, com o parecer favorável do Banco de Portugal, devendo considerar-se tacitamente autorizadas se a Comissão do Mercado de Valores Mobiliários não notificar a entidade gestora no prazo de 30 dias a contar da recepção do pedido de alteração.

6. A alteração do regulamento de gestão que respeite apenas à denominação ou sede da entidade gestora, do depositário ou das entidades colocadoras efectuar-se-á mediante mera comunicação à Comissão do Mercado de Valores Mobiliários.

7. O regulamento de gestão do fundo, bem como as suas alterações, será sempre publicado no boletim de cotações de uma das bolsas.

8. As alterações ao regulamento de gestão de que resulte um aumento das comissões a pagar pelos participantes ou pelo fundo ou uma alteração à política de investimentos entrarão em vigor 90 dias após a sua publicação no boletim de cotações de uma das bolsas de valores e num jornal de grande circulação.

Artigo 19.°
Domicílio

Consideram-se domiciliados em Portugal os fundos administrados por entidade gestora cuja sede esteja situada em território português.

Artigo 20.º
**Limites às aplicações
em valores emitidos por uma mesma entidade**

1. A entidade gestora não pode, relativamente ao conjunto dos fundos de investimento que administre, adquirir acções que lhe confiram mais de 20% dos direitos de voto numa sociedade ou que lhe permitam exercer uma influência significativa na gestão de uma sociedade.

2. Não podem fazer parte de um fundo:

a) Mais de 10% das acções emitidas por uma mesma sociedade;

b) Mais de 10% das obrigações de uma mesma entidade emitente;

c) Mais de 10% dos títulos de participação de uma mesma entidade emitente;

d) Mais de 10% das unidades de participação emitidas por um mesmo fundo de investimento.

3. O disposto no número anterior não se aplica nos casos de:

a) Valores mobiliários emitidos ou garantidos por um Estado membro da Comunidade Europeia;

b) Valores mobiliários emitidos ou garantidos por um Estado que não seja membro da Comunidade Europeia, desde que o investimento nessa espécie de valores seja expressamente indicado no regulamento de gestão do fundo;

c) Valores mobiliários emitidos por organismos internacionais de carácter público a que pertençam um ou vários Estados membros da Comunidade Europeia.

Artigo 21.º
Aquisições proibidas

1. Não podem ser adquiridos para os fundos:

a) Unidades de participação de um fundo gerido pela mesma entidade gestora ou por qualquer outra entidade gestora a que aquela esteja ligada por uma relação de domínio ou de grupo, salvo tratando-se de unidades de participação de fundos especializados num sector geográfico ou económico específico cuja aquisição esteja expressamente mencionada no regulamento de gestão do fundo adquirente e desde que não sejam cobradas quaisquer comissões de emissão ou resgate nas respectivas operações;

b) Quaisquer bens objecto de garantias reais, penhora ou procedimentos cautelares;

c) Valores mobiliários emitidos ou detidos pela entidade gestora;

d) Valores mobiliários emitidos ou detidos por entidades que, directa ou indirectamente, participem em 10% ou mais do capital da entidade gestora;

e) Valores mobiliários emitidos ou detidos por entidades cujo capital social seja pertencente, em percentagem igual ou superior a 20%, à entidade gestora ou a uma sociedade que, directa ou indirectamente, domine a mesma entidade, ou por entidades dominadas, directa ou indirectamente, pela entidade gestora;

f) Valores mobiliários emitidos ou detidos por entidades que sejam membros do órgão de administração ou de direcção ou do conselho geral da entidade gestora ou de sociedade que, directa ou indirectamente, domine a mesma entidade;

g) Valores mobiliários emitidos ou detidos por entidades cujo capital social seja pertencente, em percentagem igual ou superior a 20%, a um ou mais membros do órgão de administração ou de direcção ou do conselho geral da entidade gestora ou de sociedade que, directa ou indirectamente, domine a mesma entidade;

h) Valores mobiliários emitidos ou detidos por sociedades de cujos órgãos de administração ou de direcção ou de cujo conselho geral façam parte um ou mais administradores ou directores ou membros do conselho geral da entidade gestora;

i) Valores colocados no mercado em cumprimento de contrato de colocação pela entidade gestora, pelo depositário e por entidades que, directa ou indirectamente, participem em 10% ou mais do capital social da entidade gestora, salvo tratando-se de ofertas públicas de subscrição de emissões que se destinem a ser admitidas à cotação em bolsa, de emissões de valores mobiliários referidos no n.° 3 do artigo 20.° ou de emissões de obrigações de empresas com valores cotados em bolsa que tenham sido objecto de avaliação por uma empresa de *rating* registada na Comissão do Mercado de Valores Mobiliários ou internacionalmente reconhecida a que corresponda, pelo menos, a notação de A ou equivalente.

2. As proibições estabelecidas nas alíneas *d*) a *h*) do número anterior não se aplicam relativamente a valores mobiliários admitidos no mercado de cotações oficiais de uma bolsa portuguesa ou à cotação oficial de uma bolsa de um outro Estado membro da Comunidade Europeia e a valores mobiliários admitidos à negociação num dos mercados referidos nas alíneas *b*) e *c*) do n.° 1 do artigo 42.° ou cuja admissão à cotação nas mesmas bolsas tenha sido solicitada, desde que, neste último caso, se encontrem já admitidos à cotação valores da mesma espécie, emitidos pela mesma entidade.

3. As relações de participação indirecta e de domínio previstas no n.° 1 só são relevantes, para efeitos do disposto neste artigo, desde que sejam do conhecimento da entidade gestora ou razoavelmente devessem sê-lo.

Artigo 22.°
Situações excepcionais

Os limites previstos neste diploma só podem ser ultrapassados em resultado do exercício de direitos de subscrição inerentes a valores mobiliários que integrem o fundo ou em casos alheios à vontade da respectiva entidade gestora, devendo, em tais circunstâncias, as decisões em matéria de investimentos ter por objectivo prioritário a regularização da situação que deverá ocorrer no prazo de seis meses, salvo se a tal se opuser o interesse dos participantes.

Artigo 23.°
Transacções efectuadas fora de bolsa

1. As operações sobre valores mobiliários cotados numa bolsa de valores, realizadas por conta dos fundos, só podem ser efectuadas fora de bolsa nos casos em que resulte uma inequívoca vantagem para os fundos, designadamente quando os preços de compra ou de venda sejam mais favoráveis do que os valores da respectiva cotação.

2. As transacções referidas no número anterior são anuláveis caso não sejam comunicadas à Comissão do Mercado de Valores Mobiliários e ao Banco de Portugal no prazo de três dias após a concretização da operação.

Artigo 24.°
Cobertura de riscos

1. Nas condições e limites a definir em regulamento a emitir pela Comissão do Mercado de Valores Mobiliários, os fundos podem recorrer a técnicas e instrumentos de

cobertura de risco que tenham por objecto valores mobiliários, com vista a uma gestão adequada do seu património.

2. Nas condições a definir nos termos do número anterior, os fundos podem ainda recorrer a técnicas e instrumentos destinados à cobertura de riscos de câmbio.

3. Os fundos de investimento devem deter activos que se possa razoavelmente prever sejam suficientes para assegurar o cumprimento de quaisquer obrigações efectivas ou potenciais resultantes das operações referidas nos números anteriores.

Artigo 25.º
Liquidação e partilha

1. Os participantes em fundos abertos não podem exigir a respectiva liquidação ou partilha.

2. Os participantes em fundos fechados podem exigir a respectiva liquidação, desde que tal possibilidade esteja prevista no regulamento de gestão ou quando, prevendo este a admissão à cotação em bolsa de valores das respectivas unidades de participação, ela se não verifique no prazo de 12 meses a contar da constituição do fundo.

3. A liquidação dos fundos só pode realizar-se nas condições previstas no regulamento de gestão, sendo obrigatória a publicação do respectivo aviso, com 60 dias de antecedência, em dois jornais de grande circulação, um de Lisboa e outro do Porto, e nos boletins de cotações de uma bolsa de valores.

4. Nos casos previstos no n.º 2, não será necessário observar o prazo estabelecido no número anterior se a decisão de liquidação for tomada por unanimidade e com a intervenção de todos os participantes no fundo.

5. Quando, em virtude, designadamente, da reiterada violação do regulamento de gestão ou da inobservância por períodos prolongados dos limites mínimos estabelecidos no n.º 8 do artigo 17.º, o interesse dos participantes o imponha, poderá ser ordenada a liquidação compulsiva do fundo, por decisão da Comissão do Mercado de Valores Mobiliários, ouvido o Banco de Portugal.

6. A notificação da decisão referida no número anterior determina a imediata suspensão das operações de subscrição e de resgate e o início do procedimento de liquidação que deverá ser efectuada pela entidade gestora em colaboração com o depositário no prazo fixado para o efeito pela Comissão do Mercado de Valores Mobiliários, que poderá prorrogá-lo em casos excepcionais.

7. No termo do prazo referido no número anterior, a entidade gestora deverá submeter à aprovação da Comissão do Mercado de Valores Mobiliários as contas de liquidação.

Artigo 26.º
Rendibilidade

A Comissão do Mercado de Valores Mobiliários, ouvido o Banco de Portugal, regulará os termos e condições em que as entidades gestoras podem tornar público, sob qualquer forma, medidas ou índices de rendibilidade e risco dos fundos de investimento e as regras a que obedecerá o cálculo dessas medidas ou índices.

SECÇÃO IV
Das unidades de participação

Artigo 27.°
Forma

1. As unidades de participação são valores mobiliários e podem ser representadas por certificados de uma ou mais unidades ou adoptar a forma escritural.

2. O registo e controlo das unidades de participação sob forma escritural não negociadas em bolsa rege-se pelo regime geral dos valores mobiliários escriturais, que poderá, para o efeito, ser regulamentado por portaria do Ministro das Finanças.

3. As unidades de participação de um fundo não podem ser emitidas sem que a importância correspondente ao preço de emissão seja efectivamente integrada no activo do fundo, salvo se se tratar de desdobramento de unidades já existentes.

4. A entidade gestora pode converter em escriturais as unidades de participação já emitidas sob a forma de certificados, com observância do regime aplicável do Código do Mercado de Valores Mobiliários.

Artigo 28.°
Subscrição e comercialização

1. As unidades de participação são subscritas nos balcões do depositário, em estabelecimento da sociedade gestora ou através de entidades colocadoras previamente autorizadas pela Comissão do Mercado de Valores Mobiliários, ouvido o Banco de Portugal.

2. O boletim de subscrição, que conterá a reprodução integral do regulamento de gestão, será preenchido em duplicado, devendo um exemplar ser entregue ao participante.

3. As entidades colocadoras referidas no n.° 1 exercem essa actividade por conta da entidade gestora e de acordo com o contrato celebrado com a mesma entidade, cujos termos, incluindo a indicação dos serviços relacionados com a subscrição que se comprometam a prestar e a correspondente remuneração, devem ser submetidos à aprovação da Comissão do Mercado de Valores Mobiliários.

4. No exercício da sua actividade as entidades colocadoras ficam sujeitas às normas que regem a execução das mesmas operações pelos depositários, respondendo solidariamente a entidade gestora, perante os participantes, pelos prejuízos causados pelos actos e omissões daquelas entidades.

5. A subscrição de unidades de participação implica aceitação do regulamento de gestão e confere à entidade gestora os poderes necessários para realizar os actos de administração do fundo.

6. O regulamento de gestão determinará se a subscrição se faz pelo último valor da unidade de participação conhecido e divulgado na data da subscrição ou pelo valor calculado na primeira avaliação subsequente.

Artigo 29.°
Resgate

1. Os participantes podem exigir o resgate das unidades de participação que possuam mediante solicitação dirigida ao depositário, devendo o pagamento ser efectuado até ao termo do prazo estabelecido no regulamento de gestão.

2. O valor da unidade de participação, calculado nos termos do artigo seguinte, deverá, para efeitos de resgate, corresponder ao último valor conhecido e divulgado na data do respectivo pedido ou na data a que este se refere, salvo se o regulamento de gestão determinar que esse valor seja o da primeira avaliação subsequente.

3. Tratando-se de fundos de investimento fechados, as unidades de participação só são reembolsáveis quando da liquidação do fundo.

4. Nas instalações onde se proceder à subscrição das unidades de participação deve ser dada publicidade aos prazos máximos de resgate em lugar bem visível.

Artigo 30.º
Cálculo do valor

1. O valor da unidade de participação é calculado diariamente, excepto aos sábados, domingos e feriados, e determina-se dividindo o valor líquido global do fundo pelo número de unidades de participação em circulação.

2. O regulamento determinará o momento do dia a que se reporta o cálculo do valor.

3. Os valores mobiliários em carteira devem ser avaliados ao seu valor de mercado, de acordo com as seguintes regras:

a) Havendo uma única cotação, pela última cotação efectuada nos últimos 90 dias;

b) Sendo cotados em mais de uma bolsa, pelo mais baixo dos valores de cotação;

c) No caso de valores mobiliários apenas cotados em bolsas estrangeiras, as cotações referidas nas alíneas anteriores serão as verificadas na bolsa onde foram adquiridos.

4. O disposto no número anterior é aplicável, com as devidas adaptações, aos valores mobiliários negociados nos mercados a que se referem as alíneas *b)* e *c)* do n.º 1 do artigo 42.º

5. Na falta de valores de cotação, a avaliação é efectuada de acordo com princípios de prudência, não devendo exceder o mais baixo dos seguintes valores:

a) Valor contabilístico apurado segundo o último balanço aprovado, preço de emissão ou preço de aquisição, tratando-se de acções;

b) Valor nominal ou valor de aquisição, tratando-se de obrigações, títulos de participação ou valores mobiliários equiparáveis;

c) Último valor de resgate divulgado, tratando-se de unidades de participação em fundos de investimento.

6. Em casos excepcionais, os valores máximos indicados nas alíneas do número anterior podem ser excedidos, devendo tais situações ser de imediato comunicadas, de modo fundamentado, à Comissão do Mercado de Valores Mobiliários.

7. O valor das unidades de participação dos fundos abertos e dos fundos fechados, enquanto durar o período de subscrição, deve ser diariamente publicado no boletim de cotações de uma das bolsas de valores no dia seguinte ao do seu apuramento.

8. O valor das unidades de participação dos fundos fechados, totalmente subscritos, deve ser publicado mensalmente, com referência ao último dia de cada mês, excepto se existir uma variação superior a 3% em relação à última publicação, caso em que o novo valor será objecto de publicação no dia útil imediatamente posterior àquele em que essa variação se verificou.

Artigo 31.°
Suspensão da emissão e do resgate

1. Quando os pedidos de resgate de unidades de participação excederem os de subscrição, num só dia, em 5% ou, num período não superior a cinco dias seguidos, em 10% do valor global do fundo, a entidade gestora poderá mandar suspender as operações de resgate.

2. A entidade gestora deve mandar suspender as operações de resgate ou de emissão quando, apesar de não se verificarem as circunstâncias previstas no número anterior, os interesses dos participantes o aconselhem.

3. Decidida a suspensão, a entidade gestora deve promover a afixação, nos balcões do depositário e em todos os outros locais de comercialização das unidades de participação do fundo, em local bem visível, de um aviso destinado a informar o público sobre a situação de suspensão e, logo que possível, a sua duração.

4. A suspensão do resgate não determina a suspensão simultânea da subscrição, mas a subscrição de unidades de participação só pode efectuar-se mediante declaração escrita do participante de que tomou prévio conhecimento da suspensão do resgate.

5. A suspensão prevista nos n.os 1 e 2 e as razões que a determinarem devem ser imediatamente comunicadas pela entidade gestora à Comissão do Mercado de Valores Mobiliários e ao Banco de Portugal, devendo a Comissão do Mercado de Valores Mobiliários fixar um prazo máximo para a suspensão, que deverá ser comunicado de imediato ao Banco de Portugal.

6. Sem prejuízo do disposto nos n.os 7 e 8, a suspensão do resgate não abrange os pedidos que tenham sido apresentados até ao fim do dia anterior ao da entrada na Comissão do Mercado de Valores Mobiliários da comunicação a que se refere o número anterior.

7. A Comissão do Mercado de Valores Mobiliários, por sua iniciativa ou a solicitação da entidade gestora, pode, quando ocorram circunstâncias excepcionais susceptíveis de perturbarem o normal funcionamento das operações inerentes ao funcionamento do fundo ou de porem em risco os legítimos interesses dos investidores, determinar, ouvido o Banco de Portugal, a suspensão da emissão ou do resgate das respectivas unidades de participação.

8. A suspensão do resgate determinada nos termos do número anterior tem efeitos imediatos, aplicando-se a todos os pedidos de resgate que no momento da notificação da Comissão do Mercado de Valores Mobiliários não tenham sido satisfeitos.

9. O disposto no n.° 4 aplica-se, com as necessárias adaptações, à suspensão determinada pela Comissão do Mercado de Valores Mobiliários, nos termos dos números anteriores.

Artigo 32.°
Comercialização de unidades em países estrangeiros

1. As entidades gestoras que pretendam comercializar em países estrangeiros unidades de participação de fundos de investimento que administrem e que sejam domiciliados em Portugal devem informar previamente desse facto o Banco de Portugal e a Comissão do Mercado de Valores Mobiliários.

2. A liquidação dos fundos que sejam comercializados em outro Estado membro da Comunidade Europeia deve ser precedida de comunicação pela Comissão do Mercado de Valores Mobiliários às autoridades competentes desse Estado.

3. A suspensão da emissão ou do resgate de unidades de participação comercializadas noutro Estado membro da Comunidade Europeia deve ser imediatamente comunicada pela Comissão do Mercado de Valores Mobiliários às autoridades competentes desse Estado.

SECÇÃO V
Da informação, das contas e da supervisão

Artigo 33.º
Prospecto

1. A entidade gestora deve elaborar e manter actualizado, nos seus aspectos essenciais e relativamente a cada fundo, um prospecto informativo, a colocar à disposição dos interessados, nas suas instalações e nas do depositário, bem como nas de outras entidades referidas no n.º 1 do artigo 28.º

2. O prospecto deve conter as informações necessárias para que os participantes possam formular juízo fundamentado sobre o investimento que lhes é proposto, devendo ser oferecido aos subscritores previamente à subscrição.

3. O prospecto incluirá, pelo menos, os elementos constantes do anexo A do presente diploma, salvo se tais elementos já constarem do regulamento de gestão.

4. O prospecto e as alterações que lhe forem introduzidas estão sujeitos a aprovação prévia da Comissão do Mercado de Valores Mobiliários, considerando-se aprovados se a Comissão não se lhes opuser no prazo de 15 dias úteis a contar da data da sua recepção.

5. Todas as acções publicitárias relativas a um fundo devem informar da existência do prospecto a que se refere este artigo e dos locais onde pode ser obtido.

Artigo 34.º
Contas dos fundos

1. As contas dos fundos são encerradas anualmente com referência a 31 de Dezembro e submetidas a certificação legal por revisor oficial de contas que não integre o conselho fiscal da entidade gestora, devendo o revisor pronunciar-se sobre a avaliação efectuada pela entidade gestora dos valores do fundo, em especial no que respeita aos não cotados.

2. Nos quatro meses seguintes à data referida no número anterior, as entidades gestoras devem publicar o balanço e a demonstração de resultados de cada fundo, acompanhados de um relatório e do parecer da entidade fiscalizadora do fundo.

3. O relatório referido no número anterior conterá uma descrição das actividades do respectivo exercício e as informações previstas no anexo B do presente diploma, bem como outras informações relevantes que permitam aos participantes formar juízo sobre a evolução da actividade e dos resultados dos fundos.

4. Nos dois meses a contar do fim do período a que respeite, as entidades gestoras devem igualmente publicar um relatório semestral, que abrangerá os seis primeiros meses do exercício e conterá as informações indicadas no anexo B.

5. Os relatórios anual e semestral acima referidos devem estar à disposição do público nos locais indicados no n.º 1 do artigo anterior, sendo enviados sem encargos aos participantes que o requeiram.

Artigo 35.º
Organização da contabilidade e prestação de informações

1. A contabilidade dos fundos é organizada de harmonia com as normas emitidas pela Comissão do Mercado de Valores Mobiliários.

2. As entidades gestoras devem publicar mensalmente, com referência ao último dia do mês imediatamente anterior, num dos boletins de cotações das bolsas de valores, a composição discriminada das aplicações de cada fundo, o respectivo valor líquido global e o número de unidades de participação em circulação, nos termos definidos pela Comissão do Mercado de Valores Mobiliários.

3. As entidades gestoras são obrigadas a enviar, no prazo de três dias após a respectiva publicação, ao Banco de Portugal e à Comissão do Mercado de Valores Mobiliários, todos os elementos indicados no número anterior, bem como o prospecto e os documentos referidos nos n.os 2 e 4 do artigo anterior e ainda os balancetes mensais e quaisquer elementos de informação relativos à sua situação, à dos fundos que administrem e às operações realizadas, que as autoridades competentes lhes solicitem.

Artigo 36.º
Supervisão

1. Compete à Comissão do Mercado de Valores Mobiliários a fiscalização do disposto no presente diploma, sem prejuízo da competência do Banco de Portugal em matéria de supervisão das instituições de crédito e sociedades financeiras.

2. Qualquer decisão de revogar autorizações concedidas, ou qualquer outra medida grave tomada relativamente a um fundo deve ser comunicada, no mais breve prazo, pela Comissão do Mercado de Valores Mobiliários, à autoridade competente dos outros Estados membros da Comunidade Europeia em que as unidades de participação sejam comercializadas.

SECÇÃO VI
**Da comercialização em Portugal de participações
em instituições de investimento colectivo em valores mobiliários
com sede ou que sejam administradas por entidades
com sede noutros Estados membros da Comunidade Europeia**

Artigo 37.º
Comunicação prévia

1. A comercialização em Portugal das participações numa instituição de investimento colectivo em valores mobiliários com sede ou que sejam administrados por sociedade gestora com sede em outro Estado membro da Comunidade Europeia que preencham os requisitos da respectiva legislação nacional adoptada por força da Directiva do Conselho n.º 85/611/CEE, de 20 de Dezembro de 1985, está dependente da comunicação prévia à Comissão do Mercado de Valores Mobiliários.

2. A comunicação referida no número precedente deve integrar:

a) Um certificado, emitido pelas autoridades competentes do respectivo Estado membro da Comunidade Europeia, atestando que a instituição de investimento colectivo preenche os requisitos da respectiva legislação nacional adoptada por força da Directiva do Conselho n.º 85/611/CEE, de 20 de Dezembro de 1985;

    b) O regulamento de gestão da instituição de investimento colectivo;

    c) O prospecto;

    d) O último relatório anual e o relatório semestral subsequente, quando seja caso disso;

    e) Informações sobre as modalidades previstas para a comercialização das participações no território português.

3. A instituição de investimento colectivo pode iniciar a comercialização das suas participações dois meses após a comunicação referida no n.º 1, salvo se a Comissão do Mercado de Valores Mobiliários verificar, por decisão fundamentada tomada antes de decorrido esse prazo, que as modalidades previstas para a comercialização não são conformes com as disposições legislativas, regulamentares e administrativas aplicáveis.

4. As instituições de investimento colectivo devem adoptar, entre outras, as medidas necessárias para que sejam assegurados os pagamentos aos participantes, o resgate das participações e a difusão das informações que a instituição de investimento colectivo deva prestar, incluindo no prospecto as menções que se mostrem adequadas ao cumprimento destas obrigações.

Artigo 38.º
Publicidade e identificação

As instituições de investimento colectivo podem fazer publicidade da comercialização das respectivas participações em território português, com observância das disposições nacionais sobre publicidade.

Artigo 39.º
Língua

As instituições de investimento colectivo abrangidas por esta secção devem difundir, em língua portuguesa, nas modalidades aplicáveis aos fundos de investimento mobiliário domiciliados em Portugal, os documentos e as informações que devam ser publicitados no Estado membro de origem.

Artigo 40.º
Fundos não harmonizados

1. A comercialização em Portugal das participações em instituições de investimento colectivo em valores mobiliários com sede ou que sejam administrados por entidade gestora com sede num Estado não membro da Comunidade Europeia ou com sede num Estado membro da Comunidade Europeia mas que não preencham os requisitos da respectiva legislação nacional adoptada por força da Directiva do Conselho n.º 85/611/CEE, de 20 de Dezembro de 1985, está sujeita a autorização do Ministro das Finanças, mediante parecer da Comissão do Mercado de Valores Mobiliários.

2. A autorização só será concedida se as referidas instituições de investimento colectivo e o modo previsto para a comercialização das respectivas unidades de participação conferirem aos participantes condições de segurança e protecção análogas às dos fundos domiciliados em Portugal.

CAPÍTULO II
Dos fundos de investimento mobiliário abertos

Artigo 41.º
Regime geral

Os fundos de investimento mobiliário abertos regem-se pelo disposto no capítulo I e no presente capítulo.

Artigo 42.º
Composição

1. Sem prejuízo do disposto no número seguinte, as aplicações dos fundos devem ser constituídas por:

a) Valores mobiliários admitidos à cotação no mercado de cotações oficiais de uma bolsa de valores portuguesa ou à cotação oficial de uma bolsa de valores de um outro Estado membro da Comunidade Europeia;

b) Valores mobiliários negociados noutros mercados de um Estado membro da Comunidade Europeia, regulamentados, com funcionamento regular, reconhecidos e abertos ao público, desde que esses mercados se encontrem identificados no regulamento de gestão do fundo;

c) Valores mobiliários admitidos à cotação oficial de uma bolsa de valores ou negociados num outro mercado, regulamentado, com funcionamento regular, reconhecido e aberto ao público, de um Estado que não seja membro da Comunidade Europeia, desde que a escolha da bolsa ou do mercado tenha sido aprovada pela Comissão do Mercado de Valores Mobiliários e conste do respectivo regulamento de gestão;

d) Valores mobiliários recentemente emitidos, desde que as condições de emissão incluam o compromisso de que será apresentado o pedido de admissão à cotação ou à negociação, em bolsa ou em mercados referidos nas alíneas *a)*, *b)* ou *c)* e desde que essa admissão seja obtida o mais tardar antes do final de um período de um ano a contar da emissão.

2. Podem fazer parte dos fundos até ao limite de 10% do respectivo valor global:

a) Valores mobiliários diferentes dos referidos no n.º 1;

b) Outros instrumentos representativos de dívida, transaccionáveis, que possuam liquidez e tenham valor susceptível de ser determinado com precisão a qualquer momento.

3. Os fundos podem deter, a título acessório, meios líquidos na medida adequada para fazer face:

a) Ao movimento normal de resgate das unidades de participação;

b) A uma gestão eficiente do fundo, tendo em conta a sua política de investimentos.

4. Não podem ser adquiridos para os fundos metais preciosos, nem certificados representativos destes.

Artigo 43.º
Limites em relação a uma só entidade

1. Sem prejuízo do disposto nos números seguintes e nos artigos 21.º e 44.º, um fundo não pode deter valores mobiliários emitidos por uma mesma entidade que representem mais de 5% do seu valor global.

2. O limite referido no número anterior é elevado para 10% desde que a soma dos valores mobiliários que, por entidade emitente, representem mais de 5% do valor global do fundo não ultrapasse 40% do mesmo valor.

3. O limite referido no n.º 1 é elevado para 35% desde que os valores mobiliários sejam emitidos ou garantidos por um Estado membro da OCDE ou por instituições internacionais de carácter público a que pertençam um ou vários Estados membros da Comunidade Europeia.

4. Relativamente a obrigações hipotecárias emitidas por uma instituição de crédito sediada num Estado membro da Comunidade Europeia o limite referido no n.º 1 é elevado para 25% desde que o valor agregado dessas obrigações emitidas por uma só entidade e que representem mais de 5% do valor global do fundo não ultrapasse 80% deste valor e a possibilidade de aplicação nesse tipo de valores esteja prevista no regulamento de gestão.

5. Das condições de emissão das obrigações referidas no número anterior deve resultar, nomeadamente, que o valor por elas representado está garantido por activos que cubram completamente, até ao vencimento das obrigações, os compromissos daí decorrentes e que sejam afectados por privilégio ao reembolso do capital e ao pagamento dos juros devidos em caso de incumprimento do emitente.

6. Os valores mobiliários referidos nos n.os 3 e 4 não são tomados em consideração para a aplicação do limite de 40% estabelecido no n.º 2.

7. Os limites previstos nos n.os 1, 2, 3 e 4 não podem ser acumulados.

8. Os limites previstos neste artigo e no seguinte poderão ser ultrapassados durante os primeiros seis meses de actividade dos fundos.

Artigo 44.º
Valores mobiliários emitidos ou garantidos por certas entidades

1. Os capitais do fundo podem ser integralmente investidos em valores mobiliários emitidos ou garantidos por um Estado membro da Comunidade Europeia, ou por organismos internacionais de carácter público a que pertençam um ou vários Estados membros, desde que respeitem a, pelo menos, seis emissões diferentes e que os valores pertencentes a uma mesma emissão não excedam 30% do valor global do fundo.

2. O fundo só poderá valer-se da faculdade referida no número anterior se do respectivo regulamento de gestão constarem os Estados ou organismos internacionais de carácter público em causa.

3. Os fundos abrangidos no n.º 1 devem incluir nos prospectos ou em qualquer publicação promocional uma menção que evidencie a especial natureza da sua política de investimentos.

Artigo 45.º
Participação em outras instituições de investimento colectivo

Só podem ser adquiridas para os fundos que se regem pelo disposto no presente capítulo unidades de participação em fundos com idêntica regulamentação, bem como partes de outras instituições de investimento colectivo que respeitem os requisitos de legislação nacional adoptada por força da Directiva do Conselho n.º 85/611/CEE, de 20 de Dezembro de 1985, mas apenas até ao limite de 5% do valor global do fundo adquirente.

Artigo 46.°
Equiparação para efeitos de garantias ou cauções

Para efeitos de garantias ou cauções legalmente exigíveis, as unidades de participação são equiparadas às acções e obrigações cotadas em bolsa.

Artigo 47.°
Transformação

Os fundos de investimento regulados no presente capítulo não podem ser transformados em fundos que não estejam sujeitos integralmente às disposições do mesmo capítulo.

CAPÍTULO III
Dos fundos de investimento mobiliário fechados

Artigo 48.°
Regime aplicável

1. Os fundos de investimento mobiliário fechados regem-se pelo disposto no capítulo I e no presente capítulo.
2. Aplica-se à emissão de unidades de participação em fundos de investimento fechados o disposto no título II do Código do Mercado de Valores Mobiliários relativamente às ofertas públicas de subscrição, com as seguintes adaptações:

a) O registo da emissão é oficiosamente concedido pela Comissão do Mercado de Valores Mobiliários com a aprovação do prospecto da emissão relativamente aos fundos autorizados nos termos do presente diploma;

b) Consideram-se feitos à entidade gestora ou ao fundo de investimento, consoante os casos e atenta a respectiva natureza, as referências feitas à entidade emitente e como feitas ao depositário as referências ao intermediário financeiro;

c) No caso da existência de consórcio de colocação, o depositário do fundo será obrigatoriamente o respectivo líder.

Artigo 49.°
Emissão e subscrição de unidades de participação

Só podem ser emitidas e subscritas unidades de participação fixadas no regulamento de gestão.

Artigo 50.°
Depositários

As instituições de crédito com sede em Estados que não sejam membros da Comunidade Europeia e que estejam estabelecidas em Portugal podem ser depositárias de fundos de investimento mobiliário fechados.

Artigo 51.º
Composição dos fundos

1. O disposto nos artigos 42.º a 45.º é aplicável à composição da carteira dos fundos de investimento mobiliário fechados com as especialidades previstas no número seguinte.

2. Nos fundos de investimento fechados admitidos à cotação em bolsa de valores ou em que a admissão à cotação esteja prevista no regulamento de gestão:

a   O limite referido no n.º 2 do artigo 42.º é elevado para 25%;

b)   O limite previsto no n.º 1 do artigo 43.º é elevado para 10%;

c)   A entidade gestora pode contrair empréstimos por conta dos fundos até ao limite de 20% do seu valor global.

CAPÍTULO IV
Dos fundos de tesouraria

Artigo 52.º
Definição, denominação e regime

1. Fundos de tesouraria são fundos de investimento mobiliário abertos cuja política de investimentos se orienta para activos que se caracterizam por uma elevada liquidez.

2. A denominação dos fundos de tesouraria deve conter a expressão «fundo de tesouraria».

3. Os fundos de tesouraria seguem o regime geral dos fundos de investimento mobiliário, com as especialidades constantes do presente capítulo.

Artigo 53.º
Composição

1. Os activos que integram os fundos de tesouraria devem caracterizar-se por uma elevada liquidez.

2. Para os efeitos da aplicação das regras de composição dos fundos são equiparados aos valores mobiliários referidos no n.º 1 do artigo 42.º os instrumentos representativos de dívida, definidos na alínea *b*) do n.º 2 do mesmo artigo, sem a limitação estabelecida no referido n.º 2.

3. Os fundos de tesouraria devem em permanência deter pelo menos 35% do seu valor global investido em valores mobiliários com prazo de vencimento residual inferior a 12 meses ou nos valores referidos no n.º 2.

4. Os fundos de tesouraria não podem investir os seus capitais em acções, obrigações convertíveis ou obrigações que confiram o direito de subscrição de acções ou de aquisição a outro título de acções, em títulos de dívida subordinada, bem como em títulos de participação.

5. Não podem ser adquiridas para estes fundos unidades de participação de fundos de investimento cujo regulamento de gestão não proíba o investimento nos valores referidos no número anterior.

Artigo 54.º
Depositários

As instituições de crédito com sede em Estados que não sejam membros da Comunidade Europeia e que estejam estabelecidas em Portugal podem ser depositárias de fundos de tesouraria.

CAPÍTULO V
Fundos de fundos

Artigo 55.º
Definição, denominação e regime

1. São fundos de fundos os fundos de investimento constituídos exclusivamente por unidades de participação de outros fundos de investimento, sem prejuízo do disposto na alínea *a*) do n.º 3 do artigo 42.º

2. A denominação dos fundos de fundos deve conter a expressão «fundo de fundos».

3. Os fundos de fundos regem-se pelo disposto para os fundos mobiliários abertos com as especialidades constantes do presente capítulo.

Artigo 56.º
Composição

1. Os fundos de fundos podem investir os seus activos em fundos de investimento domiciliados em Portugal e que obedeçam ao disposto nos capítulos I, II e IV ou em fundos constituídos noutros Estados membros da Comunidade Europeia e que obedeçam às regras estabelecidas pela Directiva do Conselho n.º 85/611/CEE, de 20 de Dezembro de 1985, sendo, porém, proibido o investimento em fundos de fundos.

2. Os fundos de fundos não podem aplicar mais de 20% do seu activo global num único fundo.

3. Os fundos de fundos não podem investir mais de 30% dos seus activos em fundos de investimento administrados por uma mesma sociedade gestora, sem prejuízo do disposto no número seguinte.

4. Podem as entidades gestoras constituir fundos de fundos que integrem exclusivamente unidades de participação de fundos administrados pela entidade gestora do fundo de fundos ou por entidade gestora ligada a esta por relação de domínio ou de grupo, desde que esses fundos se encontrem identificados no regulamento de gestão do fundo de fundos e não sejam cobradas quaisquer comissões de emissão ou resgate nas respectivas operações.

Artigo 57.º
Deveres de informação

1. Os fundos de fundos devem indicar no regulamento de gestão, no prospecto e nos documentos com fins de publicidade as características dos fundos nos quais investem os seus capitais.

2. O regulamento de gestão dos fundos de fundos deve conter uma descrição geral das despesas e de outros custos relativos aos fundos em que se propõe investir e que se prevê venham a ser directa ou indirectamente suportados pelos participantes.

CAPÍTULO VI
Agrupamentos de fundos

Artigo 58.º
Agrupamento de fundos

1. Poderão ser constituídos, em condições a regulamentar pela Comissão do Mercado de Valores Mobiliários, ouvido o Banco de Portugal, agrupamentos de fundos de investimento, administrados pela mesma entidade gestora, destinados a proporcionarem aos participantes vantagens no resgate e subscrição simultânea de unidades de participação dos fundos que os integram.

2. Os fundos de investimento integrantes de um agrupamento devem corresponder a um tipo de fundo aberto previsto no presente diploma e não podem ser comercializados fora do agrupamento.

3. Aos fundos que integrem um agrupamento corresponderá um único regulamento de gestão, que deverá observar, relativamente a cada um daqueles fundos, o disposto no presente diploma e indicar as condições especiais de resgate e subscrição das unidades de participação.

4. Poderá ser elaborado apenas um prospecto para o conjunto dos fundos que integrem o agrupamento.

CAPÍTULO VII
Disposições transitórias e finais

Artigo 59.º
Disposição transitória

1. Salvo o disposto nos números seguintes, os fundos de investimento constituídos até à data de entrada em vigor do presente diploma devem ser adaptados às suas disposições no prazo de seis meses contado dessa data.

2. Aos fundos que à data da entrada em vigor do presente diploma disponham de mais de um depositário não se aplica o disposto no n.º 1 do artigo 12.º

3. Os fundos cujo depositário seja a entidade gestora devem ser adaptados ao disposto no n.º 1 do artigo 14.º no prazo de dois anos, sem prejuízo do disposto no número seguinte.

4. Em casos excepcionais, devidamente justificados, a Comissão do Mercado de Valores Mobiliários, ouvido o Banco de Portugal, poderá prorrogar os prazos fixados nos n.os 1 e 3, mediante requerimento subscrito pela entidade gestora, apresentado antes de se terem esgotado os mesmos prazos.

5. Os pedidos de constituição de fundos de investimento mobiliário sobre os quais ainda não tenha recaído decisão na data de entrada em vigor do presente diploma deve adequar-se ao disposto no presente diploma.

Artigo 60.º
Outros fundos

O Decreto-Lei n.º 229-C/88, de 4 de Julho, e a Portaria n.º 422-B/88, de 4 de Julho, mantêm a sua vigência relativamente aos fundos referidos no n.º 2 do artigo 1.º e suas sociedades gestoras.

Visto e aprovado em Conselho de Ministros de 25 de Agosto de 1994. – *Aníbal António Cavaco Silva – Eduardo de Almeida Catroga.*

Promulgado em 7 de Outubro de 1994.

Publique-se.

O Presidente da República, MÁRIO SOARES.

Referendado em 10 de Outubro de 1994.

O Primeiro-Ministro, *Aníbal António Cavaco Silva.*

ANEXO A

I – Informações relativas ao fundo

1 – Denominação.
2 – Data de constituição.
3 – Indicação do local onde podem ser obtidos o regulamento de gestão e os relatórios periódicos.
4 – Indicações sobre o regime fiscal aplicável e da existência ou não de retenção na fonte sobre as mais-valias e os rendimentos distribuídos aos participantes.
5 – Data de encerramento das contas e frequência dos rendimentos distribuídos, se for caso disso.
6 – Indicação das pessoas encarregadas do exame a que se refere o n.º 1 do artigo 34.º
7 – Indicação das bolsas de valores ou dos mercados onde as unidades de participação se encontram admitidas à negociação, se for caso disso.
8 – Descrição das regras de determinação dos resultados e da sua afectação.
9 – Descrição dos objectivos de investimento do fundo, da política de investimentos e dos seus limites e da política a ser seguida no domínio da contracção de empréstimos.
10 – Regras de valorimetria.
11 – Modo de determinação do valor da unidade de participação, do seu preço de emissão e de resgate, em particular:

Indicação dos custos relativos às operações de venda, emissão e reembolso das unidades de participação;
Indicação dos locais em que e da frequência com que este valor é publicado.

12 – Identificação dos consultores de investimento externos, se for caso disso, e identificação dos elementos essenciais do respectivo contrato de prestação de serviços que possam interessar aos participantes.
13 – Informações sobre o modo e o local dos pagamentos devidos aos participantes, por efeito da distribuição de rendimentos ou do resgate de unidades.

II – Informações relativas à entidade gestora

1 – Denominação, forma jurídica e sede social.
2 – Data de constituição e duração se esta for limitada.

3 – Indicação de outros fundos geridos pela entidade gestora, se for caso disso.
4 – Identificação, com indicação dos respectivos cargos, dos membros dos órgãos sociais e menção das principais actividades exercidas por essas pessoas fora da entidade gestora, desde que sejam significativas e possam, de algum modo, interferir na actividade desta.
5 – Capital subscrito e capital realizado.

ANEXO B

Informações a inserir nos relatórios periódicos

1 – Número de unidades de participação emitidas, resgatadas e em circulação no período em referência.
2 – Quadro comparativo do valor da unidade de participação.
3 – Inventário da carteira com repartição pelas seguintes categorias:
   3.1 – Valores mobiliários admitidos à cotação oficial de uma bolsa de valores;
   3.2 – Valores mobiliários negociados noutros mercados regulamentados;
   3.3 – Valores mobiliários recentemente emitidos, referidos na alínea *d*) do n.º 1 do artigo 42.º;
   3.4 – Outros valores mobiliários;
   3.5 – Outros valores ventilados de acordo com os critérios mais adequados, tendo em conta a política de aplicações do fundo.
4 – Indicação dos rendimentos distribuídos e reinvestidos.
5 – Indicação dos movimentos ocorridos na conta «Unidades de participação».
6 – Explicitação das mais e menos-valias potenciais.
7 – Informações sobre outras situações relevantes que possam afectar o património do fundo.
8 – Mapa comparativo referente ao final de cada um dos três últimos períodos (semestre ou exercício, conforme os casos), indicando:

Valor global do fundo;
Valor por unidade de participação.

9 – Indicação, se for caso disso, das operações realizadas, nas condições previstas no artigo 24.º.

DECRETO-LEI N.º 475/99
de 9 de Novembro

A conjugação do desenvolvimento alcançado pelos fundos de pensões em Portugal desde 1991 com a experiência acumulada desde então justifica uma revisão ampla do respectivo regime jurídico, tendo em vista a sua consolidação como veículo privilegiado, que já é, do financiamento privado e complementar dos encargos com a cobertura dos riscos sociais ligados à reforma.

Tal revisão começa pelo fortalecimento do sistema jurídico referente ao «veículo de financiamento de planos de pensões – fundo de pensões» – enquadrado actualmente no Decreto-Lei n.º 415/91, de 25 de Outubro, originariamente regulado, recorde-se, em 1985, e logo alterado em 1986 –, designadamente, pelo acolhimento no texto legal de soluções reveladas pela experiência entretanto adquirida e susceptíveis de contribuir quer para o apuramento da gestão e da fiabilidade financeira dos fundos quer para a solidificação da situação contratual de contribuintes, participantes e beneficiários em especial.

Admite-se, em todo o caso, que, numa perspectiva temporal mais dilatada, a revisão possa ser mais exigente e profunda em matérias transversais aos diversos veículos de financiamento, designadamente, quanto ao recorte dos planos de pensões privados, a possível obrigatoriedade da consagração de direitos adquiridos nesses planos de pensões, bem como o financiamento das responsabilidades de empresas e de outras entidades com pensões situadas ao nível do chamado segundo pilar da previdência social, e, bem assim, o enquadramento fiscal das contribuições, dos rendimentos e das prestações inerentes ao financiamento de tais responsabilidades, o qual deverá passar pelo equacionar da introdução da definição do conceito de planos de pensões qualificados.

A presente revisão do regime dos fundos de pensões constitui desejavelmente um primeiro passo nesse percurso, que exigirá a concertação das várias entidades envolvidas na regulação das responsabilidades sociais das empresas e que, com toda a probabilidade, implicará tomar em consideração próximas reestruturações da segurança social.

No presente, procede-se ao apuro – que se pretende equilibrado em face das condições existentes – do sistema vigente. De qualquer modo, soluções ora consagradas, como a definição de direitos adquiridos, a classificação dos planos de pensões ou a destinação prioritária do saldo da liquidação de um fundo de pensões cujo sobrefinanciamento resulte de uma redução drástica do número de participantes em planos de pensões sem direitos adquiridos, vão seguramente no sentido do percurso e evolução futuros, supramencionados, no caso, em matérias de recorte dos planos de pensões e de consagração de direitos adquiridos.

Para lá de aclarações e modificações de pendor predominantemente formal consideradas úteis, em termos substanciais, as alterações ao regime até hoje vigente são basicamente recondutíveis a ideias quer de reforço da protecção de contribuintes, participantes, beneficiários e também associados – para o que se teve em conta o regime previsto para os seguros – quer de aperfeiçoamento qualitativo do funcionamento dos fundos de pensões.

O reforço ao nível substantivo da protecção de contribuintes, participantes, beneficiários e também associados regista-se quer em sede de comportamentos contratuais, que agora passam a ser exigidos às entidades gestoras, quer em sede de regulação prudencial dos fundos de pensões e das respectivas entidades gestoras.

No que concerne aos comportamentos contratuais exigíveis às entidades gestoras, importa destacar a previsão de regras de informação e transparência contratual, bem como de um direito de renúncia a favor de pessoas singulares contribuintes aderentes a fundos de pensões abertos, com referência reforçada ao regime constante, para a actividade seguradora, do Decreto-Lei n.º 176/95, de 26 de Julho.

Noutro plano, constituem, designadamente, avanços em sede de regulação prudencial, a obrigação de avaliação de responsabilidades antes da autorização de constituição de fundos de pensões que financiem planos de pensões de benefício definido ou mistos, ou da alteração dos respectivos contratos constitutivos, ou a instituição da figura do actuário responsável, ou ainda o impedimento de a entidade gestora iniciar o pagamento de novas pensões caso o montante do fundo de pensões não seja superior ao valor actual das mesmas.

Ainda neste domínio, e relativamente às entidades gestoras, deve sublinhar-se o novo regime relativo à sua margem de solvência, ou a especificação do tipo de entidades que podem ser subcontratadas para proceder à gestão dos investimentos dos fundos de pensões.

Por outro lado, central ao sistema de protecção contratual de associados, contribuintes, participantes e beneficiários, manteve-se, no presente, a opção pelo regime de aprovação prévia administrativa dos contratos constitutivos de fundos de pensões fechados e dos regulamentos de gestão de fundos de pensões abertos, bem como das alterações de ambos.

No domínio do aperfeiçoamento qualitativo do funcionamento dos fundos de pensões, releva, desde logo, a previsão expressa de regime específico para o sobrefinanciamento dos fundos, alteração maior ao ordenamento existente até hoje, e cujos contornos se quiseram – no essencial – prudentes e facilmente adaptáveis à realidade, sempre excepcional, que venha a revelar-se nessa matéria.

Relevam também nesta sede os demais ajustamentos efectuados em matéria de extinção dos fundos de pensões, por exemplo definindo-se as prioridades a seguir na liquidação do património do fundo, ou admitindo-se expressa e excepcionalmente a resolução unilateral do contrato constitutivo de fundos de pensões fechados, já consentida na prática administrativa.

De sublinhar, igualmente, neste plano, a eliminação das disposições relativas às aplicações dos fundos de pensões, passando estas a constar de portaria, o que permitirá uma maior e desejável flexibilidade de adequação das mesmas face aos instrumentos financeiros disponíveis no mercado. Apesar disto, aproveitou-se o ensejo para possibilitar a utilização de contratos de reporte e de empréstimos de valores na gestão dos activos dos fundos de pensões.

Foram ouvidas as confederações sindicais, as confederações patronais, a Associação Portuguesa de Seguradores e a Associação das Empresas Gestoras de Fundos de Pensões.

Assim:

Nos termos da alínea *a*) do n.º 1 do artigo 198.º da Constituição, o Governo decreta, para valer como lei geral da República, o seguinte:

CAPÍTULO I
Disposições gerais

Artigo 1.°
Âmbito do diploma

O presente diploma regula a constituição e o funcionamento dos fundos de pensões e das sociedades gestoras de fundos de pensões.

Artigo 2.°
Noção e objecto dos fundos de pensões

Os fundos de pensões são patrimónios exclusivamente afectos à realização de um ou mais planos de pensões.

Artigo 3.°
Gestão e depósito dos fundos de pensões

Os fundos de pensões são geridos por uma ou várias entidades gestoras e os valores a eles adstritos são depositados num ou mais depositários, de acordo com as disposições do presente diploma.

Artigo 4.°
Supervisão

1. Compete ao Instituto de Seguros de Portugal a supervisão dos fundos de pensões e das sociedades gestoras de fundos de pensões.

2. No exercício das suas funções de supervisão, o Instituto de Seguros de Portugal emite as normas regulamentares necessárias e procede à fiscalização do seu cumprimento.

3. Ao Instituto de Seguros de Portugal é conferida legitimidade processual para requerer judicialmente a declaração de nulidade ou anulação dos negócios nulos ou anuláveis celebrados pelas entidades gestoras com prejuízo dos participantes e ou beneficiários dos fundos de pensões.

CAPÍTULO II
Planos de pensões

Artigo 5.°
Definição

1. Consideram-se planos de pensões os programas que definem as condições em que se constitui o direito ao recebimento de uma pensão a título de pré-reforma, reforma antecipada, reforma por velhice, reforma por invalidez ou ainda em caso de sobrevivência, sem prejuízo do disposto no n.° 4 do artigo 8.°, entendendo-se estes conceitos nos termos em que eles se encontrem definidos no respectivo plano.

2. Os planos de pensões podem revestir a natureza de regimes profissionais complementares desde que dêem igualmente cumprimento ao disposto na legislação respectiva, designadamente ao estipulado nos artigos 62.º a 65.º da Lei n.º 28/84, de 14 de Agosto, devendo, nesse caso, obedecer igualmente aos princípios estabelecidos pelo Decreto-Lei n.º 225/89, de 6 de Julho.

3. Os planos de pensões podem prever, desde que o façam expressamente, a possibilidade de garantia dos encargos inerentes ao pagamento das pensões, nomeadamente os devidos a título de contribuições para a segurança social e os decorrentes de contratação colectiva.

Artigo 6.º
Associados, participantes, contribuintes e beneficiários

Para os efeitos deste decreto-lei, designam-se:

a) «Associados» as pessoas colectivas cujos planos de pensões são objecto de financiamento por um fundo de pensões;

b) «Participantes» as pessoas singulares em função de cujas circunstâncias pessoais e profissionais se definem os direitos consignados nos planos de pensões, independentemente de contribuírem ou não para o seu financiamento;

c) «Contribuintes» as pessoas singulares que contribuem para o fundo ou as pessoas colectivas que efectuem contribuições em nome e a favor dos participantes;

d) «Beneficiários» as pessoas singulares com direito aos benefícios estabelecidos no plano de pensões, tenham ou não sido participantes.

Artigo 7.º
Tipos de planos de pensões

1. Os planos de pensões podem, com base no tipo de garantias estabelecidas, classificar-se em:

a) Planos de benefício definido – quando os benefícios se encontram previamente definidos e as contribuições são calculadas por forma a garantir o pagamento daqueles benefícios;

b) Planos de contribuição definida – quando as contribuições são previamente definidas e os benefícios são os determinados em função do montante das contribuições entregues e dos respectivos rendimentos acumulados;

c) Planos mistos – quando se conjugam as características dos planos de benefício definido e de contribuição definida.

2. Os planos de pensões podem, com base na forma de financiamento, classificar-se em:

a) Planos contributivos – quando existem contribuições dos participantes;

b) Planos não contributivos – quando o plano é financiado exclusivamente pelo associado.

3. Salvo disposição em contrário estabelecida no plano de pensões, são considerados não contributivos os planos de pensões de benefício definido em que as contribuições efectuadas pelos participantes tenham carácter obrigatório estabelecido por lei ou por instrumento de regulamentação colectiva das relações laborais.

Artigo 8.°
Forma de pagamento dos benefícios

1. No momento em que se inicia o pagamento da pensão estabelecida, pode ser concedida a sua remição parcial, em capital, ou a sua transformação noutro tipo de renda, desde que se verifiquem cumulativamente as seguintes condições:

a) Essa possibilidade esteja prevista no plano de pensões;

b) Seja apresentado à entidade gestora, até à data de início do pagamento da pensão, um pedido formulado por escrito pelo futuro beneficiário.

2. O montante do capital de remição, bem como o valor actual da renda proveniente da transformação, não pode ser superior a um terço do valor actual da pensão estabelecida, calculado de acordo com bases técnicas a definir pelo Instituto de Seguros de Portugal.

3. Mediante acordo entre a entidade gestora, o associado e o beneficiário é possível a remição total da pensão que se encontra em pagamento, desde que o montante da prestação periódica mensal seja inferior à décima parte do salário mínimo nacional para a generalidade dos trabalhadores, em vigor à data da remição.

4. No caso de fundos de pensões que financiam planos contributivos, os beneficiários têm direito ao reembolso do montante determinado em função das contribuições efectuadas pelos participantes, em qualquer das situações previstas no n.° 1 do artigo 5.° e ainda em caso de desemprego de longa duração, doença grave ou incapacidade permanente para o trabalho, entendidos estes conceitos nos termos da legislação aplicável aos fundos de pensões PPR.

5. O reembolso previsto no n.° 4 pode ser efectuado, por uma ou mais vezes, sob a forma de renda, capital ou qualquer combinação destes, aplicando-se as condições referidas no n.° 2 apenas ao valor que não resulte das contribuições do participante.

Artigo 9.°
Direitos adquiridos

1. Considera-se que existem direitos adquiridos sempre que os participantes mantenham o direito aos benefícios consignados no plano de pensões, de acordo com as regras neste definidas, independentemente da manutenção ou da cessação do vínculo existente com o associado.

2. Os participantes que preencham as condições referidas no número anterior designam-se «participantes com direitos adquiridos».

CAPÍTULO III
Regime geral dos fundos de pensões

Artigo 10.°
Tipos de fundos de pensões

1. Os fundos de pensões podem revestir a forma de fundos fechados ou abertos:

a) Considera-se que um fundo de pensões é fechado quando disser respeito apenas a um associado ou, existindo vários associados, quando existir um vínculo de natureza empresarial, associativo, profissional ou social entre os mesmos e seja necessário o assentimento destes para a inclusão de novos associados no fundo;

b) Considera-se que um fundo de pensões é aberto quando não se exigir a existência de qualquer vínculo entre os diferentes aderentes ao fundo, dependendo a adesão ao fundo unicamente de aceitação pela entidade gestora.

2. Os fundos de pensões fechados podem ser constituídos por iniciativa de uma empresa ou grupos de empresas, de associações, designadamente de âmbito sócio-profissional, ou por acordo entre associações patronais e sindicais.

3. Os fundos de pensões abertos podem ser constituídos por iniciativa de qualquer entidade autorizada a gerir fundos de pensões, sendo o seu valor líquido global dividido em unidades de participação, inteiras ou fraccionadas, que podem ser representadas por certificados.

Artigo 11.º
Autorização para a constituição de fundos de pensões

1. Compete ao Instituto de Seguros de Portugal a autorização para constituição de fundos de pensões.

2. No caso dos fundos de pensões fechados, a autorização é concedida a requerimento conjunto das entidades gestoras e dos associados fundadores, acompanhado do projecto de contrato constitutivo e do plano técnico-actuarial, no caso de planos de benefício definido ou mistos.

3. No caso dos fundos de pensões abertos, a autorização é concedida a requerimento da entidade gestora, acompanhado do projecto de regulamento de gestão.

4. Se o Instituto de Seguros de Portugal não se pronunciar num prazo de 120 dias a contar do recebimento dos requerimentos a que se referem os n.ºs 2 e 3 supra ou das respectivas alterações ou documentos complementares, considera-se autorizada a constituição dos fundos de pensões nos termos requeridos.

5. Da decisão de indeferimento do Instituto de Seguros de Portugal cabe recurso para o Ministro das Finanças.

Artigo 12.º
Constituição dos fundos de pensões fechados

1. Os fundos de pensões fechados constituem-se por contrato escrito celebrado entre as entidades gestoras e os associados fundadores, o qual deve ser objecto, bem como as respectivas alterações, de publicação no *Diário da República*.

2. Os planos de pensões a financiar através de fundos de pensões fechados podem ser de benefício definido, de contribuição definida ou mistos.

3. Do contrato escrito devem constar, obrigatoriamente, os seguintes elementos:

a) Identificação das partes contraentes;

b) Denominação do fundo de pensões;

c) Denominação, capital social e sede da entidade gestora ou entidades gestoras;

d) Identificação dos associados;

e) Indicação das pessoas que podem ser participantes, contribuintes e beneficiárias do fundo;

f) Valor do património inicial do fundo, discriminando os bens que a este ficam adstritos;

g) Objectivo do fundo e respectivo plano ou planos de pensões a financiar;

h) Regras de administração do fundo e representação dos associados;

i) No caso de fundos que financiam planos contributivos, forma de representação dos participantes e beneficiários, a qual não pode ser delegada no associado;

j) Condições em que se fará a transferência de gestão do fundo para outra entidade gestora ou do depósito dos títulos e outros documentos do fundo para outro depositário;

l) Direitos dos participantes quando deixem de estar abrangidos pelo fundo, e destes e dos beneficiários, quando o fundo se extinguir ou quando qualquer dos associados se extinguir ou abandonar o fundo, sem prejuízo do disposto no artigo 23.°;

m) Se podem ser concedidos empréstimos aos participantes e sob que forma;

n) Condições em que as entidades gestoras e os associados se reservam o direito de modificar as cláusulas acordadas;

o) Causas de extinção do fundo, sem prejuízo do disposto no artigo 23.°

Artigo 13.°
Contrato de gestão de fundos de pensões fechados

1. Entre os associados e a entidade gestora ou entidades gestoras de um fundo de pensões fechado deve ser celebrado um contrato de gestão.

2. Do contrato de gestão constarão obrigatoriamente:

a) Denominação do fundo de pensões;

b) Denominação, capital social e sede da entidade gestora ou entidades gestoras do fundo;

c) Nome e sede dos depositários;

d) Remuneração das entidades gestoras;

e) Remuneração dos depositários, desde que não se preveja o acordo prévio do associado para a fixação daquela remuneração;

f) Política de aplicações do fundo;

g) Condições em que são concedidas as pensões, se directamente pelo fundo ou se através de contratos de seguro;

h) Regulamento que estabeleça as condições em que podem ser concedidos empréstimos aos participantes, no caso de estar prevista tal concessão;

i) Condições em que as partes contratantes se reservam o direito de modificar o contrato de gestão inicialmente celebrado;

j) Estabelecimento do rendimento mínimo garantido e duração desta garantia, caso a entidade gestora assuma o risco de investimento;

l) Penalidades em caso de descontinuidade da gestão do fundo;

m) Direitos, obrigações e funções da entidade gestora ou das entidades gestoras, nos termos das normas legais e regulamentares;

n) Mecanismo de articulação e consolidação de informação entre as entidades gestoras, quando aplicável;

o) Indicação do eventual estabelecimento de contratos de mandato da gestão de investimentos, actuarial ou administrativa, nos termos do n.° 7 do artigo 33.°

3. O contrato de gestão não pode derrogar ou alterar disposições contidas no contrato constitutivo.

4. Nos casos em que um fundo de pensões fechado é gerido por mais do que uma entidade gestora, nos termos dos n.ºs 4 e 5 do artigo 33.°, as disposições constantes das alíneas *c*), *d*), *e*), *f*), *j*), *l*) e *o*) do n.° 2 podem constar de contrato a estabelecer individualmente entre o(s) associado(s) e cada entidade gestora do fundo.

5. Deve ser remetido ao Instituto de Seguros de Portugal um exemplar do contrato de gestão e, subsequentemente, das suas alterações.

Artigo 14.º
Constituição de fundos de pensões abertos

1. Os fundos de pensões abertos consideram-se constituídos no dia da entrega da primeira contribuição, efectuada nos termos do respectivo regulamento de gestão, o qual deverá ser objecto, bem como as respectivas alterações, de publicação no *Diário da República*.

2. Do regulamento de gestão devem constar obrigatoriamente os seguintes elementos:

a) Denominação do fundo de pensões;

b) Denominação, capital social e sede da entidade gestora;

c) Nome e sede dos depositários;

d) Definição dos conceitos necessários ao conveniente esclarecimento das condições contratuais;

e) Valor da unidade de participação na data de início do fundo;

f) Forma de cálculo do valor da unidade de participação;

g) Dias fixados para o cálculo do valor da unidade de participação;

h) Política de aplicações do fundo;

i) Remuneração máxima da entidade gestora;

j) Limites máximo e mínimo das comissões de emissão e de reembolso das unidades de participação, explicitando-se claramente a sua forma de incidência;

l) Remuneração máxima dos depositários;

m) Condições em que se fará a transferência da gestão do fundo para outra entidade gestora ou do depósito dos títulos e outros documentos do fundo para outro depositário;

n) Estabelecimento do rendimento mínimo garantido e duração desta garantia, explicitando-se a forma como a política de aplicações irá prosseguir este objectivo, caso a entidade gestora assuma o risco de investimento;

o) Condições em que a entidade gestora se reserva o direito de modificar as cláusulas do regulamento de gestão;

p) Causas de extinção do fundo, sem prejuízo do disposto no artigo 23.º;

q) Processo a adoptar no caso de extinção do fundo;

r) Direitos, obrigações e funções da entidade gestora, nos termos das normas legais e regulamentares;

s) Indicação do eventual estabelecimento de contratos de mandato da gestão de investimentos, actuarial ou administrativa, nos termos do n.º 7 do artigo 33.º

3. As alterações ao regulamento de gestão de que resulte um aumento das comissões a pagar pelos participantes ou pelo fundo ou uma alteração à política de investimentos entram em vigor 90 dias após a sua publicação num jornal de grande circulação.

4. Os contratos de adesão aos fundos de pensões abertos devem incluir o regulamento de gestão do fundo.

5. Deve ser calculado e publicado no *Boletim da Bolsa de Valores*, com periodicidade mínima mensal, o valor da unidade de participação, a composição discriminada das aplicações do fundo e o número de unidades de participação em circulação.

6. O valor de cada unidade de participação determina-se dividindo o valor líquido global do fundo pelo número de unidades de participação em circulação.

7. O valor líquido global do fundo é o valor dos activos que o integram, valorizados de acordo com as disposições legais, líquido do valor das eventuais responsabilidades já vencidas e não pagas.

Artigo 15.º
Adesão individual a fundos de pensões abertos

1. A adesão individual a um fundo de pensões aberto efectua-se através da subscrição inicial de unidades de participação por contribuintes.

2. Em caso de adesão individual a um fundo de pensões aberto as unidades de participação são pertença dos participantes.

3. Os planos de pensões a financiar, através da adesão individual a um fundo de pensões aberto, só podem ser de contribuição definida.

4. No momento da aquisição das primeiras unidades de participação deve ser celebrado um contrato de adesão individual ao fundo de pensões, entre o contribuinte e a entidade gestora, do qual devem constar:

   a) Denominação do fundo de pensões;
   b) Condições em que serão devidos os benefícios;
   c) Condições de transferência das unidades de participação de um participante para outro fundo de pensões, especificando eventuais penalizações que lhe sejam aplicáveis;
   d) Quantificação das remunerações e comissões que serão cobradas.

5. Os contribuintes pessoas singulares devem dar o seu acordo escrito ao regulamento de gestão do fundo, presumindo-se, na sua falta, que os mesmos não tomaram conhecimento daquele, assistindo-lhes, neste caso, o direito de resolução da adesão individual no prazo definido no artigo 18.º e de serem reembolsados da totalidade das importâncias pagas.

6. É vedada a concessão de empréstimos aos participantes com base nas unidades de participação detidas.

7. Relativamente às informações constantes do contrato de adesão individual, aplica-se o disposto na parte final do n.º 5, bem como nos artigos 18.º e 19.º

Artigo 16.º
Adesão colectiva a fundos de pensões abertos

1. A adesão colectiva a um fundo de pensões aberto efectua-se através da subscrição inicial de unidades de participação pelos associados que pretendam aderir a este.

2. Numa única adesão colectiva podem coexistir vários associados, desde que exista um vínculo de natureza empresarial, associativo, profissional ou social entre os mesmos e seja necessário o assentimento destes para a inclusão de novos associados na adesão colectiva.

3. Os planos de pensões a financiar, através da adesão colectiva a um fundo de pensões aberto, podem ser de contribuição definida, de benefício definido ou mistos, podendo ainda ser contributivos.

4. Sempre que um plano de pensões seja financiado através de mais de uma adesão colectiva, deve ser nomeada pelo associado a entidade gestora a quem incumbem as funções globais de gestão administrativa e actuarial do plano de pensões e que assume a responsabilidade pela designação do actuário responsável, nos termos fixados por norma regulamentar do Instituto de Seguros de Portugal.

5. No momento da aquisição das primeiras unidades de participação deve ser celebrado um contrato de adesão ao fundo de pensões entre cada associado, ou grupo de associados, e a entidade gestora, do qual conste obrigatoriamente:

a) Denominação do fundo de pensões;

b) Identificação do(s) associado(s);

c) Indicação das pessoas que podem ser participantes, contribuintes e beneficiárias do fundo;

d) Plano ou planos de pensões a financiar;

e) Indicação, se for caso disso, de que o plano de pensões é financiado por mais de uma adesão colectiva, nos termos do n.º 4 deste artigo, identificando-se a entidade gestora responsável pelas funções globais de gestão administrativa e actuarial;

f) Direitos dos participantes quando deixem de estar abrangidos pelo fundo;

g) Direitos dos participantes e dos beneficiários, quando a respectiva adesão colectiva ao fundo se extinguir ou qualquer do(s) associado(s) se extinguir ou abandonar o fundo, sem prejuízo do disposto no artigo 23.º;

h) Número de unidades de participação adquiridas;

i) Condições em que as partes contratantes se reservam o direito de modificar o contrato de adesão;

j) Condições de transferência da quota-parte de um associado para outro fundo de pensões, especificando eventuais penalizações que lhe sejam aplicáveis;

l) Quantificação das remunerações ou comissões que serão cobradas.

6. No caso de planos de benefício definido ou mistos, bem como das subsequentes alterações com incidência no plano de pensões, deve ser elaborado o respectivo plano técnico-actuarial nos termos do n.º 2 do artigo 30.º

7. No caso de planos de benefício definido ou mistos, aplicam-se ainda as regras de natureza actuarial estabelecidas neste diploma.

8. É dispensada a inclusão dos elementos mencionados nas alíneas c), d), f), g), i) e j) do n.º 5 desde que estes constem do regulamento de gestão.

9. Os associados devem expressar o seu acordo escrito ao regulamento de gestão do fundo.

10. É vedada a concessão de empréstimos aos participantes com base nas unidades de participação detidas.

11. Os contratos de adesão colectiva, bem como as respectivas alterações, devem ser enviados ao Instituto de Seguros de Portugal.

Artigo 17.º
Fundos de pensões PPR e PPA

Os fundos de pensões PPR, previstos no Decreto-Lei n.º 205/89, de 27 de Junho, com a redacção que lhe foi dada pelo Decreto-Lei n.º 145/90, de 7 de Maio, e os fundos de pensões PPA, previstos no Decreto-Lei n.º 204/95, de 5 de Agosto, são classificados como fundos de pensões abertos aos quais só é permitida a adesão individual.

Artigo 18.º
Direito de renúncia

1. O contribuinte, desde que não seja pessoa colectiva, dispõe de um prazo de 30 dias a contar da data de adesão individual a um fundo de pensões aberto ou da recepção do

exemplar do respectivo regulamento de gestão, se posterior, para expedir carta em que renuncie aos efeitos do contrato.

2. Sob pena de ineficácia, a comunicação da renúncia deve ser notificada, por carta registada, enviada para o endereço da sede social da entidade gestora que celebrou o contrato de adesão individual ao fundo de pensões.

Artigo 19.°
Efeitos do exercício do direito de renúncia

1. O exercício do direito de renúncia determina a resolução do contrato de adesão individual, extinguindo todas as obrigações dele decorrentes, com efeitos a partir da celebração do mesmo, havendo lugar à devolução das contribuições que eventualmente já tenham sido pagas.

2. A entidade gestora tem direito a um montante igual à comissão de emissão, revertendo para o fundo a parte dos custos de desinvestimento que comprovadamente tiver suportado e que excedam aquela comissão de emissão, ou à sua totalidade, se esta não tiver sido cobrada.

3. O exercício do direito de renúncia não dá lugar a qualquer indemnização para além do que é estabelecido no número anterior.

Artigo 20.°
Alterações

1. As alterações dos contratos constitutivos e dos regulamentos de gestão dos fundos de pensões, bem como a transferência de gestão de fundos de pensões entre entidades gestoras, dependem de autorização do Instituto de Seguros de Portugal.

2. As alterações não podem reduzir as pensões que se encontrem em pagamento nem os direitos adquiridos à data da alteração, se existirem.

3. Sempre que as alterações a introduzir no contrato constitutivo tenham incidência sobre o plano de pensões, o respectivo pedido de autorização deve incluir, além do projecto do novo texto, o respectivo plano técnico-actuarial, tendo em conta o disposto no n.° 2 do artigo 30.°

4. O disposto no n.° 4 do artigo 11.° é aplicável, com as necessárias adaptações, à autorização para alteração de contratos constitutivos, de regulamentos de gestão ou para transferência de gestão de fundos de pensões.

Artigo 21.°
Informação aos participantes e beneficiários

1. O associado deve informar os participantes sobre o plano de pensões constante do contrato constitutivo ou do contrato de adesão colectiva e das alterações posteriores que ocorram neste âmbito, bem como facultar, a pedido dos participantes, as informações adequadas à efectiva compreensão do plano.

2. Cabe ao associado provar que forneceu as informações referidas no número anterior.

3. Nos fundos de pensões que financiam planos de pensões contributivos, o incumprimento do referido no n.° 1 implica para o associado a obrigação de suportar de sua conta

a parte da contribuição correspondente ao participante, sem perda de garantias por parte deste, até que se mostre cumprida a obrigação.

4. Nos contratos de gestão de fundos de pensões fechados ou nos de adesão colectiva a fundos de pensões abertos pode estipular-se que as obrigações de informação aos participantes referidas no n.º 1 recaiam sobre a entidade gestora.

5. As entidades gestoras devem facultar aos participantes dos fundos de pensões que financiem planos de pensões contributivos, a seu pedido, todas as informações adequadas à efectiva compreensão do mesmo.

6. Os beneficiários que se encontrem a receber uma pensão paga através de um fundo de pensões têm o direito de obter da entidade gestora informações sobre a sua situação.

7. Nos casos de fundos de pensões que financiam planos de pensões contributivos, os contribuintes e os participantes têm direito a receber das entidades gestoras, pelo menos uma vez por ano, informações sobre o montante das contribuições efectuadas por si ou a seu favor e em seu nome e sobre o valor da sua quota-parte do fundo.

Artigo 22.º
Publicidade

1. É proibida a publicidade que quantifique resultados futuros baseados em estimativas da entidade gestora, salvo se contiver em realce, relativamente a todos os outros caracteres tipográficos, a indicação de que se trata de uma simulação.

2. Nos documentos destinados ao público e nos suportes publicitários relativos a fundos de pensões abertos deve indicar-se, claramente, que o valor das unidades de participação detidas varia de acordo com a evolução do valor dos activos que constituem o património do fundo de pensões, especificando ainda se existe a garantia de pagamento de um rendimento mínimo.

Artigo 23.º
Duração e extinção

1. Os fundos de pensões têm duração ilimitada.

2. A extinção de qualquer das entidades gestoras ou dos associados não determina a extinção do fundo, se se proceder à respectiva substituição, devendo observar-se nesse caso o disposto no contrato constitutivo ou no regulamento de gestão.

3. A entidade gestora do fundo não pode dissolver-se sem primeiro ter garantido a continuidade da gestão efectiva do mesmo fundo por outra entidade habilitada.

4. Se o associado não proceder ao pagamento das contribuições necessárias ao cumprimento dos montantes mínimos exigidos pelo normativo em vigor, cabe à entidade gestora, sem prejuízo do estabelecido nos números seguintes, tomar a iniciativa de propor ao associado a regularização da situação, sob pena de, se no prazo de um ano não for estabelecido um adequado plano de financiamento, dever a entidade gestora proceder à extinção do fundo ou da adesão colectiva, segundo os trâmites estabelecidos pelo Instituto de Seguros de Portugal.

5. No prazo de 15 dias a contar da data de verificação de uma situação de insuficiência de financiamento do valor actual das pensões em pagamento, a entidade gestora deverá avisar o associado para efectuar as contribuições que se mostrem necessárias no prazo de 180 dias seguintes àquela comunicação, devendo proceder à extinção do fundo ou da adesão colectiva, se as contribuições não forem efectuadas.

6. O desenvolvimento do plano de financiamento referido no n.º 4 deve ser acompanhado pela entidade gestora, que deve enviar um relatório semestral ao Instituto de Seguros de Portugal sobre a evolução do mesmo, procedendo-se à extinção do fundo de pensões ou da adesão colectiva, em caso de incumprimento daquele plano.

7. Sempre que da aplicação dos prazos estabelecidos nos n.os 4 e 5 possa resultar prejuízo para os participantes e beneficiários, o Instituto de Seguros de Portugal pode aceitar uma dilatação daqueles prazos, até ao máximo de três anos e um ano, respectivamente, mediante pedido devidamente fundamentado apresentado pela entidade gestora e pelo associado.

8. Os fundos de pensões extinguem-se necessariamente quando não existirem participantes nem beneficiários e quando, por qualquer causa, se esgotar o seu objecto, devendo proceder-se à liquidação do respectivo património.

9. A extinção de um fundo de pensões fechado ou de uma quota-parte deste, ou ainda de um fundo de pensões aberto, é efectuada, após autorização prévia do Instituto de Seguros de Portugal, mediante a celebração de um contrato de extinção.

10. A cessação de uma adesão colectiva a um fundo de pensões aberto é efectuada mediante a celebração de um contrato de extinção entre o associado e a entidade gestora, devendo ser dado conhecimento prévio do projecto daquele contrato ao Instituto de Seguros de Portugal.

11. Sem prejuízo da autorização prévia do Instituto de Seguros de Portugal, quando se verificar uma insuficiência de financiamento do plano de pensões face às regras estabelecidas e se se concluir, com base em elementos documentais, que não foi possível obter acordo do associado, ou nos casos previstos no n.º 8, a entidade gestora pode resolver unilateralmente o contrato constitutivo ou de adesão colectiva.

12. O contrato de extinção e a resolução unilateral devem ser objecto de publicação no *Diário da República*.

Artigo 24.º
Liquidação

1. A entidade gestora deve proceder à liquidação do património de um fundo de pensões ou de uma quota-parte deste, nos termos fixados no contrato de extinção ou na resolução unilateral prevista no n.º 11 do artigo 23.º

2. Na liquidação do património de um fundo de pensões ou de uma quota-parte deste, o respectivo património responderá, até ao limite da sua capacidade financeira, por:

a) Despesas que lhe sejam imputáveis nos termos das alíneas *d)*, *e)*, e *j)* do artigo 26.º;

b) O montante da conta individual de cada participante, no caso de fundos de pensões que financiam planos de pensões contributivos, que deverá ser aplicado de acordo com as regras estabelecidas no contrato constitutivo ou regulamento de gestão;

c) Prémios únicos de rendas vitalícias que assegurem as pensões em pagamento de acordo com o montante da pensão à data da extinção;

d) Prémios únicos de rendas vitalícias que assegurem o pagamento das pensões relativas aos participantes com idade superior ou igual à idade normal de reforma estabelecida no plano de pensões;

e) Montante que garanta os direitos adquiridos dos participantes existentes à data de extinção, que deverá ser aplicado de acordo com as regras estabelecidas no contrato constitutivo ou regulamento de gestão;

f) Garantia das pensões em formação, para os participantes que não tenham sido abrangidos no âmbito da alínea anterior;

g) Montantes que garantam a actualização das pensões em pagamento, desde que esta esteja contratualmente estipulada.

3. Em caso de insuficiência financeira, o património do fundo ou da respectiva quota-parte responderá preferencialmente pelas responsabilidades enunciadas e pela ordem das alíneas do número anterior, com recurso a rateio proporcional naquela em que for necessário.

4. O saldo final líquido positivo que eventualmente seja apurado durante a liquidação prevista no número anterior terá o destino que for decidido conjuntamente pelas entidades gestoras e os associados, mediante prévia aprovação do Instituto de Seguros de Portugal.

5. Salvo em casos devidamente justificados, sempre que o saldo líquido positivo referido no número anterior resulte de uma redução drástica do número de participantes em planos de pensões sem direitos adquiridos, aquele saldo deverá ser utilizado prioritariamente para garantia das pensões que se encontravam em formação, relativamente aos participantes abrangidos por aquela redução.

CAPÍTULO IV
Regime de financiamento dos fundos de pensões

Artigo 25.º
Receitas

Constituem receitas de um fundo de pensões:

a) As contribuições em dinheiro, valores mobiliários ou património imobiliário efectuadas pelos associados e pelos contribuintes;

b) Os rendimentos das aplicações que integram o património do fundo;

c) O produto da alienação e reembolso de aplicações do património do fundo;

d) A participação nos resultados dos contratos de seguro emitidos em nome do fundo;

e) As indemnizações resultantes de seguros contratados pelo fundo nos termos do n.º 2 do artigo 29.º;

f) Outras receitas.

Artigo 26.º
Despesas

Constituem despesas de um fundo de pensões:

a) As pensões e os capitais pagos aos beneficiários do fundo e ou os prémios únicos das rendas vitalícias pagos às empresas de seguros;

b) Os capitais de remição e as rendas previstos no artigo 8.º;

c) Os prémios dos seguros de risco pagos pelo fundo;

d) As remunerações de gestão e de depósito;

e) Os valores despendidos na compra de aplicações para o fundo;

f) Os encargos despendidos na compra, venda e gestão dos activos do fundo;

g) Os encargos sociais previstos no n.º 3 do artigo 5.º;

h) A devolução aos associados do excesso de património do fundo nos casos em que tal seja permitido;

i) As despesas com a transferência de direitos de participantes ou de associados entre fundos;

j) Outras despesas relacionadas com o fundo previstas no contrato ou regulamento de gestão.

Artigo 27.°
Autonomia patrimonial

1. Sem prejuízo do disposto no artigo seguinte, o património dos fundos de pensões está exclusivamente afecto ao cumprimento dos planos de pensões, ao pagamento das remunerações de gestão e de depósito que envolva e ao pagamento dos prémios dos seguros referidos no n.° 2 do artigo 29.°, não respondendo por quaisquer outras obrigações, designadamente as de associados, participantes, contribuintes, entidades gestoras e depositários.

2. Pela realização dos planos de pensões constantes do respectivo contrato constitutivo, regulamento de gestão ou contrato de adesão responde única e exclusivamente o património do fundo ou a respectiva quota-parte, cujo valor constitui o montante máximo disponível, sem prejuízo da responsabilidade dos associados, participantes e contribuintes pelo pagamento das suas contribuições e do rendimento mínimo eventualmente garantido pela entidade gestora.

Artigo 28.°
Excesso de financiamento

1. Se se verificar que, durante cinco anos consecutivos e por razões estruturais, o valor da quota-parte do fundo de pensões, correspondente ao financiamento de um plano de pensões de benefício definido, excede anualmente uma percentagem do valor actual das responsabilidades, mantendo-se, contudo, uma percentagem mínima de financiamento, nos termos que para o efeito forem estabelecidos em norma regulamentar do Instituto de Seguros de Portugal, o montante do excesso pode ser devolvido ao associado.

2. A devolução ao associado do montante em excesso está sujeita a aprovação prévia do Instituto de Seguros de Portugal, requerida conjuntamente, de forma fundamentada, pela entidade gestora e pelo associado.

3. Na decisão, o Instituto de Seguros de Portugal atenderá às circunstâncias concretas que em cada caso originaram o excesso de financiamento, tendo em consideração o interesse dos participantes e beneficiários, e não autorizará a devolução, quando tiver resultado, directa ou indirectamente, de uma alteração do plano de pensões ou de uma redução drástica do número de participantes em planos de pensões sem direitos adquiridos.

4. A devolução será efectuada em montante e condições a definir pelo Instituto de Seguros de Portugal na sua autorização.

Artigo 29.°
Gestão financeira, técnica e actuarial

1. O património, as contribuições e os planos de pensões devem estar em cada momento equilibrados de acordo com sistemas actuariais de capitalização que permitam estabelecer uma equivalência entre, por um lado, o património e as receitas previstas para

o fundo de pensões e, por outro, as pensões futuras devidas aos beneficiários e as remunerações de gestão e depósito futuras.

2. Os fundos de pensões podem celebrar com empresas de seguros ou resseguradoras contratos para a garantia da cobertura dos riscos de morte e invalidez permanente, eventualmente previstos no plano de pensões, bem como contratos de seguro de rendas vitalícias.

3. No caso de fundos que financiam planos mistos ou de contribuição definida é obrigatória a existência de contas individuais para cada participante, na parte correspondente às contribuições definidas.

4. Sem prejuízo da possibilidade de remição da pensão em capital, prevista no artigo 8.º, as pensões resultantes de planos de pensões de contribuição definida são garantidas através da compra de um seguro celebrado em nome e por conta do beneficiário.

5. As pensões referidas no número anterior podem ser pagas directamente pelo fundo, se os associados assumirem o pagamento de eventuais contribuições extraordinárias para garantia da manutenção do seu valor e se forem cumpridos os requisitos de ordem prudencial que para o efeito forem estabelecidos em norma regulamentar do Instituto de Seguros de Portugal.

6. Não é permitido o financiamento do fundo através do método de repartição dos capitais de cobertura.

7. Deve ser apresentado anualmente ao Instituto de Seguros de Portugal um relatório actuarial sobre a situação de financiamento de cada plano de pensões de benefício definido ou misto.

8. A entidade gestora só pode iniciar o pagamento de novas pensões nos termos do plano se o montante do fundo exceder ou igualar o valor actual das pensões em pagamento e das novas pensões devidas, calculado de acordo com os pressupostos fixados pelo normativo em vigor para a determinação do montante mínimo, excepto se já existir um plano de financiamento aprovado pelo Instituto de Seguros de Portugal.

9. O Instituto de Seguros de Portugal fixará as regras de gestão financeira, técnica e actuarial a observar na administração dos fundos, designadamente para realização dos princípios consignados nos números anteriores.

Artigo 30.º
Plano técnico-actuarial

1. No caso de planos de pensões de benefício definido ou mistos, deve ser elaborado um plano técnico-actuarial que sirva de base para o cálculo das contribuições a fazer pelos associados e contribuintes, de acordo com os benefícios a financiar e beneficiários abrangidos, em conformidade com o disposto pelo Instituto de Seguros de Portugal.

2. Do plano técnico-actuarial devem fazer parte, pelo menos, as seguintes informações:

   a) Número de participantes e beneficiários abrangidos;
   b) Pressupostos e método de financiamento utilizados;
   c) Valor actual da responsabilidade a financiar;
   d) Valor das contribuições e respectiva periodicidade;
   e) Indicação da forma e prazo previstos para o cumprimento do montante mínimo exigido pelo normativo em vigor;
   f) Qualquer outra informação considerada necessária para o completo esclarecimento do plano de financiamento.

3. O plano técnico-actuarial subjacente ao financiamento de cada plano de pensões de benefício definido ou misto deve ser revisto, pelo menos, trienalmente.

Artigo 31.°
Composição dos activos

1. A natureza dos activos que constituem o património dos fundos de pensões, os respectivos limites percentuais, bem como os princípios gerais da congruência e da avaliação desses activos, são fixados por portaria do Ministro das Finanças, ouvido o Instituto de Seguros de Portugal.

2. Na composição do património dos fundos de pensões, as entidades gestoras devem ter em conta o tipo de responsabilidades que aqueles se encontram a financiar de modo a garantir a segurança, o rendimento e a liquidez dos respectivos investimentos, assegurando uma diversificação e dispersão prudentes dessas aplicações.

3. Os critérios de contabilização e valorimetria dos activos são fixados por norma regulamentar do Instituto de Seguros de Portugal.

Artigo 32.°
Actuário responsável

1. A entidade gestora deve designar o actuário responsável por cada plano de pensões de benefício definido ou misto financiado através de um fundo de pensões por ela gerido, simultaneamente com:

   a) A apresentação do requerimento para a constituição de um fundo de pensões fechado;

   b) O envio de uma adesão colectiva a um fundo de pensões aberto.

2. As condições a preencher pelo actuário responsável são as estabelecidas nos termos de portaria a emitir pelo Ministro das Finanças, ouvido o Instituto de Seguros de Portugal.

3. Para além da elaboração do relatório actuarial anual, são funções do actuário responsável certificar:

   a) As avaliações actuariais;

   b) O nível de financiamento do fundo de pensões;

   c) A adequação do plano técnico-actuarial;

   d) O valor actual das responsabilidades totais para efeitos de determinação da existência de um excesso de financiamento, nos termos do artigo 28.°;

   e) A adequação da natureza dos activos que constituem o património do fundo de pensões às responsabilidades assumidas por este, a partir da data e nos termos que para o efeito forem estabelecidos em norma regulamentar do Instituto de Seguros de Portugal.

4. A substituição de um actuário responsável deve ser efectuada no prazo máximo de 45 dias a contar da data da verificação do facto que determinou a necessidade de substituição e comunicada ao Instituto de Seguros de Portugal nos 15 dias seguintes à data em que o novo responsável entrou em funções.

CAPÍTULO V
Gestão e depósito dos fundos de pensões

Artigo 33.°
Entidades gestoras

1. Os fundos de pensões podem ser geridos quer por sociedades constituídas exclusivamente para esse fim, designadas no presente diploma por sociedades gestoras, quer por empresas de seguros que em Portugal explorem legalmente o ramo «Vida».

2. A entidade gestora realiza todos os seus actos em nome e por conta comum dos associados, participantes, contribuintes e beneficiários e, na qualidade de administradora do fundo e de sua legal representante, pode negociar valores mobiliários ou imobiliários, fazer depósitos bancários na titularidade do fundo e exercer todos os direitos ou praticar todos os actos que directa ou indirectamente estejam relacionados com o património do fundo.

3. Uma entidade gestora pode gerir um ou mais fundos de pensões.

4. Sem prejuízo dos direitos dos participantes e beneficiários, os fundos de pensões fechados que envolvam montantes consideravelmente elevados podem ser geridos por mais de uma entidade gestora, nos casos e nas condições estabelecidos por norma regulamentar do Instituto de Seguros de Portugal.

5. Quando um fundo de pensões fechado for gerido por mais de uma entidade gestora, o associado deve nomear a que assume a responsabilidade pelas funções de consolidação contabilística e pela designação do actuário responsável.

6. As entidades gestoras não podem transferir global ou parcialmente para terceiros os poderes de gestão dos fundos de pensões que lhes são conferidos pela lei, sem prejuízo da possibilidade de recorrerem a serviços de terceiros que se mostrem convenientes para o exercício da sua actividade, designadamente os de prestação de conselhos especializados sobre aspectos actuariais e de investimentos e ainda de execução, sob a sua orientação e responsabilidade, dos actos e operações que lhes competem.

7. As entidades gestoras, sem prejuízo da manutenção da sua responsabilidade para com os fundos de pensões, associados, participantes e beneficiários, só podem mandatar a gestão de parte ou da totalidade dos activos de um fundo de pensões a instituições de crédito e a empresas de investimento legalmente autorizadas a gerir activos nos países membros da OCDE.

8. Deve ser celebrado um contrato escrito entre a entidade gestora e os prestadores de serviços previstos nos números anteriores que, designadamente, assegure a afectação do património aos seus fins, nos termos a definir por norma regulamentar do Instituto de Seguros de Portugal.

Artigo 34.º
Sociedades gestoras

1. As sociedades gestoras de fundos de pensões devem constituir-se sob a forma de sociedades anónimas e satisfazer aos seguintes requisitos:

a) Ter a sede estatutária e a principal e efectiva da administração em Portugal;

b) Ter um capital social de, pelo menos, 200 000 contos ou 1 000 000 de euros, realizado na data de constituição e integralmente representado por acções nominativas;

c) Adoptar na respectiva denominação a expressão «Sociedade Gestora de Fundos de Pensões»;

d) Ter por objecto exclusivo a gestão de fundos de pensões.

2. As sociedades gestoras podem ainda exercer as funções que lhes sejam atribuídas por lei, podendo também exercer actividades necessárias ou complementares da gestão de fundos de pensões, nomeadamente no que respeita à avaliação de responsabilidades com planos de pensões.

3. São aplicáveis às sociedades gestoras de fundos de pensões as disposições dos artigos 43.º a 50.º e, quanto aos respectivos órgãos sociais, as dos artigos 51.º e 54.º, todos do Decreto-Lei n.º 94-B/98, de 17 de Abril.

Artigo 35.º
Constituição de sociedades gestoras

1. A constituição de sociedades gestoras de fundos de pensões depende de autorização, a conceder caso a caso por despacho do Ministro das Finanças, após parecer do Instituto de Seguros de Portugal.
2. O Ministro das Finanças pode delegar no conselho directivo do Instituto de Seguros de Portugal a competência a que se refere o número anterior.
3. O requerimento para a constituição da sociedade deve referir o respectivo capital social, identificar os accionistas fundadores e as suas participações e ser acompanhado do projecto de estatutos.

Artigo 36.º
Modificações

1. Às modificações dos estatutos e aos aumentos de capital das sociedades gestoras aplica-se, com as necessárias adaptações, o disposto no artigo 35.º, devendo o respectivo requerimento ser apresentado ao Ministro das Finanças, por intermédio do Instituto de Seguros de Portugal, salvo se tiver havido a delegação prevista no n.º 2 do referido artigo, caso em que o requerimento deve ser apresentado a este Instituto.
2. As alterações estatutárias que consistam exclusivamente em mudança do local da sede dentro do mesmo concelho ou para concelhos limítrofes não carecem de autorização prévia, devendo, porém, ser comunicadas ao Instituto de Seguros de Portugal no prazo de cinco dias.

Artigo 37.º
Caducidade da autorização

1. A autorização caduca se os requerentes a ela expressamente renunciarem, bem como se a sociedade gestora não se constituir formalmente no prazo de 6 meses ou não der início à sua actividade no prazo de 12 meses, contados a partir da data de publicação no *Diário da República* do despacho de autorização.
2. Compete ao Instituto de Seguros de Portugal a verificação da constituição formal e do início da actividade dentro dos prazos referidos no número anterior.

Artigo 38.º
Revogação da autorização

1. A autorização pode ser revogada, sem prejuízo do disposto sobre a inexistência ou insuficiência de garantias financeiras mínimas, quando se verifique alguma das seguintes situações:
    a) Ter sido obtida por meio de falsas declarações ou outros meios ilícitos, independentemente das sanções penais que ao caso couberem;
    b) A sociedade gestora cessar a actividade por período ininterrupto superior a 12 meses;
    c) Os capitais próprios da empresa atingirem, na sua totalidade, um valor inferior a metade do valor indicado na alínea *b)* do n.º 1 do artigo 34.º para o capital social e, simultaneamente, não cobrirem a margem de solvência da empresa;

d) Não ser efectuada a comunicação ou ser recusada a designação de qualquer membro da administração ou fiscalização nos termos previstos no n.º 3 do artigo 34.º;

e) Irregularidades graves na administração, organização contabilística ou fiscalização interna da empresa.

2. Os factos previstos na alínea d) do número anterior não constituem fundamento de revogação se, no prazo estabelecido pelo Instituto de Seguros de Portugal, a empresa tiver procedido à comunicação ou à designação de outro administrador que seja aceite.

Artigo 39.º
Competência e forma de revogação

1. A revogação da autorização, ouvido o Instituto de Seguros de Portugal, compete ao Ministro das Finanças, na forma de despacho, podendo essa competência ser delegada no conselho directivo do Instituto de Seguros de Portugal, nos termos do n.º 2 do artigo 35.º

2. A decisão de revogação deve ser fundamentada e notificada à sociedade gestora.

3. Após a revogação da autorização, proceder-se-á à liquidação da sociedade gestora, nos termos legais em vigor.

Artigo 40.º
Funções das entidades gestoras

À entidade gestora compete a prática de todos os actos e operações necessários ou convenientes à boa administração e gestão dos fundos de pensões, nomeadamente:

a) Representar, independentemente de mandato, os associados, participantes, contribuintes e beneficiários do fundo no exercício de todos os direitos decorrentes das respectivas participações;

b) Seleccionar os valores que devem constituir o fundo, de acordo com a política de aplicações;

c) Proceder à avaliação das responsabilidades do fundo;

d) Proceder à cobrança das contribuições previstas e garantir, directa ou indirectamente, os pagamentos devidos aos beneficiários;

e) Proceder, a pedido do beneficiário, ao pagamento directo dos encargos devidos por aquele e correspondentes aos referidos no n.º 3 do artigo 5.º, através da dedução do montante respectivo à pensão em pagamento;

f) Manter em ordem a sua escrita e a dos fundos por ela geridos;

g) Inscrever no registo predial, em nome do fundo, os terrenos e edifícios que o integrem.

Artigo 41.º
Actos vedados ou condicionados

À entidade gestora é especialmente vedado, quer actue por conta própria ou como gestora do fundo de pensões:

a) Oferecer a terceiros os activos dos fundos de pensões para garantia, qualquer que seja a forma jurídica a assumir por essa garantia, excepto no âmbito de contratos de reporte ou de empréstimo de valores, ou outros com o objectivo de uma gestão eficaz de carteira, nos termos de portaria a emitir pelo Ministro das Finanças, ouvido o Instituto de Seguros de Portugal;

b) Adquirir acções próprias;

c) Conceder crédito, por conta dos fundos de pensões geridos, salvo se se tratar de crédito hipotecário ou de crédito aos participantes nos termos previstos no contrato constitutivo do fundo;

d) Conceder crédito por conta própria, com excepção de crédito hipotecário aos seus trabalhadores.

Artigo 42.°
Normas de contabilidade

Compete ao Instituto de Seguros de Portugal, sem prejuízo das atribuições da Comissão de Normalização Contabilística, estabelecer, por norma regulamentar, as regras de contabilidade aplicáveis às sociedades gestoras e aos fundos de pensões, bem como definir os elementos que as entidades gestoras lhe devem remeter e os que devem obrigatoriamente publicar.

Artigo 43.°
Controlo interno

As sociedades gestoras devem dispor de uma boa e correcta organização administrativa e contabilística e de procedimentos adequados de controlo interno.

Artigo 44.°
Auditoria

1. As entidades gestoras devem apresentar ao Instituto de Seguros de Portugal a documentação de encerramento de exercício relativa aos fundos de pensões, certificada por um revisor oficial de contas ou auditada por um auditor externo.

2. As sociedades gestoras de fundos de pensões devem apresentar ao Instituto de Seguros de Portugal o relatório de gestão, o balanço, a demonstração de resultados e os demais documentos de prestação de contas, certificados por um revisor oficial de contas ou auditados por um auditor externo.

3. As condições a preencher pelos revisores oficiais de contas e pelos auditores externos que prestem as funções de auditoria acima referidas são as estabelecidas nos termos de portaria a emitir pelo Ministro das Finanças, ouvido o Instituto de Seguros de Portugal.

4. Aos revisores oficiais de contas e aos auditores externos que, por exigência legal, prestem às sociedades gestoras de fundos de pensões serviços de auditoria aplicam-se, com as devidas adaptações, as disposições constantes do Decreto-Lei n.° 94-B/98, de 17 de Abril.

Artigo 45.°
Liquidez

As entidades gestoras devem garantir que os fundos de pensões dispõem em cada momento dos meios líquidos necessários para efectuar o pagamento pontual das pensões e capitais de remição aos beneficiários ou o pagamento de prémios de seguros destinados à satisfação das garantias previstas no plano de pensões estabelecido.

Artigo 46.º
Margem de solvência e fundo de garantia

1. A entidade gestora deve dispor de adequada margem de solvência e de fundo de garantia compatível.

2. A margem de solvência de uma entidade gestora corresponde ao seu património, livre de toda e qualquer obrigação previsível e deduzido dos elementos incorpóreos.

3. As entidades gestoras devem, desde o momento em que são autorizadas, dispor e manter um fundo de garantia que faz parte integrante da margem de solvência e que corresponde a um terço do seu valor, não podendo, no entanto, ser inferior aos limites fixados no n.º 2 do artigo 102.º do Decreto-Lei n.º 94-B/98, de 17 de Abril.

Artigo 47.º
Constituição da margem de solvência das sociedades gestoras

1. Para efeitos da margem de solvência, o património das sociedades gestoras compreende elementos explícitos e elementos implícitos, estes últimos mediante autorização prévia do Instituto de Seguros de Portugal.

2. Os elementos constitutivos da margem de solvência são os definidos nos termos do disposto no n.º 2 e na alínea *b*) do n.º 3 do artigo 98.º do Decreto-Lei n.º 94-B/98, de 17 de Abril.

3. Os elementos constitutivos do fundo de garantia são os definidos nos termos do disposto no artigo 103.º do diploma referido no número anterior, relativamente à actividade de seguros «Vida».

4. Os critérios de valorimetria dos activos correspondentes à margem de solvência são fixados pelo Instituto de Seguros de Portugal.

Artigo 48.º
Determinação da margem de solvência

1. Sem prejuízo do estabelecido no n.º 3, o montante da margem de solvência é determinado da seguinte forma:
Se a entidade gestora assume o risco de investimento, o valor correspondente a 4% do montante dos respectivos fundos de pensões;
Se a entidade gestora não assume o risco de investimento, o valor correspondente a 1% do montante dos respectivos fundos de pensões, desde que a duração do contrato de gestão seja superior a cinco anos e que o montante destinado a cobrir as despesas de gestão previstas naquele contrato seja fixado por prazo superior a cinco anos.

2. O valor da margem de solvência, no que respeita às adesões individuais a fundos de pensões abertos, a fundos de pensões PPR e a fundos de pensões PPA, se a entidade gestora não assume o risco de investimento, é o correspondente a 1% do montante da quota--parte do fundo relativa a essas adesões e do montante dos fundos de pensões PPR e PPA.

3. O montante da margem de solvência não pode, no entanto, ser inferior às seguintes percentagens do montante dos fundos de pensões geridos:
a) Até 15 milhões de contos ou 75 milhões de euros – 1%;
b) No excedente – 1‰.

Artigo 49.°
Insuficiência de margem de solvência

1. Sempre que se verifique, mesmo circunstancial ou temporariamente, a insuficiência da margem de solvência de uma sociedade gestora ou sempre que o fundo de garantia não atinja o limite mínimo fixado, a sociedade gestora deve, no prazo que lhe vier a ser fixado pelo Instituto de Seguros de Portugal, submeter à aprovação deste um plano de financiamento a curto prazo, nos termos dos números seguintes.

2. O plano de financiamento a curto prazo a apresentar deve ser fundamentado num adequado plano de actividades, que incluirá contas previsionais.

3. O Instituto de Seguros de Portugal definirá, caso a caso, as condições específicas a que deve obedecer o plano de financiamento referido no número anterior, bem como o seu acompanhamento.

Artigo 50.°
Depósito

Os títulos e os outros documentos representativos dos valores mobiliários que integram o fundo de pensões devem ser depositados numa ou várias instituições de crédito estabelecidas em território nacional, designadas por depositários.

Artigo 51.°
Depositários

1. Aos depositários compete:

a) Receber em depósito ou inscrever em registo os títulos e documentos representativos dos valores que integram os fundos;

b) Ter em dia a relação cronológica de todas as operações realizadas e estabelecer, trimestralmente, um inventário discriminado dos valores que lhe estejam confiados.

2. Os depositários podem ainda, nomeadamente, ser encarregados de:

a) Realizar operações de compra e venda de títulos e exercer direitos de subscrição e de opção;

b) Efectuar a cobrança dos rendimentos produzidos pelos valores dos fundos e colaborar com a entidade gestora na realização de operações sobre aqueles bens;

c) Proceder aos pagamentos das pensões aos beneficiários, conforme as instruções da entidade gestora.

Artigo 52.°
Relações entre as entidades gestoras e os depositários

1. Deve constar de contrato escrito o regime das relações estabelecidas entre as entidades gestoras e os depositários, inclusivamente no tocante às comissões a cobrar por estes últimos.

2. Deve ser remetido ao Instituto de Seguros de Portugal um exemplar dos contratos referidos no número anterior, bem como das suas posteriores alterações.

3. A guarda de parte dos valores do fundo de pensões pode ser confiada pelo depositário a um terceiro, sem que, contudo, esse facto afecte a responsabilidade do depositário perante a entidade gestora.

CAPÍTULO VI
Fundos de pensões para as comunidades portuguesas

Artigo 53.º
Constituição

1. Os fundos de pensões para as comunidades portuguesas constituem-se, nos termos do presente diploma, sob a forma de fundos abertos.

2. Os participantes de um fundo de pensões para as comunidades portuguesas devem ter residência definitiva há, pelo menos, um ano no estrangeiro.

3. A denominação destes fundos deve incluir a designação «Fundo de Pensões para as Comunidades Portuguesas».

Artigo 54.º
Conselho de acompanhamento de activos

1. Em cada fundo de pensões para as comunidades portuguesas é constituído um conselho de acompanhamento de activos, que se deve pronunciar, pelo menos, duas vezes por ano sobre o conjunto das aplicações que integram o património do fundo, emitindo anualmente um parecer síntese que será objecto de divulgação pública.

2. A composição do conselho de acompanhamento de activos deve constar do regulamento de gestão do fundo.

CAPÍTULO VII
Disposições transitórias e finais

Artigo 55.º
Direito subsidiário

Os fundos de pensões e respectivas entidades gestoras regular-se-ão, nos aspectos não previstos no presente diploma, pelas normas aplicáveis à actividade seguradora.

Artigo 56.º
Entrada em vigor

O presente diploma aplica-se aos fundos de pensões que venham a constituir-se após a sua entrada em vigor, bem como àqueles que nessa data já se encontrem constituídos, salvo na medida em que da sua aplicação resulte diminuição ou extinção de direitos ou expectativas adquiridas ao abrigo da legislação anterior.

Artigo 57.º
Disposições transitórias

1. A nomeação do actuário responsável, relativamente aos planos de pensões financiados através de fundos de pensões já constituídos, deve ser efectuada no prazo de 45 dias após a publicação da portaria referida no n.º 2 do artigo 32.º

2. As entidades gestoras devem dar cumprimento às regras estabelecidas no n.° 3 do artigo 48.°, no máximo até 31 de Dezembro de 2001.

Artigo 58.°
Sanções

Às infracções praticadas no âmbito da actividade de gestão de fundos de pensões são aplicáveis as disposições pertinentes do Decreto-Lei n.° 94-B/98, de 17 de Abril.

Artigo 59.°
Revogações

1. É revogado o Decreto-Lei n.° 415/91, de 25 de Outubro, mantendo-se em vigor, enquanto não for publicada a portaria referida no n.° 1 do artigo 31.° do presente decreto--lei, as disposições relativas às aplicações dos fundos de pensões.

2. Mantêm-se em vigor, enquanto não substituídas, as disposições das normas já emitidas pelo Instituto de Seguros de Portugal.

Visto e aprovado em Conselho de Ministros de 26 de Agosto de 1999. – *António Manuel de Oliveira Guterres – António Luciano Pacheco de Sousa Franco.*

Promulgado em 15 de Outubro de 1999.

Publique-se.

O Presidente da República, JORGE SAMPAIO.

Referendado em 21 de Outubro de 1999.

O Primeiro-Ministro, *António Manuel de Oliveira Guterres.*

Decreto-Lei n.° 290-D/99
de 2 de Agosto

A Resolução do Conselho de Ministros n.° 115/98, de 1 de Setembro, determinou a definição do regime jurídico aplicável aos documentos electrónicos e assinatura digital, como um dos objectivos a alcançar no âmbito da Iniciativa Nacional para o Comércio Electrónico, necessário à plena afirmação do comércio electrónico.

As redes electrónicas abertas, como a Internet, têm assumido uma importância crescente na vida quotidiana dos cidadãos e dos agentes económicos, proporcionando uma teia de relações comerciais globais. Para aproveitar da melhor forma estas oportunidades, urge criar um ambiente seguro para a autenticação electrónica. Na realidade, as comunicações e o comércio electrónicos exigem assinaturas electrónicas e serviços a elas associados que permitam a autenticação electrónica dos dados.

As assinaturas electrónicas possibilitam ao utente de dados enviados electronicamente que verifique a sua origem (autenticação), bem como se os dados foram entretanto alterados (integridade). Em matéria de assinatura electrónica, o presente diploma assenta no modelo tecnológico ora prevalecente: a assinatura digital produzida através de técnicas criptográficas. Como se depreende dos estudos disponíveis sobre tecnologias de assinaturas digitais baseadas na criptografia de chaves públicas, a assinatura digital constitui, neste momento, a técnica mais reconhecida de assinatura electrónica, apresentando o mais elevado grau de segurança para as trocas de dados em redes abertas. E é esta constatação do estado da tecnologia que tem levado as experiências legislativas estrangeiras a privilegiar esta forma de assinatura electrónica.

Contudo, e considerando que em face do constante desenvolvimento tecnológico esta solução de autenticação de dados pode ser, em pouco tempo, tecnicamente ultrapassada pela afirmação de outras formas de assinatura electrónica, o regime previsto no presente diploma poderá vir a ser aplicado a outras modalidades de assinatura electrónica que satisfaçam os requisitos de segurança da assinatura digital.

A verificação da autenticidade e da integridade dos dados, facultada pelas assinaturas electrónicas, em geral, e pela assinatura digital, em particular, não prova necessariamente a identidade do signatário que cria as assinaturas electrónicas. Assim, considera-se necessário, de acordo com a prática tecnicamente recomendada e internacionalmente consagrada, instituir um sistema de confirmação por entidades certificadoras, às quais incumbe assegurar os elevados níveis de segurança do sistema indispensáveis para a criação da desejada confiança no tocante às assinaturas de documentos electrónicos.

Neste contexto, o presente diploma, por um lado, regula o reconhecimento e o valor jurídico dos documentos electrónicos e das assinaturas digitais e, por outro, confia o controlo da actividade de certificação de assinaturas a uma entidade a designar e define os poderes e procedimentos desta, bem como as condições de credenciação da actividade e os direitos e os deveres das entidades certificadoras.

Esta actividade de certificação de assinaturas digitais, de harmonia com a orientação consagrada já noutros países da União Europeia, não está sujeita a autorização administrativa prévia. Importa, porém, que o Estado providencie um controlo das condições de idoneidade e segurança asseguradas pelas entidades certificadoras, e desse modo ofereça ao público e ao mercado a orientação e a garantia de qualidade que são indispensáveis para a confiança nos novos meios de documentação e assinatura. De harmonia com este desiderato, prevê-se um sistema voluntário de credenciação e fiscalização das entidades certificadoras pela autoridade competente.

Com este diploma dá-se, em Portugal, o primeiro passo no sentido da consagração legal das assinaturas electrónicas,, acolhendo-se, designadamente, as soluções avançadas no quadro da União Europeia, na proposta de directiva do Parlamento Europeu e do Conselho, relativa a um quadro legal comunitário para as assinaturas electrónicas. A evolução tecnológica, que nesta matéria é constante, determinará a médio prazo a revisão, adaptação e aprofundamento do regime estabelecido no presente diploma.

Assim:

Nos termos da alínea *a*) do n.º 1 do artigo 198.º da Constituição, o Governo decreta, para valer como lei geral da República, o seguinte:

CAPÍTULO I
Documentos e actos jurídicos electrónicos

Artigo 1.º
Objecto

1. O presente diploma regula a validade, eficácia e valor probatório dos documentos electrónicos e a assinatura digital.

2. O regime previsto no presente diploma pode ser tornado aplicável a outras modalidades de assinatura electrónica que satisfaçam exigências de segurança idênticas às da assinatura digital.

Artigo 2.º
Definições

Para os fins do presente diploma, entende-se por:

a) Documento electrónico: documento elaborado mediante processamento electrónico de dados;

b) Assinatura electrónica: resultado de um processamento electrónico de dados susceptível de constituir objecto de direito individual e exclusivo e de ser utilizado para dar a conhecer a autoria de um documento electrónico ao qual seja aposta, de modo que:

i) Identifique de forma unívoca o titular como autor do documento;

ii) A sua aposição ao documento dependa apenas da vontade do titular;

iii) A sua conexão com o documento permita detectar toda e qualquer alteração superveniente do conteúdo deste;

c) Assinatura digital: processo de assinatura electrónica baseado em sistema criptográfico assimétrico composto de um algoritmo ou série de algoritmos, mediante o qual é gerado um par de chaves assimétricas exclusivas e interdependentes, uma das quais privada e outra pública, e que permite ao titular usar a chave privada para declarar a autoria do documento electrónico ao qual a assinatura é aposta e concordância com o seu conteúdo, e ao declaratário usar a chave pública para verificar se a assinatura foi criada mediante o uso da correspondente chave privada e se o documento electrónico foi alterado depois de aposta a assinatura;

d) Chave privada: elemento do par de chaves assimétricas destinado a ser conhecido apenas pelo seu titular, mediante o qual se apõe a assinatura digital no documento electrónico, ou se decifra um documento electrónico previamente cifrado com a correspondente chave pública;

e) Chave pública: elemento do par de chaves assimétricas destinado a ser divulgado, com o qual se verifica a assinatura digital aposta no documento electrónico pelo titular do par de chaves assimétricas, ou se cifra um documento electrónico a transmitir ao titular do mesmo par de chaves;

f) Credenciação: acto pelo qual é reconhecido a uma entidade que o solicite e que exerça actividade de entidade certificadora referida na alínea *h)* deste artigo o preenchimento dos requisitos definidos no presente diploma para os efeitos nele previstos;

g) Autoridade credenciadora: entidade competente para a credenciação e fiscalização das entidades certificadoras;

h) Entidade certificadora: entidade ou pessoa singular ou colectiva credenciada que cria ou fornece meios para a criação das chaves, emite os certificados de assinatura, assegura a respectiva publicidade e presta outros serviços relativos a assinaturas digitais;

i) Certificado de assinatura: documento electrónico autenticado com assinatura digital e que certifique a titularidade de uma chave pública e o prazo de validade da mesma chave;

j) Validação cronológica: declaração de entidade certificadora que atesta a data e hora da criação, expedição ou recepção de um documento electrónico;

l) Endereço electrónico: identificação de um equipamento informático adequado para receber e arquivar documentos electrónicos.

Artigo 3.°
Forma e força probatória

1. O documento electrónico satisfaz o requisito legal de forma escrita quando o seu conteúdo seja susceptível de representação como declaração escrita.

2. Quando lhe seja aposta uma assinatura digital certificada por uma entidade credenciada e com os requisitos previstos neste diploma, o documento electrónico com o conteúdo referido no número anterior tem a força probatória de documento particular assinado, nos termos do artigo 376.° do Código Civil.

3. Quando lhe seja aposta uma assinatura digital certificada por uma entidade credenciada e com os requisitos previstos neste diploma, o documento electrónico cujo conteúdo não seja susceptível de representação como declaração escrita tem a força probatória prevista no artigo 368.° do Código Civil e no artigo 167.° do Código de Processo Penal.

4. O disposto nos números anteriores não obsta à utilização de outro meio de comprovação da autoria e integridade de documentos electrónicos, incluindo a assinatura electrónica não conforme com os requisitos do presente diploma, desde que tal meio seja adoptado pelas partes ao abrigo de válida convenção sobre prova ou seja aceite pela pessoa a quem for oposto o documento.

5. O valor probatório dos documentos electrónicos aos quais não seja aposta uma assinatura digital certificada por uma entidade credenciada e com os requisitos previstos neste diploma é apreciado nos termos gerais de direito.

Artigo 4.º
Cópias de documentos

As cópias de documentos electrónicos, sobre idêntico ou diferente tipo de suporte, são válidas e eficazes nos termos gerais de direito e têm a força probatória atribuída às cópias fotográficas pelo n.º 2 do artigo 387.º do Código Civil e pelo artigo 168.º do Código de Processo Penal, se forem observados os requisitos aí previstos.

Artigo 5.º
Documentos electrónicos dos organismos públicos

1. Os organismos públicos podem emitir documentos electrónicos com assinatura digital aposta em conformidade com as normas do presente diploma.

2. Nas operações relativas à criação, emissão, arquivo, reprodução, cópia e transmissão de documentos electrónicos que formalizem actos administrativos através de sistemas informáticos, incluindo a sua transmissão por meios de telecomunicações, os dados relativos ao organismo interessado e à pessoa que tenha praticado cada acto administrativo devem ser indicados de forma a torná-los facilmente identificáveis e a comprovar a função ou cargo desempenhado pela pessoa signatária de cada documento.

Artigo 6.º
Comunicação de documentos electrónicos

1. O documento electrónico comunicado por um meio de telecomunicações considera-se enviado e recebido pelo destinatário se for transmitido para o endereço electrónico definido por acordo das partes e neste for recebido.

2. São oponíveis entre as partes e a terceiros a data e a hora da criação, da expedição ou da recepção de um documento electrónico que contenha uma validação cronológica emitida por uma entidade certificadora.

3. A comunicação do documento electrónico, assinado de acordo com os requisitos do presente diploma, por meio de telecomunicações que assegure a efectiva recepção equivale à remessa por via postal registada e, se a recepção for comprovada por mensagem de confirmação dirigida ao remetente pelo destinatário com assinatura digital e recebida pelo remetente, equivale à remessa por via postal registada com aviso de recepção.

4. Os dados e documentos comunicados por meio de telecomunicações consideram-se em poder do remetente até à recepção pelo destinatário.

5. Os operadores que assegurem a comunicação de documentos electrónicos por meio de telecomunicações não podem tomar conhecimento do seu conteúdo, nem duplicá-los por qualquer meio ou ceder a terceiros qualquer informação, ainda que resumida ou por extracto, sobre a existência ou sobre o conteúdo desses documentos, salvo quando se trate de informação que, pela sua natureza ou por indicação expressa do seu remetente, se destine a ser tornada pública.

CAPÍTULO II
Assinaturas digitais

Artigo 7.°
Assinatura digital

1. A aposição de uma assinatura digital a um documento electrónico ou a uma cópia deste equivale à assinatura autógrafa dos documentos com forma escrita sobre suporte de papel e cria a presunção de que:

a) A pessoa que apôs a assinatura digital é o titular desta ou é representante, com poderes bastantes, da pessoa colectiva titular da assinatura digital;

b) A assinatura digital foi aposta com a intenção de assinar o documento electrónico;

c) O documento electrónico não sofreu alteração desde que lhe foi aposta a assinatura digital, sempre que seja utilizada para verificação uma chave pública contida em certificado válido emitido por entidade certificadora credenciada nos termos deste diploma.

2. A assinatura digital deve referir-se inequivocamente a uma só pessoa singular ou colectiva e ao documento ao qual é aposta.

3. A aposição de assinatura digital substitui, para todos os efeitos legais, a aposição de selos, carimbos, marcas ou outros sinais identificadores do seu titular.

4. Para a aposição de assinatura digital deve utilizar-se uma chave privada cuja correspondente chave pública conste de certificado válido, emitido por entidade certificadora, credenciada nos termos deste diploma, e que, na data da aposição da assinatura digital, não se encontre suspenso ou revogado por decisão da entidade certificadora, e cujo prazo de validade não tenha terminado.

5. A aposição de assinatura digital cuja chave pública conste de certificado que esteja revogado, caduco ou suspenso, na data da aposição, ou não respeite as condições dele constantes equivale à falta de assinatura.

Artigo 8.°
Obtenção das chaves e certificado

Quem pretenda utilizar uma assinatura digital para os fins deste diploma deve, nos termos do n.° 1 do artigo 29.°, criar ou obter a emissão de um par de chaves assimétricas, bem como obter o certificado da respectiva chave pública emitido por entidade certificadora credenciada nos termos deste diploma.

CAPÍTULO III
Certificação

SECÇÃO I
Acesso à actividade de certificação

Artigo 9.°
Livre acesso à actividade de certificação

É livre o exercício da actividade de entidade certificadora referida na alínea *h*) do artigo 2.°, sendo facultativa a solicitação da credenciação regulada nos artigos 11.° e seguintes.

Artigo 10.º
Livre escolha da entidade certificadora

1. É livre a escolha da entidade certificadora.
2. A escolha de entidade determinada não pode constituir condição de oferta ou de celebração de qualquer negócio jurídico.

Artigo 11.º
Entidade competente para a credenciação

A credenciação de entidades certificadoras para efeitos do presente diploma compete à entidade, a designar nos termos do artigo 40.º, adiante designada autoridade credenciadora.

Artigo 12.º
Credenciação da entidade certificadora

Será concedida a credenciação de entidades certificadoras de assinaturas digitais, mediante pedido apresentado à autoridade credenciadora, a entidades que satisfaçam os seguintes requisitos:

a) Estejam dotadas de capital e meios financeiros adequados;
b) Dêem garantias de absoluta integridade e independência no exercício da actividade de certificação de assinaturas digitais;
c) Disponham de recursos técnicos e humanos que satisfaçam os padrões de segurança e de eficácia que sejam previstos na regulamentação a que se refere o artigo 38.º;
d) Mantenham contrato de seguro válido para cobertura adequada da responsabilidade civil emergente da actividade de certificação.

Artigo 13.º
Pedido de credenciação

1. O pedido de credenciação de entidade certificadora de assinaturas digitais será instruído com os seguintes documentos:

a) Estatutos da pessoa colectiva e, tratando-se de sociedade, contrato de sociedade ou, tratando-se de pessoa singular, a respectiva identificação e domicílio;
b) Tratando-se de sociedade, relação de todos os sócios, com especificação das respectivas participações, bem como dos membros dos órgãos de administração e de fiscalização, e, tratando-se de sociedade anónima, relação de todos os accionistas com participações significativas, directas ou indirectas;
c) Declarações subscritas por todas as pessoas singulares e colectivas referidas no n.º 1 do artigo 15.º de que não se encontram em nenhuma das situações indiciadoras de inidoneidade referidas no respectivo n.º 2;
d) Prova do substrato patrimonial e dos meios financeiros disponíveis e, designadamente, tratando-se de sociedade, da realização integral do capital social;
e) Descrição da organização interna e plano de segurança;
f) Descrição dos recursos materiais e técnicos disponíveis, incluindo características e localização de todos os imóveis utilizados;
g) Designação do auditor de segurança;

h) Programa geral da actividade prevista para os primeiros três anos;

i) Descrição geral das actividades exercidas nos últimos três anos ou no tempo decorrido desde a constituição, se for inferior, e balanço e contas dos exercícios correspondentes;

j) Comprovação de contrato de seguro válido para cobertura adequada da responsabilidade civil emergente da actividade de certificação.

2. Se à data do pedido a pessoa colectiva não estiver constituída, o pedido será instruído, em substituição do previsto na alínea a) do número anterior, com os seguintes documentos:

a) Acta da reunião em que foi deliberada a constituição;

b) Projecto de estatutos ou contrato de sociedade;

c) Declaração de compromisso, subscrita por todos os fundadores, de que no acto de constituição, e como condição dela, estará integralmente realizado o substrato patrimonial exigido por lei.

3. As declarações previstas na alínea c) do n.º 1 poderão ser entregues em momento posterior ao pedido, nos termos e prazo que a autoridade credenciadora fixar.

4. Consideram-se como participações significativas, para os efeitos do presente diploma, as que igualem ou excedam 10% do capital da sociedade anónima.

Artigo 14.º
Requisitos patrimoniais

1. As entidades certificadoras privadas, que sejam pessoas jurídicas, devem estar dotadas de capital social no valor mínimo de 40 000 000$, ou, não sendo sociedades, do substrato patrimonial equivalente.

2. O substrato patrimonial, e designadamente o capital social mínimo de sociedade, encontrar-se-á sempre integralmente realizado à data da credenciação, se a pessoa colectiva estiver já constituída, ou será sempre integralmente realizado com a constituição da pessoa colectiva, se esta ocorrer posteriormente.

3. As entidades certificadoras que sejam pessoas singulares devem ter e manter durante toda a sua actividade um património, livre de quaisquer ónus, de valor equivalente ao previsto no n.º 1.

Artigo 15.º
Requisitos de idoneidade

1. A pessoa singular e, no caso de pessoa colectiva, os membros dos órgãos de administração e fiscalização, os empregados, comitidos e representantes das entidades certificadoras com acesso aos actos e instrumentos de certificação, os sócios da sociedade e, tratando-se de sociedade anónima, os accionistas com participações significativas serão sempre pessoas de reconhecida idoneidade.

2. Entre outras circunstâncias atendíveis, considera-se indiciador de falta de idoneidade o facto de a pessoa ter sido:

a) Condenada, no País ou no estrangeiro, por crime de furto, roubo, burla, burla informática e nas comunicações, extorsão, abuso de confiança, infidelidade, falsificação, falsas declarações, insolvência dolosa, insolvência negligente, favorecimento de credores, emissão de cheques sem provisão, abuso de cartão de garantia ou de crédito, apropriação ilegítima de bens do sector público ou cooperativo, administração danosa em unidade económica do sector público ou cooperativo, usura, suborno, corrupção, recepção não autorizada de depósitos ou outros fundos reembolsáveis, prática ilícita de actos ou operações inerentes à actividade seguradora ou dos fundos de pensões, branqueamento de capitais, abuso de informação, manipulação do mercado de valores mobiliários ou crime previsto no Código das Sociedades Comerciais;

b) Declarada, por sentença nacional ou estrangeira, falida ou insolvente ou julgada responsável por falência ou insolvência de empresa por ela dominada ou de cujos órgãos de administração ou fiscalização tenha sido membro;

c) Sujeita a sanções, no País ou no estrangeiro, pela prática de infracções às normas legais ou regulamentares que regem as actividades de produção, autenticação, registo e conservação de documentos, e designadamente as do notariado, dos registos públicos, do funcionalismo judicial, das bibliotecas públicas e da certificação de assinaturas digitais.

3. A falta dos requisitos de idoneidade previstos no presente artigo constitui fundamento de recusa e de revogação da credenciação, nos termos da alínea *c)* do n.° 1 do artigo 19.° e da alínea *f)* do n.° 1 do artigo 21.°

Artigo 16.°
Auditor de segurança

1. Todas as entidades certificadoras terão um auditor de segurança, pessoa singular ou colectiva, o qual elaborará um relatório anual de segurança e o enviará à autoridade credenciadora, até 31 de Março de cada ano civil.

2. A designação do auditor de segurança será sujeita a aprovação prévia pela autoridade credenciadora.

Artigo 17.°
Seguro obrigatório de responsabilidade civil

O Ministro das Finanças definirá, por portaria, as características do contrato de seguro de responsabilidade civil a que se refere a alínea *d)* do artigo 12.°

Artigo 18.°
Decisão

1. A autoridade credenciadora poderá solicitar dos requerentes informações complementares e proceder, por si ou por quem para o efeito designar, às averiguações, inquirições e inspecções que entenda necessárias para a apreciação do pedido.

2. A decisão sobre o pedido de credenciação deve ser notificada aos interessados no prazo de três meses a contar da recepção do pedido ou, se for o caso, a contar da recepção das informações complementares solicitadas ou da conclusão das diligências que entenda necessárias, não podendo no entanto exceder o prazo de seis meses sobre a data da recepção daquele.

3. A falta de notificação nos prazos referidos no número anterior constitui presunção de indeferimento tácito do pedido.

4. A autoridade credenciadora poderá incluir na credenciação condições adicionais desde que necessárias para assegurar o cumprimento das disposições legais e regulamentares aplicáveis ao exercício da actividade pela entidade certificadora.

5. A emissão da credenciação será acompanhada da emissão pela autoridade credenciadora do certificado das chaves a ser usado pela entidade certificadora na emissão de certificados.

6. A decisão de credenciação será comunicada às autoridades fiscalizadoras dos Estados membros da União Europeia.

Artigo 19.°
Recusa de credenciação

1. A credenciação será recusada sempre que:

a) O pedido de credenciação não estiver instruído com todas as informações e documentos necessários;

b) A instrução do pedido enfermar de inexactidões ou falsidades;

c) A autoridade credenciadora não considerar demonstrado algum dos requisitos enumerados nos artigos 12.° e 15.°

2. Se o pedido estiver deficientemente instruído, a autoridade credenciadora, antes de recusar a credenciação, notificará o requerente, dando-lhe prazo razoável para suprir a deficiência.

Artigo 20.°
Caducidade da credenciação

1. A credenciação caduca se os requerentes a ela expressamente renunciarem, se não iniciarem a actividade no prazo de 12 meses ou, tratando-se de pessoa colectiva, esta não for constituída no prazo de 6 meses.

2. A credenciação caduca ainda se a pessoa colectiva for dissolvida, sem prejuízo da prática dos actos necessários à respectiva liquidação.

Artigo 21.°
Revogação da credenciação

1. A credenciação será revogada, sem prejuízo de outras sanções aplicáveis nos termos da lei, quando se verifique alguma das seguintes situações:

a) Se tiver sido obtida por meio de falsas declarações ou outros expedientes ilícitos;

b) Se deixar de se verificar algum dos requisitos enumerados no artigo 12.°;

c) Se a entidade cessar a actividade de certificação ou a reduzir para nível insignificante por período superior a 12 meses;

d) Se ocorrerem irregularidades graves na administração, organização ou fiscalização interna da entidade;

e) Se no exercício da actividade de certificação ou de outra actividade social forem praticados actos ilícitos que lesem ou ponham em perigo a confiança do público na certificação;

f) Se supervenientemente se verificar alguma das circunstâncias de inidoneidade referidas no artigo 15.° em relação a qualquer das pessoas a que alude o seu n.° 1.

2. A revogação da credenciação compete à autoridade credenciadora, em decisão fundamentada que será notificada à entidade no prazo de oito dias úteis.

3. A autoridade credenciadora dará à decisão de revogação publicidade adequada.

4. A decisão de revogação será comunicada às autoridades fiscalizadoras dos Estados membros da União Europeia.

Artigo 22.º
Anomalias nos órgãos de administração e fiscalização

1. Se por qualquer motivo deixarem de estar preenchidos os requisitos legais e estatutários do normal funcionamento dos órgãos de administração ou fiscalização, a autoridade credenciadora fixará prazo para ser regularizada a situação.

2. Não sendo regularizada a situação no prazo fixado, será revogada a credenciação nos termos do artigo anterior.

Artigo 23.º
Comunicação de alterações

Devem ser comunicadas à autoridade credenciadora, no prazo de 30 dias, as alterações das entidades certificadoras relativas a:

a) Firma ou denominação;
b) Objecto;
c) Local da sede, salvo se a mudança ocorrer dentro do mesmo concelho ou para concelho limítrofe;
d) Substrato patrimonial ou património, desde que se trate de uma alteração significativa;
e) Estrutura de administração e de fiscalização;
f) Limitação dos poderes dos órgãos de administração e fiscalização;
g) Cisão, fusão e dissolução.

Artigo 24.º
Registo

1. O registo das pessoas referidas no n.º 1 do artigo 15.º deve ser solicitado à autoridade credenciadora no prazo de 15 dias após assumirem qualquer das qualidades nele referidas, mediante pedido da entidade certificadora ou dos interessados, juntamente com as provas de que se encontram preenchidos os requisitos definidos no mesmo artigo, sob pena de a credenciação ser revogada.

2. Poderão a entidade certificadora ou os interessados solicitar o registo provisório, antes da assunção por estes de qualquer das qualidades referidas no n.º 1 do artigo 15.º, devendo a conversão do registo em definitivo ser requerida no prazo de 30 dias a contar da designação, sob pena de caducidade.

3. Em caso de recondução, será esta averbada no registo, a pedido da entidade certificadora ou dos interessados.

4. O registo será recusado em caso de inidoneidade, nos termos do artigo 15.º, e a recusa será comunicada aos interessados e à entidade certificadora, a qual tomará as medidas adequadas para que aqueles cessem imediatamente funções ou deixem de estar para com a pessoa colectiva na relação prevista no mesmo artigo, seguindo-se no aplicável o disposto no artigo 22.º

5. Sem prejuízo do que resulte de outras disposições legais aplicáveis, a falta de registo não determina por si só invalidade dos actos jurídicos praticados pela pessoa em causa no exercício das suas funções.

SECÇÃO II
Exercício da actividade

Artigo 25.°
Deveres da entidade certificadora

Compete à entidade certificadora:

a) Verificar rigorosamente a identidade dos requerentes de pares de chaves e respectivos certificados e, tratando-se de representantes de pessoas colectivas, os respectivos poderes de representação, bem como, quando aplicável, as qualidades específicas a que se refere a alínea *i)* do n.° 1 do artigo 30.°;

b) Emitir os pares de chaves ou fornecer os meios técnicos necessários para a sua criação, bem como o certificado de assinatura com rigorosa observância do disposto neste diploma e nas normas regulamentares, zelando pela correspondência funcional das duas chaves de cada par e pela exactidão das informações constantes dos certificados;

c) Especificar no certificado de assinatura ou num certificado complementar, a pedido do requerente do par de chaves, a existência dos poderes de representação ou de outros títulos relativos à actividade profissional ou a outros cargos desempenhados;

d) Informar os requerentes, de modo completo e claro, sobre o processo de certificação e sobre os requisitos técnicos necessários para ter acesso ao mesmo;

e) Cumprir as regras de segurança para tratamento de dados pessoais estabelecidas na legislação respectiva;

f) Assegurar a publicidade das chaves públicas e respectivos certificados e prestar informação sobre eles a qualquer pessoa que deseje consultá-los, por meios informáticos e de telecomunicações adequados e expeditos;

g) Abster-se de tomar conhecimento do conteúdo das chaves privadas, aceitar o seu depósito, conservá-las, reproduzi-las ou prestar quaisquer informações sobre as mesmas;

h) Proceder à publicação imediata da revogação ou suspensão dos certificados, nos casos previstos no presente diploma;

i) Conservar os certificados que emitir, por um período não inferior a 20 anos;

j) Assegurar que a data e hora da emissão, suspensão e revogação dos certificados possam ser determinadas através de validação cronológica.

Artigo 26.°
Protecção de dados

1. As entidades certificadoras só podem coligir dados pessoais necessários ao exercício das suas actividades e obtê-los directamente das pessoas interessadas na titularidade de pares de chaves e respectivos certificados, ou de terceiros junto dos quais aquelas pessoas autorizem a sua colecta.

2. Os dados pessoais coligidos pela entidade certificadora não poderão ser utilizados para outra finalidade que não seja a de certificação, salvo se outro uso for consentido expressamente por lei ou pela pessoa interessada.

3. As entidades certificadoras e a autoridade credenciadora respeitarão as normas legais vigentes sobre a protecção, tratamento e circulação dos dados pessoais e sobre a protecção da privacidade no sector das telecomunicações.

4. As entidades certificadoras comunicarão à autoridade judiciária, sempre que esta o ordenar nos termos legalmente previstos, os dados relativos à identidade dos titulares de

certificados que sejam emitidos com pseudónimo seguindo-se, no aplicável, o regime do artigo 182.º do Código de Processo Penal.

Artigo 27.º
Responsabilidade civil

1. A entidade certificadora é responsável civilmente pelos danos sofridos pelos titulares dos certificados e quaisquer terceiros, em consequência do incumprimento culposo dos deveres decorrentes do presente diploma e sua regulamentação.

2. São nulas as convenções de exoneração e limitação da responsabilidade previstas no n.º 1.

Artigo 28.º
Cessação da actividade

1. No caso de pretender cessar voluntariamente a sua actividade, a entidade certificadora deve comunicar essa intenção à autoridade credenciadora e às pessoas a quem tenha emitido certificados que permaneçam em vigor, com a antecipação mínima de três meses, indicando também qual a entidade certificadora à qual transmitirá a sua documentação ou a revogação dos certificados no termo daquele prazo, devendo neste último caso colocar a sua documentação à guarda da autoridade credenciadora.

2. A entidade certificadora que se encontre em risco de decretação de falência, de processo de recuperação de empresa ou de cessação da actividade por qualquer outro motivo alheio à sua vontade deve informar imediatamente a autoridade credenciadora.

3. No caso previsto no número anterior, se a entidade certificadora vier a cessar a sua actividade, a autoridade credenciadora promoverá a transmissão da documentação daquela para outra entidade certificadora ou, se tal transmissão for impossível, a revogação dos certificados emitidos e a conservação dos elementos de tais certificados pelo prazo em que deveria fazê-lo a entidade certificadora.

SECÇÃO III
Certificados

Artigo 29.º
Emissão das chaves e dos certificados

1. A entidade certificadora, a pedido de uma pessoa singular ou colectiva interessada, cuja identidade e poderes de representação, quando existam, verificará por meio legalmente idóneo e seguro, emitirá a favor daquela um par de chaves, privada e pública, ou porá à disposição dessa pessoa, se esta o solicitar, os meios técnicos necessários para que ela crie o par de chaves.

2. A entidade certificadora emitirá, a pedido do titular do par de chaves, uma ou mais vias do certificado de assinatura e do certificado complementar.

3. A entidade certificadora deve tomar medidas adequadas para impedir a falsificação ou alteração dos dados constantes dos certificados e assegurar o cumprimento das normas legais e regulamentares aplicáveis recorrendo a pessoal devidamente habilitado.

4. A entidade certificadora fornecerá aos titulares dos certificados as informações necessárias para a utilização correcta e segura das assinaturas digitais, nomeadamente as respeitantes:

a) Às obrigações do titular do certificado e da entidade certificadora;

b) Ao procedimento de aposição e verificação de uma assinatura digital;

c) À conveniência de os documentos aos quais foi aposta uma assinatura digital serem novamente assinados quando ocorrerem circunstâncias técnicas que o justifiquem.

5. A entidade certificadora organizará e manterá permanentemente actualizado um registo informático dos certificados emitidos, suspensos ou revogados, o qual estará acessível a qualquer pessoa para consulta, inclusivamente por meio de telecomunicações, e será protegido contra alterações não autorizadas.

Artigo 30.º
Conteúdo dos certificados

1. O certificado de assinatura deve conter, pelo menos, as seguintes informações:

a) Nome ou denominação do titular da assinatura e outros elementos necessários para a sua identificação inequívoca e, quando existam poderes de representação, o nome do seu representante ou representantes habilitados, ou um pseudónimo distintivo do titular da assinatura, claramente mencionado como tal;

b) Nome e assinatura digital da entidade certificadora, bem como indicação do país onde está estabelecida;

c) Chave pública correspondente à chave privada detida pelo titular;

d) Número de série do certificado;

e) Início e termo de validade do certificado;

f) Identificadores de algoritmos necessários para o uso da chave pública do titular e da chave pública da entidade certificadora;

g) Indicação de o uso do certificado ser ou não restrito a determinados tipos de utilização, bem como eventuais limites do valor das transacções para as quais o certificado é válido;

h) Limitações convencionais da responsabilidade da entidade certificadora, sem prejuízo do disposto no n.º 2 do artigo 27.º;

i) Eventual referência a uma qualidade específica do titular da assinatura, em função da utilização a que o certificado estiver destinado.

2. A pedido do titular podem ser incluídas no certificado de assinatura ou em certificado complementar informações relativas a poderes de representação conferidos ao titular por terceiro, à sua qualificação profissional ou a outros atributos, mediante fornecimento da respectiva prova, ou com a menção de se tratar de informações não confirmadas.

Artigo 31.º
Suspensão e revogação de certificados

1. A entidade certificadora suspenderá o certificado:

a) A pedido escrito do titular, devidamente identificado para o efeito;

b) Quando existam fundadas razões para crer que o certificado foi emitido com base em informações erróneas ou falsas, que as informações nele contidas deixaram de ser conformes com a realidade ou que a confidencialidade da chave privada foi violada.

2. A suspensão com um dos fundamentos previstos na alínea *b*) do número anterior será sempre motivada e comunicada prontamente ao titular, bem como imediatamente inscrita no registo do certificado, podendo ser levantada quando se verifique que tal fundamento não corresponde à realidade.

3. A entidade certificadora revogará o certificado:

a) A pedido escrito do titular, devidamente identificado para o efeito;

b) Quando, após suspensão do certificado, se confirme que o certificado foi emitido com base em informações erróneas ou falsas, que as informações nele contidas deixaram de ser conformes com a realidade, ou que a confidencialidade da chave privada foi violada;

c) Quando a entidade certificadora cesse as suas actividades sem ter transmitido a sua documentação a outra entidade certificadora;

d) Quando a autoridade credenciadora ordene a revogação do certificado por motivo legalmente fundado;

e) Quando finde o prazo do certificado;

f) Quando tomar conhecimento do falecimento, interdição ou inabilitação da pessoa singular ou da extinção da pessoa colectiva.

4. A decisão de revogação do certificado com um dos fundamentos previstos nas alíneas *b*), *c*), *d*) e *e*) do n.º 3 será sempre fundamentada e comunicada ao titular, bem como imediatamente inscrita.

5. A suspensão e a revogação do certificado são oponíveis a terceiros a partir da inscrição no registo respectivo, salvo se for provado que o seu motivo já era do conhecimento do terceiro.

6. A entidade certificadora conservará as informações referentes aos certificados durante um prazo não inferior a 20 anos a contar da suspensão ou revogação de cada certificado e facultá-las-á a qualquer interessado.

7. A revogação ou suspensão do certificado indicará a data e hora a partir das quais produzem efeitos, não podendo essa data e hora ser anterior àquela em que essa informação for divulgada publicamente.

8. A partir da suspensão ou revogação de um certificado, ou do termo do seu prazo de validade, é proibida a emissão de certificado referente ao mesmo par de chaves pela mesma ou outra entidade certificadora.

Artigo 32.º
Obrigações do titular

1. O titular do certificado deve tomar todas as medidas de organização e técnicas que sejam necessárias para evitar danos a terceiros e para preservar a confidencialidade de toda a informação transmitida.

2. Em caso de dúvida quanto à perda de confidencialidade da chave privada, o titular deve pedir a suspensão do certificado e, se a perda for confirmada, a sua revogação.

3. A partir da suspensão ou revogação de um certificado, ou do termo do seu prazo de validade, é proibida ao titular a utilização da respectiva chave privada para gerar uma assinatura digital.

4. Sempre que se verifiquem motivos que justifiquem a revogação ou suspensão do certificado, deve o respectivo titular efectuar, com a necessária celeridade e diligência, o correspondente pedido de suspensão ou revogação à entidade certificadora.

CAPÍTULO IV
Fiscalização

Artigo 33.º
Deveres de informação das entidades certificadoras

1. As entidades certificadoras fornecerão à autoridade credenciadora, de modo pronto e exaustivo, todas as informações que ela lhes solicite para fins de fiscalização da sua actividade e facultar-lhe-ão para os mesmos fins a inspecção dos seus estabelecimentos e o exame local de documentos, objectos, equipamentos de hardware e software e procedimentos operacionais, no decorrer dos quais a autoridade credenciadora poderá fazer as cópias e registos que sejam necessários.
2. As entidades certificadoras comunicarão sempre à autoridade credenciadora, no mais breve prazo possível, todas as alterações relevantes que sobrevenham nos requisitos e elementos referidos nos artigos 13.º e 15.º
3. Até ao último dia útil de cada semestre, as entidades certificadoras enviarão à autoridade credenciadora uma versão actualizada das relações referidas na alínea *b*) do n.º 1 do artigo 13.º

Artigo 34.º
Revisores oficiais de contas e auditores externos

Os revisores oficiais de contas ao serviço das entidades certificadoras e os auditores externos que, por imposição legal, prestem às mesmas entidades serviços de auditoria devem comunicar à autoridade credenciadora as infracções graves às normas legais ou regulamentares relevantes para a fiscalização e que detectem no exercício das suas funções.

Artigo 35.º
Recursos

Nos recursos interpostos das decisões tomadas pela autoridade credenciadora no exercício dos seus poderes de credenciação e fiscalização, presume-se, até prova em contrário, que a suspensão da eficácia determina grave lesão do interesse público.

Artigo 36.º
Colaboração das autoridades

A autoridade credenciadora poderá solicitar às autoridades policiais e judiciárias e a quaisquer outras autoridades e serviços públicos toda a colaboração ou auxílio que julgue necessários para a credenciação e fiscalização da actividade de certificação.

CAPÍTULO V
Disposições finais

Artigo 37.º
Certificados de outros países

1. As assinaturas digitais susceptíveis de serem verificadas por uma chave pública constante de um certificado emitido ou garantido por entidade certificadora credenciada em

outro Estado membro da União Europeia, ou noutro Estado abrangido por um acordo internacional que vincule o Estado Português, serão equiparadas às assinaturas digitais certificadas nos termos do presente diploma.

2. A autoridade credenciadora divulgará, sempre que possível e pelos meios de publicidade que considerar adequados, e facultará aos interessados, a pedido, as informações de que dispuser acerca das entidades certificadoras credenciadas em Estados estrangeiros.

Artigo 38.º
Normas regulamentares

1. A regulamentação do presente diploma, nomeadamente no que se refere às normas de carácter técnico e de segurança, constará de decreto regulamentar, a adoptar no prazo de 150 dias.

2. Os serviços e organismos da Administração Pública poderão emitir normas regulamentares relativas aos requisitos a que devem obedecer os documentos que recebam por via electrónica.

Artigo 39.º
Evolução tecnológica

A autoridade credenciadora acompanhará a evolução tecnológica em matéria de assinatura electrónica, podendo propor a aplicação do regime previsto no presente diploma para a assinatura digital a outras modalidades de assinatura electrónica que satisfaçam os requisitos de segurança e fiabilidade daquela.

Artigo 40.º
Designação da autoridade credenciadora

A entidade referida no artigo 11.º será designada, em diploma próprio, no prazo de 150 dias.

Artigo 41.º
Entrada em vigor

O presente diploma entra em vigor no dia imediato ao da sua publicação.

Visto e aprovado em Conselho de Ministros de 22 de Julho de 1999. – *António Manuel de Oliveira Guterres – António Luciano Pacheco de Sousa Franco – José Eduardo Vera Cruz Jardim – José Mariano Rebelo Pires Gago.*

Promulgado em 29 de Julho de 1999.

Publique-se.

O Presidente da República, JORGE SAMPAIO.

Referendado em 29 de Julho de 1999.

O Primeiro-Ministro, *António Manuel de Oliveira Guterres.*

Decreto-Lei n.º 250/2000
de 13 de Outubro

A Directiva n.º 98/33/CE, do Parlamento Europeu e do Conselho, de 22 de Junho, alterou o artigo 12.º da Directiva n.º 77/780/CEE, relativa ao acesso à actividade das instituições de crédito e ao seu exercício, bem como diversos artigos da Directiva n.º 89/647/CEE, do Conselho, relativa ao rácio de solvabilidade das instituições de crédito, e ainda o artigo 2.º e o anexo II da Directiva n.º 93/6/CEE, relativa à adequação dos fundos próprios das empresas de investimento e das instituições de crédito, sendo necessário proceder à sua transposição para a ordem jurídica interna. O disposto nos artigos 81.º e 82.º do Regime Geral das Instituições de Crédito e Sociedades Financeiras, aprovado pelo Decreto-Lei n.º 298/92, de 31 de Dezembro, mostra-se mais restritivo do que o previsto na nova redacção do artigo 12.º da Directiva n.º 77/780/CEE, justificando-se, assim, alargar o núcleo das entidades que prosseguem fins de cooperação em matéria de supervisão. Por outro lado, nos termos do artigo 99.º do Regime Geral, compete ao Banco de Portugal definir, por aviso, as relações prudenciais que as instituições sujeitas à sua supervisão devem respeitar. Até à presente data a regulamentação relativa ao rácio de solvabilidade e à adequação dos fundos próprios das empresas de investimento e das instituições de crédito encontra-se prevista em aviso do Banco de Portugal. Todavia, presentemente as exigências constitucionais impõem que a transposição de directivas comunitárias revista a forma de acto legislativo. Foram ouvidos o Banco de Portugal e a Comissão do Mercado de Valores Mobiliários.

Nos termos da alínea *a*) do n.º 1 do artigo 198.º da Constituição, o Governo decreta o seguinte:

Artigo 1.º
Objecto

O presente diploma transpõe para a ordem jurídica interna a Directiva n.º 98/33/CE, do Parlamento Europeu e do Conselho, de 22 de Junho, que alterou o artigo 12.º da Directiva n.º 77/780/CEE, relativa ao acesso à actividade dos estabelecimentos de crédito e ao seu exercício, os artigos 2.º, 5.º, 6.º, 7.º e 8.º e os seus anexos II e III da Directiva n.º 89/647/CEE, relativa a um rácio de solvabilidade das instituições de crédito, e o artigo 2.º e o anexo II da Directiva n.º 93/6/CEE, relativa à adequação dos fundos próprios das empresas de investimento e das instituições de crédito.

Artigo 2.º
Cooperação

Os artigos 81.º e 82.º do Regime Geral das Instituições de Crédito e Sociedades Financeiras, aprovado pelo Decreto-Lei n.º 298/92, de 31 de Dezembro, passam a ter a seguinte redacção:

«Artigo 81.º
Cooperação com outras entidades

1. O disposto nos artigos anteriores não obsta, igualmente, a que o Banco de Portugal troque informações com a Comissão do Mercado de Valores Mobiliários, o Instituto de Seguros de Portugal, a Caixa Central do Crédito Agrícola Mútuo, com autoridades, organismos e pessoas que exerçam funções equivalentes às destas entidades em outro Estado membro da Comunidade Europeia e ainda com as seguintes entidades igualmente pertencentes a um Estado membro da Comunidade Europeia:

a) Organismos encarregados da gestão dos sistemas de garantia de depósitos ou de protecção dos investidores, quanto às informações necessárias ao cumprimento das suas funções;

b) Entidades intervenientes em processos de liquidação de instituições de crédito, de sociedades financeiras, de instituições financeiras e autoridades com competência de supervisão sobre aquelas entidades;

c) Pessoas encarregadas do controlo legal das contas de instituições de crédito, de sociedades financeiras, de empresas de seguros, de instituições financeiras, e autoridades com competência de supervisão sobre aquelas pessoas;

d) Autoridades de supervisão dos Estados membros da Comunidade Europeia, quanto às informações previstas nas directivas comunitárias aplicáveis às instituições de crédito e instituições financeiras;

e) No âmbito de acordos de cooperação que o Banco haja celebrado, autoridades de supervisão de Estados que não sejam membros da Comunidade Europeia, em regime de reciprocidade, quanto às informações necessárias à supervisão, em base individual ou consolidada, das instituições de crédito com sede em Portugal e das instituições de natureza equivalente com sede naqueles Estados;

f) Bancos centrais e outros organismos de vocação similar, enquanto autoridades monetárias, e outras autoridades com competência para a supervisão dos sistemas de pagamento.

2. O Banco de Portugal poderá também trocar informações com autoridades, organismos e pessoas que exerçam funções equivalentes às das entidades mencionadas no corpo do número anterior e nas alíneas *a*) a *d*) do mesmo número em países não membros da Comunidade Europeia, devendo observar-se o disposto na alínea *e*) do mesmo número.

3. Ficam sujeitas a dever de segredo todas as autoridades, organismos e pessoas que participem nas trocas de informações referidas nos números anteriores.

4. As informações recebidas pelo Banco de Portugal nos termos do presente artigo só podem ser utilizadas:

a) Para exame das condições de acesso à actividade das instituições de crédito e das sociedades financeiras;

b) Para supervisão, em base individual ou consolidada, da actividade das instituições de crédito, nomeadamente quanto a liquidez, solvabilidade, grandes riscos e demais requisitos de adequação de fundos próprios, organização administrativa e contabilística e controlo interno;

c) Para aplicação de sanções;

d) No âmbito de recursos interpostos de decisões do Ministro das Finanças ou do Banco de Portugal, tomadas nos termos das disposições aplicáveis às entidades sujeitas à supervisão deste;

e) Para efeitos da política monetária e do funcionamento ou supervisão dos sistemas de pagamento.

5. O Banco de Portugal só poderá comunicar informações que tenha recebido de entidades de outro Estado membro da Comunidade Europeia com o consentimento expresso dessas entidades.

Artigo 82.°
Cooperação com países terceiros

Os acordos de cooperação referidos na alínea *e*) do n.° 1 e no n.° 2 do artigo anterior só podem ser celebrados quando as informações a prestar beneficiem de garantias de segredo pelo menos equivalentes às estabelecidas no presente diploma e tenham por objectivo o desempenho de funções de supervisão que estejam cometidas às entidades em causa.»

Artigo 3.°
Mercados reconhecidos

1. Para efeitos do presente diploma considera-se mercado reconhecido um mercado que seja reconhecido pelo Banco de Portugal.

2. O Banco de Portugal só pode reconhecer mercados que:

a) Funcionem regularmente;

b) Obedeçam a regras, estabelecidas ou aprovadas pelas respectivas autoridades do país de origem do mercado, que definam as suas condições de funcionamento e de acesso, bem como os requisitos dos contratos negociados nesses mercados;

c) Disponham de um mecanismo de compensação em que os contratos sejam sujeitos a exigências de margens diárias, que assegurem uma protecção adequada.

Artigo 4.°
Autoridades regionais ou locais

1. Podem incluir-se no conceito de autoridade regional ou autoridade local as igrejas e as comunidades religiosas estrangeiras que assumam a forma de pessoa colectiva de direito público e que disponham do direito de lançar impostos.

2. Os elementos relativos às entidades referidas no número anterior não podem beneficiar do regime previsto no n.° 1 do artigo 7.° da Directiva n.° 89/647/CEE, do Conselho, de 18 de Dezembro.

Artigo 5.°
Fundo Europeu de Investimento

Pode ser aplicado um coeficiente de ponderação de 20% à fracção não realizada do capital subscrito do Fundo Europeu de Investimento.

Artigo 6.°
Cauções ou outras garantias com carácter de substitutos de crédito

Pode ser aplicado um coeficiente de ponderação de 50% aos elementos extrapatrimoniais constituídos por cauções ou garantias com carácter de substitutos de crédito que estejam integral e adequadamente garantidos por hipotecas sobre imóveis destinados a habitação que sejam ocupados pelo respectivo mutuário e desde que o garante seja beneficiário directo desta garantia.

Artigo 7.º
Elementos do activo caucionados

Sem prejuízo do disposto no ponto IV) da alínea *a*) do n.º 2 da parte I do anexo ao aviso n.º 1/93 do Banco de Portugal, é permitida a aplicação de um coeficiente de ponderação de 20% aos elementos do activo que se encontrem adequadamente caucionados por títulos emitidos por administrações regionais ou locais da zona A, por depósitos junto de instituições de crédito da zona A, ou por certificados de depósito ou instrumentos similares emitidos por estas mesmas instituições de crédito.

Artigo 8.º
Exclusões

Podem ser excluídos do denominador do rácio de solvabilidade:
a) Os contratos negociados em mercados reconhecidos;
b) Os contratos relativos a taxas de câmbio, com excepção dos contratos relativos a ouro, com prazo de vencimento inicial igual ou inferior a 14 dias de calendário;
c) Até 31 de Dezembro de 2006, os contratos relativos aos instrumentos derivados do mercado de balcão que obedeçam aos requisitos seguintes:
  i) Sejam objecto de compensação em câmaras reconhecidas pelo Banco de Portugal;
  ii) As câmaras de compensação actuem na qualidade de contraparte legal e todos os participantes garantam plenamente, numa base diária, o risco que apresentam para a câmara, oferecendo protecção adequada contra o risco actual e o risco futuro potencial;
  iii) As garantias constituídas assegurem o mesmo nível de protecção que as garantias que respeitam os requisitos previstos no ponto 7 da alínea a) do n.º 1 do artigo 7.º da Directiva n.º 89/647/CEE, devendo encontrar-se eliminada a possibilidade de o risco para a câmara de compensação exceder o valor de mercado das garantias constituídas.

Artigo 9.º
Cálculo dos riscos por incumprimento

1. O cálculo dos riscos, por incumprimento da contraparte, dos contratos previstos no número seguinte deve respeitar o anexo ao presente diploma, do qual faz parte integrante.

2. Os contratos a que se refere o número anterior são os seguintes:
a) Contratos sobre taxas de juro:
  i) Swaps de taxas de juro na mesma moeda;
  ii) Swaps de taxas de juro variáveis de natureza diferente – «swaps de base»;
  iii) Contratos a prazo relativos a taxas de juro;
  iv) Operações a futuro sobre taxas de juro;

      v) Opções adquiridas sobre taxas de juro;
      vi) Outros contratos de natureza idêntica;
   b) Contratos sobre taxas de câmbio e contratos sobre ouro:
      i) Swaps de taxas de juro em moedas diferentes;
      ii) Contratos a prazo sobre moedas;
      iii) Futuros sobre moedas;
      iv) Opções adquiridas sobre moedas;
      v) Outros contratos de natureza idêntica;
      vi) Contratos sobre ouro, de natureza idêntica aos das alíneas *a*) a *e*);
   c) Contratos de natureza idêntica aos referidos nas subalíneas i) a v) da alínea *a*) e nas subalíneas i) a iv) da alínea *b*) relativos a outros elementos de referência ou índices relacionados com:
      i) Títulos de capital;
      ii) Metais preciosos, com excepção do ouro;
      iii) Mercadorias que não sejam metais preciosos;
      iv) Outros contratos de natureza similar.

Artigo 10.°
Instrumentos derivados de mercado de balcão

Para efeitos da regulamentação da adequação de fundos próprios, são considerados instrumentos derivados de mercado de balcão os contratos referidos no artigo 9.° não excluídos do denominador do rácio de solvabilidade nos termos do artigo 8.°

Artigo 11.°
Regulamentação

O Banco de Portugal fica autorizado a modificar a regulamentação do rácio de solvabilidade e as regras sobre adequação dos fundos próprios das empresas de investimento e das instituições de crédito, de acordo com o presente diploma.

Visto e aprovado em Conselho de Ministros de 31 de Agosto de 2000. – *António Manuel de Oliveira Guterres – Joaquim Augusto Nunes Pina Moura.*

Promulgado em 28 de Setembro de 2000.

Publique-se.

O Presidente da República, JORGE SAMPAIO.

Referendado em 4 de Outubro de 2000.

O Primeiro-Ministro, *António Manuel de Oliveira Guterres.*

ANEXO
Regime dos elementos extrapatrimoniais a que se refere o artigo 9.º

1 – Para efeitos de cálculo dos riscos de crédito associados aos contratos enumerados no n.º 2 do artigo 9.º deste diploma, as instituições devem utilizar apenas o método de avaliação ao preço de mercado:

    a) Se estiverem obrigadas a observar o disposto no n.º 1 do artigo 6.º da Directiva n.º 93/6/CEE;

    b) Quando se trate dos contratos enumerados na alínea c) do artigo 9.º do presente diploma.

2 – O método de avaliação ao preço de mercado, a que se refere o número anterior, consiste no seguinte:

    Etapa a): determina-se o custo de substituição de todos os contratos com valor positivo, através do seu preço corrente de mercado;

    Etapa b): para quantificar o risco de crédito potencial futuro, os montantes do capital teórico dos contratos ou os valores subjacentes são multiplicados pelas percentagens que constam do quadro seguinte:

    QUADRO N.º 1

    (a) (b)

    (ver quadro no documento original)

    Etapa c): a soma do custo de substituição, calculado na etapa a), com o produto da operação prevista na etapa b) deve ser multiplicada pelo coeficiente de ponderação atribuído à contraparte respectiva, nos termos previstos no aviso do Banco de Portugal n.º 1/93, com excepção do coeficiente de ponderação de 100%, que pode ser substituído por um coeficiente de ponderação de 50%.

2.1 – Para cálculo do risco potencial futuro, pode permitir-se que, até 31 de Dezembro de 2006, sejam aplicadas as percentagens que constam do quadro seguinte, pelas instituições que recorram à opção prevista no artigo 11.º-A da Directiva n.º 93/6/CEE, em relação aos contratos indicados nas subalíneas ii) e iii) da alínea c) do artigo 9.º do presente diploma.

    QUADRO N.º 1-A

    (ver quadro no documento original)

3 – Para efeitos de avaliação dos riscos de crédito associados aos contratos enumerados no n.º 2 do artigo 9.º do presente diploma segundo o método do risco inicial, os contratos sobre ouro devem ser tratados da forma prevista no referido aviso n.º 1/93 para os contratos relativos a taxas de câmbio.

4 – Para efeitos de qualquer dos métodos deve ser verificado se o montante teórico a considerar constitui uma medida adequada de avaliação dos riscos inerentes ao contrato.

4.1 – Sempre que, por exemplo, o contrato preveja uma multiplicação dos fluxos de caixa, o montante teórico deve ser ajustado a fim de serem tomados em conta os efeitos da multiplicação sobre a estrutura de risco desse contrato.

5 – Sobre acordos de compensação, para além do que se encontra já previsto no referido aviso n.º 1/93, poderá permitir-se o seguinte:

5.1 – Poderão ser reconhecidos como factores de redução do risco os acordos que abranjam contratos aos quais não é aplicável o disposto no presente anexo, em virtude de o risco de crédito a eles inerente ser nulo ou negligenciável, tais como contratos sobre taxas de câmbio de duração inicial igual ou inferior a 14 dias de calendário e opções vendidas;

5.2 – As instituições que utilizam o método de avaliação ao preço de mercado dos contratos incluídos num acordo de compensação podem ser autorizadas ao seguinte:

5.2.1 – O custo de substituição actual a considerar pode ser o custo de substituição líquido teórico que resulta do acordo;

5.2.2 – Se da operação de compensação resultar uma obrigação líquida para a instituição que calcula o custo de substituição líquido, considera-se que o custo de substituição actual é igual a 0;

5.2.3 – O risco de crédito potencial futuro pode ser reduzido de acordo com a seguinte equação:

RCP red = 0,4 * RCP bruto + 0,6 * RVLB * RCP bruto

em que:

RCP red = é o montante reduzido do risco de crédito potencial futuro relativo a todos os contratos celebrados com uma dada contraparte e incluídos num acordo de compensação bilateral;

RCP bruto = é a soma dos montantes do risco de crédito potencial futuro relativo a todos os contratos celebrados com uma dada contraparte e incluídos num acordo de compensação bilateral, calculado mediante a multiplicação do capital teórico pelas percentagens indicadas no quadro n.° 1;

RVLB = é o rácio valor líquido/bruto; o Banco de Portugal poderá determinar que o seu valor seja um dos seguintes:
  i) Cálculo individualizado: o quociente entre o custo de substituição líquido de todos os contratos celebrados com uma dada contraparte e incluídos num acordo de compensação bilateral (numerador) e o custo de substituição bruto de todos os contratos celebrados com essa contraparte e incluídos no mesmo acordo de (denominador); ou
  ii) Cálculo agregado: o quociente entre a soma dos custos de substituição líquidos calculados numa base bilateral para todas as contrapartes, tomando em consideração os contratos incluídos em acordos de compensação (numerador) e os custos de substituição brutos de todos os contratos incluídos em acordos de compensação (denominador). Se for permitido às instituições a opção por um dos referidos métodos, o método escolhido deve ser utilizado de forma consistente.

5.2.4 – Para o cálculo do risco de crédito potencial futuro de acordo com a fórmula referida no número precedente, os contratos perfeitamente correspondentes incluídos num acordo de compensação podem ser considerados como um único contrato, cujo capital teórico é equivalente ao respectivo montante líquido. São perfeitamente correspondentes os contratos a prazo sobre divisas ou contratos semelhantes cujo capital teórico é equivalente aos fluxos de caixa, no caso de estes serem exigíveis na mesma data-valor e serem expressos total ou parcialmente na mesma moeda.

DECRETO-LEI N.º 263/2000
de 18 de Outubro

A Directiva n.º 98/32/CE, do Parlamento Europeu e do Conselho, de 22 de Junho, alterou, especialmente em relação aos créditos hipotecários, a Directiva n.º 89/647/CEE, do Conselho, relativa ao rácio de solvabilidade das instituições de crédito, pelo que se mostra necessária a respectiva transposição para a ordem jurídica interna.

Nos termos do artigo 99.º do Regime Geral das Instituições de Crédito e Sociedades Financeiras, aprovado pelo Decreto-Lei n.º 298/92, de 31 de Dezembro, compete ao Banco de Portugal definir, por aviso, as relações prudenciais que as instituições sujeitas à sua supervisão devem respeitar.

A matéria contemplada na referida directiva encontra-se actualmente regulada por aviso do Banco de Portugal.

No entanto, as exigências constitucionais em matéria de transposição de directivas comunitárias passaram a impor a adopção de um acto de natureza legislativa.

Foi ouvido o Banco de Portugal.

Nos termos da alínea *a*) do n.º 1 do artigo 198.º da Constituição, o Governo decreta o seguinte:

Artigo 1.º
Objecto

O presente diploma transpõe para a ordem jurídica interna a Directiva n.º 98/32/CE, do Parlamento Europeu e do Conselho, de 22 de Junho, que altera, especialmente em relação aos créditos hipotecários, a Directiva n.º 89/647/CEE, do Conselho, relativa a um rácio de solvabilidade das instituições de crédito.

Artigo 2.º
Títulos garantidos por créditos hipotecários

1. Aos títulos garantidos por créditos hipotecários, que possam ser equiparados aos empréstimos referidos na alínea *c*) do n.º 2 da parte I do Anexo ao Aviso do Banco de Portugal n.º 1/93, publicado no Diário da República, 2.ª série, de 8 de Junho de 1993, pode ser atribuído um coeficiente de ponderação de 50%, desde que, tendo em conta o quadro jurídico vigente, os referidos títulos e os referidos empréstimos possam ser considerados equivalentes quanto ao risco de crédito.

2. No conceito «títulos garantidos por créditos hipotecários» podem ser abrangidos os instrumentos na acepção da secção B, alíneas *a*) e *b*), do n.º 1 do anexo da Direc-

tiva n.º 93/22/CE, do Conselho, de 10 de Maio, relativa aos serviços de investimento no domínio dos valores mobiliários.

3. A atribuição do coeficiente de ponderação previsto no n.º 1 depende da verificação das seguintes condições:

a) Os títulos devem ser integral e directamente garantidos por um conjunto de créditos hipotecários de natureza idêntica aos referidos no n.º 1;

b) No momento da criação dos títulos, os créditos hipotecários não podem encontrar-se em mora ou feridos de invalidade ou ineficácia;

c) Os investidores dos títulos devem ser beneficiários das hipotecas.

Artigo 3.º
Hipotecas sobre imóveis polivalentes

1. Nas condições indicadas nos números seguintes, pode ser atribuído um coeficiente de ponderação de 50%, até 31 de Dezembro de 2006, aos empréstimos integralmente garantidos por hipotecas sobre imóveis polivalentes destinados a escritórios ou comércio, situados no território de Estados membros da União Europeia que permitam o mesmo coeficiente de ponderação reduzido.

2. A faculdade prevista no número anterior depende da verificação do seguinte:

a) O coeficiente de ponderação reduzido aplica-se apenas à parte do empréstimo que não exceda um dos seguintes limites:

    i) 50% do valor comercial do imóvel nas condições indicadas na alínea *b*);

    ii) O mais baixo do seguintes valores: 50% do valor comercial do imóvel ou 60% do valor do empréstimo hipotecário, nas condições indicadas na alínea *c*);

b) Para efeitos da alternativa prevista na subalínea i) da alínea a):

    i) O valor comercial do imóvel deve ser avaliado por dois avaliadores independentes;

    ii) O empréstimo deve ter por base o valor mais baixo das duas avaliações;

    iii) O imóvel deve ser reavaliado anualmente, salvo nos empréstimos que não excedam 1 milhão de euros e 5% dos fundos próprios da instituição de crédito, casos em que o imóvel deve ser reavaliado pelo menos de três em três anos;

c) O disposto na subalínea ii) da alínea *a)* depende da existência de critérios rigorosos de avaliação do valor dos empréstimos hipotecários, definidos em disposições legais ou regulamentares, tendo em conta que:

    i) O «valor do empréstimo hipotecário» é o valor do bem imóvel resultante de avaliação prudente, com vista à possibilidade de futura comercialização do imóvel, tendo em conta os seus elementos duradouros, as condições normais e locais de mercado, a utilização actual e as utilizações alternativas adequadas do imóvel, excluindo elementos especulativos;

    ii) O valor do empréstimo deve ser documentado de forma transparente e clara;

    iii) O valor do empréstimo hipotecário deve ser reavaliado pelo menos de três em três anos ou sempre que o mercado registe uma descida superior a 10%, tendo em conta as hipóteses consideradas para a evolução do mercado em causa.

3. Entende-se por valor comercial do imóvel o valor de uma venda hipotética, dirigida ao público, à data da avaliação, em condições normais de mercado, tendo em conta a natureza e características do imóvel em causa.

4. Em qualquer dos casos, os imóveis devem estar ocupados ou arrendados.

Artigo 4.º
Coeficiente de ponderação reduzido

Sem prejuízo do disposto no artigo 3.º, é permitida, nas condições definidas no mesmo artigo, a aplicação de um coeficiente de ponderação de 50% aos empréstimos em causa, contratados com residentes em Estados membros que permitam a atribuição a tais empréstimos de um coeficiente de ponderação reduzido.

Artigo 5.º
Empréstimos até 21 de Julho de 2000

É permitida a aplicação de um coeficiente de ponderação de 50% aos empréstimos concedidos até 21 de Julho de 2000, desde que cumpridas as condições previstas no artigo 3.º, podendo os imóveis ser avaliados, de acordo com os critérios de avaliação estabelecidos no mesmo preceito, até 21 de Julho de 2003.

Artigo 6.º
Empréstimos até 31 de Dezembro de 2006

Aos empréstimos previstos no presente diploma concedidos antes de 31 de Dezembro de 2006 poderá continuar a ser aplicado o coeficiente de ponderação de 50% até ao respectivo vencimento.

Artigo 7.º
Empréstimos caucionados

Até 1 de Dezembro de 2006, poderá ser aplicado um coeficiente de ponderação de 50% a empréstimos caucionados, na parte que esteja totalmente garantida, por acções de empresas finlandesas de construção de habitações que actuem de acordo com a lei finlandesa da construção de habitações de 1991 ou com a legislação posterior equivalente, desde que estejam preenchidas as condições estabelecidas no artigo 3.º

Artigo 8.º
Locação financeira imobiliária

Poderá aplicar-se um coeficiente de ponderação de 50% às operações de locação financeira imobiliária celebradas antes de 31 de Dezembro de 2006 que incidam sobre bens destinados a uso profissional e que obedeçam às condições indicadas no n.º 5 do artigo 11.º da Directiva n.º 89/647/CEE, do Conselho.

Artigo 9.º
Regulamentação

O Banco de Portugal fica autorizado a modificar a regulamentação do rácio de solvabilidade de acordo com o presente diploma.

Visto e aprovado em Conselho de Ministros de 31 de Agosto de 2000. – *António Manuel de Oliveira Guterres – Joaquim Augusto Nunes Pina Moura.*

Promulgado em 28 de Setembro de 2000.

Publique-se.

O Presidente da República, JORGE SAMPAIO.

Referendado em 4 de Outubro de 2000.

O Primeiro-Ministro, *António Manuel de Oliveira Guterres.*

PORTARIA N.º 1182/99
de 4 de Novembro

Ao abrigo do n.º 1 do artigo 4.º do Decreto-Lei n.º 394/99, de 13 de Outubro, manda o Governo, pelo Ministro das Finanças, o seguinte:

1.º Sociedade gestora de mercado regulamentado cujo objecto principal seja a gestão de uma bolsa: 750 000 contos no momento da sua constituição, não podendo ser inferior a 1 250 000 contos no final do ano civil seguinte àquele a que se reporte o primeiro balanço e demonstração de resultados aprovados.

2.º Sociedade gestora de mercado regulamentado que não uma bolsa: 75 000 contos no momento da sua constituição, não podendo ser inferior a 125 000 contos no final do ano civil seguinte àquele a que se reporte o primeiro balanço e demonstração de resultados aprovados.

3.º Sociedade gestora de mercado não regulamentado: 75 000 contos no momento da sua constituição, não podendo ser inferior a 125 000 contos no final do ano civil seguinte àquele a que se reporte o primeiro balanço e demonstração de resultados aprovados.

4.º Sociedade gestora de sistema centralizado de valores mobiliários: 1 000 000 de contos.

5.º Sociedade gestora de sistema de liquidação de valores mobiliários com responsabilidade de contraparte: 500 000 contos.

6.º Sociedade gestora de sistemas de liquidação de valores mobiliários sem responsabilidade de contraparte: 100 000 contos.

7.º Sociedade anónima gestora de participações sociais que tenha por objecto social exclusivo a titularidade directa de participações em sociedades referidas nos números anteriores: 50 000 contos.

22 de Outubro de 1999. – Pelo Ministro das Finanças. *Fernando Teixeira dos Santos*, Secretário de Estado do Tesouro e das Finanças.

PORTARIA N.º 1183/99
de 4 de Novembro

Com o objectivo de modernizar e dinamizar o mercado de capitais português, de molde que este possa cabalmente responder aos desafios da globalização, inovação e competitividade acelerados pela União Económica e Monetária (UEM), que incluiu a introdução do euro, foi encetada uma reforma que integra a criação do mercado especial de dívida pública, determinada pela presente portaria.

Essa criação assenta no reconhecimento de três segmentos no mercado secundário de dívida pública caracterizados pela forma de negociação, pela quantidade dos valores transaccionados e pelos investidores envolvidos.

O segmento de retalho, a que corresponde o mercado bolsista, integra os investidores que não sejam especialistas na negociação de dívida pública e é o mais adequado à transacção de pequenos lotes de valores. Para os especialistas, comprometidos com a criação e o desenvolvimento do mercado secundário de dívida pública e envolvidos na negociação de grandes lotes, reserva-se o segmento grossista, corespondente ao mercado especial que ora se cria. Este, concebido como mercado regulamentado, deve abrir-se à participação de especialistas residentes e não residentes, em idênticas condições de acesso e de operacionalidade, de acordo com o novo enquadramento proporcionado pela UEM e no respeito pelas exigências do direito comunitário.

Para lá desses dois segmentos, admite-se ainda um terceiro, caracterizado por uma maior flexibilidade de negociação, condizente com a que hoje é permitida pelo chamado mercado de balcão *(over-the-counter)*, embora, prospectivamente, seja imprescindível atenuar o grau de penalização que se abate sobre as respectivas operações. Esta decisão próxima enquadrar-se-á numa reestruturação deste segmento no sentido de lhe conferir capacidades para funcionar em articulação com o segmento grossista, estabelecendo um elo entre os especialistas e os investidores finais, indispensável no quadro do mercado secundário de dívida pública.

Pela presente portaria dá-se, assim, uma primeira resposta à urgente e imperiosa necessida de reformar esse mercado secundário, no sentido de lhe acrescentar eficiência e competitividade, acolhendo uma conclusão do debate participado pelo mercado de capitais e centrado nas autoridades de supervisão, nas associações de mercado e no círculo dos intermediários financeiros especializados na subscrição e negociação de dívida pública do estado, sob a coordenação governamental, através do Secretário de Estado do Tesouro e Finanças, activamente coadjuvado pelo Instituto de Gestão do Crédito Público. Desse debate e da concertação de posições e interesses, reflectida no acordo celebrado entre o Instituto de Gestão do Crédito Público e os operadores escpecializados em valores do tesouro (EOEVT), resultou um forte compromisso para a criação de um novo mercado de especialistas, a que – na sequência da mais recente legislação sobre o sistema financeiro – faltava o decisivo impulso político que, agora, a presente portaria inequivocamente transporta.

Foi ouvido o Conselho Nacional do Mercado de Valores Mobiliários, com audiência prévia da CMVM.

Assim, e ao abrigo do disposto no n.° 2 do artigo 174.° do Código do Mercado de Valores Mobiliários, aprovado pelo Decreto-Lei n.° 142-A/91, de 10 de Abril, e do Decreto-Lei n.° 394/99, de 13 de Outubro:

Manda o Governo, pelo Ministro das Finanças, o seguinte:

1.°
Objecto

Pela presente portaria é criado o mercado especial de dívida pública (MEDIP).

2.°
Natureza do mercado

O mercado especial constitui um mercado regulamentado vocacionado para a realização de operações por grosso de valores mobiliários escriturais representativos de dívida pública do Estado.

3.°
Entidade gestora

A gestão do mercado especial cabe a uma sociedade anónima, a constituir nos termos do Decreto-Lei n.° 394/99, de 13 de Outubro, e da regulamentação da CMVM.

4.°
Regime

1. O mercado especial rege-se pelo Código do Mercado de Valores Mobiliários, pela presente portaria e pelas regras de mercado, aprovadas e publicadas pela respectiva entidade gestora.

2. Os titulares dos órgãos e os trabalhadores da entidade gestora, bem como os membros do mercado, encontram-se sujeitos às regras definidas num código deontológico, a ser aprovado pela entidade gestora.

5.°
Estrutura do mercado

Compete à entidade gestora definir quem pode ser membro do mercado especial, quais os instrumentos que podem ser negociados e que tipo de operações se podem realizar nesse mercado.

6.°
Sistemas de negociação e de liquidação

Os sistemas de negociação e de liquidação são definidos pela entidade gestora.

7.º
Registos na CMVM

O mercado especial, a respectiva entidade gestora, as regras de mercado e o código deontológico devem ser objecto de registo na CMVM.

8.º
Informação

1. Deve ser divulgada aos membros do mercado informação suficiente sobre as operações nele realizadas, garantindo a respectiva transparência e credibilidade.

2. Sem prejuízo do dever de segredo a que se encontra obrigada a entidade gestora, o emitente deve ser regularmente informação sobre as sanções aplicadas aos membros do mercado, de modo a permitir a fiscalização do cumprimento dos deveres associados ao estatuto de operadores especializados de valores do tesouro (OEVT).

3. Os factos e elementos abrangidos pelo dever de segredo só podem ser revelados nos termos previstos na lei, designadamente à CMVM.

9.º
Fiscalização e supervisão

Compete à CMVM supervisionar e fiscalizar o mercado especial criado pela presente portaria, sem prejuízo dos restantes poderes que lhe são conferidos pelo Decreto-Lei n.º 394/99, de 13 de Outubro, e pelo Código de Mercado de Valores Mobiliários.

10.º
Mercado especial de operações por grosso

Com a entrada em funcionamento do mercado especial de dívida pública, em data a anunciar pela respectiva entidade gestora, os valores mobiliários escriturais representativos de dívida pública do Estado deixam de poder ser transaccionados no mercado especial de operações por grosso (MEOG).

22 de Outubro de 1999 – Pelo Ministro das Finanças, *Fernando Teixeira dos Santos*, Secretário de Estado do tesouro e das Finanças

PORTARIA N.º 195/2000
de 31 de Janeiro

Ao abrigo do disposto no n.º 1 do artigo 23.º do Decreto-Lei n.º 222/99, de 22 de Junho, que cria o Sistema de Indemnização aos Investidores, e mediante proposta da comissão directiva do referido Sistema, ouvidos que foram o Banco de Portugal e a Comissão do Mercado de Valores Mobiliários, manda o Governo, pelo Ministro das Finanças, o seguinte:

1.º É aprovado o Regulamento do Sistema de Indemnização aos Investidores, anexo à presente portaria.

2.º A presente portaria produz efeitos desde a data da respectiva publicação no Diário da República.

14 de Janeiro de 2000. – Pelo Ministro das Finanças, *António do Pranto Nogueira Leite*, Secretário de Estado do Tesouro e das Finanças.

REGULAMENTO DO SISTEMA DE INDEMNIZAÇÃO AOS INVESTIDORES

CAPÍTULO I
Natureza e âmbito

Artigo 1.º
Natureza

1. O Sistema de Indemnização aos Investidores, adiante designado por Sistema, é uma pessoa colectiva de direito público dotada de autonomia administrativa e financeira.

2. O Sistema tem sede em Lisboa e funciona junto da Comissão do Mercado de Valores Mobiliários, adiante designada por CMVM, que assegura os serviços técnicos e administrativos indispensáveis ao seu funcionamento.

Artigo 2.º
Âmbito

O Sistema garante, nas condições e de acordo com os limites estabelecidos no Decreto-Lei n.º 222/99, de 22 de Junho, e respectivas normas regulamentares, a cobertura dos créditos de que seja sujeito passivo uma entidade participante em consequência da incapacidade financeira desta para, de acordo com as condições legais e contratuais aplicáveis, reembolsar os investidores dos fundos que lhes sejam devidos ou que lhes pertençam e que se encontrem especialmente afectos a operações de investimento, adiante designados por fundos, ou restituir aos investidores os instrumentos financeiros que lhes pertençam e que sejam detidos, administrados ou geridos por sua conta no âmbito de operações de investimento.

CAPÍTULO II
Entidades participantes

Artigo 3.º
Participação obrigatória

1. Participam obrigatoriamente no Sistema:

   a) As empresas de investimento com sede em Portugal;

   b) As instituições de crédito com sede em Portugal autorizadas a efectuar operações de investimento.

2. Sem prejuízo dos acordos bilaterais existentes sobre a matéria, são igualmente obrigadas a participar no Sistema as empresas de investimento e as instituições de crédito autorizadas a efectuar operações de investimento que tenham sede em país não membro da Comunidade Europeia, relativamente a créditos decorrentes de operações de investimento efectuadas pelas suas sucursais em Portugal, salvo se esses créditos estiverem cobertos por um sistema de indemnização em termos equivalentes aos proporcionados pelo sistema português.

3. Compete à CMVM e ao Banco de Portugal a verificação da equivalência prevista na parte final do número anterior.

Artigo 4.º
Participação facultativa

1. Em complemento da indemnização prevista no país de origem, podem participar no Sistema as empresas de investimento e as instituições de crédito autorizadas a efectuar operações de investimento que tenham sede no território de outro Estado membro da Comunidade Europeia relativamente aos créditos decorrentes de operações de investimento efectuadas pelas suas sucursais em Portugal, se o nível ou o âmbito daquela indemnização forem inferiores aos proporcionados pelo sistema português.

2. As entidades referidas no número anterior ficam sujeitas às normas legais e regulamentares relativas ao Sistema, designadamente no que respeita ao pagamento de uma quota parte dos encargos referidos no n.º 3 do artigo 7.º emergentes da cobertura complementar.

3. Sempre que uma das entidades mencionadas no n.º 1 participar no Sistema, este estabelecerá com o sistema do Estado membro de origem as regras e procedimentos adequados para o pagamento de indemnizações aos investidores da sucursal em causa.

4. Sem prejuízo dos procedimentos sancionatórios a que haja lugar, sempre que uma das entidades referidas no n.º 1 não cumprir as obrigações que decorrem da sua participação no Sistema, este notifica a autoridade de supervisão do país de origem, que, em colaboração com o Sistema, tomará todas as medidas necessárias para assegurar o cumprimento das referidas obrigações.

5. Decorrido o prazo de um mês após a notificação referida no número anterior e mantendo-se a situação de incumprimento, o Sistema, com o consentimento da autoridade

de supervisão do país de origem, notifica a empresa de investimento ou instituição de crédito, mediante pré-aviso de 12 meses, da intenção de a excluir.

6. Se uma das entidades mencionadas no n.° 1 for excluída do Sistema, os créditos decorrentes de operações de investimento efectuadas pelas suas sucursais anteriormente à data da exclusão continuam garantidos até à data da liquidação financeira da operação de investimento, no caso de fundos, ou por um prazo máximo de três meses, no caso de instrumentos financeiros.

7. O Sistema e a entidade publicitam de imediato e de forma adequada a exclusão desta.

CAPÍTULO III
Créditos cobertos e excluídos

Artigo 5.°
Créditos cobertos

O Sistema garante a cobertura dos créditos decorrentes de:

a) Operações de investimento efectuadas em Portugal ou em outros Estados membros da Comunidade Europeia pelas entidades participantes com sede em Portugal;

b) Operações de investimento efectuadas em Portugal por sucursais referidas no n.° 2 do artigo 3.°;

c) Operações de investimento efectuadas em Portugal por sucursais de empresas de investimento ou instituições de crédito com sede noutro Estado membro da Comunidade Europeia que participem voluntariamente no Sistema, na parte que exceda a cobertura prevista no sistema do país de origem.

Artigo 6.°
Créditos excluídos

Excluem-se da cobertura do Sistema:

a) Os créditos decorrentes de operações de investimento de que sejam titulares instituições de crédito, sociedades financeiras, instituições financeiras, empresas de seguros, sociedades gestoras de fundos de pensões, quer actuem em nome próprio quer por conta de clientes, bem como entidades do sector público administrativo;

b) Os créditos decorrentes de operações de investimento de que seja titular um investidor, qualquer outra pessoa ou parte interessada nessas operações, em relação às quais tenha sido proferida uma condenação penal, transitada em julgado, pela prática de actos de branqueamento de capitais;

c) Os créditos decorrentes de operações de investimento realizadas em nome de fundos de investimento, outras instituições de investimento colectivo ou fundos de pensões;

d) Os créditos decorrentes de operações de investimento realizadas em nome e por conta de membros dos órgãos de administração ou fiscalização da entidade participante, accionistas que nela detenham participações qualificadas, revisores oficiais de contas ao seu serviço, auditores externos que lhes prestem serviços de auditoria ou investidores com estatuto semelhante noutras empresas que se encontrem em relação de domínio ou de grupo com a entidade participante;

e) Os créditos decorrentes de operações de investimento realizadas em nome e por conta do cônjuge, parentes ou afins em 1.º grau ou terceiros que actuem por conta de investidores referidos na alínea anterior;

f) Os créditos decorrentes de operações de investimento realizadas em nome e por conta de empresas que se encontrem em relação de domínio ou de grupo com a entidade participante;

g) Os créditos de que sejam titulares investidores responsáveis por factos relacionados com a entidade participante, ou que deles tenham tirado benefício, e que estejam na origem das dificuldades financeiras ou tenham contribuído para o agravamento de tal situação.

CAPÍTULO IV
Financiamento do Sistema

Artigo 7.º
Obrigações dos participantes

1. As entidades participantes assumem a obrigação irrevogável de entrega ao Sistema, em caso de accionamento deste, dos montantes necessários para pagamento das indemnizações que forem devidas aos investidores.

2. A obrigação irrevogável prevista no número anterior deve ser garantida por penhor de valores mobiliários.

3. Em caso de accionamento do Sistema, a contribuição de cada entidade participante corresponde a uma percentagem do valor global das indemnizações, não podendo o pagamento daquela, em cada ano, exceder um limite a fixar pela CMVM.

4. A obrigação de pagamento da contribuição a que se refere o número anterior constitui-se no momento de accionamento do Sistema e mantém-se, em relação a cada entidade, ainda que esta venha posteriormente a deixar de participar no Sistema ou a dele ser excluída, conservando-se, até à extinção daquela obrigação, as garantias que por ela tenham sido prestadas nos termos do n.º 2.

5. O Sistema, depois de verificada a admissibilidade e o montante global dos créditos, notificará cada entidade participante do montante da respectiva contribuição.

6. O Sistema pode exigir a qualquer entidade participante a informação que se revele necessária para uma adequada avaliação dos compromissos assumidos, nomeadamente os elementos que permitam analisar a contabilidade da entidade e o montante dos créditos dos investidores.

Artigo 8.º
Empréstimos

1. Nos casos em que, da aplicação do limite anual a que se refere o n.º 3 do artigo anterior, resulte um montante insuficiente para o pontual cumprimento das obrigações do Sistema, os créditos remanescentes devidos aos investidores são pagos com importâncias provenientes de empréstimos contraídos pelo Sistema.

2. O Sistema contrairá empréstimos preferencialmente junto das entidades participantes.

3. O reembolso dos empréstimos contraídos ao abrigo dos números anteriores é efectuado por recurso a montantes entregues pelas entidades participantes, sem prejuízo do limite anual a que se refere o n.º 3 do artigo anterior.

4. O Sistema notificará anualmente cada entidade participante do montante a que se refere o número anterior, bem como do prazo para o respectivo pagamento.

Artigo 9.°
Pagamento das contribuições

1. O pagamento das contribuições das entidades participantes a que se refere o n.° 3 do artigo 7.° deverá ser feito no prazo de 20 dias a contar da data de envio da notificação prevista no n.° 5 do mesmo artigo.

2. O pagamento das contribuições das entidades participantes a que se refere o n.° 3 do artigo 8.° deverá ser feito no prazo fixado pelo Sistema, o qual não poderá ser inferior a 20 dias a contar do envio da notificação prevista no n.° 4 do mesmo artigo.

3. O pagamento referido nos números anteriores é efectuado por crédito de conta do Sistema aberta no Banco de Portugal ou nas instituições de crédito que o Sistema designe para o efeito.

CAPÍTULO V
Accionamento do Sistema

Artigo 10.°
Accionamento

O Sistema é accionado, assegurando o pagamento da indemnização aos investidores, nos seguintes casos:

a) Quando a entidade participante, por razões directamente relacionadas com a sua situação financeira, não tenha possibilidade de cumprir as obrigações resultantes de créditos dos investidores e o Banco de Portugal tenha verificado, ouvida a CMVM, no prazo máximo de 21 dias após se ter certificado pela primeira vez da ocorrência, que a entidade participante não mostra ter possibilidade de proximamente vir a fazê-lo;

b) Quando o Banco de Portugal torne pública a decisão pela qual revogue a autorização da entidade participante, caso tal publicação ocorra antes da verificação referida na alínea anterior;

c) Relativamente aos créditos decorrentes de operações de investimento efectuadas em Portugal por sucursais de empresas de investimento e instituições de crédito que tenham sede no território de outro Estado membro da Comunidade Europeia, quando for recebida uma declaração da autoridade de supervisão do país de origem comprovando que se encontra suspenso o exercício dos direitos dos investidores a reclamarem os seus créditos sobre essa entidade.

Artigo 11.°
Informação ao Sistema

1. Em caso de accionamento do Sistema, este fixa um prazo à entidade que o originou para lhe remeter uma relação completa dos fundos e instrumentos financeiros cobertos e dos respectivos titulares, devidamente identificados, reportada à data da verificação, da publicação ou da suspensão referidas no artigo anterior.

2. O Sistema pode exigir à entidade participante todas as informações de que necessitar, bem como analisar a contabilidade da entidade participante e recolher nas instalações desta outros elementos de informação relevantes.

3. Para as acções necessárias ao apuramento dos factos referidos na alínea *g*) do artigo 6.º, pode o Sistema mandatar entidade idónea, que apresentará as suas conclusões no prazo que lhe for fixado.

Artigo 12.º
Informação ao público

1. O Sistema publicita na sua sede e na da entidade participante, bem como num jornal de grande circulação no País e noutros locais ou por outros meios que entenda convenientes, a verificação, decisão ou declaração referidas no artigo 10.º, a indisponibilidade dos créditos dos investidores sobre a entidade em causa, o processo de indemnização dos mesmos, o período durante o qual a indemnização se efectua, a instituição de crédito pagadora por ele designada e todos os outros elementos que se revelem necessários para a adequada tutela dos interesses dos investidores.

2. O Sistema comunica a cada investidor a respectiva importância a receber, bem como a forma, o local e a data do pagamento.

3. Os documentos referidos nos números anteriores são redigidos em língua portuguesa e, se for caso disso, nas línguas oficiais do país onde se localizarem os fundos ou os instrumentos financeiros cobertos.

CAPÍTULO VI
Indemnização

Artigo 13.º
Critérios de determinação e limite da indemnização

1. O Sistema garante o reembolso dos créditos decorrentes de operações de investimento de que seja titular o investidor à data da verificação, da publicação ou da suspensão previstas no artigo 10.º, até um limite máximo de 25 000 euros.

2. O valor dos créditos do investidor é calculado de acordo com as condições legais e contratuais, nomeadamente as relativas à compensação, aplicáveis na avaliação, à data da verificação, da publicação ou da suspensão referidas no artigo 10.º, do montante dos fundos ou dos instrumentos financeiros pertencentes ao investidor e que a entidade participante não tenha capacidade de reembolsar ou de restituir.

3. O valor referido nos números anteriores é determinado com observância dos seguintes critérios:

a) O valor dos instrumentos financeiros é determinado em função do valor estimado de realização na data referida no n.º 1;

b) São convertidos em euros, ao câmbio da mesma data, os créditos expressos em moeda estrangeira;

c) Para efeitos do limite previsto no n.º 1, são considerados os créditos de cada investidor sobre a mesma entidade participante, independentemente do número de contas, da divisa e da localização na Comunidade Europeia;

d) Na ausência de disposição em contrário, os créditos resultantes de uma operação colectiva de investimento são repartidos em partes iguais entre os investidores;

e) A parte imputável a cada investidor numa operação colectiva de investimento é tomada em consideração para efeitos do limite previsto no n.° 1;

f) São agregados e tratados como se decorressem de um investimento efectuado por um único investidor, e não contam para efeitos de cálculo do limite previsto no n.° 1 aplicável a cada uma dessas pessoas, os créditos relacionados com uma operação colectiva de investimento sobre a qual duas ou mais pessoas tenham direitos na qualidade de sócios de uma sociedade ou de membros de uma associação, ou de qualquer agrupamento de natureza similar, desprovida de personalidade jurídica;

g) Se o investidor não for o titular do direito aos fundos ou aos instrumentos financeiros recebe a indemnização o respectivo titular, desde que tenha sido identificado ou seja identificável antes da data referida no n.° 1.

4. Para efeitos do disposto na alínea a) do número anterior, pode o Sistema recorrer aos serviços de uma entidade idónea e independente.

Artigo 14.°
Pagamento da indemnização

1. A indemnização é paga no prazo máximo de três meses contados da verificação da admissibilidade e do montante global dos créditos.

2. O prazo previsto no número anterior pode ser prorrogado até seis meses em casos excepcionais, mediante solicitação do Sistema junto da CMVM.

3. Sem prejuízo do prazo de prescrição aplicável nos termos gerais, o decurso do prazo previsto no n.° 1 não prejudica o direito dos investidores a reclamarem do Sistema o montante que por este lhes for devido.

4. O pagamento das indemnizações é efectuado em euros.

5. O Sistema pode mandatar uma entidade participante para a realização das operações de pagamento das indemnizações, em condições a acordar.

6. No caso das entidades a que se refere o artigo 4.°, o Sistema e o sistema do Estado membro de origem devem chegar a acordo quanto à forma de repartição dos encargos a suportar por cada um.

Artigo 15.°
Suspensão do pagamento

1. O Sistema suspende todos os pagamentos a favor de qualquer investidor ou de qualquer outra pessoa que seja titular dos créditos decorrentes de uma operação de investimento, ou parte interessada nessa operação, que tenha sido pronunciado pela prática de actos de branqueamento de capitais.

2. A suspensão prevista no número anterior mantém-se até ao trânsito em julgado da sentença final.

Artigo 16.°
Sub-rogação

O Sistema fica sub-rogado na titularidade dos direitos dos investidores na medida das indemnizações que tenha efectuado.

CAPÍTULO VII
Receitas

Artigo 17.º
Receitas

1. O Sistema dispõe das seguintes receitas:

a) Entregas dos participantes no cumprimento das obrigações previstas no Decreto--Lei n.º 222/99, de 22 de Junho, e no presente Regulamento;

b) Rendimentos de aplicações de recursos;

c) Liberalidades;

d) Produto das coimas aplicadas pelo Banco de Portugal a empresas de investimento que sejam participantes do Sistema, à data da infracção, nos termos do Regime Geral das Instituições de Crédito e Sociedades Financeiras;

e) Produto das coimas aplicadas a entidades participantes por incumprimento das obrigações a que se encontram adstritas no âmbito do Sistema, nos termos do Código do Mercado de Valores Mobiliários;

f) Produto das coimas aplicadas, nos termos e nos casos previstos no Código do Mercado de Valores Mobiliários, às entidades habilitadas a exercer actividades de intermediação em valores mobiliários que sejam participantes do Sistema;

g) Outras receitas que lhe venham a ser atribuídas por lei.

2. O produto das coimas referidas nas alíneas *d)* a *f)* do número anterior reverte para o Sistema mesmo que haja impugnação judicial ou recurso judicial do processo de aplicação da coima.

3. Transitarão sempre para o ano seguinte os saldos de gerência de cada exercício.

Artigo 18.º
Despesas de funcionamento

As despesas de funcionamento do Sistema são suportadas pelas entidades participantes em montante e no prazo fixados por regulamento da CMVM.

CAPÍTULO VIII
Comissão directiva

Artigo 19.º
Composição

1. O Sistema é administrado por uma comissão directiva, composta por um presidente e dois vogais.

2. O presidente é designado pelo conselho directivo da CMVM, de entre os seus membros.

3. Um dos vogais é designado pelo conselho de administração do Banco de Portugal, de entre os seus membros, sendo o outro nomeado pelo Ministro das Finanças, ouvidas as associações representativas das entidades participantes no Sistema.

4. O presidente da comissão directiva é substituído, nas suas faltas ou impedimentos, pelo membro da comissão que ele designar ou, não havendo designação, pelo membro mais antigo e, em igualdade de circunstâncias, pelo mais velho.

5. Os membros da comissão directiva exercem as suas funções por períodos renováveis de três anos, desde que se mantenham no conselho directivo da CMVM e no conselho de administração do Banco de Portugal, respectivamente.

6. Os membros da comissão directiva mantêm-se em exercício de funções, findo o período do seu mandato, até à posse de quem os substituir.

7. Em caso de falecimento, exoneração ou impedimento prolongado de qualquer dos membros da comissão directiva, é nomeado substituto, que desempenha funções até ao termo do mandato daquele ou até que cesse o impedimento.

Artigo 20.°
Competência

Compete à comissão directiva adoptar as acções e medidas que se mostrem adequadas ao bom funcionamento e à realização do objecto do Sistema, designadamente:

a) Estabelecer a organização interna do Sistema;

b) Elaborar e transmitir instruções às entidades participantes, sempre que for necessário, mediante circular ou outra forma apropriada, designadamente no que se refere à informação periódica a enviar ao Sistema sobre os fundos e instrumentos financeiros, segundo mapas e prazos de envio definidos pelo Sistema.

c) Obter das entidades participantes os documentos e toda a informação que considere adequados à actividade do Sistema;

d) Promover, de forma adequada, a publicação da relação inicial das entidades participantes, bem como das respectivas alterações;

e) Comunicar à CMVM e ao Banco de Portugal as condutas de entidades participantes, no âmbito do objecto do Sistema, que entenda constituir ilícitos de mera ordenação social;

f) Decidir do recurso à contracção de empréstimos pelo Sistema;

g) Aplicar, de forma adequada, os recursos disponíveis do Sistema;

h) Em caso de accionamento do Sistema, praticar todos os actos e assegurar a realização de todos os procedimentos necessários à efectivação das indemnizações, ou à sua recusa, no prazo estabelecido;

i) Estabelecer o plano de contas do Sistema;

j) Apresentar o relatório anual e contas do Sistema, até 31 de Março de cada ano, à aprovação do Ministro das Finanças, com o parecer da comissão de fiscalização;

k) Adquirir e alienar quaisquer bens ou direitos, no âmbito da sua actividade;

l) Representar o Sistema, em juízo e fora dele.

Artigo 21.°
Competência do presidente

Compete ao presidente da comissão directiva:

a) Representar a comissão directiva, em juízo e fora dele;

b) Coordenar a actividade da comissão directiva e convocar e dirigir as respectivas reuniões;

c) Zelar pela correcta execução das deliberações da comissão directiva.

Artigo 22.º
Delegação de poderes

1. A comissão directiva pode encarregar algum ou alguns dos seus membros de certas matérias de gestão do Sistema.
2. A comissão directiva pode delegar em qualquer dos seus membros a gestão corrente do Sistema.
3. A comissão directiva pode constituir mandatários com os poderes que julgar convenientes.

Artigo 23.º
Vinculação

1. O Sistema obriga-se pela assinatura de dois membros da comissão directiva ou pela assinatura de mandatários constituídos no âmbito e nos termos do correspondente mandato.
2. Em assuntos de mero expediente basta a assinatura de um membro da comissão directiva.

Artigo 24.º
Funcionamento

1. A comissão directiva tem reuniões ordinárias e extraordinárias.
2. As reuniões ordinárias são convocadas pelo presidente e realizam-se mensalmente ou com periodicidade mais curta, se tal for deliberado pela comissão directiva.
3. As reuniões extraordinárias são convocadas pelo presidente, por sua iniciativa ou a pedido de qualquer dos outros membros da comissão directiva.
4. As reuniões têm lugar na sede do Sistema ou noutro local que for indicado na convocatória.
5. Para a comissão directiva deliberar validamente é suficiente a presença de dois dos seus membros.
6. As deliberações da comissão directiva são tomadas por maioria dos votos, tendo o presidente ou quem o substituir voto de qualidade.
7. As actas da comissão directiva são assinadas por todos os presentes.

CAPÍTULO IX
Comissão de fiscalização

Artigo 25.º
Composição

A comissão de fiscalização do Sistema é composta pelos membros da comissão de fiscalização da CMVM.

Artigo 26.º
Competência

Compete, nomeadamente, à comissão de fiscalização:
a) Acompanhar o funcionamento do Sistema e zelar pelo cumprimento das leis e regulamentos que lhe são aplicáveis;

b) Solicitar reuniões periódicas ou ocasionais com a comissão directiva;

c) Submeter à comissão directiva qualquer assunto que entenda dever ser por esta considerado;

d) Pronunciar-se sobre qualquer matéria que lhe seja apresentada pela comissão directiva;

e) Emitir parecer acerca dos relatórios anuais e contas do Sistema.

Artigo 27.°
Funcionamento

1. No âmbito das suas competências de fiscalização do Sistema, a comissão de fiscalização reúne, ordinariamente, pelo menos uma vez por mês e, extraordinariamente, sempre que convocada pelo respectivo presidente, de sua iniciativa ou a pedido de qualquer dos membros da comissão de fiscalização ou do presidente da comissão directiva.

2. As reuniões devem ser convocadas por escrito, com a indicação da ordem do dia definida pelo respectivo presidente, com uma antecedência mínima de sete dias, salvo quando se trate de reuniões ordinárias previstas para se realizarem em datas pré-fixadas, caso em que ficam dispensadas de convocação.

3. A comissão poderá ainda reunir extraordinariamente, sem a observância de formalidades prévias, desde que todos os seus membros se encontrem presentes e concordem deliberar nesses termos.

4. A comissão poderá solicitar a presença nas suas reuniões de qualquer membro da comissão directiva, bem como de qualquer responsável dos serviços do Sistema.

PORTARIA N.º 27/99
de 18 de Janeiro

Considerando que a Directiva n.º 93/22/CEE, do Conselho, de 10 de Maio, relativa aos serviços de investimento no domínio dos valores mobiliários, prevê, no seu artigo 16.º, que, para efeitos de reconhecimento mútuo e da execução da directiva, cada Estado membro deve estabelecer a lista dos mercados regulamentados, na acepção do n.º 13 do artigo 1.º da directiva, e comunicá-la à Comissão e aos outros Estados membros;

Considerando que o artigo 5.º do Decreto-Lei n.º 232/96, de 5 de Dezembro, confere competência ao Ministro das Finanças para, através de portaria, aprovar a lista dos mercados regulamentados de que Portugal é Estado membro de origem;

Foram ouvidos o Banco de Portugal, a Comissão do Mercado de Valores Mobiliários, a Associação da Bolsa de Valores de Lisboa e a Associação da Bolsa de Derivados do Porto:

Assim:

Manda o Governo, pelo Ministro das Finanças, ao abrigo do artigo 5.º do Decreto--Lei n.º 232/96, de 5 de Dezembro, que seja aprovada a seguinte lista de mercados regulamentados, para efeitos da Directiva n.º 93/22/CEE:

1) Mercado de Cotações Oficiais da Bolsa de Valores de Lisboa;
2) Segundo Mercado da Bolsa de Valores de Lisboa;
3) Mercado sem Cotações da Bolsa de Valores de Lisboa;
4) Bolsa de Derivados do Porto;
5) Mercado Especial de Operações por Grosso.

Ministério das Finanças.

Assinada em 18 de Dezembro de 1998.

O Ministro das Finanças, *António Luciano Pacheco de Sousa Franco.*

PORTARIA N.º 313-A/2000
de 29 de Fevereiro

A presente portaria vem estabelecer um conjunto de taxas de supervisão devidas à Comissão do Mercado de Valores Mobiliários (CMVM), cuja fixação compete, nos termos da lei, ao Ministro das Finanças. O Código dos Valores Mobiliários e o Estatuto da Comissão do Mercado de Valores Mobiliários deixaram clara a separação entre as receitas de direito privado que as novas entidades gestoras passam a cobrar a as taxas, receitas de direito público, que visam financiar exclusivamente as actividades da CMVM. Além disso, há duas opções de fundo da lei que terão impacte significativo na estrutura de receitas das entidades envolvidas: a isenção de taxas das operações fora de mercado quando não se realizam sobre valores mobiliários admitidos em mercado regulamentado e a exigência de neutralidade entre os custos de realização de operações em mercado e fora de mercado.

Reduz-se a participação da CMVM nas taxas de realização de operações de bolsa, que de 35% passa a ser de 22,5% se confrontadas as taxas de supervisão que agora se fixam com as taxas de realização de operações em vigor. Igualmente se procede a uma redução das taxas de realização de operações fora de mercado sobre valores mobiliários admitidos à negociação, redução que assume uma expressão significativa no caso das acções, mas sobretudo no caso da transacção de obrigações do Tesouro e de outros valores representativos de dívida.

Por tudo isto, torna-se imperativo diversificar as fontes de financiamento da CMVM, diversificação exigida aliás por uma maior justiça e neutralidade na distribuição de encargos de financiamento do sistema por todos os seus agentes. Embora não se consagre, desde já, uma taxa incidente sobre os fundos de investimento, considera-se adequado que tal venha a acontecer no futuro. Só assim ficará respeitado aquele princípio da diversificação das fontes de financiamento da CMVM e de justiça e neutralidade na distribuição de encargos de financiamento do sistema, na esteira da prática internacional e do que já se vem fazendo, entre nós, para os fundos de pensões.

Assim, ao abrigo do disposto no artigo 211.º do Código dos Valores Mobiliários e do n.º 2 do artigo 26.º do Estatuto da Comissão do Mercado de Valores Mobiliários, aprovado pelo Decreto-Lei n.º 473/99, de 8 de Novembro, e sob proposta da CMVM:

Manda o Governo, pelo Ministro das Finanças, o seguinte:

Artigo 1.º
Operações de bolsa e outros mercados regulamentados

1. É devida à CMVM pela entidade gestora do mercado de bolsa uma taxa incidente sobre o valor de cada operação de compra e sobre o valor de cada operação de venda, tanto em sessões normais, como em sessões especiais, quando tenha por objecto:

a) Obrigações do Tesouro de médio e longo prazo, de 0,006 75‰;

b) Obrigações ou outros valores mobiliários representativos de dívida, de 0,0225‰;
c) Títulos de participação ou unidades de participação em fundos de investimento, de 0,0225‰;
d) Direitos destacados e warrants, de 0,033 75‰;
e) Acções e outros valores mobiliários não referidos nas alíneas anteriores, de 0,033 75‰.

2. É devida uma taxa de 1 cêntimo por cada contrato de futuro ou opções negociado em bolsa.

3. Salvo o disposto no artigo seguinte, as taxas previstas no presente artigo são aplicáveis às operações realizadas noutros mercados regulamentados, com excepção do mercado especial de operações por grosso.

Artigo 2.º
Operações realizadas em mercado regulamentado de dívida pública

Por cada membro do mercado especial de dívida pública, a respectiva entidade gestora paga uma taxa mensal de 500 euros, não sendo devidas quaisquer outras taxas à CMVM pela realização de operações nesse mercado.

Artigo 3.º
Operações fora de mercados regulamentados

1. Quando sejam realizadas fora de mercado regulamentado, ainda que a título gratuito, operações sobre valores mobiliários admitidos nesse mercado, é devida pelo adquirente e pelo alienante uma taxa sobre o valor de cada operação de aquisição e sobre o valor de cada operação de alienação, quando tenha por objecto:
a) Obrigações do Tesouro de médio e de longo prazo, de 0,06‰;
b) Obrigações ou outros valores mobiliários representativos de dívida, de 0,15‰;
c) Títulos de participação ou unidades de participação em fundos de investimento, de 0,15‰;
d) Direitos destacados e warrants, de 1,2‰;
e) Acções e outros valores mobiliários não referidos nas alíneas anteriores, 1,2‰.

2. Nas operações realizadas em mercado não regulamentado é devida pela entidade gestora do mercado uma taxa sobre o valor de cada operação de compra e sobre o valor de cada operação de venda:
a) Igual à consagrada no número anterior deduzida do montante da menor das taxas de realização de operações nos mercados regulamentados em que os valores mobiliários estejam admitidos à negociação;
b) Igual à consagrada no artigo 1.º, caso os valores mobiliários não estejam admitidos em mercado regulamentado.

Artigo 4.º
Liquidação

1. As taxas previstas nos artigos 1.º e 2.º e no n.º 2 do artigo 3.º são liquidadas e pagas pela entidade gestora do mercado à CMVM até ao dia 10 do mês seguinte a que respeitam.

2. Os intermediários financeiros do adquirente e do alienante procedem à liquidação das taxas sobre operações realizadas fora de mercado previstas no n.º 1 do artigo 3.º, respectivamente no momento do crédito e do débito em conta dos valores mobiliários, e ao pagamento mensal das mesmas até ao dia 10 do mês seguinte a que respeitam, enviando na mesma data à CMVM documento identificando por cada categoria de valor mobiliário:

a) As quantidades transmitidas;

b) Os montantes totais transmitidos no mês.

3. Quando sejam liquidadas por notário, as taxas são por este cobradas no momento da celebração do acto, aplicando-se a parte final do proémio e as alíneas do número anterior.

4. Quando não haja intervenção de intermediário financeiro ou de notário, as partes pagam a taxa à CMVM até oito dias após a celebração do contrato.

5. Nos casos previstos nos n.ºs 2 a 4, as taxas são liquidadas de acordo com o valor da operação, que é determinado à data da sua realização:

a) No caso de transmissão a título oneroso, pelo maior dos dois valores seguintes: valor declarado da operação e valor do preço de referência do mercado regulamentar em que estejam admitidos os valores mobiliários;

b) No caso de transmissão a título gratuito, pelo valor do preço de referência do mercado regulamentado em que estejam admitidos os valores mobiliários.

6. Para efeitos do número anterior:

a) Quando não tenha havido preço de referência nos últimos três meses, este é substituído pelo valor nominal;

b) Quando os valores mobiliários estejam admitidos à negociação em bolsa, o preço referência é o referido no artigo 225.º do Código dos Valores Mobiliários.

Artigo 5.º
Sistemas centralizados de valores e de liquidação

1. As entidades gestoras de sistemas centralizados de valores mobiliários ou de sistemas de liquidação devem uma taxa de 15% sobre as comissões por elas cobradas nessa qualidade.

2. As entidades gestoras referidas no n.º 1 procedem à liquidação das taxas e ao seu pagamento mensal até ao dia 10 do mês seguinte a que respeitam.

Artigo 6.º
Exclusões

Não são devidas taxas pelas operações de reporte e de empréstimo geridas por entidade gestora de mercado ou de sistema de liquidação.

Artigo 7.º
Entrada em vigor

A presente portaria entra em vigor no dia 1 de Março de 2000.

23 de Fevereiro de 2000. – Pelo Ministro das Finanças, *António do Pranto Nogueira Leite*, Secretário de Estado do Tesouro e das Finanças.

PORTARIA N.° 1338/2000
de 5 de Setembro

1. O estabelecimento de condições que assegurem a neutralidade das operações de transmissão de valores mobiliários negociados em mercado regulamentado e das realizadas fora de mercado regulamentado constitui um dos fundamentos das taxas sobre operações fora de mercado regulamentado, prevista, no artigo 211.° do Código dos Valores Mobiliários e na portaria n.° 313-A/2000 (2.ª série), de 29 de Fevereiro.

Há, porém, determinadas operações de transmissão de valores mobiliários que apenas poderão ser realizadas fora de mercado regulamentado e cuja configuração torna muito difícil a sua concepção como mero instrumento alternativo à compra e venda de valores, em relação às quais a portaria n.° 313-A/2000 (2.ª série), de 29 de Fevereiro, não instituía qualquer diferenciação. Em tais casos não se verifica qualquer negociação cuja neutralidade se imponha assegurar, sendo a supervisão exercida sobre os valores mobiliários em causa o único fundamento de aplicação das taxas.

Assim, não se justifica a aplicação de uma taxa superior às comissões de operações cobradas pela entidade gestora do mercado regulamentado onde os valores estiverem admitidos.

Procede-se, agora, para estes casos específicos, a uma redução das taxas de realização de operações em vigor, através da aplicação de taxas de supervisão equivalentes às referidas comissões cobradas pela entidade gestora do mercado regulamentado onde os valores estiverem admitidos.

2. A portaria n.° 313-A/2000 (2.ª série), de 29 de Fevereiro, já se referia no seu preâmbulo à consagração de uma taxa incidente sobre os fundos de investimento. A presente portaria vem, ademais, cumprir esse desiderato, introduzindo uma taxa sobre os valores líquidos globais dos fundos, a ser paga pelas respectivas entidades gestoras, de forma a conseguir uma mais equitativa redistribuição dos custos de supervisão pelas várias entidades e produtos do mercado.

3. Finalmente, isenta-se de taxa de operações fora de mercado regulamentado as operações sobre obrigações e outros valores mobiliários representativos de dívida por razões de equidade, tendo em conta que estas acabam por recair sobre os pequenos investidores que não têm acesso ao mercado grossista. Por outro lado, verificando-se uma tendência decrescente das comissões cobradas pela realização de operações em mercado regulamentado, procede-se à diminuição do valor das taxas de operações fora de mercado regulamentado, mantendo o contributo dessas taxas para a criação de condições que assegurem a neutralidade da negociação no mercado regulamentado ou fora dele.

Assim, ao abrigo do disposto no artigo 211.° do Código dos Valores Mobiliários e das alíneas b) e c) do n.° 1 e do n.° 2 do artigo 26.° do Estatuto da Comissão do Mercado de Valores Mobiliários, aprovado pelo Decreto-Lei n.° 473/99, de 8 de Novembro, e sob proposta da CMVM:

Manda o Governo, pelo Ministro das Finanças, o seguinte:

Artigo 1.º
Alterações

São alterados os artigos 3.º e 4.º da Portaria n.º 313-A/2000 (2.ª série), de 29 de Fevereiro, nos termos seguintes:

«Artigo 3.º
[...]

1. [...]
a) Títulos de participação ou unidades de participação em fundos de investimento, de 0,1‰;
b) Direitos destacados e warrants, de 1‰;
c) Acções e outros valores mobiliários não referidos nas alíneas anteriores e que não sejam obrigações do Tesouro ou outros valores representativos de dívida, de 1‰.
2. Exceptuam-se do disposto no número anterior, estando sujeitas a taxas equivalentes às comissões de realização de operações cobradas pela entidade gestora do mercado regulamentado onde os valores estiverem admitidos, as seguintes operações realizadas fora desse mercado:
a) Transmissão de valores mobiliários em operações de fusão e cisão de sociedades, entrada em espécie de valores mobiliários na constituição de sociedade ou aumento de capital e atribuição de valores mobiliários a sócio em liquidação de sociedade;
b) Aquisição ou alienação potestativas de acções nos termos dos artigos 194.º e 196.º do Código dos Valores Mobiliários;
c) Transacções efectuadas durante a suspensão da negociação, salvo quando a situação que origina a suspensão seja de algum modo imputável a quem efectuou a transacção.
3. Nos casos previstos na alínea *b*) do número anterior, a quantia global correspondente às taxas referidas no presente artigo que incidam sobre o alienante e o adquirente é exclusivamente devida:
a) Pela sociedade que desencadear o procedimento tendente à aquisição potestativa, sendo responsável pelo seu pontual pagamento o intermediário financeiro junto do qual tenha sido depositada a contrapartida devida que, para o efeito, deve ser acrescida do depósito do montante da taxa; ou
b) Pelo titular das acções remanescentes da sociedade visada, que tome a decisão de alienação potestativa, sendo responsável pelo seu pontual pagamento o intermediário financeiro onde se encontrem registadas ou depositadas as acções a alienar, o qual não é obrigado a proceder à transferência sem que o montante da taxa se encontre junto dele depositada.
4. Nas operações realizadas em mercado não regulamentado é devida pela entidade gestora do mercado uma taxa sobre o valor de cada operação de compra e sobre cada operação de venda:
a) Igual à consagrada no n.º 1 deduzida do montante da menor das taxas de realização de operações nos mercados regulamentados em que os valores mobiliários estejam admitidos à negociação;

b) Igual à consagrada no artigo 1.º, caso os valores mobiliários não estejam admitidos em mercado regulamentado.

Artigo 4.º
[...]

1. As taxas previstas nos artigos 1.º e 2.º e no n.º 4 do artigo 3.º são liquidadas e pagas pela entidade gestora do mercado à CMVM até ao dia 10 do mês seguinte a que respeitam.

2. Os intermediários financeiros do adquirente e do alienante procedem à liquidação das taxas sobre operações realizadas fora de mercado previstas nos n.º 1 e 2 do artigo 3.º, respectivamente no momento do crédito e do débito em conta dos valores mobiliários, e ao pagamento mensal das mesmas até ao dia 10 do mês seguinte a que respeitam, enviando na mesma data à CMVM documento identificando por cada categoria de valor mobiliário:

a) [...]
b) [...]
3. [...]
4. [...]
5. [...]
6. [...]»

Artigo 2.º
Aditamento

É aditado à portaria n.º 313-A/2000 (2.ª série), de 29 de Fevereiro, o artigo 5.º-A, com a seguinte redacção:

«Artigo 5.º-A.º
Fundos de investimento

1. É devida à CMVM pelas entidades gestoras de fundos de investimento uma taxa que incide sobre o valor líquido global, correspondente ao último dia útil do mês de cada um dos fundos por elas geridos:

a) De 0,017‰, nos fundos de investimento mobiliário;
b) De 0,033‰, nos fundos de investimento imobiliário.

2. A entidade gestora procede ao pagamento mensal das taxas referidas no n.º 1 até ao dia 10 do mês seguinte ao que respeitam.»

Artigo 3.º
Entrada em vigor

1. A presente portaria entra imediatamente em vigor.
2. As alterações introduzidas ao n.º 2 do artigo 3.º da portaria n.º 313-A/2000 (2.ª série), de 29 de Fevereiro, aplicam-se às operações de transmissão de valores mobiliários efectuadas desde a entrada em vigor dessa portaria, entendendo-se referidas a todas as situações previstas na primitiva redacção do n.º 1 do mesmo artigo.
3. Nos casos em que a taxa prevista na portaria n.º 313-A/2000 (2.ª série), de 29 de Fevereiro, já tenha sido liquidada, a obtenção do benefício decorrente da aplicação do

número anterior pressupõe a apresentação junto da CMVM, por quem tenha efectuado a liquidação, de requerimento fundamentado, acompanhado da prova do facto jurídico de onde emerge a relação de taxa.

4. O artigo 5.º-A da portaria n.º 313-A/2000 (2.ª série), de 29 de Fevereiro, aditado pelo artigo 2.º da presente portaria, entra em vigor no dia 1 de Janeiro de 2001.

21 de Agosto de 2000. – Pelo Ministro das Finanças, *António do Pranto Nogueira Leite.*

PORTARIA N.º 289/2000
de 25 de Maio

O novo Código dos Valores Mobiliários consagra o registo de valores mobiliários escriturais junto do emitente, cabendo a sua regulamentação, nos termos do n.º 1 do artigo 59.º e do artigo 64.º do referido Código, ao Ministro das Finanças.

O regime constante da presente portaria é o mais próximo possível do regime geral sobre sistemas de valores, afastando-se deste por razões de simplificação, atento o facto de os destinatários das normas nem sempre corresponderem a profissionais do mercado, e por necessidade de regular situações como aquelas em que os valores mobiliários são objecto de negociação em mercados não regulamentados ou de operações de liquidação em sistemas de liquidação.

Foi ouvida a Comissão do Mercado de Valores Mobiliários (CMVM).

Assim, ao abrigo do disposto na alínea *b*) do n.º 1 do artigo 59.º do Código dos Valores Mobiliários:

Manda o Governo, pelo Ministro das Finanças, o seguinte:

CAPÍTULO I
Disposições gerais

Artigo 1.º
Âmbito e regime

1. A presente portaria aplica-se aos sistemas de valores mobiliários previstos na alínea *c*) do artigo 61.º e no artigo 64.º, ambos do Código dos Valores Mobiliários.

2. Ao registo de valores mobiliários nos termos do n.º 2 do artigo 64.º do Código dos Valores Mobiliários aplica-se o disposto na regulamentação da CMVM sobre registo de valores mobiliários num único intermediário financeiro.

3. A transferência de e para qualquer dos sistemas de valores mobiliários regulados na presente portaria rege-se pela regulamentação da CMVM sobre transferência de sistemas de valores mobiliários.

4. O registo de valores mobiliários no emitente, previsto no n.º 1 do artigo 64.º do Código dos Valores Mobiliários, rege-se pelo disposto nos artigos seguintes do presente capítulo.

5. Se os valores mobiliários referidos no número anterior estiverem admitidos em mercado não regulamentado ou forem objecto de serviços de liquidação, é também aplicável o disposto no capítulo II.

Artigo 2.º
Deveres do emitente

1. Ao emitente incumbe:

a) A abertura e movimentação de uma conta de emissão por cada categoria de valores mobiliários;

b) A abertura e movimentação das contas individualizadas;

c) A prevenção, controlo e correcção de irregularidades dos valores mobiliários;

d) A emissão dos certificados previstos no artigo 78.º do Código dos Valores Mobiliários, contendo, pelo menos, a identificação completa dos valores mobiliários e dos seus titulares.

2. No exercício das funções previstas no número anterior os emitentes orientam a sua actividade no sentido da protecção dos legítimos interesses dos titulares dos valores mobiliários:

a) De acordo com padrões de diligência e mantendo os necessários meios humanos, materiais e técnicos;

b) Assegurando aos titulares dos valores mobiliários um tratamento equitativo;

c) Não revelando quaisquer informações sobre as contas junto de si inscritas, excepto nos casos previstos na lei;

d) Não podendo, no seu interesse ou de terceiros, utilizar os valores mobiliários pertencentes aos titulares para fins diferentes dos que resultem do contrato de registo;

e) Mantendo um registo das transferências realizadas sobre os valores mobiliários registados permanentemente actualizado;

f) Mantendo as contas individualizadas permanentemente actualizadas.

Artigo 3.º
Tipos de contas

1. São contas comuns as contas de emissão e as contas individualizadas.

2. O regime consagrado na presente portaria para as contas de valores mobiliários é aplicável às contas de direitos deles destacados.

Artigo 4.º
Contas de emissão

1. As contas de emissão inscrevem o total de valores mobiliários emitidos, pertencentes à mesma categoria.

2. Entre a abertura das contas de subscrição e a sua conversão em contas individualizadas é aberta uma conta de emissão provisória, distinguindo os valores subscritos e os por subscrever.

Artigo 5.º
Contas individualizadas

1. As contas individualizadas contêm, para além das menções do artigo 68.º do Código dos Valores Mobiliários:

a) A descrição da conversão dos valores mobiliários inscritos noutros de diferente natureza, indicando a data de conversão;

b) A indicação da conta ou contas bancárias que devem ser creditadas, salvo quando o método de percepção de quantias escolhido pelo titular for outro, caso em que se menciona este último.

2. São cancelados os registos dos valores mobiliários que se extinguem pelo exercício ou pelo reembolso desde o momento da prova dessa extinção.

3. As contas individualizadas indicam o número de arquivo da documentação que lhe sirva de suporte.

4. Os registos provisórios indicam a sua natureza e o fundamento da provisoriedade.

5. Quando o registo for recusado, a recusa é imediatamente comunicada ao titular da conta e, se for diferente, ao requerente do registo.

Artigo 6.º
Contas de subscrição

1. As contas de subscrição previstas no n.º 3 do artigo 73.º do Código dos Valores Mobiliários contêm as seguintes menções:

a) Identificação do subscritor e, em caso de contitularidade, do representante comum, com a indicação das quotas de cada subscritor, sem o que se presume que as quotas são iguais;

b) A identificação do valor mobiliário e da quantidade subscrita;

c) A data de abertura e encerramento da conta.

2. Às contas de subscrição é aplicável o disposto nos n.os 3 a 5 do artigo anterior.

Artigo 7.º
Contas e subcontas

1. As contas de emissão e as contas individualizadas contêm subcontas para a mesma categoria de valores mobiliários em que são distinguidos, nomeadamente:

a) Os regimes fiscais dos valores mobiliários;

b) A categoria dos titulares, quando existam limites legais ou estatutários à titularidade desses valores.

2. Os saldos das contas de emissão são sempre iguais ao somatório dos saldos das contas individualizadas.

3. Se houver conversão de alguns valores mobiliários em titulados para os efeitos do n.º 2 do artigo 46.º do Código dos Valores Mobiliários, distingue-se na conta de emissão uma subconta de valores mobiliários convertidos indicando a quantidade.

Artigo 8.º
Transferências em conta

1. O emitente recusa o pedido de transferência sobre o qual o requerente não forneça os elementos necessários à sua realização ou em que esses elementos sejam contraditórios com o pedido.

2. As transferências que visem a regularização de erros ou outros vícios regem-se pelo disposto no artigo 71.º do Código dos Valores Mobiliários e no número anterior.

3. Nas transferências que tenham por causa empréstimos, cauções e factos que não tenham por efeito a transmissão definitiva da titularidade dos valores mobiliários:

a) As contas individualizadas debitadas mantêm inscritos os valores mobiliários objecto daqueles factos com a menção do facto que deu origem ao débito e identificação da conta creditada;

b) As contas individualizadas creditadas mencionam o fundamento do crédito em conta.

Artigo 9.º
Dever de conservadoria

1. As informações constantes das contas e demais documentos devem ser conservados durante cinco anos a contar do seu cancelamento definitivo.

2. O emitente guarda os documentos legalmente bastantes para a descrição da emissão.

3. Sempre que ocorra qualquer alteração nos documentos mencionados no número anterior, o emitente guarda versão actualizada dos mesmos.

Artigo 10.º
Integração no sistema

1. São oficiosamente inscritos:

a) A emissão de valores mobiliários resultantes do exercício de direitos inerentes a valores mobiliários integrantes de emissões já inscritas, se os primeiros forem da mesma categoria dos segundos;

b) Os direitos destacados de valores mobiliários registados junto do emitente.

2. A inscrição é efectuada antes do início do período de subscrição dos valores mobiliários ou do exercício dos direitos.

Artigo 11.º
Exclusão da emissão do sistema

1. O cancelamento da inscrição da emissão só pode ter lugar nos seguintes casos:

a) Extinção de uma categoria de valores mobiliários;

b) Transferência de sistema;

c) Conversão dos valores mobiliários em titulados.

2. O cancelamento mencionado no número anterior apenas pode ocorrer:

a) No caso da alínea *b*), depois de regularmente extintas as contas individualizadas pelo emitente e a sua comunicação ao intermediário financeiro único ou à entidade gestora do sistema centralizado de valores para que foram transferidos;

b) No caso da alínea *c*), depois de verificada pelo emitente a regular entrega dos títulos aos seus titulares ou, se se tratar de um título único, depois de verificada a transferência para um intermediário financeiro ou um sistema centralizado.

CAPÍTULO II
**Valores mobiliários em mercado não regulamentado
e serviços de liquidação**

Artigo 12.º
Conexão com sistemas de liquidação

Se os valores mobiliários registados no emitente estiverem admitidos em mercado não regulamentado, os emitentes estabelecem conexões com os sistemas de liquidação de operações com base em contrato previamente registado na CMVM.

Artigo 13.º
Contas de garantias

1. Se os valores mobiliários registados no emitente estiverem admitidos em mercado não regulamentado ou forem objecto de serviços de liquidação, os emitentes inscrevem junto de si contas de garantias se estas forem exigidas pelas regras do mercado ou dos serviços de liquidação.
2. Quando as vinculações dos valores mobiliários forem inscritas em favor de entidades mencionadas no n.º 1, nessa qualidade:
   a) Ficam integrados em subcontas das contas individualizadas por cada tipo de vinculação a que estão sujeitos e por cada beneficiário;
   b) O somatório das subcontas de vinculações é sempre igual ao saldo de uma conta de garantias, aberta em nome do beneficiário e que representa o conjunto de posições activas que este detém por força dessas mesmas vinculações.
3. As contas de garantias identificam:
   a) A categoria dos valores mobiliários dados em garantia e a sua quantidade;
   b) A natureza da garantia;
   c) A identificação das subcontas mencionadas no n.º 2.
4. É fornecida às entidades mencionadas no n.º 1 informação permanentemente actualizada das suas contas de garantias.

Artigo 14.º
Transferências em conta

Os registos em conta individualizada que resultem de transferências em consequência de operações em mercado não regulamentado devem ser feitos no prazo máximo estabelecido para a liquidação física das mesmas operações.

Artigo 15.º
Interrupções técnicas

Sempre que se preveja uma interrupção técnica do sistema são aplicáveis as seguintes normas:
   a) Não pode ser registado qualquer pedido de transferência de valores mobiliários;
   b) Os pedidos de transferência pendentes são cancelados se não puderem ser confirmados no prazo determinado pela entidade de controlo;
   c) Apenas são permitidas as transferências que sejam a finalidade da interrupção.

Artigo 16.º
Transferência de direitos inerentes

Até ao fim do último dia útil anterior ao início do período de pagamentos em dinheiro ou da entrega de valores mobiliários decorrente do exercício de direitos procede-se à interrupção técnica do sistema quanto a estes mesmos direitos.

Artigo 17.º
Exercício de direitos financeiros

No exercício de direitos a atribuições em dinheiro o emitente comunica com a devida antecedência à instituição de crédito responsável pelo respectivo pagamento as contas bancárias que devem ser movimentadas, bem como os montantes a liquidar, salvo em relação aos clientes cujo método de percepção de quantias seja outro.

Artigo 18.º
Exercício de direitos a novos valores mobiliários

1. Após o período de exercício o emitente procede ao lançamento, nas contas individualizadas, dos valores mobiliários resultantes do exercício de direitos e, em subconta da conta de emissão, dos valores mobiliários que corresponderiam aos direitos não exercidos, salvo se outra solução resultar das condições de emissão.

2. Se for devida pelo emitente indemnização pelo não exercício de direitos, esta indica, findo o período de exercício e com a devida antecedência, à instituição de crédito responsável pelo respectivo pagamento as contas bancárias que devem ser movimentadas, bem como os montantes a liquidar.

3. Caso o emitente tenha um crédito sobre os titulares em virtude do exercício de direitos a novos valores mobiliários, comunica-o a estes, bem como o prazo no qual terão de colocar à sua disposição o montante devido.

Artigo 19.º
Entrada em vigor

A presente portaria entra em vigor no dia 1 de Março de 2000.

O Ministro das Finanças, *Joaquim Augusto Nunes Pina Moura*, em 9 de Maio de 2000.

PORTARIA N.º 290/2000
de 25 de Maio

A presente portaria regula o registo das emissões de valores mobiliários junto do emitente, substituindo o livro de registo de acções, tal como previsto no artigo 305.º do Código das Sociedades Comerciais e na Portaria n.º 647/93, de 7 de Julho, revogados pelo Código dos Valores Mobiliários.

O registo da emissão é agora exigido para todos os valores mobiliários, continuando a manter a função de registo dos valores mobiliários titulados nominativos que não tenham sido integrados em sistema centralizado nem aqueles em que a emissão seja representada por um só título.

Disciplina-se a adopção pelo emitente de registo em suporte informático, atenden-do-se, nomeadamente, ao disposto no artigo 4.º do Código dos Valores Mobiliários e no Decreto-Lei n.º 290-D/99, de 2 de Agosto.

Acautela-se a transição do regime anterior estipulando-se que, com a primeira emissão de valores mobiliários do emitente após a entrada em vigor da presente portaria, é aplicável o disposto quanto ao novo modelo de registo e estabelece-se a irreversibilidade da decisão que leve à adopção do modelo agora aprovado.

Foi ouvida a Comissão do Mercado de Valores Mobiliários.

Assim, ao abrigo do disposto na alínea a) do n.º 1 do artigo 59.º do Código dos Valores Mobiliários:

Manda o Governo, pelo Ministro das Finanças, o seguinte:

1.º
Âmbito

A presente portaria aprova o modelo do registo da emissão de valores mobiliários junto do emitente, previsto no artigo 43.º do Código dos Valores Mobiliários.

2.º
Suporte

1. O registo da emissão de valores mobiliários junto do emitente pode ser feito em suporte de papel ou em suporte informático.

2. Se o emitente optar pelo registo em suporte informático:

a) Uma cópia de segurança do registo é guardada em local distinto;

b) A utilização do ficheiro do registo depende de código de acesso (*password*) reservado a pessoas previamente determinadas;

c) Existem planos de contingência para a protecção do registo em casos de força maior;

d) São assegurados níveis de inteligibilidade, de durabilidade e de autenticidade equivalentes aos verificados no registo em suporte de papel;

e) Aplicam-se as regras legais e regulamentares relativas à certificação de documentos electrónicos, nomeadamente no que respeita à intervenção de autoridades credenciadoras e certificadoras, à emissão de chaves e certificados, bem como à aposição de assinatura digital.

3.º
Termos de abertura e encerramento

1. Os termos de abertura e encerramento do registo são assinados por quem vincule o emitente e por um titular do órgão de fiscalização.

2. Do termo de abertura do registo consta a identificação do emitente e a data das assinaturas.

3. Do termo de encerramento do registo consta a referência ao número de páginas que compõem o registo e a data das assinaturas.

4.º
Inscrições

1. O registo é dividido em três partes, reproduzidas, respectivamente, nos anexos I, II e III da presente portaria, que dela fazem parte integrante.

2. As instruções de preenchimento constam do anexo IV, que faz parte integrante da presente portaria.

3. O preenchimento da parte II pode ser substituído pela junção das listagens dos subscritores dos valores mobiliários, a fornecer pelos intermediários financeiros colocadores.

4. As inscrições na parte III referem-se às mudanças de titularidade de valores mobiliários titulados nominativos, da mesma categoria, quando a emissão ou série:

a) Não seja representada por um só título; ou

b) Não esteja integrada num sistema centralizado de valores mobiliários.

5. As mudanças de titularidade dos valores mobiliários titulados nominativos cuja emissão ou série esteja integrada em sistema centralizado, quanto aos títulos em que essa integração não seja efectiva por não se encontrarem depositados em intermediário financeiro participante nesse sistema, são igualmente inscritas nos termos do número anterior.

5.º
Disposições transitórias

1. A adopção do modelo previsto na presente portaria é obrigatória para a realização do registo das emissões realizadas após a sua entrada em vigor.

2. A adopção voluntária do modelo aprovado pela presente portaria é irreversível.

6.º
Entrada em vigor

A presente portaria entra em vigor no dia 1 de Março de 2000.

O Ministro das Finanças, *Joaquim Augusto Nunes Pina Moura*, em 9 de Maio de 2000.

ANEXO I

## PARTE I

Vicissitudes da emissão

Números

Da ordem de registo	Dos valores mobiliários	Tipo de valor mobiliário	Quantidade de valores	Série	Quantidade (emissão contínua)	Valor nominal ou percentual
(1)	(2)	(3)	(4)	(5)	(6)	(7)

Forma de representação

Titulada		Escritural		Data de entrega	Categoria
Nominativa	Portador	Nominativa	Portador		
(8)	(9)	(10)	(11)	(12)	(13)

Pagamento para liberação

Previsto		Efectuado	
Montante	Data	Montante	Data
(14)	(15)	(16)	(17)

Conversão

Forma de representação		Modalidade		Conteúdo	
Forma	Data	Modalidade	Data	Descrição	Data
(18)	(19)	(20)	(21)	(22)	(23)

Extinção

Integração em sistema	Exclusão do sistema	Fundamento	Montante	Data	Observações
(24)	(25)	(26)	(27)	(28)	(29)

ANEXO II

PARTE II

Primeiras inscrições

(artigo 44.º, n.º 1, do Código dos Valores Mobiliários)

Data da primeira inscrição de titularidade ou da entrega dos títulos	Identificação do primeiro titular	Identificação do intermediário financeiro
(30)	(31)	(32)

ANEXO III

PARTE III

Inscrições de titularidade

(artigo 102.º do Código dos Valores Mobiliários)

Número da ordem de registo	Transmissão		Data	
	Transmitente	Transmissário	Apresentação da declaração	Cancelamento
(33)	(34)	(35)	(36)	(37)

ANEXO IV

Instruções de preenchimento

1 – Número sequencial de inscrições registrais.

2 – Número de ordem dos valores mobiliários titulados.

6 – Tratando-se de emissão contínua, a quantidade actualizada dos valores mobiliários emitidos.

12 – Relativo aos valores mobiliários titulados, no momento da emissão, e em relação aos valores mobiliários escriturais, no momento da sua conversão em titulados.

13 – Especificação dos direitos que, em relação ao tipo de valor mobiliário, estão especialmente incluídos ou excluídos. Devem ser mencionados, designadamente, os ónus e encargos que estejam previstos nas condições da emissão (por exemplo, limitações à transmissibilidade dos valores mobiliários).

18 – Especificar se a conversão é de valores mobiliários titulados em escriturais, ou vice-versa. No caso de se tratar de conversão de valores mobiliários titulados em escriturais, deve também constar a menção do número de conta prevista no n.° 1 do artigo 50.° do Código dos Valores Mobiliários.

20 – Especificar se a conversão é de valores mobiliários ao portador em nominativos, ou vice-versa.

22 – Especificar a alteração do conteúdo dos valores mobiliários, nomeadamente quando estejam em causa obrigações convertíveis em acções ou outros valores mobiliários, conversão de acções de fruição em acções de capital ou de acções ordinárias em acções preferenciais sem voto.

24 e 25 – A integração e a exclusão aqui previstas dizem respeito à integração dos valores mobiliários em causa em um dos sistemas previstos nos artigos 62.° e 63.°, no n.° 2 do artigo 64.°, no artigo 88.°, na alínea *b*) do n.° 1 e no n.° 2 do artigo 99.°, todos do Código dos Valores Mobiliários.

32 – Identificação do intermediário financeiro a que se refere a alínea *f*) do n.° 1 do artigo 44.° do Código dos Valores Mobiliários.

PORTARIA N.º 1689/2000
de 7 de Novembro

A dinamização de instrumentos financeiros adequados às necessidades específicas de financiamento das empresas constitui factor de garantia do crescimento sustentado do emprego e da economia europeia, máxime, da chamada nova economia.

Nesse sentido, beneficiando dos mecanismos estabelecidos na Directiva n.º 93/22/CEE, de 10 de Maio de 1993, nomeadamente a possibilidade do funcionamento de mercados regulamentados sem qualquer requisito de presença física dos seus membros, assiste-se a nível europeu à criação e funcionamento de mercados financeiros vocacionados para o financiamento de empresas tecnológicas, *start-up's*, ou com elevado potencial de crescimento. É o caso do European Association of Securities Dealers Automated Quotation (EASDAQ), de direito belga mas inspirado no National Association of Securities Dealers Automated Quotation (NASDAQ), do Alternative Investment Market (AIM) britânico ou do Nuevo Mercado, de direito espanhol.

No quadro português, os estudos efectuados pela entidade proponente acompanham a tendência acima assinalada, na medida em que são de molde a concluir pela viabilidade em disponibilizar um novo segmento de mercado especialmente destinado à negociação de valores mobiliários representativos do capital de empresas emitentes com elevado potencial de crescimento, sobretudo as que prestam serviços nos sectores de tecnologia de ponta.

Assim:

Com base no projecto de criação e funcionamento de um novo mercado apresentado pela BVLP – Sociedade Gestora de Mercados Regulamentados, S. A.;

Considerando o disposto nas alíneas *a)* e *b)* do artigo 200.º do Código dos Valores Mobiliários;

Ouvida a Comissão do Mercado de Valores Mobiliários:

Manda o Governo, pelo Ministro das Finanças, ao abrigo da alínea *c)* do artigo 200.º do Código dos Valores Mobiliários, o seguinte:

1.º É autorizada a constituição de um mercado regulamentado a contado de valores mobiliários a designar por «Novo Mercado».

2.º A gestão do Novo Mercado compete à BVLP – Sociedade Gestora de Mercados Regulamentados, S. A.

3.º A presente portaria entra em vigor no dia imediato ao da respectiva publicação.

19 de Outubro de 2000. – Pelo Ministro das Finanças, *Manuel Pedro da Cruz Baganha*, Secretário de Estado do Tesouro e das Finanças.

PORTARIA N.º 284/2000
de 23 de Maio

Considerando que o regime jurídico da titularização de créditos, aprovado pelo Decreto-Lei n.º 453/99, de 5 de Novembro, expressamente qualifica as sociedades gestoras de fundos de titularização de créditos e as sociedades de titularização de créditos como sociedades financeiras;

Considerando o disposto na Portaria n.º 95/94, de 9 de Fevereiro, relativa ao montante de capital social mínimo aplicável às sociedades financeiras;

Ouvidos o Banco de Portugal e a Comissão do Mercado de Valores Mobiliários:

Manda o Governo, pelo Ministro das Finanças, ao abrigo do disposto no n.º 1 artigo 95.º e no n.º 1 do artigo 196.º, ambos do Regime Geral das Instituições de Crédito e Sociedades Financeiras, aprovado pelo Decreto-Lei n.º 298/92, de 31 de Dezembro, o seguinte:

1.º As sociedades gestoras de fundos de titularização de créditos devem possuir um capital social de montante não inferior a € 750 000.

2.º As sociedades de titularização de créditos devem possuir um capital social de montante não inferior a € 2 500 000.

3.º A presente portaria entra imediatamente em vigor.

O Ministro das Finanças, *Joaquim Augusto Nunes Pina Moura*, em 12 de Abril de 2000.